专利复审和无效审查决定汇编丛书

专利复审和无效审查决定汇编
(2007)

外观设计(第四卷)

国家知识产权局专利复审委员会　编

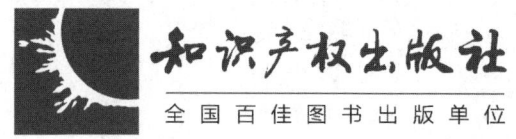

图书在版编目（CIP）数据

专利复审和无效审查决定汇编.2007.外观设计/国家知识产权局专利复审委员会编.—北京：知识产权出版社，2015.12

ISBN 978-7-5130-1607-0

Ⅰ.①专…　Ⅱ.①国…　Ⅲ.①专利权法—案例—中国　Ⅳ.①D923.425

中国版本图书馆CIP数据核字（2012）第249540号

内容提要

本书汇集了专利复审委员会2007年作出的外观设计专利复审和无效审查决定及相关审查决定和司法判决（根据法律规定需要保密的除外），比较全面地反映了专利复审委员会的审查工作和人民法院专利行政案件审理工作取得的进展，对专利工作者具有一定的借鉴和指导作用，也有利于当事人及广大公众对专利复审委员会的审查工作进行监督。

责任编辑：	崔开丽　刘　畅	责任校对：	董志英
责任出版：	孙婷婷	封面设计：	品　序

专利复审和无效审查决定汇编丛书

专利复审和无效审查决定汇编（2007）

外观设计（第四卷）

国家知识产权局专利复审委员会　编

出版发行：	知识产权出版社有限责任公司	网　　址：	http：//www.ipph.cn
社　　址：	北京市海淀区马甸南村1号（邮编：100088）	天猫旗舰店：	http：//zscqcbs.tmall.com
责编电话：	82000860转8377	责编邮箱：	cui_kaili@sina.com
发行电话：	010-82000860转8101/8102	发行传真：	010-82000893/82005070/82000270
印　　刷：	北京中献拓方科技发展有限公司	经　　销：	各大网上书店、新华书店及相关专业书店
开　　本：	880mm×1230mm　1/16	印　　张：	308.75
版　　次：	2015年12月第1版	印　　次：	2015年12月第1次印刷
字　　数：	8668千字	定　　价：	1500.00元（全6卷）
ISBN 978-7-5130-1607-0			

出版权专有　侵权必究

如有印装质量问题，本社负责调换。

本书编委会

主　任：廖　涛

副主任：杨　光　胡文辉　祁德山

编　委：金泽俭　徐晓敏　廖志峰　张予革
　　　　白剑峰　马　昊　蒋　彤　李人久
　　　　李　越　陈迎春　于　萍　吴赤兵
　　　　李　隽

前　言

随着经济全球化和我国国民经济的飞速发展，专利制度在经济活动中的作用和地位越来越突出，国民的专利意识也在不断增强。目前，我国专利申请总量超过 1170 万件，每年专利复审与无效宣告请求案件已超过 2 万件，2012 年达到 20261 件。作为专利复审和无效宣告请求案件审查的专属机构，专利复审委员会每年都要作出数以千计的审查决定。与之相应，人民法院每年要作出数百篇司法判决。每一篇审查决定和判决书都凝聚着审查员和审判人员的心血和智慧。通过审查员和审判人员结合具体案情的创作型劳动，生硬的法律条文变得鲜活和丰满，形成一笔宝贵的精神财富和公共资源，并不断有专利代理机构、专利代理人以及审查员希望专利复审委员会能够出版专利复审和无效审查决定，作为学习和工作时的重要参考资料。

除根据法律规定需要保密的外，《专利复审和无效审查决定汇编（2007）》汇集了专利复审委员会 2007 年作出的审查决定，包括针对相应审查决定的司法判决，以便读者了解审查决定的法律状态并对照阅读和分析。本汇编按照技术专业领域将分为 8 大册，共 25 分卷：机械（3 卷）、电学（4 卷）、通信（2 卷）、医药（2 卷）、化学（2 卷）、材料（3 卷）、光电（3 卷）、外观设计（6 卷）。因此，本汇编比较全面地反映了专利复审委员会的审查工作和人民法院专利行政案件审理工作取得的进展。

我们相信，本汇编对专利工作者具有一定的借鉴和指导作用，也有利于当事人及广大公众对专利复审委员会的审查工作进行监督。本汇编也将为推动专利复审委员会的发展，促进专利代理业务水平的提高，为《国家知识产权战略纲要》进一步实施尽微薄之力。

本书编委会
2013 年 8 月

目 录

400 塑料单耳盆（一）
  无效宣告请求审查决定（第 10024 号） ………………………………………… 2467

401 塑料单耳盆（五）
  无效宣告请求审查决定（第 10025 号） ………………………………………… 2473

402 塑料单耳盆（四）
  无效宣告请求审查决定（第 10030 号） ………………………………………… 2479

403 塑料单耳盆（二）
  无效宣告请求审查决定（第 10031 号） ………………………………………… 2485

404 家禽饲料架（二）
  无效宣告请求审查决定（第 10032 号） ………………………………………… 2491

405 塑料单耳盆（三）
  无效宣告请求审查决定（第 10033 号） ………………………………………… 2497

406 盆（一）
  无效宣告请求审查决定（第 10034 号） ………………………………………… 2503

407 塑料双耳盆
  无效宣告请求审查决定（第 10035 号） ………………………………………… 2509

408 电子表头（SB）
  无效宣告请求审查决定（第 10039 号） ………………………………………… 2515

409 咖啡壶（IV）
  无效宣告请求审查决定（第 10040 号） ………………………………………… 2525

410 花　边
  无效宣告请求审查决定（第 10044 号） ………………………………………… 2529
  北京市第一中级人民法院行政判决书（2007）一中行初字第 1167 号 ……… 2532
  北京市高级人民法院行政判决书（2008）高行终字第 279 号 ………………… 2536

411 播放机（CD-20690）
  无效宣告请求审查决定（第 10047 号） ………………………………………… 2540

412 播放机（CD-20680）
　　无效宣告请求审查决定（第10048号） ……………………………………………………… 2548

413 长排警示灯（5）
　　无效宣告请求审查决定（第10050号） ……………………………………………………… 2553

414 电池包装膜
　　无效宣告请求审查决定（第10056号） ……………………………………………………… 2557

415 滴丸机
　　无效宣告请求审查决定（第10057号） ……………………………………………………… 2561

416 玉米软糖
　　无效宣告请求审查决定（第10062号） ……………………………………………………… 2566
　　北京市第一中级人民法院行政判决书（2007）一中行初字第1216号 …………………… 2570

417 盆（九）
　　无效宣告请求审查决定（第10070号） ……………………………………………………… 2574

418 塑料盆（六）
　　无效宣告请求审查决定（第10071号） ……………………………………………………… 2580

419 塑料盆（五）
　　无效宣告请求审查决定（第10072号） ……………………………………………………… 2586

420 盆（二）
　　无效宣告请求审查决定（第10073号） ……………………………………………………… 2591

421 塑料盆（八）
　　无效宣告请求审查决定（第10074号） ……………………………………………………… 2597

422 塑料盆（四）
　　无效宣告请求审查决定（第10075号） ……………………………………………………… 2603

423 水泵自动控制器
　　无效宣告请求审查决定（第10076号） ……………………………………………………… 2609

424 工具箱（MJ20141）
　　无效宣告请求审查决定（第10078号） ……………………………………………………… 2614

425 扑克牌包装盒（983扑克）
　　无效宣告请求审查决定（第10080号） ……………………………………………………… 2617

426 全程水处理器（SYS/D）
　　无效宣告请求审查决定（第10082号） ……………………………………………………… 2623

427 全程水处理器（SYS/E）

无效宣告请求审查决定（第 10083 号）.. 2629

428 椅架（3）
无效宣告请求审查决定（第 10084 号）.. 2633

429 水果塑料套袋
无效宣告请求审查决定（第 10088 号）.. 2636

430 圆珠笔（永平 7）
无效宣告请求审查决定（第 10092 号）.. 2641

431 智能灯杆
无效宣告请求审查决定（第 10093 号）.. 2645

432 家禽饲料架（一）
无效宣告请求审查决定（第 10094 号）.. 2651

433 畚 斗
无效宣告请求审查决定（第 10095 号）.. 2657

434 施工用水泥托盘
无效宣告请求审查决定（第 10096 号）.. 2663

435 夜壶（一）
无效宣告请求审查决定（第 10097 号）.. 2668

436 塑料缸（一）
无效宣告请求审查决定（第 10098 号）.. 2674

437 塑料桶（二）
无效宣告请求审查决定（第 10099 号）.. 2680

438 瓶贴（清茶无糖-PET500）
无效宣告请求审查决定（第 10107 号）.. 2686
北京市第一中级人民法院行政判决书（2007）一中行初字第 1358 号 2692
北京市高级人民法院行政判决书（2009）高行终字第 1 号 2696

439 正压氧气呼吸器
无效宣告请求审查决定（第 10108 号）.. 2701
北京市第一中级人民法院行政判决书（2007）一中行初字第 1243 号 2706
北京市高级人民法院行政判决书（2008）高行终字第 232 号 2714

440 圆珠笔
无效宣告请求审查决定（第 10109 号）.. 2724

441 无烟烤涮一体锅（二）
无效宣告请求审查决定（第 10115 号）.. 2739

442 椅　脚
　　无效宣告请求审查决定（第10122号） …………………………………………… 2742

443 窗口双向对讲机（6）
　　无效宣告请求审查决定（第10126号） …………………………………………… 2746
　　北京市第一中级人民法院行政判决书（2007）一中行初字第1345号 ………… 2753
　　北京市高级人民法院行政判决书（2008）高行终字第429号 …………………… 2756

444 窗口双向对讲机（4）
　　无效宣告请求审查决定（第10127号） …………………………………………… 2762

445 树枝灯
　　无效宣告请求审查决定（第10129号） …………………………………………… 2767
　　北京市第一中级人民法院行政判决书（2007）一中行初字第1342号 ………… 2769
　　北京市高级人民法院行政判决书（2008）高行终字第449号 …………………… 2773

446 涂改笔
　　无效宣告请求审查决定（第10131号） …………………………………………… 2777

447 竹手袋（斜边折叠）
　　无效宣告请求审查决定（第10132号） …………………………………………… 2785

448 散热器片头（竖搭式）
　　无效宣告请求审查决定（第10133号） …………………………………………… 2791

449 用于图形卡芯片组的散热器
　　无效宣告请求审查决定（第10134号） …………………………………………… 2796

450 修眉刀
　　无效宣告请求审查决定（第10140号） …………………………………………… 2802

451 燃气发生炉
　　无效宣告请求审查决定（第10141号） …………………………………………… 2814

452 包装纸（花生牛轧）
　　无效宣告请求审查决定（第10146号） …………………………………………… 2818

453 轮胎（HN329）
　　无效宣告请求审查决定（第10148号） …………………………………………… 2822

454 轮胎（HN205）
　　无效宣告请求审查决定（第10149号） …………………………………………… 2826

455 淋浴喷头
　　无效宣告请求审查决定（第10150号） …………………………………………… 2830

456 电吹风机（DJ-1502）

　　　　无效宣告请求审查决定（第 10157 号） …………………………………………………… 2835

457 电动玩具自行车
　　　　无效宣告请求审查决定（第 10159 号） …………………………………………………… 2840
　　　　北京市第一中级人民法院行政判决书（2007）一中行初字第 1393 号 ……………… 2846
　　　　北京市高级人民法院行政判决书（2008）高行终字第 119 号 ……………………… 2852

458 包装袋（熊猫榨菜）
　　　　无效宣告请求审查决定（第 10161 号） …………………………………………………… 2857

459 瓶贴（双回沙）
　　　　无效宣告请求审查决定（第 10166 号） …………………………………………………… 2864

460 罐状 CD 碟储存盒（FS-1096）
　　　　无效宣告请求审查决定（第 10167 号） …………………………………………………… 2870
　　　　北京市第一中级人民法院行政判决书（2007）一中行初字第 1369 号 ……………… 2875
　　　　北京市高级人民法院行政判决书（2008）高行终字第 350 号 ……………………… 2881

461 瓶　盖
　　　　无效宣告请求审查决定（第 10169 号） …………………………………………………… 2887
　　　　北京市第一中级人民法院行政判决书（2007）一中行初字第 1131 号 ……………… 2891
　　　　北京市高级人民法院行政判决书（2008）高行终字第 80 号 ………………………… 2895

462 便携式电钻
　　　　无效宣告请求审查决定（第 10170 号） …………………………………………………… 2898

463 铝塑推拉窗型材
　　　　无效宣告请求审查决定（第 10171 号） …………………………………………………… 2904

464 毛衣编织自动过梳器（A）
　　　　无效宣告请求审查决定（第 10175 号） …………………………………………………… 2911

465 毛衣编织自动过梳器（B）
　　　　无效宣告请求审查决定（第 10176 号） …………………………………………………… 2918
　　　　北京市第一中级人民法院行政判决书（2007）一中行初字第 1173 号 ……………… 2925

466 包装箱（永丰饦王）
　　　　无效宣告请求审查决定（第 10178 号） …………………………………………………… 2933

467 瓶　贴
　　　　无效宣告请求审查决定（第 10181 号） …………………………………………………… 2937

468 食品包装机
　　　　无效宣告请求审查决定（第 10196 号） …………………………………………………… 2942

469 地毯（9）
　　　　无效宣告请求审查决定（第 10197 号） …………………………………………………… 2947

470 饮料罐（二）
　　无效宣告请求审查决定（第10199号） …………………………………………… 2952

471 汽车保险杠
　　无效宣告请求审查决定（第10201号） …………………………………………… 2957
　　北京市第一中级人民法院行政判决书（2007）一中行初字第1349号 ………… 2962
　　北京市高级人民法院行政判决书（2009）高行终字第816号 …………………… 2967

472 扑克牌包装盒（小万花）
　　无效宣告请求审查决定（第10206号） …………………………………………… 2971

473 扑克牌（曲别针）
　　无效宣告请求审查决定（第10207号） …………………………………………… 2975

474 轮胎（HN209）
　　无效宣告请求审查决定（第10208号） …………………………………………… 2978

475 包装盒（大大彩虹）
　　无效宣告请求审查决定（第10209号） …………………………………………… 2981

476 化妆品包装瓶（1）
　　无效宣告请求审查决定（第10222号） …………………………………………… 2984
　　北京市第一中级人民法院行政判决书（2007）一中行初字第1289号 ………… 2991
　　北京市高级人民法院行政判决书（2008）高行终字第680号 …………………… 2997

477 食品包装袋
　　无效宣告请求审查决定（第10227号） …………………………………………… 3002

478 成套瓷餐具
　　无效宣告请求审查决定（第10229号） …………………………………………… 3007

479 电熨斗（KB-7388）
　　无效宣告请求审查决定（第10233号） …………………………………………… 3013
　　北京市第一中级人民法院行政判决书（2007）一中行初字第1356号 ………… 3016
　　北京市高级人民法院行政判决书（2008）高行终字第290号 …………………… 3021

480 木沙发（208）
　　无效宣告请求审查决定（第10234号） …………………………………………… 3026

481 一次性多功能口垫器
　　无效宣告请求审查决定（第10236号） …………………………………………… 3029

482 剃须刀（KTSZ-129）
　　无效宣告请求审查决定（第10238号） …………………………………………… 3034

483 滑板车（CF运动）

　　　　无效宣告请求审查决定（第 10240 号） ……………………………………………… 3038
　　　　北京市第一中级人民法院行政判决书（2007）一中行初字第 1308 号 …………… 3044
　　　　北京市高级人民法院行政判决书（2008）高行终字第 311 号……………………… 3051

484 手动搅拌器工作头
　　　　无效宣告请求审查决定（第 10243 号） ……………………………………………… 3056

485 手表（XJ-709）
　　　　无效宣告请求审查决定（第 10247 号） ……………………………………………… 3061
　　　　北京市第一中级人民法院行政判决书（2007）一中行初字第 1194 号 …………… 3065

486 应急灯（一）
　　　　无效宣告请求审查决定（第 10250 号） ……………………………………………… 3070
　　　　北京市第一中级人民法院行政判决书（2007）一中行初字第 1118 号 …………… 3077
　　　　北京市高级人民法院行政判决书（2008）高行终字第 259 号……………………… 3084

487 包装袋（涮霸）
　　　　无效宣告请求审查决定（第 10255 号） ……………………………………………… 3091

488 电动代步车
　　　　无效宣告请求审查决定（第 10256 号） ……………………………………………… 3094

489 汽车驾驶室总成（RDGDC）
　　　　无效宣告请求审查决定（第 10258 号） ……………………………………………… 3098
　　　　北京市第一中级人民法院行政判决书（2007）一中行初字第 1546 号 …………… 3103
　　　　北京市高级人民法院行政判决书（2008）高行终字第 293 号……………………… 3108

490 轮胎（HN305）
　　　　无效宣告请求审查决定（第 10259 号） ……………………………………………… 3114

491 轮胎（HN328）
　　　　无效宣告请求审查决定（第 10260 号） ……………………………………………… 3118

492 轮胎（HN236）
　　　　无效宣告请求审查决定（第 10261 号） ……………………………………………… 3122

493 摩托车仪表盘（液晶显示）
　　　　无效宣告请求审查决定（第 10271 号） ……………………………………………… 3127

494 牙缝刷
　　　　无效宣告请求审查决定（第 10272 号） ……………………………………………… 3133

495 汽车驾驶室总成（RSG）
　　　　无效宣告请求审查决定（第 10277 号） ……………………………………………… 3137

496 橱柜内置物架（一）
　　　　无效宣告请求审查决定（第 10280 号） ……………………………………………… 3141

497	应急灯（KN-189T）

　　无效宣告请求审查决定（第10282号） ……… 3147

498	应急灯（KN-189RD）

　　无效宣告请求审查决定（第10283号） ……… 3156

499	应急灯（KN-822）

　　无效宣告请求审查决定（第10284号） ……… 3165

500	高速抛光机（VF52）

　　无效宣告请求审查决定（第10286号） ……… 3174

501	熨衣板

　　无效宣告请求审查决定（第10287号） ……… 3176
　　北京市第一中级人民法院行政判决书（2007）一中行初字第1132号 ……… 3182
　　北京市高级人民法院行政判决书（2008）高行终字第295号 ……… 3189

502	墨水瓶

　　无效宣告请求审查决定（第10298号） ……… 3194

503	墙地砖（米格拉系列A）

　　无效宣告请求审查决定（第10305号） ……… 3199

504	墙地砖（米格拉系列B）

　　无效宣告请求审查决定（第10306号） ……… 3201

505	水烟壶（葫芦形）

　　无效宣告请求审查决定（第10308号） ……… 3203
　　北京市第一中级人民法院行政判决书（2008）一中行初字第187号 ……… 3208

506	瓶　子

　　无效宣告请求审查决定（第10313号） ……… 3213

507	室内隔断连接件

　　无效宣告请求审查决定（第10317号） ……… 3218

508	室内隔断连接件（通柱Ⅱ型）

　　无效宣告请求审查决定（第10318号） ……… 3222

509	室内隔断连接件（通柱Ⅲ型）

　　无效宣告请求审查决定（第10319号） ……… 3227

510	瓶（1）

　　无效宣告请求审查决定（第10322号） ……… 3232

511	电动伸缩门

　　无效宣告请求审查决定（第10324号） ……… 3236

⟨512⟩ 外包装箱
　　无效宣告请求审查决定（第10327号） ………………………………………… 3246

⟨513⟩ 包装盒
　　无效宣告请求审查决定（第10328号） ………………………………………… 3249

⟨514⟩ 包装盒（金鸡浓缩丸）
　　无效宣告请求审查决定（第10329号） ………………………………………… 3253

⟨515⟩ 包装箱（老板拉面）
　　无效宣告请求审查决定（第10337号） ………………………………………… 3257

⟨516⟩ 包装袋（老板拉面）
　　无效宣告请求审查决定（第10338号） ………………………………………… 3261

⟨517⟩ 自动煎药机（2）
　　无效宣告请求审查决定（第10342号） ………………………………………… 3266

⟨518⟩ 包装袋（绿太子鸡精）
　　无效宣告请求审查决定（第10347号） ………………………………………… 3272
　　北京市第一中级人民法院行政判决书（2007）一中行初字第1547号 ………… 3277
　　北京市高级人民法院行政判决书（2008）高行终字第230号 ………………… 3283

⟨519⟩ 包装袋（金太子鸡精）
　　无效宣告请求审查决定（第10348号） ………………………………………… 3286
　　北京市第一中级人民法院行政判决书（2007）一中行初字第1548号 ………… 3291
　　北京市高级人民法院行政判决书（2008）高行终字第238号 ………………… 3297

⟨520⟩ 包装袋（黄太子鸡精）
　　无效宣告请求审查决定（第10349号） ………………………………………… 3300
　　北京市第一中级人民法院行政判决书（2007）一中行初字第1549号 ………… 3305
　　北京市高级人民法院行政判决书（2008）高行终字第237号 ………………… 3311

⟨521⟩ 淋浴房（G型）
　　无效宣告请求审查决定（第10351号） ………………………………………… 3314

⟨522⟩ 电触头
　　无效宣告请求审查决定（第10356号） ………………………………………… 3319

⟨523⟩ 电连接器
　　无效宣告请求审查决定（第10357号） ………………………………………… 3324

塑料单耳盆（一）

无效宣告请求审查决定（第 10024 号）

决 定 号	第 10024 号
决 定 日	2007 年 6 月 18 日
发明创造名称	塑料单耳盆（一）
外观设计分类号	23-02
无效宣告请求人	荔城区黄石七境塑料厂
专 利 权 人	林成铭
专 利 号	200430152546.6
申 请 日	2004 年 12 月 13 日
授权公告日	2005 年 12 月 7 日
合议组组长	张跃平
主 审 员	李巍巍
参 审 员	王霞军
附 图	1 页

法 律 依 据 专利法第 23 条

决 定 要 点

生效的行政处罚决定所记载的事实，在有其他证据佐证，且没有相反证据足以推翻的情况下，对该处罚决定记载的事实应予以采信。

一、案由

本无效宣告请求涉及 2005 年 12 月 7 日国家知识产权局授权公告的 200430152546.6 号外观设计专利，其产品名称是"塑料单耳盆（一）"，申请日是 2004 年 12 月 13 日，专利权人是林成铭。

针对上述外观设计专利权（下称本专利），荔城区黄石七境塑料厂（下称请求人）于 2006 年 4 月 28 日向专利复审委员会提出无效宣告请求，其理由是本专利不符合专利法第 23 条的规定。请求人认为在本专利申请日前已经批量生产和销售了与本专利外观设计相同的产品，并提交了如下附件作为证据：

附件 1：莆田市荔城区工商行政管理局荔工商处（2003）257 号行政处罚决定书复印件 2 页；
附件 2：莆田市荔城区工商行政管理局黄石工商所查扣的产品照片及证明（翻拍件）1 页；
附件 3：莆田市荔城区工商行政管理局黄石工商所出具的证明及所附照片（原件）1 页；
附件 4：请求人 1987 年成立时的营业执照复印件 1 页；

附件5：请求人2001年成立厂支部委员会当天拍的照片（扫描件）1页；
附件6：请求人2001年成立厂支部委员会当天拍的照片（扫描件）1页；
附件7：请求人2001年成立厂支部委员会当天拍的照片（扫描件）1页；
附件8：中国共产党莆田市荔城区黄石镇委员会出具的证明及照片（原件）1页；
附件9：莆田市荔城区黄石镇工会联合会出具的证明及照片（原件）1页；
附件10：莆田市荔城区黄石镇七境村民委员会及莆田市荔城区黄石镇人民政府出具的证明及照片（原件）1页；
附件11：请求人的产品模具照片（原件）1页；
附件12：本专利外观设计图片复印件1页；
附件13：专利权人产品广告照片（扫描件）1页。

专利复审委员会根据无效宣告请求审查程序的规定受理了该无效宣告请求，并于2006年8月9日将无效宣告请求书和证据的副本转送给专利权人，限其在指定的期限内答复。并告知专利权人如逾期不答复，不影响专利复审委员会的审理。

专利权人于2006年9月11日向专利复审委员会提交了意见陈述书，针对无效宣告请求的理由进行意见陈述，专利权人认为：附件1"荔工商处（2003）257号"行政处罚决定书的内容只是表明请求人因不诚信而受到行政处罚，与本专利无关联性；附件2黄石工商所提供的照片出处不明，且照片中的产品外观无法辨认，不能采信，照片所示产品为违法产品，故该证据不具合法性；附件3莆田市荔城区工商行政管理局黄石工商所出具的证明，其证词为黄石工商所事后根据请求人单方面提供的图片所作的证明，因请求人提供的图片来源及拍摄时间均不明确，无法确定其在申请日前就已生产并在市场上公开销售过，且出证日期距执法时间较远，故该证明的可信度及证明力均值得怀疑；附件4只能证明请求人在工商局的登记时间和经营范围，与本案没有丝毫联系；附件5~7的照片为请求人自行拍摄，拍摄时间及对象均不明确，不排除为事后布置场景根据需要拍摄的可能，且照片中的产品外观无法辨认，不能采信；附件8~10分别为请求人所在地中共黄石镇委员会、黄石镇工会和黄石镇七镜村委会于2006年4月17日出具的证明，由于其职责和工作与请求人有直接的利害关系，无法保证出示材料的客观公正性，上述证明不可采信；附件11模具制造时间不能确定，及其证明对象不明，不能采信；附件13广告照片的来源及拍摄的时间均无法确认，不能采信。综上所述，请求人的无效宣告理由缺乏证据支持，因此，应当维持本专利有效。

为提高审案效率和节省双方当事人的费用，在征得双方当事人的意见后，本案于2007年3月27日在专利复审委员会进行了口头审理，双方当事人对本案合议组成员和书记员未提出回避请求，双方对对方当事人出庭人员的身份无异议。

在本案口头审理前，合议组将专利权人于2007年9月11日提交的意见陈述书转交请求人。请求人在口头审理时进行了答复。

在口头审理过程中，请求人当庭提交了附件1、附件2、附件5~7、附件13的原件，同时当庭还递交了莆田市荔城区工商行政管理局"工商听告字（2003）第61号"听证告知书（编号续前，下称附件14）原件、莆田市荔城区工商行政管理局"第0000848号财物清单"（编号续前，下称附件15）原件、中共黄石镇委员会"黄委发（2001）第43号"文件（编号续前，下称附件16）、莆田县总工会（批复）"荔工组字（2001）138号"文件（编号续前，下称附件17）。合议组当庭将上述四份证据转送专利权人。请求人认为，附件1~3可形成证据链，附件14及附件15可佐证本专利产品在申请日前已公开使用；附件16和附件17可证明附件8和附件9的出证单位的身份及中共莆田县黄石七境塑料厂支部、工会成立的时间和销售的事实；附件5~7照片为黄石七境塑料厂召开支部成立大会时拍摄的部分照片，会议场所周围堆放的部分产品与本专利的外形结构相同；附件13为专利权人的广告照片，其上右侧举条幅的男孩是专利权人的儿子，该男孩现已长大为成人，因此，从该照片上也可佐证在本专利申请日前已经公开销售的事实。专利权人对附件1、附件14、附件15的真实性无异议，但认为附件1莆田市荔城区工商行政管理局行政处罚书仅证明请求人的不正当竞争行为，从行政处罚书所列举的产品中不能得出其与本专利有对应关系；对附件2的真实性和合法性有异议；对附件3上莆田市荔城区工商行政管理局黄石工商所的印章没有异议，但对证明的内容有异议，认为附件3无经办人的签名和作证，时间和来源也不明确；对附件4真实性没有异议；对附件5~7照片的真实性无异议，但对照片的形成时间和来源有异议，且照片中所示的产品不清楚，无法与本专利对比；对附件8~10、附件16和附件17的真实性均无异议，但认为出具证明的单位与请求人属于上下级的关系，其出具的证明无法保证客观公正性；附件11制造的时间无法确定；附件13照片形成的时间无法确定，但专利权人认可照片中的男孩是其儿子，承认该男孩现已长大为成人的事实。请求人认为，附件2、附件3、附件8~10所示的图片为同一图片，附件3、附件8~件10所示产品外观，及附件2和附件13中的部分产品外观与本专利相同。专利权人认为，附件3、附件8~10所示产品外观与本专利不相同也不相近似，附件2和附件13中所示产品外观或为折叠堆放或照片不清楚，无法比较。双方均坚持其原有主张。此外，合议组当庭询问双方当事人荔城区工商行政管理局黄石分局与荔城区工商行政管理局黄石工商所之间的关系，请求人称2004年黄石分局已变更为黄石工商所，专利权人对此未提出异议。

在以上审理的基础上，本案合议组经合议，认为本案事实清楚，依法作出本审查决定。

二、决定的理由

1. 法律依据

根据请求人提出的无效宣告请求的理由和提交的证据，本案合议组依据专利法第23条的规定对本案进行审理。

专利法第23条规定：授予专利权的外观设计，应当同申请日以前在国内外出版物上公开发表过或者国内公开使用过的外观设计不相同和不相近似，并不得与他人在先取得的合法权利相冲突。

2. 证据的认定

请求人提交的附件1是莆田市荔城区工商行政管理局于2003年11月6日作出的"荔工商处（2003）257号"行政处罚决定书，其上记载：当事人荔城区黄石镇七境塑料厂，在自己生产的塑料制品上标注"南洋塑料制品有限公司"和"普江竹塑厂"为厂名，于2003年10月9日被我局黄石分局查获……违反了《产品质量法》第30条之规定，属伪造产品厂名行为。根据《产品质量法》第53条之规定，本局决定作如下处罚：责令改正，并处罚款人民币5000元，上缴财政；附件2是莆田市荔城区工商行政管理局黄石工商所查扣的产品照片，及莆田市荔城区工商行政管理局黄石工商所出具的证明，其内容是：2003年10月20日黄石工商所到黄石七境塑料厂当场检查拍摄图片；附件3是莆田市荔城区工商行政管理局黄石工商所于2006年4月17日出具的证明，其内容是："本工商行政管理局黄石工商所曾经于2003年10月9日对荔城区黄石七境村塑料厂生产的标注'南洋塑料制品有限公司'和'普江竹塑厂'的29600件塑料制品盆、桶，作出'荔工商处（2003）257号'行政处罚，在该次行政处罚中的部分产品的外形结构与上述图片中的产品外形结构完全相同。在处罚的当年以前，该产品在本地区老百姓的日常生活中就早已广泛使用"；附件13是专利权人产品广告照片，在照片的正面显示有各种日用塑料产品，及由两人举起的"莆田市涵江区成铭日用品经营部"的条幅，照片的背面印有"本经营部多年经营再生塑料产品，农用品、日用品，集各厂家优质，畅销产品之大成。历年来积累了不少经验，产品销路广泛……"等；附件14是莆田市荔城区工商行政管理局

"工商听告字（2003）第61号"听证告知书，其上记载：你厂在自己生产的塑料制品上标注"南洋塑料制品有限公司"和"普江竹塑厂"为厂名，于2003年10月9日被我局黄石分局查获……违反了《产品质量法》第30条规定，属伪造厂名行为。根据《产品质量法》第53条之规定，本局拟作如下处罚：责令整改，并处罚款人民币5000元，上缴财政；落款日期为2003年11月6日；附件15是莆田市荔城区工商行政管理局"第0000848号财物清单"，其上记载"现金、人民币、5000元整、当事人/保管人：陈益博、2003年10月20日，承办人：翁少军、李胜辉、2003年10月20日"；请求人在口头审理时递交了上述证据的原件。请求人通过此组证据证明在本专利申请日前与本专利相同的产品已公开销售使用。专利权人对附件1、附件14、附件15的真实性无异议，但认为附件1莆田市荔城区工商行政管理局行政处罚书仅证明请求人的不正当竞争行为，从行政处罚书所列举的产品中不能得出与本专利有对应关系；对附件2的真实性和合法性有异议，认为其上无时间及经办人的签名，请求人的产品是违法的不能作为证据使用；对附件3上莆田市荔城区工商行政管理局黄石工商所的印章没有异议，但对证明的内容有异议，因无经办人的签名和作证，时间和来源也不明确；认为附件13照片形成的时间无法确定，但专利权人认可照片中的男孩是专利权人的儿子，承认其儿子现已长大为成人的事实。对上述证据合议组进行了核实，其复印件均与原件相符。

　　合议组认为：本无效宣告请求是2006年7月1日之前提出的，对补充证据的规定适用2006年7月1日之前的审查指南。附件14和附件15虽然是在提出无效宣告请求之日起1个月后提交的，但其是对附件1的补强，证明行政处罚已执行，因此，属于可接受的新证据；由附件1、附件14和附件15可以证明在本专利申请日前，请求人因违反了《产品质量法》第30条规定，受到荔城区工商行政管理局的行政处罚，并根据《产品质量法》第53条的规定缴纳了罚款的事实；附件2、附件3所示照片来源及原照片形成的时间，或照片中产品所公开使用的时间在莆田市荔城区工商行政管理局黄石工商所出具的证明中已得到证明，并加盖有莆田市荔城区工商行政管理局黄石工商所印章，同时附件15中请求人缴纳罚款的时间，也能与附件2中莆田市荔城区工商行政管理局黄石工商所到黄石七境塑料厂当场检查拍照图片的时间相对应，罚款金额与附件1、附件14和附件15中所述的金额相对应，附件3中莆田市荔城区工商行政管理局黄石工商所证明的内容也与附件1和附件14中所记载的内容一致；虽然请求人伪造他人厂名从事生产销售的行为是违法的，但在没有相反证据足以推翻的情况下，对已经生效的荔工商处（2003）257号行政处罚决定书中记载的事实应予以采信；附件13虽然未标明其形成的时间，但从专利权人认可其上举条幅男孩现已长大为成人的事实可推出，该证据形成于本专利申请日之前。综上所述，合议组认为：请求人提交的附件13、附件14和附件15可以构成一个完整的证据链，其所涉及事实即公开销售附件3中所示"塑料单耳盆"产品的事实的形成时间在本专利申请日之前（2004年12月13日），同时附件13也可佐证在本专利申请日前已经公开销售使用过附件3中所示"塑料单耳盆"的产品。因此，上述证据中所涉及产品"塑料单耳盆"的外观设计，属于在本专利申请日前已经公开使用过的在先设计。

　　3. 相近似的判断

　　本专利和附件3所示外观设计（下称在先设计）均为塑料单耳盆的外观设计，其用途相同，属于相同类别的产品，具有可比性。

　　本专利是塑料单耳盆的外观设计，其整体形状为倒锥台形，在一侧的盆沿上有一向上凸起的"⌐"形状提耳，与提耳对称的盆壁上有一长形凸起，盆的底面有一圆形设计。（详见本专利附图）

　　在先设计也是塑料单耳盆的外观设计，其整体形状为倒锥台形，在一侧的盆沿上有一向上凸起的"⌐"形状提耳，与提耳对称的盆壁上有一长形凸起（详见在先设计附图）。

　　将本专利与在先设计相比较，两者的相同点为：塑料单耳盆整体形状；盆沿一侧的提耳设计；盆壁一侧的长形凸起设计，其不同点为：本专利盆的底面有圆形设计，在先设计的底面未显示。合议组认为：以一般消费者作为判断主体来观察二者的外观设计，在两者盆体、提耳和长形凸起等整体形状相同的情况下，其盆底的不同应属于细微的差别，对整体视觉效果不具有显著性的影响，且二者盆体的底面的差异因在使用状态下不可见，故对整体视觉效果不具有影响，因此，二者属于相近似的外观设计。

综上所述，本专利在申请日前已有与其相近似的外观设计在国内公开使用过，因此不符合专利法第23条的规定。

在已经得出上述审查结论的基础上，本审查决定对请求人提交的其他证据不再作出评述。

三、决定

宣告200430152546.6号外观设计专利权全部无效。

当事人对本决定不服的，可以根据专利法第46条第2款的规定，自收到本决定之日起三个月内向北京市第一中级人民法院起诉。根据该款的规定，一方当事人起诉后，另一方当事人应当作为第三人参加诉讼。

主视图　　　　　后视图

左视图

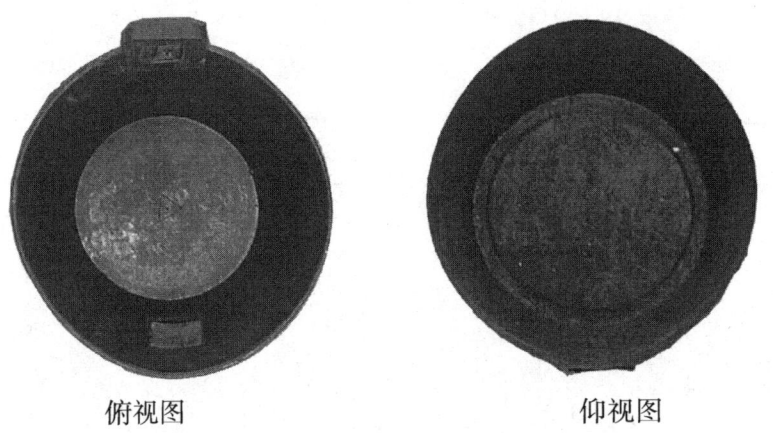

俯视图　　　　　仰视图

本专利附图

在先设计附图

塑料单耳盆（五）

无效宣告请求审查决定（第 10025 号）

决 定 号	第 10025 号
决 定 日	2007 年 6 月 18 日
发明创造名称	塑料单耳盆（五）
外观设计分类号	23-02
无效宣告请求人	荔城区黄石七境塑料厂
专 利 权 人	林成铭
专 利 号	200430152552.1
申 请 日	2004 年 12 月 13 日
授权公告日	2005 年 12 月 7 日
合议组组长	张跃平
主 审 员	李巍巍
参 审 员	王霞军
附 图	1 页
法 律 依 据	专利法第 23 条

决 定 要 点

生效的行政处罚决定所记载的事实，在有其他证据佐证，且没有相反证据足以推翻的情况下，对该处罚决定记载的事实应予以采信。

一、案由

本无效宣告请求涉及 2005 年 12 月 7 日国家知识产权局授权公告的 200430152552.1 号外观设计专利，其产品名称是"塑料单耳盆（五）"，申请日是 2004 年 12 月 13 日，专利权人是林成铭。

针对上述外观设计专利权（下称本专利），荔城区黄石七境塑料厂（下称请求人）于 2006 年 4 月 28 日向专利复审委员会提出无效宣告请求，其理由是本专利不符合专利法第 23 条的规定。请求人认为在本专利申请日前已经批量生产和销售了与本专利外观设计相同的产品，同时，请求人提交了如下附件作为证据：

附件 1：莆田市荔城区工商行政管理局荔工商处（2003）257 号行政处罚决定书复印件 2 页；
附件 2：莆田市荔城区工商行政管理局黄石工商所查扣的产品照片及证明（翻拍件）1 页；
附件 3：莆田市荔城区工商行政管理局黄石工商所出具的证明及所附照片（原件）1 页；
附件 4：请求人 1987 年成立时的营业执照复印件 1 页；

附件5：请求人2001年成立厂支部委员会当天拍的照片（扫描件）1页；
附件6：请求人2001年成立厂支部委员会当天拍的照片（扫描件）1页；
附件7：请求人2001年成立厂支部委员会当天拍的照片（扫描件）1页；
附件8：中国共产党莆田市荔城区黄石镇委员会出具的证明及照片（原件）1页；
附件9：莆田市荔城区黄石镇工会联合会出具的证明及照片（原件）1页；
附件10：莆田市荔城区黄石镇七境村民委员会及莆田市荔城区黄石镇人民政府出具的证明及照片（原件）1页；
附件11：请求人的产品模具照片（原件）1页；
附件12：本专利外观设计图片复印件1页；
附件13：专利权人产品广告照片（扫描件）1页。

专利复审委员会根据无效宣告请求审查程序的规定受理了该无效宣告请求，并于2006年8月9日将无效宣告请求书和证据的副本转送给专利权人，限其在指定的期限内答复。并告知专利权人如逾期不答复，不影响专利复审委员会的审理。

专利复审委员会于2006年9月19日收到专利权人提交的意见陈述书，针对无效宣告请求的理由进行了意见陈述，专利权人认为：附件1"荔工商处（2003）257号"行政处罚决定书的内容只是表明请求人因不诚信而受到行政处罚，与本专利无关联性；附件2黄石工商所提供的照片出处不明，且照片中的产品外观无法辨认，不能采信，照片所示产品为违法产品，故该证据不具合法性；附件3莆田市荔城区工商行政管理局黄石工商所出具的证明，其证词为黄石工商所事后根据请求人单方面提供的图片所作的证明，因请求人提供的图片来源及拍摄时间均不明确，无法确定其在申请日前就已生产并在市场上公开销售过，且出证日期距执法时间较远，故该证明的可信度及证明力均值得怀疑；附件4只能证明请求人在工商局的登记时间和经营范围，与本案没有丝毫联系；附件5~7的照片为请求人自行拍摄，拍摄时间及对象均不明确，不排除为事后布置场景根据需要拍摄的可能，且照片中的产品外观无法辨认，不能采信；附件8~10分别为请求人所在地中共黄石镇委员会、黄石镇工会和黄石镇七镜村委会于2006年4月17日出具的证明，由于其职责和工作与请求人有直接的利害关系，无法保证出示材料的客观公正性，上述证明不可采信；附件11模具制造时间不能确定，及其证明对象不明，不能采信；附件13广告照片的来源及拍摄的时间均无法确认，不能采信。综上所述，请求人的无效理由缺乏证据支持，因此，应当维持本专利有效。

为提高审案效率和节省双方当事人的费用，在征得双方当事人的意见后，本案于2007年3月27日在专利复审委员会进行了口头审理，双方当事人对本案合议组成员和书记员未提出回避请求，双方对对方当事人出庭人员的身份无异议。

在本案口头审理前，合议组将2006年9月19日收到的专利权人意见陈述书转交请求人。请求人在口头审理时进行了答复。

在口头审理过程中，请求人当庭提交了附件1、附件2、附件5~7、附件13的原件，同时当庭还递交了莆田市荔城区工商行政管理局"工商听告字（2003）第61号"听证告知书（编号续前，下称附件14）原件、莆田市荔城区工商行政管理局"第0000848号财物清单"（编号续前，下称附件15）原件、中共黄石镇委员会"黄委发（2001）第43号"文件（编号续前，下称附件16）、莆田县总工会（批复）"荔工组字（2001）138号"文件（编号续前，下称附件17）。合议组当庭将上述四份证据转送专利权人。请求人认为，附件1~3可形成证据链，附件14及附件15可佐证本专利产品在申请日前已公开使用；附件16和附件17可证明附件8和附件9的出证单位的身份及中共莆田县黄石七境塑料厂支部、工会成立的时间和销售的事实；附件5~7照片为黄石七境塑料厂召开支部成立大会时拍摄的部分照片，会议场所周围堆放的部分产品与本专利的外形结构相同；附件13为专利权人的广告照片，其上右侧举条幅的男孩是专利权人的儿子，该男孩现已长大为成人，因此，从该照片上也可佐证在本专利申请日前已经公开销售的事实。专利权人对附件1、附件14、附件15的真实性无异议，但认为附件1莆田市荔城区工商行政管理局行政处罚书仅证明请求人的不正当竞争行为，从行政处罚书所列举的产品中不能得出其与本专利有对应关系；对附件2的真实性和合法性有异议；对附件3上莆田市荔城区工商行政管理局黄石工商所的印章没有异议，但对证明的内容有异议，认为附件3无经办人的签名和作证，时间和来源也不明确；对附件4真实性没有异议；对附件5~7照片的真实性无异议，但对照片的形成时间和来源有异议，且照片中所示的产品不清楚，无法与本专利对比；对附件8~10、附件16和附件17的真实性均无异议，但认为出具证明的单位与请求人属于上下级的关系，其出具的证明无法保证客观公正性；附件11制造的时间无法确定；附件13照片形成的时间无法确定，但专利权人认可照片中的男孩是其儿子，承认该男孩现已长大为成人的事实。请求人认为，附件2、附件3、附件8~10所示的图片为同一图片，附件3、附件8~10所示产品外观，及附件2和附件13中的部分产品外观与本专利相同。专利权人认为，附件3、附件8~10所示产品外观与本专利不相同也不相近似，附件2和附件13中所示产品外观或为折叠堆放或照片不清楚，无法比较。双方均坚持其原有主张。此外，合议组当庭询问双方当事人荔城区工商行政管理局黄石分局与荔城区工商行政管理局黄石工商所之间的关系，请求人称2004年黄石分局已变更为黄石工商所，专利权人对此未提出异议。

在以上审理的基础上，本案合议组经合议，认为本案事实清楚，依法作出本审查决定。

二、决定的理由

1. 法律依据

根据请求人提出的无效宣告请求的理由和提交的证据，本案合议组依据专利法第23条的规定对本案进行审理。

专利法第23条规定：授予专利权的外观设计，应当同申请日以前在国内外出版物上公开发表过或者国内公开使用过的外观设计不相同和不相近似，并不得与他人在先取得的合法权利相冲突。

2. 证据的认定

请求人提交的附件1是莆田市荔城区工商行政管理局于2003年11月6日作出的"荔工商处（2003）257号"行政处罚决定书，其上记载：当事人荔城区黄石镇七境塑料厂，在自己生产的塑料制品上标注"南洋塑料制品有限公司"和"普江竹塑厂"为厂名，于2003年10月9日被我局黄石分局查获……违反了《产品质量法》第30条之规定，属伪造产品厂名行为。根据《产品质量法》第53条之规定，本局决定作如下处罚：责令改正，并处罚款人民币5000元，上缴财政；附件2是莆田市荔城区工商行政管理局黄石工商所查扣的产品照片，及莆田市荔城区工商行政管理局黄石工商所出具的证明，其内容是：2003年10月20日黄石工商所到黄石七境塑料厂当场检查拍摄图片；附件3是莆田市荔城区工商行政管理局黄石工商所于2006年4月17日出具的证明，其内容是："本工商行政管理局黄石工商所曾经于2003年10月9日对荔城区黄石七境村塑料厂生产的标注'南洋塑料制品有限公司'和'普江竹塑厂'的29600件塑料制品盆、桶作出'荔工商处（2003）257号'行政处罚，在该次行政处罚中的部分产品的外形结构与上述图片中的产品外形结构完全相同。在处罚的当年以前，该产品在本地区老百姓的日常生活中就早已广泛使用"；附件13是专利权人产品广告照片，在照片的正面显示有各种日用塑料产品，及由两人举起的"莆田市涵江区成铭日用品经营部"的条幅，照片的背面印有"本经营部多年经营再生塑料产品，农用品、日用品，集各厂家优质，畅销产品之大成。历年来积累了不少经验，产品销路广泛……"等；附件14是莆田市荔城区工商行政管理局

"工商听告字（2003）第61号"听证告知书，其上记载：你厂在自己生产的塑料制品上标注"南洋塑料制品有限公司"和"普江竹塑厂"为厂名，于2003年10月9日被我局黄石分局查获……违反了《产品质量法》第30条规定，属伪造厂名行为。根据《产品质量法》第53条之规定，本局拟作如下处罚：责令整改，并处罚款人民币5000元，上缴财政；落款日期为2003年11月6日；附件15是莆田市荔城区工商行政管理局"第0000848号财物清单"，其上记载"现金、人民币、5000元整、当事人/保管人：陈益博、2003年10月20日、承办人：翁少军、李胜辉、2003年10月20日"；请求人在口头审理时递交了上述证据的原件。请求人通过此组证据证明在本专利申请日前与本专利相同的产品已公开销售使用。专利权人对附件1、附件14、附件15的真实性无异议，但认为附件1莆田市荔城区工商行政管理局行政处罚书仅证明请求人的不正当竞争行为，从行政处罚书所列举的产品中不能得出与本专利有对应关系；对附件2的真实性和合法性有异议，认为其上无时间及经办人的签名，请求人的产品是违法的不能作为证据使用；对附件3上莆田市荔城区工商行政管理局黄石工商所的印章没有异议，但对证明的内容有异议，因无经办人的签名和作证，时间和来源也不明确；认为附件13照片形成的时间无法确定，但专利权人认可照片中的男孩是专利权人的儿子，承认其儿子现已长大为成人的事实。对上述证据合议组进行了核实，其复印件均与原件相符。

合议组认为：本无效宣告请求是2006年7月1日之前提出的，对补充证据的规定适用2006年7月1日之前的审查指南。附件14和附件15虽然是在提出无效宣告请求之日起1个月后提交的，但其是对附件1的补强，证明行政处罚已执行，因此，属于可接受的新证据；由附件1、附件14和附件15可以证明在本专利申请日前，请求人因违反了《产品质量法》第30条规定，受到荔城区工商行政管理局的行政处罚，并根据《产品质量法》第53条的规定缴纳了罚款的事实；附件2、附件3所示照片来源及原照片形成的时间，或照片中产品所公开使用的时间在莆田市荔城区工商行政管理局黄石工商所出具的证明中已得到证明，并加盖有莆田市荔城区工商行政管理局黄石工商所印章，同时附件15中请求人缴纳罚款的时间，也能与附件2中莆田市荔城区工商行政管理局黄石工商所到黄石七境塑料厂当场检查拍照图片的时间相对应，罚款金额与附件1、附件14和附件15中所述的金额相对应，附件3中莆田市荔城区工商行政管理局黄石工商所证明的内容也与附件1和附件14中所记载的内容一致；虽然请求人伪造他人厂名从事生产销售的行为是违法的，但在没有相反证据足以推翻的情况下，对已经生效的荔工商处（2003）257号行政处罚决定书中记载的事实应予以采信；附件13虽然未标明其形成的时间，但从专利权人认可其上举条幅男孩现已长大为成人的事实可推出，该证据形成于本专利申请日之前。综上所述，合议组认为：请求人提交的附件1~3、附件14和附件15可以构成一个完整的证据链，其所涉及事实即公开销售附件3中所示"塑料单耳盆"产品的事实的形成时间在本专利申请日之前（2004年12月13日），同时附件13也可佐证在本专利申请日前已经公开销售使用过附件3中所示"塑料单耳盆"的产品。因此，上述证据中所涉及产品"塑料单耳盆"的外观设计，属于在本专利申请日前已经公开使用过的在先设计。

3. 相近似的判断

本专利和附件3所示外观设计（下称在先设计）均为塑料单耳盆的外观设计，其用途相同，属于相同类别的产品，具有可比性。

本专利是塑料单耳盆的外观设计，其整体形状为倒锥台形，盆沿为向外平展，在一侧的平沿上有一向上凸起的提耳，盆的底面的两个圆形设计（详见本专利附图）。

在先设计也是塑料单耳盆的外观设计，其整体形状为倒锥台形，盆沿为向外平展，在一侧的平沿上有一向上凸起的提耳，在其的对称面的平沿上有一凹槽（详见在先设计附图）。

将本专利与在先设计相比较，两者的相同点为：塑料单耳盆整体形状；向外平展的盆沿；盆沿单侧的提耳设计，其不同点为：在先设计在提耳的对称面的平沿上有一凹槽，本专利无；本专利盆的底面有圆环设计，在先设计的底面未显示。合议组认为：以一般消费者作为判断主体来观察二者的外观设计，在两者盆体整体形状相同的情况下，其盆一侧的凹槽的不同应属于细微的差别，其差别对整体视觉效果不具有显著性的影响，二者盆的底面的差异因在使用状态下不可见，故对整体视觉效果不具有影响，因此，二者属于相近似的外观设计。

综上所述，本专利在申请日前已有与其相近似的外观设计在国内公开使用过，因此不符合专利法第 23 条的规定。

在已经得出上述审查结论的基础上，本审查决定对请求人提交的其他证据不再作出评述。

三、决定

宣告 200430152552.1 号外观设计专利权全部无效。

当事人对本决定不服的，可以根据专利法第 46 条第 2 款的规定，自收到本决定之日起三个月内向北京市第一中级人民法院起诉。根据该款的规定，一方当事人起诉后，另一方当事人应当作为第三人参加诉讼。

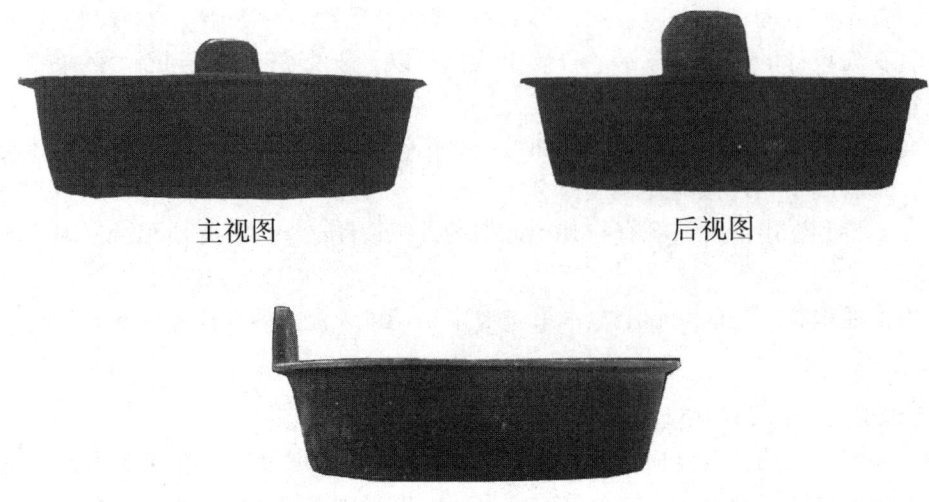

主视图　　　　后视图

左视图

俯视图　　　　仰视图

本专利附图

在先设计附图

塑料单耳盆（四）

无效宣告请求审查决定（第10030号）

决 定 号	第10030号
决 定 日	2007年6月15日
发明创造名称	塑料单耳盆（四）
外观设计分类号	23-02
无效宣告请求人	荔城区黄石七境塑料厂
专 利 权 人	林成铭
专 利 号	200430152551.7
申 请 日	2004年12月13日
授权公告日	2005年12月7日
合议组组长	张雪飞
主 审 员	钟 华
参 审 员	王霞军
附 图	1页
法律依据	专利法第23条

决定要点

生效的行政处罚决定所记载的事实，并有其他证据佐证，在没有相反证据足以推翻的情况下，对该处罚决定所记载的事实应予以采信。

一、案由

本无效宣告请求涉及2005年12月7日国家知识产权局授权公告的200430152551.7号外观设计专利，其产品名称是"塑料单耳盆（四）"，申请日是2004年12月13日，专利权人是林成铭。

针对上述外观设计专利权（下称本专利），荔城区黄石七境塑料厂（下称请求人）于2006年5月9日向专利复审委员会提出无效宣告请求，其理由是本专利不符合专利法第23条的规定。请求人认为在本专利申请日前已经批量生产和销售了与本专利外观设计相同的产品，同时，请求人提交了如下附件作为证据：

附件1：莆田市荔城区工商行政管理局"荔工商处（2003）257号"行政处罚决定书复印件2页；

附件2：莆田市荔城区工商行政管理局黄石工商所查扣的产品照片及证明（翻拍件）1页；

附件3：莆田市荔城区工商行政管理局黄石工商所出具的证明（原件）1页及所附照片1张；

附件4：请求人1987年成立时的营业执照复印件1页；

附件5：请求人2001年成立厂支部委员会当天拍的照片（扫描件）1页；

附件6：请求人2001年成立厂支部委员会当天拍的照片（扫描件）1页；

附件7：请求人2001年成立厂支部委员会当天拍的照片（扫描件）1页；

附件8：中国共产党莆田市荔城区黄石镇委员会出具的证明及照片（原件）1页；

附件9：莆田市荔城区黄石镇工会联合会出具的证明及照片（原件）1页；

附件10：莆田市荔城区黄石镇七境村民委员会及莆田市荔城区黄石镇人民政府出具的证明及照片（原件）1页；

附件11：请求人的产品模具照片（原件）1页；

附件12：本专利外观设计图片复印件1页；

附件13：专利权人产品广告照片（扫描件）1页。

专利复审委员会根据无效宣告请求审查程序的规定受理了该无效宣告请求，并于2006年6月9日将无效宣告请求书和证据的副本转送给专利权人，限其在指定的期限内答复。并告知专利权人如逾期不答复，不影响专利复审委员会的审理。

专利复审委员会于2006年7月4日收到专利权人提交的意见陈述书，专利权人针对无效宣告请求的理由进行了意见陈述，专利权人认为：附件1"荔工商处（2003）257号"行政处罚决定书的内容只是表明请求人因不诚信而受到行政处罚；附件2黄石工商所提供的所谓当场检查拍照图片出处不明，且照片中的产品外观无法辨认，不能采信；附件3莆田市荔城区工商行政管理局黄石工商所出具的证明，该证明所作的证词来源不明，无法支持请求人的观点；附件4来源不明，无法确认其真实性；附件5~7的照片为请求人自行拍摄，拍摄时间及出处均不明，且照片中的产品外观无法辨认，不能采信；附件8~10分别为请求人所在地中共黄石镇委员会、黄石镇工会和黄石镇七镜村委会于2006年4月17日出具的证明，由于附件8~10来源不明，故不可采信；附件11模具照片的来源及其证明对象不明，不能采信；附件13广告照片来源的不明，而且也无法表明该照片为公开出版物，不能采信。综上所述，请求人的无效理由缺乏证据支持，因此，应当维持本专利有效。

专利复审委员会于2007年2月6日向双方当事人发出《无效宣告请求口头审理通知书》，定于2007年3月26日在专利复审委员会进行口头审理。并将专利复审委员会于2006年7月4日收到专利权人提交的意见陈述书同时转送请求人。

口头审理如期举行，双方当事人均参加了口头审理。在口头审理过程中，请求人当庭提交了附件1、附件2、附件5~7、附件13的原件，同时还递交了莆田市荔城区工商行政管理局"工商听告字（2003）第61号"听证告知书（编号续前，下称附件14）原件、莆田市荔城区工商行政管理局"第0000848号财务清单"（编号续前，下称附件15）原件、中共黄石镇委员会"黄委发（2001）第43号"文件（编号续前，下称附件16）、莆田县总工会（批复）"荔工组字（2001）138号"文件（编号续前，下称附件17）。合议组当庭将上述四份证据转送专利权人。请求人认为，附件1~3可形成证据链，附件14及附件15可佐证本专利产品在申请日前已公开使用；附件16和附件17可证明附件8和附件9出证单位的身份及中共莆田县黄石七境塑料厂支部、工会成立的时间和销售的事实；附件5~7照片为黄石七境塑料厂召开支部成立大会时拍摄的部分照片，会议场所周围堆放的部分产品，与本专利的外形结构相同；附件13为专利权人的产品广告照片，其上右侧举条幅的男孩是专利权人的儿子，该男孩现已长大为成人，因此，从该照片上也可佐证在本专利申请日前已经公开销售的事实。

专利权人对附件1、附件14、附件15的真实性无异议，但认为附件1荔城区工商行政管理局行政处罚书仅证明请求人的不正当竞争行为，从行政处罚书所列举的产品中不能得出与本专利有对应关系；

对附件2的真实性和合法性有异议；对附件3上莆田市荔城区工商行政管理局黄石工商所的印章没有异议，但对证明的内容有异议，因无经办人的签名和作证，时间和来源也不明确；对附件4真实性没有异议；对附件5~7照片的真实性无异议，但对照片的形成时间和来源有异议，且照片中所示的产品不清楚，无法与本专利对比；对附件8~10、附件16和附件17的真实性均无异议，但认为出具证明的单位与请求人属于上下级的关系，其出具的证明无法保证客观公正性；附件11制造的时间无法确定；附件13照片形成的时间无法确定，但专利权人认可照片中的男孩是其儿子，承认该男孩现已长大为成人的事实。对于上述证据中所涉及的莆田市荔城区工商行政管理局黄石工商所与莆田市荔城区工商行政管理局黄石分局的关系，请求人称该工商分局是该工商所的前身，该工商分局现已变更为该工商所，专利权人对此未提出异议。请求人认为，附件2、附件3、附件8~10所示的图片为同一图片，附件3、附件8~10所示产品外观，及附件2和附件13中所指定的产品外观与本专利相同。专利权人认为，附件3、附件8~10所示产品外观与本专利不相同也不相近似，附件2和附件13中所示产品外观或为折叠堆放或照片不清楚，无法比较。双方均坚持其原有主张。

在以上审理的基础上，本案合议组经合议，认为本案事实清楚，依法作出本审查决定。

二、决定的理由

1. 法律依据

根据请求人提出的无效宣告请求的理由和提交的证据，本案合议组依据专利法第23条的规定对本案进行审理。

专利法第23条规定：授予专利权的外观设计，应当同申请日以前在国内外出版物上公开发表过或者国内公开使用过的外观设计不相同和不相近似，并不得与他人在先取得的合法权利相冲突。

2. 证据的认定

请求人提交的附件1是莆田市荔城区工商行政管理局于2003年11月6日作出的"荔工商处（2003）257号"行政处罚决定书，其上记载：当事人荔城区黄石镇七境塑料厂，在自己生产的塑料制品上标注"南洋塑料制品有限公司"和"普江竹塑厂"为厂名，于2003年10月9日被我局黄石分局查获……违反了《产品质量法》第30条之规定，属伪造产品厂名行为。根据《产品质量法》第53条之规定，本局决定作如下处罚：责令改正，并处罚款人民币5000元，上缴财政；附件2是莆田市荔城区工商行政管理局黄石工商所查扣的产品照片，及莆田市荔城区工商行政管理局黄石工商所出具的证明，其内容是：2003年10月20日黄石工商所到黄石七境塑料厂当场检查拍照图片；附件3是莆田市荔城区工商行政管理局黄石工商所于2006年4月17日出具的证明，其内容是："本工商行政管理局黄石工商所曾经于2003年10月9日对荔城区黄石七境村塑料厂生产的标注'南洋塑料制品有限公司'和'普江竹塑厂'的29600件塑料制品盆、桶，作出'荔工商处（2003）257号'行政处罚，在该次行政处罚中的部分产品的外形结构与上述图片中的产品外形结构完全相同。在处罚的当年以前，该产品在本地区老百姓的日常生活中就早已广泛使用"；附件13是专利权人产品广告照片，在照片的正面显示有各种日用塑料产品，及由两人举起的"莆田市涵江区成铭日用品经营部"的条幅，照片的背面印有"本经营部多年经营再生塑料产品，农用品、日用品，集各厂家优质，畅销产品之大成。历年来积累了不少经验，产品销路广泛……"等；附件14是莆田市荔城区工商行政管理局"工商听告字（2003）第61号"听证告知书，其上记载：你厂在自己生产的塑料制品上标注"南洋塑料制品有限公司"和"普江竹塑厂"为厂名，于2003年10月9日被我局黄石分局查获……违反了《产品质量法》第30条之规定，属伪造厂名行为。根据《产品质量法》第53条之规定，本局决定作如下处罚：责令整改，并处罚款人民币5000元，上缴财政；落款日期为2003年11月6日；附件15是莆田市荔城区工商行政管理局"第0000848号财务清单"，其上记载"现金、人民币、5000元整、当事人/保管人：陈益博、2003年10月20日、承办人：翁少军、李胜辉、2003年10月20日"；请求人在口头审理时递交了上述证据的原件。请求人通过此组证据证明在本专利申请日前与本专利相同的产品已公开销售使用。专利权人对附件1、附件14、附件15的真实性无异议，但认为附件1工商行政管理局行政处罚书仅证明请求人的不正当竞争行为，从行政处罚书所列举的产品中不能得出与本专利有对应关系；对附件2的真实性和合法性有异议，认为其上无时间及经办人的签名，请求人的产品是违法的不能作为证据使用；对附件3上莆田市荔城区工商行政管理局黄石工商所的印章没有异议，但对证明的内容有异议，因无经办人的签名和作证，时间和来源也不明确；认为附件13照片形成的时间无法确定，但专利权人认可照片中的男孩是专利权人的儿子，承认其儿子现已长大为成人的事实。对上述证据合议组进行了核实，其复印件与原件相符。

合议组认为：附件14和附件15虽然是在提出无效宣告请求之日起1个月后提交的，但其是对附件1所证明的具体事实的补充证明，根据2001年审查指南的相关规定（本无效宣告请求日在2006年7月1日之前，按照《施行修订后审查指南的过渡办法》的规定，对自无效宣告请求之日起1个月后提出的新理由、新证据的审查应适用2001年10月18日公布的审查指南），其不属于不予考虑的新证据。附件14和附件15虽然是在提出无效宣告请求之日起1个月后提交的，但其是对附件1的补强，证明行政处罚已执行，因此，不视为其是新证据；由附件1、附件14和附件15可以证明在本专利申请日前，请求人因违反了《产品质量法》第30条规定，受到荔城区工商行政管理局的行政处罚，并根据《产品质量法》第53条的规定缴纳了罚款的事实；附件2、附件3所示照片来源及原照片形成的时间，或照片中产品所公开使用的时间在莆田市荔城区工商行政管理局黄石工商所出具的证明中已得到证明，并加盖有莆田市荔城区工商行政管理局黄石工商所印章，同时附件15中请求人缴纳罚款的时间，也能与附件2中莆田市荔城区工商行政管理局黄石工商所到黄石七境塑料厂当场检查拍照图片的时间相对应，罚款金额与附件1、附件14和附件15中所述的金额相对应，附件3中莆田市荔城区工商行政管理局黄石工商所证明的内容也与附件1和附件14中所记载的内容一致；虽然请求人伪造他人厂名从事生产活动的行为是违法的，但在已经生效的荔工商处（2003）257号行政处罚决定书中记载的事实，在没有相反证据足以推翻的情况下，该行政处罚书记载的事实应予以采信；附件13虽然未标明其形成的时间，但从专利权人认可其上举条幅男孩现已长大成人的事实可推出，该证据形成于本专利申请日之前。合议组认为：请求人提交的附件1~3、附件14和附件15可以构成一个完整的证据链，其所涉及事实的形成时间在本专利申请日之前（2004年12月13日），同时附件13也可佐证在本专利申请日前已经公开销售使用过附件3中所示"塑料单耳盆"的产品。因此，上述证据中所涉及产品"塑料单耳盆"的外观设计，属于在本专利申请日前已经使用公开的在先设计。

3. 相近似的判断

本专利和附件3所示外观设计（下称在先设计）均为盆的外观设计，用途相同，属于相同类别的产品，具有可比性。

本专利是塑料单耳盆的外观设计，其整体形状近似倒立圆台状，上端向上延伸有一个近似长方形框的提手，内侧底端有一长方形框，底面凸出有一圆圈（详见本专利附图）。

在先设计是盆的外观设计，其整体形状近似倒立圆台状，上端向上延伸有一个近似长方形框的提手，内侧底端有一长方形框（详见在先设计附图）。

将本专利与在先设计相比较，二者的相同点是整体形状近似倒立圆台状，上端向上延伸有一个近似长方形框的提手，内侧底端有一长方形框。其不同点为：本专利的底面凸出有一圆圈，在先设计没有公开底面设计。合议组认为：盆的底面为不常见面，本专利与在先设计的底面是否凸出有一个圆圈对产品的整体视觉不具有显著性的影响，本专利与在先设计整体形状相似，容易使一般消费者误认、混同。因此，二者属于相近似的外观设计。

综上所述，本专利在申请日前已有与其相近似的外观设计在国内公开使用过，因此不符合专利法第 23 条的规定。

在已经得出上述审查结论的基础上，本审查决定对请求人的提交的其他证据不再作出评述。

三、决定

宣告 200430152551.7 号外观设计专利权全部无效。

当事人对本决定不服的，可以根据专利法第 46 条第 2 款的规定，自收到本决定之日起三个月内向北京市第一中级人民法院起诉。根据该款的规定，一方当事人起诉后，另一方当事人应当作为第三人参加诉讼。

主视图　　　　　　后视图

左视图

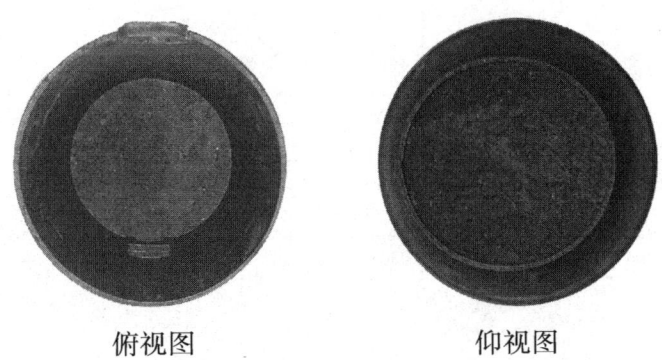

俯视图　　　　　　仰视图

本专利附图

在先设计附图

塑料单耳盆（二）

无效宣告请求审查决定（第 10031 号）

决 定 号	第 10031 号
决 定 日	2007 年 6 月 15 日
发明创造名称	塑料单耳盆（二）
外观设计分类号	23-02
无效宣告请求人	荔城区黄石七境塑料厂
专 利 权 人	林成铭
专 利 号	200430152548.5
申 请 日	2004 年 12 月 13 日
授权公告日	2006 年 2 月 22 日
合议组组长	张雪飞
主 审 员	钟 华
参 审 员	王霞军
附 图	1 页

法 律 依 据 专利法第 23 条

决 定 要 点

生效的行政处罚决定所记载的事实，并有其他证据佐证，在没有相反证据足以推翻的情况下，对该处罚决定所记载的事实应予以采信。

一、案由

本无效宣告请求涉及 2006 年 12 月 13 日国家知识产权局授权公告的 200430152548.5 号外观设计专利，其产品名称是"塑料单耳盆（二）"，申请日是 2004 年 12 月 13 日，专利权人是林成铭。

针对上述外观设计专利权（下称本专利），荔城区黄石七境塑料厂（下称请求人）于 2006 年 5 月 9 日向专利复审委员会提出无效宣告请求，其理由是本专利不符合专利法第 23 条的规定。请求人认为在本专利申请日前已经批量生产和销售了与本专利外观设计相同的产品，同时，请求人提交了如下附件作为证据：

附件 1：莆田市荔城区工商行政管理局"荔工商处（2003）257 号"行政处罚决定书复印件 2 页；

附件 2：莆田市荔城区工商行政管理局黄石工商所查扣的产品照片及证明（翻拍件）1 页；

附件 3：莆田市荔城区工商行政管理局黄石工商所出具的证明（原件）1 页及照片 1 张；

附件4：请求人1987年成立时的营业执照复印件1页；
附件5：请求人2001年成立厂支部委员会当天拍的照片（扫描件）1页；
附件6：请求人2001年成立厂支部委员会当天拍的照片（扫描件）1页；
附件7：请求人2001年成立厂支部委员会当天拍的照片（扫描件）1页；
附件8：中国共产党莆田市荔城区黄石镇委员会出具的证明及照片（原件）1页；
附件9：莆田市荔城区黄石镇工会联合会出具的证明及照片（原件）1页；
附件10：莆田市荔城区黄石镇七境村民委员会及莆田市荔城区黄石镇人民政府出具的证明及照片（原件）1页；
附件11：请求人的产品模具照片（原件）1页；
附件12：本专利外观设计图片复印件1页；
附件13：专利权人产品广告照片（扫描件）1页。

专利复审委员会根据无效宣告请求审查程序的规定受理了该无效宣告请求，并于2006年6月9日将无效宣告请求书和证据的副本转送给专利权人，限其在指定的期限内答复。并告知专利权人如逾期不答复，不影响专利复审委员会的审理。

专利复审委员会于2006年7月4日收到专利权人提交的意见陈述书，专利权人针对无效宣告请求的理由进行了意见陈述，专利权人认为：附件1"荔工商处（2003）257号"行政处罚决定书的内容只是表明请求人因不诚信而受到行政处罚；附件2黄石工商所提供的所谓当场检查拍照图片出处不明，且照片中的产品外观无法辨认，不能采信；附件3莆田市荔城区工商行政管理局黄石工商所出具的证明，该证明所作的证词来源不明，无法支持请求人的观点；附件4来源不明，无法确认其真实性；附件5~7的照片为请求人自行拍摄，拍摄时间及出处均不明，且照片中的产品外观无法辨认，不能采信；附件8~10分别为请求人所在地中共黄石镇委员会、黄石镇工会和黄石镇七镜村委会于2006年4月17日出具的证明，由于附件8~10来源不明，故不可采信；附件11模具照片的来源及其证明对象不明，不能采信；附件13广告照片来源的不明，而且也无法表明该照片为公开出版物，不能采信。综上所述，请求人的无效理由缺乏证据支持，因此，应当维持本专利有效。

专利复审委员会于2007年2月6日向双方当事人发出《无效宣告请求口头审理通知书》，定于2007年3月26日在专利复审委员会进行口头审理。并将专利复审委员会于2006年7月4日收到专利权人提交的意见陈述书同时转送请求人。

口头审理如期举行，双方当事人均参加了口头审理。在口头审理过程中，请求人当庭提交了附件1、附件2、附件5~7、附件13的原件，同时还递交了莆田市荔城区工商行政管理局"工商听告字（2003）第61号"听证告知书（编号续前，下称附件14）原件、莆田市荔城区工商行政管理局"第0000848号财物清单"（编号续前，下称附件15）原件、中共黄石镇委员会"黄委发（2001）第43号"文件（编号续前，下称附件16）、莆田县总工会（批复）"荔工组字（2001）138号"文件（编号续前，下称附件17）。合议组当庭将上述四份证据转送专利权人。请求人认为，附件1~3可形成证据链，附件14及附件15可佐证本专利产品在申请日前已公开使用；附件16和附件17可证明附件8和附件9出证单位的身份及中共莆田县黄石七境塑料厂支部、工会成立的时间和销售的事实；附件5~7照片为黄石七境塑料厂召开支部成立大会时拍摄的部分照片，会议场所周围堆放的部分产品，与本专利的外形结构相同；附件13为专利权人的产品广告照片，其上右侧举条幅的男孩是专利权人的儿子，该男孩现已长大为成人，因此，从该照片上也可佐证在本专利申请日前已经公开销售的事实。

专利权人对附件1、附件14、附件15的真实性无异议，但认为附件1荔城区工商行政管理局行政处罚书仅证明请求人的不正当竞争行为，从行政处罚书所列举的产品中不能得出与本专利有对应关系；

对附件2的真实性和合法性有异议；对附件3上莆田市荔城区工商行政管理局黄石工商所的印章没有异议，但对证明的内容有异议，因无经办人的签名和作证，时间和来源也不明确；对附件4真实性没有异议；对附件5~7照片的真实性无异议，但对照片的形成时间和来源有异议，且照片中所示的产品不清楚，无法与本专利对比；对附件8~10、附件16和附件17的真实性均无异议，但认为出具证明的单位与请求人属于上下级的关系，其出具的证明无法保证客观公正性；附件11制造的时间无法确定；附件13照片形成的时间无法确定，但专利权人认可照片中的男孩是其儿子，承认该男孩现已长大为成人的事实。对于上述证据中所涉及的莆田市荔城区工商行政管理局黄石工商所与莆田市荔城区工商行政管理局黄石分局的关系，请求人称该工商分局是该工商所的前身，该工商分局现已变更为该工商所，专利权人对此未提出异议。请求人认为，附件2、附件3、附件8~10所示的图片为同一图片，附件3、附件8~10所示产品外观，及附件2和附件13中所指定的产品外观与本专利相同。专利权人认为，附件3、附件8~10所示产品外观与本专利不相同也不相近似，附件2和附件13中所示产品外观或为折叠堆放或照片不清楚，无法比较。双方均坚持其原有主张。

在以上审理的基础上，本案合议组经合议，认为本案事实清楚，依法作出本审查决定。

二、决定的理由

1. 法律依据

根据请求人提出的无效宣告请求的理由和提交的证据，本案合议组依据专利法第23条的规定对本案进行审理。

专利法第23条规定：授予专利权的外观设计，应当同申请日以前在国内外出版物上公开发表过或者国内公开使用过的外观设计不相同和不相近似，并不得与他人在先取得的合法权利相冲突。

2. 证据的认定

请求人提交的附件1是莆田市荔城区工商行政管理局于2003年11月6日作出的"荔工商处（2003）257号"行政处罚决定书，其上记载：当事人荔城区黄石镇七境塑料厂，在自己生产的塑料制品上标注"南洋塑料制品有限公司"和"普江竹塑厂"为厂名，于2003年10月9日被我局黄石分局查获……违反了《产品质量法》第30条之规定，属伪造产品厂名行为。根据《产品质量法》第53条之规定，本局决定作如下处罚：责令改正，并处罚款人民币5000元，上缴财政；附件2是莆田市荔城区工商行政管理局黄石工商所查扣的产品照片，及莆田市荔城区工商行政管理局黄石工商所出具的证明，其内容是：2003年10月20日黄石工商所到黄石七境塑料厂当场检查拍照图片；附件3是莆田市荔城区工商行政管理局黄石工商所于2006年4月17日出具的证明，其内容是："本工商行政管理局黄石工商所曾经于2003年10月9日对荔城区黄石七境村塑料厂生产的标注'南洋塑料制品有限公司'和'普江竹塑厂'的29600件塑料制品盆、桶，作出'荔工商处（2003）257号'行政处罚，在该次行政处罚中的部分产品的外形结构与上述图片中的产品外形结构完全相同。在处罚当年以前，该产品在本地区老百姓的日常生活中就早已广泛使用"；附件13是专利权人产品广告照片，在照片的正面显示有各种日用塑料产品，及由两人举起的"莆田市涵江区成铭日用经营部"的条幅，照片的背面印有"本经营部多年经营再生塑料产品，农用品、日用品，集各厂家优质，畅销产品之大成。历年来积累了不少经验，产品销路广泛……"等；附件14是莆田市荔城区工商行政管理局"工商听告字（2003）第61号"听证告知书，其上记载：你厂在自己生产的塑料制品上标注"南洋塑料制品有限公司"和"普江竹塑厂"为厂名，于2003年10月9日被我局黄石分局查获……违反了《产品质量法》第30条之规定，属伪造产品厂名行为。根据《产品质量法》第53条之规定，本局拟作如下处罚：责令整改，并处罚款人民币5000元，上缴财政；落款日期为2003年11月6日；附件15是莆田市荔城区工商行政管理局"第0000848号财物清单"，其上记载"现金、人民币、5000元整、当事人/保管人：陈益博、2003年10月20日、承办人：翁少军、李胜辉、2003年10月20日"；请求人在口头审理时递交了上述证据的原件。请求人通过此组证据证明在本专利申请日前与本专利相同的产品已公开销售使用。专利权人对附件1、附件14、附件15的真实性无异议，但认为附件1工商行政管理局行政处罚书仅证明请求人的不正当竞争行为，从行政处罚书所列举的产品中不能得出与本专利有对应关系；对附件2的真实性和合法性有异议，认为其上无时间及经办人的签名，请求人的产品是违法的不能作为证据使用；对附件3上莆田市荔城区工商行政管理局黄石工商所的印章没有异议，但对证明的内容有异议，因无经办人的签名和作证，时间和来源也不明确；认为附件13照片形成的时间无法确定，但专利权人认可照片中的男孩是专利权人的儿子，承认其儿子现已长大为成人的事实。对上述证据合议组进行了核实，其复印件与原件相符。

  合议组认为：附件14和附件15虽然是在提出无效宣告请求之日起1个月后提交的，但其是对附件1所证明的具体事实的补充证明，根据2001年审查指南的相关规定（本无效宣告请求日在2006年7月1日之前，按照《施行修订后审查指南的过渡办法》的规定，对自无效宣告请求之日起1个月后提出的新理由、新证据的审查应适用2001年10月18日公布的审查指南），其不属于不予考虑的新证据。附件14和附件15虽然是在提出无效宣告请求之日起1个月后提交的，但其是对附件1的补强，证明行政处罚已执行，因此，不视为其是新证据；由附件1、附件14和附件15可以证明在本专利申请日前，请求人因违反了《产品质量法》第30条规定，受到荔城区工商行政管理局的行政处罚，并根据《产品质量法》第53条的规定缴纳了罚款的事实；附件2、附件3所示照片来源及原照片形成的时间，或照片中产品所公开使用的时间在莆田市荔城区工商行政管理局黄石工商所出具的证明中已得到证明，并加盖有莆田市荔城区工商行政管理局黄石工商所印章，同时附件15中请求人缴纳罚款的时间，也能与附件2中莆田市荔城区工商行政管理局黄石工商所到黄石七境塑料厂当场检查拍照图片的时间相对应，罚款金额与附件1、附件14和附件15中所述的金额相对应，附件3中莆田市荔城区工商行政管理局黄石工商所证明的内容也与附件1和附件14中所记载的内容一致；虽然请求人伪造他人厂名从事生产销售的行为是违法的，但在已经生效的荔工商处（2003）257号行政处罚决定书中记载的事实，在没有相反证据足以推翻的情况下，对该行政处罚书记载的事实应予以采信；附件13虽然未标明其形成的时间，但从专利权人认可其上举条幅男孩现已长大成人的事实可推出，该证据形成于本专利申请日之前。合议组认为：请求人提交的附件1~3、附件14和附件15可以构成一个完整的证据链，其所涉及事实的形成时间在本专利申请日之前（2004年12月13日），同时附件13也可佐证在本专利申请日前已经公开销售使用过附件3中所示"塑料单耳盆"的产品。因此，上述证据中所涉及产品"塑料单耳盆"的外观设计，属于在本专利申请日前已经使用公开的在先设计。

  3. 相近似的判断

  本专利和附件3所示外观设计（下称在先设计）均为盆的外观设计，用途相同，属于相同类别的产品，具有可比性。

  本专利是塑料单耳盆的外观设计，其整体形状近似倒立圆台状，上端向上延伸有一个近似长方形框的提手，内侧底端有一长方形框，外侧边缘上半部凸出一圈凸条，底面凸出有一圆圈（详见本专利附图）。

  在先设计的整体形状近似倒立圆台状，上端向上延伸有一个近似长方形框的提手，内侧底端有一长方形框，外侧边缘上半部凸出一圈凸条（详见在先设计附图）。

  将本专利与在先设计相比较，二者的相同点是：整体形状近似倒立圆台状，上端向上延伸有一个近似长方形框的提手，内侧底端有一长方形框，外侧边缘上半部凸出一圈凸条。其不同点为：本专利的底面凸出有一个圆圈，在先设计没有公开底面设计。合议组认为：盆的底面为不常见面，本专利与在先设计的底面是否凸出有一个圆圈对产品的整体视觉不具有显著性的影响，本专利与在先设计整体形状近似，容易使一般消费者误认、混同。因此，二者属于相近似的外观设计。

综上所述，本专利在申请日前已有与其相近似的外观设计在国内公开使用过，因此不符合专利法第 23 条的规定。

在已经得出上述审查结论的基础上，本审查决定对请求人的提交的其他证据不再作出评述。

三、决定

宣告 200430152548.5 号外观设计专利权全部无效。

当事人对本决定不服的，可以根据专利法第 46 条第 2 款的规定，自收到本决定之日起三个月内向北京市第一中级人民法院起诉。根据该款的规定，一方当事人起诉后，另一方当事人应当作为第三人参加诉讼。

主视图　　　　后视图

左视图

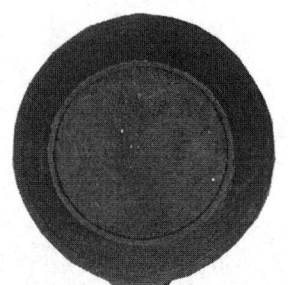

俯视图　　　　仰视图

本专利附图

在先设计附图

家禽饲料架（二）

无效宣告请求审查决定（第 10032 号）

决 定 号	第 10032 号
决 定 日	2007 年 6 月 14 日
发明创造名称	家禽饲料架（二）
外观设计分类号	30-03
无效宣告请求人	荔城区黄石七境塑料厂
专 利 权 人	林成铭
专 利 号	200430152555.5
申 请 日	2004 年 12 月 13 日
授权公告日	2006 年 1 月 25 日
合议组组长	张雪飞
主 审 员	钟 华
参 审 员	李巍巍
附 图	1 页

法 律 依 据 专利法第 23 条

决 定 要 点

生效的行政处罚决定所记载的事实，并有其他证据佐证，在没有相反证据足以推翻的情况下，对该处罚决定所记载的事实应予以采信。

一、案由

本无效宣告请求涉及 2006 年 1 月 25 日国家知识产权局授权公告的 200430152555.5 号外观设计专利，其产品名称是"家禽饲料架（二）"，申请日为 2004 年 12 月 13 日，专利权人是林成铭。

针对上述外观设计专利权（下称本专利），荔城区黄石七境塑料厂（下称请求人）于 2006 年 4 月 28 日向专利复审委员会提出无效宣告请求，其理由是本专利不符合专利法第 23 条的规定。请求人认为在本专利申请日前已经批量生产和销售了与本专利外观设计相同的产品，同时，请求人提交了如下附件作为证据：

附件 1：莆田市荔城区工商行政管理局"荔工商处（2003）257 号"行政处罚决定书复印件 2 页；

附件 2：莆田市荔城区工商行政管理局黄石工商所查扣的产品照片及证明（翻拍件）1 页；

附件 3：莆田市荔城区工商行政管理局黄石工商所出具的证明及所附照片（原件）1 页；

附件4：请求人1987年成立时的营业执照复印件1页；
附件5：请求人2001年成立厂支部委员会当天拍的照片（扫描件）1页；
附件6：请求人2001年成立厂支部委员会当天拍的照片（扫描件）1页；
附件7：请求人2001年成立厂支部委员会当天拍的照片（扫描件）1页；
附件8：中国共产党莆田市荔城区黄石镇委员会出具的证明及照片（原件）1页；
附件9：莆田市荔城区黄石镇工会联合会出具的证明及照片（原件）1页；
附件10：莆田市荔城区黄石镇七境村民委员会及莆田市荔城区黄石镇人民政府出具的证明及照片（原件）1页；
附件11：请求人的产品模具照片（原件）1页；
附件12：本专利外观设计图片复印件1页；
附件13：专利权人产品广告照片（扫描件）1页。

专利复审委员会根据无效宣告请求审查程序的规定受理了该无效宣告请求，并于2006年6月19日将无效宣告请求书和证据的副本转送给专利权人，限其在指定的期限内答复。并告知专利权人如逾期不答复，不影响专利复审委员会的审理。

专利复审委员会于2006年7月6日收到专利权人提交的意见陈述书，专利权人针对无效宣告请求的理由进行了意见陈述，专利权人认为：附件1"荔工商处（2003）257号"行政处罚决定书的内容只是表明请求人因不诚信而受到行政处罚；附件2黄石工商所提供的所谓当场检查拍照图片出处不明，且照片中的产品外观无法辨认，不能采信；附件3莆田市荔城区工商行政管理局黄石工商所出具的证明，该证明所作的证词来源不明，无法支持请求人的观点；附件4来源不明，无法确认其真实性；附件5~7的照片为请求人自行拍摄，拍摄时间及出处均不明，且照片中的产品外观无法辨认，不能采信；附件8~10分别为请求人所在地中共黄石镇委员会、黄石镇工会和黄石镇七镜村委会于2006年4月17日出具的证明，由于附件8~10来源不明，故不可采信；附件11模具照片的来源及其证明对象不明，不能采信；附件13广告照片来源的不明，而且也无法表明该照片为法公开出版物，不能采信。综上所述，请求人的无效理由缺乏证据支持，因此，应当维持本专利有效。

专利复审委员会于2007年2月6日向双方当事人发出《无效宣告请求口头审理通知书》，定于2007年3月26日在专利复审委员会进行口头审理。并将专利复审委员会于2006年7月6日收到专利权人提交的意见陈述书同时转送请求人。

口头审理如期举行，双方当事人均参加了口头审理。在口头审理过程中，请求人当庭提交了附件1、附件2、附件5~7、附件13的原件，同时当庭还递交了莆田市荔城区工商行政管理局"工商听告字（2003）第61号"听证告知书（编号续前，下称附件14）原件、莆田市荔城区工商行政管理局"第0000848号财物清单"（编号续前，下称附件15）原件、中共黄石镇委员会"黄委发（2001）第43号"文件（编号续前，下称附件16）、莆田县总工会（批复）"荔工组字（2001）138号"文件（编号续前，下称附件17）。合议组当庭将上述四份证据转送专利权人。请求人认为，附件1~3可形成证据链，附件14及附件15可佐证本专利产品在申请日前已公开使用；附件16和附件17可证明附件8和附件9出证单位的身份及中共莆田县黄石七境塑料厂支部、工会成立的时间和销售的事实；附件5~7照片为黄石七境塑料厂召开支部成立大会时拍摄的部分照片，会议场所周围堆放的部分产品，与本专利的外形结构相同；附件13为专利权人的广告照片，其上右侧举条幅的男孩是专利权人的儿子，该男孩现已长大为成人，因此，从该照片上也可佐证在本专利申请日前已经公开销售的事实。专利权人对附件1、附件14、附件15的真实性无异议，但认为附件1荔城区工商行政管理局行政处罚书仅证明请求人的不正当竞争行为，从行政处罚书所列举的产品中不能得出与本专利有对应关系；对附件2的真实性和合法性有异议；对附件3上莆田市荔城区工商行政管理局黄石工商所的印章没有异议，但对证明的内容有异议，因无经办人的签名和作证，时间和来源也不明确；对附件4真实性没有异议；对附件5~7照片的真实性无异议，但对照片的形成时间和来源有异议，且照片中所示的产品不清楚，无法与本专利对比；对附件8~10、附件16和附件17的真实性均无异议，但认为出具证明的单位与请求人属于上下级的关系，其出具的证明无法保证客观公正性；附件11制造的时间无法确定；附件13照片形成的时间无法确定，但专利权人认可照片中的男孩是其儿子，承认该男孩现已长大为成人的事实。对于上述证据中所涉及的莆田市荔城区工商行政管理局黄石工商所与莆田市荔城区工商行政管理局黄石分局的关系，请求人称该工商分局是该工商所的前身，该工商分局现已变更为该工商所，专利权人对此未提出异议。请求人认为，附件2、附件3、附件8~10所示的图片为同一图片，附件3、附件8~10所示产品外观，及附件2和附件13中所指定的产品外观与本专利相同。专利权人认为，附件3、附件8~10所示产品外观与本专利不相同也不相近似，附件2和附件13中所示产品外观或为折叠堆放或照片不清楚，无法比较。双方均坚持其原有主张。

在以上审理的基础上，本案合议组经合议，认为本案事实清楚，依法作出本审查决定。

二、决定的理由

1. 法律依据

根据请求人提出的无效宣告请求的理由和提交的证据，本案合议组依据专利法第23条的规定对本案进行审理。

专利法第23条规定：授予专利权的外观设计，应当同申请日以前在国内外出版物上公开发表过或者国内公开使用过的外观设计不相同和不相近似，并不得与他人在先取得的合法权利相冲突。

2. 证据的认定

请求人提交的附件1是莆田市荔城区工商行政管理局于2003年11月6日作出的"荔工商处（2003）257号"行政处罚决定书，其上记载：当事人荔城区黄石镇七境塑料厂，在自己生产的塑料制品上标注"南洋塑料制品有限公司"和"普江竹塑厂"为厂名，于2003年10月9日被我局黄石分局查获……违反了《产品质量法》第30条之规定，属伪造产品厂名行为。根据《产品质量法》第53条之规定，本局决定作如下处罚：责令改正，并处罚款人民币5000元，上缴财政；附件2是莆田市荔城区工商行政管理局黄石工商所查扣的产品照片，及莆田市荔城区工商行政管理局黄石工商所出具的证明，其内容是：2003年10月20日黄石工商所到黄石七境塑料厂当场检查拍照图片；附件3是莆田市荔城区工商行政管理局黄石工商所于2006年4月17日出具的证明，其内容是："本工商行政管理局黄石工商所曾经于2003年10月9日对荔城区黄石七境村塑料厂生产的标注'南洋塑料制品有限公司'和'普江竹塑厂'的29600件塑料制品盆、桶作出'荔工商处（2003）257号'行政处罚，在该次行政处罚中的部分产品的外形结构与上述图片中的产品外形结构完全相同。在处罚的当年以前，该产品在本地区老百姓的日常生活中就早已广泛使用"；附件13是专利权人产品广告照片，在照片的正面显示有各种日用塑料产品，及由两人举起的"莆田市涵江区成铭日用品经营部"的条幅，照片的背面印有"本经营部多年经营再生塑料产品，农用品、日用品，集各厂家优质、畅销产品之大成。历年来积累了不少经验，产品销路广泛……"等；附件14是莆田市荔城区工商行政管理局"工商听告字（2003）第61号"听证告知书，其上记载：你厂在自己生产的塑料制品上标注"南洋塑料制品有限公司"和"普江竹塑厂"为厂名，于2003年10月9日被我局黄石分局查获……违反了《产品质量法》第30条之规定，属伪造厂名行为。根据《产品质量法》第53条之规定，本局拟作如下处罚：责令整改，并处罚款人民币5000元，上缴财政；落款日期为2003年11月6日；附件15是莆田市荔城区工商行政管理局"第0000848号财务清单"，其上记载"现金、人民币、5000元整、当事人/保管人：陈益博、2003年10月20日、承办人：翁少军、李胜辉、2003年10月20日"；请求人在口头审理时递交了上述证据的原件。请求人通过此组证据证明在本专利申请日前与本专利相同的产品已公开销售使用。专利权人对附件1、附件14、附件15的真实性无异议，但认为附件1荔城区工商行政管理局行政处罚书仅证明请求人的不正当竞争行为，从行政处罚书所列举的产品中不能得出与本专利有对应关系；对附件2的真实性和合法性有异议，认为其上无时间及经办人的签名，请求人的产品是违法的不能作为证据使用；对附件3上莆田市荔城区工商行政管理局黄石工商所的印章没有异议，但对证明的内容有异议，因无经办人的签名和作证，时间和来源也不明确；认为附件13照片形成的时间无法确定，但专利权人认可照片中的男孩是专利权人的儿子，承认其儿子现已长大为成人的事实。对上述证据合议组进行了核实，其复印件与原件相符。

合议组认为：附件14和附件15虽然是在提出无效宣告请求之日起1个月后提交的，但其是对附件1所证明的具体事实的补充证明，根据2001年审查指南的相关规定（本无效宣告请求日在2006年7月1日之前，按照《施行修订后审查指南的过渡办法》的规定，对自无效宣告请求之日起1个月后提出的新附件14和附件15虽然是在提出无效宣告请求之日起1个月后提交的，但其是对附件1的补强，证明行政处罚已执行，因此，不视为其是新证据；由附件1、附件14和附件15可以证明在本专利申请日前，请求人因违反了《产品质量法》第30条规定，受到荔城区工商行政管理局的行政处罚，并根据《产品质量法》第53条的规定缴纳了罚款的事实；附件2、附件3所示照片来源及原照片形成的时间，或照片中产品所公开使用的时间在莆田市荔城区工商行政管理局黄石工商所出具的证明中已得到证明，并加盖有莆田市荔城区工商行政管理局黄石工商所印章，同时附件15中请求人缴纳罚款的时间，也能与附件2中莆田市荔城区工商行政管理局黄石工商所到黄石七境塑料厂当场检查拍照图片的时间相对应，罚款金额与附件1、附件14和附件15中所述的金额相对应，附件3中莆田市荔城区工商行政管理局黄石工商所证明的内容也与附件1和附件14中所记载的内容一致；虽然请求人伪造他人厂名从事生产销售的行为是违法的，但在已经生效的荔工商处（2003）257号行政处罚决定书中记载的事实，在没有相反证据足以推翻的情况下，应予以采信。合议组认为：请求人提交的附件1~3、附件14和附件15可以构成一个完整的证据链，其所涉及事实的形成时间在本专利申请日之前（2004年12月13日）。因此，上述证据中所涉及产品"家禽饲料架"的外观设计，属于在本专利申请日前已经使用公开的在先设计。

3. 相近似的判断

本专利和附件3所示外观设计（下称在先设计）均为家禽饲料架的外观设计，用途相同，属于相同类别的产品，具有可比性。

本专利是家禽饲料架的外观设计，其整体由倒立圆台状的上盖和圆台状的下盖结合而成，上盖的顶面为圆环形，侧面均匀掏空有若干拱门形的长条，下盖为圆盘状，下盖的底面的中央向内凸进一小圆台形，底面的外面还有若干个同心圆圈（详见本专利附图）。

在先设计是家禽饲料架的外观设计，其整体由倒立圆台状的上盖和圆台状的下盖结合而成，上盖的顶面为圆环形，侧面均匀掏空有若干拱门形的长条，下盖为圆盘状，下盖的底面的中央向上凸进一小圆台形（详见在先设计附图）。

将本专利与在先设计相比较，二者的相同点是整体由倒立圆台状的上盖和圆台状的下盖结合而成，上盖的顶面为圆环形，侧面均匀掏空有若干拱门形的长条，下盖为圆盘状，下盖的中央向上凸进一小圆台形。其不同点为：本专利底面的外面还有若干个同心圆圈，在先设计没有公开底面设计。合议组认为：本专利与在先设计的底面的外面是否有若干个同心圆圈对产品的整体视觉印象明显不具有显著性的影响，本专利与在先设计整体形状相似，容易使一般消费者误认、混同。因此，二者属于相近似的外观设计。

综上所述，本专利在申请日前已有与其相近似的外观设计在国内公开使用过，因此不符合专利法第 23 条的规定。

在已经得出上述审查结论的基础上，本审查决定对请求人的提交的其他证据不再作出评述。

三、决定

宣告 200430152555.5 号外观设计专利权全部无效。

当事人对本决定不服的，可以根据专利法第 46 条第 2 款的规定，自收到本决定之日起三个月内向北京市第一中级人民法院起诉。根据该款的规定，一方当事人起诉后，另一方当事人应当作为第三人参加诉讼。

主视图

俯视图

仰视图

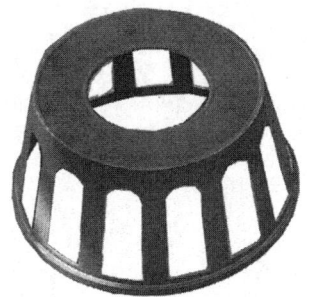

上盖立体视图

底盘立体视图

本专利附图

在先设计附图

塑料单耳盆（三）

无效宣告请求审查决定（第10033号）

决 定 号	第10033号
决 定 日	2007年6月14日
发明创造名称	塑料单耳盆（三）
外观设计分类号	23-02
无效宣告请求人	荔城区黄石七境塑料厂
专 利 权 人	林成铭
专 利 号	200430152550.2
申 请 日	2004年12月13日
授权公告日	2005年12月7日
合议组组长	张雪飞
主 审 员	钟 华
参 审 员	李巍巍
附 图	1页

法 律 依 据 专利法第23条

决 定 要 点

生效的行政处罚决定所记载的事实，并有其他证据佐证，在没有相反证据足以推翻的情况下，对该处罚决定所记载的事实应予以采信。

一、案由

本无效宣告请求涉及2005年12月7日国家知识产权局授权公告的200430152550.2号外观设计专利，其产品名称是"塑料单耳盆（三）"，申请日是2004年12月13日，专利权人是林成铭。

针对上述外观设计专利权（下称本专利），荔城区黄石七境塑料厂（下称请求人）于2006年4月28日向专利复审委员会提出无效宣告请求，其理由是本专利不符合专利法第23条的规定。请求人认为在本专利申请日前已经批量生产和销售了与本专利外观设计相同的产品，同时，请求人提交了如下附件作为证据：

附件1：莆田市荔城区工商行政管理局"荔工商处（2003）257号"行政处罚决定书复印件2页；

附件2：莆田市荔城区工商行政管理局黄石工商所查扣的产品照片及证明（翻拍件）1页；

附件3：莆田市荔城区工商行政管理局黄石工商所出具的证明及所附照片（原件）1页；

附件4：请求人1987年成立时的营业执照复印件1页；

附件5：请求人2001年成立厂支部委员会当天拍的照片（扫描件）1页；

附件6：请求人2001年成立厂支部委员会当天拍的照片（扫描件）1页；

附件7：请求人2001年成立厂支部委员会当天拍的照片（扫描件）1页；

附件8：中国共产党莆田市荔城区黄石镇委员会出具的证明及照片（原件）1页；

附件9：莆田市荔城区黄石镇工会联合会出具的证明及照片（原件）1页；

附件10：莆田市荔城区黄石镇七境村民委员会及莆田市荔城区黄石镇人民政府出具的证明及照片（原件）1页；

附件11：请求人的产品模具照片（原件）1页；

附件12：本专利外观设计图片复印件1页；

附件13：专利权人产品广告照片（扫描件）1页。

专利复审委员会根据无效宣告请求审查程序的规定受理了该无效宣告请求，并于2006年6月19日将无效宣告请求书和证据的副本转送给专利权人，限其在指定的期限内答复。并告知专利权人如逾期不答复，不影响专利复审委员会的审理。

专利复审委员会于2006年7月6日收到专利权人提交的意见陈述书，专利权人针对无效宣告请求的理由进行了意见陈述，专利权人认为：附件1"荔工商处（2003）257号"行政处罚决定书的内容只是表明请求人因不诚信而受到行政处罚；附件2黄石工商所提供的所谓当场检查拍照图片出处不明，且照片中的产品外观无法辨认，不能采信；附件3莆田市荔城区工商行政管理局黄石工商所出具的证明，该证明所作的证词来源不明，无法支持请求人的观点；附件4来源不明，无法确认其真实性；附件5~7的照片为请求人自行拍摄，拍摄时间及出处均不明，且照片中的产品外观无法辨认，不能采信；附件8~10分别为请求人所在地中共黄石镇委员会、黄石镇工会和黄石镇七镜村委会于2006年4月17日出具的证明，由于附件8~10来源不明，故不可采信；附件11模具照片的来源及其证明对象不明，不能采信；附件13广告照片来源的不明，而且也无法表明该照片为法公开出版物，不能采信。综上所述，请求人的无效理由缺乏证据支持，因此，应当维持本专利有效。

专利复审委员会于2007年2月6日向双方当事人发出《无效宣告请求口头审理通知书》，定于2007年3月26日在专利复审委员会进行口头审理。并将专利复审委员会于2006年7月6日收到专利权人提交的意见陈述书同时转送请求人。

口头审理如期举行，双方当事人均参加了口头审理。在口头审理过程中，请求人当庭提交了附件1、附件2、附件5~7、附件13的原件，同时当庭还递交了莆田市荔城区工商行政管理局"工商听告字（2003）第61号"听证告知书（编号续前，下称附件14）原件、莆田市荔城区工商行政管理局"第0000848号财物清单"（编号续前，下称附件15）原件、中共黄石镇委员会"黄委发（2001）第43号"文件（编号续前，下称附件16）、莆田县总工会（批复）"荔工组字（2001）138号"文件（编号续前，下称附件17）。合议组当庭将上述四份证据转送专利权人。请求人认为，附件1~3可形成证据链，附件14及附件15可佐证本专利产品在申请日前已公开使用；附件16和附件17可证明附件8和附件9出证单位的身份及中共莆田县黄石七境塑料厂支部、工会成立的时间和销售的事实；附件5~7照片为黄石七境塑料厂召开支部成立大会时拍摄的部分照片，会议场所周围堆放的部分产品，与本专利的外形结构相同；附件13为专利权人的广告照片，其上右侧举条幅的男孩是专利权人的儿子，该男孩现已长大为成人，因此，从该照片上也可佐证在本专利申请日前已经公开销售的事实。专利权人对附件1、附件14、附件15的真实性无异议，但认为附件1荔城区工商行政管理局行政处罚书仅证明请求人的不正当竞争行为，从行政处罚书所列举的产品中不能得出与本专利有对应关系；对附件

2 的真实性和合法性有异议；对附件 3 上莆田市荔城区工商行政管理局黄石工商所的印章没有异议，但对证明的内容有异议，因无经办人的签名和作证，时间和来源也不明确；对附件 4 真实性没有异议；对附件 5~7 照片的真实性无异议，但对照片的形成时间和来源有异议，且照片中所示的产品不清楚，无法与本专利对比；对附件 8~10、附件 16 和附件 17 的真实性均无异议，但认为出具证明的单位与请求人属于上下级的关系，其出具的证明无法保证客观公正性；附件 11 制造的时间无法确定；附件 13 照片形成的时间无法确定，但专利权人认可照片中的男孩是其儿子，承认该男孩现已长大为成人的事实。对于上述证据中所涉及的莆田市荔城区工商行政管理局黄石工商所与莆田市荔城区工商行政管理局黄石分局的关系，请求人称该工商分局是该工商所的前身，该工商分局现已变更为该工商所，专利权人对此未提出异议。请求人认为，附件 2、附件 3、附件 8~10 所示的图片为同一图片，附件 3、附件 8~10 所示产品外观，及附件 2 和附件 13 中所指定的产品外观与本专利相同。专利权人认为，附件 3、附件 8~10 所示产品外观与本专利不相同也不相近似，附件 2 和附件 13 中所示产品外观或为折叠堆放或照片不清楚，无法比较。双方均坚持其原有主张。

在以上审理的基础上，本案合议组经合议，认为本案事实清楚，依法作出本审查决定。

二、决定的理由

1. 法律依据

根据请求人提出的无效宣告请求的理由和提交的证据，本案合议组依据专利法第 23 条的规定对本案进行审理。

专利法第 23 条规定：授予专利权的外观设计，应当同申请日以前在国内外出版物上公开发表过或者国内公开使用过的外观设计不相同和不相近似，并不得与他人在先取得的合法权利相冲突。

2. 证据的认定

请求人提交的附件 1 是莆田市荔城区工商行政管理局于 2003 年 11 月 6 日作出的"荔工商处（2003）257 号"行政处罚决定书，其上记载：当事人荔城区黄石镇七境塑料厂，在自己生产的塑料制品上标注"南洋塑料制品有限公司"和"普江竹塑厂"为厂名，于 2003 年 10 月 9 日被我局黄石分局查获……违反了《产品质量法》第 30 条之规定，属伪造产品厂名行为。根据《产品质量法》第 53 条之规定，本局决定作如下处罚：责令改正，并处罚款人民币 5000 元，上缴财政；附件 2 是莆田市荔城区工商行政管理局黄石工商所查扣的产品照片，及莆田市荔城区工商行政管理局黄石工商所出具的证明，其内容是：2003 年 10 月 20 日黄石工商所到黄石七境塑料厂当场检查拍照图片；附件 3 是莆田市荔城区工商行政管理局黄石工商所于 2006 年 4 月 17 日出具的证明，其内容是："本工商行政管理局黄石工商所曾经于 2003 年 10 月 9 日对荔城区黄石七境村塑料厂生产的标注'南洋塑料制品有限公司'和'普江竹塑厂'的 29600 件塑料制品盆、桶作出'荔工商处（2003）257 号'行政处罚，在该次行政处罚中的部分产品的外形结构与上述图片中的产品外形结构完全相同。在处罚的当年以前，该产品在本地区老百姓的日常生活中就早已广泛使用"；附件 13 是专利权人产品广告照片，在照片的正面显示有各种日用塑料产品，及由两人举起的"莆田市涵江区成铭日用品经营部"的条幅，照片的背面印有"本经营部多年经营再生塑料产品，农用品、日用品，集各厂家优质、畅销产品之大成。历年来积累了不少经验，产品销路广泛……"等；附件 14 是莆田市荔城区工商行政管理局"工商听告字（2003）第 61 号"听证告知书，其上记载：你厂在自己生产的塑料制品上标注"南洋塑料制品有限公司"和"普江竹塑厂"为厂名，于 2003 年 10 月 9 日被我局黄石分局查获……违反了《产品质量法》第 30 条规定，属伪造厂名行为。根据《产品质量法》第 53 条之规定，本局拟作如下处罚：责令整改，并处罚款人民币 5000 元，上缴财政；落款日期为 2003 年 11 月 6 日；附件 15 是莆田市荔城区工商行政管理局"第 0000848 号财物清单"，其上记载"现金、人民币、5000 元整、当事人/保管人：陈益博、2003年10月20日、承办人：翁少军、李胜辉、2003年10月20日"；请求人在口头审理时递交了上述证据的原件。请求人通过此组证据证明在本专利申请日前与本专利相同的产品已公开销售使用，专利权人对附件1、附件14、附件15的真实性无异议，但认为附件1荔城区工商行政管理局行政处罚书仅证明请求人的不正当竞争行为，从行政处罚书所列举的产品中不能得出与本专利有对应关系；对附件2的真实性和合法性有异议，认为其上无时间及经办人的签名，请求人的产品是违法的不能作为证据使用；对附件3上莆田市荔城区工商行政管理局黄石工商所的印章没有异议，但对证明的内容有异议，因无经办人的签名和作证，时间和来源也不明确；认为附件13照片形成的时间无法确定，但专利权人认可照片中的男孩是专利权人的儿子，承认其儿子现已长大为成人的事实。对上述证据合议组进行了核实，其复印件与原件相符。

合议组认为：附件14和附件15虽然是在提出无效宣告请求之日起1个月后提交的，但其是对附件1所证明的具体事实的补充证明，根据2001年审查指南的相关规定（本无效宣告请求日在2006年7月1日之前，按照《施行修订后审查指南的过渡办法》的规定，对自无效宣告请求之日起1个月后提出的新附件14和附件15虽然是在提出无效宣告请求之日起1个月后提交的，但其是对附件1的补强，证明行政处罚已执行，因此，不视为其是新证据；由附件1、附件14和附件15可以证明在本专利申请日前，请求人因违反了《产品质量法》第30条规定，受到荔城区工商行政管理局的行政处罚，并根据《产品质量法》第53条的规定缴纳了罚款的事实；附件2、附件3所示照片来源及原照片形成的时间，或照片中产品所公开使用的时间在莆田市荔城区工商行政管理局黄石工商所出具的证明中已得到证明，并加盖有莆田市荔城区工商行政管理局黄石工商所印章，同时附件15中请求人缴纳罚款的时间，也能与附件2中莆田市荔城区工商行政管理局黄石工商所到黄石七境塑料厂当场检查拍照图片的时间相对应，罚款金额与附件1、附件14和附件15中所述的金额相对应，附件3中莆田市荔城区工商行政管理局黄石工商所证明的内容也与附件1和附件14中所记载的内容一致；虽然请求人伪造他人厂名从事生产活动的行为是违法的，但在已经生效的荔工商处（2003）257号行政处罚决定书中记载的事实，在没有相反证据足以推翻的情况下，应予以采信；附件13虽然未标明其形成的时间，但从专利权人认可其上举条幅男孩现已长大为成人的事实可推出，该证据形成于本专利申请日之前。合议组认为：请求人提交的附件1至附件3、附件14和附件15可以构成一个完整的证据链，其所涉及事实的形成时间在本专利申请日之前（2004年12月13日），同时附件13也可佐证在本专利申请日前已经公开销售使用过附件3中所示"塑料单耳盆"的产品。因此，上述证据中所涉及产品"塑料单耳盆"的外观设计，属于在本专利申请日前已经使用公开的在先设计。

3. 相近似的判断

本专利和附件3所示的外观设计（下称在先设计）均为盆的外观设计，用途相同，属于相同类别的产品，具有可比性。

本专利是塑料单耳盆的外观设计，其整体形状近似倒立圆台状，上端略向外突出有外缘，上端向上延伸有一个近似长方形框的提手，底面凸出有两个同心圆圈（详见本专利附图）。

在先设计是盆的外观设计，其整体形状近似倒立圆台状，上端略向外突出有外缘，上端向上延伸有一个近似长方形框的提手，内侧面上突出有一个长方形框（详见在先设计附图）。

将本专利与在先设计相比较，二者的相同点是：整体形状近似倒立圆台状，上端略向外突出有外缘，上端向上延伸有一个近似长方形框的提手。其不同点为：在先设计的内侧面上突出有一个小长方形框，本专利无此设计。本专利的底面凸出有两个同心圆圈，在先设计没有公开底面设计。合议组认为：本专利与在先设计的内侧是否突出有一小长方形框以及底面是否凸出有两个同心圆圈属于局部的细微差别，且底面不常见，因此上述区别均对产品的整体视觉不具有显著性的影响，本专利与在先设计整体相似，容易使一般消费者误认、混同。因此，二者属于相近似的外观设计。

综上所述，本专利在申请日前已有与其相近似的外观设计在国内公开使用过，因此不符合专利法第 23 条的规定。

在已经得出上述审查结论的基础上，本审查决定对请求人的提交的其他证据不再作出评述。

三、决定

宣告 200430152550.2 号外观设计专利权全部无效。

当事人对本决定不服的，可以根据专利法第 46 条第 2 款的规定，自收到本决定之日起三个月内向北京市第一中级人民法院起诉。根据该款的规定，一方当事人起诉后，另一方当事人应当作为第三人参加诉讼。

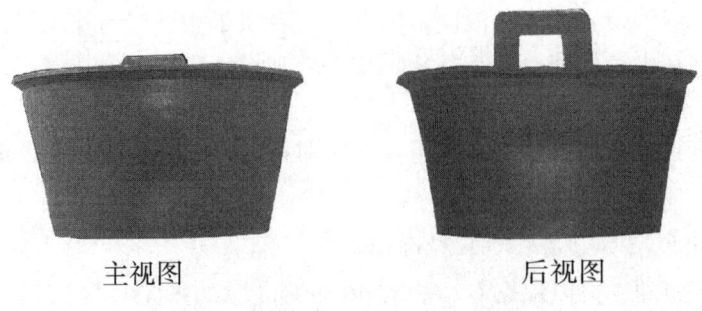

主视图　　　　　　后视图

左视图

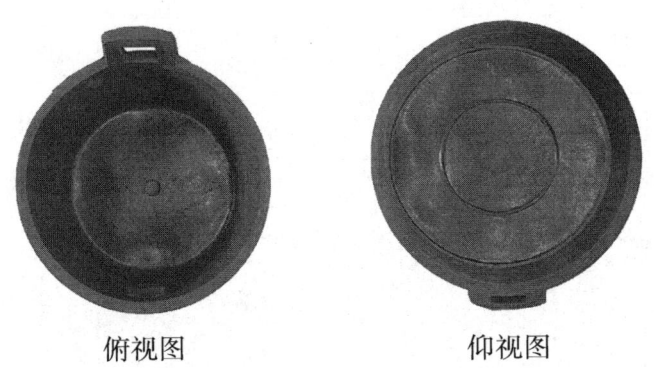

俯视图　　　　　　仰视图

本专利附图

在先设计附图

盆（一）

无效宣告请求审查决定（第 10034 号）

决 定 号	第 10034 号
决 定 日	2007 年 6 月 13 日
发明创造名称	盆（一）
外观设计分类号	23-02
无效宣告请求人	荔城区黄石七境塑料厂
专 利 权 人	林成铭
专 利 号	200430152529.2
申 请 日	2004 年 12 月 10 日
授权公告日	2005 年 12 月 7 日
合议组组长	张雪飞
主 审 员	钟 华
参 审 员	李巍巍
附 图	1 页

法 律 依 据 专利法第 23 条，专利法实施细则第 2 条第 3 款
决 定 要 点
生效的行政处罚决定所记载的事实，并有其他证据佐证，在没有相反证据足以推翻的情况下，对该处罚决定所记载的事实应予以采信。

一、案由

本无效宣告请求涉及 2005 年 12 月 7 日国家知识产权局授权公告的 200430152529.2 号外观设计专利，其产品名称是"盆（一）"，申请日是 2004 年 12 月 10 日，专利权人是林成铭。

针对上述外观设计专利权（下称本专利），荔城区黄石七境塑料厂（下称请求人）于 2006 年 5 月 9 日向专利复审委员会提出无效宣告请求，其理由是本专利不符合专利法第 23 条的规定。请求人认为在本专利申请日前已经批量生产和销售了与本专利外观设计相同的产品，同时，请求人提交了如下附件作为证据：

附件 1：莆田市荔城区工商行政管理局"荔工商处（2003）257 号"行政处罚决定书复印件 2 页；

附件 2：莆田市荔城区工商行政管理局黄石工商所查扣的产品照片及证明（翻拍件）1 页；

附件 3：莆田市荔城区工商行政管理局黄石工商所出具的证明及照片（原件）1 页；

附件4：请求人1987年成立时的营业执照复印件1页；
附件5：请求人2001年成立厂支部委员会当天拍的照片（扫描件）1页；
附件6：请求人2001年成立厂支部委员会当天拍的照片（扫描件）1页；
附件7：请求人2001年成立厂支部委员会当天拍的照片（扫描件）1页；
附件8：中国共产党莆田市荔城区黄石镇委员会出具的证明及照片（原件）1页；
附件9：莆田市荔城区黄石镇工会联合会出具的证明及照片（原件）1页；
附件10：莆田市荔城区黄石镇七境村民委员会及莆田市荔城区黄石镇人民政府出具的证明及照片（原件）1页；
附件11：请求人的产品模具照片（原件）1页；
附件12：本专利外观设计图片复印件1页；
附件13：专利权人产品广告照片（扫描件）1页。

专利复审委员会根据无效宣告请求审查程序的规定受理了该无效宣告请求，并于2006年7月5日将无效宣告请求书和证据的副本转送给专利权人，限其在指定的期限内答复。并告知专利权人如逾期不答复，不影响专利复审委员会的审理。

专利复审委员会于2006年7月18日收到专利权人提交的意见陈述书，专利权人针对无效宣告请求的理由进行了意见陈述，专利权人认为：附件1"荔工商处（2003）257号"行政处罚决定书的内容只是表明请求人因不诚信而受到行政处罚；附件2黄石工商所提供的所谓当场检查拍照图片出处不明，且照片中的产品外观无法辨认，不能采信；附件3莆田市荔城区工商行政管理局黄石工商所出具的证明，该证明所作的证词来源不明，无法支持请求人的观点；附件4来源不明，无法确认其真实性；附件5~7的照片为请求人自行拍摄，拍摄时间及出处均不明，且照片中的产品外观无法辨认，不能采信；附件8~10分别为请求人所在地中共黄石镇委员会、黄石镇工会和黄石镇七镜村委会于2006年4月17日出具的证明，由于附件8~10来源不明，故不可采信；附件11模具照片的来源及其证明对象不明，不能采信；附件13广告照片来源的不明，而且也无法表明该照片为法公开出版物，不能采信。综上所述，请求人的无效理由缺乏证据支持，因此，应当维持本专利有效。

专利复审委员会于2007年2月6日向双方当事人发出《无效宣告请求口头审理通知书》，定于2007年3月26日在专利复审委员会进行口头审理。并将专利复审委员会于2006年7月18日收到专利权人提交的意见陈述书同时转送请求人。

口头审理如期举行，双方当事人均参加了口头审理。在口头审理过程中，请求人当庭提交了附件1、附件2、附件5~7、附件13的原件，同时当庭还递交了莆田市荔城区工商行政管理局"工商听告字（2003）第61号"听证告知书（编号续前，下称附件14）原件、莆田市荔城区工商行政管理局"第0000848号财物清单"（编号续前，下称附件15）原件、中共黄石镇委员会"黄委发（2001）第43号"文件（编号续前，下称附件16）、莆田县总工会（批复）"荔工组字（2001）138号"文件（编号续前，下称附件17）。合议组当庭将上述四份证据转送专利权人。请求人认为，附件1~3可形成证据链，附件14及附件15可佐证本专利产品在申请日前已公开使用；附件16和附件17可证明附件8和附件9出证单位的身份及中共莆田县黄石七境塑料厂支部、工会成立的时间和销售的事实；附件5~7照片为黄石七境塑料厂召开支部成立大会时拍摄的部分照片，会议场所周围堆放的部分产品与本专利的外形结构相同；附件13为专利权人的广告照片，其上右侧举条幅的男孩是专利权人的儿子，该男孩现已长大为成人，因此，从该照片上也可佐证在本专利申请日前已经公开销售的事实。专利权人对附件1、附件14、附件15的真实性无异议，但认为附件1工商行政管理局行政处罚书仅证明请求人的不正当竞争行为，从行政处罚书所列举的产品中不能得出与本专利有对应关系；对附件2

的真实性和合法性有异议；对附件3上莆田市荔城区工商行政管理局黄石工商所的印章没有异议，但对证明的内容有异议，因无经办人的签名和作证，时间和来源也不明确；对附件4真实性没有异议；对附件5~7照片的真实性无异议，但对照片的形成时间和来源有异议，且照片中所示的产品不清楚，无法与本专利对比；对附件8~10、附件16和附件17的真实性均无异议，但认为出具证明的单位与请求人属于上下级的关系，其出具的证明无法保证客观公正性；附件11制造的时间无法确定；附件13照片形成的时间无法确定，但专利权人认可照片中的男孩是其儿子，承认该男孩现已长大为成人的事实。对于上述证据中所涉及的莆田市荔城区工商行政管理局黄石工商所与莆田市荔城区工商行政管理局黄石分局的关系，请求人称该工商分局是该工商所的前身，该工商分局现已变更为该工商所，专利权人对此未提出异议。请求人认为，附件2、附件3、附件8~10所示的图片为同一图片，附件3、附件8~10所示产品外观，及附件2和附件13中所指定的产品外观与本专利相同。专利权人认为，附件3、附件8~10所示产品外观与本专利不相同也不相近似，附件2和附件13中所示产品外观或为折叠堆放或照片不清楚，无法比较。双方均坚持其原有主张。与此同时，请求人还当庭陈述本专利的主视图和仰视图不对应，主视图的侧边缘是直的，俯视图的边缘是弧形的，因此本专利不适于工业上应用，合议组当庭告知双方当事人相应的法律条款应为专利法实施细则第2条第3款，专利权人当庭对此进行了意见陈述，认为本专利的主视图和仰视图是对应的，只是盆的厚度比较大。

在以上审理的基础上，本案合议组经合议，认为本案事实清楚，依法作出本审查决定。

二、决定的理由

1. 法律依据

根据请求人提出的无效宣告请求的理由和提交的证据，本案合议组依据专利法第23条和专利法实施细则第2条第3款的规定对本案进行审理。

专利法第23条规定：授予专利权的外观设计，应当同申请日以前在国内外出版物上公开发表过或者国内公开使用过的外观设计不相同和不相近似，并不得与他人在先取得的合法权利相冲突。

专利法实施细则第2条第3款规定：专利法所称外观设计，是指对产品的形状、图案或者其结合以及色彩与形状、图案的结合所作出的富有美感并适于工业应用的新设计。

2. 证据的认定

请求人提交的附件1是莆田市荔城区工商行政管理局于2003年11月6日作出的"荔工商处（2003）257号"行政处罚决定书，其上记载：当事人荔城区黄石镇七境塑料厂，在自己生产的塑料制品上标注"南洋塑料制品有限公司"和"普江竹塑厂"为厂名，于2003年10月9日被我局黄石分局查获……违反了《产品质量法》第30条之规定，属伪造产品厂名行为。根据《产品质量法》第53条之规定，本局决定作如下处罚：责令改正，并处罚款人民币5000元，上缴财政；附件2是莆田市荔城区工商行政管理局黄石工商所查扣的产品照片，及莆田市荔城区工商行政管理局黄石工商所出具的证明，其内容是：2003年10月20日黄石工商所到黄石七境塑料厂当场检查拍照图片；附件3是莆田市荔城区工商行政管理局黄石工商所于2006年4月17日出具的证明，其内容是："本工商行政管理局黄石工商所曾经于2003年10月9日对荔城区黄石七境村塑料厂生产的标注'南洋塑料制品有限公司'和'普江竹塑厂'的29600件塑料制品盆、桶，作出'荔工商处（2003）257号'行政处罚，在该次行政处罚中的部分产品的外形结构与上述图片中的产品外形结构完全相同。在处罚的当年以前，该产品在本地区老百姓的日常生活中就早已广泛使用"；附件13是专利权人产品广告照片，在照片的正面显示有各种日用塑料产品，及由两人举起的"莆田市涵江区成铭日用品经营部"的条幅，照片的背面印有"本经营部多年经营再生塑料产品，农用品、日用品，集各厂家优质，畅销产品之大成。历年来积累了不少经验，产品销路广泛……"等文字；附件14是莆田市荔城区工商行政管理局"工商听告字（2003）第61号"听证告知书，其上记载：你厂在自己生产的塑料制品上标注"南洋塑料制品有限公司"和"普江竹塑厂"为厂名，于2003年10月9日被我局黄石分局查获……违反了《产品质量法》第30条之规定，属伪造厂名行为。根据《产品质量法》第53条之规定，本局决定作如下处罚：责令整改，并处罚款人民币5000元，上缴财政；落款日期为2003年11月6日；附件15是莆田市荔城区工商行政管理局"第0000848号财物清单"，其上记载"现金、人民币、5000元整、当事人/保管人：陈益博、2003年10月20日、承办人：翁少军、李胜辉、2003年10月20日"；请求人在口头审理时递交了上述证据的原件。请求人通过此组证据证明在本专利申请日前与本专利相同的产品已公开销售使用。专利权人对附件1、附件14、附件15的真实性无异议，但认为附件1荔城区工商行政管理局行政处罚书仅证明请求人的不正当竞争行为，从行政处罚书所列举的产品中不能得出与本专利有对应关系；对附件2的真实性和合法性有异议，认为其上无时间及经办人的签名，请求人的产品是违法的不能作为证据使用；对附件3上莆田市荔城区工商行政管理局黄石工商所的印章没有异议，但对证明的内容有异议，因无经办人的签名和作证，时间和来源也不明确；认为附件13照片形成的时间无法确定，但专利权人认可照片中的男孩是专利权人的儿子，承认其儿子现已长大为成人的事实。对上述证据合议组进行了核实，其复印件与原件相符。

合议组认为：附件14和附件15虽然是在提出无效宣告请求之日起1个月后提交的，但其是对附件1所证明的具体事实的补充证明，根据2001年审查指南的相关规定（本无效宣告请求日在2006年7月1日之前，按照《施行修订后审查指南的过渡办法》的规定，对自无效宣告请求之日起1个月后提出的新理由、新证据的审查应适用2001年10月18日公布的审查指南），其不属于不予考虑的新证据。附件14和附件15虽然是在提出无效宣告请求之日起1个月后提交的，但其是对附件1的补强，证明行政处罚已执行，因此，不视为其是新证据；由附件1、附件14和附件15可以证明在本专利申请日前，请求人因违反了《产品质量法》第30条规定，受到荔城区工商行政管理局的行政处罚，并根据《产品质量法》第53条的规定缴纳了罚款的事实；附件2、附件3所示照片来源及原照片形成的时间，或照片中产品所公开使用的时间在莆田市荔城区工商行政管理局黄石工商所出具的证明中已得到证明，并加盖有莆田市荔城区工商行政管理局黄石工商所印章，同时附件15中请求人缴纳罚款的时间，也能与附件2中莆田市荔城区工商行政管理局黄石工商所到黄石七境塑料厂当场检查拍照图片的时间相对应，罚款金额与附件1、附件14和附件15中所述的金额相对应，附件3中莆田市荔城区工商行政管理局黄石工商所证明的内容也与附件1和附件14中所记载的内容一致；虽然请求人伪造他人厂名从事生产活动的行为是违法的，但在已经生效的荔工商处（2003）257号行政处罚决定书中记载的事实，在没有相反证据足以推翻的情况下，对该决定中记载的事实应予以采信；附件13虽然未标明其形成的时间，但从专利权人认可其上举条幅男孩现已长大为成人的事实可推出，该证据形成于本专利申请日之前。合议组认为：请求人提交的附件1~3、附件14和附件15可以构成一个完整的证据链，其所涉及事实的形成时间在本专利申请日之前（2004年12月13日），同时附件13也可佐证在本专利申请日前已经公开销售使用过附件3中所示"盆"的产品。因此，上述证据中所涉及产品"盆"的外观设计，属于在本专利申请日前已经使用公开的在先设计。

3. 相近似的判断

本专利和附件3所示在先设计（下称在先设计）均为盆的外观设计，用途相同，属于相同类别的产品，具有可比性。

本专利是盆的外观设计，其整体形状为脸盆状，盆身近似倒立圆台状，上端有盆缘水平向外突出（详见本专利附图）。

在先设计是盆的外观设计，其整体形状为脸盆状，盆身近似倒立圆台状，上端有盆缘水平向外突出（详见在先设计附图）。

将本专利与在先设计相比较，二者的相同点是：二者的整体形状均近似倒立圆台状，上端盆缘水平向外突出。其不同点为：本专利的盆身稍高瘦，在先设计的盆身稍低矮。合议组认为：本专利与在先设计盆身高矮的细微区别，对整体视觉效果不具有显著性的影响，容易使一般消费者误认、混同。因此，二者属于相近似的外观设计。

综上所述，本专利在申请日前已有与其相近似的外观设计在国内公开使用过，因此不符合专利法第23条的规定。

在已经得出上述审查结论的基础上，本审查决定对请求人提出的其他理由和提交的其他证据不再作出评述。

三、决定

宣告200430152529.2号外观设计专利权全部无效。

当事人对本决定不服的，可以根据专利法第46条第2款的规定，自收到本决定之日起三个月内向北京市第一中级人民法院起诉。根据该款的规定，一方当事人起诉后，另一方当事人应当作为第三人参加诉讼。

主视图

俯视图　　　仰视图

本专利附图

在先设计附图

塑料双耳盆

无效宣告请求审查决定（第 10035 号）

决　定　号	第 10035 号
决　定　日	2007 年 6 月 15 日
发明创造名称	塑料双耳盆
外观设计分类号	23-02
无效宣告请求人	荔城区黄石七境塑料厂
专　利　权　人	林成铭
专　利　号	200430152553.6
申　请　日	2004 年 12 月 13 日
授权公告日	2005 年 12 月 7 日
合议组组长	张雪飞
主　审　员	钟　华
参　审　员	王霞军
附　　图	1 页
法　律　依　据	专利法第 23 条

决 定 要 点

生效的行政处罚决定所记载的事实，并有其他证据佐证，在没有相反证据足以推翻的情况下，对该处罚决定所记载的事实应予以采信。

一、案由

本无效宣告请求涉及 2005 年 12 月 7 日国家知识产权局授权公告的 200430152553.6 号外观设计专利，其产品名称是"塑料双耳盆"，申请日是 2004 年 12 月 13 日，专利权人是林成铭。

针对上述外观设计专利权（下称本专利），荔城区黄石七境塑料厂（下称请求人）于 2006 年 4 月 28 日向专利复审委员会提出无效宣告请求，其理由是本专利不符合专利法第 23 条的规定。请求人认为在本专利申请日前已经批量生产和销售了与本专利外观设计相同的产品，同时，请求人提交了如下附件作为证据：

附件 1：莆田市荔城区工商行政管理局"荔工商处（2003）257 号"行政处罚决定书复印件 2 页；

附件 2：莆田市荔城区工商行政管理局黄石工商所查扣的产品照片及证明（翻拍件）1 页；

附件 3：莆田市荔城区工商行政管理局黄石工商所出具的证明（原件）1 页；

附件4：请求人1987年成立时的营业执照复印件1页；
附件5：请求人2001年成立厂支部委员会当天拍的照片（扫描件）1页；
附件6：请求人2001年成立厂支部委员会当天拍的照片（扫描件）1页；
附件7：请求人2001年成立厂支部委员会当天拍的照片（扫描件）1页；
附件8：中国共产党莆田市荔城区黄石镇委员会出具的证明及照片（原件）1页；
附件9：莆田市荔城区黄石镇工会联合会出具的证明及照片（原件）1页；
附件10：莆田市荔城区黄石镇七境村民委员会及莆田市荔城区黄石镇人民政府出具的证明及照片（原件）1页；
附件11：请求人的产品模具照片（原件）1页；
附件12：本专利外观设计图片复印件1页；
附件13：专利权人产品广告照片（扫描件）1页。

专利复审委员会根据无效宣告请求审查程序的规定受理了该无效宣告请求，并于2006年6月19日将无效宣告请求书和证据的副本转送给专利权人，限其在指定的期限内答复。并告知专利权人如逾期不答复，不影响专利复审委员会的审理。

专利复审委员会于2006年7月6日收到专利权人提交的意见陈述书，专利权人针对无效宣告请求的理由进行了意见陈述，专利权人认为：附件1"荔工商处（2003）257号"行政处罚决定书的内容只是表明请求人因不诚信而受到行政处罚；附件2黄石工商所提供的所谓当场检查拍照图片出处不明，且照片中的产品外观无法辨认，不能采信；附件3莆田市荔城区工商行政管理局黄石工商所出具的证明，该证明所作的证词来源不明，无法支持请求人的观点；附件4来源不明，无法确认其真实性；附件5~7的照片为请求人自行拍摄，拍摄时间及出处均不明，且照片中的产品外观无法辨认，不能采信；附件8~10分别为请求人所在地中共黄石镇委员会、黄石镇工会和黄石镇七镜村委会于2006年4月17日出具的证明，由于附件8~10来源不明，故不可采信；附件11模具照片的来源及其证明对象不明，不能采信；附件13广告照片来源的不明，而且也无法表明该照片为公开出版物，不能采信。综上所述，请求人的无效理由缺乏证据支持，因此，应当维持本专利有效。

专利复审委员会于2007年2月6日向双方当事人发出《无效宣告请求口头审理通知书》，定于2007年3月26日在专利复审委员会进行口头审理。并将专利复审委员会于2006年7月6日收到专利权人提交的意见陈述书同时转送请求人。

口头审理如期举行，双方当事人均参加了口头审理。在口头审理过程中，请求人当庭提交了附件1、附件2、附件5~7、附件13的原件，同时还递交了莆田市荔城区工商行政管理局"工商听告字（2003）第61号"听证告知书（编号续前，下称附件14）原件、莆田市荔城区工商行政管理局"财物第0000848号清单"（编号续前，下称附件15）原件、中共黄石镇委员会"黄委发（2001）第43号"文件（编号续前，下称附件16）、莆田县总工会（批复）"荔工组字（2001）138号"文件（编号续前，下称附件17）。合议组当庭将上述四份证据转送专利权人。请求人认为，附件1~3可形成证据链，附件14及附件15可佐证本专利产品在申请日前已公开使用；附件16和附件17可证明附件8和附件9出证单位的身份及中共莆田县黄石七境塑料厂支部、工会成立的时间和销售的事实；附件5~7照片为黄石七境塑料厂召开支部成立大会时拍摄的部分照片，会议场所周围堆放的部分产品，与本专利的外形结构相同；附件13为专利权人的产品广告照片，其上右侧举条幅的男孩是专利权人的儿子，该男孩现已长大为成人，因此，从该照片上也可佐证在本专利申请日前已经公开销售的事实。专利权人对附件1、附件14、附件15的真实性无异议，但认为附件1荔城区工商行政管理局行政处罚书仅证明请求人的不正当竞争行为，从行政处罚书所列举的产品中不能得出与本专利有对应关系；

对附件 2 的真实性和合法性有异议；对附件 3 上莆田市荔城区工商行政管理局黄石工商所的印章没有异议，但对证明的内容有异议，因无经办人的签名和作证，时间和来源也不明确；对附件 4 真实性没有异议；对附件 5~7 照片的真实性无异议，但对照片的形成时间和来源有异议，且照片中所示的产品不清楚，无法与本专利对比；对附件 8~10、附件 16 和附件 17 的真实性均无异议，但认为出具证明的单位与请求人属于上下级的关系，其出具的证明无法保证客观公正性；附件 11 制造的时间无法确定；附件 13 照片形成的时间无法确定，但专利权人认可照片中的男孩是其儿子，承认该男孩现已长大为成人的事实。对于上述证据中所涉及的莆田市荔城区工商行政管理局黄石工商所与莆田市荔城区工商行政管理局黄石分局的关系，请求人称该工商分局是该工商所的前身，该工商分局现已变更为该工商所，专利权人对此未提出异议。请求人认为，附件 2、附件 3、附件 8~10 所示的图片为同一图片，附件 3、附件 8~10 所示产品外观，及附件 2 和附件 13 中所指定的产品外观与本专利相同。专利权人认为，附件 3、附件 8~10 所示产品外观与本专利不相同也不相近似，附件 2 和附件 13 中所示产品外观或为折叠堆放或照片不清楚，无法比较。双方均坚持其原有主张。

在以上审理的基础上，本案合议组经合议，认为本案事实清楚，依法作出本审查决定。

二、决定的理由

1. 法律依据

根据请求人提出的无效宣告请求的理由和提交的证据，本案合议组依据专利法第 23 条的规定对本案进行审理。

专利法第 23 条规定：授予专利权的外观设计，应当同申请日以前在国内外出版物上公开发表过或者国内公开使用过的外观设计不相同和不相近似，并不得与他人在先取得的合法权利相冲突。

2. 证据的认定

请求人提交的附件 1 是莆田市荔城区工商行政管理局于 2003 年 11 月 6 日作出的 "荔工商处（2003）257 号" 行政处罚决定书，其上记载：当事人荔城区黄石镇七境塑料厂，在自己生产的塑料制品上标注 "南洋塑料制品有限公司" 和 "普江竹塑厂" 为厂名，于 2003 年 10 月 9 日被我局黄石分局查获……违反了《产品质量法》第 30 条之规定，属伪造产品厂名行为。根据《产品质量法》第 53 条之规定，本局决定作如下处罚：责令改正，并处罚款人民币 5000 元，上缴财政；附件 2 是莆田市荔城区工商行政管理局黄石工商所查扣的产品照片，及莆田市荔城区工商行政管理局黄石工商所出具的证明，其内容是：2003 年 10 月 20 日黄石工商所到黄石七境塑料厂当场检查拍照图片；附件 3 是莆田市荔城区工商行政管理局黄石工商所于 2006 年 4 月 17 日出具的证明，其内容是："本工商行政管理局黄石工商所曾经于 2003 年 10 月 9 日对荔城区黄石七境村塑料厂生产的标注 '南洋塑料制品有限公司' 和 '普江竹塑厂' 的 29600 件塑料制品盆、桶，作出 '荔工商处（2003）257 号' 行政处罚，在该次行政处罚中的部分产品的外形结构与上述图片中的产品外形结构完全相同。在处罚的当年以前，该产品在本地区老百姓的日常生活中就早已广泛使用"；附件 13 是专利权人产品广告照片，在照片的正面显示有各种日用塑料产品，及由两人举起的 "莆田市涵江区成铭日用品经营部" 的条幅，照片的背面印有 "本经营部多年经营再生塑料产品、农用品、日用品，集各厂家优质，畅销产品之大成。历年来积累了不少经验，产品销路广泛……" 等；附件 14 是莆田市荔城区工商行政管理局 "工商听告字（2003）第 61 号" 听证告知书，其上记载：你厂在自己生产的塑料制品上标注 "南洋塑料制品有限公司" 和 "普江竹塑厂" 为厂名，于 2003 年 10 月 9 日被我局黄石分局查获……违反了《产品质量法》第 30 条之规定，属伪造厂名行为。根据《产品质量法》第 53 条之规定，本局拟作如下处罚：责令整改，并处罚款人民币 5000 元，上缴财政；落款日期为 2003 年 11 月 6 日；附件 15 是莆田市荔城区工商行政管理局 "第 0000848 号财物清单"，其上记载 "现金、人民币、5000 元整、当事人/保管人：陈益博、2003年10月20日、承办人：翁少军、李胜辉、2003年10月20日"；请求人在口头审理时递交了上述证据的原件。请求人通过此组证据证明在本专利申请日前与本专利相同的产品已公开销售使用。专利权人对附件1、附件14、附件15的真实性无异议，但认为附件1工商行政管理局行政处罚书仅证明请求人的不正当竞争行为，从行政处罚书所列举的产品中不能得出与本专利有对应关系；对附件2的真实性和合法性有异议，认为其上无时间及经办人的签名，请求人的产品是违法的不能作为证据使用；对附件3上莆田市荔城区工商行政管理局黄石工商所的印章没有异议，但对证明的内容有异议，因无经办人的签名和作证，时间和来源也不明确；认为附件13照片形成的时间无法确定，但专利权人认可照片中的男孩是专利权人的儿子，承认其儿子现已长大为成人的事实。对上述证据合议组进行了核实，其复印件与原件相符。

合议组认为：附件14和附件15虽然是在提出无效宣告请求之日起1个月后提交的，但其是对附件1所证明的具体事实的补充证明，根据2001年审查指南的相关规定（本无效宣告请求日在2006年7月1日之前，按照《施行修订后审查指南的过渡办法》的规定，对自无效宣告请求之日起1个月后提出的新理由、新证据的审查应适用2001年10月18日公布的审查指南），其不属于不予考虑的新证据。附件14和附件15虽然是在提出无效宣告请求之日起1个月后提交的，但其是对附件1的补强，证明行政处罚已执行，因此，不视为其是新证据；由附件1、附件14和附件15可以证明在本专利申请日前，请求人因违反了《产品质量法》第30条规定，受到荔城区工商行政管理局的行政处罚，并根据《产品质量法》第53条的规定缴纳了罚款的事实；附件2、附件3所示照片来源及原照片形成的时间，或照片中产品所公开使用的时间在莆田市荔城区工商行政管理局黄石工商所出具的证明中已得到证明，并加盖有莆田市荔城区工商行政管理局黄石工商所印章，同时附件15中请求人缴纳罚款的时间，也能与附件2中莆田市荔城区工商行政管理局黄石工商所到黄石七境塑料厂当场检查拍照图片的时间相对应，罚款金额与附件1、附件14和附件15中所述的金额相对应，附件3中莆田市荔城区工商行政管理局黄石工商所证明的内容也与附件1和附件14中所记载的内容一致；虽然请求人伪造他人厂名从事生产活动的行为是违法的，但在已经生效的荔工商处（2003）257号行政处罚决定书中记载的事实，在没有相反证据足以推翻的情况下，对该处罚决定书记载的事实应予以采信；附件13虽然未标明其形成的时间，但从专利权人认可其上举条幅男孩现已长大成人的事实可推出，该证据形成于本专利申请日之前。合议组认为：请求人提交的附件1~3、附件14和附件15可以构成一个完整的证据链，其所涉及事实的形成时间在本专利申请日之前（2004年12月13日），同时附件13也可佐证在本专利申请日前已经公开销售使用过附件3中所示"塑料双耳盆"的产品。因此，上述证据中所涉及产品"塑料双耳盆"的外观设计，属于在本专利申请日前已经使用公开的在先设计。

3. 相近似的判断

本专利和附件3所示外观设计（下称在先设计）均为盆的外观设计，用途相同，属于相同类别的产品，具有可比性。

本专利是塑料双耳盆的外观设计，其整体形状近似倒立圆台状，上端略向外突出有外缘，上端向上延伸有两个对称的近似半圆形的提手，两个提手中央各有一个小孔，底面凸出有三个同心圆圈（详见本专利附图）。

在先设计是塑料双耳盆的外观设计，其整体形状近似倒立圆台状，上端略向外突出有外缘，上端向上延伸有两个对称的近似半圆形的提手，一个提手中央有一个小孔，另一个提手中央是否有空不可见（详见在先设计附图）。

将本专利与在先设计相比较，二者的相同点是：整体形状近似倒立圆台状，上端略向外突出有外缘，上端向上延伸有两个对称的近似半圆形的提手其不同点为：本专利的底面凸出有三个同心圆圈，在先设计未公开底面的视图。本专利两个提手的中央各有一个孔，在先设计一个提手的中央有一个孔，另一个提手中央是否有孔不可见。合议组认为：盆的底面为不容易被关注的面，本专利与在先设计的底面是否凸出有三个同心圆圈以及在先设计的另一个提手中央是否有孔对产品的整体视觉不具有显著性的影响，本专利与在先设计的整体形状相似，容易使一般消费者误认、混同。因此，二者属于相近似的外观设计。

综上所述，本专利在申请日前已有与其相近似的外观设计在国内公开使用过，因此不符合专利法第23条的规定。

在已经得出上述审查结论的基础上，本审查决定对请求人的提交的其他证据不再作出评述。

三、决定

宣告200430152553.6号外观设计专利权全部无效。

当事人对本决定不服的，可以根据专利法第46条第2款的规定，自收到本决定之日起三个月内向北京市第一中级人民法院起诉。根据该款的规定，一方当事人起诉后，另一方当事人应当作为第三人参加诉讼。

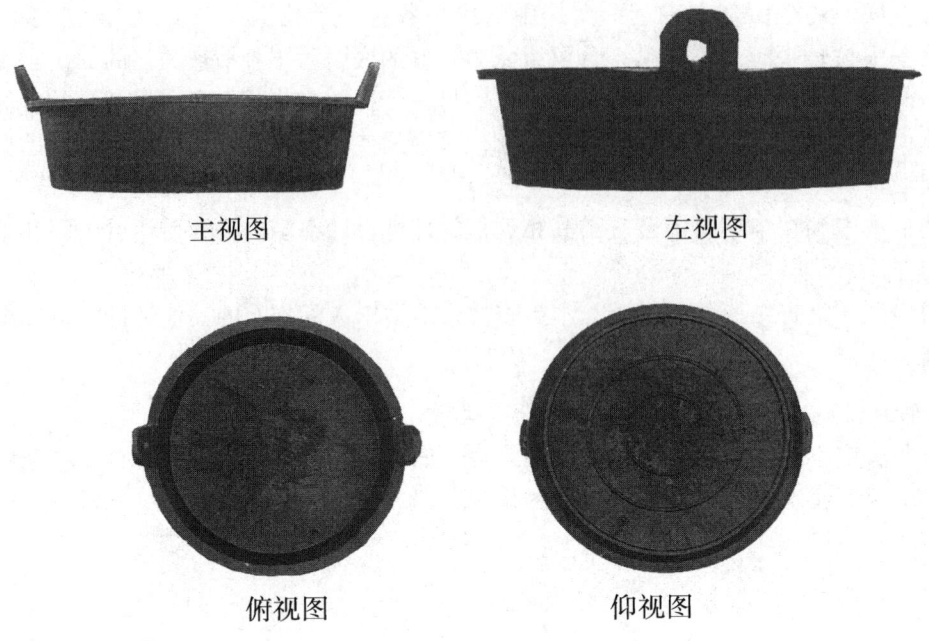

主视图　　　　　　　　左视图

俯视图　　　　　　　　仰视图

本专利附图

在先设计附图

电子表头（SB）

无效宣告请求审查决定（第10039号）

决 定 号	第10039号
决 定 日	2007年6月18日
发明创造名称	电子表头（SB）
外观设计分类号	10-02-W0065
无效宣告请求人	上海友声衡器有限公司
专 利 权 人	上海英展机电企业有限公司
专 利 号	00346217.X
申 请 日	2000年12月5日
授权公告日	2001年6月27日
合议组组长	马志远
主 审 员	张 霞
参 审 员	邢文飞
附 图	2页
法 律 依 据	专利法第23条

决 定 要 点

本专利与在先公开发表的外观设计不相同也不相近似，且请求人所提交的证据也不能构成完整有效的证据链证明本专利申请日之前已有相同或相近似的外观设计在国内公开使用过，因此请求人提交的证据不能支持其主张，其无效宣告请求的理由不成立。

一、案由

本无效宣告请求涉及国家知识产权局于2001年6月27日授权公告的名称为"电子表头（SB）"的00346217.X号外观设计专利（下称本专利），其申请日是2000年12月5日，专利权人是上海英展机电企业有限公司。

针对上述专利权，上海友声衡器有限公司（下称请求人）于2005年11月8日向专利复审委员会提出了无效宣告请求，理由是本专利不符合专利法第23条的规定，并提交了如下证据：

证据1-1：梅特勒-托利多中国网站网页打印件1页，标注有"8142PRO+称重显示仪"；

证据1-2：梅特勒-托利多中国网站网页打印件1页，标注有"PUMA本安型防爆称重显示仪"；

证据 1-3：请求人标注有"梅特勒日本公司的产品介绍"的复印件 1 页；

证据 1-4：请求人标注有"日本 A&D 公司成立于 1977 年"的复印件 1 页；

证据 1-5：请求人标注有"上海耀华创建于 1992 年"的产品广告复印件 1 页；

证据 1-6：请求人标注有"日本寺冈公司成立于 1934 年"的产品广告复印件 1 页；

证据 1-7：寺冈公司网站网页打印件 1 页，其中示有 DS-516 型秤台；

证据 1-8：请求人标注有"日本久保田公司成立于 1890 年"的产品广告复印件 1 页；

证据 1-9：请求人标注为"台湾宇权公司（1985 年成立），友声第一代产品原型"、页面标注有"FC 系列"、"FW 系列"字样的电子秤台广告的复印件；

证据 1-10：标注有"北京宇权电子衡器有限公司"、"FW、FC 系列电子台秤"的产品介绍复印件 1 页；

证据 1-11：请求人标注有"上海友声从 1996 年创建至今"的彩印产品广告 1 页；

证据 2：标注证明人为"沈生培"的证人证言复印件 1 页，其上签有日期 2005 年 11 月 2 日；

证据 3：专利号为 96312298.3 的中国外观设计专利数据库打印件四页，包括著录项目页、主视图、左视图和俯视图，其公告日为 1997 年 5 月 14 日；

证据 4：本专利主视图 1 页；

证据 5-1：上海大和网站 ACS-Dc/Dd 电子计价秤网页打印件 1 页；

证据 5-2：请求人标注为"上海大和 90 年代生产的电子记价秤产品图样"的复印件 1 页；

证据 5-3：请求人标注为"日本大和产品样本中的 R-210 型号图样"的产品广告复印件 1 页；

证据 5-4：请求人标注为"日本久保田公司的计数秤产品图样（同为三个窗）"的产品广告复印件 1 页；

证据 5-5：请求人标注为"上海衡器厂的早期产品（90 年代）"、型号为"Acs-C 型电子计价秤"的产品广告复印件 1 页；

证据 5-6：请求人标注为"上海友声的早期产品（90 年代）"的产品广告复印件 1 页；

证据 6-1：请求人标注有"日本大和的 DP-6100/6200 型仪表"的产品宣传页复印件 1 页；

证据 6-2：请求人标注有"日本 A&D 公司的 GP-R 仪表"的产品广告复印件 1 页；

证据 6-3：请求人标注有"日本寺冈的 DS-870 仪表"的产品广告复印件 1 页；

证据 6-4：请求人标注为"日本久保田公司仪表产品"的产品宣传页复印件 1 页；

证据 6-5：请求人标注有"日本寺冈公司的 DS-532 台秤仪表"的产品广告复印件 1 页；

证据 7-1：上海英展公司网页打印件 1 页，网页上图示有显示器图形；

证据 7-2：上海英展公司网页打印件 1 页，请求人在其上标注有"点击左边［显示器］的"计价系列"，显示如上，表明原告无带计价功能的称重显示器产品"；

证据 7-3：上海英展公司网页打印件 1 页，请求人在其上标注有"点击左边［计价系列］的"台秤"，显示如上，表明原告无计价台秤产品"。

请求人认为：电子表头的外形结构不具备"新颖性"，而且还与其他公司已经申请的外观设计专利相冲突，电子表头的重要部位"前显示面板"和其他次要部位不具备"新颖性"，因此本专利不符合专利法第 23 条的规定。

专利复审委员会于 2005 年 12 月 14 日向请求人发出无效宣告请求补正通知书（一），要求请求人使用统一表格，请求人于 2006 年 1 月 4 日补交了符合规范要求的专利权无效宣告请求书。

经形式审查合格，专利复审委员会受理了该无效宣告请求，于 2006 年 7 月 24 日向双方当事人发出了无效宣告请求受理通知书，并将无效宣告请求书及其附件副本转给了专利权人。

2006年8月8日专利权人针对无效宣告请求书提交意见陈述，认为上述证据与本专利不相近似，专利权人同时提交了如下反证：

反证1：上海英展机电企业有限公司与上海友声衡器有限公司的和解协议复印件1页；

反证2：（2005）沪二中民五（知）初字第283号上海市第二中级人民法院民事裁定书复印件两页。

专利复审委员会依法成立合议组对本案进行审理，合议组于2007年1月17日向双方当事人发出口头审理通知书，定于2007年3月13日在江苏省常州市举行口头审理，并随口头审理通知书将专利权人于2006年8月8日提交的意见陈述书以及证据副本转送给请求人。

口头审理如期举行，双方当事人均参加了口头审理。在口头审理过程中，双方当事人对合议组成员无回避请求，对对方出庭人员身份无异议。请求人提出本外观设计不符合专利法第23条的规定，具体评述方式如下：证据1-1结合证据2的第1、2点证明梅特勒-托利多的8142型称重显示器产品与本专利相近似，已在本专利申请日之前公开使用，请求人认为证据1-1的8142PRO+的称重显示仪与8142型称重显示器产品形状相同；使用证据1-5中的XK3190-A1、XK3190-A1++、XK3190-A2、XK3190-D2这4款产品证明在本专利申请日之前已经公开出版相近似产品；使用证据1-5中的XK3190-A1、XK3190-A1++、XK3190-A2、XK3190-D2这4款产品结合证据2的第3点证明在本专利申请日之前已经公开使用相近似产品；使用证据5-3中的R-210型产品证明在本专利申请日之前已经公开出版和使用相近似产品；使用证据5-2中的请求人称为AXS-A的产品证明在本专利申请日之前已经公开使用和出版相近似产品；使用证据3证明在本专利申请日之前已经公开出版相近似产品，使用证据3结合证据2的第3点证明在本专利申请日之前已经公开使用相近似产品；使用证据6-1中的DP-6100GP/6200产品证明在本专利申请日之前已经公开出版相近似产品；使用证据5-6中的ACS-A型产品证明在本专利申请日之前已经公开出版和使用相近似产品；使用证据5-5中的ACS-C型产品证明在本专利申请日之前已经公开使用和出版相近似产品。请求人明确表示放弃未具体引用的证据材料。请求人当庭出示了证据1-5的原件、证据2的原件、证据5-3和证据6-1的原件、证据5-2的原件、证据5-5和5-6的单页产品广告的原件。专利权人对证据1-1的真实性表示异议、对其他证据材料复印件与原件内容的一致性无异议。合议组要求请求人在口审后1个月之内提交证据1-1的公证认证的材料、证据5-3和6-1的域外证据公证认证材料或国内可获得的补强证据材料。请求人认为使用证据2中的第1、2点证明8142型产品公开使用的日期在1987年后很短时间内，以证据1-1中的8142PRO+产品的图样证明该产品的外观设计；专利权人对8142型产品公开使用的日期不予认可，并认为8142型产品与本专利并不近似；请求人认为刊登证据1-5产品广告页的《中国衡器企业名录》所附中国衡器协会章程通过日期为1999年11月12日，由此推定上述广告页中的4款产品的公开日期为1999年年底前后；专利权人认为该会刊中的标注了"中国国际衡器展览会2001"字样，因此其公开日应为2001年；请求人认为证据1-5中的四款产品属于证据2第3点中所述的上海耀华公司的早期称重显示器产品；专利权人认为证据2中第3点中并没有体现出证据1-5中的4款具体型号，不能证明上述4款产品的公开使用日期；请求人认为无法确定证据5-3和证据6-1的出版日期；请求人认为证据5-2原件"上海大和衡器有限公司使用说明书AXS-A使用说明书"封面上所记载了"（86）量制沪字00000255号"以及封底的7位数字的电话号码已证明该产品的出版公开日期，请求人承认未提供使用公开时间的证据；专利权人认为使用说明书不属于公开出版物，还认为"（86）量制沪字00000255号"仅仅说明公司获得了生产许可，并不能证明其产品公开销售的时间；

请求人使用证据2的第3点证明证据3的外观设计产品也已经使用公开；专利权人认为证据2无法证明证据3中的专利产品使用公开了；请求人承认无法证明证据5-6的产品广告出版日期，也无法证明证据5-6中ACS-A计价型产品的使用公开日期；请求人认为刊登证据5-5的产品广告上的电话号码为7位，则其出版日期在本专利申请日之前；专利权人认可证据5-5中的ASC-C型产品在本专利申请日之前公开发表及销售了，但二者类型不同，不能进行比较。

在指定期限内，请求人未提交证据1-1的公证认证的材料、证据5-3和6-1的域外证据公证认证材料或国内可获得的补强证据材料。

在上述工作的基础上，合议组认为本案事实已经清楚，可以依法作出本无效宣告请求审查决定。

二、决定的理由

1. 法律依据

专利法第23条规定：授予专利权的外观设计，应当同申请日以前在国内外出版物上公开发表过或者国内公开使用过的外观设计不相同和不相近似，并不得与他人在先取得的合法权利相冲突。

2. 关于证据

请求人在口头审理过程中明确表示使用证据1-1、证据1-5、证据2、证据3、证据5-2、证据5-3、证据5-5、证据5-6、证据6-1评述本专利不符合专利法第23条的规定，放弃其他未具体引用的证据材料，因此，合议组对请求人放弃的证据1-2至证据1-4、证据1-6至证据1-11、证据4、证据5-1、证据5-4、证据6-2~证据6-5以及证据7-1~证据7-3不予考虑。

证据1-1是梅特勒-托利多中国网站网页打印件1页，标注有"8142PRO+称重显示仪"，根据最高人民法院公告公布的自2002年10月1日起施行的《最高人民法院关于行政诉讼证据若干问题的规定》中第64条规定：以有形载体固定或者显示的电子数据交换、电子邮件以及其他数据资料，其制作情况和真实性经对方当事人确认，或者以公证等其他有效方式以予以证明的，与原件具有同等的证明效力。专利权人在口头审理过程中对证据1-1的真实性表示异议，且请求人未在指定期限内提交相关的公证认证材料，因此，该证据不满足证据规则的有关要求，合议组对该证据真实性不予认可。

证据5-3是请求人标注为"日本大和产品样本中的R-210型号图样"的产品广告复印件1页，证据6-1是请求人标注有"日本大和的DP-6100/6200型仪表"的产品宣传页复印件1页，虽然请求人在口头审理中提交了上述证据的原件，但根据审查指南第四部分第八章第2.2.2节的规定：域外证据是指在中华人民共和国领域外形成的证据，该证据应当经所在国公证机关予以证明，并经中华人民共和国驻该所在国使领馆予以认证，或者履行中华人民共和国与该所在国订立的有关条约中规定的证明手续。而且本案合议组在口头审理过程中明确告之请求人应在口头审理之后1个月内提交证据5-3和证据6-1的域外证据公证认证材料或国内可获得的补强证据材料，而请求人未在指定期限内提交上述材料，因此上述证据不满足证据规则的有关要求，合议组对证据5-3和证据6-1的真实性不予认可。

证据1-5是请求人标注有"上海耀华创建于1992年"的产品广告复印件1页，专利权人对其与原件内容的一致性无异议，对其公开日有异议。请求人认为刊登证据1-5产品广告页的《中国衡器企业名录》所附中国衡器协会章程通过日期为1999年11月12日，由此推定上述广告页中的4款产品的公开日期为1999年年底前后，专利权人认为该会刊中的标注了"中国国际衡器展览会2001"字样，因此其公开日应为2001年。由于证据1-5没有明确记载出版时间，导致其公开日无法确定，因此该证据所记录的产品不属于专利法第23条所指的本专利申请日前公开的外观设计。

证据2是标注证明人为"沈生培"的证人证言复印件1页，其上签有日期2005年11月2日，专利权人对其与原件内容的一致性无异议，但对该证言所陈述的事实有异议，而在口头审理过程中，出具该证言的证人未能出庭作证，未经双方庭审质证的证人证言不能单独作为认定事实的依据，因此，该证人证言的真实性无法确认。

证据 3 是专利号为 96312298.3 的中国外观设计专利数据库打印件共 4 页，经合议组对照数据库内容核实，该证据真实，该外观设计专利公报的公告日为 1997 年 5 月 14 日，早于本专利的申请日，因此属于专利法第 23 条所指的本专利申请日前公开的外观设计，能够作为本案的有效证据。

证据 5-2 是请求人标注为"上海大和 90 年代生产的电子记价秤产品图样"的复印件 1 页，专利权人对其与原件内容的一致性无异议，对其公开日有异议。请求人认为证据 5-2 原件"上海大和衡器有限公司使用说明书 AXS-A 使用说明书"封面上所记载了"（86）量制沪字 00000255 号"以及封底的 7 位数字的电话号码已证明该产品的出版公开日期，请求人承认未提供说明书所记载产品使用公开时间的证据，专利权人认为使用说明书不属于公开出版物，还认为"（86）量制沪字 00000255 号"仅仅说明公司获得了生产许可，并不能证明其产品公开销售的时间。对此，合议组认为，专利法意义上的出版物是指记载有技术或设计内容的独立存在的传播载体，并且，应当表明或者有其他证据证明其公开发表或出版的时间。请求人提交的证据 5-2 是产品使用说明书中的产品图样，该使用说明书未标注其公开发表或出版的时间，因此不属于专利法意义上的出版物。并且，产品使用说明书也不会以单独发行的方式对外公开，只会随产品销售行为的发生而为公众所知，因此使用说明书内容为公众所知的时间应为其公开销售的时间，而请求人承认未提供使用公开的时间的证据，因此，不能确定该证据的公开时间，进而不能将其作为在先公开的出版物使用。

证据 5-5 是请求人标注为"上海衡器厂的早期产品（90 年代）"、型号为"Acs-C 型电子计价秤"的产品广告的复印件 1 页，专利权人对其与原件内容的一致性无异议，并认可证据 5-5 中的 Acs-C 型产品在本专利申请日之前公开发表及销售了，因此，合议组认可该证据可以作为在先公开、在先使用的证据。

证据 5-6 是请求人标注为"上海友声的早期产品（90 年代）"的产品广告复印件一页，请求人承认无法证明证据 5-6 的产品广告出版日期，也无法证明证据 5-6 中 ACS-A 计价型产品的使用公开日期，由于该证据的公开日无法确定，因此不属于专利法第 23 条所指的本专利申请日前公开的外观设计，不能够作为在先公开出版或使用的证据。

3. 关于专利法第 23 条

（1）请求人使用证据 1-1 结合证据 2 的第 1、2 点证明梅特勒-托利多的 8142 型称重显示器产品与本专利相近似，已在本专利申请日之前公开使用。请求人认为证据 1-1 的 8142PRO+的称重显示仪与 8142 型称重显示器产品形状相同。

对此，合议组组认为：由于证据 1-1 不满足证据规则的有关要求，合议组对该证据真实性不予认可，同时证据 2 的证人未出庭作证，其证言的真实性无法确认，因此，请求人所提交的上述证据不能构成完整有效的证据链证明在本专利申请日之前已有相同或相近似的外观设计在国内公开使用过。

（2）请求人使用证据 1-5 中的 XK3190-A1、XK3190-A1++、XK3190-A2、XK3190-D2 这 4 款产品证明在本专利申请日之前已经公开出版相近似产品。

对此，合议组认为：由于证据 1-5 没有明确记载出版时间，导致其公开日期无法确定，该证据所记录的产品不属于专利法第 23 条所指的本专利申请日前公开发表的外观设计，因此，请求人提交的该证据不能证明在本专利申请日之前已有相同或相近似的外观设计在国内外出版物上公开发表过。

（3）请求人使用证据 1-5 中的 XK3190-A1、XK3190-A1++、XK3190-A2、XK3190-D2 这 4 款产品结合证据 2 的第 3 点证明在本专利申请日之前已经公开使用相近似产品。

对此，合议组认为：请求人并没有证明证据1-5中的产品的具体使用日期，且证据2的证人证言的真实性无法确认，因此，请求人所提交的上述证据不能构成完整有效的证据链证明在本专利申请日之前已有相同或相近似的外观设计在国内公开使用过。

（4）请求人使用证据5-3中的R-210型产品证明在本专利申请日之前已经公开出版和使用相近似产品。

对此，合议组认为：由于证据5-3为外文证据，请求人未提交境外公证认证或境内可获得的相关证明材料，合议组对证据5-3的真实性不予认可，因此，请求人提交的该证据不能证明在本专利申请日之前已有相同或相近似的外观设计在国内外出版物上公开发表过或在国内公开使用过。

（5）请求人使用证据5-2中的请求人称为AXS-A的产品证明在本专利申请日之前已经公开使用和出版相近似产品。

对此，合议组认为：由于不能确定证据5-2的公开时间，进而不能将其作为在先公开的出版物使用，另一方面，请求人未能证明其中所示产品的使用时间，因此，请求人提交的该证据不能证明在本专利申请日之前已有相同或相近似的外观设计在国内外出版物上公开发表过，也不能构成完整有效的证据链证明在本专利申请日之前已有相同或相近似的外观设计在国内公开使用过。

（6）请求人使用证据3证明在本专利申请日之前已经公开出版相近似产品，使用证据3结合证据2的第3点证明在本专利申请日之前已经公开使用相近似产品。合议组认可证据3为在先公开的外观设计专利。

证据3与本专利均属于电子称重设备，为相同种类的产品。

本专利是一种电子表头，没有请求保护色彩。本专利公报共6幅视图，即仰视图、右视图、主视图、左视图、俯视图和后视图。如图所示，该电子表头大体呈三棱柱状结构，右视图所示的底面、主视图所示的显示面板和左视图所示的顶面构成了该三棱柱的三个大体矩形或梯形的表面。从其右视图、左视图、仰视图和俯视图可以看出，该电子表头显示面板两侧为多凸台的不规则结构，从其主视图可以看出，所述显示面板大体呈矩形，其底部为弧形，显示部分位于显示面板中部，其底部也装饰有弧线，所述显示部分右侧为按键部分，约占显示部分的1/3，左侧为显示窗口部分，约占显示部分的2/3，显示窗口部分以上侧排布两个、下侧靠右排布一个的方式分布有三个条状显示窗口（本专利形状详见本专利附图）。

证据3（下称在先设计1）是一种电子秤，请求人提交了包括著录项目页、主视图、左视图和俯视图共4页附图。如图所示，该电子秤包括秤盘、支杆和表头。如图所示，该表头大体呈三棱柱状结构，其底面、显示面板和顶面构成了该三棱柱的三个大体矩形的表面。从其主视图可以看出，所述显示面板大体呈矩形，显示部分位于显示面板中部，所述显示部分右边为矩形框，约占显示部分的1/2，左边上部设置有一个条状显示窗口（在先设计1形状详见本决定附图）。

将本专利的电子表头与在先设计1所示的表头进行比较，二者均为电子表头，其均大体呈三棱柱状结构，其底面、显示面板和顶面均构成了该三棱柱的三个表面，其显示面板均大体呈矩形，显示部分位于显示面板中部，二者不同之处主要在于：本专利的电子表头显示面板两侧为多凸台的不规则结构，在先设计1的表头未清楚的示出上述结构；本专利的电子表头的显示面板的底部为弧形，显示部分底部也装饰有弧线，在先设计1的表头的显示面板的底部无弧形，显示部分底部也没有装饰弧线；本专利的电子表头的显示部分右侧为按键部分，约占显示部分的1/3，左边为显示窗口部分，约占显示部分的2/3，显示窗口部分以上侧排布两个、下侧靠右排布一个的方式分布有三个条状显示窗口；在先设计1的表头的显示部分右边为矩形框，约占显示部分的1/2，左边上部设置有一个条状显示窗口。对于电子表头这类显示装置来说，电子表头的形状和显示面板部分的设置均属于一般消费者关注的部位，本专利和证据3的电子表头的两侧结构不同，并且，二者显示面板部分的布置也区别明显，上述差别对于产品的外观设计的整体视觉效果具有显著的影响，因此，本专利与在先设计1所公开的外观设计是不相同，也不相近似的。

由于在先设计1与本专利所公开的外观设计不相同也不相近似，且证据2的证人证言的真实性不予采信，因此，请求人所提交的证据不能构成完整有效的证据链证明在本专利申请日之前已有相同或相近似的外观设计在国内公开使用过。

（7）请求人使用证据6-1中的DP-6100GP/6200产品证明在本专利申请日之前已经公开出版相近似产品。

对此，合议组认为：由于证据6-1为外文证据，请求人未提交境外公证认证或境内可获得的相关证明材料，合议组对证据6-1的真实性不予认可，因此，请求人提交的该证据不能证明在本专利申请日之前已有相同或相近似的外观设计在国内外出版物上公开发表过。

（8）请求人使用证据5-6中的ACS-A型产品证明在本专利申请日之前已经公开出版和使用相近似产品。

对此，合议组认为：由于证据5-6的公开日无法确定，不属于专利法第23条所指的本专利申请日前公开的外观设计，不能够作为在先公开出版或使用的证据，另外，请求人未提供该型号产品公开使用日期的证据材料，因此，请求人所提交的该证据不能证明在本专利申请日之前已有相同或相近似的外观设计在国内外出版物上公开发表过，也不能构成完整有效的证据链证明在本专利申请日之前已有相同或相近似的外观设计在国内公开使用过。

（9）请求人使用证据5-5中的ACS-C型产品证明在本专利申请日之前已经公开使用和出版相近似产品。专利权人认可ACS-C型产品在申请日之前已经公开发表及销售。

证据5-5中所示的ACS-C型电子计价秤（下称在先设计2）大体为长方体，其前部显示面板上侧向后倾斜，左右侧面呈梯形，所述显示面板大体呈矩形，显示部分位于显示面板中部，所述显示部分右侧为按键部分，约占显示部分的1/3，左侧为显示窗口部分，约占显示部分的2/3，显示窗口部分以上侧排布两个、下侧靠右排布一个的方式分布有三个条状显示窗口（在先设计2形状详见本决定附图）。

由于本专利的电子表头与在先设计2均属于电子称重系统，因此可以将本专利的电子表头与在先设计2进行比较。通过进行比较，可以看出，二者显示面板大体呈矩形，显示部分位于显示面板中部，所述显示部分右侧为按键部分，约占显示部分的1/3，左侧为显示窗口部分，约占显示部分的2/3，显示窗口部分以上侧排布两个、下侧靠右排布一个的方式分布有三个条状显示窗口，二者不同之处主要在于：本专利的电子表头大体呈三棱柱状结构，右视图所示的底面、主视图所示的显示面板和左视图所示的顶面构成了该三棱柱的三个大体矩形或梯形的表面，该电子表头显示面板两侧为多凸台的不规则结构，显示面板底部为弧形，显示部分底部也装饰有弧线；在先设计2大体为长方体，其前部显示面板上侧向后倾斜，左右侧面呈梯形。对于电子表头这类显示装置来说，电子表头的形状和显示面板部分的设置均属于一般消费者关注的部位，本专利的电子表头和在先设计2的整体结构形状不同，该差别对于产品的外观设计的整体视觉效果具有显著的影响，因此，本专利与在先设计2是不相同，也不相近似的。

由于在先设计2与本专利所公开的外观设计不相同也不相近似，因此，请求人所提交的证据不能证明在本专利申请日之前已有相同或相近似的外观设计在国内外出版物上公开发表过或在国内公开使用过。

综上所述，由于本专利与请求人所提交的在先公开发表的外观设计不相同也不相近似，且请求人所提出的证据也不能构成完整有效的证据链证明本专利申请日之前已有相同或相近似的外观设计在国内公开使用过，因此，本专利符合专利法第 23 条的规定。

三、决定

维持 00346217.X 号外观设计专利权有效。

当事人对本决定不服的，可以根据专利法第 46 条第 2 款的规定，自收到本决定之日起三个月内向北京市第一中级人民法院起诉。根据该款的规定，一方当事人起诉后，另一方当事人应当作为第三人参加诉讼。

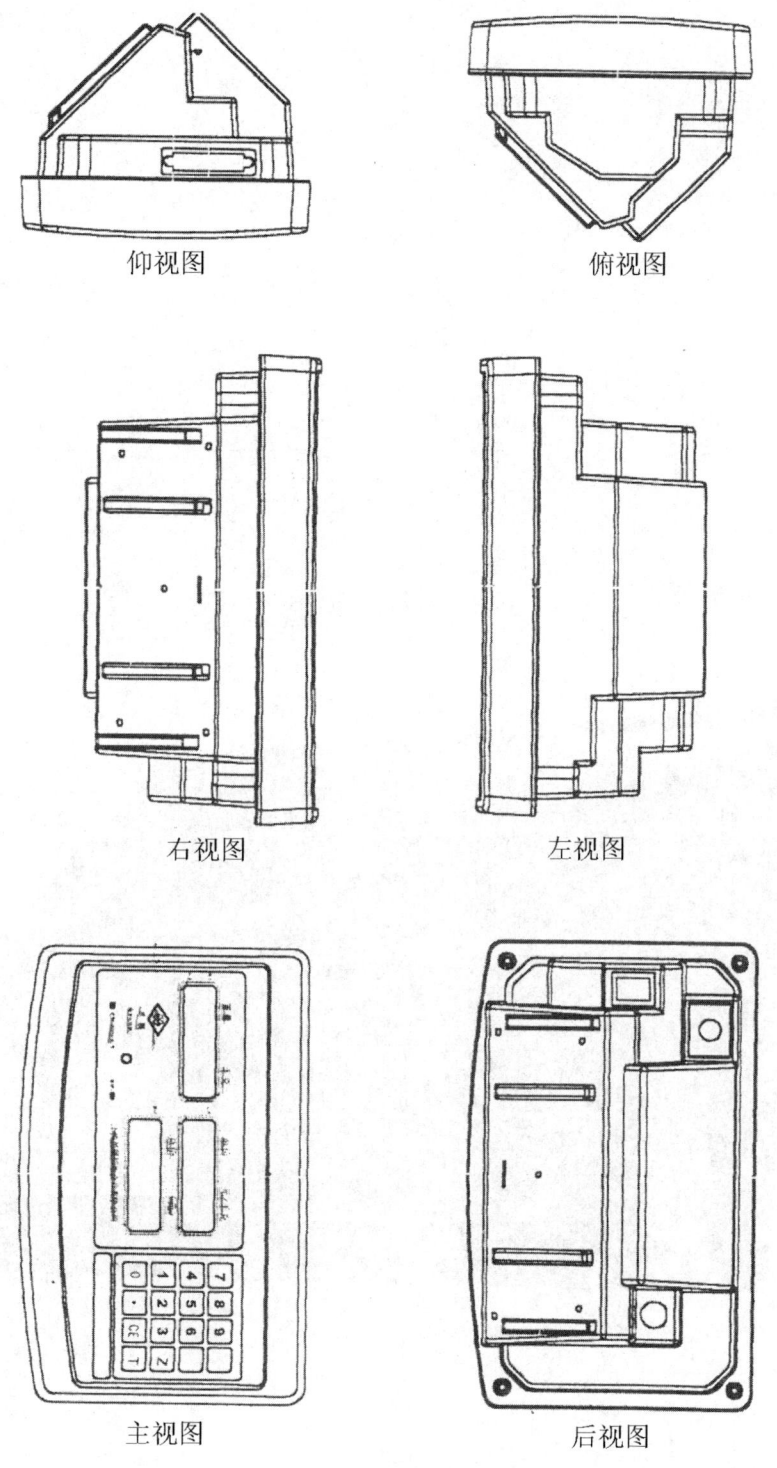

本专利附图

主视图　　　　　左视图　　　　　　　仰视图

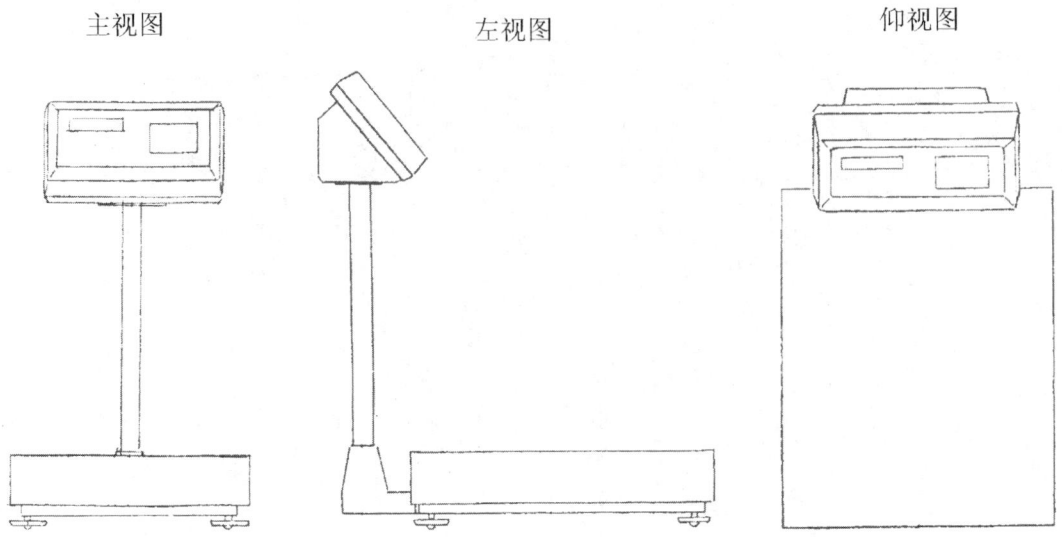

在先设计 1 附图

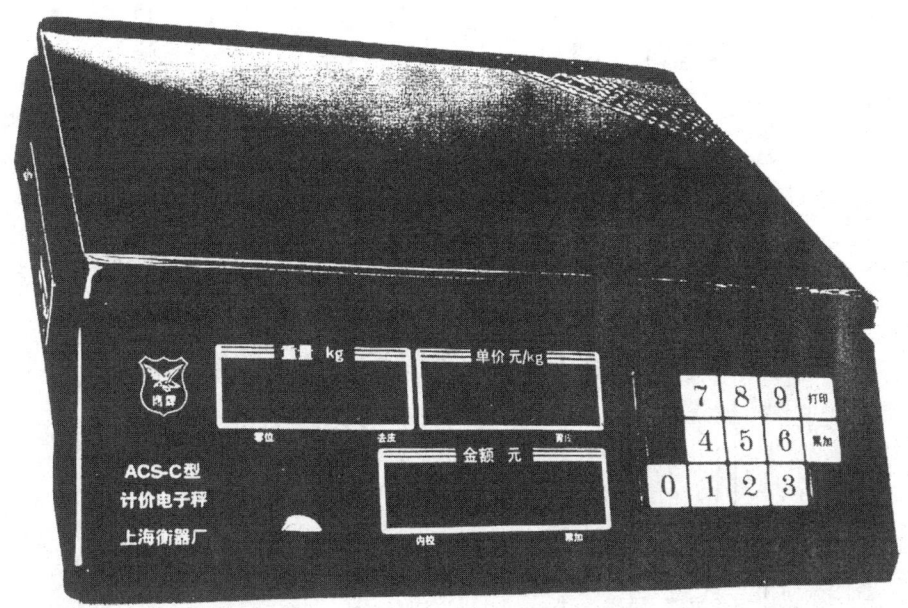

在先设计 2 附图

咖啡壶（IV）

无效宣告请求审查决定（第 10040 号）

决 定 号	第 10040 号
决 定 日	2007 年 6 月 21 日
发明创造名称	咖啡壶（IV）
外观设计分类号	07-01
无效宣告请求人	爱尔菲股份有限公司
专 利 权 人	肖安江
专 利 号	200430029507.7
申 请 日	2004 年 1 月 18 日
授权公告日	2004 年 9 月 29 日
合议组组长	宋鸣镝
主 审 员	冯涛
参 审 员	祁轶军
附 图	1 页

法 律 依 据 专利法第 23 条

决 定 要 点

对于咖啡壶的外观设计的相近似性判断而言，从整体观察、综合判断的角度出发，其壶体、壶嘴、壶盖以及壶把的设计是判断两者外观设计是否相近似的要旨所在。如果被比咖啡壶外观设计与在先设计的区别仅在于壶体形状不同，而被比设计的壶体只是一种传统造型，且与在先设计的形状和比例相近，则其对咖啡壶整体视觉效果不产生显著影响，因此两者属于相近似的外观设计。

一、案由

本无效宣告请求涉及的是国家知识产权局 2004 年 9 月 29 日授权公告的外观设计专利，其名称为"咖啡壶（IV）"，专利号是 200430029507.7，申请日为 2004 年 1 月 18 日，专利权人是肖安江。

针对上述外观设计专利权（下称本专利），爱尔菲股份有限公司（下称请求人）于 2006 年 1 月 27 日向专利复审委员会提出无效宣告请求，请求人认为：（1）证据 1~4 均为本专利申请日前公开的出版物，其上分别公开了与本专利相同或相近似的设计，因此本专利不符合专利法第 23 条的规定；（2）证据 6 为请求人向中艺国际名牌用品进出口公司的发货单，其上显示发货日期为 2002 年 11 月及 12 月，结合证据 5，即请求人的产品目录，可以证明与本专利相同或相近似的设计在申请日前已经在国内公开销售过，因此本专利不符合专利法第 23 条的规定。请求人为支持其无效宣告请求的理由提交了如下附件作为证据：

附件1：本专利外观设计专利公报和放大图片的复印件5页；
附件2："DEUTSCHE STANDARDS"及其公证、认证文件复印件共10页（下称证据1）；
附件3："Ratgeber Frau und Familie"及其公证、认证文件复印件共7页（下称证据2）；
附件4："Der Feinschmecker"及其公证、认证文件复印件共7页（下称证据3）；
附件5："Märkte & Medien Kontaktbuch"及其公证、认证文件复印件共8页（下称证据4）；
附件6："Gesamtkatalog"及其公证、认证文件复印件共10页（下称证据5）；
附件7："Invoice"及其公证、认证文件复印件共14页（下称证据6）。

经形式审查合格后，专利复审委员会受理了该无效宣告请求案，并于2006年6月23日向双方当事人发出《无效宣告请求受理通知书》，同时将《专利权无效宣告请求书》及其附件的副本转送给专利权人，要求其在指定的期限内答复，同时成立合议组对本无效宣告请求案进行审理。

专利权人在指定的期限内未对上述无效宣告请求受理通知书进行答复。

2006年9月15日，专利复审委员会本案合议组向双方当事人发出《无效宣告请求口头审理通知书》，告知双方当事人定于2006年11月1日在专利复审委员会对本无效宣告请求案进行口头审理。

口头审理如期举行，双方当事人均到庭参加了口头审理，在口头审理过程中，请求人当庭提交了证据1-6的相关部分的中文译文和补充证据1-1，补充证据1-1是复印件，是2001版德国标准，请求人未提交该证据的原件，也未对该证据进行公证认证，合议组当庭将上述文件转送给专利权人，并明确告知专利权人可在口头审理结束后15日内对证据1~6的中文译文发表书面意见，若逾期未提交书面意见，则视为对译文无异议。请求人当庭出示了证据1~6的原件，专利权人认为原件和复印件相符，但对证据1~6的真实性有异议。请求人明确表示证据1与补充证据1-1组合使用，证据2、3和4单独使用，证据5和6组合使用，证明本专利不符合专利第23条的规定。请求人明确证据4中使用图片页左栏第三幅图中左侧两个壶的图片与本专利进行对比；证据5中使用第7页上侧的6幅图中的壶的图片与本专利进行对比。在口头审理过程中，双方都充分陈述了意见。

专利权人在指定期限内未对证据1~6的中文译文提出异议。

在此基础上，合议组认为当事人已经充分发表了意见，本案事实已经调查清楚，可以依法作出审查决定。

二、决定的理由

1. 法律依据

根据请求人提出的无效宣告请求的理由和提交的证据，本案合议组依据专利法第23条对本案进行审理。

专利法第23条规定：授予专利权的外观设计，应当同申请日以前在国内外出版物上公开发表过或者国内公开使用过的外观设计不相同和不相近似，并不得与他人在先取得的合法权利相冲突。

2. 关于证据

证据1是2004年出版的2003版《德国标准》的封面、第18和19页及第600页的复印件，证据2是2003年11月28日出版的杂志《女性与家庭教程》的封面和第1660页的复印件，证据3是2003年12月出版的杂志《美食家》的封面和第145页的复印件，证据4是1991年度第24期《92版德国广告代理概貌》一书的封面、第130页和版本说明的复印件，证据1~4均属于德国公开出版物，它们均由韦尔特海姆市第二公证处公证复印件与原件一致，公证员为施密特博士；由莫斯巴赫地方法院院长米斯勒博士签字证明韦尔特海姆市公证处公证员的签字和加盖的印章属实；由德意志联邦共和国外交部的官员内尔斯签字证明莫斯巴赫地方法院院长米斯勒博士的签字属实；再由我国驻法兰克福总领事馆认证德意志联邦共和国外交部的印章和内尔斯签字属实,可见,证据1~4的公证认证文件齐备,虽然专利权人对上述证据的真实性有异议,但由于专利权人既未提供相应的证据,也未提出具有说服力的理由支持其主张,故合议组对证据1~4的真实性予以确认。

证据2的公开日在本专利的申请日之前,故证据2属于本专利申请日前的公开出版物,证据2中的图片可以作为在先设计用来评价本专利是否符合专利法第23条的规定。

3. 相同或相近似比较

本专利记载有主视图、俯视图、左视图、右视图,简要说明记载"因前后对称,省略后视图;省略仰视图"。从其主视图、左视图、右视图以及俯视图可以看出该咖啡壶包括略呈锥台形的壶体、底座、壶盖、壶颈、手提式把手五个部分。壶体下有底座,壶盖呈半球形,通过卡子连接到壶颈上部,壶颈分上下两部分,下部向内凹,与壶体自然曲线过渡,上部呈船形,前端为突出的鸟嘴形壶嘴,把手的两端分别固定于壶颈下部和壶体中部的位置,大致呈自上向下向外侧倾斜的字母"C"的形状(参见本专利附图)。

证据2第1660页左下侧图片右边的壶从其附图可以看出其包括鼓形的壶体、壶盖、壶颈、手提式把手四个部分,壶体中下部有一条环线;壶颈分上下两部分,下部向内凹,与壶体形成明显的交界线,上部呈船形,前端为突出的鸟嘴形壶嘴;壶盖呈半球形,连接到壶颈上部;把手的两端分别固定于壶颈下部和壶体中部的位置,大致呈自上向下向外侧倾斜的字母"C"的形状(参见在先设计附图)。

本专利与在先设计是相同种类的产品,它们的壶盖、壶把和壶嘴的设计完全相同,不同之处在于:(1)壶体形状不同,本专利的壶体为锥台形,在先设计的壶体呈鼓形;(2)壶颈下部不同,本专利的壶颈部与壶体自然过渡,在先设计的壶颈与壶体形成明显的交界线;(3)本专利壶体上无环线,在先设计壶体的中下部有一条环线;(4)本专利壶体下部有底座,在先设计看不出有底座。

对于区别点(4),由于壶体底座处于不容易看到的部位,一般消费者对这样的部位不关注,因此对咖啡壶的整体视觉效果不产生显著影响;对于区别点(3),壶体上的一条环线的设计对于以形状为主的外观设计来讲视觉效果弱化,属于局部的细微变化,因此对整体视觉效果不产生显著影响;对于区别点(1)和(2),本专利的壶体和壶颈下部构成的形状与在先设计确实存在差异,但是本专利的壶体和壶颈下部构成的形状是一种传统造型,即属于常见的设计,故其对整体视觉效果不足以产生显著影响。因此,上述区别不足以使本专利外观设计与在先设计产生显著区别,本专利与在先设计的产品用途和功能完全相同,二者在整体形状、各部分布局和比例设计上均近似,从而导致一般消费者对二者产生相近似的视觉效果。合议组根据整体观察、综合判断的原则,认定本专利构成与在先设计相近似的外观设计。

综上所述,本专利与申请日之前公开发表的在先设计中的外观设计相近似,因此本专利的授权不符合专利法第23条的规定。

鉴于由上述证据2与本专利相比较已得出本专利不符合专利法第23条所规定的授权条件的结论,合议组对请求人提出的其他无效宣告请求理由和证据不再进行评述。

三、决定

依据专利法第23条的规定,宣告200430029507.7号外观设计专利权全部无效。

当事人对本决定不服的,可以根据专利法第46条第2款的规定,自收到本决定之日起三个月内向北京市第一中级人民法院起诉。根据该款的规定,一方当事人起诉后,另一方当事人应当作为第三人参加诉讼。

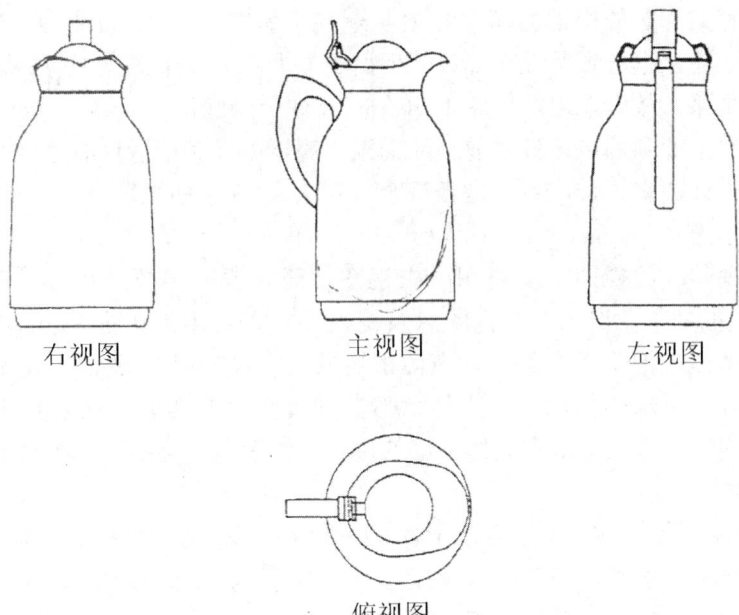

右视图　　主视图　　左视图

俯视图

本专利附图

证据2附图

花 边

无效宣告请求审查决定（第 10044 号）

决　定　号	第 10044 号
决　定　日	2007 年 4 月 26 日
发明创造名称	花　边
外观设计分类号	05-02
无效宣告请求人	汕头市捷诺制衣实业有限公司
专　利　权　人	青岛荣花边有限公司
专　利　号	200430002359.X
申　请　日	2004 年 2 月 18 日
授权公告日	2004 年 10 月 27 日
合议组组长	高　雪
主　审　员	张　华
参　审　员	杜微科
法　律　依　据	专利法第 23 条，专利法实施细则第 2 条第 3 款

决　定　要　点

域外证据是指在中华人民共和国领域外形成的证据，该证据应当经所在国公证机关予以证明，并经中国驻该国使领馆予以认证，或者履行中华人民共和国与该所在国订立的有关条约中规定的证明手续。当事人向专利复审委员会提供的证据是在中国香港、澳门、台湾地区形成的，应当履行相关的证明手续。

一、案由

本无效宣告请求涉及国家知识产权局于 2004 年 10 月 27 日授权公告的 200430002359.X 号外观设计专利权（下称本专利），其名称是"花边"，申请日是 2004 年 2 月 18 日，专利权人是青岛荣花边有限公司。

针对上述外观设计专利权，汕头市捷诺制衣实业有限公司于 2006 年 6 月 7 日向专利复审委员会提出无效宣告请求，其理由是本专利不符合专利法实施细则第 2 条第 3 款以及专利法第 23 条的规定。

请求人同时提交了附件 1~6 作为证据使用：

附件 1：申请号为 200430002359.X 的外观设计专利公报及其专利证书复印件 1 页（即本专利）；

附件 2：巴黎《新型女内衣》季刊杂志（2005 年 5~7 月）复印件共 3 页；

附件 3：德国捷高机械工程（香港）有限公司的图文资料复印件共 6 页；

附件4：（2006）汕市证内字第972号《公证书》复印件共11页；
附件5：有关附件3图文资料的《译件》复印件共13页以及企业法人营业执照复印件1页；
附件6：中国出土的文物图片复印件1页；

请求人认为：（1）本专利主视图所列花纹是由作为自然物蜗牛的原有形状、图案作为主体设计而成的，属于自然界常见的一种形状和图案；此外，附件2说明本专利主视图所列花纹属于司空见惯的形状和图案，因此本专利属于审查指南规定的不给予外观设计专利保护的客体，不符合专利法实施细则第2条第3款规定；（2）附件3和6表明在本专利申请日前已有与本专利相同或相近似的图案被公开发表或使用，因此本专利不符合专利法第23条的规定。

经形式审查合格，专利复审委员会于2006年6月7日受理了此无效宣告请求，并同日向双方当事人发出了无效宣告请求受理通知书，同时将请求人提交的无效宣告请求书及其附件清单中所列附件的副本转送给专利权人，要求专利权人在收到前述转送文件的1个月内对该无效宣告请求陈述意见。

专利权人于2006年7月21日针对上述无效宣告请求陈述如下意见：（1）本专利花边的图案与蜗牛原有图案相去甚远，并非蜗牛原有的形状和图案；此外，附件2的真实性和有效性难以确定，其无法证明本专利为内衣领域司空见惯的设计，因此本专利符合专利法实施细则第2条第3款的规定；（2）附件3为一份图文资料的复印件，其为在香港地区形成的证据，但是请求人未对附件3内容的真实性进行公证认证，也没有提供其他证据证明可以从国内公共渠道获得，证据3的真实性无法认定；此外，附件3上也未记载该出版物的公开发表或出版时间，因此其并非专利法意义上的公开出版物；（3）附件4公证的内容仅为签名属实，并未对附件3内容真实性进行公证；（4）附件6为复印件，且无出版物的出版时间，无法认定其真实性和有效性。

专利复审委员会于2007年1月12日向双方当事人发出了无效宣告请求口头审理通知书，定于2007年3月20日进行口头审理，同时将专利权人于2006年7月21日提交的意见陈述书转送给请求人，并要求请求人在收到前述转送文件的1个月内对该无效宣告请求陈述意见。请求人逾期未答复。

口头审理如期举行，双方当事人的委托代理人均出席了口头审理，并对对方当事人的身份及资格无异议，对合议组成员无回避请求。

请求人当庭出示了附件2~5的原件，经过合议组与专利权人当庭比对，附件2~5的复印件与原件核对无误。

请求人当庭陈述认为：（1）本专利主视图的花纹是由若干个蜗牛状图案构成，而蜗牛图案是自然界常见的一种形状和图案；在内衣领域，由于蜗牛状图案特别适于内衣的质地和表层，蜗牛状图案在内衣界领域比比皆是，附件2第2页中的图案即证明了这一点；此外，附件6上的花纹也说明了蜗牛状图案早在本专利申请日前就已经广泛使用，因此本专利属于不给予外观设计专利保护的客体，不符合专利法第2条第3款的规定。（2）附件3为德国捷高机械工程（香港）有限公司的图文资料，附件4对附件3的合法来源进行了公证，附件5是附件3的中文译文。附件3第2页和第3页上边缝处靠上方的图案的构图要素与本专利主视图相似，都为蜗牛状图案，因此，附件3~5说明在本专利申请日之前已有与本专利相似的在先设计公开使用，本专利不符合专利法第23条的规定。（3）附件6为出土文物照片的复印件，说明早在本专利申请日之前已有与本专利相似的在先设计公开使用，本专利不符合专利法第23条的规定。

专利权人当庭陈述认为：（1）附件2为域外形成的证据，请求人未对其办理任何公证认证手续，因此附件2的真实性无法确认，不能作为证据使用；（2）附件3为香港地区形成的证据，请求人并未对其办理任何公证认证手续，因此附件3的真实性无法认定，不能作为证据使用；附件4只能证明附件3上签名属实，不能证明声明书内容是否属实，因此附件4不能证明附件3来源的合法性；由于附件3的真实性无法确定，附件5作为附件3的中文译文，其真实性同样无法确定；（3）附件6为一份复印件，鉴于请求人未提交原件，附件6的真实性也无法确定。

在双方当事人意见陈述以及口头审理的基础上，合议组认为本案事实已清楚，可依法作出本审查决定。

二、决定理由

1. 关于证据的认定

审查指南第四部分第八章第2.2.2规定：域外证据是指在中华人民共和国领域外形成的证据，该证据应当经所在国公证机关予以证明，并经中华人民共和国驻该国使领馆予以认证，或者履行中华人民共和国与该所在国订立的有关条约中规定的证明手续。

当事人向专利复审委员会提供的证据是在香港、澳门、台湾地区形成的，应当履行相关的证明手续。

附件2为一份外文杂志，其形成于中华人民共和国领域之外，属于域外形成的证据，请求人对该证据未办理任何公证认证手续，并且专利权人对该证据的真实性不予认可，因此合议组无法确认附件2的真实性，不能作为本案的定案依据。

附件3为一图文资料，其上标有德国捷高机械工程（香港）有限公司字样，请求人未履行相关的证明手续，亦未提交证据证明附件3可以在大陆通过公开方式获得，因此，在无其他证据佐证的情况下，合议组不能确认附件3的真实性。

附件4为一份公证书，公证内容为证明《声明书》及其附件（相片15张）上蔡镇胜的签名属实。即附件4仅对声明书上签名的真实性进行了公证，并未涉及《声明书》内容是否真实，且专利权人对该证据的真实性不予认可。鉴于公证书证明的内容只能证明签名属实，不能证明请求人的主张，合议组对于附件4形式上的真实性予以认可，但对其记载内容的真实性不予确认，在此基础上，即使结合附件4也无助于附件3真实性的确立，因此合议组无法确认附件3的真实性。附件5为附件3的中文译本，在附件3的真实性无法确定的情况下，附件5的真实性同样无法确定。

附件6为一份出土文物图片的复印件，鉴于请求人未提供该复印件的原件，且专利权人对附件6的真实性提出异议，因此合议组无法确认附件6的真实性，附件6不能作为本案定案依据。

2. 专利法实施细则第2条第3款

专利法实施细则第2条第3款规定：专利法所称外观设计，是指对产品的形状、图案或者其结合以及色彩与形状、图案的结合所作出的富有美感并适于工业应用的新设计。

审查指南第一部分第三章第6.4.3不给予外观设计专利保护客体第（7）项规定：以自然物原有形状、图案、色彩作为主体的设计；第（9）项规定：仅以在其产品所属领域内司空见惯的几何形状和图案构成的外观设计属于不给予外观设计专利保护的客体。

本外观设计请求保护的是一花边，虽然其上有螺旋状图案，但是该图案并未使用自然物蜗牛原有形状、图案、色彩，且花边还有其他的图案、形状，因此不能认为螺旋状图案即为上述第（7）项规定所指的"主体"；与此同时，由于附件2和附件6的真实性无法确定，且请求人也未能提供其他证据证明本外观设计属于本领域内司空见惯的几何形状和图案，因此合议组认为本专利不属于前述第（7）项以及第（9）项所规定的"不给予外观设计专利保护的客体"，对请求人的该项主张不予支持。

鉴于上述理由，请求人关于本专利不符合专利法实施细则第2条第3款规定的无效理由不能成立。

3. 关于专利法第 23 条

专利法第 23 条规定：授予专利权的外观设计，应当同申请日以前在国内外出版物上公开发表过或者国内国内公开使用过的外观设计不相同和不相近似，并不得与他人在先取得的合法权利相冲突。

鉴于请求人作为证据提交的附件 3~6 的内容的真实性无法确定，不能支持请求人提出的相应主张，因此请求人关于本专利的授权不符合专利法第 23 条规定的无效理由不能成立。

综上所述，请求人提出的本专利不符合专利法实施细则第 2 条第 3 款以及专利法第 23 条规定的无效理由不能成立。

三、决定

维持 200430002359.X 号外观设计专利权有效。

当事人对本决定不服的，可以根据专利法第 46 条第 2 款的规定，自收到本决定之日起三个月内向北京市第一中级人民法院起诉，根据该款规定，一方当事人起诉后，另一方当事人应当作为第三人参加诉讼。

北京市第一中级人民法院
行政判决书

(2007) 一中行初字第 1167 号

原告汕头市捷诺制衣实业有限公司，住所地汕头市潮南区陈店溪南。
法定代表人蔡楚鑫，董事长。
委托代理人邵宇力，广东广成律师事务所律师。
被告国家知识产权局专利复审委员会，住所地北京市海淀区北四环西路 9 号银谷大厦 10~12 层。
法定代表人廖涛，副主任。
委托代理人郭鹏鹏，男，国家知识产权局专利复审委员会审查员。
委托代理人杜微科，男，国家知识产权局专利复审委员会审查员。
第三人青岛荣华边有限公司，住所地青岛市李沧区京口路 108 号。
法定代表人泽村徹弥，董事长。
委托代理人苏娟，北京市金杜律师事务所律师。
委托代理人小原亚由美，女，1964 年 5 月 9 日出生，日本国籍，青岛荣花边有限公司营业部经理，住上海市淮海中路 755 号新华联大厦东楼 8D 座青岛荣花边有限公司上海办事处。

原告汕头市捷诺制衣实业有限公司不服被告国家知识产权局专利复审委员会作出的专利无效宣告请求审查决定，向本院提起行政诉讼。本院受理后，依法组成合议庭，依照《中华人民共和国行政诉讼法》第二十七条的规定，通知与本案有利害关系的青岛荣花边有限公司为本案第三人参加诉讼，并于 2007 年 10 月 16 日公开开庭审理了本案。原告的委托代理人邵宇力，被告的委托代理人郭鹏鹏，第三人的委托代理人苏娟、小原亚由美到庭参加了诉讼。本案现已审理终结。

2007 年 4 月 26 日，被告作出第 10044 号无效宣告请求审查决定（以下简称被诉决定），宣告第三人所有的专利号为 200430002359.X、名称为"花边"的外观设计专利权（下称本专利）有效。

为证明被诉决定合法，被告在法定举证期限内向本院提交了以下证据：（1）本专利公告；（2）附件 2，巴黎《新型女内衣》季刊杂志（2005 年 5 月至 7 月）复印件共 3 页；（3）附件 3，德国捷高机械工程（香港）有限公司的图文资料复印件共6页；（4）附件4，（2006）汕市证内字第972号《公证书》复印件共11页；（5）附件5，有关附件3图文资料的《译件》复印件共13页以及企业法人营业执照复印件共1页；（6）附件6，中国出土的文物图片复印件共1页。

原告诉称，依照《中华人民共和国专利法》（以下简称《专利法》）及有关行政法规、行政规章的规定，本专利不具有新颖性、排他性，而且在本专利申请之日以前在国内外出版物上已经公开发表或使用过，因此应宣告无效。原告在无效宣告请求审查程序中提交的巴黎《新型女内衣》季刊杂志原件、德国捷高机械工程（香港）有限公司的图文资料原件、（2006）汕市证内字第972号《公证书》原件、德国捷高机械工程（香港）有限公司的图文资料的《译件》原件及企业法人营业执照复印件可以证明：首先，本专利主视图所列花纹是由作为自然物的蜗牛原有的形状、图案作为主体设计而成的，该设计方式是2001年10月18日国家知识产权局发布施行的《审查指南》4.4.3"不给予外观设计保护的客体"第（7）项明确规定不给予外观设计保护的，是自然界常见的一种形状和图案，不符合《中华人民共和国专利法实施细则》（以下简称《专利法实施细则》）第二条第三款对外观设计专利所要求的"富有美感"的特征要求，不具有新颖性、排他性。其次，本专利主视图所列花纹作为内衣花纹，这种图案在欧美一些时尚内衣杂志如巴黎《新型女内衣》等杂志所列的内衣图片中大量频繁地出现，不胜枚举。因为这种花纹源于自然，图案构成非常简洁，因而这种形状的图案在内衣领域司空见惯。根据《审查指南》4.4.3"不给予外观设计保护的客体"第（9）项的规定，这种图案和花纹也不应给予外观设计的保护。第三，早在1999年10月19日，德国捷高机械工程（香港）有限公司在介绍其生产花边的机械设备的简介资料中已经图文并茂地发表了与本专利图案相一致的花纹，并且介绍说明这些图案就是该公司的机械设备生产的，而中国的一些出土文物上所记载的蜗牛状图案花纹也表明在本专利申请之前，这种以仿照蜗牛的形状所形成的图案就曾广泛地出现，而这些出土文物无论是文物本身，还是文物上所记载的花纹，都是属于美术范畴的作品，是传播文化，反映历史的属于全人类文化的遗产。因此，该图案和花纹作为外观设计专利理所当然应当被宣告无效。被诉决定认定事实和适用法律均错误，请求予以撤销，由被告承担诉讼费用。

原告在法定期限内未向法院提交证据。

被告辩称，（1）关于《专利法实施细则》第二条第三款，鉴于原告提交的附件4的真实性无法确定，原告的相应主张不能成立，具体理由见被诉决定第5页第2段；（2）关于《专利法》第二十三条，鉴于原告提交的附件2、3、5、6的真实性无法确定，不能支持原告提出的相应主张，具体理由详见被诉决定第4页。综上，被诉决定认定事实清楚、适用法律正确、审理程序合法，原告的诉讼理由不能成立，请求法院驳回原告的诉讼请求，维持被诉决定。

第三人述称，（1）关于证据的认定问题：首先，附件2由于属于域外证据，缺乏相关的证明材料和中文译文，因此其真实性无法确认。其次，附件2仅凭封面上的"autumn 2005-winter 2006"无法断定是否公开或出版，不是专利法意义的公开出版物。另外，本专利的申请日为2004年2月18日，显然在原告主张的2005年5月至7月之前。附件2的证据的真实性和有效性无法认可。再有，附件3为香港地区形成的证据，但原告没有提供有关证明材料，也未提供任何证据证明其能够从国内的公共渠道获得；而附件4的《公证书》中所公证的内容仅仅是"签名属实"，并未对附件3的内容的真实性进行公证。原告并没有提供上述证据的原件或相关证明材料，因此无法确定其真实性。且附件3中无出版物的公开发表或出版时间，故其不是专利法意义上的公开出版物。附件6无公开的出版时间，无法认定其真实性和有效性，不是专利法意义上的公开出版物。（2）关于无效理由《专利法实施细则》第二条第三款的问题。首先，蜗牛原有的形状为立体结构，而本专利的花边为平面结构，并不是蜗牛的原始形状，花边的图案与蜗牛原有的图案也相去甚远，因此并非以自然物原有形状、图案、色彩作为主体的设计；其次，本外观设计专利请求保护的不是花纹，而是对花边这种产品的图案进行的一种新设计，是由不同的线条在产品表面构成的图形，使产品的外观简洁大方、美观，因此并非纯属美术范畴的作品。综上，本外观设计属于专利保护的客体，符合《专利法实施细则》第二条第三款的规定。（3）关于无效理由《专利法》第二十三条的问题。①本外观设计是阿拉伯式装饰风格的卷草与高贵优雅的木莲花的组合。阿拉伯式装饰风格的卷草表现为动态，而盛开的木莲花表现为静态，两种不同的风格以一定比例结合在一起，表现出强烈的对比。②原告提供的证据不足以证明在本专利申请日之前，有相同和相近似的外观设计图案已经公开发表过或使用过。作为附件2提交的杂志上所显示的图案整体上看，没有本专利的动感和静感的层次感，不是取自木莲花和卷草结合的题材，单元图案的构图和排列方式更是完全不同，因此与本外观设计专利既不相同也不相近似。附件6的出土文物图片上注有"云纹漆唾器纹饰"，从上海辞书出版社出版的《简明陶瓷词典》唾器条可得知唾器即唾壶（唾盂），因安徽阜阳双古堆西汉汝阴侯墓所出有"女阴侯唾器"铭的漆唾器而名；唾壶为卫生用具，以青瓷为多，亦有墨瓷及白瓷等制品。可见，该图片所示是一种陶瓷容器，分类号为07-01或者23-02，与本专利完全不同类，因此没有可比性，不存在相同和相近似的可能性。综上，原告的证据不足以支持其无效宣告理由。被诉决定认定事实清楚、适用法律正确、审理程序合法，请求法院依法驳回原告请求，维持被诉决定。第三人未向本院提交证据。

经庭审质证，原告对被告证据的证明作用不予认可，第三人同意被告对证据的认定意见。本院认为，被告证据即原告在本专利无效审查程序中所提交的证据，能够证明本案的客观事实。

根据以上确认的有效证据及各方当事人无争议的陈述，本院认定事实如下：

2004年10月27日，国家知识产权局授权公告了本专利，其申请日是2004年2月18日。

2006年6月7日，原告针对本专利向被告提出无效宣告请求，理由是本专利不符合《专利法实施细则》第二条第三款以及《专利法》第二十三条的规定，同时提交了包括本专利公告文本在内的附件1~6作为证据。

经形式审查合格，被告于2006年6月7日受理了该无效宣告请求，并于同日向双方当事人发出了无效宣告请求受理通知书，并将原告提交的无效宣告请求书及附件副本转送第三人，要求第三人在规定期限内对无效宣告请求陈述意见。

2007年1月12日，被告向双方当事人发出了无效宣告请求口头审理通知书，同时将第三人提交的意见陈述书转送给原告，并要求原告在规定的期限内陈述意见。原告逾期未答复。

2007年3月20日，口头审理如期举行，双方当事人的委托代理人均出席了口头审理。原告当庭出示了附件2~5的原件，附件2~5的复印件与原件核对无误。原告、第三人分别陈述了各自意见。

针对原告提交的证据，被告经审查认为：

附件2为一份外文杂志，其形成于中华人民共和国领域之外，属于域外形成的证据，原告对该证据未办理任何公证认证手续，并且第三人对该证据的真实性不予认可，故附件2的真实性不能确定，不能作为本案的定案依据。

附件3为一图文资料，其上标有德国捷高机械工程（香港）有限公司字样，原告未履行相关的证明手续，亦未提交证据证明附件3可以在大陆通过公开方式获得，因此，在无其他证据佐证的情况下，附件3的真实性不能确定。

附件4为一份公证书，公证内容为证明《声明书》及其附件（相片十五张）上蔡镇胜的签名属实，并未涉及《声明书》内容是否真实，且第三人对该证据的真实性不予认可。鉴于公证书证明的内容只能证明签名属实，不能证明原告的主张，故附件4形式上的真实性可以确认，但对其记载内容的真实性不能确认。在此基础上，附件4也不能佐证附件3的真实性。附件5为附件3的中文译本，在附件3的真实性无法确定的情况下，附件5的真实性同样无法确定。

附件6为一份出土文物图片的复印件，原告未提供该复印件的原件，第三人对其真实性提出异议，故附件6的真实性无法确认。

针对本专利是否符合《专利法实施细则》第二条第三款规定的问题，被告经审查认为：

《审查指南》第一部分第三章第6.4.3节不给予外观设计专利保护客体第（7）项规定：以自然物原有形状、图案、色彩作为主体的设计；第（9）项规定：仅以在其产品所属领域内司空见惯的几何形状和图案构成的外观设计属于不给予外观设计专利保护的客体。本专利请求保护的是一花边，虽然其上有螺旋状图案，但是该图案并未使用自然物蜗牛原有形状、图案、色彩，且花边还有其他的图案、形状，因此不能认为螺旋状图案即为上述第（7）项规定所指的"主体"。由于附件2和附件6的真实性无法确定，且原告也未能提供其他证据证明本专利属于本领域内司空见惯的几何形状和图案。因此，本专利不属于前述第（7）项以及第（9）项所规定的"不给予外观设计专利保护的客体"。原告关于本专利不符合《专利法实施细则》第二条第三款规定的无效理由不能成立。

针对本专利是否符合《专利法》第二十三条的问题，被告经审查认为：原告提交的附件3~6的真实性无法确定，故不能支持原告提出的相应主张，原告关于本专利的授权不符合《专利法》第二十三条规定的无效理由不能成立。

综上，被告作出被诉决定，维持本专利有效。原告不服，诉至本院。

本案开庭审理中，原告、第三人明确对被告作出被诉决定的行政程序无争议。

本院认为，本案争议焦点为：（1）原告在无效宣告审查程序中提交的证据是否具有真实性；（2）本专利是否符合《专利法实施细则》第二条第三款规定；（3）本专利是否符合《专利法》第二十三条规定。

《审查指南》第四部分第八章第2.2.2规定："域外证据是指在中华人民共和国领域外形成的证据，该证据应当经所在国公证机关予以证明，并经中华人民共和国驻该国使领馆予以认证，或者履行中华人民共和国与该所在国订立的有关条约中规定的证明手续。当事人向被告提供的证据是在香港、澳门、台湾地区形成的，应当履行相关的证明手续。"附件2属于域外形成的证据，参照上述规定，原告未提交该证据的公证认证手续，故附件2的真实性不能予以确认。附件4公证书中所附的《声明书》内容意在佐证附件3的真实性，但附件4仅对公证书所附的《声明书》及照片中"蔡镇胜"的签名的真实性进行了证明，未证明《声明书》内容的真实性，故附件3的真实性以及在中国大陆的公开方式均无证据证明。附件5作为附件3的中文译文，其内容的真实性亦不能确认。附件6系复印件证据，在第三人对该证据真实性提出异议的情况下，原告未提交原件予以证明，故附件6的真实性不能确认。综上，被告在被诉决定中对以上证据的认证意见正确。

《专利法实施细则》第二条第三款规定："专利法所称外观设计，是指对产品的形状、图案或者其结合以及色彩与形状、图案的结合所作出的富有美感并适于工业应用的新设计。"由于本专利请求保护的图案系由螺旋状图案及其他图案、形状组成，故原告主张本专利主体设计是螺旋状图案缺乏充分的依据。且原告未能提交有效证据证明本专利属于由本领域司空见惯的几何形状和图案构成。因此，被告认为原告有关本专利不符合《专利法实施细则》第二条第三款规定的主张不成立的认定正确。

由于原告在无效宣告审查程序中所提交证据的真实性不能确认，故其提出本专利不符合《专利法》第二十三条规定的主张缺乏证据支持，被告对其主张未予支持正确。

综上，被诉决定认定事实清楚，适用法律正确，行政程序合法，本院应予维持。原告的诉讼理由均缺乏事实及法律依据，本院不予支持。依照《中华人民共和国行政诉讼法》第五十四条第（一）

项之规定，判决如下：

维持被告国家知识产权局专利复审委员会于二〇〇七年四月二十六日作出的第10044号无效宣告请求审查决定。

案件受理费100元，由原告汕头市捷诺制衣实业有限公司负担（已交纳）。

如不服本判决，可在判决书送达之日起15日内，向本院递交上诉状，并按对方当事人的人数提出副本，预交上诉受理费100元，上诉于北京市高级人民法院。上诉人在上诉期满后7日内未预交上诉费，又不提出缓交申请的，按自动撤回上诉处理。

审　判　长　梁　菲
代理审判员　司品华
代理审判员　杨　旭
二〇〇七年十二月二十日
书　记　员　王　丽

北京市高级人民法院
行政判决书

（2008）高行终字第279号

上诉人（一审原告）汕头市捷诺制衣实业有限公司，住所地广东省汕头市潮南区陈店溪南。

法定代表人蔡楚鑫，董事长。

委托代理人邵宇力，广东广成律师事务所律师。

被上诉人（一审被告）国家知识产权局专利复审委员会，住所地北京市海淀区北四环西路9号银谷大厦。

法定代表人廖涛，副主任。

委托代理人郭鹏鹏，国家知识产权局专利复审委员会审查员。

委托代理人张华，国家知识产权局专利复审委员会审查员。

被上诉人（一审第三人）青岛荣花边有限公司，住所地山东省青岛市李沧区京口路108号。

法定代表人泽村徹弥，董事长。

委托代理人苏娟，北京市金杜律师事务所律师。

委托代理人小原亚由美，女，1964年5月9日出生，日本国籍，青岛荣花边有限公司营业部经理，住上海市淮海中路755号新华联大厦东楼8D座。

上诉人汕头市捷诺制衣实业有限公司（以下简称捷诺公司）因专利无效宣告请求审查决定一案，不服北京市第一中级人民法院（2007）一中行初字第1167号行政判决，向本院提起上诉。本院依法组成合议庭，公开开庭审理了本案。上诉人捷诺公司的委托代理人邵宇力，被上诉人国家知识产权局专利复审委员会（以下简称专利复审委员会）的委托代理人郭鹏鹏、张华，被上诉人青岛荣花边有限公司（以下简称荣花边公司）苏娟、小原亚由美出庭参加了诉讼。本案现已审理终结。

2007年4月26日，专利复审委员会作出第10044号无效宣告请求审查决定（以下简称第10044号决定），以捷诺公司针对名称为"花边"的200430002359.X号外观设计专利（以下简称本专利）所提出的无效理由均不成立为由，宣告本专利权有效。捷诺公司不服，向北京市第一中级人民法院提起行政诉讼。

北京市第一中级人民法院判决认为，捷诺公司提起无效宣告时作为证据提交的附件中，附件2属于域外形成的证据，捷诺公司未能按照《审查指南》第四部分第八章第2.2.2节的规定提交该证据的公证认证手续，故附件2的真实性不能予以确认。附件4公证书中所附的《声明书》内容意在佐证附件3的真实性，但附件4仅对公证书所附的《声明书》及照片中"蔡镇胜"的签名的真实性进行了证明，未证明《声明书》内容的真实性，故附件3的真实性以及在中国大陆的公开方式均无证据证明。附件5作为附件3的中文译文，其内容的真实性亦不能确认。附件6系复印件证据，在荣花边对该证据真实性提出异议的情况下，捷诺公司未提交原件予以证明，故附件6的真实性不能确认。综上，专利复审委员会在第10044号决定中对以上证据的认证意见正确。由于本专利请求保护的图案系由螺旋状图案及其他图案、形状组成，故捷诺公司主张本专利主体设计是螺旋状图案缺乏充分的依据。且捷诺公司未能提交有效证据证明本专利属于由本领域司空见惯的几何形状和图案构成。因此，专利复审委员会认为捷诺公司有关本专利不符合《中华人民共和国专利法实施细则》（以下简称《专利法实施细则》）第二条第三款规定的主张不成立的认定正确。由于捷诺公司在无效宣告审查程序中所提交证据的真实性不能确认，故其提出本专利不符合《中华人民共和国专利法》（以下简称《专利法》）第二十三条规定的主张缺乏证据支持，专利复审委员会对其主张未予支持正确。综上，依照《中华人民共和国行政诉讼法》第五十四条第（一）项之规定，判决维持第10044号决定。

捷诺公司不服一审法院判决，向本院提起上诉，认为，（1）其在行政程序中提交的附件可以证明：本专利主视图所列花纹是由作为自然物的蜗牛原有的形状、图案作为主体设计而成的。这种图案在欧美一些时尚内衣杂志如巴黎《新型女内衣》等杂志所列的内衣图片中大量频繁地出现。早在1999年10月19日，德国捷高机械工程（香港）有限公司在介绍其生产花边的机械设备的简介资料中已经图文并茂地发表了与本专利图案相一致的花纹，而中国的一些出土文物上所记载的蜗牛状图案花纹也表明在本专利申请之前，这种以仿照蜗牛的形状所形成的图案就曾广泛地出现。因此，本专利属于《审查指南》规定的"不给予外观设计保护的客体"，不符合《专利法实施细则》第二条第三款的规定，不具有新颖性。（2）一审法院仅凭域外证据的形式瑕疵而否认其真实性是不客观的。一审判决错误，请求二审法院予以撤销。

被上诉人专利复审委员会答辩认为，第10044号决定认定事实清楚，适用法律正确，程序合法，请求二审法院予以维持。

被上诉人荣花边公司服从一审判决。

经审理查明，本专利系名称为"花边"的200430002359.X号外观设计专利，其申请日是2004年2月18日，授权公告日是2004年10月27日，专利权人为荣花边公司。本专利请求保护的是一花边，该花边以螺旋状图案为主体，并缀以其他图案，其图案中未使用自然物蜗牛原有形状、图案、色彩。

2006年6月7日，捷诺公司针对本专利向专利复审委员会提出无效宣告请求，理由是本专利不符合《专利法实施细则》第二条第三款以及《专利法》第二十三条的规定，同时提交了包括本专利公告文本在内的6份附件作为证据：

附件1：本专利公告文本；

附件2：巴黎《新型女内衣》季刊杂志（2005年5月至7月）复印件共3页；

附件3：德国捷高机械工程（香港）有限公司的图文资料复印件共6页；

附件4：(2006)汕市证内字第972号《公证书》复印件共11页，其中，《声明书》1份，随附相片十五张。公证内容为证明《声明书》及其附件（相片十五张）上蔡镇胜的签名属实；

附件 5：有关附件 3 图文资料的《译件》复印件共 13 页以及翻译单位的企业法人营业执照复印件共 1 页；

附件 6：中国出土的文物资料复印件共 1 页。

经形式审查合格，专利复审委员会于 2006 年 6 月 7 日受理了该无效宣告请求，并进行了转文。2007 年 3 月 20 日，专利复审委员会举行了口头审理。捷诺公司当庭出示了附件 2~5 的原件，且复印件经与原件核对无误。捷诺公司、荣花边分别陈述了各自意见。在此基础上，专利复审委员会进行了审查。

关于证据，专利复审委员会经审查认为，附件 2 为一份外文杂志，其形成于中华人民共和国领域之外，属于域外形成的证据，捷诺公司对该证据未办理任何公证认证手续，并且荣花边公司对该证据的真实性不予认可，故附件 2 的真实性不能确定，不能作为本案的定案依据。附件 3 为一图文资料，其上标有德国捷高机械工程（香港）有限公司字样，捷诺公司未履行相关的证明手续，亦未提交证据证明附件 3 可以在大陆通过公开方式获得，因此，在无其他证据佐证的情况下，附件 3 的真实性不能确定。附件 4 为一份公证书，公证内容为证明《声明书》及其附件（相片十五张）上蔡镇胜的签名属实，并未涉及《声明书》内容是否真实，且荣花边对该证据的真实性不予认可。鉴于公证书证明的内容只能证明签名属实，不能证明捷诺公司的主张，故附件 4 形式上的真实性可以确认，但对其记载内容的真实性不能确认。在此基础上，附件 4 也不能佐证附件 3 的真实性。附件 5 为附件 3 的中文译本，在附件 3 的真实性无法确定的情况下，附件 5 的真实性同样无法确定。附件 6 为一份出土文物图片的复印件，捷诺公司未提供该复印件的原件，荣花边对其真实性提出异议，故附件 6 的真实性无法确认。

关于本专利是否符合《专利法实施细则》第二条第三款规定的问题，专利复审委员会经审查认为，《审查指南》第一部分第三章第 6.4.3 节不给予外观设计专利保护客体第（7）项规定：以自然物原有形状、图案、色彩作为主体的设计；第（9）项规定：仅以在其产品所属领域内司空见惯的几何形状和图案构成的外观设计属于不给予外观设计专利保护的客体。本专利请求保护的是一花边，虽然其上有螺旋状图案，但是该图案并未使用自然物蜗牛原有形状、图案、色彩，且花边还有其他的图案、形状，因此不能认为螺旋状图案即为上述第（7）项规定所指的"主体"。由于附件 2 和附件 6 的真实性无法确定，且捷诺公司也未能提供其他证据证明本专利属于本领域内司空见惯的几何形状和图案。因此，本专利不属于前述第（7）项以及第（9）项所规定的"不给予外观设计专利保护的客体"。捷诺公司关于本专利不符合《专利法实施细则》第二条第三款规定的无效理由不能成立。

关于本专利是否符合《专利法》第二十三条的问题，专利复审委员会经审查认为：捷诺公司提交的附件 3~6 的真实性无法确定，故不能支持捷诺公司提出的相应主张，捷诺公司关于本专利的授权不符合《专利法》第二十三条规定的无效理由不能成立。

综上，专利复审委员会作出第 10044 号决定，维持本专利有效。捷诺公司不服，向北京市第一中级人民法院提起行政诉讼。

一审法院审理期间，专利复审委员会为证明其行为的合法性提交了捷诺公司在行政程序中提交的 6 份附件作为证据。

捷诺公司及荣花边公司均未向一审法院提交证据。

上述证据均随案移送本院，经本院审查核实，专利复审委员会提交的证据能证明行政程序中的相关事实，本院予以采纳。

本院认为，作为定案事实根据的证据应当具有真实性。域外证据及香港、澳门、台湾地区形成的证据应当办理证明其真实性的公证认证或相关的证明手续。如果这些证据是能够从除香港、澳门、台湾地区外的国内渠道获得的，或者是有其他证据足以证明该证据的真实性的，或者是对方当事人认可该证据的真实性的，可以不办理公证认证手续或相关的证明手续。本案中，捷诺公司在无效宣告程序中作为证据提交的6份附件中，附件1为本专利公告文本；附件2、3属于域外证据或香港地区形成的证据，捷诺公司未提交公证认证手续或有关证明手续，亦未提交证据证明附件2、3可以在国内公共渠道获得，荣花边公司对其真实性不予认可，故附件2、3的真实性不能确定。附件4为一份公证书，公证内容为证明《声明书》及其附件上蔡镇胜的签名属实，并未涉及《声明书》内容是否真实，荣花边公司对该证据的真实性不予认可，故附件4所记载内容的真实性不能确定，也不能佐证附件3的真实性。附件5为附件3的中文译本，在附件3的真实性不能确定的情况下，附件5的真实性不能确定。附件6为一份出土文物图片的复印件，捷诺公司未提供原件予以核实，荣花边公司对其真实性提出异议，故附件6的真实性不能确认。因此，专利复审委员会关于捷诺公司提交的附件2至6的真实性不能确定的认定正确。

根据本院查明的事实，本专利所保护的花边图案未使用自然物蜗牛原有形状、图案、色彩，因此，专利复审委员会认为本专利中的螺旋状图案不属于《审查指南》第一部分第三章第6.4.3节不给予外观设计专利保护客体第（7）项规定的以自然物原有形状、图案、色彩作为主体的设计正确。鉴于捷诺公司提交的赖以支持其主张的附件2~6的真实性不能确定，因此，专利复审委员会经审查认为，捷诺公司针对本专利提出的其他无效宣告理由均不能成立正确，本院予以认可，不再赘述。

综上，第10044号决定认定事实清楚，适用法律正确，行政程序合法，一审法院判决维持正确，本院应予维持。捷诺公司的上诉理由没有事实和法律依据，其诉讼请求本院不予支持。根据《中华人民共和国行政诉讼法》第六十一条第（一）项的规定，判决如下：

驳回上诉，维持一审判决。

二审案件受理费人民币100元，由上诉人汕头市捷诺制衣实业有限公司负担（已交纳）。

本判决为终审判决。

审　判　长　任全胜
代理审判员　景　滔
代理审判员　赵宇晖
二〇〇八年六月十九日
书　记　员　王　芳

播放机（CD-20690）

无效宣告请求审查决定（第 10047 号）

决 定 号	第 10047 号
决 定 日	2007 年 6 月 19 日
发明创造名称	播放机（CD-20690）
外观设计分类号	14-01
无效宣告请求人	杭州卡威电子有限公司
专 利 权 人	罗 展
申 请 号	200430063096.3
申 请 日	2004 年 8 月 5 日
授权公告日	2005 年 5 月 18 日
合议组组长	钟 华
主 审 员	吴红权
参 审 员	刘 亚
附 图	4 页

法 律 依 据 专利法第 23 条
决 定 要 点

本专利与申请日前在出版物上公开发表的在先设计相比，整体形状基本相同，虽然区别点较多，但是这些区别在整个设计中属于局部的细微差别，对整体视觉效果不构成显著影响，二者属于相近似的外观设计，因此，本专利不符合专利法第 23 条的规定。

一、案由

本无效宣告请求案涉及国家知识产权局于 2005 年 5 月 18 日授权公告、申请日为 2004 年 8 月 5 日、名称为"播放机（CD-20690）"的第 200430063096.3 号外观设计专利（下称本专利），专利权人为罗展。

针对上述专利权，杭州卡威电子有限公司（下称请求人）于 2006 年 7 月 26 日向专利复审委员会提出无效宣告请求，并提交了如下附件：

附件 1："电器沙龙"（2002/12），封面和广告页，复印件共 2 页；
附件 2：德国出版物"Katalog Herbst/Winter 2004/05"，2004 年 5 月，封面和第 837 页，复印件共 2 页；
附件 3："国际演艺科技"期刊（2001/1），封面和广告页，复印件共 2 页；

附件4："国际演艺科技"期刊（2001/9），封面和广告页，复印件共3页。

请求人认为：（1）在本专利的申请日前已有相同或相近似的外观设计在国内外出版物上公开发表过，因此本专利不符合专利法第23条的规定。（2）附件1是2002年12月出版的"电器沙龙"期刊的封面和内页，其中封面上印有刊名、刊号和"DECEMBER 2002"的字样，证明附件1是在2002年12月公开出版的，在本专利的申请日前，属于专利法第23条所称的公开出版物，同时，该期刊的内页上显示有一个播放机（S-650MK II）的图样（下称对比文件1图样）。本专利的主体设计要素体现在主视图上，分为上下两层结构，上层设有两个相同的控制区域，每个控制区域包括控制旋钮、显示屏和控制按钮，下层包括两个相同的进碟机；本专利和对比文件1图样的"播放机（S-650MK II）"属于同一种类产品，通过整体观察、综合判断的方式对两者进行比较，两者属于相似的外观设计。（3）附件2是2004年5月发行出版的"Katalog Herbst/Winter"的封面和第837页，其中封面上印有刊名和"2004/5"的字样，证明附件2是在2004年5月公开出版的，在本专利的申请日前，属于专利法第23条所称的公开出版物，同时，附件2第837页上显示有一个播放机（HPLLYWOOD DJ-X1）的图样（下称对比文件2的图样）。本专利的主体设计要素体现在主视图上，本专利和对比文件2图样的"（HPLLYWOOD DJ-X1）"属于同一种类产品，通过整体观察、综合判断的方式对二者进行比较，二者属于相似的外观设计。（4）附件3是2001年1月发行出版的"国际演艺科技"期刊的封面和内页，其中封面上印有刊名、刊号和"JAN 2001"的字样，证明附件3是在2001年1月公开出版的，在本专利的申请日前，属于专利法第23条所称的公开出版物，同时，附件3的内页上显示有一个播放机（DN-1800F）的图样（下称对比文件3图样）。本专利的主体设计要素体现在主视图上，本专利和对比文件3图样的"播放机（DN-1800F）"属于同一种类产品，通过整体观察、综合判断的方式对二者进行比较，二者属于相似的外观设计。（5）附件4是2001年9月发行出版的"国际演艺科技"期刊的封面和内页，其中封面上印有刊名、刊号和"SEP 2001"的字样，证明附件4是在2001年9月公开出版的，在本专利的申请日前，属于专利法第23条所称的公开出版物，同时，附件4的内页上显示有一个播放机（DN-1800F）的图样和播放机（DCD-PRO200MK2）（下称对比文件4图样1和2）。本专利的主体设计要素体现在主视图上，本专利和对比文件4图样1和2均属于同一种类产品，通过整体观察、综合判断的方式对二者进行比较，二者属于相似的外观设计。

经形式审查合格后，专利复审委员会受理了上述请求，于2006年7月27日向双方当事人发出了《无效宣告请求受理通知书》，并将《专利权无效宣告请求书》及其附件清单中所列附件的副本转送给专利权人，要求其在指定的期限内答复，同时成立合议组对本无效请求案进行审理。

2006年8月28日，专利权人针对该无效宣告请求陈述了意见，专利权人认为：附件1~4都是复印件，并且附件1~3分别是不连续的2页，附件4是不连续的3页，但是印刷有CD播放机的图片均在第2页或第3页上，现在无法判断第2页或第3页是否与第1页在同一个出版物中，即第2页或第2页图片的公开时间无法判断是否与第1页相同，待看到原件后再发表意见。

2006年12月7日，合议组向双方当事人发出《无效宣告请求口头审理通知书》，拟定于2007年1月26日举行口头审理，并将专利权人于2006年8月28日提交的意见陈述书转交给请求人，要求其在口头审理时答复。

2007年1月26日，口头审理如期举行。双方当事人的代理人参加了口头审理。在口头审理过程中，双方当事人对对方出庭人员的身份和资格无异议，对合议组成员没有回避请求。在口头审理过程中，合议组就本案的无效宣告理由及证据逐一进行了调查，双方当事人充分陈述了各自的意见，认定并记录了以下事项：（1）请求人出示了附件1~4的原件，专利权人对附件1~4的真实性无异议；（2）专利权人当庭向合议组提交了一份意见陈述书，在该意见陈述书中，专利权人对本专利与附件1~4的相近似性发表了意见；（3）请求人放弃以附件 2 中的 DJ-X1 图片作为证据使用，以附件 2 同一页上的 DJ-X3 图片作为证据与本专利进行比较。专利权人表示在口头审理结束后 15 日内提交针对 DJ-X3 的答辩意见。在规定的期限内，专利权人没有提交意见陈述。

至此，合议组认为本案的事实已经调查清楚，可以依法作出审查决定。

二、决定的理由

1. 关于无效理由和证据的认定

专利权人对请求人提交的附件 1~4 的真实性予以认可，其出版日期均早于本专利的申请日，因此附件 1~4 属于本专利申请日前的现有技术，可以用于评价本专利是否符合专利法第 23 条的规定。

在口头审理过程中，专利权人提出，附件 2 中 HOLLYWOOD DJ-X3 图片属于新证据，应不予接受。合议组认为，型号为 HOLLYWOOD DJ-X1 的播放机图片和型号为 HOLLYWOOD DJ-X3 的播放机图片均放在同一出版物的同一页（即附件 2 的第 837 页）上，请求人在提出无效宣告请求时已经将附件 2 的该页复印件提交给合议组，合议组在口头审理前已将其转送给专利权人，请求人在口头审理时提交了附件 2 的原件，专利权人对附件 2 的真实性并未提出异议，因此，请求人采用的证据还是附件 2 第 837 页，并没有提交新的证据，也没有增加新的理由，其无效宣告理由还是专利法第 23 条。

此外，通过观察可以看出，型号为 HOLLYWOOD DJ-X1 的播放机图片和型号为 HOLLYWOOD DJ-X3 的播放机图片二者在外观上存在明显区别，HOLLYWOOD DJ-X1 为双碟双显示屏的播放机，HOLLYWOOD DJ-X3 为单碟单显示屏的播放机，而本专利同样为双碟双显示屏播放机的外观设计，因此，HOLLYWOOD DJ-X3 图片明显要比 HOLLYWOOD DJ-X1 图片与本专利更相近似，通常无效宣告请求人会选择最相近似的图片来宣告本专利无效。因此，对请求人在口头审理过程中主张 HOLLYWOOD DJ-X1 属于明显笔误、正确的应为 HOLLYWOOD DJ-X3 的理由，合议组予以采信，本专利应与附件 2 中的 HOLLYWOOD DJ-X3 图片进行相近似比较。

此外，合议组在口头审理过程中已经明确告诉专利权人，其可以在当庭或者庭后半个月内针对本专利与附件 2 中的 HOLLYWOOD DJ-X3 的相似性进行答辩，专利权人在口头审理过程中已经明确表示选择庭后 15 日内答辩。专利权人在庭后 15 日内未提交新的答辩意见。

因此，合议组审理的关于本专利权的无效理由和范围为：本专利相对于附件 1~4 不符合专利法第 23 条的规定。

2. 关于专利法第 23 条

专利法第 23 条规定：授予专利权的外观设计，应当同申请日以前在国内外出版物上公开发表过或者国内公开使用过的外观设计不相同和不相近似，并不得与他人在先取得的合法权利相冲突。

本专利涉及一种播放机的外观设计，包括六面视图和使用状态参考图。从上面的视图看，播放机分为上下二层结构，上层设有两个相同的控制区域，每个控制区域包括控制旋钮、显示屏、控制按钮和滑杆，其中控制旋钮为圆形旋钮，位于控制区域的左下方，在控制旋钮的正上方有一个圆形的小按钮，在长方形的显示屏的右边有四个大小相同的椭圆型的控制按钮，在显示屏的正下方有两排共 5 个控制按钮，其中第一排为三个较小的控制按钮，第二排为两个较大一点的长方形控制按钮，在控制区域的右下方有三排共 8 个大小基本相同的控制按钮，第一排为两个按钮，第二排为三个按钮，第三排为三个按钮，第二排的控制按钮和第三排的控制按钮在上下排列上是对齐的，在控制区域的最右边分别有两根滑杆；下层设有两个相同的长方形进碟机，其中在两个进碟机中部还有两排共三个圆形按钮，上排有两个圆形按钮，下排有一个圆形按钮，其中下排的圆形按钮外围还设有 Ω 形部件（参见本专利附图）。

请求人提供的附件 1 上所示播放机的外观设计（下称在先设计）涉及一种播放机，从广告页公开的图片 S-650MKII 中可以看出，该播放机的外观设计分为上下二层结构，上层设有两个相同的控制区域，每个控制区域包括控制旋钮、显示屏、控制按钮和滑杆，其中控制旋钮为圆形旋钮，位于控制区域的左下方，在控制旋钮的正上方有一个圆形的小按钮，在显示屏的左下方有三排共 8 个控制按钮，其中第一排为三个较小的控制按钮，第二排为三个较小的控制按钮，第三排为两个较大的长方形控制按钮，在显示屏的右下方有两排共 4 个大小基本相同的圆形控制按钮，第一排为两个按钮，第二排为两个按钮，第二排的控制按钮和第一排的控制按钮在上下排列上是对齐的，在控制区域的最右边分别有两根滑杆；下层设有两个相同的长方形进碟机，其中在两个进碟机中部还有两排共三个长方形按钮，上排有两个长方形按钮，下排有一个长方形按钮，其中下排的长方形按钮外围还设有近似形状的部件（参见在先设计附图）。

本专利与在先设计同样是播放机的外观设计，二者属于同一种类的产品，具有可比性。将二者的外观设计形状相比，主要区别在于：（1）本专利显示屏右侧有四个大小相同的椭圆形按钮，而在先设计显示屏右侧没有按钮；（2）本专利显示屏正下方有两排共 5 个控制按钮，其中第一排为三个较小的控制按钮，第二排为两个较大一点的长方形控制按钮，在控制区域右下方有三排共 8 个大小基本相同的圆形控制按钮，第一排为两个按钮，第二排为三个按钮，第三排为三个按钮，第二排的控制按钮和第三排的控制按钮在上下排列上是对齐的；而在先设计在显示屏的左下方有三排共 8 个控制按钮，其中第一排为三个较小的控制按钮，第二排为三个较小的控制按钮，第三排为两个较大的长方形控制按钮，在显示屏的右下方有两排共 4 个大小基本相同的圆形控制按钮，第一排为两个按钮，第二排为两个按钮，第二排的控制按钮和第一排的控制按钮在上下排列上是对齐的；（3）本专利下层的三个按钮为圆形，而在先设计为矩形；（4）本专利左右两个进碟机中间显示有 disc 字样，而在先设计没有；（5）在先设计仅公开了主视图，没有公开其他视图的形状和图案。

对此，合议组认为，对于播放机这一类产品的外观设计而言，其外观设计创新主要体现在主视图上，其他视图并不容易受到一般消费者关注。本专利与在先设计的播放机都可分为上下二层结构，上层设有两个相同的控制区域，每个控制区域包括控制旋钮、显示屏、控制按钮和滑杆，其中控制旋钮为圆形旋钮，位于控制区域的左下方，在控制旋钮的正上方都有一个圆形的小按钮，显示屏的形状都是长方形并且长宽比例相近似，在控制区域的最右边分别都有两根滑杆；在下层设有两个相同的长方形进碟机并且进碟机的形状相同，在进碟机中间都有三个按钮，这些部件的形状和位置基本都相同，通过整体观察、综合判断，二者在整体形状上基本相同，上述区别在整个外观设计中仅占很小一部分，对该播放机的整体视觉效果不构成显著的影响，容易造成一般消费者将本专利与在先设计误认、混同，因此，二者属于相近似的外观设计，故而，本专利不符合专利法第 23 条的规定。

鉴于根据上述评论已经得出本专利不符合专利法第 23 条规定的结论，因此，对于请求人提出的其他理由和证据，合议组在此不予评述。

根据上述事实和理由，合议组作出如下审查决定。

三、决定

宣告 200430063096.3 号外观设计专利权无效。

当事人对本决定不服的，可以根据专利法第 46 条第 2 款的规定，自收到本决定之日起三个月内向北京市第一中级人民法院起诉。根据该款规定，一方当事人起诉后，另一方当事人应当作为第三人参加诉讼。

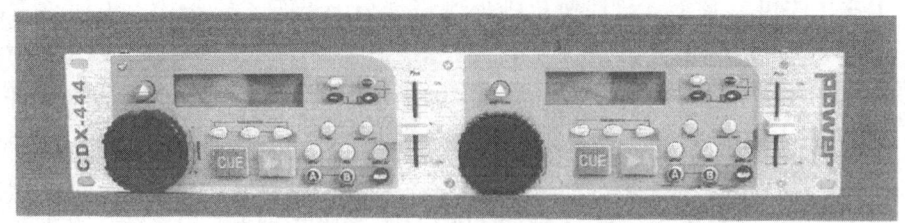

组件一主视图

组件一后视图

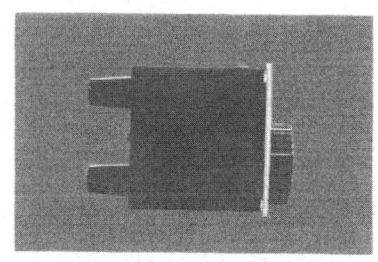 

组件一左视图　　　　　　　组件一右视图

本专利附图 1

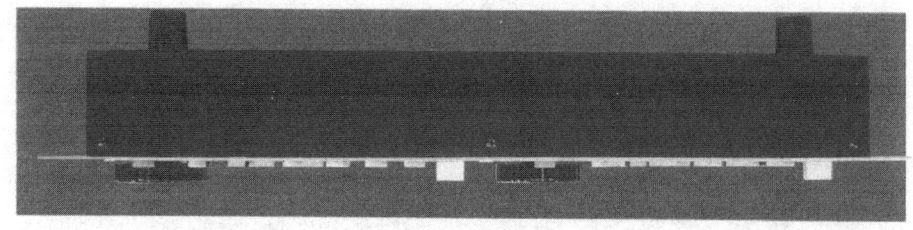

组件一俯视图

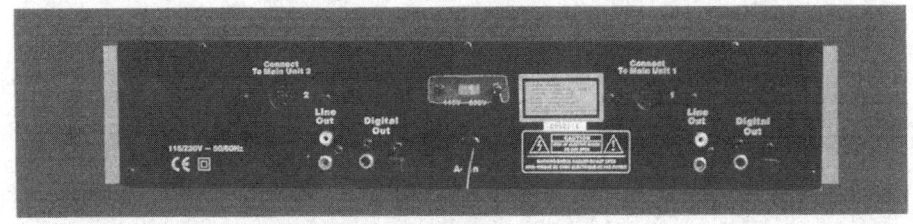

组件二后视图

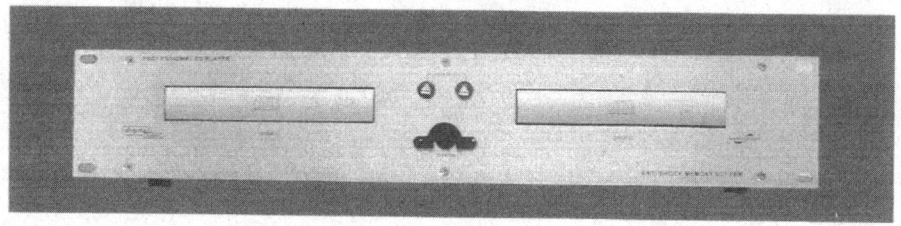

组件二主视图

本专利附图 2

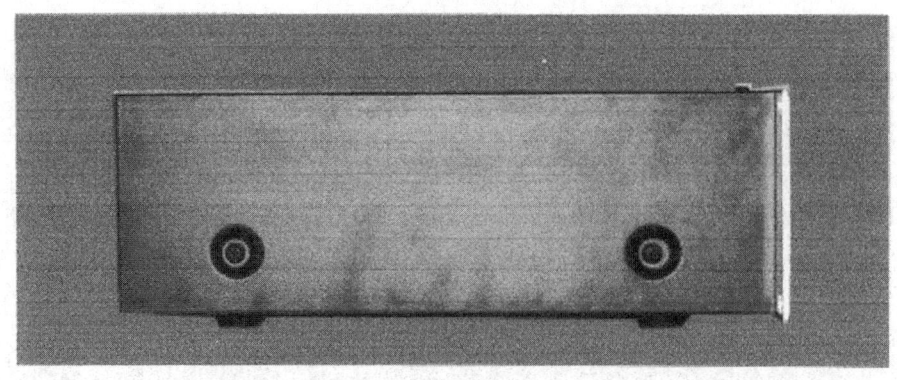

组件左视图

组件右视图

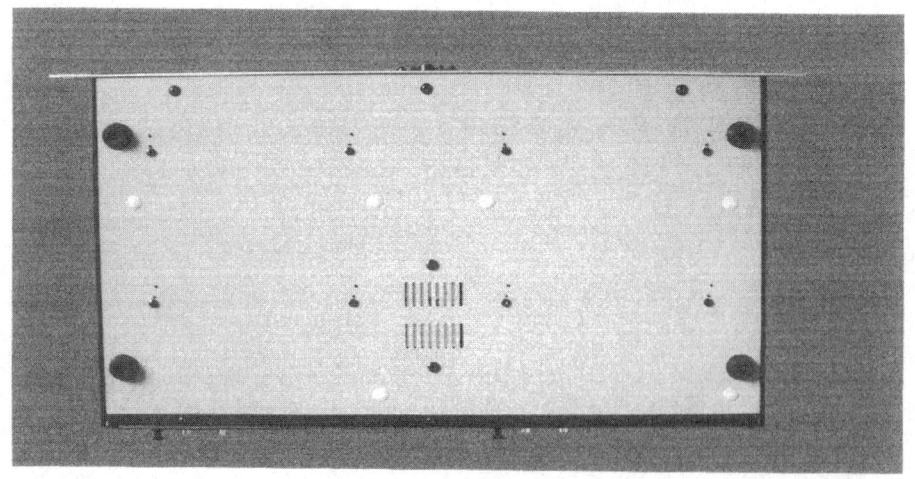

组件二仰视图

本专利附图 3

使用状态参考图

本专利附图 4

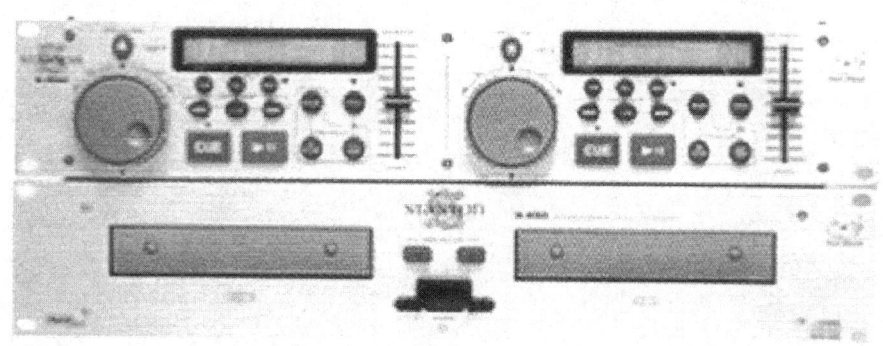

S-650MK II

在先设计附图

播放机（CD-20680）

无效宣告请求审查决定（第 10048 号）

决 定 号	第 10048 号
决 定 日	2007 年 6 月 19 日
发明创造名称	播放机（CD-20680）
外观设计分类号	14-01
无效宣告请求人	杭州卡威电子有限公司
专 利 权 人	罗 展
申 请 号	200430063098.2
申 请 日	2004 年 8 月 5 日
授 权 公 告 日	2005 年 3 月 16 日
合议组组长	钟 华
主 审 员	吴红权
参 审 员	刘 亚
附 图	1 页

法 律 依 据 专利法第 23 条

决 定 要 点

本专利与申请日前在出版物上公开发表的在先设计相比，整体形状基本相同，区别在整个设计中属于局部的细微差别，对整体视觉效果不构成显著影响，因此二者属于相近似的外观设计，本专利不符合专利法第 23 条的规定。

一、案由

本无效宣告请求案涉及国家知识产权局于 2005 年 3 月 16 日授权公告、申请日为 2004 年 8 月 5 日、名称为"播放机（CD-20680）"的 200430063098.2 号外观设计专利（下称本专利），专利权人为罗展。

针对上述专利权，杭州卡威电子有限公司（下称请求人）于 2006 年 7 月 26 日向专利复审委员会提出无效宣告请求，并提交了如下附件：

附件 1：美国出版物"GEM SOUND"，2004 年 1 月，封面和第 8 页，复印件共 2 页；

附件 2：美国出版物"Katalog Herbst/Winter 2004/05"2004 年 5 月，封面和第 837 页，复印件共

2 页。

请求人认为：(1) 在本专利的申请日前已有相同或相近似的外观设计在国内外出版物上公开发表过，因此本专利不符合专利法第 23 条的规定。(2) 附件 1 是 2004 年 1 月出版的 "GEM SOUND" 的封面和第 8 页，其中封面上印有刊名，封面的右下角处印有 "ANUARY 2004" 的字样，证明附件 1 是在 2004 年 1 月公开出版的，在本专利的申请日前，属于专利法第 23 条所称的公开出版物，同时，该期刊的第 8 页上显示有一个播放机（CD15III）的图样（下称对比文件 1 图样）。本专利的主体设计要素体现在主视图上，分为一层结构两个区域，左边区域是一个进碟机，右边区域包括一个控制旋钮、显示屏和多个控制按钮；本专利和对比文件 1 图样的 "播放机（CD15III）" 属于同一种类产品，通过整体观察、综合判断的方式对两者进行比较，两者属于相似的外观设计。 (3) 附件 2 是 2004 年 5 月出版的 "Katalog Herbst/Winter" 的封面和第 837 页，其中封面上印有刊名和 "2004/05" 的字样，证明附件 2 是在 2004 年 5 月公开出版的，在本专利的申请日前，属于专利法第 23 条所称的公开出版物，同时，附件 2 第 837 页上显示有一个播放机（HPLLYWOOD DJ-X3）的图样（下称对比文件 2 的图样）。本专利的主体设计要素体现在主视图上，本专利和对比文件 2 图样的 "（HPLLYWOOD DJ-X3）" 属于同一种类产品，通过整体观察、综合判断的方式对二者进行比较，二者属于相似的外观设计。

经形式审查合格后，专利复审委员会受理了上述请求，于 2006 年 7 月 27 日向双方当事人发出了《无效宣告请求受理通知书》，并将《专利权无效宣告请求书》及其附件清单中所列附件的副本转送给专利权人，要求其在指定的期限内答复，同时成立合议组对本无效宣告请求案进行审理。

2006 年 9 月 5 日，专利复审委员会收到了专利权人针对该无效宣告请求提交的意见陈述书，专利权人认为：附件 1 和附件 2 都是复印件，并且分别是不连续的 2 页，但是印刷有 CD 播放机的图片均在第 2 页，现在无法判断第 2 页是否与第 1 页在同一个出版物中，即第 2 页图片的公开时间无法判断是否与第一页相同，待看到原件后再发表意见。

2006 年 12 月 7 日，合议组向双方当事人发出《无效宣告请求口头审理通知书》，拟定于 2007 年 1 月 26 日举行口头审理，并将专利权人提交的上述意见陈述书转交给请求人，要求其在口头审理时答复。

2007 年 1 月 26 日，口头审理如期举行。双方当事人的代理人参加了口头审理。在口头审理过程中，双方当事人对对方出庭人员的身份和资格无异议，对合议组成员没有回避请求。在口头审理过程中，合议组就本案的无效宣告理由及证据逐一进行了调查，双方当事人充分陈述了各自的意见，认定并记录了以下事项：(1) 请求人出示了附件 1 和 2 的原件，专利权人对附件 1 和 2 的真实性无异议，对它们的出版日期无异议；(2) 专利权人当庭向合议组提交了一份意见陈述，针对本专利与附件 1 和 2 的相近似性发表了意见；(3) 请求人当庭表示在请求书中 DJ-X1 误打印为 DJ-X3，放弃以附件 2 所示图片 HOLLYWOOD DJ-X3 作为证据使用，以附件 2 同一页上的图片 HOLLYWOOD DJ-X1 作为证据与本专利进行对比。专利权人不同意请求人使用 DJ-X1 作为证据，但同意在口头审理结束后半个月内对附件 2 中 DJ-X1 与本专利的相近似性比较进行答辩。

2007 年 1 月 30 日，专利权人提交了意见陈述书，专利权人认为：请求人在口头审理过程中以笔误为由临时将对比文件 2 即附件 2 中的 "播放机（HOLLYWOOD DJ-X3）" 变更为 "播放机（HOLLYWOOD DJ-X1）" 不符合相关法律规定，理由是："播放机（HOLLYWOOD DJ-X3）" 与 "播放机（HOLLYWOOD DJ-X1）" 图片中所显示的外观设计完全不同，对比对象发生了重大的变化，所以播放机（HOLLYWOOD DJ-X1）应当是自无效宣告请求之日起 1 个月后提出的，用于证明不同具体事实的新的证据，如果允许请求人在超出 1 个月的法定期限随意变更证据，这对专利权人来说是不公平的，也是没有法律依据的。

至此，合议组认为本案的事实已经调查清楚，可以依法作出审查决定。

二、决定的理由

1. 关于无效理由和证据的认定

专利权人对请求人提交的附件1和2的真实性予以认可，其出版日期分别为2004年1月和2004年5月，均早于本专利的申请日，因此附件1和2属于本专利申请日前的出版物，可以用于评价本专利是否符合专利法第23条的规定。

专利权人提出，附件2中HOLLYWOOD DJ-X1图片属于新证据，应不予接受。合议组认为，型号为HOLLYWOOD DJ-X3的播放机图片与型号为HOLLYWOOD DJ-X1的播放机图片均放在同一出版物的同一页（即附件2的第837页）上，请求人在提出无效宣告请求时已经将附件2的该页复印件提交给合议组，合议组在口头审理前已将其转送给专利权人，请求人在口头审理时提交了附件2的原件，专利权人对附件2的真实性和出版日期并未提出异议，因此，请求人采用的证据还是附件2的第837页，不属于新的证据，也没有增加新的理由，其无效宣告理由还是专利法第23条。此外，通过观察可以看出，型号为HOLLYWOOD DJ-X3的播放机图片和型号为HOLLYWOOD DJ-X1的播放机图片在外观上存在明显区别，HOLLYWOOD DJ-X3为双碟双显示屏的播放机，HOLLYWOOD DJ-X1为单碟单显示屏的播放机，而本专利同样为单碟单显示屏播放机的外观设计，因此，HOLLYWOOD DJ-X1图片明显要比HOLLYWOOD DJ-X3图片与本专利更相近似，通常无效宣告请求人会选择最相近似的图片来宣告本专利无效。因此，对请求人在口头审理过程中主张HOLLYWOOD DJ-X3属于明显笔误、正确的应为HOLLYWOOD DJ-X1的理由，合议组予以采信，本专利应与附件2中的HOLLYWOOD DJ-X1图片进行相近似比较。

此外，合议组在口头审理过程中已经明确告诉专利权人，其可以在当庭或者庭后半个月内针对本专利与附件2中的HOLLYWOOD DJ-X1的相似性进行答辩，专利权人在口头审理过程中已经明确表示选择庭后答辩，并且在庭后提交了意见陈述书。

因此，合议组审理的关于本专利权的无效宣告理由和范围为：本专利相对于附件1和2不符合专利法第23条的规定。

2. 关于专利法第23条

专利法第23条规定：授予专利权的外观设计，应当同申请日以前在国内外出版物上公开发表过或者国内公开使用过的外观设计不相同和不相近似，并不得与他人在先取得的合法权利相冲突。

本专利涉及一种播放机的外观设计，包括六面视图和立体图。从主视图看，该播放机外观设计可以分为左右两个区域，左边区域是一个长方形的进碟机，右边区域包括一个圆形的控制旋钮、长方形的显示屏和多个控制按钮，其中在显示屏的右侧有四个小的控制按钮，在显示屏的左下方有两排共五个控制按钮，在显示屏的右下方有三排共七个按钮，在播放机的最右侧是一个滑杆（参见本专利附图）。

请求人提供的附件2上所示播放机的外观设计（下称在先设计）涉及一种播放机，从公开的立体图中可以看出，型号为HOLLYWOOD DJ-X1的播放机正面分为左右两个区域，左边区域是一个长方形的进碟机，右边区域包括一个圆形控制旋钮、一个长方形显示屏、多个控制按钮以及最右边一个滑杆，其中在显示屏的右侧有四个小的控制按钮，在显示屏的左下方有两排共五个控制按钮，在显示屏的右下方有三排按钮（参见在先设计附图）。

本专利与在先设计同样是播放机的外观设计，二者属于同一种类的产品，具有可比性。将二者的外观设计形状相比，区别在于：（1）在先设计进碟机左上角有英文字母HOLLYWOOD字样，而本专利在进碟机正上方有一排小字；（2）在先设计显示屏右下方第三排的按钮被人像遮挡，而本专利显示屏右下方第三排为三个按钮;(3)在先设计没有公开其他视图的形状和图案。对此,合议组认为,对于播放机这一类产品的外观设计而言,其外观设计创新主要体现在播放机正面,即主视图上,其他视图并不容易受到一般消费者关注。本专利与在先设计的播放机都可以分为左右两个区域,左边区域是一个进碟机,右边区域包括一个控制按钮、一个显示屏,显示屏右边和下方有多个控制按钮,播放机的最右边都有一个滑杆,并且这些部件的形状和位置都相同,二者在整体形状上基本相同,上述区别在整个外观设计中仅占很小一部分,应属于局部的细微差别,对该播放机的整体效果不构成显著的影响,容易造成一般消费者将本专利与在先设计误认、混同,因此,二者属于相近似的外观设计,故而,本专利不符合专利法第23条的规定。

鉴于根据上述评论已经得出本专利不符合专利法第23条规定的结论,因此,对于请求人提出的其他理由和证据,合议组在此不予评述。

根据上述事实和理由,合议组作出如下审查决定。

三、决定

宣告200430063098.2号外观设计专利权无效。

当事人对本决定不服的,可以根据专利法第46条第2款的规定,自收到本决定之日起三个月内向北京市第一中级人民法院起诉。根据该款规定,一方当事人起诉后,另一方当事人应当作为第三人参加诉讼。

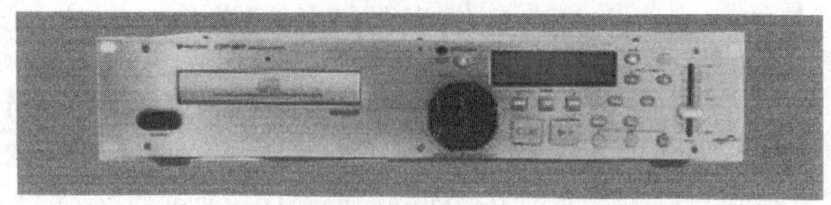

主视图

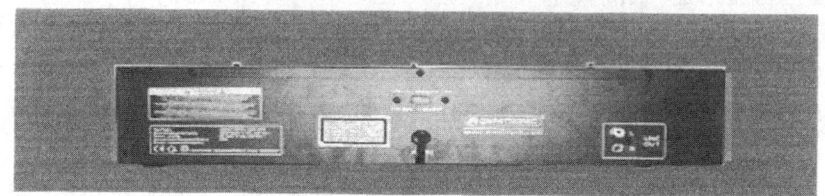

后视图

 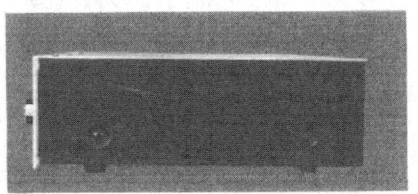

左视图　　　　　　　　　　　右视图

 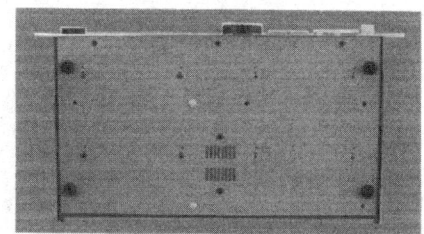

俯视图　　　　　　　　　　　仰视图

本专利附图

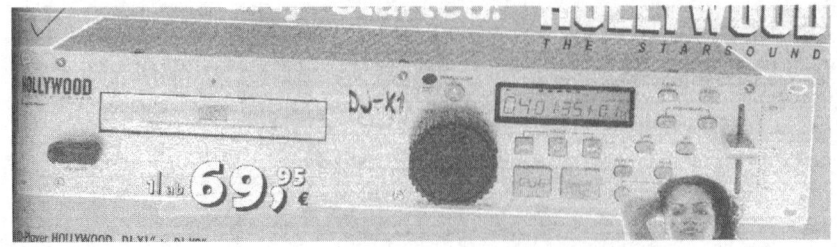

在先设计附图

长排警示灯（5）

无效宣告请求审查决定（第10050号）

决 定 号	第 10050 号
决 定 日	2007 年 6 月 14 日
发明创造名称	长排警示灯（5）
外观设计分类号	10-06
无效宣告请求人	浙江利益安防有限公司
专 利 权 人	温州市星际实业股份有限公司
专 利 号	00332523.7
申 请 日	2000 年 7 月 10 日
授权公告日	2001 年 2 月 21 日
合议组组长	马 昊
主 审 员	詹靖康
参 审 员	杜 宇
法 律 依 据	专利法第 23 条，专利法实施细则第 2 条第 3 款

决 定 要 点

在未能证明证据的获取渠道为国内公共渠道、无其他证据证明其真实性、专利权人明确表示对其真实性有异议的情况下，针对域外形成的证据应当办理相应的证明手续，否则对其真实性不予认可。若国家行政单位出具的说明并非是依职权作出的公文，则其效力等同于普通法人机构的证明文件，行政单位中的负责人或经办人员应当出庭质证，否则其真实性无法确认。

一、案由

本无效宣告请求涉及国家知识产权局于 2001 年 2 月 21 日授权公告的 00332523.7 号外观设计专利（下称本专利），其名称为"长排警示灯（5）"，申请日为 2000 年 7 月 10 日，专利权人是温州市星际实业股份有限公司。

针对上述专利权，浙江利益安防有限公司（下称请求人）于 2005 年 11 月 25 日向国家知识产权局专利复审委员会提出无效宣告请求，认为本专利不符合专利法第 23 条以及专利法实施细则第 2 条第 3 款的规定，请求宣告该专利无效。请求人提交了如下证据：

附件 1-1：1995 年出版的托马（TOMAR）公司样本复印件共 6 页；

附件 1-2：1999 年出版的托马（TOMAR）公司样本复印件共 10 页。

请求人在无效宣告请求书中认为：附件 1-1、1-2 是美国托马（TOMAR）公司享有版权的产品样本，其中公开的型号为930的系列警灯与本专利外观设计完全相同或相近似，并且在国内早已有生成、销售和使用。本专利不符合专利法第23条以及专利法实施细则第2条第3款的规定。

2005年12月14日，请求人补交了意见陈述书及证据如下：

附件1-3：1998年第六期《中国社会公共安全综合信息》首页和第24页复印件共2页。

请求人认为，与本专利相同或者相近似的美国托马（TOMAR）公司的警灯在展览会上公开展览，已构成公开；附件1-3同时与附件1-1、1-2相互验证，说明了美国托马（TOMAR）公司的警灯在先公开的事实。

2006年2月28日，请求人再次补交了证据如下：

附件1-4：附件1-1的中文译文共6页；

附件1-5：附件2-2的中文译文共8页。

经形式审查合格，专利复审委员会依法受理了上述无效宣告请求，并于2006年3月31日向请求人和专利权人发出无效宣告请求受理通知书，并将请求人提交的无效宣告请求书及其附件清单中所列附件的副本、补交的证据转送给专利权人，要求其在指定的期限内答复，同时依法成立合议组对本无效宣告请求案进行审理。

专利权人于2006年5月11日寄交了意见陈述书并指出：（1）附件1-1、1-2来源于国外，但未办理相关的证明手续，且不属于正规出版物，故对其真实性、公开性有异议。（2）附件1-3未公开与本专利外观设计相同或相近似的产品，与附件1-1、1-2无关联性。（3）请求人提交的材料中的设计与本专利外观设计存在明显区别。

浙江利益安防有限公司（下称请求人）针对上述专利权于2006年2月28日再次向国家知识产权局专利复审委员会提出无效宣告请求，认为本专利不符合专利法第23条以及专利法实施细则第2条第3款的规定，请求宣告该专利无效。请求人提交了如下证据：

附件2-1：（2005）温民三初字第175号案调查资料复印件共17页。

请求人在无效宣告请求书中认为：附件2-1可证明在本专利申请日以前的1997年，与本专利外观设计相同或者相近似的产品就已经在国内公开销售使用过，本专利的外观设计是"老设计"而不是专利法要求的"新设计"，不符合专利法第23条以及专利法实施细则第2条第3款的规定。

经形式审查合格，专利复审委员会依法受理了上述无效宣告请求，并于2006年3月31日向请求人和专利权人发出无效宣告请求受理通知书，并将请求人提交的无效宣告请求书及其附件清单中所列附件的副本转送给专利权人，要求其在指定的期限内答复，同时依法成立合议组对本无效宣告请求案进行审理。

专利权人于2006年5月14日寄交了意见陈述书并指出：（1）附件2-1中庄河市公安局交通治安派出所与庄河市交通局作出的说明并非是依职权作出的公文，其效力等同于普通法人机构，出具上述证人证言的法人单位中的相应人员应当出庭作证；附件1中交通局的发票印证公安局的财务有悖于我国机关单位的财务制度。因此，专利权人对附件2-1的真实性、其涉及的警车、警灯的使用期限初始日有异议。（2）附件2-1中涉及的警灯与本专利中的警灯在产品外形上有明显区别。

国家知识产权局专利复审委员会根据合案审查原则决定将两案合并审理，合议组于2007年3月7日向双方当事人发出无效宣告请求口头审理通知书，定于2007年4月18日对两案进行口头审理，并随口头审理通知书向请求人转送了专利权人于2006年5月11日和14日寄交的意见陈述书。

双方当事人均到庭参加口头审理，在口头审理过程中双方当事人对合议组成员无回避请求，对对方出庭人员身份没有异议。请求人当庭明确其无效理由为：本专利不符合专利法第23条，专利法实施细则第2条第3款的规定。请求人当庭出示了附件1-1、1-2、1-3的原件。专利权人核实附件

1-1、1-2、1-3 的复印件与原件一致。专利权人认为附件 1-1、1-2 属于域外形成的证据，且未经公正认证，对附件 1-1、1-2 的真实有异议，对于附件 1-1、1-2 译文的准确性没有异议。专利权人对附件 2-1 复印自温州市中院无异议，但对其内容真实性有异议。双方当事人当庭已经充分陈述各自的意见，口审之后，合议组不再接受双方当事人的任何意见和证据。

在此基础上，合议组认为双方当事人已经充分发表了意见，本案事实已经调查清楚，现依法作出本决定。

二、决定的理由

1. 关于请求人在第一次无效宣告请求中提交的证据

附件 1-1、1-2 均为托马（TOMAR）公司产品样本，其中明确记载样本的印刷地为美国，为域外形成的证据，但请求人未针对上述两附件办理相关公正认证手续。

附件 1-3 是 1998 年第六期《中国社会公共安全综合信息》首页和第 24 页，其中，第 24 页"展览会特写"栏目有"广州粤利安贸易有限公司 广州景南警用器材服务中心"的图片一张，图中有"TOMAR"字样，但由于图片甚小，无法辨别图中的产品类型及外观。

附件 1-3 所能证明的事实与附件 1-1、1-2 的获取途径、真实性并无必然的联系。请求人未能证明附件 1-1、1-2 的获取渠道为国内公共渠道，也没有其他证据证明其真实性。专利权人明确表示对上述两附件的真实性有异议。在以上情况下，根据审查指南第四部分第八章第 2.2.2 部分的规定，合议组对附件 1-1、1-2 的真实性不予认可。

由于从附件 1-3 中无法辨别产品的类型及外观，故无法与本专利外观设计进行对比。

因此，请求人主张本外观设计在出版物上公开发表过或者公开使用过，不符合专利法第 23 条及专利法实施细则第 2 条第 3 款的理由不能成立。

2. 关于请求人在第二次无效宣告请求中提交的证据

附件 2-1 是（2005）温民三初字第 175 号案调查资料复印件共 17 页（下称调查材料）。

调查材料中主要有以下内容：

（1）庄河市交通局于 2006 年 1 月 10 日出具的情况说明，说明庄河市公安局交通治安派出所在 1997 年 8 月时是受庄河市公安局和庄河市交通局双重管理，当时购买的美国激光托马斯警灯由交通局报销，故相应发票上的购买单位是庄河市交通局。上述情况说明盖有"庄河市交通局"公章，并有"经办人：杨玉双 庄河市交通局办公室主任"字样的签名。

（2）声称为购买美国激光托马警灯的发票，其购货单位是庄河市交通局，开票时间为 1997 年 8 月 4 日，发票号为 0507801。

（3）载有警示灯、车牌号为"辽 00387 警"的警车的照片、该车的行驶证及其副页年检记录部分。

（4）庄河市公安局交通治安派出所任传东于 2006 年 1 月 11 日出具的书面证言，证明"辽 00387 警"警车的警灯是庄河市公安局交通治安派出所的上级单位庄河市交通局于 1997 年 8 月 4 日为庄河市公安局交通治安派出所购买的，该灯自 1997 年起一直在该车上使用至今，与购买时的原型完全一致。

请求人欲以庄河市交通局以及庄河市公安局交通治安派出所任传东出具的书面证言以及相应的发票、照片来证明在本专利申请日以前的 1997 年，与本专利外观设计相同或者相近似的产品就已经在国内公开销售使用过。

合议组认为，首先，庄河市交通局出具的说明虽盖有公章，但该说明并非是庄河市交通局依职权作出的公文。其次，调查材料中的两份书面证言中的某些内容需出证单位的负责人或经办人出庭作证说明。例如：请求人声称的庄河市交通局于1997年8月4日购买的托马警灯是否就是庄河市公安局交通治安派出所所有的"辽00387警"警车上的警灯；庄河市交通局出具的情况说明中提及的"托马斯"警灯与庄河市公安局交通治安派出所任传东所提及的、发票中记载的"托马"警灯是否是同一警灯；等等。综上，在上述两份书面证明都未经质证的情况下，合议组无法确认其真实性。

在上述两份书面证明真实性无法确认的情况下，请求人提交的证据无法形成完整的证据链以证明在本专利申请日以前的1997年，与本专利外观设计相同或者相近似的产品就已经在国内公开销售使用过，因此，请求人以此主张本外观设计是老设计，不符合专利法第23条以及专利法实施细则第2条第3款的无效理由不成立。

综上所述，附件1-1、1-2、1-3，附件2-1均不能支持请求人提出的本专利外观设计不符合专利法第23条，专利法实施细则第2条第3款规定的无效理由。

根据以上事实和理由，合议组作出以下审查决定。

三、决定

维持00332523.7号外观设计专利权有效。

当事人对本决定不服的，可以根据专利法第46条第2款的规定，自收到本决定之日起三个月内向北京市第一中级人民法院起诉。根据该款的规定，一方当事人起诉后，另一方当事人应当作为第三人参加诉讼。

电池包装膜

无效宣告请求审查决定（第10056号）

决 定 号	第10056号
决 定 日	2007年6月20日
发明创造名称	电池包装膜
外观设计分类号	19-08
无效宣告请求人	四川华景国贸实业有限责任公司
专 利 权 人	盐城市瑞信贸易有限公司
专 利 号	01317386.3
申 请 日	2001年2月13日
授权公告日	2001年10月10日
合议组组长	王霞军
主 审 员	周 佳
参 审 员	徐清平
附 图	1页

法律依据 专利法第9条

决定要点

在先设计为一种电池，其电池本体采用了司空见惯的圆柱体形状，属于本领域内的惯常设计，因此其图案和色彩设计对整体视觉效果更具有显著影响，这种图案和色彩设计具体体现在电池包装膜的设计上。由于在先设计的包装膜上的图案、色彩结合产生的色彩对比、图案布局等与本专利基本相同，两者不构成显著的视觉差异，因此与本专利属于相近似的外观设计。

一、案由

本无效宣告请求涉及的是国家知识产权局2001年10月10日授权公告的01317386.3号外观设计专利，使用该外观设计的产品名称为"电池包装膜"，申请日为2001年2月13日，专利权人为盐城市瑞信贸易有限公司。

针对上述专利权（下称本专利），2006年11月21日四川华景国贸实业有限责任公司（下称请求人）向专利复审委员会提出无效宣告请求，其依据的事实和理由是，本专利与请求人在先申请的00341108.7号外观设计相近似，不符合专利法第9条的规定，应予以宣告无效，请求人同时提交了如下附件作为证据：

附件1：本专利的著录项目及图片复印件；

附件2：00341108.7号外观设计的著录项目及图片复印件。

专利复审委员会经形式审查合格后受理了该无效宣告请求，于2006年12月4日向双方当事人发出无效宣告请求受理通知书，并将无效宣告请求书及其附件清单中所列的附件副本转送给专利权人，要求其在指定期限内进行答复。

因专利权人迁移的新地址不明，无效宣告请求受理通知书及随附转送的文件于2006年12月9日被邮局退回，专利复审委员会于2007年1月24日在第23卷04期外观设计专利公报上通过公告方式通知专利权人，根据审查指南第五部分第六章的规定，自公告之日起满1个月，该文件视为已经送达。专利权人逾期未作答复。

专利复审委员会依法成立合议组对本案进行审理，并于2007年2月26日向双方当事人发出合议组成员告知通知书。2007年3月3日邮局退回专利复审委员会向专利权人发出的合议组成员告知通知书，专利复审委员会于2007年4月4日在第23卷14期外观设计专利公报上通过公告方式通知专利权人。在规定的期限内，双方当事人未对合议组告知通知书进行答复，视为对合议组成员没有回避请求。

合议组经合议，认为本案事实清楚，依法作出本审查决定。

二、决定的理由

1. 法律依据

基于请求人提出的无效宣告请求理由，合议组依据专利法第9条对本案进行审理。

专利法第9条规定：两个以上的申请人分别就同样的发明创造申请专利的，专利权授予最先申请的人。

2. 证据的认定

请求人提交的附件2为00341108.7号外观设计的著录项目及图片复印件，其所示专利的申请日为2000年12月28日，授权公告日为2001年7月25日，授权公告号为CN3194562D，专利权人为四川华景国贸实业有限责任公司，即本案请求人，合议组经核实，该复印件所示内容真实，确系他人在本专利申请日前申请、之后授权公告的外观设计（下称在先设计），可以作为判断本专利是否符合专利法第9条规定的证据。

3. 相同相近似的比较

本专利为电池包装膜，其分类号为19-08类，在先设计为电池，其分类号为13-02类。虽然两者的分类号不同，但在先设计为覆有包装膜的电池，电池的本体和外包装膜共同构成了产品的外观设计，从该外观设计所包含的形状、图案和色彩三要素分析，其形状即为电池本体的形状，采用了该类产品领域内公认的惯常设计，因此其图案和色彩的结合成为该外观设计的主要设计要素。在先设计的图案和色彩的结合即体现为电池外包装膜的设计，其主要用于对产品起到显著标识的作用，是该外观设计的主要用途价值所在。本专利的包装膜属于包装类产品，其用途体现为对电池的包覆和标识作用。本专利和在先设计在对产品的标识作用上是一致的，因此二者属于用途相近的产品，可以进行外观设计相近似性比较。

本专利包括主视图和使用状态参考图，请求保护色彩。主视图所示产品为薄片状长方形，底色为黑色，左侧边为纵向红色带状条纹。产品中部偏上位置水平间隔印有两块绿色矩形块，每个矩形块中部横向印有"NYALA"白色英文字样，英文下方左对齐印有两行白色小字。环绕绿色矩形块上、下、左方三面印有小行英文字样，左侧文字为黄色。两矩形块下方印有数行红色、白色小字，另印有绿色图标和"+"、"-"极图标（详见本专利附图）。

在先设计包括主视图、后视图、左视图、右视图、俯视图、仰视图，请求保护色彩。在先设计为圆柱体，柱体上端中部为一凸起的圆柱柱头。柱体表面底色为深绿色，柱头和柱体下端一圈为红色，主视图和后视图上显示各有一个竖向蓝绿色矩形块，矩形块中部印有竖向排列的"NURATA"白色英文字样，环绕绿色矩形块印有黄色、白色小行文字，左视图和右视图显示两个矩形块之间印有数行纵向排列的黄色、白色小字，上下纵向印有"+"、"-"极图标（详见在先设计附图）。

合议组认为，本专利与在先设计的不同之处在于，本专利为平面产品，在先设计为立体产品。虽然二者的基本形状不相同，但在先设计的圆柱形柱体对电池类产品而言属于司空见惯的形状，应为该类产品在本领域内所采用的惯常设计，则其外观设计的其余设计的变化通常对整体视觉效果更具有显著的影响。就本案而言，在先设计电池柱体上所覆的包装膜与本专利在图案和色彩方面所体现出来的区别对整体视觉效果更具有显著的影响。在先设计的包装膜是沿电池柱体形状覆着于上，依次通过主视图、右视图、后视图、左视图所示内容可显示出包装膜的平面展开图，将其向右旋转 90 度即为与本专利相同的视觉方向。在先设计的包装膜与本专利的相同之处在于，二者的色彩对比、图案色块布局基本相同，均为深色底色，产品中部均有两块面积相等的绿色矩形块，产品一边侧均有条红色带状条纹；二者文字的排布方式、字体大小比例基本相同，根据审查指南第四部分第五章第 6 节的规定，产品外表出现的文字是一种图案，二者矩形块内印制的较大英文较其他文字醒目突出，环绕矩形块印制的文字在相同位置亦采用了相近似的排列方式，文字作为外观设计图案的内容构成二者整体视觉效果的一部分。虽然二者的色彩在色相上略有差异，但亦为相近似颜色，且色彩对比、色块布局所产生的装饰性效果给一般消费者以相近似的视觉感受，二者在文字排列、图标形状上的差异属局部细微差别，不构成显著的视觉影响。由于在先设计的形状为惯常设计，而其在其他设计要素方面与本专利无显著差异的视觉效果，所以与本专利属于相近似的设计。根据审查指南的规定，"同样的发明创造"对外观设计而言，是指外观设计相同或者相近似，因此本专利和在先设计应属于同样的发明创造。

综上所述，在本专利申请日之前已有他人就同样的发明创造提出申请，并在本专利申请日之后授权，本专利属于在后申请，不符合专利法第 9 条的规定。

三、决定

宣告 01317386.3 号外观设计专利权全部无效。

当事人对本决定不服的，可以根据专利法第 46 条第 2 款的规定，自收到本决定之日起三个月内向北京市第一中级人民法院起诉。根据该款的规定，一方当事人起诉后，另一方当事人应当作为第三人参加诉讼。

主视图　　　　　　　使用状态参考图

本专利附图

   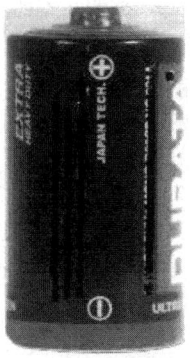

主视图　　　后视图　　　左视图　　　右视图

俯视图　　　仰视图

在先设计附图

滴丸机

无效宣告请求审查决定（第 10057 号）

决 定 号	第 10057 号
决 定 日	2007 年 6 月 21 日
发明创造名称	滴丸机
外观设计分类号	15-99
无效宣告请求人	烟台开发区博森制药机械有限公司
专 利 权 人	孙民富
申 请 号	200430061006.7
申 请 日	2004 年 6 月 18 日
授权公告日	2005 年 6 月 8 日
合议组组长	钟 华
主 审 员	王霞军
参 审 员	徐清平
附 图	1 页
法 律 依 据	专利法第 23 条

决 定 要 点

专利权人虽然在申请文件时提出了不丧失新颖性宽限期的声明，但在规定的期限内未提交相关证明文件，本专利不适用专利法第 24 条的规定，即不属于专利法第 24 条中规定的可享受新颖性宽限期的情形。

本专利与在先设计的正面形状相同，并在产品正面相同位置均设有形状相近似的观察窗和触摸屏主要设备，已给一般消费者留下了相近似的整体视觉效果，二者差异尚不足以对整体视觉效果产生显著的影响。因此，本专利与在先设计属于相近似的外观设计。

一、案由

本无效宣告请求涉及的是国家知识产权局于 2005 年 6 月 8 日授权公告的，名称为"滴丸机"的外观设计专利（下称本专利），其申请号是 200430061006.7，申请日是 2004 年 6 月 18 日，专利权人孙民富。

针对上述专利权，烟台开发区博森制药机械有限公司（下称请求人）于 2006 年 9 月 18 日向专利复审委员会提出无效宣告请求，其理由是：在本专利申请日前已有与本专利形状相同的外观设计产品在国内公开销售，并在出版物上公开发表，本专利不符合专利法第 22 条的规定。与此同时，请求人提交了如下附件作为证据：

附件1：2004年4月《中外药厂采购指南》杂志复印件4页；

附件2：兰阳中药机械有限公司产品样本复印件3页。

经形式审查合格，专利复审委员会于2006年11月1日受理了此案，并将无效请求书及所列附件副本转送给专利权人。

专利权人于2006年12月5日针对请求人无效宣告请求书进行了答复。专利权人声明，本专利在申请时已经提出了"不丧失新颖性宽限期声明"，根据专利法第24条的规定，专利权人的发明创造在相应的宽限期内不丧失新颖性。兰阳中药机械有限公司是在本专利申请日后开始生产的全自动滴丸机，仅凭一张企业宣传资料即认为是2003年5月就已生产是毫无事实根据的。对于请求人称还有三家公司在本专利申请日前已从市场上买到了与本专利相同产品的事实，请求人没有提交相应的证据。因此，请求维持本专利权有效。

专利复审委员会于2006年12月29日向双方当事人发出无效宣告请求口头审理通知书，定于2007年2月7日进行口头审理，通知书还告知双方当事人，请求人的无效宣告请求的理由是本专利不符合专利法第22条，因专利法第22条是规定授予发明和实用新型专利应当具备的条件，而专利法第23条是规定授予外观设计专利应当具备的条件，请求人可变更无效理由，将不符合专利法22条变更为不符合专利法第23条。同时将专利权人的意见陈述书转给请求人。

口头审理如期举行，请求人委托代理人参加，专利权人未到庭。请求人当庭提交了附件1、附件2证据原件，并将无效宣告请求理由的法律依据由不符合专利法第22条变更为不符合专利法第23条，当庭确认在附件1杂志第37页中型号为"DWJ-2000型自动化滴丸机"产品外观设计与本专利相近似，并指出在该本杂志中还刊登了一篇由专利权人原单位职工李玉梅撰写的"浅论DWJ-2000型全自动滴丸机的创新特色"文章，文章中写到"烟台康达尔药业有限公司与北京百药泰科技发展有限公司联合设计制造的现代中药新剂型专用生产设备——DWJ-2000型全自动滴丸机，自2002年年底正式推向市场以来，一直是历届药机博览会上的亮点……仅2003年就有近10条生产线陆续供货，社会效益和经济效益十分显著。"佐证在本专利申请日前本专利已在国内公开使用的事实。口头审理中，请求人坚持原有主张。

专利复审委员会于2007年2月7日向专利权人发出无效宣告请求审查通知书，告知专利权人，请求人在口头审理当庭将无效宣告请求理由变更，由本专利不符合专利法第22条变更为本专利不符合专利法第23条，请专利权人针对本专利是否符合专利法第23条的规定进行意见陈述。

专利复审委员会分别于2007年2月14日和2007年3月22日收专利权人意见陈述书，专利权人再次强调本专利已经提出了"不丧失新颖宽限期声明"，在相应的宽限期内不丧失新颖性。同时向专利复审委员会提交了山东省烟台市中级人民法院（2005）烟民三初字第27号、（2005）烟民三初字第28号、（2005）烟民三初字第29号民事判决书和山东省高级人民法院（2006）鲁民三终字第75号、（2006）鲁民三终字第76号、（2006）鲁民三终字第77号民事判决书。

合议组认为本案事实清楚，可以依法作出审查决定。

二、决定的理由

基于请求人提出的无效宣告请求理由，合议组对本专利是否符合专利法第23条的规定进行审查。

专利法第23条规定：授予专利权的外观设计，应当同申请日以前在国内外出版物上公开发表过或者国内公开使用过的外观设计不相同和不相近似，并不得与他人在先取得的合法权利相冲突。

专利法第24条规定：申请专利的发明创造在申请日以前6个月内，有下列情形之一的，不丧失新颖性：

(1) 已在中国政府主办或承认的国际展览会上首次展出；
(2) 已在规定的学术会议或技术会议上首次发表；
(3) 他人未经申请人同意而泄露其内容。"

专利法实施细则第31条规定：专利法第24条第（2）项所称学术会议或者技术会议，是指国务院有关主管部门或者全国性学术团体组织召开的学术会议或者技术会议。

申请专利的发明创造有专利法第24条第（1）项或者第（2）项所列情形的，申请人应当在提出专利申请时声明，并自申请日起2个月内，提交有关国际展览会或者学术会议、技术会议的组织单位出具的有关发明创造已经展出或者发表，以及展出或者发表日期的证明文件。

申请专利的发明创造有专利法第24条第（3）项所列情形的，国务院专利行政部门认为必要时，可以要求申请人在指定期限内提交证明文件。

申请人未依照本条第二款的规定提出声明和提交证明文件的，或者未依照本条第三款的规定在指定期限内提交证明文件的，其申请不适用专利法第24条的规定。

（2）专利权人在意见陈述书中曾多次强调本专利在申请时已经提出"不丧失新颖性宽限期声明"。经查，专利权人确实在递交申请文件时，在不丧失新颖性宽限期声明栏的每一项情形前均打勾，表明提出声明，但专利权人没有提交相应证明文件。根据专利法实施细则第31条规定，专利权人不仅要在申请时提出声明，同时还要求在规定期限内提交相应的证明文件。专利权人未在规定的期限内未提交相应证明文件，其申请不适用专利法第24条的规定，即不属于专利法第24条规定的可宽限期的情形。

（3）请求人提交的附件1是2004年4月出版的《中外药厂采购指南》杂志的封面、第37广告页、正文部分的第24~25页复印件，其后于口头审理中提交了该杂志的完整原件。该杂志是由《中外药厂采购指南》杂志社出版发行，专利权人对其真实性未提出异议。经核实，合议组认为该杂志属于真实的、合法的、在国内公开发行的出版物，属于专利法第23条规定的在本专利申请日（2004年6月18日）以前公开发行的出版物，适用于本案。

在该杂志的第37广告页上公开了一款DWJ-2000型滴丸机产品的外观设计（下称在先设计）。在先设计与本专利用途完全相同，二者属于同一类别的产品，具有可比性。

（4）本专利公报公开了滴丸机产品3面视图，即主视图、后视图和右视图，简要说明省略其他视图。如图所示，本专利整体形状为长方体，从主视图观察，产品表面由三个长方形板材组成，左侧板表面光滑无设计，中间板上端设计有长方形观察窗，右侧板的中上位置上安装了长方形触摸控制屏幕，触摸屏的下方有三个旋扭，底端有6行小散热孔，滴丸机由6个圆形支脚支撑，产品的背面分别由7块长方形板材组成，产品右侧为长方形（详见本专利附图）。

在先设计为产品的正面视图，如图所示，在先设计整体形状为长方形，产品表面由三个长方形板材组成，左侧板表面光滑呈长方形，板的上方标有两行"DWJ-2000"、"自动化滴丸机"字样，中间板上部设计有长方形观察窗，右侧板中上部位设有长方形触摸控制屏幕，照片中可见到滴丸机由4个圆形支脚支撑，在先设计未公开其他视图（详见在先设计附图）。

审查指南第四部分第五章第4节判断原则中规定，"使用时容易看到部分的设计变化相对于不容易看到或者看不到部位的设计变化，通常对整体视觉效果更具有显著的影响。"合议组认为，滴丸机产品在使用时受朝向的限制，产品正面所展示的形状、图案是一般消费者最为瞩目的，在判断二者外观设计是否相近似时，正面的形状和图案通常对整体视觉效果更具有显著的影响。

将本专利与在先设计比较，其视觉要点在于产品的正面形状、图案，二者相同点是，本专利与在先设计正面形状均三块长方形板材组成，产品的中上部设有观察窗，右侧设有触摸控制屏幕，底部由圆形支脚支撑。其主要区别点为：本专利的右侧触摸屏下还设有三个旋扭和散热孔，在先设计无此设计，本专利和在先设计底部支脚的数量不同。合议组认为，由于本专利采用了常见的长方体作为整体形状，在先设计照片中未公开产品整体形状，但本专利的形状属于公认的惯常设计，二者在相近似比较时，其长方体整体形状对整体视觉效果不构成显著的影响。本专利与在先设计正面形状相同，并在产品相同位置均设有形状相近似的观察窗和触摸屏主要设备，已给一般消费者留下了相近似的整体视觉效果，对于二者差异尚不足以对整体视觉效果产生显著的影响。因此，本专利与在先设计产品属于相近似的外观设计。

（4）综上所述，在本专利申请日以前已有与其相近似的外观设计在出版物上公开发表过，本专利不符合专利法第23条的规定。

（5）鉴于已得出本专利不符合授权条件的结论，对于请求人提交的其他证据本决定不再评述。

三、决定

宣告200430061006.7号外观设计专利权全部无效。

当事人对本决定不服的，可以根据专利法第46条第2款的规定，自收到本决定之日起三个月内向北京市第一中级人民法院起诉。根据该款的规定，一方当事人起诉后，另一方当事人应当作为第三人参加诉讼。

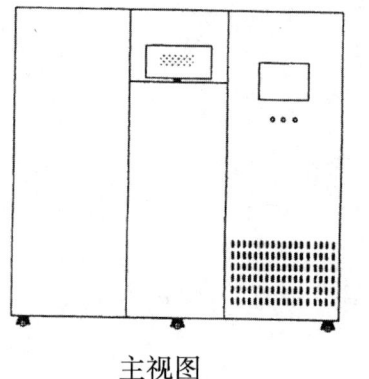
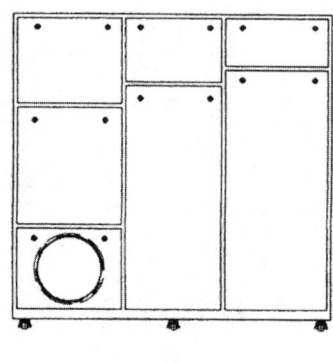

主视图　　　　　　　　后视图

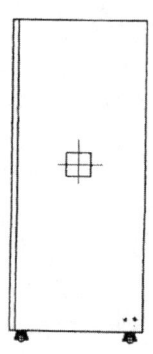

右视图

本专利附图

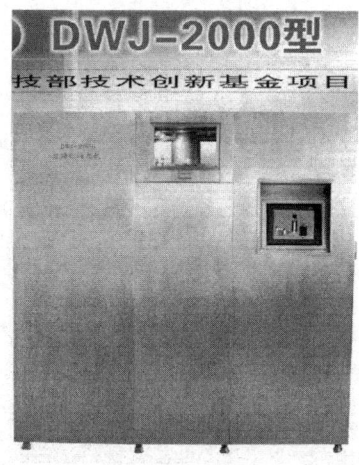

在先设计附图

玉米软糖

无效宣告请求审查决定（第10062号）

决 定 号	第10062号
决 定 日	2007年6月22日
发明创造名称	玉米软糖
外观设计分类号	01-01-C0580
无效宣告请求人	福建惠康食品工业有限公司
专 利 权 人	陈耀光
专 利 号	98316734.6
申 请 日	1998年2月20日
授权公告日	1999年5月12日
合议组组长	王霞军
主 审 员	张凌
参 审 员	李巍巍
附 图	1页

法 律 依 据 专利法第23条

决 定 要 点

判断两个外观设计所使用的产品是否属于相同或相近的种类，应当以产品的用途是否相同或相近为准，并可以参考产品的名称、国际外观设计分类表以及产品货架分类。

一、案由

本无效宣告请求涉及国家知识产权局于1999年5月12日授权公告的名称为"玉米软糖"的98316734.6号外观设计专利权，其申请日为1998年2月20日，专利权人为陈耀光。

针对上述专利权（下称本专利），福建惠康食品工业有限公司（下称请求人）于2006年11月7日向专利复审委员会提出无效宣告请求，其理由是本专利与1996年12月18日授权公告的95318731.4号外观设计相近似，因而不符合专利法第23条的规定。请求人认为：本专利与在先设计的产品具有相同的用途，属于同一种类的产品。本专利与在先设计的图案和形状都是以简单的线条根据实物玉米的形状设计而成，二者构成相近似的外观设计。请求人同时提交如下附件作为证据：

附件1：本专利公报复印件；

附件2：专利号为95318731.4的外观设计公报复印件，授权公告日为1996年12月18日（共1页）。

经形式审查合格后，专利复审委员会依法受理了上述无效宣告请求，并于 2006 年 11 月 8 日将无效宣告请求书及相关文件的副本转给专利权人，要求其在指定的期限内答复。

2006 年 12 月 23 日专利权人针对无效宣告请求书提交意见陈述，认为本专利与在先公开的设计均不构成相同、相近似的设计。专利权人认为，本专利与在先设计的产品制作原料、使用和销售的场所均不同，互相之间不可替代，二者属于不同用途的产品。本专利与在先设计头端部设计和颈端部形状不同，两者虽然都以玉米作为设计创意，但两者的表现方法不同，不会使一般消费者发生混淆。

2007 年 2 月 5 日专利复审委员双方当事人发出合议组成员告知通知书，在规定的期限内双方当事人均未答复，视为对合议组成员无回避请求。

在上述审理的基础上，合议组经合议，认为本案事实清楚，依法作出本审查决定。

二、决定的理由

1. 法律依据

基于请求人提出无效宣告请求所依据的理由和证据，合议组对本专利是否符合专利法第 23 条的规定进行审查。

专利法第 23 条规定：授予专利权的外观设计，应当同申请日以前在国内外出版物上公开发表过或者国内公开使用过的外观设计不相同和不相近似，并不得与他人在先取得的合法权利相冲突。

2. 证据认定

请求人提交的附件 2 是专利号为 95318731.4 的外观设计公报复印件，专利权人未对其真实性提出异议，并针对其进行了书面答复。本案合议组经核实，该专利的申请日是 1995 年 11 月 23 日、授权公告日是 1996 年 12 月 18 日，授权公告号为 CN3052222D，使用外观设计的产品名称为"糕点（立体玉米形）"，其与外观设计公报原件一致，其真实性可以确定。附件 2 的授权公告的时间早于本专利的申请日（1998 年 2 月 20 日），属于专利法所规定的公开出版物，适用于本案。

3. 本专利与附件 2 是否属于相同种类产品的外观设计

专利权人主张本外观设计专利保护的糖果的制作原料与附件 2 保护的糕点的制作原料不同；本专利保护的糖果主要用于喜庆的场合或节假日，表达祝福、感谢之意，附件 2 保护的糕点主要用于餐饮场合或作为礼物馈赠，两者互相不可替代；本专利保护的糖果主要在百货商场或商店的糖果专柜销售，附件 2 保护的糕点主要在餐馆酒店销售，即使同样在商店销售也是在副食品专柜，与糖果的销售货架完全不同。基于以上，两者不能认定为相同用途的产品。

合议组认为，判断两个外观设计所使用的产品是否属于相同或相近种类，应当以产品的用途是否相同或相近为准，并可以参考产品的名称、国际外观设计分类表以及产品货架分类。本专利为玉米软糖，附件 2 为糕点，二者的国际外观设计分类号均为 01-01，用途均为食用，二者属于同一种类的产品。关于二者的制作材料，由于其并不在外观设计的保护范围之内也与产品用途的判断无关，对其不予考虑；尽管二者具体的使用和销售场所存在一些差异，本专利与附件 2 的最主要的用途是相同的，都是供人类食用的食品。因此，本专利与附件 2 属于相同种类产品的外观设计，对专利权人的上述主张不予支持。在此基础上，可以将两个外观设计的相应要素进行对比以判断两者是否构成相同或者相近似的外观设计。

4. 外观设计相同相近似性认定

本专利所示玉米软糖整体呈玉米形，表面以横竖交错的线条仿出玉米粒的形状，尖状顶端到中部为弧线形过渡，尾部相对于中部内收并向内凹入（详见本专利附图）。

附件 2 所示玉米蛋糕（下称在先设计）的整体也是玉米形，表面以横竖交错的线条仿出玉米粒的形状，顶端到中部为弧线形过渡，尾部相对于中部内收但继续向下延伸形成玉米柄部的形状（详见在先设计附图）。

本专利与在先设计相比，区别在于本专利的尾部相对于中部内收并向内凹入，而在先设计的尾部则形成了玉米柄部的形状。合议组认为尽管本专利与在先设计的尾部设计有所不同，但是二者均以简单的线条模仿玉米实物，整体形状都呈相近似的玉米形。对于一般消费者来说，本专利与在先设计尾部设计的差异属于局部细微变化，不足以对整体的视觉效果产生显著影响。因此本专利与在先设计构成相近似的外观设计。

综上所述，在本专利的申请日前已有与其相近似的外观设计在出版物上公开发表过，本专利不符合专利法第 23 条的规定。

三、决定

宣告 98316734.6 号外观设计专利权无效。

当事人对本决定不服的，可以根据专利法第 46 条第 2 款的规定，自收到本决定之日起三个月内向北京市第一中级人民法院起诉。根据该款的规定，一方当事人起诉后，另一方当事人应当作为第三人参加诉讼。

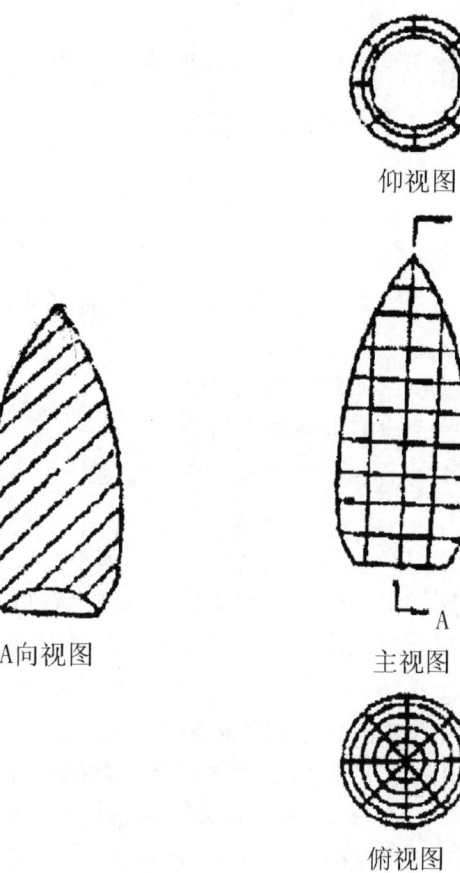

本专利附图

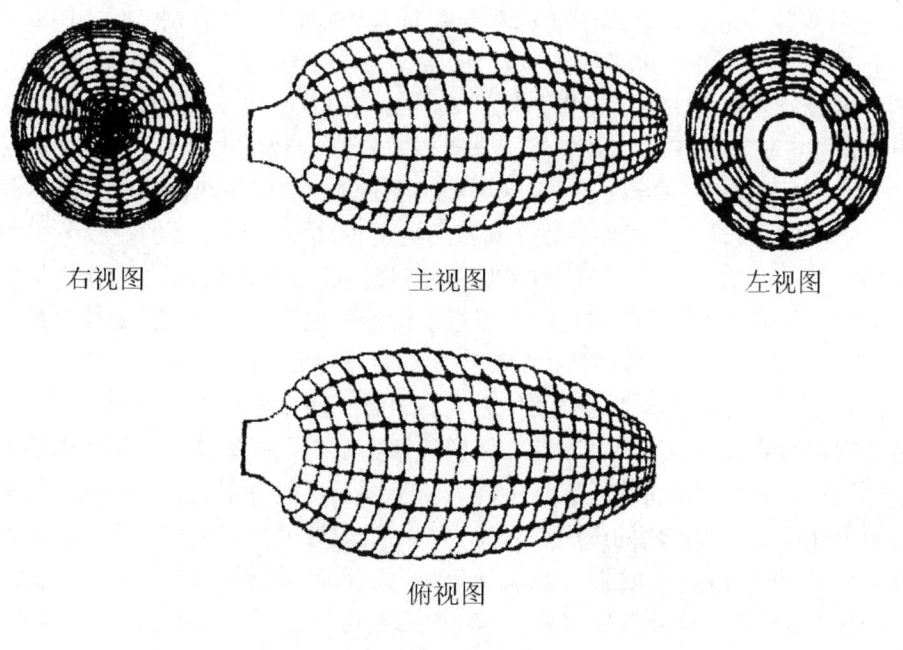

在先设计附图

北京市第一中级人民法院
行政判决书

(2007) 一中行初字第1216号

原告陈耀光，男，1952年7月22日出生，汉族，广州市雅瑶河食品有限公司董事长，住广东省广州市越秀区仁济西路3号5楼。

委托代理人范晓华，北京市德恒律师事务所广州分所律师。

委托代理人唐云云，北京市德恒律师事务所广州分所律师。

被告国家知识产权局专利复审委员会，住所地北京市海淀区北四环西路9号银谷大厦10~12层。

法定代表人廖涛，副主任。

委托代理人张凌，女，国家知识产权局专利复审委员会审查员。

委托代理人余心蕾，女，国家知识产权局专利复审委员会审查员。

第三人福建惠康食品工业有限公司，住所地福建省晋江市罗山镇后林工业西区41号。

法定代表人吴庆鸿，董事长。

委托代理人苏爱婷，女，泉州市丰泽区中信商标事务所经理。

原告陈耀光不服被告国家知识产权局专利复审委员会于2007年6月22日作出的第10062号无效宣告请求审查决定（以下简称第10062号决定），向本院提起行政诉讼。本院于2007年9月6日受理后，依法组成合议庭，于2007年10月30日公开开庭审理了本案。原告陈耀光及其委托代理人范晓华、唐云云，被告的委托代理人张凌、余心蕾，第三人的委托代理人苏爱婷到庭参加了诉讼。本案现已审理终结。2007年6月22日，被告针对第三人的无效请求审查申请作出第10062号决定，认为：（1）法律依据。基于第三人提出无效宣告请求所依据的理由和证据，合议组对名称为"玉米软糖"的98316734.6号外观设计专利权（以下简称本专利）是否符合《中华人民共和国专利法》（以下简称《专利法》）第二十三条的规定进行审查。（2）证据认定。第三人提交的附件2（即专利号为95318731.4的外观设计公报复印件，授权公告日为1996年12月18日共1页），原告未对其真实性提出异议，并针对其进行了书面答复。本案合议组经核实，该专利的申请日是1995年11月23日、授权公告日是1996年12月18日，授权公告号为CN3052222D，使用外观设计的产品名称为"糕点（立体玉米形）"，其与外观设计公报原件一致，其真实性可以确定。附件2的授权公告的时间早于本专利的申请日（1998年2月20日），属于《专利法》所规定的公开出版物，适用于本案。（3）本专利与附件2是否属于相同种类产品的外观设计。原告主张本外观设计专利保护的糖果的制作原料与附件2保护的糕点的制作原料不同；本专利保护的糖果主要用于喜庆的场合或节假日，表达祝福、感谢之意，附件2保护的糕点主要用于餐饮场合或作为礼物馈赠，两者互相不可替代；本专利保护的糖果主要在百货商场或商店的糖果专柜销售，附件2保护的糕点主要在餐馆酒店销售，即使同样在商店销售也是在副食品专柜，与糖果的销售货架完全不同。基于以上，两者不能认定为相同用途的产品。合议组认为，判断两个外观设计所使用的产品是否属于相同或相近种类，应当以产品的用途是否相同或相近为准，并可以参考产品的名称、国际外观设计分类表以及产品货架分类。本专利为玉米软糖，附件2为糕点，二者的国际外观设计分类号均为01-01，用途均为食用，二者属于同一种类的产品。关于二者的制作材料，由于其并不在外观设计的保护范围之内也与产品用途的判断无关，对其不予考虑；尽管二者具体的使用和销售场所存在一些差异，本专利与附件2的最主要的用途是相同的，都是供人类食用的食品。因此，本专利与附件2属于相同种类产品的外观设计。在此基础上，可以将两个外观设计的相应要素进行对比以判断两者是否构成相同或者相近似的外观设计。（4）外观设计相同相近似性认定。本专利所示玉米软糖整体呈玉米形，表面以横竖交错的线条仿出玉米粒的形状，尖状顶端到中部为弧线形过渡，尾部相对于中部内收并向内凹入。附件2所示玉米蛋糕（以下简称在先设计）的整体也是玉米形，表面以横竖交错的线条仿出玉米粒的形状，顶端到中部为弧线形过渡，尾部相对于中部内收但继续向下延伸形成玉米柄部的形状。本专利与在先设计相比，区别在于本专利的尾部相对于中部内收并向内凹入，而在先设计的尾部则形成了玉米柄部的形状。合议组认为尽管本专利与在先设计的尾部设计有所不同，但是二者均以简单的线条模仿玉米实物，整体形状都呈相近似的玉米形。对于一般消费者来说，本专利与在先设计尾部设计的差异属于局部细微变化，不足以对整体的视觉效果产生显著影响。因此本专利与在先设计构成相近似的外观设计。（5）综上所述，在本专利的申请日前已有与其相近似的外观设计在出版物上公开发表过，本专利不符合《专利法》第二十三条的规定。据此，被告决定宣告本专利专利权无效。被告向本院提交了以下证据，用以证明被诉具体行政行为合法：（1）本专利授权公告文本；（2）附件2。原告陈耀光诉称：（1）因玉米是特定农作物，涉及空间不大，在设计要点明显不同的情况下，对其相似性的判断应注重在工业应用状态下的整体外观形态，本专利与在先设计在使用状态下既不相同也不相似。本专利与在先设计在整体形状、玉米身部线条、玉米列数、玉米尾部、玉米颗粒等方面存在明显差异。两个设计应用在产品上也有两个显著差异：一是产品各自具有特定的大小，二是本专利产品必须使用外包装，这是众所周知的外观形态。很明显，硬币大小的玉米糖果与实物大小的玉米糕点，在使用状态下呈现出完全不同的外观形态，既不相同也不相似。（2）是否足以造成消费者误认，也是认定相近似的要件之一，对于一般消费者而言，完全可以区分本专利与在先设计。硬币大小并使用外包装的玉米软糖与玉米实物大小不使用外包装的糕点，均是众所周知的外观形态，是社会公众的普遍认识，不可能造成混淆。将玉米形状应用在糖果上的确是一项创新的设计，市场反应强烈，自从原告取得专利权后，一直有大量的糖果生产厂家及销售单位争相仿制，原告也曾运用法律武器进行过维权。本案专利所保护的糖果主要在百货商场或商店的糖果专柜销售，而在先设计保护的糕点主要在餐馆酒店销售，即使同样在商店销售也是在副食品专柜，与糖果的销售货架完全不同。以一般消费者的判断标准，看到玉米糕点不可能与玉米糖果产生联想，而看到玉米糖果也不可能误认为玉米糕点。（3）被告遗漏了1993年公布的《审查指南》作为法律依据。因此，原告请求法院撤销第10062号决定，并判令由被告承担本案的诉讼费用。原告向本院提交了以下证据：①2007年9月23日在广州市购买的玉米糕点的发票，用以证明在商场购买玉米糕点的行为；②列有玉米糕点和玉米软糖的照片，用以证明玉米糕点与玉米软糖比对不相似；③2006年8月15日广州市公证处出具的公证书，证明侵权产品所模仿的外观设计和本案的专利是完全一致的。被告国家知识产权局专利复审委员会辩称：（1）在判断外观设计是否相同或者相近似时，进行比较的对象是由产品所体现的设计，并通过整体观察、综合判断的方式予以认定。被比设计与在先设计是否构成相近似的设计，应观察二者的差别对于产品外观设计的整体视觉效果是否具有显著的影响。《审查指南》第四部分第五章第4节规定：如果一般消费者会将二者混同、误认，则二者的差别对于产品外观设计的整体视觉效果显然不具有显著的影响。但是仅仅根据两项外观设计不会导致一般消费者混同、误认并不必然得出二者的差别对于产品外观设计的整体视觉效果具有显著的影响的结论。本案中本专利与在先设计所使用的产品属于相同种类，两者的差异属于局部细微变化，不足以对整体的视觉效果产生显著影响，因此本专利与在先设计属于相近似的外观设计。（2）被告坚持第10062号决定中关于本专利不符合《专利法》第二十三条的规定的认定意见。第10062号决定认定事实清楚、适用法律正确、审理程序合法，请求法院予以维持。第三人福建惠康食品工业有限公司述称：(1) 原告的专利与在先设计的产品具有相同的用途，属于同一种类的产品，根据《外观设计分类表》第01-01类是："烘制食品、饼干、面制点心、通心粉与其他谷类食品、糖果类、巧克力、冰冻食品"，原告的产品玉米软糖属于糖果类，第三人的产品糕点属于面制点心，两产品的用途均为食用食品，所以本专利与在先设计具有相同的用途，属于同一种类产品。(2) 本专利与在先设计的图案和形状都是以简单的线条根据实物玉米的形状设计而成，二者构成相近似的外观设计。故，请求法院驳回原告的诉讼请求。第三人向本院提交了以下证据，用以证明其主张：①本专利授权公告文本；②附件2。经庭审质证，原告对被告及第三人的证据没有异议。被告认为原告的证据不符合最高人民法院《关于行政诉讼证据若干问题的规定》第七条关于举证期限的规定，且在行政程序中没有提交，与本案没有关联性。第三人认为原告的举证超过期限。本院认为，被告和第三人提交的证据，能够证明案件事实，本院予以确认。原告提交的证据因在行政程序中没有提交，不能作为评价被告作出第10062号决定是否合法的证据。

经审理查明，本专利名称为"玉米软糖"的外观设计专利，申请日为1998年2月20日，授权公告日为1999年5月12日，专利权人为陈耀光。2006年11月7日，第三人向被告提出无效宣告请求，认为本专利与1996年12月18日授权公告的95318731.4号外观设计相近似，因而不符合《专利法》第二十三条的规定。同时提交附件1：本专利公报复印件以及附件2作为证据。被告受理后，依法进行了转文。2006年12月23日原告针对无效宣告请求书提交意见陈述，认为本专利与在先公开的设计均不构成相同、相近似的设计。原告认为，本专利与在先设计的产品制作原料、使用和销售的场所均不同，互相之间不可替代，二者属于不同用途的产品。本专利与在先设计头端部设计和颈端部形状不同，两者虽然都以玉米作为设计创意，但两者的表现方法不同，不会使一般消费者发生混淆。2007年6月22日，被告作出第10062号决定。原告对该决定不服，向本院提起行政诉讼。

另查明，本专利所示的玉米软糖整体呈玉米形状，表面以横竖交错的线条仿出玉米粒的形状，尖状顶端到中部为弧线形过渡，尾部相对于中部内收并向内凹入（见附图）。在先设计整体呈玉米形状，表面以横竖交错的线条仿出玉米粒的形状，顶端到中部为弧线形过渡，尾部相对于中部内收并继续向下延伸形成玉米柄部的形状（见附图）。

在本院庭审中，原告及第三人对第10062号决定中理由部分第二项"证据认定"没有异议。

本院认为，根据当事人无争议的陈述，本院经过书面审查，对第10062号决定中关于证据的认定内容的合法性予以确定。

关于法律依据问题。原告称被告遗漏了1993年公布的《审查指南》作为法律依据，因第三人于2006年11月7日向被告提出无效宣告请求，故本案不适用1993年公布的《审查指南》。

《专利法》第二十三条规定，授予专利权的外观设计，应当同申请日以前在国内外出版物上公开发表过或者国内公开使用过的外观设计不相同和不相近似，并不得与他人在先取得的合法权利相冲突。将被比设计与在先设计进行相同和相近似判断，首先使用外观设计的产品应属于相同种类的产品。本专利的名称为"玉米软糖"，附件2为"糕点（玉米立体形）"，二者在国际外观设计分类表中同为01-01类。因此，被告结合本专利与附件2的产品名称、国际外观设计分类表以及产品的用途，做出二者属于同一种类产品的认定，符合法律规定，本院应予支持。

本专利与在先设计相比，二者虽然尾部的设计不同，但二者均是以简单的线条模仿玉米形状的设计，整体均呈玉米形状，二者的差别对于产品外观设计的整体视觉效果不具有显著的影响。被告认定本专利与在先设计构成相近似的外观设计正确，本院应予支持。原告关于本专利与在先设计既不相同也不相近似更不会造成消费者误认的诉讼主张，缺乏证据支持，本院不予采纳。

综上，第10062号决定认定事实清楚，适用法律正确，程序合法，本院应予维持。原告陈耀光要求撤销第 10062 号决定的诉讼请求，缺乏事实和法律依据，本院不予支持。依照《中华人民共和国行政诉讼法》第五十四条第（一）项之规定，判决如下：

维持被告国家知识产权局专利复审委员会作出的第 10062 号无效宣告请求审查决定。

案件受理费 100 元，由原告陈耀光负担（已交纳）。

如不服本判决，可于本判决书送达之日起 15 日内，向本院递交上诉状，按对方当事人的人数提交副本并预交上诉费，上诉于北京市高级人民法院。上诉人在接到人民法院预交诉讼费用的通知后 7 日内未预交又不提出缓交申请的，按自动撤回上诉处理。

审　判　长　娄宇红
代理审判员　李纪红
代理审判员　乔　军
二〇〇七年十二月二十日
书　记　员　张　涵

盆（九）

无效宣告请求审查决定（第 10070 号）

决 定 号	第 10070 号
决 定 日	2007 年 6 月 16 日
发明创造名称	盆（九）
外观设计分类号	23-02
无效宣告请求人	荔城区黄石七境塑料厂
专 利 权 人	林成铭
专 利 号	200430152537.7
申 请 日	2004 年 12 月 13 日
授权公告日	2005 年 12 月 7 日
合议组组长	钱亦俊
主 审 员	王霞军
参 审 员	张雪飞
附 图	1 页

法 律 依 据 专利法第 23 条
决 定 要 点
生效的行政处罚决定所记载的事实，并有其他证据佐证，在没有相反证据足以推翻的情况下，对该处罚决定记载的事实应予以采信。

一、案由

本无效宣告请求涉及 2005 年 12 月 7 日国家知识产权局授权公告的 200430152537.7 号外观设计专利，其产品名称是"盆（九）"，申请日是 2004 年 12 月 13 日，专利权人是林成铭。

针对上述外观设计专利权（下称本专利），荔城区黄石七境塑料厂（下称请求人）于 2006 年 4 月 28 日向专利复审委员会提出无效宣告请求，其理由是本专利不符合专利法第 23 条的规定。请求人认为在本专利申请日前已经批量生产和销售了与本专利外观设计相同的产品，同时，请求人提交了如下附件作为证据：

附件 1：莆田市荔城区工商行政管理局"荔工商处（2003）257 号"行政处罚决定书复印件 2 页；

附件 2：莆田市荔城区工商行政管理局黄石工商所查扣的产品照片及证明（翻拍件）1 页；

附件 3：莆田市荔城区工商行政管理局黄石工商所出具的证明及照片（原件）1 页；

附件 4：请求人 1987 年成立时的营业执照复印件 1 页；
附件 5：请求人 2001 年成立厂支部委员会当天拍的照片（扫描件）1 页；
附件 6：请求人 2001 年成立厂支部委员会当天拍的照片（扫描件）1 页；
附件 7：请求人 2001 年成立厂支部委员会当天拍的照片（扫描件）1 页；
附件 8：中国共产党莆田市荔城区黄石镇委员会出具的证明及照片（原件）1 页；
附件 9：莆田市荔城区黄石镇工会联合会出具的证明及照片（原件）1 页；
附件 10：莆田市荔城区黄石镇七境村民委员会及莆田市荔城区黄石镇人民政府出具的证明及照片（原件）1 页；
附件 11：请求人的产品模具照片（原件）1 页；
附件 12：本专利外观设计图片复印件 1 页；
附件 13：专利权人产品广告照片（扫描件）1 页。

专利复审委员会根据无效宣告请求审查程序的规定受理了该无效宣告请求，并于 2006 年 5 月 31 日将无效宣告请求书和证据的副本转送给专利权人，限其在指定的期限内答复。并告知专利权人如逾期不答复，不影响专利复审委员会的审理。

专利复审委员会于 2006 年 7 月 4 日收到专利权人提交的意见陈述书，专利权人针对无效宣告请求的理由进行了意见陈述，专利权人认为：附件 1"荔工商处（2003）257 号"行政处罚决定书的内容只是表明请求人因不诚信而受到行政处罚；附件 2 黄石工商所提供的所谓当场检查拍照图片出处不明，且照片中的产品外观无法辨认，不能采信；附件 3 莆田市荔城区工商行政管理局黄石工商所出具的证明，该证明所作的证词来源不明，无法支持请求人的观点；附件 4 来源不明，无法确认其真实性；附件 5~7 的照片为请求人自行拍摄，拍摄时间及出处均不明，且照片中的产品外观无法辨认，不能采信；附件 8~10 分别为请求人所在地中共黄石镇委员会、黄石镇工会和黄石镇七镜村委会于 2006 年 4 月 17 日出具的证明，由于附件 8~10 来源不明，故不可采信；附件 11 模具照片的来源及其证明对象不明，不能采信；附件 13 广告照片来源不明，而且也无法表明该照片为法公开出版物，不能采信。综上所述，请求人的无效理由缺乏证据支持，因此，应当维持本专利有效。

专利复审委员会于 2007 年 2 月 1 日向双方当事人发出《无效宣告请求口头审理通知书》，定于 2007 年 3 月 26 日在专利复审委员会进行口头审理。同日，随口审通知书将专利权人提交的意见陈述书转送给请求人。

口头审理如期举行，双方当事人均参加了口头审理。在口头审理过程中，请求人当庭提交了附件 1、附件 2、附件 5~7、附件 13 的原件，同时当庭还递交了莆田市荔城区工商行政管理局"工商听告字（2003）第 61 号"听证告知书（编号续前，下称附件 14）原件、莆田市荔城区工商行政管理局"第 0000848 号财物清单"（编号续前，下称附件 15）原件、中共黄石镇委员会"黄委发（2001）第 43 号"文件（编号续前，下称附件 16）、莆田县总工会（批复）"荔工组字（2001）138 号"文件（编号续前，下称附件 17）。合议组当庭将上述四份证据转送专利权人。请求人认为，附件 1~3 可形成证据链，附件 14 及附件 15 可佐证本专利产品在申请日前已公开使用；附件 16 和附件 17 可证明附件 8 和附件 9 出证单位的身份及中共莆田县黄石七境塑料厂支部、工会成立的时间和销售的事实；附件 5~7 照片为黄石七境塑料厂召开支部成立大会时拍摄的部分照片，会议场所周围堆放的部分产品与本专利的外形结构相同；附件 13 为专利权人的广告照片，其上右侧举条幅的男孩是专利权人的儿子，该男孩现已长大为成人，因此，从该照片上也可佐证在本专利申请日前已经公开销售的事实。专利权人对附件 1、附件 14、附件 15 的真实性无异议，但认为附件 1 荔城区工商行政管理局行政处罚书仅证明请求人的不正当竞争行为，从行政处罚书所列举的产品中不能得出与本专利有对应关系；对附件2的真实性和合法性有异议；对附件3上莆田市荔城区工商行政管理局黄石工商所的印章没有异议，但对证明的内容有异议，因无经办人的签名和作证，时间和来源也不明确；对附件4真实性没有异议；对附件5~7照片的真实性无异议，但对照片的形成时间和来源有异议，且照片中所示的产品不清楚，无法与本专利对比；对附件8~10、附件16和附件17的真实性均无异议，但认为出具证明的单位与请求人属于上下级的关系，其出具的证明无法保证客观公正性；附件11制造的时间无法确定；附件13照片形成的时间无法确定，但专利权人认可照片中的男孩是其儿子，承认该男孩现已长大为成人的事实。对于上述证据中所涉及的莆田市荔城区工商行政管理局黄石工商所与莆田市荔城区工商行政管理局黄石分局的关系，请求人称该工商分局是该工商所的前身，该工商分局现已变更为该工商所，专利权人对此未提出异议。请求人认为，附件2、附件3、附件8~10所示的图片为同一图片，附件3、附件8~10所示产品外观，及附件2和附件13中所指定的产品外观与本专利相同。专利权人认为，附件3、附件8~10所示产品外观与本专利不相同也不相近似，附件2和附件13中所示产品外观或为折叠堆放或照片不清楚，无法比较。双方均坚持其原有主张。

在以上审理的基础上，本案合议组经合议，认为本案事实清楚，依法作出本审查决定。

二、决定的理由

1. 法律依据

根据请求人提出的无效宣告请求的理由和提交的证据，本案合议组依据专利法第23条的规定对本案进行审理。

专利法第23条规定：授予专利权的外观设计，应当同申请日以前在国内外出版物上公开发表过或者国内公开使用过的外观设计不相同和不相近似，并不得与他人在先取得的合法权利相冲突。

2. 证据的认定

请求人提交的附件1是莆田市荔城区工商行政管理局于2003年11月6日作出的"荔工商处（2003）257号"行政处罚决定书，其上记载：当事人荔城区黄石镇七境塑料厂，在自己生产的塑料制品上标注"南洋塑料制品有限公司"和"普江竹塑厂"为厂名，于2003年10月9日被我局黄石分局查获……违反了《产品质量法》第30条之规定，属伪造产品厂名行为。根据《产品质量法》第53条之规定，本局决定作如下处罚：责令改正，并处罚款人民币5000元，上缴财政；附件2是莆田市荔城区工商行政管理局黄石工商所查扣的产品照片，以及莆田市荔城区工商行政管理局黄石工商所出具的证明，其内容是：2003年10月20日黄石工商所到黄石七境塑料厂当场检查拍照图片；附件3是莆田市荔城区工商行政管理局黄石工商所于2006年4月17日出具的证明，其内容是："本工商行政管理局黄石工商所曾经于2003年10月9日对荔城区黄石七境村塑料厂生产的标注'南洋塑料制品有限公司'和'普江竹塑厂'的29600件塑料制品盆、桶，作出'荔工商处（2003）257号'行政处罚，在该次行政处罚中的部分产品的外形结构与上述图片中的产品外形结构完全相同。在处罚的当年以前，该产品在本地区老百姓的日常生活中就早已广泛使用"；附件13是专利权人产品广告照片，在照片的正面显示有各种日用塑料产品，及由两人举起的"莆田市涵江区成铭日用经营部"的条幅，照片的背面印有"本经营部多年经营再生塑料产品，农用品、日用品，集各厂家优品，畅销产品之大成。历年来积累了不少经验，产品销路广泛……"等文字；附件14是莆田市荔城区工商行政管理局"工商听告字（2003）第61号"听证告知书，其上记载：你厂在自己生产的塑料制品上标注"南洋塑料制品有限公司"和"普江竹塑厂"为厂名，于2003年10月9日被我局黄石分局查获……违反了《产品质量法》第30条规定，属伪造厂名行为。根据《产品质量法》第53条规定，本局拟作如下处罚：责令整改，并处罚款人民币5000元，上缴财政；落款日期为2003年11月6日；附件15是莆田市荔城区工商行政管理局"第0000848号财物清单"，其上记载"现金、人民币、5000元整、当事人/保管人：陈益博、2003 年 10 月 20 日、承办人：翁少军、李胜辉、2003 年 10 月 20 日"；请求人在口头审理时递交了上述证据的原件。请求人通过此组证据证明在本专利申请日前与本专利相同的产品已公开销售使用。专利权人对附件 1、附件 14、附件 15 的真实性无异议，但认为附件 1 荔城区工商行政管理局行政处罚书仅证明请求人的不正当竞争行为，从行政处罚书所列举的产品中不能得出与本专利有对应关系；对附件 2 的真实性和合法性有异议，认为其上无时间及经办人的签名，请求人的产品是违法的，不能作为证据使用；对附件 3 上莆田市荔城区工商行政管理局黄石工商所的印章没有异议，但对证明的内容有异议，因无经办人的签名和作证，时间和来源也不明确；认为附件 13 照片形成的时间无法确定，但专利权人认可照片中的男孩是专利权人的儿子，承认其儿子现已长大成人的事实。对上述证据合议组进行了核实，其复印件与原件相符。

合议组认为：附件 14 和附件 15 虽然是在提出无效宣告请求之日起 1 个月后提交的，但其是对附件 1 所证明的具体事实的补充证明，根据 2001 年审查指南的相关规定（本无效宣告请求日在 2006 年 7 月 1 日之前，按照《施行修订后审查指南的过渡办法》的规定，对自无效宣告请求之日起 1 个月后提出的新理由、新证据的审查应适用 2001 年 10 月 18 日公布的审查指南），其不属于不予考虑的新证据。由附件 1、附件 14 和附件 15 可以证明在本专利申请日前，请求人因违反了《产品质量法》第 30 条规定，受到荔城区工商行政管理局的行政处罚，并根据《产品质量法》第 53 条的规定缴纳了罚款的事实；附件 2、附件 3 所示照片来源及原照片形成的时间，或照片中产品所公开使用的时间在莆田市荔城区工商行政管理局黄石工商所出具的证明中已得到证明，并加盖有莆田市荔城区工商行政管理局黄石工商所印章，同时附件 15 中请求人缴纳罚款的时间，也能与附件 2 中莆田市荔城区工商行政管理局黄石工商所到黄石七境塑料厂当场检查拍照图片的时间相对应，罚款金额与附件 1、附件 14 和附件 15 中所述的金额相对应，附件 3 中莆田市荔城区工商行政管理局黄石工商所证明的内容也与附件 1 和附件 14 中所记载的内容一致；虽然请求人伪造他人厂名从事生产销售的行为是违法的，但在已经生效的荔工商处（2003）257 号行政处罚决定书中记载的事实，在没有相反证据足以推翻的情况下，对该决定中记载的事实应予以采信；附件 13 虽然未标明其形成的时间，但从专利权人认可其上举条幅男孩现已长大成人的事实可推定，该证据形成于本专利申请日之前。合议组认为：请求人提交的附件 1～3、附件 14 和附件 15 可以构成一个完整的证据链，其所涉及事实的形成时间在本专利申请日之前（2004 年 12 月 13 日），同时附件 13 也可佐证在本专利申请日前已经公开销售使用过附件 3 中所示"盆"的产品。因此，上述证据中所涉及产品"盆"的外观设计，属于在本专利申请日前已经使用公开的在先设计。

3. 相近似的判断

本专利和附件 3 所示外观设计（下称在先设计）均为盆的外观设计，用途相同，属于相同类别的产品，具有可比性。

本专利盆是的外观设计，其整体形状为圆形，圆形盆的直径为上大下小，盆的外轮廓为弧形过度，盆边向外延伸呈盆沿，盆底有若干条加强筋（详见本专利附图）。

在先设计是盆的外观设计，其整体形状为圆形，圆形盆的直径为上大下小，盆的外轮廓为弧形过度，盆边向外延伸为盆沿（详见在先设计附图）。

将本专利与在先设计相比较，二者的相同点是：二者的整体形状均为圆形，盆的外轮廓为弧形过度，盆边均为向外延伸呈盆沿。其不同点为：本专利盆底面有加强筋设计，在先设计的底面未显示。合议组认为：虽然在先设计未显示盆底部的设计，但在使用状态下盆的底面是不可见的，盆底面的设计在外观设计相近似判断时对整体视觉效果不具有显著性影响，因此，二者属于相近似的外观设计。

综上所述，本专利在申请日前已有与其相近似的外观设计在国内公开使用过，因此不符合专利法

第 23 条的规定。

在已经得出上述审查结论的基础上,本审查决定对请求人提交的其他证据不再作出评述。

三、决定

宣告 200430152537.7 号外观设计专利权全部无效。

当事人对本决定不服的,可以根据专利法第 46 条第 2 款的规定,自收到本决定之日起三个月内向北京市第一中级人民法院起诉。根据该款的规定,一方当事人起诉后,另一方当事人应当作为第三人参加诉讼。

主视图

俯视图　　　　　仰视图

本专利附图

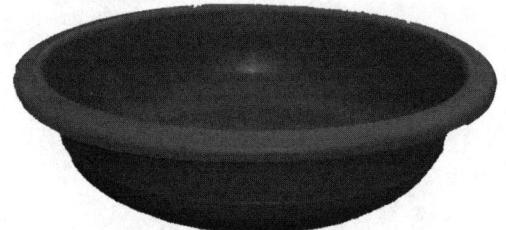

在先设计附图

塑料盆（六）

无效宣告请求审查决定（第10071号）

决 定 号	第10071号
决 定 日	2007年6月16日
发明创造名称	塑料盆（六）
外观设计分类号	23-02
无效宣告请求人	荔城区黄石七境塑料厂
专 利 权 人	林成铭
专 利 号	200430152518.4
申 请 日	2004年12月10日
授权公告日	2005年12月7日
合议组组长	钱亦俊
主 审 员	王霞军
参 审 员	张雪飞
附 图	1页

法 律 依 据 专利法第23条
决 定 要 点
生效的行政处罚决定所记载的事实，并有其他证据佐证，在没有相反证据足以推翻的情况下，对该处罚决定记载的事实应予以采信。

一、案由

本无效宣告请求涉及2005年12月7日国家知识产权局授权公告的200430152518.4号外观设计专利，其产品名称是"塑料盆（六）"，申请日是2004年12月10日，专利权人是林成铭。

针对上述外观设计专利权（下称本专利），荔城区黄石七境塑料厂（下称请求人）于2006年5月9日向专利复审委员会提出无效宣告请求，其理由是本专利不符合专利法第23条的规定。请求人认为在本专利申请日前已经批量生产和销售了与本专利外观设计相同的产品，同时，请求人提交了如下附件作为证据：

附件1：莆田市荔城区工商行政管理局"荔工商处（2003）257号"行政处罚决定书复印件2页；

附件2：莆田市荔城区工商行政管理局黄石工商所查扣的产品照片及证明（翻拍件）1页；

附件3：莆田市荔城区工商行政管理局黄石工商所出具的证明及照片（原件）1页；

附件4：请求人1987年成立时的营业执照复印件1页；
附件5：请求人2001年成立厂支部委员会当天拍的照片（扫描件）1页；
附件6：请求人2001年成立厂支部委员会当天拍的照片（扫描件）1页；
附件7：请求人2001年成立厂支部委员会当天拍的照片（扫描件）1页；
附件8：中国共产党莆田市荔城区黄石镇委员会出具的证明及照片（原件）1页；
附件9：莆田市荔城区黄石镇工会联合会出具的证明及照片（原件）1页；
附件10：莆田市荔城区黄石镇七境村民委员会及莆田市荔城区黄石镇人民政府出具的证明及照片（原件）1页；
附件11：请求人的产品模具照片（原件）1页；
附件12：本专利外观设计图片复印件1页；
附件13：专利权人产品广告照片（扫描件）1页。

专利复审委员会根据无效宣告请求审查程序的规定受理了该无效宣告请求，并于2006年7月5日将无效宣告请求书和证据的副本转送给专利权人，限其在指定的期限内答复。并告知专利权人如逾期不答复，不影响专利复审委员会的审理。

专利复审委员会于2006年7月18日收到专利权人提交的意见陈述书，专利权人针对无效宣告请求的理由进行了意见陈述，专利权人认为：附件1"荔工商处（2003）257号"行政处罚决定书的内容只是表明请求人因不诚信而受到行政处罚；附件2黄石工商所提供的所谓当场检查拍照图片出处不明，且照片中的产品外观无法辨认，不能采信；附件3莆田市荔城区工商行政管理局黄石工商所出具的证明，该证明所作的证词来源不明，无法支持请求人的观点；附件4来源不明，无法确认其真实性；附件5~7的照片为请求人自行拍摄，拍摄时间及出处均不明，且照片中的产品外观无法辨认，不能采信；附件8~10分别为请求人所在地中共黄石镇委员会、黄石镇工会和黄石镇七镜村委会于2006年4月17日出具的证明，由于附件8~10来源不明，故不可采信；附件11模具照片的来源及其证明对象不明，不能采信；附件13广告照片来源的不明，而且也无法表明该照片为法公开出版物，不能采信。综上所述，请求人的无效理由缺乏证据支持，因此，应当维持本专利有效。

专利复审委员会于2007年2月1日向双方当事人发出《无效宣告请求口头审理通知书》，定于2007年3月26日在专利复审委员会进行口头审理。同日，随口审通知书将专利权人提交的意见陈述书转送给请求人。

口头审理如期举行，双方当事人均参加了口头审理。在口头审理过程中，请求人当庭提交了附件1、附件2、附件5~7、附件13的原件，同时当庭还递交了莆田市荔城区工商行政管理局"工商听告字（2003）第61号"听证告知书（编号续前，下称附件14）原件、莆田市荔城区工商行政管理局"第0000848号财物清单"（编号续前，下称附件15）原件、中共黄石镇委员会"黄委发（2001）第43号"文件（编号续前，下称附件16）、莆田县总工会（批复）"荔工组字（2001）138号"文件（编号续前，下称附件17）。合议组当庭将上述四份证据转送专利权人。请求人认为，附件1~3可形成证据链，附件14及附件15可佐证本专利产品在申请日前已公开使用；附件16和附件17可证明附件8和附件9出证单位的身份及中共莆田县黄石七境塑料厂支部、工会成立的时间和销售的事实；附件5~7照片为黄石七境塑料厂召开支部成立大会时拍摄的部分照片，会议场所周围堆放的部分产品与本专利的外形结构相同；附件13为专利权人的广告照片，其上右侧举条幅的男孩是专利权人的儿子，该男孩现已长大为成人，因此，从该照片上也可佐证在本专利申请日前已经公开销售的事实。专利权人对附件1、附件14、附件15的真实性无异议，但认为附件1荔城区工商行政管理局行政处罚书仅证明请求人的不正当竞争行为，从行政处罚书所列举的产品中不能得出与本专利有对应关系；对附件2的真实性和合法性有异议；对附件3上莆田市荔城区工商行政管理局黄石所的印章没有异议，但对证明的内容有异议，因无经办人的签名和作证，时间和来源也不明确；对附件4真实性没有异议；对附件5~7照片的真实性无异议，但对照片的形成时间和来源有异议，且照片中所示的产品不清楚，无法与本专利对比；对附件8~10、附件16和附件17的真实性均无异议，但认为出具证明的单位与请求人属于上下级的关系，其出具的证明无法保证客观公正性；附件11制造的时间无法确定；附件13照片形成的时间无法确定，但专利权人认可照片中的男孩是其儿子，承认该男孩现已长大为成人的事实。对于上述证据中所涉及的莆田市荔城区工商行政管理局黄石工商所与莆田市荔城区工商行政管理局黄石分局的关系，请求人称该工商分局是该工商所的前身，该工商分局现已变更为该工商所，专利权人对此未提出异议。请求人认为，附件2、附件3、附件8~10所示的图片为同一图片，附件3、附件8~10所示产品外观，及附件2和附件13中所指定的产品外观与本专利相同。专利权人认为，附件3、附件8~10所示产品外观与本专利不相同也不相近似，附件2和附件13中所示产品外观或为折叠堆放或照片不清楚，无法比较。双方均坚持其原有主张。

在以上审理的基础上，本案合议组经合议，认为本案事实清楚，依法作出本审查决定。

二、决定的理由

1. 法律依据

根据请求人提出的无效宣告请求的理由和提交的证据，本案合议组依据专利法第23条的规定对本案进行审理。

专利法第23条规定：授予专利权的外观设计，应当同申请日以前在国内外出版物上公开发表过或者国内公开使用过的外观设计不相同和不相近似，并不得与他人在先取得的合法权利相冲突。

2. 证据的认定

请求人提交的附件1是莆田市荔城区工商行政管理局于2003年11月6日作出的"荔工商处（2003）257号"行政处罚决定书，其上记载：当事人荔城区黄石镇七境塑料厂，在自己生产的塑料制品上标注"南洋塑料制品有限公司"和"普江竹塑厂"为厂名，于2003年10月9日被我局黄石分局查获……违反了《产品质量法》第30条之规定，属伪造产品厂名行为。根据《产品质量法》第53条之规定，本局决定作如下处罚：责令改正，并处罚款人民币5000元，上缴财政；附件2是莆田市荔城区工商行政管理局黄石工商所查扣的产品照片，以及莆田市荔城区工商行政管理局黄石工商所出具的证明，其内容是：2003年10月20日黄石工商所到黄石七境塑料厂当场检查拍照图片；附件3是莆田市荔城区工商行政管理局黄石工商所于2006年4月17日出具的证明，其内容是："本工商行政管理局黄石工商所曾经于2003年10月9日对荔城区黄石七境村塑料厂生产的标注'南洋塑料制品有限公司'和'普江竹塑厂'的29600件塑料制品盆、桶，作出'荔工商处（2003）257号'行政处罚，在该次行政处罚中的部分产品的外形结构与上述图片中的产品外形结构完全相同。在处罚的当年以前，该产品在本地区老百姓的日常生活中就早已广泛使用"；附件13是专利权人产品广告照片，在照片的正面显示有各种日用塑料产品，及由两人举起的"莆田市涵江区成铭日用经营部"的条幅，照片的背面印有"本经营部多年经营再生塑料产品，农用品、日用品，集各厂家优质、畅销产品之大成。历年来积累了不少经验，产品销路广泛……"等文字；附件14是莆田市荔城区工商行政管理局"工商听告字（2003）第61号"听证告知书，其上记载：你厂在自己生产的塑料制品上标注"南洋塑料制品有限公司"和"普江竹塑厂"为厂名，于2003年10月9日被我局黄石分局查获……违反了《产品质量法》第30条规定，属伪造厂名行为。根据《产品质量法》第53条规定，本局拟作如下处罚：责令整改，并处罚款人民币5000元，上缴财政；落款日期为2003年11月6日；附件15是莆田市荔城区工商行政管理局"第0000848号财物清单"，其上记载"现金、人民币、5000元整、当事人/保管人：陈益博、2003年10月20日、承办人：翁少军、李胜辉、2003年10月20日"；请求人在口头审理时递交了上述证据的原件。请求人通过此组证据证明在本专利申请日前与本专利相同的产品已公开销售使用。专利权人对附件1、附件14、附件15的真实性无异议，但认为附件1荔城区工商行政管理局行政处罚书仅证明请求人的不正当竞争行为，从行政处罚书所列举的产品中不能得出与本专利有对应关系；对附件2的真实性和合法性有异议，认为其上无时间及经办人的签名，请求人的产品是违法的，不能作为证据使用；对附件3上莆田市荔城区工商行政管理局黄石工商所的印章没有异议，但对证明的内容有异议，因无经办人的签名和作证，时间和来源也不明确；认为附件13照片形成的时间无法确定，但专利权人认可照片中的男孩是专利权人的儿子，承认其儿子现已长大成人的事实。对上述证据合议组进行了核实，其复印件与原件相符。

合议组认为：附件14和附件15虽然是在提出无效宣告请求之日起1个月后提交的，但其是对附件1所证明的具体事实的补充证明，根据2001年审查指南的相关规定（本无效宣告请求日在2006年7月1日之前，按照《施行修订后审查指南的过渡办法》的规定，对自无效宣告请求之日起1个月后提出的新理由、新证据的审查应适用2001年10月18日公布的审查指南），其不属于不予考虑的新证据。由附件1、附件14和附件15可以证明在本专利申请日前，请求人因违反了《产品质量法》第30条规定，受到荔城区工商行政管理局的行政处罚，并根据《产品质量法》第53条的规定缴纳了罚款的事实；附件2、附件3所示照片来源及原照片形成的时间，或照片中产品所公开使用的时间在莆田市荔城区工商行政管理局黄石工商所出具的证明中已得到证明，并加盖有莆田市荔城区工商行政管理局黄石工商所印章，同时附件15中请求人缴纳罚款的时间，也能与附件2中莆田市荔城区工商行政管理局黄石工商所到黄石七境塑料厂当场检查拍照图片的时间相对应，罚款金额与附件1、附件14和附件15中所述的金额相对应，附件3中莆田市荔城区工商行政管理局黄石工商所证明的内容也与附件1和附件14中所记载的内容一致；虽然请求人伪造他人厂名从事生产销售的行为是违法的，但在已经生效的荔工商处（2003）257号行政处罚决定书中记载的事实，在没有相反证据足以推翻的情况下，对该决定中记载的事实应予以采信；附件13虽然未标明其形成的时间，但从专利权人认可其上举条幅男孩现已长大成人的事实可推定，该证据形成于本专利申请日之前。合议组认为：请求人提交的附件1~3、附件14和附件15可以构成一个完整的证据链，其所涉及事实的形成时间在本专利申请日之前（2004年12月10日）。因此，上述证据中所涉及产品"塑料盆"的外观设计，属于在本专利申请日前已经使用公开的在先设计。

3. 相近似的判断

本专利和附件3所示外观设计（下称在先设计）均为盆的外观设计，用途相同，属于相同类别的产品，具有可比性。

本专利是塑料盆的外观设计，其整体形状为圆形，盆的直径为上大下小，在盆的顶端设两个相对称半圆形提耳，盆边向外延伸为盆沿，盆底有几条圆环形设计图案（详见本专利附图）。

在先设计是盆的外观设计，其整体形状为圆形，盆的直径为上大下小，在盆的顶端设两个相对称半圆形提耳，盆边向外延伸呈盆沿（详见在先设计附图）。

将本专利与在先设计相比较，二者的相同点是：二者的整体形状均为圆形，盆边沿均为向外延伸的盆沿。其不同点为：本专利盆底面有几条圆环形设计图案，在先设计的底面未显示。合议组认为：虽然在先设计未显示盆底部的设计，但盆的底面是不被关注的，该底面设计在外观设计相近似判断时对整体视觉效果不具有显著性影响，因此，二者属于相近似的外观设计。

综上所述，本专利在申请日前已有与其相近似的外观设计在国内公开使用过，因此不符合专利法第23条的规定。

在已经得出上述审查结论的基础上，本审查决定对请求人提交的其他证据不再作出评述。

三、决定

宣告 200430152518.4 号外观设计专利权全部无效。

当事人对本决定不服的，可以根据专利法第 46 条第 2 款的规定，自收到本决定之日起三个月内向北京市第一中级人民法院起诉。根据该款的规定，一方当事人起诉后，另一方当事人应当作为第三人参加诉讼。

主视图　　　　　左视图

俯视图　　　　　仰视图

本专利附图

在先设计附图

塑料盆（五）

无效宣告请求审查决定（第10072号）

决 定 号	第10072号
决 定 日	2007年6月16日
发明创造名称	塑料盆（五）
外观设计分类号	23-02
无效宣告请求人	荔城区黄石七境塑料厂
专 利 权 人	林成铭
专 利 号	200430152516.5
申 请 日	2004年12月10日
授权公告日	2005年12月7日
合议组组长	钱亦俊
主 审 员	王霞军
参 审 员	张雪飞
附 图	1页

法 律 依 据 专利法第23条

决 定 要 点

生效的行政处罚决定所记载的事实，并有其他证据佐证，在没有相反证据足以推翻的情况下，对该处罚决定记载的事实应予以采信。

一、案由

本无效宣告请求涉及2005年12月7日国家知识产权局授权公告的200430152516.5号外观设计专利，其产品名称是"塑料盆（五）"，申请日是2004年12月10日，专利权人是林成铭。

针对上述外观设计专利权（下称本专利），荔城区黄石七境塑料厂（下称请求人）于2006年4月28日向专利复审委员会提出无效宣告请求，其理由是本专利不符合专利法第23条的规定。请求人认为在本专利申请日前已经批量生产和销售了与本专利外观设计相同的产品，同时，请求人提交了如下附件作为证据：

附件1是莆田市荔城区工商行政管理局"荔工商处（2003）257号"行政处罚决定书复印件2页；

附件2是莆田市荔城区工商行政管理局黄石工商所查扣的产品照片及证明（翻拍件）1页；

附件3是莆田市荔城区工商行政管理局黄石工商所出具的证明及照片（原件）1页；

附件4是请求人1987年成立时的营业执照复印件1页；

附件5是请求人2001年成立厂支部委员会当天拍的照片（扫描件）1页；

附件6是请求人2001年成立厂支部委员会当天拍的照片（扫描件）1页；

附件7是请求人2001年成立厂支部委员会当天拍的照片（扫描件）1页；

附件8是中国共产党莆田市荔城区黄石镇委员会出具的证明及照片（原件）1页；

附件9是莆田市荔城区黄石镇工会联合会出具的证明及照片（原件）1页；

附件10是莆田市荔城区黄石镇七境村民委员会及莆田市荔城区黄石镇人民政府出具的证明及照片（原件）1页；

附件11是请求人的产品模具照片（原件）1页；

附件12是本专利外观设计图片复印件1页；

附件13是专利权人产品广告照片（扫描件）1页。

专利复审委员会根据无效宣告请求审查程序的规定受理了该无效宣告请求，并于2006年7月13日将无效宣告请求书和证据的副本转送给专利权人，限其在指定的期限内答复。并告知专利权人如逾期不答复，不影响专利复审委员会的审理。

专利复审委员会于2006年8月18日收到专利权人提交的意见陈述书，专利权人针对无效宣告请求的理由进行了意见陈述，专利权人认为：附件1"荔工商处（2003）257号"行政处罚决定书的内容只是表明请求人因不诚信而受到行政处罚；附件2黄石工商所提供的所谓当场检查拍照图片出处不明，且照片中的产品外观无法辨认，不能采信；附件3莆田市荔城区工商行政管理局黄石工商所出具的证明，该证明所作的证词来源不明，无法支持请求人的观点；附件4来源不明，无法确认其真实性；附件5至附件7的照片为请求人自行拍摄，拍摄时间及出处均不明，且照片中的产品外观无法辨认，不能采信；附件8至附件10分别为请求人所在地中共黄石镇委员会、黄石镇工会和黄石镇七境村委会于2006年4月17日出具的证明，由于附件8至附件10来源不明，故不可采信；附件11模具照片的来源及其证明对象不明，不能采信；附件13广告照片来源不明，而且也无法表明该照片为法公开出版物，不能采信。综上所述，请求人的无效理由缺乏证据支持，因此，应当维持本专利有效。

专利复审委员会于2007年2月1日向双方当事人发出《无效宣告请求口头审理通知书》，定于2007年3月26日在专利复审委员会进行口头审理。同日，随口审通知书将专利权人提交的意见陈述书转送给请求人。

口头审理如期举行，双方当事人均参加了口头审理。在口头审理过程中，请求人当庭提交了附件1、附件2、附件5至附件7、附件13的原件，同时当庭还递交了莆田市荔城区工商行政管理局"工商听告字（2003）第61号"听证告知书（编号续前，下称附件14）原件、莆田市荔城区工商行政管理局"第0000848号财物清单"（编号续前，下称附件15）原件、中共黄石镇委员会"黄委发（2001）第43号"文件（编号续前，下称附件16）、莆田县总工会（批复）"荔工组字（2001）138号"文件（编号续前，下称附件17）。合议组当庭将上述四份证据转送专利权人。请求人认为，附件1至附件3可形成证据链，附件14及附件15可佐证本专利产品在申请日前已公开使用；附件16和附件17可证明附件8和附件9出证单位的身份及中共莆田县黄石七境塑料厂支部、工会成立的时间和销售的事实；附件5至附件7照片为黄石七境塑料厂召开支部成立大会时拍摄的部分照片，会议场所周围堆放的部分产品与本专利的外形结构相同；附件13为专利权人的广告照片，其上右侧举条幅的男孩是专利权人的儿子，该男孩现已长大为成人，因此，从该照片上也可佐证在本专利申请日前已经公开销售的事实。专利权人对附件1、附件14、附件15的真实性无异议，但认为荔城区附件1工商行政管理局行政处罚书仅证明请求人的不正当竞争行为，从行政处罚书所列举的产品中不能得出与本

2587

专利有对应关系；对附件2的真实性和合法性有异议；对附件3上莆田市荔城区工商行政管理局黄石工商所的印章没有异议，但对证明的内容有异议，因无经办人的签名和作证，时间和来源也不明确；对附件4真实性没有异议；对附件5至附件7照片的真实性无异议，但对照片的形成时间和来源有异议，且照片中所示的产品不清楚，无法与本专利对比；对附件8至附件10、附件16和附件17的真实性均无异议，但认为出具证明的单位与请求人属于上下级的关系，其出具的证明无法保证客观公正性；附件11制造的时间无法确定；附件13照片形成的时间无法确定，但专利权人认可照片中的男孩是其儿子，承认该男孩现已长大为成人的事实。对于上述证据中所涉及的莆田市荔城区工商行政管理局黄石工商所与莆田市荔城区工商行政管理局黄石分局的关系，请求人称该工商分局是该工商所的前身，该工商分局现已变更为该工商所，专利权人对此未提出异议。请求人认为，附件2、附件3、附件8至附件10所示的图片为同一图片，附件3、附件8至附件10所示产品外观，及附件2和附件13中所指定的产品外观与本专利相同。专利权人认为，附件3、附件8至附件10所示产品外观与本专利不相同也不相近似，附件2和附件13中所示产品外观或为折叠堆放或照片不清楚，无法比较。双方均坚持其原有主张。

在以上审理的基础上，本案合议组经合议，认为本案事实清楚，依法作出本审查决定。

二、决定的理由

1. 法律依据

根据请求人提出的无效宣告请求的理由和提交的证据，本案合议组依据专利法第23条的规定对本案进行审理。

专利法第23条规定：授予专利权的外观设计，应当同申请日以前在国内外出版物上公开发表过或者国内公开使用过的外观设计不相同和不相近似，并不得与他人在先取得的合法权利相冲突。

2. 证据的认定

请求人提交的附件1是莆田市荔城区工商行政管理局于2003年11月6日作出的"荔工商处(2003) 257号"行政处罚决定书，其上记载：当事人荔城区黄石镇七境塑料厂，在自己生产的塑料制品上标注"南洋塑料制品有限公司"和"普江竹塑厂"为厂名，于2003年10月9日被我局黄石分局查获……违反了《产品质量法》第30条规定，属伪造厂名行为。根据《产品质量法》第53条规定，本局拟作如下处罚：责令整改，并处罚款人民币5000元，上缴财政；落款日期为2003年11月6日；附件15是莆田市荔城区工商行政管理局"第0000848号财物清单"，其上记载"现金、人民币、5000元整、当事人/保管人：陈益博、2003年10月20日、承办人：翁少军、李胜辉、2003年10月20日"；请求人在口头审理时递交了上述证据的原件。请求人通过此组证据证明在本专利申请日前与本专利相同的产品已公开销售使用。专利权人对附件1、附件14、附件15的真实性无异议，但认为附件1荔城区工商行政管理局行政处罚书仅证明请求人的不正当竞争行为，从行政处罚书所列举的产品中不能得出与本专利有对应关系；对附件2的真实性和合法性有异议，认为其上无时间及经办人的签名，请求人的产品是违法的，不能作为证据使用；对附件3上莆田市荔城区工商行政管理局黄石工商所的印章没有异议，但对证明的内容有异议，因无经办人的签名和作证，时间和来源也不明确；认为附件13照片形成的时间无法确定，但专利权人认可照片中的男孩是专利权人的儿子，承认其儿子现已长大成人的事实。对上述证据合议组进行了核实，其复印件与原件相符。

合议组认为：附件14和附件15虽然是在提出无效宣告请求之日起1个月后提交的，但其是对附件1所证明的具体事实的补充证明，根据2001年审查指南的相关规定（本无效宣告请求日在2006年7月1日之前，按照《施行修订后审查指南的过渡办法》的规定，对自无效宣告请求之日起1个月后提出的新理由、新证据的审查应适用2001年10月18日公布的审查指南），其不属于不予考虑的新证据。由附件1、附件14和附件15可以证明在本专利申请日前，请求人因违反了《产品质量法》第30条规定，受到荔城区工商行政管理局的行政处罚，并根据《产品质量法》第53条的规定缴纳了罚款的事实；附件2、附件3所示照片来源及原照片形成的时间，或照片中产品所公开使用的时间在莆田市荔城区工商行政管理局黄石工商所出具的证明中已得到证明，并加盖有莆田市荔城区工商行政管理局黄石工商所印章，同时附件15中请求人缴纳罚款的时间，也能与附件2中莆田市荔城区工商行政管理局黄石工商所到黄石七境塑料厂当场检查拍照图片的时间相对应，罚款金额与附件1、附件14和附件15中所述的金额相对应，附件3中莆田市荔城区工商行政管理局黄石工商所证明的内容也与附件1和附件14中所记载的内容一致；虽然请求人伪造他人厂名从事生产销售的行为是违法的，但在已经生效的荔工商处（2003）257号行政处罚决定书中记载的事实，在没有相反证据足以推翻的情况下，对该决定中记载的事实应予以采信；附件13虽然未标明其形成的时间，但从专利权人认可其上举条幅男孩现已长大成人的事实可推定，该证据形成于本专利申请日之前。合议组认为：请求人提交的附件1至附件3、附件14和附件15可以构成一个完整的证据链，其所涉及事实的形成时间在本专利申请日之前（2004年12月13日），同时附件13也可佐证在本专利申请日前已经公开销售使用过附件3中所示"塑料盆"的产品。因此，上述证据中所涉及产品"塑料盆"的外观设计，属于在本专利申请日前已经使用公开的在先设计。

3. 相近似的判断

本专利和附件3所示外观设计（下称在先设计）均为盆的外观设计，用途相同，属于相同类别的产品，具有可比性。

本专利是塑料盆的外观设计，其整体形状为圆形，盆的直径为上大下小，盆边向外延伸呈盆沿，盆体外印有一个大的繁体"广"字图案，盆底有若干条加强筋（详见本专利附图）。

在先设计是塑料盆的外观设计，其整体形状为圆形，盆的直径为上大下小，盆边向外延伸呈盆沿，盆体外印有繁体"广"字和"丰收"文字图案（详见在先设计附图）。

将本专利与在先设计相比较，二者的相同点是：二者的整体形状均为圆形，盆的边沿均为向外延伸呈盆沿。其不同点为：盆体外表面的图案不同，本专利为繁体"广"字图案，而在先设计由繁体"广"和"丰收"文字组成的图案，本专利盆底面有加强筋设计，在先设计的底面未显示。合议组认为：虽然本专利和在先设计盆的外表面文字图案不同，但属于局部细微差异，在先设计未显示盆底部的设计，但在使用状态下盆的底面是不被关注的，二者不同之处在外观设计相近似判断时对整体视觉效果不具有显著性影响，因此，二者属于相近似的外观设计。

综上所述，本专利在申请日前已有与其相近似的外观设计在国内公开使用过，因此不符合专利法第23条的规定。

在已经得出上述审查结论的基础上，本审查决定对请求人提交的其他证据不再作出评述。

三、决定

宣告200430152516.5号外观设计专利权全部无效。

当事人对本决定不服的，可以根据专利法第46条第2款的规定，自收到本决定之日起三个月内向北京市第一中级人民法院起诉。根据该款的规定，一方当事人起诉后，另一方当事人应当作为第三人参加诉讼。

主视图

俯视图　　　　　　　仰视图

本专利附图

在先设计附图

盆（二）

无效宣告请求审查决定（第10073号）

决 定 号	第10073号
决 定 日	2007年6月16日
发明创造名称	盆（二）
外观设计分类号	23-02
无效宣告请求人	荔城区黄石七境塑料厂
专 利 权 人	林成铭
专 利 号	200430152533.9
申 请 日	2004年12月10日
授权公告日	2005年12月7日
合议组组长	钱亦俊
主 审 员	王霞军
参 审 员	张雪飞
附 图	1页
法律依据	专利法第23条

决 定 要 点
生效的行政处罚决定所记载的事实，并有其他证据佐证，在没有相反证据足以推翻的情况下，对该处罚决定记载的事实应予以采信。

一、案由

本无效宣告请求涉及2005年12月7日国家知识产权局授权公告的200430152533.9号外观设计专利，其产品名称是"盆（二）"，申请日是2004年12月10日，专利权人是林成铭。

针对上述外观设计专利权（下称本专利），荔城区黄石七境塑料厂（下称请求人）于2006年4月28日向专利复审委员会提出无效宣告请求，其理由是本专利不符合专利法第23条的规定。请求人认为在本专利申请日前已经批量生产和销售了与本专利外观设计相同的产品，同时，请求人提交了如下附件作为证据：

附件1是莆田市荔城区工商行政管理局"荔工商处（2003）257号"行政处罚决定书复印件2页；

附件2是莆田市荔城区工商行政管理局黄石工商所查扣的产品照片及证明（翻拍件）1页；

附件3是莆田市荔城区工商行政管理局黄石工商所出具的证明及照片（原件）1页；

附件4是请求人1987年成立时的营业执照复印件1页；

附件5是请求人2001年成立厂支部委员会当天拍的照片（扫描件）1页；

附件6是请求人2001年成立厂支部委员会当天拍的照片（扫描件）1页；

附件7是请求人2001年成立厂支部委员会当天拍的照片（扫描件）1页；

附件8是中国共产党莆田市荔城区黄石镇委员会出具的证明及照片（原件）1页；

附件9是莆田市荔城区黄石镇工会联合会出具的证明及照片（原件）1页；

附件10是莆田市荔城区黄石镇七境村民委员会及莆田市荔城区黄石镇人民政府出具的证明及照片（原件）1页；

附件11是请求人的产品模具照片（原件）1页；

附件12是本专利外观设计图片复印件1页；

附件13是专利权人产品广告照片（扫描件）1页。

专利复审委员会根据无效宣告请求审查程序的规定受理了该无效宣告请求，并于2006年8月9日将无效宣告请求书和证据的副本转送给专利权人，限其在指定的期限内答复。并告知专利权人如逾期不答复，不影响专利复审委员会的审理。

专利复审委员会于2006年9月19日收到专利权人提交的意见陈述书，专利权人针对无效宣告请求的理由进行了意见陈述，专利权人认为：附件1"荔工商处（2003）257号"行政处罚决定书的内容只是表明请求人因不诚信而受到行政处罚，与本专利无关联性；附件2黄石工商所提供的照片出处不明，且照片中的产品外观无法辨认，不能采信，照片所示产品为违法产品，该证据不具合法性；附件3莆田市荔城区工商行政管理局黄石工商所出具的证明，其证词为黄石工商所事后根据请求人单方面提供的图片所作的证明，因请求人提供的图片来源及拍摄时间均不明确，无法确定其在申请日前就已生产并在市场上公开销售过，且出证日期距执法时间较远，故该证明的可信度及证明力均值得怀疑；附件4只能证明请求人在工商局的登记时间和经营范围，与本案没有丝毫联系；附件5至附件7的照片为请求人自行拍摄，拍摄时间及对象均不明确，不排除为事后布置场景根据需要拍摄的可能，且照片中的产品外观无法辨认，不能采信；附件8至附件10分别为请求人所在地中共黄石镇委员会、黄石镇工会和黄石镇七境村委会于2006年4月17日出具的证明，由于其的职责和工作有直接的利害关系，无法保证出示材料的客观公正性，该证明不可采信；附件11模具制造时间不能确定，且其证明对象不明，不能采信；附件13广告照片来源及拍摄的时间均无法确认，不能采信。综上所述，请求人的无效宣告理由缺乏证据支持，因此，应当维持本专利有效。

专利复审委员会于2007年2月1日向双方当事人发出《无效宣告请求口头审理通知书》，定于2007年3月26日在专利复审委员会进行口头审理。同日，随口审通知书将专利权人提交的意见陈述书转送给请求人。

口头审理如期举行，双方当事人均参加了口头审理。在口头审理过程中，请求人当庭提交了附件1、附件2、附件5至附件7、附件13的原件，同时当庭还递交了莆田市荔城区工商行政管理局"工商听告字（2003）第61号"听证告知书（编号续前，下称附件14）原件、莆田市荔城区工商行政管理局"第0000848号财物清单"（编号续前，下称附件15）原件、中共黄石镇委员会"黄委发（2001）第43号"文件（编号续前，下称附件16）、莆田县总工会（批复）"荔工组字（2001）138号"文件（编号续前，下称附件17）。合议组当庭将上述四份证据转送专利权人。请求人认为，附件1至附件3可形成证据链，附件14及附件15可佐证本专利产品在申请日前已公开使用；附件16和附件17可证明附件8和附件9出证单位的身份及中共莆田县黄石七境塑料厂支部、工会成立的时间和销售的事实；附件5至附件7照片为黄石七境塑料厂召开支部成立大会时拍摄的部分照片，会议场所周围堆放的部分产品与本专利的外形结构相同；附件13为专利权人的广告照片，其上右侧举条幅的男孩是专利权人的儿子，该男孩现已长大为成人，因此，从该照片上也可佐证在本专利申请日前已经公开销售的事实。专利权人对附件1、附件14、附件15的真实性无异议，但认为附件1荔城区工商行政管理局行政处罚书仅证明请求人的不正当竞争行为，从行政处罚书所列举的产品中不能得出与本专利有对应关系；对附件2的真实性和合法性有异议；对附件3上莆田市荔城区工商行政管理局黄石工商所的印章没有异议，但对证明的内容有异议，因无经办人的签名和作证，时间和来源也不明确；对附件4真实性没有异议；对附件5至附件7照片的真实性无异议，但对照片的形成时间和来源有异议，且照片中所示的产品不清楚，无法与本专利对比；对附件8至附件10、附件16和附件17的真实性均无异议，但认为出具证明的单位与请求人属于上下级的关系，其出具的证明无法保证客观公正性；附件11制造的时间无法确定；附件13照片形成的时间无法确定，但专利权人认可照片中的男孩是其儿子，承认该男孩现已长大为成人的事实。对于上述证据中所涉及的莆田市荔城区工商行政管理局黄石工商所与莆田市荔城区工商行政管理局黄石分局的关系，请求人称该工商分局是该工商所的前身，该工商分局现已变更为该工商所，专利权人对此未提出异议。请求人认为，附件2、附件3、附件8至附件10所示的图片为同一图片，附件3、附件8至附件10所示产品外观，及附件2和附件13中所指定的产品外观与本专利相同。专利权人认为，附件3、附件8至附件10所示产品外观与本专利不相同也不相近似，附件2和附件13中所示产品外观或为折叠堆放或照片不清楚，无法比较。双方均坚持其原有主张。

在以上审理的基础上，本案合议组经合议，认为本案事实清楚，依法作出本审查决定。

二、决定的理由

1. 法律依据

根据请求人提出的无效宣告请求的理由和提交的证据，本案合议组依据专利法第23条的规定对本案进行审理。

专利法第23条规定：授予专利权的外观设计，应当同申请日以前在国内外出版物上公开发表过或者国内公开使用过的外观设计不相同和不相近似，并不得与他人在先取得的合法权利相冲突。

2. 证据的认定

请求人提交的附件1是莆田市荔城区工商行政管理局于2003年11月6日作出的"荔工商处（2003）257号"行政处罚决定书，其上记载：当事人荔城区黄石镇七境塑料厂，在自己生产的塑料制品上标注"南洋塑料制品有限公司"和"普江竹塑厂"为厂名，于2003年10月9日被我局黄石分局查获……违反了《产品质量法》第30条之规定，属伪造产品厂名行为。根据《产品质量法》第53条之规定，本局决定作如下处罚：责令改正，并处罚款人民币5000元，上缴财政；附件2是莆田市荔城区工商行政管理局黄石工商所查扣的产品照片，以及莆田市荔城区工商行政管理局黄石工商所出具的证明，其内容是：2003年10月20日黄石工商所到黄石七境塑料厂当场检查拍照图片；附件3是莆田市荔城区工商行政管理局黄石工商所于2006年4月17日出具的证明，其内容是："本工商行政管理局黄石工商所曾经于2003年10月9日对荔城区黄石七境村塑料厂生产的标注'南洋塑料制品有限公司'和'普江竹塑厂'的29600件塑料制品盆、桶，作出'荔工商处（2003）257号'行政处罚，在该次行政处罚中的部分产品的外形结构与上述图片中的产品外形结构完全相同。在处罚的当年以前，该产品在本地区老百姓的日常生活中就早已广泛使用"；附件13是专利权人产品广告照片，在照片的正面显示有各种日用塑料产品，及由两人举起的"莆田市涵江区成铭日用经营部"的条幅，照片的背面印有"本经营部多年经营再生塑料产品，农用品、日用品，集各厂家优质，畅销产品之大成。历年来积累了不少经验，产品销路广泛……"等文字；附件14是莆田市荔城区工商行政管理局"工商听告字（2003）第61号"听证告知书，其上记载：你厂在自己生产的塑料制品上标注"南洋塑料制品有限公司"和"普江竹塑厂"为厂名，于2003年10月9日被我局黄石分局查获……违反了《产品质量法》第30条规定，属伪造厂名行为。根据《产品质量法》第53条规定，本局拟作如下处罚：责令整改，并处罚款人民币5000元，上缴财政；落款日期为2003年11月6日；附件15是莆田市荔城区工商行政管理局"第0000848号财物清单"，其上记载"现金、人民币、5000元整、当事人/保管人：陈益博、2003年10月20日、承办人：翁少军、李胜辉、2003年10月20日"；请求人在口头审理时递交了上述证据的原件。请求人通过此组证据证明在本专利申请日前与本专利相同的产品已公开销售使用。专利权人对附件1、附件14、附件15的真实性无异议，但认为附件1荔城区工商行政管理局行政处罚书仅证明请求人的不正当竞争行为，从行政处罚书所列举的产品中不能得出与本专利有对应关系；对附件2的真实性和合法性有异议，认为其上无时间及经办人的签名，请求人的产品是违法的，不能作为证据使用；对附件3上莆田市荔城区工商行政管理局黄石工商所的印章没有异议，但对证明的内容有异议，因无经办人的签名和作证，时间和来源也不明确；认为附件13照片形成的时间无法确定，但专利权人认可照片中的男孩是专利权人的儿子，承认其儿子现已长大成人的事实。对上述证据合议组进行了核实，其复印件与原件相符。

    合议组认为：附件14和附件15虽然是在提出无效宣告请求之日起1个月后提交的，但其是对附件1所证明的具体事实的补充证明，根据2001年审查指南的相关规定（本无效宣告请求日在2006年7月1日之前，按照《施行修订后审查指南的过渡办法》的规定，对自无效宣告请求之日起1个月后提出的新理由、新证据的审查应适用2001年10月18日公布的审查指南），其不属于不予考虑的新证据。由附件1、附件14和附件15可以证明在本专利申请日前，请求人因违反了《产品质量法》第30条规定，受到荔城区工商行政管理局的行政处罚，并根据《产品质量法》第53条的规定缴纳了罚款的事实；附件2、附件3所示照片来源及原照片形成的时间，或照片中产品所公开使用的时间在莆田市荔城区工商行政管理局黄石工商所出具的证明中已得到证明，并加盖有莆田市荔城区工商行政管理局黄石工商所印章，同时附件15中请求人缴纳罚款的时间，也能与附件2中莆田市荔城区工商行政管理局黄石工商所到黄石七境塑料厂当场检查拍照图片的时间相对应，罚款金额与附件1、附件14和附件15中所述的金额相对应，附件3中莆田市荔城区工商行政管理局黄石工商所证明的内容也与附件1和附件14中所记载的内容一致；虽然请求人伪造他人厂名从事生产销售的行为是违法的，但在已经生效的荔工商处（2003）257号行政处罚决定书中记载的事实，在没有相反证据足以推翻的情况下，对该决定中记载的事实应予以采信；附件13虽然未标明其形成的时间，但从专利权人认可其上举条幅男孩现已长大成人的事实可推定，该证据形成于本专利申请日之前。合议组认为：请求人提交的附件1至附件3、附件14和附件15可以构成一个完整的证据链，其所涉及事实的形成时间在本专利申请日之前（2004年12月10日），同时附件13也可佐证在本专利申请日前已经公开销售使用过附件3中所示"盆"的产品。因此，上述证据中所涉及产品"盆"的外观设计，属于在本专利申请日前已经使用公开的在先设计。

    3. 相近似的判断

    本专利和附件3所示外观设计（下称在先设计）均为盆的外观设计，用途相同，属于相同类别的产品，具有可比性。

    本专利是盆的外观设计，其整体形状为圆形，盆的直径上大下小，盆边为向外延伸为盆沿，盆底有几条圆形环（详见本专利附图）。

    在先设计盆的外观设计，其整体形状为圆形，盆的直径为上大下小，盆边为向外延伸为盆沿（详见在先设计附图）。

将本专利与在先设计相比较，二者的相同点是：二者的整体形状均为圆形，盆边均为向外延伸呈盆沿。其不同点为：本专利盆底面有圆环设计，在先设计的底面未显示。合议组认为：虽然在先设计未显示盆底部的设计，但盆的底面是不被关注面，在外观设计相近似判断时对整体视觉效果不具有显著性影响，因此，二者属于相近似的外观设计。

综上所述，本专利在申请日前已有与其相近似的外观设计在国内公开使用过，因此不符合专利法第 23 条的规定。

在已经得出上述审查结论的基础上，本审查决定对请求人提交的其他证据不再作出评述。

三、决定

宣告 200430152533.9 号外观设计专利权全部无效。

当事人对本决定不服的，可以根据专利法第 46 条第 2 款的规定，自收到本决定之日起三个月内向北京市第一中级人民法院起诉。根据该款的规定，一方当事人起诉后，另一方当事人应当作为第三人参加诉讼。

主视图

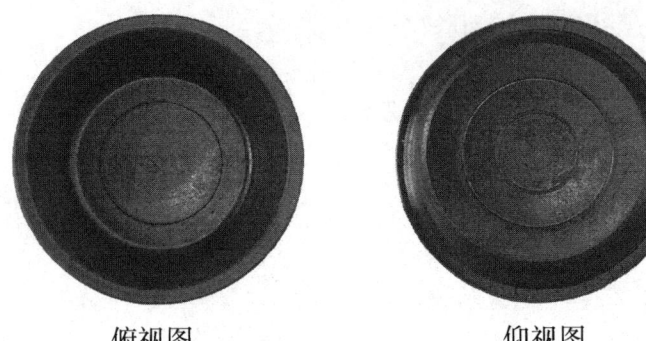

俯视图　　　　仰视图

本专利附图

在先设计附图

塑料盆（八）

无效宣告请求审查决定（第10074号）

决　定　号	第10074号
决　定　日	2007年6月16日
发明创造名称	塑料盆（八）
外观设计分类号	23-02
无效宣告请求人	荔城区黄石七境塑料厂
专 利 权 人	林成铭
专　利　号	200430152521.6
申　请　日	2004年12月10日
授权公告日	2005年12月7日
合议组组长	钱亦俊
主　审　员	王霞军
参　审　员	张雪飞
附　　　图	1页
法 律 依 据	专利法第23条

决 定 要 点

生效的行政处罚决定所记载的事实，并有其他证据佐证，在没有相反证据足以推翻的情况下，对该处罚决定记载的事实应予以采信。

一、案由

本无效宣告请求涉及2005年12月7日国家知识产权局授权公告的200430152521.6号外观设计专利，其产品名称是"塑料盆（八）"，申请日是2004年12月10日，专利权人是林成铭。

针对上述外观设计专利权（下称本专利），荔城区黄石七境塑料厂（下称请求人）于2006年4月28日向专利复审委员会提出无效宣告请求，其理由是本专利不符合专利法第23条的规定。请求人认为在本专利申请日前已经批量生产和销售了与本专利外观设计相同的产品，同时，请求人提交了如下附件作为证据：

附件1是莆田市荔城区工商行政管理局"荔工商处（2003）257号"行政处罚决定书复印件2页；

附件2是莆田市荔城区工商行政管理局黄石工商所查扣的产品照片及证明（翻拍件）1页；

附件3是莆田市荔城区工商行政管理局黄石工商所出具的证明及照片（原件）1页；

附件4是请求人87年成立时的营业执照复印件1页；

附件5是请求人2001年成立厂支部委员会当天拍的照片（扫描件）1页；

附件6是请求人2001年成立厂支部委员会当天拍的照片（扫描件）1页；

附件7是请求人2001年成立厂支部委员会当天拍的照片（扫描件）1页；

附件8是中国共产党莆田市荔城区黄石镇委员会出具的证明及照片（原件）1页；

附件9是莆田市荔城区黄石镇工会联合会出具的证明及照片（原件）1页；

附件10是莆田市荔城区黄石镇七境村民委员会及莆田市荔城区黄石镇人民政府出具的证明及照片（原件）1页；

附件11是请求人的产品模具照片（原件）1页；

附件12是本专利外观设计图片复印件1页；

附件13是专利权人产品广告照片（扫描件）1页。

专利复审委员会根据无效宣告请求审查程序的规定受理了该无效宣告请求，并于2006年6月19日将无效宣告请求书和证据的副本转送给专利权人，限其在指定的期限内答复。并告知专利权人如逾期不答复，不影响专利复审委员会的审理。

专利复审委员会于2006年7月6日收到专利权人提交的意见陈述书，专利权人针对无效宣告请求的理由进行了意见陈述，专利权人认为：附件1"荔工商处（2003）257号"行政处罚决定书的内容只是表明请求人因不诚信而受到行政处罚；附件2黄石工商所提供的所谓当场检查拍照图片出处不明，且照片中的产品外观无法辨认，不能采信；附件3莆田市荔城区工商行政管理局黄石工商所出具的证明，该证明所作的证词来源不明，无法支持请求人的观点；附件4来源不明，无法确认其真实性；附件5至附件7的照片为请求人自行拍摄，拍摄时间及出处均不明，且照片中的产品外观无法辨认，不能采信；附件8至附件10分别为请求人所在地中共黄石镇委员会、黄石镇工会和黄石镇七境村委会于2006年4月17日出具的证明，由于附件8至附件10来源不明，故不可采信；附件11模具照片的来源及其证明对象不明，不能采信；附件13广告照片来源不明，而且也无法表明该照片为法公开出版物，不能采信。综上所述，请求人的无效理由缺乏证据支持，因此，应当维持本专利有效。

专利复审委员会于2007年2月1日向双方当事人发出《无效宣告请求口头审理通知书》，定于2007年3月26日在专利复审委员会进行口头审理。同日，随口审通知书将专利权人提交的意见陈述书转送给请求人。

口头审理如期举行，双方当事人均参加了口头审理。在口头审理过程中，请求人当庭提交了附件1、附件2、附件5至附件7、附件13的原件，同时当庭还递交了莆田市荔城区工商行政管理局"工商听告字（2003）第61号"听证告知书（编号续前，下称附件14）原件、莆田市荔城区工商行政管理局"第0000848号财物清单"（编号续前，下称附件15）原件、中共黄石镇委员会"黄委发（2001）第43号"文件（编号续前，下称附件16）、莆田县总工会（批复）"荔工组字（2001）138号"文件（编号续前，下称附件17）。合议组当庭将上述四份证据转送专利权人。请求人认为，附件1至附件3可形成证据链，附件14及附件15可佐证本专利产品在申请日前已公开使用；附件16和附件17可证明附件8和附件9出证单位的身份及中共莆田县黄石七境塑料厂支部、工会成立的时间和销售的事实；附件5至附件7照片为黄石七境塑料厂召开支部成立大会时拍摄的部分照片，会议场所周围堆放的部分产品与本专利的外形结构相同；附件13为专利权人的广告照片，其上右侧举条幅的男孩是专利权人的儿子，该男孩现已长大为成人，因此，从该照片上也可佐证在本专利申请日前已经公开销售的事实。专利权人对附件1、附件14、附件15的真实性无异议，但认为附件1荔城区工商行政管理局行政处罚书仅证明请求人的不正当竞争行为，从行政处罚书所列举的产品中不能得出与本专利有对应关系；对附件2的真实性和合法性有异议；对附件3上莆田市荔城区工商行政管理局黄石工商所的印章没有异议，但对证明的内容有异议，因无经办人的签名和作证，时间和来源也不明确；对附件4真实性没有异议；对附件5至附件7照片的真实性无异议，但对照片的形成时间和来源有异议，且照片中所示的产品不清楚，无法与本专利对比；对附件8至附件10、附件16和附件17的真实性均无异议，但认为出具证明的单位与请求人属于上下级的关系，其出具的证明无法保证客观公正性；附件11制造的时间无法确定；附件13照片形成的时间无法确定，但专利权人认可照片中的男孩是其儿子，承认该男孩现已长大为成人的事实。对于上述证据中所涉及的莆田市荔城区工商行政管理局黄石工商所与莆田市荔城区工商行政管理局黄石分局的关系，请求人称该工商分局是该工商所的前身，该工商分局现已变更为该工商所，专利权人对此未提出异议。请求人认为，附件2、附件3、附件8至附件10所示的图片为同一图片，附件3、附件8至附件10所示产品外观，及附件2和附件13中所指定的产品外观与本专利相同。专利权人认为，附件3、附件8至附件10所示产品外观与本专利不相同也不相近似，附件2和附件13中所示产品外观或为折叠堆放或照片不清楚，无法比较。双方均坚持其原有主张。

在以上审理的基础上，本案合议组经合议，认为本案事实清楚，依法作出本审查决定。

二、决定的理由

1. 法律依据

根据请求人提出的无效宣告请求的理由和提交的证据，本案合议组依据专利法第23条的规定对本案进行审理。

专利法第23条规定：授予专利权的外观设计，应当同申请日以前在国内外出版物上公开发表过或者国内公开使用过的外观设计不相同和不相近似，并不得与他人在先取得的合法权利相冲突。

2. 证据的认定

请求人提交的附件1是莆田市荔城区工商行政管理局于2003年11月6日作出的"荔工商处（2003）257号"行政处罚决定书，其上记载：当事人荔城区黄石镇七境塑料厂，在自己生产的塑料制品上标注"南洋塑料制品有限公司"和"普江竹塑厂"为厂名，于2003年10月9日被我局黄石分局查获……违反了《产品质量法》第30条规定，属伪造厂名行为。根据《产品质量法》第53条之规定，本局拟作如下处罚：责令改正，并处罚款人民币5000元，上缴财政；附件2是莆田市荔城区工商行政管理局黄石工商所查扣的产品照片，以及莆田市荔城区工商行政管理局黄石工商所出具的证明，其内容是：2003年10月20日黄石工商所到黄石七境塑料厂当场检查拍照图片；附件3是莆田市荔城区工商行政管理局黄石工商所于2006年4月17日出具的证明，其内容是："本工商行政管理局黄石工商所曾经于2003年10月9日对荔城区黄石七境村塑料厂生产的标注'南洋塑料制品有限公司'和'普江竹塑厂'的29600件制品盆、桶，作出'荔工商处（2003）257号'行政处罚，在该次行政处罚中的部分产品的外形结构与上述图片中的产品外形结构完全相同。在处罚的当年以前，该产品在本地区老百姓的日常生活中就早已广泛使用"；附件13是专利权人产品广告照片，在照片的正面显示有各种日用塑料产品，及由两人举起的"莆田市涵江区成铭日用品经营部"的条幅，照片的背面印有"本经营部多年经营再生塑料产品，农用品、日用品，集各厂家优质，畅销产品之大成。历年来积累了不少经验，产品销路广泛……"等文字；附件14是莆田市荔城区工商行政管理局"工商听告字（2003）第61号"听证告知书，其上记载：你厂在自己生产的塑料制品上标注"南洋塑料制品有限公司"和"普江竹塑厂"为厂名，于2003年10月9日被我局黄石分局查获……违反了《产品质量法》第30条之规定，属伪造产品厂名行为。根据《产品质量法》第53条之规定，本局决定作如下处罚：责令改正，并处罚款人民币5000元，上缴财政；落款日期为2003年11月6日；附件15是莆田市荔城区工商行政管理局"第0000848号财物清单",其上记载"现金、人民币、5000元整、当事人/保管人:陈益博、2003年10月20日、承办人:翁少军、李胜辉、2003年10月20日";请求人在口头审理时递交了上述证据的原件。请求人通过此组证据证明在本专利申请日前与本专利相同的产品已公开销售使用。专利权人对附件1、附件14、附件15的真实性无异议,但认为附件1荔城区工商行政管理局行政处罚书仅证明请求人的不正当竞争行为,从行政处罚书所列举的产品中不能得出与本专利有对应关系;对附件2的真实性和合法性有异议,认为其上无时间及经办人的签名,请求人的产品是违法的,不能作为证据使用;对附件3上莆田市荔城区工商行政管理局黄石工商所的印章没有异议,但对证明的内容有异议,因无经办人的签名和作证,时间和来源也不明确;认为附件13照片形成的时间无法确定,但专利权人认可照片中的男孩是专利权人的儿子,承认其儿子现已长大成人的事实。对上述证据合议组进行了核实,其复印件与原件相符。

合议组认为:附件14和附件15虽然是在提出无效宣告请求之日起1个月后提交的,但其是对附件1所证明的具体事实的补充证明,根据2001年审查指南的相关规定(本无效宣告请求日在2006年7月1日之前,按照《施行修订后审查指南的过渡办法》的规定,对自无效宣告请求之日起1个月后提出的新理由、新证据的审查应适用2001年10月18日公布的审查指南),其不属于不予考虑的新证据。由附件1、附件14和附件15可以证明在本专利申请日前,请求人因违反了《产品质量法》第30条规定,受到荔城区工商行政管理局的行政处罚,并根据《产品质量法》第53条的规定缴纳了罚款的事实;附件2、附件3所示照片来源及原照片形成的时间,或照片中产品所公开使用的时间在莆田市荔城区工商行政管理局黄石工商所出具的证明中已得到证明,并加盖有莆田市荔城区工商行政管理局黄石工商所印章,同时附件15中请求人缴纳罚款的时间,也能与附件2中莆田市荔城区工商行政管理局黄石工商所到黄石七境塑料厂当场检查拍照图片的时间相对应,罚款金额与附件1、附件14和附件15中所述的金额相对应,附件3中莆田市荔城区工商行政管理局黄石工商所证明的内容也与附件1和附件14中所记载的内容一致;虽然请求人伪造他人厂名从事生产销售的行为是违法的,但在已经生效的荔工商处(2003)257号行政处罚决定书中记载的事实,在没有相反证据足以推翻的情况下,对该决定中记载的事实应予以采信;附件13虽然未标明其形成的时间,但从专利权人认可其上举条幅男孩现已长大成人的事实可推定,该证据形成于本专利申请日之前。合议组认为:请求人提交的附件1至附件3、附件14和附件15可以构成一个完整的证据链,其所涉及事实的形成时间在本专利申请日之前(2004年12月10日),同时附件13也可佐证在本专利申请日前已经公开销售使用过附件3中所示"塑料盆"的产品。因此,上述证据中所涉及产品"塑料盆"的外观设计,属于在本专利申请日前已经使用公开的在先设计。

3. 相近似的判断

本专利和附件3所示外观设计(下称在先设计)均为盆的外观设计,用途相同,属于相同类别的产品,具有可比性。

本专利是塑料盆的外观设计,其整体形状为扁圆形,盆的直径为上大下小,盆的外轮廓为弧形过度,盆边向外延伸呈盆沿,盆底有几条圆环设计图案(详见本专利附图)。

在先设计是塑料盆的外观设计,其整体形状为扁圆形,盆的直径为上大下小,盆的外轮廓为弧形过度,盆边向外延伸呈盆沿(详见在先设计附图)。

将本专利与在先设计相比较,二者的相同点是:二者的整体形状均为扁圆形,盆的外轮廓均为弧形过度,盆边均为向外延伸呈盆沿。其不同点为:本专利盆底面有几条圆环设计图案,在先设计的底面未显示。合议组认为:虽然在先设计未公开盆底部的设计,但在使用状态下盆的底面是不被关注的,盆底部的设计在外观设计相近似判断时对整体视觉效果不具有显著性影响,因此,二者属于相近似的外观设计。

综上所述，本专利在申请日前已有与其相近似的外观设计在国内公开使用过，因此不符合专利法第 23 条的规定。

在已经得出上述审查结论的基础上，本审查决定对请求人提交的其他证据不再作出评述。

三、决定

宣告 200430152521.6 号外观设计专利权全部无效。

当事人对本决定不服的，可以根据专利法第 46 条第 2 款的规定，自收到本决定之日起三个月内向北京市第一中级人民法院起诉。根据该款的规定，一方当事人起诉后，另一方当事人应当作为第三人参加诉讼。

主视图

俯视图　　　　　　　仰视图

本专利附图

在先设计附图

塑料盆（四）

无效宣告请求审查决定（第10075号）

决 定 号	第10075号
决 定 日	2007年6月16日
发明创造名称	塑料盆（四）
外观设计分类号	30-03
无效宣告请求人	荔城区黄石七境塑料厂
专 利 权 人	林成铭
专 利 号	200430152515.0
申 请 日	2004年12月10日
授权公告日	2006年1月25日
合议组组长	钱亦俊
主 审 员	王霞军
参 审 员	张雪飞
附 图	1页
法 律 依 据	专利法第23条

决 定 要 点

生效的行政处罚决定所记载的事实，并有其他证据佐证，在没有相反证据足以推翻的情况下，对该处罚决定记载的事实应予以采信。

一、案由

本无效宣告请求涉及2006年1月25日国家知识产权局授权公告的200430152515.0号外观设计专利，其产品名称是"塑料盆（四）"，申请日是2004年12月10日，专利权人是林成铭。

针对上述外观设计专利权（下称本专利），荔城区黄石七境塑料厂（下称请求人）于2006年5月9日向专利复审委员会提出无效宣告请求，其理由是本专利不符合专利法第23条的规定。请求人认为在本专利申请日前已经批量生产和销售了与本专利外观设计相同的产品，同时，请求人提交了如下附件作为证据：

附件1是莆田市荔城区工商行政管理局"荔工商处（2003）257号"行政处罚决定书复印件2页；

附件2是莆田市荔城区工商行政管理局黄石工商所查扣的产品照片及证明（翻拍件）1页；

附件3是莆田市荔城区工商行政管理局黄石工商所出具的证明及照片（原件）1页；

附件4是请求人1987年成立时的营业执照复印件1页；

附件5是请求人2001年成立厂支部委员会当天拍的照片（扫描件）1页；

附件6是请求人2001年成立厂支部委员会当天拍的照片（扫描件）1页；

附件7是请求人2001年成立厂支部委员会当天拍的照片（扫描件）1页；

附件8是中国共产党莆田市荔城区黄石镇委员会出具的证明及照片（原件）1页；

附件9是莆田市荔城区黄石镇工会联合会出具的证明及照片（原件）1页；

附件10是莆田市荔城区黄石镇七境村民委员会及莆田市荔城区黄石镇人民政府出具的证明及照片（原件）1页；

附件11是请求人的产品模具照片（原件）1页；

附件12是本专利外观设计图片复印件1页；

附件13是专利权人产品广告照片（扫描件）1页。

专利复审委员会根据无效宣告请求审查程序的规定受理了该无效宣告请求，并于2006年7月5日将无效宣告请求书和证据的副本转送给专利权人，限其在指定的期限内答复。并告知专利权人如逾期不答复，不影响专利复审委员会的审理。

专利复审委员会于2006年7月18日收到专利权人提交的意见陈述书，专利权人针对无效宣告请求的理由进行了意见陈述，专利权人认为：附件1"荔工商处（2003）257号"行政处罚决定书的内容只是表明请求人因不诚信而受到行政处罚；附件2黄石工商所提供的所谓当场检查拍照图片出处不明，且照片中的产品外观无法辨认，不能采信；附件3莆田市荔城区工商行政管理局黄石工商所出具的证明，该证明所作的证词来源不明，无法支持请求人的观点；附件4来源不明，无法确认其真实性；附件5至附件7的照片为请求人自行拍摄，拍摄时间及出处均不明，且照片中的产品外观无法辨认，不能采信；附件8至附件10分别为请求人所在地中共黄石镇委员会、黄石镇工会和黄石镇七镜村委会于2006年4月17日出具的证明，由于附件8至附件10来源不明，故不可采信；附件11模具照片的来源及其证明对象不明，不能采信；附件13广告照片来源不明，而且也无法表明该照片为法公开出版物，不能采信。综上所述，请求人的无效理由缺乏证据支持，因此，应当维持本专利有效。

专利复审委员会于2007年2月1日向双方当事人发出《无效宣告请求口头审理通知书》，定于2007年3月26日在专利复审委员会进行口头审理。同日，随口审通知书将专利权人提交的意见陈述书转送给请求人。

口头审理如期举行，双方当事人均参加了口头审理。在口头审理过程中，请求人当庭提交了附件1、附件2、附件5~7、附件13的原件，同时当庭还递交了莆田市荔城区工商行政管理局"工商听告字（2003）第61号"听证告知书（编号续前，下称附件14）原件、莆田市荔城区工商行政管理局"第0000848号财物清单"（编号续前，下称附件15）原件、中共黄石镇委员会"黄委发（2001）第43号"文件（编号续前，下称附件16）、莆田县总工会（批复）"荔工组字（2001）138号"文件（编号续前，下称附件17）。合议组当庭将上述四份证据转送专利权人。请求人认为，附件1至附件3可形成证据链，附件14及附件15可佐证本专利产品在申请日前已公开使用；附件16和附件17可证明附件8和附件9出证单位的身份及中共莆田县黄石七境塑料厂支部、工会成立的时间和销售的事实；附件5至附件7照片为黄石七境塑料厂召开支部成立大会时拍摄的部分照片，会议场所周围堆放的部分产品与本专利的外形结构相同；附件13为专利权人的广告照片，其上右侧举条幅的男孩是专利权人的儿子，该男孩现已长大为成人，因此，从该照片上也可佐证在本专利申请日前已经公开销售的事实。专利权人对附件1、附件14、附件15的真实性无异议，但认为附件1荔城区工商行政管理局行政处罚书仅证明请求人的不正当竞争行为，从行政处罚书所列举的产品中不能得出与本专利有对应关系；对附件2的真实性和合法性有异议；对附件3上莆田市荔城区工商行政管理局黄石工商所的印章没有异议，但对证明的内容有异议，因无经办人的签名和作证，时间和来源也不明确；对附件4真实性没有异议；对附件5至附件7照片的真实性无异议，但对照片的形成时间和来源有异议，且照片中所示的产品不清楚，无法与本专利对比；对附件8至附件10、附件16和附件17的真实性均无异议，但认为出具证明的单位与请求人属于上下级的关系，其出具的证明无法保证客观公正性；附件11制造的时间无法确定；附件13照片形成的时间无法确定，但专利权人认可照片中的男孩是其儿子，承认该男孩现已长大为成人的事实。对于上述证据中所涉及的莆田市荔城区工商行政管理局黄石工商所与莆田市荔城区工商行政管理局黄石分局的关系，请求人称该工商分局是该工商所的前身，该工商分局现已变更为该工商所，专利权人对此未提出异议。请求人认为，附件2、附件3、附件8至附件10所示的图片为同一图片，附件3、附件8至附件10所示产品外观，及附件2和附件13中所指定的产品外观与本专利相同。专利权人认为，附件3、附件8至附件10所示产品外观与本专利不相同也不相近似，附件2和附件13中所示产品外观或为折叠堆放或照片不清楚，无法比较。双方均坚持其原有主张。

在以上审理的基础上，本案合议组经合议，认为本案事实清楚，依法作出本审查决定。

二、决定的理由

1. 法律依据

根据请求人提出的无效宣告请求的理由和提交的证据，本案合议组依据专利法第23条的规定对本案进行审理。

专利法第23条规定：授予专利权的外观设计，应当同申请日以前在国内外出版物上公开发表过或者国内公开使用过的外观设计不相同和不相近似，并不得与他人在先取得的合法权利相冲突。

2. 证据的认定

请求人提交的附件1是莆田市荔城区工商行政管理局于2003年11月6日作出的"荔工商处（2003）257号"行政处罚决定书，其上记载：当事人荔城区黄石镇七境塑料厂，在自己生产的塑料制品上标注"南洋塑料制品有限公司"和"普江竹塑厂"为厂名，于2003年10月9日被我局黄石分局查获……违反了《产品质量法》第30条之规定，属伪造产品厂名行为。根据《产品质量法》第53条之规定，本局决定作如下处罚：责令改正，并处罚款人民币5000元，上缴财政；附件2是莆田市荔城区工商行政管理局黄石工商所查扣的产品照片，以及莆田市荔城区工商行政管理局黄石工商所出具的证明，其内容是：2003年10月20日黄石工商所到黄石七境塑料厂当场检查拍照图片；附件3是莆田市荔城区工商行政管理局黄石工商所于2006年4月17日出具的证明，其内容是："本工商行政管理局黄石工商所曾经于2003年10月9日对荔城区黄石七境村塑料厂生产的标注'南洋塑料制品有限公司'和'普江竹塑厂'的29600件塑料制品盆、桶，作出'荔工商处（2003）257号'行政处罚，在该次行政处罚中的部分产品的外形结构与上述图片中的产品外形结构完全相同。在处罚的当年以前，该产品在本地区老百姓的日常生活中就早已广泛使用"；附件13是专利权人产品广告照片，在照片的正面显示有各种日用塑料产品，及由两人举起的"莆田市涵江区成铭日用经营部"的条幅，照片的背面印有"本经营部多年经营再生塑料产品，农用品、日用品，集各厂家优质，畅销产品之大成。历年来积累了不少经验，产品销路广泛……"等文字；附件14是莆田市荔城区工商行政管理局"工商听告字（2003）第61号"听证告知书，其上记载：你厂在自己生产的塑料制品上标注"南洋塑料制品有限公司"和"普江竹塑厂"为厂名，于2003年10月9日被我局黄石分局查获……违反了《产品质量法》第30条规定，属伪造厂名行为。根据《产品质量法》第53条规定，本局拟作如下处罚：责令整改，并处罚款人民币5000元，上缴财政；落款日期为2003年11月6日；附件15是莆田市荔城区工商行政管理局"第0000848号财物清单",其上记载"现金、人民币、5000元整、当事人/保管人:陈益博、2003年10月20日、承办人:翁少军、李胜辉、2003年10月20日";请求人在口头审理时递交了上述证据的原件。请求人通过此组证据证明在本专利申请日前与本专利相同的产品已公开销售使用。专利权人对附件1、附件14、附件15的真实性无异议,但认为附件1荔城区工商行政管理局行政处罚书仅证明请求人的不正当竞争行为,从行政处罚书所列举的产品中不能得出与本专利有对应关系;对附件2的真实性和合法性有异议,认为其上无时间及经办人的签名,请求人的产品是违法的,不能作为证据使用;对附件3上莆田市荔城区工商行政管理局黄石工商所的印章没有异议,但对证明的内容有异议,因无经办人的签名和作证,时间和来源也不明确;认为附件13照片形成的时间无法确定,但专利权人认可照片中的男孩是专利权人的儿子,承认其儿子现已长大成人的事实。对上述证据合议组进行了核实,其复印件与原件相符。

合议组认为:附件14和附件15虽然是在提出无效宣告请求之日起一个月后提交的,但其是对附件1所证明的具体事实的补充证明,根据2001年审查指南的相关规定(本无效宣告请求日在2006年7月1日之前,按照《施行修订后审查指南的过渡办法》的规定,对自无效宣告请求之日起一个月后提出的新理由、新证据的审查应适用2001年10月18日公布的审查指南),其不属于不予考虑的新证据。由附件1、附件14和附件15可以证明在本专利申请日前,请求人因违反了《产品质量法》第30条规定,受到荔城区工商行政管理局的行政处罚,并根据《产品质量法》第53条的规定缴纳了罚款的事实;附件2、附件3所示照片来源及原照片形成的时间,或照片中产品所公开使用的时间在莆田市荔城区工商行政管理局黄石工商所出具的证明中已得到证明,并加盖有莆田市荔城区工商行政管理局黄石工商所印章,同时附件15中请求人缴纳罚款的时间,也能与附件2中莆田市荔城区工商行政管理局黄石工商所到黄石七境塑料厂当场检查拍照图片的时间相对应,罚款金额与附件1、附件14和附件15中所述的金额相对应,附件3中莆田市荔城区工商行政管理局黄石工商所证明的内容也与附件1和附件14中所记载的内容一致;虽然请求人伪造他人厂名从事生产销售的行为是违法的,但在已经生效的荔工商处(2003)257号行政处罚决定书中记载的事实,在没有相反证据足以推翻的情况下,对该决定中记载的事实应予以采信;附件13虽然未标明其形成的时间,但从专利权人认可其上举条幅男孩现已长大成人的事实可推定,该证据形成于本专利申请日之前。合议组认为:请求人提交的附件1至附件3、附件14和附件15可以构成一个完整的证据链,其所涉及事实的形成时间在本专利申请日之前(2004年12月10日),同时附件13也可佐证在本专利申请日前已经公开销售使用过附件3中所示"塑料盆"的产品。因此,上述证据中所涉及产品"塑料盆"的外观设计,属于在本专利申请日前已经使用公开的在先设计。

3. 相近似的判断

本专利和附件3所示外观设计(下称在先设计)均为盆的外观设计,用途相同,属于相同类别的产品,具有可比性。

本专利是塑料盆的外观设计,其整体形状为扁圆形,盆的直径为上大下小,盆边向外延伸的呈盆沿,盆底有几条圆环设计图案(详见本专利附图)。

在先设计是塑料盆的外观设计,其整体形状为扁圆形,盆的直径为上大下小,盆边向外延伸的为盆沿(详见在先设计附图)。

将本专利与在先设计相比较,二者的相同点是:二者的整体形状均为扁圆形,盆边沿均为向外延伸的盆沿。其不同点为:本专利盆底面有圆环设计图案,在先设计的底面未显示。合议组认为:虽然在先设计未公开盆底部的设计,但在使用状态下盆的底面是不被关注的,盆底部的图案在外观设计相近似判断时对整体视觉效果不具有显著性影响,因此,二者属于相近似的外观设计。

综上所述，本专利在申请日前已有与其相近似的外观设计在国内公开使用过，因此不符合专利法第 23 条的规定。

在已经得出上述审查结论的基础上，本审查决定对请求人提交的其他证据不再作出评述。

三、决定

宣告 200430152515.0 号外观设计专利权全部无效。

当事人对本决定不服的，可以根据专利法第 46 条第 2 款的规定，自收到本决定之日起三个月内向北京市第一中级人民法院起诉。根据该款的规定，一方当事人起诉后，另一方当事人应当作为第三人参加诉讼。

主视图

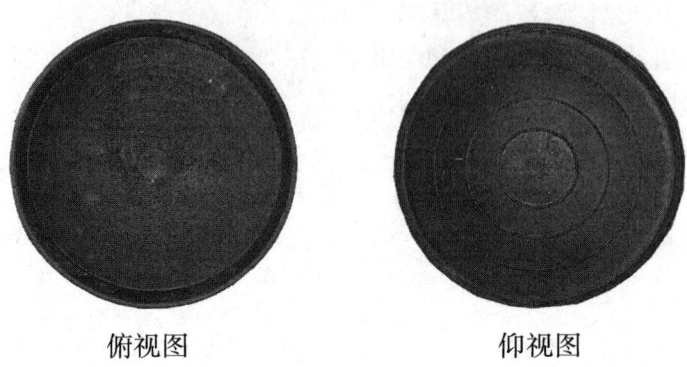

俯视图　　　　仰视图

本专利附图

在先设计附图

水泵自动控制器

无效宣告请求审查决定（第 10076 号）

决 定 号	第 10076 号
决 定 日	2007 年 6 月 16 日
发明创造名称	水泵自动控制器
外观设计分类号	10-05
无效宣告请求人	温岭市环力电器有限公司
专 利 权 人	赵军彪
专 利 号	200530017383.5
申 请 日	2005 年 6 月 2 日
授权公告日	2006 年 2 月 22 日
合议组组长	钱亦俊
主 审 员	李巍巍
参 审 员	王霞军
附 图	2 页

法 律 依 据 专利法第 9 条
决 定 要 点

将本专利与在先设计相比较，二者整体形状以及出水口、进水口、压力表、电线进出口等的设计基本相同。不同点仅在于有无复位旋钮，但从整体观察该不同点属于局部细微的差别，在整体视觉效果上不具有显著的影响，二者的相同点足以使一般消费者在视觉印象上产生误认、混同。本专利和在先设计属于相近似的外观设计。

一、案由

本无效宣告请求涉及 2006 年 2 月 22 日国家知识产权局授权公告的 200530017383.5 号外观设计专利，其产品名称是"水泵自动控制器"，申请日是 2005 年 6 月 2 日，专利权人是赵军彪。

针对上述外观设计专利权（下称本专利），温岭市环力电器有限公司（下称请求人）于 2006 年 8 月 8 日向专利复审委员会提出无效宣告请求，其理由是本专利不符合专利法实施细则第 13 条第 1 款的规定。请求人认为本专利与在先申请的 200430068968.5 号外观设计专利相比，除了在先设计的复位按钮处已经安装上旋钮外（本专利复位按钮处未按装旋钮），无论整体形状或局部细节均全部相同，而旋钮是产品的功能配件，不影响两者的比较，二者属于相同的外观设计。为证明该主张，请求人提交了下列附件作为证据：

附件1是本专利著录项目信息页及图片复印件1页；

附件2是200430068968.5号外观设计著录项目及图片复印件1页。

专利复审委员会根据无效宣告请求审查程序的规定受理了该无效宣告请求，并于2006年11月21日将无效宣告请求书和证据的副本转送给专利权人，限其在指定的期限内答复。并告知专利权人如逾期不答复，不影响专利复审委员会的审理。

专利复审委员会于2007年1月25日向双方当事人发出《合议组成员告知通知书》，指出如对本案合议组人员有回避请求的，请于收到本通知之日起7天内提交书面请求书，逾期未答复，视为无回避请求。在规定的期限内双方当事人均未对合议组成员提出回避请求。

专利复审委员会于2007年3月16日向请求人发出《无效宣告请求审查通知书》，告知请求人：在本案的无效宣告程序中，无效宣告请求人针对本专利提出无效宣告请求，其理由是认为本专利与200430068968.5号专利属于同样的发明创造，不符合专利法实施细则第13条第1款的规定。经审查专利复审委员会认为两者虽然属于同类的发明创造，但因200430068968.5号专利属于他人在先申请在后公开的在先设计，专利复审委员会将根据审查指南第四部分第七章第3.2节的规定，依据专利法第9条的规定进行审查。请无效宣告请求人在收到本通知之日起1个月内答复，将无效宣告请求理由变更为"不符合专利法第9条的规定"；期满未答复的，不影响专利复审委员会审理。

2007年3月27日请求人递交了意见陈述书，将本案无效宣告请求的理由变更为：本专利的授予不符合专利法第9条的规定。

专利复审委员会于2007年4月11日将请求人的意见陈述书转送专利权人，告知其在收到通知之日起1个月内答复；期满未答复的，视为当事人已得知转送文件中所涉及的事实、理由和证据，并且未提出反对意见。

针对请求人提出的无效宣告请求理由和提交的证据，专利权人至今未作出任何答复。

在以上审理的基础上，本案合议组经合议，认为本案事实清楚，依法作出如下审查决定。

二、决定的理由

根据请求人提出的无效宣告请求的理由和提交的证据，本案合议组依据专利法第9条的规定对本案进行审理。

专利法第9条规定："两个以上的申请人分别就同样的发明创造申请专利的，专利权授予最先申请的人。"

请求人提交的附件2是200430068968.5号外观设计的著录项目及外观设计图片复印件，本案合议组经核实，该专利的申请日是2004年8月9日，授权公告日是2005年10月5日，授权公告号是CN3479188，使用外观设计的产品名称为"水泵压力控制器（DSK-3）"（下称在先设计），专利权人是陈仁德。专利权人与本专利的专利权人不相同，该专利申请日早于本专利申请日（2005年6月2日），属于本专利的在先申请，可适用专利法第9条的规定对本案进行审理。

本专利与在先设计所示的产品均是水泵控制器的外观设计，属相同种类的产品，可进行如下相同和相近似性的比较。

本专利包括7幅视图，即主视图、后视图、左视图、右视图、俯视图、仰视图、使用状态参考图。从各视图观察，本专利上壳呈喇叭状，喇叭口为八角形状，其内沿有若干条棱，上壳的下方为圆形压力表，右侧为电线进出口，其下方左侧为出水口，正下方为进水口（详见本专利附图）。

在先设计外观设计包括7幅视图，即主视图、后视图、左视图、右视图、俯视图、仰视图、立体图。从各视图观察，在先设计上壳呈喇叭状，喇叭口为八角形状，其内沿有若干条棱，上壳的下方为圆形压力表，右侧为电线进口，其下方左侧为出水口，正下方为进水口，在进出水口之间有一圆形复位旋钮（详见在先设计附图）。

将本专利与在先设计相比较，合议组认为，从整体观察二者整体形状以及出水口、进水口、压力表、电线的进出口等设计基本相同，其主要不同点为复位旋钮：本专利无复位旋钮，在先设计安装有一圆形复位旋钮，从整体观察该不同点属于局部细微的差别，在整体视觉效果上不具有显著的影响，二者的相同点足以导致一般消费者对二者外观设计产品产生误认、混同。因此，从整体观察本专利与在先设计属于相近似的外观设计。

专利法第 9 条中所述的"同样的发明创造"对于外观设计专利而言，是指外观设计相同或者相近似。本专利与在先设计属于相近似的外观设计，所以，本专利不符合专利法第 9 条的规定。

三、决定

宣告 200530017383.5 号外观设计专利权全部无效。

当事人对本决定不服的，可以根据专利法第 46 条第 2 款的规定，自收到本决定之日起三个月内向北京市第一中级人民法院起诉。根据该款的规定，一方当事人起诉后，另一方当事人应当作为第三人参加诉讼。

主视图　　　　　　　　后视图

右视图　　　　　　　　左视图

俯视图　　　　　　　　仰视图

使用状态参考图

本专利附图

主视图 后视图

右视图 左视图

俯视图 仰视图

立体图

在先设计附图

工具箱（MJ20141）

无效宣告请求审查决定（第10078号）

决 定 号	第10078号
决 定 日	2007年6月20日
发明创造名称	工具箱（MJ20141）
外观设计分类号	03-01
无效宣告请求人	顾新君
专 利 权 人	尤礼忠
专 利 号	200430022599.6
申 请 日	2004年5月25日
授权公告日	2004年12月8日
合议组组长	王丽颖
主 审 员	张 华
参 审 员	王伟艳
法 律 依 据	专利法第23条

决 定 要 点

外观设计应当采用整体观察、综合判断的方式进行相同或者相近似的判断。

当被比设计与在先设计相比，整体外观基本相同，其区别仅在于局部细微变化，对产品外观设计的整体视觉效果不具有显著的影响，则被比设计与在先设计相近似。

一、案由

本无效宣告请求涉及国家知识产权局于2004年12月8日授权公告的200430022599.6号外观设计专利权（下称本专利），其名称是"工具箱（MJ20141）"，申请日是2004年5月25日，专利权人是尤礼忠。

针对上述外观设计专利权，顾新君于2006年8月16日向国家知识产权局专利复审委员会提出无效宣告请求，其理由是本专利不符合专利法第23条的规定。

请求人同时提交了证据1作为证据使用：

证据1（下称对比文件）：专利号为02315593.0号的中国外观设计专利公报；

请求人认为：本专利与证据1中的工具箱整体形状相同，两者的细微差别未对工具箱整体外观产生显著性影响，两者属于相近似的外观设计，本专利不符合专利法第23条的规定。

经形式审查合格，专利复审委员会于2006年9月8日受理了此无效宣告请求，并同日向双方当事人发出了无效宣告请求受理通知书，同时将请求人提交的无效宣告请求书及其附件清单中所列附件的副本转送给专利权人，要求专利权人在收到前述转送文件的一个月内对该无效宣告请求陈述意见。专利权人逾期未答复。

专利复审委员会于2007年3月2日向双方当事人发出了无效宣告请求口头审理通知书，定于2007年4月26日进行口头审理。请求人寄交了口头审理回执，表示参加口头审理，专利权人未寄交口头审理回执。

口头审理如期举行，请求人的委托代理人出席了口头审理，专利权人未出席口头审理，请求人的委托代理人对合议组成员无回避请求。

请求人当庭陈述认为：（1）本专利为工具箱，对比文件也为工具箱，两者属于同类产品，因此对比文件可以用来评价本专利是否符合专利法第23条。（2）将本专利与对比文件比较，两工具箱都由底座、撑板和箱盖组成；从主视图观察，本专利与对比文件的固定头以及锁扣的大小和位置相同；从后视图观察，本专利与对比文件固定头的大小和位置也相同；从左（右）视图观察，本专利与对比文件上的嵌槽和接缝的位置相同；从仰视图观察，本专利与对比文件上防滑凸头的设置相同，装饰板的设置和花纹也相同。（3）本专利与对比文件的区别仅在于，从主视图观察本专利工具箱上还设有卡片框；从俯视图观察，对比文件工具箱的握把上还设有一凹槽，而本专利工具箱上的握把与支撑板是一体化的。但是前述细微差异并未对工具箱整体视觉效果产生显著性影响，本专利与对比文件属于相近似的外观设计专利，本专利不符合专利法第23条的规定。

在双方当事人意见陈述以及口头审理的基础上，合议组认为本案事实已清楚，可依法作出本审查决定。

二、决定理由

1. 关于证据的认定

对比文件为专利号为02315593.0的中国外观设计专利公报，经合议组核实，对其真实性予以确认，其授权公告日为2003年1月8日，在本专利申请日之前，因此对比文件属于专利法第23条中所规定的申请日前的公开出版物，该对比文件可以作为评价本专利是否符合专利法第23条的在先设计。

2. 关于专利法第23条

专利法第23条规定：授予专利权的外观设计，应当同申请日以前在国内外出版物上公开发表过或者国内公开使用过的外观设计不相同和不相近似，并不得与他人在先取得的合法权利相冲突。

在先设计涉及的产品名称为"工具箱"，与本专利属于同类产品。从本专利各视图观察：本专利产品整体呈长方体，由底座、撑板和箱盖组成，在箱盖上还设有装饰板。从主视图可以看出，在撑板和箱盖连接面的正中设有一个固定撑板的三角形固定头，在撑板和箱盖连接面之间的左右两边设有锁扣；从后视图可以看出，在撑板和箱盖连接面的正中设有一个固定撑板的三角形固定头，在撑板和箱盖连接面之间的左右两边设有一个固定撑板的三角形固定头；从右视图中可以看出，在撑板和箱盖连接面设有两个固定撑板的三角形固定头；从俯视图和立体图可以看出，在箱盖上还设有装饰板，装饰板上设有花纹；从仰视图可以看出，在底座外沿设有一圈防滑凸头（见本专利视图）。

从在先设计各视图观察：所述工具箱为长方体，由底座、撑板和箱盖组成，在箱盖上还设有装饰板。从主视图可以看出，在撑板和箱盖连接面的正中设有一个固定撑板的三角形固定头，在撑板和箱盖的连接面之间的左右两边设有锁扣；从后视图中可以看出，在撑板和箱盖连接面的正中设有一个固定撑板的三角形固定头，在撑板和箱盖连接面之间的左右两边设有一个固定撑板的三角形固定头；从左（右）视图可以看出，在撑板和箱盖连接面设有两个固定撑板的三角形固定头；从俯视图和立体图中可以看出，在箱盖上还设有一条嵌槽，箱盖上还设有装饰板，装饰板上设有花纹；从仰视图可以看出，在底座外沿设有一圈防滑凸头（见在先设计视图）。

将本专利与在先设计比较可以看出，两工具箱都由底座、撑板和箱盖组成，位于箱体正面撑板上的固定头和锁扣的大小和位置相同，位于箱体后面撑板上的固定头大小和位置也相同，位于箱体侧面撑板侧面上的嵌槽和接缝的位置相同，位于箱体底座上防滑凸头的设置相同，位于箱盖上的装饰板的设置和花纹相同，两者区别在于：（1）从主视图上观察，本专利工具箱撑板与箱盖连接处正中与三角形固定头相对处还设有一长方形卡片框；（2）从俯视图上观察，本专利工具箱握把与对比文件工具箱握把略有不同，对比文件工具箱握把下方还存在一长方形凹槽，本专利握把与撑板为一体化设计。

关于上述区别，合议组认为：对工具箱而言，位于本专利工具箱正面的撑板与箱盖连接处正中的长方形卡片框仅占撑板的很小一部分，而位于对比文件工具箱箱盖上握把下方长方形凹槽也仅占箱盖的很小一部分，两者均属于工具箱具体构件上的局部细微差异，不会对工具箱的整体视觉效果产生显著影响，因此本专利与对比文件属于相近似的外观设计。

在此基础上，合议组作出如下决定。

三、决定

宣告200430022599.6号外观设计专利权无效。

当事人对本决定不服的，可以根据专利法第46条第2款的规定，自收到本决定之日起三个月内向北京市第一中级人民法院起诉，根据该款规定，一方当事人起诉后，另一方当事人应当作为第三人参加诉讼。

扑克牌包装盒（983 扑克）

无效宣告请求审查决定（第 10080 号）

决 定 号	第 10080 号
决 定 日	2007 年 6 月 5 日
发明创造名称	扑克牌包装盒（983 扑克）
外观设计分类号	03-01
无效宣告请求人	上海市汇业律师事务所
专 利 权 人	彭 智
专 利 号	200430024038.X
申 请 日	2004 年 4 月 21 日
授权公告日	2004 年 11 月 17 日
合议组组长	黄毅斐
主 审 员	李韵美
参 审 员	骆素芳
附 图	2 页

法 律 依 据 专利法第 23 条

决 定 要 点

对于包装盒而言，一般消费者会根据包装盒在实际销售时摆放的角度，确认包装盒上带有产品名称的正面和背面部分是最容易引起一般消费者瞩目的部分。在本案中扑克牌盒的正面和背面的图案即为最容易引起一般消费者瞩目的部分；相反，扑克牌盒的侧面都属于不会引起一般消费者瞩目的部分，其上图案的细微差别对于产品外观设计的整体视觉效果不具有显著的影响。

一、案由

本无效宣告请求案涉及国家知识产权局于 2004 年 11 月 17 日授权公告、名称为扑克牌包装盒（983 扑克）的 200430024038.X 号外观设计专利（下称本专利），其申请日为 2004 年 4 月 21 日，专利权人为彭智。

针对上述专利权，上海市汇业律师事务所（下称请求人）于 2005 年 11 月 28 日向国家知识产权局专利复审委员会提出无效宣告请求，其理由是本专利不符合专利法第 23 条的规定，请求宣告专利权无效。

请求人提交了下述证据：

附件 1：1998 年 12 月 25 日签发的外观设计名称为扑克包装盒（2），专利号为 ZL98312540.6 的

《外观设计专利证书》复印件1页,以及印有主视图、左视图、俯视图的外观设计图复印件1页;

附件2:第1476732号《商标注册证》复印件1页。

请求人认为,本专利与专利号为ZL98312540.6的外观设计专利、第1476732号商标注册证的图形商标均相近似,本专利不符合专利法第23条的规定。

经形式审查合格后,专利复审委员会依法受理了上述无效宣告请求,于2006年4月17日向请求人和专利权人发出《无效宣告请求受理通知书》,并将请求人提交的无效宣告请求书及其附件清单中所列附件的副本转送给专利权人,要求其在指定的期限内答复。

对上述无效宣告请求,专利权人于2006年6月1日提交了意见陈述书,专利权人认为:本专利外观设计与请求人所提供的附件1、2不相近似,其陈述的理由为:

(1)关于主视图。

A. 汽车:对比文件主视图的下方为一辆红色敞篷跑车的右侧面正视图,前高后低停于草地斜坡上,其驾驶室有挡风玻璃,车尾为弧形,前后车轮均包在车外壳内;本专利汽车的驾驶室没有挡风玻璃,车尾为直角形,前后车轮均露在车体外;本专利主视图中的汽车与对比文件主视图中的汽车款式明显不同;在本专利主视图中的汽车车门边固定有一个备用轮胎,它处于整个图案的中心位置,非常醒目,而对比文件主视图中的汽车车门边则没有备用轮胎。

B. 背景:对比文件主视图的汽车上方背景为一片取景较深的田园景色:有远方的群山、一小片一小片湖水及大片大片的田野,而本专利主视图的汽车上方背景则是整个蔚蓝的海水,在背景上二者完全不同。

C. 文字:对比文件主视图的上方文字由商标图案、英文字母"YJ"和数字"983"组成。商标图案在左边的英文字母"YJ"和右边的数字"983"的中间,背景为深蓝色,而本专利主视图的上方文字由商标图案、文字"983扑克"和印制单位"江西华财印务有限公司"组成,商标图案在左边,文字"983扑克"和印制单位"江西华财印务有限公司"均在右边,且文字"983扑克"在印制单位"江西华财印务有限公司"的上方,背景则为由下方至顶逐渐变深的粉红色。

D. 树:两个图案当中的树的种类明显不同:对比文件主视图中的树为亚热带乔木树种,而本专利主视图中的树为热带树种(椰树),两个树在各自的图中所占的比例亦不一致。

可见本专利主视图图案与对比文件的主视图图案在构图方法、色彩深浅的组合上不相同,因而不是相近似的外观设计。

(2)关于后视图:对比文件的后视图与本专利的后视图无论是汽车、背景、文字还是树都是不相同的,存在非常明显的差异。

合议组于2006年12月14日向双方当事人发出《无效宣告请求口头审理通知书》,定于2007年1月16日进行口头审理,并将专利权人于2006年6月1日提交的意见陈述书转送请求人。

口头审理于2007年1月16日在专利复审委员会第五口审厅如期举行,双方当事人均参加了口头审理,本案合议组对请求人提出的无效理由和事实进行了调查,并充分听取了双方当事人的陈述。在口头审理过程中双方当事人对对方当事人的出庭资格均无异议;合议组当庭告知了合议组成员的变更情况,双方当事人对合议组的变更没有异议,双方当事人对合议组成员均无回避请求。双方当事人对如下事实予以了确认:

(1)请求人当庭明确其无效理由为:本专利与附件1和2公开的图案相近似,不符合专利法第23条的规定;

(2)请求人当庭出示《外观设计专利证书》(专利号:ZL98312540.6)的原件、外观设计公告网页下载页(专利号:ZL98312540.6)、《商标注册证》(注册证号:第1476732号)的原件;

（3）专利权人对附件1和2的真实性无异议。

经过上述审理程序，合议组认为本案事实已经清楚，可以作出审查决定。

二、决定的理由

1. 关于证据

请求人提交的附件1（下称在先设计）是中国专利文献，其授权公告日为1999年3月3日，早于本专利的申请日，其所示外观设计可以作为在先设计来评价本专利是否符合专利法第23条的规定。

2. 关于专利法第23条

专利法第23条规定：授予专利权的外观设计，应当同申请日以前在国内外出版物上公开发表过或者国内公开使用过的外观设计不相同和不相近似，并不得与他人在先取得的合法权利相冲突。

本专利与在先设计所示外观设计的产品分类号相同，均为扑克牌包装盒的外观设计，属相同类别的产品的外观设计。现对二者进行如下相近似性对比：

本专利包括仰视图、俯视图、主视图、后视图、左视图、右视图，本专利未要求保护色彩。主视图中包括停放在草地上的一辆老式无顶棚汽车，背景为一颗椰子树和自下而上渐变浅的海面与天空连成一片，在图案的左上角示出了一个商标图案，在商标的右侧有"983扑克"的文字图案，该文字的下方还有一行较小的文字图案；后视图中除了商标图案中的文字不同外，其余图案设计均与主视图相同；仰视图和俯视图中部均有文字；右视图的上部为条形码，下部为文字图案；左视图中有被椭圆形包围的文字图案（参见本专利附图）。

在先设计包括主视图、俯视图、左视图；在先设计的后视图与主视图对称，省略后视图，右视图与左视图对称，省略右视图，仰视图与俯视图对称，省略仰视图。在先设计的上述附图分别与本专利的主视图、俯视图和左右视图相应。主视图中包括停放在草地上的一辆老式无顶棚汽车，背景包括一棵具有浓密的树冠的树，和延伸至远处的大片田地，以及大片天空，并且在田地和天空的交汇处隐约有房屋组成的村庄，图案的左上角示出了一个商标图案，在商标的右侧有文字图案，商标下方有两种文字图案；俯视图中有文字图案；左视图中有被椭圆形包围的文字图案。

由于本专利未要求保护色彩，故不进行色彩对比。将本专利与在先设计所示外观设计相比较，由上述描述可知，二者的左视图、仰视图、俯视图完全相同，视图中的图案、文字的排列布局也极为相似，其细微区别在于：

（1）本专利的右视图上部为条形码，下部为文字图案；在先设计的右视图同左视图，没有条形码，正中有被椭圆形包围的内容为"NO.983"的文字图案；

（2）本专利的主视图与后视图的上部商标文字部分与在先设计不同；

（3）本专利的主视图与后视图中示出的老式汽车能看到5个轮胎（车身上包含了一个备用轮胎），且车身比较方正；在先设计主视图中的老式汽车为汽车的正侧面，只能看到2个轮胎，车身上没有备用轮胎，且车身比较圆滑，呈流线型；

（4）本专利的主视图与后视图中示出的树为椰子树；在先设计主视图中的树为树冠饱满的乔木；

（5）本专利的主视图与后视图中示出的背景为草地、大海和天空；在先设计主视图中的背景为田地和天空相交，且在相交处有隐约的房屋组成的村庄。

关于第（1）点区别，根据审查指南第四部分第五章第6.3.2节的规定，对于包装盒这类产品，应当以其使用状态下的形状来作为判断相近似的依据。对于包装盒而言，一般消费者会根据包装盒在实际销售时摆放的角度，确认包装盒上带有产品名称的正面和背面部分是最容易引起一般消费者瞩目的部分。在本案中扑克牌盒的正面和背面（即主视图和后视图）的图案即为最容易引起一般消费者瞩目的部分；相反，扑克牌包装盒的侧面，即本专利的右视图和在先设计的左视图都属于不会引起一般消费者瞩目的部分，其上图案的细微差别对于产品外观设计的整体视觉效果不具有显著的影响。

关于第（2）、（3）、（4）、（5）点区别，合议组认为，包装盒正面和背面上较醒目图案设计对产品外观设计具有一定的标别功能，一般消费者在观察二者主、后视图的外观设计时，不会特别注意文字图案的内容是否完全相同、老式汽车上是否具有备用轮胎、树木的品种以及汽车和树木的背景是草地、大海、天空相连接还是田地、村庄、天空相连接，而会对其整体图案的构图方式产生较强的注意力，由于二者的不同点仅是局部的细微的差别，不足以使一般消费者对二者产生明显不同的视觉效果，对整体视觉效果不具有显著的影响，本专利与在先设计主、后视图上极其相似的图案及其布局足以使得消费者在视觉上将二者误认为同一种外观设计的产品，因此，二者属于相近似的外观设计，本专利不符合专利法第23条的规定。

鉴于本专利相对于在先设计已经不符合专利法第23条的规定，所以合议组不再对附件2进行评述。

三、决定

宣告200430024038.X号外观设计专利权无效。

当事人对本决定不服的，可以根据专利法第46条第2款的规定，自收到本决定之日起三个月内向北京市第一中级人民法院起诉。根据该款的规定，一方当事人起诉后，另一方当事人应当作为第三人参加诉讼。

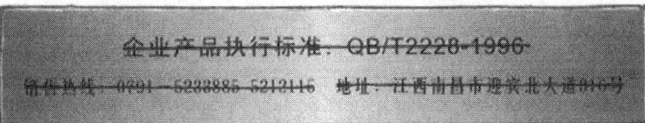

仰视图

  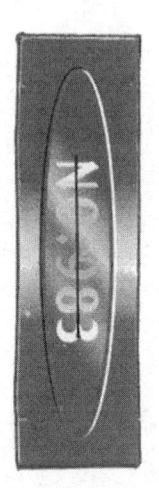

右视图　　　　　　　主视图　　　　　　　左视图

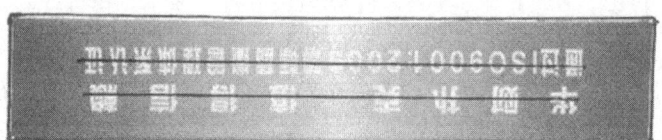

俯视图

后视图

本专利附图

主视图

俯视图

左视图

在先设计附图

全程水处理器（SYS/D）

无效宣告请求审查决定（第10082号）

决 定 号	第10082号
决 定 日	2007年5月8日
发明创造名称	全程水处理器（SYS/D）
外观设计分类号	23-01
无效宣告请求人	北京邦尼环宇科技发展有限公司
专 利 权 人	葛敬
专 利 号	03352879.9
申 请 日	2003年6月25日
授权公告日	2004年2月18日
合议组组长	钱亦俊
主 审 员	刘畅
参 审 员	马燕
法律依据	专利法第23条

决 定 要 点

盖有公章的复印件不能被认做原件。

如果产品铭牌与产品不是同种材料一体成型而成的，则其铭牌标明的内容与产品的原始唯一对应关系应有其他佐证加以证明。

在缺少其他证据加以佐证的情况下，仅凭买卖双方签订的买卖合同尚不足以证明销售行为确实发生过。

一、案由

本无效宣告请求案涉及的是国家知识产权局于2004年2月18日授权公告的、名称为"全程水处理器（SYS/D）"的外观设计专利（下称本专利），其专利号是03352879.9，申请日是2003年6月25日，专利权人是葛敬。

针对本专利，北京邦尼环宇科技发展有限公司（下称请求人）于2006年8月8日向专利复审委员会提出无效宣告请求，其理由是：本专利不符合专利法第23条的规定。与此同时，请求人提交了如下附件作为无效宣告请求的证据：

附件1：卖方为北京科净源环宇科技发展有限公司、买方为北京勤丰幕墙装饰工程有限公司的北京科净源环宇科技发展有限公司工业品买卖合同复印件1页，签订日期为2003年2月9日，产品名称分别为全程处理器（规格型号：SYS-200B1.0JZ/B-C）、全程处理器（规格型号：SYS-150B1.0JZ/B-D）和水垢净（规格型号：SYS-100B1.0HG/C）；委托单位为北京科净源环宇科技发展有限公司的授权委托书复印件1页，签订日期为2003年1月27日，其中委托牟英负责与北京勤丰幕墙装饰工程公司的签约、收款工作；北京颐安房地产股份有限公司于2003年1月24日开具的颐安科技大厦限价单复印件1页；北京科净源环宇科技发展有限公司于2003年1月27日开具的售后服务承诺书复印件1页；

附件2：北京科净源环宇科技发展有限公司印制的《SYS·水医生® 系列水处理设备资质材料》复印件共8页；

附件3：购货单位为中国新兴建设开发总公司第五公司、供货单位为北京科净源环宇科技发展有限公司的购销合同复印件共5页，合同订立时间为2002年6月25日，所销售的产品名称为：全程处理器（规格型号分别为：SYS350B1.0JZ/B-D、SYS350B1.0JZ/B-A）以及水垢净（规格型号分别为：SYS100B1.0HG/C、SYS80B1.0HG/C）；

附件4：编号为No.03255564的发票复印件1页，购货单位为北京二七车辆工厂，开票时间为1999年6月30日，所购货物名称为全程处理器，其规格型号为SYS-25B1.0JZ/A-B；

附件5：SYS水医生® 全程处理器的产品说明书复印件共12页；

附件6：请求人声称拍摄于颐安科技大厦的全程水处理器照片复印件7页。

请求人在无效宣告请求书中指出：附件1~4证明了科净源SYS·水医生® 系全程处理器已经在本专利的申请日之前公开使用，附件5和附件6显示了科净源SYS·水医生® 系全程处理器的外观图形。请求人认为本专利与附件1~6中的产品是相同的。

经形式审查合格，专利复审委员会受理了该无效宣告请求，并于2006年8月10日将无效宣告请求书及所附证据的副本转送给专利权人，要求其在指定的期限内答复。

请求人于2006年9月6日提交了意见陈述，并补充提交了如下附件作为证据使用：（编号续前）

附件7：编号为"（2006）京国证民字第11303号"公证书复印件共3页，公证日期为2006年8月16日，在公证书中证明了附件1的复印件与原件内容相符；

附件8：编号为"（2006）京国证民字第11304号"公证书复印件共12页，公证日期为2006年8月16日，请求人声称该附件是对附件3的照片出具的公证书；

附件9：北京科净源环宇科技发展有限公司出具的《SYS水医生® 用户使用报告》复印件共3页，其中包括国贸大厦与咸阳国际机场分别于2003年4月21日、2003年4月7日出具的SYS水处理设备使用效果调查表；

附件10：北京科净源环宇科技发展有限公司向三〇一医院研究生公寓楼发出的询证函复印件1页；购货单位为中国新兴建设开发总公司第五公司、供货单位为北京科净源环宇科技发展有限公司的购销合同复印件共5页，合同订立时间为2002年6月25日，所销售的产品名称为：全程处理器（规格型号分别为：SYS350B1.0JZ/B-D、SYS350B1.0JZ/B-A）以及水垢净（规格型号分别为：SYS100B1.0HG/C、SYS80B1.0HG/C）；请求人声称北京科净源环宇科技发展有限公司卖给中国新兴建设开发总公司第五公司的5张产品实物照片复印件共3页；

请求人在此次意见陈述中指出：附件7~10进一步证明了与本专利外观设计相同的产品在本专利的申请日之前公开销售和使用的事实。

专利权人于2006年9月22日提交了意见陈述书，并指出：附件1至附件6均为复印件，无法确定其真实性及合法性；附件5的印刷日期为2004年，在本专利的申请日之后；本专利的外观设计具有六面视图，因而仅用附件2或附件2与附件4结合不能证明请求人主张出售的"全程处理器"与本专利的外观设计相同或相近似。专利权人随此次意见陈述书提交了以下反证：

反证1：北京科净源机电技术有限责任公司的企业法人营业执照复印件1页，其注册号为1101082460959（1-1）；北京科净源环宇科技发展有限公司的企业法人营业执照复印件1页，其注册号为1101082168919（1-1）；

反证2：北京科净源环宇科技发展有限公司企业标准《SYS水医生系列水处理设备》复印件共14页。

针对上述无效宣告请求，专利复审委员会依法成立合议组，本案合议组于2007年2月14日向双方当事人发出口头审理通知书，指出本案定于2007年4月10日进行口头审理。

口头审理如期举行，专利权人及双方当事人的代理人出席了本次口头审理。在口头审理过程中，请求人当庭出示了附件2、附件5、附件7~9的原件，以及附件4盖有红章的复印件，并表示其无效理由为：本专利不符合专利法第23条的规定，并当庭表示放弃附件1、3、6、10作为证据使用，仅使用附件2、4、5、7、8、9作为证据，其中使用附件7和8证明在先销售的事实，附件2结合附件5和附件9证明在国内公开出版的事实，单独使用附件4证明公开销售的事实。专利权人当庭表示放弃其提交的反证。

专利权人表示对附件7中合同原件的真实性有疑义，附件7所证明的合同没有发票、出货单等单据；照片所反映的产品的外观与销售的产品的外观不能证明是相对应的；附件8不能证明铭牌是贴在产品上的，也不能证明所贴的铭牌与该产品是一一对应的；附件4不能证明所销售的产品的外观是什么样子的；附件5的说明书是在本专利申请日之后出版的，不能与在本专利申请日之前销售的产品相对应。

专利权人表示附件5的版本号是"2004-II"，表示印刷出版日是在本专利申请日以后的，所以与附件5相结合的证据链都不能成立，附件2和附件9虽然记载了在申请日以前的出版日期，但是两个附件都没有符合专利法第56条规定的视图，所以无法无效本专利；附件2不是对外公开的，只是给客户看的，只有其公司的正式员工才能拿到，牟英以前是我公司的销售人员，所以她能拿到我公司盖章的合同，我们对证据来源有质疑。

请求人表示附件2、5、9都是专利权人公司的材料，附件5中的"2004-II"不能确认是不是出版日期。专利权人表示"2004-II"的意思是2004年第2次修改的版本，附件2印刷、出版日期现在不知道，只能回公司查。

请求人表示附件2的售后服务和质量承诺书下面可以看到日期是2003年4月11日，是在申请日期之前的，既然附件2是拿给客户看的，就证明附件2不是保密文件，而且附件中有SYS水医生处理器的图片；附件2是律师和我公司人员从客户那里得到的，并不是只有专利权人公司的职员才有这个材料。专利权人表示请求人没有证据证明附件2是请求人从客户那里得到的；附件2的质量承诺书和售后服务承诺书所承诺的产品不能证明就是本专利的产品；附件2被公开、印刷的日期请求人不能证明；附件2中没有任何产品的附图、附件5是2004年第二版的设计，请求人没有证明该公开日期是在本专利申请日以前；国贸大厦使用的全程处理器不是本专利的外观；SYS水医生有一系列的产品，不是只有本专利产品的名称是SYS水医生；对附件9的真实性没有异议；对附件2的前8页和附件5的真实性没有异议；附件2、5、9之间都不能形成完整的证据链。

请求人表示附件4的原件是在二七车辆厂，附件4没有图片。专利权人认为发票复印件没有原件，所以不能认定销售行为。

专利权人对附件7、8的真实性不认可。请求人认为附件7是公证书的原件，公证书中的合同原件在北京勤丰幕墙装饰工程公司。专利权人认为附件7的原件与专利权人收到的复印件一致；公证书是原件，但对合同原件的真实性有疑义；附件7中签定合同的员工与本案的请求人有密切的关系，因此怀疑附件7中的合同的真实性；附件8的照片和合同中的产品有无必然关系请求人没有证据证明，铭牌上记载的内容也无法推论是否与现场拍摄的产品的铭牌相对应；从时间上看不能认定照片上的产品就是所销售的产品；公证的合同上规定加工时间为20天，与铭牌上的不符，铭牌是可以更换的。

请求人认为合同上写明了产品的型号与产品铭牌上的型号是一样的，合同上的原件是有公章的，是专利权人所在的公司盖的，如果专利权人说合同原件不真实应该举证，颐安公司摆放的水处理器就是合同上的产品；合同签订日前就生产过产品再销售也是正常的，如果专利权人的公司是因销定产应该举证；如果专利权人认为铭牌与产品不符应该举证；本专利是在申请日之前已经安装在颐安大厦了。

专利权人表示全程处理器的型号不是代表外观只是代表性能；合同上规定了加工时间是20天，我公司没有库存产品，都是因销定产的；公证书的主体是与合同无关的一方，合同上第5条规定要有验收报告，但公证书中没有验收报告、发票等票据，公证书仅仅证明了复印件与合同的原件一致，原件的真实性就无法证明；附件8照片的第一页最下面的照片标识写的"机房重地闲人免进"所以照片拍摄场所不是公众可以进入的，产品自然也不是公众可以看到的；照片是被照的物体，但被拍摄的物体之间的关系无法反映，所以铭牌是不是指的是照片中的产品就无法证明；产品的型号只是规格而不是外观，所以不能证明我公司出售的该规格的产品就是本专利的外观；我公司推销的是产品的性能，而不是外观，一个型号有很多外观，型号与性能是一一对应的，与外观不是一一对应的；请求人认为本专利的产品是大型产品，外观不同的话就会有很多不同的模具，这种情况不符合常理；专利权人认为这样的产品没有模具。

请求人认为如果专利权人认为附件7的合同是不真实的，专利权人应该提供反证。专利权人如果认为产品与合同不对应，专利权人可以到颐安科技大厦去鉴定其是否还有其他的SYS水医生处理器，如果没有反证则不应当认为合同中的产品即为颐安大厦安装的产品；专利权人认为附件7中铭牌的特写不能证明就是附件7的产品上的铭牌；销售合同的签订仅仅确定一种买卖关系，买卖还没有完成，销售行为是否完成请求人也无法证明；请求人没有证明购买者能够知道合同中产品的外观与本专利相同；请求人没有证据证明颐安大厦安装的产品就是合同上的产品。

请求人认为附件8的公证书第1页第4行说明公证人员拍照的是SYS水医生处理器；附件7中的合同已经证明本专利申请日以前本专利产品已经在制造、销售、安装、使用了；双方签订了买卖合同，而且产品已经安装在了颐安大厦中，合同中的产品就是与大厦中的产品相对应的。公证的合同与公证的照片上的铭牌都是一致的；合同及产品已经形成了完整的证据链，如果专利权人认为买卖未完成应当提供反证；专利权人表示附件8中有两个铭牌但是设备却有4台，无法证明铭牌是哪台设备的。请求人认为销售合同中证明了两个型号各销售了两台，所以只拍摄了两台不同型号的铭牌；请求人认为附件2和附件5中资质证明中很多证书都是北京科净源机电技术有限公司的，北京科净源环宇科技发展有限公司与北京科净源机电技术有限公司是有很密切的关系的。专利权人表示两个公司从法律上讲没有连带关系。专利权人表示产品中的标号指的是性能标号，本专利的专利名称上的D是表示标号体系。

合议组经过合议后认为本案事实已经清楚，依法作出本审查决定。

二、决定理由

基于请求人提出的无效宣告请求的理由及其提交的证据，合议组依据专利法第23条进行审理。

专利法第23条规定："授予专利权的外观设计，应当同申请日以前在国内外出版物上公开发表过或者国内公开使用过的外观设计不相同和不相近似，并不得与他人在先取得的合法权利相冲突。"

请求人当庭表示放弃附件1、3、6、10作为证据使用，专利权人当庭表示放弃其提交的反证，因此本案合议组不再对其进行评述。

附件2是北京科净源环宇科技发展有限公司印制的《SYS·水医生® 系列水处理设备资质材料》复印件，请求人当庭提交了附件2的原件。其中第3页的《质量承诺书》和第4页的《售后服务承诺书》所记载的时间均为2003年4月11日，在本专利的申请日之前，仅凭此日期还不足以认定该材料的公开时间，请求人也无法确定附件2的印制日期，因而附件2不能作为本案认定事实的依据。

附件4是编号为No.03255564的发票复印件1页，购货单位为北京二七车辆工厂，开票时间为1999年6月30日，所购货物名称为全程处理器，其规格型号为SYS-25B1.0JZ/A-B，请求人当庭提交了盖有"中国南车集团北京二七车辆厂财务专用章"的发票复印件，并表示该发票的原件存于北京二七车辆厂，该发票的开票时间为1999年6月30日，早于本专利的申请日，由于请求人无法提供附件4的原件，因而无法确定其真实性，附件4不能作为本案认定事实的依据。

附件5是SYS水医生® 全程处理器的产品说明书复印件，请求人当庭提交了附件5的原件，在附件5的封底右下角标明"版本号：2004-II"，由于请求人当庭表示不能确定附件5的印刷出版日期，因而无法确定附件5是本专利申请日之前的公开出版物，因此附件5不适用于本案。

附件7是编号为"（2006）京国证民字第11303号"公证书，公证日期为2006年8月16日，在公证书中证明了卖方为北京科净源环宇科技发展有限公司、买方为北京勤丰幕墙装饰工程有限公司的北京科净源环宇科技发展有限公司工业品买卖合同复印件与原件内容相符，该合同签订时间为2003年2月9日。附件8是编号为"（2006）京国证民字第11304号"公证书共12页，公证日期为2006年8月16日。

具体就附件7中的合同而言，请求人认为附件7证明了北京科净源环宇科技发展有限公司曾于2003年2月9日与北京勤丰幕墙装饰工程有限公司签订了工业品买卖合同，其中产品名称分别为全程处理器（规格型号：SYS-200B1.0JZ/B-C）、全程处理器（规格型号：SYS-150B1.0JZ/B-D）和水垢净（规格型号：SYS-100B1.0HG/C）。合议组认为，"（2006）京国证民字第11303号"公证书中只能证明该买卖合同的复印件与原件相符，对于买卖合同本身的真实性，还应有相关经手人的证明加以佐证。尤其是销售事实的发生还应有其他证据证明其行为发生、合同履行以及完成的全过程，为此，请求人主张该证据与附件8所示图片通过产品上的铭牌产生关联性。

请求人认为附件8的公证书第1页说明了公证人员拍照的是SYS水医生全程处理器；附件7中的合同已经证明本专利申请日以前本专利产品已经在制造、销售、安装、使用了；双方签订了买卖合同，而且产品已经安装在了颐安大厦中，合同中的产品就是与大厦中的产品相对应的；公证的合同与公证的照片上的铭牌都是一致的。对此合议组认为，附件8的公证书第1页第4行的确记载了公证人员对安装于颐安鑫鼎科技大厦设备机房内的SYS水医生全程水处理器现状进行了保全证据公证的内容，从附件8第8页的中间那幅照片可以看出，所拍摄的是附于SYS水医生全程水处理器上的铭牌，在铭牌上记载了该产品的型号为"SYS-200B1.0JZ/B-C"，生产日期为2003年2月6日，但是，从照片上可以看出，铭牌是通过机械加工方法安装在全程水处理器上的，二者并不是一体成型的，也就是说，铭牌与产品之间并不存在唯一的对应关系。因而在缺少其他证据加以佐证的情况下，无法确定附件8中的产品就是附件7买卖合同中所销售的产品。

附件9是北京科净源环宇科技发展有限公司出具的《SYS水医生® 用户使用报告》，在该使用报告中国贸大厦、咸阳国际机场等部门对SYS水医生处理器的使用情况进行了说明，报告中并未明确所使用的水处理器的型号或照片，因而在缺少其他证据加以佐证的情况下，无法证明附件9中各用户所使用的产品与本专利具有相同的外观。

综上所述，请求人提交的证据无论单独使用还是结合使用均不足以能证明在本专利的申请日之前，与本专利外观设计相同的产品公开使用的事实，请求人的主张不能成立。

三、决定

维持03352879.9号外观设计专利权有效。

当事人对本决定不服的，可以根据专利法第46条第2款的规定，自收到本决定之日起三个月内向北京市第一中级人民法院起诉。根据该款的规定，一方当事人起诉后，另一方当事人应当作为第三人参加诉讼。

全程水处理器（SYS/E）

无效宣告请求审查决定（第10083号）

决 定 号	第10083号
决 定 日	2007年5月8日
发明创造名称	全程水处理器（SYS/E）
外观设计分类号	23-01
无效宣告请求人	北京邦尼环宇科技发展有限公司
专 利 权 人	葛 敬
专 利 号	03352878.0
申 请 日	2003年6月25日
授权公告日	2004年3月31日
合议组组长	钱亦俊
主 审 员	刘 畅
参 审 员	马 燕

法 律 依 据　专利法第23条

决 定 要 点

盖有公章的复印件不能被认做原件。

如果产品铭牌与产品不是同种材料一体成型而成的，则其铭牌标明的内容与产品的原始唯一对应关系应有其他佐证加以证明。

在缺少其他证据加以佐证的情况下，仅凭买卖双方签订的买卖合同尚不足以证明销售行为确实发生过。

一、案由

本无效宣告请求案涉及的是国家知识产权局于2004年3月31日授权公告的、名称为"全程水处理器（SYS/E）"的外观设计专利（下称本专利），其专利号是03352878.0，申请日是2003年6月25日，专利权人是葛敬。

针对本专利，北京邦尼环宇科技发展有限公司（下称请求人）于2006年8月8日向专利复审委员会提出无效宣告请求，其理由是：本专利不符合专利法第23条的规定。与此同时，请求人提交了如下附件作为无效宣告请求的证据：

附件1：卖方为北京科净源环宇科技发展有限公司、买方为北京勤丰幕墙装饰工程有限公司的北京科净源环宇科技发展有限公司工业品买卖合同复印件1页，签订日期为2003年2月9日，产品名称分别为全程处理器（规格型号：SYS-200B1.0JZ/B-C）、全程处理器（规格型号：SYS-150B1.0JZ/B-D）和水垢净（规格型号：SYS-100B1.0HG/C）；

附件2：委托单位为北京科净源环宇科技发展有限公司的授权委托书复印件1页，签订日期为2003年1月27日，其中委托牟英负责与北京勤丰幕墙装饰工程公司的签约、收款工作；

附件3：请求人声称在颐安科技大厦拍摄的全程水处理器的照片共3页。

请求人在无效宣告请求书中指出：附件3中的全程处理器（下称在先设计产品）是2003年2月9日北京科净源环宇科技发展有限公司根据其与北京勤丰幕墙装饰工程有限公司就颐安科技大厦签订的北京科净源环宇科技发展有限公司工业品买卖合同（见附件1）销售给北京勤丰幕墙装饰工程有限公司，在颐安科技大厦内使用的。2003年1月27日北京科净源环宇科技发展有限公司授权委托牟英代表其全权负责与北京勤丰幕墙装饰工程有限公司的水处理设备的签约、收款工作（见附件2）。请求人认为，本专利与在先设计产品唯一存在的微小差异是：在先设计产品的上壳体顶部为弧形，而本专利的上壳体顶部是平的。这是制造时采用的不同标准件产生的差异。因而请求人认为本专利与在先设计产品相近似。

经形式审查合格，专利复审委员会受理了该无效宣告请求，并于2006年8月10日将无效宣告请求书及所附证据的副本转送给专利权人，要求其在指定的期限内答复。

请求人于2006年9月5日提交了意见陈述，并补充提交了如下附件作为证据使用：（编号续前）

附件4：编号为"（2006）京国证民字第11304号"公证书复印件共12页，公证日期为2006年8月16日，请求人声称该附件是对附件3的照片出具的公证书；

附件5：编号为"（2006）京国证民字第11303号"公证书复印件共3页，公证日期为2006年8月16日，在公证书中证明了附件2的复印件与原件内容相符。

请求人在此次意见陈述中指出：附件4、5结合附件1、2、3进一步说明了本专利不符合专利法第23条的有关规定。

专利权人于2006年9月22日提交了意见陈述书，并指出：附件1至附件3均为复印件，无法确定其真实性及合法性。此外，本专利的外观设计具有五面视图，因而仅用附件1和附件2不能证明请求人主张出售的"全程处理器"与本专利的外观设计相同或相近似。专利权人随此次意见陈述书提交了以下反证：

反证1：北京科净源机电技术有限责任公司的企业法人营业执照复印件1页，其注册号为1101082460959（1-1）；北京科净源环宇科技发展有限公司的企业法人营业执照复印件1页，其注册号为1101082168919（1-1）；

反证2：北京科净源环宇科技发展有限公司企业标准《SYS水医生系列水处理设备》复印件共14页。

针对上述无效宣告请求，专利复审委员会依法成立合议组，本案合议组于2007年2月14日向双方当事人发出口头审理通知书，指出本案定于2007年4月10日进行口头审理。

口头审理如期举行，专利权人及双方当事人的代理人出席了本次口头审理。在口头审理过程中，请求人当庭表示其无效理由为：本专利不符合专利法第23条的规定，并当庭表示放弃附件1、3作为证据使用，无法提供附件2的原件，使用附件4、5作为证据，其中使用附件4和5证明了在先销售的事实，并且当庭出示了附件4、附件5的原件。专利权人当庭表示放弃其提交的反证。

专利权人表示对附件5中合同原件的真实性有疑义，附件5所证明的合同没有发票、出货单等单据；照片所反映的产品的外观与销售的产品的外观不能证明是相对应的；附件4不能证明铭牌是贴在产品上的，也不能证明所贴的铭牌就是该产品。

专利权人对附件4、5的真实性不认可。请求人认为附件5是公证书的原件，公证书中的合同原件在北京勤丰幕墙装饰工程公司。专利权人认为附件5的原件与专利权人收到的复印件一致；公证书是原件，但对其中合同原件的真实性有疑义，因为签订合同的员工与本案的请求人有密切的关系，因此怀疑附件5中的合同是不真实的；附件4的照片和合同中的产品有无必然关系请求人没有证据证明，铭牌上记载的内容也无法推论是否与现场拍摄的产品的铭牌相对应；从时间上看不能认定照片上的产品就是所销售的产品；公证的合同上规定加工时间为20天，与铭牌上的不符，铭牌是可以更换的。

请求人表示合同上写明了产品的型号与产品铭牌上的型号是一样的，合同上的原件是有公章的，是专利权人所在的公司盖的，如果专利权人说合同原件不真实应该举证；颐安公司摆放的水处理器就是合同上的产品；合同签订日前就生产过产品再销售也是正常的，如果专利权人的公司是因销定产应该举证；如果专利权人认为铭牌与产品不符应该举证。本专利是在申请日之前已经安装在颐安大厦了。

专利权人表示全程处理器的型号不是代表外观只是代表性能；合同上规定了加工时间是20天，我公司没有库存产品，都是因销定产的；公证书的主体是与合同无关的一方，合同上第5条规定要有验收报告，但公证书中没有验收报告、发票等票据，公证书仅仅证明了复印件与合同的原件一致，原件的真实性就无法证明；附件4照片的第一页最下面的照片标识写的"机房重地闲人免进"，所以照片拍摄场所不是公众可以进入的，产品自然也不是公众可以看到的；照片是被照的物体，但被拍摄的物体之间的关系无法反映，所以铭牌是不是指的是照片中的产品就无法证明。产品的型号只是规格而不是外观，所以不能证明我公司出售的该规格的产品就是本专利的外观；我公司推销的是产品的性能，而不是外观，一个型号有很多外观，型号与性能是一一对应的，与外观不是一一对应的。请求人认为本专利的产品是大型产品，外观不同的话就会有很多不同的模具，这种情况不符合常理。专利权人认为这样的产品没有模具。

请求人认为如果专利权人认为附件5的合同是不真实的，专利权人应该提供反证，专利权人如果认为产品与合同不对应，专利权人可以到颐安科技大厦去鉴定其是否还有其他的SYS水医生处理器，如果没有反证则应当认定合同中的产品即为颐安大厦安装的产品；专利权人认为附件5中铭牌的特写不能证明就是附件5的产品上的铭牌；销售合同的签订仅仅确定一种买卖关系，买卖还没有完成，销售行为是否完成请求人也无法证明；请求人没有证明购买者能够知道合同中产品的外观与本专利相同；请求人没有证明颐安大厦安装的产品就是合同上的产品。

请求人认为附件4的公证书第1页第4行说明公证人员拍照的是SYS水医生处理器，附件5中的合同已经证明本专利申请日以前本专利产品已经在制造、销售、安装、使用了。双方签订了买卖合同，而且产品已经安装在了颐安大厦中，合同中的产品就是与大厦中的产品相对应的，公证的合同与公证的照片上的铭牌都是一致的；合同及产品已经形成完整的证据链，如果专利权人认为买卖未完成应提供反证；专利权人表示附件4中有两个铭牌但是设备却有4台，无法证明铭牌是哪台设备的。请求人认为销售合同中证明了两个型号各销售了两台，所以只拍摄了两台不同型号的铭牌。专利权人表示产品中的标号指的是性能标号，本专利的专利名称上的E是表示标号体系。

合议组经过合议后，认为本案事实已经清楚，依法作出本审查决定。

二、决定理由

基于请求人提出的无效宣告请求的理由及其提交的证据，合议组依据专利法第23条进行审查。

专利法第23条规定："授予专利权的外观设计，应当同申请日以前在国内外出版物上公开发表过或者国内公开使用过的外观设计不相同和不相近似，并不得与他人在先取得的合法权利相冲突。"

请求人当庭表示放弃附件1、3作为证据使用，专利权人当庭表示放弃其提交的反证，因此本案合议组不再对其进行评述。

附件2是委托单位为北京科净源环宇科技发展有限公司的授权委托书复印件，请求人当庭未提交附件2的原件，无法确定附件2的真实性，因而附件2不能作为本案认定事实的依据。

附件4是编号为"（2006）京国证民字第11304号"公证书，开具时间为2006年8月16日。

附件5是编号为"（2006）京国证民字第11303号"公证书，开具时间为2006年8月16日。在公证书中证明了卖方为北京科净源环宇科技发展有限公司、买方为北京勤丰幕墙装饰工程有限公司的北京科净源环宇科技发展有限公司工业品买卖合同复印件与原件内容相符。该合同签订时间为2003年2月9日。

具体就附件5中合同而言，请求人认为附件5证明了北京科净源环宇科技发展有限公司曾于2003年2月9日与北京勤丰幕墙装饰工程有限公司签订了工业品买卖合同，其中产品名称分别为全程处理器（规格型号：SYS-200B1.0JZ/B-C）、全程处理器（规格型号：SYS-150B1.0JZ/B-D）和水垢净（规格型号：SYS-100B1.0HG/C）。合议组认为，"（2006）京国证民字第11303号"公证书，即附件5只能证明该买卖合同的复印件与原件相符，并不能证明买卖合同本身的真实性，对于合同本身的真实性还应有相关的经手人出具证明加以佐证，欲证明该销售行为确实在本专利的申请日之前发生过的这一事实，还应有其他证据证明该行为发生、合同履行、完成的过程。为此，请求人主张附件5与附件4通过产品上的铭牌产生关联性。

请求人认为附件4的公证书第1页说明了公证人员拍照的是SYS水医生全程处理器。附件5中的合同已经证明本专利申请日以前本专利产品已经在制造、销售、安装、使用了。双方签订了买卖合同，而且产品已经安装在了颐安大厦中，合同中的产品就是与大厦中的产品相对应的。附件5公证的合同与附件4公证的照片上的铭牌都是一致的。对此合议组认为，附件4的公证书第1页的确记载了公证人员对安装于颐安鑫鼎科技大厦设备机房内的SYS水医生全程水处理器现状进行了保全证据公证的内容，从附件4第12页的照片可以看出，所拍摄的是附于SYS水医生全程水处理器上的铭牌，在铭牌上记载了该产品的型号为"SYS-150B1.0JZ/B-D"，生产日期为2003年2月6日，但是，从照片上可以看出铭牌是安装在全程水处理器上的方式，二者并不是一体成型的，也就是说，铭牌与产品之间并不存在唯一的对应关系。因而在缺少其他证据加以佐证的情况下，无法确定附件4中的产品就是附件5买卖合同中所销售的产品。

综上所述，请求人提交的证据无论单独使用还是结合使用均不足以证明在本专利的申请日之前，与本专利外观设计相同的产品公开使用的事实，请求人的主张不能成立。

三、决定

维持03352878.0号外观设计专利权有效。

当事人对本决定不服的，可以根据专利法第46条第2款的规定，自收到本决定之日起三个月内向北京市第一中级人民法院起诉。根据该款的规定，一方当事人起诉后，另一方当事人应当作为第三人参加诉讼。

椅架（3）

无效宣告请求审查决定（第10084号）

决 定 号	第10084号
决 定 日	2007年5月31日
发明创造名称	椅架（3）
外观设计分类号	06-01
无效宣告请求人	吴锡权
专 利 权 人	左伯良
专 利 号	03320540.X
申 请 日	2003年3月13日
授权公告日	2003年10月8日
合议组组长	王丽颖
主 审 员	王伟艳
参 审 员	张 鹏
附 图	1页
法 律 依 据	专利法第23条
决 定 要 点	

本专利和在先设计在扶手架、椅腿、靠背后支架以及靠背后支架与扶手架相对位置关系的设计上均存在差别，由此导致二者整体形状存在差别，上述差别对一般消费者而言能产生显著的视觉影响，二者为不相同并且不相近似的外观设计。

一、案由

本无效宣告请求涉及国家知识产权局于2003年10月8日授权公告的、名称为"椅架（3）"的外观设计专利，其专利号为03320540.X，申请日为2003年3月13日，专利权人是左伯良。

针对上述外观设计专利权（下称本专利），吴锡权（下称请求人）于2006年5月16日向专利复审委员会提出了无效宣告请求，其依据的理由和事实是：本专利要求保护的椅架外观设计与02357460.7号外观设计专利相近似，因此，不符合专利法第23条的规定。与此同时，请求人提交了作为证据的下列附件：

证据1：02357460.7号外观设计专利复印件，共1页。

经形式审查合格后，专利复审委员会于2006年5月17日依法受理了该无效宣告请求，并将无效宣告请求书及其附件清单中所列附件副本转给了专利权人，要求专利权人在指定期限内进行意见陈述。专利权人于 2006 年 6 月 21 日向专利复审委员会寄交了针对上述无效宣告请求的意见陈述书,陈述了本专利外观设计与附件 1 所示的在先设计不相同也不相近似的具体理由。

专利复审委员会本案合议组于 2006 年 12 月 28 日向双方当事人发出口头审理通知书,定于 2007 年 2 月 6 日举行本案的口头审理,随口头审理通知书将专利权人于 2006 年 6 月 21 日提交的意见陈述书转送请求人,并要求请求人在口头审理时对此发表意见。

口头审理如期举行,双方当事人均到庭参加了口头审理,并均对对方当事人的出庭身份和资格无异议。对合议组成员和书记员无回避请求。在口头审理中,请求人明确无效宣告请求的理由为:本专利不符合专利法第 23 条的规定,依据的证据为 02357460.7 号外观设计专利。

至此,合议组认为本案事实已经清楚,可以依法作出审查决定。

二、决定的理由

专利法第 23 条规定:授予专利权的外观设计,应当同申请日以前在国内外出版物上公开发表过或者国内公开使用过的外观设计不相同和不相近似,并不得与他人在先取得的合法权利相冲突。

请求人提交的证据 1 为 02357460.7 号外观设计专利,名称为椅子(7),专利权人对该证据的真实性无异议,因此,合议组对该证据的真实性予以认可。该证据授权公告日为 2003 年 1 月 1 日,早于本专利申请日,为在先公开发表的外观设计(下称在先设计)。

本专利的椅架,其整体形状从侧面看为类似"3"形,自上而下由弯折形扶手架和一体式弯折椅腿构成,二者弯折角度均为锐角,扶手架与椅腿由平直形金属杆连接,在该金属杆上连接有"U"字形坐椅架部分。每侧扶手分别由两根平行折杆组成,折杆之间有两根横梁。略带弧形的靠背后支架与扶手在同一高度处相连(详见本专利附图)。

在先设计公开的是椅子的外观设计,由于本专利是一椅架,因此,仅将在先设计的椅架部分与本专利作比较,在先设计椅架部分整体形状从侧面看类似双手扶膝仰面跪坐的人形,自上而下由靠背侧架、坐板侧架、一体式折弯椅腿组成类似形"凵"主体,折弯角度近似直角的弯折形扶手架一端与靠背侧架中部偏下处连接,一端与坐板侧架靠近端部处相连,靠背后支架为槽形,其两端固定在靠背侧架中部偏上方(详见对比文件附图)。

通过本专利椅架和在先设计椅架比较,合议组认为二者相同点主要为:两者均由扶手架和椅腿以及靠背后支架构成。二者不同点主要为:两者的整体形状不相同,本专利为类似"3"形,在先设计为类似双手扶膝仰面跪坐的人形,椅架主体为形两者扶手架、椅腿、靠背后支架形状不相同,本专利为弯折角度为锐角的扶手架、一体式弯折椅腿,略带弧形靠背后支架,在先设计为弯折角度为近似直角的弯折形扶手、一体式弯折椅腿、槽形靠背后支架;二者靠背后支架与扶手架相对位置关系不同,本专利扶手架与靠背后支架在同一高度处相连,在先设计扶手架与靠背后支架不相连,扶手架位于靠背侧架中部偏下,靠背后支架位于靠背侧架中部偏上。通过整体观察,综合判断,本专利和在先设计在扶手架、椅腿、靠背后支架以及靠背后支架与扶手架相对位置关系的设计上均存在差别,由此导致二者整体形状存在差别,上述差别对一般消费者而言能产生显著的视觉影响,二者为不相同并且不相近似的外观设计。

综上所述,请求人提供的证据不能支持其主张,其无效宣告请求的理由不成立,因此,本专利符合专利法第 23 条的规定。

三、决定

维持 03320540.X 号外观设计专利权有效。

当事人对本决定不服的,可以根据专利法第 46 条第 2 款的规定,自收到本决定通知书之日起三个月内向北京市第一中级人民法院起诉。根据该款的规定,一方当事人起诉后,另一方当事人应当作为第三人参加诉讼。

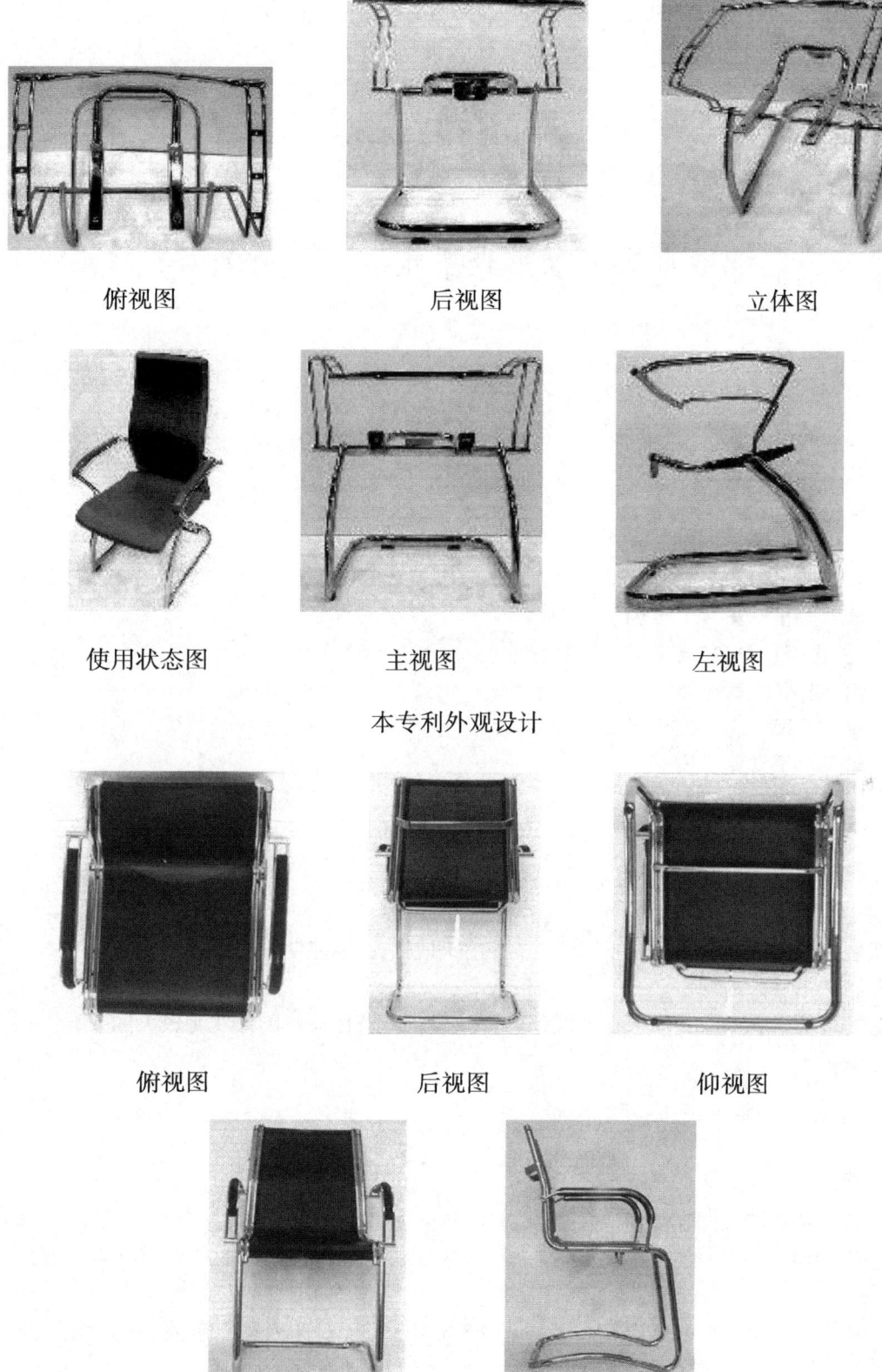

水果塑料套袋

无效宣告请求审查决定（第 10088 号）

决 定 号	第 10088 号
决 定 日	2007 年 6 月 21 日
发明创造名称	水果塑料套袋
外观设计分类号	09-05
无效宣告请求人	常全东
专 利 权 人	王洪照
专 利 号	200430048084.3
申 请 日	2004 年 9 月 4 日
授权公告日	2005 年 4 月 27 日
合议组组长	黄毅斐
主 审 员	唐向阳
参 审 员	龙 安
附 图	1 页
法律依据	专利法第 9 条、第 23 条

决 定 要 点

实用新型专利与外观设计专利不属于同样的发明创造，不能使用实用新型专利证明本专利外观设计不符合专利法第 9 条的规定。

就产品的整体形状而言，如果在先设计的产品形状与被比设计的形状有较大的差异，则不能认定二者为相近似。

一、案由

本无效宣告请求涉及国家知识产权局于 2005 年 4 月 27 日授权公告、专利号为 200430048084.3、名称为"水果塑料套袋"的外观设计专利（下称本专利），其申请日为 2004 年 9 月 4 日、专利权人为王洪照。

针对上述专利，常全东（下称请求人）于 2006 年 7 月 4 日向专利复审委员会提出了无效宣告请求，并提交了以下证据：

证据 1：公告号为 CN3233363 的外观设计专利复印件共 1 页，其授权公告日为 2002 年 4 月 24 日，分类号为 09-05-B0038。

请求人提出的无效理由主要是：被比设计与证据 1 的唯一不同是被比设计将扎丝横向放置，证据

1的扎丝是竖向放置,这两者的不同对于消费者来说极易产生混淆,因此被比设计与证据1属于相近似的外观设计,不符合专利法第23条的规定。

经形式审查合格,专利复审委员会于2006年7月4日受理了该无效宣告请求,并将该无效宣告请求书及其附件清单中所列附件副本转送专利权人,要求专利权人在收到该通知书之日起一个月内陈述意见,同时向山东省济南市中级人民法院知识产权庭发出无效案件审查状态通知书(一)。

专利复审委员会于2006年8月8日收到请求人于2006年8月2日补充提交的意见陈述书及以下证据:

证据2:授权公告号为CN2678345Y的实用新型专利说明书复印件共5页,申请日为2004年2月9日,专利权人为马春安,授权公告日为2005年2月16日;

证据3:授权公告号为CN2560612Y的实用新型专利说明书复印件共7页,授权公告日为2003年7月16日;

证据4:(2006)莒证民字第143号公证书复印件共8页,所述公证书证明与其粘连的《工作记录》复印件与原件相符,原件上常全东、毛同光、常翠玲的签名、手印属实,所附照片九张、录像刻制光盘一张与现场实际情况相符;

证据5:(2006)莒证民字第148号公证书复印件共4页,所述公证书证明其中的复印件与《日昇横扎丝果袋机使用说明书》原件相符;

证据6:收款凭证复印件1页。

请求人补充的无效理由是:证据2的产品与被比设计是同类产品,用途功能完全相同,形状完全相同,由于被比设计专利的申请日晚于证据2的申请日,因此被比设计不符合专利法第9条的规定;带折边、扎丝及热封线的果袋在被比设计专利的申请日以前是公开技术,见证据1和证据3,另外,证据4、5、6证明请求人于2003年11月购买的日照市东港区日昇塑料制品厂生产的"日昇横扎丝果袋机"生产的果袋与被比设计的"水果塑料套袋"的形状完全相同,并在2004年3月已经销售。

专利复审委员会于2006年8月15日收到专利权人针对请求人提出的无效宣告请求于2006年8月5日提交的意见陈述书。专利权人认为本专利捆扎丝为一侧横向放置,并且捆扎丝两侧设有塑封线用来固定捆扎丝,而证据1捆扎丝为一侧纵向放置,并且另一侧具有塑封线;本专利塑料袋为两层折起,在捆扎丝处有突起,而证据1无侧视图,可理解为只有一层折起,形状不一样;本专利一侧塑料袋为两侧折起,中间只有一层折起,另一侧为两层折起,并且在捆扎丝处有突起,形状也不一样。

专利复审委员会于2007年3月9日向双方当事人发出口头审理通知书,定于2007年5月18日对本案进行口头审理,并将请求人于2006年8月2日提交的意见陈述书及其所附附件转给专利权人,将专利权人于2006年8月5日提交的意见陈述书转给请求人。

专利复审委员会于2007年3月16日再次向双方当事人发出口头审理通知书,将原定于2007年5月18日进行的口头审理变更为2007年5月29日进行。

口头审理于2007年5月29日如期举行,双方当事人均出席了口头审理。双方当事人对合议组成员没有回避请求,对对方出庭人员的身份没有异议;请求人当庭放弃证据6(收款凭证复印件1页),当庭出示证据4和5的公证书原件;请求人明确其使用证据1证明本专利不符合专利法第23条的规定,使用证据2证明本专利不符合专利法第9条的规定,使用证据3证明本专利的折边属于惯常设计,证据3不作为在先设计使用,使用证据4和5证明横扎丝果袋机生产的果袋在本专利申请日前已经公开销售。专利权人对证据1~5的真实性没有异议,对证据4和5的公证书中证明的事实有异议,认为证据4和5不能证明果袋在本专利申请日前已经公开销售的事实。双方当事人已经充分陈述意见,口审之后合议组不再接受双方当事人提交的任何书面意见和证据。

至此，合议组认为本案事实已经清楚，经合议依法作出审查决定。

二、决定的理由

1. 证据认定

证据1是外观设计专利，经核实，复印件内容与原件一致，其在本专利申请日前已经公开，可以作为本专利的在先设计。

证据2是申请日为2004年2月9日、授权公告日为2005年2月16日的实用新型专利，其申请日在本专利的申请日之前，公开日在本专利的申请日之后。但是，根据2006年版审查指南第一部分第三章第6.5.1节的规定，在判断是否构成专利法第9条和专利法实施细则第13条第1款所述的"同样的发明创造"时，应当以表示在两件外观设计专利申请或专利的图片或者照片中的外观设计产品为准；同样的外观设计是指两项外观设计相同或者相近似。由于证据2是实用新型，不是外观设计，从而根据审查指南的上述规定，不能将证据2的实用新型与本专利的外观设计作比较，所以证据2不能作为评述本专利是否符合专利法第9条的证据。

证据3为实用新型专利，其授权公告日早于本专利的申请日，同时，由于请求人在口头审理当中明确其使用证据3证明本专利的折边属于惯常设计，而不将证据3作为在先设计使用，并且在判断外观设计相同或相近似时应当用一项在先设计与被比设计进行单独对比，而不能将证据3结合到其他证据中与被比设计进行对比，所以证据3不作为评述本专利是否符合专利法第23条规定的证据。

由于专利权人对证据4和5的真实性没有异议，而且证据4和5与其公证书的原件一致，所以证据4和5可以作为评述本专利在其申请日前是否公开销售的证据。

2. 外观设计相近似的认定

专利法第23条规定：授予专利权的外观设计，应当同申请日以前在国内外出版物上公开发表过或者国内公开使用过的外观设计不相同和不相近似，并不得与他人在先取得的合法权利相冲突。

就产品的整体形状而言，如果在先设计的产品形状与被比设计的形状有较大的差异，则不能认定二者为相近似。

证据1与本专利的被比设计同样是一种塑料果袋，属于同一类产品。证据1具有主视图、后视图和使用状态图，而被比设计具有主视图、左视图、右视图、剖视图、仰视图和俯视图，并省略与主视图对称的后视图。其中，被比设计的主视图是长方形水果塑料套袋，上方偏左位置B处与水果塑料套袋上沿平行设有为套袋开口的两条塑封线，下方紧邻水果塑料套袋右边沿位置C处与水果塑料套袋下沿平行设有为套袋捆扎丝的塑封线。而证据1的主视图是自带扎口丝的长方形塑膜果袋，上方偏左位置与塑膜果袋上沿平行设有两条横线，下方与水果塑料套袋上沿平行居中设有两条折线（对应于被比设计主视图的两条塑封线），上方紧挨塑膜果袋右边沿位置A处（证据1中标注的"A"处，把证据1的主视图上下颠倒过来即对应于被比设计的C处）与塑膜果袋右边沿平行设有扎口丝。

请求人认为被比设计的左右视图、俯视图和仰视图所显示的形状是水果塑料套袋都使用的公知形状。请求人还认为，被比设计和证据1的主视图的唯一不同是被比设计将扎丝横向放置，证据1的扎丝是竖向放置。

将被比设计的主视图与证据1的主视图相比可见，被比设计与证据1的主视图都是长方形，其塑封线和扎口丝或捆扎丝都是分别位于长方形的上下相对的位置上。在证据1的主视图上方紧挨塑膜果袋右边沿位置A处竖向放置有扎口丝（对应于被比设计的主视图右下角C处有捆扎丝）；在证据1的主视图与扎口丝相对的下方（对应于被比设计的主视图上方）平行地设置了两条折线，在被比设计中称为塑封线，在证据1中没有文字描述，而且，证据1中的两条折线居中设置，被比设计中塑封线则偏左设置。

根据上述对两者主视图的对比分析可知，被比设计中的捆扎丝为横向放置，而证据1的扎口丝为竖向放置，两者存在着较大的差异，并且捆扎丝或扎口丝对这两个外观设计的产品整体视觉效果都具有显著的影响。除此之外，证据1没有左视图、右视图、仰视图和俯视图，无法与被比设计的相应视图作比较。虽然请求人认为这些视图所显示的形状是水果塑料套袋都使用的公知形状，但由于证据1的扎口丝与被比设计的捆扎丝分别是竖向和横向放置，两者存在着较大的差异，相应地可以推知两者的左视图、右视图、仰视图和俯视图也有类似的差异，因此也不能认定证据1的立体形状与被比设计相同或相近似。由此可见，不能认定被比设计与证据1相近似。

3. 关于公开销售

请求人使用证据4和5的公证书来证明日昇横扎丝果袋机生产的果袋在本专利的申请日前公开销售的事实。但是，证据4和5的公证书均没有说明在本专利的申请日前是否已经使用该果袋机生产果袋，无法确定在本专利的申请日前该果袋是否已公开销售，从而不能将证据4和5中的果袋与本专利的外观设计进行对比，也就不能证明与本专利的外观设计相同或相近似的产品在其申请日前已公开销售。

基于上述理由，请求人有关本专利不符合专利法第23条规定的无效理由不成立，同时请求人使用证据2证明本专利不符合专利法第9条规定的主张也不能成立。

三、决定

维持200430048084.3号外观设计专利权有效。

当事人对本决定不服的，可以根据专利法第46条第2款的规定，自收到本决定之日起三个月内向北京市第一中级人民法院起诉。根据该款的规定，一方当事人起诉后，另一方当事人应当作为第三人参加诉讼。

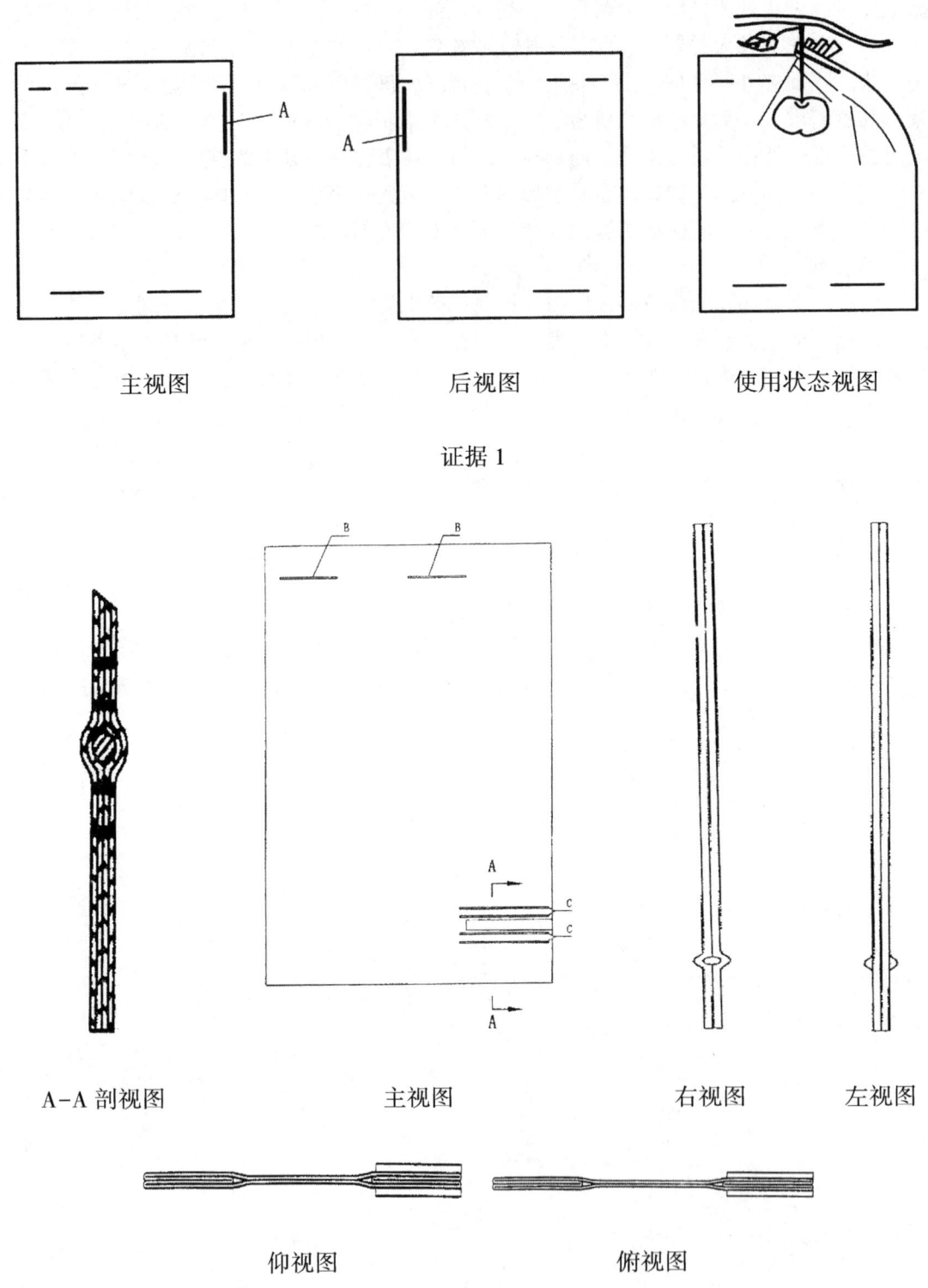

圆珠笔（永平7）

无效宣告请求审查决定（第10092号）

决　定　号	第 10092 号
决　定　日	2007 年 6 月 7 日
发明创造名称	圆珠笔（永平 7）
外观设计分类号	19-06
无效宣告请求人	雅各布·里特股份有限公司
专 利 权 人	杨永平
申　请　号	03326091.5
申　请　日	2003 年 1 月 14 日
授权公告日	2003 年 8 月 27 日
合议组组长	吴亚琼
主　审　员	陈海平
参　审　员	武树辰
附　　　图	2 页
法律依据	专利法第 23 条
决定要点	

在外观设计专利与同类产品的在先外观设计之间仅存在有局部差异时，如果该局部差异不足以从使一般消费者从整体视觉上清楚地将它们区分成两种不同造型的产品，则二者属于相近似的外观设计。

一、案由

本无效宣告请求案涉及的是国家知识产权局于 2003 年 8 月 27 日授权公告的，名称为"圆珠笔（永平 7）"的外观设计专利，其专利号为 03326091.5，申请日为 2003 年 1 月 14 日，专利权人是杨永平。

针对上述专利权（下称本专利），雅各布·里特股份有限公司（下称请求人）于 2005 年 12 月 26 日以本专利的授予不符合专利法第 23 条为由，向专利复审委员会提出无效宣告请求。请求人认为：本专利与在其申请日之前公开的 01305670.0 号外观设计相近似。与此同时，请求人提交了 01305670.0 号外观设计公报复印件（下称对比文件）作为证据。

经形式审查合格，专利复审委员会于 2006 年 3 月 31 日受理了此案，并将无效宣告请求书及相关材料转寄给专利权人，要求其在指定期限内陈述意见，同时成立合议组对本案进行审理。

专利权人未在指定期限内对上述无效宣告请求进行答复。

专利复审委员会于 2006 年 7 月 17 日向双方当事人发出合议组成员告知通知书，双方当事人未在指定期限内对合议组成员提出回避请求。

在上述程序的基础上，本案合议组经合议，认为本案事实已经清楚，可以依法作出本审查决定。

二、决定的理由

1. 法律依据

基于请求人提出的无效宣告请求的理由和提供的证据，本案合议组依据专利法第 23 条的规定对本案进行审理。

专利法第 23 条规定："授予专利权的外观设计，应当同申请日以前在国内外出版物上公开发表过或者国内公开使用过的外观设计不相同和不相近似，并不得与他人在先取得的合法权利相冲突。"

2. 证据的认定

请求人提交对比文件是 01305670.0 号外观设计专利公报复印件，经核实，合议组对该对比文件的真实性予以确认。对比文件的公告日是 2002 年 12 月 25 日，在本专利的申请日之前，其外观设计分类号为 19-06，所记载的外观设计名称为"圆珠笔"，与本专利属于相同种类产品，二者具有可比性。

3. 本专利与对比文件的对比

本专利"圆珠笔（永平 7）"包括 3 幅视图：主视图、仰视图、俯视图，所附"外观设计简要说明"中指出其后视图与主视图对称。

结合本专利各视图，可见本专利的"圆珠笔"由本体形状大致为圆柱形但末端渐缩的笔杆与带笔夹的笔帽组成。其中笔杆呈流线型收缩；笔帽顶端带有若干倾斜面，中部偏下具有一短螺旋凹纹（详见本专利图）。

对比文件"圆珠笔"包括 6 幅视图：主视图、右视图、左视图、后视图、仰视图、俯视图。

结合对比文件各视图，可见对比文件的"圆珠笔"也由本体形状大致为圆柱形但末端渐缩的笔杆与带笔夹的笔帽组成。其中笔杆呈流线型收缩；笔帽顶端带有若干倾斜面，中部偏下具有一短螺旋凹纹（详见对比文件图）。

本专利与对比文件相比较在细部存在一些区别，如：本专利的笔杆在近笔帽处有一直径减小部分，在该处形成了一个圆周形的台阶，而对比文件在笔杆的相应位置处具有一些环笔杆平行均布的狭三角状痕迹；本专利笔帽上的短螺旋凹纹也长于对比文件笔帽上的短螺旋凹纹。

但根据整体观察、综合判断的原则，合议组认为：本专利与对比文件的圆珠笔外观的整体形状是基本相同的；虽然如前文所述在两者间存在有一些细部区别，但相对于二者产品整体造型而言，这些区别不足以构成使二产品外观形状出现整体显著差异的局部不同，其对于圆珠笔的整体视觉效果不具有显著的影响。

因此合议组认为本专利与对比文件属于相近似的外观设计。

三、决定

宣告 03326091.5 号外观设计专利权全部无效。

当事人对本决定不服的，可以根据专利法第 46 条第 2 款的规定，自收到本决定之日起 3 个月内向北京市第一中级人民法院起诉。根据该款的规定，一方当事人起诉后，另一方当事人应当作为第三人参加诉讼。

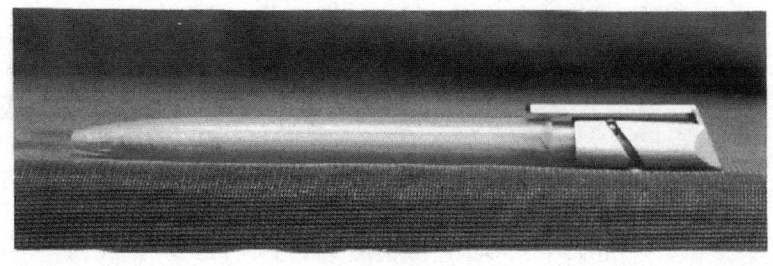

主视图

仰视图

俯视图

本专利附图

仰视图

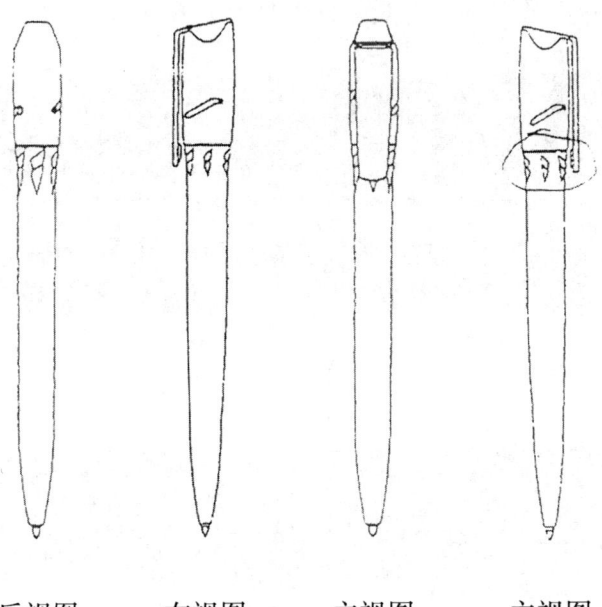

后视图　　右视图　　主视图　　主视图

俯视图

对比文件附图

智能灯杆

无效宣告请求审查决定（第 10093 号）

决 定 号	第 10093 号
决 定 日	2007 年 6 月 21 日
发明创造名称	智能灯杆
外观设计分类号	26-03
无效宣告请求人	上海燎扬钢杆制造有限公司
专 利 权 人	上海天辉灯饰有限公司
专 利 号	200530036698.4
申 请 日	2005 年 5 月 27 日
授权公告日	2005 年 12 月 28 日
合议组组长	徐清平
主 审 员	张雪飞
参 审 员	王霞军
附 图	1 页
法 律 依 据	专利法第 23 条

决 定 要 点

（1）对于能够通过国内公共渠道获得的域外证据，在无相反证据足以推翻的情况下，无须履行相关的证明手续即可认定其真实性。

（2）在外观设计相近似性判断中，相对于主体部分明显属于局部细微的差别和在各面视觉方向上不易区分的差别等对整体视觉效果均不具有显著的影响。

一、案由

本无效宣告请求涉及国家知识产权局于 2005 年 12 月 28 日授权公告的 200530036698.4 号外观设计专利，使用该外观设计的产品名称是"智能灯杆"，其申请日是 2005 年 5 月 27 日，专利权人是上海天辉灯饰有限公司。

1. 第一次无效宣告请求

针对上述外观设计专利权（下称本专利），上海燎扬钢杆制造有限公司（下称请求人）于 2006 年 11 月 20 日向专利复审委员会提出无效宣告请求，其理由是本专利不符合专利法第 23 条和第 33 条的规定。请求人认为在本专利申请日以前已有与其相同或者相近似的外观设计在国内外公开发表过和在国内公开使用过，应当宣告无效，并提交了如下证据附件：

附件（一）1是上海市公证处作出的"（2006）沪证经字第12529号"保全证据公证书，内附网页打印件15页和《The City of Sydney Exterior Lighting Strategy》一文打印件68页；另附中文译文12页和照片扫描件1页；

附件（一）2是网页打印件2页和中文译文1页及其说明页1页；

附件（一）3是上海市公证处作出的"（2006）沪证经字第12530号"保全证据公证书，内附网页打印件27页；

附件（一）4是《道路照明》刊物的部分页面复印件2页；

附件（一）5是《会议纪要》和《上海燎扬钢杆制造有限公司会议签到表》复印件共2页，其中《会议纪要》复印件上加盖了请求人的印章；

附件（一）6是《上海新江湾城道路照明工程投标书签收单》1页和其他投标材料复印件81页，其中部分投标材料复印件上加盖了请求人和上海神凯实业有限公司的印章。

请求人明确以附件（一）1至附件（一）4证明与本专利相同或者相近似的外观设计在其申请日以前在国内外公开发表过，以附件（一）5和附件（一）6相结合证明与本专利相同的外观设计在其申请日以前在国内公开使用过。

专利复审委员会根据无效宣告请求审查程序的规定受理了该无效宣告请求，并于2006年12月4日将请求人的第一次无效宣告请求文件转送专利权人。

专利权人于2007年1月16日提交了意见陈述书，认为请求人提交的附件（一）1中《The City of Sydney Exterior Lighting Strategy》一文属于域外证据，应履行相应的证明手续，且该文属于网络信息，通过公证书仅能证明在特定的时间内操作计算机的行为和过程的真实性，基于网络信息具有的不确定性，其内容的真实性无法证明，同时无法证明网络公开时间，不具备合法性，另外其上所示的相关外观设计与本专利不相同且不相近似；附件（一）2中网页也属于域外证据，未经任何公证认证手续，不具有真实性和合法性，且其上未显示相关产品的完整外观，无法与本专利进行全面对比，仅就可见部分而言，也与本专利不相同且不相近似；附件（一）3中网页内容是专利权人为介绍产品进行的合法宣传，相关产品信息的发布时间在本专利授权以后，且并未披露相应的外观设计，与本案无关联性；附件（一）4所示《道路照明》刊物中登载的相关外观设计与本专利完全不同；附件（一）5所示会议材料均未披露相关的外观设计，与本案无关联性；附件（一）6所示投标材料未经相关单位或者机构的确认，不具有真实性，且投标材料具有保密性质，不会在招投标过程中被公开，同时不能证明所涉及的投标方案是否已实施，与本案也不具有关联性；因此请求人的无效宣告请求应予驳回。

专利复审委员会于2007年4月25日将专利权人的意见陈述转送请求人；同时向双方当事人发出口头审理通知书，定于2007年6月13日进行口头审理。

2. 第二次无效宣告请求

针对本专利，请求人于2007年3月29日再次向专利复审委员会提出无效宣告请求，其理由是本专利不符合专利法第22条和第23条的规定。请求人认为在本专利申请日以前已有与其相同或者相近似的外观设计在国外出版物上公开发表过和以其他方式为公众所知，应当宣告无效，并提交了如下证据附件：

附件（二）1是《The City of Sydney Exterior Lighting Strategy》一文打印件68页，其上盖有上海科学技术情报研究所查新检索专用章及骑缝章；另附中文译文12页和盖有上海科学技术情报研究所查新检索专用章的《文献来源说明》1页；

附件（二）2是1998年5月/6月《Architecture Australia》刊物部分页面的彩色复制件6页，其上盖有上海图书馆上海科学技术情报研究所文献服务部的印章及骑缝章；另附中文译文1页；

附件（二）3是1999年9月/10月《Architecture Australia》刊物部分页面的彩色复制件6页，其上盖有上海图书馆上海科学技术情报研究所文献服务部的印章及骑缝章；另附中文译文1页；

附件（二）4是2000年9月19日《The Sydney Morning Herald》报刊部分页面的彩色复制件1页，其上盖有上海图书馆上海科学技术情报研究所文献服务部的印章；另附中文译文和说明文字共1页；

附件（二）5是第741307号澳大利亚发明专利的相关信息复印件26页，其上盖有上海科学技术情报研究所查新检索专用章及骑缝章；另附中文译文7页；

附件（二）6是第738190号澳大利亚小发明专利的相关信息复印件25页，其上盖有上海科学技术情报研究所查新检索专用章及骑缝章；另附中文译文3页；

附件（二）7是AU 151045 S号澳大利亚注册外观设计的下载信息8页，其上盖有上海科学技术情报研究所查新检索专用章及骑缝章；另附中文译文1页；

附件（二）8是《GOOD DESIGN 1999》一文复印件3页，其上盖有上海科学技术情报研究所查新检索专用章及骑缝章；另附中文译文1页。

请求人明确以附件（二）1至附件（二）4证明与本专利相同的外观设计在其申请日以前在国外公开发表过，以附件（二）5至附件（二）8证明与本专利相近似的外观设计在其申请日以前以其他方式为公众所知。

专利复审委员会根据无效宣告请求审查程序的规定受理了该无效宣告请求，并于2007年3月29日将请求人的第二次无效宣告请求文件转送专利权人。专利权人在指定期限内未作出答复。

专利复审委员会于2007年4月25日向双方当事人发出口头审理通知书，定于2007年6月13日进行口头审理。

3. 口头审理

专利复审委员会于2007年6月13日依法对上述两次无效宣告请求进行合并口头审理。请求人由法定代表人和委托代理人出庭，专利权人由委托代理人出庭；双方均对对方出庭人员的资格无异议，对合议组成员均无回避请求。

在口头审理中，针对第一次无效宣告请求，请求人坚持其原有观点，但说明附件（一）4的原件留在上海，附件（一）5和附件（一）6的原件基本上都存于法院，当庭均无法出示。另说明中国专利法第33条的无效请求理由属于笔误，应为专利法第23条。

专利权人当庭核实附件（一）1和附件（一）3的原件，仍坚持其原有观点，并补充认为附件（一）4所示《道路照明》刊物没有原件，不认可其真实性，对附件（一）5的真实性、合法性和附件（一）6的合法性也有异议。

在相近似性判断方面，请求人认为附件（一）1至附件（一）4和附件（一）6中指定的外观设计均与本专利构成相近似；专利权人除坚持原有观点外，补充认为附件（一）3中指定的外观设计图片不清楚，无法对比，对附件（一）4和附件（一）6不发表相近似性判断的意见。

针对第二次无效宣告请求，合议组当庭向请求人释明专利法第22条的含义，请求人当庭将专利法第22条的无效请求理由变更为专利法第23条，合议组依法予以接受。请求人认为原依据专利法第22条的附件（二）5至附件（二）7作为出版物公开的证据适用专利法第23条，附件（二）8作为附件（二）1的佐证也证明在先公开发表的事实。

专利权人当庭核实上述证据，认可附件（二）5至附件（二）7的真实性，但认为其上所示的外观设计均与本专利不相同且不相近似，同时认为附件（二）8来源于网上，其真实性、关联性和是否来源于公开网址均不能确认。

针对原依据专利法第 23 条的附件（二）1 至附件（二）4，请求人坚持其原有观点，并认为附件（二）1 中《The City of Sydney Exterior Lighting Strategy》一文是上海科学技术情报研究所从澳大利亚悉尼市政府的官方网站上检索下载的，其真实性能够认定，且公开日期是无法更改的；附件（二）2、附件（二）3 中《Architecture Australia》刊物和附件（二）4 中《The Sydney Morning Herald》报刊均来源于公共图书馆，真实性和合法性能够认定。请求人当庭再次提交了附件（二）2 和附件（二）3 各一份。

专利权人当庭核实上述证据，认为附件（二）1 中《The City of Sydney Exterior Lighting Strategy》一文来源于网上，虽然不质疑下载的过程，但基于网络信息的易变性，其内容的真实性不予认可，且其公开时间无法判断，所涉及的网站是否真实的悉尼市政府官方网站也不能确定；附件（二）2 中《Architecture Australia》刊物部分页面没有关联性，刊物上未表明出版时间，且未经公证，上海图书馆上海科学技术情报研究所文献服务部的骑缝章也对不上，真实性不认可，同时中文译文的出处不明；附件（二）3 中《Architecture Australia》刊物部分页面上盖有的上海图书馆上海科学技术情报研究所文献服务部的骑缝章经核实能够对应，但仅可认定其是该机构复制的，并不能证明该机构存有刊物原件，应进行公证，且仅有部分页面上有日期显示，不能确定出版日期；附件（二）4 中《The Sydney Morning Herald》报刊属于域外证据，未履行相应的证明手续，请求人又未出示报刊原件，真实性不认可，且对于报刊上盖有的上海图书馆上海科学技术情报研究所文献服务部的印章有异议。专利权人当庭提交了其在转送文件程序中收到的附件（二）2 一份。

在相近似性判断方面，请求人认为附件（二）1 至附件（二）4 中指定的外观设计均与本专利构成相近似。专利权人说明本专利灯杆上面部分的线条为凹槽设计，下面部分的线条是凸筋或者凹槽设计，底部法兰盘在使用过程中安于地面上面，并认为圆柱形的灯杆属于惯常设计，应以细节部分作为此类产品相近似性判断中影响显著性的主要考虑因素；专利权人对比后，认为附件（二）1 和附件（二）2 中指定的外观设计均与本专利不相同且不相近似，附件（二）3 中指定的部分外观设计图片不清楚，无法对比，其余外观设计与本专利不相同且不相近似，附件（二）4 中指定的外观设计无法与本专利进行对比。

在上述审理的基础上，合议组经合议，认为案件事实已清楚，依法作出本审查决定。

二、决定的理由

基于请求人先后两次提出的无效请求理由，合议组依据专利法第 23 条的规定进行审理。

专利法第 23 条规定：授予专利权的外观设计，应当同申请日以前在国内外出版物上公开发表过或者国内公开使用过的外观设计不相同和不相近似，并不得与他人在先取得的合法权利相冲突。

请求人在第二次无效宣告请求中提交的附件（二）3 是 1999 年 9 月/10 月《Architecture Australia》刊物部分页面的彩色复制件，其上盖有上海图书馆上海科学技术情报研究所文献服务部的印章及骑缝章；另附部分出版信息及图片附文的中文译文。请求人以此证明本专利构成出版物公开。

针对附件（二）3，合议组认为：该刊物虽然属于域外证据，但其上盖有上海图书馆上海科学技术情报研究所文献服务部的印章及吻合的骑缝章，已表明了该刊物的来源、国内馆藏的事实和各页面的关联性，因此该刊物属于能够在国内公共渠道获得的证据，在没有相反证据足以推翻的情况下，该刊物的真实性应当予以认定；且在其第 69～71 页上均载有"Architecture Australia September/October 1999"字样，对此请求人提交了相关中文译文，能够直观认定该《Architecture Australia》刊物为 1999 年 9 月/10 月期刊，同时在其出版信息页上标明版权标记"1999"字样，因此在没有相反证据足以推翻的情况下，合议组认定该期《Architecture Australia》刊物属于专利法第 23 条所规定的在本专利申请日（2005 年 5 月 27）以前公开的出版物，适用于本案。

在该 1999 年 9 月/10 月期《Architecture Australia》刊物第 71 页上登载了一幅室外夜景照片，其内公开了一款路灯灯杆的外观设计（下称在先设计）。从图片上观察，在先设计主要由上部细杆和下部粗杆组成，其结合部为近似圆台状过渡；上部细杆一侧从上至下贯穿暗条纹，其顶端连接近似圆柱形的顶帽；下部粗杆相对于上部细杆和结合部等处，可见其表面为条纹状麻面肌理，其下端连接底座部分；底座安装部分隐于地面下不可见（详见在先设计附图）。

本专利同样是路灯灯杆的外观设计，主要由上部细杆和下部粗杆组成，其结合部为近似圆台状过渡；上部细杆四面从上至下各设计有一条凹槽，其顶端连接近似圆柱形的顶帽，顶帽外表面为密排竖向条纹状肌理；下部粗杆表面为密排竖向条纹状肌理，其下端连接底座部分；底座安装部分为法兰盘（详见本专利附图）。

合议组认为：本专利和在先设计均为路灯灯杆的外观设计，用途相同，属于相同类别的产品，具有可比性。

将本专利与在先设计相比较，其主要不同点为：本专利上部细杆四面有条状凹槽设计，在先设计仅一侧可见条状贯穿纹；本专利下部粗杆表面为密排竖向条纹状肌理，在先设计可见条纹状麻面肌理；本专利有底部法兰盘设计，在先设计相应部位不可见。合议组认为：从整体视觉，对于本专利和在先设计所示的路灯灯杆而言，一般消费者所瞩目的主体设计是其上部细杆和下部粗杆的设计及其结合设计；顶帽部分相对于主体部分属于细小的局部设计，且位于不易引起一般消费者注意的最顶端，因此不足以对二者的整体外观设计产生显著的视觉影响；底座部分相对于主体部分也属于细小的局部设计，且其属于安装使用过程中的功能性部件，也不足以对二者的整体外观设计产生显著的视觉影响；而本专利上部细杆的条状凹槽长度长且深度浅，与在先设计显示出的条状贯穿纹在视觉上极为相近似，在此基础上本专利上部细杆的四面凹槽设计仅属于将单一凹槽设计在各面方向上进行简单的复制性设计，一般消费者在各面方向上观察均会产生类似在先设计的单一条状的视觉效果，因此此点差别对二者的整体视觉效果也不具有显著的影响；同时本专利下部粗杆的竖向条纹状肌理由于其过于密集，与在先设计显示出的条纹状麻面肌理在视觉感受上也无明显差别；因此二者的不同点均不足以导致其整体外观设计产生显著的视觉差别，本专利和在先设计无论是在主要组成部分的具体设计还是整体的结合设计以及光面肌理、麻面肌理部分的比例关系等方面的设计均是相近似的，二者应属于相近似的外观设计。

综上所述，在本专利申请日以前已有与其相近似的外观设计在出版物上公开发表过，本专利不符合专利法第 23 条的规定。

鉴于由上述认定已得出本专利不符合专利法所规定的授权条件的结论，本决定对请求人提出的其他理由和证据不再予以评述。

三、决定

宣告 200530036698.4 号外观设计专利权全部无效。

当事人对本决定不服的，可以根据专利法第 46 条第 2 款的规定，自收到本决定之日起三个月内向北京市第一中级人民法院起诉。根据该款的规定，一方当事人起诉后，另一方当事人应当作为第三人参加诉讼。

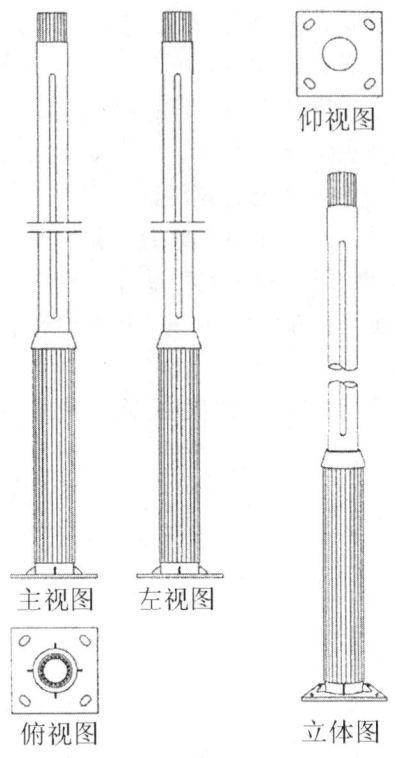

仰视图 主视图 左视图 俯视图 立体图

本专利附图

在先设计附图

家禽饲料架（一）

无效宣告请求审查决定（第10094号）

决 定 号	第10094号
决 定 日	2007年6月25日
发明创造名称	家禽饲料架（一）
外观设计分类号	30-03
无效宣告请求人	荔城区黄石七境塑料厂
专 利 权 人	林成铭
专 利 号	200430152554.0
申 请 日	2004年12月13日
授 权 公 告 日	2005年12月7日
合议组组长	张跃平
主 审 员	张雪飞
参 审 员	徐清平
附 图	1页
法 律 依 据	专利法第23条

决 定 要 点

生效行政处罚决定所记载的事实，在有其他证据佐证、且没有相反证据足以推翻的情况下，对该决定所记载的事实应予以采信。

一、案由

本无效宣告请求涉及2005年12月7日国家知识产权局授权公告的200430152554.0号外观设计专利，其产品名称是"家禽饲料架（一）"，申请日是2004年12月13日，专利权人是林成铭。

针对上述外观设计专利权（下称本专利），荔城区黄石七境塑料厂（下称请求人）于2006年4月28日向专利复审委员会提出无效宣告请求，其理由是本专利不符合专利法第23条的规定。请求人认为在本专利申请日前已经批量生产和销售了与本专利外观设计相同的产品，同时，请求人提交了如下附件作为证据：

附件1是莆田市荔城区工商行政管理局"荔工商处（2003）257号"行政处罚决定书复印件2页；

附件2是莆田市荔城区工商行政管理局黄石工商所查扣的产品照片和证明的翻拍照片1张；

附件3是莆田市荔城区工商行政管理局黄石工商所出具的证明及所附照片（原件）1页；

附件4是请求人87年成立时的营业执照复印件1页；

附件5是请求人2001年成立厂支部委员会当天拍的照片（扫描件）1页；

附件6是请求人2001年成立厂支部委员会当天拍的照片（扫描件）1页；

附件7是请求人2001年成立厂支部委员会当天拍的照片（扫描件）1页；

附件8是中国共产党莆田市荔城区黄石镇委员会出具的证明及所附照片（原件）1页；

附件9是莆田市荔城区黄石镇工会联合会出具的证明及所附照片（原件）1页；

附件10是莆田市荔城区黄石镇七境村民委员会及莆田市荔城区黄石镇人民政府出具的证明及所附照片（原件）1页；

附件11请求人的产品模具照片（原件）4张；

附件12本专利外观设计图片复印件1页；

附件13是专利权人产品广告照片（扫描件）1页。

专利复审委员会根据无效宣告请求审查程序的规定受理了该无效宣告请求，并于2006年8月9日将无效宣告请求书和证据的副本转送给专利权人，要求其在指定的期限内陈述意见。

2006年9月11日专利权人提交了意见陈述书，专利权人认为：附件1所示行政处罚决定书的内容只是表明请求人因不诚信而受到行政处罚，与本专利无关联性；附件2黄石工商所提供的照片中产品堆在一起，外观不清晰，无法与本专利对比，照片所示产品为违法产品，该证据不具合法性；附件3所示莆田市荔城区工商行政管理局黄石工商所出具的证明，其证词为黄石工商所事后根据请求人单方面提供的图片所作的证明，因请求人提供的图片来源及拍摄时间均不明确，无法确定其在申请日前就已生产并在市场上公开销售过，且出证日期距执法时间较远，故该证明的可信度及证明力均值得怀疑；附件4只能证明请求人在工商局的登记时间和经营范围，与本案没有丝毫联系；附件5~7的照片为请求人自行拍摄，拍摄时间及对象均不明确，不排除为事后布置场景根据需要拍摄的可能，且照片中的产品外观无法辨认；附件8~10分别为请求人所在地中共黄石镇委员会、黄石镇工会和黄石镇七境村委会出具的证明，由于其职责和工作与请求人有直接的利害关系，无法保证出示材料的客观公正性，该证明不可采信；附件11模具制造时间不能确定，且其证明对象不明，不能采信；附件13广告照片的来源及拍摄的时间均无法确认，不能采信。综上所述，请求人的无效宣告理由缺乏证据支持，因此，应当维持本专利有效。

专利复审委员会成立合议组对本案进行审理，于2007年2月2日向双方当事人发出口头审理通知书，定于2007年3月26日在专利复审委员会进行口头审理。同时将上述专利权人的意见陈述转送给请求人。

口头审理如期举行，双方委托的代理人及专利权人本人参加了审理。在口头审理过程中，请求人当庭出示了附件1、附件2、附件4至附件7、附件13的原件，当庭补充提交了莆田市荔城区工商行政管理局"工商听告字（2003）第61号"听证告知书原件（下称附件14）、莆田市荔城区工商行政管理局第0000848号财物清单原件（下称附件15）、中共黄石镇委员会"黄委发（2001）43号"文件（下称附件16）、莆田县总工会（批复）"荔工组字（2001）138号"文件（下称附件17）；合议组当庭将附件14至附件17转送专利权人。请求人认为，附件1~3可形成证据链，并与附件14、附件15相结合可佐证与本专利相同的产品在申请日前已公开使用；附件16、附件17可分别证明附件8、附件9所示出证单位的成立时间及所述销售事实；附件5~7为请求人厂支部成立大会时拍摄的部分照片，会议场所周围堆放的部分产品与本专利的外形结构相同；附件13为专利权人的广告照片，其上右侧举条幅的男孩是专利权人的儿子，该男孩现已长大为成人，因此，该照片也可佐证在本专利申请日前相同产品已经公开销售的事实。专利权人对附件1、附件14、附件15的真实性无异议，但认为附件1所示行政处罚决定书仅能证明请求人的不正当竞争行为，从该决定所列举的产品不能得出与本专利有对应关系；对附件2的真实性和合法性有异议；对附件3上莆田市荔城区工商行政管理局黄石工商所的印章没有异议，但对证明的内容有异议，因无经办人签名作证，且时间和来源也不明确；对附件4真实性没有异议；对附件5~7照片的真实性无异议，但对照片的形成时间和来源有异议，且照片中所示的产品不清楚，无法与本专利对比；对附件8~10、附件16和附件17的真实性均无异议，但认为出具证明的单位与请求人属于上下级的关系，其出具的证明无法保证客观公正性；附件11模具制造的时间无法确定；附件13照片形成的时间无法确定，但专利权人认可照片中的男孩是其儿子，并承认该男孩现已长大为成人的事实。对于上述证据中所涉及的莆田市荔城区工商行政管理局黄石工商所与莆田市荔城区工商行政管理局黄石分局的关系，请求人称该工商分局是该工商所的前身，该工商分局现已变更为该工商所，专利权人对此未提出异议。请求人认为附件2、附件3、附件8~10中所示产品及当庭指定的附件13中有关产品的外观设计与本专利相同；专利权人认为，附件2和附件13中所示产品为堆叠在一起或照片不清楚，无法与本专利进行对比，附件3、附件8~10所示产品外观设计与本专利不相同也不相近似。双方均坚持其原有主张。

在以上审理的基础上，合议组经合议，认为本案事实清楚，依法作出本审查决定。

二、决定的理由

1. 法律依据

基于请求人提出无效宣告请求所依据的事实和理由，合议组对本专利是否符合专利法第23条的规定进行审查。专利法第23条规定："授予专利权的外观设计，应当同申请日以前在国内外出版物上公开发表过或者国内公开使用过的外观设计不相同和不相近似，并不得与他人在先取得的合法权利相冲突。"

2. 证据和事实认定

请求人提交的附件1是莆田市荔城区工商行政管理局"荔工商处（2003）257号"行政处罚决定书，其上记载："当事人荔城区黄石镇七境村塑料厂，在自己生产的塑料制品上标注'南洋塑料制品有限公司'和'普江竹塑厂'为厂名，于2003年10月9日被我局黄石分局查获……违反了《产品质量法》第30条之规定，属伪造产品厂名行为。根据《产品质量法》第53条之规定，本局决定作如下处罚：责令改正，并处罚款人民币5000元，上缴财政"；附件2是莆田市荔城区工商行政管理局黄石工商所查扣的产品照片，及其出具的证明，其证明内容是："2003年10月20日黄石工商所到黄石七境塑料厂当场检查拍照图片"；附件3是莆田市荔城区工商行政管理局黄石工商所出具的证明，其内容是："本工商行政管理局黄石工商所曾经于2003年10月9日对荔城区黄石七境村塑料厂生产的标注'南洋塑料制品有限公司'和'普江竹塑厂'的29600件塑料制品盆、桶作出荔工商处（2003）257号行政处罚，在该次行政处罚中的部分产品的外形结构与上述图片中的产品外形结构完全相同。在处罚的当年以前，该产品在本地区老百姓的日常生活中就早已广泛使用"；附件13是专利权人产品广告照片，在照片的正面显示有各种日用塑料产品，及由两人举起的"莆田市涵江区成铭日用品经营部"的条幅，照片的背面印有"本经营部多年经营再生塑料产品，农用品、日用品，集各厂家优质，畅销产品之大成。历年来积累了不少经验，产品销路广泛……"；附件14是莆田市荔城区工商行政管理局"工商听告字（2003）第61号"听证告知书，其上记载："你厂在自己生产的塑料制品上标注'南洋塑料制品有限公司'和'普江竹塑厂'为厂名，于2003年10月9日被我局黄石分局查获……违反了《产品质量法》第30条规定，属伪造厂名行为。根据《产品质量法》第53条之规定，本局拟作如下处罚：责令整改，并处罚款人民币5000元，上缴财政"，落款日期为2003年11月6日；附件15是莆田市荔城区工商行政管理局第0000848号财物清单，其上记载"现金、人民币、5000元整、当事人/保管人：陈益博、2003年10月20日、承办人：翁少军、李胜辉、2003年10月20日"；请求人在口头审理时出示了上述证据的原件。专利权人对附件1、附件14、附件15的真实性无异议，但认为附件1莆田市荔城区工商行政管理局行政处罚书仅证明请求人的不正当竞争行为，从行政处罚书所列举的产品中不能得出与本专利有对应关系；对附件2的真实性和合法性有异议，认为其上无时间及经办人的签名，请求人的产品是违法的，不能作为证据使用；对附件3上莆田市荔城区工商行政管理局黄石工商所的印章没有异议，但对证明的内容有异议，因无经办人的签名和作证，时间和来源也不明确；认为附件13照片形成的时间无法确定，但专利权人认可照片中的男孩是专利权人的儿子，承认其儿子现已长大为成人的事实。

合议组认为：

附件14和附件15虽然是在提出无效宣告请求之日起一个月后提交的，但其是对附件1所证明的具体事实的补充证明，根据2001年审查指南的相关规定（本无效宣告请求日在2006年7月1日之前，按照《施行修订后审查指南的过渡办法》的规定，对自无效宣告请求之日起一个月后提出的新理由、新证据的审查应适用2001年10月18日公布的审查指南），其不属于不予考虑的新证据。

附件1、附件14和附件15可以证明在本专利申请日前，请求人因违反《产品质量法》相关规定，受到荔城区工商行政管理局的行政处罚，并缴纳了罚款的事实；附件2、附件3所示照片来源及原照片形成的时间或照片中产品所公开使用的时间在莆田市荔城区工商行政管理局黄石工商所出具的证明中已予以证明，并加盖有莆田市荔城区工商行政管理局黄石工商所印章；同时附件15中请求人缴纳罚款的时间，也与附件2中莆田市荔城区工商行政管理局黄石工商所到黄石七境塑料厂当场检查拍照图片的时间相对应，罚款金额与附件1、附件14和附件15中所述的金额相对应；附件3中莆田市荔城区工商行政管理局黄石工商所证明的内容与附件1和附件14中所记载的内容一致；虽然行政处罚决定中请求人伪造他人厂名从事生产活动的行为是违法的，但并不影响该生效决定所记载事实涉及的产品作为证据的合法性，在没有相反证据足以推翻的情况下，对该决定中所记载的事实应予采信；附件13虽然未标明其形成的时间，但从专利权人认可其上举条幅的男孩现已长大为成人的事实可推定该证据形成于本专利申请日之前。

综上，请求人提交的附件1~3、附件14和附件15相互印证，可以证明所涉及的生产销售事实的时间在本专利申请日之前，同时根据附件13照片所示相关产品，也可佐证在本专利申请日前已经公开销售使用相关产品的事实。因此，上述证据中所涉及产品的外观设计，属于在本专利申请日前已经公开使用过的外观设计。

3. 外观设计对比

本专利和附件3所示产品的外观设计（下称在先设计）均为家禽饲料架的外观设计，其用途相同，属于相同类别的产品，故对二者外观设计作如下对比：

本专利由上盖和底盘两部分组成；上盖呈圆台状内凹，顶面两边呈近似桔瓣形相对掏空形成中间隆起的条状提手，圆周面均匀掏空呈若干拱形门洞；底盘为倒圆台状内凹，内底面和底部均有圆形设计（详见本专利附图）。

在先设计由上部盖体和下部盘体两部分结合而成；上部盖体呈圆台状内凹，顶面两边呈近似桔瓣形相对掏空形成中间的条状提手，圆周面均匀掏空呈若干拱形门洞；下部盘体为近似倒圆台状内凹，内底面有圆形设计，底部不可见（详见在先设计附图）。

将本专利与在先设计相比较，二者主要不同之处为：本专利提手呈弧形隆起，在先设计为平面提手；本专利底部有圆形设计，在先设计底部不可见。合议组认为：从整体视觉观察，二者提手的不同明显属于局部细微差别，且下部底盘的底部属于在使用过程中不易见到的部位，因此均不足以对二者的整体外观设计产生显著的影响，本专利和在先设计的各部分具体形状设计及其比例关系、组合设计均是相同或者相近似的，导致二者在组合使用过程中的视觉效果极为相近似，容易导致一般消费者的误认、混同，因此二者应属于相近似的外观设计。

综上所述，在本专利申请日前已有与其相近似的外观设计在国内公开使用过，因此，本专利不符合专利法第23条的规定。

鉴于已得出上述结论，本决定对请求人提出的其他证据不再作出评述。

三、决定

宣告200430152554.0号外观设计专利权全部无效。

当事人对本决定不服的，可以根据专利法第46条第2款的规定，自收到本决定之日起三个月内向北京市第一中级人民法院起诉。根据该款的规定，一方当事人起诉后，另一方当事人应当作为第三人参加诉讼。

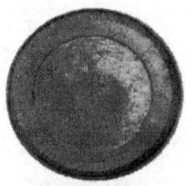
仰视图

主视图

左视图

上盖立体图

底盘立体图

俯视图

本专利附图

在先设计附图

奋 斗

无效宣告请求审查决定（第 10095 号）

决　定　号	第 10095 号
决　定　日	2007 年 6 月 25 日
发明创造名称	奋　斗
外观设计分类号	07-05
无效宣告请求人	荔城区黄石七境塑料厂
专　利　权　人	林成铭
专　利　号	200430152558.9
申　请　日	2004 年 12 月 13 日
授权公告日	2006 年 2 月 22 日
合议组组长	张跃平
主　审　员	张雪飞
参　审　员	徐清平
附　　图	1 页
法　律　依　据	专利法第 23 条

决　定　要　点

生效行政处罚决定所记载的事实，在有其他证据佐证，且没有相反证据足以推翻的情况下，对该决定所记载的事实应予以采信。

一、案由

本无效宣告请求涉及 2006 年 2 月 22 日国家知识产权局授权公告的 200430152558.9 号外观设计专利，其产品名称是"奋斗"，申请日是 2004 年 12 月 13 日，专利权人是林成铭。

针对上述外观设计专利权（下称本专利），荔城区黄石七境塑料厂（下称请求人）于 2006 年 4 月 28 日向专利复审委员会提出无效宣告请求，其理由是本专利不符合中国专利法第 23 条的规定。请求人认为在本专利申请日前已经批量生产和销售了与本专利外观设计相同的产品，同时，请求人提交了如下附件作为证据：

附件 1 是莆田市荔城区工商行政管理局"荔工商处（2003）257 号"行政处罚决定书复印件 2 页；

附件 2 是莆田市荔城区工商行政管理局黄石工商所查扣的产品照片和证明的翻拍照片 1 张；

附件 3 是莆田市荔城区工商行政管理局黄石工商所出具的证明及所附照片（原件）1 页；

附件4是请求人1987年成立时的营业执照复印件1页；

附件5是请求人2001年成立厂支部委员会当天拍的照片（扫描件）1页；

附件6是请求人2001年成立厂支部委员会当天拍的照片（扫描件）1页；

附件7是请求人2001年成立厂支部委员会当天拍的照片（扫描件）1页；

附件8是中国共产党莆田市荔城区黄石镇委员会出具的证明及所附照片（原件）1页；

附件9是莆田市荔城区黄石镇工会联合会出具的证明及所附照片（原件）1页；

附件10是莆田市荔城区黄石镇七境村民委员会及莆田市荔城区黄石镇人民政府出具的证明及所附照片（原件）1页；

附件11请求人的产品模具照片（原件）2张；

附件12本专利外观设计图片复印件1页；

附件13是专利权人产品广告照片（扫描件）1页。

专利复审委员会根据无效宣告请求审查程序的规定受理了该无效宣告请求，并于2006年5月31日将无效宣告请求书和证据的副本转送给专利权人，要求其在指定的期限内陈述意见。

2006年6月22日专利权人提交了意见陈述书，专利权人认为：附件1为复印件，对其真实性有异议，所示行政处罚决定书的内容只是表明请求人因不诚信而受到行政处罚，与本专利无关联性；附件2所示黄石工商所提供的照片出处不明，且照片中的产品外观无法辨认，故不能采信；附件3所示黄石工商所出具的证明，其证词来源不明，无法支持请求人的观点；附件4来源不明，无法确认其真实性；附件5~7的照片为请求人自行拍摄，拍摄时间及出处不明，照片中的产品外观均难以识别，不能采信；附件8~10分别为请求人所在地中共黄石镇委员会、黄石镇工会和黄石镇七境村委会于2006年4月17日出具的证明，均来源不明，不可采信；附件11所示模具照片的来源及其证明对象不明，不能采信；附件12不能支持请求人的观点；附件13所示广告照片的来源不明，且无法表明该照片为公开出版物，不能采信。综上所述，请求人的无效宣告理由缺乏证据支持，因此，应当维持本专利有效。

专利复审委员会成立合议组对本案进行审理，于2007年2月2日向双方当事人发出口头审理通知书，定于2007年3月26日在专利复审委员会进行口头审理。同时将上述专利权人的意见陈述转送给请求人。

口头审理如期举行，双方委托的代理人及专利权人本人参加了审理。在口头审理过程中，请求人当庭出示了附件1、附件2、附件4~7、附件13的原件，当庭补充提交了莆田市荔城区工商行政管理局"工商听告字（2003）第61号"听证告知书原件（下称附件14）、莆田市荔城区工商行政管理局第0000848号财物清单原件（下称附件15）、中共黄石镇委员会"黄委发（2001）43号"文件（下称附件16）、莆田县总工会（批复）"荔工组字（2001）138号"文件（下称附件17）；合议组当庭将附件14~17转送专利权人。请求人认为，附件1~3可形成证据链，并与附件14、附件15相结合可佐证与本专利相同的产品在申请日前已公开使用；附件16、附件17可分别证明附件8、附件9所示出证单位的成立时间及所述销售事实；附件5~7为请求人厂支部成立大会时拍摄的部分照片，会议场所周围堆放的部分产品与本专利的外形结构相同；附件13为专利权人的广告照片，其上右侧举条幅的男孩是专利权人的儿子，该男孩现已长大为成人，因此，该照片也可佐证在本专利申请日前相同产品已经公开销售的事实。专利权人对附件1、附件14、附件15的真实性无异议，但认为附件1所示行政处罚决定书仅能证明请求人的不正当竞争行为，从该决定所列举的产品不能得出与本专利有对应关系；对附件2的真实性和合法性有异议；对附件3上莆田市荔城区工商行政管理局黄石工商所的印章没有异议，但对证明的内容有异议，因无经办人签名作证，且时间和来源也不明确；对附件4真实性没有异议；对附件5~7照片的真实性无异议，但对照片的形成时间和来源有异议，且照片中所示的产品不清楚，无法与本专利对比；对附件8~10、附件16和附件17的真实性均无异议，但认为出具证明的单位与请求人属于上下级的关系，其出具的证明无法保证客观公正性；附件11模具制造的时间无法确定；附件13照片形成的时间无法确定，但专利权人认可照片中的男孩是其儿子，并承认该男孩现已长大为成人的事实。对于上述证据中所涉及的莆田市荔城区工商行政管理局黄石工商所与莆田市荔城区工商行政管理局黄石分局的关系，请求人称该工商分局是该工商所的前身，该工商分局现已变更为该工商所，专利权人对此未提出异议。请求人认为附件2、附件3、附件8~10中所示产品及当庭指定的附件13中有关产品的外观设计与本专利相同；专利权人认为，附件2和附件13中所示产品不清楚，无法与本专利进行对比，附件3、附件8~10所示产品外观设计与本专利相近似。双方均坚持其原有主张。

在以上审理的基础上，合议组经合议，认为本案事实清楚，依法作出本审查决定。

二、决定的理由

1. 法律依据

基于请求人提出无效宣告请求所依据的事实和理由，合议组对本专利是否符合专利法第23条的规定进行审查。专利法第23条规定："授予专利权的外观设计，应当同申请日以前在国内外出版物上公开发表过或者国内公开使用过的外观设计不相同和不相近似，并不得与他人在先取得的合法权利相冲突。"

2. 证据和事实认定

请求人提交的附件1是莆田市荔城区工商行政管理局"荔工商处（2003）257号"行政处罚决定书，其上记载"当事人荔城区黄石镇七境村塑料厂，在自己生产的塑料制品上标注'南洋塑料制品有限公司'和'普江竹塑厂'为厂名，于2003年10月9日被我局黄石分局查获……违反了《产品质量法》第30条之规定，属伪造产品厂名行为。根据《产品质量法》第53条之规定，本局决定作如下处罚：责令改正，并处罚款人民币5000元，上缴财政"；附件2是莆田市荔城区工商行政管理局黄石工商所查扣的产品照片，及其出具的证明，其证明内容是："2003年10月20日黄石工商所到黄石七境塑料厂当场检查拍照图片"；附件3是莆田市荔城区工商行政管理局黄石工商所出具的证明，其内容是："本工商行政管理局黄石工商所曾经于2003年10月9日对荔城区黄石七境村塑料厂生产的标注'南洋塑料制品有限公司'和'普江竹塑厂'的29600件塑料制品盆、桶作出荔工商处（2003）257号行政处罚，在该次行政处罚中的部分产品的外形结构与上述图片中的产品外形结构完全相同。在处罚的当年以前，该产品在本地区老百姓的日常生活中就早已广泛使用"；附件13是专利权人产品广告照片，在照片的正面显示有各种日用塑料产品，及由两人举起的"莆田市涵江区成铭日用品经营部"的条幅，照片的背面印有"本经营部多年经营再生塑料产品，农用品、日用品，集各厂家优质，畅销产品之大成。历年来积累了不少经验，产品销路广泛……"；附件14是莆田市荔城区工商行政管理局"工商听告字（2003）第61号"听证告知书，其上记载："你厂在自己生产的塑料制品上标注'南洋塑料制品有限公司'和'普江竹塑厂'为厂名，于2003年10月9日被我局黄石分局查获……违反了《产品质量法》第30条规定，属伪造厂名行为。根据《产品质量法》第53条之规定，本局拟作如下处罚：责令整改，并处罚款人民币5000元，上缴财政"，落款日期为2003年11月6日；附件15是莆田市荔城区工商行政管理局第0000848号财物清单，其上记载"现金、人民币、5000元整、当事人/保管人：陈益博、2003年10月20日、承办人：翁少军、李胜辉、2003年10月20日"；请求人在口头审理时出示了上述证据的原件。专利权人对附件1、附件14、附件15的真实性无异议，但认为附件1莆田市荔城区工商行政管理局行政处罚书仅证明请求人的不正当竞争行为，从行政处罚书所列举的产品中不能得出与本专利有对应关系；对附件2的真实性和合法性有异议，认为其上无时间及经办人的签名，请求人的产品是违法的，不能作为证据使用；对附件3上莆田市荔城区工商行政管理局黄石工商所的印章没有异议，但对证明的内容有异议，因无经办人的签名和作证，时间和来源也不明确；认为附件13照片形成的时间无法确定，但专利权人认可照片中的男孩是专利权人的儿子，承认其儿子现已长大为成人的事实。

合议组认为：

附件14和附件15虽然是在提出无效宣告请求之日起一个月后提交的，但其是对附件1所证明的具体事实的补充证明，根据2001年审查指南的相关规定（本无效宣告请求日在2006年7月1日之前，按照《施行修订后审查指南的过渡办法》的规定，对自无效宣告请求之日起一个月后提出的新理由、新证据的审查应适用2001年10月18日公布的审查指南），其不属于不予考虑的新证据。

附件1、附件14和附件15可以证明在本专利申请日前，请求人因违反《产品质量法》相关规定，受到荔城区工商行政管理局的行政处罚，并缴纳了罚款的事实；附件2、附件3所示照片来源及原照片形成的时间或照片中产品所公开使用的时间在莆田市荔城区工商行政管理局黄石工商所出具的证明中已予以证明，并加盖有莆田市荔城区工商行政管理局黄石工商所印章；同时附件15中请求人缴纳罚款的时间，也与附件2中莆田市荔城区工商行政管理局黄石工商所到黄石七境塑料厂当场检查拍照图片的时间相对应，罚款金额与附件1、附件14和附件15中所述的金额相对应；附件3中莆田市荔城区工商行政管理局黄石工商所证明的内容与附件1和附件14中所记载的内容一致；虽然行政处罚决定中请求人伪造他人厂名从事生产活动的行为是违法的，但并不影响该生效决定所记载事实涉及的产品作为证据的合法性，在没有相反证据足以推翻的情况下，对该决定中所记载的事实应予采信；附件13虽然未标明其形成的时间，但从专利权人认可其上举条幅的男孩现已长大为成人的事实可推定该证据形成于本专利申请日之前。

综上，请求人提交的附件1~3、附件14和附件15相互印证，可以证明所涉及的生产销售事实的时间在本专利申请日之前，同时根据附件13照片所示相关产品，也可佐证在本专利申请日前已经公开销售使用相关产品的事实。因此，上述证据中所涉及产品的外观设计，属于在本专利申请日前已经公开使用过的外观设计。

3. 外观设计对比

本专利和附件3所示产品的外观设计（下称在先设计）均为畚斗的外观设计，其用途相同，属于相同类别的产品，故对二者外观设计作如下对比：

本专利的整体形状为近似梯台形内凹，后端和两侧竖起肋板，后端肋板后部设插孔部，两侧肋板前部为近似波浪形下切（详见本专利附图）。

在先设计的整体形状为近似梯台形内凹，后端和两侧竖起肋板，后端肋板中部设插孔部，两侧肋板前部为斜线下切（详见在先设计附图）。

将本专利与在先设计相比较，二者主要不同之处为：插孔部的位置不同，两侧肋板前部的下切形状不同。合议组认为：从整体视觉观察，二者插孔部的位置变化和两侧肋板前部的线形变化均属于局部细微差别，均不足以改变传统楔形簸箕形状的整体视觉效果，因此均不足以对二者的整体外观设计产生显著的影响，一般消费者容易产生误认、混同，二者应属于相近似的外观设计。

综上所述，在本专利申请日前已有与其相近似的外观设计在国内公开使用过，因此，本专利不符合专利法第23条的规定。

鉴于已得出上述结论，本决定对请求人提出的其他证据不再作出评述。

三、决定

宣告 200430152558.9 号外观设计专利权全部无效。

当事人对本决定不服的，可以根据专利法第 46 条第 2 款的规定，自收到本决定之日起三个月内向北京市第一中级人民法院起诉。根据该款的规定，一方当事人起诉后，另一方当事人应当作为第三人参加诉讼。

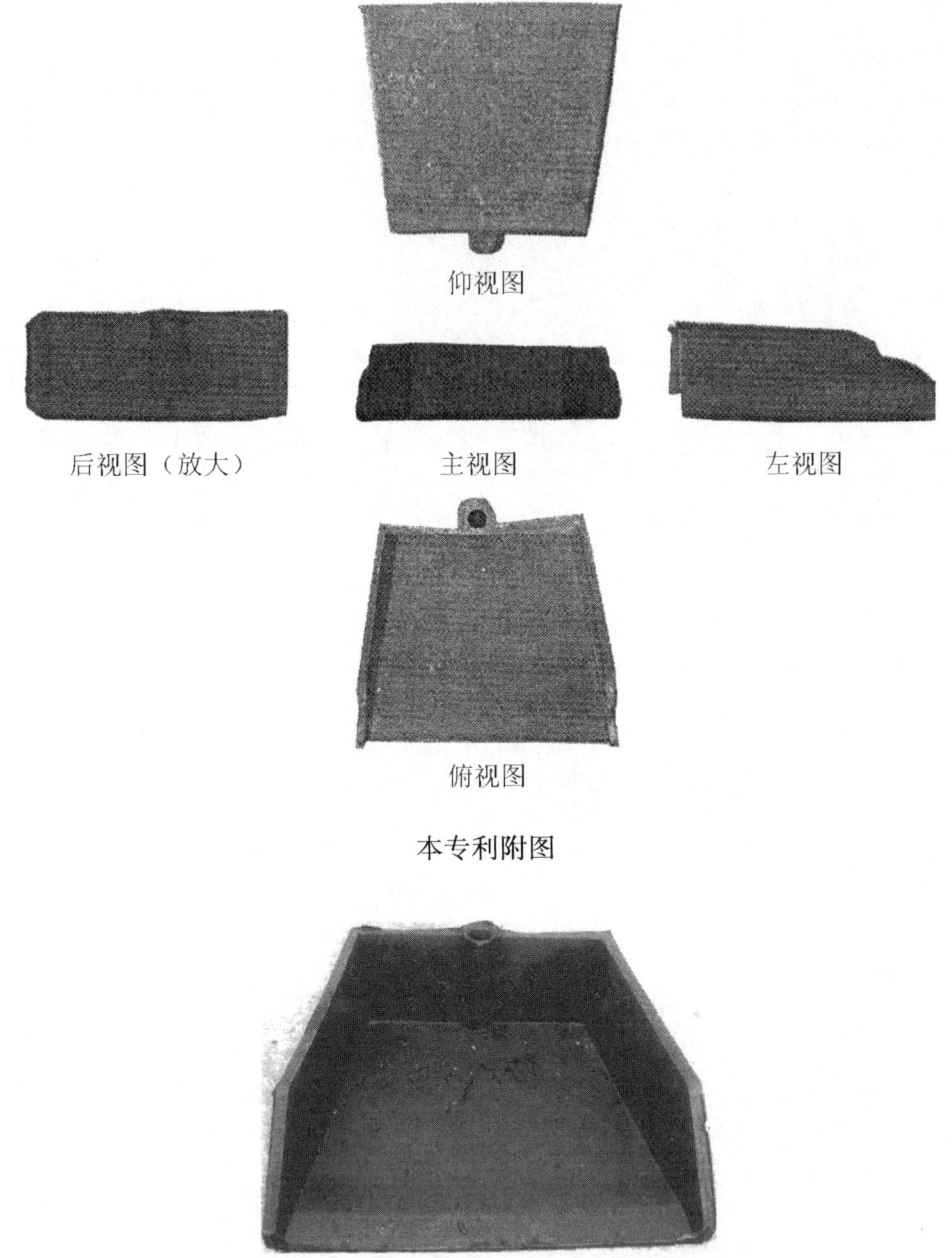

仰视图

后视图（放大）　　主视图　　左视图

俯视图

本专利附图

在先设计附图

施工用水泥托盘

无效宣告请求审查决定（第 10096 号）

决 定 号	第 10096 号
决 定 日	2007 年 6 月 25 日
发明创造名称	施工用水泥托盘
外观设计分类号	08-05
无效宣告请求人	荔城区黄石七境塑料厂
专 利 权 人	林成铭
专 利 号	200430152556.X
申 请 日	2004 年 12 月 13 日
授 权 公 告 日	2006 年 2 月 22 日
合议组组长	张跃平
主 审 员	张雪飞
参 审 员	徐清平
附 图	1 页
法 律 依 据	专利法第 23 条

决 定 要 点

生效行政处罚决定所记载的事实，在有其他证据佐证、且没有相反证据足以推翻的情况下，对该决定所记载的事实应予以采信。

一、案由

本无效宣告请求涉及 2006 年 2 月 22 日国家知识产权局授权公告的 200430152556.X 号外观设计专利，其产品名称是"施工用水泥托盘"，申请日是 2004 年 12 月 13 日，专利权人是林成铭。

针对上述外观设计专利权（下称本专利），荔城区黄石七境塑料厂（下称请求人）于 2006 年 4 月 28 日向专利复审委员会提出无效宣告请求，其理由是本专利不符合专利法第 23 条的规定。请求人认为在本专利申请日前已经批量生产和销售了与本专利外观设计相同的产品，同时，请求人提交了如下附件作为证据：

附件 1 是莆田市荔城区工商行政管理局"荔工商处（2003）257 号"行政处罚决定书复印件 2 页；

附件 2 是莆田市荔城区工商行政管理局黄石工商所查扣的产品照片和证明的翻拍照片 1 张；

附件 3 是莆田市荔城区工商行政管理局黄石工商所出具的证明及所附照片（原件）1 页；

附件4是请求人1987年成立时的营业执照复印件1页；

附件5是请求人2001年成立厂支部委员会当天拍的照片（扫描件）1页；

附件6是请求人2001年成立厂支部委员会当天拍的照片（扫描件）1页；

附件7是请求人2001年成立厂支部委员会当天拍的照片（扫描件）1页；

附件8是中国共产党莆田市荔城区黄石镇委员会出具的证明及所附照片（原件）1页；

附件9是莆田市荔城区黄石镇工会联合会出具的证明及所附照片（原件）1页；

附件10是莆田市荔城区黄石镇七境村民委员会及莆田市荔城区黄石镇人民政府出具的证明及所附照片（原件）1页；

附件11请求人的产品模具照片（原件）2张；

附件12本专利外观设计图片复印件1页；

附件13是专利权人产品广告照片（扫描件）1页。

专利复审委员会根据无效宣告请求审查程序的规定受理了该无效宣告请求，并于2006年5月29日将无效宣告请求书和证据的副本转送给专利权人，要求其在指定的期限内陈述意见。

2006年6月22日专利权人提交了意见陈述书，专利权人认为：附件1为复印件，对其真实性有异议，所示行政处罚决定书的内容只是表明请求人因不诚信而受到行政处罚，与本专利无关联性；附件2所示黄石工商所提供的照片出处不明，且照片中的产品外观无法辨认，故不能采信；附件3所示黄石工商所出具的证明，其证词来源不明，无法支持请求人的观点；附件4来源不明，无法确认其真实性；附件5~7的照片为请求人自行拍摄，拍摄时间及出处不明，照片中的产品外观均难以识别，不能采信；附件8~10分别为请求人所在地中共黄石镇委员会、黄石镇工会和黄石镇七境村委会于2006年4月17日出具的证明，均来源不明，不可采信；附件11所示模具照片的来源及其证明对象不明，不能采信；附件12不能支持请求人的观点；附件13所示广告照片的来源不明，且无法表明该照片为公开出版物，不能采信。综上所述，请求人的无效宣告理由缺乏证据支持，因此，应当维持本专利有效。

专利复审委员会成立合议组对本案进行审理，于2007年2月2日向双方当事人发出口头审理通知书，定于2007年3月26日在专利复审委员会进行口头审理。同时将上述专利权人的意见陈述转送给请求人。

口头审理如期举行，双方委托的代理人及专利权人本人参加了审理。在口头审理过程中，请求人当庭出示了附件1、附件2、附件4至附件7、附件13的原件，当庭补充提交了莆田市荔城区工商行政管理局"工商听告字（2003）第61号"听证告知书原件（下称附件14）、莆田市荔城区工商行政管理局第0000848号财物清单原件（下称附件15）、中共黄石镇委员会"黄委发（2001）43号"文件（下称附件16）、莆田县总工会（批复）"荔工组字（2001）138号"文件（下称附件17）；合议组当庭将附件14~17转送专利权人。请求人认为，附件1~3可形成证据链，并与附件14、附件15相结合可佐证与本专利相同的产品在申请日前已公开使用；附件16、附件17可分别证明附件8、附件9所示出证单位的成立时间及所述销售事实；附件5~7为请求人厂支部成立大会时拍摄的部分照片，会议场所周围堆放的部分产品与本专利的外形结构相同；附件13为专利权人的广告照片，其上右侧举条幅的男孩是专利权人的儿子，该男孩现已长大为成人。专利权人对附件1、附件14、附件15的真实性无异议，但认为附件1所示行政处罚决定书仅能证明请求人的不正当竞争行为，从该决定所列举的产品不能得出与本专利有对应关系；对附件2的真实性和合法性有异议；对附件3上莆田市荔城区工商行政管理局黄石工商所的印章没有异议，但对证明的内容有异议，因无经办人签名作证，且时间和来源也不明确；对附件4真实性没有异议；对附件5~7照片的真实性无异议，但对照片的形成时间和来源有异议，且照片中所示的产品不清楚，无法与本专利对比；对附件8~10、附件16和附件17的真实性均无异议，但认为出具证明的单位与请求人属于上下级的关系，其出具的证明无法保证客观公正性；附件11模具制造的时间无法确定；附件13照片形成的时间无法确定，但专利权人认可照片中的男孩是其儿子，并承认该男孩现已长大为成人的事实。对于上述证据中所涉及的莆田市荔城区工商行政管理局黄石工商所与莆田市荔城区工商行政管理局黄石分局的关系，请求人称该工商分局是该工商所的前身，该工商分局现已变更为该工商所，专利权人对此未提出异议。请求人认为附件2、附件3、附件8~10中所示产品的外观设计与本专利相同；专利权人认可上述产品的外观设计均与本专利相近似。双方均坚持其原有主张。

在以上审理的基础上，合议组经合议，认为本案事实清楚，依法作出本审查决定。

二、决定的理由

1. 法律依据

基于请求人提出无效宣告请求所依据的事实和理由，合议组对本专利是否符合专利法第23条的规定进行审查。专利法第23条规定："授予专利权的外观设计，应当同申请日以前在国内外出版物上公开发表过或者国内公开使用过的外观设计不相同和不相近似，并不得与他人在先取得的合法权利相冲突。"

2. 证据和事实认定

请求人提交的附件1是莆田市荔城区工商行政管理局"荔工商处（2003）257号"行政处罚决定书，其上记载："当事人荔城区黄石镇七境村塑料厂，在自己生产的塑料制品上标注'南洋塑料制品有限公司'和'普江竹塑厂'为厂名，于2003年10月9日被我局黄石分局查获……违反了《产品质量法》第30条之规定，属伪造产品厂名行为。根据《产品质量法》第53条之规定，本局决定作如下处罚：责令改正，并处罚款人民币5000元，上缴财政"；附件2是莆田市荔城区工商行政管理局黄石工商所查扣的产品照片，及其出具的证明，其证明内容是："2003年10月20日黄石工商所到黄石七境塑料厂当场检查拍照图片"；附件3是莆田市荔城区工商行政管理局黄石工商所出具的证明，其内容是："本工商行政管理局黄石工商所曾经于2003年10月9日对荔城区黄石七境村塑料厂生产的标注'南洋塑料制品有限公司'和'普江竹塑厂'的29600件塑料制品盆、桶作出荔工商处（2003）257号行政处罚，在该次行政处罚中的部分产品的外形结构与上述图片中的产品外形结构完全相同。在处罚的当年以前，该产品在本地区老百姓的日常生活中就早已广泛使用"；附件14是莆田市荔城区工商行政管理局"工商听告字（2003）第61号"听证告知书，其上记载："你厂在自己生产的塑料制品上标注'南洋塑料制品有限公司'和'普江竹塑厂'为厂名，于2003年10月9日被我局黄石分局查获……违反了《产品质量法》第30条规定，属伪造厂名行为。根据《产品质量法》第53条之规定，本局拟作如下处罚：责令整改，并处罚款人民币5000元，上缴财政"，落款日期为2003年11月6日；附件15是莆田市荔城区工商行政管理局第0000848号财物清单，其上记载"现金、人民币、5000元整、当事人/保管人：陈益博、2003年10月20日、承办人：翁少军、李胜辉、2003年10月20日"；请求人在口头审理时出示了上述证据的原件。专利权人对附件1、附件14、附件15的真实性无异议，但认为附件1莆田市荔城区工商行政管理局行政处罚书仅证明请求人的不正当竞争行为，从行政处罚书所列举的产品中不能得出与本专利有对应关系；对附件2的真实性和合法性有异议，认为其上无时间及经办人的签名，请求人的产品是违法的，不能作为证据使用；对附件3上莆田市荔城区工商行政管理局黄石工商所的印章没有异议，但对证明的内容有异议，因无经办人的签名和作证，时间和来源也不明确。

合议组认为：

附件14和附件15虽然是在提出无效宣告请求之日起一个月后提交的，但其是对附件1所证明的具体事实的补充证明，根据2001年审查指南的相关规定（本无效宣告请求日在2006年7月1日之前，按照《施行修订后审查指南的过渡办法》的规定，对自无效宣告请求之日起一个月后提出的新理由、新证据的审查应适用2001年10月18日公布的审查指南），其不属于不予考虑的新证据。

附件1、附件14和附件15可以证明在本专利申请日前，请求人因违反《产品质量法》相关规定，受到荔城区工商行政管理局的行政处罚，并缴纳了罚款的事实；附件2、附件3所示照片来源及原照片形成的时间或照片中产品所公开使用的时间在莆田市荔城区工商行政管理局黄石工商所出具的证明中已予以证明，并加盖有莆田市荔城区工商行政管理局黄石工商所印章；同时附件15中请求人缴纳罚款的时间，也与附件2中莆田市荔城区工商行政管理局黄石工商所到黄石七境塑料厂当场检查拍照图片的时间相对应，罚款金额与附件1、附件14和附件15中所述的金额相对应；附件3中莆田市荔城区工商行政管理局黄石工商所证明的内容与附件1和附件14中所记载的内容一致；虽然行政处罚决定中请求人伪造他人厂名从事生产活动的行为是违法的，但并不影响该生效决定所记载事实涉及的产品作为证据的合法性，在没有相反证据足以推翻的情况下，对该决定中所记载的事实应予采信。

综上，请求人提交的附件1~3、附件14和附件15相互印证，可以证明所涉及的生产销售事实的时间在本专利申请日之前，因此，上述证据中所涉及产品的外观设计，属于在本专利申请日前已经公开使用过的外观设计。

3. 外观设计对比

本专利和附件3所示产品的外观设计（下称在先设计）均为施工用托盘的外观设计，其用途相同，属于相同类别的产品，故对二者外观设计作如下对比：

本专利的整体形状以扁平的圆角方形片为底盘，其中部凸起有一定锥度的近似圆柱体（详见本专利附图）。

在先设计的整体形状以扁平的圆角方形片为底盘，其中部凸起有一定锥度的近似圆柱体（详见在先设计附图）。

将本专利与在先设计相比较，合议组认为：从整体视觉观察，二者各个部分的具体设计和组合位置的设计均是相同的，应属于相同的外观设计。

综上所述，在本专利申请日前已有与其相同的外观设计在国内公开使用过，因此，本专利不符合专利法第23条的规定。

鉴于已得出上述结论，本决定对请求人提出的其他证据不再作出评述。

三、决定

宣告200430152556.X号外观设计专利权全部无效。

当事人对本决定不服的，可以根据专利法第46条第2款的规定，自收到本决定之日起三个月内向北京市第一中级人民法院起诉。根据该款的规定，一方当事人起诉后，另一方当事人应当作为第三人参加诉讼。

仰视图

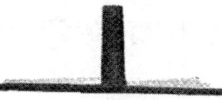

主视图

俯视图

本专利

在先设计

夜壶（一）

无效宣告请求审查决定（第 10097 号）

决　定　号	第 10097 号
决　定　日	2007 年 6 月 25 日
发明创造名称	夜壶（一）
外观设计分类号	09-09
无效宣告请求人	荔城区黄石七境塑料厂
专　利　权　人	林成铭
专　利　号	200430152542.8
申　请　日	2004 年 12 月 13 日
授权公告日	2006 年 2 月 22 日
合议组组长	张跃平
主　审　员	张雪飞
参　审　员	徐清平
附　　　图	1 页

法　律　依　据　专利法第 23 条

决　定　要　点

生效行政处罚决定所记载的事实，在有其他证据佐证、且没有相反证据足以推翻的情况下，对该决定所记载的事实应予以采信。

一、案由

本无效宣告请求涉及 2006 年 2 月 22 日国家知识产权局授权公告的 200430152542.8 号外观设计专利，其产品名称是"夜壶（一）"，申请日是 2004 年 12 月 13 日，专利权人是林成铭。

针对上述外观设计专利权（下称本专利），荔城区黄石七境塑料厂（下称请求人）于 2006 年 4 月 28 日向专利复审委员会提出无效宣告请求，其理由是本专利不符合专利法第 23 条的规定。请求人认为在本专利申请日前已经批量生产和销售了与本专利外观设计相同的产品，同时，请求人提交了如下附件作为证据：

附件 1 是莆田市荔城区工商行政管理局"荔工商处（2003）257 号"行政处罚决定书复印件 2 页；

附件 2 是莆田市荔城区工商行政管理局黄石工商所查扣的产品照片和证明的翻拍照片 1 张；

附件 3 是莆田市荔城区工商行政管理局黄石工商所出具的证明及所附照片（原件）1 页；

附件4是请求人1987年成立时的营业执照复印件1页；

附件5是请求人2001年成立厂支部委员会当天拍的照片（扫描件）1页；

附件6是请求人2001年成立厂支部委员会当天拍的照片（扫描件）1页；

附件7是请求人2001年成立厂支部委员会当天拍的照片（扫描件）1页；

附件8是中国共产党莆田市荔城区黄石镇委员会出具的证明及所附照片（原件）1页；

附件9是莆田市荔城区黄石镇工会联合会出具的证明及所附照片（原件）1页；

附件10是莆田市荔城区黄石镇七境村民委员会及莆田市荔城区黄石镇人民政府出具的证明及所附照片（原件）1页；

附件11请求人的产品模具照片（原件）1张；

附件12本专利外观设计图片复印件1页；

附件13是专利权人产品广告照片（扫描件）1页。

专利复审委员会根据无效宣告请求审查程序的规定受理了该无效宣告请求，并于2006年5月29日将无效宣告请求书和证据的副本转送给专利权人，要求其在指定的期限内陈述意见。

2006年6月22日专利权人提交了意见陈述书，专利权人认为：附件1为复印件，对其真实性有异议，所示行政处罚决定书的内容只是表明请求人因不诚信而受到行政处罚，与本专利无关联性；附件2所示黄石工商所提供的照片出处不明，且照片中的产品外观无法辨认，故不能采信；附件3所示黄石工商所出具的证明，其证词来源不明，无法支持请求人的观点；附件4来源不明，无法确认其真实性；附件5~7的照片为请求人自行拍摄，拍摄时间及出处不明，照片中的产品外观均难以识别，不能采信；附件8~10分别为请求人所在地中共黄石镇委员会、黄石镇工会和黄石镇七境村委会于2006年4月17日出具的证明，均来源不明，不可采信；附件11所示模具照片的来源及其证明对象不明，不能采信；附件12不能支持请求人的观点；附件13所示广告照片的来源不明，且无法表明该照片为公开出版物，不能采信。综上所述，请求人的无效宣告理由缺乏证据支持，因此，应当维持本专利有效。

专利复审委员会成立合议组对本案进行审理，于2007年2月2日向双方当事人发出口头审理通知书，定于2007年3月26日在专利复审委员会进行口头审理。同时将上述专利权人的意见陈述转送给请求人。

口头审理如期举行，双方委托的代理人及专利权人本人参加了审理。在口头审理过程中，请求人当庭出示了附件1、附件2、附件4~7、附件13的原件，当庭补充提交了莆田市荔城区工商行政管理局"工商听告字（2003）第61号"听证告知书原件（下称附件14）、莆田市荔城区工商行政管理局第0000848号财物清单原件（下称附件15）、中共黄石镇委员会"黄委发（2001）43号"文件（下称附件16）、莆田县总工会（批复）"荔工组字（2001）138号"文件（下称附件17）；合议组当庭将附件14~17转送专利权人。请求人认为，附件1~3可形成证据链，并与附件14、附件15相结合可佐证与本专利相同的产品在申请日前已公开使用；附件16、附件17可分别证明附件8、附件9所示出证单位的成立时间及所述销售事实；附件5~7为请求人厂支部成立大会时拍摄的部分照片，会议场所周围堆放的部分产品与本专利的外形结构相同；附件13为专利权人的广告照片，其上右侧举条幅的男孩是专利权人的儿子，该男孩现已长大为成人，因此，该照片也可佐证在本专利申请日前相同产品已经公开销售的事实。专利权人对附件1、附件14、附件15的真实性无异议，但认为附件1所示行政处罚决定书仅能证明请求人的不正当竞争行为，从该决定所列举的产品不能得出与本专利有对应关系；对附件2的真实性和合法性有异议；对附件3上莆田市荔城区工商行政管理局黄石工商所的印章没有异议，但对证明的内容有异议，因无经办人签名作证，且时间和来源也不明确；对附件4真实性没有异议；对附件5~7照片的真实性无异议，但对照片的形成时间和来源有异议，且照片中所示的产品不清楚，无法与本专利对比；对附件8~10、附件16和附件17的真实性均无异议，但认为出具证明的单位与请求人属于上下级的关系，其出具的证明无法保证客观公正性；附件11模具制造的时间无法确定；附件13照片形成的时间无法确定，但专利权人认可照片中的男孩是其儿子，并承认该男孩现已长大为成人的事实。对于上述证据中所涉及的莆田市荔城区工商行政管理局黄石工商所与莆田市荔城区工商行政管理局黄石分局的关系，请求人称该工商分局是该工商所的前身，该工商分局现已变更为该工商所，专利权人对此未提出异议。请求人认为附件2、附件3、附件8至附件10中所示产品及当庭指定的附件13中有关产品的外观设计与本专利相同；专利权人认为，附件2和附件13中所示产品不清楚，无法与本专利进行对比，附件3、附件8至附件10所示产品外观设计除盖子外，其他部分与本专利相近似。双方均坚持其原有主张。

在以上审理的基础上，合议组经合议，认为本案事实清楚，依法作出本审查决定。

二、决定的理由

1. 法律依据

基于请求人提出无效宣告请求所依据的事实和理由，合议组对本专利是否符合专利法第23条的规定进行审查。专利法第23条规定："授予专利权的外观设计，应当同申请日以前在国内外出版物上公开发表过或者国内公开使用过的外观设计不相同和不相近似，并不得与他人在先取得的合法权利相冲突。"

2. 证据和事实认定

请求人提交的附件1是莆田市荔城区工商行政管理局"荔工商处（2003）257号"行政处罚决定书，其上记载："当事人荔城区黄石镇七境村塑料厂，在自己生产的塑料制品上标注'南洋塑料制品有限公司'和'普江竹塑厂'为厂名，于2003年10月9日被我局黄石分局查获……违反了《产品质量法》第30条之规定，属伪造产品厂名行为。根据《产品质量法》第53条之规定，本局决定作如下处罚：责令改正，并处罚款人民币5000元，上缴财政"；附件2是莆田市荔城区工商行政管理局黄石工商所查扣的产品照片，及其出具的证明，其证明内容是："2003年10月20日黄石工商所到黄石七境塑料厂当场检查拍照图片"；附件3是莆田市荔城区工商行政管理局黄石工商所出具的证明，其内容是："本工商行政管理局黄石工商所曾经于2003年10月9日对荔城区黄石七境村塑料厂生产的标注'南洋塑料制品有限公司'和'普江竹塑厂'的29600件塑料制品盆、桶作出荔工商处（2003）257号行政处罚，在该次行政处罚中的部分产品的外形结构与上述图片中的产品外形结构完全相同。在处罚的当年以前，该产品在本地区老百姓的日常生活中就早已广泛使用"；附件13是专利权人产品广告照片，在照片的正面显示有各种日用塑料产品，及由两人举起的"莆田市涵江区成铭日用品经营部"的条幅，照片的背面印有"本经营部多年经营再生塑料产品，农用品、日用品，集各厂家优质，畅销产品之大成。历年来积累了不少经验，产品销路广泛……"；附件14是莆田市荔城区工商行政管理局"工商听告字（2003）第61号"听证告知书，其上记载："你厂在自己生产的塑料制品上标注'南洋塑料制品有限公司'和'普江竹塑厂'为厂名，于2003年10月9日被我局黄石分局查获……违反了《产品质量法》第30条规定，属伪造厂名行为。根据《产品质量法》第53条之规定，本局拟作如下处罚：责令整改，并处罚款人民币5000元，上缴财政"，落款日期为2003年11月6日；附件15是莆田市荔城区工商行政管理局第0000848号财物清单，其上记载"现金、人民币、5000元整、当事人/保管人：陈益博、2003年10月20日、承办人：翁少军、李胜辉、2003年10月20日"；请求人在口头审理时出示了上述证据的原件。专利权人对附件1、附件14、附件15的真实性无异议，但认为附件1莆田市荔城区工商行政管理局行政处罚书仅证明请求人的不正当竞争行为，从行政处罚书所列举的产品中不能得出与本专利有对应关系；对附件2的真实性和合法性有异议，认为其上无时间及经办人的签名，请求人的产品是违法的，不能作为证据使用；对附件3上莆田市荔城区工商行政管理局黄石工商所的印章没有异议，但对证明的内容有异议，因无经办人的签名和作证，时间和来源也不明确；认为附件13照片形成的时间无法确定，但专利权人认可照片中的男孩是专利权人的儿子，承认其儿子现已长大为成人的事实。

合议组认为：

附件14和附件15虽然是在提出无效宣告请求之日起一个月后提交的，但其是对附件1所证明的具体事实的补充证明，根据2001年审查指南的相关规定（本无效宣告请求日在2006年7月1日之前，按照《施行修订后审查指南的过渡办法》的规定，对自无效宣告请求之日起一个月后提出的新理由、新证据的审查应适用2001年10月18日公布的审查指南），其不属于不予考虑的新证据。

附件1、附件14和附件15可以证明在本专利申请日前，请求人因违反《产品质量法》相关规定，受到荔城区工商行政管理局的行政处罚，并缴纳了罚款的事实；附件2、附件3所示照片来源及原照片形成的时间或照片中产品所公开使用的时间在莆田市荔城区工商行政管理局黄石工商所出具的证明中已予以证明，并加盖有莆田市荔城区工商行政管理局黄石工商所印章；同时附件15中请求人缴纳罚款的时间，也与附件2中莆田市荔城区工商行政管理局黄石工商所到黄石七境塑料厂当场检查拍照图片的时间相对应，罚款金额与附件1、附件14和附件15中所述的金额相对应；附件3中莆田市荔城区工商行政管理局黄石工商所证明的内容与附件1和附件14中所记载的内容一致；虽然行政处罚决定中请求人伪造他人厂名从事生产活动的行为是违法的，但并不影响该生效决定所记载事实涉及的产品作为证据的合法性，在没有相反证据足以推翻的情况下，对该决定中所记载的事实应予采信；附件13虽然未标明其形成的时间，但从专利权人认可其上举条幅的男孩现已长大为成人的事实可推定该证据形成于本专利申请日之前。

综上，请求人提交的附件1~3、附件14和附件15相互印证，可以证明所涉及的生产销售事实的时间在本专利申请日之前，同时根据附件13照片所示相关产品，也可佐证在本专利申请日前已经公开销售使用相关产品的事实。因此，上述证据中所涉及产品的外观设计，属于在本专利申请日前已经公开使用过的外观设计。

3. 外观设计对比

本专利和附件3所示产品的外观设计（下称在先设计）均为夜壶的外观设计，其用途相同，属于相同类别的产品，故对二者外观设计作如下对比：

本专利的壶身形状为近似圆坛形，其上部一侧壶口处连接短小壶颈和顶戴状壶盖，另一侧连接半环形虾状提手，壶身上部另对角设计有四个虾状凸起（详见本专利附图）。

在先设计的壶身形状为近似圆坛形，其上部一侧壶口处连接短小壶颈，另一侧连接弧形虾状提手，壶身上部另对角设计有四个虾状凸起（详见在先设计附图）。

将本专利与在先设计相比较，二者主要不同之处为：本专利多了壶盖设计。合议组认为：从整体视觉观察，本专利的壶盖相对于整体壶身而言明显属于局部细微设计，因此其有无不足以对二者的整体外观设计产生显著的影响，二者的整体壶身、提手以及虾状设计均是基本相同的，因此应属于相近似的外观设计。

综上所述，在本专利申请日前已有与其相近似的外观设计在国内公开使用过，因此，本专利不符合专利法第23条的规定。

鉴于已得出上述结论，本决定对请求人提出的其他证据不再作出评述。

三、决定

宣告200430152542.8号外观设计专利权全部无效。

当事人对本决定不服的，可以根据专利法第46条第2款的规定，自收到本决定之日起三个月内向北京市第一中级人民法院起诉。根据该款的规定，一方当事人起诉后，另一方当事人应当作为第三人参加诉讼。

右视图　　　　　　主视图

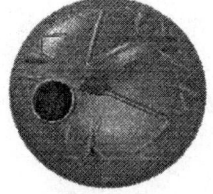 

壶身立体图　　壶盖立体图　　　　俯视图（缩小）

本专利附图

在先设计附图

塑料缸（一）

无效宣告请求审查决定（第10098号）

决 定 号	第10098号
决 定 日	2007年6月25日
发明创造名称	塑料缸（一）
外观设计分类号	09-02
无效宣告请求人	荔城区黄石七境塑料厂
专 利 权 人	林成铭
专 利 号	200430152532.4
申 请 日	2004年12月10日
授 权 公 告 日	2006年2月22日
合议组组长	张跃平
主 审 员	张雪飞
参 审 员	徐清平
附 图	1页

法 律 依 据 专利法第23条

决 定 要 点

生效行政处罚决定所记载的事实，在有其他证据佐证、且没有相反证据足以推翻的情况下，对该决定所记载的事实应予以采信。

一、案由

本无效宣告请求涉及2006年2月22日国家知识产权局授权公告的200430152532.4号外观设计专利，其产品名称是"塑料缸（一）"，申请日是2004年12月10日，专利权人是林成铭。

针对上述外观设计专利权（下称本专利），荔城区黄石七境塑料厂（下称请求人）于2006年5月9日向专利复审委员会提出无效宣告请求，其理由是本专利不符合专利法第23条的规定。请求人认为在本专利申请日前已经批量生产和销售了与本专利外观设计相同的产品，同时，请求人提交了如下附件作为证据：

附件1是莆田市荔城区工商行政管理局"荔工商处（2003）257号"行政处罚决定书复印件2页；

附件2是莆田市荔城区工商行政管理局黄石工商所查扣的产品照片和证明的翻拍照片1张；

附件3是莆田市荔城区工商行政管理局黄石工商所出具的证明及所附照片（原件）1页；

附件4是请求人1987年成立时的营业执照复印件1页；

附件5是请求人2001年成立厂支部委员会当天拍的照片（扫描件）1页；

附件6是请求人2001年成立厂支部委员会当天拍的照片（扫描件）1页；

附件7是请求人2001年成立厂支部委员会当天拍的照片（扫描件）1页；

附件8是中国共产党莆田市荔城区黄石镇委员会出具的证明及所附照片（原件）1页；

附件9是莆田市荔城区黄石镇工会联合会出具的证明及所附照片（原件）1页；

附件10是莆田市荔城区黄石镇七境村民委员会及莆田市荔城区黄石镇人民政府出具的证明及所附照片（原件）1页；

附件11请求人的产品模具照片（原件）4张；

附件12本专利外观设计图片复印件1页；

附件13是专利权人产品广告照片（扫描件）1页。

专利复审委员会根据无效宣告请求审查程序的规定受理了该无效宣告请求，并于2006年6月9日将无效宣告请求书和证据的副本转送给专利权人，要求其在指定的期限内陈述意见。

2006年6月28日专利权人提交了意见陈述书，专利权人认为：附件1为复印件，对其真实性有异议，所示行政处罚决定书的内容只是表明请求人因不诚信而受到行政处罚，与本专利无关联性；附件2所示黄石工商所提供的照片出处不明，且照片中的产品外观无法辨认，故不能采信；附件3所示黄石工商所出具的证明，其证词来源不明，无法支持请求人的观点；附件4来源不明，无法确认其真实性；附件5~7的照片为请求人自行拍摄，拍摄时间及出处不明，照片中的产品外观均难以识别，不能采信；附件8~10分别为请求人所在地中共黄石镇委员会、黄石镇工会和黄石镇七境村委会于2006年4月17日出具的证明，均来源不明，不可采信；附件11所示模具照片的来源及其证明对象不明，不能采信；附件12不能支持请求人的观点；附件13所示广告照片的来源不明，且无法表明该照片为公开出版物，不能采信。综上所述，请求人的无效宣告理由缺乏证据支持，因此，应当维持本专利有效。

专利复审委员会成立合议组对本案进行审理，于2007年2月2日向双方当事人发出口头审理通知书，定于2007年3月26日在专利复审委员会进行口头审理。同时将上述专利权人的意见陈述转送给请求人。

口头审理如期举行，双方委托的代理人及专利权人本人参加了审理。在口头审理过程中，请求人当庭出示了附件1、附件2、附件4~7、附件13的原件，当庭补充提交了莆田市荔城区工商行政管理局"工商听告字（2003）第61号"听证告知书原件（下称附件14）、莆田市荔城区工商行政管理局第0000848号财物清单原件（下称附件15）、中共黄石镇委员会"黄委发（2001）43号"文件（下称附件16）、莆田县总工会（批复）"荔工组字（2001）138号"文件（下称附件17）；合议组当庭将附件14~17转送专利权人。请求人认为，附件1~3可形成证据链，并与附件14、附件15相结合可佐证与本专利相同的产品在申请日前已公开使用；附件16、附件17可分别证明附件8、附件9所示出证单位的成立时间及所述销售事实；附件5至附件7为请求人厂支部成立大会时拍摄的部分照片，会议场所周围堆放的部分产品与本专利的外形结构相同；附件13为专利权人的广告照片，其上右侧举条幅的男孩是专利权人的儿子，该男孩现已长大为成人，因此，该照片也可佐证在本专利申请日前相同产品已经公开销售的事实。专利权人对附件1、附件14、附件15的真实性无异议，但认为附件1所示行政处罚决定书仅能证明请求人的不正当竞争行为，从该决定所列举的产品不能得出与本专利有对应关系；对附件2的真实性和合法性有异议；对附件3上莆田市荔城区工商行政管理局黄石工商所的印章没有异议，但对证明的内容有异议，因无经办人签名作证，且时间和来源也不明确；对附件4

真实性没有异议；对附件5至附件7照片的真实性无异议，但对照片的形成时间和来源有异议，且照片中所示的产品不清楚，无法与本专利对比；对附件8~10、附件16和附件17的真实性均无异议，但认为出具证明的单位与请求人属于上下级的关系，其出具的证明无法保证客观公正性；附件11模具制造的时间无法确定；附件13照片形成的时间无法确定，但专利权人认可照片中的男孩是其儿子，并承认该男孩现已长大为成人的事实。对于上述证据中所涉及的莆田市荔城区工商行政管理局黄石工商所与莆田市荔城区工商行政管理局黄石分局的关系，请求人称该工商分局是该工商所的前身，该工商分局现已变更为该工商所，专利权人对此未提出异议。请求人认为附件2、附件3、附件8~10中所示产品及当庭指定的附件13中有关产品的外观设计与本专利相同；专利权人认为，附件2和附件13中所示产品不清楚，无法与本专利进行对比，附件3、附件8~10所示产品外观设计与本专利相近似。双方均坚持其原有主张。

在以上审理的基础上，合议组经合议，认为本案事实清楚，依法作出本审查决定。

二、决定的理由

1. 法律依据

基于请求人提出无效宣告请求所依据的事实和理由，合议组对本专利是否符合专利法第23条的规定进行审查。专利法第23条规定："授予专利权的外观设计，应当同申请日以前在国内外出版物上公开发表过或者国内公开使用过的外观设计不相同和不相近似，并不得与他人在先取得的合法权利相冲突。"

2. 证据和事实认定

请求人提交的附件1是莆田市荔城区工商行政管理局"荔工商处（2003）257号"行政处罚决定书，其上记载："当事人荔城区黄石镇七境村塑料厂，在自己生产的塑料制品上标注'南洋塑料制品有限公司'和'普江竹塑厂'为厂名，于2003年10月9日被我局黄石分局查获……违反了《产品质量法》第30条之规定，属伪造产品厂名行为。根据《产品质量法》第53条之规定，本局决定作如下处罚：责令改正，并处罚款人民币5000元，上缴财政"；附件2是莆田市荔城区工商行政管理局黄石工商所查扣的产品照片，及其出具的证明，其证明内容是："2003年10月20日黄石工商所到黄石七境塑料厂当场检查拍照图片"；附件3是莆田市荔城区工商行政管理局黄石工商所出具的证明，其内容是："本工商行政管理局黄石工商所曾经于2003年10月9日对荔城区黄石七境村塑料厂生产的标注'南洋塑料制品有限公司'和'普江竹塑厂'的29600件塑料制品盆、桶作出荔工商处（2003）257号行政处罚，在该次行政处罚中的部分产品的外形结构与上述图片中的产品外形结构完全相同。在处罚的当年以前，该产品在本地区老百姓的日常生活中就早已广泛使用"；附件13是专利权人产品广告照片，在照片的正面显示有各种日用塑料产品，及由两人举起的"莆田市涵江区成铭日用品经营部"的条幅，照片的背面印有"本经营部多年经营再生塑料产品，农用品、日用品，集各厂家优质，畅销产品之大成。历年来积累了不少经验，产品销路广泛……"；附件14是莆田市荔城区工商行政管理局"工商听告字（2003）第61号"听证告知书，其上记载："你厂在自己生产的塑料制品上标注'南洋塑料制品有限公司'和'普江竹塑厂'为厂名，于2003年10月9日被我局黄石分局查获……违反了《产品质量法》第30条规定，属伪造厂名行为。根据《产品质量法》第53条之规定，本局拟作如下处罚：责令整改，并处罚款人民币5000元，上缴财政"，落款日期为2003年11月6日；附件15是莆田市荔城区工商行政管理局第0000848号财物清单，其上记载"现金、人民币、5000元整、当事人/保管人：陈益博、2003年10月20日、承办人：翁少军、李胜辉、2003年10月20日"；请求人在口头审理时出示了上述证据的原件。专利权人对附件1、附件14、附件15的真实性无异议，但认为附件1莆田市荔城区工商行政管理局行政处罚书仅证明请求人的不正当竞争行为，从行政处罚书所列举的产品中不能得出与本专利有对应关系；对附件2的真实性和合法性有异议，认为其上无时间及经办人的签名，请求人的产品是违法的，不能作为证据使用；对附件3上莆田市荔城区工商行政管理局黄石工商所的印章没有异议，但对证明的内容有异议，因无经办人的签名和作证，时间和来源也不明确；认为附件13照片形成的时间无法确定，但专利权人认可照片中的男孩是专利权人的儿子，承认其儿子现已长大为成人的事实。

合议组认为：

附件14和附件15虽然是在提出无效宣告请求之日起1个月后提交的，但其是对附件1所证明的具体事实的补充证明，根据2001年审查指南的相关规定（本无效宣告请求日在2006年7月1日之前，按照《施行修订后审查指南的过渡办法》的规定，对自无效宣告请求之日起1个月后提出的新理由、新证据的审查应适用2001年10月18日公布的审查指南），其不属于不予考虑的新证据。

附件1、附件14和附件15可以证明在本专利申请日前，请求人因违反《产品质量法》相关规定，受到荔城区工商行政管理局的行政处罚，并缴纳了罚款的事实；附件2、附件3所示照片来源及原照片形成的时间或照片中产品所公开使用的时间在莆田市荔城区工商行政管理局黄石工商所出具的证明中已予以证明，并加盖有莆田市荔城区工商行政管理局黄石工商所印章；同时附件15中请求人缴纳罚款的时间，也与附件2中莆田市荔城区工商行政管理局黄石工商所到黄石七境塑料厂当场检查拍照图片的时间相对应，罚款金额与附件1、附件14和附件15中所述的金额相对应；附件3中莆田市荔城区工商行政管理局黄石工商所证明的内容与附件1和附件14中所记载的内容一致；虽然行政处罚决定中请求人伪造他人厂名从事生产活动的行为是违法的，但并不影响该生效决定所记载事实涉及的产品作为证据的合法性，在没有相反证据足以推翻的情况下，对该决定中所记载的事实应予采信；附件13虽然未标明其形成的时间，但从专利权人认可其上举条幅的男孩现已长大为成人的事实可推定该证据形成于本专利申请日之前。

综上，请求人提交的附件1~3、附件14和附件15相互印证，可以证明所涉及的生产销售事实的时间在本专利申请日之前，同时根据附件13照片所示相关产品，也可佐证在本专利申请日前已经公开销售使用相关产品的事实。因此，上述证据中所涉及产品的外观设计，属于在本专利申请日前已经公开使用过的外观设计。

3. 外观设计对比

本专利和附件3所示产品的外观设计（下称在先设计）均为缸的外观设计，其用途相同，属于相同类别的产品，故对二者外观设计作如下对比：

本专利的上部形状为外凸弧形母线的近似圆台形，其上端连接环形缸口，缸口外侧对角设计有四个锁扣形凸起，另有文字凸起设计；下部形状为近似倒圆台形，其下端连接扁圆柱形缸底，缸底底部有环状设计；上、下部的连接处环绕条状凸起（详见本专利附图）。

在先设计的上部形状为外凸弧形母线的近似圆台形，其上端连接环形缸口，缸口外侧设计有若干环形凸起；下部形状为近似倒圆台形，缸底底部不可见；上、下部的连接处环绕条状凸起（详见在先设计附图）。

将本专利与在先设计相比较，二者主要不同之处为：本专利上部有锁扣形凸起和文字凸起设计，而在先设计相应位置有环形凸起，无文字凸起设计；且本专利底部有环状设计，而在先设计底部不可见。合议组认为：从整体视觉观察，二者的底部属于在使用过程中不易见到的部位，其差别不足以对二者的整体外观设计产生显著的影响，且二者的其他差别相对于整体外观设计形状而言均明显属于局部细微差别，不足以导致二者的整体外观设计产生显著的视觉变化，因此二者应属于相近似的外观设计。

综上所述，在本专利申请日前已有与其相近似的外观设计在国内公开使用过，因此，本专利不符合专利法第 23 条的规定。

鉴于已得出上述结论，本决定对请求人提出的其他证据不再作出评述。

三、决定

宣告 200430152532.4 号外观设计专利权全部无效。

当事人对本决定不服的，可以根据专利法第 46 条第 2 款的规定，自收到本决定之日起三个月内向北京市第一中级人民法院起诉。根据该款的规定，一方当事人起诉后，另一方当事人应当作为第三人参加诉讼。

后视图　　　　　主视图（放大）　　　　左视图

本专利附图

在先设计附图

塑料桶（二）

无效宣告请求审查决定（第10099号）

决 定 号	第10099号
决 定 日	2007年6月25日
发明创造名称	塑料桶（二）
外观设计分类号	07-07
无效宣告请求人	荔城区黄石七境塑料厂
专 利 权 人	林成铭
专 利 号	200430152522.0
申 请 日	2004年12月10日
授权公告日	2006年2月22日
合议组组长	张跃平
主 审 员	张雪飞
参 审 员	徐清平
附 图	1页

法 律 依 据 专利法第23条

决 定 要 点

生效行政处罚决定所记载的事实，在有其他证据佐证、且没有相反证据足以推翻的情况下，对该决定所记载的事实应予以采信。

一、案由

本无效宣告请求涉及2006年2月22日国家知识产权局授权公告的200430152522.0号外观设计专利，其产品名称是"塑料桶（二）"，申请日是2004年12月10日，专利权人是林成铭。

针对上述外观设计专利权（下称本专利），荔城区黄石七境塑料厂（下称请求人）于2006年5月9日向专利复审委员会提出无效宣告请求，其理由是本专利不符合专利法第23条的规定。请求人认为在本专利申请日前已经批量生产和销售了与本专利外观设计相同的产品，同时，请求人提交了如下附件作为证据：

附件1是莆田市荔城区工商行政管理局"荔工商处（2003）257号"行政处罚决定书复印件2页；

附件2是莆田市荔城区工商行政管理局黄石工商所查扣的产品照片和证明的翻拍照片1张；

附件3是莆田市荔城区工商行政管理局黄石工商所出具的证明及所附照片（原件）1页；

附件4是请求人1987年成立时的营业执照复印件1页；

附件5是请求人2001年成立厂支部委员会当天拍的照片（扫描件）1页；

附件6是请求人2001年成立厂支部委员会当天拍的照片（扫描件）1页；

附件7是请求人2001年成立厂支部委员会当天拍的照片（扫描件）1页；

附件8是中国共产党莆田市荔城区黄石镇委员会出具的证明及所附照片（原件）1页；

附件9是莆田市荔城区黄石镇工会联合会出具的证明及所附照片（原件）1页；

附件10是莆田市荔城区黄石镇七境村民委员会及莆田市荔城区黄石镇人民政府出具的证明及所附照片（原件）1页；

附件11请求人的产品模具照片（原件）4张；

附件12本专利外观设计图片复印件1页；

附件13是专利权人产品广告照片（扫描件）1页。

专利复审委员会根据无效宣告请求审查程序的规定受理了该无效宣告请求，并于2006年6月9日将无效宣告请求书和证据的副本转送给专利权人，要求其在指定的期限内陈述意见。

2006年6月28日专利权人提交了意见陈述书，专利权人认为：附件1为复印件，对其真实性有异议，所示行政处罚决定书的内容只是表明请求人因不诚信而受到行政处罚，与本专利无关联性；附件2所示黄石工商所提供的照片出处不明，且照片中的产品外观无法辨认，故不能采信；附件3所示黄石工商所出具的证明，其证词来源不明，无法支持请求人的观点；附件4来源不明，无法确认其真实性；附件5~7的照片为请求人自行拍摄，拍摄时间及出处不明，照片中的产品外观均难以识别，不能采信；附件8~10分别为请求人所在地中共黄石镇委员会、黄石镇工会和黄石镇七境村委会于2006年4月17日出具的证明，均来源不明，不可采信；附件11所示模具照片的来源及其证明对象不明，不能采信；附件12不能支持请求人的观点；附件13所示广告照片的来源不明，且无法表明该照片为公开出版物，不能采信。综上所述，请求人的无效宣告理由缺乏证据支持，因此，应当维持本专利有效。

专利复审委员会成立合议组对本案进行审理，于2007年2月2日向双方当事人发出口头审理通知书，定于2007年3月26日在专利复审委员会进行口头审理。同时将上述专利权人的意见陈述转送给请求人。

口头审理如期举行，双方委托的代理人及专利权人本人参加了审理。在口头审理过程中，请求人当庭出示了附件1、附件2、附件4至附件7、附件13的原件，当庭补充提交了莆田市荔城区工商行政管理局"工商听告字（2003）第61号"听证告知书原件（下称附件14）、莆田市荔城区工商行政管理局第0000848号财物清单原件（下称附件15）、中共黄石镇委员会"黄委发（2001）43号"文件（下称附件16）、莆田县总工会（批复）"荔工组字（2001）138号"文件（下称附件17）；合议组当庭将附件14~17转送专利权人。请求人认为，附件1~3可形成证据链，并与附件14、附件15相结合可佐证与本专利相同的产品在申请日前已公开使用；附件16、附件17可分别证明附件8、附件9所示出证单位的成立时间及所述销售事实；附件5~7为请求人厂支部成立大会时拍摄的部分照片，会议场所周围堆放的部分产品与本专利的外形结构相同；附件13为专利权人的广告照片，其上右侧举条幅的男孩是专利权人的儿子，该男孩现已长大为成人，因此，该照片也可佐证在本专利申请日前相同产品已经公开销售的事实。专利权人对附件1、附件14、附件15的真实性无异议，但认为附件1所示行政处罚决定书仅能证明请求人的不正当竞争行为，从该决定所列举的产品不能得出与本专利有对应关系；对附件2的真实性和合法性有异议；对附件3上莆田市荔城区工商行政管理局黄石工商所的印章没有异议，但对证明的内容有异议，因无经办人签名作证，且时间和来源也不明确；对附件4真实性没有异议；对附件5~7照片的真实性无异议，但对照片的形成时间和来源有异议，且照片中所示的产品不清楚，无法与本专利对比；对附件8~10、附件16和附件17的真实性均无异议，但认为出具证明的单位与请求人属于上下级的关系，其出具的证明无法保证客观公正性；附件11模具制造的时间无法确定；附件13照片形成的时间无法确定，但专利权人认可照片中的男孩是其儿子，并承认该男孩现已长大为成人的事实。对于上述证据中所涉及的莆田市荔城区工商行政管理局黄石工商所与莆田市荔城区工商行政管理局黄石分局的关系，请求人称该工商分局是该工商所的前身，该工商分局现已变更为该工商所，专利权人对此未提出异议。请求人认为附件2、附件3、附件8~10中所示产品及当庭指定的附件13中有关产品的外观设计与本专利相同；专利权人认为，附件2和附件13中所示产品不清楚，无法与本专利进行对比，附件3、附件8~10所示产品外观设计与本专利相近似。双方均坚持其原有主张。

在以上审理的基础上，合议组经合议，认为本案事实清楚，依法作出本审查决定。

二、决定的理由

1. 法律依据

基于请求人提出无效宣告请求所依据的事实和理由，合议组对本专利是否符合专利法第23条的规定进行审查。专利法第23条规定："授予专利权的外观设计，应当同申请日以前在国内外出版物上公开发表过或者国内公开使用过的外观设计不相同和不相近似，并不得与他人在先取得的合法权利相冲突。"

2. 证据和事实认定

请求人提交的附件1是莆田市荔城区工商行政管理局"荔工商处（2003）257号"行政处罚决定书，其上记载："当事人荔城区黄石镇七境村塑料厂，在自己生产的塑料制品上标注'南洋塑料制品有限公司'和'普江竹塑厂'为厂名，于2003年10月9日被我局黄石分局查获……违反了《产品质量法》第30条之规定，属伪造产品厂名行为。根据《产品质量法》第53条之规定，本局决定作如下处罚：责令改正，并处罚款人民币5000元，上缴财政"；附件2是莆田市荔城区工商行政管理局黄石工商所查扣的产品照片，及其出具的证明，其证明内容是："2003年10月20日黄石工商所到黄石七境塑料厂当场检查拍照图片"；附件3是莆田市荔城区工商行政管理局黄石工商所出具的证明，其内容是："本工商行政管理局黄石工商所曾经于2003年10月9日对荔城区黄石七境村塑料厂生产的标注'南洋塑料制品有限公司'和'普江竹塑厂'的29600件塑料制品盆、桶作出荔工商处（2003）257号行政处罚，在该次行政处罚中的部分产品的外形结构与上述图片中的产品外形结构完全相同。在处罚的当年以前，该产品在本地区老百姓的日常生活中就早已广泛使用"；附件13是专利权人产品广告照片，在照片的正面显示有各种日用塑料产品，及由两人举起的"莆田市涵江区成铭日用品经营部"的条幅，照片的背面印有"本经营部多年经营再生塑料产品，农用品、日用品，集各厂家优质，畅销产品之大成。历年来积累了不少经验，产品销路广泛……"；附件14是莆田市荔城区工商行政管理局"工商听告字（2003）第61号"听证告知书，其上记载："你厂在自己生产的塑料制品上标注'南洋塑料制品有限公司'和'普江竹塑厂'为厂名，于2003年10月9日被我局黄石分局查获……违反了《产品质量法》第30条规定，属伪造厂名行为。根据《产品质量法》第53条之规定，本局拟作如下处罚：责令整改，并处罚款人民币5000元，上缴财政"，落款日期为2003年11月6日；附件15是莆田市荔城区工商行政管理局第0000848号财物清单，其上记载"现金、人民币、5000元整、当事人/保管人：陈益博、2003年10月20日、承办人：翁少军、李胜辉、2003年10月20日"；请求人在口头审理时出示了上述证据的原件。专利权人对附件1、附件14、附件15的真实性无异议，但认为附件1莆田市荔城区工商行政管理局行政处罚书仅证明请求人的不正当竞争行为，从行政处罚书所列举的产品中不能得出与本专利有对应关系；对附件2的真实性和合法性有异议，认为其上无时间及经办人的签名，请求人的产品是违法的，不能作为证据使用；对附件3上莆田市荔城区工商行政管理局黄石工商所的印章没有异议，但对证明的内容有异议，因无经办人的签名和作证，时间和来源也不明确；认为附件13照片形成的时间无法确定，但专利权人认可照片中的男孩是专利权人的儿子，承认其儿子现已长大为成人的事实。

合议组认为：

附件14和附件15虽然是在提出无效宣告请求之日起一个月后提交的，但其是对附件1所证明的具体事实的补充证明，根据2001年审查指南的相关规定（本无效宣告请求日在2006年7月1日之前，按照《施行修订后审查指南的过渡办法》的规定，对自无效宣告请求之日起一个月后提出的新理由、新证据的审查应适用2001年10月18日公布的审查指南），其不属于不予考虑的新证据。

附件1、附件14和附件15可以证明在本专利申请日前，请求人因违反《产品质量法》相关规定，受到荔城区工商行政管理局的行政处罚，并缴纳了罚款的事实；附件2、附件3所示照片来源及原照片形成的时间或照片中产品所公开使用的时间在莆田市荔城区工商行政管理局黄石工商所出具的证明中已予以证明，并加盖有莆田市荔城区工商行政管理局黄石工商所印章；同时附件15中请求人缴纳罚款的时间，也与附件2中莆田市荔城区工商行政管理局黄石工商所到黄石七境塑料厂当场检查拍照图片的时间相对应，罚款金额与附件1、附件14和附件15中所述的金额相对应；附件3中莆田市荔城区工商行政管理局黄石工商所证明的内容与附件1和附件14中所记载的内容一致；虽然行政处罚决定中请求人伪造他人厂名从事生产活动的行为是违法的，但并不影响该生效决定所记载事实涉及的产品作为证据的合法性，在没有相反证据足以推翻的情况下，对该决定中所记载的事实应予采信；附件13虽然未标明其形成的时间，但从专利权人认可其上举条幅的男孩现已长大为成人的事实可推定该证据形成于本专利申请日之前。

综上，请求人提交的附件1~3、附件14和附件15相互印证，可以证明所涉及的生产销售事实的时间在本专利申请日之前，同时根据附件13照片所示相关产品，也可佐证在本专利申请日前已经公开销售使用相关产品的事实。因此，上述证据中所涉及产品的外观设计，属于在本专利申请日前已经公开使用过的外观设计。

3. 外观设计对比

本专利和附件3所示产品的外观设计（下称在先设计）均为桶的外观设计，其用途相同，属于相同类别的产品，故对二者外观设计作如下对比：

本专利的由上部提手和下部桶身两部分组成，提手由"工"字形截面的型材弯折成近似梯形，桶身为倒圆台形内凹，桶底有环状设计（详见本专利附图）。

在先设计由上部提手和下部桶身两部分组成，提手由"工"字形截面的型材弯折成近似梯形，桶身为倒圆台形内凹，其圆周面上有菱形设计，桶底不可见（详见在先设计附图）。

将本专利与在先设计相比较，二者主要不同之处为：本专利桶底有环状设计，在先设计桶底不可见；且在先设计桶身圆周面上多了菱形设计。合议组认为：从整体视觉观察，桶底属于在使用过程中不易见到的部位，因此不足以对二者的整体外观设计产生显著的影响，且二者的其他差别相对于整体外观设计均明显属于局部细微差别，也不足以导致二者的整体外观设计产生显著的视觉变化，因此二者应属于相近似的外观设计。

综上所述，在本专利申请日前已有与其相近似的外观设计在国内公开使用过，因此，本专利不符合专利法第23条的规定。

鉴于已得出上述结论，本决定对请求人提出的其他证据不再作出评述。

三、决定

宣告200430152522.0号外观设计专利权全部无效。

当事人对本决定不服的，可以根据专利法第46条第2款的规定，自收到本决定之日起三个月内向北京市第一中级人民法院起诉。根据该款的规定，一方当事人起诉后，另一方当事人应当作为第三人参加诉讼。

仰视图（缩小）

桶身立体图　　桶柄立体图　　主视图　　左视图

俯视图

本专利

在先设计

瓶贴（清茶无糖-PET500）

无效宣告请求审查决定（第 10107 号）

决 定 号	第 10107 号
决 定 日	2007 年 6 月 22 日
发明创造名称	瓶贴（清茶无糖-PET500）
外观设计分类号	19/08
无效宣告请求人	统一企业（中国）投资有限公司
专 利 权 人	顶益（开曼岛）控股有限公司
专 利 号	200530005522.2
申 请 日	2005 年 3 月 11 日
授权公告日	2005 年 11 月 30 日
合议组组长	李 隽
主 审 员	王伟艳
参 审 员	耿 博
附 图	2 页

法 律 依 据 专利法第 23 条

决 定 要 点

本专利与申请日前在国内外出版物上公开发表的产品外观设计比较不相同也不相近似，且请求人的其他理由也缺少证据的支持，因此，本专利应予维持。

一、案由

本无效宣告请求涉及国家知识产权局于 2005 年 11 月 30 日授权公告的、名称为"瓶贴（清茶无糖-PET500）"的外观设计专利，其申请号为 200530005522.2，申请日为 2005 年 3 月 11 日，专利权人是顶益（开曼岛）控股有限公司。

针对上述外观设计专利（下称本专利），统一企业（中国）投资有限公司（下称请求人）于 2006 年 5 月 31 日向专利复审委员会提出了专利权无效宣告请求，其依据的理由和事实是：本专利要求保护的是一种平面产品"瓶贴"，《Beverage Guide 2004》第 147 页示出了饮料瓶上瓶贴的局部图，其局部图与本专利使用状态参考图中所示的局部位置相似，而且本专利与附件 1 在整体上具有非常近似的视觉效果，属于相近似的外观设计，因此，本专利不符合专利法第 23 条的规定。与此同时，请求人提交了作为证据的下列附件：

附件 1：2004 年 7 月在日本出版的《Beverage Guide 2004》杂志封面和第 147 页，复印件。

经形式审查合格后，专利复审委员会于 2006 年 5 月 31 日依法受理了该无效宣告请求，并将无效宣告请求书及其附件清单中所列附件副本转给了专利权人，要求专利权人在指定期限内进行意见陈述。

专利复审委员会于 2006 年 7 月 17 日收到了专利权人针对上述无效宣告请求的意见陈述书，陈述了本专利外观设计与附件 1 所示的外观设计不相近似的具体理由。与此同时，专利权人还提交了以下证据作为反证，用以说明作为瓶贴类产品在中间部位具有一纵长条的设计是此类产品的惯常设计：

反证 1：ZL02301666.3 外观设计专利公告，复印件；

反证 2：ZL02301667.1 外观设计专利公告，复印件；

反证 3：ZL02301668.X 外观设计专利公告，复印件。

2006 年 6 月 28 日，请求人补充提交了意见陈述书，认为本专利与"CN033055521.1"号或"CN200430001883.5"号外观设计相近似。此外，本专利与"三得利清茶"产品瓶贴相近似，"三得利清茶"产品在本专利申请日前已在国内多家电视台的广告中播出，本专利不符合专利法第 23 条的规定。与此同时，请求人补充了如下附件（编号续前）作为证据：

附件 2：CN03305552.1 号外观设计专利著录项目和图片，复印件；

附件 3：CN200430001883.5 号外观设计专利著录项目和图片，复印件；

附件 4：上海观唐广告有限责任公司出具的证明，复印件；

附件 5："三得利清茶"的产品包装瓶彩色打印图片；

附件 6：尼尔森媒介研究报告，复印件；

附件 7：本专利 CN200530005522.2 号外观设计专利著录项目和图片，复印件。

专利复审委员会本案合议组于 2006 年 12 月 28 日向双方当事人发出口头审理通知书，定于 2007 年 2 月 5 日举行本案的口头审理，随口审通知书将 2006 年 7 月 17 日收到的专利权人的意见陈述书转送请求人，随口审通知书将请求人于 2006 年 6 月 28 日提交的意见陈述书转送给专利权人。

口头审理如期举行，双方当事人均到庭参加了口头审理，并均对对方当事人的出庭身份和资格无异议，对合议组成员无回避请求，对书记员无回避请求。在口头审理中，请求人当庭提交了附件 1 公证书、认证书以及该杂志的原件以及公证书、认证书译文、该杂志的 147 页译文和封面、封底译文。专利权人对附件 1 杂志的真实性、以及公证书、认证书的真实性和译文的准确性无异议。合议组当庭将上述公证书、认证书及译文、该杂志第 147 页和封面、封底译文转交给专利权人，并允许专利权人在一周之内补充对上述证据的质证意见。专利权人对附件 2、附件 3 的真实性无异议，请求人当庭未提交附件 4、附件 6 的原件，专利权人对附件 4~6 的真实性提出异议。当庭双方当事人将本专利与附件 1、附件 2、附件 3、附件 5 分别进行相近似比较，请求人认为本专利与上述各附件均相近似，专利权人认为本专利与上述附件均不相同也不相近似。专利权人逾期未答复。

至此，合议组认为本案事实已经清楚，可以依法作出审查决定。

二、决定的理由

1. 证据认定

专利权人对请求人提交的附件 1~3 的真实性无异议，合议组对附件 1~3 的真实性予以认可，其可以作为本案的证据。附件 1 的杂志出版日期为 2004 年 7 月，早于本专利的申请日，属于专利法第 23 条规定的出版物。该杂志第 147 页中译文为"茉莉花茶"的瓶贴图案（下称对比文件 1），其与本专利用途相同属于同类产品，在外观设计相近似判断中具有可比性，可以作为在先设计适用于本案。附件 2 是申请号为 03305552.1、名称为"瓶贴（绿茶）"的外观设计，其授权公告日为 2003 年 12 月 24 日，早于本专利的申请日，属于专利法第 23 条规定的出版物。该外观设计（下称对比文件 2）

与本专利用途相同属于同类产品,在外观设计相近似判断中具有可比性,可以作为在先设计适用于本案。附件3是申请号为200430001883.5、名称为"标贴(统一绿茶)"的外观设计,其授权公告日为2004年9月1日,早于本专利的申请日,属于专利法第23条规定的出版物。该外观设计(下称对比文件3)与本专利用途相同属于同类产品,在外观设计相近似判断中具有可比性,可以作为在先设计适用于本案。

请求人未提供附件4、附件6的原件及与原件核对无误的复印件,同时也未有相关证人出庭作证,专利权人对附件4、6的真实性有异议,在此情况下,合议组不能确定附件4、6的真实性。附件5为"三得利清茶"的产品包装瓶彩色打印图片,瓶盖上印有"040302",合议组认为仅凭该打印图片无法确定该产品的公开销售时间,且专利权人对该附件的真实性有异议,请求人也未提供其他佐证,合议组不能确定该附件的真实性。综上,合议组不能确定附件4~6的真实性,对于不能核实真实性的上述附件不能作为本案的定案依据,故合议组对附件4~6不予采纳。

2. 关于专利法第23条

基于请求人提出无效宣告请求所依据的事实和理由,合议组对本专利是否符合专利法第23条的规定进行审查。

专利法第23条规定:授予专利权的外观设计,应当同申请日以前在国内外出版物上公开发表过或者国内公开使用过的外观设计不相同和不相近似,并不得与他人在先取得的合法权利相冲突。

本专利授权公报公开了产品的主视图和使用状态图,不请求保护色彩。本专利瓶贴为长方形,其顶部和底部有一行由波浪线、位于波浪线的一侧间隔的圆点构成的带状图案。瓶贴的背景图案为四组沿纵向延伸的茉莉花枝,该茉莉花枝为弯曲形,且花枝上具有花瓣及花叶。瓶贴的中部和左侧有两组相同的图案,每组图案的上方绘有"康师傅"三个字,中间为与其他部分具有明显亮度区别的纵长条,该纵长条上绘有纵向排列的"茉莉清茶"四个大字,该文字图案的线条粗细不一,并且图案的线条多处溢出纵长条边界。在纵长条右下侧绘有一朵盛开的茉莉花,在纵长条左下侧稍向上的位置有一朵茉莉花骨朵与盛开的茉莉花呼应。在纵长条的右侧依次排列竖排文字和印章。在两组图案之间有"花清香茶新味"构成的图案。瓶贴的右侧为若干说明性文字(详见本专利附图)。

对比文件1是一张带有瓶贴的饮料瓶照片彩图,图中显示瓶贴的顶部和底部有一行由花、花叶间隔构成的带状图案。瓶贴中部上方为一朵盛开的茉莉花,花的下方为与其他部分具有明显颜色区别的纵长条,在纵长条上为日文的产品名称,文字图案的线条粗细均等,且均在纵长条边界内,纵长条下方标有"clear"字母图案,字母图案的下方为方形印章。纵长条的左右两侧各有一行竖排文字,其他另有细小文字排列(详见对比文件1附图)。

对比文件2公开了瓶贴产品俯视图,对比文件2瓶贴为长方形,瓶贴的背景图案由飘散的叶片构成。瓶贴的左、右两侧各有一组相同的图案,每组图案的上方为"统一"两字,中间为竖排的"绿茶"两个大字,字下方图案由带花纹的茶碗、茶盘及茶叶搭配构成。图案两侧各有若干竖排说明性文字(详见对比文件2附图)。

对比文件3公开了瓶贴产品主视图,对比文件3瓶贴为长方形,瓶贴的背景图案由连绵的群山构成。瓶贴的左侧和中部各有一组相同的图案,每组图案的上方为"统一"两字,中间为纵长条框,在该纵长条框的对角线方向上绘有"绿茶"两个大字,在该纵长条框的右上角上绘有一茉莉花茶叶片,纵长条框的下方为一横排文字图案。两组图案之间为四行竖排文字图案。瓶贴右侧为若干说明性文字(详见对比文件3附图)。

将本专利和对比文件1比较,本专利为瓶贴,对比文件1显示的是瓶子的使用状态图,仅示出瓶贴部分图案。二者图案的相同点主要是均有纵长条和茉莉花以及瓶贴顶部和底部均有带状图案,二者的不同点主要是：（1）纵长条上文字图案不同。本专利的纵长条上文字图案线条粗细不一，并且图案的线条多处溢出纵长条边界，从而产生舒展跳跃的视觉感受；而在对比文件1的纵长条上的文字图案线条粗细均等且均在纵长条边界之内，视觉比较工整。（2）图案布局不同。本专利的纵长条右下侧盛开的茉莉花与左下侧花骨朵相呼应，而对比文件1单朵盛开的茉莉花位于纵长条的上方。本专利一行横排文字在纵长条上方，对比文件1若干行横排文字在纵长条下方。本专利的印章位于纵长条右下侧茉莉花之上，而对比文件1的印章位于"clear"字母图案的下方。通过整体观察，综合判断，二者的上述差别对一般消费者而言能产生显著的视觉影响，二者为不相同并且不相近似的外观设计。

将本专利和对比文件2比较，二者相同点主要是瓶贴均为长方形，均包括两组相同图案。二者的不同点主要是：（1）背景图案不同，本专利背景图案为四组沿纵向延伸的茉莉花枝，该茉莉花枝为曲形，且花枝上具有花瓣及花叶，而对比文件2的背景图案为飘散的花叶。（2）构图方式不同。本专利的主要图案由文字、花朵和与其他部分具有明显亮度区别的纵长条组成，而对比文件2是以文字、茶盘茶碗和茶叶构成。通过整体观察，综合判断，二者的上述差别对一般消费者而言能产生显著的视觉影响，二者为不相同并且不相近似的外观设计。

将本专利和对比文件3比较，二者相同点主要是瓶贴均为长方形，均有两组相同图案。二者的不同点主要是：（1）背景图案不同，本专利背景图案为四组沿纵向延伸的茉莉花枝，该茉莉花枝为曲形，且花枝上具有花瓣及花叶，而对比文件3的背景图案为连绵的群山。（2）构图方式不同。本专利的主要图案由文字、花朵和与其他部分具有明显亮度区别的纵长条组成，而对比文件3主要是以文字、茶叶和长条形框构成。通过整体观察，综合判断，二者的上述差别对一般消费者而言能产生显著的视觉影响，二者为不相同并且不相近似的外观设计。

综上所述，请求人提交的证据不能支持本专利不符合专利法第23条的无效宣告请求的理由，因此，其提出无效宣告请求的理由不成立。

三、决定

维持200530005522.2号外观设计专利权有效。

当事人对本决定不服的，可以根据专利法第46条第2款的规定，自收到本决定通知书之日起三个月内向北京市第一中级人民法院起诉。根据该款的规定，一方当事人起诉后，另一方当事人应当作为第三人参加诉讼。

主视图

使用状态参考图

本专利附图

对比文件1附图

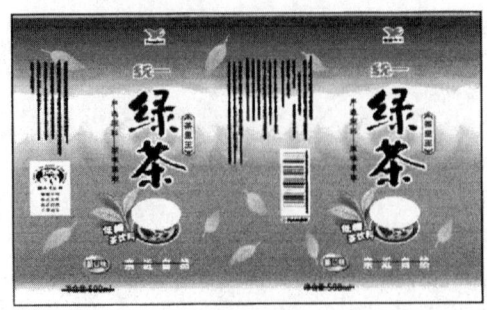
对比文件2附图

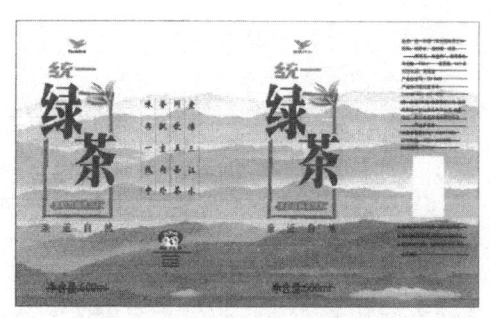

使用状态参考图　　　　　主视图

对比文件 3 附图

北京市第一中级人民法院
行政判决书

(2007) 一中行初字第 1358 号

原告统一企业（中国）投资有限公司，住所地中华人民共和国上海市长宁路 1027 号兆丰广场 33 楼。

法定代表人林苍生，董事长。

委托代理人孙长龙，北京集佳知识产权代理有限公司专利代理人。

委托代理人顾润丰，北京集佳知识产权代理有限公司专利代理人。

被告中华人民共和国国家知识产权局专利复审委员会，住所地中华人民共和国北京市海淀区北四环西路 9 号银谷大厦 10~12 层。

法定代表人廖涛，副主任。

委托代理人王伟艳，中华人民共和国国家知识产权局专利复审委员会审查员。

委托代理人隋璐，中华人民共和国国家知识产权局专利复审委员会审查员。

第三人顶益（开曼岛）控股有限公司，住所地开曼群岛大开曼乔治亚镇创世纪大厦 5 楼。

法定代表人魏应州，董事。

委托代理人宋义兴，中国商标专利事务所有限公司专利代理人。

委托代理人赵兰颢，女，顶益（开曼岛）控股有限公司职员，住中华人民共和国天津市和平区湖北路建民里 1 号。

原告统一企业（中国）投资有限公司（以下简称统一公司）不服中华人民共和国国家知识产权局专利复审委员会（以下简称专利复审委员会）作出的第 10107 号无效宣告请求审查决定（以下简称第 10107 号决定），于法定期限内向本院提起诉讼。本院于 2007 年 9 月 28 日受理本案后，依法组成合议庭，并依法通知顶益（开曼岛）控股有限公司（以下简称顶益公司）作为第三人参加诉讼，于 2008 年 7 月 22 日公开开庭进行了审理。原告统一公司的委托代理人孙长龙；被告专利复审委员会的委托代理人王伟艳、隋璐；第三人顶益公司委托代理人宋义兴、赵兰颢到庭参加诉讼。本案现已审理终结。

专利复审委员会 2007 年 6 月 22 日作出的第 10107 号决定是针对统一公司对顶益公司享有的 200530005522.2 号名称为"瓶贴（清茶无糖-PET500）"的外观设计专利（以下简称本专利）所提出的无效宣告请求作出的。专利复审委员会在决定中认定：

将本专利分别与统一公司提供的对比文件 1 带有译为"茉莉花茶"的"ヅャスミソ茶"饮料瓶贴的彩色图片、对比文件 2 名称为"瓶贴（绿茶）"的外观设计专利俯视图、对比文件 3 名称为"标贴（统一绿茶）"外观设计专利主视图比对可见，上述设计间在文字、图案以及布局上均存在显著差异，该差异对一般消费者而言能够产生显著的视觉效果影响，不构成相同和近似。综上，统一公司的证据不能支持其所主张的本专利不符合《中华人民共和国专利法》（以下简称《专利法》）第二十三条的无效宣告请求理由。决定：宣告维持 200530005522.2 号外观设计专利有效。

原告统一公司不服该决定，向本院起诉称：本专利与对比文件 1 比较，本专利主视图是由两个基本相同的图形单元组成，构成本专利的主体图案，而使用状态下只能露出一个图形单元，这点与对比文件 1 构成近似。另外，二者均具有纵向深色条形图案，在条形图案中均有浅色文字图案，条形图案的上下方都分别配有浅色茉莉花、浅色花叶图案和文字图案，在条形图案的两侧都有茉莉花枝蔓，上下两边均为横向花边。区别仅在于茉莉花和产品标识位置在条形图案上下的简单对换以及条形图案中文字大小的细微差别，二者属于相近似的外观设计。最后，专利复审委员会第10107号决定书后附的附图有误，并不是本专利，而是另一注有"清茶低糖"的专利图。综上，请求撤销被告作出的第10107号决定。

被告专利复审委员会辩称：本专利与对比文件1相比，相同点仅在于都有纵向长条色块和茉莉花，顶部和底部均有带状花边图案。而不同点是：（1）纵向长条图案不同，字形线条不同。本专利字形线条粗细不一，且多处溢出纵向长条色块边沿，有舒展跳跃的视觉感受；而对比文件1的字形线条粗细一致，图形均摆放在纵向长条色块内，视觉感觉比较工整。（2）图案布局不同。本专利下部位于长条色块左右有盛开和含苞的茉莉花，相互呼应，而对比文件只有一朵茉莉花饰于字形图案上部。本专利印章位于纵向长条色块下部花的上方，对比文件印章位于纵向长条色块下部"clear"之下。通过整体观察，综合判断，二者上述差异对一般消费者而言能够产生显著的视觉影响，因此属于不相同和不近似的外观设计。另外，我委已于2007年10月16日发出《变更处分通知书》对第10107号决定书后附图错误予以更正并公告，统一公司已经收到更正文本。故此，我委所作决定认定事实清楚、适用法律准确、程序合法，请求驳回原告的诉讼请求，维持第10107号决定。

第三人顶益公司同意第10107号决定，称：（1）将文字作为图案设计对待，本专利为"茉莉花茶"，对比文件1为"ヅャスミソ茶"，本专利画面上、中、下位置均有茉莉花装饰图案，而对比文件1则只有一朵花，故两设计存在明显不同，只是图案布局都为纵向长条方案，属于为瓶体使用考虑的结果，是常规设计方案，不是显著性所在，尽管两者在此相同，但仍不属于近似设计。总之，在整体观察下，两者存在明显差异，是非近似的外观设计。（2）第10107号决定书后附图有误，专利复审委员会已于2007年10月16日发出《变更处分通知书》予以更正。综上，我公司请求维持第10107号决定。

经审理查明：2005年3月11日，顶益公司申请了名称为"瓶贴（清茶无糖-PET500）"的外观设计专利（即本专利），2005年11月30日获得授权，专利号为200530005522.2。本专利保护范围见本判决后附图。

2006年5月31日，统一公司对本专利提出无效宣告请求。理由即本专利不符合《专利法》第二十三条之规定，其证据是，对比文件1带有日文译为"茉莉花茶"的"ヅャスミソ茶"字形饮料瓶贴彩色图片（见本判决后附图）、对比文件2名称为"瓶贴（绿茶）"的外观设计专利俯视图、对比文件3名称为"标贴（统一绿茶）"外观设计专利主视图。上述三证所载明的形成时间均在本专利申请日之前，对此，各方当事人均无异议。统一公司明确表示其主要是对专利复审委员会有关对比文件1与本专利不构成近似的评判认定存在异议。其主张两者已近似的理由是，两者创意、构思以及要素相同，都是茉莉花茶饮料。专利复审委员会反驳称，判断外观设计近似与否，应当从图案、形状、色彩方面考虑，统一公司的主张没有依据。

2007年10月16日，专利复审委员会就第10107号决定书后附的本专利附图"瓶贴（清茶无糖-PET500）"错为"清茶低糖"附图一事发出《变更处分通知书》予以更正。统一公司对此表示认可。

上述事实有第10107号决定、200530005522.2号外观设计专利、《变更处分通知书》、三份对比文件、口头审理记录表，以及当事人陈述等证据在案佐证。

本院认为，依照《中华人民共和国专利法实施细则》第二条第三款的规定，《专利法》所称的外观设计，是指对产品的形状、图案或者其结合以及色彩与形状、图案的结合所作出的富有美感并适于工业应用的新设计。

本案涉及的是瓶贴设计，当以图案要素为主，由此必然应对图案构成施以关注，包括注意字形、纵向长条色块、花卉图案、上下花边图案装饰、印章图案及其组成等内容。同时比对时还应考虑所述设计在使用状态下消费者的一般感受和关注内容，被告据此进行比对判断，符合判断规则。原告反对上述比对方式，主张比对设计构思与创意，并以此作为判别外观设计是否相同或者近似的前提，缺乏法律依据，对其主张本院不予支持。

根据本专利与对比文件1的比对结果可见，两者之间存在字形、图案以及布局组成上的诸多差异，该差异对一般消费者而言带来了显著不同的视觉效果影响，即两者不构成相同或近似，属于不同的外观设计。

第10107号决定存在后附本专利附图与决定中的相关文字表述不符情况，属于文书制作方面的疏忽，尚不属于实体裁判错误，应予更正，并予公告。现专利复审委员会已经作出更正，统一公司据此请求本院撤销被告作出的第10107号决定没有法律依据，本院不予支持。

综上所述，本院认定专利复审委员会作出的本专利符合《专利法》第二十三条之规定的认定正确。其所作第10107号决定认定事实清楚，适用法律正确，程序合法，依照《中华人民共和国行政诉讼法》第五十四条第（一）项之规定，本院判决如下：

维持被告中华人民共和国国家知识产权局专利复审委员会作出的第10107号无效宣告请求审查决定。

案件受理费人民币100元，由原告统一企业（中国）投资有限公司负担（已交纳）。

如不服本判决，统一企业（中国）投资有限公司、中华人民共和国国家知识产权局专利复审委员于本判决书送达之日起15日内；顶益（开曼岛）控股有限公司于本判决书送达之日起30日内，向本院递交上诉状，并按对方当事人人数提交上诉状副本，同时交纳上诉案件受理费人民币100元，上诉于中华人民共和国北京市高级人民法院。

审　判　长　任　进
代理审判员　邢　军
人民陪审员　郝建欣
二〇〇八年九月二十七日
书　记　员　袁　伟

主视图   使用状态参考图

本专利附图

 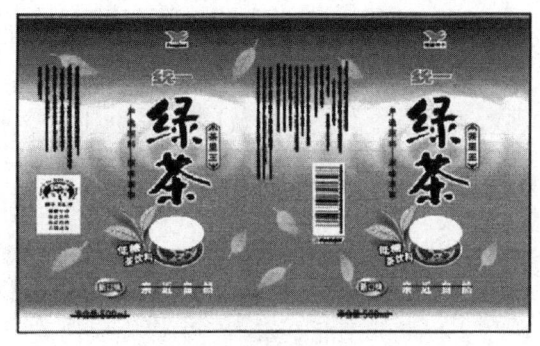

对比文件1附图   对比文件2附图

使用状态参考图   主视图

对比文件3附图

北京市高级人民法院
行政判决书

(2009) 高行终字第1号

上诉人（原审原告）统一企业（中国）投资有限公司，住所地中华人民共和国上海市长宁路1027号兆丰广场33楼。

法定代表人林苍生，董事长。

委托代理人孙长龙，男，汉族，1964年6月11日出生，北京集佳知识产权代理有限公司专利代理人，住中华人民共和国黑龙江省伊春市伊春区前进街新新委3组。

被上诉人（原审被告）中华人民共和国国家知识产权局专利复审委员会，住所地中华人民共和国北京市海淀区北四环西路9号银谷大厦10~12层。

法定代表人廖涛，副主任。

委托代理人隋璐，中华人民共和国国家知识产权局专利复审委员会审查员。

原审第三人顶益（开曼岛）控股有限公司，住所地开曼群岛大开曼乔治亚镇创世纪大厦5楼。

法定代表人魏应州，董事长。

委托代理人宋义兴，女，汉族，1957年8月18日出生，中国商标专利事务所有限公司专利代理人，住中华人民共和国北京市西城区百万庄大街21号4楼2门21号。

委托代理人赵兰颢，女，汉族，1972年12月2日出生，顶益（开曼岛）控股有限公司职员，住中华人民共和国天津市和平区湖北路建民里1号。

上诉人统一企业（中国）投资有限公司（以下简称统一公司）因外观设计专利权无效行政纠纷一案，不服中华人民共和国北京市第一中级人民法院（以下简称北京市第一中级人民法院）（2007）一中行初字第1358号行政判决，于法定期限内向本院提出上诉。本院于2008年12月24日受理本案后，依法组成合议庭，于2009年4月28日公开开庭进行了审理。上诉人统一公司的委托代理人孙长龙，被上诉人中华人民共和国国家知识产权局专利复审委员会（以下简称专利复审委员会）的委托代理人隋璐，原审第三人顶益（开曼岛）控股有限公司（以下简称顶益公司）的委托代理人宋义兴、赵兰颢到庭参加了诉讼。本案现已审理终结。

北京市第一中级人民法院认定，名称为"瓶贴（清茶无糖-PET500）"的外观设计专利（以下简称本专利）的申请日为2005年3月11日，授权日为2005年11月30日，专利权人为顶益公司。2006年5月31日，统一公司以本专利不符合《中华人民共和国专利法》（以下简称《专利法》）第二十三条之规定为由，请求宣告本专利无效，并提交了三份对比文件。2007年6月22日，专利复审委员会作出第10107号无效宣告请求审查决定（以下简称第10107号决定），认定统一公司的证据不能支持其所主张的本专利不符合《专利法》第二十三条规定的无效宣告请求理由，决定维持本专利有效。统一公司不服该决定并依法向原审法院提起诉讼。2007年10月16日，专利复审委员会就第10107号决定书后附的本专利附图"瓶贴（清茶无糖-PET500）"错为"清茶低糖"附图一事发出《变更处分通知书》予以更正。

北京市第一中级人民法院认为，本案涉及的是瓶贴设计，应当考虑所述设计在使用状态下消费者的一般感受和关注内容。本专利与对比文件1之间存在字形、图案以及布局组成上的诸多差异，该差异对一般消费者而言带来了显著不同的视觉效果影响，即两者属于不同的外观设计。第10107号决定所附本专利附图与其相关文字表述不符的情况，属于文书制作方面的疏忽，尚不属于实体裁判错误。现专利复审委员会已经予以更正，统一公司据此请求撤销专利复审委员会作出的第10107号决定没有法律依据。第10107号决定认定事实清楚，适用法律正确，程序合法，京市第一中级人民法院依照《中华人民共和国行政诉讼法》第五十四条第（一）项之规定，判决维持专利复审委员会作出的第10107号决定。

统一公司不服原审判决，在法定期限内向本院提出上诉，请求撤销一审判决和第10107号决定。统一公司的上诉理由是：本专利与对比文件1已构成相似外观设计，一审判决认定事实不清，适用法律错误。

专利复审委员会及顶益公司服从原审判决。

经审理查明：名称为"瓶贴（清茶无糖-PET500）"的外观设计专利（即本专利）的申请日为2005年3月11日，授权公告日为2005年11月30日，专利号为200530005522.2，专利权人为顶益公司。本专利授权公报公开了产品的主视图和使用状态图，未请求保护色彩。本专利瓶贴为长方形，其顶部和底部有一行由波浪线、位于波浪线的一侧间隔的圆点构成的带状图案；瓶贴的背景图案为四组沿纵向延伸的茉莉花枝，该茉莉花枝为弯曲形，且花枝上有花瓣及花叶；瓶贴的中部左侧有两组相同的图案，每组图案的上方绘有"康师傅"三字，中间为与其他部分具有明显亮度区别的纵长条，该纵长条上绘有纵向排列的"茉莉清茶"四个大字，该文字图案的线条粗细不一，并且图案的线条多处溢出纵长条边界；在纵长条右下侧绘有一朵盛开的茉莉花，在纵长条左下侧稍向上的位置有一朵茉莉花骨朵与盛开的茉莉花相呼应，在纵长条的右侧依次排列竖排文字和印章；在两组图案之间有"花清香茶新味"构成的图案；瓶贴的右侧为若干说明性文字（授权公告图片见本专利附图）。

2006年5月31日，统一公司以本专利不符合《专利法》第二十三条之规定为由，请求专利复审委员会宣告本专利无效，并提交了附件1~6作为对比文件，并认为本专利与各附件均构成相似外观设计。其中：

附件1系2004年7月在日本出版的《Beverage Guide 2004》杂志封面和第147页的复印件（即对比文件1）。对比文件1是一张带有瓶贴的饮料瓶照片彩图，图中显示瓶贴的顶部和底部有一行由花、花叶间隔构成的带状图案；瓶贴中部上方为一朵盛开的茉莉花，花的下方为与其他部分具有明显颜色区别的纵长条，在纵长条上为日文的产品名称，文字图案的线条粗细均等，且均在纵长条边界内；纵长条下方标有"clear"字母图案，字母图案的下方为方形印章；纵长条的左右两侧各有一行竖排文字，其他另有细小文字排列（详见对比文件1附图）。

附件2系名称为"瓶贴（绿茶）"的中国外观设计专利俯视图（即对比文件2），该外观设计专利的授权公告日为2003年12月24日。对比文件2公开了瓶贴产品俯视图，其瓶贴为长方形，瓶贴的背景图案由飘散的叶片构成；瓶贴的左、右两侧各有一组相同的图案，每组图案的上方为"统一"两字，中间为竖排的"绿茶"两个大字，字下方图案由带花纹的茶碗、茶盘及茶叶搭配构成；图案两侧各有若干竖排说明性文字（详见对比文件2附图）。

附件3系名称为"标贴（统一绿茶）"中国外观设计专利主视图（即对比文件3），该外观设计专利的授权公告日为2004年9月1日。对比文件3公开了瓶贴产品主视图，其瓶贴为长方形，瓶贴的背景图案由连绵的群山构成。瓶贴的左侧和中部各有一组相同的图案，每组图案的上方为"统一"两字，中间为纵长条框，在该纵长条框的对角线方向上绘有"绿茶"两个大字，在该纵长条框的右上角上绘有一茉莉花叶片，纵长条框的下方为一横排文字图案。两组图案之间为四行竖排文字图案。瓶贴右侧为若干说明性文字（详见对比文件3附图）。

附件5为"三得利清茶"的产品包装瓶彩色打印图片（即对比文件5）。

专利复审委员会受理上述无效宣告请求后,于2007年2月5日举行口头审理。在口头审理中,顶益公司对统一公司提交的附件1的真实性及其译文的准确性均无异议,顶益公司认可附件2、附件3的真实性,对附件4~6的真实性表示异议,统一公司未提交附件4、附件6的原件。

2007年6月22日,专利复审委员会作出第10107号决定。专利复审委员会在该决定中认定:附件1~3的授权公告日均早于本专利的申请日,属于《专利法》第二十三条规定的出版物,且与本专利用途相同,属于同类产品,可以作为在先设计适用本案。附件4、附件6因缺乏原件无法认定其真实性,附件5仅凭其打印图片无法确定该产品的公开销售时间,亦无法确定其真实性,故对附件4~6不予采纳。将本专利与对比文件1比较,二者图案的相同点主要是均有纵长条和茉莉花以及瓶贴顶部和底部均有带状图案,二者的不同点主要是纵长条上的文字不同和图案布局不同,该差别对一般消费者而言能够产生显著的视觉影响,故二者为不相同且不相似的外观设计。将本专利与对比文件2比较,二者的相同点在于瓶贴均为长方形,均包括两组相同图案,二者的不同点主要是背景图案不同和构图方式的不同,该差别对一般消费者而言能够产生显著的视觉影响,故二者为不相同且不相似的外观设计。将本专利与对比文件3比较,二者的相同点是瓶贴均为长方形,均有两组相同图案,二者的不同点主要在于背景图案不同和构图方式的不同,该差别对一般消费者而言能够产生显著的视觉影响,故二者为不相同且不相似的外观设计。综上,统一公司的证据不能支持其所主张的本专利不符合《专利法》第二十三条规定的无效宣告请求理由。专利复审委员会在第10107号决定中决定:维持本专利有效。

统一公司不服第10107号决定,在法定期限内向原审法院提起本案诉讼,请求撤销第10107号决定。统一公司起诉的主要理由是,本专利与对比文件1应属于相似外观设计,第10107号决定的附图错误。

2007年10月16日,专利复审委员会就第10107号决定书后附的本专利附图"瓶贴(清茶无糖-PET500)"错为"清茶低糖"附图一事发出《变更处分通知书》予以更正。统一公司对此表示认可。

上述事实有第10107号决定、200530005522.2号外观设计专利、《变更处分通知书》、三份对比文件、口头审理记录表、庭审笔录及当事人陈述等证据在案佐证。

本院认为,根据我国《专利法》第二十三条的规定,授予专利权的外观设计,应当同申请日以前在国内外出版物上公开发表过的外观设计不相同和不相近似。在判断外观设计是否相同或者相近似时,应当基于被比设计产品的一般消费者的知识水平和认知能力进行评价。将本专利与对比文件1进行比较,二者的不同点主要在于纵长线条上文字图案的不同和图案布局的不同。具体说来,本专利的纵长线条上文字图案线条粗细不一,并且图案的线条多处越出纵长条边界,而对比文件1的纵长条上的文字图案线条粗细均等且均在纵长线条边界之内;本专利的纵长条右下侧盛开的茉莉花与左下侧花骨朵相呼应,而对比文件1单朵盛开的茉莉花位于纵长条的上方。此外,本专利一行横排文字在纵长条上方,对比文件1若干行横排文字在纵长条下方;本专利的印章位于纵长条右下侧茉莉花之上,而对比文件1的印章位于"clear"字母图案的下方。本专利与对比文件1的相同点在于二者均有纵长条和茉莉花以及瓶贴顶部和底部均有带状图案。根据整体观察、综合判断的原则,本专利与对比文件1所具有的差异足以对二者的整体视觉效果产生显著影响,二者应为既不相同也不相似的外观设计。上诉人有关本专利与对比文件1构成相似外观设计的上诉理由不能成立,其上诉请求本院不予支持。

综上,上诉人统一公司的上诉理由因缺乏事实及法律依据不能成立,本院不予支持。一审判决认定事实清楚,适用法律正确,应予维持。依据《中华人民共和国行政诉讼法》第六十一条第(一)项之规定,判决如下:

驳回上诉,维持原判。

一审案件受理费 100 元，由统一企业（中国）投资有限公司负担（已交纳）；二审案件受理费 100 元，由统一企业（中国）投资有限公司负担（已交纳）。

本判决为终审判决。

审　判　长　刘继祥
代理审判员　刘晓军
代理审判员　谢甄珂
二〇〇九年五月七日
书　记　员　孙　娜

主视图

使用状态参考图

本专利附图

对比文件1附图

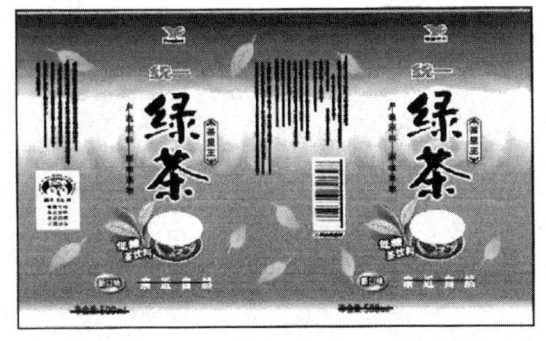
对比文件2附图

使用状态参考图

主视图

对比文件3附图

正压氧气呼吸器

无效宣告请求审查决定（第 10108 号）

决 定 号	第 10108 号
决 定 日	2007 年 6 月 21 日
发明创造名称	正压氧气呼吸器
外观设计分类号	24-01
无效宣告请求人	张君磊
专 利 权 人	山西虹安科技有限公司
专 利 号	02310800.2
申 请 日	2002 年 4 月 11 日
授权公告日	2002 年 9 月 25 日
合议组组长	王桂莲
主 审 员	高桂莲
参 审 员	宋 瑞

法 律 依 据 专利法第 23 条

决 定 要 点

根据通常的商业惯例，在一般情况下，同一厂家生产的相同型号的同种产品的外观是相同的。

如果一项外观设计专利与在先设计之间存在的差异属于局部的细微差别，或者处于使用时消费者不容易看到的部位，所述差异不足以使普通消费者从视觉上清楚地将它们区别开来，也就是说，两者整体外形的相似之处使普通消费者易于将两者混同，则二者属于相近似的外观设计。

一、案由

本无效宣告请求涉及国家知识产权局于 2002 年 9 月 25 日授权公告的 02310800.2 号、名称为"正压氧气呼吸器"的外观设计专利（下称本专利），其专利权人是山西虹安科技有限公司，申请日是 2002 年 4 月 11 日。

针对本专利权，张君磊（下称请求人）于 2005 年 12 月 21 日向专利复审委员会提出无效宣告请求，理由是本专利不符合专利法第 23 条的规定。随同其专利权无效宣告请求书，请求人提交了如下二份证据：

证据 1：山西虹安科技有限公司《正压氧气呼吸器使用实践文摘》，封面页、第 5、9、19、27、

35 页的复印件，共 6 页；

证据 2-1：公证书（2005）京国证经字第 2626 号的复印件，共 18 页；

证据 2-2：上述证据 2-1 中的英文内容的中文译文，共 7 页。

请求人在无效宣告请求书中认为美国 BIOMARINE 公司生产的 Biopak240 正压氧气呼吸器在本专利的申请日之前已在我国公开使用，其正压氧气呼吸器的外观与本专利外观设计相近似，因此本专利不符合专利法第 23 条的规定。

请求人于 2006 年 1 月 4 日向专利复审委员会提交如下两份补充证据，进一步证明美国 BIOMARINE 公司生产的 Biopak240 正压氧气呼吸器的外观形状：

证据 3：请求人声称为 2005 年 7 月 16 日《中国煤炭报》相关版面复印件，共 1 页；

证据 4：公证书（2005）渝沙证字第 7609 号的复印件，共 12 页。

经形式审查合格，专利复审委员会依法受理了上述无效宣告请求，于 2006 年 1 月 17 日向请求人和专利权人发出了无效宣告请求受理通知书，同时将（1）无效宣告请求书及其证据清单中所列证据的副本、（2）无效宣告请求人于 2006 年 1 月 4 日递交的补充意见及其附件清单中所列证据的副本转送给专利权人，要求其在指定的期限内答复，同时告知专利权人如果对所转送的无效宣告请求人提交的外文证据译文的具体内容有异议的，应在指定期限内对有异议部分提交中文译文。

专利权人于 2006 年 2 月 27 日向专利复审委员会提交了意见陈述书，专利权人认为：请求人提交的上述证据 1 不具备合法性、关联性，不能用于评价本专利外观设计的新颖性；证据 2-1 不具备真实性，互联网本身是虚拟的，该证据的网站的真实性没有保障，设立网站的主体和资质未曾体现，并且国外的网站应有所在国公证机关证明，并经我国驻该国领事馆认证，其次该证据显示的时间是 2005 年 10 月 17 日的情况，在本专利申请日之后，它与本专利没有关联性，再次北京市国信公证处保全公证证书不具有公证性，因此不具备合法性；证据 2-2 的译文没有翻译人员资质，翻译时间和地点的证明，不具备真实性、合法性和关联性，其不具有证明力；证据 3 没有出版时间，其内容属于传来证据，内容中所述的代理证书来源不明，没有公证机关证明，未经我国驻美国领事馆认证，不具备证明力；证据 4 不具备证明力，该证据只能证明 2005 年 12 月 28 日尹振启拍了 12 张照片，不能证明本专利在 2002 年 4 月 11 日申请时不具备新颖性。

专利复审委员会依法成立合议组对该无效宣告请求进行审理，于 2006 年 11 月 15 日向双方当事人发出口头审理通知书，定于 2007 年 1 月 4 日在专利复审委员会举行口头审理，同时将专利权人于 2006 年 2 月 27 日提交的意见陈述书副本转送给请求人。

应专利权人的要求，经双方当事人同意，专利复审委员会本案合议组将口头审理的日期改为 2007 年 3 月 1 日进行。

请求人于 2007 年 1 月 8 日提交了意见陈述书，并提交了如下两份补充证据：

证据 5：证据保全公证书（2006）并南证经字第 1 号的复印件，共 8 页；

证据 6：由中国人民大学出版社出版的《美国版权法》的封面页，译者说明页及正文第 55、57 页的复印件，共 4 页。

请求人在该意见陈述书中认为，证据 5 中记载了美国 Biopak 240 型产品样本的页面，该页面左下角记载有版权标记，根据美国版权法的相关规定可知，该页面的首次发表年份为 1997 年，早于本专利的申请日，而该页面上记载的产品外观设计与本专利产品极其近似，因此本专利不符合专利法第 23 条的规定。

合议组于 2007 年 1 月 9 日将请求人于 2007 年 1 月 8 日提交的意见陈述书和证据清单中所附证据

副本转送给专利权人，要求其在指定期限内答复。

专利权人于 2007 年 2 月 7 日提交了意见陈述书，认为请求人于 2007 年 1 月 8 日提交的补充证据超过了一个月的法定期限，应不予考虑。

口头审理于 2007 年 3 月 1 日举行，双方当事人均出席了口头审理。由于本次口头审理在当日没有审完，延期至 3 月 16 日继续进行。在口头审理中，合议组当庭将专利权人于 2007 年 2 月 7 日提交的意见陈述书副本转送请求人。请求人当庭提交证据 1、2-1、3、4、6 的原件。

请求人明确其无效宣告请求的范围和理由为：本外观设计专利不符合专利法第 23 条的规定。其中（1）证据 1、证据 3、证据 4 证明本专利在先公开销售的事实，证据 2-1、证据 2-2、证据 5 作为上述使用公开的佐证；（2）证据 2-1、证据 2-2、证据 5、证据 6 证明本专利被在先出版物公开。

专利权人认为证据 1 不具备真实性、合法性，来源不明，没有出版时间，不属于出版物，并且没有正压氧气呼吸器的照片，因此与本案无关联性；证据 2-1 不具备真实性，不能证明是谁设置的网站，不具有接受域外证据的相应手续，与本案无关联性，其不具有证明力；由于证据 2-2 没有时间、地点，是否是由有资质的人进行翻译的没有体现，因此对证据 2-2 的中文译文的准确性有异议；认为证据 3 不能看出其出版时间，没有法律效力；证据 4 不具有证明力，不能证明本专利在其申请日之前丧失新颖性，证据 4 中的发票没有开票日期及姓名，其中的代理授权书不合法，公证书没有骑缝章和钢印章；同时认为证据 5 和 6 为超期提交的证据，不予质证。

至此，合议组经过合议后认为本案事实已经清楚，现依法作出如下审查决定。

二、决定的理由

1. 关于证据

本案请求人共提交 6 份证据，其中：

证据 1 为山西虹安科技有限公司的《正压氧气呼吸器使用实践文摘》中的部分文章的复印件，请求人当庭提交了该证据的原件，专利权人当庭核对了原件，但是认为该证据来源不明，没有出版时间，不属于出版物，认为该证据不具备真实性、合法性和关联性。

对此，合议组认为：关于该证据的真实性，根据专利复审委员会第 6647 号决定中的记载，专利权人已经认可其真实性，关于该证据的合法性在北京市高级人民法院（2005）高行终字第 465 号行政判决书中已作出过认定，并且请求人已提交了该证据的原件，合议组当庭也核实了该复印件与原件一致，在专利权人没有相反的证据证明证据 1 不具备真实性和合法性的情况下，根据审查指南第四部分第八章第 4.3 节的规定，合议组对其自认后的事实进行反悔的主张不予支持，因此该证据 1 具备真实性和合法性。

证据 2-1 为北京市国信公证处出具的（2005）京国证经字第 2626 号公证书复印件，请求人当庭提交了原件，合议组核实该原件与复印件一致。但专利权人认为首先互联网本身是虚拟的，该证据的网站的真实性没有保障，设立网站的主体和资质未曾体现，该证据不具备真实性，并且国外的网站应有所在国公证机关证明，并经我国驻该国领事馆认证，应履行域外证据的相关手续，其次北京市国信公证处保全公证证书不具有公证性，因此不具备合法性，再次该证据显示的时间是 2005 年 10 月 17 日的情况，在本专利申请日之后，它与本专利没有关联性。

关于该证据是否具备真实性和合法性，合议组认为，该证据是对 http：//www.neutronicsinc.com 网站所载内容进行保全。证据所附网页打印件是在公证处的计算机上通过公证处的局域网登录网站获得的，整个上网登录过程有公证员现场监督，网页由公证员打印。专利权人虽然提出了上述许多主张，但并没有提交具体的反证以质疑证据 2-1 的真实性，在此情况下，合议组根据审查指南第四部分

第八章第4.5节的规定，认为该证据具备真实性和合法性；另外，关于该证据是否为域外证据，合议组认为，虽然该证据显示的是美国公司生产的Biopak 240型正压式氧气呼吸器的外观，但其是在国内通过互连网络资源获得的，处于国内公众可以获知的状态，登录网站过程及打印由公证员监督完成，因此可以证明网页的客观真实性。

证据2-2为证据2-1的英文内容部分的中文译文。专利权人认为证据2-2没有翻译时间、地点的证明，没有体现是否是由有资质的人进行翻译，因此对其翻译的准确性有异议。

合议组认为，根据审查指南第四部分第8章第2.2.1节中规定的"对方当事人对中文译文内容有异议的，应当在指定的期限内对有异议的部分提交中文译文。没有提交中文译文的视为无异议"，由于专利权人没有在规定期限内对异议部分提交相应的中文译文，因此合议组视为专利权人对该证据2-2的译文准确性无异议，因此证据2-1中的英文内容以证据2-2的中文译文为准。

2. 关于上述证据能否形成证据链

证据1是由专利权人印刷的《正压氧气呼吸器使用实践文摘》，其中第5页记述了煤炭部、霍州矿务局等单位于1994年11月1日至11月15日赴美国BIOMARINE公司考察Biopak240型矿山救护正压氧气呼吸器的情况，第19页记述了大屯煤电公司救护大队于1997年底引进了10台Biopak240型正压呼吸器；第35页记述霍州矿务局矿山救护大队于1996年2月引进20套美国BIOMARINE公司的Biopak 240型正压式氧气呼吸器的事实，由于证据1本身的真实性可以确认，那么其内记载的在本专利申请日前引进、使用美国Biopak 240正压氧气呼吸器的事实的记载也应当是真实的，即上述证据1公开了美国BIOMARINE公司的Biopak 240型正压式氧气呼吸器在本专利申请日之前在国内公开使用这样一个事实，对此北京市高院在（2005）高行终字第465号已生效的行政判决书中也认定了《正压氧气呼吸器使用实践文摘》可以证明美国BIOMARINE公司生产的Biopak 240型正压式氧气呼吸器早在本专利申请日前已在国内公开使用。在此基础上，美国BIOMARINE公司生产的Biopak 240型正压式氧气呼吸器的产品外观，以及该产品外观是否与本专利相同或相近似则成为本案的关键。

证据2-1为北京市国信公证处出具的公证书，其公证的内容是尹振启于2005年10月17日在公证处通过公证处局域网登陆www.google.com搜索网站，并对所载内容进行打印，同时制作了《现场记录》一份，在该《现场记录》中记录了尹振启通过网络得到一系列相关页面的过程，其中在进入美国BIOMARINE公司主页后点击该公司生产的产品可以获得Biopak 240型正压式氧气呼吸器的外观图片三张（参见公证书中《现场记录》所附的第10和13页中Biopak 240型正压式氧气呼吸器的立体图、正面图和侧视图）。据此可以认定上述证据2-1中《现场记录》所附网页披露了美国BIOMARINE公司生产的Biopak 240型正压式氧气呼吸器的外观。证据2-2是证据2-1英文部分内容的中文译文。

根据商业惯例，在一般情况下，同一厂家生产的相同型号的同种产品的外观是相同的，那么即使证据2-1中网页所载的时间是在本专利的申请日之后，但是证据1和证据2-1披露的都是美国BIOMARINE公司生产的Biopak 240型正压式氧气呼吸器，因此根据商业惯例，不论在本专利申请日之前还是之后，该美国BIOMARINE公司生产的相同型号的产品的外观应当是相同的，因此可以认定证据2-1和证据2-2中披露的由美国BIOMARINE公司生产的Biopak 240型正压式氧气呼吸器的外观应当与证据1中披露的Biopak 240型正压式氧气呼吸器的外观相同。

基于上述的分析可知，证据1可以证明在本专利申请日之前在国内公开使用了美国BIOMARINE公司生产的Biopak 240型正压式氧气呼吸器，而证据2-1和2-2披露了该产品的外观图形，因此证据1、2-1、2-2可以形成一个完整的证据链，即在本专利申请日之前，由美国BIOMARINE公司生产的Biopak 240型正压式氧气呼吸器的外观已经在国内公开。

3. 关于专利法第 23 条

专利法第 23 条规定，授予专利权的外观设计，应当同申请日以前在国内外出版物上公开发表过或者国内公开使用过的外观设计不相同和不相近似，并不得与他人在先取得的合法权利相冲突。

将本专利与证据 2-1 和证据 2-2 中美国 BIOMARINE 公司生产的 Biopak240 正压氧气呼吸器图片相比较（详见附图），本专利的呼吸器为具有一定厚度的矩形箱体。首先，其主视图（正面）上方正中有一突出的圆形，下方具有两条竖向突起，该突起上部突出于呼吸器平面，并突起高度逐渐缩小，使其下部凹入呼吸器平面，该矩形箱体的四角均有圆弧形导角。从证据 2-1 中示出的美国 BIOMARINE 公司生产的 Biopak240 正压氧气呼吸器的立体图可以看出，其同样为具有一定厚度的矩形箱体，该图同时示出了呼吸器上伸出的气管和面罩，但该气管和面罩是本专利与 Biopak240 使用时均需配置的部件，即两者使用时都会具有所述气管和面罩，在本无效宣告请求中需要比较的只是呼吸器本体。从证据 2-1 中示出的美国 BIOMARINE 公司生产的 Biopak240 正压氧气呼吸器的正面图可以清楚地看出，Biopak240 呼吸器正面为上部正中突出的圆形，下部为突出并减缩的两条竖向条带，箱体四角为圆弧形的角，由此两者正面基本相同。

本专利的侧视图示出该呼吸器上部厚度较小，且两侧边平行，后部的两侧边在箱体中部偏上部位逐渐加宽向后倾斜，并在箱体的下部形成一个小缺口后向前收缩，使箱体的后部形成一种适应人体背部曲线的形状，同时箱体前部的面在箱体的下部也向后倾斜。此外，由于箱体是由前后两部分组成的，该箱体侧部中央有一竖向突出的条带，以便前部箱体能够扣合后部箱体，从后、侧视图还可以看到该箱体后部两侧上部分别有两用于安装伸出气管斜向的孔，两气管孔中央为一稍微突出于后部平面且与该平面平行的部分，在该箱体一侧下部设有一圆孔。在证据 2-1 中示出的美国 BIOMARINE 公司生产的 Biopak240 正压氧气呼吸器的侧视图中，同样能够了解其呼吸器箱体侧部的形状，其以与本专利同样的方式形成一种适应人体背部曲线的形状，并具有中间竖向的条带，后部上方两侧的孔和一侧下方的孔，以及后部两孔之间稍微突出后部平面并与之平行的部分等；两者的区别在于证据 2-1 中示出的美国 BIOMARINE 公司生产的 Biopak240 正压氧气呼吸器箱体前部的面在下部向后倾斜的角度略大于本专利在该位置向后倾斜的角度。但总体上看，两者侧部的形状是非常相似的。

本专利同时给出了所述呼吸器的俯视以及仰视图，从其俯视图可以看出，呼吸器箱体后部上方的两圆形气管孔、下方逐渐突起的部分（侧视图已经清楚地反映出来）以及出气孔等，仰视图示出了箱体下部与正视图、侧视图所示相应的形状以及前后箱体扣合的锁扣，而后视图示出了两气管孔间稍微突出于后部平面并与之平行部分基本为圆形，并示出其上有一些出气孔等。其中有些设计，如后部上方的出气孔、后部两气管孔间圆形部分上的出气孔、箱体下部的锁扣等在证据 2-1 所示的美国 BIOMARINE 公司生产的 Biopak240 正压氧气呼吸器图中并没有公开，但作为一种背在人背上使用的呼吸器，其对整体视觉效果影响明显强烈的部位应当为呼吸器的正面与两侧面，而靠在人体背部的箱体后部以及下部并不会影响一般消费者对呼吸器的整体视觉印象，况且在本专利中，其由后视图和仰视、俯视图反映出的呼吸器箱体的大部分形状设计是与箱体前部与侧面的形状相对应的（详见本专利附图）。

如前所述，本专利的呼吸器与证据 2-1 中的美国 BIOMARINE 公司生产的 Biopak240 正压氧气呼吸器所示的呼吸器在其对一般消费者整体视觉效果影响明显强烈的主视图和整体形状上为相近似的设计，且两者的差别对于产品的整体视觉效果不具有显著的影响。因此，根据专利法第 23 条的规定，本外观设计与美国 BIOMARINE 公司生产的 Biopak240 正压氧气呼吸器的外观设计相近似。

鉴于本专利相对于证据 1、2-1、2-2 不符合专利法第 23 条的规定，合议组不再对请求人提交的其他证据和理由进行评述。

三、决定

宣告 02310800.2 号外观设计专利权无效。

当事人对本决定不服的，可以根据专利法第 46 条第 2 款的规定，在收到本决定之日起三个月内向北京市第一中级人民法院起诉。根据该款规定，一方当事人起诉后，另一方当事人应当作为第三人参加诉讼。

北京市第一中级人民法院
行政判决书

（2007）一中行初字第 1243 号

原告山西虹安科技有限公司，住所地山西省太原市高新技术开发区Ⅲ-5 区一号楼。

法定代表人李谦，董事长。

委托代理人张文祥，男，山西虹安科技有限公司副总经理。

委托代理人王自力，山西三晋律师事务所律师。

被告国家知识产权局专利复审委员会，住所地北京市海淀区北四环西路 9 号。

法定代表人廖涛，副主任。

委托代理人高桂莲，女，国家知识产权局专利复审委员会审查员。

委托代理人王伟艳，女，国家知识产权局专利复审委员会审查员。

第三人张君磊，男，1940 年 11 月 19 日出生，汉族，住山西省太原市青年东街 13 号 4 楼 3 单元 12 号。

委托代理人温彪飞，山西太原科卫专利事务所专利代理人。

委托代理人尹振启，北京中创阳光知识产权代理有限责任公司专利代理人。

原告山西虹安科技有限公司不服被告国家知识产权局专利复审委员会专利无效宣告请求审查决定。于 2007 年 9 月 10 日向本院提起行政诉讼。本院受理后，依法组成合议庭并通知被诉具体行政行为的利害关系人张君磊作为第三人参加诉讼。本院于 2007 年 11 月 7 日公开开庭审理了本案。原告的委托代理人张文祥、王自力，被告的委托代理人高桂莲、王伟艳，第三人张君磊及其委托代理人温彪飞、尹振启到庭参加了诉讼。本案现已审理终结 2007 年 6 月 21 日，被告作出第 10108 号无效宣告请求审查决定（以下简称第 10108 号决定），宣告第 02310800.2 号外观设计专利权（以下简称本专利）无效。决定认为：

1. 关于证据。

本案第三人共提交 6 份证据，其中：

证据 1 为原告的《正压氧气呼吸器使用实践文摘》中的部分文章的复印件，第三人当庭提交了该证据的原件，原告当庭核对了原件，但是认为该证据来源不明，没有出版时间，不属于出版物。认为该证据不具备真实性、合法性和关联性。

对此，被告认为：关于该证据的真实性，根据被告第 6647 号决定中的记载，原告已经认可其真实性，关于该证据的合法性在北京市高级人民法院（2005）高行终字第 465 号行政判决书中已作出过认定，并且第三人已提交了该证据的原件，被告当庭也核实了该复印件与原件一致，在原告没有相反的证据证明证据 1 不具备真实性和合法性的情况下，根据《审查指南》第四部分第八章第 4.3 节的规定，被告对其自认后的事实进行反悔的主张不予支持，因此该证据1具备真实性和合法性。

证据2-1为北京市国信公证处出具的（2005）京国证经字第2626号公证书复印件，第三人当庭提交了原件，被告核实该原件与复印件一致。但原告认为首先互联网本身是虚拟的，该证据的网站的真实性没有保障，设立网站的主体和资质未曾体现，该证据不具备真实性，并且国外的网站应有所在国公证机关证明，并经我国驻该国领事馆认证，应履行域外证据的相关手续，其次北京市国信公证处保全公证证书不具有公证性，因此不具备合法性，再次该证据显示的时间是2005年10月17日的情况，在本专利申请日之后，它与本专利没有关联性。

关于该证据是否具备真实性和合法性，被告认为，该证据是对 http://www.neutronicsinc.com 网站所载内容进行保全。证据所附网页打印件是在公证处的计算机上通过公证处的局域网登录网站获得的，整个上网登录过程有公证员现场监督，网页由公证员打印。原告虽然提出了上述许多主张，但并没有提交具体的反证以质疑证据2-1的真实性，在此情况下，被告根据《审查指南》第四部分第八章第4.5节的规定，认为该证据具备真实性和合法性；另外，关于该证据是否为域外证据，被告认为，虽然该证据显示的是美国公司生产的Biopak 240型正压式氧气呼吸器的外观，但其是在国内通过互连网络资源获得的，处于国内公众可以获知的状态，登录网站过程及打印由公证员监督完成，因此可以证明网页的客观真实性。

证据2-2为证据2-1的英文内容部分的中文译文。原告认为证据2-2没有翻译时间、地点的证明，没有体现是否是由有资质的人进行翻译，因此对其翻译的准确性有异议。

被告认为，根据《审查指南》第四部分第8章第2.2.1节中规定的"对方当事人对中文译文内容有异议的，应当在指定的期限内对有异议的部分提交中文译文。没有提交中文译文的视为无异议"，由于原告没有在规定期限内对异议部分提交相应的中文译文，因此被告视为原告对该证据2-2的译文准确性无异议，因此证据2-1中的英文内容以证据2-2的中文译文为准。

2. 关于上述证据能否形成证据链。

证据1是由原告印刷的《正压氧气呼吸器使用实践文摘》，其中第5页记述了煤炭部、霍州矿务局等单位于1994年11月1日至11月15日赴美国BIOMARINE公司考察Biopak240型矿山救护正压氧气呼吸器的情况，第19页记述了大屯煤电公司救护大队于1997年底引进了10台Biopak240型正压呼吸器；第35页记述霍州矿务局矿山救护大队于1996年2月引进20套美国BIOMARINE公司的Biopak 240型正压武氧气呼吸器的事实，由于证据1本身的真实性可以确认，那么其内记载的在本专利申请日前引进、使用美国Biopak 240正压氧气呼吸器的事实的记载也应当是真实的，即上述证据1公开了美国BIOMARINE公司的Biopak 240型正压武氧气呼吸器在本专利申请日之前在国内公开使用这样一个事实，对此北京市高院在（2005）高行终字第465号已生效的行政判决书中也认定了《正压氧气呼吸器使用实践文摘》可以证明美国BIOMAARINE公司生产的Biopak 240型正压式氧气呼吸器早在本专利申请日前已在国内公开使用。在此基础上，美国BIOMARINE公司生产的Biopak 240型正压式氧气呼吸器的产品外观，以及该产品外观是否与本专利相同或相近似则成为本案的关键。

证据2-1为北京市国信公证处出具的公证书，其公证的内容是尹振启于2005年10月17日在公证处通过公证处局域网登陆www.google.com搜索网站，并对所载内容进行打印，同时制作了《现场记录》一份，在该《现场记录》中记录了尹振启通过网络得到一系列相关页面的过程，其中在进入美国BIOMARINE公司王页后点击该公司生产的产品可以获得Biopak 240型正压式氧气呼吸器的外观图片三张（参见公证书中《现场记录》所附的第10和13页中Biopak 240型正压式氧气呼吸器的立体图、正面图和侧视图）。据此可以认定上述证据2-1中《现场记录》所附网页披露了美国BIOMARINE公司生产的Biopak 240型正压式氧气呼吸器的外观。证据2-2是证据2-1英文部分内容的中文译文。

根据商业惯例，在一般情况下，同一厂家生产的相同型号的同种产品的外观是相同的，那么即使证据2-1中网页所载的时间是在本专利的申请日之后，但是证据1和证据2-1披露的都是美国BIOMARINE公司生产的Biopak 240型正压式氧气呼吸器，因此根据商业惯例，不论在本专利申请日之前还是之后，该美国BIOMARINE公司生产的相同型号的产品的外观应当是相同的，因此可以认定证据2-1和证据2-2中披露的由美国BIOMARINE公司生产的Biopak 240型正压式氧气呼吸器的外观应当与证据1中披露的Biopak 240型正压式氧气呼吸器的外观相同。

基于上述的分析可知，证据1可以证明在本专利申请日之前在国内公开使用了美国BIOMARINE公司生产的Biopak 240型正压式氧气呼吸器，而证据2-1和2-2披露了该产品的外观图形，因此证据1、2-1、2-2可以形成一个完整的证据链，即在本专利申请日之前，由美国BIOMARINE公司生产的Biopak 240型正压式氧气呼吸器的外观已经在国内公开。

3. 关于《中华人民共和国专利法》（以下简称《专利法》）第二十三条。

将本专利与证据2-1和证据2-2中美国BIOMARINE公司生产的Biopak240正压氧气呼吸器图片相比较（详见附图），本专利的呼吸器为具有一定厚度的矩形箱体。首先，其主视图（正面）上方正中有一突出的圆形，下方具有两条竖向突起，该突起上部突出于呼吸器平面，并突起高度逐渐缩小，使其下部凹入呼吸器平面，该矩形箱体的四角均有圆弧形导角。从证据2-1中示出的美国BIOMARINE公司生产的Biopak240正压氧气呼吸器的立体图可以看出，其同样为具有一定厚度的矩形箱体，该图同时示出了呼吸器上伸出的气管和面罩，但该气管和面罩是本专利与Biopak240使用时均需配置的部件，即两者使用时都会具有所述气管和面罩，在本无效宣告请求中需要比较的只是呼吸器本体。从证据2-1中示出的美国BIOMARINE公司生产的Biopak240正压氧气呼吸器的正面图可以清楚地看出，Biopak240呼吸器正面为上部正中突出的圆形，下部为突出并减缩的两条竖向条带，箱体四角为圆弧形的角，由此两者正面基本相同。

本专利的侧视图示出该呼吸器上部厚度较小，且两侧边平行，后部的两侧边在箱体中部偏上部位逐渐加宽向后倾斜，并在箱体的下部形成一个小缺口后向前收缩，使箱体的后部形成一种适应人体背部曲线的形状，同时箱体前部的面在箱体的下部也向后倾斜。此外，由于箱体是由前后两部分组成的，该箱体侧部中央有一竖向突出的条带，以便前部箱体能够扣合后部箱体，从后、侧视图还可以看到该箱体后部两侧上部分别有两用于安装伸出气管斜向的孔，两气管孔中央为一稍微突出于后部平面且与该平面平行的部分，在该箱体一侧下部设有一圆孔。在证据2-1中示出的美国BIOMARINE公司生产的Biopak240正压氧气呼吸器的侧视图中，同样能够了解其呼吸器箱体侧部的形状，其以与本专利同样的方式形成一种适应人体背部曲线的形状，并具有中间竖向的条带，后部上方两侧的孔和一侧下方的孔，以及后部两孔之间稍微突出后部平面并与之平行的部分等；两者的区别在于证据2-1中示出的美国BIOMARINE公司生产的Biopak240正压氧气呼吸器箱体前部的面在下部向后倾斜的角度略大于本专利在该位置向后倾斜的角度。但总体上看，两者侧部的形状是非常相似的。

本专利同时给出了所述呼吸器的俯视以及仰视图，从其俯视图可以看出，呼吸器箱体后部上方的两圆形气管孔、下方逐渐突起的部分（侧视图已经清楚地反映出来）以及出气孔等，仰视图示出了箱体下部与正视图，侧视图所示相应的形状以及前后箱体扣合的锁扣，而后视图示出了两气管孔间稍微突出于后部平面并与之平行部分基本为圆形，并示出其上有一些出气孔等。其中有些设计，如后部上方的出气孔、后部两气管孔间圆形部分上的出气孔、箱体下部的锁扣等在证据2-1所示的美国BIOMARINE公司生产的Biopak240正压氧气呼吸器图中并没有公开，但作为一种背在人背上使用的呼吸器，其对整体视觉效果影响明显强烈的部位应当为呼吸器的正面与两侧面，而靠在人体背部的箱体后部以及下部并不会影响一般消费者对呼吸器的整体视觉印象，况且在本专利中，其由后视图和仰视、俯视图反映出的呼吸器箱体的大部分形状设计是与箱体前部与侧面的形状相对应的（详见本专利附图）。

如前所述，本专利的呼吸器与证据2-1中的美国BIOMARINB公司生产的Biopak240正压氧气呼吸器所示的呼吸器在其对一般消费者整体视觉效果影响明显强烈的主视图和整体形状上为相近似的设计，且两者的差别对于产品的整体视觉效果不具有显著的影响。因此，根据《专利法》第二十三条的规定，本外观设计与美国BIOMARINE公司生产的Biopak240正压氧气呼吸器的外观设诉相近似。

鉴于本专利相对于证据1、2-1、2-2不符合《专利法》第二十三条的规定，被告不再对第三人提交的其他证据和理由进行评述。

被告在法定的举证期限内向本院提交并经庭审质证的证据有：（1）本专利授权公告文本；（2）原告《正压氧气呼吸器使用实践文摘》封面页第5、9、19、27、35页的复印件（即决定中的证据1）；（3）公证书（2005）京国证经字第2626号的复印件（即决定中的证据2-1）；（4）上述证据3中的英文内容的中文译文（即决定中的证据2-2）；（5）原告于2006年12月15日提交的无效宣告请求口头审理通知书回执及意见陈述书各一页；（6）第6647号无效宣告请求审查决定；（7）北京市高级人民法院（2005）高行终字第465号行政判决书；（8）2007年3月1日的口头审理记录表及其附面；（9）2007年3月16日的口头审理记录表及其附页。上述证据用于证明第10108号决定认定事实清楚、适用法律法规正确、审理程序合法。被告当庭表示，证据9中笔录记录时间应当是2007年3月16日，该笔录中的3月15日的记录系笔误。由于原告在起诉状中没有明确对被告决定将2007年1月4日的口头审理延期提出异议，本院要求被告当庭补充提交了证据10，2007年1月4日的口审通知书，并当庭核实原件，被告认为该证据证明被告改变口头审理时间已经当场通知了双方当事人，双方当事人对此表示认可。

原告诉称：（1）被告就五个案件合并审理，而仅就一个案件作出决定，属于审理程序违法；（2）第三人在被告发出的口头审理通知书指定期间内未作答复，并且不参加口头审理，其无效宣告请求应当视为撤回；（3）第10108号决定漏掉了原告2006年12月15日寄交的意见陈述的内容，属于认定事实不清，（4）第10108号决定主要证据不足：①证据1《正压氧气呼吸器使用实践文摘》不是公开出版物，其既无出版时间又无呼吸器外观图片，与本案无关联性，该证据来源不明，不具备真实合法性，不能用于评价本专利外观设计的新颖性；②证据2-1不具备真实性、合法性和客观性；③证据2-2没有翻译人员的资质证明，更无翻译人员签名或盖章，不具备真实性、合法性、关联性，不具备证明力；（5）由于证据1不具备真实性、合法性、关联性，故不能认定美国BIOMARINE公司生产的Biopak240正压氧气呼吸器在先使用，第10108号决定根据网上下载的所谓美国Biopak240正压氧气呼吸器的立体图、正面图、侧面视图认定本专利与对比文件具有相似性是错误的。综上，第10108号决定审理程序违法、认定事实不清、主要证据不足，原告请求法院：（1）撤销第10108号决定；（2）判令维持本专利有效。

原告向法院提交了如下证据：发文时间为2007年1月4日的四份无效宣告请求口头审理通知书，用以证明被告擅自改变了口审时间。

被告辩称：（1）被告作出的第10108号决定程序合法，审查指南规定的合并审理指的是合并口头审理，并没有规定合并口头审理的案件必须合并作出决定；（2）被告将2007年1月4日的口头审理推迟至2007年3月1日，是因为原告误将法院撤回后重新编号的案件认为是新案件，被告在告知原告并非新案件的情况下予以推迟，2007年3月1日上午第三人和太原市安全救护科技有限公司出席了口头审理，原告对其资格未提出异议，原告认为本案应作撤回处理并无任何理由和依据；（3）原告

2006年12月5日提交的意见陈述书的内容与W605852案件无关，故被告在本无效决定中未予记载；（4）关于证据以及本专利不符合《专利法》第二十三条的认定，被告坚持被诉决定中的理由。综上，第10108号决定认定事实清楚、适用法律正确、审理程序合法，原告的诉讼理由不成立，请求法院依法驳回原告的诉讼请求，维持第10108号决定。

第三人同意被告的答辩意见，认为第10108号决定审查程序合法、证据确实充分、事实认定正确，请求法院维持该决定。

第三人未向法院提交证据。

经庭审质证，原告对被告提交的证据1、5、7没有异议，对证据2、3、4、8、9的关联性、合法性、真实性均有异议，对证据6、10的合法性和关联性有异议，不同意被告对其提交的证据所主张的证明作用。第三人对被告提交的证据没有异议。被告及第三人对原告提交的证据的关联性、合法性，真实性均无异议，但不同意原告主张的证明作用。本院认为，被告及原告提交证据与被诉第10108号决定有关，且合法、真实，能够证明本案的事实，本院予以采纳。

根据上述有效证据及各方当事人在庭审中无争议的陈述，本院确认如下事实：

本案涉及申请日为2002年4月11日，授权公告日为2002年9月25日，专利号为02310800.2，名称为"正压氧气呼吸器"的外观设计专利（即本专利）。专利权人是山西虹安科技有限公司（即本案原告）。

针对本专利权，第三人于2005年12月21日向被告提出无效宣告请求，理由是本专利不符合《专利法》第二十三条的规定，并提交了如下二份证据：

证据1：原告《正压氧气呼吸器使用实践文摘》，封面页、第5、9、19、27、35页的复印件，共6页；

证据2-1：公证书（2005）京国证经字第2626号的复印件，共18页；

证据2-2：上述证据2-1中的英文内容的中文译文，共7页；

第三人在无效宣告请求书中认为美国BIOMARINE公司生产的Biopak240正压氧气呼吸器在本专利的申请日之前已在我国公开使用，其正压氧气呼吸器的外观与本专利外观设计相近似，因此本专利不符合《专利法》第二十三条的规定。

第三人于2006年1月4日向被告提交如下两份补充证据，进一步证明美国BIOMARINE公司生产的Biopak240正压氧气呼吸器的外观形状：

证据3：第三人声称为2005年7月16日《中国煤炭报》相关版面复印件，共1页；

证据4：公证书（2005）渝沙证字第7609号的复印件，共12页。

经形式审查合格，被告依法受理了上述无效宣告请求，于2006年1月17日向第三人和原告发出了无效宣告请求受理通知书，同时将（1）无效宣告请求书及其证据清单中所列证据的副本；（2）第三人于2006年1月4日递交的补充意见及其附件清单中所列证据的副本转送给原告，要求其在指定的期限内答复，同时告知原告如果对所转送的原告提交的外文证据译文的具体内容有异议的，应在指定期限内对有异议部分提交中文译文。

原告于2006年2月27日向被告提交了意见陈述书，原告认为：第三人提交的上述证据1不具备合法性、关联性，不能用于评价本专利外观设计的新颖性；证据2-1不具备真实性，互联网本身是虚拟的，该证据的网站的真实性没有保障，设立网站的主体和资质未曾体现，并且国外的网站应有所在国公证机关证明，并经我国驻该国领事馆认证，其次该证据显示的时间是2005年10月17日的情况，在本专利申请日之后，它与本专利没有关联性，再次北京市国信公证处保全公证证书不具有公证性，因此不具备合法性；证据2-2的译文没有翻译人员资质，翻译时间和地点的证明，不具备真实性、合法性和关联性，其不具有证明力；证据3没有出版时间，其内容属于传来证据，内容中所述的代理证书来源不明，没有公证机关证明，未经我国驻美国领事馆认证，不具备证明力；证据4不具备证明力，该证据只能证明2005年12月28日尹振启拍了12张照片，不能证明本专利在2002年4月11日申请时不具备新颖性。

被告于2006年11月15日向双方当事人发出口头审理通知书，定于2007年1月4日在被告处举行口头审理，同时将原告于2006年2月27日提交的意见陈述书副本转送给第三人。

应原告的要求，经双方当事人同意，被告将口头审理的日期改为2007年3月1日进行。

第三人于2007年1月8日提交了意见陈述书，并提交了如下两份补充证据：

证据5：证据保全公证书（2006）并南证经字第1号的复印件，共8页；

证据6：由中国人民大学出版社出版的《美国版权法》的封面页，译者说明页及正文第55和57页的复印件，共4页。

第三人在该意见陈述书中认为，证据5中记载了美国Biopak240型产品样本的页面，该页面左下角记载有版权标记，根据美国版权法的相关规定可知，该页面的首次发表年份为1997年，早于本专利的申请日，而该页面上记载的产品外观设计与本专利产品极其近似，因此本专利不符合《专利法》第二十三条的规定。

被告于2007年1月9日将第三人于2007年1月8日提交的意见陈述书和证据清单中所附证据副本转送给原告，要求其在指定期限内答复。

原告于2007年2月7日提交了意见陈述书，认为第三人于2007年1月8日提交的补充证据超过了一个月的法定期限，应不予考虑。

口头审理于2007年3月1日举行，双方当事人均出席了口头审理。由于本次口头审理在当日没有审完，延期至3月16日继续进行在口头审理中，被告当庭将原告于2007年2月7日提交的意见陈述书副本转送第三人。第三人当庭提交证据1、2-1、3、4、6的原件。

第三人明确其无效宣告请求的范围和理由为：本外观设计专利不符合《专利法》第二十三条的规定。其中（1）证据1、证据3、证据4证明本专利在先公开销售的事实，证据2-1、证据2-2证据5作为上述使用公开的佐证；（2）证据2-1、证据2-2、证据5、证据6证明本专利被在先出版物公开。

原告认为证据1不具备真实性、合法性，来源不明，没有出版时间，不属于出版物，并且没有正压氧气呼吸器的照片，因此与本案无关联性；证据2-1不具备真实性，不能证明是谁设置的网站，不具有接受域外证据的相应手续，与本案无关联性，其不具有证明力；由于证据2-2没有时间、地点，是否是由有资质的人进行翻译的没有体现，因此对证据2-2的中文译文的准确性有异议；认为证据3不能看出其出版时间，没有法律效力；证据4不具有证明力，不能证明本专利在其申请日之前丧失新颖性，证据4中的发票没有开票日期及姓名，其中的代理授权书不合法，公证书没有骑缝章和钢印章，同时认为证据5和6为超期提交的证据，不予质证。

在上述工作的基础上，被告作出第10108号决定，宣告本专利无效原告不服该决定诉至本院。

另查明，太原市神瑞安全救护科技有限公司分别于2003年3月3日、4月16日、6月19日三次向被告就本专利提出无效宣告请求，第三人曾于2003年8月8日向被告就本专利提出无效宣告请求，被告针对上述请求于2004年9月20日作出第6647号无效宣告请求审查决定（以下简称第6647号决定）原告不服该决定诉至我院，我院经审理，作出（2005）一中行初字第451号行政判决，撤销第6647号决定，判令被告重新就本专利作出无效决定。被告不服，上诉至北京市高级人民法院，2005年12月20日，北京市高级人民法院作出（2005）高行终字第465号行政判决，驳回上诉，维持原判。

本院认为，关于证据，本案中，证据1为原告的《正压氧气呼吸器使用实践文摘》中的部分文章的复印件，根据第6647号决定中的记载，原告已经认可其真实性，在原告没有提交相反证据的情况下，根据《审查指南》第四部分第八章第4.3节的规定，被告对其自认后的事实进行反悔的主张不予支持，认定证据1具备真实性的结论正确，本院予以支持。证据1公开了美国BIOMARINE公司的Biopak 240型正压式氧气呼吸器在本专利申请日之前在国内公开使用的事实，北京市高级人民法院在（2005）高行终字第465号行政判决书中也认定了《正压氧气呼吸器使用实践文摘》可以证明美国BiOMARINE公司生产的Biopak 240型正压式氧气呼吸器早在本专利申请日、前已在国内公开使用。

证据2-1为北京市国信公证处出具的（2005）京国证经字第2626号公证书复印件，其公证的内容是尹振启于2005年生产的Biopak 240型正压式氧气呼吸器的外观已经在国内公开的结论正确，本院予以支持。

关于新颖性，根据《专利法》第二十三条的规定，授予专利权的外观设计，应当同申请日以前在国内外出版物上公开发表过或者国内公开使用过的外观设计不相同和不相近似，并不得与他人在先取得的合法权利相冲突。

由于呼吸器上伸出的气管和面罩是本专利与Biooak240正压氧气呼吸器使用时均需配置的部件，因此，在本无效宣告请求中需要比较的只是呼吸器本体。将本专利与证据2-1和证据2-2中美国B10MARINE公司生产的Biopak240正压氧气呼吸器图片相比较（详见附图），本专利的呼吸器为具有一定厚度的矩形箱体。其主视图（正面）上方正中有一突出的圆形，下方具有两条竖向突起，该突起上部突出于呼吸器平面，并突起高度逐渐缩小，使其下部凹入呼吸器平面，该矩形箱体的四角均有加弧形导角。从证据2-1中显示的Biopak240正压氧气呼吸器的立体图可以看出，其同样为具有一定厚度的矩形箱体，从其正面图可以清楚地看出，Biopak240正压氧气呼吸器正面为上部正中突出的圆形，下部为突出并减缩的两条竖向条带，箱体四角为圆弧形的角，综上，本专利与证据2-1中显示的Biopark240正压氧气呼吸器的正面基本相同。

由本专利的侧视图可以看出，该呼吸器上部厚度较小，且两侧边平行，后部的两侧边在箱体中部偏上部位逐渐加宽向后倾斜，并在箱体的下部形成一个小缺口后向前收缩，使箱体的后部形成一种适应人体背部曲线的形状，同时箱体前部的面在箱体的下部也向后倾斜。此外，由于箱体是由前后两部分组成的，该箱体侧部中央有一竖向突出的条带：以便前部箱体能够扣合后部箱体，从后、侧视图还可以看到该箱体后部两侧上部分别有两用于安装伸出气管斜向的孔，两气管孔中央为一稍微突出于后部平面且与该平面平行的部分，在该箱体一侧下部设有一圆孔。由证据2-1显示的Biopak240正压氧气呼吸器的侧视图可以看出，其以与本专利同样的方式形成一种适应人体背部曲线的形状，并具有中间竖向的条带，后部上方两侧的孔和一侧下方的孔，以及后部两孔之间稍微突出后部平面并与之平行的部分等；两者的区别在于证据2-1中的Biopak240正压氧气呼吸器箱体前部的面在下部向后倾斜的角度略大于本专利在该位置向后倾斜的角度。但总体上看，本专利与证据2-1中显示的Biopak240正压氧气呼吸器的侧部形状相近似。

由本专利的俯视图可以看出，呼吸器箱体后部上方的两圆形气管孔、下方逐渐突起的部分以及出气孔等，由本专利的仰视图可以看出箱体下部与正视图侧视图所示相应的形状以及前后箱体扣合的锁扣，而后视图显示了两气管孔间稍微突出于后部平面并与之平行部分基本为圆形，其上有一些出气孔等。其中有些设计，如后部上万的出气孔、后部两气管孔间圆形部分上的出气孔，箱体下部的锁扣等在证据2-1所示的Biopak240正压氧气呼吸器图中并没有公开，但作为一种背在人背上使用的呼吸器，其对整体视觉效果影响明显强烈的部位应当为呼吸器的正面与两侧面，而靠在人体背部的箱体后部以及下部并不会影响一般消费者对呼吸器的整体视觉印象，况且在本专利中，其由后视图和仰视、俯视图反映出的呼吸器箱体的大部分形状设计是与箱体前部与侧面的形状相对应的（详见本专利附图）。

综上，本专利的呼吸器与证据2-1中所示的Biopak240正压氧气呼吸器在其对一般消费者整体视觉效果影响明显强烈的主视图和整体形状上为相近似的设计，且两者的差别对于产品的整体视觉效果不具有显著的影响。因此，被告关于本专利与证据2-1中的Biopak240正压氧气呼吸器的外观设计相近似的结论准确，本院予以支持。

关于审理程序，参照《审查指南》第四部分第三章第4.5节规定，为了提高审查效率和减少当事人的负担，被告可以对案件进行合并审理。由于并无合并审理应当合并作出决定的相关规定，原告认为被告就五个案件合并审理，而仅就一个案件作出决定，属于程序违法的诉讼主张缺乏法律依据本院不予支持。参照《审查指南》第四部分第四章第3节规定，在无效宣告程序中，确定需要进行口头审理的，合议组应当向当事人发出口头审理通知书，通知进行口头审理的日期和地点等事项。口头审理的日期和地点一经确定一般不再改动，遇特殊情况需要改动的，需经双方当事人同意或者经主任委员会或者副主任委员批准。当事人应当在收到口头审理通知之日起七日内向被告提交口头审理通知书回执。无效宣告请求人期满未提交回执，并且不参加口头审理的，其无效请求视为撤回。本案中，被告将原定于2007年1月4日的口头审理日期改为2007年3月1日系经双方当事人同意的行为，并未违反上述规定。第三人如期参加了口头审理，并在口头审理记录表上签字，并不存在不参加口头审理的情况，其无效宣告请求不应视为撤回。原告关于第三人在被告发出的口头审理通知书指定期间内未作答复，并且不参加口头审理，其无效宣告请求应当视为撤回的诉讼理由缺乏事实依据，本院不予支持。由于3月16日的口头审理记录上，各方当事人签字日期均系3月16日，因此，被告关于笔录上记录的3月15日的时间系笔误的主张，本院予以支持。

综上所述，第10108号决定认定事实清楚、适用法律正确、审理程序合法，本院予以维持。原告的诉讼理由缺乏事实及法律依据，其诉讼请求本院不予支持。原告关于请求法院判决宣告本专利全部有效的诉讼请求，不属于人民法院行政审判的权限范围，依法应予驳回。据此，本院依照《中华人民共和国行政诉讼法》第五十四条第（一）项以及最高人民法院《关于执行〈中华人民共和国行政诉讼法〉若干问题的解释》第五十六条第（四）项之规定，判决如下：

（1）维持被告国家知识产权局专利复审委员会于二〇〇七年六月二十一日作出的第10108号无效宣告请求审查决定；

（2）驳回原告山西虹安科技有限公司的其他诉讼请求。

案件受理费100元，由原告山西虹安科技有限公司负担（已交纳）。

如不服本判决，可在判决书送达之日起15日内，向本院递交上诉状，并按对方当事人的人数提出副本，预交上诉案件受理费100元，上诉于北京市高级人民法院。

审 判 长 齐 莹
代理审判员 乔 军
人民陪审员 陈 辉
二〇〇八年一月二十八日
书 记 员 赵 锋

北京市高级人民法院
行政判决书

(2008) 高行终字第232号

上诉人（一审原告）山西虹安科技有限公司，住所地山西省太原市高新技术开发区Ⅲ-5区一号楼。

法定代表人李谦，董事长。

委托代理人王佩瑜，北京市法拓律师事务所律师。

委托代理人刘辉，北京市法拓律师事务所律师。

被上诉人（一审被告）国家知识产权局专利复审委员会，住所地北京市海淀区北四环西路9号银谷大厦。

法定代表人廖涛，副主任。

委托代理人高桂莲，女，国家知识产权局专利复审委员会审查员。

委托代理人王伟艳，女，国家知识产权局专利复审委员会审查员。

被上诉人（一审第三人）张君磊，男，1940年11月19日出生，汉族，住山西省太原市青年东街13号4楼3单元12号。

委托代理人温彪飞，山西太原科卫专利事务所专利代理人。

委托代理人尹振启，北京中创阳光知识产权代理有限责任公司专利代理人。

上诉人山西虹安科技有限公司因专利无效宣告请求审查决定，不服北京市第一中级人民法院（2007）一中行初字第1243号行政判决，向本院提起上诉。本院受理后，依法组成合议庭，于2008年6月2日，公开开庭对本案进行了审理。上诉人山西虹安科技有限公司（以下简称虹安公司）的委托代理人王佩瑜、刘辉，被上诉人国家知识产权局专利复审委员会（以下简称专利复审委）的委托代理人高桂莲、王伟艳，被上诉人张君磊及其委托代理人温彪飞、尹振启到庭参加诉讼。本案现已审理终结。

2007年6月21日，专利复审委依据《中华人民共和国专利法》（以下简称《专利法》）第二十三条的规定作出第10108号无效宣告请求审查决定（以下简称第10108号决定），宣告第02310800.2号外观设计专利权（以下简称本专利）无效。虹安公司不服，诉至一审法院。

北京市第一中级人民法院（2007）一中行初字第1243号行政判决认为，关于证据，本案中，证据1为原告的《正压氧气呼吸器使用实践文摘》中的部分文章的复印件，根据第6647号决定中的记载，原告已经认可其真实性，在原告没有提交相反证据的情况下，根据《审查指南》第四部分第八章第4.3节的规定，被告对其自认后的事实进行反悔的主张不予支持，认定证据1具备真实性的结论正确，本院予以支持。证据1公开了美国BIOMARINE公司的Biopak 240型正压式氧气呼吸器在本专利申请日之前在国内公开使用的事实，北京市高级人民法院在（2005）高行终字第465号行政判决书中也认定了《正压氧气呼吸器使用实践文摘》可以证明美国BIOMARINE公司生产的Biopak 240型正压式氧气呼吸器早在本专利申请日前已在国内公开使用。

证据2-1为北京市国信公证处出具的（2005）京国证经字第2626号公证书复印件，其公证的内容是尹振启于2005年10月17日在公证处通过公证处局域网登陆www.google.com搜索网站，并对http：//www.neutronicsinc.com网站所载内容进行的打印。证据所附网页打印件是在公证处的计算机上通过公证处的局域网登录网站获得的,整个上网登录过程有公证员现场监督,网页由公证员打印,同时制作有《现场记录》。在该《现场记录》中记录了尹振启通过网络得到一系列相关页面的过程,其中在进入美国 BIOMARINE 公司主页后点击该公司生产的产品可以获得 Biopak 240 型正压式氧气呼吸器的外观图片三张。由于原告并没有提交相反证据以质疑证据 2-1,被告对该证据的真实性予以认定是正确的,本院予以支持。由此,可以认定证据 2-1 中《现场记录》所附网页披露了美国 BIOMARINE 公司生产的 Biopak 240 型正压式氧气呼吸器的外观。证据 2-2 为证据 2-1 的英文内容部分的中文译文。根据《审查指南》第四部分第 8 章第 2.2.1 节的规定,对方当事人对中文译文内容有异议的,应当在指定的期限内对有异议的部分提交中文译文。没有提交中文译文的视为无异议。由于原告没有在规定期限内对异议部分提交相应的中文译文,因此被告视为原告对该证据 2-2 的译文准确性无异议,因此认定证据 2-1 中的英文内容以证据 2-2 的中文译文为准正确,本院予以支持。

由于证据 1 和证据 2-1 披露的都是美国 BIOMARINE 公司生产的 Biopak 240 型正压式氧气呼吸器,根据商业惯例,同一公司生产的相同型号的产品的外观应当是相同的,因此可以认定证据 2-1 和证据 2-2 中披露的由美国 BIOMARINE 公司生产的 Biopak 240 型正压式氧气呼吸器的外观应当与证据 1 中披露的 Biopak 240 型正压式氧气呼吸器的外观相同。

综上,由于证据 1 可以证明美国 BIOMARINE 公司生产的 Biopak 240 型正压式氧气呼吸器早在本专利申请日前已在国内公开使用,证据 2-1 和 2-2 披露了该产品的外观图形,据此,被告认定在本专利申请日之前,由美国 BIOMARINE 公司生产的 Biopak 240 型正压式氧气呼吸器的外观已经在国内公开的结论正确,本院予以支持。

关于新颖性,根据《专利法》第二十三条的规定,授予专利权的外观设计,应当同申请日以前在国内外出版物上公开发表过或者国内公开使用过的外观设计不相同和不相近似,并不得与他人在先取得的合法权利相冲突。

由于呼吸器上伸出的气管和面罩是本专利与 Biopak 240 正压氧气呼吸器使用时均需配置的部件,因此,在本无效宣告请求中需要比较的只是呼吸器本体。将本专利与证据 2-1 和证据 2-2 中美国 BIOMARINE 公司生产的 Biopak240 正压氧气呼吸器图片相比较(详见附图),本专利的呼吸器为具有一定厚度的矩形箱体。其主视图(正面)上方正中有一突出的圆形,下方具有两条竖向突起,该突起上部突出于呼吸器平面,并突起高度逐渐缩小,使其下部凹入呼吸器平面,该矩形箱体的四角均有圆弧形导角。从证据 2-1 中显示的 Biopak240 正压氧气呼吸器的立体图可以看出,其同样为具有一定厚度的矩形箱体,从其正面图可以清楚地看出,Biopak 240 正压氧气呼吸器正面为上部正中突出的圆形,下部为突出并减缩的两条竖向条带,箱体四角为圆弧形的角,综上,本专利与证据 2-1 中显示的 Biopak 240 正压氧气呼吸器的正面基本相同。

由本专利的侧视图可以看出,该呼吸器上部厚度较小,且两侧边平行,后部的两侧边在箱体中部偏上部位逐渐加宽向后倾斜,并在箱体的下部形成一个小缺口后向前收缩,使箱体的后部形成一种适应人体背部曲线的形状,同时箱体前部的面在箱体的下部也向后倾斜。此外,由于箱体是由前后两部分组成的,该箱体侧部中央有一竖向突出的条带,以便前部箱体能够扣合后部箱体,从后、侧视图还可以看到该箱体后部两侧上部分别有两用于安装伸出气管斜向的孔,两气管孔中央为一稍微突出于后部平面且与该平面平行的部分,在该箱体一侧下部设有一圆孔。由证据 2-1 显示的 Biopak 240 正压氧气呼吸器的侧视图可以看出,其以与本专利同样的方式形成一种适应人体背部曲线的形状,并具有中间竖向的条带,后部上方两侧的孔和一侧下方的孔,以及后部两孔之间稍微突出后部平面并与之平行的部分等;两者的区别在于证据 2-1 中的 Biopak 240 正压氧气呼吸器箱体前部的面在下部向后倾斜的角度略大于本专利在该位置向后倾斜的角度。但总体上看,本专利与证据 2-1 中显示的 Biopak 240 正压氧气呼吸器的侧部形状相近似。

由本专利的俯视图可以看出，呼吸器箱体后部上方的两圆形气管孔、下方逐渐突起的部分以及出气孔等，由本专利的仰视图可以看出箱体下部与正视图、侧视图所示相应的形状以及前后箱体扣合的锁扣，而后视图显示了两气管孔间稍微突出于后部平面并与之平行部分基本为圆形，其上有一些出气孔等。其中有些设计，如后部上方的出气孔、后部两气管孔间圆形部分上的出气孔、箱体下部的锁扣等在证据2-1所示的Biopak 240正压氧气呼吸器图中并没有公开，但作为一种背在人背上使用的呼吸器，其对整体视觉效果影响明显强烈的部位应当为呼吸器的正面与两侧面，而靠在人体背部的箱体后部以及下部并不会影响一般消费者对呼吸器的整体视觉印象，况且在本专利中，其由后视图和仰视、俯视图反映出的呼吸器箱体的大部分形状设计是与箱体前部与侧面的形状相对应的（详见本专利附图）。

综上，本专利的呼吸器与证据2-1中所示的Biopak240正压氧气呼吸器在其对一般消费者整体视觉效果影响明显强烈的主视图和整体形状上为相近似的设计，且两者的差别对于产品的整体视觉效果不具有显著的影响。因此，被告关于本专利与证据2-1中的Biopak 240正压氧气呼吸器的外观设计相近似的结论准确，本院予以支持。

关于审理程序，参照《审查指南》第四部分第三章第4.5节规定，为了提高审查效率和减少当事人的负担，被告可以对案件进行合并审理。由于并无合并审理应当合并作出决定的相关规定，原告认为被告就五个案件合并审理，而仅就一个案件作出决定，属于程序违法的诉讼主张缺乏法律依据，本院不予支持。参照《审查指南》第四部分第四章第3节规定，在无效宣告程序中，确定需要进行口头审理的，合议组应当向当事人发出口头审理通知书，通知进行口头审理的日期和地点等事项。口头审理的日期和地点一经确定一般不再改动，遇特殊情况需要改动的，需经双方当事人同意或者经主任委员会或者副主任委员批准。当事人应当在收到口头审理通知之日起七日内向被告提交口头审理通知书回执。无效宣告请求人期满未提交回执，并且不参加口头审理的，其无效请求视为撤回。本案中，被告将原定于2007年1月4日的口头审理日期改为2007年3月1日系经双方当事人同意的行为，并未违反上述规定。第三人如期参加了口头审理，并在口头审理记录表上签字，并不存在不参加口头审理的情况，其无效宣告请求不应视为撤回。原告关于第三人在被告发出的口头审理通知书指定期间内未作答复，并且不参加口头审理，其无效宣告请求应当视为撤回的诉讼理由缺乏事实依据，本院不予支持。由于3月16日的口头审理记录上，各方当事人签字日期均系3月16日，因此，被告关于笔录上记录的3月15日的时间系笔误的主张，本院予以支持。第10108号决定认定事实清楚、适用法律正确、审理程序合法，本院予以维持。原告的诉讼理由缺乏事实及法律依据，其诉讼请求本院不予支持。原告关于请求法院判决宣告本专利全部有效的诉讼请求，不属于人民法院行政审判的权限范围，依法应予驳回。依照《中华人民共和国行政诉讼法》第五十四条第（一）项以及最高人民法院《关于执行〈中华人民共和国行政诉讼法〉若干问题的解释》第五十六条第（四）项之规定，判决维持被告专利复审委作出的第10108号无效宣告请求审查决定；驳回原告山西虹安科技有限公司的其他诉讼请求。虹安公司对上述判决不服，向本院提起上诉。

虹安公司上诉称，一审判决认定事实不清，主要证据不足，适用法律错误，审判程序违法，主要是，一审法院没有将专利复审委三次擅自更改口审时间的严重违法事实查清；认定我公司于2006年2月27日，2007年2月7日向专利复审委提交了意见陈述书与事实不符；第10108号决定的证据中没有美国产Biopak 240产品的立体图、正面图、侧面图，该决定中的立体图、正面图中显示的根本不是同种外观产品，二者毫无相似性可言；气管和面罩属于附图产品的一部分，直接影响到该产品的外观，因此，一审判决认定，呼吸器上的气管和面罩是本专利与Biopak 240正压氧气呼吸器使用时均需配置的部件，因而无须进行比较是错误的。一审判决使用已失效的6647号决定来认定证据1具备真实性，不能令人信服；证据2公证书实质是视听资料，专利复审委始终未提供原始载体，况且，司法理论及实践中对网络公证争议极大，国家也无明确规定确认其效力，故不能作为定案依据；根据《行政诉讼法》的规定，人民法院审理行政案件应当以法律法规为依据，国务院各部委的规定只能作为参照，一审法院本末倒置把参照变成了依据，并对无效证据2-1、2-2予以支持，违反了最高人民法院《关于行政诉讼证据若干问题的规定》第十二条、第十七条的规定；另外本案于2007年9月10日立案，一审法院直到2008年2月5日才向其送达判决书，审判程序严重违法。专利复审委在第6647号决定被法院撤销后，在主要案件事实没有改变的情况下，又受理了张君磊针对本专利的第二个无效宣告请求并进行了审理，违背了一事不再理的原则；请求二审法院撤销一审判决，撤销专利复审委作出的第10108号决定，依法判令维持本专利有效。

专利复审委答辩称，由于虹安公司在无效程序中没有提出张君磊的无效宣告请求应当撤回的理由，且在无效程序以及在起诉状中没有明确对我委将2007年1月4日的口审审理延期提出异议，因此，一审法院要求我委在一审程序中补充证据10，即我委2007年1月4日发给上诉人的口头审理通知书，并无不当。在我委作出的第10108号决定中，证据2-1明确载有美国Biopak 240产品的立体图，这是客观存在的，而关于正面图应当是该产品正面的剖视图，这在证据2-2中有注明，因此与本专利主视图相对应的应是立体图的正面部分，虽然在第10108号决定中直接使用了正面图的字样，但是本领域技术人员在结合上述附图的基础上，尤其是对正面图部分的具体描述"Biopak 240呼吸器正面为上部正中突出的圆形，下部为突出并减缩的两条竖向条带，箱体四角为圆弧形的角"可以得出此处对应的应是Biopak 240产品的正面外观，即立体图的正面部分，因此，将本专利与美国产Biopak 240产品进行比对并无不妥。上诉人对证据1的真实性已明确表示认可，这在第6647号决定中有明确的记载，在生效的（2005）高行终字第465号行政判决中也有认定。关于本专利不符合《专利法》第二十三条的具体事实和理由，在第10108号决定中已经进行了详细的评述，我委坚持其中的意见。一审判决认定事实清楚，适用法律正确，请求二审法院在查明事实的基础上，依法驳回上诉人的上诉，维持一审判决。

张君磊答辩称，专利复审委的口审延期只有一次，并且也是上诉人故意拖延引起的。原定于2007年1月4日的口审是由于上诉人借口案号不一致，专利复审委迁就其理由，在双方均到场的情况下，决定将审理日期变更为3月1日，这一点上诉人在其起诉状中已经作了说明。3月1日上午10时如期对共5件无效宣告请求案件进行了口头审理。3月1日下午和3月16日的口审是对3月1日口审的继续，根本不存在上诉人所说的口审一再改期的问题，张君磊本人参加了口头审理，有双方在口头审理记录表上签字为证。本专利的外观设计完全是美国产品的再版，是虹安公司为实施不正当竞争，滥用专利权的产物。行业内熟知八十年代该产品即由美国纽创克（Neutornicsinc）公司的分公司布马林（BIOMARING INC）公司定型生产，其外观造型一直沿用至今。1995年起，我国引进了美国生产的Biopak-240正压呼吸器，早在国内公开使用，这一事实已被北京市高级人民法院（2005）高行终字第465号生效判决确认；2002年4月11日虹安公司才将与美国产品完全一致的产品外观申报专利。一审判决认定事实清楚，其判决维持专利复审委作出的决定完全正确，请求二审法院予以维持。

一审期间，专利复审委提交了以下证据：（1）本专利授权公告文本；（2）虹安公司《正压氧气呼吸器使用实践文摘》封面页、第5、9、19、27、35页的复印件（即决定中的证据1）；（3）公证书（2005）京国证经字第2626号的复印件（即决定中的证据2-1）；（4）上述证据3中的英文内容的中文译文（即决定中的证据2-2）；（5）虹安公司于2006年12月15日提交的无效宣告请求口头审理通知书回执及意见陈述书各一页；（6）第6647号无效宣告请求审查决定；（7）北京市高级人民法院

（2005）高行终字第465号行政判决书；（8）2007年3月1日的口头审理记录表及其附页；（9）2007年3月16日的口头审理记录表及其附页；一审法院要求其当庭补充提交的证据10、2007年1月4日的口头审理通知书。虹安公司提交了以下证据：发文时间为2007年1月4日的四份口头审理通知书。

上述证据均随案移送本院。经庭审质证和本院审查认为，上述证据与本案具有关联性，内容真实，来源合法，能够证明本院查明的事实，一审法院予以采纳正确，本院亦予以采纳。

经审理查明，虹安公司于2002年4月11日向国家知识产权局提出名称为"正压氧气呼吸器"的外观设计专利权申请，国家知识产权局经审查，于2002年9月25日授权公告，专利号为02310800.2。

针对本专利权，张君磊于2005年12月21日向专利复审委提出无效宣告请求，理由是本专利不符合《专利法》第二十三条的规定，并提交了以下证据：证据1：虹安公司《正压氧气呼吸器使用实践文摘》，封面页、第5、9、19、27、35页的复印件，共6页；

证据2-1：公证书（2005）京国证经字第2626号的复印件，共18页；

证据2-2：上述证据2-1中的英文内容的中文译文，共7页。

张君磊认为，美国BIOMARINE公司生产的Biopak 240正压氧气呼吸器在本专利的申请日之前已在我国公开使用，其正压氧气呼吸器的外观与本专利外观设计相近似，因此本专利不符合《专利法》第二十三条的规定。并于2006年1月4日补充提交了证据3和证据4，以进一步证明美国BIOMARINE公司生产的Biopak 240正压氧气呼吸器的外观形状：

证据3：张君磊声称为2005年7月16日《中国煤炭报》相关版面复印件，共1页；

证据4：公证书（2005）渝沙证字第7609号的复印件，共12页。

专利复审委受理后，依法进行转文，并要求虹安公司在指定的期限内答复，同时告知虹安公司如果对张君磊提交的外文证据译文的具体内容有异议的，应在指定期限内对有异议部分提交中文译文。

虹安公司于2006年2月27日提交了意见陈述书，认为：张君磊提交的证据1不具备合法性、关联性，不能用于评价本专利外观设计的新颖性；证据2-1不具备真实性，互联网本身是虚拟的，该证据的网站的真实性没有保障，设立网站的主体和资质未曾体现，并且国外的网站应有所在国公证机关证明，并经我国驻该国领事馆认证，其次该证据显示的时间是2005年10月17日的情况，在本专利申请日之后，它与本专利没有关联性，北京市国信公证处保全公证证书不具有公证性，因此不具备合法性；证据2-2的译文没有翻译人员资质，翻译时间和地点的证明，不具备真实性、合法性和关联性，其不具有证明力；证据3没有出版时间，其内容属于传来证据，内容中所述的代理证书来源不明，没有公证机关证明，未经我国驻美国领事馆认证，不具备证明力；证据4不具备证明力，该证据只能证明2005年12月28日尹振启拍了12张照片，不能证明本专利在2002年4月11日申请时不具备新颖性。

张君磊于2007年1月8日提交了意见陈述书，并提交了证据5，证据6。

证据5：证据保全公证书（2006）并南证经字第1号的复印件，共8页；

证据6：由中国人民大学出版社出版的《美国版权法》的封面页，译者说明页及正文第55和57页的复印件，共4页。

张君磊在意见陈述书中认为，证据5中记载了美国Biopak 240型产品样本的页面，该页面左下角记载有版权标记，根据美国版权法的相关规定可知，该页面的首次发表年份为1997年，早于本专利的申请日，而该页面上记载的产品外观设计与本专利产品极其近似，因此本专利不符合《专利法》第二十三条的规定。

虹安公司于2007年2月7日提交了意见陈述书，认为张君磊于2007年1月8日提交的补充证据超过了一个月的法定期限，应不予考虑。

在口头审理中，张君磊明确其无效宣告请求的范围和理由为：本外观设计专利不符合《专利法》第二十三条的规定。其中（1）证据1、证据3、证据4证明本专利在先公开销售的事实，证据2-1、证据2-2、证据5作为上述使用公开的佐证；（2）证据2-1、证据2-2、证据5、证据6证明本专利被在先出版物公开。

虹安公司认为证据1不具备真实性、合法性，来源不明，没有出版时间，不属于出版物，并且没有正压氧气呼吸器的照片，因此与本案无关联性；证据2-1不具备真实性，不能证明是谁设置的网站，不具有接受域外证据的相应手续，与本案无关联性，其不具有证明力；由于证据2-2没有时间、地点，是否是由有资质的人进行翻译的没有体现，因此对证据2-2的中文译文的准确性有异议；认为证据3不能看出其出版时间，没有法律效力；证据4不具有证明力，不能证明本专利在其申请日之前丧失新颖性，证据4中的发票没有开票日期及姓名，其中的代理授权书不合法，公证书没有骑缝章和钢印章；同时认为证据5和6为超期提交的证据，不予质证。

在口头审理的基础上，专利复审委作出第10108号决定。主要内容概括如下：

关于证据1专利复审委认为，根据其作出的第6647号决定的记载，虹安公司已经认可了证据1的真实性，北京市高级人民法院（2005）高行终字第465号行政判决书对证据1的合法性已作出过认定，因此，证据1具备真实性、合法性。关于证据2-1专利复审委认为，该证据是对http://www.neutronicsinc.com网站所载内容进行保全。证据所附网页打印件是在公证处的计算机上通过公证处的局域网登录网站获得的，整个上网登录过程有公证员现场监督，网页由公证员打印。根据《审查指南》第四部分第八章第4.5节的规定，该证据具备真实性和合法性；另外，关于该证据是否为域外证据，专利复审委认为，虽然该证据显示的是美国公司生产的Biopak 240型正压式氧气呼吸器的外观，但其是在国内通过互联网络资源获得的，处于国内公众可以获知的状态，登录网站过程及打印由公证员监督完成，因此可以证明网页的客观真实性。关于证据2-2专利复审委认为，根据《审查指南》第四部分第8章第2.2.1节中规定的"对方当事人对中文译文内容有异议的，应当在指定的期限内对有异议的部分提交中文译文。没有提交中文译文的视为无异议"，由于虹安公司没有在规定期限内对异议部分提交相应的中文译文，因此其视为虹安公司对该证据2-2的译文准确性无异议，因此证据2-1中的英文内容以证据2-2的中文译文为准。

关于上述证据能否形成证据链，专利复审委认为，证据1是由虹安公司印刷的《正压氧气呼吸器使用实践文摘》，其中第5页记述了煤炭部、霍州矿务局等单位于1994年11月1日至11月15日赴美国BIOMARINE公司考察Biopak 240型矿山救护正压氧气呼吸器的情况，第19页记述了大屯煤电公司救护大队于1997年底引进了10台Biopak 240型正压呼吸器；第35页记述霍州矿务局矿山救护大队于1996年2月引进20套美国BIOMARINE公司的Biopak 240型正压式氧气呼吸器的事实，由于证据1公开了美国BIOMARINE公司的Biopak 240型正压式氧气呼吸器在本专利申请日之前在国内公开使用这样一个事实；北京市高级人民法院（2005）高行终字第465号已生效的行政判决书中也认定了《正压氧气呼吸器使用实践文摘》可以证明美国BIOMARINE公司生产的Biopak 240型正压式氧气呼吸器早在本专利申请日前已在国内公开使用。在此基础上，美国BIOMARINE公司生产的Biopak 240型正压式氧气呼吸器的产品外观，以及该产品外观是否与本专利相同或相近似则成为本案的关键。证据2-1为北京市国信公证处出具的公证书，其公证的内容是尹振启于2005年10月17日在公证处通过公证处局域网登陆www.google.com搜索网站，并对所载内容进行打印，同时制作了《现场记录》一份，在该《现场记录》中记录了尹振启通过网络得到一系列相关页面的过程，其中在进入美国BIOMARINE公司主页后点击该公司生产的产品可以获得Biopak 240型正压式氧气呼吸器的外观的立体图、正面图和侧视图。据此可以认定证据2-1中《现场记录》所附网页披露了美国BIOMARINE公司生产的Biopak 240型正压式氧气呼吸器的外观。证据2-2是证据2-1英文部分内容的中文译文。

专利复审委还认为，根据商业惯例，不论在本专利申请日之前还是之后，美国BIOMARINE公司生产的相同型号的产品的外观应当是相同的，因此可以认定证据2-1和证据2-2中披露的由美国BIOMARINE公司生产的Biopak 240型正压式氧气呼吸器的外观应当与证据1中披露的Biopak 240型正压式氧气呼吸器的外观相同。

基于上述的分析可知，证据1可以证明在本专利申请日之前在国内公开使用了美国BIOMARINE公司生产的Biopak 240型正压式氧气呼吸器，而证据2-1和2-2披露了该产品的外观图形，因此证据1、2-1、2-2可以形成一个完整的证据链，即在本专利申请日之前，由美国BIOMARINE公司生产的Biopak 240型正压式氧气呼吸器的外观已经在国内公开。

专利复审委将本专利与证据2-1和证据2-2中美国BIOMARINE公司生产的Biopak 240正压氧气呼吸器图片相比较后认为，本专利的呼吸器为具有一定厚度的矩形箱体。首先，其主视图（正面）上方正中有一突出的圆形，下方具有两条竖向突起，该突起上部突出于呼吸器平面，并突起高度逐渐缩小，使其下部凹入呼吸器平面，该矩形箱体的四角均有圆弧形导角。从证据2-1中示出的美国BIOMARINE公司生产的Biopak 240正压氧气呼吸器的立体图可以看出，其同样为具有一定厚度的矩形箱体，该图同时示出了呼吸器上伸出的气管和面罩，但该气管和面罩是本专利与Biopak 240使用时均需配置的部件，即两者使用时都会具有所述气管和面罩，在本无效宣告请求中需要比较的只是呼吸器本体。从证据2-1中示出的美国BIOMARINE公司生产的Biopak 240正压氧气呼吸器的正面图可以清楚地看出，Biopak 240呼吸器正面为上部正中突出的圆形，下部为突出并减缩的两条竖向条带，箱体四角为圆弧形的角，由此两者正面基本相同。

本专利的侧视图示出该呼吸器上部厚度较小，且两侧边平行，后部的两侧边在箱体中部偏上部位逐渐加宽向后倾斜，并在箱体的下部形成一个小缺口后向前收缩，使箱体的后部形成一种适应人体背部曲线的形状，同时箱体前部的面在箱体的下部也向后倾斜。此外，由于箱体是由前后两部分组成的，该箱体侧部中央有一竖向突出的条带，以便前部箱体能够扣合后部箱体，从后、侧视图还可以看到该箱体后部两侧上部分别有两用于安装伸出气管斜向的孔，两气管孔中央为一稍微突出于后部平面且与该平面平行的部分，在该箱体一侧下部设有一圆孔。在证据2-1中示出的美国BIOMARINE公司生产的Biopak 240正压氧气呼吸器的侧视图中，同样能够了解其呼吸器箱体侧部的形状，其以与本专利同样的方式形成一种适应人体背部曲线的形状，并具有中间竖向的条带，后部上方两侧的孔和一侧下方的孔，以及后部两孔之间稍微突出后部平面并与之平行的部分等；两者的区别在于证据2-1中示出的美国BIOMARINE公司生产的Biopak 240正压氧气呼吸器箱体前部的面在下部向后倾斜的角度略大于本专利在该位置向后倾斜的角度。但总体上看，两者侧部的形状是非常相似的。

本专利同时给出了所述呼吸器的俯视以及仰视图，从其俯视图可以看出，呼吸器箱体后部上方的两圆形气管孔、下方逐渐突起的部分（侧视图已经清楚地反映出来）以及出气孔等，仰视图示出了箱体下部与正视图、侧视图所示相应的形状以及前后箱体扣合的锁扣，而后视图示出了两气管孔间稍微突出于后部平面并与之平行部分基本为圆形，并示出其上有一些出气孔等。其中有些设计，如后部上方的出气孔、后部两气管孔间圆形部分上的出气孔、箱体下部的锁扣等在证据2-1所示的美国BIOMARINE公司生产的Biopak 240正压氧气呼吸器图中并没有公开，但作为一种背在人背上使用的呼吸器，其对整体视觉效果影响明显强烈的部位应当为呼吸器的正面与两侧面，而靠在人体背部的箱体后部以及下部并不会影响一般消费者对呼吸器的整体视觉印象，况且在本专利中，其由后视图和仰视、俯视图反映出的呼吸器箱体的大部分形状设计是与箱体前部与侧面的形状相对应的（详见本专利附图）。

如前所述，本专利的呼吸器与证据2-1中的美国BIOMARINE公司生产的Biopak 240正压氧气呼吸器所示的呼吸器在其对一般消费者整体视觉效果影响明显强烈的主视图和整体形状上为相近似的设计，且两者的差别对于产品的整体视觉效果不具有显著的影响。因此，根据《专利法》第二十三条的规定，认定本外观设计与美国BIOMARINE公司生产的Biopak 240正压氧气呼吸器的外观设计相近似。

鉴于本专利相对于证据1、2-1、2-2不符合《专利法》第二十三条的规定，专利复审委不再对张君磊提交的其他证据和理由进行评述。决定宣告本专利外观设计专利权无效。虹安公司不服，向人民法院提起行政诉讼。

另查明，太原市神瑞安全救护科技有限公司分别于2003年3月3日、4月16日、6月19日三次向专利复审委就本专利提出无效宣告请求，张君磊曾于2003年8月8日向专利复审委就本专利提出无效宣告请求，专利复审委针对上述请求于2004年9月20日作出第6647号无效宣告请求审查决定。虹安公司不服诉至一审法院。一审法院经审理，作出（2005）一中行初字第451号行政判决，撤销第6647号决定，判令专利复审委重新就本专利作出无效决定。专利复审委不服，上诉至北京市高级人民法院，2005年12月20日，北京市高级人民法院作出（2005）高行终字第465号终审判决，驳回上诉，维持原判。北京市高级人民法院终审判决作出之后，专利复审委决定将张君磊针对本专利提出的无效宣告请求与前述4件案件合案审理，并于2006年11月15日向各方当事人发出口头审理通知书，定于2007年1月4日举行口头审理，应虹安公司的要求，经各方当事人同意，专利复审委将口头审理时间改为2007年3月1日。2007年3月1日10时口头审理如期举行，因当天未审理完毕，专利复审委当庭宣布2007年3月16日口审继续进行。

本院认为，本案争议的焦点问题有四个，一是专利复审委是否擅自改变口头审理时间；二是专利复审委是否违反了一事不再理的原则；三是证据2-1是否可以作为证据使用；四是本专利外观设计与美国产品的外观设计是否近似。

关于焦点问题1。专利复审委提交的4份口头审理通知书均明确记载"原定于2007年1月4日9时在第五口头审理厅对上栏所述专利权的无效宣告请求进行口头审理；应专利权人的要求，经双方当事人同意，现将口头审理的日期改为2007年3月1日9时"。因此，虹安公司认为专利复审委擅自改变口头审理时间的主张与事实不符，有2007年3月1日和3月16日的口头审理记录在案佐证，虹安公司关于专利复审委擅自改变口头审理时间的诉讼请求，本院不予支持。

关于焦点问题2。根据《专利法》第四十五条的规定，自国务院专利行政部门公告授予专利权之日起，任何单位或者个人认为该专利权的授予不符合本法有关规定的，可以请求专利复审委员会宣告该专利权无效。《专利法实施细则》第六十五条第二款规定，专利复审委员会就无效宣告请求作出决定之后，又以同样的理由和证据请求无效宣告的，专利复审委员会不予受理。本案中，张君磊在专利复审委作出的第6647号决定被法院判决撤销后，又以新的证据再次提起无效宣告请求，专利复审委予以受理符合上述法律规定，虹安公司关于专利复审委违反一事不再理的原则的诉讼主张，缺乏法律依据，本院不予支持。

关于焦点问题3。根据最高人民法院《关于行政诉讼证据若干问题的规定》第六十四条的规定，以有形载体固定或者显示的电子数据交换、电子邮件以及其他数据资料，其制作情况和真实性经对方当事人确认，或者以公证等其他有效方式予以证明的，与原件具有同等的证明效力。证据2-1为北京市国信公证处出具的（2005）京国证经字第2626号公证书，其公证的内容是尹振启于2005年10月17日在公证处通过公证处局域网登陆www.google.com搜索网站，并对所载内容进行打印，同时制作了《现场记录》一份，在该《现场记录》中记录了尹振启通过网络得到一系列相关页面的过程，其中在进入美国 BIOMARINE 公司主页后点击该公司生产的产品可以获得 Biopak 240 型正压式氧气呼吸器的外观的立体图、正面图和侧视图。虽然虹安公司对证据 2-1 的真实性存有异议，但其并没有提供反证予以证明。由于证据 2-2 为证据 2-1 的英文内容部分的中文译文，虹安公司并未对该中文译文内容提出异议，因此，专利复审委视为虹安公司对证据 2-2 的中文译文的准确性无异议符合《审查指南》的相关规定。据此，专利复审委认定证据 2-1 是在国内通过互联网络资源获得的，处于国内公众可获知的状态，登录网站过程及打印由公证员监督完成，可以证明网页的客观真实性，并将证据 2-1、证据 2-2 作为证据使用符合法律规定。虹安公司关于证据 2-1 不具备真实性，不能作为证据使用的主张，本院不予支持。

关于焦点问题 4。北京市高级人民法院（2005）高行终字第 465 号行政判决已经认定美国 BIOMARINE 公司生产的 Biopak 240 型正压式氧气呼吸器早在本专利申请日前已在国内公开使用。由于证据 2-1 和证据 2-2 披露了美国 BIOMARINE 公司生产的 Biopak 240 型正压式氧气呼吸器的外观图形，专利复审委将该证据披露的图形与本专利的视图进行比对后认定，本专利的呼吸器为具有一定厚度的矩形箱体，其主视图正面上方正中有一突出的圆形，下方具有两条竖向突起，该突起上部突出于呼吸器平面，并突起高度逐渐缩小，使其下部凹入呼吸器平面，该矩形箱体的四角均有圆弧形导角。从美国产 Biopak 240 正压氧气呼吸器的立体图可以看出，其同样为具有一定厚度的矩形箱体，其正面为上部正中突出的圆形，下部为突出并减缩的两条竖向条带，箱体四角为圆弧形的角。虽然美国产 Biopak 240 正压氧气呼吸器的箱体上方伸出气管和面罩，该气管和面罩是二者使用时均需配置的部件，因此，专利复审委认定二者正面基本相同是正确的。

从本专利的侧视图可以看出该呼吸器上部厚度较小，且两侧边平行，后部的两侧边在箱体的中部偏上位逐渐加宽向后倾斜，并在箱体的下部形成一个小缺口后向前收缩，使箱体的后部形成一种适应人体背部曲线的形状，同时箱体前部的面在箱体的下部也向后倾斜。从后视图和传声筒还可以看到该箱体后部两侧上部分别有两用于安装伸出气管的孔，两气管孔中央为一稍微突出于后部平面且与该平面平行的部分，在该箱体一侧下部设有一圆孔。通过美国产 Biopak 240 正压氧气呼吸器的侧视图，同样可以了解其箱体侧部的形状，其与本专利以同样的方式形成一种适应人体背部曲线的形状，并具有中间竖向的条带，后部上方两侧的孔和一侧下方的孔，以及后部两孔之间稍微突出后部平面并与之平行的部分等；二者的区别在于证据 2-1 中的 Biopak 240 正压氧气呼吸器箱体前部的面在下部向后倾斜的角度略大于本专利在该位置向后倾斜的角度。但总体上看，本专利与证据 2-1 中显示的 Biopak 240 正压氧气呼吸器的侧部形状相近似也是正确的。

由本专利的俯视图可以看出，呼吸器箱体后部上方的两圆形气管孔、下方逐渐突起的部分以及出气孔等，由本专利的仰视图可以看出箱体下部与正视图、侧视图所示相应的形状以及前后箱体扣合的锁扣，而后视图显示了两气管孔间稍微突出于后部平面并与之平行部分基本为圆形，其上有一些出气孔等。其中有些设计，如后部上方的出气孔、后部两气管孔间圆形部分上的出气孔、箱体下部的锁扣等在证据 2-1 所示的 Biopak 240 正压氧气呼吸器图中并没有公开，但作为一种背在人背上使用的呼吸器，其对整体视觉效果影响明显强烈的部位应当为呼吸器的正面与两侧面，而靠在人体背部的箱体后部以及下部并不会影响一般消费者对呼吸器的整体视觉印象，况且在本专利中，其由后视图和仰视、俯视图反映出的呼吸器箱体的大部分形状设计是与箱体前部与侧面的形状相对应的符合客观实际。

综上，专利复审委将本专利的外观与美国 Biopak 240 正压氧气呼吸器的外观进行比对后，得出的本专利的呼吸器与证据 2-1 中所示的 Biopak 240 正压氧气呼吸器在其对一般消费者整体视觉效果影响明显强烈的主视图和整体形状上为相近似的设计，且二者的差别对于产品的整体视觉效果不具有显著的影响，本专利与证据 2-1 中的 Biopak 240 正压氧气呼吸器的外观设计相近似的结论正确。虹安公司关于本专利主视图中两条滑道的长度缩短，且流线型发生明显变化；左视图中厚度减小；后视图所显示的冷却罐凸筋的弧度变小，总体反映为外形小巧，佩戴舒适，适合中国人体形，与对比图片没有相似性的主张，本院不予支持。一审判决认定事实清楚，证据确实充分，审判程序合法，适用法律正确，所作判决应予维持。依照《中华人民共和国行政诉讼法》第六十一条第（一）项之规定，判决如下：

驳回上诉，维持一审判决。

二审案件受理费 100 元，由上诉人山西虹安科技有限公司负担（已交纳）。

本判决为终审判决。

审 判 长 郭 宜
审 判 员 张学磊
代理审判员 朱海宏
二〇〇八年七月二十三日
书 记 员 程钰玮

圆珠笔

无效宣告请求审查决定（第 10109 号）

决 定 号	第 10109 号
决 定 日	2007 年 6 月 1 日
发明创造名称	圆珠笔
外观设计分类号	19-06
无效宣告请求人	上海乐美文具有限公司
专 利 权 人	三菱铅笔株式会社
专 利 号	03349116.X
申 请 日	2003 年 5 月 30 日
授权公告日	2004 年 1 月 7 日
合议组组长	钟 华
主 审 员	张 琳
参 审 员	李 阳
附 图	11 页

法 律 依 据 专利法第 23 条

决 定 要 点

请求人提交的证据不能证明本专利与在先设计的区别属于惯常设计，一般消费者经过对本专利与在先设计的整体观察可以看出，二者的差别对于产品外观设计的整体视觉效果具有显著的影响，故本专利与在先设计不相同且不相近似。

一、案由

本无效宣告请求涉及的是国家知识产权局于 2004 年 1 月 7 日授权公告的 03349116.X 号外观设计专利，使用该外观设计的产品名称为"圆珠笔"，申请日为 2003 年 5 月 30 日，专利权人是三菱铅笔株式会社。

针对上述专利权（下称本专利），上海乐美文具有限公司（下称请求人）于 2006 年 4 月 25 日向专利复审委员会提出无效宣告请求，其依据的事实和理由是：本专利与附件 1 记载的外观设计属于相近似的外观设计，故本专利不符合专利法第 23 条的规定。请求人提交了如下附件作为证据使用：

附件 1：专利号为 CN00300395.7 的中国外观设计专利，公开日为 2000 年 11 月 8 日。

请求人认为整体观察本专利和附件 1 上记载的外观设计时可知，两者相同之处有（1）笔身均为细长圆柱状，笔夹长度均占笔整体长度 1/3；（2）按压棒顶端距笔夹的距离较短；（3）具有麻点的握持部占笔整体长度的 1/4；(4) 笔尖均为倒圆台状，故本专利与附件 1 的外观设计在整体具有相似的视觉效果，属于近似的外观设计。

经形式审查合格，专利复审委员会受理了无效宣告请求，并于 2006 年 4 月 28 日向双方当事人发出无效宣告请求受理通知书，同时将无效宣告请求书及其附件的副本转送给专利权人，要求其在指定期限内陈述意见。

请求人于 2006 年 5 月 24 日提交了意见陈述书，补充了如下附件作为证据使用（序号延上）：

附件 2：USD472928S 美国外观设计专利，公开日为 2003 年 4 月 8 日；
附件 3：USD465809S 美国外观设计专利，公开日为 2002 年 11 月 19 日；
附件 4：USD473590S 美国外观设计专利，公开日为 2003 年 4 月 22 日；
附件 5：USDes.177359 美国外观设计专利，公开日为 1956 年 4 月 3 日；
附件 6：CN01301981.3 号中国外观设计专利，公开日为 2001 年 12 月 5 日；
附件 7：CN02331295.5 号中国外观设计专利，公开日为 2003 年 2 月 19 日；
附件 8：USDes.359758 美国外观设计专利，公开日为 1995 年 6 月 27 日；
附件 9：USDes.394877 美国外观设计专利，公开日为 1998 年 6 月 2 日；
附件 10：CN02309207.6 号中国外观设计专利，公开日为 2003 年 1 月 29 日。

请求人认为本专利与附件 2 所示外观设计相比较，属于相近似的外观设计，不符合专利法第 23 条的规定；附件 3~6、9、10 公开了重叠的椭圆形或者对应于笔夹位置为椭圆形的外观设计，而附件 7、8 公开了具有麻点的非透明的握持部的外观设计，而且附件 3~10 所记载的外观设计与本专利均属于同一领域，因此重叠的椭圆形笔夹及具有麻点的非透明握持部均是本领域的惯常设计。

针对请求人的无效宣告请求，专利权人于 2006 年 6 月 13 日提交了意见陈述书，认为本专利与附件 1 的外观设计在整体造型上不相同也不相近似。

专利复审委员会于 2007 年 1 月 11 日向双方当事人发出了口头审理通知书，定于 2007 年 3 月 14 日对本案进行口头审理，同时随口头审理通知书将请求人于 2006 年 5 月 24 日提交的意见陈述书转交给专利权人、专利权人于 2006 年 6 月 13 日提交的意见陈述书转交给请求人。

专利复审委员会于 2007 年 1 月 24 日向双方当事人发出口头审理通知书，将口审日期由原定的 2007 年 3 月 14 日改为 2007 年 3 月 27 日。

口头审理于 2007 年 3 月 27 日如期进行。双方当事人均出席了口头审理，对合议组成员无回避请求，对对方出庭人员身份无异议。专利权人对附件 1~10 的真实性无异议。请求人使用附件 2 作为对比文件与本专利进行相近似性比较；使用附件 3~6、9、10 证明本专利的笔夹部的双椭圆嵌套设计是惯常设计；使用附件 1、7、8 证明本专利的握持部的麻点设计是惯常设计。双方当事人在此基础上充分陈述了各自的理由。

在双方当事人意见陈述及口头审理的基础上，合议组经合议，认为本案事实清楚，可以依法作出本审查决定。

二、决定的理由

1. 关于证据

附件 1~10 均为外观设计专利公报，涉及的产品均与本专利涉及产品用途相同，属于相同类别的产品，且公开日均早于本专利申请日 2003 年 5 月 30 日，故其外观设计均构成在本专利申请日前公开发表过的外观设计。

2. 法律依据

基于请求人提出无效宣告请求所依据的附件 1~10，合议组对本专利是否符合专利法第 23 条的规定进行审查。

专利法第 23 条规定，授予专利的外观设计，应当同申请日以前在国内外出版物上公开发表过或者国内公开使用过的外观设计不相同和不相近似，并不得与他人在先取得的合法权利相冲突。

3. 外观设计近似性的认定

（1）本专利外观设计描述。

本专利从主视图、左视图、右视图看，该笔从上而下包括：圆柱形的透明的按压部，从外部可见内部的圆柱形；整体呈圆柱体的透明笔身，从外部可见内部的笔芯；笔夹设置在笔身上部，呈椭圆环形，上方与笔身连接处有一椭圆片覆在椭圆环上端；圆柱形、具有密集纵向交错排列的凹点的握持部；呈倒圆台形收拢的笔尖部，其上排列有有纵向条状凹陷（详见本专利附图）。

（2）惯常设计的判定。

审查指南第四部分第五章第 4 节第（2）中规定"当产品上某些设计被证明是该类产品公认的惯常设计（如易拉罐产品的圆柱形状设计）时，则其余设计的变化通常对整体视觉效果更具有显著的影响。"

附件 1 的外观设计专利的产品名称为"圆珠笔"，从上而下包括：扁圆柱形按压部；圆柱形笔身；长条形片状笔夹；倒锥形带有平行排列凹点的握持部；倒圆台形收拢的笔尖（详见附件 1 附图）。

附件 3 公开了一种笔的外观，笔顶端有一笔夹，其呈椭圆形，与笔身整体形成纺锤形的顶端；笔身上部侧面有一椭圆形凹陷，握持部、笔尖部与笔身整体形成纺锤形（详见附件 3 附图）。

附件 4 公开了一种笔的外观，笔从上到下整体呈纺锤形，顶端有一笔夹，其呈椭圆环形，环形中央有一突起（详见附件 4 附图）。

附件 5 公开了一种笔帽的外观，笔帽上笔夹从笔帽顶端延伸下来，笔夹呈环形，两侧平行，下端呈倒三角形收拢（详见附件 5 附图）。

附件 6 公布了一种笔的外观，其笔帽上端一侧有椭圆形凹陷（详见附件 6 附图）。

附件 7 公布了一种笔的外观，其握持部上布满平行排列的凹点（详见附件 7 附图）。

附件 8 公布了一种笔的外观，其握持部上布满平行排列的凹点（详见附件 8 附图）。

附件 9 公布了一种笔的外观，其握持部下部布满平行排列的凹点（详见附件 9 附图）。

附件 10 公布了一种笔的外观，其笔夹为长方条形片状，在片状下半部分覆有椭圆形片（详见附件 10 附图）。

（1）请求人使用附件 3~6、9、10 欲证明本专利的笔夹部的双椭圆嵌套设计是惯常设计。

合议组认为，从本专利和附件描述可以看出，附件 3~6、9、10 公开的笔夹与本专利中的笔夹形状均不相同，且各个附件均是笔夹的不同设计，具有不同的外观，其并不是属于类似将圆柱形设计作为易拉罐的罐体设计那样的惯常设计，也就是说附件 3~6、9、10 并不能够证明笔夹部的双椭圆嵌套设计是惯常设计。

（2）请求人使用对比文件 1、7、8 证明本专利的握持部的麻点设计是惯常设计。握持部设置密集排列的凹陷，然而凹陷的排列和分布密度会根据不同的笔的设计而有不同的设计，本专利握持部的麻点设计为凹陷呈纵向交错平行排列，而附件 1、7、8 呈平行排列，麻点设计不属于类似将圆柱形设计作为易拉罐的罐体设计那样的惯常设计，也就是说附件 1、7、8 并不能够证明握持部的凹陷排列（也就是请求人所称的麻点设计）是惯常设计。

（3）相近似性比较。

附件 2（下称在先设计）公告有线条绘制图片的 7 幅视图（主视图、后视图、左视图、右视图、仰视图、俯视图、立体图），从主视图、左视图、右视图看，该笔从上而下包括：圆柱形的透明的按压部，从外部可见内部的圆柱形；整体呈圆柱体的透明笔身，从外部可见内部的笔芯；笔夹设置在笔身上部，呈长条片状；呈开口向上的贝壳状包裹的握持部，两侧各有2个斜椭圆凹陷；呈倒圆台形收拢的透明的笔尖部，从外部可见内部弹簧和笔芯（详见在先设计附图）。

请求人使用附件2与本专利进行相近似性比较。由于不能证明笔的笔夹和握持部的凹点属于惯常设计，则在对本专利和在先设计整体观察综合判断时候也应该考虑上述形状对整体外观的影响。本专利与在先设计的按压部均为透明较小的圆柱体，从外部均能看到内部的圆柱体；笔身均为透明圆柱体，从外部能开到笔芯。本专利与在先设计的不同之处在于：（1）两者笔夹形状不同。本专利从主视图看，笔夹呈椭圆环形，上方与笔身连接处有一椭圆片覆在椭圆环上端，在先设计从主视图看，笔夹呈长条片状；（2）两者握持部形状不同。本专利握持部为圆柱形、其上具有密集纵向交错排列的凹点，在先设计握持部呈开口向上的贝壳状、其两侧各有2个斜椭圆凹陷；（3）两者笔尖不同。本专利笔尖呈倒圆台形收拢的笔尖部，其上排列有有纵向条状凹陷，在先设计笔尖呈倒圆台形收拢的透明的笔尖部，从外部可见内部弹簧和笔芯。合议组认为，对于一般消费者而言，本专利与在先设计之间的上述区别均属于购买、使用时比较关注的部位，因此对于笔的整体视觉效果具有显著影响，故两者不相同且不相近似。

4. 结论

综上所述，附件3~6、9、10不能证明本专利的笔夹部的双椭圆嵌套设计是惯常设计；附件1、7、8不能证明本专利的握持部的麻点设计是惯常设计。一般消费者经过对本专利外观设计与在先设计公开的笔的外观的整体观察可以看出，二者的差别对于产品外观设计的整体视觉效果具有显著影响，本专利与在先设计属于不相同且不相近似的外观设计，不能证明本专利不符合专利法第23条的规定。

三、决定

维持03349116.X号外观设计专利有效。

当事人对本决定不服的，可以根据专利法第46条第2款的规定，自收到本决定之日起三个月内向北京市第一中级人民法院起诉。根据该款的规定，一方当事人起诉后，另一方当事人应当作为第三人参加诉讼。

俯视图

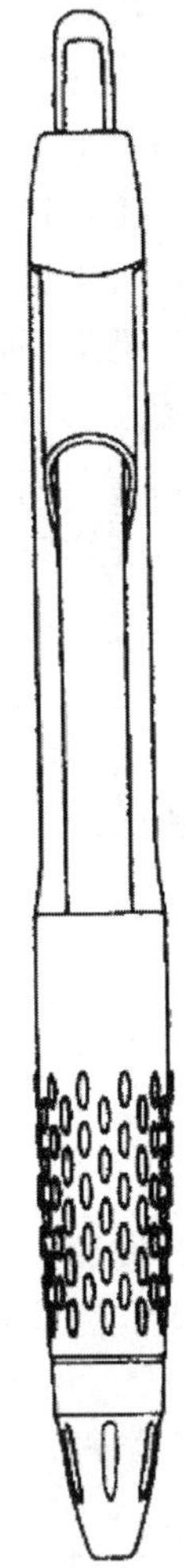

后视图 　　主视图 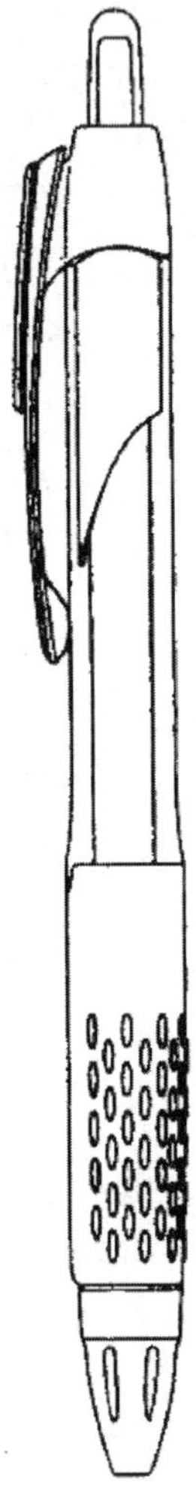　　右视图 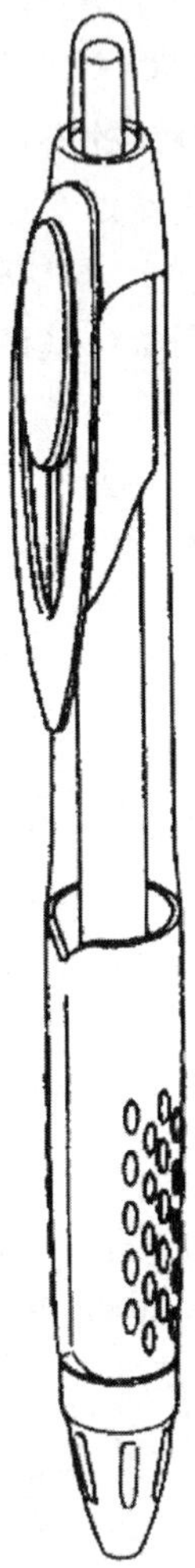　　立体图 　　透明部分示意图 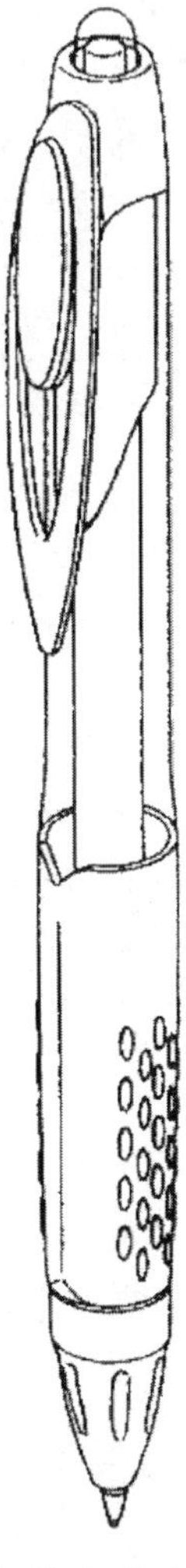　　笔尖伸出状态立体图

仰视图

本专利（03349116.X）附图

FIG. 4

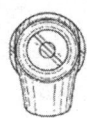

FIG. 1 FIG. 2 FIG. 3 FIG. 6 FIG. 7

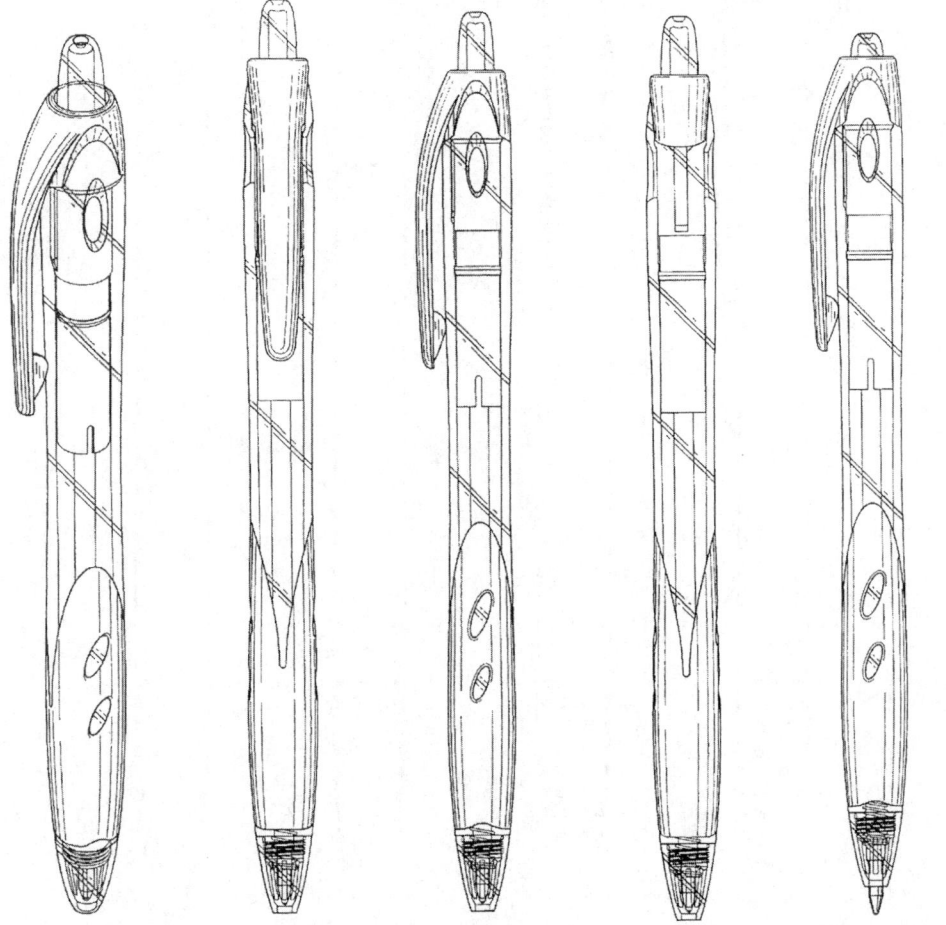

FIG. 5

在先设计（USD472928S）附图

俯视图

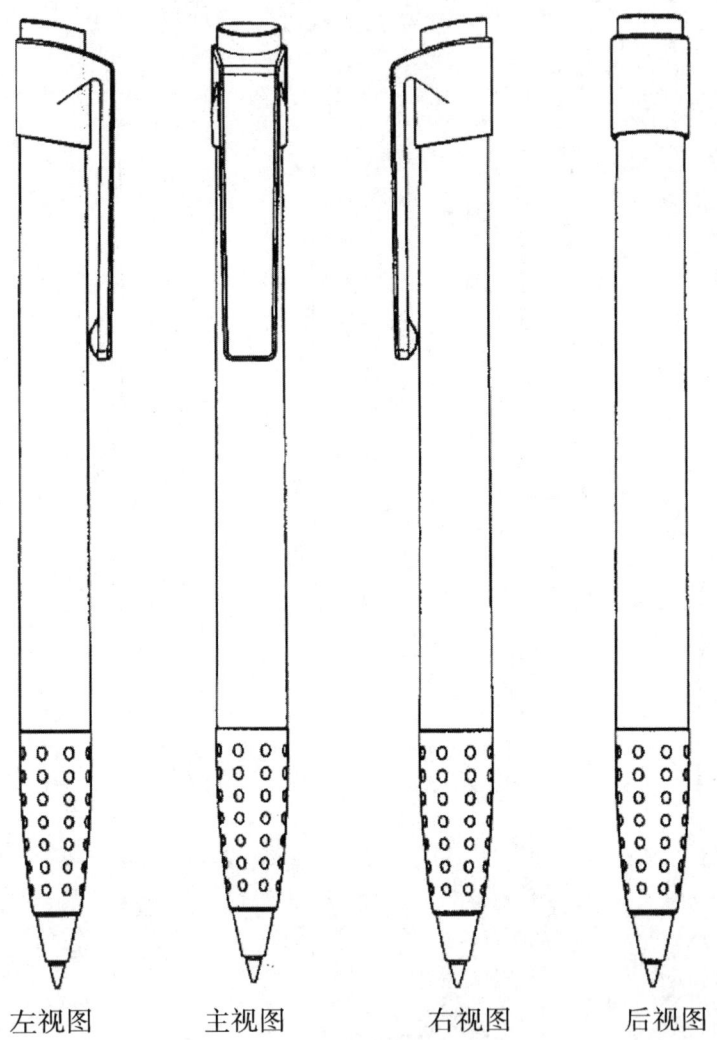

左视图　　主视图　　右视图　　后视图

仰视图

附件1（00300395.7）附图

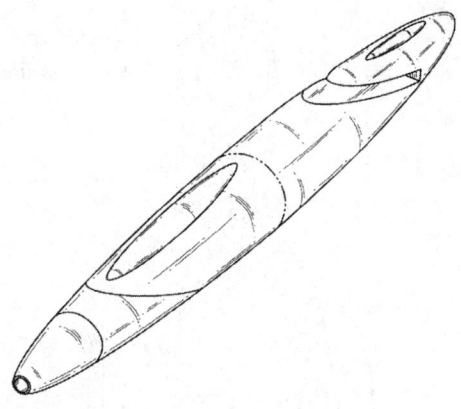

Fig. 1

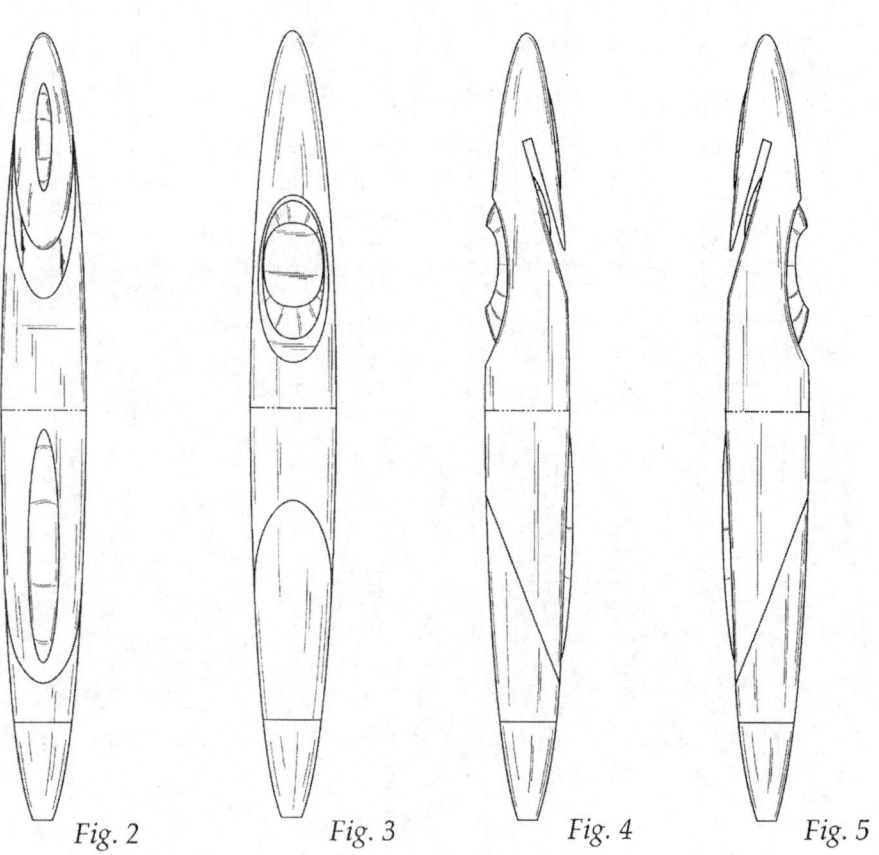

Fig. 2   *Fig. 3*   *Fig. 4*   *Fig. 5*

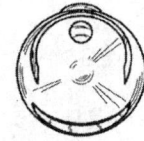 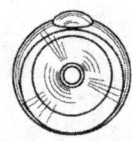

Fig. 6   *Fig.* 7

附件3（USD465809S）附图

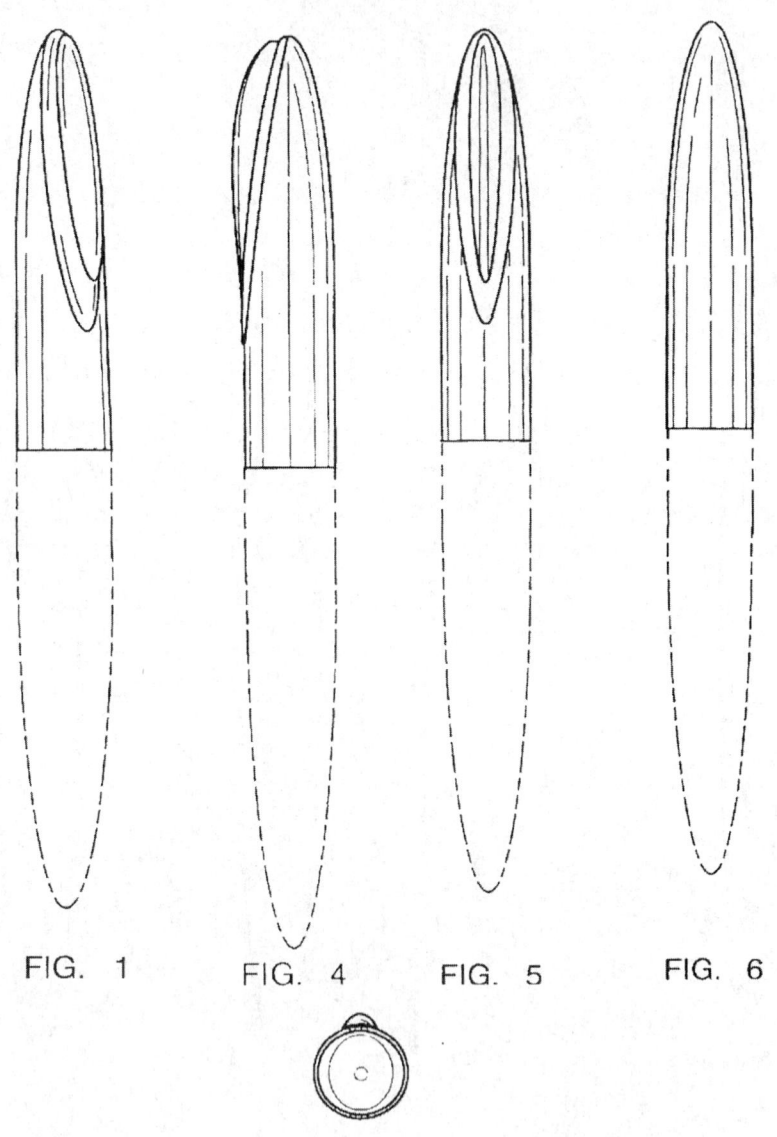

附件4（USD473590S）附图

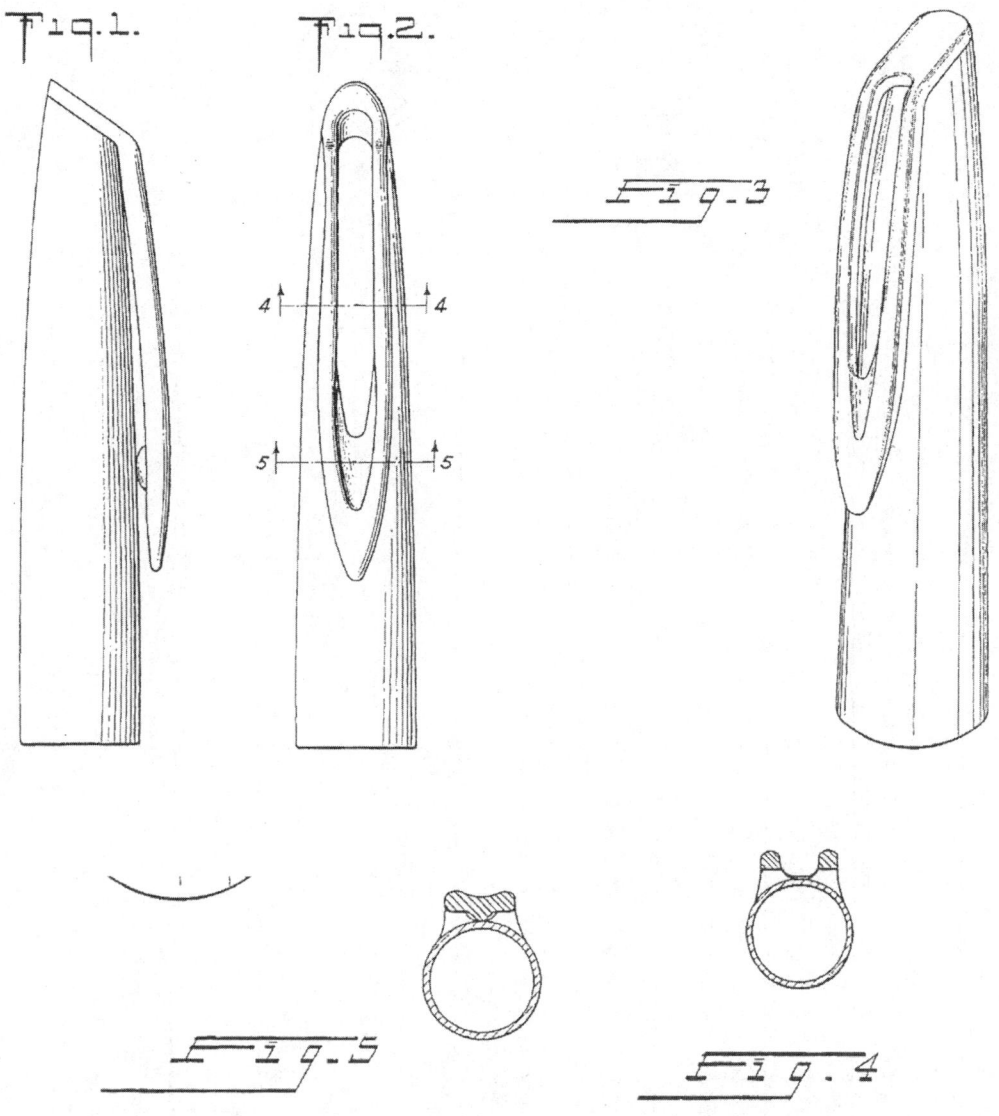

附件5（USD177359）附图

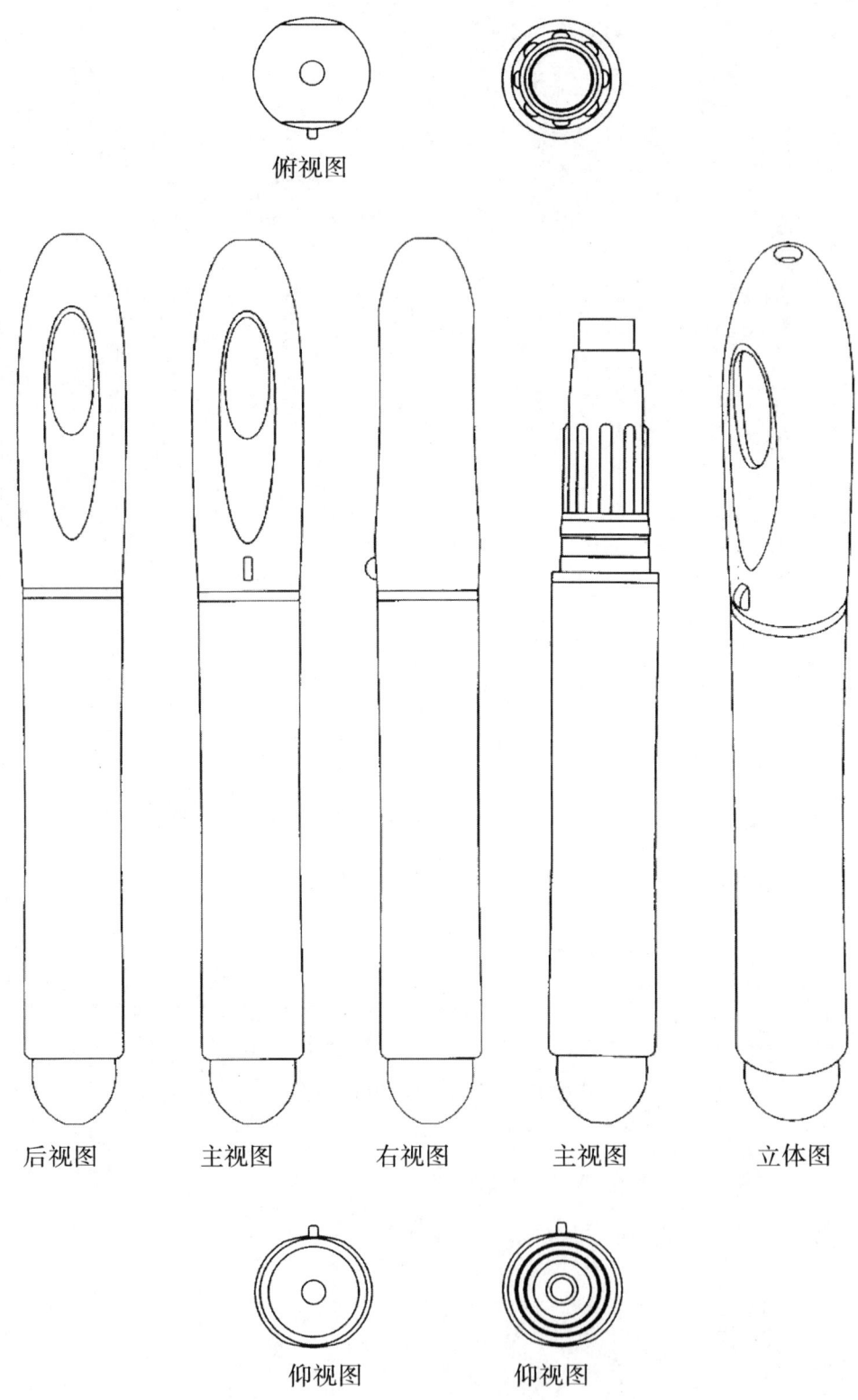

附件6（CN01301981.3）附图

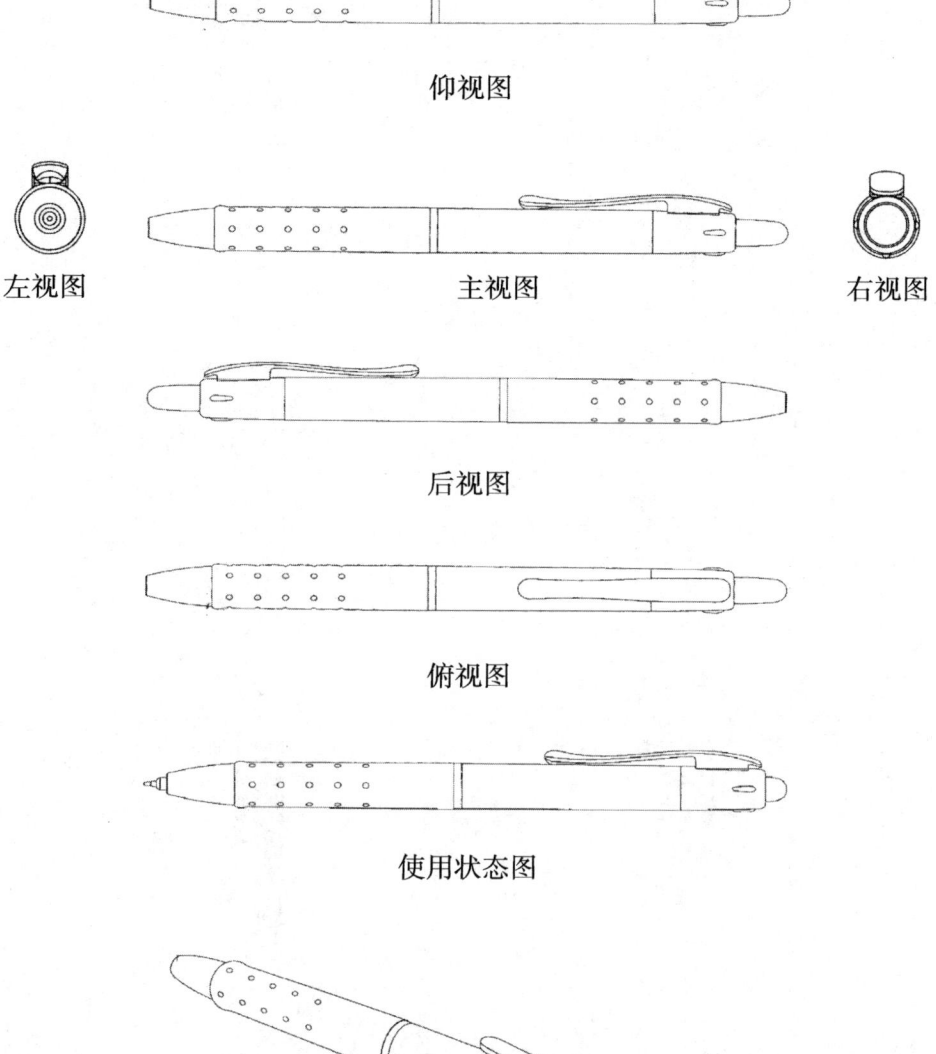

仰视图

左视图　　　主视图　　　右视图

后视图

俯视图

使用状态图

立体图

附件7（CN02334295.5）附图

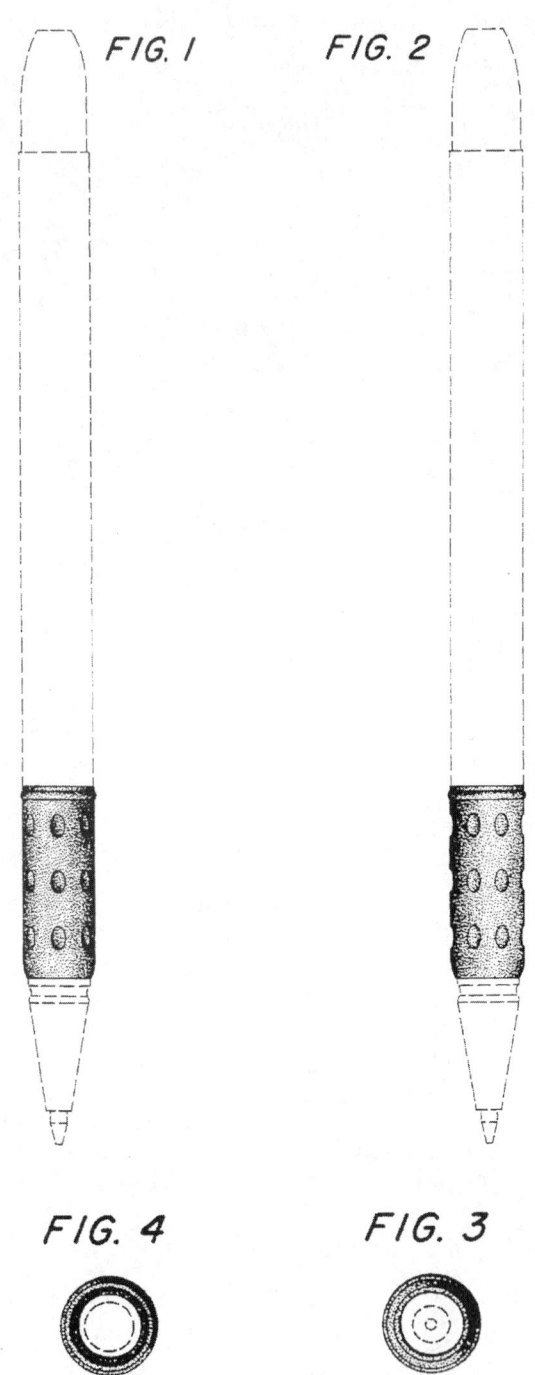

附件 8（USD359758）附图

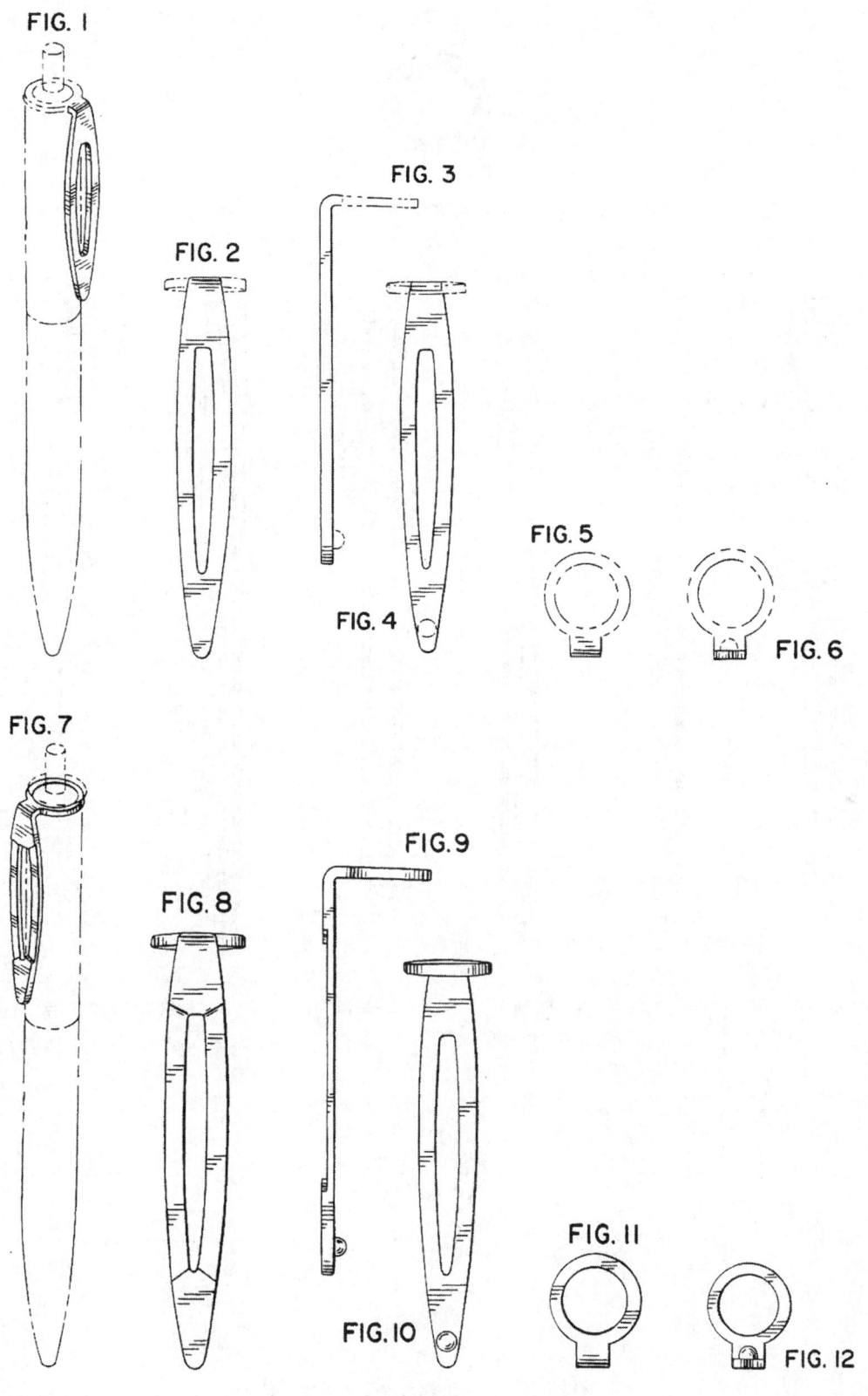

附件9（USD394877）附图

仰视图

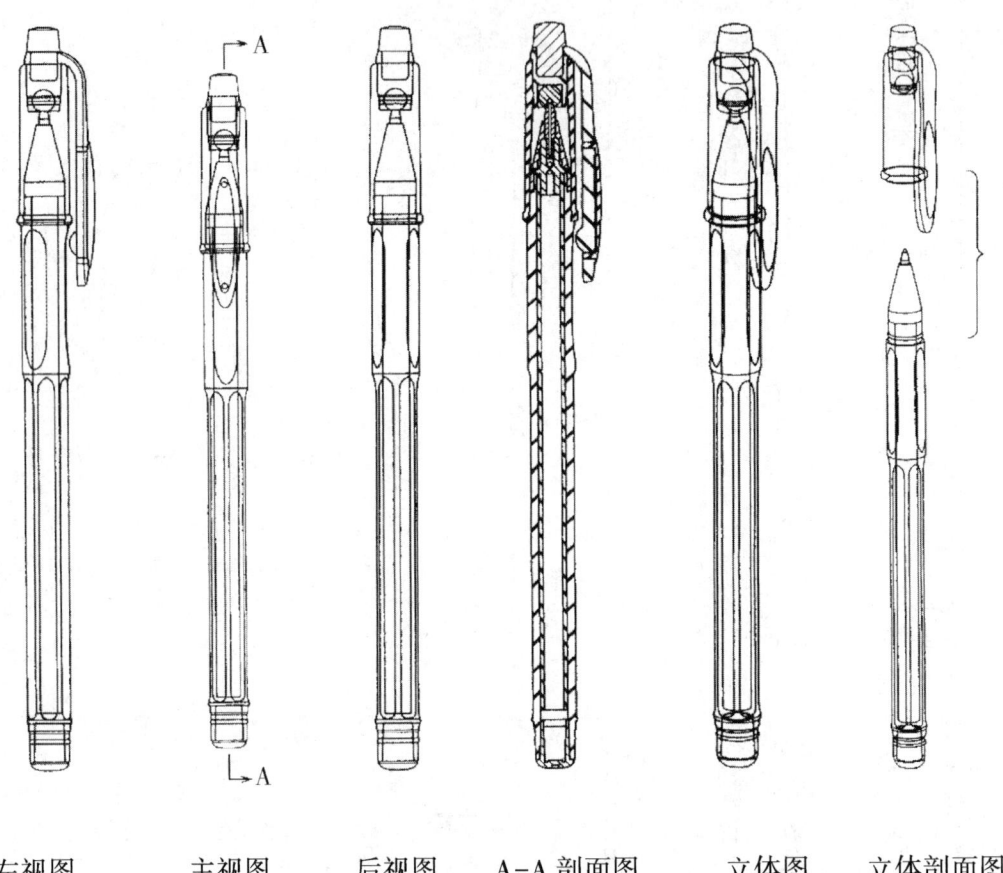

左视图　　主视图　　后视图　　A-A 剖面图　　立体图　　立体剖面图

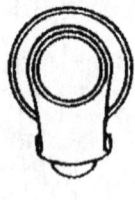

俯视图

附件 10 （CN02309207.6）附图

无烟烤涮一体锅（二）

无效宣告请求审查决定（第 10115 号）

决 定 号	第 10115 号
决 定 日	2007 年 6 月 21 日
发明创造名称	无烟烤涮一体锅（二）
外观设计分类号	07-02
无效宣告请求人	周双杰
专 利 权 人	洪万益
申 请 号	03358121.5
申 请 日	2003 年 8 月 29 日
授 权 公 告 日	2004 年 2 月 25 日
合 议 组 组 长	魏 屹
主 审 员	陈海平
参 审 员	冯 涛
法 律 依 据	专利法实施细则第 13 条第 1 款

决 定 要 点

本专利与在先设计相比较从整体上不具有足以使两产品外观形状出现整体显著差异的区别，因此本专利与在先设计属于相近似的外观设计。

一、案由

本无效宣告请求案涉及的是国家知识产权局于 2004 年 2 月 25 日授权公告的名称为"无烟烤涮一体锅（二）"的外观设计专利，其专利号是 03358121.5，申请日是 2003 年 8 月 29 日，专利权人是洪万益。

针对上述专利权（下称本专利），周双杰（下称请求人）于 2006 年 1 月 20 日以本专利不符合专利法第 9 条、专利法实施细则第 13 条第 1 款的规定为由，向专利复审委员会提出宣告无效的请求。请求人同时提交了下述证据：

专利号为 03276589.4 的实用新型专利说明书（申请日为 2003 年 8 月 22 日、授权公告日为 2004 年 9 月 22 日）。

请求人认为：该证据与本专利属于相同的产品与相同的设计。

经形式审查合格，专利复审委员会受理了上述无效宣告请求，并于 2006 年 1 月 20 日将无效宣告请求书及相关材料副本转送给专利权人，要求专利权人在指定期限内答复，并成立合议组对本案进行审查。

专利权人于2006年2月27日提交意见陈述书，认为对比文件与本专利分别属于外观设计专利与实用新型专利，不适用于专利法第9条与专利法实施细则第13条第1款。要求驳回请求人所提出的无效宣告请求，维持本专利有效。

专利复审委员会本案合议组于2007年1月8日将上述专利权人意见陈述书转寄给请求人。

请求人于2007年2月14日提交意见陈述书，对上述专利权人在2006年2月27日所提交的意见陈述书中所述观点提出反对意见，认为专利法第9条与专利法实施细则第13条第1款的规定也适用于不同类型的专利。

请求人于2006年2月15日提交意见陈述书以及作为意见陈述书附件提交的补充证据，该补充证据为国家知识国家知识产权局专利检索咨询中心所作G060065号"外观设计检索报告"以及该"检索报告"所涉及的相关专利文献（专利号依次为03358122.3、02313033.4、02377359.6、03364973.1）的公报文本。

请求人在意见陈述书中的具体主张为：依据专利法实施细则第13条的规定，以上述"检索报告"中所检出的相关专利文献03358122.3号中国外观设计专利为证据，本专利应当被宣告无效。请求人并对此进行了具体论述。

合议组于2007年1月8日将上述意见陈述书及补充证据转寄给专利权人。

专利权人未针对上述请求人提交的附有补充证据的意见陈述书进行答复。

在上述程序的基础上，本案合议组经合议，认为本案事实已经清楚，依法作出本审查决定。

二、决定的理由

1. 法律依据

基于请求人提出的无效宣告请求的理由和提供的证据，本案合议组依据专利法实施细则第13条第1款的规定对本案进行审理。

专利法实施细则第13条第1款规定："同样的发明创造只能被授予一项专利。"

2. 证据的认定

请求人提交的补充证据中的03358122.3号中国外观设计专利公报系复印件，该证据的真实性经合议组核实无误，专利权人对该证据本身的真实性也没有提出异议。

03358122.3号中国外观设计专利的申请日为2003年8月29日，与本专利申请日相同，其产品名称为"无烟烤涮一体锅（一）"，申请人为洪万益。该外观设计专利属于同一专利权人于本专利申请日同日提出申请并于其后被授予专利权的外观设计专利，可以作为以专利法实施细则第13条第1款的规定为理由所提出的无效宣告请求的证据（下称对比文件）。

对比文件与本专利产品属于相同种类的产品，可以进行如下相同和相近似的比较。

本专利与对比文件的"无烟烤涮一体锅"均包括有下述视图：

a. 组合主视图、组合俯视图、组合仰视图、组合立体图；

b. 部件1主视图、部件1俯视图、部件1仰视图、部件1立体图；

c. 部件2主视图、部件2俯视图、部件2仰视图、部件2立体图；

d. 部件3主视图、部件3俯视图、部件3仰视图、部件3立体图。

其中部件1为"无烟烤涮一体锅"的锅体，本专利与对比文件的锅体中心均设有向上延伸的圆台形加热筒，但本专利的加热筒向两侧径向延伸出分隔板而对比文件中无此分隔板；

部件2为"无烟烤涮一体锅"的烧烤滴油盘，本专利与对比文件的烧烤滴油盘均为中心部分设置有向上延伸的筒形体的盆形体；

部件 3 为"无烟烤涮一体锅"的烧烤盘，本专利与对比文件的烧烤盘均为具有多个大多数是从中央实心部径向向外伸出并呈中心对称布置的细长漏油孔的盘形体。

在本专利与对比文件的"外观设计简要说明"中均指出：

"1. 本外观设计为组合产品。

2. 本外观设计为回旋体，故省略其他视图。"

将上述本专利与对比文件的外观进行比较，可见两者的"无烟烤涮一体锅"的主要设计部位均相同，仅是在两者中的部件 1 之间存在有无分隔板的区别。但是，相对于二者产品整体造型而言，该区别不足以使二产品外观形状出现整体显著差异，其对于该"一体锅"的整体视觉效果不具有显著的影响。根据整体观察、综合判断的判断原则，本专利与对比文件为相近似的外观设计。根据审查指南第一部分第三章第 4.5.1 节的规定，两者属于"同样的发明创造"，因此本专利相对于对比文件不符合专利法实施细则第 13 条第 1 款的规定。同时，专利权人在无效审查期间，未按照审查指南第四部分第七章第 2 节的规定提交放弃对比文件或本专利中之一项专利权的书面声明，因此合议组认为本专利应当被宣告无效。

由于依据对比文件与专利法实施细则第 13 条第 1 款的规定已得出本专利无效的结论，合议组对请求人提出的其他无效理由及证据不再进行评述。

三、决定

宣告 03358121.5 号外观设计专利权全部无效。

当事人对本决定不服的，可以根据专利法第 46 条第 2 款的规定，自收到本决定之日起三个月内向北京市第一中级人民法院起诉。根据该款规定，一方当事人起诉后，另一方当事人应当作为第三人参加诉讼。

椅　脚

无效宣告请求审查决定（第 10122 号）

决　定　号	第 10122 号
决　定　日	2007 年 6 月 21 日
发明创造名称	椅　脚
外观设计分类	06-01
无效宣告请求人	陈宏芝
专　利　权　人	左伯良
专　利　号	03320526.4
申　请　日	2003 年 3 月 13 日
授权公告日	2003 年 10 月 1 日
合议组组长	钱　芸
主　审　员	唐向阳
参　审　员	樊晓东
附　　　图	1 页

法 律 依 据　专利法第 23 条
决 定 要 点
就产品的整体形状而言，在先设计的产品形状与被比设计的形状有较大的差异，不能认定为相近似。

一、案由

本无效宣告请求涉及国家知识产权局于 2003 年 10 月 1 日授权公告、专利号为 03320526.4、名称为"椅脚"的外观设计专利（下称本专利），其申请日为 2003 年 3 月 13 日、专利权人为左伯良。

针对上述专利，陈宏芝（下称请求人）于 2006 年 6 月 9 日向专利复审委员会提出了无效宣告请求，并提交了以下附件 1~2 作为证据使用：

附件 1：授权公告号为 CN2143436Y 的中国实用新型专利说明书全文共 9 页，其授权公告日为 1993 年 10 月 13 日（下称证据 1）；

附件 2：公告号为 CN2088815U 的中国实用新型专利申请说明书全文共 4 页，其公告日为 1991 年 11 月 20 日（下称证据 2）。

请求人提出的无效理由是：证据 1 的图 1 中公开的外观形状与本专利主视图所示的整体图形相近似；证据 2 的图 3 和图 4 中公开的球形脚轮结构与本专利后视图所示的椅脚各个末端半球形凹陷要部

图形近似，因此本专利不符合专利法第 23 条的规定。

经形式审查合格，专利复审委员会于 2006 年 7 月 31 日受理了该无效宣告请求，并将该无效宣告请求书及其附件清单中所列附件副本转送专利权人，要求专利权人在收到该通知书之日起一个月内陈述意见。

由于专利权人地址不详，无效宣告请求受理通知书被退回，专利复审委员会于 2006 年 8 月 17 日作出地址不详公告，从而通过公告方式通知了专利权人，这次地址不详公告的卷期号为 22~39：2006-9-27。

专利复审委员会于 2006 年 11 月 6 日第一次向双方当事人发出口头审理通知书，定于 2006 年 12 月 13 日对本案进行口头审理。在第一次口头审理通知书被退回后，专利复审委员会于 2006 年 11 月 29 日第二次向双方当事人发出口头审理通知书，定于 2007 年 1 月 31 日对本案进行口头审理，并将原定于 2006 年 12 月 13 日进行的口头审理变更为 2007 年 1 月 31 日进行。由于专利权人地址不详，所以专利复审委员会分别于 2006 年 11 月 7 日、2006 年 11 月 29 日签发了两次地址不详公告，从而通过公告方式通知了专利权人，这两次地址不详公告的卷期号分别为 22~50：2006-12-13 和 23-02：2007-01-10。

口头审理于 2007 年 1 月 31 日如期举行，专利权人未出席此次口头审理，请求人对合议组成员没有回避请求。请求人明确其无效理由为：本专利不符合专利法第 23 条的规定；证据 1 为最接近的在先设计。

鉴于 2006 年 11 月 29 日签发的地址不详公告的公告日期为 2007 年 1 月 10 日，至 2007 年 1 月 31 日的口审日期之间的时间不足一个月，所以专利复审委员会于 2007 年 2 月 12 日第三次向双方当事人发出口头审理通知书，定于 2007 年 5 月 10 日对本案再次进行口头审理，并且专利复审委员会于 2007 年 2 月 12 日再次签发了地址不详公告，从而通过公告方式通知了专利权人，这次地址不详公告的卷期号为 23-12：2007-3-21。

专利权人未出席 2007 年 5 月 10 日进行的口头审理，也没有书面答复。请求人没有其他的意见陈述。

至此，合议组经合议认为本案事实已经清楚，依法作出审查决定。

二、决定的理由

1. 证据认定

请求人提交的证据 1 和 2 均为中国实用新型专利，其公告日分别为 1993 年 10 月 13 日和 1991 年 11 月 20 日，均早于本专利的申请日，因此证据 1 和 2 均可以作为本专利的在先设计。

2. 外观设计近似性认定

专利法第 23 条规定：授予专利权的外观设计，应当同申请日以前在国内外出版物上公开发表过或者国内公开使用过的外观设计不相同和不相近似，并不得与他人在先取得的合法权利相冲突。

就产品的整体形状而言，在先设计的产品形状与被比设计的形状有较大的差异，不能认定为相近似。

（1）关于证据 1。

证据 1 的图 1 是一个完整座椅的立体图。其中，图 1 中座椅下部有一脚架，其包括均匀角度分布的五爪形支架以及该五爪形支架中心的支杆。由图 1 中可见，该支杆与五爪形支架之间没有任何分隔线，证据 1 的说明书中也没有任何文字说明这两者是分离的，所以从证据 1 本身公开的信息只能得知图 1 中的支杆与五爪形支架是一体化结构，共同组成了一个完整的脚架。

将本专利的立体图与证据 1 的图 1 中的脚架相比，本专利的椅脚为均匀角度分布的五爪形支架结构，该五爪形支架中心向上凸起，并在中心具有一个通孔，而且每个爪上都有凸纹；证据1的脚架不能观察到中心是否向上凸起，并且中心具有连接成一体的支杆，而且每个爪上都没有凸纹。因此，不能认定本专利的被比设计与证据1的图1中的脚架相近似。

证据1的图4也是一个完整座椅的立体图。但是，图4中的脚架完全没有描述五爪形支架结构，其椅脚形状与本专利的形状完全不同，也不能认定本专利的被比设计与证据1的图4中的脚架相近似。

（2）关于证据2。

由于证据2中的图3和图4公开的是带有圆球形脚轮的椅子腿，与本专利的形状完全不同，因此，不能认定本专利的被比设计与证据2的图3和图4中的椅子腿相近似。

基于上述理由，由于证据1和证据2中的在先设计都不能认定为与本专利的被比外观设计相近似，所以本专利符合专利法第23条的规定。

三、决定

维持03320526.4号外观设计专利权有效。

当事人对本决定不服的，可以根据专利法第46条第2款的规定，自收到本决定之日起三个月内向北京市第一中级人民法院起诉。根据该款的规定，一方当事人起诉后，另一方当事人应当作为第三人参加诉讼。

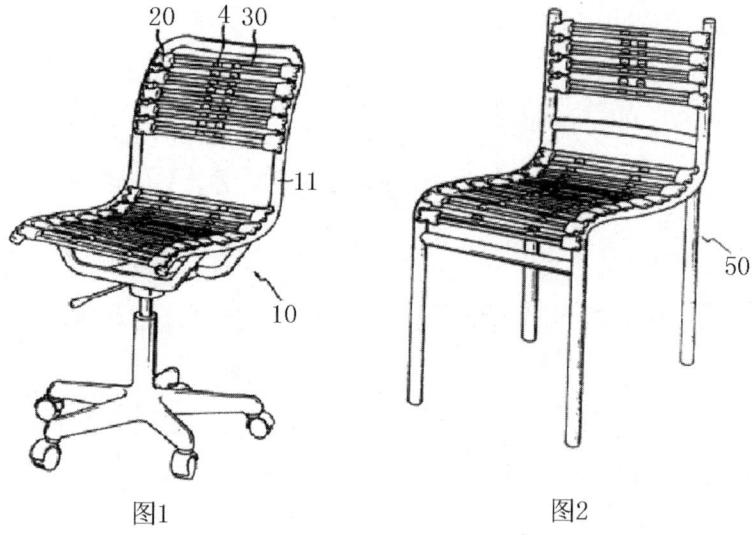

图1　　　　　　图2

证据1

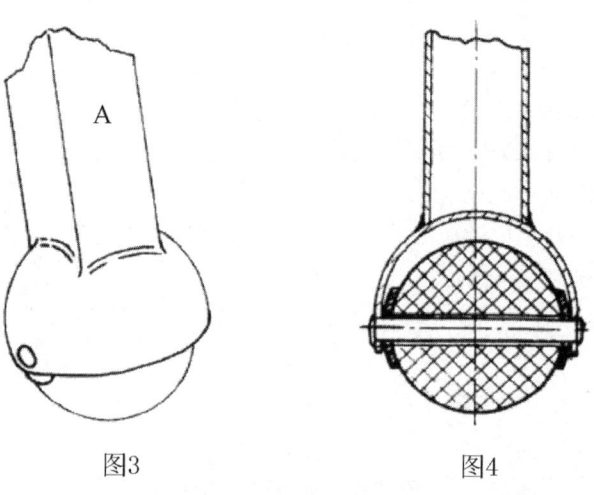

图3　　　　　　图4

证据2

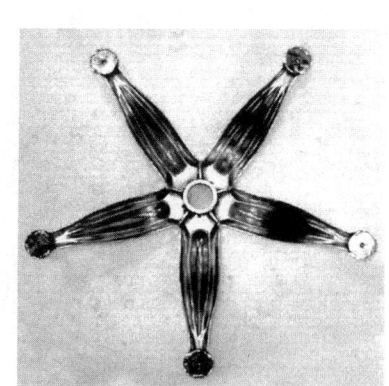 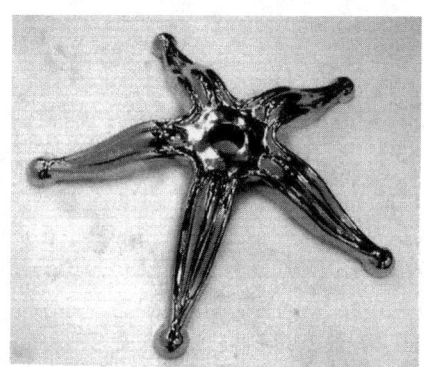 

后视图　　　　　　立体图　　　　　　主视图

本专利附图

窗口双向对讲机（6）

无效宣告请求审查决定（第10126号）

决 定 号	第10126号
决 定 日	2007年6月21日
发明创造名称	窗口双向对讲机（6）
外观设计分类号	14-03
无效宣告请求人	漳州市爱德电子技术有限公司
专 利 权 人	漳州市福顺达计算机有限公司
专 利 号	03309503.5
申 请 日	2003年4月23日
授权公告日	2003年10月22日
合议组组长	宋鸣镝
主 审 员	刘 畅
参 审 员	张惠军
附 图	2页

法律依据 专利法第23条

决定要点

如果一般消费者经过对被比设计与在先设计的整体观察可以看出，二者的差别对于产品外观设计的整体视觉效果不具有显著的影响，则应当认为被比设计与在先设计相近似。

一、案由

本无效宣告请求涉及中华人民共和国国家知识产权局于2003年10月22日授权公告的、名称为"窗口双向对讲机（6）"的外观设计专利权（下称本专利），其申请号是03309503.5，申请日是2003年4月23日，专利权人是漳州市福顺达计算机有限公司。

针对上述专利权，漳州市爱德电子技术有限公司（下称请求人）于2006年5月8日向专利复审委员会提出无效宣告请求，其无效宣告请求的理由是：本专利不符合专利法第23条和第9条的有关规定，并提交了如下附件：

附件1：本专利；

附件2：陈春海于2006年4月26日出具的证明材料1页；

附件3：两款富顺牌窗口对讲机的外型图1页，其型号分别为FD-2004和FD-03；

附件4：陈春海的身份证及工作证的复印件1页；

附件5：福建富顺电子有限公司的企业网站页面打印件共2页，下载地址为：http://www.chinafushun.com/list.asp?id=223；

附件6：福建富顺电子有限公司于2006年3月24日出具的证明材料1页；企业名称变更核准通知书复印件1页，其编号为：名称变核私字［2005］第0000050412009号；

请求人认为，附件2是一款富顺牌型号为"FD-2004"的窗口对讲机的销售证明，由附件3和附件5可以看出FD-2004与本专利属于相同的外观设计。请求人在无效宣告请求书中没有对关于本案不符合专利法第9条的规定作出任何说明。

经形式审查合格，专利复审委员会依法受理了上述无效宣告请求，并于2006年5月10日向双方当事人发出无效宣告请求手里通知书，并将无效宣告请求书及其附件清单中所列附件的副本转送给专利权人，要求其在指定期限内进行意见陈述。

针对上述无效宣告请求，专利权人于2006年6月9日向专利复审委员会提交意见陈述书，指出无效请求人提供的证据不足以支持其无效请求的主张，本专利符合专利法第23条的规定，并提交了如下反证：

反证1：盖有"漳州市芗城区工商行政管理局企业档案资料专用章"的《内资企业登记基本情况表》复印件2页；

反证2：漳州市公安局浦南派出所于2006年5月19日出具的陈春山的户籍证明复印件1页；

反证3：福建省知识产权局于2006年4月19日向漳州市爱德电子技术有限公司发出的答辩通知书复印件1页。

专利权人在意见陈述书中指出：附件3只是产品示意图，不能证明示意图的产品何时何地销售，附件2仅是证人陈春海关于2000~2002年销售过FD-2004两款窗口对讲机的证词，但没有相应的物证，附件4作为陈春海的任职证明不能必然推出其在2000~2002年销售过本专利产品，附件6证明福建省富顺电子有限公司的名称保留期为2005年4月14日至2005年10月13日，这也证明附件5的网页制作时间晚于本专利的申请日。反证1~3用于证明请求人的证人陈春海既是请求人的股东，也是请求人法人代表陈春山的弟弟，而本案的起因是专利权人诉请求人专利侵权纠纷，因此，证人陈春海与本案有利害关系，其证词不应被采信。

针对上述无效宣告请求，专利复审委员会依法成立合议组，并于2006年9月8日向双方当事人发出了口头审理通知书，告知双方当事人定于2006年10月19日对本案进行口头审理，随口头审理通知书将专利权人于2006年6月9日提交的意见陈述书及其附件转寄给请求人。

请求人于2006年9月18日向专利复审委员会提交了无效宣告请求口头审理通知书回执，表示参加此次口头审理。

口头审理因故改为2006年10月18日下午举行，专利权人出席了此次口头审理，请求人表示已经得知本次口头审理时间变更为2006年10月18日，但明确表示不参加本次口头审理。在口头审理中，专利权人表示坚持其书面答辩意见。

针对上述专利权，请求人于2006年11月9日再次向专利复审委员会提出了无效宣告请求，其无效理由为：本专利不符合专利法第23条的有关规定，并提交了如下证据：

证据1：《慧聪商情广告》第40期月刊《门禁对讲及智能停车场分册》彩色复印件2页，包括封面页1页以及第PB051※0705页广告页1页，其出版日期为2002年9月30日。

请求人认为，本专利的外观设计与在该外观设计专利申请日之前已公开的外观设计（即证据1）相比已构成相同的外观设计，因此不符合专利法第23条的规定。

经形式审查合格，专利复审委员会依法受理了上述无效宣告请求，并于2006年11月13日向双方当事人发出无效宣告请求受理通知书，并将无效宣告请求书及其附件清单中所列附件的副本转送给专利权人，要求其在指定期限内进行意见陈述。

专利复审委员会依法成立了合议组对本案进行审查，本案合议组于 2006 年 12 月 18 日向双方当事人发出口头审理通知书，告知双方当事人定于 2007 年 1 月 17 日对本案进行口头审理。

针对上述无效宣告请求，专利权人于 2006 年 12 月 19 日向专利复审委员会提交了意见陈述书，指出：请求人所提交的证据 1 是复印件，不得作为本案证据使用，且证据 1 很不清晰，无法与本专利进行比对，因而请求人的无效理由不能成立。

口头审理如期举行，双方均出席了此次口头审理，合议组当庭将专利权人于 2006 年 12 月 19 日提交的意见陈述书转给请求人，在口头审理过程中，请求人明确其无效理由为：本专利的外观设计不符合专利法第 23 条的有关规定，明确表示使用证据 1 作为证据。

关于证据的质证，双方意见如下：专利权人认为证据 1 的复印件与专利复审委员会所保留的原件是一致的，但认为该原件是由其他无效请求人提交的，因而不能用于证明本案中证据 1 的真实性，不符合审查指南中关于不同请求人的证据之间不能交叉使用的规定。对此请求人认为，该原件虽然不是本案的请求人提交的，但是本案证据与之前的案件（编号为 6W06495）审理时所提交的证据是一样的，原件也是一样的，因而该原件可以作为本案证据使用。合议组当庭告知双方当事人该原件可以作为本案中证据 1 的原件使用。专利权人表示仍然坚持上述意见，并进一步指出：证据 1 原件中的页码不符合公知的编码原则，因而不能确定其真实性。请求人认为，证据 1 的复印件与原件是一致的，且证据 1 是国内公众可以获得的公开出版物，因而可以作为本案证据使用。

关于专利法第 23 条，请求人认为本专利相对于证据 1 而言不符合专利法第 23 条的规定。专利权人认为，鉴于无法确定证据 1 的真实性，因而坚持不对证据 1 与本专利的特征对比进行答辩。

至此，合议组认为本案事实清楚，现依法作出审查决定。

二、决定的理由

1. 关于证据

（1）关于附件 2~6、反证 1 至反证 3。

关于附件 2~6，由于请求人未向专利复审委员会提交原件，因而无法核实附件 2~6 的真实性，附件 2~6 不能作为本案证据使用。

专利权人所提交的反证 1~3 是针对请求人所提交的附件 2~6 的真实性而提出的，如上所述，由于请求人未提交原件，合议组认定附件 2~6 均不能作为本案证据使用，因而在本决定中不再对专利权人提交的反证 1~3 进行评述。

（2）关于证据 1。

证据 1 是《慧聪商情广告》第 40 期月刊《门禁对讲及智能停车场分册》，专利权人在口头审理当庭表示该原件是由其他无效请求人提交的，因而不能用于证明本案中证据 1 的真实性，不符合审查指南中关于不同请求人的证据之间不能交叉使用的规定。对此，合议组认为，审查指南第四部分第三章第 4.5 节规定了：合并审理的各无效宣告案件的证据不得相互组合使用。这是指在案件的合并审理过程中不能将不同无效请求中提交的不同证据进行交叉组合使用，而针对本案而言，虽然本案属于多个无效案件的合并审理，但是本案请求人并没有将证据 1 与针对本专利的另一无效宣告请求案中的证据组合使用，这与审查指南上述规定并不矛盾，其只是提交了与针对本专利的另一无效宣告请求案中请求人所提交的相同的证据，由于复审委员会在审理另一案件过程中已经得到了原件，因而虽然本案请求人并未向专利复审委员会提交证据 1 的原件，但是专利复审委员会可以依职权将该原件引入本案审理中并进行证据的质证，这并不违背审查指南的相关规定。

在证据1封面的右上角注明了"2002年9月30日总第40期月讯"字样,且封面的右上角还标注有"许可证号:国印广登字(2002)第1020号"的字样,由此可见,证据1是一本得到国家相关部门许可印制的广告册,并且以月刊的形式发表,从证据1的封面还可以看出,本期刊物的发表于2002年。专利权人认为证据1原件中的页码不符合公知的编码原则,因而不能确定其真实性。对此合议组认为,证据1的原件的页码是按照其不同内容的类别进行分别顺序编码的,具体来说,证据1中的广告外页、广告内页及产品目录采用了三种单独的编码形式,请求人所提交的证据1第PB051※0705页广告页属于广告外页,其按照广告外页的编码顺序进行编排的,从证据1的原件可以看出,请求人所提交的第PB051※0705页的前后页均按照一定顺序进行排列,因此可以认定证据1原件中的页码编排是按照一定顺序进行的,在没有其他证据质疑证据1的真实性的情况下,应认定证据1原件是真实的。

2. 关于专利法第23条

专利法第23条规定:授予专利权的外观设计,应当同申请日以前在国内外出版物上公开发表过或者国内公开使用过的外观设计不相同和不相近似,并不得与他人在先取得的合法权利相冲突。

本专利的外观设计由对讲机及附机两部分组成,共包括附机主视图、附机后视图、附机仰视图、附机俯视图、附机左视图、附机右视图、主机主视图、主机后视图、主机俯视图、主机右视图、主机左视图以及使用状态参考图共13幅附图。

本专利的主机呈近似楔形,从主机的左、右视图可以看出,主机的面板上方略微翘起,话筒插口、旋钮及指示灯突出于面板平面,从主机的主视图可以看出,主机面板的上部靠左侧设有话筒插口,其下方设有圆形扬声器,在扬声器右侧设有两个等大的旋钮,旋钮右侧是开关,在旋钮及开关的下侧还设有两个指示灯,两指示灯之间并排设置有两个耳机插孔,整个面板上还散布有多个螺钉。附机成近似三棱锥形,从附机的左、右视图可以看出,旋钮及指示灯突出于面板的平面,从附机的主视图可以看出,附机面板最右侧设有一圆形扬声器,在扬声器左侧依次竖直排列有指示灯和开关,在指示灯与开关的左侧并排设有两个等大的旋钮,在旋钮左侧并排设有两耳机插孔,整个面板上还散布有多个螺钉。由于附机及主机的后视图、仰视图均为不易引起一般消费者注意的部位,因此省略对附音箱及主机的后视图、仰视图及俯视图的相关描述(详见本决定附图"本专利"部分)。

证据1中的广告页公开了一种对讲机的外观设计,从图中可以看出,该对讲机也包括主机和附机两部分,其中主机的面板上方略微翘起,话筒插口、旋钮及指示灯突出于面板平面,主机面板的上部靠左侧设有话筒插口,其下方设有圆形扬声器,在扬声器右侧设有两个等大的旋钮,旋钮右侧是开关,在旋钮及开关的下侧还设有两个指示灯,两指示灯之间并排设置有两个耳机插孔,整个面板上还散布有多个螺钉。附机成近似三棱锥形,旋钮及指示灯突出于面板的平面,附机面板最右侧设有一圆形扬声器,在扬声器左侧依次竖直排列有指示灯和开关,在指示灯与开关的左侧并排设有两个等大的旋钮,在旋钮左侧并排设有两耳机插孔,耳机插孔下方设有话筒插口,整个面板上还散布有多个螺钉(详见本决定的"证据1")。

将本专利与证据1相比较可以看出,证据1的附机还带有一话筒插口,而本专利的附机则没有话筒插口。然而,合议组认为,在本专利中的主机、附机与证据1中的主机、附机的其他部位大致相同的情况下,这种细微差别不会引起一般消费者的注意,也就是说,本专利的附机面板上没有话筒插口并不具有显著的影响。此外,如上所述,主机、附机的后面及底面都是不会引起一般消费者注意的部位,因而,虽然证据1中没有显示出对讲机的主机及附机相应部位的外观设计,但是依然可以认定本专利与证据1构成相近似的外观设计。

综上所述,由于证据1与本专利属于相同类别的产品,二者的外观设计相近似,因而本专利不符合专利法第 23 条的有关规定。

三、决定

宣告 03309503.5 号外观设计专利权全部无效。

当事人对本决定不服的，可以根据专利法第 46 条第 2 款的规定，自收到本决定之日起三个月内向北京市第一中级人民法院起诉。根据该款的规定，一方当事人起诉后，另一方当事人应当作为第三人参加诉讼。

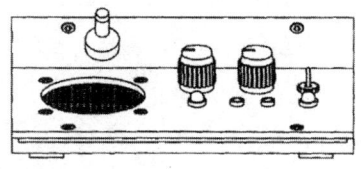

主机主视图

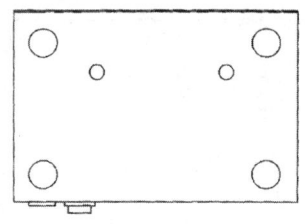

主机仰视图

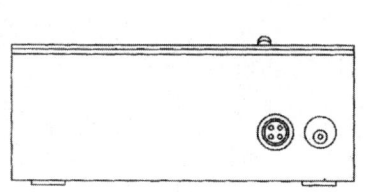

主机后视图

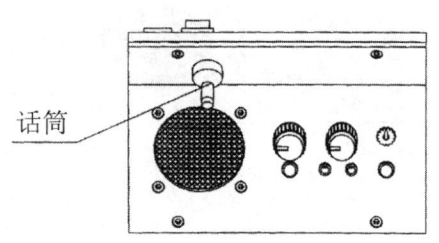

话筒

主机俯视图

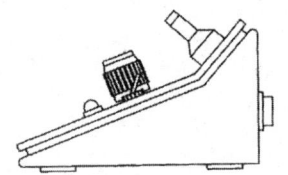

主机右视图

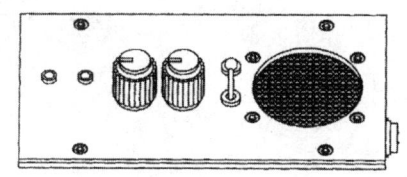

附机主视图

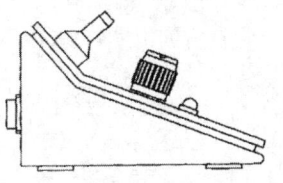

主机左视图

附机后视图

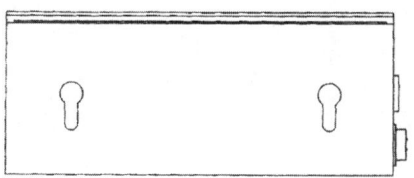

附机仰视图

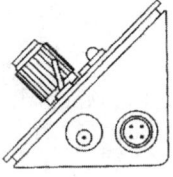

附机右视图

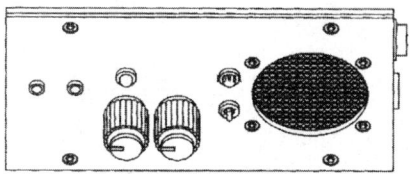

附机俯视图

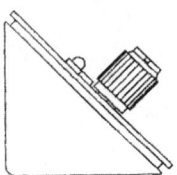

附机左视图

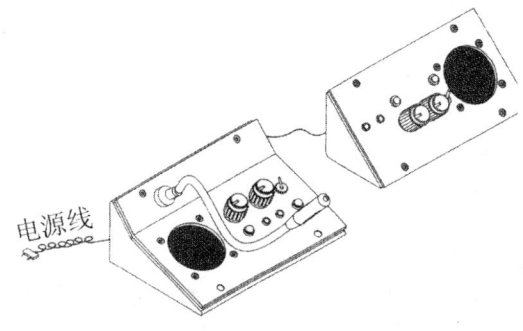

电源线

使用状态参考图

本专利附图

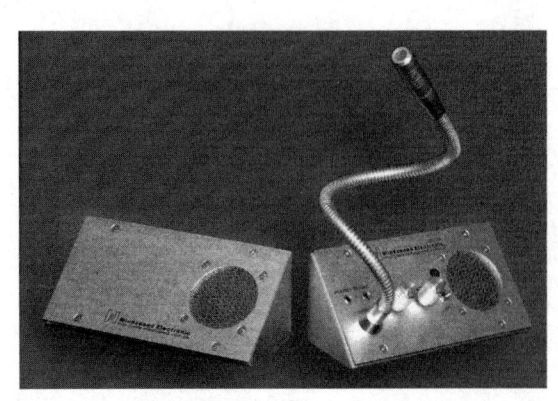

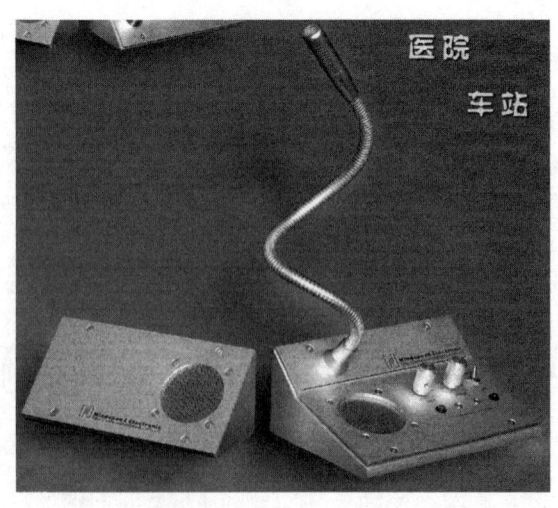

医院
车站

证据1

北京市第一中级人民法院
行政判决书

(2007) 一中行初字第 1345 号

原告漳州市福顺达计算机有限公司，住所地福建省福州市蓝田工业开发区高科技园区 6 号。

法定代表人陈建顺，经理。

委托代理人杨文聪，男，漳州市福顺达计算机有限公司职员。

委托代理人黄一敏，男，厦门原创专利事务所专利代理人。

被告国家知识产权局专利复审委员会，住所地北京市海淀区北四环西路 9 号银谷大厦 10~12 层。

法定代表人廖涛，副主任。

委托代理人刘畅，男，国家知识产权局专利复审委员会审查员。

委托代理人齐宏涛，男，国家知识产权局专利复审委员会审查员。

第三人漳州市爱德电子技术有限公司，住所地福建省漳州市芗城区元光南路。

法定代表人陈春山，经理。

委托代理人杨松文，男，漳州市爱德电子技术有限公司职员。

原告漳州市福顺达计算机有限公司不服被告国家知识产权局专利复审委员会作出的第 10126 号专利无效宣告请求审查决定（以下简称被诉决定）一案，向本院起诉。本院受理后，依法组成合议庭，并通知与被诉决定有法律利害关系的漳州市爱德电子技术有限公司作为本案第三人参加诉讼。2007 年 11 月 9 日，本院依法公开开庭进行了审理。原告的委托代理人黄一敏，被告的委托代理人刘畅、齐宏涛，第三人的委托代理人杨松文到庭参加了诉讼。现本案已审理终结。

被告根据第三人的无效宣告请求，对原告的专利名称为窗口双向对讲机（6）的外观设计专利（以下简称本专利）进行审查，认定本专利与第三人提供的对比文件 1（即《慧聪商情广告》第 40 期月刊《门禁对讲及智能停车场分册》彩色复印件 2 页，包括封面页 1 页以及第 PB051※0705 页广告页 1 页，其出版日期为 2002 年 9 月 30 日）属于相同类别的产品，二者的外观设计相近似，依据《中华人民共和国专利法》（以下简称《专利法》）第二十三条的规定，于 2007 年 6 月 27 日作出被诉决定，宣告本专利全部无效。

在法定期限内，被告向本院提交了如下证据，用以证明被诉决定合法：（1）被诉决定的发文页；（2）本专利公告文本；（3）对比文件 1；（4）口头审理记录表。

原告诉称：被告未对第三人提交的对比文件 1 的真实性进行审查，特别是未对对比文件 1 存在的脱落、粘附现象以及页码不符合公知编码规则进行勘验，仅根据有瑕疵的孤证而作出被诉决定缺乏令人信服的事实依据。因此，请求法院判决撤销被诉决定。

被告辩称：我委在被诉决定中已经对对比文件 1 的真实性进行了详细阐述，在此不再赘述。原告的诉讼请求无法律和事实依据，请求法院判决驳回原告的诉讼请求，维持被诉决定。

第三人未向本院提交书面陈述意见，其在开庭审理中口头表示同意被诉决定和被告的答辩意见。

在庭审质证中，原告对被告提交的证据 1、2、4 的真实性没有争议，不认可证据 3（即对比文件 1）的真实性及被告对该证据的举证主张。为此被告当庭出示了证据 3 的原件。对此，原告提出该对比文件 1 的原件只在厦门市吉腾电子科技有限公司（以下简称吉腾电子公司）提出的 6W06495 案件的口头审理中出示过，在本案中第三人未出示该对比文件1的原件，而且该对比文件1的原件存在装订排列的顺序和规则不同，广告册的封面封底与广告内册脱落等，所以对其真实性不予认可。针对原告的质证意见，被告指出该对比文件1原件的页码是按照其不同内容的类别进行分别顺序编码，广告外页、内页及产品目录采用了三种单独的编码形式，从整体看，该对比文件1是按照一定顺序排列的，因此在没有其他证据质疑该证据的真实性的情况下，应认定该对比文件1的原件是真实的。第三人对被告的证据没有争议。

经审查，根据最高人民法院《关于行政诉讼证据若干问题的规定》第五十四条的规定，本院经对上述证据进行综合审查，认为被告的证据1、2、4属于行政程序中有效证据，本院予以确认；被告出示的证据3原件存在彩页和非彩页的排列顺序不同以及广告册的封面、封底与广告内册脱离的问题，故本院对该证据的真实性不能确认。

根据上述有效证据，本院确认事实如下：

本专利的申请日是2003年4月23日，申请号是03309503.5，授权公告日为2003年10月22日。

针对上述专利权，第三人于2006年5月8日向被告提出无效宣告请求，其无效宣告请求的理由是本专利不符合《专利法》第二十三条和第九条的有关规定，同时其提交了附件1（即本专利）及附件2~6（略）作为对比文件。经形式审查合格，被告依法受理（案件编号为6W6166）并于同年5月10日发出通知书，并向原告转文。2006年6月9日，原告提交意见陈述书，指出第三人提供的附件不足以支持其无效请求的主张，本专利符合《专利法》第二十三条的规定，同时其还向被告提交了反证三份。被告依法成立合议组，将原告的意见陈述书及反证的副本转给第三人。2006年10月18日，被告将该案与吉腾电子公司提出的6W06495案件合并口头审理。原告与吉腾电子公司出席了口头审理，第三人明确其已经知道口头审理的时间但表示不参加口头审理。在口头审理中，原告表示坚持其书面答辩意见。吉腾电子公司当庭出示了本案对比文件1的原件，原告对该证据原件的真实性提出了异议。

2006年11月9日，第三人针对本专利，再次向被告提出无效宣告请求，其无效理由为：本专利不符合《专利法》第二十三条的有关规定，并提交了对比文件1作为对比文件。其认为本专利的外观设计与在该外观设计专利申请日之前已公开的外观设计（即对比文件1）相比已构成相同的外观设计，因此不符合《专利法》第二十三条的规定。经形式审查合格，被告依法受理（案件编号为6W06635），并于同年11月13日发出受理通知书，并将无效宣告请求书及其附件清单中所列附件的副本转送给原告，要求其在指定期限内进行意见陈述。2006年12月19日，原告向被告提交意见陈述书，认为第三人提交的对比文件1是复印件，不得作为本案证据使用。且对比文件1很不清晰，无法与本专利进行比对，因而第三人的无效理由不能成立。

被告依法成文合议组对本案进行审查，于2007年1月17日对本案进行口头审理，双方均出席了此次口头审理，合议组当庭将原告于2006年12月19日提交的意见陈述书转给第三人。在口头审理过程中，第三人明确其无效理由为：本专利的外观设计不符合《专利法》第二十三条的有关规定，明确表示使用对比文件1作为证据。针对对比文件1，被告的口头审理记录表中记载了以下内容：

（1）原告认为对比文件1的复印件与被告保留的原件一致，该原件是由其他无效请求人提交的，因而不能用于证明本案中对比文件1的真实性，不符合《审查指南》中关于不同请求人的证据之间不能交叉使用的规定。同时，其还指出对比文件1原件中的页码不符合公知的编码原则，因而不能确定其真实性。

（2）第三人认为，对比文件1的复印件与原件是一致的，且对比文件1是国内公众可以获得的公开出版物，该原件虽然不是本案的请求人提交的，但是本案证据与之前的案件（编号为6W06495）

审理时所提交的证据是一样的，因而该原件可以作为本案证据使用。

(3) 合议组当庭明确该原件可以作为本案中对比文件1的原件使用。

被告经过审查，认定了以下内容：

第一，因第三人未提交附件2~6的原件，无法核实其真实性，附件2~6不能作为本案证据使用。原告的反证1~3是针对附件2~6的真实性而提出的，因附件2~6均不能作为本案证据使用，因而在本决定中不再对反证1~3进行评述。

第二，虽然本案属于多个无效案件的合并审理，但是第三人并没有将对比文件1与针对本专利的另一无效宣告请求案中的证据组合使用，这与《审查指南》第四部分第三章第4.5节的规定并不矛盾。由于我委在审理另一案件过程中已经得到对比文件1的原件，因而虽然第三人并未提交对比文件1的原件，但是我委可以依职权将该原件引入本案审理中并进行证据的质证，这并不违背《审查指南》的相关规定。在对比文件1封面的右上角注明了"2002年9月30日总第40期月讯"字样，且封面的右上角还标注有"许可证号：国印广登字（2002）第1020号"的字样。由此可见，对比文件1是一本得到国家相关部门许可印制的广告册，并且以月刊的形式发表，从对比文件1的封面还可以看出，本期刊物发表于2002年。对比文件1原件的页码是按照其不同内容的类别进行分别顺序编码的，具体来说，对比文件1中的广告外页、广告内页及产品目录采用了三种单独的编码形式。对比文件1第PB051※0705页广告页属于广告外页，其按照广告外页的编码顺序进行编排的，从对比文件1的原件可以看出，第三人所提交的第PB051※0705页的前后页均按照一定顺序进行排列，因此可以认定对比文件1原件中的页码编排是按照一定顺序进行的，在没有其他证据质疑对比文件1的真实性的情况下，应认定对比文件1的原件是真实的。

第三，对比文件1与本专利属于相同类别的产品，将本专利与对比文件1相比较，可以认定本专利与对比文件1构成相近似的外观设计，因而本专利不符合《专利法》第二十三条的有关规定。

据此，被告于2007年6月21日作出被诉决定，并于同年6月27日向原告和第三人邮寄送达。原告收到被诉决定后不服，于同年9月12日向本院提起行政诉讼。

在开庭审理中，原告和第三人对被告的审查职责以及被诉决定中"案由"部分记载的内容均无争议。

另查明：2006年11月2日，吉腾电子公司主动向被告申请撤销了其无效宣告请求，被告于2006年11月23日作出无效宣告案件结案通知书。

本院认为：根据原告和第三人无争议的陈述，本院经书面审查，对上述无争议的内容予以确认。在此基础上，本院将围绕被诉决定宣告本专利无效的合法性进行审查。

虽然，在6W06495案件的口头审理中，该案的请求人吉腾电子公司出示了对比文件1的原件，但原告对该证据的真实性提出了异议，且该案是以吉腾电子公司撤回申请而终结的。所以，被告在6W06495案件中未对对比文件1的真实性进行确认。

根据《专利法》第四十五条和《中华人民共和国专利法实施细则》第六十四条的规定，请求宣告专利权无效的，应当向被告提交专利无效宣告请求书和必要的证据。所以，在无效宣告程序中，请求人负有举证的义务，其提交的证据应当与案件有关联且真实、合法。

虽然《审查指南》第四部分第一章第2.4节规定，被告可以对所审查的案件依职权进行审查，不受当事人提出理由，证据的限制，但是本案第三人在口头审理中既未向被告提出其提交对比文件1的原件有困难，也未申请被告调取6W06495案件中的证据原件，所以被告在口头审理中主动将6W06495案件中未定案的证据原件的真实性予以确认缺乏法律依据。而且，被告当庭出示的对比文件1原件还存在装订顺序不同以及广告册的封面、封底与广告内页脱离的问题，对此被告未能提供出充分、合理的解释。因此，被告认定第三人提交的对比文件1有效，并与本专利进行对比缺乏事实和法律依据，本院不予支持。

综上，依照《中华人民共和国行政诉讼法》第五十四条第（二）项第1目的规定，判决如下：

撤销国家知识产权局专利复审委员会于二〇〇七年六月二十七日作出的第10126号无效宣告请求审查决定。

案件受理费100元，由被告国家知识产权局专利复审委员会负担（于本判决生效后7日内交纳）。

如不服本判决，可在本判决书送达之日起15日内向本院递交上诉状，并按对方当事人的人数提出副本及预交上诉案件受理费100元，上诉于北京市高级人民法院。

审　判　长　饶亚东
审　判　员　刘景文
人民陪审员　谢冬伟
二〇〇八年二月十五日
书　记　员　蒋利玮

北京市高级人民法院
行政判决书

（2008）高行终字第429号

上诉人（一审被告）国家知识产权局专利复审委员会，住所地北京市海淀区北四环西路9号银谷大厦10~12层。

法定代表人廖涛，副主任。

委托代理人刘畅，男，国家知识产权局专利复审委员会审查员。

委托代理人齐宏涛，男，国家知识产权局专利复审委员会审查员。

被上诉人（一审原告）漳州市福顺达计算机有限公司，住所地福建省福州市蓝田工业开发区高科技园区6号。

法定代表人陈建顺，经理。

委托代理人黄一敏，男，厦门原创专利事务所专利代理人。

一审第三人漳州市爱德电子技术有限公司，住所地福建省漳州市芗城区元光南路。

法定代表人陈春山，经理。

委托代理人黄得锋，男，1979年2月6日出生，汉族，漳州市舟锋商标事务所经理，住福建省漳州市芗城区马鞍山路1号。

上诉人国家知识产权局专利复审委员会（以下简称专利复审委），漳州市爱德电子技术有限公司（以下简称爱德公司）因专利无效宣告请求审查决定一案，不服北京市第一中级人民法院（以下简称一审法院）（2007）一中行初字第1345号行政判决，向本院提起上诉。本院受理后，依法组成合议庭于2008年10月9日公开开庭进行了审理。上诉人专利复审委的委托代理人刘畅、齐宏涛，被上诉人漳州市福顺达计算机有限公司（以下简称福顺达公司）的委托代理人黄一敏到庭参加诉讼，爱德公司委托福顺达公司向本院递交了撤回上诉申请，本案现已审理终结。

2007年6月21日，专利复审委根据《中华人民共和国专利法》（以下简称《专利法》）第二十三条的规定，作出第10126号无效宣告请求审查决定（以下简称第10126号决定），宣告名称为：窗口双向对讲机（6）的外观设计专利权全部无效。专利权人福须达公司不服，向一审法院提起行政诉讼。

一审法院经审理认为，虽然，在6W06495案件的口头审理中，该案的请求人厦门市吉腾电子科技有限公司（以下简称吉腾电子公司）出示了对比文件1的原件，但福顺达公司对该证据的真实性提出了异议，且该案是以吉腾电子公司撤回申请而终结的。所以，专利复审委在6W06495案件中未对对比文件1的真实性进行确认。

根据《专利法》第四十五条和《中华人民共和国专利法实施细则》（以下简称《专利法实施细则》）第六十四条的规定，请求宣告专利权无效的，应当向专利复审委提交专利无效宣告请求书和必要的证据。所以，在无效宣告程序中，请求人负有举证的义务，其提交的证据应当与案件有关联且真实、合法。

虽然《审查指南》第四部分第一章第2.4节规定，专利复审委可以对所审查的案件依职权进行审查，不受当事人提出理由、证据的限制，但是本案爱德公司在口头审理中既未提出其提交对比文件1的原件有困难，也未申请专利复审委调取6W06495案件中的证据原件，所以专利复审委在口头审理中主动将6W06495案件中未定案的证据原件的真实性予以确认缺乏法律依据。而且，专利复审委当庭出示的对比文件1原件还存在装订顺序不同以及广告册的封面、封底与广告内页脱离的问题，对此专利复审委未能提供出充分、合理的解释。因此，专利复审委认定爱德公司提交的对比文件1有效，并与本专利进行对比缺乏事实和法律依据，本院不予支持。

综上，一审法院依照《中华人民共和国行政诉讼法》第五十四条第（二）项第1目的规定，判决撤销了第10126号决定、专利复审委、爱德公司不服上述判决、向本院提起上诉。

专利复审委上诉称，根据《审查指南》第四部分第一章第2.4节的规定：专利复审委可以对所审查的案件依职权进行审查，而不受当事人提出的理由、证据的限制。具体到本案，福顺达公司在编号为6W06635案件的口头审理中认可附件1的复印件与原件是一致的，但认为该原件是由其他无效请求人提交的，因而不能证明本案附件1的真实性，不符合《审查指南》中关于不同请求人的证据之间不能交叉使用的规定。专利复审委在口头审理当庭告知了福顺达公司该原件可以作为本案的证据使用，并在第10126号决定中详细说明了理由：《审查指南》第四部分第三章第4.5节规定：合并审理的各无效宣告案件的证据不得相互结合使用。这是指在案件合并审理过程中不能将不同无效请求中提交的不同证据进行交叉组合使用，而针对本案而言，虽然本案属于多个无效案件的合并审理，但是本案请求人并没有将附件1与针对本专利的另一无效宣告请求案中的证据组合使用，其只是提交了与针对本专利的另一无效宣告请求案中请求人所提交的相同的证据。由于我委在审理另一案件过程中已经得到了原件，因而，虽然本案请求人并未向我委提交附件1的原件，但是我委可以依职权将该原件引入本案审理中进行证据质证，这并不违背《专利法》及《审查指南》的相关规定。此外，请求人在口审中也提出了将附件1与我委留存的原件进行质证的要求，因此，我委的这一做法并未违反请求原则，一审法院认定我委主动引入附件1原件的做法缺乏法律依据的观点不能成立。

专利复审委认为，附件1原件中广告册的封面、封底与广告内页脱落是由于印刷厂家装订不牢如之多次翻阅造成的，且我委第一次拿到该原件时封面、封底并未脱落。此外，在附件1原件内页第PB002页中的出版印刷信息也可以证明脱落的封面、封底就是本期刊的封面、封底；至于页码的编排顺序问题，我委在第10126号决定中已经作了详细的解释说明："附件1的原件页码是按照其不同内容的类别进行分别顺序编码的，具体来说，附件1中的广告外页、广告内页及产品目录采用了三种单独的编码方式，请求人所提交的附件1第PB051※0705页属于广告外页，其是按照广告外页的编码顺序进行编排的，从该原件可以看出，请求人所提交的第PB051※0705页的前后页均按照一定顺序进行编排，因此可以认定附件1原件中的页码编排是按照一定顺序进行的，在没有其他证据质疑附件1真实性的情况下，应当认定附件1原件是真实的"。因此，一审判决认为专利复审委未对装订顺序不同以及广告册的封面、封底与广告内页脱离的问题进行充分、合理的解释的观点不能成立。综上，专利复审委作出的第10126号决定认定事实清楚，适用法律正确，审理程序合法，请求二审法院撤销一审判决，维持专利复审委作出的第10126号决定。

福顺达公司未向本院提交书面答辩意见，其在庭审中认为，根据《审查指南》的相关规定，专利复审委主动引入附件1违背了公正执法和请求原则。附件1作为公开出版物，这么容易脱落，不符合公开出版物的装订要求，专利复审委认为附件1的页码是独立的编码原则，只是一种推测，这种推测不能作为认定事实的依据，但是如果法庭能够确认附件1的真实性，同意专利复审委关于相近似的结论。

一审期间，专利复审委向法院提交了以下证据：（1）第10126号决定的发文页；（2）本专利公告文本；（3）附件1原件；（4）2006年10月18日及2007年1月17日的口头审理记录表。

福顺达公司未向法院提交证据。

上述证据均随案移送本院，经庭审质证及合议庭审查认为，专利复审委提交的证据1、2、4与本案具有关联性，内容真实，来源合法，能够证明法院查明的事实，本院予以确认。

在本院庭审中，专利复审委重新提交了附件1的原件，该附件为《慧聪商情广告—门禁对讲及智能停车场分册》2002.9.30月讯总第40期，许可证号：国印广登字（2002）第1020号。经审查本院认为，附件1属国内公开出版物，是由封面页、封底页及彩色资料页、黑白资料页组成。除封面页和封底页没有页码外，其彩色资料页与黑白资料页均编有页码，其页码是以不同的广告内容按一定顺序编排。从附件1的原件可以看出脱落的第PB051※0705页与该页前后顺序相连，该页广告印刷油墨的颜色与其他页相同，色彩油墨的颜色一致，由于该出版物各广告页是用粘合剂粘合而成，在翻阅中有可能造成广告页脱落的现象。因专利复审委重新提交的附件1的原件属对附件1复印件的补强，因此，对附件1的真实性本院予以确认。

经审理查明，2003年4月23日，福顺达公司向国家知识产权局提出名称为"窗口双方对讲机（6）"的外观设计专利权申请，申请号是03309503.5，国家知识产权局经审查，于2003年10月22日授权公告。

针对上述专利权，爱德公司于2006年5月8日，以本专利不符合《专利法》第二十三条和第九条的有关规定，向专利复审委提出无效宣告请求。并提交了如下附件：

附件1：本专利；

附件2：陈春海于2006年4月26日出具的证明材料；

附件3：两款富顺牌窗口对讲机的外形图1页，其型号分另为FD-2004和DF-03；

附件4：陈春海的身份证及工作证复印件；

附件5：福建富顺电子有限公司的企业网站页面打印件，下载地址为：http：//www.chinafushun.com/list.asp?id=223；

附件6：福建富顺电子有限公司于2006年3月24日出具的证明材料1页；企业名称变更核准通知书复印件1页，其编号为：名称变核私字【2005】第0000050412009号作为对比文件。

专利复审委受理后（案件编号为6W06166），依法进行转文，2006年6月9日，福顺达公司提交意见陈述书，指出爱德公司提供的附件不足以支持其无效请求的主张，本专利符合《专利法》第二十三条的规定，并提交了三份反证。

反证1：盖有"漳州市芗城区工商行政管理局企业档案资料专用章"的《内资企业登记基本情况表》复印件；

反证2：漳州市公安局浦南派出所于2006年5月19日出具的陈春山的户籍证明复印件；

反证3：福建省知识产权局于2006年4月19日向爱德公司发出的答辩通知书复印件。专利复审委再次进行转文。

针对本专利权，吉腾电子公司于2006年8月25日，向专利复审委提出无效宣告请求，专利复审委受理后（案件编号为6W06495），吉腾电子公司在无效宣告请求书中明确使用附件1来证明本专利不符合《专利法》第二十三条的规定。

在上述两件无效宣告请求审查案件中，爱德公司与吉腾电子公司共同委托同一公民黄得锋作为代理人。2006年10月18日，专利复审委将上述两件案件合并口头审理。

福顺达公司与吉腾电子公司出席了口头审理，爱德公司明确表示不参加口头审理。在口头审理中，吉腾电子公司当庭提交了附件1的原件。双方当事人对附件1的原件的真实性进行了质证。口头审理之后，吉腾电子公司以与福顺达公司达成和解协议为由，向专利复审委提出撤销其提出的案号为6W06495号案件的无效宣告请求的申请。专利复审委于2006年11月23日针对该案发出无效宣告案件结案通知书。

2006年11月9日，爱德公司针对本专利权，再次提出无效宣告请求，明确表示使用附件1来证明本专利不符合《专利法》第二十三条的有关规定。并提交了附件1的复印件。

专利复审委受理后（案件编号为6W06635），依法进行转文。2006年12月19日，福顺达公司提交意见陈述书，认为爱德公司提交的附件1是复印件不能作为本案证据使用，且附件1很不清晰，无法与本专利进行比对，爱德公司无效理由不能成立。

在2007年1月17日的口头审理中，爱德公司明确其无效理由为：本专利的外观设计不符合《专利法》第二十三条的有关规定，明确表示使用附件1作为证据，并针对福顺达公司提出的附件1是复印件不能作为本案证据使用的问题，提出附件1的原件留存于专利复审委的6W06495号案件的卷宗中，福顺达公司要求对附件1的原件进行核对。专利复审委随即休庭，从6W06495号案件的卷宗中将附件1的原件调出，双方在口审中对附件1的真实性进行了质证。

福顺达公司认为附件1的复印件与专利复审委保留的原件一致，该原件是由其他无效请求人提交的，因而不能用于证明本案中附件1的真实性，不符合《审查指南》中关于不同请求人的证据之间不能交叉使用的规定。同时，其还指出附件1原件中的页码不符合公知的编码原则，因而不能确定其真实性。

爱德公司认为，附件1的复印件与原件是一致的，且附件1是国内公众可以获得的公开出版物，该原件虽然不是其提交的，但是本案证据与编号为6W06495案件审理时所提交的证据是一样的，因而附件1可以作为本案证据使用。

专利复审委当庭明确该附件1可以作为本案中的证据使用。在口头审理的基础上，专利复审委作出第10126号决定。

关于证据，专利复审委认为，因爱德公司未提交附件2~6的原件，无法核实其真实性，附件2~6不能作为本案证据使用。福顺达公司的反证1~3是针对附件2~6的真实性而提出的，因附件2~6均不能作为本案证据使用，因而在本决定中不再对反证1~3进行评述。

虽然本案属于多个无效案件的合并审理，但是爱德公司并没有将附件1与针对本专利的另一无效宣告请求案中的证据组合使用，这与《审查指南》第四部分第三章第4.5节的规定并不矛盾。由于我委在审理另一案件过程中已经得到附件1的原件，虽然爱德公司并未提交附件1的原件，但是我委可以依职权将该原件引入本案审理中并进行质证，这并不违背《审查指南》的相关规定。在附件1封面的右上角注明了"2002年9月30日总第40期月讯"字样，且封面的右上角还标注有"许可证号：国印广登字（2002）第1020号"的字样。由此可见，附件1是一本得到国家相关部门许可印制的广告册，并且以月刊的形式发表，从附件1的封面还可以看出，本期刊物发表于2002年。附件1原件的页码是按照其不同内容的类别进行分别顺序编码的，具体来说，附件1中的广告外页、广告内页及产品目录采用了三种单独的编码形式。附件1第PB051※0705页广告页属于广告外页，其按照广告外页的编码顺序进行编排的，从附件1的原件可以看出，爱德公司所提交的第PB051※0705页的前后页均按照一定顺序进行排列，因此可以认定附件1原件中的页码编排是按照一定顺序进行的，在没有其他证据质疑附件1的真实性的情况下，应认定附件1的原件是真实的。

本专利的名称为"窗口双向对讲机（6）"，附件1所示产品亦为对讲机。本专利的外观设计由对讲机及附机两部分组成，本专利的主机近似楔形，从主机的左、右视图可以看出，主机的面板上方略微翘起，话筒插口、旋钮及指示灯突出于面板平面，从主机的主视图可以看出，主机面板的上部靠右侧设有话筒插口，其下方设有扬声器，在扬声器右侧设有两个等大的旋钮，旋钮右侧是开关，在旋钮及开关的下侧还设有两个指示灯，两指示灯之间并排设置有两个耳机插孔，整个面板上还散布有多个螺钉。附机呈近似三棱锥形，从附机的左、右视图可以看出，旋钮及指示灯突出于面板的平面，从附机的主视图可以看出，附机面板最右侧设有一圆形扬声器，在扬声器左侧依次竖直排列有指示灯和开关，在指示灯与开关的左侧并排设有两个等大的旋钮，在旋钮左侧并排设有两耳机插孔，整个面板上还散布有多个螺钉。

附机1中的广告页公开了一种对讲机的外观设计，从图中可以看出，该对讲机也包括主机和附机两部分，主机上方略微翘起，话筒插口、旋钮及指示灯突出于面板平面，主机面板的上部靠左侧设有话筒插口，在扬声器右侧设有两个等大的旋钮，旋钮右侧是开关，在旋钮及开关的下侧还设有两个指示灯，两指示灯之间并排设置有两个耳机插孔，整个面板上还散布有多个螺钉。附机成近似三棱锥形，旋钮及指示灯突出于面板的平面，附机面板最右侧设有一圆形扬声器，在扬声器左侧依次竖直排列有指示灯和开关，在指示灯与开关的左侧并排设有两个等大的旋钮，在旋钮左侧并排设有两耳机插孔，耳机插孔下方设有话筒插口，整个面板上还散布有多个螺钉。

专利复审委将附件1与本专利进行比对后，认为二者属于相同类别的产品，并认定本专利与附件1构成相近似的外观设计，因而本专利不符合《专利法》第二十三条的有关规定。据此，专利复审委于2007年6月21日作出第10126号决定。

本院认为，在专利复审委对6W06495案件口头审理中，吉腾电子公司当庭出示了附件1的原件，双方当事人经质证对附件1的真实性存在争议。本案中，虽然爱德公司没有提交附件1的原件，但在该案口审中爱德公司提出附件1的原件留存于专利复审委6W06495案件中，在福顺达公司要求对附件1的真实性进行质证的情况下，专利复审委休庭调取了附件1的原件供双方当事人质证。上述情况说明，专利复审委从6W06495案件卷宗中调取附件1原件是应双方当事人的请求，且附件1原件的作用是证明爱德公司提交的附件1的复印件是否与原件一致。经质证，在双方当事人一致认可附件1的复印件与原件一致的情况下，专利复审委经审查认定附件1的原件具有真实性，并可以作为证据使用符合法律规定。一审法院以爱德公司未申请专利复审委调取6W06495案件中的证据原件，专利复审委在口审中主动将6W06495案件中未定案的证据原件的真实性予以确认缺乏法律依据为由判决撤销第10126号决定，属于认定事实不清，证据不足，所作判决本院不予支持。

本专利的名称为"窗口双向对讲机（6）"，附件1所示产品亦为对讲机，二者属于同类别的产品，将本专利的外观设计与附件1所示产品的外观设计进行比对，可以看出二者的外观设计极为近似，因此，专利复审委将本专利与附件1进行比对后得出的，可以认定本专利与附件1构成相近似的外观设计，因而本专利不符合《专利法》第二十三条的有关规定的结论正确，本院予以支持。

综上，依照《中华人民共和国行政诉讼法》第六十一条第（三）项之规定，判决如下：

（1）撤销北京市第一中级人民法院（2007）一中行初字第1345号行政判决书；

（2）维持上诉人国家知识产权局专利复审委员会于二〇〇七年六月二十七日作出的第10126号无效宣告请求审查决定。

一、二审案件受理费各100元，由被上诉人漳州市福顺达计算机有限公司负担，于本判决送达之日起7日内交纳。

本判决为终审判决。

审 判 长 郭 宜
审 判 员 张学磊
代理审判员 朱海宏
二〇〇八年十二月八日
书 记 员 程钰玮

窗口双向对讲机（4）

无效宣告请求审查决定（第10127号）

决 定 号	第10127号
决 定 日	2007年6月21日
发明创造名称	窗口双向对讲机（4）
外观设计分类号	14-03
无效宣告请求人	漳州市爱德电子技术有限公司
专 利 权 人	漳州市福顺达计算机有限公司
专 利 号	03306313.3
申 请 日	2003年3月12日
授权公告日	2003年9月24日
合议组组长	宋鸣镝
主 审 员	刘畅
参 审 员	张惠军
附 图	1页

法 律 依 据 专利法第23条

决 定 要 点

如果一般消费者经过对被比设计与在先设计的整体观察可以看出，二者的差别对于产品外观设计的整体视觉效果不具有显著的影响，则应当认为被比设计与在先设计相近似。

一、案由

本无效宣告请求涉及中华人民共和国国家知识产权局于2003年9月24日授权公告的、名称为"窗口双向对讲机（4）"的外观设计专利权（下称本专利），其申请号是03306313.3，申请日是2003年3月12日，专利权人是漳州市福顺达计算机有限公司。

针对上述专利权，漳州市爱德电子技术有限公司（下称请求人）于2006年5月8日向专利复审委员会提出无效宣告请求，其无效宣告的理由是：本专利不符合专利法第23条和第9条的有关规定，并提交了如下附件：

附件1：本专利；
附件2：陈春海于2006年4月26日出具的证明材料1页；
附件3：两款声称为富顺牌窗口对讲机的外型图1页，其型号分别为FD-2004和FD-03（原FD-

04）；

附件4：陈春海的身份证及工作证的复印件1页；

附件5：福建富顺电子有限公司的企业网站页面打印件共2页，下载地址为：http://www.chinafushun.com/list.asp?id=223；

附件6：福建富顺电子有限公司于2006年3月24日出具的证明材料1页；企业名称变更核准通知书复印件1页，其编号为：名称变核私字【2005】第0000050412009号。

附件7：生产发货通知单复印件1页，共2张，其编号分别为No.002236和No.002237；收据复印件1页，共3张，其编号分别为No.408308、No.408309以及No.408625。

请求人认为，附件2是一款富顺牌型号为"FD-04"（现在型号为FD-03）的窗口对讲机的销售证明，由附件3和附件5可以看出FD-03与本专利属于相同的外观设计。请求人在无效宣告请求书中没有对关于本案不符合专利法第9条的规定作出任何说明。

经形式审查合格，专利复审委员会依法受理了上述无效宣告请求，并于2006年5月10日向双方当事人发出无效宣告请求受理通知书，同时将无效宣告请求书及其附件清单中所列附件的副本转送给专利权人，要求其在指定期限内陈述意见。

请求人于2006年6月8日向专利复审委员会提交了补充意见，并补充提交了证据1作为证据使用：

证据1：2001/2002年《福建黄页漳州电话号簿》彩色复印件共5页，包括封面页1页、广告内页1页、版权页1页、编印说明页1页以及封底页1页，在请求人提交的证据1的5页复印件中没有记载其出版日期。

请求人认为，证据1广告内页上公开了漳州富顺电子有限公司一款FD-04型对讲机，该对讲机的主机部分与本专利的主机部分完全相同，附机部分形状相近似，因此证据1与本专利外观设计相同，本专利不符合专利法第33条的规定。

专利权人于2006年6月9日向专利复审委员会提交了意见陈述书，指出无效请求人提供的证据不足以支持其无效请求的主张，本专利符合专利法第23条的规定，并提交了如下反证：

反证1：盖有"漳州市芗城区工商行政管理局企业档案资料专用章"的《内资企业登记基本情况表》复印件2页；

反证2：漳州市公安局浦南派出所于2006年5月19日出具的陈春山的户籍证明复印件1页；

反证3：福建省知识产权局于2006年4月19日向漳州市爱德电子技术有限公司发出的"答辩通知书"复印件1页。

专利权人在此次意见陈述书中指出：反证1～3用于证明请求人的证人陈春海既是请求人的股东，也是请求人法人代表陈春山的弟弟，而本案的起因是专利权人诉请求人专利侵权纠纷，因此，证人陈春海与本案有利害关系，其证词不应被采信。

专利复审委员会依法成立了合议组，对本案进行审理。本案合议组于2006年9月8日向双方当事人发出无效宣告请求口头审理通知书，告知双方当事人定于2006年10月18日对本案进行口头审理，随同口头审理通知书将专利权人于2006年6月9日提交的意见陈述书及其附件转寄给请求人，将请求人于2006年6月8日提交的补充意见及补充证据转寄给专利权人。

口头审理如期进行，双方当事人均出席了此次口头审理。在口头审理中，请求人明确其无效宣告的理由为：本专利不符合专利法第23条的有关规定，并明确使用证据1作为证据，同时表示放弃其他证据。

请求人当庭提交了证据1的原件，专利权人认为，证据1是2001年至2002年的电话号簿，但其编印说明上注明的时间为20001年，即使是2001年，也不可能记载2002年的电话号码，因而对其真实性表示认可，但对其发行时间表示异议。请求人认为证据1封面上明确记载了其内容为2001年至2002年的电话号码，证据1编印说明注明的时间为20001年，应为2001年，此为打印错误，且证据1中编印部门有盖章，以上可证明证据1是在2003年之前编印的。专利权人不能同意请求人的上述主张，仍然认为无法认定证据1的出版日期在本专利的申请日之前。专利权人认为证据1的原件与复印件相符。

专利权人当庭提交了反证1~3的原件，请求人表示反证1~3与本案无关。

请求人认为证据1中对讲机（FD-04型）与本专利相近似。专利权人认为证据1无法展现本专利的全部六面视图，因而不能据此认为二者是相近似的。此外，证据1与本专利设计既不相同也不相近似。请求人认为因对讲机是传声产品，产品摆放须将有喇叭的正面对着消费者才能清楚听到喇叭发出的声音，因此一般消费者最先注意到的还是对讲机的主视图，其他视图不会引起一般消费者的注意，不具备显著影响。专利权人认为本专利的外观设计兼具摆设功能，各个视图均有设计要点，对消费者均可产生美感。

至此，合议组认为本案事实清楚，现依法作出审查决定。

二、决定的理由

1. 关于证据

请求人当庭表示放弃附件2至附件7作为证据使用，故合议组不再对附件2至附件7进行评述。

专利权人提交的反证1至反证3用于证明请求人提交的附件2至附件7中的证人陈春海既是请求人的股东，也是请求人法人代表陈春山的弟弟，而本案的起因是专利权人诉请求人专利侵权纠纷，因此，证人陈春海与本案有利害关系，其证词不应被采信。由于请求人当庭明确表示放弃附件2至附件7作为证据使用，故合议组对反证1至反证3也不予评述。

证据1是2001/2002年《福建黄页漳州电话号簿》，请求人当庭提交了证据1的原件，专利权人当庭表示对其真实性表示认可，但对于证据1的发行时间表示有异议。对此，合议组认为，在请求人当庭提交的证据1原件的编印说明页中可以看出，这本电话黄页是由福建省电信公司漳州市分公司发行的，虽然最后的落款日期为"20001年8月"，但合议组认为20001年距今还有很长一段时间，所以编印日期不可能是"20001年8月"，应认定这属于明显的打印错误，请求人当庭表示的"证据1编印说明注明的时间为20001年，应为2001年，此为打印错误"应予以采纳。此外，根据一般的生活常识，电话黄页是为了方便使用者查询电话号码而编印的，因而其编印成册后会流通到公共领域以方便公众进行查阅。另外，众所周知，电话黄页通常会在电话黄页的封面上标注一有效日期，这一有效日期就是此本电话黄页所记录的电话号码的有效日期，从证据1《福建黄页2001漳州电话号簿2002》的封面可以看出，这本电话黄页记载的是2001年至2002年这一时间段内有效的电话号码，也就是说，这本黄页的编印目的就是方便使用者在2001年至2002年期间查阅所需的电话号码，虽然证据1中的电话黄页没有明确的标明其出版及印刷日期，但是可以根据其封面标注的特定时间段推定出其向公众公开的时间必然在2002年12月31日之前，否则这本黄页也就失去了其编印的意义所在。综上所述，可以推定证据1向公众公开的日期在本专利的申请日之前，可以作为本案证据使用，其上公开的内容可作为在先设计与本专利进行相同或相近似性的比较。

2. 关于专利法第23条

专利法第23条规定：授予专利权的外观设计，应当同申请日以前在国内外出版物上公开发表过或者国内公开使用过的外观设计不相同和不相近似，并不得与他人在先取得的合法权利相冲突。

本专利的外观设计由对讲机主机及附音箱两部分组成，共包括附音箱主视图、附音箱后视图、附音箱仰视图、附音箱俯视图、附音箱左视图、附音箱右视图、主机主视图、主机后视图、主机俯视图、主机右视图、主机左视图以及使用状态参考图共13幅附图，并在简要说明中说明省略主机仰视图。

本专利的主机整体外形呈近似为长方体，从主机的左、右视图看，主机的前半部分也就是带有旋钮的一端大致为长方体形，底下的旋钮突出于主机表面，该前半部分被两条竖线均分为三部分，其中最外侧的一部分上部及中部还设有网格结构，而主机的后半部呈纵截面为梯形的六面体，从主机的主视图可以看出，该主机的正面绝大部分都由圆孔构成的长方形网格占据，在网格下面由左至右依次排布着开关、指示灯以及两个等大的旋钮。本专利的附音箱大体呈长方体，从本专利的附音箱左、右视图可以看出，两条贯穿上下的竖线将附音箱等分为三部分，其中最外侧的一部分的中部设有网格，从附音箱的主视图可以看出，附音箱的正面的绝大部分被圆孔构成的网格占据，在网格的正中是上部带有缺口的圆形，在网格的正下方是带有三个小椭圆孔的大椭圆形孔的功能设计。由于附音箱及主机的后视图、仰视图及俯视图均为不易引起一般消费者注意的部位，因此省略对附音箱及主机的后视图、仰视图及俯视图的相关描述（详见本决定附图"本专利"部分）。

证据1中的广告内页公开了一种型号为"FD-04"型的对讲机的外观设计，从图中可以看出，该对讲机也包括主机和附音箱两部分，其中附音箱的正面也是由网格占据了绝大部分，在网格的正中也有一上面带有缺口的圆，在网格的下方也有一带有三个小椭圆孔的大椭圆形孔的功能设计。证据1中主机大致呈立方体，前半部分大致呈长方体，后半部分呈纵截面为梯形的六面体，主机的正面绝大部分也是被长方形网格占据，在网格下面由左至右依次排布着开关、指示灯以及两个等大的旋钮（详见本决定的"证据1"）。

将本专利与证据1相比较可以看出，本专利中主机和附音箱与证据1的主机和附音箱在整体形状上相似。

专利权人认为证据1无法展现本专利的全部六面视图，因而不能据此认为二者是相近似的，还认为本专利的外观设计兼具摆设功能，各个视图均有设计要点，对消费者均可产生美感。对此，合议组认为：对讲机产品是一种传声设备，使用时须将扬声器和麦克正对使用者才能最好的发挥功效，而正是由于对讲机产品的特殊性，使得一般消费者不会注意到除产品正面以外的其他部位，也就是说，除产品正面之外其他部位不会引起一般消费者的注意，不具有显著的影响。专利权人的上述主张不能成立。

综上所述，由于证据1与本专利属于相同类别的产品，二者的外观设计相近似，因而本专利不符合专利法第23条的有关规定。

三、决定

宣告03306313.3号外观设计专利权全部无效。

当事人对本决定不服的，可以根据专利法第46条第2款的规定，自收到本决定之日起三个月内向北京市第一中级人民法院起诉。根据该款的规定，一方当事人起诉后，另一方当事人应当作为第三人参加诉讼。

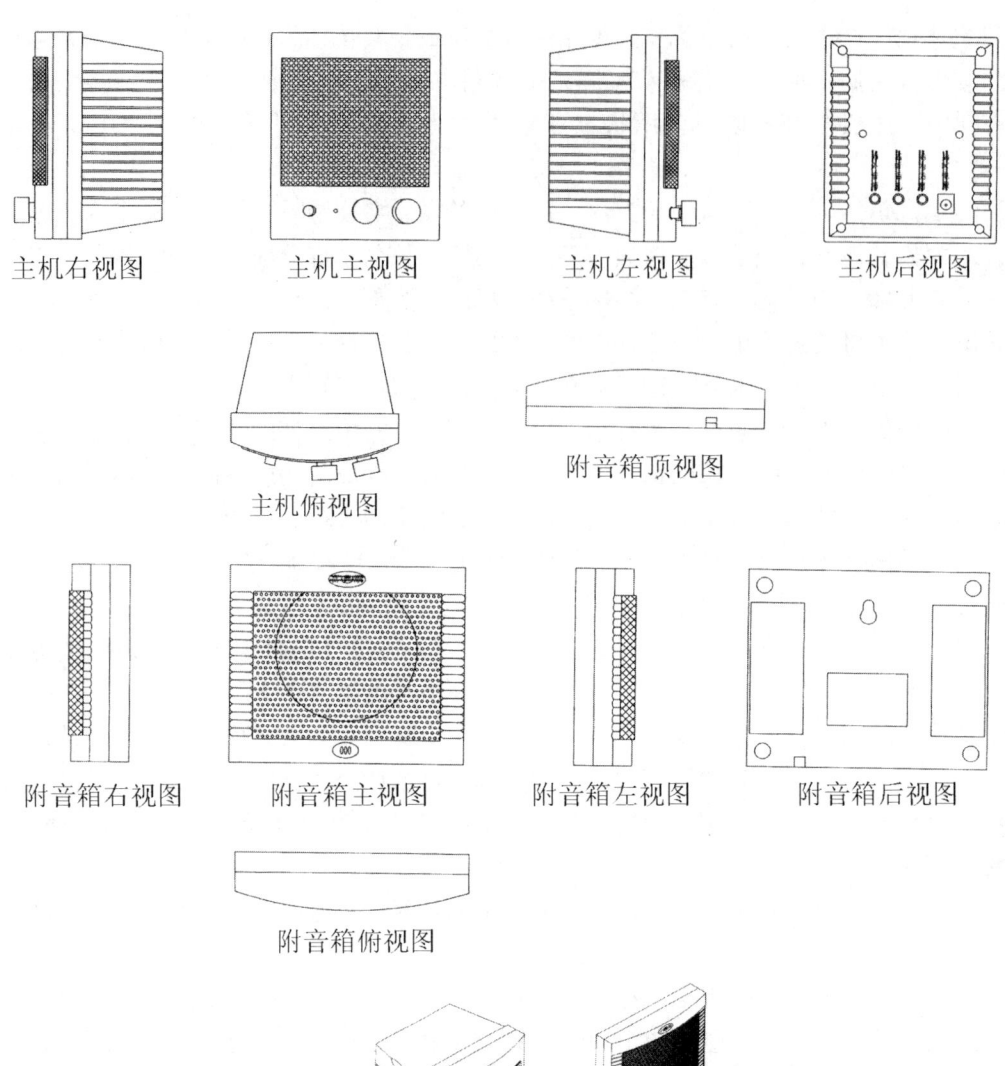

主机右视图　主机主视图　主机左视图　主机后视图

主机俯视图　附音箱顶视图

附音箱右视图　附音箱主视图　附音箱左视图　附音箱后视图

附音箱俯视图

电源线

使用状态图

本专利附图

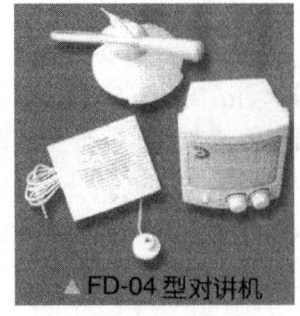

FD-04型对讲机

证据1

树枝灯

无效宣告请求审查决定（第10129号）

决　定　号	第10129号
决　定　日	2007年6月21日
发明创造名称	树枝灯
外观设计分类号	26-05
无效宣告请求人	杭州弘昌照明电器厂
专　利　权　人	胡建新
专　利　号	200430071950.0
申　请　日	2004年8月24日
授权公告日	2005年6月1日
合议组组长	张美菊
主　审　员	詹靖康
参　审　员	杜宇

法律依据　专利法实施细则第2条第3款

决定要点

外观设计能应用于产业上并形成批量生产，其载体应当是产品。不能重复生产的手工艺品、农产品、畜产品、自然物不能作为外观设计的载体。以自然物原有形状、图案、色彩作为主体的设计不属于外观设计专利的保护客体。

一、案由

本无效宣告请求涉及国家知识产权局于2005年6月1日授权公告的200430071950.0号外观设计专利，外观设计的产品名称为"树枝灯"，申请日是2004年8月24日，专利权人是胡建新。

针对上述外观设计专利权，杭州弘昌照明电器厂（下称请求人）于2006年9月7日向国家知识产权局专利复审委员会提出无效宣告请求，其理由是：（1）本专利不属于外观设计专利保护的客体，不符合专利法实施细则第2条第3款的规定；（2）本专利申请日之前已有相同造型的产品在公开出版物上公开，因此被比设计不符合专利法第23条的规定。同时提交了如下附件：

附件1：盖有浙江图书馆业务专用章的《HONGKON Genterprise》杂志2003年第10卷复印件共5页；

附件2：盖有浙江图书馆业务专用章的《装璜世界》复印件共3页；

附件3：盖有浙江图书馆业务专用章的《圣诞·新年装饰艺术》2003年10月第一版复印件共

3页；

经形式审查合格后，专利复审委员会依法受理了该无效宣告请求，并于2006年10月20日将无效宣告请求书和相关文件副本转给专利权人，要求其在指定期限内陈述意见。

专利权人于2006年12月4日提交了意见陈述书，认为：（1）本外观设计是能够重复生产的手工艺品，符合专利法的规定；（2）附件1是外文资料，没有提交中文译文不能作为证据使用；（3）附件2、3没有公开与本外观设计相同或相近似的产品。

专利复审委员会本案合议组于2007年3月7日向双方当事人发出了口头审理通知书，定于2007年4月17日举行本案的口头审理，并向请求人发出转送文件通知书，将专利权人于2006年12月4日提交的意见陈述书转送给请求人。

口头审理如期举行，双方当事人均出席口头审理。双方当事人对对方出庭人员的身份没有异议。双方当事人对合议组成员变更没有异议，对合议组成员没有回避请求。请求人当庭提交了带有"浙江图书馆业务专用章"红章的附件1、2、3，具体为：

附件1：盖有浙江图书馆业务专用章的香港贸易发展局《HONGKON Genterprise》杂志2003年第10卷复印件共5页（封面、目录页、第104页、封底1、封底2）；

附件2：盖有浙江图书馆业务专用章的《装璜世界》复印件共3页（封面页、第134、135页）；

附件3：盖有浙江图书馆业务专用章的《圣诞&新年装饰艺术》2003年10月第一版复印件共3页（封面页、版权页、第93页）；

请求人当庭出示附件1、2、3的证据原件。专利权人当庭核实其收到的复印件与原件以及盖有"浙江图书馆业务专用章"红章的复印件一致，对附件1、2、3的真实性无异议，但对于附件1、2是否取自浙江图书馆有异议。专利权人认为作为域外证据的附件1、2没有提交公证认证手续，请求人没有提交附件1的中文译文故该附件应视为未提交，附件2的公开日期不能确定。请求人当庭明确其无效理由为：本专利不符合专利法实施细则第2条第3款、专利法第23条的规定。针对专利法第23条的无效理由，请求人明确使用的图片为：附件1的第104页的左上部的图；附件2的第134、135页上部的图；附件3的第93页左下部的图。

专利权人认为本专利的材料为人造材料，可以在工业上生产，属于外观设计专利保护的客体，并认为附件1、2的相关图片与本专利不相同也不相近似，附件3的图片不清楚，不能与本专利进行有效对比。

合议组当庭告知，双方当事人当庭已经充分陈述各自的意见，口头审理之后，合议组不再接受双方当事人的任何意见和证据。

口头审理结束之后，专利权人于2007年4月27日提交了意见陈述书，补充了意见陈述。合议组对该意见陈述书不予接受。

在上述工作的基础上，合议组认为本案事实已经清楚，可以依法作出审查决定。

二、决定的理由

根据专利法实施细则第2条第3款的规定，专利法所称外观设计，是指对产品的形状、图案或者其结合以及色彩与形状、图案的结合所作出的富有美感并适于工业应用的新设计。

审查指南第一部分第三章第6.4.1节规定：外观设计是产品的外观设计，其载体应当是产品。不能重复生产的手工艺品、农产品、畜产品、自然物不能作为外观设计的载体。

审查指南第一部分第三章第6.4.3节还列举了不符合专利法实施细则第2条第3款规定而不给予外观设计专利保护的客体的具体情况，其中第（7）条明确规定了以自然物原有形状、图案、色彩作为主体的设计的情况。

本专利的设计是一种树枝灯,其主体部分是由多根树枝扎成的一束干树枝,每根树枝都有分叉,每一根树枝由下端至上端逐步变细,整束树枝呈细长形,几乎整束树枝上缠绕有小灯泡,构成本专利的外观设计。

合议组认为:

(1) 本专利是以干树枝的原有形状作为主体的设计,根据专利法实施细则第2条第3款以及审查指南第一部分第三章6.4节第(7)条的规定,本设计不属于外观设计专利的保护客体。

虽然本专利的简要说明部分以及专利权人的陈述都提及本设计所使用的材料为人造材料,可以在工业上生产,但其外形与天然的树枝别无二致,以这种天然树枝的形状为设计主体的设计不属于外观设计专利的保护客体。

(2) 本专利属于手工艺品,专利权人在2006年12月4日提交的意见陈述书中对此也予以承认。虽然专利权人称本专利能够重复生产,但合议组认为本专利中的树枝灯的生产首先需要捆扎多根枝条,这难以保证手工生产出的每一把树枝都完全一样;其次,树枝上的灯泡是缠绕上去的,同样难以保证生产出的所有产品上灯泡的缠绕方向、位置,以及与树枝相配后的外观完全一样。可见,大批量生产的树枝灯无法保证具有确定的形状、其外观均是完全一致的,因此本专利是不能重复生产的手工艺品。

综上所述,本设计不符合专利法实施细则第2条第3款的规定,不属于外观设计专利保护客体。

在请求人关于在本设计不属于外观设计专利保护客体的无效理由成立的情况下,合议组对专利法第23条的无效理由及相应证据不再进行评述。

三、决定

宣告200430071950.0号外观设计专利权无效。

当事人对本决定不服的,可以根据专利法第46条第2款的规定,自收到本决定之日起三个月内向北京市第一中级人民法院起诉。根据该款的规定,一方当事人起诉后,另一方当事人应当作为第三人参加诉讼。

北京市第一中级人民法院
行政判决书

(2007) 一中行初字第1342号

原告胡建新,男,1968年10月24日出生,汉族,住浙江省奉化市尚田镇葛岙。

委托代理人唐迅,杭州九洲专利事务有限公司专利代理人。

被告国家知识产权局专利复审委员会,住所地北京市海淀区北四环西路9号银谷大厦10~12层。

法定代表人廖涛,副主任。

委托代理人张美菊,女,国家知识产权局专利复审委员会审查员。

委托代理人高雪,女,国家知识产权局专利复审委员会审查员。

第三人杭州弘昌照明电器厂,住所地浙江省杭州市余杭区闲林镇万景村。

法定代表人文良为,厂长。

委托代理人戴晓翔,浙江翔隆律师事务所专利代理人。

原告胡建新不服被告国家知识产权局专利复审委员会第10129号无效宣告请求审查决定(以下简

称第10129号决定），于2007年9月27日向本院提起诉讼。本院受理后，依法组成合议庭并通知被诉具体行政行为的利害关系人杭州弘昌照明电器厂作为第三人参加诉讼。本院于2007年11月9日公开开庭审理了本案原告的委托代理人唐迅，被告的委托代理人张美菊、高雪，第三人的委托代理人戴晓翔到庭参加了诉讼。本案现已审理终结。

2007年6月21日，被告作出第10129号决定，依据《中华人民共和国专利法实施细则》（以下简称《专利法实施细则》）第二条第三款，宣告200430071950.0号外观设计专利权（以下简称本外观设计）无效。

被告在法定的举证期限内向本院提交的证据有：（1）本外观设计专利公告文本；（2）原告于2006年12月4日提交的意见陈述。上述证据用于证明第10129号决定认定事实清楚，适用法律正确、程序合法。

原告诉称：（1）被告对本外观设计的主体认定错误。本外观设计的主体是"灯"，并非树枝，本外观设计所起的作用是照明，在照明的前提下，由于小灯的分布状态带来了极具观赏性的外观整体。分类在落地灯的类别中，是按照落地灯来审查的。本外观设计产品已经形成了工业化生产，规模巨大。在《审查指南》643中规定"以自然物原有形状、图案、色彩作为主体的设计""不给予外观设计专利保护的客体"。而本外观设计是"仿树枝条和其外绕有确定的带电线的小灯"相结合，结合后的主体形状已不是"自然物原有形状"，而是一种灯具，起到照明作用，所以本外观设计符合《审查指南》对外观设计专利保护的"客体"要求；（2）被告认定本外观设计是不能重复生产的手工艺品是错误的。本外观设计是可以重复生产的灯具首先树枝是可以通过模具翻制，所翻制的枝条都是统一的，该事实被告已认同，电线和灯的连接及其灯在枝杂上的位置都是按严格的规范标准要求定位，由此，完全能生产出造型相同或相近似的外观设计。本外观设计是能应用于产业上并形成批量生产的，生产的产品都是适于工业应用的新设计，满足新设计的一般性要求，符合《审查指南》的规定。所以本外观设计完全符合专利法所规定的对产品形状作出的富有美感并适于工业应用的新设计。被告凭自己的想象作出脱离实际的臆断，从而导致错误的认定。综上，请求人民法院撤销作出的第10129号无效宣告请求审查决定，判令被告承担本案诉讼费用。

原告在法定的举证期限内向本院提交的证据有：（1）本外观设计专利公告文本；（2）单只树枝灯实物（作为法院参考，用以说明可以通过模具批量生产）。

被告辩称：本外观设计是一种树枝灯，由多根树枝扎成一束干树枝，每根树枝都有分叉，每一根树枝由下端至上端逐步变细，整束树枝呈细长形，几乎整束树枝上缠绕有小灯泡，构成本专利的外观设计。显而易见，本外观设计的主体是占产品绝大部分的干树枝而非小灯泡。本案中的灯主要起到装饰作用，所以主体应当为树枝，且主体为一种手工艺品，是不能重复生产的。本专利不符合《专利法实施细则》第二条第三款的规定，不属于外观设计保护客体具体理由在第10129号决定已经详述，坚持该决定中的意见。综上，请求法院维持被诉决定。

第三人述称：（1）本专利以自然物作为载体和设计主体，不属于外观专利的保护客体；（2）本专利不具有工业制成品确定的、相同的外观造型，不满足授予专利权的条件；（3）无效审查决定事实清楚，说理清晰，适用法律正确，审查决定正确。原告的起诉没有事实和法律依据。第10129号决定正确无误，依法应予维持。第三人未向法庭提交证据。

在开庭审理中，原告、第三人对被告提交证据的真实性、合法性和关联性无异议。被告、第三人对原告提交的证据1没有异议，同时认为原告提交的实物与申请专利不同，不具有参考作用。

经庭审质证，被告提交的证据及原告提交的证据1与第10129号决定有关联性，且合法、真实，能够证明本案的事实，本院予以采纳。原告提交的实物，与本外观设计公告的图形不相一致，本院不予接收。

根据上述有效证据及各方当事人在庭审中无争议的陈述，本院确认如下事实：

本案涉及申请日为2004年8月24日，授权公告日为2005年6月1日，专利号为200430071950.0的外观设计专利，名称为"树枝灯"，专利权人为胡建新。

针对上述外观设计专利权，第三人于2006年9月7日向被告提出无效宣告请求，其理由是：（1）本专利不属于外观设计专利保护的客体，不符合《专利法实施细则》第二条第三款的规定；（2）本专利申请日之前已有相同造型的产品在公开出版物上公开，因此被比设计不符合《专利法》第二十三条的规定。同时提交了如下附件：附件1：盖有浙江图书馆业务专用章的《HONGKON Genterprise》杂志2003年第10卷复印件；附件2：盖有浙江图书馆业务专用章的《装潢世界》复印件；附件3盖有浙江图书馆业务专用章的《圣诞新年装饰艺术》2003年10月第一版复印件；

经形式审查合格后，被告受理了该无效宣告请求，并将无效宣告请求书和附件转给原告，要求其在指定期限内陈述意见。

原告于2006年12月4日提交了意见陈述书，认为：（1）本外观设计是能够重复生产的手工艺品，符合专利法的规定；（2）附件1是外文资料，没有提交中文译文不能作为证据使用，（3）附件2、3没有公开与本外观设计相同或相近似的产品。

被告定于2007年4月17日举行口头审理，并进行了文件送达和转文口头审理如期举行，双方当事人均出席口头审理。第三人当庭提交了附件1、2、3。原告对附件1、2、3的真实性无异议，但对于附件1、2是否取自浙江图书馆有异议原告认为作为域外证据的附件1，2没有提交公证认证手续，第三人没有提交附件1的中文译文故该附件应视为未提交，附件2的公开日期不能确定。第三人当庭明确其无效理由为：本专利不符合《专利法实施细则》第二条第三款、《专利法》第二十三条的规定。针对《专利法》第二十三条的无效理由，第三人明确使用的图片为：附件1的第104页的左上部的图；附件2的第134、135页上部的图；附件3的第93页左下部的图。原告认为本专利的材料为人造材料，可以在工业上生产，属于外观设计专利保护的客体，并认为附件1、2的相关图片与本专利不相同也不相近似，附件3的图片不清楚，不能与本专利进行有效对比。被告当庭告知，双方当事人当庭已经充分陈述各自的意见，口审之后，被告不再接受双方当事人的任何意见和证据。口头审理结束之后，原告于2007年4月27日提交了意见陈述书，补充了意见陈述。被告对该意见陈述书不予接受。

被告经审查认为：（1）本专利是以干树枝的原有形状作为主体的设计，根据《专利法实施细则》第二条第三款以及审查指南第一部分第三章第6.4节第（7）条的规定，本设计不属于外观设计专利的保护客体。虽然本专利的简要说明部分以及原告的陈述都提及本设计所使用的材料为人造材料，可以在工业上生产，但其外形与天然的树枝别无二致，以这种天然树枝的形状为设计主体的设计不属于外观设计专利的保护客体。（2）本专利属于手工艺品，原告在2006年12月4日提交的意见陈述书中对此也予以承认。虽然原告称本专利能够重复生产，但本专利中的树枝灯的生产首先需要捆扎多根枝条，这难以保证手工生产出的每一把树枝都完全一样；其次，树枝上的灯泡是缠绕上去的，同样难以保证生产出的所有产品上灯泡的缠绕方向、位置、以及与树枝相配后的外观完全一样。可见，大批量生产的树枝灯无法保证具有确定的形状、其外观均是完全一致的，因此本专利是不能重复生产的手工艺品。

综上所述,被告作出第10129号决定。原告不服,向本院提起行政诉讼。

本院认为:《专利法实施细则》第二条第三款规定,专利法所称的外观设计,是指对产品的形状、图案或者其结合以及色彩与形状、图案的结合所作出的富有美感并适用于工业应用的新设计。《审查指南》第一部分第三章第6.4.1节进一步明确,外观设计是产品的外观设计,其载体应当是产品。不能重复生产的手工艺品、农产品、畜产品、自然物不能作为外观设计的载体。《审查指南》第一部分第三章第6.4.3节还列举了不符合《专利法实施细则》第二条第三款规定而不给予外观设计专利保护的客体的具体情况,其中第(7)条明确规定了以自然物原有形状、图案、色彩作为主体的设计的情况。

本案的"树枝灯"专利以自然物的树枝作为载体,且这些由多根单枝集束而成的整束树枝占据主要部分,缠绕附着其上的小彩灯没有改变树枝束本身的外观形状。故本外观设计专利以自然物原有形状为主体和载体,不属于外观设计专利的保护客体。这里的自然物不仅包括自然形成的自然物,也包括人为模仿制成的仿真物。仿真物的造型已经客观存在,不是人为设计出来的,同样不属于外观设计专利保护客体。本外观设计不具有工业制成品确定的、相同的外观造型,由此得到的手工艺制成品不具有确定的、相同的、重复再现的外观造型,不属于外观设计专利的保护客体。尽管原告强调树枝灯的枝条可以通过模具翻制,但该枝条是按照树枝的自然形态仿制的,这样重复生产出来的产品同样不属于外观设计专利保护客体。

综上所述,被告作出的第10129号决定,认定事实清楚,适用法律正确,符合法定程序,本院应予维持;原告认为本外观设计具有授予专利权条件的事实和理由不充分,其诉讼请求本院不予支持。综上所述,依照《中华人民共和国行政诉讼法》第五十四条第(一)项,判决如下:

维持被告国家知识产权局专利复审委员会于二〇〇七年六月二十一日作出的第10129号无效宣告请求审查决定。

案件受理费100元,由原告胡建新负担(已交纳)。

如不服本判决,可在判决书送达之日起15日内,向本院递交上诉状,并按对方当事人的人数提出副本,预交上诉案件受理费100元,上诉于北京市高级人民法院。

审　判　长　饶亚东
审　判　员　刘景文
人民陪审员　谢东伟
二〇〇八年二月一日
书　记　员　李　智
书　记　员　王　涛

北京市高级人民法院
行政判决书

(2008) 高行终字第449号

上诉人（一审原告）胡建新，男，1968年10月24日出生，汉族，住浙江省奉化市尚田镇葛岙。

委托代理人唐迅，杭州九洲专利事务有限公司专利代理人。

被上诉人（一审被告）国家知识产权局专利复审委员会，住所地北京市海淀区北四环西路9号银谷大厦10~12层。

法定代表人廖涛，副主任。

委托代理人詹靖康，男，国家知识产权局专利复审委员会审查员。

委托代理人高雪，女，国家知识产权局专利复审委员会审查员。

被上诉人（一审第三人）杭州弘昌照明电器厂，住所地浙江省杭州市余杭区闲林镇万景村。

法定代表人文良为，厂长。

委托代理人戴晓翔，浙江翔隆律师事务所专利代理人。

上诉人胡建新因专利无效宣告请求审查决定一案，不服北京市第一中级人民法院（2007）一中行初字第1342号行政判决，向本院提起上诉。本院依法组成合议庭进行了审理，现已审理终结。

2007年6月21日，国家知识产权局专利复审委员会（以下简称专利复审委）作出第10129号无效宣告请求审查决定（以下简称第10129号决定），依据《中华人民共和国专利法实施细则》（以下简称《专利法实施细则》）第二条第三款，宣告200430071950.0号外观设计专利权（以下简称本专利）无效。胡建新不服专利复审委作出的第10129号决定，向北京市第一中级人民法院提起行政诉讼。

一审法院判决认定，本案的"树枝灯"专利以自然物的树枝作为载体，且这些由多根单枝集束而成的整束树枝占据主要部分，缠绕附着其上的小彩灯没有改变树枝束本身的外观形状。故本专利以自然物原有形状为主体和载体，不属于外观设计专利的保护客体。这里的自然物不仅包括自然形成的自然物，也包括人为模仿制成的仿真物。仿真物的造型已经客观存在，不是人为设计出来的，同样不属于外观设计专利保护客体。本专利不具有工业制成品确定的、相同的外观造型，由此得到的手工艺制成品不具有确定的、相同的、重复再现的外观造型，不属于外观设计专利的保护客体。尽管胡建新强调树枝灯的枝条可以通过模具翻制，但该枝条是按照树枝的自然形态仿制的，这样重复生产出来的产品同样不属于外观设计专利的保护客体。

综上，专利复审委作出的第10129号决定事实清楚，适用法律正确，符合法定程序。依照《中华人民共和国行政诉讼法》第五十四条第（一）项的规定，判决予以维持。

胡建新不服一审判决，于2008年3月10日提出上诉。诉称，（1）专利复审委对本专利的主体认定错误。本专利的主体是"灯"，并非树枝，本专利所起的作用是照明，在照明的前提下，由于小灯的分布状态带来了极具观赏性的外观整体。分类在落地灯的类别中，是按照落地灯来审查的。本专利产品已经形成了工业化生产，规模巨大。在《审查指南》6.4.3中规定"以自然物原有形状、图案、色彩作为主体的设计""不给予外观设计专利保护的客体"。而本专利是"仿树枝条和其外绕有确定的带电线的小灯"相结合,结合后的主体形状已不是"自然物原有形状",而是一种灯具,起到照明作用,所以本专利符合《审查指南》对外观设计专利保护的"客体"要求。(2)专利复审委认定本专利是不能重复生产的手工艺品是错误的。本专利是可以重复生产的灯具。首先树枝是可以通过模具翻制,所翻制的枝条都是统一的,该事实专利复审委已认同,电线和灯的连接及其灯在枝条上的位置都是按严格的规范标准要求定位,由此,完全能生产出造型相同或相近似的外观设计。本专利是能应用于产业上并形成批量生产的,生产的产品都是适于工业应用的新设计,满足新设计的一般性要求,符合《审查指南》的规定。所以本专利完全符合《专利法》所规定的对产品形状作出的富有美感并适于工业应用的新设计。专利复审委凭自己的想象作出脱离实际的臆断,从而导致错误的认定。综上,一审法院判决认定事实不清,适用法律错误,请求二审法院撤销一审判决,并依法改判。

被上诉人专利复审委辩称,本专利是一种树枝灯,由多根树枝扎成一束干树枝,每根树枝都有分叉,每一根树枝由下端至上端逐步变细,整束树枝呈细长形,几乎整束树枝上缠绕有小灯泡,构成本专利的外观设计。显而易见,本专利的主体是占产品绝大部分的干树枝而非小灯泡。本案中的灯主要起到装饰作用,所以主体应当为树枝,且主体为一种手工艺品,是不能重复生产的。本专利不符合《专利法实施细则》第二条第三款的规定,不属于外观设计保护客体。具体理由在第10129号决定已经详述,坚持该决定中的意见。综上,一审法院判决认定事实清楚,适用法律正确,请求二审法院驳回上诉,维持一审判决。

被上诉人杭州弘昌照明电器厂(以下简称弘昌电器厂)同意专利复审委的意见。

本案一审审理期间,专利复审委在法定期限内向一审法院提交了以下主要证据:(1)本专利专利公告文本;(2)胡建新于2006年12月4日提交的意见陈述。

胡建新向一审法院提交了以下主要证据:(1)本专利公告文本;(2)单只树枝灯实物。

弘昌电器厂未向一审法院提交证据。

一审法院经审查认为,专利复审委提交的证据及胡建新提交的证据1与第10129号决定有关联性,且合法、真实,能够证明本案的事实,予以采纳。胡建新提交的实物,与本专利公告的图形不相一致,不予接纳。

上述证据均已随案移送本院。二审期间,各方当事人没有提交新的证据。经审查核实,本院确认一审法院认证意见正确,并据此认定本案如下事实:

本外观设计专利的名称为"树枝灯",申请日为2004年8月24日,授权公告日为2005年6月1日,专利号为200430071950.0,专利权人为胡建新。

2006年9月7日,弘昌电器厂针对本专利向专利复审委提出无效宣告请求,其理由是:(1)本专利不属于外观设计专利保护的客体,不符合《专利法实施细则》第二条第三款的规定;(2)本专利申请日之前已有相同造型的产品在公开出版物上公开,因此被比设计不符合《专利法》第二十三条的规定。同时提交了如下附件:附件1:盖有浙江图书馆业务专用章的《HONGKONG enterprise》杂志2003年第10卷复印件;附件2:盖有浙江图书馆业务专用章的《装潢世界》复印件;附件3:盖有浙江图书馆业务专用章的《圣诞·新年装饰艺术》2003年10月第一版复印件。

经形式审查合格后,专利复审委受理了该无效宣告请求,并将无效宣告请求书和附件转给胡建新,要求其在指定期限内陈述意见。

2006年12月4日,胡建新提交了意见陈述书,认为:(1)本专利是能够重复生产的手工艺品,符合专利法的规定;(2)附件1是外文资料,没有提交中文译文不能作为证据使用;(3)附件2、3

没有公开与本专利相同或相近似的产品。

专利复审委定于2007年4月17日举行口头审理,并进行了文件送达和转文。口头审理如期举行,双方当事人均出席口头审理。弘昌电器厂当庭提交了附件1、2、3。胡建新对附件1、2、3的真实性无异议,但对于附件1、2是否取自浙江图书馆有异议。胡建新认为作为域外证据的附件1、2没有提交公证认证手续,弘昌电器厂没有提交附件1的中文译文故该附件应视为未提交,附件2的公开日期不能确定。弘昌电器厂当庭明确其无效理由为:本专利不符合《专利法实施细则》第二条第三款、《专利法》第二十三条的规定。针对《专利法》第二十三条的无效理由,弘昌电器厂明确使用的图片为:附件1的第104页的左上部的图;附件2的第134、135页上部的图;附件3的第93页左下部的图。胡建新认为本专利的材料为人造材料,可以在工业上生产,属于外观设计专利保护的客体,并认为附件1、2的相关图片与本专利不相同也不相近似,附件3的图片不清楚,不能与本专利进行有效对比。专利复审委当庭告知,双方当事人当庭已经充分陈述各自的意见,口头审理之后,专利复审委不再接受双方当事人的任何意见和证据。口头审理结束之后,胡建新于2007年4月27日提交了意见陈述书,补充了意见陈述。专利复审委对该意见陈述书不予接受。

2007年6月21日,专利复审委作出第10129号决定,宣告本专利无效。主要理由是,(1)本专利是以干树枝的原有形状作为主体的设计,根据《专利法实施细则》第二条第三款以及审查指南第一部分第三章6.4节第(7)条的规定,本设计不属于外观设计专利的保护客体。虽然本专利的简要说明部分以及胡建新的陈述都提及本设计所使用的材料为人造材料,可以在工业上生产,但其外形与天然的树枝别无二致,以这种天然树枝的形状为设计主体的设计不属于外观设计专利的保护客体。(2)本专利属于手工艺品,胡建新在2006年12月4日提交的意见陈述书中对此也予以承认。虽然胡建新称本专利能够重复生产,但本专利中的树枝灯的生产首先需要捆扎多根枝条,这难以保证手工生产出的每一把树枝都完全一样。其次,树枝上的灯泡是缠绕上去的,同样难以保证生产出的所有产品上灯泡的缠绕方向、位置、以及与树枝相配后的外观完全一样。可见,大批量生产的树枝灯无法保证具有确定的形状、其外观均是完全一致的,因此本专利是不能重复生产的手工艺品。

胡建新不服上述审查决定,向北京市第一中级人民法院提起行政诉讼。

本院认为,对于外观设计专利,《专利法实施细则》第二条第三款作出了明确的规定,即专利法所称的外观设计,是指对产品的形状、图案或者其结合以及色彩与形状、图案的结合所作出的富有美感并适用于工业应用的新设计。《审查指南》第一部分第三章第6.4.1节进一步明确,外观设计是产品的外观设计,其载体应当是产品。不能重复生产的手工艺品、农产品、畜产品、自然物不能作为外观设计的载体。

《审查指南》第一部分第三章第6.4.3节还列举了不符合《专利法实施细则》第二条第三款规定而不给予外观设计专利保护的客体的具体情况,其中第(7)条明确规定了以自然物原有形状、图案、色彩作为主体的设计的情况。

根据上述法律规定,结合本案的具体情况进行分析,本案的"树枝灯"专利以自然物的树枝作为载体,且这些由多根单枝集束而成的整束树枝占据主要部分,缠绕附着其上的小彩灯没有改变树枝束本身的外观形状。故本专利以自然物原有形状为主体和载体,不属于外观设计专利的保护客体。这里的自然物不仅包括自然形成的自然物,也包括人为模仿制成的仿真物。仿真物的造型已经客观存在,不是人为设计出来的,同样不属于外观设计专利保护客体。本专利不具有工业制成品确定的、相同的外观造型,由此得到的手工艺制成品不具有确定的、相同的、重复再现的外观造型,不属于外观设计专利的保护客体。尽管胡建新强调树枝灯的枝条可以通过模具翻制，但该枝条是按照树枝的自然形态仿制的，这样重复生产出来的产品同样不属于外观设计专利保护的客体。据此，专利复审委对本案作出的本专利不符合《专利法实施细则》第二条第三款规定的认定，事实清楚，适用法律正确，程序合法。上诉人胡建新认为本专利符合授予专利权条件的诉讼主张缺乏法律依据，其诉讼请求本院不予支持。

综上，专利复审委作出的第10129号决定宣告200430071950.0号外观设计专利权无效合法，一审法院判决维持正确。依据《中华人民共和国行政诉讼法》第六十一条第（一）项的规定，判决如下：

驳回上诉，维持一审判决。

二审案件受理费人民币100元，由上诉人胡建新负担（已交纳）。

本判决为终审判决。

审　判　长　朱世宽
代理审判员　赵宇晖
代理审判员　朱海宏
二〇〇八年八月十九日
书　记　员　张　怡

涂改笔

无效宣告请求审查决定（第 10131 号）

决　定　号	第 10131 号
决　定　日	2007 年 4 月 29 日
发明创造名称	涂改笔
外观设计分类	19-02
无效宣告请求人	上海乐美文具有限公司
专　利　权　人	三菱铅笔株式会社
专　利　号	03309270.2
申　请　日	2003 年 5 月 12 日
授权公告日	2004 年 3 月 31 日
合议组组长	钟　华
主　审　员	张　琳
参　审　员	李　阳
附　　　图	4 页

法　律　依　据　专利法第 23 条
决　定　要　点
　　如果一般消费者经过对本专利与在先设计的整体观察可以看出，二者的差别对于产品外观设计的整体视觉效果具有显著的影响，则本专利与在先设计不相同且不相近似。

一、案由

本无效宣告请求涉及的是国家知识产权局于 2004 年 3 月 31 日授权公告的 03309270.2 号外观设计专利，使用该外观设计的产品名称为"涂改笔"，申请日为 2003 年 5 月 12 日，专利权人是三菱铅笔株式会社。

针对上述专利权（下称本专利），上海乐美文具有限公司（下称请求人）于 2006 年 4 月 25 日向专利复审委员会提出无效宣告请求，其依据的事实和理由是：本专利与附件 1 属于相近似的外观设计，故本专利不符合专利法第 23 条的规定。请求人提交了如下附件作为证据使用：

附件 1：专利号为 ZL00300093.1 的中国外观设计专利。

请求人认为整体观察本专利和附件 1 外观设计时，附件 1 笔身与本专利均为细长圆柱状，笔夹均为圆滑过渡，笔夹长度均占笔长度 1/3，笔尖均为倒圆台状，而且从握持部均能观察到螺旋形状，本专利外观设计与附件 1 的外观设计在整体具有相似的视觉效果，属于近似的外观设计。

经形式审查合格，专利复审委员会受理了无效宣告请求，并于2006年4月28日向双方当事人发出无效宣告请求受理通知书，同时将无效宣告请求书及其附件的副本转送给专利权人，要求其在指定期限内陈述意见。

请求人于2006年5月24日提交了意见陈述书，补充了如下附件作为证据使用（序号延上）：

附件2：专利号为ZL99322119.X的中国外观设计专利；

附件3：Des.188576的美国外观设计专利；

附件4：STATIONNERY CHENG LU（2000-B刊）杂志封面、第3页的复印件。

附件5：Gifts Houseware（2000年9月第5卷）杂志封面、201页、358页的复印件。

请求人指出本专利与附件2~5均属于同一类产品，在将本专利与附件2~5分别经过单独对比之后，认为本专利与附件2~5属于相近似的外观设计，不符合专利法第23条的规定。

针对请求人的无效宣告请求，专利权人于2006年6月13日提交了意见陈述书，认为本专利与附件1的外观设计在整体造型上不相同也不相近似。

专利复审委员会于2007年1月11日向双方当事人发出了口头审理通知书，定于2007年3月14日对本案进行口头审理，同时随口头审理通知书将请求人于2006年5月24日提交的意见陈述书转交给专利权人、将专利权人于2006年6月13日提交的意见陈述书转交给请求人。

专利复审委员会于2007年1月24日向双方当事人发出口头审理通知书，将口审日期由原定的2007年3月14日改为2007年3月27日。

口头审理于2007年3月27日如期进行。双方当事人均出席了口头审理，对合议组成员无回避请求，对对方出庭人员身份无异议。请求人明确放弃附件4、5的使用，使用附件2作为最接近的对比文件与本专利进行相近似性比较。专利权人对附件1~3的真实性无异议。双方当事人在此基础上充分陈述了各自的理由。

在双方当事人意见陈述及口头审理的基础上，合议组经合议，认为本案事实清楚，依法作出本审查决定。

二、决定的理由

1. 关于证据

附件1为专利号00300093.1的中国外观设计专利，授权公告日为2000年8月2日；附件2为专利号99322119.X的中国外观设计专利，授权公告日为1999年9月22日；附件3为Des.188576的美国外观设计专利，公开日为1960年8月9日。附件1、2以及附件3均早于本专利申请日2003年5月12日，且附件1~3外观设计与本专利外观设计涉及产品用途相同，属于相同类别的产品，具有可比性。

2. 法律依据

基于请求人提出无效宣告请求所依据的对比文件1~3，合议组对本专利是否符合专利法第23条的规定进行审查。

专利法第23条规定，授予专利的外观设计，应当同申请日以前在国内外出版物上公开发表过或者国内公开使用过的外观设计不相同和不相近似，并不得与他人在先取得的合法权利相冲突。

3. 外观设计相近似性的认定

本专利"涂改笔"公告有线条绘制图片的10幅视图（主视图、后视图、左视图、右视图、俯视图、仰视图、立体图、使用状态图、透明部分参考图、A-A放大剖面图）。从主视图看，该涂改笔从上而下包括：按压部、带有笔夹的笔身、握持部、笔尖构成。从主视图看，按压部由透明半球体、比笔身略细的圆柱体构成；笔身呈圆柱体，其上端设有柳叶状笔夹；握持部整体呈圆柱体，且透明，从外部可以看见内部的笔芯和弹簧，同时在透明部分下端设有凹点，握持部底端略收拢。从主视图、左视图、右视图看，所述笔夹为长椭圆形环状片，笔夹上端与笔身的连接处有一小的实心椭圆体（详见本专利附图）。

附件1（下称在先设计1）"伸缩式圆珠笔"公告有线条绘制图片的6幅视图（主视图、后视图、左视图、右视图、俯视图、仰视图）。从主视图看，该笔从上而下包括：带笔夹的笔帽、笔身、握持部、笔尖。从主视图、左视图、右视图看，笔夹在笔帽上，形状为片状的长条板；笔身整体成圆柱状、一侧为平面，该平面下端有一长条状突起；握持部带有多个密集平行排列的环形；笔尖呈倒锥体（详见在先设计1附图）。

附件2（下称在先设计2）"圆珠笔（AA99-3J）"公告有线条绘制图片的9幅视图（主视图、后视图、左视图、右视图、俯视图、仰视图、立体图、2幅剖视图）。从主视图、左视图、右视图看，该笔笔夹顶端有4个条状豁口的顶部，在豁口内各有一个突起作为按压部，其中一个豁口内的突起连接一条形的板状形笔夹；笔夹为片状的长条板；呈圆柱体的笔身；底端收拢的呈近似圆锥体的握持部（详见在先设计2附图）。

附件3（下称在先设计3）公告有线条绘制图片的5幅视图（主视图、右视图、仰视图、俯视图、立体图）。从主视图、右视图看，该笔包括呈圆台状的按压部；整体呈倒圆锥体的笔身，按压部和笔身连接位置上设置有一笔夹；所述笔夹为近似倒三角形（详见在先设计3附图）。

将本专利与在先设计1比较，二者相似之处在于：本专利与在先设计1的笔身大体均呈圆柱体，笔身上端均有笔夹。二者区别在于：（1）二者上端不同。本专利从主视图看，上端的按压部由顶端透明半球体、比笔身略细的圆柱体构成，而在先设计1从主视图上看，上端的笔帽呈圆台形、带有笔夹。（2）二者笔夹位置和形状不同。本专利从主视图、左视图、右视图看，笔夹位置在笔身上端，不在其上面的按压部，且形状为柳叶状。而在先设计1从主视图、左视图、右视图看，笔夹设置在按压部上，形状为板状。（3）二者笔身形状不同。本专利从主视图看，笔身为光滑的圆柱体。而在先设计1从主视图看，笔身为侧面带有一个平面的圆柱体，且平面下端有个突起。（4）二者握持部外观不同。本专利从主视图看，握持部为带有凹点的透明圆柱体，可以看到内部的笔芯和弹簧。而在先设计1从主视图看，握持部由密集平行排列的环形体构成。（5）二者笔尖形状不同。本专利笔尖部分由握持部在底端收拢而成，而在先设计1的笔尖呈倒锥体。对于一般消费者而言，以上的区别对产品外观设计的整体视觉效果具有显著的影响，本专利整体给人感觉圆润、明快，在先设计1给人感觉简约，故两外观不相同也不相近似。

将本专利与在先设计2比较，二者的相似之处在于：二者的笔身均呈圆柱体，且握持部底端均收拢。二者的区别之处在于：（1）二者笔按压部不同。本专利从主视图看，按压部由顶端透明半球体、比笔身略细的圆柱体构成。而在先设计2从主视图看，笔的顶端有4个条状豁口的顶部，在其中的三个豁口内各有一个突起作为按压部。（2）二者笔夹形状不同。本专利从主视图、左视图、右视图看，笔夹为长椭圆形环状片，笔夹上端与笔身的连接处有一小的实心椭圆体。在先设计2从主视图、左视图、右视图看，笔夹是其中一个按压部伸出的一个条形板。（3）二者握持部不同。本专利从主视图看，握持部整体呈透明的圆柱体，可以看见内部的笔芯和弹簧，同时在透明部分下端设有凹点。而在先设计2从主视图看，握持部为光滑的底端收拢的近似圆锥体，不能看见内部结构形状。对于一般消费者而言，以上的区别对产品外观设计的整体视觉效果具有显著的影响，本专利整体给人感觉圆润、明快，在先设计2整体给人感觉浑圆粗重，故两个外观设计不相同且不相近似。

将本专利与在先设计3公开的笔的外观相比较，二者相似之处在于，两者笔身顶端均有按压部、笔身上半部分均有笔夹。二者区别在于：（1）二者按压部形状不同。本专利从主视图看，按压部由顶端透明半球体、比笔身略细的圆柱体构成。在先设计3从主视图看，笔按压部呈圆台状。（2）二者笔身、握持部形成的形状不同。本专利从主视图看，笔身和握持部整体形成圆柱体，而在先设计3从主视图看，笔身和握持部整体形成倒锥体。（3）二者握持部不同。本专利从主视图看，握持部能看到内部的笔芯和弹簧结构。而在先设计3从主视图看，其握持部不可见内部结构。对于一般消费者而言，以上的区别对产品外观设计的整体视觉效果具有显著的影响，本专利整体给人感觉圆润、明快，而在先设计3的笔整体给人感觉锋利，故两个外观设计不相同且不相近似。

4. 结论

综上所述，一般消费者经过分别对本专利外观设计与各在先设计整体观察可以看出，二者的差别对于产品外观设计的整体视觉效果具有显著影响，本专利与在先设计1~3均属于不相同且不相近似的外观设计，因此，在先设计1~3不能证明本专利不符合专利法第23条的规定。

三、决定

维持03309270.2号外观设计专利权有效。

当事人对本决定不服的，可以根据专利法第46条第2款的规定，自收到本决定之日起三个月内向北京市第一中级人民法院起诉。根据该款的规定，一方当事人起诉后，另一方当事人应当作为第三人参加诉讼。

俯视图

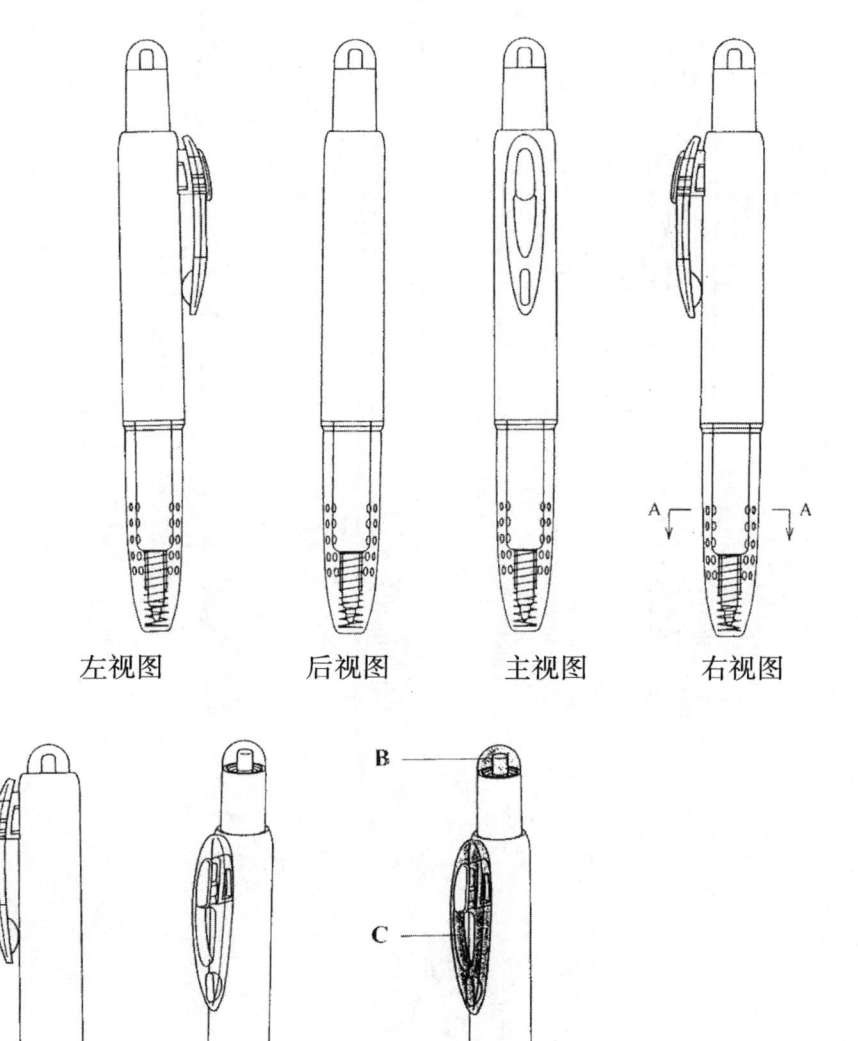

左视图　　后视图　　主视图　　右视图

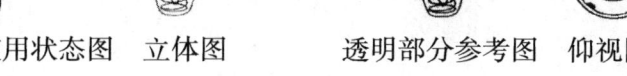

使用状态图　　立体图　　透明部分参考图　　仰视图　　A-A放大剖面图

本专利（03309270.2）附图

俯视图

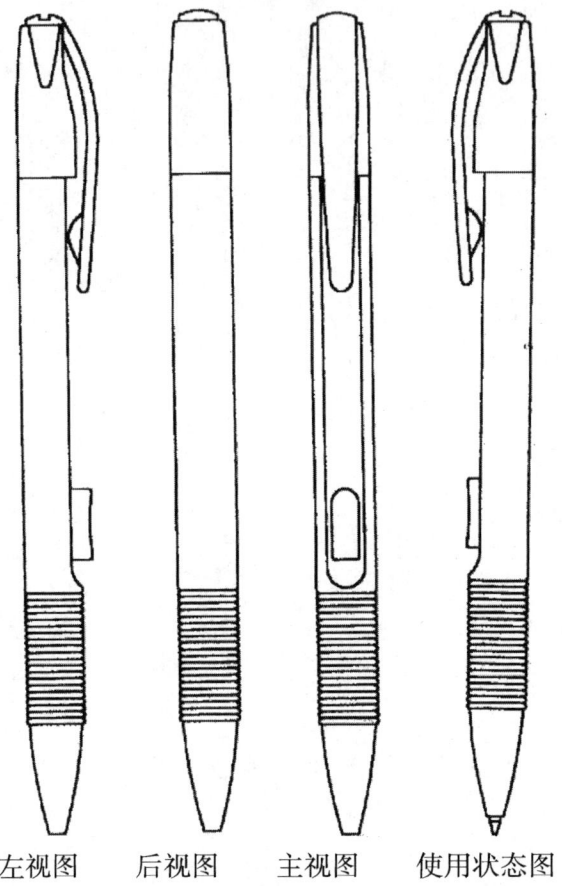

左视图　　后视图　　主视图　　使用状态图

仰视图

在先设计1（00300093.1）附图

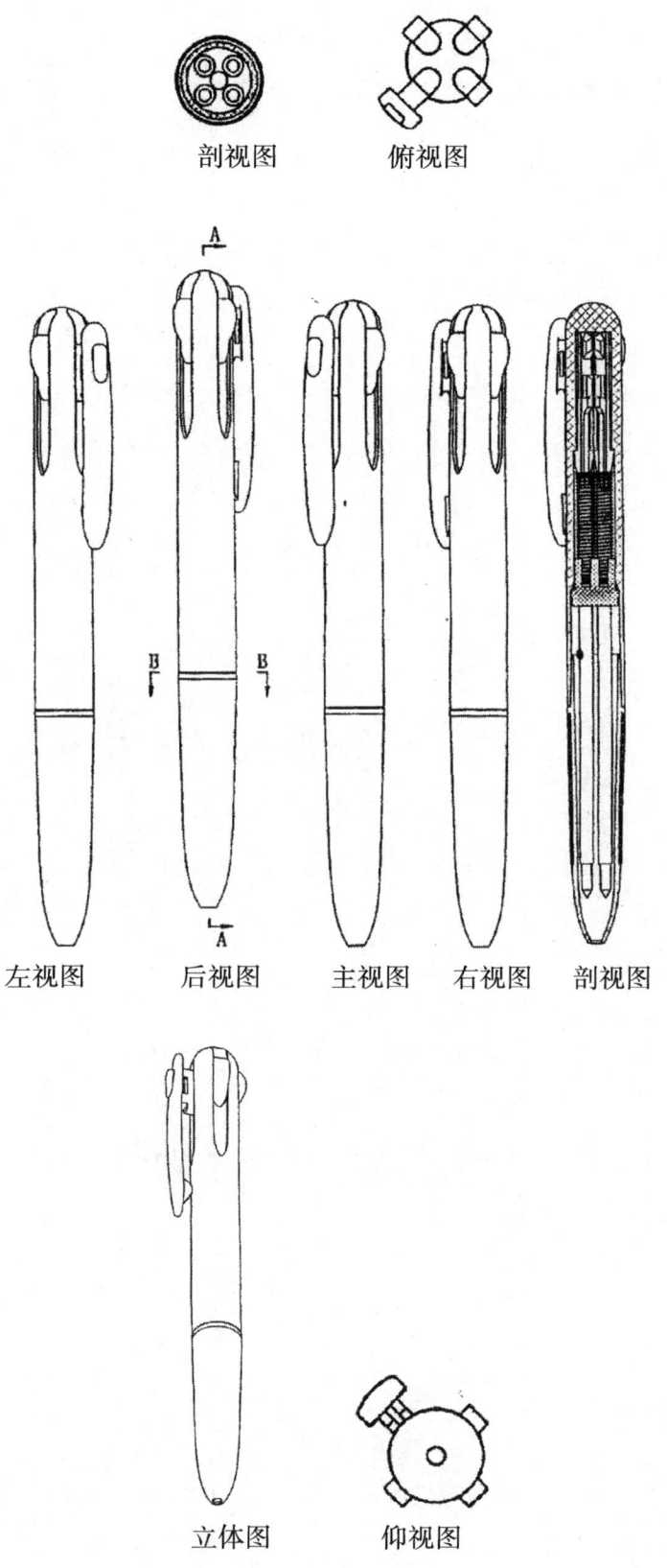

在先设计2（99322119.X）附图

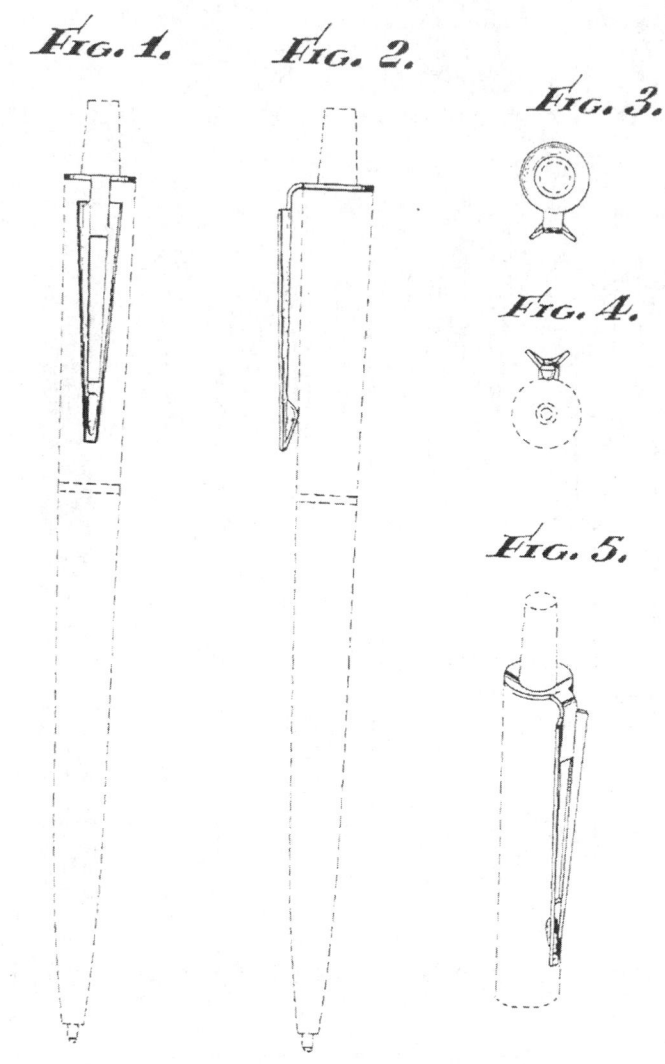

在先设计3（USDes. 188576）附图

竹手袋（斜边折叠）

无效宣告请求审查决定（第 10132 号）

决 定 号	第 10132 号
决 定 日	2007 年 6 月 22 日
发明创造名称	竹手袋（斜边折叠）
外观设计分类号	03-01
无效宣告请求人	宾士阶
专 利 权 人	刘 洁
专 利 号	200530032453.4
申 请 日	2005 年 12 月 29 日
授权公告日	2006 年 12 月 20 日
合议组组长	钟 华
主 审 员	张 霞
参 审 员	乔东峰
附 图	2 页

法 律 依 据 专利法第 23 条，专利法实施细则第 13 条第 1 款

决 定 要 点

本专利与请求人提交的同日申请的外观设计不相同也不相近似，因此不属于相同的发明创造，且请求人所提交的其他证据不能证明在本专利申请日之前已有相同或相近似的外观设计在国内外出版物上公开发表过或在国内公开使用过，因此请求人提交的证据不能支持其主张，其无效宣告请求的理由不成立。

一、案由

本无效宣告请求涉及国家知识产权局于 2006 年 12 月 20 日授权公告的、名称为"竹手袋（斜边折叠）"的 200530032453.4 号外观设计专利（下称本专利），其申请日是 2005 年 12 月 29 日，专利权人是刘洁。

针对上述专利权，宾士阶（下称请求人）于 2006 年 12 月 28 日向专利复审委员会提出了无效宣告请求，理由是本专利不符合专利法第 23 条以及专利法实施细则第 13 条第 1 款的规定，并提交了如下附件作为证据：

附件 1：国家知识产权局网上下载的专利号为 200530032454.9 的外观设计专利图片及著录信息一页；

附件2：《2005年秋季中国（广州）编织工艺展览会》会刊封面及第54页的复印件共两页，其封面标注有Oct. 21-30. 2005；

附件3：请求人声称为"广西博白县广达工艺编织厂"参加"2005年秋季中国（广州）编织工艺展览会"展台照片的数码照片打印件两页。

请求人认为：本专利与200530032454.9号外观设计专利属于同样的发明创造，因此不符合专利法实施细则第13条第1款的规定；本专利与附件2、3所分别公开的外观设计相同或相近似，因此不符合专利法第23条的规定。

经形式审查合格后，专利复审委员会受理了该无效宣告请求，于2007年2月12日向双方当事人发出了无效宣告请求受理通知书，并将无效宣告请求书及其附件副本转给了专利权人。

2007年3月17日，专利权人针对无效宣告请求书提交意见陈述，认为：中国（广州）秋交会属于国家政府主办的国际展览会，本专利在该会上首次展出，符合专利法第24条的规定，专利权有效。

专利复审委员会依法成立合议组对本案进行审理，合议组于2007年5月9日向双方当事人发出了口头审理通知书，定于2007年6月19日在专利复审委员会举行口头审理，并随通知书将专利权人于2007年3月17日提交的意见陈述书转给了请求人。

专利权人于2007年5月25日再次提交了意见陈述书，陈述了与请求人之间的专利纠纷，并以本专利的授予外观设计专利权及办理登记手续通知书、专利申请受理通知书、外观设计专利证书、外观设计专利公报以及专利权人的身份证复印件为佐证，认为本专利的授予专利权程序合法，实体合法，应受到法律保护。同时，专利权人提交回执称不能参加口头审理。

口头审理如期举行，请求人出席了本次口头审理，专利权人未出席口头审理。请求人对合议组成员没有回避请求。请求人明确在无效宣告请求书的第1页"依据的证据"部分中所提及的"会刊第53页"应该是"会刊第54页"。同时请求人明确附件3共有2页证据材料。请求人明确表示无效理由为：本专利不符合专利法第23条、专利法实施细则第13条第1款的规定。具体为：附件1用于证明本专利不符合专利法实施细则第13条第1款的规定；附件2单独使用以证明与本专利相近似的外观设计在展览会上公开出版和公开使用，附件2结合附件3证明与本专利相近似的外观设计在展览会上已被公开使用，本专利不符合专利法第23条的规定。针对专利权人于2007年3月17日提交的意见陈述，请求人认为本专利不适用专利法第24条的规定，该条款应该是针对申请人自己的公开展览，而不是别人产品的展出，因此不能否定附件2、3所证明的事实。合议组当庭将专利权人于2007年5月25日提交的意见陈述书及相关附件的复印件转给请求人，请求人认为上述意见陈述书及其附件与本案无关，表示口审之后不再对上述内容陈述相关意见。合议组告知口审之后不再接受请求人的任何意见陈述及证据材料。

在上述工作的基础上，合议组认为本案事实已经清楚，可以依法作出本无效宣告请求审查决定。

二、决定的理由

1. 法律依据

专利法第23条规定："授予专利权的外观设计，应当同申请日以前在国内外出版物上公开发表过或者国内公开使用过的外观设计不相同和不相近似，并不得与他人在先取得的合法权利相冲突。"

专利法实施细则第13条第1款规定："同样的发明创造只能被授予一项专利。"

审查指南第一部分第三章第6.5.1节规定："同样的外观设计是指两项外观设计相同或者相近似。"

2. 关于证据

附件1是国家知识产权局网上下载的专利号为200530032454.9的外观设计专利图片及著录信息一页，经合议组核实，该证据内容真实，该外观设计专利公报的申请日为2005年12月29日，专利权人是刘洁，附件1的申请日与本专利相同，因此适用于对本专利是否符合专利法实施细则第13条第1款的规定的判断。

附件2是《2005年秋季中国（广州）编织工艺展览会》会刊封面及第54页复印件共两页，经合议组核实，该附件与原件内容一致。请求人提出该会刊是在2005年10月21~30日召开的2005年秋季中国（广州）编织工艺展览会上免费发放的，参观的人可以任意获得，专利权人在2007年3月17日以及2007年5月25日提交的意见陈述中均未对附件2的真实性及公开日期发表意见，合议组认为在没有相关证据足以推翻附件2的真实性的情况下，附件2可以作为在先公开、在先使用的证据。

附件3是请求人声称为"广西博白县广达工艺编织厂"参加"2005年秋季中国（广州）编织工艺展览会"展台照片的数码照片打印件两页，在该附件的第一页中虽然可以看到展台上方有"广西博白广达工艺编织厂"的字样，但是该类证据形成随意，其产生的日期及内容的真实性无法确定，因此附件3不能作为本案的定案依据。

3. 关于专利法实施细则第13条第1款

附件1与本专利的分类号均为03-01，均属于竹手袋，为相同种类的产品，可以进行对比。

本专利是一种竹手袋，没有请求保护色彩。本专利公报共8幅视图，即俯视图、仰视图、右视图、左视图、主视图、立体图、后视图和折叠状态图。如图所示，该竹手袋袋体前后对称，前、后面大体呈梯形，底部为矩形，前、后面和底面一体形成，横向排布有细竹条，竹面上设置有五条纵向编织线，其前、后面的纵向编织线中部三条垂直于竹条，两侧的纵向编织线分别与两侧梯形边斜向平行，手袋上方设有半圆形提手，提手下侧与袋体连接处装饰有"X"形连接线，袋体前、后面上侧位于提手中央的部位分设有搭扣，袋体内侧衬布上遍布有环形图案（详见本专利附图）。

附件1也是一种竹手袋，共8幅视图，即仰视图、俯视图、后视图、左视图、右视图、主视图、立体图和变化状态图。如图所示，该竹手袋袋体前后对称，前、后面和底面均为矩形，前、后面和底面一体形成，横向排布有细竹条，竹面上设置有五条纵向编织线，该编织线与竹条相互垂直，手袋上方设有半圆形提手，提手下侧与袋体连接处装饰有"X"形连接线，袋体前、后面上侧位于提手中央的部位分设有搭扣，袋体内侧衬布上无图案（详见附件1附图）。

将本专利与附件1所示的竹手袋进行比较，二者袋体前后对称，底面均为矩形，前、后面和底面一体形成，横向排布有细竹条，竹面上设置有五条纵向编织线，手袋上方设有半圆形提手，提手下侧与袋体连接处装饰有"X"形连接线，袋体前、后面上侧位于提手中央的部位分设有搭扣。二者不同之处在于：本专利袋体前、后面大体呈梯形，附件1前、后面为矩形；本专利前、后面纵向编织线中部三条垂直于竹条，两侧的纵向编织线分别与两侧梯形边斜向平行，附件1五条纵向编织线均与竹条相互垂直；本专利袋体内侧衬布上遍布有环形图案，附件1袋体内侧衬布上无图案。对此，合议组认为，本专利与附件1的袋体形状分别为梯形和矩形，形状差别明显，袋体内侧衬布的图案差异明显，同时二者还存在袋体上的编织线的差异，上述差别对于产品的外观设计的整体视觉效果具有显著的影响，一般消费者能够明显区分上述两个产品，因此，本专利与附件1所记载的外观设计是不相同且不相近似的，二者不属于同样的发明创造，附件1不能证明本专利不符合专利法实施细则第13条第1款的规定。

4. 关于专利法第23条

（1）请求人对附件2单独使用以证明与本专利相近似的外观设计在展览会上公开出版和公开使用，因而本专利不符合专利法第23条的规定。

附件2所示产品与本专利均为竹手袋，为相同种类的产品，可以进行对比。

附件2（下称在先设计1）是一种竹手袋，如第54页左上角附图所示，该竹手袋袋体前后对称，前、后面和底面均为矩形，前、后面和底面一体形成，横向排布有细竹条，竹面上设置有四条纵向编织线，该编织线与竹条相互垂直，手袋上方设有半圆形提手，提手下侧与袋体连接处装饰有"X"形连接线，袋体内侧衬布上有条状图案（详见在先设计1附图）。

将本专利与在先设计1所示的竹手袋进行比较，二者袋体前后对称，底面均为矩形，前、后面和底面一体形成，横向排布有细竹条，竹面上设置有纵向编织线，手袋上方设有半圆形提手，提手下侧与袋体连接处装饰有"X"形连接线。二者不同之处在于：本专利袋体前、后面大体呈梯形，在先设计1前、后面为矩形；本专利袋体前、后面上侧位于提手中央的部位分设有搭扣，在先设计1没有；本专利前、后面纵向编织线中部三条垂直于竹条，两侧的纵向编织线分别与两侧梯形边斜向平行，在先设计1四条纵向编织线均与竹条相互垂直；本专利袋体内侧衬布上遍布有环形图案，在先设计1袋体内侧衬布上有条状图案。对此，合议组认为，本专利与在先设计1的袋体形状分别为梯形和矩形，本专利袋体前、后面上侧位于提手中央的部位分设有搭扣，而在先设计1没有，同时二者还存在袋体内侧衬布的图案的差异以及袋体上的编织线的差异，上述差别对于产品的外观设计的整体视觉效果具有显著的影响，一般消费者能够明显区分上述两个产品，因此，本专利与在先设计1所公开的外观设计是不相同且不相近似的，不能证明在本专利申请日之前已有相同或相近似的外观设计在国内外出版物上公开发表过或者在国内公开使用过。

（2）请求人使用附件2结合附件3证明与本专利相近似的外观设计在展览会上已被公开使用，本专利不符合专利法第23条的规定。

如前所述，附件3不能作为本案的定案依据，因此附件3不能和附件2结合证明附件3照片中所拍摄的产品已经在2005年秋季中国（广州）编织工艺展览会上公开展览。

综上所述，请求人提交的所有证据均不能支持其主张，故其无效宣告请求不成立。

三、决定

维持200530032453.4号外观设计专利权有效。

当事人对本决定不服的，可以根据专利法第46条第2款的规定，自收到本决定之日起三个月内向北京市第一中级人民法院起诉。根据该款的规定，一方当事人起诉后，另一方当事人应当作为第三人参加诉讼。

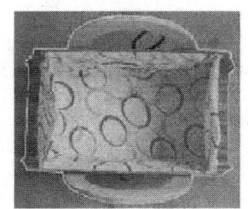
俯视图

后视图

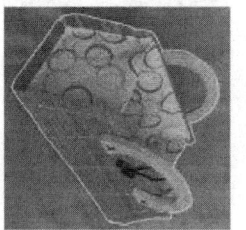
立体图

仰视图

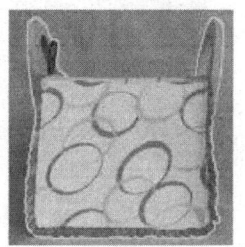
右视图

折叠状态图

主视图

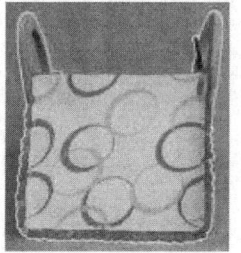
左视图

本专利附图

变化状态图

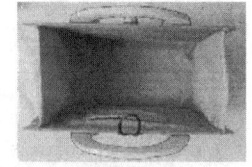
俯视图（放大）

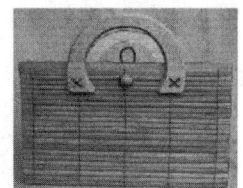
后视图

立体图

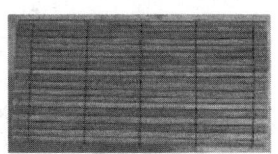
仰视图

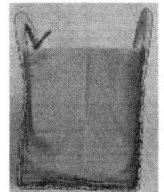
右视图

主视图

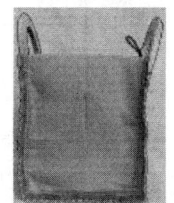
左视图

附件1附图

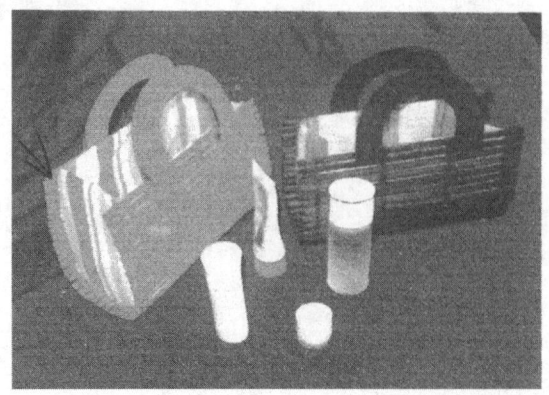
在先设计1附图

散热器片头（竖搭式）

无效宣告请求审查决定（第10133号）

决 定 号	第10133号
决 定 日	2007年6月22日
发明创造名称	散热器片头（竖搭式）
外观设计分类号	23-03
无效宣告请求人	天津市天驰铁路物资供应有限公司
专 利 权 人	付玉江
专 利 号	200330105408.8
申 请 日	2003年10月8日
授权公告日	2004年5月26日
合议组组长	张跃平
主 审 员	吴赤兵
参 审 员	李巍巍
附 图	2页

法 律 依 据 专利法第9条，专利法实施细则第2条第3款

决 定 要 点

本专利"散热器片头"是散热器行业中的零部件产品，可以进行工业化大批量生产，属于专利法意义上的外观设计产品。

本专利与在先申请并在后授权公告的外观设计相比较，两者是不相近似的外观设计，不属于同样的发明创造，因此，本专利符合专利法第9条的规定。

一、案由

本无效宣告请求涉及的是国家知识产权局于2004年5月26日授权公告的，名称为"散热器片头（竖搭式）"的外观设计专利（下称本专利），其申请号是200330105408.8，申请日是2003年10月8日，专利权人是付玉江。

针对上述专利权，天津市天驰铁路物资供应有限公司（下称请求人）于2006年8月24日向专利复审委员会提出无效宣告请求，其理由是：本专利与在先申请在后公开的外观设计专利相近似，不符合专利法第9条的规定。与此同时，请求人提交了如下附件作为证据：

附件1：国家知识产权局网站下载的专利号03337660.3的外观设计专利文件7页（复印件）。

经形式审查合格，专利复审委员会2006年10月31日受理了该无效宣告请求，并将请求书及证

据材料副本转送给专利权人。

针对请求人的无效宣告请求，专利权人未作答复和提交意见陈述书。

本案合议组于2007年1月10日向双方当事人发出了《合议组成员告知通知书》，双方当事人均未对本案合议组成员提出回避请求。

本案合议组于2007年3月27日向双方当事人发出《无效宣告请求口头审理通知书》，定于2007年5月29日进行口头审理，并通知双方当事人合议组将依职权引入专利法实施细则第2条第3款的规定对本案进行审查。

口头审理如期举行，双方当事人均委托代理人出席了口头审理。在口头审理中，双方当事人就本案请求的理由和事实进行了陈述和答辩。合议组就本专利产品是否能作为专利法意义上的产品以及是否符合专利法实施细则第2条第3款的规定，向双方当事人进行了提问，请求人认为该"散热器片头"不是一个最终可以单独使用的产品，但市场上确实有加工片头的业务，片头不可能卖给最终消费者，片头属于中间产品。专利权人认为该"散热器片头"是专利法意义上的产品，是暖通行业的一个部件可以批量生产并在市场上流通的产品。合议组就加工该"散热器片头"的过程向请求人进行了询问，请求人作了回答。请求人称加工的过程是购买钢板经过多道冲压工序成片头，切割开后将两个片头焊接即成为"片头"，最后再与管子焊接，才可以成为一个暖气片。并结合实物进行了说明。合议组就本专利是否符合专利法第9条的规定，请双方当事人进行了陈述和辩论，请求人认为本专利与在先设计是同样的产品，两者是相近似的。专利权人认为请求人的主张不能成立，本专利与在先设计不相同、不相近似，在先设计的产品"采暖散热器"是一个整体，是一个组件产品，而本专利片头是散热器的一个部件。专利权人当庭提交了一份天津市高级人民法院民事判决书（2007）津高民三终字第1号，请求人认可该判决书的真实性。双方当事人各自坚持自己的主张。

在口头审理的基础上，合议组认为本案事实清楚，依法作出审查决定。

二、决定的理由

基于请求人提出的无效宣告请求的理由和提交的证据，合议组依据专利法第9条的规定以及专利法实施细则第2条第3款的规定对本案进行审理。

专利法第9条规定："两个以上的申请人分别就同样的发明创造申请专利的，专利权授予最先申请的人。"

专利法实施细则第2条第3款规定："专利法所称的外观设计，是指对产品的形状、图案或者其结合以及色彩与形状、图案的结合所作出的富有美感并适于工业应用的新设计。"

针对本专利产品是否符合专利法实施细则第2条第3款的规定以及是否属于专利法意义上的产品，在口头审理中，双方当事人均认定该"散热器片头"是单独进行加工和生产的。对该产品作为一个部件，可以工业化批量生产并在市场上流通，请求人和专利权人没有提出反对意见。因此，合议组认为，本专利"散热器片头"作为该行业产品中的一个部件是可以单独进行加工、批量生产，并在市场上流通，是专利法意义上的产品，符合专利法实施细则第2条第3款的规定。

对于专利权人当庭提交的天津市高级人民法院民事判决书（2007）津高民三终字第1号，因其超过了提交反证的期限，又不属于可以延期提交的证据，故合议组对该证据不予考虑。

请求人提交的附件1是国家知识产权局网站上下载的专利号03337660.3的外观设计专利公布文件，经合议组核实，该附件1与其专利公报原件内容一致。该专利的申请日是2003年6月12日（在本专利申请日之前），其名称是"采暖散热器（1）"，授权公告日是2004年1月28日（在本专利申请日之后），该外观设计分类号是23-03。合议组认为，该附件1"采暖散热器"（下称对比文件）与本专利"散热器片头"的分类号均为23-03，对比文件与本专利属于同类产品，故对二者进行如下分析判断。

对比文件的"采暖散热器"公开有7幅视图（主视图、后视图、左视图、右视图、仰视图俯视图和立体图）。从其视图看，该"散热器"由8个散热片组成一个整体的散热器。从左、右视图看，其每个散热器为竖向"长条"形状，在其上、下两端头部各有一圆形进出水的连接口，在其散热器本体内侧有一长条形孔；从仰视图、俯视图看，该"散热器"由每个顶面为平面的中间较粗、上下两端为弧形组成的8字并排的形状（详见对比文件附图）。

本专利"散热器片头"公开有5幅视图（主视图、后视图、俯视图、仰视图、右视图）。从主视图、后视图看，该"散热器片头"头部有一圆形进出水的连接口，两侧为散热器片的本体，圆形进出水连接口下部呈弧形；从俯视图看，该散热器片头的顶面呈现左右两头大中间细并带有焊接缝的"骨头棒"形；从仰视图看，该散热器片头左、右两侧呈椭圆形孔洞（详见本专利附图）。

通过上述对比文件与本专利的描述，对二者进行分析判断。合议组认为，对比文件"散热器"通过视图显示的是由8个散热片组成的一个散热器的整体设计形状。本专利"散热器片头"显示的是散热片的端头部位的设计形状。因请求人提出的无效宣告请求理由是专利法第九条，故进行比较的是对比文件与本专利所请求保护的外观设计，对比文件是一个组装的散热器整体产品，而本专利是散热器中某一部位的部件。因此，本专利与对比文件是不相同和不相近似的外观设计。

综上所述，本合议组认为：本专利与其在先申请并在后授权公告的外观设计专利（即对比文件）不是同样的发明创造，二者是不相同也不相近似的外观设计，本专利符合专利法第9条的规定。

三、决定

维持200330105408.8号外观设计专利权有效。

当事人对本决定不服的，可以根据专利法第46条第2款的规定，在收到本决定之日起三个月内向北京市第一中级人民法院起诉，根据该款的规定，一方当事人起诉后，另一方当事人应当作为第三人参加诉讼。

主视图　　　　　　后视图

右视图

 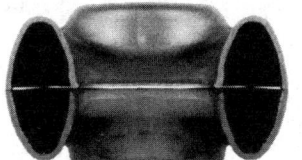

俯视图　　　　　　仰视图

本专利附图

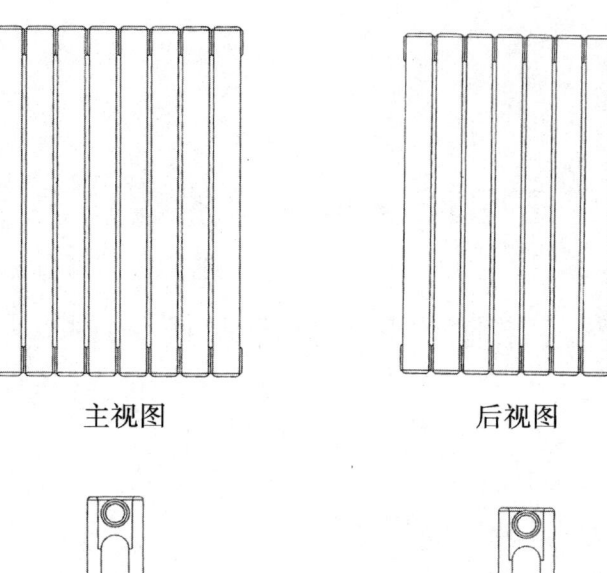

主视图　　　　　　　　后视图

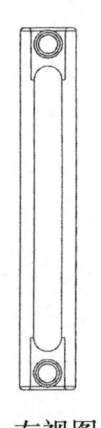
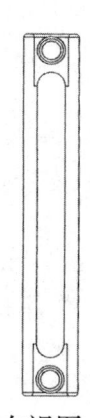

左视图　　　　　　　　右视图

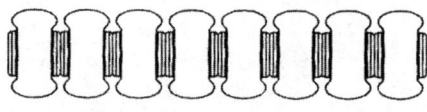
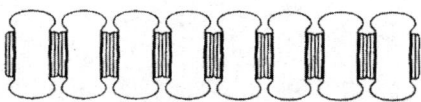

俯视图　　　　　　　　仰视图

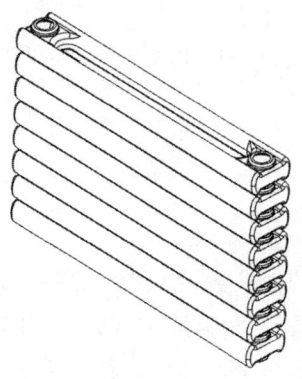

立体图

对比文件附图

用于图形卡芯片组的散热器

无效宣告请求审查决定（第 10134 号）

决 定 号	第 10134 号
决 定 日	2007 年 6 月 25 日
发明创造名称	用于图形卡芯片组的散热器
外观设计分类号	23-04
无效宣告请求人	深圳市超频三科技有限公司
专 利 权 人	扎尔曼技术株式会社
专 利 号	200430011421.1
优 先 权 日	2004 年 9 月 20 日
申 请 日	2004 年 12 月 17 日
授 权 公 告 日	2005 年 10 月 26 日
合议组组长	吴赤兵
主 审 员	周 佳
参 审 员	李巍巍
附 图	3 页

法 律 依 据 专利法第 23 条

决 定 要 点

本专利与在先设计 1 采用了不同数量的散热鳍组片结构，本专利为两组式，而在先设计 1 为单组式，本专利与在先设计 2 采用的散热鳍组片比例不同，本专利为不对称式，在先设计 2 为对称式，因而在整体视觉效果上均产生了显著的差异，因此本专利与在先设计 1 和在先设计 2 均不相同也不相近似。

一、案由

本无效宣告请求涉及的是 2005 年 10 月 26 日国家知识产权局授权公告的 200430011421.1 号外观设计专利，使用外观设计的产品名称为"用于图形卡芯片组的散热器"，申请日是 2004 年 12 月 17 日，优先权日是 2004 年 9 月 20 日，专利权人为扎尔曼技术株式会社。

针对上述外观设计专利权（下称本专利），2006 年 12 月 20 日深圳市超频三科技有限公司（下称请求人）向专利复审委员会提出无效宣告请求，其依据的事实和理由是：本专利与在先申请、授权公告的 99308947.X 号和 02381024.6 号外观设计专利相近似，不符合专利法第 23 的规定，应予以宣告无效。请求人同时提交了如下附件作为证据：

附件1：99308947. X号外观设计专利著录项目及图片复印件1页；
附件2：02381024.6号外观设计专利著录项目及图片复印件1页。

专利复审委员会经形式审查合格受理了上述无效宣告请求，于2006年12月21日向双方当事人发出无效宣告请求受理通知书，并将无效宣告请求书及其附件副本转送给专利权人，要求其在指定期限内答复。

专利复审委员会于2007年2月5日收到专利权人提交的意见陈述书，其认为本专利与99308947. X号和02381024.6号外观设计专利的整体视觉效果均具有显著的差异，属于既不相同也不相近似的外观设计，请求人主张的事实和理由不能成立。

专利复审委员会依法成立合议组对本案进行审理，并于2007年2月28日向双方当事人发出合议组成员告知通知书，同时向请求人发出转送文件通知书，将专利权人提交的意见陈述书转送给请求人，要求其在指定期限内答复意见。

在规定的期限内，双方当事人未对合议组告知通知书进行答复，视为对合议组成员没有回避请求。请求人未对转送文件通知书进行答复，视为已知转送文件通知书中所涉及的内容，且未提出反对意见。

在上述审理的基础上，合议组认为本案事实清楚，可以依法作出审查决定。

二、决定的理由

1. 法律依据

基于请求人提出的无效宣告请求理由，合议组对本专利是否符合专利法第23条的规定进行审查。

专利法第23条规定：授予专利权的外观设计，应当同申请日以前在国内外出版物上公开发表过或者国内公开使用过的外观设计不相同和不相近似，并不得与他人在先取得的合法权利相冲突。

2. 证据的认定

请求人提交的作为证据的附件1是99308947. X号外观设计专利著录项目及图片复印件，其所示专利的申请日是1999年7月6日，授权公告日为2000年3月22日，授权公告号是CN3143075D，使用外观设计的产品名称为"电器设备中发热元件用的散热器"（下称在先设计1），经合议组核实，其内容属实，授权公告日在本专利申请日之前，属于专利法第23条所规定的出版物，可以作为判断本专利是否符合专利法第23条规定的证据。

请求人提交的做为证据的附件2是02381024.6号外观设计专利著录项目及图片复印件，其所示专利的申请日为2002年12月17日，优先权日为2002年9月4日，授权公告日为2003年8月20日，授权公告号为CN3315469D，使用外观设计的产品名称为"用于电子设备中发热元件的散热器"（下称在先设计2），经合议组核实，其内容属实，授权公告日在本专利申请日之前，属于专利法第23条所规定的出版物，可以作为判断本专利是否符合专利法第23条规定的证据。

3. 外观设计相近似性认定

在先设计1为电器设备中发热元件用的散热器，在先设计2为电子设备中发热元件的散热器，本专利为图形卡芯片组的散热器，其均为电子元器件的散热装置，用途相同，属于相同种类的产品，故对外观设计作出如下对比：

本专利包括主视图、后视图、左视图、右视图、俯视图、仰视图、立体图和使用状态参考图。从俯视图看，产品由两组扇形散热鳍组片与中部长方形连接件构成，每个单元散热鳍片为从中心沿辐射状叠列展开的片状结构，构成的两组散热鳍组片为一大一小的扇形结构，从后视图看，产品为梯状圆台形状，上层为扁状圆台，下层为上宽下窄的梯状圆台，梯状圆台下为略突出的方形连接件（详见本专利附图）。

在先设计 1 包括主视图、后视图、俯视图、仰视图、左视图、右视图、立体图。从主视图看，产品由扇形散热鳍组片与底部支撑连接件两部分构成，散热鳍片从中心沿辐射状叠列展开，底部支撑连接件为方台形。从仰视图看，每个单元散热鳍片为类似梳子的齿形片状结构（详见在先设计 1 附图）。

在先设计 2 包括主视图、左视图、右视图、俯视图、仰视图、立体图和使用状态参考图，简要说明记载后视图与主视图相同，省略后视图。从俯视图看，产品由两个对称相同的扇形散热鳍组片与中部长方形连接件构成，每个单元散热鳍片为从中心沿辐射状叠列展开的片状结构，从主视图看，产品为梯形圆台形状，上层为扁状圆台，由上宽下窄的锥状体过渡连接，下层为外轮廓线略向外鼓出的碗状结构（详见在先设计 2 附图）。

合议组认为，将本专利与在先设计 1 相比较，二者的相同之处在于：二者均由散热鳍组片和支撑连接件构成，散热鳍片为从中心沿辐射状叠列展开的片状结构。不同之处在于：本专利与在先设计 1 采用了不同数量的散热鳍组片结构，本专利为两组式，而在先设计 1 为单组式，本专利俯视图显示连接件两端相对连接的扇形散热鳍组片不等大，从整体观察，散热鳍组片的比例差异使本专利明显分为一大一小两个扇形部分，而在先设计 1 只有一组散热鳍组片，与支撑连接件的一端连接。二者的单元散热鳍片的形状也不相同，本专利的散热鳍片为折线式片状结构，而在先设计 1 为类似梳子的齿形片状结构，单元散热鳍片从中心沿辐射状叠列展开后构成了不同的视觉效果，本专利呈中部凹进的类似梯状圆台形，在先设计 1 则呈类似半弧圆的扇形。由于本专利和在先设计 1 的整体形状上存在着明显的视觉差异，一般消费者会对二者留下显著不同的视觉印象，因此二者属于不相同也不相近似的外观设计。

将本专利与在先设计 2 相比较，二者的相同之处在于：二者的支撑连接件两端均连接有一扇形散热鳍组片，散热鳍组片为由中心沿辐射状叠列展开的片状鳍片组成，叠列展开后形成了中部凹进的类似梯状圆台形的视觉效果。二者的不同之处在于本专利与在先设计 2 采用的散热鳍组片比例不同，本专利的两个扇形散热鳍组片的比例明显为一大一小，整体上形成了一种不对称的视觉感受，而在先设计 2 的两个扇形散热鳍组片则完全等大，整体呈一种对称的、两扇形结构相呼应而围成近似圆形的视觉感受。另外，二者的单元鳍片形状不同，因此叠列展开后呈现的梯状圆台的高度与圆周面的比例也不相同，本专利较在先设计 2 更为扁平，且在先设计 2 的下层圆台外轮廓线带有弧度，本专利则无此弧度。由于本专利与在先设计 2 在上述方面存在的差别会使一般消费者形成显著不同的视觉感受，因此二者属于不相同也不相近似的外观设计。

综上所述，由于本专利与在先设计 1 和在先设计 2 均既不相同也不相近似，请求人提出本专利不符合专利法第 23 条的理由不能成立。

三、决定

维持 200430011421.1 号外观设计专利权有效。

当事人对本决定不服的，可以根据专利法第 46 条第 2 款的规定，自收到本决定之日起三个月内向北京市第一中级人民法院起诉。根据该款的规定，一方当事人起诉后，另一方当事人应当作为第三人参加诉讼。

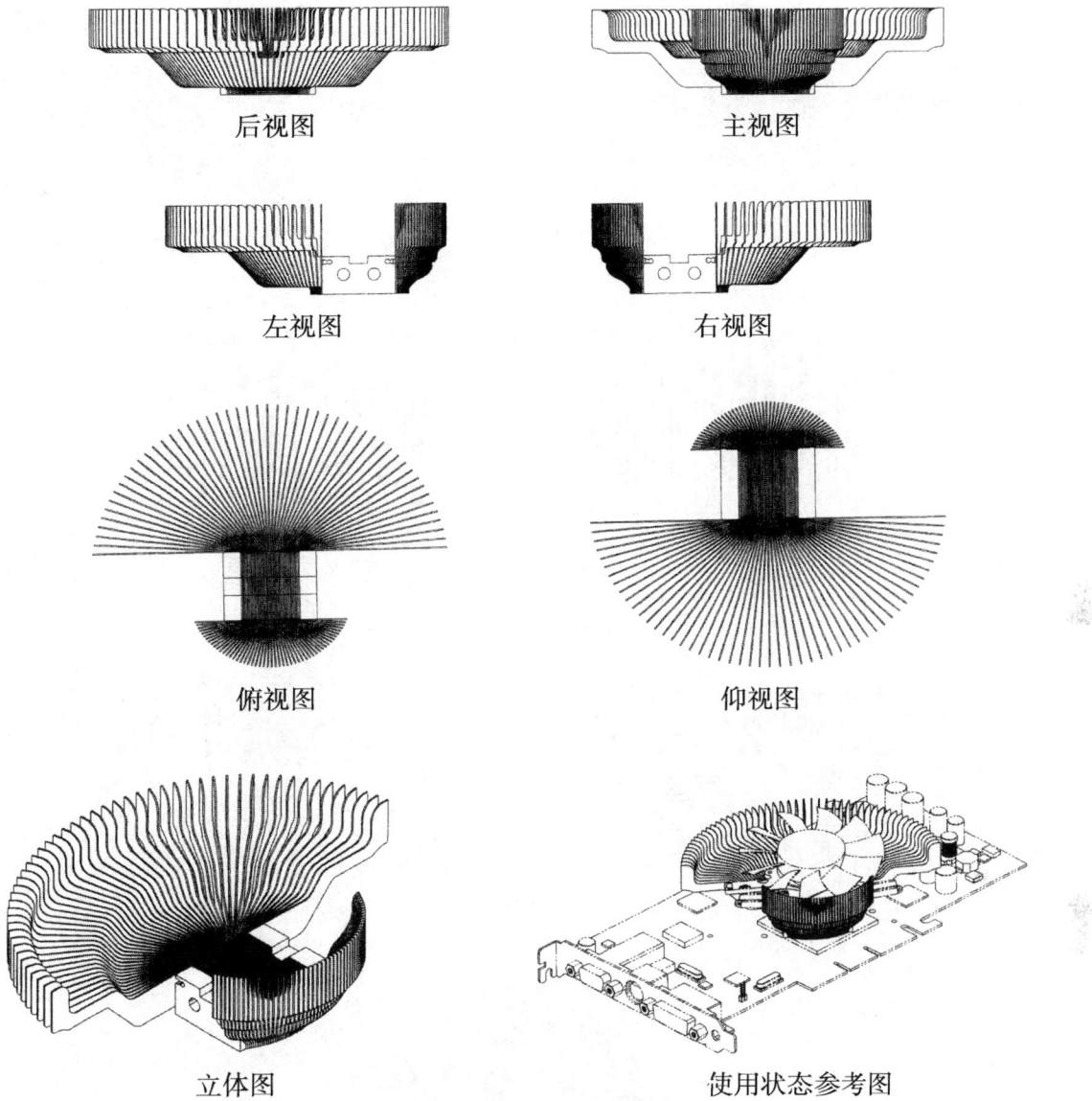

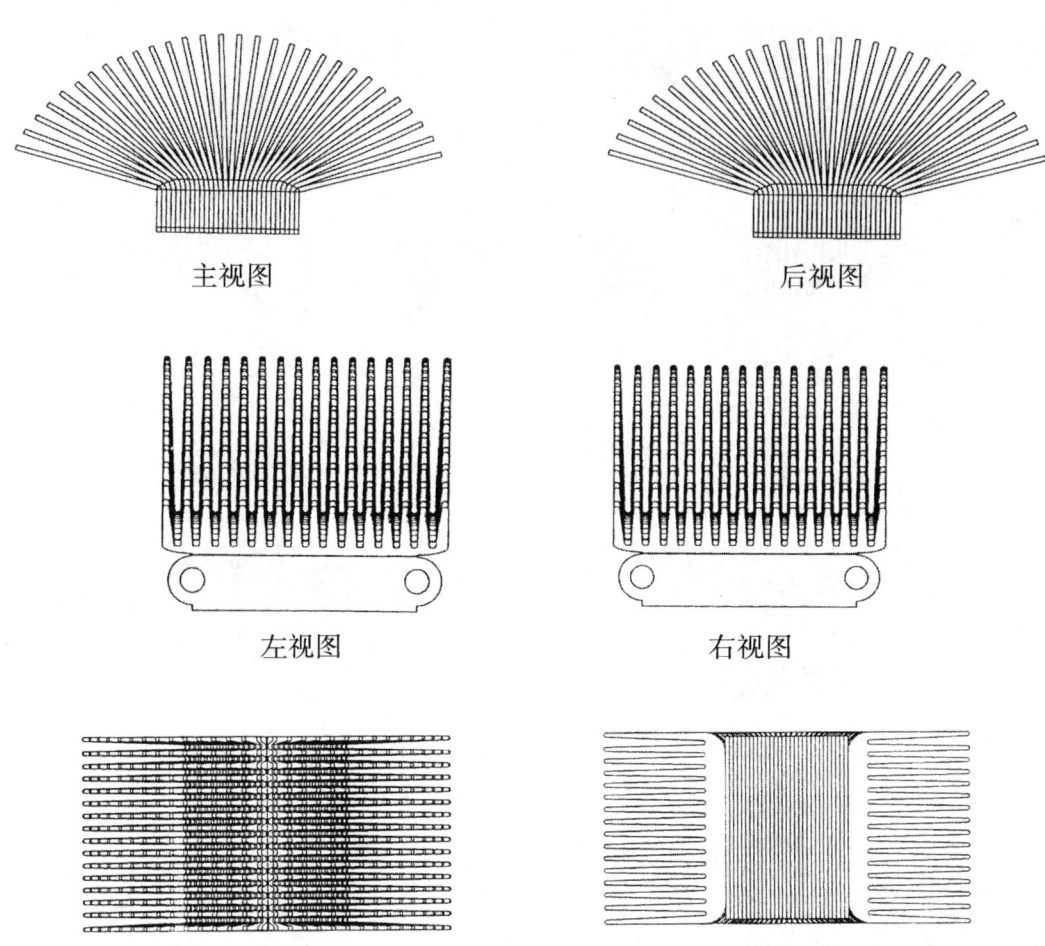

主视图　　后视图

左视图　　右视图

俯视图　　仰视图

立体图

在先设计 1 附图

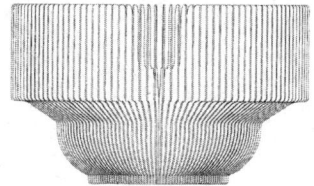

主视图

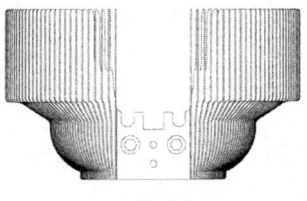

左视图

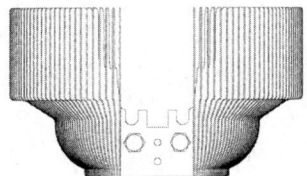

右视图

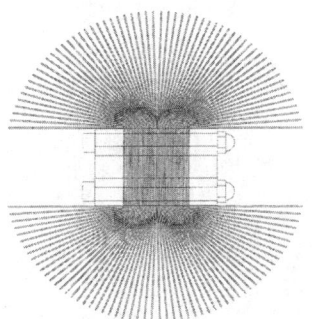

俯视图

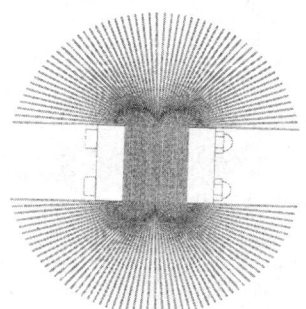

仰视图

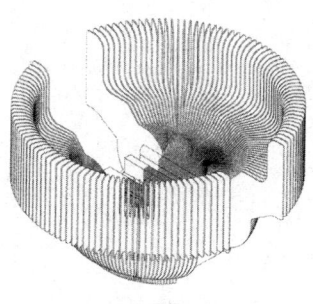

立体图

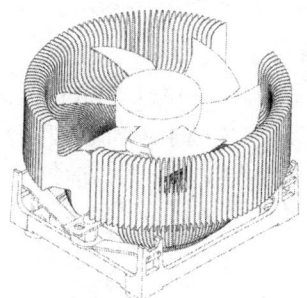

使用状态参考图

在先设计 2 附图

修眉刀

无效宣告请求审查决定（第 10140 号）

决 定 号	第 10140 号
决 定 日	2007 年 6 月 25 日
发明创造名称	修眉刀
外观设计分类号	28-03
无效宣告请求人	松下电工株式会社
专 利 权 人	沈思远
专 利 号	200530033632.X
申 请 日	2005 年 1 月 19 日
授 权 公 告 日	2005 年 10 月 5 日
合 议 组 组 长	钟 华
主 审 员	王霞军
参 审 员	张雪飞
附 图	8 页

法 律 依 据 专利法第 23 条
决 定 要 点
本专利成套产品中的每件单独产品的外观设计，分别与申请日之前在出版物上公开发表的在先外观设计相近似，本专利权的授予不符合专利法第 23 条的规定。

一、案由

本无效宣告请求涉及的是国家知识产权局于 2005 年 10 月 5 日授权公告的、名称为"修眉刀"的外观设计专利（下称本专利），其申请号是 200530033632.X，申请日是 2005 年 1 月 19 日，专利权人是沈思远。

针对上述专利权，松下电工株式会社（下称请求人）于 2006 年 8 月 23 日向专利复审委员会提出无效宣告请求，其主要理由是：（1）本专利的各视图比例不一致，不能正确表达其内容，不符合专利法实施细则第 2 条的规定；（2）在本专利申请日前已有与本专利相近似的外观设计在出版物上公开发表过，本专利不符合专利法第 23 条的规定，并同时提交了作为证据的 4 个附件：

附件 1：1006382 号日本意匠公报复印件，其公开日是 1998 年 3 月 27 日，产品名称为"电气眉毛剃刀用梳子"；

附件 2：1006382 之类似 1 号日本意匠公报复印件，其公开日是 1998 年 3 月 31 日，产品名称为

"电气眉毛剃刀用梳子";

附件 3：963760 号日本意匠公报复印件，其公开日是 1996 年 9 月 19 日，产品名称为"电气眉毛剃刀用梳子"；

附件 4：936123-2 号日本意匠公报复印件，其公开日是 2000 年 1 月 31 日，产品名称为"电气眉毛剃刀"。

经形式审查合格，专利复审委员会于 2006 年 9 月 11 日受理了此案，并将无效请求书及相关材料转送给专利权人。

专利权人在规定的期限内未答复。

2006 年 9 月 25 日，请求人向专利复审委员会提交了上述附件 1 至附件 4 的中文译文。

专利复审委员会于 2006 年 12 月 29 日将请求人提交的中文译文转给专利权人。同日，向双方当事人发出合议组成员告知通知书。在规定的期限内双方当事人均未对合议组成员提出回避请求。

2007 年 2 月 26 日专利复审委员会向双方当事人发出无效宣告请求口头审理通知书，定于 2007 年 4 月 10 日进行口头审理。

口头审理如期举行，仅请求人一方出席了口头审理。请求人将本专利中的每件产品的外观设计分别与附件 1 至附件 4 中相对应产品的外观设计进行了相近似比较。请求人坚持原有的观点。

合议组经合议，认为本案事实清楚，依法作出本审查决定。

二、决定的理由

基于请求人提出的无效宣告请求的理由，合议组依据专利法第 23 条和专利法实施细则第 2 条对本案进行审理。

专利法第 23 条规定：授予专利权的外观设计，应当同申请日以前在国内外出版物上公开发表过或者国内公开使用过的外观设计不相同和不相近似，并不得与他人在先取得的合法权利相冲突。

专利法实施细则第 2 条第 3 款规定：专利法所称的外观设计，是指对产品的形状、图案或者其结合以及色彩与形状、图案的结合所作出的富有美感并适于工业应用的新设计。

请求人提交的附件 1 是 1006382 号日本意匠公报复印件，所示专利公开日是 1998 年 3 月 27 日，产品名称是"电气眉毛剃刀用梳子"；经合议组核实，该复印件所示内容属实，其公告日在本专利申请日（2005 年 1 月 19 日）之前，确系本专利申请日之前公开发表的外观设计（下称在先设计 1），可作为判断本专利是否符合专利法第 23 条规定的证据。

请求人提交附件 2 是 1006382 之类似 1 号日本意匠公报复印件，所示专利公开日是 1998 年 3 月 31 日，产品名称是"电气眉毛剃刀用梳子"；经合议组核实，该复印件所示内容属实，其公告日在本专利申请日（2005 年 1 月 19 日）之前，确系本专利申请日之前公开发表的外观设计（下称在先设计 2），可作为判断本专利是否符合专利法第 23 条规定的证据。

请求人提交的附件 3 是 963760 号日本意匠公报复印件，所示专利公开日是 1996 年 9 月 19 日，产品名称是"电气眉毛剃刀用梳子"；经合议组核实，该复印件所示内容属实，其公告日在本专利申请日（2005 年 1 月 19 日）之前，确系本专利申请日之前公开发表的外观设计（下称在先设计 3），可作为判断本专利是否符合专利法第 23 条规定的证据。

请求人提交的附件 4 是 936123-2 号日本意匠公报复印件，所示专利公开日是 2000 年 1 月 31 日，产品名称是"电气眉毛剃刀"；经合议组核实，该复印件所示内容属实，其公告日在本专利申请日（2005 年 1 月 19 日）之前，确系本专利申请日之前公开发表的外观设计（下称在先设计 4），可作为判断本专利是否符合专利法第 23 条规定的证据。

根据审查指南第四部分第五章"5.2 单独对比"规定："被比设计包含有若干项具有独立使用价

值的产品的外观设计的,例如,成套产品外观设计,可以用不同的在先设计与其所对应的各产品的外观设计分别进行单独对比。"本专利是由修刀和 3 件眉梳各自独立的产品组成的成套产品,符合成套产品外观设计相近似判断对比方式。

本专利修刀与在先设计 4 均为修眉刀,二者用途相同,可以进行相近似比较。本专利的眉梳 1、眉梳 2、眉梳 3 与在先设计 1、在先设计 2、在先设计 3 均为眉梳,用途相同,可以分别进行相近似比较。

本专利公报中公开了修刀产品的 6 面视图,如图所示,本专利修刀由刀头和刀柄两部分组成,刀头近似长方体,刀头上下两端为刀齿,刀头插入刀柄缩进部位形成刀颈,刀柄的外轮廓为弧线形整体近似圆柱体,在刀柄的正面中部设有椭圆形开关,背面下端设有电池盖,电池盖近似椭圆形(详见本专利修刀附图)。

在先设计 4 公开了 6 面视图,如图所示,在先设计 4 由刀头和刀柄两部分组成,刀头近似长方体,刀头一端为刀齿,刀头插入刀柄缩进部位形成刀颈,刀柄的外轮廓为弧线形整体近似圆柱体,在刀柄的正面中部设有椭圆形开关,背面上端有一圆形按钮,下端设有电池盖,电池盖形状与刀柄下端形状相同(详见在先设计 4 附图)。

将本专利与在先设计 4 进行比较,二者均是由刀头和刀柄两部分组成,刀头的形状近似长方形,刀柄的外轮廓为弧线形整体近似圆柱体,刀柄的正面均设有椭圆形开关,背面都有电池盖,其主要不同点,本专利刀头两侧均有刀齿,而在先设计 4 刀头一侧设有刀齿;在先设计 4 刀柄背面上端有一圆形按钮,本专利没有,二者电池盖的形状略有不同。合议组认为,二者刀头和刀柄的整体相近似形状,已给一般消费者留下了相近似的整体视觉印象,其差异不足以对整体外观设计产生显著的影响。因此,本专利修刀与在先设计 4 属于相近似的外观设计。

本专利公报公开了眉梳 1 的 5 面视图,省略后视图,从眉梳 1 的主视图观察,其形状为梳体前端向上倾斜,斜面下半部有 5 条梳齿,梳体后部为近似半椭圆形;从其他视图观察,眉梳 1 左右两侧形状对称,梳齿向两边张开,眉梳中空镂空,眉梳后部略收缩(详见本专利眉梳 1 附图)。

在先设计 1 公开了产品 6 面视图和 1 幅立体图,从在先设计 1 的正面图观察,其形状为梳体前端向上倾斜,斜面下半部有 4 条梳齿,梳体后部近似为半椭圆形,眉梳表面下方有两个圆点,每个圆点上标有"长"、"短"字样;从其他视图观察,眉梳 1 左右两侧形状对称,梳齿向两边张开,眉梳中空镂空,眉梳后部略收缩(详见在先设计 1 产品附图)。

将本专利眉梳 1 与在先设计 1 进行比较,二者整体形状相同,区别仅在于在先设计 1 表面有文字图案,而本专利没有,且梳齿数量不同。合议组认为,二者相同的整体形状,已给一般消费者留下了相近似的整体视觉印象,其差异不足以对整体外观设计产生显著的影响。因此,本专利眉梳 1 与在先设计 1 属于相近似的外观设计。

本专利公报公开了眉梳 2 产品的 5 面视图,省略后视图,从眉梳 2 的主视图观察,其形状为梳体前端为直线形,梳体下半部有 6 条梳齿,梳体后部为近似半椭圆形;从其他视图观察,眉梳 2 左右两侧形状对称,梳齿向两边张开,眉梳中空镂空,眉梳后部略收缩(详见本专利眉梳 2 附图)。

在先设计 2 公开了产品 6 面视图和 1 幅立体图,从在先设计 2 的正面图观察,其形状为梳体前端为直线形,下半部为 5 条梳齿,梳体后部为近似半椭圆形,眉梳表面下方有两个圆点图案,每个圆点上标有"长"、"短"字样;从其他视图观察,在先设计 2 左右两侧形状对称,梳齿向两边张开,眉梳中空镂空,梳齿后部略收缩(详见在先设计 2 产品附图)。

本专利眉梳 2 与在先设计 2 进行比较,二者整体形状相同,区别仅在于在先设计 2 表面有文字图案,而本专利没有,且梳齿数量不同。合议组认为,二者相同的整体形状,已给一般消费者留下了相近似的整体视觉印象，其差异不足以对整体外观设计产生显著的影响。因此，本专利眉梳2与在先设计2产品属于相近似的外观设计。

本专利公报公开了眉梳3产品的5面视图，从眉梳3的主视图观察，其形状为梳体前端向上倾斜，斜面下半部有5条梳齿，梳体后部为近似半椭圆形；从其他视图观察，眉梳3左右两侧形状对称，梳齿向两边张开，眉梳中空镂空，梳齿后部略收缩（详见本专利眉梳3附图）。

在先设计3公开了产品6面视图和1幅立体图，从在先设计3的正面图观察，其形状为梳体前端向上倾斜，斜面下半部为4条梳齿，梳体后部近似为半椭圆形；从其他视图观察，在先设计3左右两侧形状对称，梳齿向两边张开，眉梳中空镂空，梳齿后部略收缩（详见在先设计3产品附图）。

本专利眉梳3与在先设计3进行比较，二者整体形状相近似，其区别点是：本专利与在先设计3的斜面的斜度略有不同。合议组认为，二者相近似的整体形状，已给一般消费者留下了相近似的整体视觉印象，其差异不足以对整体外观设计产生显著的影响。因此，本专利眉梳3与在先设计3产品属于相近似的外观设计。

综上所述，本专利成套产品中的每件单独产品的外观设计，分别与申请日之前在出版物上公开发表的在先外观设计相近似，本专利权的授予不符合专利法第23条的规定。

鉴于由上述在先设计与本专利相比较已得出本专利不符合专利法第23条所规定的授权条件的结论，本决定对请求人提出的其他理由不再予以评述。

三、决定

宣告200530033632.X号外观设计专利权全部无效。

当事人对本决定不服的，可以根据专利法第46条第2款的规定，自收到本决定之日起三个月内向北京市第一中级人民法院起诉。根据该款的规定，一方当事人起诉后，另一方当事人应当作为第三人参加诉讼。

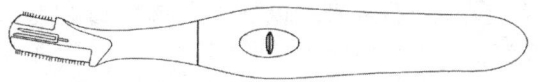

修刀主视图

修刀后视图

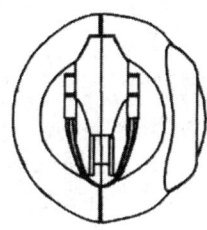 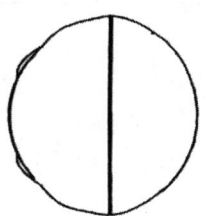

修刀左视图　　　　修刀右视图

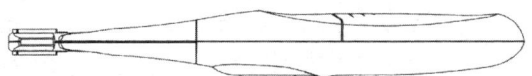

修刀俯视图

修刀仰视图

本专利附图

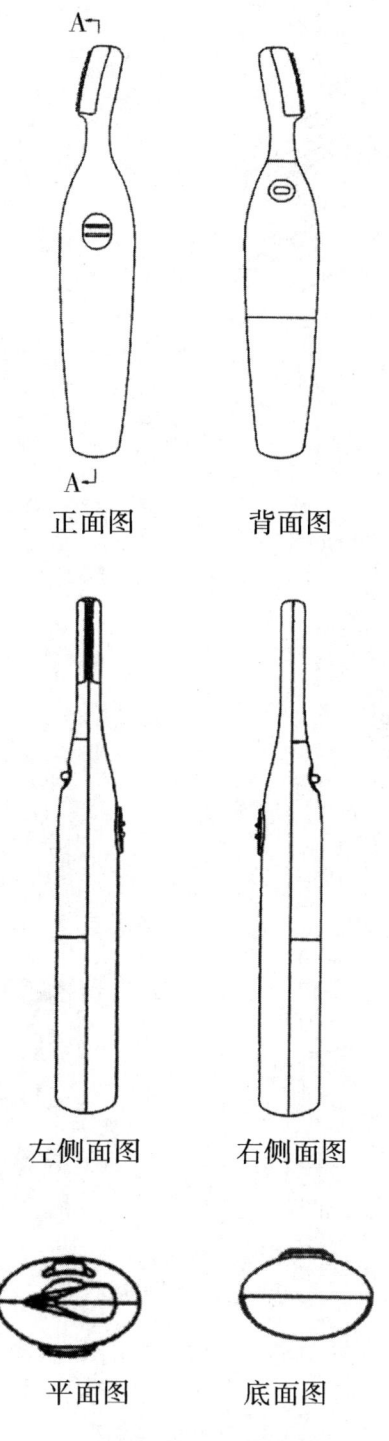

在先设计 4 附图

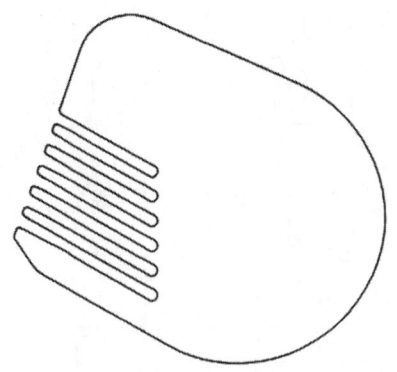

眉梳 1 主视图

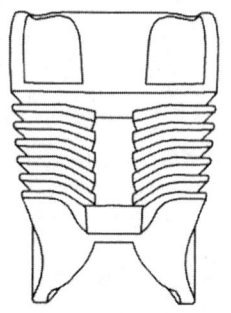 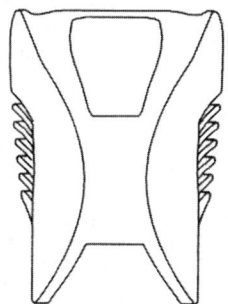

眉梳 1 左视图　　　眉梳 1 右视图

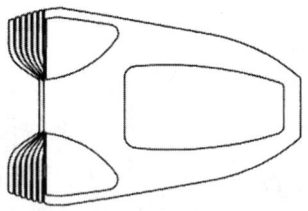 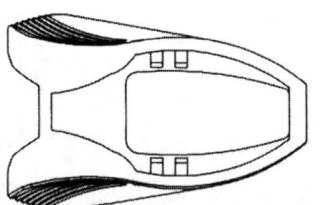

眉梳 1 俯视图　　　眉梳 1 仰视图

本专利附图

正面图

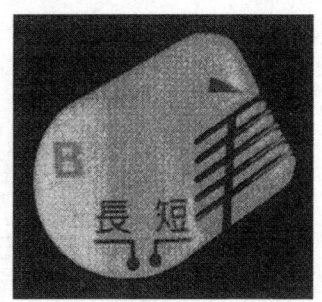
背面图

左侧面图

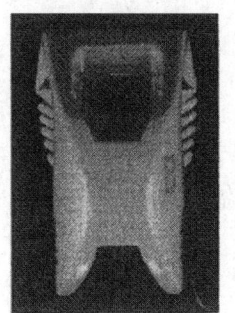
右侧面图

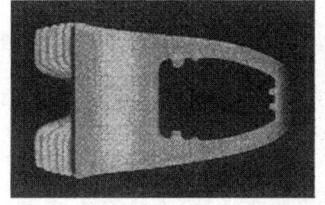
平面图

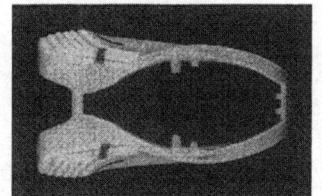
底面图

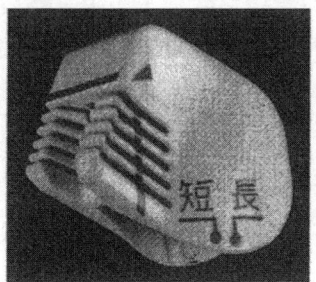
斜视图

在先设计1附图

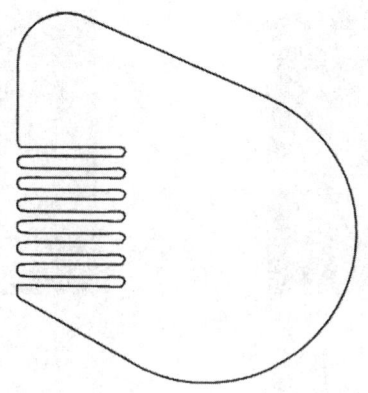

眉梳 2 主视图

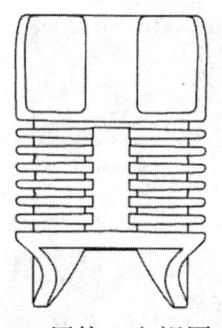   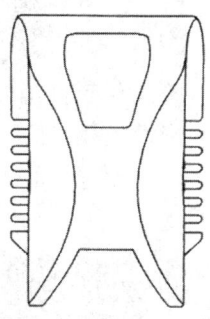

眉梳 2 左视图   眉梳 2 右视图

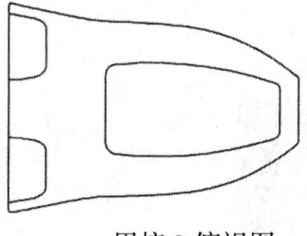   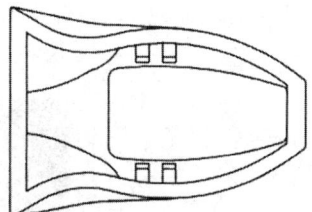

眉梳 2 俯视图   眉梳 2 仰视图

本专利附图

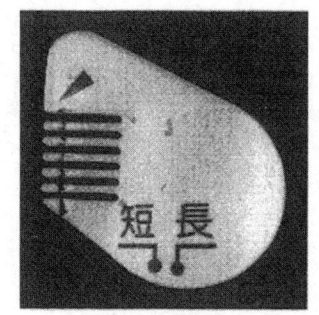
正面图

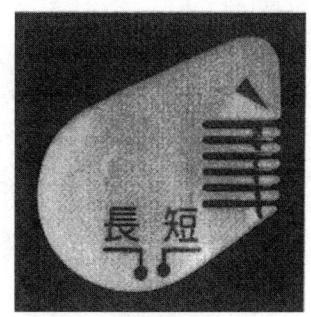
背面图

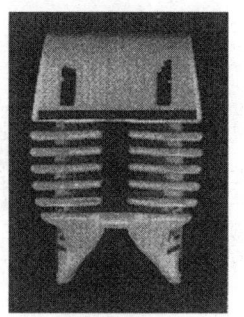
左侧面图

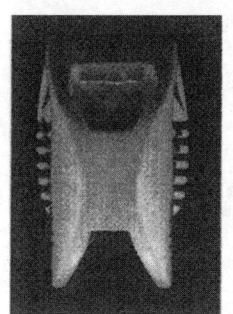
右侧面图

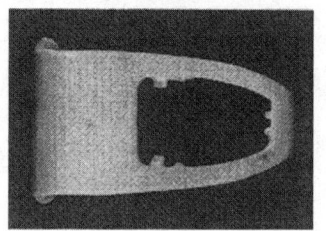
平面图

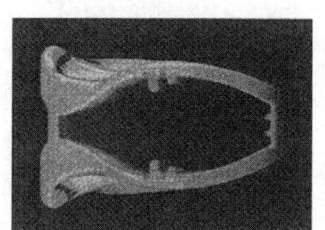
底面图

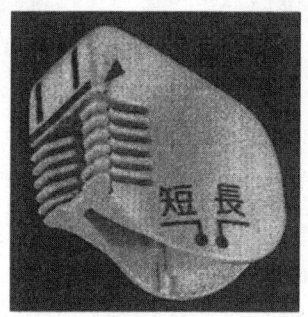
斜视图

在先设计2附图

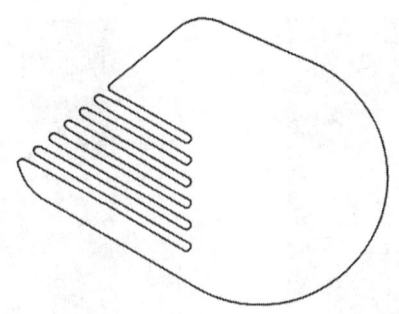

眉梳 3 主视图

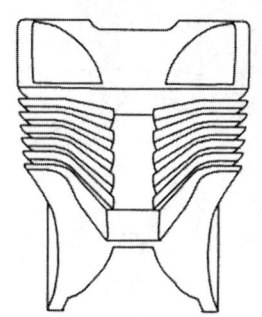

眉梳 3 左视图

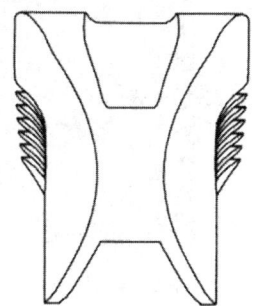

眉梳 3 右视图

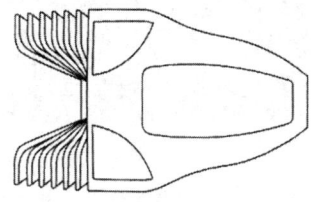

眉梳 3 俯视图

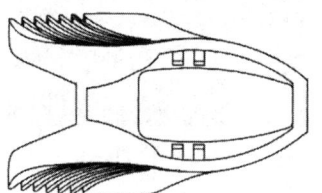

眉梳 3 仰视图

本专利附图

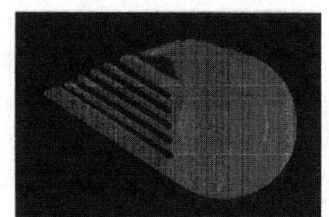
正面图

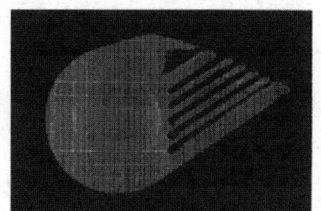
背面图

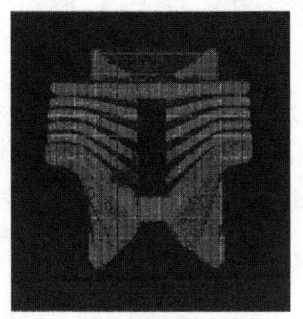
左侧面图

右侧面图

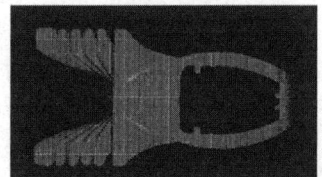
平面图

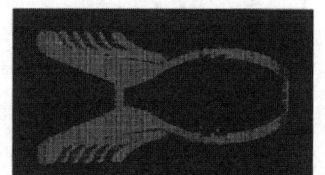
底面图

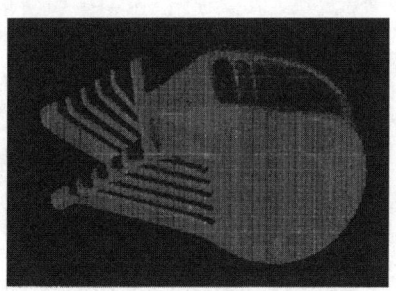
在先设计3附图

燃气发生炉

无效宣告请求审查决定（第 10141 号）

决 定 号	第 10141 号
决 定 日	2007 年 6 月 25 日
发明创造名称	燃气发生炉
外观设计分类号	23-03
无效宣告请求人	沁阳市文华环保设备厂
专 利 权 人	赵香军
专 利 号	200430007253.9
申 请 日	2004 年 4 月 9 日
授权公告日	2004 年 12 月 29 日
合议组组长	钟 华
主 审 员	张雪飞
参 审 员	王霞军
法 律 依 据	专利法第 23 条

决 定 要 点
（1）在证人身份不能确认的情况下，其出具的证言不能作为认定事实的依据。
（2）请求人提交的证据之间明显具有不对应性，专利权人持有异议，在请求人没有提交相关证据支持其对该不对应性的解释的情况下，其证据之间的关联性不能被认定。

一、案由

本无效宣告请求涉及国家知识产权局于 2004 年 12 月 29 日授权公告的 200430007253.9 号外观设计专利，使用该外观设计的产品名称是"燃气发生炉"，其申请日是 2004 年 4 月 9 日，专利权人是赵香军。

针对上述外观设计专利权（下称本专利），沁阳市文华环保设备厂（下称请求人）于 2006 年 8 月 16 日向专利复审委员会提出无效宣告请求，其理由是本专利不符合专利法第 23 条的规定。请求人认为在本专利申请日以前本企业前身沁阳市文华机械设备厂就将与本专利外观设计完全相同的产品销售给山西绛县宾馆，因此本专利不具备新颖性，应予宣告全部无效。请求人同时提交了如下证据附件：

附件 1 是沁阳市文华机械设备厂和绛县人民政府宾馆于 2003 年 7 月 29 日签订的《设备订购合同》复印件 3 页；

附件2是请求人于2003年12月6日开具的第0063538号《河南省焦作市工业发票发票联》复印件1页，其上加盖了绛县人民政府宾馆的印章（复印件）；

附件3是绛县人民政府宾馆和邓玉林出具的《证明》及照片复印件共2页；

附件4是盖有沁阳市工商行政管理局企业档案资料查询专用章的《证明》复印件1页。

专利复审委员会根据无效宣告请求审查程序的规定受理了该无效宣告请求，并于2006年8月16日将请求人的无效宣告请求文件转送专利权人。

其后，请求人又于2006年9月14日提交了意见陈述书，认为上述在先公开销售的产品外观设计与本专利构成相近似，本专利不符合专利法第23条的规定，应予宣告无效；另因所涉及的产品体积庞大，难以取得各方向视图，请求专利复审委员会现场调查取证。请求人同时补充了如下证据附件：（编号续前）

附件5是沁阳市公证处作出的"（2006）沁证民字第131号"《公证书》，内附《现场工作记录》复印件2页、照片22张和光盘1张，公证内容为《现场工作记录》复印件与原件内容相符，原件上在场人、拍摄人、记录人和公证员的签名均属实，照片系现场拍摄，录制的光盘均经上述人员确认；

附件6是照片5张；

附件7是光盘1张。

专利复审委员会于2007年2月13日将请求人补充提交的意见陈述及附件转送专利权人；同时向双方当事人发出口头审理通知书，定于2007年4月10日进行口头审理，并告知请求人，其提出的请求专利复审委员会调查取证的理由不属于专利复审委员会必须依职权调查的范畴，专利复审委员会不自行取证。

专利权人于2007年3月23日提交了意见陈述书，认为请求人提交的附件1~4均是复印件，对真实性有异议；另外，附件1所示合同中仅涉及"RQC燃气发生炉8眼"的名称，未体现相关产品的外观设计；附件2所示发票不清楚，且其上标明"燃气发生炉10眼"字样，与附件1没有关联性；附件3所示证明不是自然人出具的，且其和附件1所示合同中记载的货款与附件2所示发票上的记载不一致，证据之间无关联性；附件4所示证明的出证人不是自然人，所证明的内容也不是从工商局数据库中直接提取的，且该证明内容与本专利没有关联性；附件6所示照片中显示的外观设计与本专利明显不同；因此应维持本专利有效。

2007年4月10日口头审理如期举行，请求人一方由法定代表人和委托代理人出庭，专利权人一方由专利权人和委托代理人出庭；双方均对对方出庭人员的身份无异议，对合议组成员均无回避请求。合议组当庭将专利权人的上述意见陈述转送请求人。

在口头审理中，请求人坚持其原有观点，认为附件1~7相结合能够证明在本专利申请日以前本企业就将与其外观设计相近似的产品销售给绛县人民政府宾馆的事实，其当庭提交了附件1、附件3、附件4的原件和附件2所示确认件的原件，并由绛县人民政府宾馆职工付成河作为证人出庭作证，证明当时签订合同、运输和安装使用等情况。

请求人一方的证人自述姓名为付长河，职务是绛县人民政府宾馆锅炉班班长，以及其他出生日期和家庭住址等项。在质证过程中，其说明2003年7月本单位与请求人签订10眼灶头燃气炉的合同、阴历8月份到货安装、本单位直接支付运费1000元给司机、本单位仅从请求人处购买过一台燃气炉并有维修保养之类的长期合作关系、现在使用的是7眼灶头、灶头通过管道连接并不在燃气炉上等情况。

合议组当庭将附件5所示公证书内由沁阳市公证处封装的照片和光盘拆封，其中与本案有关的照片除和附件6所示照片一致外，请求人还指定了带有铭牌的照片1张以证明照片所示产品是由本企业生产的，合议组当庭将该照片的复印件转送专利权人。针对光盘，请求人说明其与附件7所示光盘内容一致，且其内容主要针对相关产品的内部结构，本案不需要当庭演示；专利权人说明本方已看过光盘，因有请求人指定的照片所示，故不需要当庭演示。

专利权人当庭核实相关证据的原件和确认件，声明对附件5所示公证书本身的真实性无异议，对附件4所示证明中体现的请求人前身为沁阳市文华机械设备厂这一事实无异议，其他仍坚持原有观点；同时认为请求人一方的证人没有出证单位绛县人民政府宾馆的委托，证人身份不予认可，且不了解证人的本身情况，证人当庭所述与附件3所示证明的内容在时间上有冲突，与附件1所示合同的内容在运费结算方式上有冲突；另外，附件4所示证明说明请求人在附件1所示合同的签订时还没有燃气发生炉的经营范围，因此附件1所示合同是超范围经营。

针对专利权人的质疑，请求人认为本方提交的发票、合同等证据以及证人证言都是一一对应的，能够证明相关产品在先销售的事实，证据表面上有些瑕疵并不能掩盖事实的存在；证人在附件5所示公证书中已出现过，因此其无论是代表单位还是代表个人均可出庭作证；附件1所示合同和附件2所示发票上记载的灶头眼数的不同与燃气炉本身的外观设计无关；附件2所示发票与附件1所示合同和附件3所示证明上记载的货款有差异是因为附件2所示发票中没有体现运费，附件4所示证明即便说明超范围经营也不能证明附件1所示合同无效。

在相近似性判断方面，双方进行对比分析后，请求人认为证据中所示的外观设计与本专利相近似，专利权人认为二者不相同且不相近似。

针对当庭转送的文件，请求人声明以当庭陈述的意见为准，庭后不再答复。

在上述审理的基础上，合议组经合议，认为本案事实清楚，依法作出本审查决定。

二、决定的理由

（1）基于请求人提出的无效宣告请求的理由，合议组依据中国专利法第23条的规定对本案进行审理。

专利法第23条规定：授予专利权的外观设计，应当同申请日以前在国内外出版物上公开发表过或者国内公开使用过的外观设计不相同和不相近似，并不得与他人在先取得的合法权利相冲突。

（2）请求人提交的作为证据的附件1是沁阳市文华机械设备厂和绛县人民政府宾馆于2003年7月29日签订的《设备订购合同》；附件2是请求人于2003年12月6日开具的第0063538号《河南省焦作市工业发票发票联》复印件，其上加盖了绛县人民政府宾馆的印章；附件3是绛县人民政府宾馆和邓玉林出具的《证明》及照片；附件4是盖有沁阳市工商行政管理局企业档案资料查询专用章的《证明》；附件5是沁阳市公证处作出的"（2006）沁证民字第131号"《公证书》，内附《现场工作记录》复印件、照片（含附件6）和光盘（同附件7），公证内容为《现场工作记录》复印件与原件内容相符，原件上在场人、拍摄人、纪录人和公证员的签名均属实，照片系现场拍摄，录制的光盘均经上述人员确认；并有证人在口头审理中陈述的证言。请求人结合上述证据试图证明在本专利申请日以前已有与其外观设计相近似的产品在国内公开销售使用过。

针对上述证据，合议组认为：

首先，关于专利权人所质疑的证人身份问题，由于在请求人提交的附件5所示《公证书》中，其内附的《现场工作记录》上载有"……向（绛县人民政府宾馆的）付长河询问，得知该炉是2003年7月29日与沁阳市文华环保设备厂签订合同购买的……"等字样，并有付长河的签名，因此绛县人民政府宾馆的付长河作为原先出具过相关证言的证人本应具有出庭作证的资格；但是，在口头审理中请求人一方的证人自述身份为绛县人民政府宾馆职工付长河，而其出示的身份证上记载姓名为"付成河"，且其陈述的出生日期和家庭住址等项均与身份证上的记载不符，同时其未能出示绛县人民政府宾馆的委托书或者职务证明，因此该证人的身份无法认定，其陈述的证言本案不予采信。

其次，请求人提交的附件4为沁阳市工商行政管理局出具的企业档案资料查询证明，证明请求人前身为沁阳市文华机械设备厂，2003年8月22日变更为现名称，专利权人对请求人企业名称变更的事实无异议，因此合议组对该事实予以认定；由此，通过附件1所示《设备订购合同》可知请求人（甲方）于2003年7月29日与绛县人民政府宾馆（乙方）签订合同，销售一台RQC型燃气发生炉（8眼），总价66000元（含预付金5000元、货到付款52000元、安装调试后付款6000元和质保金3000元），对此附件3第1页所示《证明》由绛县人民政府宾馆（乙方）对上述签订时间、签订双方、设备名称和价款等项进行了确认，虽然专利权人对上述证据的内容有异议，但是在没有相反证据足以推翻的情况下，能够认定该RQC型燃气发生炉（8眼）产品在本专利申请日（2004年4月9日）以前公开销售使用的事实；但是，附件3所示证言分为两页内容，第1页仅说明"燃气发生炉照片附后"而无照片，第2页附带照片的证言仅证明照片所示产品是绛县人民政府宾馆从请求人处订购的，由于证言的两页内容之间在证据形式上缺少必然的关联性，且不能证明绛县人民政府宾馆仅从请求人处订购过唯一的一台燃气发生炉，因此不足以直接证明附件3第2页证言中照片所示产品即为上述在先公开销售的RQC型燃气发生炉（8眼）产品；同时附件5所示《公证书》中显示的RQC型燃气发生炉是在2006年8月拍摄的，其与附件1所示《设备订购合同》中记载的RQC型燃气发生炉（8眼）的同一性是基于证人付长河的证言，鉴于该证人身份的不确定性，仅依据该证言不足以作为认定事实的依据；且通过附件2所示发票可知，请求人与绛县人民政府宾馆曾于2003年12月6日结算过一款燃气发生炉（10眼）的货款，其价款为65000元，虽然请求人说明该票据即为附件1所示《设备订购合同》中涉及的销售行为的结算票据，相差的1000元是运费，且眼数不同并不改变燃气发生炉的形状，但是，此仅为请求人的主张，在其没有相关证据支持的情况下，基于二者在名称和价款上的明显不对应性，合议组对二者的关联性不予认定；同时基于上述不对应性亦可得出请求人并非只生产一种燃气发生炉产品的结论，故不足以认定其产品形状具有唯一性，即不足以证明2006年8月形成的附件3第2页证言和附件5公证书中所示的燃气发生炉产品是在本专利申请日（2004年4月9日）以前公开销售使用的事实。

（3）综上所述，请求人提交的证据之间存在明显的瑕疵，关联性不足，尚不足以形成完整的证据体系证明相关外观设计形状的产品在先公开销售使用的事实，其无效宣告请求的理由不能成立。

三、决定

维持200430007253.9号外观设计专利权有效。

当事人对本决定不服的，可以根据中国专利法第46条第2款的规定，自收到本决定之日起三个月内向北京市第一中级人民法院起诉。根据该款的规定，一方当事人起诉后，另一方当事人应当作为第三人参加诉讼。

包装纸（花生牛轧）

无效宣告请求审查决定（第 10146 号）

决 定 号	第 10146 号
决 定 日	2007 年 6 月 16 日
发明创造名称	包装纸（花生牛轧）
外观设计分类号	05-06
无效宣告请求人	冠生园（集团）有限公司
专 利 权 人	贵州华昌巧克力食品有限公司
专 利 号	200530006021.6
申 请 日	2005 年 3 月 9 日
授权公告日	2005 年 12 月 28 日
合议组组长	钱亦俊
主 审 员	李改平
参 审 员	张雪飞
附 图	1 页

法 律 依 据　专利法第 23 条

决 定 要 点

请求人提交的证据所示产品外观设计与本专利在图案及其布置上相近似，容易引起消费者混淆，足以证明在本专利申请日前已有与本专利相近似的外观设计在出版物上公开发表过，因此，本专利不符合专利法第 23 条的规定。

一、案由

本无效宣告请求涉及的是国家知识产权局于 2005 年 12 月 28 日授权公告的、名称为"包装纸（花生牛轧）"的外观设计专利，其申请号是 200530006021.6，申请日是 2005 年 3 月 9 日，专利权人是贵州华昌巧克力食品有限公司。

针对上述专利权（下称本专利），冠生园（集团）有限公司（下称请求人）于 2006 年 11 月 9 日向专利复审委员会提出无效宣告请求，其理由是：本专利与在先的外观设计专利相同，与已在国内公开销售的商品的包装纸相同，与他人在先取得的商标权相冲突，本专利不符合专利法第 23 条的规定。请求人提交了以下附件作为证据：

附件 1 是专利号为 92302909.5、产品名称为"糖果包装纸"、公告日为 1993 年 9 月 22 日的外观设计专利公报复印件；

附件2是专利号为92302937.0、产品名称为"糖果包装纸（1）"、公告日为1993年7月21日的外观设计专利公报复印件；

附件3是"沪工商嘉案处字（2004）第140200410030号"上海市工商行政管理局嘉定分局行政处罚决定书及图片复印件；

附件4是第214653号商标注册证、核准转让注册商标证明、核准变更商标注册人地址证明、核准续展注册证明的复印件。

附件5是本专利的公告信息及图片。

经形式审查合格，专利复审委员会受理了上述无效宣告请求，并于2006年12月7日将无效宣告请求书及相关材料副本转送给专利权人。要求其在指定期限内答复，并告知其不答复不影响专利复审委员会继续审理。专利权人逾期未答复。

专利复审委员会于2007年2月28日向双方当事人发出合议组成员告知通知书。双方当事人逾期未答复。

至此，合议组认为本案事实清楚，可以依法作出审查决定。

二、决定的理由

1. 法律依据

基于请求人提出的无效宣告请求理由，合议组对本专利是否符合专利法第23条的规定进行审查。

专利法第23条规定："授予专利权的外观设计，应当同申请日以前在国内外出版物上公开发表过或者国内公开使用过的外观设计不相同和不相近似，并不得与他人在先取得的合法权利相冲突。"

2. 证据认定

附件1是专利号为92302909.5、产品名称为"糖果包装纸"、公告日为1993年9月22日的外观设计专利公报复印件，经合议组核实内容属实。该专利公告日在本专利的申请日（2005年3月9日）之前，故该专利可以作为判断本专利是否符合专利法第23条的规定的证据。

3. 外观设计对比

观察本专利"包装纸（花生牛轧）"的外观设计，可以看到本专利左右两侧对称布置有方格图案，中间有两组相同的上下布局的花生壳和花生仁图案，两组花生壳和花生仁图案上方均有"GUIZHOUHUACHANG"拼音字母，左侧有"niuzha"拼音字母，下方有"花生牛轧"四个字（详见本专利附图）。

观察附件1专利公报所示的"糖果包装纸"的外观设计（下称在先设计），可以看到两侧对称布置有黑白相间的方格图案，中间有两组相同的上下布局的花生壳及果仁图案，两组花生壳及果仁图案的上方有"nuts"字样、左侧有"nuts nougat"英文字母，上方一组花生壳及果仁图案下方有"果仁牛轧"四个字（详见在先设计附图）。

由于本专利和在先设计都用于糖果包装纸，两者用途相同，故两者具有可比性。将在先设计和本专利进行对比，可以看到两者具有以下相同点：（1）两侧都有方格图案，且布局位置及列数相同；（2）都有两组花生壳图案，且位置大致相同；（3）都有"牛轧"字样。两者不同之处在于：（1）在先设计中使用了果仁图案，而本专利中使用的是花生仁图案；（2）在先设计中有"果仁牛轧"四个字，而本专利中使用的是"花生牛轧"四个字，两者字体不同；（3）在先设计中有"nuts"字样，而在对应部位本专利中使用的是"GUIZHOUHUACHANG"拼音字母。两者字体不同。对于以上不同之处，合议组认为，果仁图案与花生仁图案大小差异不大；"果仁牛轧"与"花生牛轧"以及"nuts"字样与"GUIZHOUHUACHANG"拼音字母，尽管字体有所不同，但排列位置基本相同。以上这些都属于细微区别，均不足以导致二者整体外观设计产生显著的视觉差别，因此合议组认为，本专利和在先设计属于相近似的外观设计。

4. 结论

综上，请求人提交的附件1专利公报证明在本专利申请日前已有与本专利相近似的外观设计在公开出版物上公开发表，故本专利不符合专利法第23条的规定。

鉴于已经得出本专利不符合专利法第23条的规定的结论，故对请求人提交的其他理由和证据不再作出评述。

三、决定

宣告200530006021.6号外观设计专利权全部无效。

当事人对本决定不服的，可以根据专利法第46条第2款的规定，自收到本决定之日起三个月内向北京市第一中级人民法院起诉。根据该款的规定，一方当事人起诉后，另一方当事人应当作为第三人参加诉讼。

本专利附图

在先设计附图

轮胎（HN329）

无效宣告请求审查决定（第 10148 号）

决 定 号	第 10148 号
决 定 日	2007 年 6 月 25 日
发明创造名称	轮胎（HN329）
外观设计分类号	12-15
无效宣告请求人	米其林沈阳轮胎有限公司
专 利 权 人	风神轮胎股份有限公司
专 利 号	200430010799.X
申 请 日	2004 年 10 月 12 日
授 权 公 告 日	2005 年 5 月 18 日
合议组组长	吴赤兵
主 审 员	张雪飞
参 审 员	徐清平
附 图	1 页
法 律 依 据	专利法第 23 条

决 定 要 点

（1）对于域外证据，请求人提交了证明真实性的公证认证文件和完整原件，在专利权人未提出相反证据足以推翻的情况下，其真实性应予以认定。

（2）在外观设计相近似性判断中，视觉不易被关注的局部细微差别和沿用传统的设计部分等均不足以对整体视觉效果产生显著的影响。

一、案由

本无效宣告请求涉及国家知识产权局于 2005 年 5 月 18 日授权公告的 200430010799.X 号外观设计专利，使用该外观设计的产品名称是"轮胎（HN329）"，其申请日是 2004 年 10 月 12 日，专利权人是风神轮胎股份有限公司。

针对上述外观设计专利权（下称本专利），米其林沈阳轮胎有限公司（下称请求人）于 2006 年 4 月 29 日向专利复审委员会提出无效宣告请求，其依据的事实和理由是：本专利与在其申请日以前出版的《2002 轮胎胎面设计指南国际版》中公开的一种米其林 XDY 型卡车轮胎的外观设计相同，一般消费者会将二者误认、混同，因此本专利不符合专利法第 23 条的规定，应予宣告无效。请求人同时提交了如下附件作为证据：

附件 1 是《2002 TREAD DESIGN GUIDE INTERNATIONAL EDITION》一书的部分页面及相关的公证认证文件和相应部分的中文译文共 29 页复印件；

附件 2 是本专利公报复印件 1 页。

专利复审委员会经形式审查合格受理了该无效宣告请求，并于 2006 年 6 月 14 日将无效宣告请求书及其附件的副本转送专利权人，通知其在指定期限内陈述意见。

专利权人于 2006 年 7 月 29 日提交了意见陈述书，认为附件 1 所示外观设计与本专利在胎面中部和两侧部分的花纹纹路设计上均不同，组成花纹的各花块的布局和比例关系也不同，并列表说明二者的不同之处；同时，专利权人结合本专利的设计过程和设计原理，说明本专利具有地面抓着力大、减少夹石子和基部裂口现象、提高轮胎单次里程、胎面花纹自洁性好和提高防侧滑性能、耐磨性能以及湿路面排水性能等特点；综上，专利权人认为附件 1 所示外观设计与本专利不相同且不相近似，应当维持本专利有效。

专利复审委员会依法成立合议组对本案进行审理，并于 2007 年 4 月 24 日将专利权人的意见陈述转送请求人；同时向双方当事人发出口头审理通知书，定于 2007 年 6 月 20 日进行口头审理，并告知专利权人在口头审理中核实请求人提交的证据原件。

请求人于 2007 年 5 月 29 日提交了意见陈述书，坚持其原有观点。

口头审理如期举行，仅有请求人一方委托代理人出庭，专利权人未出席口头审理，合议组依法进行缺席审理。在口头审理中，请求人坚持其原有观点，并当庭提交了附件 1 所示书刊、公证认证文件和中文译文的原件。

在上述审理的基础上，合议组经合议，认为本案事实清楚，依法作出本审查决定。

二、决定的理由

1. 法律依据

基于请求人提出无效宣告请求所依据的事实和理由，合议组对本专利是否符合专利法第 23 条的规定进行审查。

专利法第 23 条规定：授予专利权的外观设计，应当同申请日以前在国内外出版物上公开发表过或者国内公开使用过的外观设计不相同和不相近似，并不得与他人在先取得的合法权利相冲突。

2. 证据认定

请求人提交的附件 1 是《2002 TREAD DESIGN GUIDE INTERNATIONAL EDITION》一书的部分页面及相关的公证认证文件和相应部分的中文译文复印件，并在口头审理中提交了相关书刊、公证认证文件和中文译文的原件。针对附件 1，合议组认为：经核实《2002 TREAD DESIGN GUIDE INTERNATIONAL EDITION》一书的完整原件，根据其内记载的内容能够得知其为"2002 年第 6 期"和形成于"奥地利"等相关信息，因此该书属于在本专利申请日（2004 年 10 月 12 日）以前在域外形成的证据；而在请求人提交的相关公证认证文件中，其中中国驻奥地利大使馆领事部出具的"（2006）奥领认字第 0000272 号"《认证书》等系列公证认证文件证明了法院宣誓并经法院确认专家 Friedrich Lux 博士对于该书 2002 年的制作发行时间和相关页面的真实性、关联性的确认，同时中国驻法国大使馆出具的"（2006）法领认字第 0002589 号"《认证书》等系列公证认证文件证明了法国公证人 Me Pierre MONTAGNON 确认该书于 2002 年由 Friedrich Lux 出版的事实，从而请求人针对该书的真实性已履行了相应的证明手续，在专利权人未提出相反证据足以推翻的情况下，合议组对该书的真实性予以认定；因此该《2002 TREAD DESIGN GUIDE INTERNATIONAL EDITION》一书属于专利法第 23 条所规定的公开出版物，适用于本案。

3. 外观设计对比

在该《2002 TREAD DESIGN GUIDE INTERNATIONAL EDITION》一书的第 109 页中公开了一款 XDY 型轮胎胎面的外观设计（下称在先设计），由于在先设计与本专利均使用于轮胎，因此二者用途相同，属于相同类别的产品，具有可比性，故对二者的外观设计作如下对比：

本专利所示轮胎的基本形状同传统的环状轮胎；胎面中部为一列近似"Y"形的不规则单元形状连续排列形成的纹理，其左右各有一列近似"V"形的单元形状连续排列形成的纹理；轮胎侧表面另有局部的文字、图案设计（详见本专利附图）。

在先设计所示轮胎胎面中部为一列近似"Y"形的不规则单元形状连续排列形成的纹理，其左右各有一列近似"V"形的单元形状连续排列形成的纹理；其他部分不可见（详见在先设计附图）。

将本专利与在先设计相比较，其主要的不同点为：在先设计未显示轮胎整体形状，且本专利轮胎侧表面有局部的文字、图案设计。合议组认为：从整体视觉观察，本专利的局部文字、图案设计相对于其整体轮胎形状而言明显属于细微差别，不足以对其整体外观设计形状产生显著的视觉影响；且虽然在先设计未显示轮胎整体形状，但由于本专利在轮胎的基本形状设计上也未基于传统的环状轮胎形状作出视觉醒目的变化设计，因此二者的差别均不足以对二者的整体外观设计视觉效果产生显著的影响，二者应属于相近似的外观设计。

针对专利权人说明本专利具有多项特点的设计的主张，合议组认为：虽然通过调整轮胎胎纹型式的各项细部数据可能会导致使用过程中的不同使用效果，但是作为本案涉及的外观设计而言，各项细部数据的变化并未导致一般消费者对其产生明显不同的视觉观察效果，因此合议组对专利权人的主张不予支持。

综上所述，在本专利申请日以前已有与其相近似的外观设计在出版物上公开发表过，本专利不符合专利法第 23 条的规定。

三、决定

宣告 200430010799.X 号外观设计专利权全部无效。

当事人对本决定不服的，可以根据专利法第 46 条第 2 款的规定，自收到本决定之日起三个月内向北京市第一中级人民法院起诉。根据该款的规定，一方当事人起诉后，另一方当事人应当作为第三人参加诉讼。

 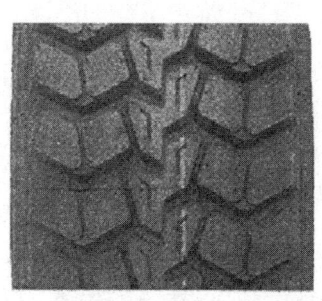 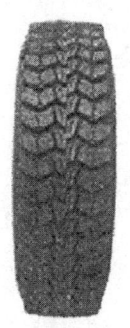 

立体图　　　　轮胎花纹局部放大图　　　　主视图　　　　左视图

本专利附图

在先设计附图

轮胎（HN205）

无效宣告请求审查决定（第10149号）

决 定 号	第10149号
决 定 日	2007年6月25日
发明创造名称	轮胎（HN205）
外观设计分类号	12-15
无效宣告请求人	米其林沈阳轮胎有限公司
专 利 权 人	风神轮胎股份有限公司
专 利 号	200430067110.7
申 请 日	2004年10月12日
授权公告日	2005年5月18日
合议组组长	吴赤兵
主 审 员	张雪飞
参 审 员	徐清平
附 图	1页
法律依据	专利法第23条

决 定 要 点

（1）对于域外证据，请求人提交了证明真实性的公证认证文件和完整原件，在专利权人未提出相反证据足以推翻的情况下，其真实性应予以认定。

（2）在外观设计相近似性判断中，视觉不易被关注的局部细微差别和沿用传统的设计部分等均不足以对整体视觉效果产生显著的影响。

一、案由

本无效宣告请求涉及国家知识产权局于2005年5月18日授权公告的200430067110.7号外观设计专利，使用该外观设计的产品名称是"轮胎（HN205）"，其申请日是2004年10月12日，专利权人是风神轮胎股份有限公司。

针对上述外观设计专利权（下称本专利），米其林沈阳轮胎有限公司（下称请求人）于2006年4月29日向专利复审委员会提出无效宣告请求，其依据的事实和理由是：本专利与在其申请日以前出版的《2002轮胎胎面设计指南国际版》中公开的一种米其林XTE2型卡车轮胎的外观设计相同，一般消费者会将二者误认、混同，因此本专利不符合专利法第23条的规定，应予宣告无效。请求人同时提交了如下附件作为证据：

附件1是《2002 TREAD DESIGN GUIDE INTERNATIONAL EDITION》一书的部分页面及相关的公证认证文件和相应部分的中文译文共29页复印件；

附件2是本专利公报复印件1页。

专利复审委员会经形式审查合格受理了该无效宣告请求，并于2006年6月14日将无效宣告请求书及其附件的副本转送专利权人，通知其在指定期限内陈述意见。

专利权人于2006年7月29日提交了意见陈述书，认为附件1所示外观设计仅为轮胎的胎面设计，因此本专利除胎面之外的其他外观设计特征（如轮胎的侧面形状、剖面形状等）均与在先的外观设计特征不相同且不相近似；同时专利权人结合本专利的设计过程和设计原理，说明本专利具有适用拖车、提高使用寿命、提高耐磨性能、提高抗湿滑性能、防止夹石子、利于排水、降低滚动阻力、提高胎肩的支撑性、提高花纹沟底抗裂口能力和保证抗侧滑能力等特点，从而基于上述设计形成的本专利胎面设计与附件1所示胎面设计也不相同且不相近似；另外，专利权人认为轮胎胎面在使用过程中不易被一般消费者见到，因此具有特定方向朝向的轮胎侧面的形状和图案设计是相近似性判断的主要考虑部分，且附件1所示外观设计仅为局部形状，不能作为整体比对的依据，同时附件1所示书刊收录的均是惯常设计，本专利改进了惯常设计，其外观设计变化更具有显著的影响；综上，专利权人认为附件1所示外观设计与本专利不相同且不相近似，应当维持本专利有效。

专利复审委员会依法成立合议组对本案进行审理，并于2007年4月24日将专利权人的意见陈述转送请求人；同时向双方当事人发出口头审理通知书，定于2007年6月20日进行口头审理，并告知专利权人在口头审理中核实请求人提交的证据原件。

请求人于2007年5月29日提交了意见陈述书，坚持其原有观点。

口头审理如期举行，仅有请求人一方委托代理人出庭，专利权人未出席口头审理，合议组依法进行缺席审理。在口头审理中，请求人坚持其原有观点，并当庭提交了附件1所示书刊、公证认证文件和中文译文的原件。

在上述审理的基础上，合议组经合议，认为本案事实清楚，依法作出本审查决定。

二、决定的理由

1. 法律依据

基于请求人提出无效宣告请求所依据的事实和理由，合议组对本专利是否符合专利法第23条的规定进行审查。

专利法第23条规定：授予专利权的外观设计，应当同申请日以前在国内外出版物上公开发表过或者国内公开使用过的外观设计不相同和不相近似，并不得与他人在先取得的合法权利相冲突。

2. 证据认定

请求人提交的附件1是《2002 TREAD DESIGN GUIDE INTERNATIONAL EDITION》一书的部分页面及相关的公证认证文件和相应部分的中文译文复印件，并在口头审理中提交了相关书刊、公证认证文件和中文译文的原件。针对附件1，合议组认为：经核实《2002 TREAD DESIGN GUIDE INTERNATIONAL EDITION》一书的完整原件，根据其内记载的内容能够得知其为"2002年第6期"和形成于"奥地利"等相关信息，因此该书属于在本专利申请日（2004年10月12日）以前在域外形成的证据；而在请求人提交的相关公证认证文件中，其中中国驻奥地利大使馆领事部出具的"（2006）奥领认字第0000272号"《认证书》等系列公证认证文件证明了法院宣誓并经法院确认专家Friedrich Lux博士对于该书2002年的制作发行时间和相关页面的真实性、关联性的确认，同时中国驻法国大使馆出具的"（2006）法领认字第0002589号"《认证书》等系列公证认证文件证明了法国公证人Me Pierre MONTAGNON确认该书于2002年由Friedrich Lux出版的事实，从而请求人针对该书的真实性已履行了相应的证明手续，在专利权人未提出相反证据足以推翻的情况下，合议组对该书的真实性予以认定；因此该《2002 TREAD DESIGN GUIDE INTERNATIONAL EDITION》一书属于专利法第 23 条所规定的公开出版物，适用于本案。

3. 外观设计对比

在该《2002 TREAD DESIGN GUIDE INTERNATIONAL EDITION》一书的第 109 页中公开了一款 XTE2 型轮胎胎面的外观设计（下称在先设计），由于在先设计与本专利均使用于轮胎，因此二者用途相同，属于相同类别的产品，具有可比性，故对二者的外观设计作如下对比：

本专利所示轮胎的基本形状同传统的环状轮胎；胎面中部排列三条近似折线状双波纹形纹理，其左右为平滑面，边缘排列凹槽；轮胎侧表面另有局部的文字、图案设计（详见本专利附图）。

在先设计所示轮胎胎面中部排列三条近似折线状双波纹形纹理，其左右为平滑面，边缘排列凹槽；其他部分不可见（详见在先设计附图）。

将本专利与在先设计相比较，其主要的不同点为：在先设计未显示轮胎整体形状，且本专利轮胎侧表面有局部的文字、图案设计。合议组认为：从整体视觉观察，本专利的局部文字、图案设计相对于其整体轮胎形状而言明显属于细微差别，不足以对其整体外观设计形状产生显著的视觉影响；且虽然在先设计未显示轮胎整体形状，但由于本专利在轮胎的基本形状设计上也未基于传统的环状轮胎形状作出视觉醒目的变化设计，因此二者的差别均不足以对二者的整体外观设计视觉效果产生显著的影响，二者应属于相近似的外观设计。

针对专利权人说明本专利具有多项特点的改进的主张，合议组认为：虽然通过调整轮胎胎纹型式的各项细部数据可能会导致使用过程中的不同使用效果，但是作为本案涉及的外观设计而言，各项细部数据的变化并未导致一般消费者对其产生明显不同的视觉观察效果，因此合议组对专利权人的上述主张不予支持。

针对专利权人认为轮胎胎面属于在使用过程中不易被见到的部位及相关设计为惯常设计等主张，合议组认为：作为轮胎的一般消费者，正如专利权人也在意见陈述书中陈述过的，由于轮胎胎面的设计作为构成整体轮胎与地面的直接接触面的外围轮廓的醒目设计，其决定了轮胎的各项安全性、优越性等特征，因此其正属于一般消费者在选购所使用的轮胎时需要重点考虑的部位，并非不易见到的部位；同时通过该《2002 TREAD DESIGN GUIDE INTERNATIONAL EDITION》一书收录的各式各样的胎面设计，说明了轮胎胎面设计的广大设计空间，更加印证了本专利在现有技术上所作出的改进从外观设计的角度上并未导致显著的视觉差别的结论；因此合议组对专利权人的上述主张不予支持。

综上所述，在本专利申请日以前已有与其相近似的外观设计在出版物上公开发表过，本专利不符合专利法第 23 条的规定。

三、决定

宣告 200430067110.7 号外观设计专利权全部无效。

当事人对本决定不服的，可以根据中国专利法第 46 条第 2 款的规定，自收到本决定之日起三个月内向北京市第一中级人民法院起诉。根据该款的规定，一方当事人起诉后，另一方当事人应当作为第三人参加诉讼。

立体图

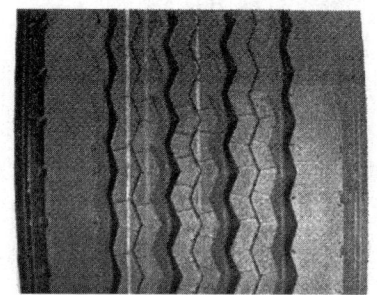
轮胎花纹局部放大图

主视图

左视图

本专利附图

在先设计附图

淋浴喷头

无效宣告请求审查决定（第 10150 号）

决 定 号	第 10150 号
决 定 日	2007 年 6 月 26 日
发明创造名称	淋浴喷头
外观设计分类号	23-02
无效宣告请求人	开平市美艺卫浴有限公司，涂如梅
专 利 权 人	陈钦林
专 利 号	200530050185.9
申 请 日	2005 年 1 月 5 日
授 权 公 告 日	2005 年 9 月 28 日
合 议 组 组 长	吴赤兵
主 审 员	徐清平
参 审 员	李巍巍
附 图	1 页
法 律 依 据	专利法第 23 条

决 定 要 点

本专利与在先设计所示淋浴喷头或水龙头的透明圆盘、圆环和把手相结合的设计相对于其水管部分具有更加显著的视觉效果，在整体视觉效果中亦为主体部分，其水管部分的形状、长短比例关系等差异对二者所述相同部分形成的整体视觉效果不具显著影响，其属于相近似的外观设计。

一、案由

本无效宣告请求涉及的是国家知识产权局于 2005 年 9 月 28 日授权公告的 200530050185.9 号外观设计专利，使用该外观设计的产品名称为"淋浴喷头"，申请日是 2005 年 1 月 5 日，专利权人是陈钦林。

针对上述专利权（下称本专利），开平市美艺卫浴有限公司（下称请求人 1）于 2007 年 2 月 15 日向专利复审委员会提出无效宣告请求，其依据的事实和理由是：本专利与 2004 年出版的《慧聪商情广告》所刊登的淋浴喷头外观设计相同，并与 2002 年公告的德国外观设计文献所示淋浴喷头外观设计相同，因此，本专利不符合专利法第 23 条的规定。请求人 1 同时提交了如下附件作为证据：

附件1：2004年5月1日版《慧聪商情广告》封面和相关内页复印件共3页；

附件2：2004年7月1日版《慧聪商情广告》封面和相关内页复印件共3页；

附件3：2004年8月1日版《慧聪商情广告》封面和相关内页复印件共5页；

附件4：40200259.8号德国外观设计文献复印件及其中文译文共10页。

经形式审查合格，专利复审委员会受理了上述无效宣告请求，并于2007年2月15日将无效宣告请求书及其附件的副本转送给专利权人，要求其在指定期限内陈述意见。

2007年3月15日请求人1补充提交了意见陈述，请求人认为：其补充提交的证据中附件5~7可证明本专利外观设计产品已于2004年公开销售，附件8~11可证明本专利外观设计早在2004年5月已经公开发表，根据专利法第23条的规定应宣告本专利无效。请求人补充提交的证据如下（编号续前）：

附件5：盖开平市新科五金电镀有限公司印章的证明复印件1页；

附件6：盖开平市新科五金电镀有限公司印章的收货单复印件3张；

附件7：盖开平市新科五金电镀有限公司印章的对账表复印件1页；

附件8：国家工商行政管理总局"关于同意利用《慧聪商情广告》印刷品发布广告的批复"复印件1页；

附件9：盖有北京工商行政管理局行政许可专用章和慧聪商情广告（北京）有限公司印章的"名称变更通知"及"名称变更证明"复印件各1页；

附件10：慧聪商情广告（北京）有限公司营业执照复印件1页；

附件11：北京市公证处"（2007）京证内字第02269号"公证书复印件1份；

附件12：盖有鹤山市工商信息中心印章的"企业机读档案登记资料"复印件1页。

针对本专利，涂如梅（下称请求人2）于2007年2月15日向专利复审委员会提出无效宣告请求，其与请求人1所依据的事实、理由和提交的证据均相同，并于前述相同日期提交了与请求人1相同的补充意见陈述和证据。

2007年4月2日专利权人针对请求人1、请求人2（下统称请求人）的无效宣告请求提交了意见陈述书，专利权人认为：请求人提交的附件1~3为复印件，无法确认其真实性，并且所示《慧聪商情广告》无任何能证明其为公开出版物的刊号或其他证明文号，不能作为公开出版物证明本专利缺乏新颖性；附件4所示外观设计与本专利不相同且不相近似，并将其进行了详细分析对比，本专利公开了个较长且带有一定弯曲弧度的水管部，仰视图中还公开了其管体内腔结构，这些内容在附件所示外观设计中均无体现，二者存在明显差别；因此应维持本专利有效。

专利复审委员会成立合议组对本案进行审理，于2007年5月9日分别向请求人和专利权人发出口头审理通知书，定于2007年6月19日对本案进行口头审理。同时将上述请求人和专利权人的意见陈述分别转送给对方。

口头审理如期举行，合议组将上述两次无效宣告请求合并审理，专利权人本人及请求人、专利权人双方委托的代理人参加了审理。双方对对方参加口头审理人员的身份和资格没有异议，对合议组成员没有回避请求。请求人当庭提交附件1~3的原件、盖有国家知识产权局专利检索咨询中心副本认证专用章的附件4、附件5~7的原件、盖有慧聪商情广告北京有限公司印章的附件8~10、附件12的原件。专利权人当庭核实上述证据，明确表示除附件5外对其他证据的真实性无异议；并认为附件5是2007年的证明，不足以证明2004年的事实，而且该附件没有图，其与本案没有关系；附件6、附件7是企业内部单据，证明不了任何事实；附件8~10用于证明出版物合法与否，与本案没有直接关系；附件12与本案亦没有关联性。请求人当庭指出了上述证据中用于与本专利作对比的具体外观设计，双方将本专利与对比外观设计分别进行了详细对比，充分发表了各自意见，专利权人认为本专利与对比设计在上部分的把手、圆盘大致是相近似的，但下部水管部分本专利是高的、弯的而对比设计是矮的、直的，其差别明显，并且水管部涉及产品的用途，本专利可以直接装在墙上作淋浴喷头使用，与对比设计的水龙头分类号不同，其不是同类产品。

通过上述审理，在双方当事人意见陈述及口头审理的基础上，合议组经合议，认为本案事实清楚，依法作出本审查决定。

二、决定的理由

1. 基于请求人提出无效宣告请求所依据的事实和理由，合议组对本专利是否符合专利法第23条的规定进行审查。专利法第23条规定：授予专利权的外观设计，应当同申请日以前在国内外出版物上公开发表过或者国内公开使用过的外观设计不相同和不相近似，并不得与他人在先取得的合法权利相冲突。

2. 请求人提交的作为证据的附件2是2004年7月1日版《慧聪商情广告》封面和相关内页复印件，请求人在口头审理中当庭提交了其整本原件，专利权人对其真实性无异议，合议组对该证据予以采信；在该《慧聪商情广告》的封面载有发行时间为"2004.07.01"字样和"全国版29期、月讯"字样，并载有其主办单位为北京市慧聪广告有限公司，及国印广登字许可证号，合议组认为，根据所述信息，其作为定期发行的广告宣传性印刷材料，应属用以向不特定公众发行，属于专利法所规定的出版物，且为本专利申请日前的公开出版物，可以作为判断本专利是否符合专利法第23条规定的证据。

3. 附件2中刊载有一款"碧丽丹"品牌卫浴洁具产品的水龙头外观设计（下称在先设计），其所示产品与本专利淋浴喷头虽为不同产品且外观设计分类号也不相同，但二者均为卫浴洁具产品中用于开关控制、喷出或流出水流的产品，其用途相近，根据审查指南的规定，判断两种产品类别是否相同或相近以其用途是否相同或相近为标准，外观设计分类号仅作参考，因此，鉴于二者用途相近，其属于相近类别的产品，故对二者外观设计作如下对比：

本专利所示淋浴喷头设有一倾斜的透明圆盘，盘正面中部有略突出圆环，圆环中心部伸出细长杆状把手，圆盘的背面在中心部与水管相连，该水管为带有一定弧度的弯曲状，由仰视图可见该水管内腔有多孔设计。详见本专利附图。

在先设计所示水龙头设有一倾斜的透明圆盘，盘正面中部有略突出圆环，圆环中心部伸出细长杆状把手，圆盘的背面在中心部与水管相连，该水管为直管状（详见在先设计附图）。

将本专利与在先设计相比较，二者不同之处主要在于其水管的形状及其长短比例，以及在先设计未显示出水管内腔设计；除此之外，二者所示透明圆盘、圆环和把手设计均基本相同。合议组认为，本专利与在先设计所示淋浴喷头或水龙头的透明圆盘、圆环和把手相结合的设计相对于其水管部分具有更加显著的视觉效果，在整体视觉效果中亦为主体部分，其水管部分位于圆盘之后或之下，虽从侧面或透过圆盘为可见部分，但为非视觉中心部位，故本专利与在先设计在水管部分的形状、长短比例关系等差异对二者前述相同部分形成的整体视觉效果不具显著影响，至于本专利的水管内腔设计在使用状态下为不可见的内部结构，其对二者视觉效果不构成影响，因此，本专利与在先设计属于相近似的外观设计。

综上所述，本专利与其申请日前在出版物上公开发表过的外观设计相近似，因此，本专利不符合专利法第23条的规定。

鉴于上述已得出本专利不符合专利法第 23 条规定的结论，本决定对请求人提出的其他理由和证据不作评述。

三、决定

宣告 200530050185.9 号外观设计专利权全部无效。

当事人对本决定不服的，可以根据专利法第 46 条第 2 款的规定，自收到本决定之日起三个月内向北京市第一中级人民法院起诉。根据该款的规定，一方当事人起诉后，另一方当事人应当作为第三人参加诉讼。

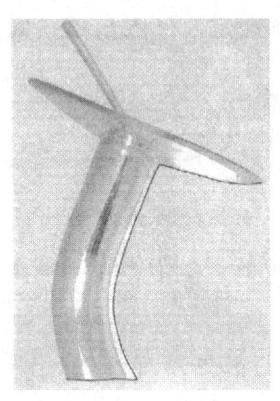 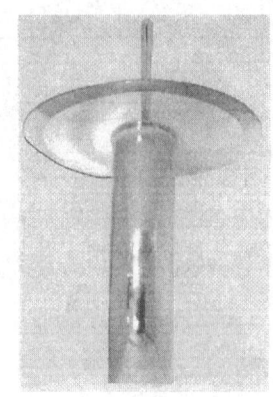 

主视图　　　　　左视图　　　　　右视图

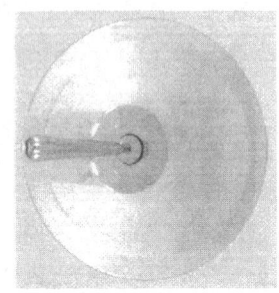 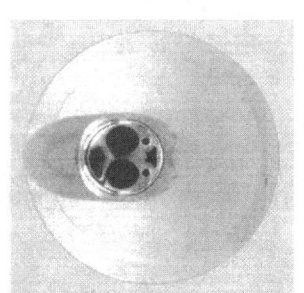 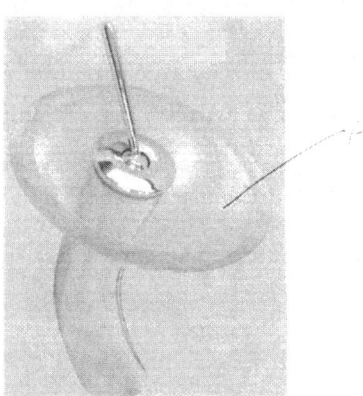

俯视图　　　　　仰视图　　　　　立体图

本专利附图

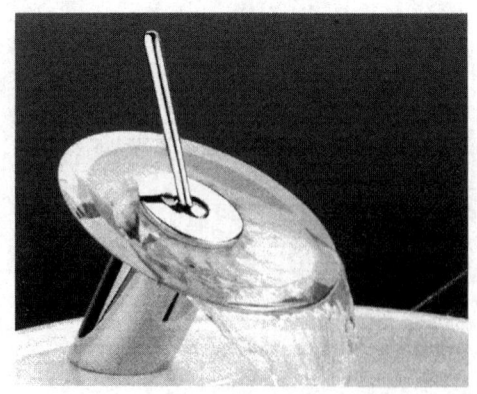

在先设计附图

电吹风机（DJ-1502）

无效宣告请求审查决定（第 10157 号）

决 定 号	第 10157 号
决 定 日	2007 年 6 月 24 日
发明创造名称	电吹风机（DJ-1502）
外观设计分类号	28-03
无效宣告请求人	松下电工株式会社
专 利 权 人	上海大金科技有限公司，日本大金株式会社
申 请 号	200430082235.7
申 请 日	2004 年 9 月 23 日
授权公告日	2005 年 5 月 25 日
合议组组长	王晓云
主 审 员	刘 亚
参 审 员	孙跃飞
附 图	2 页

法 律 依 据 专利法第 23 条

决 定 要 点

若本专利外观设计与在先设计的差别只是局部的细微变化，其在该产品的整体设计中只占很小的一部分，一般消费者容易将本专利外观设计与在先设计误认、混同，这些差别对该产品外观设计的整体视觉效果不足以产生显著的影响，则本专利外观设计与在先设计相近似，本专利不符合专利法第 23 条的规定。

一、案由

本无效宣告请求涉及国家知识产权局于 2005 年 5 月 25 日授权公告的、名称为"电吹风机（DJ-1502）"的 200430082235.7 号外观设计专利权（下称本专利），其申请日是 2004 年 9 月 23 日，专利权人是上海大金科技有限公司、日本大金株式会社。

针对上述专利权，松下电工株式会社（下称请求人）于 2005 年 11 月 30 日向专利复审委员会提出无效宣告请求，其理由是本专利不符合专利法第 23 条和专利法实施细则第 13 条第 1 款的规定。请求人同时提交了以下附件：

附件 1：授权委托书；

附件 2-1：第 200430082235.7 号中国外观设计专利（即本专利）的授权公告书，申请日为 2004

年9月23日，授权公告号为CN3450102D，授权公告日为2005年5月25日，复印件共1页；

附件2-2：第200430082233.8号中国外观设计专利的授权公告书，申请日为2004年9月23日，授权公告号为CN3450101D，授权公告日为2005年5月25日，复印件共1页；

附件3：日本意匠登录第1091069号意匠公报，授权公告日为2000年11月20日，复印件共6页。

请求人认为：（1）在本专利申请日前附件3已经公开，本专利与附件3都属于吹风机，二者的主体完全相同，手柄和主体的大小比例、连接位置相同，夹角相同，区别在于手柄上的开关位置和形状不同，但对于整体形状而言是局部的区别，二者的差别对于产品的整体视觉效果不具有显著的影响，本专利外观设计与附件3外观设计相近似，本专利不符合专利法第23条的规定。（2）附件2-2是本专利的专利权人在同一天申请、同一天授权的外观设计专利，本专利与附件2-2相比，除了吹风盖的头部不同之外其余完全相同，附件2-2吹风盖的头部内凹比本专利大一点，但二者都是内凹，二者的差别对产品的整体视觉效果不具有显著的影响，本专利外观设计与附件2-2外观设计相近似，二者是同样的发明创造性，因此本专利不符合专利法实施细则第13条第1款的规定。

经形式审查合格后，专利复审委员会受理了上述无效宣告请求，于2006年6月12日向双方当事人发出《无效宣告请求受理通知书》，并将《专利权无效宣告请求书》及其附件清单中所列附件的副本转送给专利权人，要求其在收到本通知书之日起一个月内答复，期满不答复的不影响专利复审委员会审理。专利权人逾期未作答复。

2007年1月8日，本案合议组向双方当事人发出《合议组成员告知通知书》，指出若对合议组成员有回避请求，请在收到本通知书之日起7日内提交书面请求，逾期未答复，视为无回避请求。针对上述通知书，请求人和专利权人均未作答复。

至此，合议组认为本案事实清楚，可以依法作出审查决定。

二、决定的理由

1. 法律依据

专利法第23条规定：授予专利权的外观设计，应当同申请日以前在国内外出版物上公开发表过或者国内公开使用过的外观设计不相同和不相近似，并不得与他人在先取得的合法权利相冲突。

2. 证据认定

请求人提交的附件2-2是中国外观设计专利公报，附件3是日本意匠公报，经核查，合议组对附件2-2和附件3的真实性予以认可。附件3的授权公告日为2000年11月20日，在本专利申请日前，因此附件3可以用于评价本专利是否符合专利法第23条的规定。附件2-2是与本专利同一日申请的另一项外观设计专利，其与本专利属于同一专利权人，可以作为有效证据用于评价本专利是否符合专利法实施细则第13条第1款的规定。

3. 相近似判断

本专利产品名称为"电吹风机（DJ-1502）"，附件3公开了一种电吹风机产品，二者用途相同，属于相同类别的产品，具有可比性。

本专利的授权公告文本包括六面视图的主视图、后视图、左视图、右视图、仰视图和俯视图，未要求保护色彩。由上述视图可以看出，本专利的电吹风机主要由手柄、机身和集风嘴组成。从主视图看，电吹风机的整体形状类似数字"7"。从六面视图看，机身主体为粗圆筒形，前端为出风口，后端为半球体形状的进风口，机身主体由后向前略微收缩，半球体进风口中央为球冠形状的进风格栅，右视图显示进风格栅呈现粗网格图案，在半球体左右两侧各有一个小椭圆，主视图显示左侧小椭圆中写有"1200W"字样；手柄为短而细的圆柱形，略微倾斜，与机身形成一定的夹角，手柄上端连接在机身半球体的下方，手柄下端连接电源线，在出风口一侧的手柄与机身连接部位设有圆形小按钮，在进风口一侧的手柄与机身连接部位设有小开关，手柄与电源线连接部位设有可悬挂的小圆环，手柄右下端贴有标签；集风嘴位于机身出风口处，沿机身轴向向前延伸一小段，然后急剧收缩，最前端收缩为径向扩张的扁平喇叭口（参见本专利附图）。

附件3（下称在先设计）公开了一种吹风机产品，该产品外观设计包括主视图、右视图、左视图、俯视图、仰视图、立体图、剖面图和折叠状态主视图，其主视图与后视图对称。在先设计的吹风机也是由手柄、机身和集风嘴组成。从立体图和主视图看，吹风机的整体形状类似数字"7"。从主视图、右视图、左视图、俯视图和仰视图来看，机身主体为粗圆筒形，前端为出风口，后端为半球体形状的进风口，机身主体由后向前略微收缩，半球体进风口中央为球冠形状的进风格栅，半球体左右两侧各有一个圆圈，右视图显示进风格栅呈现细网格图案；手柄为短而细的圆柱形，略微倾斜，与机身形成一定的夹角，手柄上端连接在机身半球体的下方，手柄下端连接电源线，在出风口一侧的手柄上设有长条形开关；集风嘴位于机身出风口处，沿机身轴向向前延伸一小段，然后急剧收缩，最前端收缩为径向扩张的扁平喇叭口（参见在先设计附图）。

将本专利与在先设计相比较，可以发现二者在机身、手柄和集风嘴的形状、大小比例、连接位置方面相同，机身与手柄的夹角也基本相同，二者的区别主要在于：（1）本专利在机身半球体左右两侧各有一个小椭圆图案，左侧小椭圆中写有"1200W"字样，而在先设计在机身半球体左右两侧各有一个圆圈图案；（2）本专利在出风口一侧的手柄与机身连接部位设有圆形小按钮，在进风口一侧的手柄与机身连接部位设有小开关，而在先设计只是在出风口一侧的手柄上设置了一长条形开关，此外本专利在手柄与电源线连接部位设有可悬挂的小圆环，手柄右下端贴有标签，而在先设计没有这样的设计；（3）本专利进风格栅为粗网格图案，在先设计的进风格栅为细网格图案。

合议组认为，根据整体观察、综合判断的原则，虽然本专利的电吹风机与在先设计的吹风机在机身半球体左右两侧图案的形状、手柄上开关和按钮的具体形状与位置、进风格栅以及手柄下端可悬挂的小圆环方面存在上述差别，但是这些差别只是局部的细微变化，其在电吹风机产品的整体设计中只占很小的一部分，一般消费者容易将本专利的外观设计与在先设计误认、混同，上述差别对该电吹风机产品外观设计的整体视觉效果不足以产生显著的影响，因此本专利与在先设计属于相近似的外观设计，本专利不符合专利法第23条的规定。

鉴于以上已经得出本专利不符合专利法第23条规定的结论，合议组对于请求人所主张的本专利不符合专利法实施细则第13条第1款规定的理由和事实不予评述。

基于上述理由，合议组作出如下决定。

三、决定

宣告200430082235.7号外观设计专利权无效。

当事人对本决定不服的，可以根据专利法第46条第2款的规定，在收到本决定之日起三个月内向北京市第一中级人民法院起诉，根据该款的规定，一方当事人起诉后，另一方当事人应当作为第三人参加诉讼。

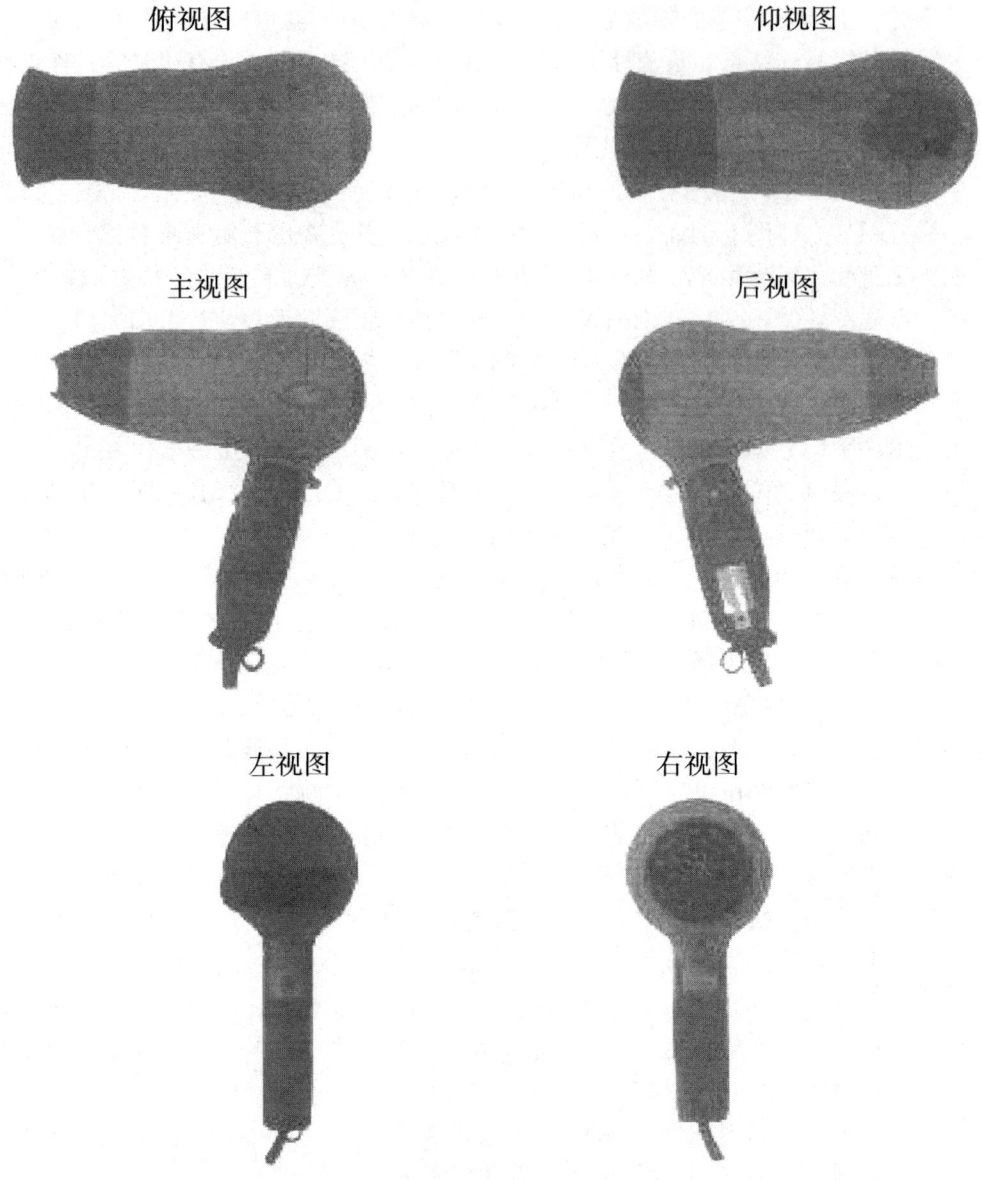

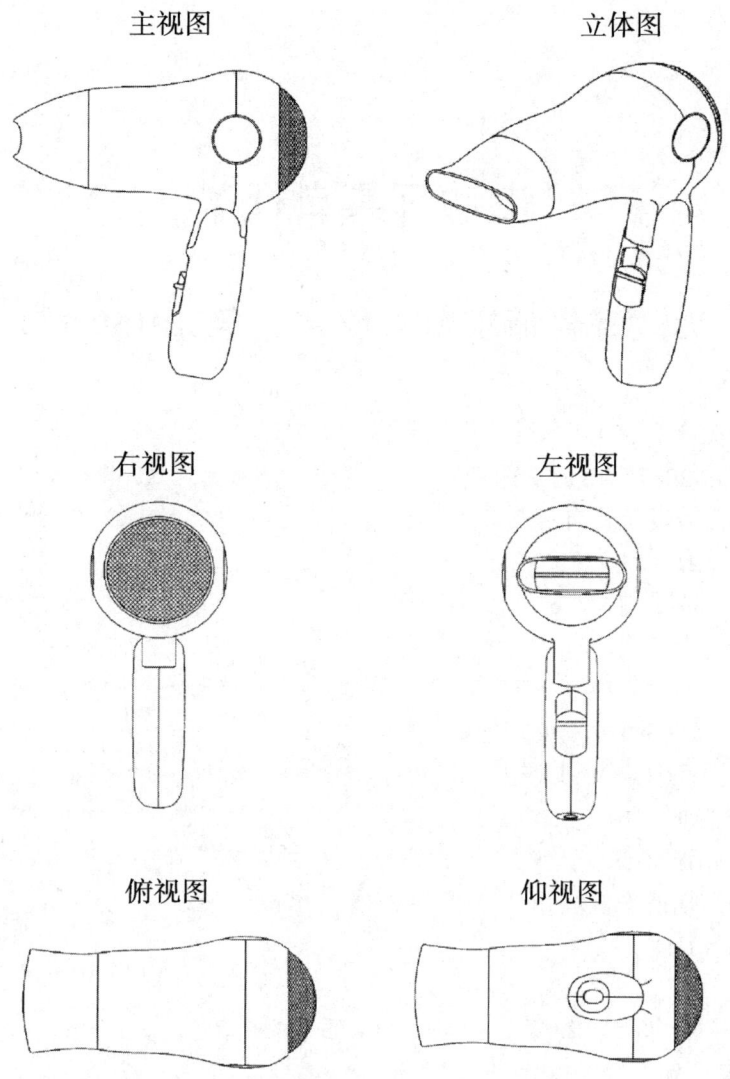

在先设计附图

电动玩具自行车

无效宣告请求审查决定（第 10159 号）

决　定　号	第 10159 号
决　定　日	2007 年 6 月 26 日
发明创造名称	电动玩具自行车
外观设计分类号	21—01
无效宣告请求人	陈小满
专　利　权　人	李汉明
专　利　号	03319770.9
申　　请　　日	2003 年 2 月 25 日
授　权　公　告　日	2003 年 9 月 17 日
合议组组长	钟　华
主　审　员	张跃平
参　审　员	徐清平
附　　　图	1 页

法　律　依　据　专利法第 23 条

决　定　要　点

依据最高人民法院法释（2002）21 号《关于行政诉讼若干问题的规定》第 64 条的规定：以有形载体固定或者显示的电子数据交换、电子邮件以及其他数据资料，其制作情况和真实性经对方当事人确认，或者以公证等其他有效方式予以证明的，与原件具有同等的证明效力。法院生效判决依据上述规定认为，美佳玩具网系一家独立经营的网站，在没有相反证据证明附件 2~4 记载的内容不真实的情况下，应认定该网站上载内容的真实性。其中附件 2~4 是三份经过公证的"美佳玩具网"的网络内容。

一、案由

本无效宣告请求涉及的是 2003 年 9 月 17 日国家知识产权局授权公告的 03319770.9 号外观设计专利，其名称是"电动玩具自行车"，申请日是 2003 年 2 月 25 日，专利权人是李汉明。

针对上述外观设计专利权（下称本专利），2003 年 11 月 18 日陈小满（下称请求人）向专利复审委员会提出无效宣告请求，其理由是本专利不符合专利法第 23 条和专利法实施细则第 2 条第 3 款的规定。请求人认为本专利产品在其申请日以前已在国内公开使用过和在出版物上公开发表过，且本专利不是新设计。请求人同时提交了作为证据的 1 个附件：

附件1是由香港标准出版社于2003年2月印刷出版的《玩具总汇》一书的封面、封二、封三、封底、目录页和第1505页复印件。（请求人后于2003年11月24日向专利复审委员会提交了附件1的整本原件。合议组口头审理后将其归还请求人。）

专利复审委员会根据无效宣告请求审查程序的规定受理了该无效宣告请求，并将请求人的无效宣告请求文件的副本转送专利权人。

请求人于2003年12月18日主动提交意见陈述书，坚持其原有观点，并认为本专利在其申请日以前已在互联网上公开过，同时补充了15个附件作为证据：（编号续前）

附件2是由汕头市公证处作出的"（2003）汕市证经字第434号公证书"，内附操作过程和网页打印件；

附件3是由汕头市公证处作出的"（2003）汕市证经字第442号公证书"，内附操作过程和网页打印件；

附件4是由汕头市公证处作出的"（2003）汕市证经字第463号公证书"，内附操作过程和网页打印件；

附件5是由广东龙湖律师事务所签章和两自然人签字的陈述书；

附件6是由专利权人和澄海市雅得塑胶玩具有限公司签订的《专利实施许可合同》；

附件7是雅得玩具样页复印件；

附件8是产品包装照片；

附件9是由汕头市公证处作出的"（2003）汕市证内字第1515号公证书"，内附协助调查函、证明和托运单复印件；

附件10是由汕头市公证处作出的"（2003）汕市证内字第1516号公证书"，内附协助调查函、结算单、证明和样页复印件；

附件11是由义乌市公证处作出的"（2003）浙义证民字第8074号公证书"，内附证言；

附件12是由义乌市公证处作出的"（2003）浙义证民字第8066号公证书"，内附证明复印件；

附件13是由义乌市公证处作出的"（2003）浙义证民字第8067号公证书"，内附装箱单复印件；

附件14是由义乌市公证处作出的"（2003）浙义证民字第8068号公证书"和单据中译文，公证书内附单据复印件；

附件15是由义乌市公证处作出的"（2003）浙义证民字第8075号公证书"，内附证言；

附件16是由义乌市公证处作出的"（2003）浙义证民字第8070号公证书"，内附凭条复印件。

专利复审委员会于2004年7月30日将请求人补充提交的意见陈述及附件的副本转送专利权人，并同时向双方当事人发出口头审理通知书，定于2004年9月16日对本案进行口头审理。

口头审理如期举行，请求人及其代理人出庭，专利权人委托代理人出庭。在口头审理中，请求人坚持其原有观点，并当庭提交了附件7的原件，当庭演示了相关网页的搜索过程（相应网页上已无相关产品）和附件8所示的产品实物，并由附件15中证言的出证人田铉根出庭作证和接受质证。专利权人声明对请求人提交的附件1所示的《玩具总汇》一书和所有以公证书形式出具的证据本身的真实性无异议；但认为附件1的公开日期是在本专利申请日后；附件2～4所示的网络证据中的网络数据可变性大，其真实性、有效性和关联性值得怀疑；附件5仅是对方代理人的一面之词，不可采信；附件6与本案无关；附件7～8无法证明其上所示产品的公开日期；附件9～10中证明、托运单和结算单的真实性和关联性不能确认；附件11中仅凭证人证言不足为证；附件12～14中未体现相关产品的外观设计；附件15～16及证人出庭作证的真实性、有效性和关联性也值得怀疑；基于上述，专利权人认为本专利应予维持。针对专利权人的反驳意见，请求人认为附件2～4对电子证据的保全公证书具有与原件同等的证据效力,尽管所示的网上资料现已被删除,但经过三次证据保全,应当作为认定事实的依据,电子证据灭失的原因是基于专利权人和网站所属企业的利害关系。请求人当庭提交了网页搜索演示提纲及演示内容和展售发布情况。

口头审理结束后,请求人于2004年10月9日提交了补充代理意见,坚持其原有观点,并补充了《汕头特区晚报》、报价单和联合国决议等附件。

经过上述审理,合议组认为本案事实清楚,于2004年11月24日作出第6596号无效宣告请求审查决定,维持本专利权有效。其理由是:附件1所示的《玩具总汇》一书上标明印刷于2003年2月,因此其公开日期应视为2003年2月的最后一天,即属于本专利申请日(2003年2月25日)以后公开的出版物,不适用于本案,虽然附件5中由两位律师对该书的实际公开日期作了陈述,但其内容仅是转述他人的意见,在未能对相关知情人进行质证并且缺少其他证据的有力支持下,不足以作为认定事实的依据,合议组不予采信;而附件2~4所示公证书的公证事项均为网络证据保全,虽然通过公证书能够认定公证当时的网络信息资源状态,但由于在实际生活中对网络数据实施变动的可操作性很强,网络信息资源处于极不稳定的状态,且三份公证书的公证日期均在本专利申请日后,公证的内容是通过网络追溯以前的事实,因此仅凭公证书不足以确定本专利申请日以前的真实的网络信息资源状态,在没有其他证据的支持下,请求人仅依靠附件5中转述的他人证言加以补充,由于转述证言本身未经质证,不能作为有效证据,因此合议组对请求人提出的上述主张不予支持。

附件6的签订日期在本专利申请日后,附件7和附件8本身未能体现其上所示产品的公开日期,因此均不能作为本案的有效证据,合议组不予认定。请求人提交的附件9是由汕头市公证处作出的"(2003)汕市证内字第1515号公证书",内附协助调查函、证明和托运单复印件;附件10是由汕头市公证处作出的"(2003)汕市证内字第1516号公证书",内附协助调查函、结算单、证明和样页复印件;附件11是由义乌市公证处作出的"(2003)浙义证民字第8074号公证书",内附证言。请求人以此证明本专利产品在其申请日以前已流入浙江义乌市场。针对上述附件,合议组认为:由于请求人未能出示相关的托运单和结算单等原始单据的原件或者公证件,且相关证明的出证人均未出庭作证并接受质证,专利权人对其真实性也存有异议,因此合议组对上述证据不予采信。

请求人提交的附件12是由义乌市公证处作出的"(2003)浙义证民字第8066号公证书",内附证明复印件;附件13是由义乌市公证处作出的"(2003)浙义证民字第8067号公证书",内附装箱单复印件;附件14是由义乌市公证处作出的"(2003)浙义证民字第8068号公证书"和单据中译文,公证书内附单据复印件;附件15是由义乌市公证处作出的"(2003)浙义证民字第8075号公证书",内附证言;附件16是由义乌市公证处作出的"(2003)浙义证民字第8070号公证书",内附凭条复印件。请求人以此证明本专利产品在其申请日以前已经由浙江义乌市场出口韩国。针对上述附件,合议组认为:因其内容涉及的是商品出口事项,不属于中国专利法第23条所规定的国内的使用公开行为,因此不适用于本案;虽然附件15中证言的出证人田铉根出庭作证曾于2003年2月上旬从浙江义乌市场订购了相关商品,但在没有相应原始单据的情况下,仅依靠单纯的证人证言不足以作为认定事实的依据,合议组不予采信。

对于请求人在2004年10月9日补充的网页搜索演示提纲及演示内容、展售发布情况、《汕头特区晚报》、报价单和联合国决议等附件,合议组认为:虽然网页搜索演示提纲及演示内容、展售发布情况、《汕头特区晚报》和联合国决议等证据是对原有证据和观点的补强,但均不涉及本专利是否构成使用公开或者出版物公开的具体事实认定,因此均不足以支持请求人的无效宣告请求的理由;对于报价单,根据专利法实施细则第66条的规定,在专利复审委员会受理无效宣告请求后,请求人可以在提出无效宣告请求之日起1个月内增加理由或者补充证据。逾期增加理由或者补充证据的,专利复审委员会可以不予考虑，而请求人增加的该证据已超出了法律规定的提交期限，且属于新的证据，因此合议组对该证据不予考虑。

据此，合议组认为请求人提交的证据既不能证明本专利不符合专利法第23条的规定，又没有其他证据证明本专利不符合专利法实施细则第2条第3款的规定，因此请求人提交的证据均不能支持其无效宣告请求的理由。故作出维持本专利权有效的第6596号无效宣告请求审查决定。

请求人不服第6596号无效宣告请求审查决定，向北京市第一中级人民法院提起行政诉讼。北京市第一中级人民法院经审理，于2005年12月7日作出"（2005）一中行初字第395号行政判决书"（以下简称一审判决）。一审判决认为第6596号决定对附件2~4所示三份公证书的认定存在错误。一审判决认为，附件2~4为三份公证书，公证事项均为网络证据保全。根据最高人民法院《关于行政诉讼证据若干问题的规定》第六十四条的规定，以有形载体固定或显示的电子数据交换、电子邮件以及其他数据资料，其制作情况和真实性经对方当事人确认，或者以公证等其他有效方式予以证明的，与原件具有同等的证明效力。而且附件2、附件3是无效程序开始前形成的证据，在没有相反证据证明记载的内容是非真实的情况下，应推定该记载系真实的。另外，美佳玩具网是一家独立经营的网站，在没有相反证据证明的情况下，应认定其上载明的内容具有客观真实性。附件2~4显示，原告（请求人）分三次于不同时间登录美佳玩具网，通过在玩具搜索的名称关键字一栏中键入玩具货号MK0314271或键入玩具名称"自行车"，以及在产品种类一栏中选择"自动车"等三种方式进行查询，其结果均可以证明如附件2、3图片显示的名称为"窗盒电动音乐自行车8808"的外观设计已于本专利申请日前（即2002年12月19日）在网络上公开。虽然附件4中产品图片已被删除，但其他产品信息与附件2、3吻合。被告（专利复审委员会）以附件2~4中三份公证书不足以确认本专利申请日前的真实网络信息资源状态为由对该三份证据不予采信的做法错误，本院予以纠正。被告应将本专利与附件2、3中的产品图片进行对比，以判断本专利是否符合专利法第23条的规定。

国家知识产权局专利复审委员会（即一审被告）不服一审判决，向北京市高级人民法院上诉。北京市高级人民法院经审理于2006年6月12日作出（2006）高行终字第245号行政判决书（下称二审判决）。二审判决的观点与一审判决基本相同。二审判决认为，美佳玩具网系一家独立经营的网站，在没有相反证据证明附件2~4记载的内容不真实的情况下，应认定该网站上载的内容具有真实性。故一审法院对三份公证书及附件予以采信的认定正确，本院应予维持。由于附件2~4三份公证书记载的操作过程载明，在不同的时间三次登录美佳玩具网网站，在玩具搜索的名称关键字一栏中键入玩具货号MK0314271或键入玩具名称"自行车"，或在产品种类一栏中选择电动车等三种方式进行查询，网页上均显示了如附件2、3图片显示的名称为"窗盒电动音乐自行车8808"，表明该外观设计已于本专利申请日前在网络上公开。此外，虽然第一份公证书搜索出的自行车为49项，第三份公证书搜索出的自行车为51项，但是，数据的变化只能表明该网络经营商对上载项目的调整，并不足以证明在该时间段没有登载"窗盒电动音乐自行车8808"或登载的"窗盒电动音乐自行车8808"不具真实性。此外，网络信息本身具有信息更新快、查阅便捷的特点，但网络信息的稳定性并非确认其是否具有真实性的必要条件。二审法院最终驳回上诉，维持原判。

为此，专利复审委员会重新成立合议组对本专利无效宣告请求重新进行审理。

专利复审委员会于2006年8月4日向双方当事人发出合议组成员告知通知书。并告知双方当事人如对合议组成员有回避请求的，于收到本通知之日起7日内提交书面请求书，并且说明理由，必要时附具有关证据。逾期未答复，视为无回避请求。

双方当事人在指定答复期限内没有对合议组成员提出回避请求。

本案合议组基于请求人提出的无效宣告请求的理由及其提供的证据以及二审判决，对本案作出如下决定。

二、决定的理由

专利法第23条规定：授予专利权的外观设计，应当同申请日以前在国内外出版物上公开发表过或者国内公开使用过的外观设计不相同和不相近似，并不得与他人在先取得的合法权利相冲突。

二审判决认定：美佳玩具网系一家独立经营的网站，在没有相反证据证明附件2~4记载的内容不真实的情况下，应认定该网站上载的内容具有真实性。故一审法院对三份公证书及附件予以采信的认定正确，本院应予维持。被生效判决维持的一审判决要求专利复审委员会应将本专利与附件2、3中的产品图片进行对比，以判断本专利是否符合专利法第23条的规定。

本专利为一种"电动玩具自行车"的外观设计，附件2、3所示"窗盒电动音乐自行车8808"中公开了一个包装盒中包装的电动音乐自行车，二者均属于电动玩具自行车，属于相同类别的产品。但合议组注意到，附件2、3公开的置于包装盒中的电动自行车有些部分被包装盒遮挡，如电动自行车把手及转向部、脚登等部位，因此，附件2、3没有完整清楚地公开电动音乐自行车。而对于电动自行车而言，车把手并非该类产品使用状态下不会被一般消费者关注的部位，而且本专利的车把手及转向部又非该类产品的惯常设计，不属于审查指南第四部分第五章第5.5.3节中规定的可以进行对比的情形，在附件2、3没有清楚完整地公开已有外观设计的情况下，不能对本专利的"电动玩具自行车"与附件2、3公开的"窗盒电动音乐自行车8808"外观设计进行整体观察、综合判断，从而不能得出二者是否相同或者相近似的结论，在此情况下，不能依据附件2、3公开的电动自行车证明本专利不符合专利法第23条的规定。

关于第一组证据（附件1~8）中的其他证据，法院生效判决认定附件1不能证明本专利在申请日前已经出版公开；对附件5的内容不予采信；附件6不能证明本专利在申请日前已处于公开状态；附件7和附件8不能证明编号为NO.8808的玩具产品在本专利申请日前已经公开。关于第二组证据（附件9~16）及口审当庭提交的补充证据，法院生效判决认定附件9、10、11尚不足以认定相关产品已于本专利申请日前在国内市场上公开销售；对附件12、13不予采信，并认定附件14~16没有形成完整的证据链，证明如附件15图片中产品于本专利申请日前已处于公开的状态。对于请求人口审当庭提交的两份补充证据，由于均为请求人自行制作，在没有其他证据予以佐证的情况下，对其证明效力不予认可。法院判决进一步认定，对于请求人口审后提交的《汕头特区晚报》及联合国决议与本案没有直接关联。而口审后提交的雅得公司出具的该公司产品报价单是无效宣告请求之日起一个月后提交的新证据，已超出提交期限，对此不予考虑。

综上所述，请求人提交的所有证据均不足以支持其无效宣告请求的理由。

三、决定

维持03319770.9号外观设计专利权有效。

当事人对本决定不服的，可以根据专利法第46条第2款的规定，自收到本决定之日起三个月内向北京市第一中级人民法院起诉。根据该款的规定，一方当事人起诉后，另一方当事人应当作为第三人参加诉讼。

本专利附图（立体图）

附件2、3附图

北京市第一中级人民法院
行政判决书

(2007) 一中行初字第 1393 号

原告陈小满，男，1962 年 5 月 19 日出生，汉族，住广东省澄海市凤翔城东 19 委 4 组。

委托代理人苏泳生，广东龙湖律师事务所律师。

委托代理人郭勤生，广东龙湖律师事务所律师。

被告国家知识产权局专利复审委员会，住所地北京市海淀区北四环西路 9 号银谷大厦 10~12 层。

法定代表人廖涛，副主任。

委托代理人刘妍，国家知识产权局专利复审委员会审查员。

委托代理人齐宏涛，国家知识产权局专利复审委员会审查员。

第三人李汉明，男，1955 年 1 月 29 日出生，汉族，住广东省汕头市下蓬镇鸥上居委。

原告陈小满不服被告国家知识产权局专利复审委员会（以下简称专利复审委员会）于 2007 年 6 月 26 日作出的第 10159 号无效宣告请求审查决定（以下简称第 10159 号决定），于法定期限内向本院提起行政诉讼。本院于 2007 年 10 月 10 日受理本案后，依法组成合议庭，并通知李汉明作为第三人参加诉讼，于 2007 年 11 月 26 日公开开庭进行了审理。原告陈小满的委托代理人苏泳生，被告专利复审委员会的委托代理人刘妍、齐宏涛到庭参加了诉讼。第三人李汉明书面明确表示不参加本案开庭审理。本案现已审理终结。

专利复审委员会第 10159 号决定系就陈小满针对李汉明享有的第 03319770.9 号名称为"电动玩具自行车"的外观设计专利（以下简称本专利）所提出的无效宣告请求作出的。专利复审委员会在该决定中认定：

(2006) 高行终字第 245 号行政判决书认定：美佳玩具网系一家独立经营的网站，在没有相反证据证明附件 2~4 记载的内容不真实的情况下，应认定该网站上载的内容具有真实性。故北京市第一中级人民法院对三份公证书及附件予以采信的认定正确，北京市高级人民法院应予维持。被生效判决维持的 (2005) 一中行初字第 395 号要求专利复审委员会应将本专利与附件 2、3 中的产品图片进行对比，以判断本专利是否符合《中华人民共和国专利法》（以下简称《专利法》）第二十三条的规定。

本专利为一种"电动玩具自行车"的外观设计，附件 2、3 所示"窗盒电动音乐自行车 8808"中公开了一个包装盒中包装的电动音乐自行车，二者均属于电动玩具自行车，属于相同类别的产品。但专利复审委员会注意到，附件 2、3 公开的置于包装盒中的电动自行车有些部分被包装盒遮挡，如电动自行车把手及转向部、脚登等部位，因此，附件 2、3 没有完整清楚地公开电动音乐自行车。而对于电动自行车而言，车把手并非该类产品使用状态下不会被一般消费者关注的部位，而且本专利的车把手及转向部又非该类产品的惯常设计，不属于《审查指南》第四部分第五章第 5.5.3 节中规定的可以进行对比的情形，在附件 2、3 没有清楚完整地公开已有外观设计的情况下，不能对本专利的"电动玩具自行车"与附件 2、3 公开的"窗盒电动音乐自行车 8808"外观设计进行整体观察、综合判断，从而不能得出二者是否相同或者相近似的结论，在此情况下，不能依据附件 2、3 公开的电动自行车证明本专利不符合《专利法》第二十三条的规定。

关于第一组证据（附件 1~8）中的其他证据，(2006) 高行终字第 245 号行政判决书已经认定附件 1 不能证明本专利在申请日前已经出版公开；对附件 5 的内容不予采信；附件 6 不能证明本专利在申请日前已处于公开状态；附件 7 和附件 8 不能证明编号为 NO.8808 的玩具产品在本专利申请日前已经公开。关于第二组证据（附件 9~16）及口头审理当庭提交的补充证据，（2006）高行终字第 245 号行政判决书认定附件 9、10、11 尚不足以认定相关产品已于本专利申请日前在国内市场上公开销售；对附件 12、13 不予采信，并认定附件 14~16 没有形成完整的证据链，证明如附件 15 图片中产品于本专利申请日前已处于公开的状态。对于陈小满口头审理当庭提交的两份补充证据，由于均为陈小满自行制作，在没有其他证据予以佐证的情况下，对其证明效力不予认可。（2006）高行终字第 245 号行政判决书进一步认定，对于陈小满口头审理后提交的《汕头特区晚报》及联合国决议与本案没有直接关联。而口头审理后提交的雅得公司出具的该公司产品报价单是无效宣告请求之日起一个月后提交的新证据，已超出提交期限，对此不予考虑。

综上所述，陈小满提交的证据既不能证明本专利不符合《专利法》第二十三条的规定，又没有其他证据证明本专利不符合《中华人民共和国专利法实施细则》（以下简称《专利法实施细则》）第二条第三款的规定，因此专利复审委员会作出第 10159 号决定，维持本专利权有效。

陈小满不服第 10159 号决定，向本院提起诉讼，其诉称：（1）第 10159 号决定曲解了北京市第一中级人民法院（2005）一中行初字第 395 号判决书内容。（2005）一中行初字第 395 号判决书是"仅以该证据不能证明本专利在申请日前已经出版公开"，故（2005）一中行初字第 395 号判决书并不否决《玩具总汇》的证据效力，也不排斥《玩具总汇》作为本案证据，即不排斥《玩具总汇》与其他证据结合证明本专利在申请日前已经出版公开，更不排斥《玩具总汇》与其他证据结合证明本专利在申请日前已经使用公开。但第 10159 号决定曲解（2005）一中行初字第 395 号判决书，完全否决了《玩具总汇》的证据效力，明显不公；（2）"美佳玩具网"与《玩具总汇》均是美佳公司宣传、广告其经营玩具产品的工具。本案《玩具总汇》的封面、封底印有美佳公司的简介。全书内容部分有 176 页（共 351 页面，分为 27 类玩具，超 7000 种的玩具产品）自始至终都是美佳公司经营的玩具产品彩色图片。每一种玩具产品均标注有货号。任意挑选《玩具总汇》上货号在美佳玩具网上进行检索，均可以搜索到相同玩具产品。该书的每一页均多处印有美佳公司联系电话及美佳公司标志。而且，《玩具总汇》自 2001 年持续、公开发行至今。因此，前述事实证明本案《玩具总汇》是美佳公司投资出版的。"美佳玩具网"与《玩具总汇》均是美佳公司宣传、广告其经营玩具产品的工具。（3）将公证书与《玩具总汇》中 MK0314271 的玩具自行车图片相结合，足以证明本案专利在申请日之前已经使用公开。法院判决书所认定的三份公证书足以证明货号为 MK0314271、品名为窗盒电动音乐自行车 8808 的玩具产品已于 2002 年 12 月 19 日在美佳玩具网上公开。鉴于"美佳玩具网"与《玩具总汇》均是美佳公司宣传、广告其经营玩具产品的工具，美佳公司宣传、广告之目的就是为了销售其经营的玩具产品。鉴于（2005）一中行初字第 395 号判决书已认定《玩具总汇》第 1505 页印有货号为 MK0314271 的玩具自行车图片，尽管本案电子证据未能清楚完整地反映 MK0314271 玩具自行车的外观设计，但将公证书与《玩具总汇》中货号均为 MK0314271 的玩具自行车图片相结合，就能清楚完整地反映货号为 MK0314271 的玩具自行车的外观设计，据此，足以证明本案专利在申请日之前已经使用公开；本案的"公开"就是与李汉明相关联的雅得公司在申请日之前已经生产、销售本案外观设计产品，美佳玩具网上销售的"窗盒电动音乐自行车 8808"就是雅得公司专利产品"8808#电动音乐自行车"。综上，陈小满请求法院依法撤销第 10159 号决定。

被告专利复审委员会辩称：首先，关于附件 1 能否和附件 2、3 结合评述本专利是否在申请日前已公开。附件 1 是公开出版物，（2006）高行终字第 245 号行政判决书中已明确认定附件 1 不能证明本专利在申请日前已经出版公开，因此不能证明附件 1 公开的电动音乐车的结构在申请日前公开。虽然附件1和附件2、3中MK0314271的玩具音乐车型号相同，但附件2、3没有完整清楚地公开电动音乐自行车，因此无法证明附件1和附件2、3中电动音乐车产品结构是否改进，因此附件1和附件2、3不能形成证据链证明货号为MK0314271的玩具自行车在申请日前公开；其次，附件1原件是否交还原告和涉案决定没有关联性；最后，（2006）高行终字第245号行政判决书中已明确认定附件5~16不予采信，因此决定中没有将其作为证据使用符合法律规定。综上所述，第10159号决定认定事实清楚、适用法律正确、审理程序合法，陈小满的诉讼理由不能成立，请求法院驳回原告请求，维持专利复审委员会的第10159号决定。

第三人李汉明没有提交书面意见陈述。

本院经审理查明：

名称为"电动玩具自行车"的外观设计专利（即本专利，附图1）由李汉明于2003年2月25日向国家知识产权局提出申请，于2003年9月17日被授权公告，专利号为03319770.9。

2003年11月18日，陈小满以本专利产品在申请日前已在国内公开使用过和在出版物上公开发表过，且不是新设计，故不符合《专利法》第二十三条、《专利法实施细则》第二条第三款之规定为由，向专利复审委员会提出无效宣告请求。同时，陈小满提交了一份证据：

附件1：由香港标准出版社印刷出版的《玩具总汇》一书，该书封面印有"美佳玩具PERFECT TOYS"字样，封面页背后有英文的关于"澄海市美佳玩具有限公司"（以下简称美佳公司）的介绍，版权页记载该书的印刷时间为2003年2月。该书第1505页印有标号为MK0314271的玩具自行车图片。该书第1504页印有标号为MK0343233的玩具汽车图片，该组图片共有四件外观明显不同玩具汽车产品。

2003年12月18日，陈小满提交意见陈述书，坚持其原有观点，并认为本专利在其申请日以前已在互联网上公开过，同时补充了15个附件作为证据：

附件2：汕头市公证处于2003年11月12日作出的"（2003）汕市证经字第434号公证书"，内附操作过程和网页打印件两个附件。其上显示，公证员于2003年11月10日登陆美佳玩具网：（1）在玩具搜索的名称关键字一栏中键入玩具货号MK0314271，在发布日期栏键入326天之内，网页显示"未找到符合查询条件的记录"，而将发布日期改为327天之内时，网页显示找到了符合该货号的名称为"窗盒电动音乐自行车8808"的记录。（2）返回美佳玩具网主页，在玩具搜索的名称关键字一栏中重新键入玩具名称"自行车"，重复上述其他操作，网页显示在查询结果中增加了名称为"窗盒电动音乐自行车8808"的记录（附图2）。

附件3：汕头市公证处于2003年11月24日作出的"（2003）汕市证经字第442号公证书"，内附操作过程和网页打印件四个附件。其上显示，公证员于2003年11月17日登陆美佳玩具网：（1）在玩具搜索的名称关键字一栏中键入玩具货号MK0314271，在发布日期栏键入333天之内，网页显示"未找到符合查询条件的记录"，而仅将发布日期改为334天之内时，网页显示找到了符合该货号的名称为"窗盒电动音乐自行车8808"的记录。（2）返回美佳玩具网主页，在玩具搜索的名称关键字一栏中重新键入玩具名称"自行车"，重复上述其他操作，网页显示在查询结果中增加了名称为"窗盒电动音乐自行车8808"的记录。（3）返回美佳玩具网主页，在产品种类一栏中选择"电动车"，重复上述其他操作，网页显示在查询结果中增加了名称为"窗盒电动音乐自行车8808"的记录（附图2）。

附件4：汕头市公证处于2003年12月15日作出的"（2003）汕市证经字第463号公证书"，内附操作过程和网页打印件两个附件。其上显示，公证员于2003年12月11日登陆美佳玩具网：（1）在玩具搜索的名称关键字一栏中键入玩具货号MK0314271，在发布日期栏键入357天之内，网页显示"未找到符合查询条件的记录",而将发布日期改为358天之内时,网页显示找到了符合该货号的名称为"窗盒电动音乐自行车8808"的记录,但该记录的图片已被删除。(2)返回美佳玩具网主页,在玩具搜索的名称关键字一栏中重新键入玩具名称"自行车",重复上述其他操作,网页显示在查询结果中增加了名称为"窗盒电动音乐自行车8808"的记录,该记录的图片已被删除。(3)返回美佳玩具网主页,在产品种类一栏中选择"电动车",重复上述其他操作,网页显示在查询结果中增加了名称为"窗盒电动音乐自行车8808"的记录,该记录的图片已被删除。

附件5:广东龙湖律师事务所签章和两自然人签字的陈述书。其上载明:在两次对美佳玩具网上MK0314271电动玩具自行车进行网络证据保全公证后的2003年11月21日,广东龙湖律师事务所的苏泳生、张海亮律师就美佳玩具网上的该电动玩具自行车的发布日期及2003年2月刊的《玩具总汇》印刷完毕日期或公开日期等问题向美佳公司的谢惠俊总经理进行调查,谢惠俊答复:(1)MK0314271电动玩具自行车于2002年12月19日在美佳玩具网上发布,并提供了该公司电脑系统中的该玩具的记录打印资料两页;(2)2003年2月刊的《玩具总汇》于2003年1月份印刷完毕并出厂发行。但谢惠俊拒绝为上述证言出具书面证明。

附件6:李汉明和澄海市雅得塑胶玩具有限公司(以下简称雅得公司)于2003年9月18日签订的《专利实施许可合同》,其中专利使用费为人民币20万元。

附件7:"雅得玩具"网页复印件,其上载明的是编号为NO.8808的玩具及其包装图片。

附件8:产品包装盒照片,所示两种NO.8808产品外包装的区别在于一种包装盒的正面玩具上方标注了"本产品申请国家专利:专利号:ZL 03319770.9"字样。

经过上述审理,专利复审委员会于2004年11月24日作出第6596号无效宣告请求审查决定(以下简称第6596号决定),维持本专利权有效。其理由是:附件1所示的《玩具总汇》一书上标明印刷于2003年2月,因此其公开日期应视为2003年2月的最后一天,即属于本专利申请日(2003年2月25日)以后公开的出版物,不适用于本案,虽然附件5中由两位律师对该书的实际公开日期作了陈述,但其内容仅是转述他人的意见,在未能对相关知情人进行质证并且缺少其他证据的有力支持下,不足以作为认定事实的依据,专利复审委员会不予采信;而附件2~4所示公证书的公证事项均为网络证据保全,虽然通过公证书能够认定公证当时的网络信息资源状态,但由于在实际生活中对网络数据实施变动的可操作性很强,网络信息资源处于极不稳定的状态,且三份公证书的公证日期均在本专利申请日后,公证的内容是通过网络追溯以前的事实,因此仅凭公证书不足以确定本专利申请日以前的真实的网络信息资源状态,在没有其他证据的支持下,陈小满仅依靠附件5中转述的他人证言加以补充,由于转述证言本身未经质证,不能作为有效证据,因此专利复审委员会对陈小满提出的上述主张不予支持。附件6的签订日期在本专利申请日后,附件7和附件8本身未能体现其上所示产品的公开日期,因此均不能作为本案的有效证据,专利复审委员会不予认定。

据此,专利复审委员会认为陈小满提交的证据既不能证明本专利不符合《专利法》第二十三条的规定,又没有其他证据证明本专利不符合《专利法实施细则》第二条第三款的规定,因此陈小满提交的证据均不能支持其无效宣告请求的理由。故作出维持本专利权有效的第6596号无效宣告请求审查决定。

陈小满不服第6596号无效宣告请求审查决定,向北京市第一中级人民法院提起行政诉讼。北京市第一中级人民法院经审理,于2005年12月7日作出(2005)一中行初字第395号行政判决。(2005)一中行初字第395号认为第6596号决定对附件2~4所示三份公证书的认定存在错误。(2005)一中行初字第395号认为,附件2~4为三份公证书,公证事项均为网络证据保全。根据最高人民法院《关于行政诉讼证据若干问题的规定》第六十四条的规定,以有形载体固定或显示的电子数据交换、电子邮件以及其他数据资料，其制作情况和真实性经对方当事人确认，或者以公证等其他有效方式予以证明的，与原件具有同等的证明效力。而且附件2、附件3是无效程序开始前形成的证据，在没有相反证据证明记载的内容是非真实的情况下，应推定该记载系真实的。另外，美佳玩具网是一家独立经营的网站，在没有相反证据证明的情况下，应认定其上载明的内容具有客观真实性。附件2~4显示，原告（陈小满）分三次于不同时间登录美佳玩具网，通过在玩具搜索的名称关键字一栏中键入玩具货号 MK0314271 或键入玩具名称"自行车"，以及在产品种类一栏中选择"自动车"等三种方式进行查询，其结果均可以证明如附件2、3图片显示的名称为"窗盒电动音乐自行车 8808"的外观设计已于本专利申请日前（即2002年12月19日）在网络上公开。虽然附件4中产品图片已被删除，但其他产品信息与附件2、3吻合。被告（专利复审委员会）以附件2~4中三份公证书不足以确认本专利申请日前的真实网络信息资源状态为由对该三份证据不予采信的做法错误。专利复审委员会应将本专利与附件2、3中的产品图片进行对比，以判断本专利是否符合《专利法》第二十三条的规定。

专利复审委员会不服（2005）一中行初字第395号判决，向北京市高级人民法院上诉。北京市高级人民法院经审理于2006年6月12日作出（2006）高行终字第245号行政判决书。（2006）高行终字第245号行政判决书的观点与（2005）一中行初字第395号判决书的内容基本相同。（2006）高行终字第245号行政判决书认为，美佳玩具网系一家独立经营的网站，在没有相反证据证明附件2~4记载的内容不真实的情况下，应认定该网站上载的内容具有真实性。故北京市第一中级人民法院对三份公证书及附件予以采信的认定正确，本院应予维持。由于附件2~4三份公证书记载的操作过程载明，在不同的时间三次登录美佳玩具网网站，在玩具搜索的名称关键字一栏中键入玩具货号 MK0314271 或键入玩具名称"自行车"，或在产品种类一栏中选择电动车等三种方式进行查询，网页上均显示了如附件2、3图片显示的名称为"窗盒电动音乐自行车 8808"，表明该外观设计已于本专利申请日前在网络上公开。此外，虽然第一份公证书搜索出的自行车为49项，第三份公证书搜索出的自行车为51项，但是，数据的变化只能表明该网络经营商对上载项目的调整，并不足以证明在该时间段没有登载"窗盒电动音乐自行车 8808"或登载的"窗盒电动音乐自行车 8808"不具真实性。此外，网络信息本身具有信息更新快、查阅便捷的特点，但网络信息的稳定性并非确认其是否具有真实性的必要条件。北京市高级人民法院驳回上诉，维持原判。

为此，专利复审委员会重新成立合议组对本专利无效宣告请求重新进行审理。

2007年6月26日，专利复审委员会作出第10159号无效审查决定。

上述事实有本专利授权公告文本、第6596号决定、第10159号决定、附件1-16、（2005）一中行初字第395号判决书、（2006）高行终字第245号行政判决书以及当事人陈述等证据在案佐证。

本院认为：综合各方当事人的诉辩主张，本案的焦点问题为本专利是否符合《专利法》第二十三条的规定。

《专利法》第二十三条规定，授予专利权的外观设计，应当同申请日以前在国内外出版物上公开发表过或者国内公开使用过的外观设计不相同和不相近似，并不得与他人在先取得的合法权利相冲突。

本案中，原告主张附件1和附件2~4形成了一个证据链，证明本专利在申请日前已在"美佳玩具网"上公开过；附件1和附件7、8形成一个证据链，证明雅得公司在本专利申请日之前公开销售了本专利产品。

附件1为香港标准出版社印刷出版的《玩具总汇》一书，在无效程序中，李汉明对其真实性没有异议。从该书封面及其背面可以认定该书系对美佳公司产品的介绍，该书第1505页印有标号为

MK0314271的玩具自行车图片。附件2~4为三份公证书，在先（2006）高行终字第245号行政判决书已经终审认定附件2、3图片显示的名称为"窗盒电动音乐自行车8808"的外观设计产品已于本专利申请日前（即2002年12月19日）在网络上公开，该产品图片上方也印有标号MK0314271。陈小满认为将附件1与附件2~4结合，可以认定美佳公司在本专利申请日之前已经在"美佳玩具网"上公开销售本专利产品。对此本院认为，《玩具总汇》和"美佳玩具网"上对于"窗盒电动音乐自行车8808"外观设计产品虽然都印有标号MK0314271，但由于"美佳玩具网"上的该产品照片公开的置于包装盒中的电动自行车有些部分被包装盒遮挡，如电动自行车把手及转向部、脚蹬等部位，与《玩具总汇》中的产品照片无法确定是否为同一产品。并且，同一个公司的同一个货号并不一定对应同一个产品，宣传美佳公司产品的《玩具总汇》中就有一个货号对应一系列玩具产品的情形，其也可以佐证同一个货号对应的产品外观并非一定完全相同。陈小满认为同一个公司的同一个货号的产品其外观一定相同的起诉理由缺乏事实依据，本院不予支持。

对于附件7、8，已经生效的第6596号决定已经认定该两份证据本身未能体现其上所示产品的公开日期，均不能作为本案的有效证据，因此陈小满将附件1和附件7、8结合起来证明本专利已经在先使用公开的起诉理由不能成立，本院不予支持。

综上所述，被告作出的第10159号决定认定事实清楚，适用法律正确，应予维持。据此，依照《中华人民共和国行政诉讼法》第五十四条第（一）项之规定，本院判决如下：

维持被告国家知识产权局专利复审委员会第10159号无效宣告请求审查决定。

案件受理费100元，由原告陈小满负担（已交纳）。

如不服本判决，各方当事人可在本判决书送达之日起15日内，向本院提交上诉状，并按对方当事人人数提交副本，交纳上诉案件受理费100元，上诉于北京市高级人民法院。

审 判 长 仪 军
代理审判员 王 晔
人民陪审员 高 伟
二〇〇七年十二月二十七日
书 记 员 牛 捷

附图1

附图2

北京市高级人民法院
行政判决书

(2008) 高行终字第 119 号

上诉人（原审原告）陈小满，男，汉族，1962 年 5 月 19 日出生，住广东省澄海市凤翔城东 19 委 4 组。

委托代理人苏泳生，广东龙湖律师事务所律师。

委托代理人郭勤生，广东龙湖律师事务所律师。

被上诉人（原审被告）国家知识产权局专利复审委员会，住所地北京市海海区北四环西路 9 号银谷大厦 10~12 层。

法定代表人廖涛，副主任。

季托代理人张跃平，该委员会审查员。

委托代理人齐宏涛，该委员会审查员。

原审第三人李汉明，男，汉族，1955 年 1 月 29 日出生，住广东省灿头市龙湖区鸥汀街道鸥上证果寺路 28 号之二。

上诉人陈小满因外观设计专利权无效行政纠纷一案，不服北京市第一中级人民院（2007）一中行初字第 1393 号行政判决，向本院提出上诉。本院 2008 年 3 月 3 日受理本案后，依法组成合议庭，于 2008 年 4 月 3 日公开开庭进行了审理。上诉人陈小满委托代理人苏泳生，被上诉人国家知识产权局专利复审委员会（以下简称专利复审委员会）的委托代理人张跃平、齐宏涛到庭参加了诉讼。原审第三人李汉明经本院合法传票传唤，向本院以书面形式明确表示不参加本案开庭审理，故未到庭。本案现已审理终结。

北京市第一中级人民法院认定，李汉明享有 03319770.9 号名称为"电动玩具自行车"的外现设计专利（以下简称本专利）。针对本专利权，陈小满于 2003 年 11 月 18 日向专利复审委员会提出无效宣告请求。2004 年 11 月 24 日，专利复审委员会做出维持本专利权有效的第 6596 号无效宣告请求审查决定（以下简称第 6596 号决定）。陈小满不服第 6596 号决定，向北京市第一中级人民法院提起诉讼。该院于 2005 年 12 月 7 日做出（2005）一中行初字第 395 号行政判决（以下简称第 395 号判决），撤销了专利复审委员会做出的第 6596 号决定。专利复审委员会向本院提起上诉。本院经审理于 2006 年 6 月 12 日做出（2006）高行终字第 245 号行政判决（以下简称第 245 号判决），维持第 395 号判决。专利复审委员会重新成立合议组对本专利无效宣告请求重新进行审理后，于 2007 年 6 月 26 日做出第 10159 号无效审查决定（以下简称第 10159 号决定），维持本专利权有效。

北京市第一中级人民法院认为，在无效宣告请求审查程序中，李汉明对附件 1 真实性没有异议。从该书封面及其背面可以认定该书系对澄海市美佳玩具有限公司（以下简称美佳公司）产品的介绍，该书第 1505 页印有标号为 MK0314271 的玩具自行车图片。附件 2~4 为三份公证书，第 245 号判决已经终审认定附件 2、3 图片显示的名称为"窗盒电动音乐自行车 8808"的外观设计产品已于本专刮申请日前在网络上公开，该产品图片上方也印有标号 MK0314271。附后 1 和"美佳玩具网"上对于"窗盒电动音乐自行车 8808"外观设计产品虽然都印有标号 MK0314271，但由于"美佳玩具网"上的该产品照片公开的置于包装盒中的电自行车有些部分被包装盒遮挡，如电动自行车把手及转向部，脚蹬等部位，与附件 1 中的产品照片无法确定是否为同一产品。并且，同一个公司的同一个货号并不一定对应同一个产品,宣传美佳公司产品的《玩具总汇》中就有一个货号对应一系列玩具产品的情形,其也可以佐证同一个货号对应的产品外观并非一定完全相同。陈小满认为同一个公司的同一个货号的产品其外观一定相同的起诉理由缺乏事实依据。附件7、8两防证据本身未能体现其上所示产品的公开日期,均不能作为本案的有效证据。专利复审委员会作出的第10159号决定认定事实清楚,适用法律正确,应予维持。

北京市第一中级人民法院依照《中华人民共和国行政诉讼法》第五十四条第(一)项的规定,判决:维持专利复审委员会作出的第10159号决定。

陈小满不服原审判决,向本院提出上诉,请求撤销原审判决及第10159号决定,判令专利复审委员会重新做出无效宣告请求审查决定。其理由是:原审判决严重违背事实,严重违背行政诉讼证据的认定原则,《玩具总汇》第1504页内容不是第10159号决定的依据之一,因此,原审判决以第10159号决定未涉及的为容作为认定专利复审委员会具体行政行为合法的依据是错误的。附件7、附件8应当被采信,与其他证据相结合支持上诉人的主张。专利复审委员会、李汉明服从原审判决。

经审理查明,本专利名称为"电动玩具自行车",申请号为03319770.9号,申请日为2003年2月25日,于2003年9月17日被国家知识产权局公告授予外观设计专利权,专利权人是李汉明。

2003年11月18日,陈小满以本专利产品在申请日前已在国内公开使用过和在出版物上公开发表过,且不是新设计,故不符合《专利法》第二十三条、《专利法实施细则》第二条第三款之规定为由,向专利复审委员会提出无效宣告请求。同时,陈小满提交了一份证据:

附件1:由香港标准出版社印刷出版的《玩具总汇》一书,该书封面印有"美佳玩具PERFECT TOYS"字样,封面页背后有英文的关于美佳公司的介绍,版权页记载该书的印刷时间为2003年2月。该书第1505页印有标号为MK0314271的玩具自行车图片。该书第1504页印有标号为MK0343233的玩具汽车图片,该组图片共有四件外观明显不同的玩具汽车产品。

2003年12月18日,陈小满提交意见陈述书,坚持其原有观点,并认为本专利在其申请日以前已在互联网上公开过,同时补充了15个附件作为证据,其中:

附件2:汕头市公证处于2003年11月12日做出的"(2003)汕头市证经字第434号公证书",内附操作过程和网页打印件两个附件。其上显示,公证员于2003年11月10日登陆美佳玩具网:(1)在玩具搜索的名称关键字一栏中键入玩具货号MK0314271,在发布日期栏键入326天之内,网页显示"未找到符合查询条件的记录",而将发布日期改为327天之内时,网页显示找到了符合该货号的名称为"窗盒电动音乐自行车8808"的记录。(2)返回美佳玩具网主页,在玩具搜索的名称关键字一栏中重新键入玩具名称"自行车",重复上述其他操作,网页显示在查询结果中增加了名称为"窗盒电动音乐自行车8808"的记录。

附件3:汕头市公证处于2003年11月24日做出的"(2003)汕市证经字第442号公证书"、内附操作过程和网页打印件四个附件。其上显示,公证员于2003年11月17日登陆美佳玩具网:(1)在玩具搜索的名称关键字一栏中键入玩具货号MK0314271,在发布日期栏键入333天之内,网页显示"未找到符合查询条件的记录",而仅将发布日期改为334天之内时,网页显示找到了符合该货号的名称为"窗盒电动音乐自行车8808"的记录。(2)返回美佳玩具网主页,在玩具搜索的名称关键字一栏中重新键入玩具名称"自行车",重复上述其他操作,网页显示在查询结果中增加了名称为"窗盒电动音乐自行车8808"的记录。(3)返回美佳玩具网主页,在产品种类一栏中选择"电动车",重复上述其他操作,网页显示在查询结果中增加了名称为"窗盒电动音乐自行车8808"的记录。

附件4:汕头市公证处于2003年12月15日做出的"(2003)汕市证经字第463号公证书",内附操作过程和网页打印件两个附件。其上显示,公证员于2003年12月11日登陆美佳玩具网:(1)在玩具搜索的名称关键字一栏中键入玩具货号 MK031471、在发布日期拦键入 357 天之内，网页显示"未找到符合查询条件的记录"，而将发布日期改为 358 天之内时，网页显示找到了符合该货号的名称为"窗盒电动音乐自行车 8808"的记录，但该记录的图片已被删除。（2）返回美佳玩具网主页，在玩具搜索的名称关键字一栏中重新键入玩具名称"自行车"，重复上述其他操作，网页显示在查询结果中增加了名称为"窗金电动音乐自行车 8808"的记录，该记录的图片已被删除。（3）返回美佳玩具网主页。在产品种类一栏中选择"电动车"，重复上述其他操作，网而显示在查询结果中增加了名称为"窗盒电动音乐自行车 8808"的记录，该记录的图片已被删除。

附件 5：广东龙龙湖律师事务所签章和两自然人签字的陈述书，其上载明：在两次对美佳玩具网上 MK0314271 电动玩具自行车进行网络证据保全公证后的 2003 年 11 月 21 日，广东龙湖律师事务昕的苏泳生、张海亮律师就美佳玩具网上的该电动玩具自行车的发布日期及 2003 年 2 月刊的《玩具总汇》印刷完毕日期或公开日期等问题向美佳公司的谢惠俊总经理进行调查，谢惠俊答复：（1）MK0314271 电动玩具自行车于 2002 年 12 月 19 日在美佳玩具网上发布，并提供了该公司电脑系统中的该玩具的记录打印资料两页；（2）2003 年 2 月刊的《玩具总汇》于 2003 年 1 月份印刷完毕并出厂发行。但谢惠俊拒绝为上述证言出具书面证明。

附件 6：李汉明和澄海市雅得塑胶玩具有限公司（以下简称雅得公司）于 2003 年 9 月 18 日签订的《专利实施许可合同》，其中专利使用费为人民币 20 万元。

附件 7："雅得玩具"网页复印件，其上载明的是编号为 NO.8808 的玩具及其包装图片。

附件 8：产品包装盒照片，所示两种 NO.8808 产品外包装的区别在于一种包装盒的正面玩具上方标注了"本产品申请国家专利：专利号：ZL03319770.9"字样。

2004 年 11 月 24 日，专利复审委员会作出第 6596 号决定，维持本专利权有效。其理由是：附件 1 所示的《玩具总汇》一书上标明印刷于 2003 年 2 月，因此其公开日期应视为 2003 年 2 月的最后一天，即属于本专利申请日（2003 年 2 月 25 日）以后公开的出版物，不适用于本案，虽然附件 5 中由两位律师对该书的实际公开日期作了陈述，但其内容仅是转述他人的意见，在未能对相关知情人进行质证并且缺少其他证据的有力支持下，不足以作为认定事实的依据，专利复审委员会不予采信；而附件 2~4 所示公证书的公证事项均为网络证据保全，虽然通过公证书能够认定公证当时的网络信息资源状态，但由于在实际生活中对网络数据实施变动的可操作性很强，网络信息资源处于极不稳定的状态，且三份公证书的公证日期均在本专利申请日后，公证的内容是通过网络追溯以前的事实，因此仅凭公证书不足以确定本专利甲请日以前的真实的网络信息资源状态，在没有其他证据的支持下，陈小满仅依靠附件 5 中转述的他人证言加以补充，由于转述证言本身未经质证，不能作为有效途径，因此专利复审委员会对陈小满提出的上述主张不予支持。附件 6 的签订日期在本专利申请日后，附件 7 和附件 8 本身未能体现其上所示产品的公开日期，因此均不能作为本案的有效证据，专利复审委员会不予认定。

专利复审委员会认为陈小满提交的证据既不能证明本专利不符合《专利法》第二十三条的规定，又没有其他证据证明本专利不符合《专利法实施细则》第二条第三款的规定，因此陈小满提交的证据均不能支持其无效宣告请求的理由。故据此作出第 6596 号决定。

陈小满不服第 6596 号决定，向北京市第一中级人民法院提起诉讼。北京市第一中级人民法院经审理，于 2005 年 12 月 7 日做出第 395 号判决。第 395 号判决认为附件 1 属于本专利申请日以后公开的出版物，仅以该证据不能证明本专利在申请日之前已经出版公开；第 6596 号决定中专利复审委员会以附件 2~4 中三份公证书不足以确认本专利申请日前的真实网络信息资源状态为由对该三份证据不予采信的做法错误。专利复审委员会应将本专利与附件 2、3 中的产品图片进行对比，以判断本专利是否符合《专利法》第二十三条的规定。专利复审委员会不服第395号判决，向本院提出上诉。本院经审理于2006年6月12日作出第245号判决，维持第395号判决。

为此，专利复审委员会重新成立合议组对本专利无效宣告请求重新进行审查。2007年6月26日，专利复审委员会作出第10159号决定，维持本专利权有效。该决定认为，本专利为一种"电动玩具自行车"的外观设计，附件2、3所示"窗盒电动音乐自行车8808"中公开了一个包装盒中包装的电动音乐自行车，二者均属于电动玩具自行车，属于相同类别的产品。但专利复审委员会注意到，附件2、3公开的置于包装盒中的电动自行车有些部分被包装盒遮挡，如电动自行车把手及转向部、脚镫等部位，因此，附件2、3没有完整清楚地公开电动音乐自行车。而对于电动自行车而言，车把手并非该类产品使用状态下不会被一般消费者关注的部位，而且本专利的车把手及转向部又非该类产品的惯常设计，不属于《审查指南》第四部分第五章第5.5.3节中规定的可以进行对比的情形，在附件2、3没有清楚完整地公开已有外观设计的情况下，不能对本专利的"电动玩具自行车"与附件2、3公开的"窗盒电动音乐自行车8808"外观设计进行整体观察、综合判断，从而不能得出二者是否相同或者相近似的结论，在此情况下，不能依据附件2、3公开的电动自行车证明本专利不符合《专利法》第二十三条的规定。

关于第一组证据（附件1~8）中的其他证据，（2006）高行终字第245号行政判决书已经认定附件1不能证明本专利在申请日前已经出版公开；对附件5的内容不予采信；附件6不能证明本专利在申请日前已处于公开状态；附件7和附件8不能证明编号为N0.8808的玩具产品在本专利申请日前已经公开。关于第二组证据（附件9~16）及口头审理当庭提交的补充证据，第245号判决认定附件9、10、11尚不足以认定相关产品已于本专利申请日前在国内市场上公开销售；对附件12、13不予采信，并认定附件14~16没有形成完整的证据链，证明如附件15图片中产品于本专利申请日前已处于公开的状态。对于陈小满口头审理当庭提交的两份补充证据，由于均为陈小满自行制作，在没有其他证据予以佐证的情况下，对其证明效力不予认可。第245号判决进一步认定，对于陈小满口头审理后提交的《汕头特区晚报》及联合国决议与本案没有直接关联。而口头审理后提交的雅得公司出具的该公司产品报价单是无效宣告请求之日起一个月后提交的新证据，已超出提交期限，对此不予考虑。

综上所述，陈小满提交的证据既不能证明本专利不符合《专利法》第二十三条的规定，又没有其他证据证明本专利不符合《专利法实施细则》第二条第三款的规定，因此专利复审委员会作出第10159号决定。

上述事实有本专利授权公告文本、第6596号决定、第10159号决定、附件1~16、第395号判决书、第245号判决以及当事人陈述等证据在案佐证。

本院认为：《专利法》第二十三条规定，授予专利权的外观设计，应当同申请日以前在国内外出版物上公开发表过或者国内公开使用过的外观设计不相同和不相近似，并不得与他人在先取得的合法权利相冲突。

本案争议的焦点在于附件1与附件2~4、附件7、8是否能形成证据链证明本专利已在申请日之前公开。

专利复审委员会在第10159号决定中认为在附件2、3没有清楚完整地公开已有外观设计的情况下，不能对本专利的"电动玩具自行车"与附件2、3公开的"窗盒电动音乐自行车8808"外观设计进行整体观察、综合判断，从而不能得出二者是否相同耳者相近似的结论。对此，陈小满未提出异议。而根据已生效的第245号判决认定仅凭附件1本身所载信息不能证明本专利在申请日前已经出版公开。在上述认定的基础上，陈小满欲证明附件1和附件2~4形成了一个证据链，就必须证明附件1与附件2~4之间的关联性具有唯一性、确定性。陈小满认为同一个公司的同一个货号的产品其外观一定相同，但其提交的《玩具总汇》即咐件1一书所体现的客观事实却给出了相反的信息，即同一货号下有可能对应不同外观设计的玩具产品，因此，附件1与附件2~4之间的关联性是不确定的，不能认定《玩具总汇》第1505于中公开的货号为MK0314271的玩具自行车与附件2、3图片所示名称为"窗盒电动音乐自行车8808"的玩具自行车是具有了一外观设计的产品。一审法院关于《玩具总汇》中就有一个货号对应同一系列玩具产品的情形，可以佐证同一个货亏对应的产品并非一定完全相同的认定并无不当。对于附件7、8，已经生效的第245号判决已经认定该两份证据本身未能体现其上所示产品的公开日期，结合附件1仍不能证明本专利外观设计已经在申请日之前被使用公开或出版公开。

综上所述，陈小满的上诉理由缺乏事实和法律依据，均不能成立，其上诉请求本院不予支持。原审判决认定事实清楚、适用法律正确。依照《中华人民共和国行政诉讼地》第五十四条第（一）项之规定，判决如下：

驳回上诉，维持原判。

一审案件受理费100元，由陈小满负担（已交纳）。二审案件受理费100元，由陈小满负担（已交纳）。

本判决为终审判决。

审 判 长 刘 辉
代理审判员 岑宏宇
代理审判员 焦 彦
二〇〇八年四月二十八日
书 记 员 孙 娜

包装袋（熊猫榨菜）

无效宣告请求审查决定（第 10161 号）

决 定 号	第 10161 号
决 定 日	2007 年 4 月 15 日
发明创造名称	包装袋（熊猫榨菜）
外观设计分类号	09-05
无效宣告请求人	桐乡市银杏食品有限责任公司
专 利 权 人	杨志锋，周汉玉
专 利 号	200430055206.1
申 请 日	2004 年 12 月 21 日
授 权 公 告 日	2005 年 9 月 7 日
合 议 组 组 长	聂春艳
主 审 员	邢文飞
参 审 员	郑 直
附 图	2 页

法 律 依 据 专利法第 23 条

决 定 要 点

根据食品安全的一般常理可以得知，食品在生产之后都会尽快的进入市场，以保证其在保质期内进行消费，因此可以推断在距榨菜生产后的一个半月的本专利申请日之前具有附件 6 所示包装的该榨菜应当已经进入公众中任何人可以购买的销售阶段。

本专利外观设计与在先公开使用的外观设计在整体视觉效果上没有明显差别，属于相近似的外观设计，因此，本专利不符合专利法第 23 条的规定。

一、案由

本无效宣告请求涉及国家知识产权局于 2005 年 9 月 7 日授权公告的、名称为"包装袋（熊猫榨菜）"的外观设计专利（下称本专利），其申请日为 2004 年 12 月 21 日，申请号为 200430055206.1，专利权人为杨志锋、周汉玉。

针对上述专利权，桐乡市银杏食品有限责任公司（下称请求人）于 2005 年 10 月 25 日向专利复审委员会提出了无效宣告请求，其理由是本专利不符合专利法第 23 条的规定。请求人提交作为证据使用的附件如下：

附件1：声称为请求人以前使用的包装袋图案复印件及相关排版图、发票复印件共5页；

附件2：苍南广播电视台出具的证明和相关发票复印件共2页；

附件3：请求人要求浙江省工商局制止侵权的报告复印件共2页；

附件4：本专利外观专利申请受理通知书复印件共1页；

附件5：周汉玉和连云港市福海工贸有限公司签订的商标使用许可合同复印件共2页；

附件6：浙江省桐乡市公证处出具的（2005）浙桐证字第2427号公证书复印件共3页；

附件7：桐乡市工商局出具的情况说明复印件共1页；

附件8：声称为请求人2001年起调整后的包装袋复印件共1页；

附件9：《嘉兴市著名商标汇集》复印件共5页；

附件10A：附件9印制底片的放大照片复印件共2页；

请求人于2005年11月18日再次寄交作为证据使用的附件如下：

附件10B：请求人与海宁市粤海彩印有限公司签订的制版合同及相关发票和制版图复印件共4页；

附件11：请求人和海宁海欣真空包装有限公司签订的加工定作合同复印件共1页；

附件12：海宁海欣真空包装有限公司和江苏沪运制版有限公司签订的版辊加工承揽合同单以及相关制版工艺书、送货单复印件共6页；

附件13：请求人与海宁海欣真空包装有限公司业务的发票复印件共1页；

附件14：海宁海欣真空包装有限公司出具的证明复印件共2页；

附件15：江苏沪运制版有限公司销售结算单复印件共1页；

附件16：请求人和海宁市粤海彩印有限公司签订的加工定作合同和相关发票复印件共3页；

附件17：熊猫图案的商标注册证及核准变更商标注册人名义证明复印件共3页。

请求人认为：本专利与请求人大量生产的100克鲜味"熊猫"榨菜的包装袋的形状和设计布局相同，至少也是相近似，两者所包装的产品完全相同，并且本专利与请求人在先合法取得的商标权和包装装璜权相冲突，因此不符合专利法第23条的规定。

经形式审查合格，专利复审委员会受理了上述请求，并于2005年12月14日发出无效宣告请求受理通知书，并将请求书及其附件的副本以及请求人于2005年11月18日提交的补充意见及其附件清单所列附件副本转送给专利权人。

专利复审委员会本案合议组于2006年7月28日向双方当事人发出口头审理通知书，定于2006年9月13日下午举行口头审理。

口头审理如期举行，仅请求人参加了口头审理，专利权人未出席口头审理。

请求人对合议组成员没有回避请求，对合议组成员变更无异议。在口审过程中：（1）请求人当庭提交了附件1的原件，其中销售票的"原件"与复印件不符，请求人表示庭后提供原件，并提交了一份桐乡市电信分公司出具的证明，用于证明电话号码升位的时间；请求人当庭提交了附件2中证明的原件及相关的录像带及DVD盘，并出示了广告发票的原件；请求人当庭出示了附件3的原件；请求人未提交附件4~5的原件；请求人当庭提交了附件6的原件；请求人当庭提交了附件7的原件；请求人当庭提交了附件9、10A的原件（照片带有底片）；请求人没有提交附件10B的原件；请求人出示了附件11的原件；请求人出示了附件12中编号为0008047的加工承揽合同单的原件，提交了盖有江苏沪运制版有限公司和海宁海欣真空包装有限公司红章的编号为0013648的加工承揽合同单，请求人提交了盖有江苏沪运制版有限公司红章的送货单，请求人提交了制版工艺书的原件，但是该原件与复印件不符，请求人表示庭后提交原件；请求人出示了附件13所示的增值税专用发票的原件；请求人提交了附件14中的证明的原件以及盖有海宁海欣真空包装有限公司红章的包装袋图样；请求人提交了附件15的盖有江苏沪运制版有限公司红章的销售结算单；请求人出示了附件17第2页的原件，其他页未提交；（2）请求人明确表示放弃附件8和附件16；（3）请求人明确以下述证据组合证明本专利不符合专利法第23条的规定：①附件1；②附件2；③附件3、附件4、附件5；④附件3、附件4、附件5、附件6；⑤附件3、附件4、附件5、附件6、附件7；⑥附件9和附件10A；⑦附件10B；⑧附件11、附件12、附件13、附件14、附件15；⑨附件17；（4）证人浙江省海宁海欣真空包装有限公司法定代表人俞明高出庭作证。合议组告知请求人应在口审结束后7日内提交相关原件。

2006年9月15日，合议组向专利权人发出合议组成员告知通知书，告知专利权人合议组成员变更情况，要求专利权人如果对合议组成员有回避请求，应在收到本通知之日起7日内提交书面的请求书，并说明理由。在通知书指定的期限内专利权人没有答复。

2006年10月8日，请求人提交了附件1中销售票的原件以及附件12中盖有江苏沪运制版有限公司红章的制版工艺书3页、编号为0013648的加工承揽合同单原件共1页和江苏沪运制版有限公司送货单原件共1页。

在上述工作的基础上，合议组认为双方当事人已经充分发表意见，本案事实清楚，可以依法作出决定。

二、决定的理由

1. 关于附件3、4、5、6

请求人明确以附件3、附件4、附件5、附件6证据组合证明本专利不符合专利法第23条的规定。

请求人当庭出示了附件3的原件，合议组核定原件与复印件一致，因此对附件3的真实性无异议，予以采信；

请求人未提交附件4、附件5的原件，其中附件4为本专利申请阶段的专利申请受理通知书，合议组经核实，对其真实性予以认可；附件5为商标使用许可合同复印件，请求人未提交附件5的原件，其真实性无法确认。

请求人当庭提交了附件6公证书的原件，合议组对其真实性予以确认。

附件6公证书公证了2005年3月22日已经有公证书照片中所示包装的"银杏"牌鲜味榨菜销售，以及该榨菜包装袋上的生产日期是2004年11月2日。

附件3是请求人要求浙江省工商局制止侵权的报告，附件4是本专利外观专利申请受理通知书复印件；附件5是周汉玉和连云港市福海工贸有限公司签订的商标许可合同。根据请求人陈述过的意见可知，附件3、4、5用来说明附件6的产生原因，即请求人为制止侵权，根据有关专利代理机构的建议委托桐乡市公证处制作附件6的公证书。虽然因请求人没有提交附件5的原件，而无法确认其真实性，但仅根据附件6的公证书中记载的内容，已足以证明在本专利申请日前的2004年11月2日已有"银杏"牌鲜味榨菜生产，因为根据食品安全的一般常理可以得知，食品在生产之后都会尽快的进入市场，以保证其在保质期内进行消费，因此可以推断在距榨菜生产后的一个半月的本专利申请日之前具有附件6所示包装的该榨菜应当已经进入公众中任何人可以购买的销售阶段。因此可以使用附件6中所示的包装袋作为在先设计与本专利产品的外观进行相似性比较。

2. 关于专利法第 23 条

专利法第 23 条规定："授予专利权的外观设计，应当同申请日以前在国内外出版物上公开发表过或者国内公开使用过的外观设计不相同和不相近似，并不得与他人在先取得的合法权利相冲突。"

本专利与在先设计产品均为榨菜包装袋，属于同类产品，可以将二者外观设计进行相近似性比较。

本专利是一长方形食品包装袋，没有请求保护色彩。从主视图看：该包装袋的外轮廓为长方形边框，该包装袋的最上面是一个从左到右渐宽的向下凸的中间断开的弧线；在中间断开处有一圆形的熊猫图案；在该弧形的左右上方靠近中间断开处各分布着两个字；在该圆形图案的下方随圆形图案圆弧形排列三个字"熊猫牌"，在左侧弧线下靠近断开处排列三个字；在上述弧线的正下方，有一条长方形的粗线；在上述弧线和长方形粗线之间，有"熊猫榨菜"字样；在粗线的下方有两排呈上凸的弧形排列的文字；在该两排弧形排列的文字下方的左侧有个圆形的图案，该图案的正下方有个长方形的框，框内有两排平行的字，在长方形框的左下方有两排小字，长度约为长方形框的一半；在该两排弧形排列的文字下方、长方形框及圆形图案的右侧是两只熊猫与竹子的图案；在该长方形包装袋的最下方是两排平行的字，在该包装袋图案的外侧两边均匀分布了一粗一细两条竖线，在该包装袋的左侧的竖线外和右侧的竖线外各有 4 组由 4 字组成一组的文字共 16 个字。从其后视图看：最上方的左侧是条形码；条形码的右侧有 6 排说明文字；在条形码和 6 排说明文字的正下方是一个表格，在表格下方的左侧有均匀排列的 5 排文字，5 排文字的右侧的上部有两只熊猫和竹子的图案（详见本专利附图）。

在先设计也是一长方形食品包装袋。从正面图看：该包装袋的外轮廓为长方形边框，该包装袋的最上面是一个从左到右渐宽的向下凸的中间断开的弧线；在中间断开处有一大致方形的图案，该图案的两侧边向外凸出；在左侧弧线下靠近断开处排列三个字；在上述弧线的正下方，有一条长方形的粗线；在上述弧线和长方形粗线之间有"鲜味榨菜"字样；在粗线的下方有两排呈上凸弧形排列的文字；在该两排弧形排列的文字的左侧下方有个圆形的图案，该图案的正下方有个长方形的框，框内有两排平行的字；在该两排弧形字下方、长方形框和圆形图案的右侧是一只熊猫与竹子的图案；在该长方形包装袋的最下方是两排平行的字，在该包装袋图案的外侧两边均匀分布了一粗一细两条竖线。从背图看：最上方的左侧是条形码；条形码的右侧有几排字；在条形码和几排字的正下方是一个表格，在表格下方的左侧有 5 排字，5 排字的右侧的上部有一只熊猫与竹子的图案（详见在先设计附图）。

将本专利与在先设计相比较，其主要的不同点为：（1）本专利在中间断开的弧线的中间断开处有一圆形的熊猫图案；在该圆形图案的下方随圆形图案圆弧形排列三个字"熊猫牌"；而在先设计在中间断开的弧线的中间断开处有一大致方形且两侧外凸的图案。（2）本专利正面、背面的熊猫图案是两只熊猫与竹子的图案；而在先设计的正面和背面图案是一只熊猫与竹子的图案。（3）本专利正面长方形粗线与弧形线之间形成有"熊猫榨菜"字样，而在先设计的正面长方形粗线与弧形线之间形成有"鲜味榨菜"字样。合议组认为：对于区别点（1），在从左到右渐宽的中间断开的弧线的中间断开处图案在整体布局极为接近的情况下，这一差别并不显著，不会对榨菜包装袋的整体视觉效果产生显著影响；对于区别点（2），本专利与在先设计都采用熊猫与竹子题材，且图案大小位置相近，对于一般消费者而言，图案的细节变化不足以导致二者外观设计整体产生明显不同的视觉效果；对于区别点（3），相对于本专利与在先设计在其字体大小和排布上均基本相同而言，仅是"熊猫"与"鲜味"二字的不同，仍属于局部的细微变化，不影响产品的整体外观，不足以对二者的整体外观设计产生显著的影响。基于以上所述，经过整体观察，综合判断，本专利与在先设计在整体设计、构图、题材上相同，其区别点属于局部的细微变化，尚不足以构成整体视觉效果的明显差别，因此本专利与在先设计的外观设计是相近似的，不符合专利法第 23 条的规定。

鉴于已经得出上述结论，本决定对请求人提交的其他证据不再一一评述。

三、决定

宣告 200430055206.1 号外观设计专利权全部无效。

当事人对本决定不服的，可以根据专利法第 46 条第 2 款的规定，自收到本决定之日起三个月内向北京市第一中级人民法院起诉。根据该款的规定，一方当事人起诉后，另一方当事人应当作为第三人参加诉讼。

主视图

后视图

本专利附图

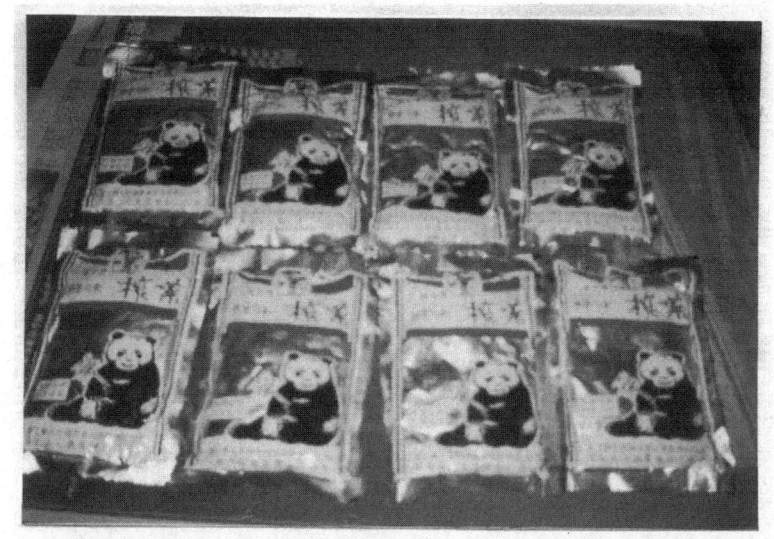

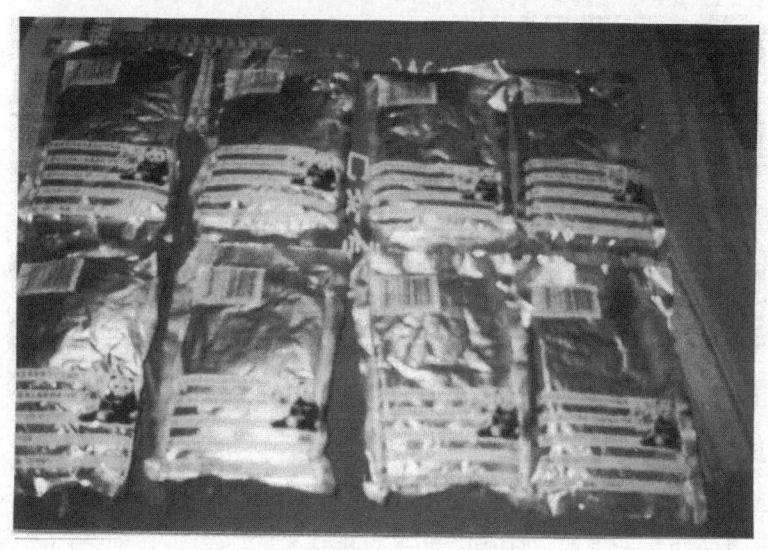

在先设计附图

瓶贴（双回沙）

无效宣告请求审查决定（第10166号）

决 定 号	第10166号
决 定 日	2007年6月26日
发明创造名称	瓶贴（双回沙）
外观设计分类号	19-08
无效宣告请求人	贵州金沙窖酒厂
专 利 权 人	贵阳峡凌酒厂
专 利 号	200530006145.4
申 请 日	2005年7月27日
授权公告日	2006年3月29日
合议组组长	徐清平
主 审 员	钟华
参 审 员	张雪飞
附 图	1页
法律依据	专利法第23条

决 定 要 点

请求人提交了行政处罚决定书的复印件，如果作出该行政处罚决定书的行政机关出具了相关证明或者专利权人为该处罚决定书的当事人，则在专利权人没有对上述处罚决定书的真实性提出异议的情况下，该处罚决定书记载的事实应予以采信。

一、案由

本无效宣告请求涉及国家知识产权局于2006年3月29日授权公告的名称为"瓶贴（双回沙）"的200530006145.4号外观设计专利（下称本专利），其申请日为2005年7月27日，专利权人为贵阳峡凌酒厂。

针对本专利，贵州金沙窖酒厂（下称请求人）于2006年6月27日向专利复审委员会提出无效宣告请求，其理由是请求人在本专利申请日前已经公开使用过与本专利的图案设计、颜色使用、文字大小及整体布局完全相同的外观设计产品，因此本专利不符合专利法第23条的规定，请求人同时提交如下附件作为证据：

附件1：请求人企业法人营业执照复印件；
附件2：国家质量技术监督局颁发的请求人全国工业产品生产许可证复印件；

附件3：金沙县卫生局颁发的请求人卫生许可证复印件；
附件4：请求人的第124667注册商标的商标注册证复印件；
附件5：第124667注册商标的核准续展注册证明复印件；
附件6：请求人2002年贵州省名牌产品证书复印件；
附件7：请求人2005年贵州省名牌产品证书复印件；
附件8：贵阳卡梦岛动漫文化有限公司出具的证明复印件；
附件9：贵阳卡梦岛动漫文化有限公司设计的双回沙酒包装装潢复印件；
附件10：贵阳旭达彩印有限公司的企业法人营业执照复印件；
附件11：贵州省新闻出版局颁发给贵阳旭达彩印有限公司的印刷经营许可证复印件；
附件12：贵阳旭达彩印有限公司证明复印件；
附件13：贵阳旭达彩印有限公司印刷的双回沙酒包装、装潢复印件；
附件14：贵阳云岩金磊酒业经营部的个体工商户营业执照复印件；
附件15：贵阳云岩金磊酒业经营部出具的证明复印件；
附件16：请求人与浙江省平阳县长明彩印厂的订货合同复印件；
附件17：金沙窖酒厂收料单复印件；
附件18：请求人购货发票复印件；
附件19：货运单复印件；
附件20：收款收据复印件；
附件21：编号为990701的检验报告复印件；
附件22：贵州省毕节地区产品质量监督检验所出具的99-10-42号检验报告复印件；
附件23：贵州省产品质量监督中心检验所出具的食品检验报告复印件；
附件24：贵州省产品质量监督检验所出具的检验报告复印件；
附件25：请求人双回沙酒包装与贵州双回沙酒业有限公司外观设计专利图样对比页；
附件26：平坝县工商行政管理局平工商执处字（2003）第04号行政处罚决定书复印件3页；
附件27：贵州省工商行政管理局黔工商处字（2005）23号行政处罚决定书复印件6页。

经形式审查合格，专利复审委员会依法受理了上述无效宣告请求，并于2006年11月29日将无效宣告请求书及相关文件的副本转给专利权人，要求其在指定的期限内答复。

2007年1月12日，专利权人提交了意见陈述书，认为：附件1～5与本案无关；附件6、附件7不能证明该证书上所述产品包装与本外观设计相同或者相近似；经查询贵阳卡梦岛动漫文化有限公司成立于2001年6月4日，因此附件8～9是伪证；附件10、附件11与本案无关；附件12、附件13的真实性非常值得怀疑，且无法证明其具体的印刷日期；经查询贵阳云岩金磊酒业经营部的成立日期为2002年8月24日，因此附件14、附件15是伪证；附件16～24与本案无关；附件25的对比毫无意义；附件26是平坝酒厂一分厂擅自使用"贵州名牌"标志受到处罚，无法证明与本专利具有关联性；附加27的出具日在本专利申请日后，且专利权人当时由于不懂法律加之金额不多才接受处罚的，请求人无法证明其产品的标贴在本专利申请日前公开发表过或者在国内公开使用过。专利权人同时提交了如下反证：

反证1：贵阳市工商行政管理局信息服务中心出具的有关贵阳卡梦岛动漫文化有限公司的查询信息的复印件1页；

反证2：贵阳市工商行政管理局云岩分局出具的有关贵阳云岩金磊酒业经营部的查询信息的复印件1页。

专利复审委员会于 2007 年 2 月 9 日向双方当事人发出口头审理通知书，定于 2007 年 4 月 3 日举行口头审理，同时将专利权人于 2007 年 1 月 12 日提交的意见陈述书及附件转送给请求人。

口头审理如期举行，专利权人缺席本次口头审理，请求人委托代理人出席了本次口头审理。请求人补充提交了如下附件（编号续前）：

附件 28：贵州省平坝县工商行政管理局出具的书面证明及双回沙瓶贴实物原件 2 页；

附件 29：贵阳云岩金磊酒业经营部王裔轮、朱小会的身份证复印件及其出具的书面证明原件；

附件 30：贵阳卡梦岛动漫文化有限公司刘意的身份证复印件及其出具的书面证明原件；

附件 31：贵阳零点包装设计有限公司变更为贵阳卡梦岛动漫文化有限公司的公司变更登记申请书原件及其法定代表人王来坤的身份证复印件。

2007 年 4 月 18 日，专利复审委员会将请求人在口头审理时提交的各附件副本转送给专利权人。

2005 年 5 月 15 日，专利权人提交了意见陈述书，认为从附件 28 的内容可知，是对贵州平坝酒厂一分厂擅自使用"贵州名牌"标志进行处罚，并未提及其生产的"平坝"双回沙酒包装装潢，这件事与金沙窖酒厂生产的"简装回沙酒"无关。附件 29 只能证明其经销"金沙牌"双回沙酒系列产品，不能证明与本专利类似的包装的酒就是当时的系列酒之一，附件 30、附件 31 只能证明公司变更，不能证明在本专利申请日前设计的包装图样。

至此，合议组认为本案事实已经调查清楚，可以作出如下审查决定。

二、决定的理由

1. 法律依据

专利法第 23 条规定：授予专利权的外观设计，应当同申请日以前在国内外出版物上公开发表过或者国内公开使用过的外观设计不相同和不相近似，并不得与他人在先取得的合法权利相冲突。

2. 证据的认定

请求人在口头审理中补充提交了附件 28，由于本无效宣告请求的提起日为 2006 年 6 月 27 日，早于 2006 年 7 月 1 日，根据《施行修订后审查指南的过渡办法》的有关规定，其新证据的审查适用 2001 年 10 月 18 日公布的审查指南第四部分第三章第 3.1 节的规定。根据该节的规定，鉴于附件 28 是用于补充附件 26 证明同一具体事实，因此合议组对附件 28 予以接收和考虑。

附件 26 为行政处罚决定书，附件 28 为作出该行政处罚书的相应行政机关作出的书面证明原件，专利权人意见陈述书对附件 26、附件 28 的真实性没有提出异议。合议组认为：行政处罚决定书属于公众可以查阅的法律文书，作出该行政处罚书的行政机关依据其行政职能出具了书面证明原件，在专利权人对上述证据的真实性没有提出异议、也没有提交足以推翻的相反证据的情况下，合议组对附件 26、28 的真实性予以确认。

附件 27 为贵州省工商行政管理局黔工商处字（2005）23 号行政处罚决定书复印件，该处罚决定书的被处罚对象之一为贵阳峡凌酒厂专利权人，因此在专利权人对附件 27 的真实性未提出异议、也没有提交足以推翻的相反证据的情况下，合议组对附件 27 的真实性予以确认。

专利权人提交有反证 1 和反证 2，其中反证 1 是针对附件 10~13，反证 2 是针对附件 14 和附件 15 的，上述两个反证的内容均与附件 26~28 的内容无关，因此不能推翻附件 26~28 的真实性。

3. 本专利是否符合专利法第 23 条的规定

附件 26 是平坝县工商行政管理局出具的平商执处字［2003］第 04 号行政处罚决定书复印件，其案由部分记载："经查，金沙窖酒厂生产的'金沙牌'双回沙酒曾于 2002 年 1 月 22 日被贵州省人民政府公告为名牌产品。而平坝酒厂一分厂于 2003 年 3 月 24 日将'平坝牌'双回沙酒承包给赵平生产，并以该厂名誉从事经营活动，自 2003 年 4 月 1 日生产到被查获时共擅自使用'贵州名牌'标志生产'平坝'双回沙酒841件……当事人的行为已经违反了《中华人民共和国反不正当竞争法》第5条第1款第（2）项、第4项和《关于禁止仿冒知名商品特有的名称、包装、装潢的不正当竞争行为的若干规定》第2条第1款的规定……"

附件27案由部分记载："经查，贵州金沙窖酒厂于1999年5月自行设计、印制了'金沙'牌'双回沙'酒简装的包装、标识、装潢等包装物，同年开始将该产品投放市场。该产品2002年被贵州省名牌战略推进领导小组确认为'贵州省名牌产品'；2003年11月金沙回沙酒被贵州省食品工业办公室和贵州省食品工业协会评为'贵州省食品工业著名品牌'；该厂生产的金沙回沙系列产品，2003年12月被贵州省绿色产业促进会评为2004～2006年度'黔绿之星、绿色消费品牌'。贵州金沙窖酒厂生产的'金沙'牌双回沙酒和该厂生产的金沙回沙系列产品在市场上为相关公众所熟知悉。"

附件28是贵州省平坝县工商行政管理局于2007年3月6日出具的书面证明和双回沙瓶贴一张，附件28的证明内容为："2003年5月30日，我局以平工商执处字（2003）第04号《平坝工商行政管理局行政处罚决定书》对贵州平坝酒厂一分厂擅自使用'贵州名牌'标志生产'平坝'双回沙酒进行了处罚。当时，贵州金沙窖酒厂在市场上销售的产品'简装双回沙酒'外观包装与后附样张图案一致。"

合议组认为：附件26、附件27相互印证，能够证明贵州金沙窖酒厂的"金沙"牌"简装双回沙酒"在本专利申请日前生产、销售、被确认为"贵州名牌"，为社会公众所知悉的事实。附件28进一步证明了该"简装双回沙酒"所使用的瓶贴的外观设计，即附件28所附的瓶贴的外观设计（下称在先设计）已经在本专利申请日前在国内公开使用过。

本专利与在先设计均为瓶贴的外观设计，两者所属产品的种类相同，因此可以进行相近似性对比。

本专利为瓶贴的外观设计，未请求保护色彩，仅提交有主视图。其整体形状为长方形，主视图的顶端和底端均有横向细编织条构成的图案，顶端编织条图案的下方为六龙壁图案，六龙壁图案的左方有较小的横向设置的"双回沙酒"及拼音文字，底端编织条的上方为等间距横向排列的若干内有盘龙的椭圆形图案。长方形的中间部分的背景图案类似清明上河图，右侧有纵向设置的"双回沙"三字，该三字上方有椭圆形商标图案及分布其两侧的"传世"和"美酒"四个字，该三字的右下角有"酒"字方章，下方有横向的被涂划掉的贵州某酒业公司的名称。左侧有被涂划掉的纵向设置的若干行说明性文字，说明性文字下方有纵向的条形码（详见本专利附图）。

在先设计为瓶贴的外观设计。其整体形状为长方形，主视图的顶端和底端均有横向细编织条构成的图案，顶端编织条图案的下方为六龙壁图案，六龙壁图案的左方有较小的横向设置的"双回沙酒"及拼音文字，底端编织条的上方为等间距横向排列的若干内有盘龙的椭圆形图案。长方形的中间部分的背景图案为类似清明上河图，右侧有纵向设置的"双回沙"三字，该三字上方有商标图案及分布其两侧的"贵州"和"名牌"四个字，该三字的右下角有"酒"字方章，下方有"贵州金沙窖酒厂出品"等一行字。左侧有纵向设置的若干行说明性文字，说明性文字下方有纵向的条形码（详见在先设计附图）。

将本专利与在先设计相比，两者整体形状均为长方形，构图相同，各部分的图案均相似。其不同之处在于：两者中部的背景有所不同，商标图案不同，商标图案两侧的文字不同，出品单位名称不同。对此合议组认为：本专利与在先设计的中部背景图案虽然不同，但均类似"清明上河图"，给予一般消费者的视觉印象是非常相似的；商标、文字在外观设计比较中仅作为图案考虑，不考虑其字音字义。作为图案而言，上述商标及两侧文字、出品单位的不同仅构成局部的细微的差别，对产品的整体视觉效果没有显著的影响。因此，本专利与在先设计构成相近似，不符合专利法第23条的规定。

鉴于上述评述已经得出本专利不符合专利授权条件的结论，合议组对请求人提出的其他理由和证据不再予以评述。

三、决定

根据专利法第23条和第46条第1款的规定，宣告200530006145.4号外观设计专利权全部无效。

根据专利法第46条第2款的规定，当事人对本决定不服的，自收到本决定之日起三个月内向北京市第一中级人民法院起诉，根据该款规定，一方当事人起诉后，另一方当事人应当作为第三人参加诉讼。

本专利附图

在先设计附图

罐状CD碟储存盒（FS-1096）

无效宣告请求审查决定（第10167号）

决 定 号	第10167号
决 定 日	2007年6月25日
发明创造名称	罐状CD碟储存盒（FS-1096）
外观设计分类号	14-99
无效宣告请求人	广州市宇宝数码科技制品有限公司，郭于康
专 利 权 人	深圳市创意发文具有限公司
申 请 号	200430037246.3
申 请 日	2004年3月25日
授权公告日	2004年10月13日
合议组组长	李 隽
主 审 员	田 华
参 审 员	张 鹏
法 律 依 据	专利法第23条，专利法实施细则第2条第3款

决定要点

若合法民事权利的产生之日晚于外观设计专利的申请日，则该合法权利不构成在先取得的权利，当然与外观设计专利不构成权利冲突。故在外观设计专利申请日之前申请，之后公告授权的实用新型专利权不构成与该外观设计专利权的冲突。

只有用途相同或相近的产品才属于相同或相近类别的产品，只有对于相同或相近类别的产品，才能存在外观相同或相近似的情况。

一、案由

本无效宣告请求涉及国家知识产权局于2004年10月13日授权公告的200430037246.3号外观设计专利，名称为"罐状CD碟储存盒（FS-1096）"，其申请日是2004年3月25日，专利权人是深圳市创意发文具有限公司。

针对上述专利（下称本专利），广州市宇宝数码科技制品有限公司（下称请求人Ⅰ）于2006年3月1日向专利复审委员会提出专利权无效宣告请求，其理由是：本专利不符合专利法第23条、专利法实施细则第2条第3款的规定，请求专利复审委员会宣告本专利无效，并提交了如下附件作为证据：

附件1-1：《发现资源广告2003中国礼品工艺品采购指南》封面、目录索引页、第165页、第

183 页的复印件，共 4 页；

附件 1-2：2003 年第 12 期《发现资源广告》封面、目录索引页、第 61 页广告页、第 93 页的复印件，共 4 页。

请求人 I 认为：附件 1-1 中第 165 页上的牙签筒、附件 1-1 中第 183 页上的牙签座和附件 1-2 中第 61 页易开罐宠物花卉产品分别用于包装牙签和种子泥土。本案外观设计专利的产品只用于放置 CD 碟片，其外观设计专利分类 14~99 中与其产品用途相符的仅为小型碟片盒（包装~）、小型碟片（~盒）（包装），均属包装用途，与上述附件中的产品用途相近，因此本案外观设计的产品与上述附件中的产品属于相近种类的产品，并且其形状相近似，另外圆筒易拉罐状形状在包装领域中司空见惯，该形状不属于新设计，没有新颖性，因此本案外观设计专利不具备专利法要求的新颖性。同时产品的色彩不能独立构成外观设计，因此本案的外观设计也明显不符合外观设计专利的定义，不应被授予外观设计专利权。综上，本案外观设计明显不符合专利法第 23 条及专利法实施细则第 2 条第 3 款的有关规定。

经形式审查合格后，专利复审委员会于 2006 年 4 月 24 日受理了该无效宣告请求，并将无效宣告请求书及相关证据材料副本转送给了专利权人，并依法成立合议组对本案进行审查。

专利复审委员会于 2006 年 6 月 14 日收到专利权人的意见陈述书。专利权人认为：请求人引证的附件 1-1 是关于牙签筒或牙签座的外观，请求人引证的附件 1-2 是关于宠物花卉罐的外观，它们与专利权人的外观设计专利 CD 碟片储存盒属于不同类的产品，可参见专利权人提交的反证 1、反证 2、反证 3。并且附件 1-1 中的牙签筒、附件 1-2 中的易开罐宠物花卉为完成其功能必设有出口，而本专利没有出口，所以，本外观设计专利与请求人引证的附件 1-1 或附件 1-2 的用途不同，而且功能也不同，因此它们两者之间不具有可比性，即不相同也不相近似。专利权人认为附件 1-1 与 1-2 并非原件，也没有记载刊号和出版单位，因此对请求人提交的附件 1-1、附件 1-2 的真实性有异议。专利权人提交了如下反证：

反证 1：申请号为 03322783.7，名称为"牙签容器（387）"的中华人民共和国国家知识产权局外观图形的网页下载页，共 1 页；

反证 2：申请号为 02325153.0，名称为"牙签筒"的中华人民共和国国家知识产权局外观图形的网页下载页，共 1 页；

反证 3：申请号为 01334259.2，名称为"花罐（绿点宠物花卉普通装）"的中华人民共和国国家知识产权局外观图形的网页下载页，共 1 页。

2006 年 11 月 15 日，专利复审委员会本案合议组将专利复审委员会于 2006 年 6 月 14 日收到的专利权人的意见陈述书转给了请求人 I。

针对该专利权，郭于康（下称请求人 II）于 2006 年 11 月 6 日向专利复审委员会提出无效宣告请求，其理由是：本专利不符合专利法第 23 条的规定。并提交了如下附件作为证据：

附件 2-1：申请号为 01315831.7，名称为"罐形彩色电视机（LCD-185）"，授权公告日为 2001 年 12 月 12 日的中华人民共和国国家知识产权局外观图形的网页下载页，共 1 页；

附件 2-2：申请号为 01337076.6，名称为"易拉罐（通化天露爽口山葡萄酒）"，授权公告日为 2002 年 2 月 20 日的中华人民共和国国家知识产权局外观图形的网页下载页，共 1 页；

附件 2-3：03244406.0 号实用新型专利说明书，专利权人为汕尾柏嘉玩具日用品有限公司，申请日为 2003 年 3 月 31 日，授权公告日为 2004 年 4 月 21 日。

请求人 II 认为：本专利与附件 2-1、附件 2-2 相比，两者在整体和多处细节上均相同或相近似，两者虽存在局部细微的差异，但这种变化对整体外观并没有产生显著的差异，对于产品的整体视觉效果不具有显著影响。附件2-3的说明书附图与本专利设计细节完全相同。因此，本专利不符合专利法第23条的规定。

专利复审委员会于2006年11月13日收到请求人Ⅱ提交的附件2-1、2-2和本专利的专利公报复印件。

经形式审查合格后，专利复审委员会于2006年11月13日受理了该无效宣告请求，并将无效宣告请求书及相关证据材料副本、请求人Ⅱ提交的附件2-1、2-2和本专利的专利公报复印件一同转送给了专利权人，并依法成立合议组对本案进行审查。

根据审查指南第四部分第三章第4.5节有关"案件的合并审理"的规定，专利复审委员会本案合议组将上述两个无效宣告请求案合并审理。

2006年11月23日，专利复审委员会本案合议组向各方当事人发出了口头审理通知书，定于2007年1月23日在专利复审委员会举行本案的口头审理。

2006年12月11日，专利复审委员会收到专利权人针对请求人Ⅱ提出的无效宣告请求所提交的意见陈述。专利权人认为，附件2-1、2-2所公开的外观设计与本专利的类别既不相同也不相近似，因此，本专利与附件2-1、2-2所公开的外观设计既不相同也不相近似。请求人提供的附件2-3所展示的视图在本专利的申请日前没有公开，因此不能作为证据与本专利对比。

2006年12月13日，专利复审委员会将专利权人的上述意见陈述转给请求人Ⅱ。

口头审理如期举行。各方当事人均出席了口头审理，并对对方出庭人员的身份资格无异议，对合议组成员无回避请求。

请求人Ⅰ明确其无效理由为专利法第23条、专利法实施细则第2条第3款，使用的证据为附件1-1和附件1-2。请求人Ⅰ当庭提交附件1-1的原件，未提交附件1-2的原件，请求人Ⅰ认为本专利与附件1-1中所示的在先设计相近似，并认可专利权人提交的反证1~3的真实性。专利权人对附件1-1的原件与复印件的内容相一致无异议，但认为附件1-1原件纸张已散落，对附件1-1原件是否为整本有异议，不认可其真实性，但若其为整本，专利权人认可其为公开出版物，并认可附件1-1的出版日期为2003年。专利权人使用反证1~3证明本专利与请求人Ⅰ提交的在先设计为不同类别的产品，并认为本专利与附件1-1中所示的在先设计类别、用途不同，不具有可比性。

请求人Ⅱ明确其无效理由为专利法第23条，使用的证据为附件2-1、2-2和附件2-3，请求人Ⅱ认为附件2-1、2-2、2-3所示的在先设计与本专利相近似，并且本专利与附件2-3所示的实用新型专利权构成权利冲突。专利权人认可附件2-1、2-2、2-3的真实性，但认为2-1所示的罐形彩色电视机与本专利用途不同，附件2-2所示的易拉罐与本专利的类别不同、用途不同，因此上述两个在先设计与本专利不具有可比性；附件2-3的公开日晚于本专利的申请日，不能作为本案的有效证据，并且专利法第23条所指的在先权利仅指著作权和商标权，因此不构成权利冲突。

至此，合议组认为本案事实已经清楚，在此基础上可以作出无效决定。

二、决定的理由

1. 关于证据

请求人Ⅰ提交了附件1-1即《发现资源广告2003中国礼品工艺品采购指南》的原件，专利权人认为附件1-1原件纸张较散，对其是否为整本有异议，不认可其真实性，但若其为整本，专利权人认可其为公开出版物，并认可附件1-1的出版日期为2003年。合议组认为，虽然附件1-1的纸张较散，但是其各页的版式一致，各页的印刷纸张质地相同，脱落页边的锯齿形状与该原件的其余部分可以相互衔接，并且脱落页与其余部分衔接后，使得上下文的内容连贯，且专利权人未就其真实性举出反证，故应认定其为一整本。基于此，合议组认定附件1-1具有真实性。请求人Ⅰ未提交附件1-2的原件，根据审查指南第四部分第八章第4.1节的规定，合议组对其真实性不予认可。

请求人Ⅱ提交的附件2-1、2-2、2-3都是专利文献，专利权人对其真实性无异议，请求人Ⅰ对专利权人提交的反证1~3的真实性无异议，因此，合议组认可上述六份证据的真实性。

附件1-1构成专利法意义上的公开出版物，其为2003年的购物指南，并无具体出版日期，根据审查指南的相关规定，可以认定其出版时间为2003年12月31日，并且专利权人对其出版时间为2003年不持异议，所以本案合议组认定附件1-1的公开日早于本专利的申请日，可以作为本专利的在先设计载体。附件2-1、2-2的公开日均早于本专利的申请日，因此可以作为本专利申请日前已经公开的在先设计载体。附件2-3的公开日晚于本专利的申请日，因此不可以作为本专利申请日前已经公开的在先设计载体。

2. 关于专利法实施细则第2条第3款

专利法实施细则第2条第3款规定，专利法所称外观设计，是指对产品的形状、图案或者其结合以及色彩与形状、图案的结合所作出的富有美感并适于工业应用的新设计。

请求人Ⅰ认为，圆筒易拉罐状形状在包装领域中司空见惯，该形状不属于新设计，没有新颖性，因此本案外观设计专利不具备专利法要求的新颖性；同时产品的色彩不能独立构成外观设计，因此本案的外观设计也明显不符合外观设计专利的定义，不应被授予外观设计专利权。

本外观设计专利的名称为罐状CD碟储存盒（PS-1096），其形状为圆筒罐状，在其一个罐底上有四个孔，另一个罐底上有易拉罐拉环形状，并且在拉环周围有两条凸棱和两个凸起，整个罐身为红色，其上没有图案。

合议组认为，本外观设计是对罐状CD碟存储盒这种产品的罐状形状与红色相结合，所作出的富有美感并适于工业应用的新设计，符合专利法实施细则第2条第3款有关外观设计的定义。至于请求人Ⅰ所主张的本专利不具有新颖性的观点，不属于该法条规范的内容。因此，本专利符合专利法实施细则第2条第3款的规定。

3. 关于专利法第23条

专利法第23条规定，授予专利权的外观设计，应当同申请日以前在国内外出版物上公开发表过或者国内公开使用过的外观设计不相同和不相近似，并不得与他人在先取得的合法权利相冲突。

附件1-1公开了一种易拉罐形状的牙签筒外观图片；附件2-1公开了一种罐型彩色电视机（LCD-185）的外观设计，其分类号为14-03-T0132；附件2-2公开了一种易拉罐（通化天露爽口山葡萄酒）的外观设计，其分类号为09-03-P0430，请求人认为，上述公开的在先设计与本专利相近似。

专利权人提交了三份反证均为外观设计专利，反证1是名称为牙签容器（387）的外观设计，分类号为07-07，反证2是名称为牙签筒的外观设计，分类号为07-07，反证3是名称为花罐（绿点宠物花卉普通装）的外观设计，分类号为11-02-B0407，专利权人认为，本专利的分类号为14~99，从分类上可以看出本专利与上述在先设计的类别不同，用途不同，它们之间不具有可比性。

根据审查指南第四部分第五章第6.1节的规定，外观设计相同是指被比设计与在先设计是同一类别的产品的外观设计，并且被比设计的全部外观设计要素与在先设计的相应要素相同，其中外观设计要素是指形状、图案以及色彩。在确定产品的类别时，可以参考产品的名称、国际外观设计分类表以及产品货架分类，但是应当以产品的用途是否相同为准。

审查指南第四部分第五章第6.2节规定，只有对于相同或者相近类别的产品，才可能存在外观设计相近似的情况。所谓相近类别的产品是指用途相近的产品。

综上，合议组认为，本专利是罐状CD碟存储盒，附件1-1是牙签筒产品，附件2-2是易拉罐

（通化天露爽口山葡萄酒），上述两附件的产品名称与本专利不同，其用途与本专利不相同也不相近；附件2-1是罐型彩色电视机，虽然该产品与本专利的分类号为都属第14大类，但是前者是一种通信类产品后者是一种放置CD的产品，与本专利产品罐状CD碟储存盒的用途既不相同也不相近似，因此，上述三个附件的产品与本专利不属于相同或相近类别的产品，根据审查指南的相关规定，上述附件1-1、2-1、2-2与本专利不具有可比性。

请求人认为，易拉罐形状作为包装是惯常设计，合议组认为，易拉罐形状是在生活中常见到的，但是将同样的易拉罐形状做成其他产品的外观，却不是生活中常见的，特别是，针对储存CD碟的易拉罐形储存盒产品，其外观设计会给一般消费者意想不到的视觉效果，请求人并无证据证明易拉罐形状CD碟储存盒是惯常设计，因此，请求人的该理由合议组不予支持。

附件2-3是一份申请在先、授权公告日在后于本专利申请日的中国实用新型专利文献，请求人Ⅱ使用附件2-3证明本外观专利与在先实用新型专利的权利相冲突。

合议组认为，实用新型专利保护的是产品的形状、构造或者其结合的新的技术方案，外观设计专利保护的是产品的形状、图案或其结合以及色彩与形状、图案的结合的新设计，因此，实用新型专利和外观设计专利有可能在保护形状这部分内容上有交叉、重合之处，故在判断与外观设计权利冲突时，实用新型专利应当可以考虑，但根据专利法第23条的规定，与外观设计专利构成权利冲突必须是他人在先取得的合法权利，即他人所享有、在先取得、合法权利三者缺一不可。

所谓在先取得，系指该合法民事权利的产生之日早于外观设计专利的申请日或者优先权日。

专利法第44条规定，实用新型和外观设计专利申请经初步审查没有发现驳回理由的，由国务院专利行政部门作出授予实用新型专利权或者外观设计专利权的决定，发给相应的专利证书，同时予以登记和公告。实用新型专利权和外观设计专利权自公告之日起生效。

专利法实施细则第54条规定，国务院专利行政部门发出授予专利权的通知后，申请人应当自收到通知之日起2个月内办理登记手续。申请人按其办理登记手续的，国务院专利行政部门应当授予专利权，颁发专利证书，并予以公告。期满未办理登记手续的，视为放弃取得专利权的权利。

专利法第11条规定，发明和实用新型专利权被授予后，除本法另有规定的以外，任何单位或者个人未经专利权人许可，都不得实施其专利，即不得为生产经营目的制造、使用、许诺销售、销售、进口其专利产品，或者使用其专利方法以及使用、许诺销售、销售、进口依照该专利方法直接获得的产品。

根据上述法律规定，实用新型专利权的取得之日为其授权公告日，在该专利权被授权公告后专利权人方能行使其合法权利，附件2-3的实用新型专利权的授权公告日为2004年4月21日，因此，该权利的取得晚于本外观设计专利的申请日即2004年3月25日，不构成专利法第23条所称的在先取得的合法权利，因此，本外观设计专利权不构成与申请在先，授权公告在后的实用新型专利权相冲突，请求人Ⅱ的上述主张不成立。

综上，请求人提交的证据不能证明本外观设计不符合专利法第23条的规定。

三、决定

维持200430037246.3号外观设计专利权有效。

当事人对本决定不服的，可以根据专利法第46条第2款的规定，自收到本决定之日起三个月内向北京市第一中级人民法院起诉。根据该款的规定，一方当事人起诉后，另一方当事人应当作为第三人参加诉讼。

北京市第一中级人民法院
行政判决书

(2007) 一中行初字第 1369 号

原告郭于康，男，1963年8月7日出生，汉族，个体工商户，户籍所在地浙江省临海市永丰镇更楼村。

委托代理人张文忠，宁波市天晟知识产权代理有限公司专利代理人。

委托代理人汪灵燕，女，北京鼎盛知识产权代理有限公司职员。

被告国家知识产权局专利复审委员会，住所地北京市海淀区北四环西路9号银谷大厦10~12层。

法定代表人廖涛，副主任。

委托代理人郭鹏鹏，男，国家知识产权局专利复审委员会审查员。

第一第三人深圳市创意发文具有限公司，住所地广东省深圳市南山区南头城工业村10栋4楼。

法定代表人萧泳琪，董事长。

委托代理人刘向英，女，深圳市创意发文具有限公司法务专员。

委托代理人叶万东，男，深圳市创意发文具有限公司法务专员。

第二第三人广州市宇宝数码科技制品有限公司。

原告郭于康不服被告国家知识产权局专利复审委员会作出的第10167号无效宣告请求审查决定（以下简称被诉决定），于2007年9月12日向本院提起行政诉讼。本院受理后，依法组成合议庭，并依据《中华人民共和国行政诉讼法》第二十七条的规定，通知深圳市创意发文具有限公司（以下简称创意发公司）、广州市宇宝数码科技制品有限公司（以下简称宇宝公司）作为本案第三人参加诉讼，于2007年12月6日公开开庭审理了本案。原告的委托代理人张文忠，被告的委托代理人郭鹏鹏，创意发公司的委托代理人刘向英、叶万东到庭参加了诉讼。宇宝公司经本院依法传唤，未到庭参加诉讼。本案现已审理终结。

2007年6月25日，被告经审查后作出被诉决定，维持200430037246.3号外观设计专利权（以下简称本专利）有效。在法定期限内，被告向本院提交了以下证据的复印件：（1）本专利公报；（2）ZL03244406.0号实用新型专利公报（即被诉决定中的附件2-3，下称附件2-3）。以上证据用以证明被诉决定认定事实清楚、适用法律正确、审理程序合法。

原告诉称，著作权自作品完成创作之日起产生，并受《中华人民共和国著作权法》的保护。作为记载在中国实用新型专利公报中的专利文件图纸上的罐状CD碟储存盒图纸是完整的一套著作权，作者是黄嘉龄。黄嘉龄这一著作权自图纸作品完成创作之日起产生，并受法律保护。中国专利是先申请制，不申请是无法取得申请日的。因此，黄嘉龄完成创作之日至少要早于2003年3月31日是无可争辩的事实，这个日期要比本专利提出申请的2004年3月25日提前一年多。因此本专利与黄嘉龄在先取得的著作权相冲突。被告对主要证据认定不准，适用法规不当，所作出的结论不恰当，故请求法院撤销被诉决定。

原告在法定期限内向本院提交了以下证据的复印件：（1）被诉决定书，用以证明被告认定证据不准，适用法规不当，出现了很多遗漏；（2）附件2-3，用以证明黄嘉龄在先取得的著作权；（3）本专利公报，用以证明本专利与他人在先取得的合法权利相冲突。

被告辩称，附件2-3的公开日晚于本专利的申请日，创意发公司在本专利申请日前不能获知该实用新型说明书的全部内容。原告在无效程序中亦未提交创意发公司抄袭附件2-3设计人创作作品的证据。因此,原告无法证明创意发公司的外观设计不是独立完成的。而独立完成创作的作品分别享有著作权,因此独立完成创作的本专利与在先的著作权不构成权利冲突。被诉决定认定事实清楚,适用法律、法规正确,审理程序合法,原告的诉讼理由不能成立,请求法院驳回原告的诉讼请求,维持被诉决定。

创意发公司同意被告的意见,请求维持被诉决定。

创意发公司未向本院提交证据材料。

宇宝公司未提交书面答辩意见,亦未向本院提交证据材料。

对被告所提交的证据,原告对其关联性、合法性和真实性均无异议,但不同意其证明作用。创意发公司对被告方证据的真实性、合法性、关联性和证明作用均无异议。

对原告提交的证据1,被告认为其是被诉决定本身,不是证据;对证据2、3的关联性、合法性和真实性无异议,但对其证明作用有异议。创意发公司同意被告对原告证据的质证意见。

经庭审质证及合议庭评议,本院认为被告、原告于本院开庭审理前提交的证据均与本案具有关联性,且符合形式上的合法性、真实性的要求,本院予以确认。上述经本院确认的证据以及各方当事人无争议的相关陈述可以作为认定本案事实的依据。

本专利系于2004年10月13日授权公告的外观设计专利,名称为"罐状CD碟储存盒(FS-1096)",申请日是2004年3月25日,专利权人是本案第一第三人创意发公司。

针对本专利,宇宝公司于2006年3月1日向被告提出专利权无效宣告请求,其理由是:本专利不符合《中华人民共和国专利法》(以下简称《专利法》)第二十三条、《中华人民共和国专利法实施细则》(以下简称《专利法实施细则》)第二条第三款的规定,请求被告宣告本专利无效,并提交了如下附件作为证据:

附件1-1:《发现资源广告2003中国礼品工艺品采购指南》封面、目录索引页、第165页、第183页的复印件,共4页;

附件1-2:2003年第12期《发现资源广告》封面、目录索引页、第61页广告页、第93页的复印件,共4页。

宇宝公司认为:附件1-1中第165页上的牙签筒、附件1-1中第183页上的牙签座和附件1-2中第61页易开罐宠物花卉产品分别用于包装牙签和种子泥土。本专利的产品只用于放置CD碟片,其外观设计专利分类14-99中与其产品用途相符的仅为小型碟片盒(包装)、小型碟片(盒)(包装),均属包装用途,与上述附件中的产品用途相近。因此,本案外观设计的产品与上述附件中的产品属于相近种类的产品,并且其形状相近似。另外圆筒易拉罐状形状在包装领域中司空见惯,该形状不属于新设计,没有新颖性,因此本案外观设计专利不具备《专利法》要求的新颖性。同时产品的色彩不能独立构成外观设计,因此本案的外观设计也明显不符合外观设计专利的定义,不应被授予外观设计专利权。综上,本专利明显不符合《专利法》第二十三条及《专利法实施细则》第二条第三款的有关规定。

经形式审查合格后,被告于2006年4月24日受理了该无效宣告请求,并将无效宣告请求书及相关证据材料副本转送给了创意发公司,并成立合议组对本案进行审查。

被告于2006年6月14日收到创意发公司的意见陈述书。创意发公司认为:宇宝公司引证的附件1-1是关于牙签筒或牙签座的外观,引证的附件1-2是关于宠物花卉罐的外观,它们与创意发公司的外观设计专利CD碟储存盒属于不同类的产品,可参见创意发公司提交的反证1、反证2、反证3。并且附件1-1中的牙签筒、附件1-2中的易开罐宠物花卉为完成其功能必设有出口,而本专利没有出口。所以，本专利与请求人引证的附件 1-1 或附件 1-2 的用途不同，而且功能也不同，因此它们两者之间不具有可比性，既不相同也不相近似。创意发公司认为附件 1-1 与 1-2 并非原件，也没有记载刊号和出版单位，因此对宇宝公司提交的附件 1-1、附件 1-2 的真实性有异议。创意发公司提交了如下反证：

反证 1：申请号为 03322783.7，名称为"牙签容器（387）"的中华人民共和国国家知识产权局（以下简称国家知识产权局）外观图形的网页下载页，共 1 页；

反证 2：申请号为 02325153.0，名称为"牙签筒"的国家知识产权局外观图形的网页下载页，共 1 页；

反证 3：申请号为 01334259.2，名称为"花罐（绿点宠物花卉普通装）"的国家知识产权局外观图形的网页下载页，共 1 页。

2006 年 11 月 15 日，被告将其于 2006 年 6 月 14 日收到的创意发公司的意见陈述书转给了宇宝公司。

针对本专利，原告于 2006 年 11 月 6 日向被告提出无效宣告请求，其理由是：本专利不符合《专利法》第二十三条的规定。并提交了如下附件作为证据：

附件 2-1：申请号为 01315831.7，名称为"罐形彩色电视机（LCD-185）"，授权公告日为 2001 年 12 月 12 日的国家知识产权局外观图形的网页下载页，共 1 页；

附件 2-2：申请号为 01337076.6，名称为"易拉罐（通化天露爽口山葡萄酒）"，授权公告日为 2002 年 2 月 20 日的国家知识产权局外观图形的网页下载页，共 1 页；

附件 2-3：03244406.0 号实用新型专利说明书，专利权人为汕尾柏嘉玩具日用品有限公司，申请日为 2003 年 3 月 31 日，授权公告日为 2004 年 4 月 21 日。

原告认为：本专利与附件 2-1、附件 2-2 相比，两者在整体和多处细节上均相同或相近似，两者虽存在局部细微的差异，但这种变化对整体外观并没有产生显著的差异，对于产品的整体视觉效果不具有显著影响。附件 2-3 的说明书附图与本专利设计细节完全相同。因此，本专利不符合《专利法》第二十三条的规定。

被告于 2006 年 11 月 13 日收到原告提交的附件 2-1、2-2 和本专利的专利公报复印件。

经形式审查合格后，被告于 2006 年 11 月 13 日受理了该无效宣告请求，并将无效宣告请求书及相关证据材料副本、原告提交的附件 2-1、2-2 和本专利的专利公报复印件一同转送给了创意发公司，并依法成立合议组对本案进行审查。

根据《审查指南》第四部分第三章第 4.5 节有关"案件的合并审理"的规定，被告将上述两个无效宣告请求案合并审理。

2006 年 11 月 23 日，被告向各方当事人发出了口头审理通知书，定于 2007 年 1 月 23 日在被告处举行本案的口头审理。

2006 年 12 月 11 日，被告收到创意发公司针对原告提出的无效宣告请求所提交的意见陈述。创意发公司认为，附件 2-1、2-2 所公开的外观设计与本专利的类别既不相同也不相近似。因此，本专利与附件 2-1、2-2 所公开的外观设计既不相同也不相近似。原告提供的附件 2-3 所展示的视图在本专利的申请日前没有公开，因此不能作为证据与本专利对比。

2006 年 12 月 13 日，被告将创意发公司的上述意见陈述转给原告。

口头审理如期举行。各方当事人均出席了口头审理，并对对方出庭人员的身份资格无异议，对被告合议组成员无回避请求。

宇宝公司明确其无效理由为《专利法》第二十三条、《专利法实施细则》第二条第三款，使用的证据为附件1-1和附件1-2。宇宝公司当庭提交附件1-1的原件，未提交附件1-2的原件，宇宝公司认为本专利与附件1-1中所示的在先设计相近似，并认可创意发公司提交的反证1至反证3的真实性。创意发公司对附件1-1的原件与复印件的内容相一致无异议，但认为附件1-1原件纸张已散落，对附件1-1原件是否为整本有异议，不认可其真实性。但若其为整本，创意发公司认可其为公开出版物，并认可附件1-1的出版日期为2003年。创意发公司使用反证1至反证3证明本专利与宇宝公司提交的在先设计为不同类别的产品，并认为本专利与附件1-1中所示的在先设计类别、用途不同，不具有可比性。

原告明确其无效理由为《专利法》第二十三条，使用的证据为附件2-1、2-2和附件2-3，原告认为附件2-1、2-2、2-3所示的在先设计与本专利相近似，并且本专利与附件2-3所示的实用新型专利权构成权利冲突。创意发公司认可附件2-1、2-2、2-3的真实性，但认为2-1所示的罐形彩色电视机与本专利用途不同，附件2-2所示的易拉罐与本专利的类别不同、用途不同，因此上述两个在先设计与本专利不具有可比性；附件2-3的公开日晚于本专利的申请日，不能作为本案的有效证据，并且《专利法》第二十三条所指的在先权利仅指著作权和商标权，因此不构成权利冲突。

至此，被告认为本案事实已经清楚，作出如下认定：

1. 关于证据

宇宝公司提交了附件1-1即《发现资源广告2003中国礼品工艺品采购指南》的原件，创意发公司认为附件1-1原件纸张较散，对其是否为整本有异议，不认可其真实性，但若其为整本，创意发公司认可其为公开出版物，并认可附件1-1的出版日期为2003年。被告认为，虽然附件1-1的纸张较散，但是其各页的版式一致，各页的印刷纸张质地相同，脱落页边的锯齿形状与该原件的其余部分可以相互衔接，并且脱落页与其余部分衔接后，使得上下文的内容连贯，且创意发公司未就其真实性举出反证，故应认定其为一整本。基于此，被告认定附件1-1具有真实性。宇宝公司未提交附件1-2的原件，根据《审查指南》第四部分第八章第4.1节的规定，被告对其真实性不予认可。

原告提交的附件2-1、2-2、2-3都是专利文献，创意发公司对其真实性无异议，宇宝公司对创意发公司提交的反证1至反证3的真实性无异议，因此，被告认可上述6份证据的真实性。

附件1-1构成《专利法》意义上的公开出版物，其为2003年的购物指南，并无具体出版日期，根据《审查指南》的相关规定，可以认定其出版时间为2003年12月31日，并且创意发公司对其出版时间为2003年不持异议，所以本案被告认定附件1-1的公开日早于本专利的申请日，可以作为本专利的在先设计载体。附件2-1、2-2的公开日均早于本专利的申请日，因此可以作为本专利申请日前已经公开的在先设计载体。附件2-3的公开日晚于本专利的申请日，因此不可以作为本专利申请日前已经公开的在先设计载体。

2. 关于《专利法实施细则》第二条第三款

《专利法实施细则》第二条第三款规定，专利法所称外观设计，是指对产品的形状、图案或者其结合以及色彩与形状、图案的结合所作出的富有美感并适于工业应用的新设计。

宇宝公司认为，圆筒易拉罐状形状在包装领域中司空见惯，该形状不属于新设计，没有新颖性，因此本专利不具备《专利法》要求的新颖性；同时产品的色彩不能独立构成外观设计，因此本专利也明显不符合外观设计专利的定义，不应被授予外观设计专利权。

本专利的名称为罐状CD碟储存盒（PS-1096），其形状为圆筒罐状，在其一个罐底上有四个孔，另一个罐底上有易拉罐拉环形状，并且在拉环周围有两条凸棱和两个凸起，整个罐身为红色，其上没有图案。

被告认为，本专利是对罐状CD碟存储盒这种产品的罐状形状与红色相结合，所作出的富有美感并适于工业应用的新设计,符合《专利法实施细则》第二条第三款有关外观设计的定义。至于宇宝公司所主张的本专利不具有新颖性的观点,不属于该法条规范的内容。因此,本专利符合《专利法实施细则》第二条第三款的规定。

3. 关于《专利法》第二十三条

《专利法》第二十三条规定,授予专利权的外观设计,应当同申请日以前在国内外出版物上公开发表过或者国内公开使用过的外观设计不相同和不相近似,并不得与他人在先取得的合法权利相冲突。

附件1-1公开了一种易拉罐形状的牙签筒外观图片;附件2-1公开了一种罐型彩色电视机(LCD-185)的外观设计,其分类号为14-03-T0132;附件2-2公开了一种易拉罐(通化天露爽口山葡萄酒)的外观设计,其分类号为09-03-P0430,无效宣告请求人认为,上述公开的在先设计与本专利相近似。

创意发公司提交了三份反证均为外观设计专利,反证1是名称为牙签容器(387)的外观设计,分类号为07-07,反证2是名称为牙签筒的外观设计,分类号为07-07,反证3是名称为花罐(绿点宠物花卉普通装)的外观设计,分类号为11-02-B0407。创意发公司认为,本专利的分类号为14-99,从分类上可以看出本专利与上述在先设计的类别不同,用途不同,它们之间不具有可比性。

根据《审查指南》第四部分第五章第6.1节的规定,外观设计相同是指被比设计与在先设计是同一类别的产品的外观设计,并且被比设计的全部外观设计要素与在先设计的相应要素相同,其中外观设计要素是指形状、图案以及色彩。在确定产品的类别时,可以参考产品的名称、国际外观设计分类表以及产品货架分类,但是应当以产品的用途是否相同为准。

《审查指南》第四部分第五章第6.2节规定,只有对于相同或者相近类别的产品,才可能存在外观设计相近似的情况。所谓相近类别的产品是指用途相近的产品。

综上,被告认为,本专利是罐状CD碟存储盒,附件1-1是牙签筒产品,附件2-2是易拉罐(通化天露爽口山葡萄酒),上述两附件的产品名称与本专利不同,其用途与本专利不相同也不相近;附件2-1是罐型彩色电视机,虽然该产品与本专利的分类号为都属第14大类,但是前者是一种通信类产品,后者是一种放置cD的产品,与本专利产品罐状CD碟储存盒的用途既不相同也不相近似。因此,上述3个附件的产品与本专利不属于相同或相近类别的产品,根据《审查指南》的相关规定,上述附件1-1、2-1、2-2与本专利不具有可比性。

宇宝公司认为,易拉罐形状作为包装是惯常设计。被告认为,易拉罐形状是在生活中常见到的,但是将同样的易拉罐形状做成其他产品的外观,却不是生活中常见的。特别是,针对储存CD碟的易拉罐形储存盒产品,其外观设计会给一般消费者意想不到的视觉效果,宇宝公司并无证据证明易拉罐形状CD碟储存盒是惯常设计。因此,被告对宇宝公司的该理由不予支持。

附件2-3是一份申请在先、授权公告日在后于本专利申请日的中国实用新型专利文献,原告使用附件2-3证明本外观专利与在先实用新型专利的权利相冲突。

被告认为,实用新型专利保护的是产品的形状、构造或者其结合的新的技术方案,外观设计专利保护的是产品的形状、图案或者其结合以及色彩与形状、图案的结合的新设计。因此,实用新型专利和外观设计专利有可能在保护形状这部分内容上有交叉、重合之处,故在判断与外观设计权利冲突时,实用新型专利应当可以考虑。但根据《专利法》第二十三条的规定,与外观设计专利构成权利冲突必须是他人在先取得的合法权利,即他人所享有、在先取得、合法权利三者缺一不可。

所谓在先取得,系指该合法民事权利的产生之日早于外观设计专利的申请日或者优先权日。

《专利法》第四十四条规定,实用新型和外观设计专利申请经初步审查没有发现驳回理由的,由国务院专利行政部门作出授予实用新型专利权或者外观设计专利权的决定，发给相应的专利证书，同时予以登记和公告。实用新型专利权和外观设计专利权自公告之日起生效。

《专利法实施细则》第五十四条规定，国务院专利行政部门发出授予专利权的通知后，申请人应当自收到通知之日起2个月内办理登记手续。申请人按其办理登记手续的，国务院专利行政部门应当授予专利权，颁发专利证书，并予以公告。期满未办理登记手续的，视为放弃取得专利权的权利。

《专利法》第十一条规定，发明和实用新型专利权被授予后，除本法另有规定的以外，任何单位或者个人未经创意发公司许可，都不得实施其专利，即不得为生产经营目的制造、使用、许诺销售、销售、进口其专利产品，或者使用其专利方法以及使用、许诺销售、销售、进口依照该专利方法直接获得的产品。

根据上述法律规定，实用新型专利权的取得之日为其授权公告日，在该专利权被授权公告后，创意发公司方能行使其合法权利。附件2-3的实用新型专利权的授权公告日为2004年4月21日。因此，该权利的取得晚于本专利的申请日即2004年3月25日，不构成《专利法》第二十三条所称的在先取得的合法权利。因此，本专利权不构成与申请在先，授权公告在后的实用新型专利权相冲突，原告的上述主张不成立。

综上，被告认为，原告和宇宝公司提交的证据不能证明本专利不符合《专利法》第二十三条的规定。据此，被告作出维持本专利权有效的被诉决定。原告不服，诉至本院。

本院认为，经开庭审理、审查本案卷宗材料并结合各方当事人的陈述，可以确定以下3点为本案审查重点：（1）被告是否遗漏了原告的无效理由和证据；（2）本专利是否符合《专利法实施细则》第二条第三款的规定；（3）本专利是否符合《专利法》第二十三条的规定。

1. 关于被告是否遗漏了原告的无效理由和证据的问题

经审查，在被告主持的口头审理程序中，原告已在口审记录上签字确认了其提出的无效理由和证据。对于前述无效理由和证据，被告均在被诉决定中进行了表述，不存在遗漏的情况。附件1-1是宇宝公司在规定的期限内向被告提交的证据，原告没有证据证明其曾在专利无效行政程序中向被告提交过此份证据。同时，原告亦无证据证明其曾在专利无效行政程序中明确提出了本专利侵犯他人著作权的无效理由。因此，原告关于被告遗漏了原告的无效理由和证据的诉讼主张缺乏事实和法律依据，本院不予支持。

2. 关于本专利是否符合《专利法实施细则》第二条第三款规定的问题

《专利法实施细则》第二条第三款规定："专利法所称外观设计，是指对产品的形状、图案或者其结合以及色彩与形状、图案的结合所作出的富有美感并适于工业应用的新设计。"

经审查，本专利是将罐状CD碟存储盒产品的罐状形状与红色相结合，所作出的富有美感并适于工业应用的新设计，符合《专利法实施细则》第二条第三款有关外观设计的定义。因此，被诉决定认定本专利符合《专利法实施细则》第二条第三款的规定正确，本院应予支持。

3. 关于本专利是否符合《专利法》第二十三条规定的问题。

《专利法》第二十三条规定，"授予专利权的外观设计，应当同申请日以前在国内外出版物上公开发表过或者国内公开使用过的外观设计不相同和不相近似，并不得与他人在先取得的合法权利相冲突"。

经审查，本专利是罐状CD碟存储盒，附件1-1是牙签筒产品，附件2-1是罐型彩色电视机，附件2-2是易拉罐（通化天露爽口山葡萄酒），上述附件的产品名称与本专利不同，其用途与本专利不相同也不相近。因此，上述3个附件的产品与本专利不属于相同或相近类别的产品，参照《审查指南》第四部分第五章第6.2节的相关规定，被诉决定认为上述附件1-1、2-1、2-2与本专利缺乏可比性正确，本院应予支持。

此外，鉴于宇宝公司没有证据证明易拉罐形状的 CD 碟储存盒是惯常设计。因此，被诉决定对宇宝公司的该项理由不予支持正确，本院应予支持。

本专利的申请日为 2004 年 3 月 25 日，附件 2-3 中实用新型专利权的授权公告日为 2004 年 4 月 21 日。因此，附件 2-3 中实用新型专利权的取得晚于本专利的申请日，不构成《专利法》第二十三条所称的在先取得的合法权利。因此，被诉决定认定本专利权不构成与附件 2-3 中实用新型专利权的冲突正确，本院应予支持。

被诉决定关于原告和宇宝公司提交的证据不能证明本专利不符合《专利法》第二十三条规定的认定正确，本院应予支持。

综上，被诉决定认定事实清楚、适用法律正确、程序合法，本院应予维持。原告要求撤销被诉决定的诉讼请求缺乏事实和法律依据，本院不予支持。据此，依照《中华人民共和国行政诉讼法》第五十四条第（一）项的规定，判决如下：

维持被告国家知识产权局专利复审委员会于二〇〇七年六月二十五日作出的第 10167 号无效宣告请求审查决定。

案件受理费 100 元，由原告郭于康负担（已交纳）。

如不服本判决，各方当事人可在本判决书送达之日起 15 日内，向本院递交上诉状，并按对方当事人的人数提出副本，上诉于北京市高级人民法院。上诉人在上诉期满后 7 日内未预交上诉案件受理费又不提出缓交申请的，按自动撤回上诉处理。

审　判　长　强刚华
代理审判员　何君慧
代理审判员　贾志刚
二〇〇八年三月二十六日
书　记　员　董　伟

北京市高级人民法院
行政判决书

（2008）高行终字第 350 号

上诉人（一审原告）郭于康，男，1963 年 8 月 7 日出生，汉族，个体工商户，户籍所在地浙江省临海市永丰镇更楼村。委托代理人张文忠，男，宁波市天晟知识产权代理有限公司专利代理人。

委托代理人汪灵燕，女，北京鼎盛知识产权代理有限公司职员。

被上诉人（一审被告）国家知识产权局专利复审委员会，住所地北京市海淀区北四环西路 9 号银谷大厦 10~12 层。

法定代表人廖涛，副主任。

委托代理人田华，女，国家知识产权局专利复审委员会审查员。

委托代理人郭鹏鹏，男，国家知识产权局专利复审委员会审查员。

被上诉人（一审第三人）深圳市创意发文具有限公司，住所地广东省深圳市南山区南头城工业村 10 栋 4 楼。

法定代表人萧詠琪，董事长。

委托代理人刘向英，女，深圳市创意发文具有限公司法务助理。

委托代理人孙强，男，深圳市创意发文具有限公司法务助理。

一审第三人广州市宇宝数码科技制品有限公司，住所地广东省广州市白云区江高镇凤翔南路58号。

法定代表人刘裕章，总经理。

委托代理人朱定锋，男，广州市宇宝数码科技制品有限公司助理。

上诉人郭于康因专利无效宣告请求审查决定一案，不服北京市第一中级人民法院（以下简称一审法院）（2007）一中行初字第1369号行政判决，向本院提起上诉。本院受理后依法组成合议庭，依照《中华人民共和国行政诉讼法》第五十九条的规定进行了审理。本案现已审理终结。

2007年6月25日，国家知识产权局专利复审委员会（以下简称专利复审委）依据《中华人民共和国专利法》（以下简称《专利法》）第二十三条、《中华人民共和国专利法实施细则》（以下简称《专利法实施细则》）第二条第三款作出第10167号无效宣告请求审查决定（以下简称第10167号决定），维持深圳市创意发文具有限公司（以下简称创意发公司），名称为"罐状CD碟储存盒（FS-1096）"专利号为200430037246.3号外观设计专利权（以下简称本专利）有效。郭于康不服该决定，诉至一审法院。

一审法院判决认为，经开庭审理、审查本案卷宗材料结合各方当事人的陈述，本案的审查重点为：（1）专利复审委是否遗漏了郭于康的无效理由和证据；（2）本专利是否符合《专利法实施细则》第二条第三款的规定；（3）本专利是否符合《专利法》第二十三条规定。

关于本案审查重点问题1，一审法院认为，郭于康已在口头审理记录上签字确认其提出的无效理由和证据，专利复审委在被诉决定中对此均进行了表述，不存在遗漏的情况。附件1-1是宇宝公司在规定的期限内提交的证据，郭于康没有证据证明其曾在无效程序中向专利复审委提交过此证据，也没有证据证明其曾在无效程序中明确提出了本专利侵犯他人著作权的无效理由。因此，对郭于康关于专利复审委遗漏其无效理由和证据的诉讼请求，不予支持。

关于本案审查的重点问题2，一审法院认为，本专利是将罐状CD碟存储盒产品的罐状形状与红色相结合，所作出的富有美感并适用于工业应用的新设计，专利复审委认定本专利符合《专利法实施细则》第二条第三款的规定正确。

关于本案审查的重点问题3，一审法院认为，本专利是罐状CD碟存储盒，附件1-1是牙签筒，附件2-1是罐型彩色电视机，附件2-2是易拉罐，上述附件的产品名称与本专利不同，其用途与本专利不相同也不近似，与本专利不属于相同或相近类别的产品，参照《审查指南》第四部分第五章第6.2节的相关规定，专利复审委认定上述3个附件与本专利缺乏可比性正确。

由于附件2-3中实用新型专利权的取得晚于本专利的申请日，不构成《专利法》第二十三条所称的在先取得的合法权利，因此，专利复审委认定本专利不构成与附件2-3中实用新型专利权的冲突正确。

综上，一审法院以被诉决定认定事实清楚，适用法律正确，程序合法，依照《中华人民共和国行政诉讼法》第五十四条第（一）项之规定，判决维持专利复审委作出的第10167号决定。

郭于康不服上述一审判决，向本院上诉称，附件2-3是一篇在本专利申请日以前提出过申请，并记载在本专利申请日以后公布的专利申请文件中的实用新型专利，在附件2-3与本专利如何对比上，郭于康与专利复审委产生严重的分歧，争议的焦点是：他人在先取得的合法权利，是"他人在先取得的实用新型专利权"？还是记载在专利公报中的实用新型专利文件图纸上的"他人在先取得的著作权",上诉人真实表示是后者。根据《中华人民共和国著作权法》关于著作权自作品完成创作之日起产生,并受法律保护的规定,附件2-3中的"罐状CD架"图纸是一套著作权,该著作权自图纸完成创作之日起产生著作权,该著作权早于该实用新型专利的申请日,显然本专利与著作权人在先取得的著作权利相冲突,如果继续维持本专利有效,显然对著作权人的权利相冲突,也不符合立法的宗旨。因此,专利复审委对主要证据认定不准,适用法律不当,作出的结论是不恰当的,应当予以纠正。请求二审法院撤销一审判决,撤销专利复审委作出的第10167号决定。

专利复审委答辩称,附件2-3中的实用新型专利的公开日晚于本专利的申请日,创意发公司在本专利的申请日前不能获知该实用新型说明书的全部内容,郭于康在无效程序中并未提交创意发公司抄袭实用新型专利设计人创作的作品的证据,无法证明创意发公司的外观设计不是独立完成的,因此独立完成创作的本专利与在先的著作权不构成权利冲突。一审判决认定事实清楚,适用法律正确,审判程序合法,请求二审法院判决驳回上诉,维持一审判决。

创意发公司未向本院提交答辩意见。

一审第三人广州市宇宝数码科技制品有限公司未向本院提交书面意见。

在法定期限内,专利复审委与郭于康分别向一审法院提交了以下证据:(1)本专利公报;(2)ZL03244406.0号实用新型专利公报复印件(即附件2-3)。

上述证据均已随案移送本院,经本院审查认为,上述证据与本案具有关联性,内容真实,来源合法,能够证明本院查明的事实,一审法院予以确认正确,本院亦予以确认。

根据对上述证据的审查认定,及各方当事人的陈述,本院确认如下事实:2004年3月25日,创意发公司向国家知识产权局提出名称为"罐状CD碟储存盒(FS-1096)"外观设计专利权申请,国家知识产权局经审查,于2004年10月13日授权公告了本外观设计专利。

针对本专利权,广州市宇宝数码科技制品有限公司(以下简称宇宝公司)于2006年3月1日以本专利不符合《专利法》第二十三条、《专利法实施细则》第二条第三款的规定为由,向专利复审委提出请求宣告本专利无效的请求。并提交了以下附件作为证据:附件1-1:《发现资源广告2003中国礼品工艺品采购指南》封面、目录索引页、第165页、第183页的复印件,共4页;附件1-2:2003年第12期《发现资源广告》封面、目录索引页、第61页广告页、第93页的复印件,共4页。

宇宝公司认为:附件1-1中第165页上的牙签筒、附件1-1中第183页上的牙签座和附件1-2中第61页易开罐宠物花卉产品分别用于包装牙签和种子泥土。本专利的产品只用于放置CD碟片,其外观设计专利分类14-99中与其产品用途相符的仅为小型碟片盒(包装)、小型碟片(盒)(包装),均属包装用途,与上述附件中的产品用途相近,因此本案外观设计的产品与上述附件中的产品属于相近种类的产品,并且其形状相近似,另外圆筒易拉罐状形状在包装领域中司空见惯,该形状不属于新设计,没有新颖性,因此本专利不具备专利法要求的新颖性。同时产品的色彩不能独立构成外观设计,因此本专利也明显不符合外观设计专利的定义,不应被授予外观设计专利权。

专利复审委受理后,将该无效宣告请求书及相关证据材料副本转送给了创意发公司,并成立合议组对本案进行审查。

2006年6月14日,专利复审委收到创意发公司的意见陈述书。创意发公司认为:宇宝公司引证的附件1-1是关于牙签筒或牙签座的外观,引证的附件1-2是关于宠物花卉罐的外观,它们与本专利的外观设计属于不同类的产品,并且附件1-1中的牙签筒、附件1-2中的易开罐宠物花卉为完成其功能必设有出口,而本专利没有出口,所以,本外观设计专利与宇宝公司引证的附件1-1或附件1-2的用途不同,而且功能也不同,因此它们之间不具有可比性,即不相同也不相近似。创意发公司认为附件1-1与1-2并非原件,也没有记载刊号和出版单位,因此对附件1-1、附件1-2的真实性有异议。创意发公司提交了如下反证：反证1：申请号为03322783.7，名称为"牙签容器（387）"国家知识产权局外观图形的网页下载页，共1页；反证2：申请号为02325153.0，名称为"牙签筒"的国家知识产权局外观图形的网页下载页，共1页；反证3：申请号为01334259.2，名称为"花罐（绿点宠物花卉普通装）"国家知识产权局外观图形的网页下载页，共1页。

2006年11月15日，专利复审委将创意发公司的意见陈述书转给了宇宝公司。

针对本专利权，郭于康于2006年11月6日向专利复审委提出无效宣告请求，其理由是：本专利不符合《专利法》第二十三条的规定。并提交了如下附件作为证据：

附件2-1：申请号为01315831.7，名称为"罐形彩色电视机（LCD-185）"，授权公告日为2001年12月12日的国家知识产权局外观图形的网页下载页，共1页；

附件2-2：申请号为01337076.6，名称为"易拉罐（通化天露爽口山葡萄酒）"，授权公告日为2002年2月20日的国家知识产权局外观图形的网页下载页，共1页；

附件2-3：03244406.0号实用新型专利说明书，专利权人为汕尾柏嘉玩具日用品有限公司，申请日为2003年3月31日，授权公告日为2004年4月21日。

郭于康认为：本专利与附件2-1、附件2-2相比，两者在整体和多处细节上均相同或相近似，两者虽存在局部细微的差异，但这种变化对整体外观并没有产生显著的差异，对于产品的整体视觉效果不具有显著影响。附件2-3的说明书附图与本专利设计细节完全相同。因此，本专利不符合《专利法》第二十三条的规定。

专利复审委受理后，将郭于康提交的无效宣告请求书及相关证据材料副本及附件2-1、2-2和本专利的专利公报复印件一同转送给了创意发公司。并根据《审查指南》有关规定，将上述两个无效宣告请求案合并审理。

2006年11月23日，专利复审委向各方当事人发出了口头审理通知书，定于2007年1月23日进行口头审理。

2006年12月11日，专利复审委收到创意发公司针对郭于康提出的无效宣告请求所提交的意见陈述。创意发公司认为，附件2-1、2-2所公开的外观设计与本专利的类别既不相同也不相近似，因此，本专利与附件2-1、2-2所公开的外观设计既不相同也不相近似。附件2-3所展示的视图在本专利的申请日前没有公开，因此不能作为证据与本专利对比。

2006年12月13日，专利复审委将创意发公司的上述意见陈述转给郭于康。

在口头审理中，宇宝公司明确其无效理由为《专利法》第二十三条、《专利法实施细则》第二条第三款，使用的证据为附件1-1和附件1-2。宇宝公司当庭提交附件1-1的原件，未提交附件1-2的原件，并认为本专利与附件1-1中所示的在先设计相近似，认可创意发公司提交的反证1-3的真实性。创意发公司对附件1-1的原件与复印件的内容相一致无异议，但认为附件1-1原件纸张已散落，对附件1-1原件是否为整本有异议，不认可其真实性，但若其为整本，则认可其为公开出版物，并认可附件1-1的出版日期为2003年。创意发公司使用反证1-3证明本专利与宇宝公司提交的在先设计为不同类别的产品，并认为本专利与附件1-1中所示的在先设计类别、用途不同，不具有可比性。

郭于康明确其无效理由为《专利法》第二十三条，使用的证据为附件2-1、2-2和附件2-3，郭于康认为附件2-1、2-2、2-3所示的在先设计与本专利相近似，并且本专利与附件2-3所示的实用新型专利权构成权利冲突。创意发公司认可附件2-1、2-2、2-3的真实性，但认为2-1所示的罐形彩色电视机与本专利用途不同，附件2-2所示的易拉罐与本专利的类别不同、用途不同，因此上述两个在先设计与本专利不具有可比性；附件2-3的公开日晚于本专利的申请日，不能作为本案的有效证据，并且《专利法》第23条所指的在先权利仅指著作权和商标权，因此不构成权利冲突。在口头审理的基础上，专利复审委作出第 10167 号决定。主要内容概括如下：

关于证据专利复审委认为，虽然附件 1-1 的纸张较散，但是其各页的版式一致，各页的印刷纸张质地相同，脱落页边的锯齿形状与该原件的其余部分可以相互衔接，并且脱落页与其余部分衔接后，使得上下文的内容连贯，故应认定其为一整本。对附件 1-1 的真实性予以认可。并认为，附件 1-1 构成专利法意义上的公开出版物，其为 2003 年的购物指南，虽无具体出版日期，但根据《审查指南》的相关规定，可以认定其出版时间为 2003 年 12 月 31 日，且创意发公司对其出版时间为 2003 年不持异议，故认定附件 1-1 的公开日早于本专利的申请日，可以作为本专利的在先设计载体。宇宝公司未提交附件 1-2 的原件，根据《审查指南》第四部分第八章第 4.1 节的规定，对其真实性不予认可。

专利复审委认为，郭于康提交的附件 2-1、2-2、2-3 都是专利文献，创意发公司对其真实性无异议，宇宝公司对创意发公司提交的反证 1-3 的真实性无异议，专利复审委对上述六份证据的真实性予以认可。并认定附件 2-1、2-2 的公开日均早于本专利的申请日，可以作为本专利申请日前已经公开的在先设计载体。附件 2-3 的公开日晚于本专利的申请日，因此不可以作为本专利申请日前已经公开的在先设计载体。

专利复审委认为，本外观设计是对罐状 CD 碟存储盒这种产品的罐状形状与红色相结合，所作出的富有美感并适于工业应用的新设计，符合《专利法实施细则》第二条第三款有关外观设计的定义。由于宇宝公司所主张的本专利不具有新颖性的观点，不属于该法条规范的内容。因此，专利复审委得出本专利符合《专利法实施细则》第二条第三款规定的结论。

根据《专利法》第二十三条及《审查指南》第四部分第五章第 6.1 节、第 6.2 节规定，专利复审委认为，本专利是罐状 CD 碟存储盒，附件 1-1 是牙签筒产品，附件 2-2 是易拉罐（通化天露爽口山葡萄酒），上述两附件的产品名称与本专利不同，其用途与本专利不相同也不相近；附件 2-1 是罐型彩色电视机，虽然该产品与本专利的分类号为都属第 14 大类，但是前者是一种通信类产品，后者是一种放置 CD 的产品，与本专利产品罐状 CD 碟储存盒的用途既不相同也不相近似，因此，上述三个附件的产品与本专利不属于相同或相近类别的产品，根据《审查指南》的相关规定，上述附件 1-1、2-1、2-2 与本专利不具有可比性。

关于宇宝公司认为易拉罐形状作为包装是惯常设计的问题。专利复审委认为，易拉罐形状是在生活中常见到的，但是将同样的易拉罐形状做成其他产品的外观，却不是生活中常见的，特别是，针对储存 CD 碟的易拉罐形储存盒产品，其外观设计会给一般消费者意想不到的视觉效果，宇宝公司并无证据证明易拉罐形状 CD 碟储存盒是惯常设计，因此，专利复审委对宇宝公司的该项理由不予支持。

关于郭于康使用附件 2-3 证明本外观专利与在先实用新型专利的权利相冲突的问题。专利复审委认为，实用新型专利保护的是产品的形状、构造或者其结合的新的技术方案，外观设计专利保护的是产品的形状、图案或者其结合以及色彩与形状、图案的结合的新设计，因此，实用新型专利和外观设计专利有可能在保护形状这部分内容上有交叉、重合之处，故在判断与外观设计权利冲突时，实用新型专利应当可以考虑，但根据《专利法》第二十三条的规定，与外观设计专利构成权利冲突必须是他人在先取得的合法权利，即他人所享有、在先取得、合法权利三者缺一不可。

所谓在先取得，系指该合法民事权利的产生之日早于外观设计专利的申请日或者优先权日。根据《专利法》第四十四条、《专利法实施细则》第五十四条、《专利法》第十一条规定，专利复审委认定，附件 2-3 实用新型专利权的取得晚于本外观设计专利的申请日，不构成《专利法》第二十三条所称的在先取得的合法权利，因此，本外观设计专利权不构成与申请在先，授权公告在后的实用新型专利权相冲突，郭于康关于本专利与在先实用新型专利权利相冲突的主张不成立。据此，专利复审委作出维持本专利权有效的被诉决定。郭于康不服，诉至一审法院。

本院认为，请求原则是专利复审委在无效宣告程序中普遍适用的一项原则。经审查，郭于康在无效程序中并未明确提出本专利侵犯他人著作权的无效理由，亦未提交相关的证据，因此，专利复审委对此问题未进行审理符合法律规定，且郭于康在口审记录上签字认可了其提出的无效理由和证据，专利复审委在其作出的被诉决定中对郭于康提出的无效理由和证据均进行了表述，不存在遗漏郭于康提出的无效理由和证据的情形。郭于康关于专利复审委遗漏其提出的无效理由和证据的主张缺乏事实和法律依据，一审法院不予支持正确，本院亦不予支持。

本专利图片显示，本专利形状为圆筒罐状，在其一个罐底上有四个孔，另一个罐底上有易拉罐拉环形状，并且在拉环周围有两条凸棱和两个凸起，整个罐身为红色。据此，专利复审委认定，本专利是将罐状CD碟存储盒产品的罐状形状与红色相结合，所作出的富有美感并适于工业应用的新设计，符合《专利法实施细则》第二条第三款有关外观设计定义的规定，其得出的本专利符合《专利法实施细则》第二条第三款的结论正确，一审法院予以支持正确，本院亦予以支持。

根据《专利法》第二十三条的规定，授予专利权的外观设计，应当同申请日以前在国内外出版物上公开发表过或者国内公开使用过的外观设计不相同和不相近似，并不得与他人在先取得的合法权利相冲突。

专利复审委将本专利与附件1-1、附件2-1、附件2-2进行比对后认定本专利的名称、用途与上述附件的产品名称、用途既不相同也不相近，不属于相同或相近类别的产品符合《审查指南》第四部分第五章第6.2节的相关规定，其得出的本专利与上述附件缺乏可比性的结论正确，本院予以支持。

本专利的申请日为2004年3月25日，附件2-3中实用新型专利权的授权公告日为2004年4月21日，该实用新型专利权的取得晚于本专利的申请日，且二者保护的范围不同，因此，专利复审委认定本专利与附件2-3中实用新型专利权不构成权利冲突的结论正确，一审法院予以支持正确，本院亦予以支持。郭于康与宇宝公司关于本专利不符合《专利法》第二十三条规定的诉讼理由本院不予支持。

综上，一审判决认定事实清楚，适用法律正确，审判程序合法，所作判决应予维持，郭于康的诉讼理由缺乏事实和法律依据，本院不予支持。依照《中华人民共和国行政诉讼法》第六十一条第（一）项之规定，判决如下：

驳回上诉，维持一审判决。

二审案件受理费100元，由上诉人郭于康负担（已交纳）。

本判决为终审判决。

审　判　长　张学磊
审　判　员　郭　宜
代理审判员　朱海宏
二〇〇八年九月二十六日
书　记　员　程钰玮

瓶　盖

无效宣告请求审查决定（第10169号）

决　定　号	第10169号
决　定　日	2007年6月25日
发明创造名称	瓶　盖
外观设计分类号	09-01-C0674
无效宣告请求人	吉林省洮儿河酒业有限公司
专　利　权　人	刘国琳
专　利　号	97306642.3
申　请　日	1997年3月14日
授权公告日	1998年5月20日
合议组组长	张　度
主　审　员	骆素芳
参　审　员	涂洪文
附　图	1页

法律依据　专利法实施细则第13条第1款
决定要点
同样的外观设计是指两项外观设计相同或者相近似。
产品的功能对整体视觉效果不具有显著的影响。

一、案由

本案涉及国家知识产权局于1998年5月20日授权公告的专利号为97306642.3、名称为"瓶盖"的外观设计专利，其申请日为1997年3月14日，申请人为王政、王毅，授权公告时的专利权人为王政、王毅，2000年2月14日专利权人变更为上海嘉洋实业发展有限公司，2007年6月20日专利权人变更为刘国琳。

针对上述专利权，吉林省洮儿河酒业有限公司（下称请求人）于2006年12月29日向国家知识产权局专利复审委员会提出无效宣告请求，认为本专利不符合专利法实施细则第13条第1款、第23条的规定，请求宣告本专利无效。请求人提交了下述附件作为证据：

附件1：97306642.3号中国外观设计专利授权文本的网络打印页，共2页（本专利）；

附件2：97306641.5号中国外观设计专利授权文本的网络打印页，共2页，其申请日为1997年3月14日，公告日为1998年5月20日；

附件3：93304764.9号中国外观设计专利授权文本的网络打印页，共2页，其公告日为1994年5月4日；

附件4：95310100.2号中国外观设计专利授权文本的网络打印页，共2页，其公告日为1996年4月3日；

附件5：96300174.4号中国外观设计专利授权文本的网络打印页，共2页，其公告日为1997年1月1日。

请求人的理由主要是：本专利与附件2属于相近似的外观设计，不符合专利法实施细则第13条第1款的规定；本专利分别与附件3~5属于相近似的外观设计，不符合专利法第23条的规定。

经形式审查合格，专利复审委员会依法受理了上述无效宣告请求，于2006年12月29日向双方当事人发出无效宣告请求受理通知书，由于发给专利权人的通知书因地址有误被退回，专利复审委员会于2007年1月24日再次向专利权人发出无效宣告请求受理通知书并将请求人提交的无效宣告请求书及其附件清单中所列附件的副本转送给专利权人，要求其在指定的期限内答复。

2007年2月2日专利权人寄交了意见陈述书，其陈述的理由主要为：（1）本专利与附件2相比，其明显的区别在于附件2下端少了一个含有防伪须的缺口，该缺口内的防伪须是本专利设计的要部，它与瓶盖的防伪功能有关，视图上除俯视图外，其他五个视图区别明显，因此，本专利与附件2功能和外形上都存在明显差异，不会使普通消费者产生误认和混淆；（2）附件3的瓶盖是一个不规则的圆柱形，附件3、4、5的下端都设有两个缺口和防伪须，它们与本专利区别明显，不相近似。

专利复审委员会依法成立合议组对本案进行审理。合议组于2007年3月12日向双方当事人发出口头审理通知书，定于2007年4月19日在专利复审委员会举行口头审理，并随口头审理通知书将专利权人于2007年2月2日寄交的意见陈述书共2页转送请求人。该口头审理因故取消。

合议组于2007年4月4日再次向双方当事人发出口头审理通知书，定于2007年5月31日在专利复审委员会举行口头审理。

2007年5月31日，口头审理如期举行。专利权人未出席口头审理，请求人对合议组成员没有回避请求。请求人明确其无效的理由、证据、范围以及证据的使用情况为：本外观设计相对于附件2不符合专利法实施细则第13条第1款的规定；本外观设计分别相对于附件3、附件4、附件5不符合专利法第23条的规定。

至此，本案事实已经清楚，可以依法作出审查决定。

二、决定的理由

1. 关于证据

附件2~5是中国外观设计专利公开文献，其中，附件2的申请日为1997年3月14日，与本专利的申请日相同，公告日为1998年5月20日，与本专利的授权公告日相同，经合议组核实，可以作为评价本专利是否符合专利法实施细则第13条第1款的证据。附件3~5的公告日均在本专利的申请日之前，经合议组核实，可以作为评价本专利是否符合专利法第23条的在先设计。

2. 关于专利法实施细则第13条第1款

专利法实施细则第13条第1款规定：同样的发明创造只能被授予一项专利。

审查指南第一部分第三章第6.5.1节规定：同样的外观设计是指两项外观设计相同或者相近似。

审查指南第四部分第五章第4节规定：如果一般消费者经过对被比设计与在先设计的整体观察可以看出，二者的差别对于产品外观设计的整体视觉效果不具有显著的影响，则被比设计与在先设计相近似。

审查指南第四部分第五章第4节第（6）点规定：产品的功能、内部结构、技术性能对整体视觉效果不具有显著的影响。

本专利为一"瓶盖",有6幅视图(参见附图):主视图、仰视图、俯视图、左视图、右视图、后视图,从各视图可以看出:本专利的瓶盖整体上呈圆柱形;其左侧底部有一个含有3根防伪须的缺口;其右侧底部有一个缺口;在瓶盖的俯视图中,瓶盖的顶壁外表面呈现为两个同心圆;在瓶盖的仰视图中,瓶盖的外壁与内壁投影为两个半径差别很小的同心圆,瓶盖的内壁上有两个相对着的细长条形的凸起以及有3个分布均匀的小凸块,瓶盖的顶壁内表面上分布有3个小圆点,仰视图中还可以看到左右两侧缺口的投影。

附件2也为一"瓶盖",有6幅视图(参见附图):主视图、仰视图、俯视图、左视图、右视图、后视图,从各视图可以看出:附件2的瓶盖整体上呈圆柱形;其右侧底部有一个缺口;在瓶盖的俯视图中,瓶盖的顶壁外表面呈现为两个同心圆;在瓶盖的仰视图中,瓶盖的外壁与内壁投影为两个半径差别很小的同心圆,瓶盖的内壁上有两个相对着的细长条形的凸起以及有3个分布均匀的小凸块,瓶盖的顶壁内表面上分布有3个小圆点,仰视图中还可以看到右侧缺口投影。

通过比较本专利与附件2的六面视图可见,本专利与附件2的相同点在于:本专利与附件2的瓶盖整体上呈圆柱形;其右侧底部有一个缺口;在瓶盖的俯视图中,瓶盖的顶壁外表面呈现为两个同心圆;在瓶盖的仰视图中,瓶盖的外壁与内壁投影为两个半径差别很小的同心圆,瓶盖的内壁上有两个相对着的细长条形的凸起以及有3个分布均匀的小凸块,瓶盖的顶壁内表面上分布有3个小圆点,仰视图中还可以看到右侧缺口投影。

本专利与附件2的不同点仅在于:本专利的瓶盖左侧底部有一个含有3根防伪须的缺口,而附件2中没有此设计。

上述左侧缺口及3根防伪须的设计在瓶盖的整体设计中所占的比例很小,上述不同点仅是局部的细微变化,对整体视觉效果不足以产生显著影响,因此,本专利与附件2相近似,本专利不符合专利法实施细则第13条第1款的规定。

专利权人认为:本专利与附件2相比,其明显的区别在于附件2下端少了一个含有防伪须的缺口,该缺口内的防伪须是本专利设计的要部,它与瓶盖的防伪功能有关,视图上除俯视图外,其他五个视图区别明显,因此,本专利与附件2功能和外形上都存在明显差异,不会使普通消费者产生误认和混淆。

合议组认为:(1)本专利与附件2外形上的不同点仅在于:本专利的瓶盖左侧底部有一个含有3根防伪须的缺口,而附件2中没有此设计。该不同点仅是局部的细微变化,对整体视觉效果不足以产生显著影响;(2)产品的功能对整体视觉效果不具有显著的影响,因此,专利权人所主张的本专利与附件2功能上的差异对本专利的整体视觉效果不具有显著的影响。

综上所述,本专利不符合专利法实施细则第13条第1款的规定。请求人的无效宣告请求理由成立。鉴于此,对于请求人的其他无效宣告理由以及证据不再进行评述。

在此基础上,本案合议组依法作出如下决定。

三、决定

宣告97306642.3号外观设计专利权全部无效。

当事人对本决定不服的,可以根据专利法第46条第2款的规定,自收到本决定之日起三个月内向北京第一中级人民法院起诉。根据该款的规定,一方当事人起诉后,另一方当事人应当作为第三人参加讼诉。

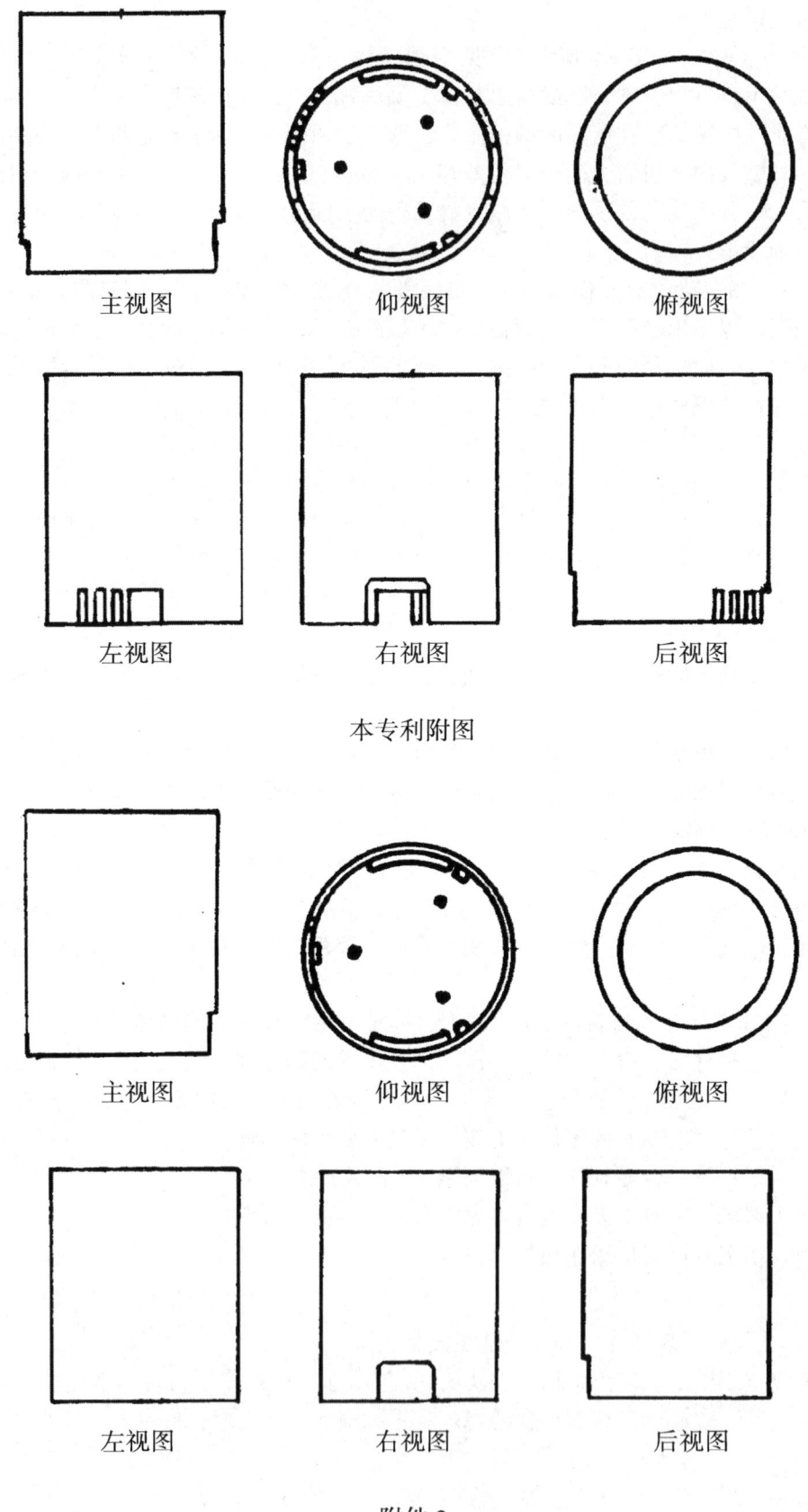

北京市第一中级人民法院
行政判决书

(2007) 一中行初字第 1131 号

原告刘国琳,男,1964 年 11 月 3 日出生,汉族,余姚市嘉洋包装材料厂厂长,现住址浙江省余姚市肖东镇郭相桥海隆涂装厂。

委托代理人汪浩,北京广盛律师事务所黑龙江分所律师。

被告国家知识产权局专利复审委员会,住所地北京市海淀区北四环西路 9 号银谷大厦 10~12 层。

法定代表人廖涛,副主任。

委托代理人骆素芳,女,国家知识产权局专利复审委员会审查员。

委托代理人齐宏涛,男,国家知识产权局专利复审委员会审查员。

第三人吉林省洮儿河酒业有限公司,住所地吉林省白城市明仁北街 45 号。

原告刘国琳不服被告作出的第 10169 号无效宣告请求审查决定(以下简称第 10169 号决定),于 2007 年 8 月 20 日向本院提起诉讼。本院受理后,依法组成合议庭并通知被诉具体行政行为的利害关系人吉林省洮儿河酒业有限公司作为第三人参加诉讼。本院于 2007 年 9 月 18 日公开开庭审理了本案。原告刘国琳及其委托代理人汪浩,被告的委托代理人骆素芳、齐宏涛到庭参加了诉讼。第三人经本院合法传唤无正当理由未到庭。本案现已审理终结。

2007 年 6 月 25 日,被告作出第 10169 号决定,依据《中华人民共和国专利法实施细则》(以下简称《专利法实施细则》)第十三条第一款,宣告 97306642.3 号外观设计专利权(以下简称本专利)全部无效。

被告在法定的举证期限内向本院提交的证据有:(1)本专利授权文本的网络打印页;(2)97306641.5 号中国外观设计专利权利文本的网络打印页(申请日为 1997 年 3 月 14 日,公告日为 1998 年 5 月 20 日,即无效程序中的附件 2,以下简称附件 2);(3)附件 2 的法律状态检索结果。(4)口头审理记录表及口头审理记录表附表。上述证据用于证明第 10169 号决定认定事实清楚、适用法律正确、程序合法。

原告诉称:(1)第 10169 号决定适用法律错误。首先,在外观形状上进行比对,本专利与附件 2 具有显著差别:①在六个视图中,除俯视图作为圆柱体的瓶盖不可能有区别外,其余五个主要视图均有显著差别,是消费者对瓶盖最直接、最感官的认知,作为普通消费者不会也不可能对如此大的差别产生误认和混淆。②在本来就很小的瓶盖上,本专利在其底部两侧分别由一个较大缺口和另一个较大缺口以及数根防伪须组成,而附件 2 的瓶盖只是由一侧缺口组成,缺少了本专利的重要组成部分即另一缺口及其与之连接的数根防伪须,附件 2 缺少的这部分占据了整个瓶盖底部边缘近 1/3 的位置,并非像被告决定所述"缺口+防伪须的设计在瓶盖的整体设计中所占的比例很小,其不同点只是局部的细微变化"。其次,附件 2 缺少的一个较大缺口和防伪须是本专利设计的要部,在开启瓶盖时,数根防伪须被折断,使得该瓶盖被毁掉,不能再回收利用,这一功能使得消费者在购买酒类产品时,为了防止购买假酒,会非常注意瓶盖是否具备防伪须,因此该功能对视觉效果具有非常显著的影响。

(2)附件 2 与本专利系同一申请人在同一天申报的两个不同的设计方案,对于外观设计而言,虽然审查指南规定"同样的外观设计是指两项外观设计相同或者相近似",但根据北京市高级人民法院在先的行政判决确定,同样的外观设计,应当指两项外观设计相同。被告依据《专利法实施细则》

第十三条关于重复授权的规定宣告本专利无效属于适用法律错误。

（3）被告作出该决定的程序违法。被告在明知附件2与本专利系同一申请人的情况下，认为附件2与本专利构成重复授权，但却未向原告尽到告知义务，未向原告询问是否放弃其中的一项专利权（事实是附件2的专利权原告早在2004年已放弃），便直接作出了决定，显然构成了程序违法。

综上所述，本外观设计专利完全符合《专利法实施细则》第十三条第一款之规定，与涉案在先外观设计存在着差异性，请求人民法院依照《中华人民共和国行政诉讼法》第五十四条第（二）项的规定，判决撤销第10169号决定。

原告向本院提交并经庭审质证的证据为：北京市高级人民法院（2006）高行终字第464、465、467、469、470号行政判决书。

被告辩称：（1）本专利与附件2的不同点在于：本专利的瓶盖左侧底部有一个含有3根防伪须的缺口，而附件2中没有此设计。从本专利的六面视图可以明显看出，包括3根防伪须的缺口仅占据瓶盖的底部边缘的很小的位置，该不同点仅是局部的细微变化，对整体视觉效果不足以产生显著影响，因此，本专利与附件2相近似，本专利不符合《专利法实施细则》第十三条第一款款的规定。并且根据《审查指南》第四部分第五章第4节第（6）项的规定：产品的功能、内部结构、技术性能对整体视觉效果不具有显著的影响。原告认为产品的功能对视觉效果具有显著影响的主张不能成立。

（2）关于原告所指的"附件2的专利权早在2004年已放弃"与事实不符，附件2的专利权人并没有在2004年放弃其专利权，该专利权于2005年6月22日因未缴年费而终止，因此，该专利权在其申请日至2005年6月22日前仍旧有效。本专利与附件2相近似，因此，本专利不符合《专利法实施细则》第十三条第一款的规定。而且在本案的无效宣告审查程序中，我委已经将第三人的无效宣告请求的理由及证据的相关文件转送原告，其中，无效宣告请求的理由包括《专利法实施细则》第十三条第一款，使用的证据是附件2，因此我委已经将针对本专利的无效宣告请求的上述理由和证据告知了原告。并且，我委向双方当事人发出了口头审理通知书，给予双方当事人充分陈述各自意见的机会，但原告未出席口头审理，口头审理缺席审理，我委在本案的审查中不存在程序违法的情形。

（3）原告在其主张的事实和理由中提到北京市高级人民法院判决，但是这些判决都是针对其他案件、其他决定作出的，与本案没有直接的关联。

综上所述，第10169号决定认定事实清楚、适用法律正确、审查程序合法，请求法院予以维持，驳回原告的诉讼请求。

在庭审质证中，原告对被告提交的证1、2、4没有异议，但认为证3并不是被告所说的，自己的专利在2004年没有交费是因为自己想要放弃这个专利，没有交纳年费是放弃专利的表现形式。针对原告提交的五份判决书，被告认为与本案没有关联性，而且我国不是判例法国家，对其他案件没有约束力。

经审查，被告提交的证据与被诉决定有关，且合法，各方当事人对其真实性均无异议，能够证明本案的事实，本院予以采纳。原告提交的判决书，与本案没有关联性，本院不予接受。

根据上述有效证据及各方当事人在庭审中无争议的陈述，本院确认如下事实：

本专利系申请日为1997年3月14日，授权公告日为1998年5月20日，授权公告的专利号为97306642.3、名称为"瓶盖"的外观设计专利。授权公告时的专利权人为王政、王毅，后于2000年2月14日变更为上海嘉洋实业发展有限公司，2007年6月20日专利权人变更为刘国琳。

针对上述专利权，第三人于2006年12月29日向被告提出无效宣告请求。第三人提交了下述附件作为证据：附件1：本专利授权文本的网络打印页；附件2：97306641.5号中国外观设计专利授权文本的网络打印页，共2页，其申请日为1997年3月14日，公告日为1998年5月20日；附件3：

93304764.9号中国外观设计专利授权文本的网络打印页,共2页,其公告日为1994年5月4日;附件4:95310100.2号中国外观设计专利授权文本的网络打印页,共2页,其公告日为1996年4月3日;附件5:96300174.4号中国外观设计专利授权文本的网络打印页,共2页,其公告日为1997年1月1日。

经形式审查合格,被告受理了上述无效宣告请求,于2006年12月29日向双方当事人发出无效宣告请求受理通知书,由于发给原告的通知书因地址有误被退回,被告于2007年1月24日再次向原告发出无效宣告请求受理通知书并将第三人提交的无效宣告请求书及其附件清单中所列附件的副本转送给原告,要求其在指定的期限内答复。

原告于2007年2月2日寄交了意见陈述书,其陈述的理由主要为:(1)本专利与附件2相比,其明显的区别在于附件2下端少了一个含有防伪须的缺口,该缺口内的防伪须是本专利设计的要部,它与瓶盖的防伪功能有关,视图上除俯视图外,其他五个视图区别明显,因此,本专利与附件2功能和外形上都存在明显差异,不会使普通消费者产生误认和混淆;(2)附件3的瓶盖是一个不规则的圆柱形,附件3、4、5的下端都没有两个缺口和防伪须,它们与本专利区别明显,不相近似。

被告向双方当事人发出口头审理通知书,决定举行口头审理。并随口头审理通知书将原告寄交的意见陈述书转送第三人,该口头审理因故取消。被告于2007年4月4日再次向双方当事人发出口头审理通知书,定于2007年5月31日举行口头审理。

口头审理如期举行,原告未出席口头审理。第三人明确其无效的理由、证据、范围以及证据的使用情况为:本外观设计专利相对于附件2不符合《专利法实施细则》第十三条第一款的规定;本外观设计专利分别相对于附件3、附件4、附件5,不符合《专利法》第二十三条的规定。

关于证据,被告认为:附件2~5是中国外观设计专利公开文献,其中,附件2的申请日为1997年3月14日,与本专利的申请日相同,公告日为1998年5月20日,与本专利的授权公告日相同,经核实,可以作为评价本专利是否符合《专利法实施细则》第十三条第一款的证据。附件3~5的公告日均在本专利的申请日之前,可以作为评价本专利是否符合《专利法》第二十三条的在先设计。

本专利为一"瓶盖",有6幅视图(参见附图):主视图、仰视图、俯视图、左视图、右视图、后视图,从各视图可以看出:本专利的瓶盖整体上呈圆柱形;其左侧底部有一个含有3根防伪须的缺口;其右侧底部有一个缺口;在瓶盖的俯视图中,瓶盖的顶壁外表面呈现为两个同心圆;在瓶盖的仰视图中,瓶盖的外壁与内壁投影为两个半径差别很小的同心圆,瓶盖的内壁上有两个相对着的细长条形的凸起以及有3个分布均匀的小凸块,瓶盖的顶壁内表面上分布有3个小圆点,仰视图中还可以看到左右两侧缺口的投影。

附件2也为一"瓶盖",有6幅视图(参见附图):主视图、仰视图、俯视图、左视图、右视图、后视图,从各视图可以看出:附件2的瓶盖整体上呈圆柱形;其右侧底部有一个缺口;在瓶盖的俯视图中,瓶盖的顶壁外表面呈现为两个同心圆;在瓶盖的仰视图中,瓶盖的外壁与内壁投影为两个半径差别很小的同心圆,瓶盖的内壁上有两个相对着的细长条形的凸起以及有3个分布均匀的小凸块,瓶盖的顶壁内表面上分布有3个小圆点,仰视图中还可以看到右侧缺口投影。

被告认为,通过比较本专利与附件2的六面视图可见,本专利与附件2的相同点在于:本专利与附件2的瓶盖整体上呈圆柱形;其右侧底部有一个缺口;在瓶盖的俯视图中,瓶盖的顶壁外表面呈现为两个同心圆;在瓶盖的仰视图中,瓶盖的外壁与内壁投影为两个半径差别很小的同心圆,瓶盖的内壁上有两个相对着的细长条形的凸起以及有3个分布均匀的小凸块,瓶盖的顶壁内表面上分布有3个小圆点,仰视图中还可以看到右侧缺口投影。本专利与附件2的不同点仅在于:本专利的瓶盖左侧底部有一个含有3根防伪须的缺口,而附件2中没有此设计。上述左侧缺口及3根防伪须的设计在瓶盖的整体设计中所占的比例很小，上述不同点仅是局部的细微变化，对整体视觉效果不足以产生显著影响，产品的功能对整体视觉效果不具有显著的影响，因此，原告所主张的本专利与附件2功能上的差异对本专利的整体视觉效果不具有显著的影响。因此，本专利与附件2相近似，本专利不符合《专利法实施细则》第十三条第一款的规定。

综上所述，被告作出第10169号决定。原告不服，向本院提起行政诉讼。

另经庭审查明：附件2于2005年6月22日因未缴年费专利权终止。

本院认为：

《专利法实施细则》第十三条第一款的规定，同样的发明创造只能被授予一项专利。本专利与附件2为同一申请人同日申请，同日获得授权，名称均为"瓶盖"的外观设计。如果两者属于同样的外观设计，依照上述规定只能授予一项专利。《审查指南》第一部分第三章第6.5.1节同时规定：同样的外观设计是指两项外观设计相同或者相近似。结合本专利与附件2附图进行对比，虽然外观设计名称相同，且为圆柱形，亦均在侧面有缺口的设计。但本专利与附件2的区别是本专利的主视图上有两个缺口，附件2只在一侧有缺口；本专利的左右视图上有防伪须的设计，而附件2中没有该设计。参照《审查指南》第四部分第五章第4节第（6）点规定，外观设计产品功能、内部结构、技术性能对整体视觉效果不具有显著影响。本专利的防伪须不仅有防伪的功能，而且该防伪须的图形也是"瓶盖"的整体外观设计。故，被告以"本专利与附件2的区别点是局部的细微变化，对整体视觉效果不足以产生显著影响"以及"产品的功能对整体视觉效果不具有影响"为由，认定本专利不符合《专利法实施细则》第十三条第一款，故而宣告本专利无效证据不足。故，被告作出的第10169号决定，缺乏事实依据，本院不予支持。依照《中华人民共和国行政诉讼法》第五十四条第（二）项第1目之规定，判决如下：

撤销被告国家知识产权局专利复审委员会于二○○七年六月二十五日作出的第10169号无效宣告请求审查决定。

案件受理费100元，由被告国家知识产权局专利复审委员会负担（自判决生效后7日内交纳）。

如不服本判决，可在判决书送达之日起15日内，向本院递交上诉状，并按对方当事人的人数提出副本，预交上诉案件受理费100元，上诉于北京市高级人民法院。

审　判　长　饶亚东
审　判　员　刘景文
人民陪审员　杨　旭
二○○七年十一月十五日
书　记　员　盛　阳

北京市高级人民法院
行政判决书

(2008) 高行终字第 80 号

上诉人（一审第三人）吉林省洮儿河酒业有限公司，住所地吉林省白城市明仁北街 45 号。

法定代表人候昱臣，总经理。

被上诉人（一审被告）国家知识产权局专利复审委员会，住所地北京市海淀区北四环西路 9 号银谷大厦 10~12 层。

法定代表人廖涛，副主任。

委托代理人骆素芳，女，国家知识产权局专利复审委员会审查员。

委托代理人齐宏涛，男，国家知识产权局专利复审委员会审查员。

被上诉人（一审原告）刘国琳，男，1964 年 11 月 3 日出生，汉族，余姚市嘉洋包装材料厂厂长，现住址浙江省余姚市肖东镇郭相桥海隆涂装厂。

委托代理人汪浩，北京广盛律师事务所黑龙江分所律师。

上诉人吉林省洮儿河酒业有限公司（以下简称洮儿河公司）因专利无效审查决定一案，不服北京市第一中级人民法院（2007）一中行初字第 1131 号行政判决，向本院提起上诉。本院依法组成合议庭进行了审理，现已审理终结。

2007 年 6 月 25 日，国家知识产权局专利复审委员会（以下简称专利复审委）作出第 10169 号无效宣告请求审查决定（以下简称第 10169 号决定），依据《中华人民共和国专利法实施细则》（以下简称《专利法实施细则》）第十三条第一款之规定，宣告 97306642.3 号外观设计专利权（以下简称本专利）全部无效。刘国琳不服上述第 10169 号决定，向北京市第一中级人民法院提起行政诉讼。

北京市第一中级人民法院判决认定，本专利与附件 2 为同一申请人同日申请，同日获得授权，名称均为"瓶盖"的外观设计。对本专利与附件 2 附图进行对比，虽然外观设计名称相同，且为圆柱形，亦均在侧面有缺口的设计，但本专利与附件 2 的区别是本专利的主视图上有两个缺口，附件 2 只在一侧有缺口；本专利的左右视图上有防伪须的设计，而附件 2 中没有该设计。参照《审查指南》第四部分第五章第 4 节第（6）点规定，外观设计产品功能、内部结构、技术性能对整体视觉效果不具有显著影响。本专利的防伪须不仅有防伪的功能，而且该防伪须的图形也是"瓶盖"的整体外观设计。因此，专利复审委以"本专利与附件 2 的区别点是局部的细微变化，对整体视觉效果不足以产生显著影响"，以及"产品的功能对整体视觉效果不具有影响"为由，认定本专利不符合《专利法实施细则》第十三条第一款，故而宣告本专利无效证据不足。专利复审委作出的第 10169 号决定，缺乏事实依据。依照《中华人民共和国行政诉讼法》第五十四条第（二）项第 1 目的规定，判决撤销专利复审委作出的第 10169 号决定。

洮儿河公司不服一审判决，于 2007 年 12 月 5 日提出上诉。诉称，本专利与附件 2 的不同点在于，本专利的瓶盖左侧底部有一个含有 3 根防伪须的缺口，而附件 2 中没有此设计。从本专利的六面视图可以明显看出，包括 3 根防伪须的缺口仅占据瓶盖底部边的很小的位置，该不同点仅是局部的细微变化，对整体视觉效果不足以产生显著的影响。因此，本专利与附件 2 属于相近似的外观设计。一审法院判决认定事实不清，适用法律错误，请求二审法院撤销一审判决，维持专利复审委作出的第 10169 号决定。

被上诉人专利复审委仍持 10169 号决定意见。

被上诉人刘国琳未进行答辩。

经审理查明，1997年3月14日，王政、王毅向国家知识产权局提出了名称为"瓶盖"的外观设计专利申请（即本专利），1998年5月20日，本专利申请被授权公告，专利号为97306642.3，专利权人为王政、王毅。2000年2月14日，本专利权人变更为上海嘉洋实业发展有限公司，2007年6月20日，专利权人变更为刘国琳。

2006年12月29日，洮儿河公司针对本专利向专利复审委提出了无效宣告请求，并提交了以下附件作为证据：附件1，本专利授权文本的网络打印页；附件2，97306641.5号中国外观设计专利授权文本的网络打印页，共2页，其申请日为1997年3月14日，公告日为1998年5月20日；附件3，93304764.9号中国外观设计专利授权文本的网络打印页，共2页，其公告日为1994年5月4日；附件4，95310100.2号中国外观设计专利授权文本的网络打印页，共2页，其公告日为1996年4月3日；附件5，96300174.4号中国外观设计专利授权文本的网络打印页，共2页，其公告日为1997年1月1日。

经形式审查合格，专利复审委受理了上述无效宣告请求，于2006年12月29日向双方当事人发出无效宣告请求受理通知书，由于发给刘国琳的通知书因地址有误被退回，专利复审委于2007年1月24日再次向刘国琳发出无效宣告请求受理通知书并将洮儿河公司提交的无效宣告请求书及其附件清单中所列附件的副本转送给刘国琳，要求其在指定的期限内答复。

2007年2月2日，刘国琳寄交了意见陈述书，其陈述的理由主要为：（1）本专利与附件2相比，其明显的区别在于附件2下端少了一个含有防伪须的缺口，该缺口内的防伪须是本专利设计的要部，它与瓶盖的防伪功能有关，视图上除俯视图外，其他五个视图区别明显，因此，本专利与附件2功能和外形上都存在明显差异，不会使普通消费者产生误认和混淆；（2）附件3的瓶盖是一个不规则的圆柱形，附件3、4、5的下端都没有两个缺口和防伪须，它们与本专利区别明显，不相近似。

专利复审委向双方当事人发出口头审理通知书，决定举行口头审理。并随口头审理通知书将刘国琳寄交的意见陈述书转送洮儿河公司，该口头审理因故取消。2007年4月4日，专利复审委再次向双方当事人发出口头审理通知书，定于2007年5月31日举行口头审理。

2007年5月31日，口头审理如期举行，刘国琳未出席口头审理。洮儿河公司明确其无效的理由、证据、范围以及证据的使用情况为：本专利相对于附件2不符合《专利法实施细则》第十三条第一款的规定；本专利分别相对于附件3、附件4、附件5，不符合《中华人民共和国专利法》（以下简称《专利法》）第二十三条的规定。

关于证据，专利复审委认为，附件2~5是中国外观设计专利公开文献，其中，附件2的申请日为1997年3月14日，与本专利的申请日相同，公告日为1998年5月20日，与本专利的授权公告日相同，经核实，可以作为评价本专利是否符合《专利法实施细则》第十三条第一款的证据。附件3~5的公告日均在本专利的申请日之前，可以作为评价本专利是否符合《专利法》第二十三条的在先设计。

经审查，专利复审委作出第10169号决定，宣告本专利全部无效。主要理由是，本专利为一"瓶盖"，有6幅视图，即主视图、仰视图、俯视图、左视图、右视图、后视图。从各视图可以看出，本专利的瓶盖整体上呈圆柱形，其左侧底部有一个含有3根防伪须的缺口，其右侧底部有一个缺口，在瓶盖的俯视图中，瓶盖的顶壁外表面呈现为两个同心圆，在瓶盖的仰视图中，瓶盖的外壁与内壁投影为两个半径差别很小的同心圆，瓶盖的内壁上有两个相对着的细长条形的凸起以及有3个分布均匀的小凸块，瓶盖的顶壁内表面上分布有3个小圆点，仰视图中还可以看到左右两侧缺口的投影。

附件2也为一"瓶盖"，有6幅视图，即主视图、仰视图、俯视图、左视图、右视图、后视图。从各视图可以看出，附件2的瓶盖整体上呈圆柱形，其右侧底部有一个缺口，在瓶盖的俯视图中，瓶盖的顶壁外表面呈现为两个同心圆，在瓶盖的仰视图中，瓶盖的外壁与内壁投影为两个半径差别很小的同心圆，瓶盖的内壁上有两个相对着的细长条形的凸起以及有3个分布均匀的小凸块，瓶盖的顶壁内表面上分布有3个小圆点,仰视图中还可以看到右侧缺口投影。

通过比较,本专利与附件2的六面视图可见,本专利与附件2的相同点在于,本专利与附件2的瓶盖整体上呈圆柱形,其右侧底部有一个缺口,在瓶盖的俯视图中,瓶盖的顶壁外表面呈现为两个同心圆,在瓶盖的仰视图中,瓶盖的外壁与内壁投影为两个半径差别很小的同心圆,瓶盖的内壁上有两个相对着的细长条形的凸起以及有3个分布均匀的小凸块,瓶盖的顶壁内表面上分布有3个小圆点,仰视图中还可以看到右侧缺口投影。本专利与附件2的不同点仅在于,本专利的瓶盖左侧底部有一个含有3根防伪须的缺口,而附件2中没有此设计。上述左侧缺口及3根防伪须的设计在瓶盖的整体设计中所占的比例很小,上述不同点仅是局部的细微变化,对整体视觉效果不足以产生显著影响,产品的功能对整体视觉效果不具有显著的影响。因此,本专利与附件2相近似,本专利不符合《专利法实施细则》第十三条第一款的规定。

另查明,附件2于2005年6月22日因未缴年费专利权终止。

刘国琳不服上述决定,向北京市第一中级人民法院提起行政诉讼。

本案一审期间,专利复审委向一审法院提交了以下主要证据:(1)本专利授权文本的网络打印页;(2)97306641.5号中国外观设计专利权利文本的网络打印页(申请日为1997年3月14日,公告日为1998年5月20日,即无效程序中的附件2);(3)附件2的法律状态检索结果;(4)口头审理记录表及口审记录表附表。

刘国琳向一审法院提交了北京市高级人民法院(2006)高行终字第464、465、467、469、470号行政判决书。

洮儿河公司未提交证据。

以上证据已随案移送本院,经本院审查核实,确认一审法院认证意见正确,可以作为认定本案事实的根据。

本院认为,本专利与对比专利是否属于相同的外观设计,以及功能性设计对外观设计的影响是本案争议的焦点问题。综观本案,本专利与本案附件2为同一申请人同日申请,同日获得授权,名称均为"瓶盖"的外观设计。将本专利与附件2附图进行对比,虽然外观设计名称相同,且为圆柱形,亦均在侧面有缺口的设计,但本专利与附件2的区别是本专利的主视图上有两个缺口,附件2只在一侧有缺口,本专利的左右视图上有防伪须的设计,而附件2中没有该设计。参照《审查指南》第四部分第五章第4节第(6)点的规定,由产品的功能唯一限定的特定形状对整体视觉效果通常不具有显著的影响。本专利的防伪须不仅有防伪的功能,而且该防伪须的图形也是本专利"瓶盖"的整体外观设计,且该设计不是其功能唯一限定的特定形状。因此,专利复审委以"本专利与附件2的区别点是局部的细微变化,对整体视觉效果不足以产生显著影响",以及"产品的功能对整体视觉效果不具有影响"为由,认定本专利不符合《专利法实施细则》第十三条第一款的规定,进而宣告本专利无效,缺乏事实根据。为此,一审法院判决撤销专利复审委所作的10169号决定正确。依据《中华人民共和国行政诉讼法》第六十一条第(一)项的规定,判决如下:

驳回上诉,维持一审判决。

二审案件受理费人民币100元,由上诉人吉林省洮儿河酒业有限公司负担(已交纳)。

本判决为终审判决。

审 判 长 朱世宽
审 判 员 王 燕
代理审判员 赵宇晖
二〇〇八年三月二十日
书 记 员 张 怡

便携式电钻

无效宣告请求审查决定（第 10170 号）

决 定 号	第 10170 号
决 定 日	2007 年 6 月 22 日
发明创造名称	便携式电钻
外观设计分类号	08-01
无效宣告请求人	广东妙达工具有限公司
专 利 权 人	日立工机株式会社
专 利 号	03354565.0
优 先 权 日	2003 年 1 月 28 日
申 请 日	2003 年 7 月 23 日
授 权 公 告 日	2004 年 1 月 28 日
合议组组长	张雪飞
主 审 员	武 磊
参 审 员	程 华
附 图	2 页
法 律 依 据	专利法第 23 条

决 定 要 点

虽然本专利与在先设计存在着相同之处，但由于二者具有的各项差异使得产品的相应组成部分的具体设计不同，综合差异来看，其对产品的整体视觉效果带来显著的影响，一般消费者不会产生误认、混同，因此二者属于不相同且不相近似的外观设计。

一、案由

本无效宣告请求涉及专利号为 03354565.0、名称为"便携式电钻"的外观设计专利（下称本专利），其专利权人为日立工机株式会社，优先权日为 2003 年 1 月 28 日，申请日为 2003 年 7 月 23 日，授权公告日为 2004 年 1 月 28 日。

针对上述专利权（下称本专利），广东妙达工具有限公司（下称请求人）于 2006 年 9 月 8 日向国家知识产权局专利复审委员会提出无效宣告请求，其理由是本专利不符合专利法第 23 条的规定，同时请求人提交了以下附件作为证据：

附件 1：98301699.2 号中国外观设计专利公报复印件，其授权公告日为 1999 年 5 月 19 日。

请求人认为，本专利与附件 1 所示产品属于相同种类的产品，因此二者具有可比性，将二者进行比对，二者相同之处包括：整体造型基本相同，均包括卡盘、离合夹钳、胴体、手柄、电池部这五个构成部分；且各部分的形状、相应的凹陷面、触发开关设计和比例关系基本相同，二者的不同之处主要在于：本专利在手柄与本体局部有防滑动的摩擦垫，而附件1所示产品无相应设计；且二者在胴体两侧的凹凸面不同。但是，摩擦垫设计对于胴体和手柄相应部位的形状未产生变化，对外观设计专利的视觉效果影响甚微，而凹凸面在整个外观设计的整体中仅占较小部分，因此，二者的整体视觉效果相近似，本专利不符合中国专利法第23条的规定。

经形式审查合格后，专利复审委员会受理了该无效宣告请求，并于2006年10月9日向双方当事人发出《无效宣告请求受理通知书》，并将请求人提交的《专利权无效宣告请求书》及其附件清单中所列附件副本转送专利权人。

请求人另于2006年10月8日提交意见陈述书，并提交了下述附件2和附件3：

附件2：案件编号为W605170案件中的专利权无效宣告请求书以及无效宣告请求意见陈述正文复印件（共10页），该案件涉及的是专利号为03357612.2、名称为"充电式电钻（DVD）"的外观设计专利的无效宣告请求，其专利权人为曾汉德，无效宣告请求人为日本日立工机株式会社；

附件3：专利复审委员会作出的第7623号无效宣告请求审查决定书以及审查决定正文的复印件（共6页）。

请求人在2006年10月8日提交的意见陈述书中认为，在附件2和附件3中，专利权人和专利复审委员会曾对这类的外观设计（包括本专利）进行评述，已经明确了卡盘、离合夹钳、电池、胴体、触发开关、手柄均为构成上述外观设计专利的形状组成部分，由于这些部位的外形在国家标准中并没有规定必须是按照特定规定来实施，因此卡盘、离合夹钳、电池、胴体、触发开关、手柄并非是产品功能唯一限定的特定形状，专利权人在W605170案件的意见陈述中已经确认了"这些在先设计（包括本专利）都具有请求人所主张的相近似点"，因此可以说明本专利不符合专利法第23条的规定。

专利复审委员会依法成立合议组，并于2006年11月29日向双方当事人发出《无效宣告请求口头审理通知书》，同时将请求人于2006年10月8日提交的意见陈述书及其附件副本转送专利权人。

专利权人于2006年11月24日提交意见陈述书以及以下反证1~8：

反证1：CN3095545D号中国外观设计专利公报复印件，其授权公告日为1998年12月23日；

反证2：CN3110354D号中国外观设计专利公报复印件，其授权公告日为1999年5月19日；

反证3：CN3129264D号中国外观设计专利公报复印件，其授权公告日为1999年12月1日；

反证4：CN3141819D号中国外观设计专利公报复印件，其授权公告日为2000年3月15日；

反证5：CN3076476D号中国外观设计专利公报复印件，其授权公告日为1998年4月8日；

反证6：CN3148822D号中国外观设计专利公报复印件，其授权公告日为2000年5月24日；

反证7：JP1014907号日本外观设计专利公报复印件，其公开日为1998年7月9日；

反证8：JP1039399号日本外观设计专利公报复印件，其公开日为1999年5月25日。

专利权人认为，从其提交的反证1~8可以看出：（1）请求人主张的相近似点正是电钻这类产品常见的外观设计。（2）请求人主张的相近似点是由功能所决定的必然设计，对于便携式电钻这类产品，卡盘、离合夹钳、电池、触发开关、手柄在功能上都是必不可少的，由功能而必然决定了各部分的构成和相互位置关系。（3）吸引一般消费者注意的是机体部上的新设计，本专利在机体部上的变化对整体视觉效果更具有显著影响。此外，本专利与附件1所示产品相比，不同之处主要在于：（1）本专利机体部前部约三分之一处设置有向后方逐渐降低的高度差，在机体部中心向后过渡为圆柱状，并设有固定着钻头的槽和若干不规则的通风格栅，而附件1所示产品的整个机体部为大致圆柱状，没有设置固定钻头的槽，其通风格栅为规则设置，因此，二者机体部不相近似。（2）本专利手柄部倾斜度较小，其左侧处是突出的，而附件1所示产品的手柄部倾斜度较大，且左侧没有相应的突出部位，同时二者的手柄部具有明显的差异，因此，二者手柄部不相近似。（3）本专利电池部尺寸略大于手柄部直径，而附件1所示产品的电池部是朝向前方突出为明显的"L"形凸台。因此，二者的相同之处仅仅为不能够引起整体形状上明显差异的惯常设计或功能设计，二者的不同之处使得两产品在整体形状及美感上形成了明显的差异，对产品的整体视觉效果具有显著影响，因此，二者的外观设计不相近似。专利权人同时说明了相关的专利纠纷情况，并提交了相关材料附件。

合议组于2006年12月27日向请求人发出转送文件通知书，将2006年11月24日专利权人提交的意见陈述书及其所附附件转送请求人。

口头审理于2007年1月23日如期举行，双方当事人均参加了口头审理。双方当事人对合议组成员无回避请求，对对方出庭人员的身份无异议。在口头审理中，双方当事人均坚持原有观点，其中请求人明确无效理由为：本专利相对于附件1不符合专利法第23条的规定；请求人明确其于2006年10月8日提交的附件2和附件3作为合议组判断的依据，并认为专利权人于2006年11月24日提交的反证1~8是从8个电钻来比较的，整体判断比较基本相近似；专利权人明确其提交的反证1~8是电钻产品常见的外观设计，并将针对请求人提交的附件2和附件3在口头审理之后提交书面意见陈述。

专利权人于2007年2月15日提交了意见陈述书，在意见陈述书中，专利权人认为：W605170号无效宣告请求案与本案的在先设计和被比设计是不同的，其与本案无关；便携式电钻这类产品均由卡盘、离合夹钳、电池、触发开关、手柄等部件构成，并且上述部件的连接和布局亦多为常规性设计，在外观设计相近似判断中，应重点考虑各构成部件设计上的变化是否对整体视觉效果产生显著的影响，根据整体观察、综合判断的原则，本专利与附件1不属于相近似的外观设计。

专利复审委员会于2007年3月1日向请求人发出转送文件通知书，将2007年2月15日专利权人提交的意见陈述书转送请求人，要求其在指定期限内答复。

请求人在指定的期限内未答复。

专利复审委员会于2007年5月15日向双方当事人发出《合议组成员告知通知书》，告知合议组成员变更情况。双方当事人在规定的期限内未答复，视为无回避请求。

至此，双方当事人均已经充分表明了各自的主张，合议组认为本案事实已经清楚，可以依法作出审查决定。

二、决定的理由

1. 基于请求人提出的无效宣告请求的理由，合议组依据专利法第23条的规定对本案进行审理

专利法第23条规定：授予专利权的外观设计，应当同申请日以前在国内外出版物上公开发表过或者国内公开使用过的外观设计不相同和不相近似，并不得与他人在先取得的合法权利相冲突。

2. 关于请求人提交的附件1~3

请求人提交的附件1是产品名称为"便携式电钻"的外观设计专利公报复印件，附件1的公开日为1999年5月19日，其公开日早于本专利的申请日，专利权人对附件1的真实性未提出异议，合议组经核实认可其真实性，其确属于中国专利法第23条所规定的公开出版物，可适用于本案，因此，附件1可以作为本专利的现有技术使用（以下将附件1所示的电钻称为在先设计）。

请求人提交的附件2和附件3分别是案件编号为W605170案件中的专利权无效宣告请求书和无效宣告请求意见陈述正文，以及第7623号无效宣告请求审查决定书和审查决定正文，由于上述请求书与决定所涉及的被比设计（03357612.2号外观设计专利）和在先设计（03354565.0号外观设计专利）与本案涉及的被比设计（03354565.0号外观设计专利，即本专利）和在先设计（98301699.2号外观设计专利）不同，因此附件2和附件3所体现的相近似性判断的认定与本案无关，不能作为定案

的依据。

3. 本专利与在先设计相近似性对比

本专利与在先设计所示均为电钻的外观设计，二者用途相同，属于相同类别的产品，具有可比性，故对二者进行如下相近似性对比：

本专利所示电钻整体造型为近似带斜度的"T"字形，前端为带凹槽的近似圆锥状卡盘和圆台状离合夹钳，卡盘上有伸出的卡嘴；离合夹钳向后为电钻本体，电钻本体顶部轮廓从接近离合夹钳的一端向远离离合夹钳的一端设置有逐渐降低的高度差，其正面后部设有钻头固定槽，在钻头固定槽下方还设有凹部，其背面后部设有一个通向机体部内部约占机体部一半长度的长方形框；本体向下为手柄，从正面观察其右侧轮廓为弧形，左侧轮廓为折线式凹凸形，手柄靠近本体的部位设有开关，手柄的后部及本体后下部设有防滑垫；手柄之下为电池部，电池部设有稍向前突出的凸台（详见本专利附图）。

在先设计所示电钻整体造型为近似带斜度的"T"字形，前端为带凹槽的近似圆锥状卡盘和圆台状离合夹钳，卡盘上有伸出的卡嘴；离合夹钳向后为电钻本体，电钻本体的顶部轮廓基本平直，中部有一长方形的设计，其正面和背面设有浅的长方形凹进，凹进后方设有一圆孔；本体向下为手柄，从正面观察其右侧轮廓为弧形，左侧轮廓较平直，手柄靠近本体的部位设有开关；手柄之下为电池部，电池部设有明显向前突出的凸台（详见在先设计附图）。

将本专利与在先设计相比较，二者不同之处主要在于：（1）电钻本体顶部设计不同，本专利本体的顶部轮廓从接近离合夹钳的一端向远离离合夹钳的一端设置有逐渐降低的高度差，而在先设计本体的顶部轮廓基本平直，且二者顶部的具体设计不同；（2）二者本体的正面和背面不同，本专利的正面后部设有钻头固定槽，在钻头固定槽下方还设有凹部，背面后部设置有约占机体部一半长度的长方形框，而在先设计的正面和背面设置有浅的长方形凹进，长方形凹进的后端设置有一圆孔；（3）本专利手柄的后部及本体后下部设有防滑垫，而在先设计未见相应设计；（4）二者电池部的凸台形状不同，本专利电池部的凸台稍向前突出，而在先设计的凸台明显向前突出。二者相同之处在于：整体结构均呈略有斜度的T形，整体形状均由卡盘、离合夹钳、机体部、手柄、电池五部分组成，卡盘近似圆锥状，具有横向的凹槽，机体部呈圆柱状，手柄有近似呈长方形的触发开关。虽然二者存在上述相同之处，但由于上述各项差异使得电钻的上述相应组成部分的具体设计不同，综合这些差异来看，其对电钻的整体视觉效果带来显著的影响，一般消费者不会产生误认、混同，且请求人未能举证说明本专利相对于在先设计的不同是属于应弱化考虑的惯常设计等情形，因此二者应属于不相同且不相近似的外观设计。

综上所述，请求人提交的证据均不足以支持其无效请求理由。鉴于由上述已得出请求人证据不足的结论，故对专利权人提交的反证不再予以评述。

三、决定

维持03354565.0号外观设计专利权有效。

当事人对本决定不服的，可以根据专利法第46条第2款的规定，自收到本决定之日起三个月内向北京市第一中级人民法院起诉。根据该款的规定，一方当事人起诉后，另一方当事人应当作为第三人参加诉讼。

仰视图

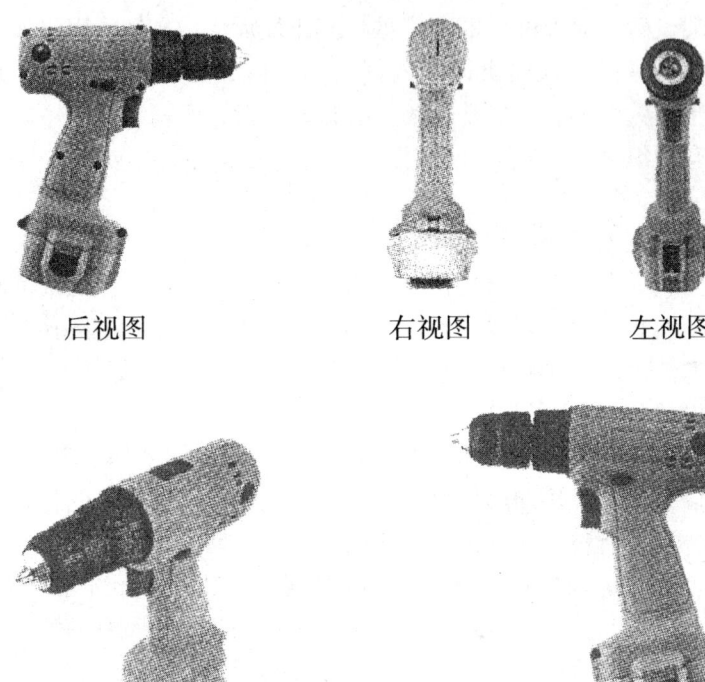

后视图　　　　　右视图　　　　　左视图

立体图　　　　　　　　　主视图

俯视图

在先设计附图

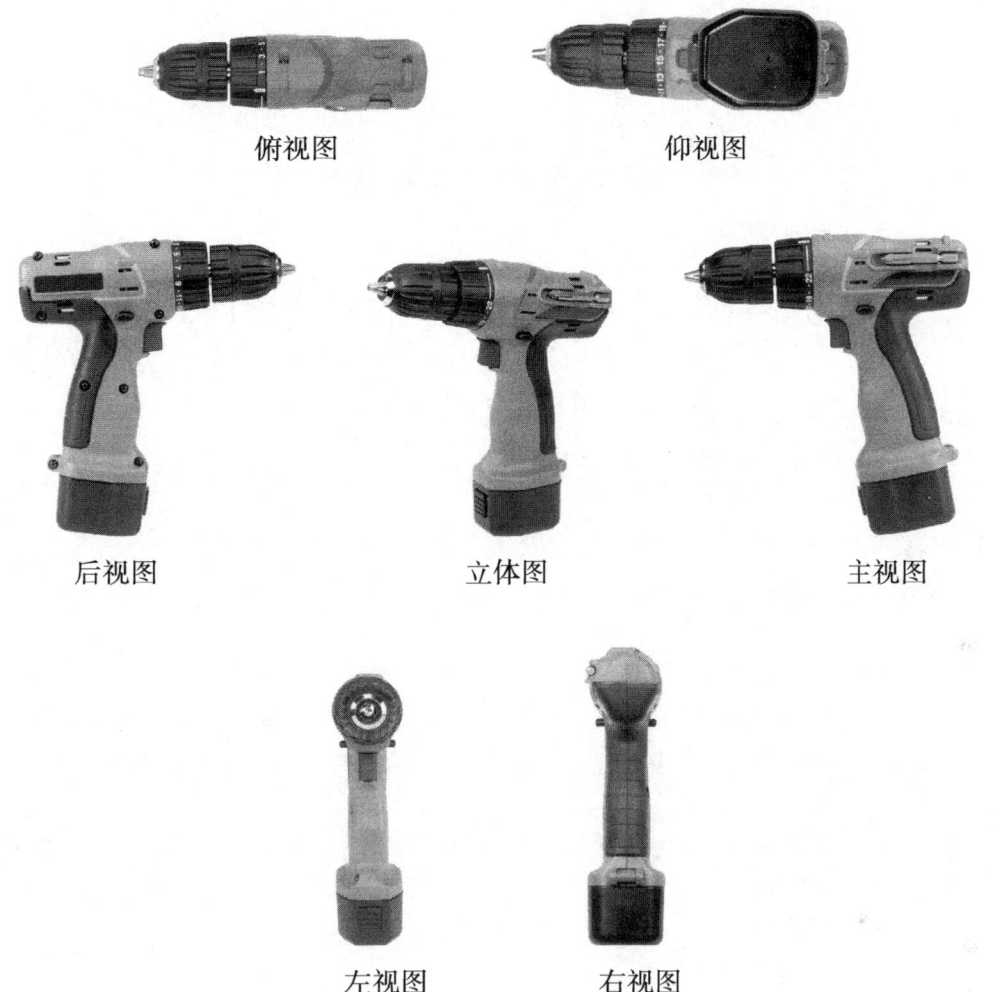

俯视图　　　　　仰视图

后视图　　　立体图　　　主视图

左视图　　右视图

本专利附图

铝塑推拉窗型材

无效宣告请求审查决定（第 10171 号）

决 定 号	第 10171 号
决 定 日	2007 年 6 月 19 日
发明创造名称	铝塑推拉窗型材
外观设计分类号	25-01
无效宣告请求人	刘烈壮
专 利 权 人	杜 平
专 利 号	03311261.4
申 请 日	2003 年 4 月 16 日
授 权 公 告 日	2003 年 10 月 1 日
合 议 组 组 长	钟 华
主 审 员	祝海燕
参 审 员	刘玉玲
附 图	4 页

法 律 依 据 专利法第 23 条

决 定 要 点

对于组装关系不唯一的插接组件产品，一般消费者会对单个构件的外观留下印象，因此应当以插接组件的所有单个构件的外观为对象来判断是否相同或相近似。

组装关系不唯一的组件产品外观设计要求保护的范围由所有单个构件的外观确定，如果在先设计仅与组件产品中的某一个构件的外观设计相近似，而没有公开其他单个构件的外观，则不能认定在先设计与该组件产品的外观设计相近似。

一、案由

本无效宣告请求案涉及国家知识产权局于 2003 年 10 月 1 日授权公告、名称为"铝塑推拉窗型材"的 03311261.4 号外观设计专利权（下称本专利），其申请日为 2003 年 4 月 16 日，专利权人为杜平。

针对上述专利权，刘烈壮（下称请求人）于 2006 年 5 月 19 日以本专利不符合专利法第 23 条为由向专利复审委员会提出无效宣告请求，同时请求人提交了下述附件作为证据：

附件 1：第 02352926.1 号中国外观设计专利公报，其名称为型材（内推拉扇），授权公告日为 2002 年 12 月 25 日，专利权人为刘烈壮，打印件 1 页；

附件2：第02352921.0号中国外观设计专利公报，其名称为型材（外推拉扇），授权公告日为2002年12月25日，专利权人为刘烈壮，打印件1页。

依据上述附件，请求人的具体理由是：附件1和2均为本专利申请日之前公开的外观设计，其中附件1是内推拉扇型材，附件2是外推拉扇型材；而通过本专利件2的剖视图可知，件2是推拉扇型材，其两部分是按插接方式复合而成的，而且通过对比可知件2的一部分与附件1相同，另一部分与附件2相同，因此本专利的件2不符合专利法第23条的规定，从而本专利也不符合专利法第23条的规定。

经形式审查合格后，专利复审委员会受理了上述请求，于2006年7月26日向双方当事人发出《无效宣告请求受理通知书》，并将《专利权无效宣告请求书》及其附件的副本转送给专利权人，要求其在指定的期限内答复，同时成立合议组对本无效宣告请求案进行审理。

在指定的期限内专利权人未进行答复。

2007年1月12日，本案合议组向双方当事人发出《无效宣告请求口头审理通知书》，告知双方当事人本案合议组定于2007年3月7日对本无效请求案进行口头审理。

2007年3月7日，专利权人没有出席口头审理；请求人电话告知合议组由于沈阳大雪无法出行这一不可抗拒的天气原因，因此也无法如期参加口头审理，并表示以请求书意见为准宣告本专利无效。因此，双方当事人均缺席本次口头审理。

至此，合议组经过合议，认为经书面审理，本案的事实清楚，合议组可以依法作出审查决定。

二、决定的理由

根据请求原则，本案合议组就请求人提出的附件1和附件2所示的产品组合与本专利件2的外观设计相同或相近似的无效理由，依据专利法第23条对本案进行审理。

1. 法律适用

专利法第23条规定，授予专利权的外观设计，应当同申请日以前在国内外出版物上公开发表过或者国内公开使用过的外观设计不相同和不相近似，并不得与他人在先取得的合法权利相冲突。

2. 证据认定

请求人提交的附件1为第02352926.1号中国外观设计专利公报，附件2为第02352921.0号中国外观设计专利公报，经核查，附件1和附件2内容真实，合议组对其真实性予以认可。由于附件1和附件2的授权公告日均为2002年12月25日，在本专利的申请日之前，且附件1和2均为型材，与本专利属于相同类别的产品，因此可以作为在先设计评价本专利是否符合专利法第23条的规定。

3. 外观设计相近似性认定

本专利要求保护铝塑推拉窗型材，其包括件1~5共5件相对独立的铝塑型材设计，每件产品均有主视图、仰视图、俯视图、左视图、右视图。根据使用状态参考图所示，件1~5可相互插接组装构成推拉窗框，其中件1、件2和件5可相互插接；同时，件2和件4，或者件2和件5之间也可相互插接组装；件5和件3也可插接组装，因此本专利要求保护的件1~5是组装关系不唯一的插接组件产品。

由本专利件2的各视图可知，其主视图为件2型材的截面视图，从截面视图可知，件2明显为左右两个部件插接组装构成的。具体而言，其左边部件分为连成一整体的上大下小两个具有近似菜刀形空腔的框架，上下两框左侧对齐，上框右侧的上下两端各有一个向外凸起，两个凸起之间形成一个凹槽；在上框左上角有一个凹槽，下框的右下角有一小凹槽。其右边部件的主体也为具有一近似宽口瓶形空腔的框架，方框左侧有四个凸起与左边部件凹槽相插接，方框右侧上下两边均向左延伸有一竖长方形钩（详见本专利附图）。

从附件1的各视图可知,附件1型材的截面部件分为连成一整体的上下两个框架,上下两框右侧对齐,其中上框有一不规则"口"字形腔,方框左侧的上下两端各有一向外凸起,两个凸起之间形成一个凹槽;在方框上方也有两向上凸起形成一个凹槽。下框具有菜刀形空腔,下框的左下角有两个向外凸起形成一小凹槽(详见附件1附图)。

从附件2的各视图可知,附件2型材的截面主体为一不规则"口"字形方框,方框右侧上下端各有一个凸起的角,右侧中间也有两个凸起的角,两端的凸起的角和中间凸起的角形成上下两个凹槽;方框左侧上下两边各延伸有一竖长方形钩方框(详见附件2附图)。

由于附件1和附件2是同一申请人同一天向专利局申请的两个型材外观设计,其中附件1为内推拉扇型材,附件2为外推拉扇型材,且从外观设计上看附件1和附件2具有明显的组装关系,因此可以将附件1和附件2结合起来作为一项在先设计与本专利进行对比。

如上文所分析的那样,由于本专利属于组装关系不唯一的插接件产品的外观设计,根据《审查指南》第四部分第五章第5.4.1节的规定:对于组装关系不唯一的插接组件产品,一般消费者会对单个构件的外观留下印象,因此应当以插接组件的所有单个构件的外观为对象来判断相同或相近似。因此应将其组件与其组件数量相对应的明显具有组装关系的构件——附件1和附件2所公开的外观设计结合起来作为一项在先设计(下称在先设计)进行比较。

本专利和在先设计都属于相同类别的产品。将本专利件2与在先设计相比,两者均为左右两部分插接构成的型材,其中本专利件2的右边部件和在先设计的附件2的形状非常近似。左边部件和在先设计的附件1的形状基本相似,区别在于本专利件2的左边部件的上边框和在先设计的附件1的上边框的空腔形状、凸起的形状及位置有所不同。合议组认为,对于本专利件2整体而言,上述区别仅在于局部的细微变化,对整体视觉效果不足以产生显著影响,因而本专利件2的形状和在先设计的形状相近似。

但是,由于本专利是包括件1~5共5件单个构件的、且其组装关系不唯一的插接组件产品,一般消费者会对件1~5单个构件的外观留下印象,因此应当以本专利的所有单个构件的整体外观为对象来判断相同或相近似。就本专利而言,本专利的组件产品外观设计要求保护的范围是其全部5个单个构件的外观,而在先设计仅与本专利的件2的外观相似,其并没有公开其他件1、3、4、5构件的外观,因此不能认定在先设计与本专利的整体外观设计相近似,故请求人的无效宣告请求不成立。

基于以上事实和理由,本案合议组作出如下审查决定。

三、决定

维持03311261.4号外观设计专利权有效。

当事人对本决定不服的,可以根据专利法第46条第2款的规定,自收到本决定之日起三个月内向北京市第一中级人民法院起诉。根据该款的规定,一方当事人起诉后,另一方当事人应当作为第三人参加诉讼。

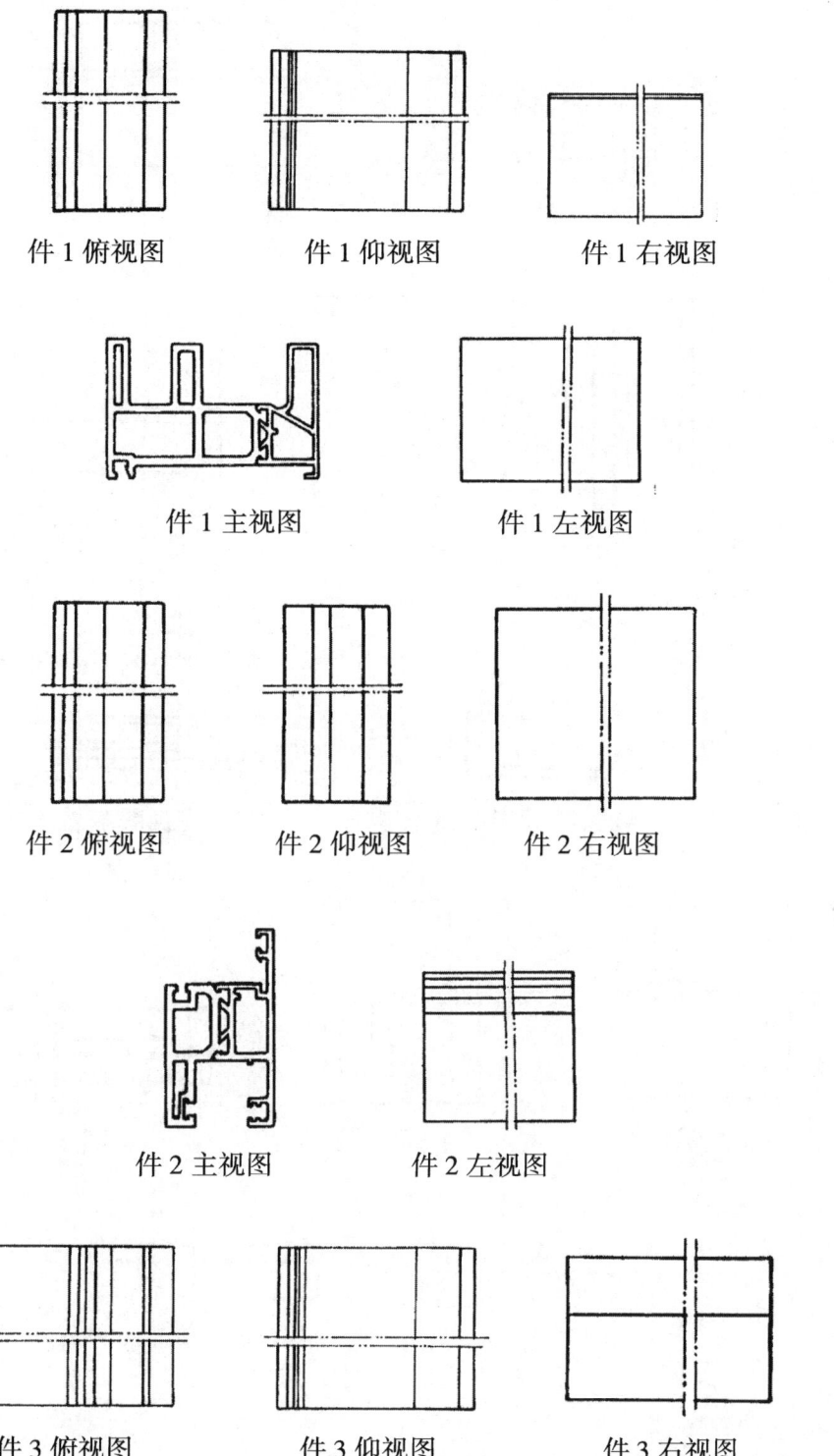

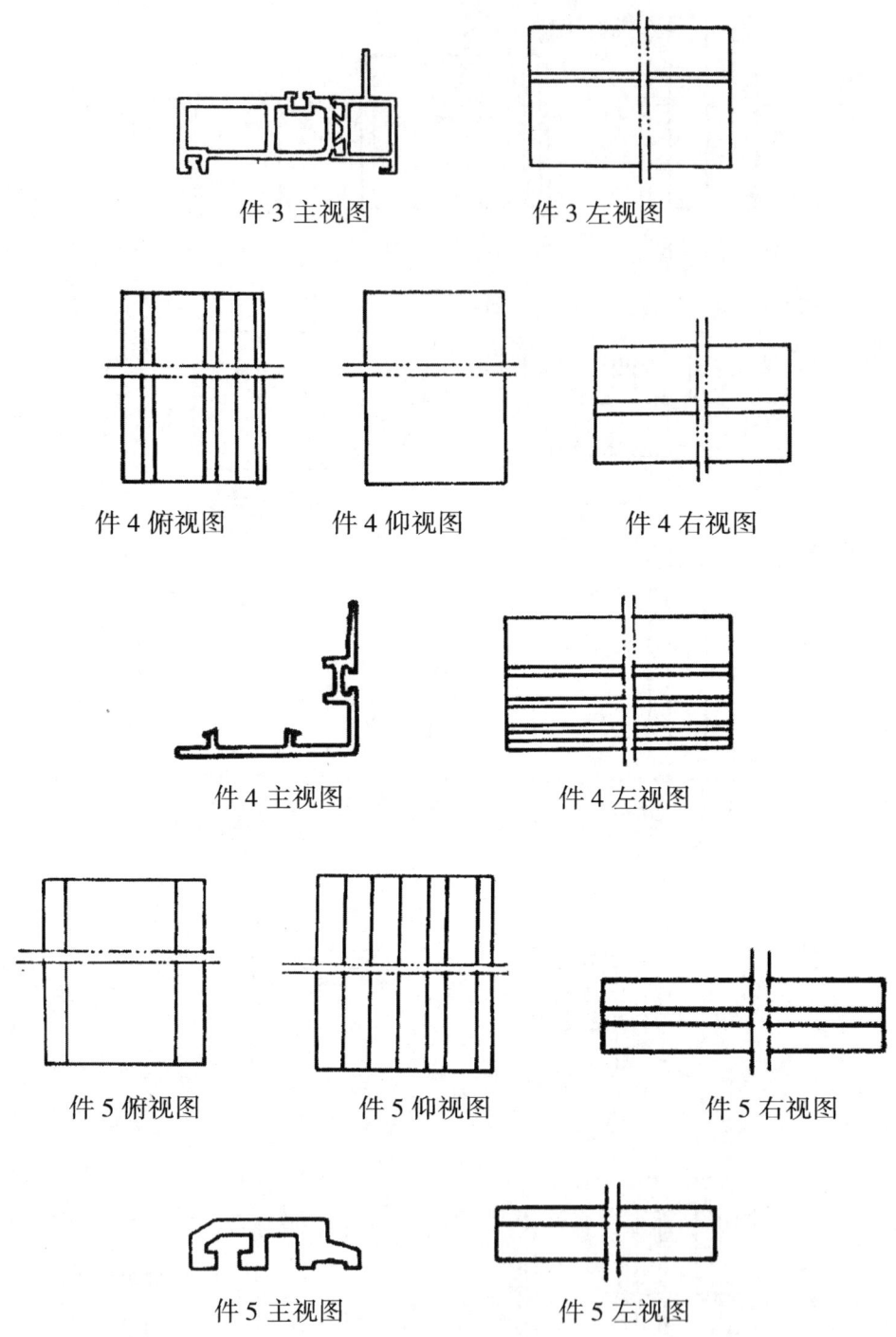

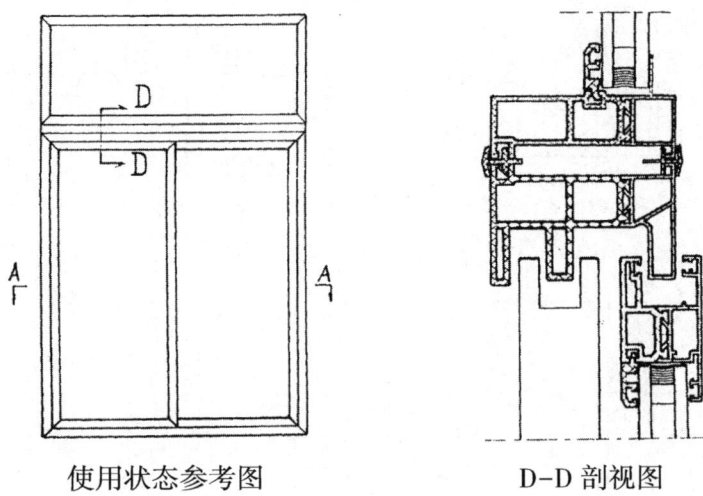

使用状态参考图　　　　D-D 剖视图

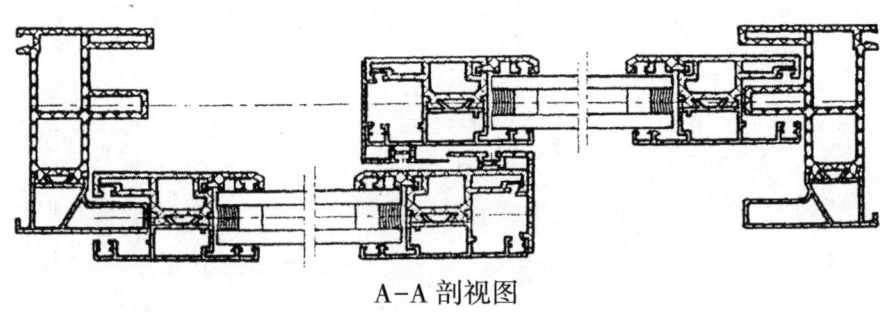

A-A 剖视图

本专利附图

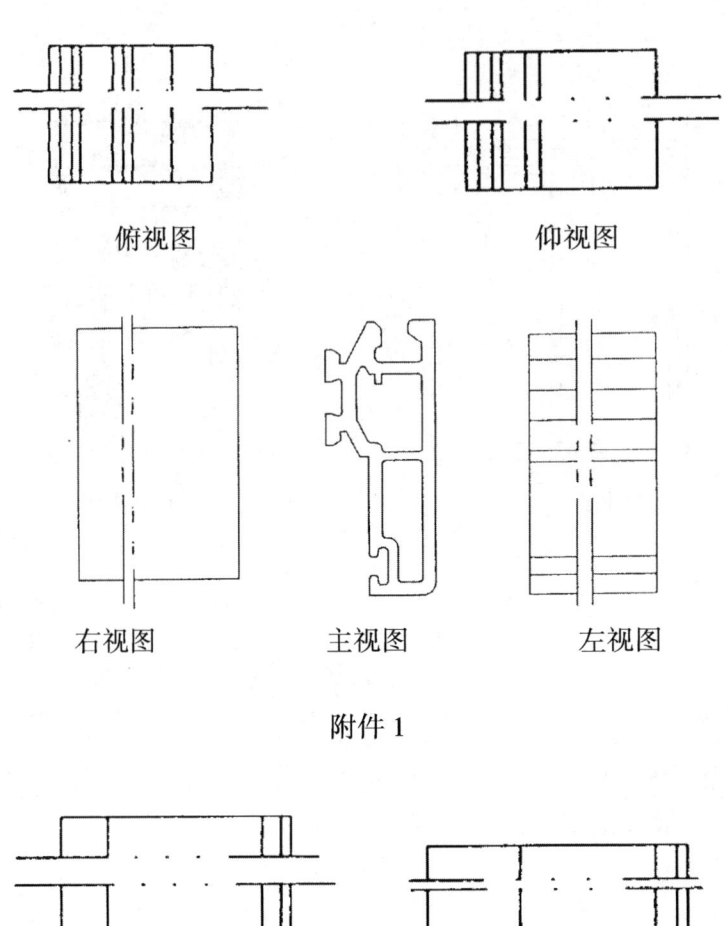

附件 1

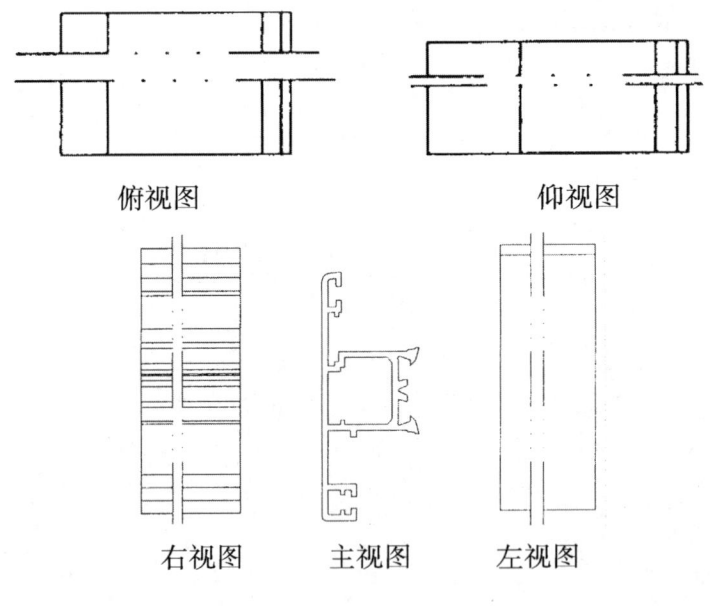

附件 2

在先设计附图

毛衣编织自动过梳器（A）

无效宣告请求审查决定（第10175号）

决 定 号	第10175号
决 定 日	2007年6月21日
发明创造名称	毛衣编织自动过梳器（A）
外观设计分类号	15-06
无效宣告请求人	罗武记
专 利 权 人	李榕健
专 利 号	200530069367.0
申 请 日	2005年9月8日
授权公告日	2006年6月21日
合议组组长	蒋彤
主 审 员	左一
参 审 员	郑直
附 图	2页

法 律 依 据 专利法第23条

决 定 要 点

经对本专利与在先设计整体观察可以看出，虽然二者在整体设计、布局结构基本相同，但这属于该类产品公认的惯常设计，因此对该类产品而言其余设计的变化对其整体视觉效果更具有显著的影响，由于二者在其余设计上存在显著地差异，上述差异给产品的整体视觉效果带来了显著的影响，则本专利与在先设计既不相同，也不相近似，符合专利法第23条的规定。

一、案由

本无效宣告请求案涉及国家知识产权局于2006年6月21日授权公告、名称为"毛衣编织自动过梳器（A）"的外观设计专利（下称本专利），其专利号为200530069367.0，申请日为2005年9月8日，专利权人为李榕健。

针对上述外观设计专利权，罗武记（下称请求人）于2006年8月22日向专利复审委员会提出了无效宣告请求，理由是本专利不符合专利法第23条的规定，并提交了以下附件作为证据：

附件1：专利号为ZL03323174.5的中国外观设计专利证书复印件共1页，其授权公告日为2003年4月25日；

附件2：请求人声称的专利号为ZL03323174.5的中国外观设计专利授权文本中的彩色照片复印

件共2页。

具体无效理由如下：附件1、2所示的专利号为ZL03323174.5的中国外观设计专利的公开日早于本专利的申请日，本专利与附件2的外观设计相比：二者左视图、俯视图、仰视图一致，主视图、右视图、后视图的对比仅有细微变化，即本专利的机板上端有两个小凹点，而附件2中没有；主视图、左视图、右视图、后视图、俯视图中，附件2外观设计的两个机板底部一侧各有一个缺口，而本专利没有。但是这些变化对整体视觉效果不足以产生显著影响，容易造成一般消费者视觉上的混淆，故本专利与附件2相近似。

经形式审查合格，专利复审委员会于2006年9月21日向双方当事人发出无效宣告请求受理通知书，并将无效宣告请求书及其附件的副本转给了专利权人，要求其在指定期限内进行意见陈述。

专利权人于2006年11月4日寄交了意见陈述书，并随该意见陈述书提交了如下附件（编号续前）：

附件3：《毛衣编织自动过梳器（亦称翻针器）操作手册》的彩色扫描件共6页；

附件4：盖有中华人民共和国国家版权局作品自愿登记专用骑缝章的著作权登记证书复印件共2页；

附件5：《毛衣编织自动过梳器（亦称翻针器）操作手册》的原件1本。

专利权人在上述意见陈述书中认为：本专利与附件2不相同也不相近似，具体而言，本专利与附件2均是组装部件装配构成，其主要部件明显不同：（1）机板形状明显不同，附件2的机板下端有二级台阶，其机板前端切角过渡，其机板端面外斜，而本专利的机板下端没有二级台阶，机板前端弧形过渡，机板端面平整，且机板上的明显位置有两个凹形缺口，且专利权人认为过梳器的机板形状是本专利的要部，机板形状决定了过梳器形状整体不同；（2）本专利与附件2的滑板形状明显不同；（3）本专利与附件2的顶针板形状明显不同。此外，专利权人提交附件3~5用于证明专利号为03323174.5的中国外观设计专利不符合专利法第23条的规定。

在此基础上，专利复审委员会依法成立合议组，对本无效宣告请求进行审理。

合议组于2007年1月19日向双方当事人发出口头审理通知书，定于2007年3月7日举行口头审理，并随该通知书将专利权人于2006年11月4日寄交的意见陈述书及所述附件的副本转给请求人。

合议组于2007年3月7日当面告知双方当事人，由于时间关系将本案的口头审理顺延到2007年3月8日举行，双方当事人均表示能够参加2007年3月8日举行的本案口头审理。

口头审理于2007年3月8日举行，专利权人及其代理人、请求人的公民代理出席了口头审理。双方对合议组成员无回避请求。专利权人对请求人身份有异议，当庭提交了从网页上下载的"商标的详细信息"共1页，其上记载有罗武记的台湾身份证号码，专利权人指出请求人罗武记为中国台湾人，在提出无效宣告请求时没有明确记载其是台湾人，主体不明确，不具备请求人资格；专利权人还当庭提交了从网站下载的有关东莞市鹏铭知识产权服务有限公司介绍的相关内容共4页以及加盖有东莞市工商行政管理局查询专用章的企业机读档案登记资料的复印件共1页，专利权人当庭出示了上述复印件的原件，并认为请求人罗武记的代理人王华、王燕伟身为东莞市鹏铭知识产权服务有限公司的员工，不能以公民代理的身份出席口头审理，专利权人提交的上述资料已存入相关案件编号为6W06542的无效宣告案卷中。请求人的代理人承认请求人罗武记为台湾人，同时指出罗武记在中国（大陆）居住多年，在中国（大陆）具有固定居所，因此可以委托公民代理出席口头审理。专利权人对附件1、2的真实性无异议。请求人明确无效理由为：本专利与在先设计相比不符合专利法第23条的规定。请求人当庭提交了涉及案件编号为6W06542和6W06543的无效宣告请求案件的有关证明请求人在中国大陆有固定居所的材料：（2005）粤农税申字0576327号的中华人民共和国契税完税证复印件和粤地 2305085689 号的中国人民共和国税收通用完税证复印件共 1 页，编号为 GB/T 17986.2—2000（0190204）商品房买卖合同复印件共 20 页。专利权人当庭核实了上述材料，并要求请求人提交相关证据原件以及有关请求人身份的证明。合议组要求请求人在口审结束后 15 日内提交相关证据以证明请求人具备请求资格，以及王华、王燕伟可以以公民代理的身份出席口头审理。逾期未提交或者提交的材料不足以证明预期的事实，合议组将按照专利法、细则及指南的有关规定进行后续审理并作出相关决定。

请求人于 2007 年 3 月 16 日寄交了 4 份附件用于补充前述证据以证明请求人具备请求资格以及王华、王燕伟可以以公民代理的身份出席口头审理，上述附件如下（编号续前）：

附件 6：广东省东莞市公证处出具的（2007）东证内字第 1783 号公证书原件和复印件各 1 份，其证明桃源县人罗武记的《台湾居民来往大陆通行证》复印件与原件相符；

附件 7：广东省东莞市公证处出具的（2007）东证内字第 1784 号公证书原件和复印件各 1 份，其证明（2005）粤农税电字 0576327 号《契税完税证》复印件与原件相符；

附件 8：广东省东莞市公证处出具的（2007）东证内字第 1785 号公证书原件和复印件各 1 份，其证明（2005-1）粤地 23 05085689 号《税收通用完税证》复印件与原件相符；

附件 9：广东省东莞市公证处出具的（2007）东证内字第 1786 号公证书原件和复印件各 1 份，其证明编号为 GB/T 17986.2—2000（0190204）的《商品房买卖合同》复印件与原件相符。

合议组于 2007 年 4 月 6 日向专利权人发出转送文件通知书，将请求人于 2007 年 3 月 16 日寄交的广东省东莞市公证处出具的（2007）东证内字第 1783、1784、1785、1786 号公证书的复印件转送专利权人（上述公证书的原件随案件编号为 6W06542 的案件于 2007 年 4 月 6 日转给该请求人）。

专利权人于 2007 年 4 月 17 日寄交了意见陈述书，对上述公证书及其所证明的罗武记的《台湾居民来往大陆通行证》、(2005)粤农税电字 0576327 号《契税完税证》、(2005-1)粤地 2305085689 号《税收通用完税证》、编号为 GB/T 17986.2—2000（0190204）的《商品房买卖合同》的真实性无异议。

合议组于 2007 年 4 月 17 日与请求人进行了电话会晤，要求请求人在原先提交的广东省东莞市公证处出具的（2007）东证内字第 1783、1784、1785、1786 号公证书基础上进一步提交公安部门出具的已在中国居住一年以上的证明文件。

请求人于 2007 年 4 月 23 日提交了如下附件（编号续前）：

附件 10：本案申请人罗武记的境外人员临时住宿登记表原件 1 份共 1 页，其上盖有东莞市公安局大朗分局境外人员临时住宿登记专用章，其上住宿日期为 2002 年 7 月 18 日。

合议组于 2007 年 5 月 9 日向专利权人发出无效宣告请求审查通知书并随该通知书将请求人于 2007 年 4 月 23 日提交的境外人员临时住宿登记表复印件 1 份共 1 页转送专利权人。该通知书指出：（1）请求人认为上述境外人员临时住宿登记表上记载的住宿日期为 2002 年 7 月 18 日，其离开日期空缺表明罗武记迄今未离开大陆，因此能够表明请求人罗武记属于在中国大陆有经常居所的台湾人，根据专利法第 19 条以及专利审查指南的有关规定，请求人可以直接提起专利权无效宣告请求，并可委托公民代理出席口头审理。（2）合议组将上述境外人员临时住宿登记表原件进行复印，并将该复印件 1 份共 1 页随本通知书转交专利权人，专利权人可以到专利复审委员会核实上述境外人员临时住宿登记表原件，否则将由合议组依职权进行核实。（3）专利权人应在指定期限内对上述境外人员临时住宿登记表的真实性进行意见陈述，此外，专利权人应在指定期限内对请求人是否具备直接提起专利权无效宣告请求资格以及其是否可以委托公民代理出席口头审理进行意见陈述。

请求人于 2007 年 5 月 16 日寄交了意见陈述书，表示：（1）专利权人不再亲自核实罗武记的境外人员临时住宿登记表原件，由合议组依职权核实；（2）专利权人认为该临时住宿登记表可以作为公安部门出具的可在中国居住一年以上的证明文件，因此根据有关规定，同意请求人罗武记具备直接提起本无效宣告请求资格及可以委托公民代理出席口头审理。

在当事人的意见陈述和口头审理的基础上，合议组经合议，认为本案事实清楚，可以依法作出本审查决定。

二、决定的理由

1. 关于证据

请求人提交的附件1为专利号为ZL03323174.5的中国外观设计专利证书复印件，附件2为请求人声称的专利号为ZL03323174.5的中国外观设计专利授权文本中的彩色照片复印件。在口头审理中专利权人表示对附件1、2的真实性无异议。附件2所示彩色照片与专利号为ZL03323174.5的中国外观设计专利授权文本中的图片一致，专利号为ZL03323174.5的中国外观设计专利（即附件2）为专利文献，合议组经过核实对其真实性予以确认。附件2的授权公告日为2003年4月25日，本专利的申请日为2005年9月8日，附件2的公开日期早于本专利的申请日，所以，附件2中公开的外观设计属于本专利的在先设计（下简称附件2为在先设计），可以用于评价本专利是否符合专利法第23条的规定。

专利权人提交附件3~5用于证明专利号为03323174.5的中国外观设计专利不符合专利法第23条的规定，与本案无关，故本案合议组对其不予考虑。

请求人提交附件6~9为公证书，附件10为境外人员临时住宿登记表，由于请求人提交了附件6~10的原件，专利权人对附件6~9的真实性无异议，并要求合议组代为核实附件10的真实性。合议组经过核实，对上述附件6~10的真实性予以确认。

2. 关于请求人资格

请求人于2007年4月23日提交本案申请人罗武记的境外人员临时住宿登记表原件1份共1页，其上住宿日期为2002年7月18日，鉴于本案提出无效宣告请求的日期为2006年8月22日，因此上述材料可以作为公安部门出具的可在中国居住一年以上的证明文件，根据审查指南第一部分第一章的有关规定，请求人罗武记具备直接提起本无效宣告请求资格及可以委托公民代理出席口头审理。

3. 法律依据

根据请求人提出的无效宣告请求的范围、理由和证据，本案合议组依据专利法第23条对本案进行审理。

专利法第23条规定："授予专利权的外观设计，应当同申请日以前在国内外出版物上公开发表过或者国内公开使用过的外观设计不相同和不相近似，并不得与他人在先取得的合法权利相冲突。"

如果一般消费者经过对被比设计与在先设计的整体观察可以看出，二者的差别对于产品的整体视觉效果不具有显著的影响，则被比外观设计和在先设计相近似；否则，两者既不相同，也不相近似。

4. 关于专利法第23条

本外观设计专利授权公告文本有7幅图，即主视图、后视图、俯视图、仰视图、左视图、右视图、立体图，本专利未要求保护色彩。本专利的毛衣编织自动过梳器（B）整体大致为蝶形，主要由中间把手、毛刷、两侧机板、机板下方的顶针板、机板外侧的滑板构成。中间把手为"U"形，两侧机板相对于中间把手左右对称，每个机板大致呈矩形，机板端面平整，机板前端弧形过渡，右侧机板靠近把手的中间部位有凹形缺口，每个机板下方有2条顶针板，每个机板外侧有一长条状滑板，每个滑板在其两端各装有一个滑轮，上述滑板通过螺丝固定在机板的边缘（详见本专利附图）。

在先设计有6幅图，即主视图、后视图、俯视图、仰视图、左视图、右视图。在先设计的自动过梳器整体大致为蝶形，主要由中间把手、毛刷、两侧机板、机板下方的顶针板、机板外侧的滑板构成。中间把手为"U"形，两侧机板相对于中间把手左右对称，机板前端切角过渡，机板下端有二级台阶，每个机板下方有2条顶针板，每个机板外侧有一长条状滑板，每个滑板在其两端各装有一个滑轮，上述滑板通过螺丝固定在机板的边缘（详见在先设计附图）。

经比较可知，本专利和在先设计均要求保护毛衣自动过梳器，它们属于相同种类的产品，两者的整体设计、部局结构大体相同。合议组认为在过梳器产品中，由于其必须能够实现过梳功能，决定了过梳器的整体设计和部局结构成为该类产品公认的惯常设计，即过梳器整体大致为蝶形，主要由中间把手、毛刷、两侧机板、机板下方的顶针板、机板外侧的滑板构成，因此对过梳器产品而言其余设计的变化对过梳器整体视觉效果更具有显著的影响。本专利和在先设计的过梳器产品的主要区别在于：（1）本专利的机板下端平整，整体呈矩形，而在先设计的机板下端呈明显的二级台阶状；（2）本专利机板前端弧形过渡，而在先设计的机板前端切角过渡；（3）本专利右侧机板靠近把手的中间部位有凹形缺口，而在先设计机板上无缺口；（4）本专利的滑板形状及安装在机板上的方式与在先设计不同；（5）本专利顶针板的形状与在先设计不同。

过梳器的机板在产品中所占比例很大，且属于使用时最容易看到的部位，本专利的机板下端平整，整体呈矩形，而在先设计的机板下端呈明显的二级台阶状，该二级台阶状的机板下端在机板上所占的面积比例很大，足以影响到机板整体形状，而机板形状的差异足以引起产品整体视觉效果的差别，因此上述区别（1）足以导致本专利与在先设计从整体上看具有显著不同，且不相近似。

综上所述，根据整体观察、综合判断的原则，本专利与在先设计的产品类别相同，两者的整体设计、布局结构基本相同，但这属于该类产品公认的惯常设计，因此对过梳器产品而言其余设计的变化对过梳器整体视觉效果更具有显著的影响，由于二者在其余设计上存在显著地差异，上述差异给过梳器的整体视觉效果带来了显著的影响，本专利与在先设计既不相同，也不相近似，符合专利法第23条的规定。

基于以上事实和理由，本案合议组作出如下审查决定。

三、决定

维持200530069367.0号外观设计专利权有效。

当事人对本决定不服的，可以根据专利法第46条第2款的规定，自收到本决定之日起三个月内向北京市第一中级人民法院起诉。根据该款的规定，一方当事人起诉后，另一方当事人应当作为第三人参加诉讼。

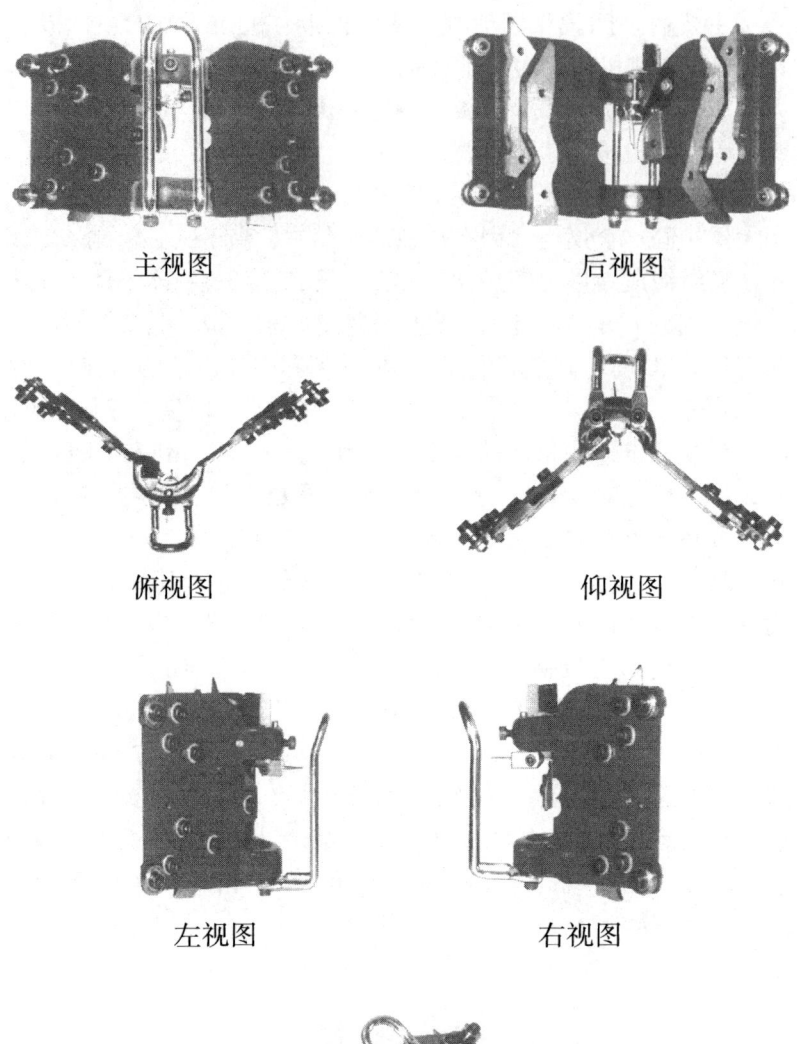

主视图　　　后视图

俯视图　　　仰视图

左视图　　　右视图

立体图

本专利附图

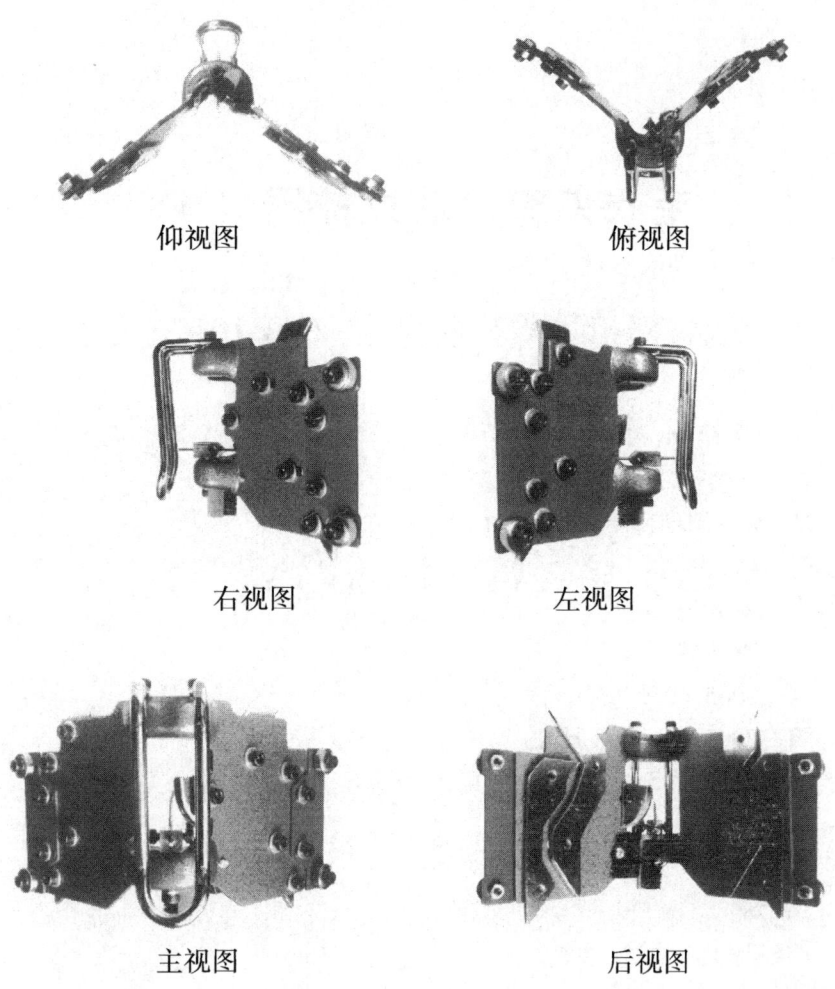

仰视图　　　　　俯视图

右视图　　　　　左视图

主视图　　　　　后视图

在先设计附图

毛衣编织自动过梳器（B）

无效宣告请求审查决定（第10176号）

决 定 号	第10176号
决 定 日	2007年6月26日
发明创造名称	毛衣编织自动过梳器（B）
外观设计分类号	15-06
无效宣告请求人	罗武记
专 利 权 人	李榕健
专 利 号	200530069366.6
申 请 日	2005年9月8日
授权公告日	2006年5月24日
合议组组长	蒋 彤
主 审 员	左 一
参 审 员	郑 直
附 图	2页

法 律 依 据 专利法第23条

决 定 要 点

经对本专利与在先设计的整体观察可以看出，二者的差别对于产品的整体视觉效果明显不具有显著的影响，因此本专利和在先设计相近似。

一、案由

本无效宣告请求案涉及国家知识产权局于2006年5月24日授权公告、名称为"毛衣编织自动过梳器（B）"的外观设计专利（下称本专利），其专利号为200530069366.6，申请日为2005年9月8日，专利权人为李榕健。

针对上述外观设计专利权，罗武记（下称请求人）于2006年8月22日向专利复审委员会提出了无效宣告请求，理由是本专利不符合专利法第23条的规定，并提交了以下附件作为证据：

附件1：专利号为ZL03323172.9的中国外观设计专利证书复印件共1页，授权公告日为2003年12月24日；

附件2：请求人声称的专利号为ZL03323172.9的中国外观设计专利授权文本中的彩色照片复印件共2页。

具体无效理由如下：附件2所示的专利号为ZL03323172.9的中国外观设计专利的公开日早于本

外观设计专利的申请日,本专利与附件2相比:二者左视图、俯视图、仰视图一致,主视图、右视图、后视图的对比仅有细微变化,即本专利的机板上端有两个小凹点,而附件2中没有。但是这些变化对整体视觉效果不足以产生显著影响,容易造成一般消费者视觉上的混淆,故本专利与附件2相近似。

经形式审查合格,专利复审委员会于2006年9月21日向双方当事人发出无效宣告请求受理通知书,并将无效宣告请求书及其附件的副本转给了专利权人,要求其在指定期限内进行意见陈述。

专利权人于2006年11月4日寄交了意见陈述书,并随该意见陈述书提交了如下附件(编号续前):

附件3:《毛衣编织自动过梳器(亦称翻针器)操作手册》的彩色扫描件共6页;

附件4:盖有中华人民共和国国家版权局作品自愿登记专用骑缝章的著作权登记证书复印件共2页;

附件5:《毛衣编织自动过梳器(亦称翻针器)操作手册》的原件1本。

专利权人在上述意见陈述书中指出:本专利与附件2的外观设计不相同也不相近似,具体而言,本专利与附件2均是组装部件装配构成,其主要部件明显不同:(1)机板形状明显不同,附件2的机板前端切角过渡,其机板端面外斜,而本专利的机板前端弧形过渡,机板端面平整,且机板上的明显位置有两个凹形缺口,且专利权人认为过梳器的机板形状是本专利的要部,机板形状决定了过梳器形状整体不同;(2)本专利与附件2的滑板形状明显不同;(3)本专利与附件2的顶针板形状明显不同。此外,专利权人提交附件3~5用于证明专利号为ZL03323172.9的中国外观设计专利不符合专利法第23条的规定。

在此基础上,专利复审委员会依法成立合议组,对本无效宣告请求进行审理。

合议组于2007年1月19日向双方当事人发出口头审理通知书,定于2007年3月7日举行口头审理,并随该通知书将专利权人于2006年11月4日寄交的意见陈述书及所述附件的副本转给请求人。

口头审理于2007年3月7日如期举行,专利权人及其代理人、请求人的公民代理出席了口头审理。双方对合议组成员无回避请求。专利权人当庭提交了从网页上下载的"商标的详细信息"共1页,其上记载有罗武记的台湾身份证号码,专利权人指出请求人罗武记为中国台湾人,在提出无效宣告请求时没有明确记载其是台湾人,主体不明确,不具备请求人资格;专利权人还当庭提交了从网站下载的有关东莞市鹏铭知识产权服务有限公司介绍的相关内容共4页以及加盖有东莞市工商行政管理局查询专用章的企业机读档案登记资料的复印件共1页,专利权人当庭出示了上述复印件的原件,并认为请求人罗武记的代理人王华、王燕伟身为东莞市鹏铭知识产权服务有限公司的员工,不能以公民代理的身份出席口头审理。请求人的代理人承认请求人罗武记为台湾人,同时指出罗武记在中国(大陆)居住多年,在中国(大陆)具有固定居所,因此可以委托公民代理出席口头审理。另外,合议组当庭还查证合议组案卷中保留的请求人所提交的附件2的内容与其所称的专利号为ZL03323172.9的中国外观设计专利授权公告的内容不符,但转送给专利权人的附件2的内容与专利号为ZL03323172.9的中国外观设计专利授权公告的内容相符,此系请求人提交文件的失误所致,但此失误并未对专利权人造成影响。为此,请求人当庭向合议组提交了专利号为ZL03323172.9的中国外观设计专利的授权公告的网络下载打印件共1页以替换原有附件2。专利权人对附件1、2的真实性无异议。请求人明确无效理由为:本专利与专利号为ZL03323172.9的中国外观设计相比不符合专利法第23条的规定。合议组要求请求人在口头审理结束后15日内提交相关证据以证明请求人具备请求资格,以及王华、王燕伟可以以公民代理的身份出席口头审理。逾期未提交或者提交的材料不足以证明预期的事实,合议组将按照专利法、专利法实施细则及审查指南的有关规定进行后续审理并作出相关决定。

请求人在2007年3月8日提交了涉及本案的有关证明请求人在中国大陆有固定居所的材料：(2005) 粤农税申字0576327号的中华人民共和国契税完税证复印件和粤地2305085689号的中国人民共和国税收通用完税证复印件共1页，编号为GB/T 17986.2—2000（0190204）商品房买卖合同复印件共20页（上述材料存于案件编号为6W06543的无效宣告案卷中）。

请求人于2007年3月16日寄交了4份附件用于补充前述证据以证明请求人具备请求资格以及王华、王燕伟可以以公民代理的身份出席口头审理，上述附件如下（编号续前）：

附件6：广东省东莞市公证处出具的（2007）东证内字第1783号公证书原件和复印件各1份，其证明桃源县人罗武记的《台湾居民来往大陆通行证》复印件与原件相符；

附件7：广东省东莞市公证处出具的（2007）东证内字第1784号公证书原件和复印件各1份，其证明（2005）粤农税电字0576327号《契税完税证》复印件与原件相符；

附件8：广东省东莞市公证处出具的（2007）东证内字第1785号公证书原件和复印件各1份，其证明（2005-1）粤地23 05085689号《税收通用完税证》复印件与原件相符；

附件9：广东省东莞市公证处出具的（2007）东证内字第1786号公证书原件和复印件各1份，其证明编号为GB/T 17986.2—2000（0190204）的《商品房买卖合同》复印件与原件相符。

合议组于2007年4月6日向专利权人发出转送文件通知书，将请求人于2007年3月16日寄交的广东省东莞市公证处出具的（2007）东证内字第1783、1784、1785、1786号公证书的原件转送专利权人（上述公证书的原件还有一份存于案件编号为6W06543的案卷中）。

专利权人于2007年4月17日寄交了意见陈述书，对上述公证书及其所证明的罗武记的《台湾居民来往大陆通行证》、(2005) 粤农税电字0576327号《契税完税证》、(2005-1) 粤地2305085689号《税收通用完税证》、编号为GB/T 17986.2—2000（0190204）的《商品房买卖合同》的真实性无异议。

合议组于2007年4月17日与请求人进行了电话会晤，要求请求人在原先提交的广东省东莞市公证处出具的（2007）东证内字第1783、1784、1785、1786号公证书基础上进一步提交公安部门出具的已在中国居住一年以上的证明文件。

请求人于2007年4月23日提交了如下附件（编号续前）：

附件10：本案申请人罗武记的境外人员临时住宿登记表原件1份共1页（原件保存在案件编号为6W06543的案卷中），其上盖有东莞市公安局大朗分局境外人员临时住宿登记专用章，其上住宿日期为2002年7月18日。

合议组于2007年5月9日向专利权人发出无效宣告请求审查通知书并随该通知书将请求人于2007年4月23日提交的境外人员临时住宿登记表复印件1份共1页转送专利权人。该通知书指出：(1) 请求人认为上述境外人员临时住宿登记表上记载的住宿日期为2002年7月18日，其离开日期空缺表明罗武记迄今未离开大陆，因此能够表明请求人罗武记属于在中国大陆有经常居所的台湾人，根据专利法第19条以及专利审查指南的有关规定，请求人可以直接提起专利权无效宣告请求，并可委托公民代理出席口头审理。(2) 合议组将上述境外人员临时住宿登记表原件进行复印，并将该复印件1份共1页随本通知书转交专利权人，专利权人可以到专利复审委员会核实上述境外人员临时住宿登记表原件，否则将由合议组依职权进行核实。(3) 专利权人应在指定期限内对上述境外人员临时住宿登记表的真实性进行意见陈述，此外，专利权人应在指定期限内对请求人是否具备直接提起专利权无效宣告请求资格以及其是否可以委托公民代理出席口头审理进行意见陈述。

请求人于2007年5月16日寄交了意见陈述书，表示：(1) 专利权人不再亲自核实罗武记的境外人员临时住宿登记表原件,由合议组依职权核实;(2)专利权人认为该临时住宿登记表可以作为公安部门出具的可在中国居住一年以上的证明文件,因此根据有关规定,同意请求人罗武记具备直接提起本无效宣告请求资格及可以委托公民代理出席口头审理。

在当事人的意见陈述和口头审理的基础上,合议组经合议,认为本案事实清楚,可以依法作出本审查决定。

二、决定的理由

1. 关于证据

请求人提交的附件1为专利号为ZL03323172.9的中国外观设计专利证书复印件,附件2为请求人声称的专利号为ZL03323172.9的中国外观设计专利授权文本中的彩色照片复印件。虽然在口头审理中查证本案卷中保留的请求人所提交的附件2的内容与专利号为ZL03323172.9的中国外观设计专利授权公告的内容不符,但转送给专利权人的附件2的内容与专利号为ZL03323172.9的中国外观设计专利授权公告的内容相符,此系请求人提交文件的失误所致,但此失误并未对专利权人造成影响,请求人当庭向合议组重新提交了附件2所称的专利号为ZL03323172.9的中国外观设计专利的授权公告的网络下载打印件以替换原有附件2,在口头审理中专利权人表示对附件1、2的真实性无异议。专利号为ZL03323172.9的中国外观设计专利(即附件2)为专利文献,合议组经过核实对其真实性予以确认。附件2的授权公告日为2003年12月24日,本专利的申请日为2005年9月8日,因此附件2的公开日期早于本专利的申请日,所以,附件2中公开的外观设计属于本专利的在先设计(以下简称附件2为在先设计),可以用于评价本专利是否符合专利法第23条的规定。

专利权人提交附件3~5用于证明专利号为03323172.9的中国外观设计专利不符合专利法第23条的规定,与本案无关,故本案合议组对其不予考虑。

请求人提交附件6~9为公证书,附件10为境外人员临时住宿登记表,由于请求人提交了附件6~10的原件,专利权人对附件6~9的真实性无异议,并要求合议组代为核实附件10的真实性。合议组经过核实,对上述附件6~10的真实性予以确认。

2. 关于请求人资格

请求人于2007年4月23日提交本案申请人罗武记的境外人员临时住宿登记表原件1份共1页,其上住宿日期为2002年7月18日,鉴于本案提出无效宣告请求日期为2006年8月22日,因此上述材料可以作为公安部门出具的可在中国居住一年以上的证明文件,根据审查指南第一部分第一章的有关规定,请求人罗武记具备直接提起本无效宣告请求资格及可以委托公民代理出席口头审理。

3. 法律依据

根据请求人提出的无效宣告请求的范围、理由和证据,本案合议组依据专利法第23条对本案进行审理。

专利法第23条规定:"授予专利权的外观设计,应当同申请日以前在国内外出版物上公开发表过或者国内公开使用过的外观设计不相同和不相近似,并不得与他人在先取得的合法权利相冲突。"

如果一般消费者经过对被比设计与在先设计的整体观察可以看出,二者的差别对于产品的整体视觉效果不具有显著的影响,则被比外观设计和在先设计相近似。

4. 关于专利法第23条

本外观设计专利授权公告文本有7幅图,即主视图、后视图、俯视图、仰视图、左视图、右视图、立体图,本专利未要求保护色彩。本专利的毛衣编织自动过梳器(B)整体大致为蝶形,主要由中间把手、毛刷、两侧机板、机板下方的顶针板、机板外侧的滑板构成。中间把手为"U"形,两侧机板相对于中间把手左右对称,每个机板大致呈矩形,机板前端弧形过渡,右侧机板靠近把手的中间部位有凹形缺口，每个机板下方有2条顶针板，每个机板外侧有一长条状滑板，滑板通过螺丝固定在机板的边缘（详见本专利附图）。

在先设计有6幅图，即主视图、后视图、俯视图、仰视图、左视图、右视图。在先设计的自动过梳器整体大致为蝶形，主要由中间把手、毛刷、两侧机板、机板下方的顶针板、机板外侧的滑板构成。中间把手为"U"形，两侧机板相对于中间把手左右对称，每个机板大致呈梯形，机板前端切角过渡，每个机板下方有2条顶针板，每个机板外侧有一长条状滑板，滑板通过螺丝固定在机板的边缘（详见在先设计附图）。

经比较可知，本专利和在先设计均要求保护毛衣自动过梳器，它们属于相同种类的产品，两者的整体形状、部件形状和布局、各部分的尺寸比例基本相同。两者的主要区别在于：（1）本专利机板前端弧形过渡，而在先设计的机板前端切角过渡；（2）本专利的左右视图上机板呈矩形，而在先设计呈梯形；（3）本专利左侧机板靠近把手的中间部位有凹形缺口，而在先设计机板上无缺口；（4）本专利的滑板形状及安装在机板上的方式与在先设计不同，具体来说，本专利的滑板底端是平的，而在先设计的滑板底端是尖的，本专利的滑板是通过穿孔连接螺丝，而在先设计的滑板是通过凹口连接螺丝；（5）本专利顶针板的形状与在先设计不同，具体来说，本专利的顶针板形状相对弯曲，在先设计的顶针板形状相对平直。

将本专利与在先设计进行分析比较，合议组认为：对于第1点区别，本专利机板与在先设计的机板前端的差别仅是本专利的机板前端相对而言比较圆滑，这种差别相对于机板整体轮廓来说非常细微；对于第2点区别，本专利机板与在先设计的机板在左右视图上虽然有一定的差异，但矩形和梯形本身在形状上就具有近似性，且在主视图和后视图上本专利的机板和在先设计的机板相比形状大致相同，由此可见，这种差别属于局部细微的差异，并不容易引起一般消费者瞩目；对于第3点区别，本专利右侧机板靠近把手的中间部位的凹形缺口在机板上所占面积比例非常小，相比于二者在外观整体形状、结构布局、把手与机板的位置比例上都基本相同而言，区别3也属于局部细微变化；对于第4点区别，本专利的滑板和在先设计的滑板均大致为长条状，其本身体积较小，滑板尖端的差别相对于机板整体轮廓来说非常细微，由于本专利不要求保护色彩，在滑板和机板通过螺丝连接在一起的情况下，滑板是通过穿孔还是通过凹口连接螺丝从而与机板形成一体这种差异属于局部细微的差异，因此区别4也属于局部细微变化；对于第5点区别，本专利的顶针板和在先设计的顶针板均为弯折状大致平行分布在机板背面，不仅顶针板本身体积较小而且其结构差异很细微，而且该顶针板位于机板背面，在使用时属于不容易看到的部位，相对于机板整体轮廓来说，区别5也属于局部细微变化，属于不易引起一般消费者瞩目的部位。由此可见，上述5点区别均未构成对两个外观设计之间整体视觉效果的显著影响，合议组认为本专利与在先设计相近似。

综上所述，根据整体观察、综合判断的原则，本专利与在先设计的产品类别相同，在局部设计上的不同未使本专利的外观设计相对于在先设计有明显变化，不足以在整体上产生显著视觉差异，本专利与在先设计相近似，不符合专利法第23条的规定。

基于以上事实和理由，本案合议组作出如下审查决定。

三、决定

宣告200530069366.6号外观设计专利权全部无效。

当事人对本决定不服的，可以根据专利法第46条第2款的规定，自收到本决定之日起三个月内向北京市第一中级人民法院起诉。根据该款的规定，一方当事人起诉后，另一方当事人应当作为第三人参加诉讼。

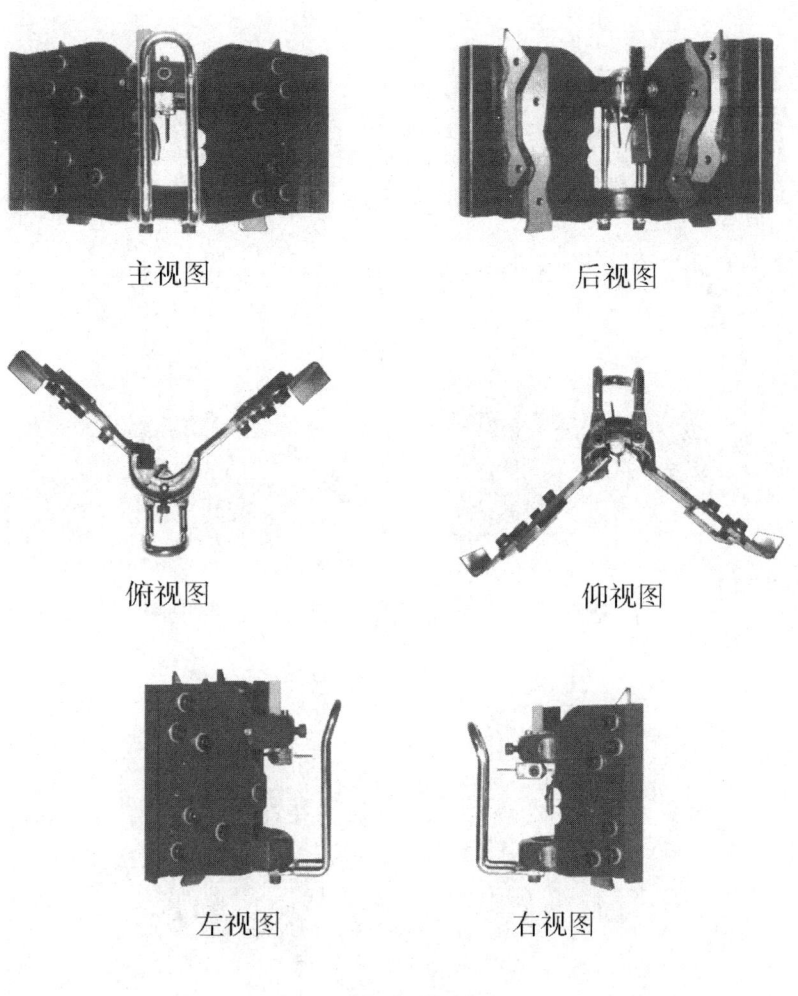

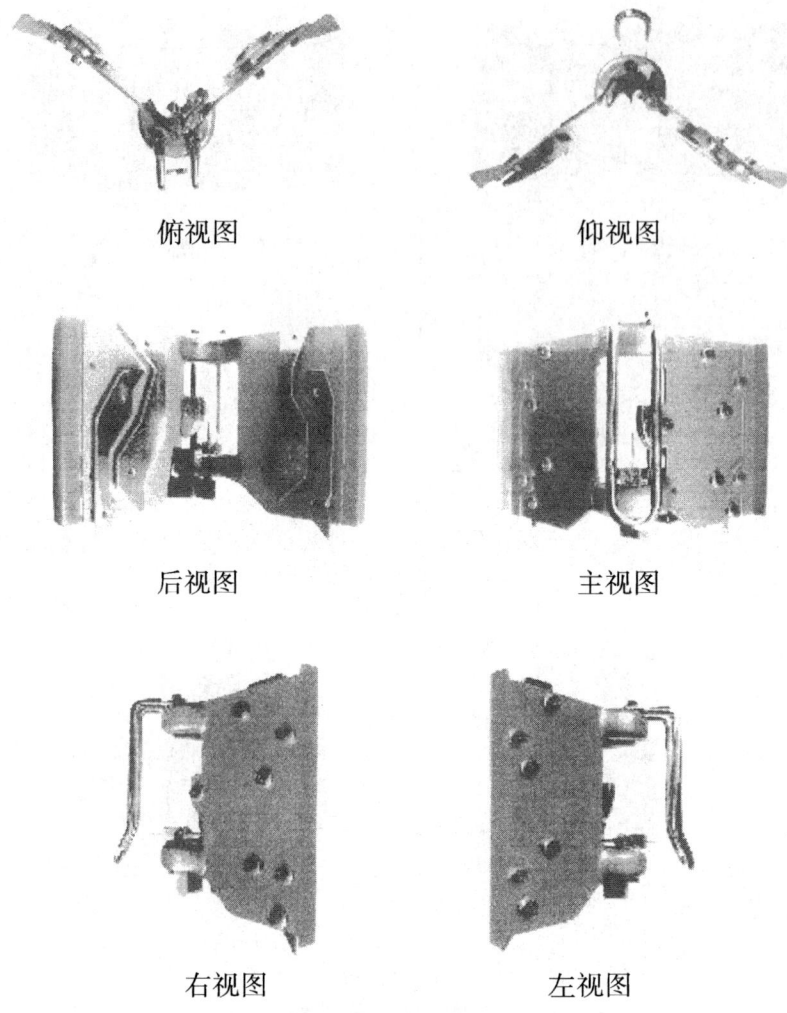

俯视图　　仰视图　　后视图　　主视图　　右视图　　左视图

在先设计附图

北京市第一中级人民法院
行政判决书

(2007) 一中行初字第 1173 号

原告李榕健，男，1972 年 4 月 25 日出生，汉族，住中华人民共和国广东省揭阳市榕城区新兴义和路北居委进贤门大道四巷一座 9 号。

委托代理人黄少松，男，揭阳市博佳专利代理事务所专利代理人。

被告中华人民共和国国家知识产权局专利复审委员会，住所地中华人民共和国北京市海淀区北四环西路 9 号银谷大厦 10~12 层。

法定代表人廖涛，副主任。

委托代理人左一，中华人民共和国国家知识产权局专利复审委员会审查员。

委托代理人刘妍，中华人民共和国国家知识产权局专利复审委员会审查员。

第三人罗武纪，男，1949 年 12 月 3 日出生，中国台湾省人，住中华人民共和国广东省东莞市大朗镇长塘村新世纪豪园添一居美景轩 13 号 01E。

原告李榕健不服被告中华人民共和国国家知识产权局专利复审委员会作出的第 10176 号无效宣告请求审查决定（以下简称第 10176 号决定），向本院提起行政诉讼。本院受理后，依法组成合议庭，在法定期限内向被告送达了起诉状副本和应诉通知书。依照《中华人民共和国行政诉讼法》第二十七条的规定，本院通知罗武纪作为第三人参加诉讼，并于 2007 年 10 月 19 日公开开庭审理了本案。原告的委托代理人黄少松，被告的委托代理人左一、刘妍到庭参加了诉讼。经本院合法传唤，第三人罗武纪未到庭。本案现已审理终结。

2007 年 6 月 26 日，被告作出第 10176 号决定。该决定认为，名称为"毛衣编织自动过梳器（B）"的第 200530069366.6 号外观设计专利（以下简称本专利）与第 ZL03323172.9 号中国外观设计专利（以下简称在先设计）属于相近似的外观设计，不符合《中华人民共和国专利法》（以下简称《专利法》）第二十三条的规定，故决定宣告本专利权全部无效。

在法定举证期限内，被告为证明第 10176 号决定的合法性，向本院提交了下列证据：(1) 东莞市公安局大朗分局出具的《境外人员临时住宿登记表》；(2) 广东省东莞市公证处出具的（2007）东证内字第 1783 号公证书（以下简称第 1783 号公证书）；(3) 广东省东莞市公证处出具的（2007）东证内字第 1784 号公证书（以下简称第 1784 号公证书）；(4) 广东省东莞市公证处出具的（2007）东证内字第 1785 号公证书（以下简称第 1785 号公证书）；(5) 广东省东莞市公证处出具的（2007）东证内字第 1786 号公证书（以下简称第 1786 号公证书）；(6) 口头审理记录表；(7) 原告于 2007 年 4 月 17 日寄交的意见陈述书；(8) 2007 年 5 月 9 日发给原告的无效宣告请求审查通知书（以下简称审查通知书）；(9) 原告于 2007 年 5 月 16 日寄交的意见陈述书；(10) 本专利授权公告文本；(11) 在先设计公告文本。

原告诉称：(1) 被告对无效宣告请求人主体资格以及公民代理资格的认定，适用法律错误。罗武纪是台湾居民，是中国公民，不适用《专利法》第十九条第一款对于外国人的规定。《审查指南》作为对《专利法》、《中华人民共和国专利法实施细则》（以下简称《专利法实施细则》）的具体化，亦没有关于中国台湾地区自然人办理有关专利事务适用或参照《专利法》第十九条第一款的规定。且《审查指南》第一部分第一章规定，台湾自然人办理有关专利事务，应当委托专利代理机构办理的规定进行审查。本案的请求人罗武纪是台湾自然人,按照《审查指南》的相关规定,应当委托专利代理机构提出无效宣告请求,但罗武纪在提出请求、口审以及后续程序中均未委托专利代理机构,故其提出的无效宣告请求属于不予受理情形。根据《审查指南》第四部分第三章第7节的规定,罗武纪提出的请求应予驳回。其次,对于经常居所地的审查应当适用民法通则的相关规定,被告适用《审查指南》的规定对经常居所地的审查亦属于适用法律错误。(2)被告受理及审理程序不合法。被告在没有核实该无效宣告请求人的主体资格的前提下即受理该申请,受理程序不合法。在口头审理时,罗武纪亦承认其是台湾自然人,且其未就其在大陆地区有经常居所地提交证据,被告继续进行口头审理属于程序不合法。被告要求第三人在口头审理后15日内提交证据。而在决定中采纳第三人超过上述指定的举证期限提交的《境外人员临时住宿登记表》没有按照《审查指南》关于延期举证的规定进行审理,审理程序亦不合法。(3)被告对第三人主体资格以及公民代理资格的认定审查标准不一致。(4)被告对第三人主体资格以及公民代理资格的认定依据不真实。(5)本专利与在先设计既不相同也不相近似,被告认定二者属于相近似的外观设计并宣告本专利权全部无效错误。综上所述,请求法院判决撤销第10176号决定。

在法定期限内,原告为支持其诉讼主张,除向本院提交了与被告证据1~5相同的证据外,还提交了下列证据:(1)东莞市公安局大朗分局出具的《关于〈境外人员临时住宿登记表〉的说明》;(2)东莞市公安局《行政复议终止通知书》;(3)东莞市公安局出入境管理科《关于重申办理台湾居民证件签注须提交临时住宿登记表的通知》;(4)东莞市工商行政管理局出具的《企业机读档案登记资料》。

被告辩称:(1)对无效宣告请求人主体资格及公民代理的认定适用法律正确。根据《专利法》第十九条第一款规定,对于在中国有经常居所或者营业所的外观人并无强制性的委托要求,同时,对于香港、澳门或者台湾地区的单位或个人,通常参照外国人、外国企业的相关规定。《审查指南》第一部分第一章第6.1.1节中所述的中国香港、澳门或者台湾地区的个人亦是针对在中国没有经常居所或者营业所的个人。在国内有经常居所或者营业所的上述地区个人并没有强制性的委托要求。(2)对无效宣告请求的受理及审理程序合法。第三人提起无效请求时,在请求书上注明的国籍为中国,住址为广东省,因此我委相关部门认为其符合无效宣告请求人主体资格。口头审理时,合议组认为本案可以继续进行口头审理,以查清事实并在口头审理记录表中指出将按照《专利法》、《专利法实施细则》及《审查指南》的有关规定进行继续审理。《审查指南》第四部分第三章的延期举证规定是针对请求人在提起无效宣告请求之日起一个月内增加无效理由的情况做了禁止性规定,而第三人提交的公证书和《境外人员临时住宿登记表》是针对口头审理时原告的质疑而应合议组的要求提交证明其主体资格的证据,因此我委的审理程序合法。(3)对无效宣告请求人主体资格及公民代理资格的认定审查标准依据的是《审查指南》第一部分第一章的相关规定,适用法律正确。四、对无效宣告请求人主体资格及公民代理资格的认定所依据的证据真实。由于《境外人员临时住宿登记表》原件上盖有东莞市公安局大朗分局境外人员临时住宿登记专用章,且原告已经提交了书面意见陈述,并未要求被告到东莞市公安局大朗分局进行核实,亦明确表示认可该登记表作为公安部门出具的可在中国居住一年以上的证明文件。因此我委在双方当事人对此证据的真实性无争议的情况下,核实原件与复印件一致,并认定其真实性符合相关法律的规定,并无不妥之处。五、关于本专利与在先设计是否相近似的问题,坚持第10176号决定中的认定理由。综上所述,第10176号决定认定事实清楚,适用法律正确,审理程序合法,原告的诉讼理由不能成立,请求法院判决维持上述决定。

第三人同意被告的答辩意见。

在法定期限内,第三人未向本院提交证据。

经庭审质证，本院审查认为，被告提交的证据以及原告提交的证据4与本案有关，且符合证据合法性、真实性的要求，本院予以采纳。原告提交的与被告相同的证据，本院不再重复认证。原告提交的证据1~3虽然未在行政程序中提交，但取得上述证据的时间均在被告作出第10176号决定之后，本院对原告提交的上述证据予以接纳。经审查，上述证据不足以否定第三人在中国大陆地区具有经常居住地的事实。

根据上述确认的有效证据以及当事人当庭无争议的陈述，本院认定事实如下：

2005年9月8日，李榕健向国家知识产权局提出名称为"毛衣编织自动过梳器（B）"的外观设计专利申请。国家知识产权局经审查，授予其专利权，即本专利。

2006年8月22日，第三人以本专利不符合《专利法》第二十三条的规定为由，向被告提出无效宣告请求，并提交了包括在先设计在内的2份附件作为证据。

经形式审查合格，被告受理该申请，并将无效宣告请求书及其附件的副本转给了原告，要求其在指定期限内进行意见陈述。同年11月4日，原告提交了意见陈述书，并提交了3份附件作为证据。

2007年3月7日，被告举行了口头审理。在口头审理中，原告指出第三人为中国台湾人，其在提出无效请求时没有明确记载其是台湾人，主体不明确，不具备请求人资格。其委托的代理人王华、王燕伟为东莞市鹏铭知识产权服务有限公司的员工，不能以公民身份代理并出席口头审理。为支持其上述主张，原告提交了从网页上下载的"商标的详细信息"共1页，其上记载有罗武记的台湾身份证号码，以及从网站下载的有关东莞市鹏铭知识产权服务有限公司介绍的相关内容共4页以及加盖有东莞市工商行政管理局查询专用章的企业机读档案登记资料共1页。第三人的代理人承认其为台湾人，同时指出第三人在中国（大陆）居住多年，在中国（大陆）具有固定居所，因此可以委托公民代理出席口头审理。对此，被告要求第三人在口审结束后15日内提交相关证据以证明其具备请求资格，以及王华、王燕伟可以以公民代理的身份出席口头审理。逾期未提交或者提交的材料不足以证明预期的事实，被告将按照《专利法》、《专利法实施细则》及《审查指南》的有关规定进行后续审理并作出相关决定。由于第三人提交在先设计文本时的失误，致使被告卷内留存的在先设计的文本与实际授权公告的文本不同。第三人当庭提交了在先设计文本的替换页，并明确其无效理由为本专利与在先设计相比不符合《专利法》第二十三条的规定。

2007年3月8日，第三人提交了证明其在中国大陆有固定居所的证据：（2005）粤农税申字0576327号的中华人民共和国契税完税证复印件和粤地23 05085689号的中国人民共和国税收通用完税证复印件共1页，编号为GB/T17986.2-2000（0190204）商品房买卖合同复印件共20页。同年3月16日，第三人又寄交了4份补充证据：（1）第1783号公证书，用以证明罗武记持有的《台湾居民来往大陆通行证》复印件与原件相符；（2）第1784号公证书，用以证明（2005）粤农税电字0576327号《契税完税证》复印件与原件相符；（3）第1785号公证书，用以证明（2005-1）粤地23 05085689号《税收通用完税证》复印件与原件相符；（4）第1786号公证书，用以证明编号为GB/T 17986.2-2000（0190204）的《商品房买卖合同》复印件与原件相符。被告将上述文件转送给原告。同年4月17日，原告提交了意见陈述书，对第三人提交证据的真实性没有异议。同日，被告要求第三人在原先提交的上述4份公证书的基础上进一步提交公安部门出具的已在中国居住一年以上的证明文件。同年4月23日，第三人又提交了第三人的境外人员临时住宿登记表原件1份，其上盖有东莞市公安局大朗分局境外人员临时住宿登记专用章，其上住宿日期为2002年7月18日。

同年5月9日，被告将该证据以及审查通知书转送给原告，该通知书指出：（1）第三人认为上述境外人员临时住宿登记表上记载的住宿日期为2002年7月18日，其离开日期空缺表明罗武记迄今未离开大陆，因此能够表明其属于在中国大陆有经常居所的台湾人，根据《专利法》第十九条以及

《审查指南》的有关规定，其可以直接提起专利权无效宣告请求，并可委托公民代理出席口头审理。(2)被告将上述登记表的复印件转交原告，原告可以到被告处核实该表原件，否则将由被告依职权进行核实。(3)原告应在指定期限内对上述登记表的真实性进行意见陈述，此外，原告亦应在指定期限内对第三人是否具备直接提起专利权无效宣告请求资格以及其是否可以委托公民代理出席口头审理进行意见陈述。

同年5月16日，原告寄交了意见陈述书，表示：(1)原告不再亲自核实第三人的《境外人员临时住宿登记表》原件，由被告依职权核实；(2)原告认为该临时住宿登记表可以作为公安部门出具的可在中国居住一年以上的证明文件，因此根据有关规定，同意第三人具备直接提起本无效宣告请求资格及可以委托公民代理出席口头审理。

在当事人的意见陈述和口头审理的基础上，被告经审查认为，在先设计的公开日期早于本专利的申请日，因此，该在先设计公开的外观设计可以用于评价本专利是否符合《专利法》第二十三条的规定。第三人提交了4份公证书以及境外人员临时住宿登记表的原件，原告对上述证据的真实性无异议，并要求被告代为核实上述登记表的真实性。被告经核实，对上述证据的真实性予以确认。

第三人于2007年4月23日提交的境外人员临时住宿登记表上记载的住宿日期为2002年7月18日，第三人提出无效宣告请求日期为2006年8月22日，因此上述材料可以作为公安部门出具的可在中国居住一年以上的证明文件，根据《审查指南》第一部分第一章的有关规定，第三人具备直接提起本无效宣告请求资格及可以委托公民代理出席口头审理。

根据《专利法》第二十三条规定，授予专利权的外观设计，应当同申请日以前在国内外出版物上公开发表过或者国内公开使用过的外观设计不相同和不相近似，并不得与他人在先取得的合法权利相冲突。如果一般消费者经过对被比设计与在先设计的整体观察可以看出，二者的差别对于产品的整体视觉效果不具有显著的影响，则被比外观设计和在先设计相近似。

本外观设计专利授权公告文本有7幅图，即主视图、后视图、俯视图、仰视图、左视图、右视图、立体图，本专利未要求保护色彩。本专利的毛衣编织自动过梳器（B）整体大致为蝶形，主要由中间把手、毛刷、两侧机板、机板下方的顶针板、机板外侧的滑板构成。中间把手为"U"形，两侧机板相对于中间把手左右对称，每个机板大致呈矩形，机板前端弧形过渡，右侧机板靠近把手的中间部位有凹形缺口，每个机板下方有2条顶针板，每个机板外侧有一长条状滑板，滑板通过螺丝固定在机板的边缘。（详见本专利附图）在先设计有6幅图，即主视图、后视图、俯视图、仰视图、左视图、右视图。在先设计的自动过梳器整体大致为蝶形，主要由中间把手、毛刷、两侧机板、机板下方的顶针板、机板外侧的滑板构成。中间把手为"U"形，两侧机板相对于中间把手左右对称，每个机板大致呈梯形，机板前端切角过渡，每个机板下方有2条顶针板，每个机板外侧有一长条状滑板，滑板通过螺丝固定在机板的边缘（详见在先设计附图）。

经比较可知，本专利和在先设计均要求保护毛衣自动过梳器，它们属于相同种类的产品，两者的整体形状、部件形状和布局、各部分的尺寸比例基本相同。两者的主要区别在于：(1)本专利机板前端弧形过渡，而在先设计的机板前端切角过渡；(2)本专利的左右视图上机板呈矩形，而在先设计呈梯形；(3)本专利左侧机板靠近把手的中间部位有凹形缺口，而在先设计机板上无缺口；(4)本专利的滑板形状及安装在机板上的方式与在先设计不同，具体来说，本专利的滑板底端是平的，而在先设计的滑板底端是尖的，本专利的滑板是通过穿孔连接螺丝，而在先设计的滑板是通过凹口连接螺丝；(5)本专利顶针板的形状与在先设计不同，具体来说，本专利的顶针板形状相对弯曲，在先设计的顶针板形状相对平直。

将本专利与在先设计进行分析比较，被告认为：对于第(1)点区别，本专利机板与在先设计的机板前端的差别仅是本专利的机板前端相对而言比较圆滑,这种差别相对于机板整体轮廓来说非常细微;对于第(2)点区别,本专利机板与在先设计的机板在左右视图上虽然有一定的差异,但矩形和梯形本身在形状上就具有近似性,且在主视图和后视图上本专利的机板和在先设计的机板相比形状大致相同,由此可见,这种差别属于局部细微的差异,并不容易引起一般消费者瞩目;对于第(3)点区别,本专利右侧机板靠近把手的中间部位的凹形缺口在机板上所占面积比例非常小,相比于二者在外观整体形状、结构布局、把手与机板的位置比例上都基本相同而言,区别(3)也属于局部细微变化;对于第(4)点区别,本专利的滑板和在先设计的滑板均大致为长条状,其本身体积较小,滑板尖端的差别相对于机板整体轮廓来说非常细微,由于本专利不要求保护色彩,在滑板和机板通过螺丝连接在一起的情况下,滑板是通过穿孔还是通过凹口连接螺丝从而与机板形成一体这种差异属于局部细微的差异,因此区别(4)也属于局部细微变化;对于第(5)点区别,本专利的顶针板和在先设计的顶针板均为弯折状大致平行分布在机板背面,不仅顶针板本身体积较小而且其结构差异很细微,而且该顶针板位于机板背面,在使用时属于不容易看到的部位,相对于机板整体轮廓来说,区别(5)也属于局部细微变化,属于不易引起一般消费者瞩目的部位。由此可见,上述5点区别均未构成对两个外观设计之间整体视觉效果的显著影响,本专利与在先设计相近似。

综上所述,根据整体观察、综合判断的原则,本专利与在先设计的产品类别相同,在局部设计上的不同未使本专利的外观设计相对于在先设计有明显变化,不足以在整体上产生显著视觉差异,本专利与在先设计相近似,不符合《专利法》第二十三条的规定。故被告作出第10176号决定,宣告本专利权全部无效。

本院认为,在口头审理中,原告对第三人提出无效宣告请求的主体资格以及是否可以委托公民代为出席口头审理的问题提出异议。被告听取了第三人的陈述,要求第三人在指定的期限内提交证据,并告知其举证不能的法律后果后,继续进行口头审理并无不当。第三人提交购房合同、《境外人员临时住宿登记表》等证据系针对原告在口头审理中提出的异议提交的证据,不适用《审查指南》第四部分第三章第4.3节有关举证期限的规定。被告收到上述证据后进行了转文,给予原告陈述意见的机会。根据原告的意见陈述,被告对证据进行审查后,采纳上述证据作为其认定依据亦不存在程序违法之处。原告关于被告审理程序违法的诉讼理由,本院不予采信。

第三人虽然为中国台湾居民,但是其在无效程序中提交的证据能够证明其在中国大陆地区有经常居住地的事实,不属于《审查指南》第一部分第一章第6.1.1节规定的应当委托国家知识产权局指定的专利代理机构提出无效宣告请求的情形。被告认定第三人具备直接提起本无效宣告请求资格及其可以委托公民代理出席口审并无不当。原告关于第三人为台湾居民,未委托国家知识产权局指定的专利代理机构提出的无效请求,不符合受理条件的诉讼意见,理由不成立,本院不予采信。

针对本专利与在先设计是否属于相近似的外观设计的问题,本院经审查,认可被告将本专利与在先设计相比所存在的5点区别之处的认定。通过对二者的整体观察,综合判断,本专利与在先设计整体外观存在的上述区别,不足以使二者在整体视觉效果上产生差异,对两个外观设计的整体视觉效果不产生显著的影响。因此,被告认定本专利与在先设计相近似,不符合《专利法》第二十三条规定的结论正确,本院应予支持。原告关于两个外观设计不构成近似的理由依据不足,本院不予采信。

综上,原告关于撤销被诉决定的理由缺乏事实及法律依据,其诉讼请求本院不予支持。依照最高人民法院《关于执行〈中华人民共和国行政诉讼法〉若干问题的解释》第五十六条第(四)项的规定,判决如下:

驳回原告李榕健的诉讼请求。

案件受理费100元,由原告李榕健负担(已交纳)。

如不服本判决，原告李榕健、被告中华人民共和国国家知识产权局专利复审委员会可在判决书送达之日起 15 日内，第三人罗武纪可在判决书送达之日起 30 日内，向本院递交上诉状，并按对方当事人的人数提出副本，预交上诉受理费 100 元，上诉于中华人民共和国北京市高级人民法院。上诉人在上诉期满后 7 日内未预交上诉费，又不提出缓交申请的，按自动撤回上诉处理。

审　判　长　强刚华
代理审判员　何君慧
代理审判员　司品华
二〇〇七年十二月十九日
书　记　员　王　涛

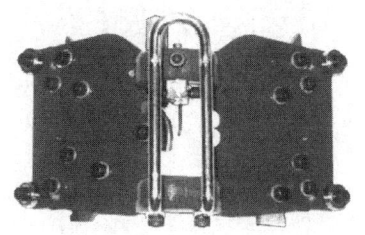
主视图

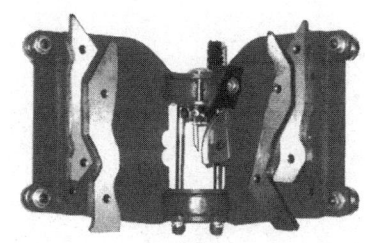
后视图

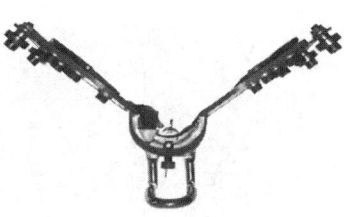
俯视图

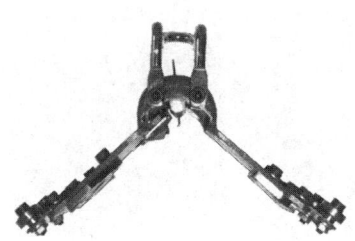
仰视图

左视图

右视图

立体图

本专利附图

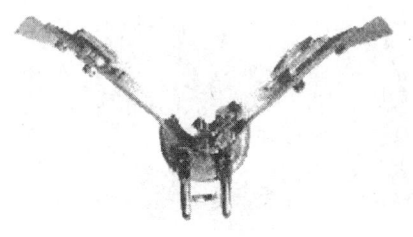
俯视图

仰视图

后视图

主视图

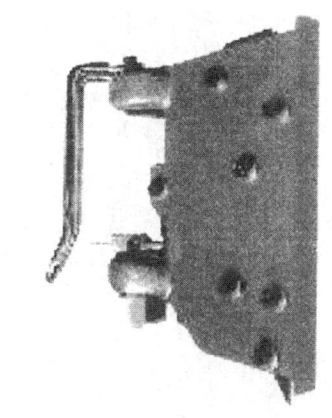
右视图

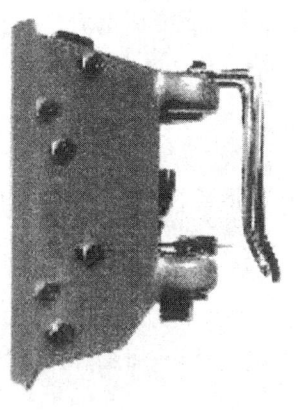
左视图

在先设计附图

包装箱（永丰饪王）

无效宣告请求审查决定（第 10178 号）

决 定 号	第 10178 号
决 定 日	2007 年 6 月 26 日
外观设计名称	包装箱（永丰饪王）
外观设计分类号	09-03
无效宣告请求人	北京二锅头酒业股份有限公司
专 利 权 人	崇海弟
申 请 号	200530021798.X
申 请 日	2005 年 6 月 23 日
授权公告日	2006 年 2 月 8 日
合议组组长	熊 婷
主 审 员	龙 安
参 审 员	涂洪文
附 图	2 页

法 律 依 据 专利法第 23 条

决 定 要 点

请求人提供了公证书及公证书所附封装的光盘、经办人的书面证言、电视台出具的证明文件，并且经办人作为证人出庭作证。上述证据已形成有效证据链，可以证明所述专题片于本专利申请日前已在电视台播放过，所述专题片的播放日即为公开日，其公开形式属于审查指南第二部分第三章第 2.1.3.3 节规定的以其他方式公开。

一、案由

本无效宣告请求涉及国家知识产权局于 2006 年 2 月 8 日授权公告的 200530021798.X 号外观设计专利（下称本专利），其名称为"包装箱（永丰饪王）"，专利权人为崇海弟。

针对本专利，北京二锅头酒业股份有限公司（下称请求人）于 2006 年 7 月 14 日向国家知识产权局专利复审委员会提出宣告本专利权无效的请求，主要理由为：2003 年 7 月 9 日，北京市大兴区广播电视台在北京 47 频道播放的北京二锅头酒业股份有限公司宣传"新厂落成订货会"的专题片中，清晰地展示了与本专利外观设计的形状、主要图案和色彩相同的产品包装箱，因此本专利申请日前已有与其外观设计相同的同类产品公开过，本专利不符合专利法第 23 条的规定。请求人进一步指出：上述事实可从中华人民共和国北京市大兴区公证处出具的（2004）大证字第 0763 号公证书及封签下载的专题片的光盘中得到证实。该证据原件在专利复审委员会受理的第 6W04725 号无效宣告请求案中。

请求人同时提交了如下附件作为证据：

附件 1：中华人民共和国北京市大兴区公证处出具的（2004）大证字第 0763 号公证书及所附《工作记录》，复印件共 4 页、加盖北京市大兴区广播电视台广告部印章的证明文书，复印件 1 页；

附件 2："永丰牌"商标注册证书复印件 1 页、永丰（酒）2000 年度被认定为北京市著名商标的荣誉证书复印件 1 页、加盖中华人民共和国工商行政管理总局商标局印章的、批准第 133470 号商标续展注册的核准续展注册证明文书复印件 1 页；

附件 3：北京市工商行政管理局通州分局出具的、京工商通处字（2006）第 77 号行政处罚决定书复印件共 5 页。

请求人在专利权无效宣告请求书附件清单中所列的附件 1 是 "2003 年 7 月 9 日北京市大兴区广播电视台的节目播放单"，而实际其并未提交所述附件。故本决定中未列举请求人声称的附件 1，并对原附件 2~4 重新排序为附件 1~3。

经形式审查合格后，专利复审委员会受理了上述请求，并将所述专利权无效宣告请求书及证据转送给专利权人。

专利权人逾期未作答复。

专利复审委员会于 2006 年 9 月 28 日向双方当事人发出无效宣告请求口头审理通知书，定于 2006 年 11 月 13 日对所述无效宣告请求进行口头审理。合议组从第 6W04725 号无效宣告请求案中取到附件 1 的原件，及附件 1 中提到的未封装的光盘。

口头审理如期举行，专利权人未出席此次审理，仅请求人及证人（于国庆，男，大兴区广播电视中心工作人员，主要从事广告的拍摄编辑）参加了此次口头审理。请求人对合议组成员变更及合议组成员无回避请求。此间，证人提交了广告专业技术岗位资格培训证书、国家广播电影电视总局颁发的广播电视编辑记者执业资格证、北京市初级专业技术职务评审委员会颁发的 "助理记者" 任职资格证、身份证的原件。合议组当庭播放了附件 1 中未封装的光盘。证人当庭证明请求人的产品订货会的记录片由其摄像、编辑，并于 2003 年 7 月 9 日在大兴台播过。请求人将光盘中播放的 2 分 3 秒的画面（产品包装箱）与本专利进行相似性比对，认为本专利不符合专利法第 23 条的规定。

2006 年 11 月 14 日，合议组将口头审理记录表复印件、合议组成员告知通知书转发给专利权人，要求其在收到所述文件一个月内答复。

专利复审委员会于 2007 年 1 月 12 日向双方当事人再次发出口头审理通知书。因故取消该次口头审理后，合议组于 2007 年 1 月 22 日再次向双方当事人发出无效宣告请求口头审理通知书，定于 2007 年 3 月 19 日对此案继续进行口头审理，同时指出口头审理涉及的主要问题是：中华人民共和国北京大兴区公证处作出了（2004）大证字第 0763 号公证书，随该公证书有封签下载的专题片光盘，所述证据原件在 6W04725 号无效宣告请求案中。合议组在本次口头审理时将拆封装有所述光盘的信封，确认所述光盘内容。

第二次口头审理如期举行，专利权人仍未出席此次口审。合议组将附件 1 公证书所附封装的光盘当庭启封予以播放，请求人确认该光盘与第一次口头审理时播放的光盘内容完全一致。合议组当庭将公证处密封的光盘再次密封，在骑缝处加盖 "专利复审无效审查业务章"。请求人在封条处签署姓名和日期。

2007年3月19日，合议组将第二次口头审理的记录表复印件转给专利权人。

专利权人在本案审理过程中，未提交过任何书面意见。

至此，合议组认为本案事实已清楚，依法作出审查决定。

二、决定理由

1. 关于附件1

附件1包括由北京市大兴区公证处出具的（2004）大证字第0763号公证书，复印件3页及公证书所附的工作记录复印件1页，大兴区电视台广告部出具的证明。经合议组核实，附件1中公证书的复印件与原件一致，其真实性可被认可。所述公证书主要记载了：公证员吴立华、申请人（即请求人北京二锅头酒业股份有限公司）的委托代理人秦利东于2004年10月8日到北京市大兴区广播电视中心，由助理记者于国庆操作从北京市大兴区广播电视中心（部门：广告部；编号：2A；时间：126分钟，自54分56秒开始下载3分15秒）节目录像带下载刻录同程内容光盘五张。公证人吴立华现场制作了《工作记录》，兹证明与公证书相粘连的吴立华的影印件与原件内容相符，原件上的相关人员的签名属实。现场刻录的光盘四张交于请求人，一张存于大兴区公证处。

经合议组核实，附件1中加盖北京市大兴区广播电视台公章的证明文件也与原件相符，同样可以认定其真实性。其证明的内容为：我台于2003年7月9日在电视台（47频道）《经济生活一刻钟》栏目播出过北京二锅头酒业股份有限公司新厂落成与商户见面的一次订货联谊会的实况报道。现将上述内容刻录于光盘上，刻录于光盘的内容与我台保存母带的内容相同。

2. 关于证人证言

第一次口头审理过程中，证人于国庆出庭证明附件1公证书所附光盘中的内容，即，请求人北京二锅头酒业股份有限公司的产品订货会于2003年7月9日在大兴台《经济生活一刻钟》栏目中播出过。

3. 关于附件1与证人证言的关系

证人是大兴区广播电视中心的工作人员，其出具证言证明请求人北京二锅头酒业股份有限公司的产品订货会于2003年7月9日在大兴台播放过，同时确认所述公证书中所附的光盘就是请求人订货会的实况内容。同时有附件1中加盖北京市大兴区广播电视台广告部印章的、大兴区电视台广告部出具的书面证明所证实的内容与所述证人证言一致。另有附件1中的公证书，其证明光盘的内容取自北京市大兴区广播电视中心广告部，并进一步证明刻录的光盘与其电视台保存母带的内容相同。

因此，合议组认为，请求人提交的上述附件的真实性可以认定，所附光盘来源合理合法，且与证人证言能够互相印证，真实可信。证人证言、电视台证明和公证书及其所附光盘三者相结合已形成完整的证据链，证明2003年7月9日在大兴广播电视台播出过公众可接收的、有关二锅头酒业股份有限公司与商户见面的订货会的电视报道。同时，专利权人也未对上述证据的真实性、合法性及关联性予以否认。因此，所述报道的播出日即为公开日，其中第2分3秒示出的"二锅头酒业股份有限公司生产的包装箱"在本专利申请日前已在电视中公开，可以作为在先设计评价本专利是否符合专利法第23条的规定。

4. 关于专利法第23条

专利法第23条规定：授予专利权的外观设计，应当同申请日以前在国内外出版物上公开发表过或者国内公开使用过的外观设计不相同或不相近似，并不得与他人在先取得的合法权利相冲突。

（1）本专利。

本专利（要求保护色彩）中的主视图呈长方形，整幅图案背景为浅驼色，图面上部为一拱形，拱形上部呈普蓝色，拱形左右两边分别有三个字"新产品"和"高品质"，拱形下面正中间有四行红色文字，第一行为三个大字"料酒王"，第二行为"正宗老北京特产"，第三、四行分别为"永丰钰王"，"料酒之王"。拱形下面的左右两侧各有一个竖向放置的双线红色竖框，左侧竖框内嵌"永丰钰王"的红色字样，右框中的红字为"北京特产"。右框左侧有一个炊事员的图样。图案最下方有两行从左至右贯穿的蓝色横道，偏上的横道较细，偏下的横道很粗，两横道有间距。较粗的横道中部有一行被涂覆的文字。

本专利的左视图为长方形，图案中上部分为浅驼色，最下方有两个从左至右贯穿的蓝色横道，偏上的横道较细，偏下的横道很粗，两横道有间距。其中上部分有若干行被涂覆的文字和图标，最下面粗道正中有一行被涂覆的文字。

本专利俯视图为一长方形，背景呈浅驼色，正中有两行红色文字分别为"永丰钰王"、"烹饪之王"（详见本专利附图）。

（2）在先设计。

在先设计是关于包装箱的，箱体一侧呈长方形，整幅图案背景为浅驼色，图面上部为一拱形，拱形上部呈普蓝色，拱形左右两边分别有三个字，拱形下面正中间有四行红色文字，第一行为四个大字"永丰料酒"。拱形下面的左右两侧各有一个竖向放置的红色竖框，两框分别内嵌文字。右框左侧有一炊事员图样。图案最下方有从左至右贯穿的蓝色横道，横道中部有一行白色文字。（详见在先设计附图）

（3）本专利与在先设计比较。

将本专利与在先设计的图样相比较，主要差异在于：

①在先设计图案上的大部分文字模糊不清，无法辨识，因此无法与本专利图案中相应位置的进行比较；②本专利图案中的拱形下面正中间的第一行文字为"料酒王"，在先设计图案中的拱形下面正中间的第一行文字为"永丰料酒"；③在先设计没有左视图和俯视图。

5. 结论

综其不同点，合议组认为：关于①、②二者是同类产品，形状相同，主要构图和布局完全相同，所用色彩相同。上述二者之间的区别属于局部细微变化，不足以给消费者带来明显的视觉差别，二者极易被混淆。关于③，对于包装箱的外观设计，正面图案即主视图是使用时最容易被看到的部分，其向消费者提供识别和认购的主要信息，所述图案对整体视觉效果的影响比其他视图对整体视觉效果的影响要大，因此正面视图应作为相近似判断的重要依据，而其他视图包含的信息量有限，不容易引起一般消费者的关注。

综上所述，二者的上述差别会导致一般消费者将本专利与在先设计误认、混同，所述差别对于产品的整体视觉效果不具有显著影响，二者相近似。因此，本专利与在先设计属于相近似的外观设计，本专利不符合专利法第23条的规定。

由于已得出上述结论，因此，本决定不再对请求人提交的其他证据进行评述。

三、决定

宣告200530021798.X号外观设计专利权无效。

当事人如对本决定不服，可以根据专利法第46条第2款的规定，自收到本决定之日起三个月内向北京市第一中级人民法院起诉。根据该款的规定，一方当事人起诉后，另一方当事人应当作为第三人参加诉讼。

瓶　贴

无效宣告请求审查决定（第 10181 号）

决　定　号	第 10181 号
决　定　日	2007 年 6 月 25 日
发明创造名称	瓶贴
外观设计分类号	19-08
无效宣告请求人	广西奥奇丽股份有限公司
专 利 权 人	张俊生
专　利　号	200430012386.5
申　请　日	2004 年 2 月 27 日
授 权 公 告 日	2004 年 9 月 8 日
合 议 组 组 长	钱亦俊
主　审　员	王桂莲
参　审　员	张梅珍
附　　　图	1 页

法 律 依 据 专利法第 23 条

决 定 要 点

对于瓶贴类产品的外观设计，如果其与在先设计整体布局、图案元素和色彩基本相同，二者的差别对一般消费者的视觉效果未产生显著影响，则二者应属于相近似的外观设计。

一、案由

本无效宣告请求涉及中华人民共和国国家知识产权局于 2004 年 9 月 8 日授权公告的、名称为"瓶贴"的外观设计专利权（下称本专利），其专利号是 200430012386.5，申请日是 2004 年 2 月 27 日，专利权人是张俊生。

针对上述专利权，广西奥奇丽股份有限公司（下称请求人）于 2004 年 11 月 4 日向专利复审委员会提出无效宣告请求，其理由是本专利不符合专利法第 23 条的规定，同时提交了如下附件：

附件 1：本专利授权公告文件，共 2 页；

附件 2：专利号为 ZL03303891.0 的中国外观设计专利授权公告文件，授权公告日为 2003 年 9 月 10 日，共 2 页。

请求人认为：附件 2 所示外观设计（下称对比文件）的公告日早于本专利的申请日，可以与本专利进行相近似比较。附件 2 和本专利的外设设计均分为左上、左下、右上及右下四个部分，二者四个部分的图案及排列次序相同,二者相近似。

经形式审查合格,专利复审委员会依法受理了上述无效宣告请求,并于 2004 年 12 月 1 日将无效宣告请求书及其附件清单中所列附件的副本转送给专利权人,要求其在指定的期限内答复。专利权人逾期未答复。

专利复审委员会依法成立合议组,本案合议组于 2005 年 6 月 2 日向双方当事人发出无效宣告请求口头审理通知书,告知本案合议组定于 2005 年 7 月 6 日进行口头审理。

口头审理如期举行,仅请求人有代理人出席口头审理,专利权人缺席口头审理。在口头审理中,请求人对合议组成员无回避请求,对合议组成员变更无异议。请求人明确其无效宣告请求理由为本专利不符合专利法第 23 条的规定,认为本专利与附件 2 的图案和色彩相近似。

2005 年 7 月 15 日合议组向专利权人发出"合议组成员告知通知书",告知其合议组成员发生变更,如对合议组成员有回避请求,须在收到该通知之日起 7 日内提交书面请求书,并说明理由,必要时附具有关证据。逾期未答复,则视为无回避请求。专利权人逾期未对变更后的合议组成员提出回避请求。

本专利的申请文件的简要说明中记载"1. 本申请为一平面产品,省略其他视图。2. 请求保护色彩。3. 本外观的设计要点是以田七药材植株的外形、蔬菜和器皿的结合图案组合成本外观的主体图案。",而本外观设计的授权公告内容有遗漏,公告的简要说明只记载了"省略其他视图",国家知识产权局在第 22 卷第 51 号《外观设计专利公报》上对本专利权进行了更正,并向专利权人发出修改更正通知书。

本案合议组于 2007 年 5 月 8 日向请求人发出无效宣告请求审查通知书,告知本外观设计专利公告内容发生了更正,告知可以针对变更后的专利权补充认为本专利不符合专利法第 23 条的理由。

请求人于 2007 年 6 月 11 日提交了意见陈述书,坚持其在无效宣告程序中所提出的全部理由、证据和意见。

至此,合议组认为本案事实清楚,现依法作出审查决定。

二、决定的理由

1. 关于决定的法律依据和证据的认定

专利法第 23 条规定:授予专利权的外观设计,应当同申请日以前在国内外出版物上公开发表过或者国内公开使用过的外观设计不相同和不相近似,并不得与他人在先取得的合法权利相冲突。

请求人提交的作为证据的对比文件为外观设计专利公报复印件,经合议组核实内容真实,对比文件的授权公告日早于本专利的申请日,即对比文件属于本专利申请日前公开的出版物,因此可以作为本专利申请日之前的现有设计,适用专利法第 23 条进行审查。

本专利为瓶贴的外观设计,分类号为 19-08,对比文件也公开了一瓶贴的外观设计,它们均是贴在洗洁精瓶子上的,即用途相同,二者属于相同类别的产品的外观设计,故可以将二者进行相同或相近似性的比较。

2. 本专利的描述

本专利的瓶贴的外观设计只有一幅主视图,请求保护色彩。从图片上观察,本专利的基本形状为矩形,整体设计可以划分为四个部分,依次为左上部分、左下部分、右上部分、右下部分。

左上部分和右上部分图案完全相同,其主体图案是红色的"田七"美术字体;作为背景的图案即在"田七"字体后面的图案包括:边角为圆弧的近似于矩形的方框体、该方框体上绘有田七植株的图案,左下角有白色"草本洗洁精"字样,由该主体图案和背景图案构成的组合图案几乎占据了整个左上部分;在该组合图案的右上方是一个柠檬模仿星球沿轨道运转的图案、左上方则是一被划掉的绿色心形小图案，该绿色心形小图案上有白色文字。

左下部分和右下部分图案完全相同，其主体图案是占据该左下部分一大半面积的倾斜摆放的蔬菜和水果的图案，作为背景的图案则是一白色的盘状器皿，该器皿的左上角有大小两颗四角星图案，由该主体图案和背景图案构成的组合图案几乎占据了整个左下部分；在该组合图案的右上方有一个绿色心形图案，该绿色心形图案上有一白色的"十"字和从左至右字体逐渐变大的白色文字，绿色心形图案底部是圆形图案。

左右两部分中间从上到下大约 3/4 长度部分是被划掉的黑色字体，下面 1/4 长度部分是条形码（详见本专利附图）。

3. 对比文件的描述

对比文件的瓶贴的外观设计只有一幅主视图，请求保护色彩。从图片上观察，对比文件的基本形状为矩形，整体设计可以划分为四个部分，依次为左上部分、左下部分、右上部分、右下部分。

左上部分：其主体图案是红色的"田七"美术字体；作为背景的图案即在"田七"字体后面的图案包括：边角为圆弧的近似于矩形的方框体、该方框体上绘有田七植株叶片的图案及白色"草本洗洁精"字样，由该主体图案和背景图案构成的组合图案几乎占据了整个左上部分；在该组合图案的右上方是一个柠檬模仿星球沿轨道运转的图案、左上方则是一蓝色大致呈圆形的小图案，该蓝色小图案上有白色文字。

左下部分：其主体图案是占据该左下部分一大半面积的倾斜摆放的蔬菜的图案，作为背景的图案则是一白色的盘状器皿，由该主体图案和背景图案构成的组合图案几乎占据了整个左下部分；在该组合图案的右上方有一个蓝色盾牌形图案，该蓝色盾牌形图案上有一白色的"十"字和从左至右字体逐渐变大的白色文字，盾牌形图案底部是圆形图案。

右上部分：主体部分是绿色方框和黄色方框组合成的占据整个右上部分五分之四面积的矩形方框体，该矩形方框体的四角为圆弧，其上有关于使用方法的文字说明，其中，绿色方框的大小约为黄色方框的四倍，该方框体上方左侧为一小图案，该图案是该外观设计左上部分所述组合图案的缩小图，方框体上方右侧是一蓝色圆形小图案，圆形小图案上有白色文字。

右下部分：由靠上方从左至右排列的四个小图案构成的上部和标有生产许可证等文字说明与条形码的下部组成，其上部的四个小图案依次为三个圆形，即绘制有细菌的圆形图案、带有大小两颗四角星和白色器皿的圆形图案以及绘制有鱼的圆形图案，还有一个蓝色盾牌形图案，该蓝色盾牌形图案上有一白色的"十"字和从左至右字体逐渐变大的白色文字，盾牌形图案底部是圆形图案，四个图案下方的左侧是文字说明，右侧是条形码（详见对比文件附图）。

4. 相近似性分析比较

本专利请求保护色彩，因此判断其与对比文件是否构成相近似时，应将其形状、图案和色彩与对比文件的相应要素进行比较。本专利与对比文件相比，形状均为矩形，整体设计均可以划分为四个部分，依次为左上部分、左下部分、右上部分、右下部分，即其形状、图案布局的结合相同。本专利左右两部分的图案完全相同，左右两部分上部的图案与对比文件比较也基本相同，即，（1）主体图案均为引人瞩目且字型相同的红色的"田七"美术字体、背景图案均为圆角矩形，其内均有白色"草本洗洁精"字样。主体图案的右上方均是一个柠檬模仿星球沿轨道运转的图案，左上方均是一小图案，小图案上均有白色文字；（2）本专利左右两部分下部的图案与对比文件左下部图案比较，二者均有白色的盘状器皿，器皿的右下角均有蔬菜图案，器皿的右上方均有一个小图案，在小图案上均有一白色的"十"字和从左至右字体逐渐变大的白色文字，小图案底部都是圆形图案。

本专利和对比文件的主要区别为：（1）本专利的背景色为黄色与浅蓝色构成，对比文件的背景色为绿色、白色和黄色构成；（2）本专利左边的上下两部分图案分别与右边的上下部图案相同，对比文件左右两部分的图案不相同；（3）对比文件上部分图案中的近似于矩形的方框体仅边角为圆弧，其方框体上绘制的是田七植株的图案，而对比文件对应位置的方框体不仅边角为圆弧而且长边也为圆弧，其方框体上绘制的是田七植株叶片的图案；（4）本专利的左右下部分主体图案不仅倾斜摆放有绿色和红色蔬菜而且还有黄色水果，而对比文件相应位置的图案上仅有黄绿色蔬菜；（5）本专利的左右下部分的组合图案的右上方的小图案为绿色心形，而对比文件左下部分相应位置的小图案是蓝色盾牌形。

合议组认为：作为标贴，本专利和对比文件的形状都是矩形，本专利左右两部分图案相同且与对比文件左部分图案的设计比较，二者的瞩目图案如"田七"和各部分构图设计相同，已足以导致一般消费者对两者的整体外观设计产生相近似的视觉效果。至于二者的区别，对于上述区别点（1），由于二者的整体设计色彩非常丰富，其组合都是以绿色为基调，以白色、黄色、红色为点缀，且相应部位设色极为接近，因此，二者具体的色彩差别已显得过于细微，不够醒目；对于上述区别点（2），使本专利的左右部分均与对比文件的左部分图案相近似，在使用过程中易造成混同；对于上述区别点（3），二者的方框体边角为圆弧，与不仅边角为圆弧而且长边也为圆弧虽有差别，但由于其从整体上均为近似于矩形形状，且方框体都只是背景图案，另外，相对于"田七"二字而言，田七植株和田七植株叶片本身也只是与主体红色"田七"美术字体相呼应的背景图案，因此该区别点被弱化，不易为一般消费者识别并记忆，仅为细微区别；对于上述区别点（4），由于该外观设计构成元素丰富，蔬菜与水果同为生疏类食品，致使是否有水果在视觉印象中被弱化，因此该区别点未对整个瓶贴的视觉效果构成显著影响；对于上述区别点（5），心形和盾牌形均为上宽下窄的图案，属于相近似的图案，蓝色和绿色之间色差较小，且该小图案在整个外观设计中占据较小面积，属于局部细微差别。从整体观察，二者的相同点使得上述区别点（1）~（5）均成为不易被一般消费者识别并记忆的局部的细微的区别，不能使二者在整体视觉效果上对一般消费者产生显著的影响。因此二者应属于相近似的外观设计。

5. 结论

综上所述，在本专利申请日以前已有与其相近似的瓶贴外观设计在出版物上公开发表过，本专利不符合中国专利法第23条的规定。

三、决定

宣告200430012386.5号外观设计专利权无效。

当事人对本决定不服的，可以根据专利法第46条第2款的规定，自收到本决定之日起三个月内向北京市第一中级人民法院起诉。根据该款的规定，一方当事人起诉后，另一方当事人应当作为第三人参加诉讼。

主视图
本专利附图

主视图
对比文件附图

食品包装机

无效宣告请求审查决定（第 10196 号）

决 定 号	第 10196 号
决 定 日	2007 年 6 月 25 日
发明创造名称	食品包装机
外观设计分类号	15-99-P0011
无效宣告请求人	精锐机械（广州）有限公司
专 利 权 人	达和机械（昆山）有限公司
专 利 号	01343483.7
申 请 日	2001 年 7 月 30 日
授权公告日	2002 年 3 月 13 日
合议组组长	徐清平
主 审 员	张 凌
参 审 员	李巍巍
附 图	1 页

法 律 依 据 专利法第 23 条

决 定 要 点

本专利与各在先设计在形状上存在较大区别，通过整体观察，上述区别足以使一般消费者产生明显不同的视觉效果，则本专利与各在先设计均属于不相同也不相近似的外观设计；请求人提交的另一份证据没有清楚的反映在先设计整体和各部分的形状，则不能将其与本专利进行相同、相近似对比。

一、案由

本无效宣告请求涉及国家知识产权局于 2002 年 3 月 13 日授权公告的名称为"食品包装机"的 01343483.7 号外观设计专利权，其申请日为 2001 年 7 月 30 日，专利权人为达和机械（昆山）有限公司。

针对上述专利权（下称本专利），精锐机械（广州）有限公司（下称请求人）于 2006 年 9 月 24 日向专利复审委员会提出无效宣告请求，其理由是本专利与 2001 年 4 月 25 日出版的《食品与机械》（2001.2）中南海市叠北永诚食品机械厂的 YS-100 型快速枕式自动包装机、2000 年 11 月 9 日出版的《中国包装报》中瑞安三环机械厂的 DZB-250B（D）多功能枕式版块全自动包装机以及 2001 年 3 月 21 日出版的《中国食品报》中漳州易达包装机械设备厂的 YD-120A 易达横枕式包装机相近似，因而不符合专利法第 23 条的规定。请求人认为：本专利与在先设计的区别仅在于箱体的长短、宽窄，箱体上开关及其位置变化,传送桥的厚度上略有不同,但就整体的视觉效果而言,一般消费者不能将二者区分开来,因此,本专利与在先设计构成相近似的设计。请求人同时提交如下附件作为证据:

附件1:2001年4月25日出版的《食品与机械》2001年第2期,封面、目录页、出版信息页、相关页 复印件(共5页);

附件2:2000年11月9日《中国包装报》相关版面复印件(共2页);

附件3:2001年3月21日《中国食品报》相关版面复印件(共2页)。

经形式审查合格后,专利复审委员会依法受理了上述无效宣告请求,并于2006年11月21日将无效宣告请求书及相关文件的副本转给专利权人,要求其在指定的期限内答复。

2006年10月24日,请求人再次提交意见陈述,认为专利权人在本专利的申请日前已将申请专利的产品FUJI-TOPAK FW340mⅡ型包装机公开销售,因此不符合专利法第23条的规定。请求人同时提交如下证据支持其主张(编号续前):

附件4:宁波达伦食品有限公司与专利权人于2000年11月2日、2001年2月5日签订的编号为DH-112000F-21、FB-472000D-2的合同书以及宁波达伦食品有限公司就此情况于2006年8月5日出具的证明复印件(共3页)。

2006年12月22日专利权人针对无效宣告请求书提交意见陈述,认为本专利与请求人提交的证据中所示的外观设计均不构成相同、相近似的设计。

2007年2月5日专利复审委员会向双方当事人发出口头审理通知书,定于2007年4月10日上午对本案进行口头审理,同时将请求人的上述意见陈述转送专利权人,将专利权人的答复意见转送请求人。

口头审理如期举行,双方当事人的代理人出席了口头审理。请求人明确其无效宣告理由为本专利不符合专利法第23条的规定,已经在先公开发表、在先公开使用,请求人未提交附件1~3的原件,当庭出示附件4中宁波达伦食品有限公司出具的证明原件和两份加盖买方宁波达伦食品有限公司公章的合同书复印件。专利权人对附件1~3的真实性无异议,但认为其并未完整公开相应产品的外观设计,并且视图不够清楚,无法与本专利进行详细的相同相近似对比,专利权人对附件4的真实性不予认可。

在上述审理的基础上,合议组经合议,认为本案事实清楚,依法作出本审查决定。

二、决定的理由

1. 法律依据

基于请求人提出无效宣告请求所依据的理由和证据,合议组对本专利是否符合专利法第23条的规定进行审查。

专利法第23条规定,授予专利权的外观设计,应当同申请日以前在国内外出版物上公开发表过或者国内公开使用过的外观设计不相同和不相近似,并不得与他人在先取得的合法权利相冲突。

2. 证据认定

请求人提交的附件1是2001年第2期《食品与机械》相关页的复印件,其目录页载有"2001.2、2001年4月25日出版、双月刊、国内统一刊号CN43-1183/TS"字样。在口头审理时专利权人对其真实性未提出异议的情况下,合议组对其真实性予以认定。附件1的出版日期为2001年4月25日,在本专利的申请日(2001年7月30日)之前,属于中国专利法第23条所规定的出版物,适用本案。

请求人提交的附件2是2000年11月9日《中国包装报》相关版面复印件,其上载有"2000年11月9日、第23期、总第1820期、国内统一刊号CN11-0046"字样。在口头审理时专利权人对其真实性未提出异议的情况下,合议组对其真实性予以认定。附件2的出版日期为2000年11月9日,在本专利的申请日（2001年7月30日）之前，属于中国专利法第23条所规定的出版物，适用本案。

请求人提交的附件3是2001年3月21日《中国食品报》相关版面复印件，其A4版上载有"2001.3.21"字样。在口头审理时专利权人对其真实性未提出异议的情况下，合议组对其真实性予以认定。附件3的出版日期为2001年3月21日，在本专利的申请日（2001年7月30日）之前，属于中国专利法第23条所规定的出版物，适用本案。

请求人提交的附件4为宁波达伦食品有限公司就其曾向专利权人购买了四台FUJI-TOPAK FW340mⅡ横枕式包装机所出具的证明以及相应的编号为DH-112000F-21、FB-472000D-2的两份合同书的复印件，用于证明本专利在其申请日前已经公开使用。口头审理中请求人出示了证明的原件和加盖了买方宁波达伦食品有限公司公章的上述两份合同书的复印件，专利权人对附件4的真实性不予认可。合议组认为，请求人未提交上述两份合同书的原件、所提供的证明原件中没有宁波达伦食品有限公司负责人的签名或盖章，请求人也没有提交送货单、发票、支付凭证等其他可用来佐证或印证所述证明真实性的证据，因此对附件4不予采信。

3. 外观设计相同相近似性认定

请求人提交的附件1~3中外观设计产品与本专利都是可用于食品包装的机械，与本专利属于相同种类的产品，故将其与本专利进行如下相同、相近似对比。

本专利所示食品包装机分为传送桥和机体两部分，传送桥由上部金属薄板与下部桥体两部分组成，整体呈上部宽、下部两侧内凹的倒"凸"字形。机体上部左侧为纵向呈框形、横向分三层错开分布的金属架、右侧上方为长方形（宽>长）控制面板，机体中部被截面呈梯形的塑料壳体所覆盖、中部右侧向外伸出一板状结构与传送桥在同一水平面上，机体的下部为长方形箱体、四角有支撑，整个机体侧部进深较长（详见本专利附图）。

附件1所示包装机（下称在先设计1）由传送桥和机体组成，机体上部左侧为三层错开排布的金属架，金属架的最上层设有一个滚轮，金属架后部为大致呈长方形的控制板（长>宽），机体中部左侧为金属架的下层、右侧大致为长方形，机体中部向外伸出的板状结构与传送桥位于同一水平面，机体下部为长方形箱体，四角有支撑，整个机体侧部进深较短（详见在先设计1附图）。

本专利与在先设计1相比，区别在于本专利的控制板在金属架的右侧为宽大于长的长方形，在先设计1的控制板位于金属架的后面为长大于宽的长方形；本专利机体中部为一截面大致呈梯形的塑料壳体所包覆，在先设计1中部左侧为金属架的下层、右侧大致为长方形；本专利中部右侧向外伸出一板状结构，在先设计1无此结构；本专利整个机体侧部进深较长，在先设计1机体侧部进深较短。通过整体观察，二者机体上述各部分的形状、比例及其位置关系存在明显差别，足以使一般消费者对本专利与在先设计1的总体形状产生明显不同的视觉效果，因此本专利与在先设计1是不相同、不相近似的外观设计。

附件2所示包装机（下称在先设计2）的传送桥呈一平板状，右端垂下一两条链状结构。机体上部左侧为金属架，金属架旁边为长方形的的控制板（长>宽），机体中部右侧大致呈长方形，机体中部右侧向外伸出一条长板，与与传送桥位于同一水平面，机体下部为长方形箱体，四角有支撑（详见在先设计2附图）。

本专利与在先设计2相比，区别在于本专利的控制板为宽大于长的长方形，在先设计2的控制板为长大于宽的长方形；本专利机体中部为一大致呈梯形的塑料壳体，在先设计2中部左侧为金属架的下层、中间为控制板的下部、右侧大致为长方形；本专利机体中部右侧向外伸出一短板，而在先设计2中部右侧向外伸出的板状结构相较本专利长得多。通过整体观察，上述差别足以使一般消费者对本专利与在先设计2的总体形状产生明显不同的视觉效果，因此本专利与在先设计2是不相同、不相近似的外观设计。

附件3所示的包转机（下称在先设计3）仅可看出由传送桥和机体组成，机体中部右侧向外伸出的板状结构与传送桥位于同一水平面，机体下部为长方形箱体，四角有支撑，但是机体上部各部分的形状模糊不清。由于在先设计3存在不清楚之处，导致难以确定其整体和各部分的形状，因此无法将其与本专利进行相同、相近似对比（详见在先设计3附图）。

综上，本专利与附件1、2所示的在先设计均属于不相同也不相近似的外观设计，附件3未清楚的反映其产品整体和各部分的形状，无法将其与本专利进行相同、相近似对比。请求人提交的证据均不能证明本专利不符合专利法第23条的规定。

三、决定

维持01343483.7号外观设计专利权有效。

当事人对本决定不服的，可以根据专利法第46条第2款的规定，自收到本决定之日起三个月内向北京市第一中级人民法院起诉。根据该款的规定，一方当事人起诉后，另一方当事人应当作为第三人参加诉讼。

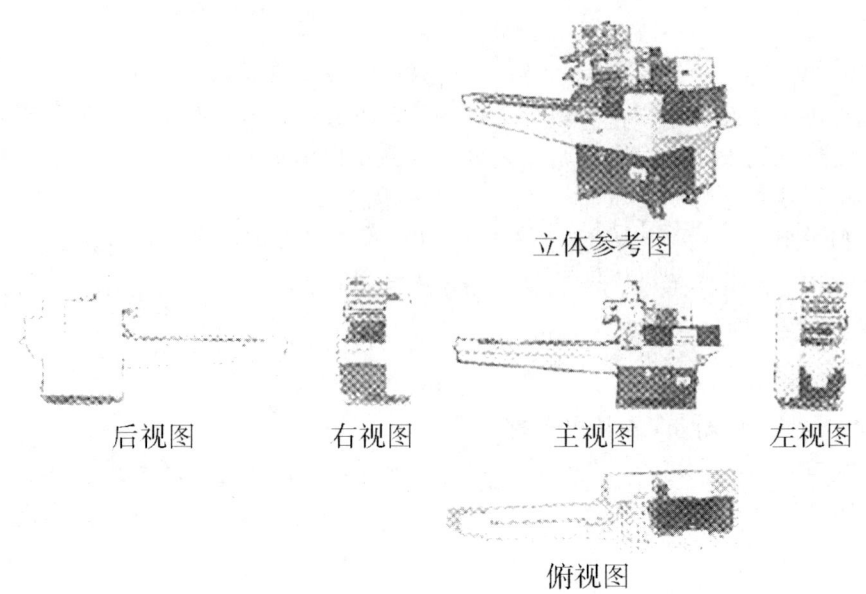

立体参考图

后视图　　右视图　　主视图　　左视图

俯视图

本专利附图

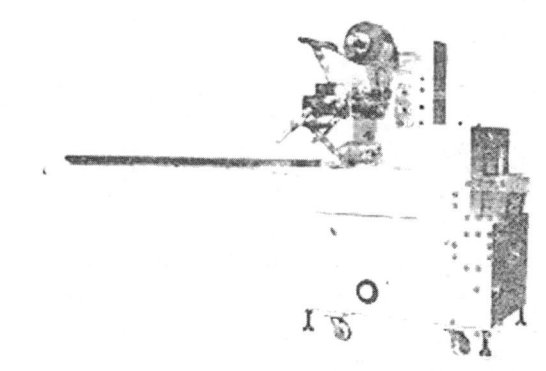

在先设计 1 附图

在先设计 2 附图

在先设计 3 附图

地毯（9）

无效宣告请求审查决定（第10197号）

决 定 号	第10197号
决 定 日	2007年6月25日
发明创造名称	地毯（9）
外观设计分类号	06-11
无效宣告请求人	安吉县竹产业协会
专 利 权 人	许赞有
专 利 号	02371006.3
申 请 日	2002年11月15日
授权公告日	2003年6月11日
合议组组长	王丽颖
主 审 员	张华
参 审 员	郭鹏鹏
附 图	2页

法 律 依 据 专利法第23条

决 定 要 点

外观设计应当采用整体观察、综合判断的方式进行相同或者相近似的判断。当被比设计与在先设计相比，整体外观基本相同，其区别仅在于局部细微变化，对产品外观设计的整体视觉效果不具有显著的影响，则被比设计与在先设计相近似。

一、案由

本无效宣告请求涉及国家知识产权局于2003年6月11日授权公告的名称为"地毯（9）"的02371006.3号外观设计专利权（下称本专利），其申请日为2002年11月15日，专利权人为许赞有。

针对本专利，安吉县竹产业协会（下称请求人）于2005年9月23日向国家知识产权局专利复审委员会提出无效宣告请求，其理由是本专利不符合专利法第23条以及专利法实施细则第2条第3款的规定。请求人同时提交了如下证据：

证据1：DB33/T195—1996"机制竹凉席试验方法"的浙江省地方标准复印件；

证据2：浙技监质发（1997）82号浙江省技术监督局文件的复印件；

证据3：浙江省林产品质量检测站"关于DB33/T195—1996《机制竹凉席试验方法》等有关情况的说明"的复印件；

证据4：ZL93306205.2号中国外观设计专利公报复印件；

证据5：国家知识产权局复审委员会于2005年8月18日作出的第7432号无效宣告审查决定书；

证据6：ZL99325036.X号中国外观设计专利公报复印件；

证据7：ZL01327310.8号中国外观设计专利公报复印件；

证据8：德国杂志heimtex2001年第一期选页及相关的公证认证文件复印件；

证据9：德国BTH杂志2000年第2~3期选页复印件；

证据10：法国杂志MAISON FRANCAISE 2000年第一期选页复印件；

证据11：德国杂志ART&DECORATION2001年总第380期选页复印件；

证据12：法国杂志Maison Magazine2001年总第217、218期选页复印件。

请求人认为：（1）证据1~3证明本专利是由本领域内司空见惯的几何图形和图案构成的外观设计，其不符合专利法实施细则第2条第3款的规定；（2）本专利与证据4~12上所示的外观设计构成相近似，因此本专利不符合专利法第23条的规定。

经形式审查合格，专利复审委员会依法受理了上述无效宣告请求，并于2006年10月25日将无效宣告请求书及相关文件的副本转给被请求人，要求其在指定期限内答复。专利权人逾期未答复。

2007年4月4日，专利复审委员会向双方当事人发出口头审理通知书，定于2007年5月28日对本案举行口头审理。

口头审理如期举行，无效请求人的代理人出席了口头审理，专利权人未出席口头审理。请求人当庭陈述认为：（1）证据1~3说明了竹凉席（竹地毯）的制作方法以及规格标准，本专利所采用的"竹编织、布包边"是显而易见，司空见惯的竹席式样，因此，本专利不符合专利法实施细则第2条第3款的规定；与此同时，证据1~3也证明早在本专利申请日之前已经有相同的外观设计产品在国内生产和销售，本专利同时不符合专利法第23条的规定；（2）本专利与证据4~12所示的外观设计均相同或者相近似，因此，本专利不符合专利法第23条的规定。

至此，合议组认为本案事实已经调查清楚，可以依法作出审查决定。

二、决定理由

1. 专利法实施细则第2条第3款

专利法实施细则第2条第3款规定：专利法所称外观设计，是指对产品的形状、图案或者其结合以及色彩与形状、图案的结合所作出的富有美感并适于工业应用的新设计。

审查指南第一部分第三章第6.4.3不给予外观设计专利保护的客体规定……（9）仅以在其产品所属领域内司空见惯的几何形状和图案构成的外观设计。

证据1~3为三份复印件，由于请求人已经在另案（见专利复审委员会作出的第7432号无效宣告决定）中提交过所述复印件的原件，经合议组查证，前述复印件与原件核对无异，该复印件可以作为本案证据使用。本专利为一种地毯，其形状为长方形，长方形的周边由布条包裹形成长方形框，主视图的中央由若干细长竹条纵向平行排列而成，地毯的后视图中央为毛布面，也就是说，本专利属于形状和图案相结合的设计。尽管证据1~3涉及竹条的长度和宽度，且对包边进行了规范，但是，证据1~3均未直接披露本专利的形状和图案，普通消费者也不能根据证据1~3的文字描述得到本专利的形状和图案，同时，请求人也未提出其他证据证明本专利属于本领域司空见惯的几何形状和图案，因此，请求人的该项主张不能成立。

2. 专利法第23条

专利法第23条规定：授予专利权的外观设计，应当同申请日以前在国内外出版物上公开发表过或者国内公开使用过的外观设计不相同和不相近似，并不得与他人在先取得的合法权利相冲突。

证据4为93306205.2号中国外观设计专利公报，经合议组核实，其内容真实，可以作为本案的有效证据。证据4的授权公告日为1994年9月21日，早于本专利申请日2001年6月13日，因此证据4上所记载的外观设计可以作为本专利的在先设计（下称在先设计），用以评价本专利是否符合专利法第23条的规定。

本专利为一种竹地毯，在先设计为一种竹席，竹地毯和竹席均属于室内家居产品，两者具有共同的消费群体。通常情况下，竹地毯铺设于地面上便于行走和坐卧，竹席铺设于床榻供坐卧休息，在使用目的上两者有共同之处。同时，作为竹制品，竹地毯和竹席均由于兼具纳凉作用在炎夏购买，具体销售中也往往处于相近的货架中。此外，就具体使用状态而言，竹席完全可以铺设于地面上作为竹地毯使用，大小合适的竹地毯也可以铺设于床榻当竹席使用，即两者的使用状态在一定条件下可以转换，因此，考察竹地毯和竹席的名称、货架、使用目的和使用状态，合议组认为，本专利与在先设计的用途相近，属于相近类别的产品，可以进行外观设计相近似性的比较：

本专利为一种地毯，未请求保护色彩，其形状为长方形，长方形的周边由布条包裹形成长方形框，主视图的中央由若干细长竹条纵向平行排列而成，地毯的后视图中央为毛布面（具体见本专利附图）。

在先设计为一种竹席，其形状为倒圆角的长方形，长方形外加包边形成长方形框，从局部放大的主视图看，其包边的宽度约为三根竹条的宽度，主视图的中央由若干细长竹条纵向平行排列而成，竹席的后视图中央为沙布面（具体见在先设计附图）。

将本专利与在先设计比较，两者的整体形状均为长方形，主视图的中央均由若干细长竹条纵向平行排列而成，后视图的中央均为布面，长方形的周围均包有布边，布边的宽度均大约为三根竹条的宽度。两者的区别在于：本专利竹面呈为直角长方形，在先设计为竹面呈倒圆角长方形；本专利的包边宽度沿竹面周边宽度较为均匀，在先设计的包边沿竹面周边宽度不均匀；本专利后视图的背面中央的布面为毛布，在先设计后视图的背面中央的布面为纱布。

对于上述区别，合议组认为：长方形为地毯常见的一种几何形状，至于长方形地毯的边角处是"直角"还是"倒圆角"属于局部的细微变化，因此本专利长方形的"直角"与在先设计长方形的"倒圆角"的区别不能给本专利的整体视觉效果带来显著的影响；竹地毯包边的作用为防止竹条脱落和维护安全，竹条的宽度也受所采用的原料限制，宽细竹条的选择均为竹制品领域的惯常设计，布边的宽窄也可以按需制作。因此，本专利的包边虽然和在先设计的包边略有区别，但是在本专利与在先设计的包边和竹条的宽度比例相近的情况下，应该认为本专利与在先设计的包边和竹条的宽度的差别不能给本专利的整体视觉效果带来显著的影响；对于本专利与在先设计后视图中央的布质的区别，一方面由于地毯的背面在使用状态时不容易看到，另一方面毛布、纱布均属于家居常用布料，因此该区别也不能给本专利的整体视觉效果带来显著的影响。在本专利与在先设计整体形状相近似、各部分的构成及比例相近似、最容易看到的产品中部外观十分相似的情况下，应该认定本专利与在先设计相近似。由于本专利与在其申请日前公开发表过的外观设计相近似，因此不符合专利法第23条的规定。

鉴于上述评述已经得出本专利不符合专利法授权条件的结论，本决定对请求人提交的其他证据不予评述。

三、决定

宣告02371006.3号外观设计专利权全部无效。

当事人对本决定不服的，可以根据专利法第46条第2款的规定，自收到本决定之日起三个月内向北京市第一中级人民法院起诉，根据该款规定，一方当事人起诉后，另一方当事人应当作为第三人参加诉讼。

仰视图

左视图　　　　　主视图

 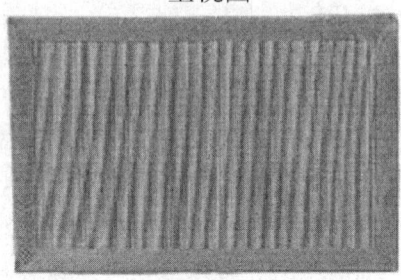

后视图

立体图

本专利附图

主视图

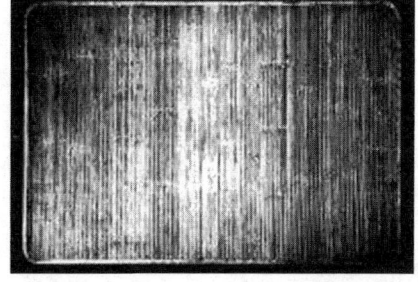

后视图

主视图局部放大

侧视图　　　　　侧面局部放大

对比文件4附图

饮料罐（二）

无效宣告请求审查决定（第10199号）

决 定 号	第10199号
决 定 日	2007年6月26日
发明创造名称	饮料罐（二）
外观设计分类号	09-03
无效宣告请求人	温灿辉
专 利 权 人	红牛维他命饮料有限公司
专 利 号	02302511.5
申 请 日	2002年3月6日
授权公告日	2003年1月15日
合议组组长	石 清
主 审 员	朱明雅
参 审 员	翁晓君
附 图	2页

法 律 依 据 专利法第23条

决 定 要 点

本外观设计专利与证据1、2相比，在图案及色彩上均存在区别，且这些区别足以使得两者的外观设计在整体上产生明显不同的视觉效果，因此二者属于不相近似的外观设计，本外观设计专利符合专利法第23条的规定。

一、案由

本无效宣告请求涉及国家知识产权局于2003年1月15日授权公告的外观设计专利，其名称为"饮料罐（二）"，专利号是02302511.5，申请日为2002年3月6日，专利权人是红牛维他命饮料有限公司。

温灿辉（下称请求人）于2006年1月7日针对该外观设计专利权（下称本专利）以不符合专利法第23条的规定为理由提出无效宣告请求，并提交证据如下：

证据1-1：专利号为96307886.0的中国外观设计专利公报复印件1页，授权公告日为1997年6月11日；

证据1-2：专利号为96307886.0的中国外观设计专利彩色图片共1页；

证据2-1：专利号为96316171.7的中国外观设计专利公报复印件1页，授权公告日为1997年4

月30日；

证据2-2：专利号为96316171.7的中国外观设计专利彩色图片共1页。

请求人认为本专利与专利号为ZL96307886.0、专利号为ZL96316171.7的对比文件（下分别称为证据1和证据2）相比，两者的形状、大小完全一样，罐身的颜色都为黄色，因此本专利无新颖性可言，根据专利法第23条的规定，本专利应当宣告无效。

经形式审查合格后，专利复审委员会受理了该无效宣告请求，于2006年4月12日向双方当事人发出受理通知书，并将请求人提交的请求书及其附件的副本转送给专利权人，要求专利权人在收到受理通知书之日起壹个月内陈述意见。

专利权人于2006年5月22日提交了意见陈述书，专利权人认为本专利与证据1相比，文字造型设计完全不同，色彩差异明显，因此具有新颖性；本专利与证据2相比不近似，因此不会造成消费者的混淆误认，因此也具有新颖性。

专利复审委员会于2006年6月19日向双方当事人发出无效宣告请求口头审理通知书，定于2006年8月9日举行口头审理，同时向请求人发出转送文件通知书，将专利权人意见陈述书的副本转送请求人。

口头审理于2006年8月9日如期举行。

专利权人当庭提交了意见陈述书，合议组当庭将该意见陈述书转交给请求人。

在口头审理过程中，请求人和专利权人对合议组成员均无回避请求；对对方出庭人员的身份均无异议；请求人明确无效宣告的理由和范围是：本外观设计专利分别与证据1、证据2的外观设计相近似，不符合专利法第23条的规定。专利权人对请求人提交的证据1、2的真实性无异议。至此，本案合议组认为双方当事人已经充分发表意见，可以在此基础上依法作出审查决定。

二、决定的理由

1. 证据的认定

证据1、证据2均为本专利申请日之前公开的专利文献，属于专利法第23条规定的本专利申请日前公开的公开出版物，且专利权人对其真实性无异议，因此，证据1、证据2可作为对比文件适用于本案。

2. 关于专利法第23条

专利法第23条规定，授予专利权的外观设计，应当同申请日以前在国内外出版物上公开发表过或者国内公开使用过的外观设计不相同和不相近似，并不得与他人在先取得的合法权利相冲突。

同样的外观设计是指两项外观设计相同或者相近似。在外观设计的相近似判断中，依据整体观察、综合判断的原则出发，以一般消费者的知识水平和认知能力来观察、判断。

本专利为圆柱体易拉罐，要求保护色彩。该圆柱体上部稍窄，有三圈凸起。本专利罐体底色由较深的金黄色区域和稍浅的金黄色区域构成。从主、后视图以及立体图中可见本专利罐体图案的上部为红牛商标，中部有两行平行文字，上面一行为英文字母"RedBull"，下面一行为中文"红牛"；两行文字的字体均为白底红字的美术字体；在下部右下角位置有"8倍""强化型"等字样，其中"8"字加粗较大，"倍"字较小且位于"8"字右侧，"8倍"字样为红字仿宋字体；"强化型"三个字位于"8"字下方，为深蓝色底白色仿宋稍大字体，详见本专利附图。

证据1也是一种圆柱体易拉罐，罐体底色也为金黄色，罐体图案的上部为红牛商标；中部也有两行平行文字，上面一行为中文"红牛"，下面一行为英文字母"RedBull"，两行文字的字体均为深蓝色宋体字；下部接近罐底处有一条深蓝色环带，在其主视图中上面有白色中文字，在后视图中上面有白色英文字。详见证据1附图。

将本外观设计专利与证据1相比可看出两者之间存在如下主要区别：（1）本专利与证据1中部两行字的字体明显不同，且颜色也不同；（2）罐体底色有差别：本专利的罐体底色不是单一金黄色，还有稍浅的金黄色区域，而证据1中罐底颜色为单一的金黄色；（3）本专利底部仅在右下角有文字，而证据1在底部有一深蓝色环带，环带一圈都有文字。两者主要相同点在于都采用了两头牛的商标图案。

合议组认为，由于采用这种圆柱体形状的易拉罐为该类产品的惯常设计，因此，与罐体形状相比，罐体上的图案、色彩设计对整体视觉效果具有显著的影响。针对相同点，首先，商标不属于外观设计相近似判断的重点内容；其次，相对于上述区别点来讲，该部分仅为局部设计，不足以构成两者整体视觉效果的显著差别。鉴于本专利与证据1在设计上存在上述主要区别，且本外观设计和证据1的正面中部正是此类产品最吸引消费者视觉的易见部位，而如上所述，本外观设计和证据1在中部字体存在明显差异，同时颜色也不同：一个为白底红色，另一个为深蓝色；并且证据1的底部还有一条深蓝色环带，这使得证据1的颜色主调为金黄色与深蓝色，这两种颜色对比较为强烈；而本外观设计的颜色主调为金黄色与红色，两种颜色对比不强烈，整体颜色偏暖色。本专利与证据1在构图和色彩上的上述区别足以使得两外观设计产生明显不同的视觉效果，因此，二者属于不相近似的外观设计。

证据2也是一种圆柱体易拉罐，罐体底色也为金黄色。罐体图案的布局可分为上下两部分，上部为一造型图案：白色盾形边框内顶部有深蓝色不规则三角形，其下为七彩扇形，并横盖一条深绿色绶带，最底部呈金色放射状，在这些图案的中间有一头头向右的红色奔牛，占据整个上部图案的显著部位；下部为文字：上面一行为深蓝色宋体中文"金牛皇"，中间一行为较小字母"Jin Niu Huang"，最下面为深蓝色环带，其上有白色较小字"保健型功能饮料 Bao Jian Xing Gong Neng Yin Liao"，详见证据2附图。

合议组认为，由于采用这种圆柱体形状的易拉罐为该类产品的惯常设计，因此，与罐体形状相比，罐体上的图案、色彩设计对整体视觉效果具有显著的影响。将本外观设计专利与证据2相比，除了罐体形状相同和罐体底色均为金黄色外，两者在罐体图案设计上存在较大差别：相应于本专利商标，在证据2红牛的位置上的牛仅有一牛的图案，除牛之外证据2还有许多装饰图案。本专利的字体为红色，位置排布居中，而证据2中字体为深蓝色，位置偏下；从整体颜色上看，本专利颜色种类较少，且颜色对比不强烈，而证据2中颜色种类较多，颜色对比强烈，因此两者在构图、色彩上给予一般消费者的整体视觉效果明显不同，二者属于不相近似的外观设计。

综上所述，本专利与证据1和2相比都不属于相近似的外观设计，因此本专利符合专利法第23条的规定。

据此，合议组作出以下决定。

三、决定

维持02302511.5号外观设计专利权有效。

当事人对本决定不服的，可以根据专利法第46条第2款的规定，自收到本决定之日起三个月内向北京市第一中级人民法院起诉。根据该条款的规定，一方当事人起诉后，另一方当事人应当作为第三人参加诉讼。

俯视图　　　后视图　　　立体图　　　仰视图

右视图　　　主视图　　　左视图

本专利附图

俯视图　　　后视图　　　立体图　　　右视图

展开图　　　　　　主视图　　　左视图

证据1附图

后视图　　　右视图

主视图　　　左视图

证据2附图

汽车保险杠

无效宣告请求审查决定（第 10201 号）

决 定 号	第 10201 号
决 定 日	2007 年 6 月 21 日
发明创造名称	汽车保险杠
外观设计分类号	12-16
无效宣告请求人	石家庄双环汽车股份有限公司
专 利 权 人	本田技研工业株式会社
专 利 号	01302609.7
申 请 日	2001 年 2 月 1 日
授权公告日	2001 年 10 月 3 日
合议组组长	蒋 彤
主 审 员	张 琳
参 审 员	李 阳
附 图	2 页

法 律 依 据 专利法第 23 条

决 定 要 点

本专利和在先设计采用了明显不同的设计，从而导致一般消费者对二者的整体形状产生了明显不同的视觉效果，使二者的差别对于产品外观设计的整体视觉效果产生显著的影响，因此二者应属于不相同且不相近似的外观设计。

一、案由

本无效宣告请求涉及的是 2001 年 10 月 3 日国家知识产权局授权公告的 01302609.7 号外观设计专利，其名称是"汽车保险杠"，申请日是 2001 年 2 月 1 日，专利权人是本田技研工业株式会社。

针对上述外观设计专利权（下称本专利），2006 年 2 月 24 日石家庄双环汽车股份有限公司（下称请求人）向专利复审委员会提出无效宣告请求，其理由是本专利不符合中国专利法第 23 条的规定。请求人认为：（1）附件 1 为本专利申请日之前公开的专利文献，其上记录了关于小型汽车后保险杠的完整设计，可以证明本专利汽车保险杠的这一类设计是本行业中的惯常设计；（2）汽车保险杠作为一种配件产品，只有融入汽车整体外观设计时，视其对整体外观设计的贡献才能看出来该外观设计是否达到脱离惯常设计的基本相似范畴；（3）附件 1 与本专利无论从形状轮廓、图案内组合和特色装饰形态来讲都是基本相似的，侧视图上的差异在车壳体外观上的补充下不能给普通消费者形成设计结构上的差异。故本专利不符合专利法第 23 条的规定。

附件 1 是 2000 年 4 月 11 日公开的 Des. 422533 号美国专利文本复印件及其首页中文译文共 8 页。

专利复审委员会根据无效宣告请求审查程序的规定受理了该无效宣告请求，于 2006 年 2 月 24 日将请求人的无效宣告请求文件的副本转送专利权人。

专利权人于 2006 年 3 月 29 日提交了意见陈述书，专利权人认为：（1）在本案中应该仅仅考虑后保险杠的可见表面对视觉效果的影响，保险杠的背面对外观设计的相近似性判断不具有影响，请求人主张的"融入汽车整体外观设计时，视其对整体外观设计的贡献才能看出来该外观设计是否达到脱离惯常设计的基本相似圈"曲解了产品"使用状态的含义"；（2）本案中的"产品"是"汽车用后保险杠"，其保护范围应基于"汽车用后保险杠"来确定，不是"汽车"；（3）本专利与附件 1 外观设计存在明显差异，不相近似。故本专利符合专利法第 23 条的规定。

专利复审委员会于 2006 年 9 月 25 日将专利权人的意见陈述转寄给请求人。

专利复审委员会于 2007 年 2 月 15 日向双方当事人发出口头审理通知书，定于 2007 年 4 月 3 日对本案进行口头审理。

口头审理如期举行，各方当事人均委托代理人出庭。双方当事人对合议组成员无回避请求，对合议组成员变更无异议。双方当事人对对方出庭人员身份无异议。请求人明确无效理由为：本专利不符合专利法第 23 条的规定。专利权人对附件 1 的真实性没有异议。请求人明确使用附件 1 的附图 2、3、6 与本专利进行对比，同时认为保险杠的侧部形状是由于其贴合汽车形状这种功能所带来的，不应予以考虑，而专利权人认为这个形状不是唯一的，应予以考虑。

双方在口审过程中均充分陈述了各自的意见，至此，合议组认为事实已经清楚，可以依法作出如下决定。

二、决定的理由

1. 关于专利法第 23 条

专利法第 23 条规定：授予专利权的外观设计，应当同申请日以前在国内外出版物上公开发表过或者国内公开使用过的外观设计不相同和不相近似，并不得与他人在先取得的合法权利相冲突。

2. 关于证据

附件 1 为 2000 年 4 月 11 日公开的 Des. 422533 号美国专利文本，属于中国专利法第 23 条所规定的在本专利申请日（2001 年 2 月 1 日）以前公开的出版物，适用于本案，下称在先设计。

3. 相近似性对比

在 Des. 422533 号美国专利的公开文本上公开了一款汽车的外观设计，其内包含有后保险杠的外观设计。从附图 2、3、6 观察，在先设计的保险杠的基本形状呈近似"⊔"形；中间部分呈长条形杠状，长条形杠的两端侧边各接有一护板，长条杠占据车宽度一部分，长条形杠的下半部分覆盖一长条带，带上有多个横向均匀排列的三角形凸块，长条形杠的上半部分的两端分别有一椭圆形凸起；长条形杠的两侧分别接有一向后弯折的近似平行四边形的护板，护板上有横向排列的凸条（详见在先设计附图 2、3、6）。

本专利也是汽车后保险杠的外观设计，公告有线条绘制图片的 4 幅视图（主视图、左视图、右视图、使用状态图），从主视图看，保险杠基本形状呈近似"⊔"形；中间部分呈长条形杠状，长条形杠两端的上边各有一个护板，长条形杠贯穿整个车的宽度，长条形杠的下半部分覆盖一长条带，带上有多个横向均匀排列的三角形凸块，在两侧的突起之间各有一个矩形凹进；从左视图、右视图看，长条形杠在两侧向后弯折，且在两端处弯折上翘，在两侧的弯折处各向上接有一个"L"形护板，其"L"形弯折方向与下方杠的上翘弯折方向相对，使得保险杠侧面呈两个相对的"L"形成的阶梯形，其上排列折线（详见本专利附图）。

合议组认为：本专利和在先设计公开的保险杠设计均为汽车后保险杠的外观设计，用途相同，属于相同种类的产品，具有可比性。

将本专利与在先设计公开的保险杠相比较，合议组认为：两者相近似处在于，二者在两端弯折形成的"⌴"形基本形状相近似。两者的区别在于：（1）从本专利主视图看，两端的护板位于长条形杠的上边，长条形杠贯穿整个车的宽度，使得保险杠呈现细长的视觉效果；从在先设计附图2、6看，两端的护板位于长条形杠的侧边，长条杠仅占据车宽度一部分，使得保险杠呈现粗旷的视觉效果。（2）从本专利左视图、右视图看，护板呈两个相对的"L"形成的阶梯形，其上排列折线，呈现护板分为上下两部分的视觉效果；从在先设计附图2、3看，护板呈平行四边形，其上排列平行的凸条，呈现护板为一整片的视觉效果。由上述对比可以看出本专利和在先设计采用了明显不同的设计，从而导致一般消费者对二者的整体形状产生了明显不同的视觉效果，使二者的差别对于产品外观设计的整体视觉效果产生显著的影响，因此二者应属于不相同且不相近似的外观设计。

对于请求人认为："保险杠的侧部形状是由于其贴合汽车形状这种功能所带来的，不应予以考虑"的意见，合议组认为，保险杠的形状并非由其贴合汽车形状这种功能所唯一限定。事实上，保险杠的侧部形状是由汽车保险杠的结构以及外观设计决定的，固然不同的汽车保险杠设计会有相应的车身设计与其相配，但是对于同一款汽车而言，汽车保险杠的外观可以存在多种设计，其并不是由"其贴合汽车形状"来唯一决定的，故请求人的理由合议组不予支持。

对于请求人认为"汽车保险杠作为一种配件产品，只有融入汽车整体外观设计时，视其对整体外观设计的贡献才能看出来该外观设计是否达到脱离惯常设计的基本相似范畴"的意见，合议组认为，审查指南第四部分第五章第2.1节规定"在后客体是指被请求宣告无效的已被授予专利权的外观设计。"、第2.2节规定"在确定判断客体的类型时，应当根据外观设计的图片、照片进行确定。"，即在进行相近似的比较时，比较的本专利的客体是本外观设计的图片显示的"汽车保险杠"的设计，而不是"融入汽车的整体外观设计"，故请求人的理由合议组不予支持。

综上所述，请求人提交的证据不能支持其无效宣告请求的理由。

三、决定

依据专利法第23条的规定，维持01302609.7号外观设计专利权有效。

当事人对本决定不服的，可以根据专利法第46条第2款的规定，自收到本决定之日起三个月内向北京市第一中级人民法院起诉。根据该款的规定，一方当事人起诉后，另一方当事人应当作为第三人参加诉讼。

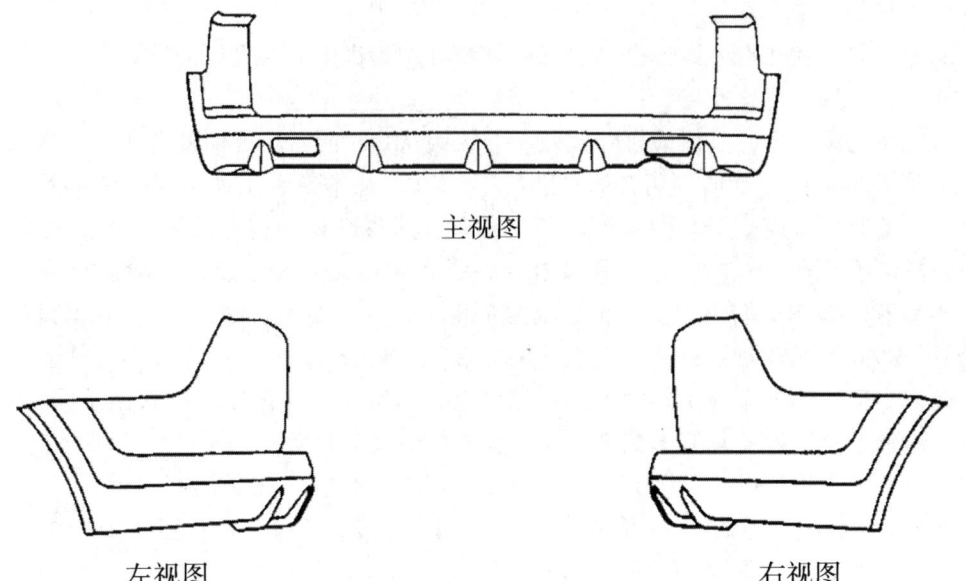

主视图

左视图　　　　　　　右视图

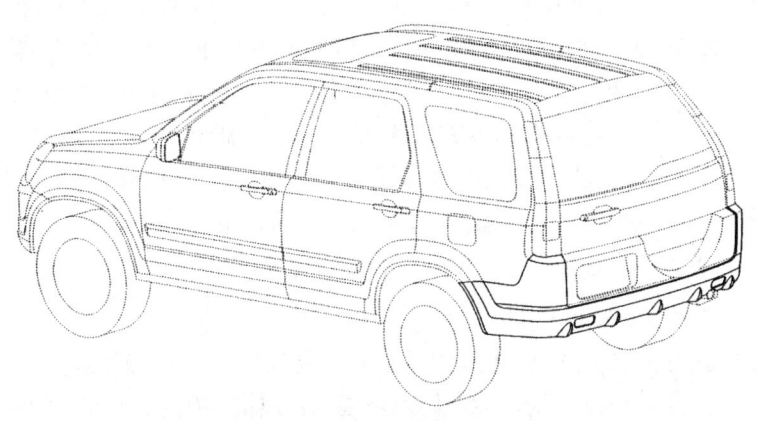

使用状态参考图

本专利附图

附图 2

附图 3

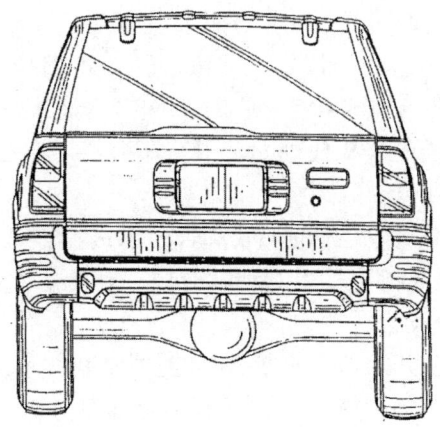

附图 6

在先设计

北京市第一中级人民法院
行政判决书

(2007) 一中行初字第 1349 号

原告石家庄双环汽车股份有限公司，住所地中华人民共和国河北省石家庄市正定大街副 8 号。

法定代表人赵志刚，董事长。

委托代理人王苑祥，男，该公司知识产权顾问。

委托代理人刘英昆，河北和融兴律师事务所律师。

被告中华人民共和国国家知识产权局专利复审委员会，住所地中华人民共和国北京市海淀区北四环西路 9 号银谷大厦 10~12 层。

法定代表人廖涛，副主任。

委托代理人李阳，男，中华人民共和国国家知识产权局专利复审委员会审查员。

委托代理人郭鹏鹏，男，中华人民共和国国家知识产权局专利复审委员会审查员。

第三人本田技研工业株式会社，住所地日本东京都港区南青山 2 丁目 1 番 1 号。

法定代表人吉见干雄，授权代表。

委托代理人韩登营，北京华夏正合知识产权代理事务所专利代理人。

委托代理人易咏梅，北京华夏正合知识产权代理事务所专利代理人。

原告石家庄双环汽车股份有限公司（以下简称双环公司）不服中华人民共和国国家知识产权局专利复审委员会（以下简称复审委）作出的第 10201 号无效宣告请求审查决定（以下称被诉决定），于 2007 年 9 月 28 日向本院提起行政诉讼。本院于同日受理后，于同年 10 月 11 日向复审委送达了起诉状副本及应诉通知书。本院依法组成合议庭，并依法通知本田技研工业株式会社（以下简称本田会社）作为第三人参加诉讼。本院于 2008 年 1 月 21 日公开开庭审理了本案。原告双环公司的委托代理人王苑祥、刘英昆，被告复审委的委托代理人李阳、郭鹏鹏，第三人本田会社的委托代理人韩登营到庭参加了诉讼。本案现已审理终结。

2007 年 6 月 29 日，经对双环公司提出的无效宣告请求进行审查，复审委作出被诉决定，宣告维持 01302609.7 号外观设计专利权（以下称本专利）有效。理由如下：

1. 关于证据

附件 1 为 2000 年 4 月 11 日公开的 Des. 422533 号美国专利文本，属于《中华人民共和国专利法》（以下简称《专利法》）第二十三条所规定的在本专利申请日（2001 年 2 月 1 日）以前公开的出版物，适用于本案，下称在先设计。

2. 相近似性对比

在 Des. 422533 号美国专利的公开文本上公开了一款汽车的外观设计，其内包含有后保险杠的外观设计。从附图 2、3、6 观察，在先设计的保险杠的基本形状呈近似"⊏"形；中间部分呈长条形杠状，长条形杠的两端侧边各接有一护板，长条杠占据车宽度一部分，长条形杠的下半部分覆盖一长条带，带上有多个横向均匀排列的三角形凸块，长条形杠的上半部分的两端分别有一椭圆形凸起；长条形杠的两侧分别接有一向后弯折的近似平行四边形的护板，护板上有横向排列的凸条。（详见在先设计附图 2、3、6）

本专利也是汽车后保险杠的外观设计，公告有线条绘制图片的 4 幅视图（主视图、左视图、右视图、使用状态图），从主视图看，保险杠基本形状呈近似"⊏"形；中间部分呈长条形杠状，长条形杠两端的上边各有一个护板，长条形杠贯穿整个车的宽度，长条形杠的下半部分覆盖一长条带，带上有多个横向均匀排列的三角形凸块，在两侧的突起之间各有一个矩形凹进；从左视图、右视图看，长条形杠在两侧向后弯折，且在两端处弯折上翘，在两侧的弯折处各向上接有一个"L"形护板，其"L"形弯折方向与下方杠的上翘弯折方向相对，使得保险杠侧面呈两个相对的"L"形成的阶梯形，其上排列折线（详见本专利附图）。

合议组认为：本专利和在先设计公开的保险杠设计均为汽车后保险杠的外观设计，用途相同，属于相同种类的产品，具有可比性。

将本专利与在先设计公开的保险杠相比较，合议组认为：两者相近似处在于，二者在两端弯折形成的"⊔"形基本形状相近似。两者的区别在于：（1）从本专利主视图看，两端的护板位于长条形杠的上边，长条形杠贯穿整个车的宽度，使得保险杠呈现细长的视觉效果；从在先设计附图2、6看，两端的护板位于长条形杠的侧边，长条杠仅占据车宽度一部分，使得保险杠呈现粗犷的视觉效果。（2）从本专利左视图、右视图看，护板呈两个相对的"L"形成的阶梯形，其上排列折线，呈现护板分为上下两部分的视觉效果；从在先设计附图2、3看，护板呈平行四边形，其上排列平行的凸条，呈现护板为一整片的视觉效果。由上述对比可以看出本专利和在先设计采用了明显不同的设计，从而导致一般消费者对二者的整体形状产生了明显不同的视觉效果，使二者的差别对于产品外观设计的整体视觉效果产生显著的影响，因此二者应属于不相同且不相近似的外观设计。

对于请求人认为："保险杠的侧部形状是由于其贴合汽车形状这种功能所带来的，不应予以考虑"的意见，合议组认为，保险杠的形状并非由其贴合汽车形状这种功能所唯一限定。事实上，保险杠的侧部形状是由汽车保险杠的结构以及外观设计决定的，固然不同的汽车保险杠设计会有相应的车身设计与其相配，但是对于同一款汽车而言，汽车保险杠的外观可以存在多种设计，其并不是由"其贴合汽车形状"来唯一决定的，故请求人的理由合议组不予支持。

对于请求人认为："汽车保险杠作为一种配件产品，只有融入汽车整体外观设计时，视其对整体外观设计的贡献才能看出来该外观设计是否达到脱离惯常设计的基本相似范畴"的意见，合议组认为，《审查指南》第四部分第五章第2.1节规定"在后客体是指被请求宣告无效的已被授予专利权的外观设计"、第2.2节规定"在确定判断客体的类型时，应当根据外观设计的图片、照片进行确定"，即在进行相近似的比较时，比较的本专利的客体是本外观设计的图片显示的"汽车保险杠"的设计，而不是"融入汽车的整体外观设计"，故请求人的理由合议组不予支持。

综上所述，请求人提交的证据不能支持其无效宣告请求的理由。

依据《专利法》第二十三条的规定，被诉决定维持本专利有效。

复审委在答辩期内向法院提交了以下证据材料：（1）本专利公告文本；（2）美国Des.422533号专利说明书。

原告双环公司诉称：首先，被诉决定对正视图的认定分析基本准确，但结论明显错误。被诉决定以护板位于长条形杠的上端和长条形杠贯穿整个车的宽度的局部的几何尺寸的细微差别，认定为两个外观设计具有本质的区别。这种认定不符合《审查指南》的原则；其次，被诉决定违背了要部判定和注重使用状态的原则，因而作出了错误的认定。作为一个汽车的后保险杠的外观特征，它的侧视图不能作为整个产品的要部去评价。采用"L"形阶梯结构还是"梯形结构"本身是适应具体汽车设计中所选择的惯常方案，采用什么样的结构无论对该产品还是汽车都不会产生显著的影响。所以，依以上结构区别来判定两项外观设计的相近似性是不合适的。而且，从侧视图表现出来的几何形状来看，属于简单的几何替代。综上，请求法院撤销被诉决定，并发回复审委重新审理。

原告在庭审前向法院提交了与被告相同的证据材料。

被告复审委辩称：从视觉上很容易看出本专利与在先设计的区别，从而导致一般消费者对二者的整体形状产生了明显不同的视觉效果。复审委坚持被诉决定中的观点。被诉决定认定事实清楚、适用法律法规正确、审理程序合法，审查结论正确，请求法院予以维持。

第三人本田会社述称：原告的主张没有事实和法律依据，不能成立。被诉决定正确，请求法院依法驳回原告的诉讼请求。

第三人没有提交证据材料。

经审查，本院认为原、被告提交的证据能够证明案件事实，本院予以认证。

根据上述经认证的证据及当事人之间无争议的陈述，本院对以下事实予以确认：

本专利系名称为"汽车保险杠"的外观设计专利，申请日是 2001 年 2 月 1 日，授权公告日为 2001 年 10 月 3 日，专利号为 01302609.7 号，专利权人本田会社。

针对本专利，双环公司于 2006 年 2 月 24 日向复审委提出无效宣告请求，其理由是本专利不符合《专利法》第二十三条的规定。双环公司提交了附件 1，为 2000 年 4 月 11 日公开的 Des.422533 号美国专利文本复印件及其首页中文译文共 8 页。

复审委经审查，于 2007 年 6 月 29 日作出被诉决定。

在本案庭审中，原告及第三人对被诉决定关于在先设计及本专利的文字性描述没有异议。本院对决定的以上认定予以确定。当事人还表示对被诉决定程序的合法性没有异议。

本院认为：根据《专利法》的规定，授予专利权的外观设计，应当同申请日以前在国内外出版物上公开发表过或者国内公开使用过的外观设计不相同和不相近似，并不得与他人在先取得的合法权利相冲突。

本院认可被诉决定中对本专利与在先设计的两点区别点的认定。该两点区别均在于护板的形状及护板与长条形杠之间的位置关系。分析本专利及在先设计中的汽车保险杠产品，护板的形状及护板与长条形杠之间的位置关系在产品的整体视觉效果上占有比较重要的地位，容易吸引消费者注意。虽然本专利与在先设计的长条形杠形状近似，但在存在上述区别且区别比较明显的情况下，足以对整体视觉效果产生显著影响。被诉决定关于本专利与在先设计属于不相同且不相近似的外观设计的认定正确，本院予以支持。

综上，被诉决定证据确凿，适用法律法规正确，符合法定程序，本院应予维持。原告的诉讼请求没有事实及法律依据，本院不予支持。依照《中华人民共和国行政诉讼法》第五十四条第（一）项之规定，判决如下：

维持被告中华人民共和国国家知识产权局专利复审委员会第 10201 号无效宣告请求审查决定。

案件受理费人民币 100 元，由原告石家庄双环汽车股份有限公司负担（已交纳）。

如不服本判决，原告石家庄双环汽车股份有限公司、被告中华人民共和国国家知识产权局专利复审委员会可在本判决书送达之日起 15 日内，第三人本田技研工业株式会社可在本判决书送达之日起 30 日内，向本院递交上诉状，并按对方当事人人数提出副本，预交上诉案件受理费人民币 100 元，上诉于中华人民共和国北京市高级人民法院。在上诉期满后 7 日内未预交上诉案件受理费又不提交缓交申请的，按自动撤回上诉处理。

审　判　长　娄宇红
代理审判员　胡华峰
人民陪审员　欧万雄
二〇〇八年九月十六日
书　记　员　殷悦

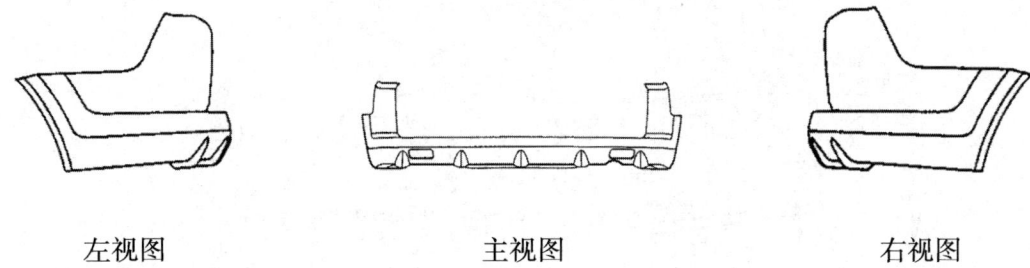

左视图　　　　　主视图　　　　　右视图

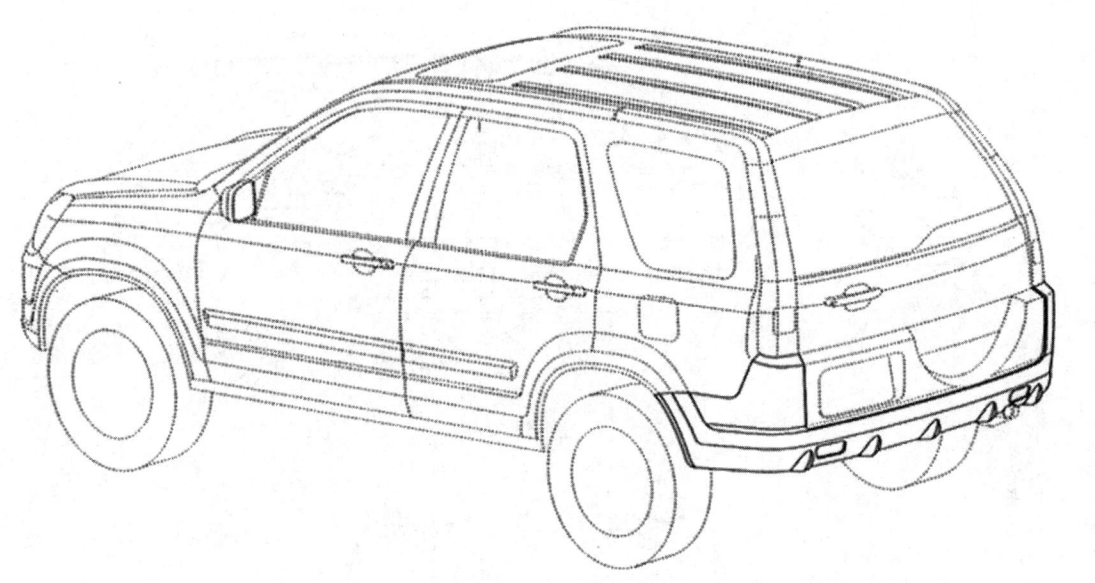

使用状态参考图

本专利附图

附图 2

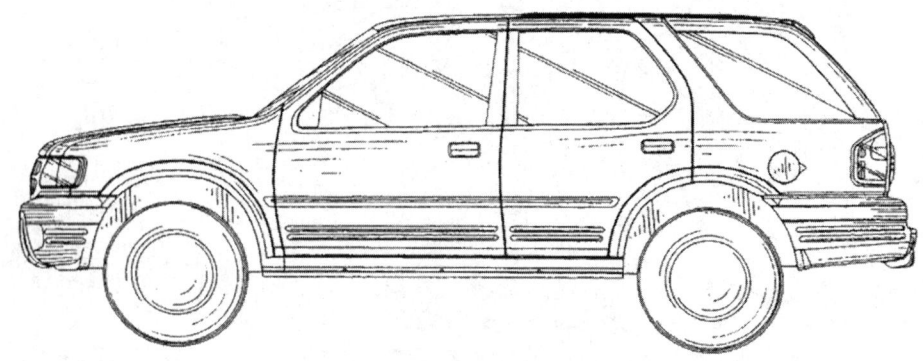

附图 3

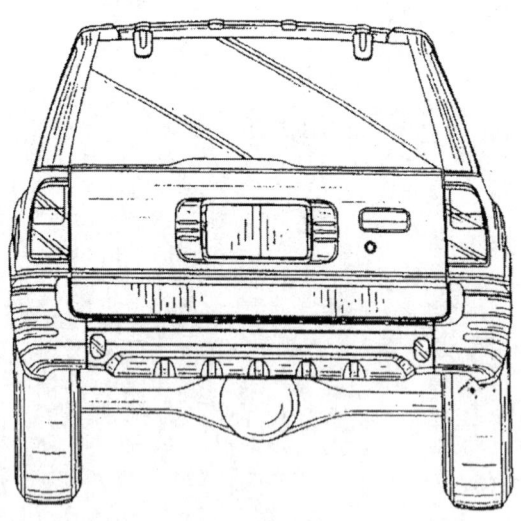

附图 6

在先设计

2966

北京市高级人民法院
行政判决书

(2009) 高行终字第816号

上诉人（一审原告）石家庄双环汽车股份有限公司，住所地中华人民共和国河北省石家庄市正定大街副8号。

法定代表人赵志刚，董事长。

委托代理人王苑祥，石家庄双环汽车股份有限公司法律顾问。

委托代理人马凯，石家庄双环汽车股份有限公司副总经理。

被上诉人（一审被告）中华人民共和国国家知识产权局专利复审委员会，住所地中华人民共和国北京市海淀区北四环西路9号银谷大厦10~12层。

法定代表人廖涛，副主任。

委托代理人张琳，中华人民共和国国家知识产权局专利复审委员会审查员。

委托代理人郭鹏鹏，中华人民共和国国家知识产权局专利复审委员会审查员。

被上诉人（一审第三人）本田技研工业株式会社，住所地日本东京都港区南青山2丁目1番1号。

法定代表人吉见干雄，授权代表。

委托代理人韩登营，北京华夏正合知识产权代理事务所专利代理人。

委托代理人栗涛，北京华夏正合知识产权代理事务所专利代理人。

上诉人石家庄双环汽车股份有限公司（以下简称双环公司）因无效宣告请求审查决定一案，不服北京市第一中级人民法院（2007）一中行初字第1349号行政判决，向本院提起上诉。本院依法组成合议庭审理了本案。本案现已审理终结。

2007年6月29日，经对双环公司提出的无效宣告请求进行审查，中华人民共和国国家知识产权局专利复审委员会（以下简称专利复审委员会）作出第10201号无效宣告请求审查决定（以下简称被诉决定），宣告维持01302609.7号外观设计专利权（以下简称本专利）有效。双环公司对被诉决定不服，向中华人民共和国北京市第一中级人民法院（以下简称一审法院）提起行政诉讼。

一审法院判决认定，根据《专利法》的规定，授予专利权的外观设计，应当同申请日以前在国内外出版物上公开发表过或者国内公开使用过的外观设计不相同和不相近似，并不得与他人在先取得的合法权利相冲突。本院认可被诉决定中对本专利与在先设计的两个区别点的认定。该两点区别均在于护板的形状及护板与长条形杠之间的位置关系。分析本专利及在先设计中的汽车保险杠产品，护板的形状及护板与长条形杠之间的位置关系在产品的整体视觉效果上占有比较重要的地位，容易吸引消费者注意。虽然本专利与在先设计的长条形杠形状近似，但在存在上述区别且区别比较明显的情况下，足以对整体视觉效果产生显著影响。被诉决定关于本专利与在先设计属于不相同且不相近似的外观设计的认定正确，予以支持。综上，被诉决定证据确凿，适用法律法规正确，符合法定程序，应予维持。双环公司的诉讼请求没有事实及法律依据，不予支持。依照《中华人民共和国行政诉讼法》第五十四条第（一）项之规定，判决维持被诉决定。

双环公司不服一审判决，提出上诉。诉称：（1）被诉决定以护板位于长条形杠的上端和长条形杠贯穿整个车的宽度的局部的几何尺寸的细微差别，认定为两个外观设计具有本质的区别，这种认定不符合《审查指南》的原则，一审法院对此予以认定是错误的。（2）被诉决定违背了要部判定和注重使用状态的原则，因而作出了错误的认定。作为一个汽车的后保险杠的外观特征，它的侧视图不能作为整个产品的要部去评价。采用"L"形阶梯结构还是"梯形结构"本身是适应具体汽车设计中所选择的惯常方案，采用什么样的结构无论对该产品还是汽车都不会产生显著的影响。所以，依以上结构区别来判定两项外观设计的相近似性是不合适的。而且，从侧视图表现出来的几何形状来看，属于简单的几何替代，并不具有创造性设计的特征。综上，请求二审法院撤销被诉决定和一审判决。

专利复审委员会答辩称，从视觉上很容易看出本专利与在先设计的区别，从而导致一般消费者对二者的整体形状产生了明显不同的视觉效果，二者不属于相近似的外观设计。专利复审委员会坚持被诉决定中的观点。被诉决定认定事实清楚、适用法律法规正确、审理程序合法，审查结论正确，请求二审法院依法驳回上诉，维持一审判决。

本田技研工业株式会社答辩称，上诉人认为本专利的主要特点集中表现在主视图上这一认识是错误的。上诉人关于主视图中本专利与在先设计的外观设计构成要素相同的主张与事实不符。审查员和一审法院并没有以细微差别来进行相似性判断。一审判决对本专利与在先设计的区别技术特征的认定是正确的。一审判决适用法律亦是正确的。故，请求二审法院依法驳回上诉，维持一审判决。

一审法院审理期间，专利复审委员会向法院提交了以下证据：（1）本专利公告文本；（2）美国Des.422533号专利说明书。双环公司向一审法院提交的证据与专利复审委员会提交的证据相同。本田技研工业株式会社未向一审法院提交证据。

一审法院经审查认为，双环公司、专利复审委员会提交的证据能够证明案件事实，予以认证。

上述证据均随案移送本院，经审查，本院认可一审法院的认证意见。

本院根据合法有效的证据及当事人的有关陈述，确认如下事实：

本专利系名称为"汽车保险杠"的外观设计专利，申请日是2001年2月1日，授权公告日为2001年10月3日，专利号为01302609.7号，专利权人本田技研工业株式会社。

针对本专利，双环公司于2006年2月24日向专利复审委员会提出无效宣告请求，其理由是本专利不符合《专利法》第二十三条的规定。双环公司提交了附件1，为2000年4月11日公开的Des.422533号美国专利文本复印件及其首页中文译文共8页。

专利复审委员会经审查，于2007年6月29日作出被诉决定。理由如下：

1. 关于证据

附件1为2000年4月11日公开的Des.422533号美国专利文本，属于《中华人民共和国专利法》（以下简称《专利法》）第二十三条所规定的在本专利申请日（2001年2月1日）以前公开的出版物，适用于本案，下称在先设计。

2. 相近似性对比

在Des.422533号美国专利的公开文本上公开了一款汽车的外观设计，其内包含有后保险杠的外观设计。从附图2、3、6观察，在先设计的保险杠的基本形状呈近似⊔形；中间部分呈长条形杠状，长条形杠的两端侧边各接有一护板，长条杠占据车宽度一部分，长条形杠的下半部分覆盖一长条带，带上有多个横向均匀排列的三角形凸块，长条形杠的上半部分的两端分别有一椭圆形凸起；长条形杠的两侧分别接有一向后弯折的近似平行四边形的护板，护板上有横向排列的凸条。（详见在先设计附图2、3、6）

本专利也是汽车后保险杠的外观设计，公告有线条绘制图片的4幅视图（主视图、左视图、右视图、使用状态图），从主视图看，保险杠基本形状呈近似⊔形；中间部分呈长条形杠状，长条形杠两端的上边各有一个护板，长条形杠贯穿整个车的宽度，长条形杠的下半部分覆盖一长条带，带上有多个横向均匀排列的三角形凸块，在两侧的突起之间各有一个矩形凹进；从左视图、右视图看，长条形杠在两侧向后弯折，且在两端处弯折上翘，在两侧的弯折处各向上接有一个"L"形护板，其"L"形弯折方向与下方杠的上翘弯折方向相对，使得保险杠侧面呈两个相对的"L"形成的阶梯形，其上排列折线。（详见本专利附图）

合议组认为：本专利和在先设计公开的保险杠设计均为汽车后保险杠的外观设计，用途相同，属于相同种类的产品，具有可比性。

将本专利与在先设计公开的保险杠相比较，合议组认为：两者相近似处在于，二者在两端弯折形成的⊔形基本形状相近似。两者的区别在于：（1）从本专利主视图看，两端的护板位于长条形杠的上边，长条形杠贯穿整个车的宽度，使得保险杠呈现细长的视觉效果；从在先设计附图2、6看，两端的护板位于长条形杠的侧边，长条杠仅占据车宽度一部分，使得保险杠呈现粗犷的视觉效果。（2）从本专利左视图、右视图看，护板呈两个相对的"L"形成的阶梯形，其上排列折线，呈现护板分为上下两部分的视觉效果；从在先设计附图2、3看，护板呈平行四边形，其上排列平行的凸条，呈现护板为一整片的视觉效果。由上述对比可以看出本专利和在先设计采用了明显不同的设计，从而导致一般消费者对二者的整体形状产生了明显不同的视觉效果，使二者的差别对于产品外观设计的整体视觉效果产生显著的影响，因此二者应属于不相同且不相近似的外观设计。

对于请求人认为："保险杠的侧部形状是由于其贴合汽车形状这种功能所带来的，不应予以考虑"的意见，合议组认为，保险杠的形状并非由其贴合汽车形状这种功能所唯一限定。事实上，保险杠的侧部形状是由汽车保险杠的结构以及外观设计决定的，固然不同的汽车保险杠设计会有相应的车身设计与其相配，但是对于同一款汽车而言，汽车保险杠的外观可以存在多种设计，其并不是由"其贴合汽车形状"来唯一决定的，故请求人的理由合议组不予支持。

对于请求人认为："汽车保险杠作为一种配件产品，只有融入汽车整体外观设计时，视其对整体外观设计的贡献才能看出来该外观设计是否达到脱离惯常设计的基本相似范畴"的意见，合议组认为，《审查指南》第四部分第五章第2.1节规定"在后客体是指被请求宣告无效的已被授予专利权的外观设计"、第2.2节规定"在确定判断客体的类型时，应当根据外观设计的图片、照片进行确定"，即在进行相近似的比较时，比较的本专利的客体是本外观设计的图片显示的"汽车保险杠"的设计，而不是"融入汽车的整体外观设计"，故请求人的理由合议组不予支持。综上所述，请求人提交的证据不能支持其无效宣告请求的理由。

依据《专利法》第二十三条的规定，决定维持本专利有效。双环公司不服，向一审法院提起行政诉讼。

本院认为，根据《专利法》的规定，授予专利权的外观设计，应当同申请日以前在国内外出版物上公开发表过或者国内公开使用过的外观设计不相同和不相近似，并不得与他人在先取得的合法权利相冲突。被诉决定中认定本专利与在先设计有两点区别。该两点区别均在于护板的形状及护板与长条形杠之间的位置关系。分析本专利及在先设计中的汽车保险杠产品，护板的形状及护板与长条形杠之间的位置关系在产品的整体视觉效果上占有比较重要的地位，容易吸引消费者注意。虽然本专利与在先设计的长条形杠形状近似，但在存在上述区别且区别比较明显的情况下，足以对整体视觉效果产生显著影响。被诉决定关于本专利与在先设计属于不相同且不相近似的外观设计的认定正确。

综上，专利复审委员会作出的被诉决定正确，一审法院判决维持正确，本院应予维持。双环公司的上诉请求缺乏事实和法律依据，本院不予支持。依据《中华人民共和国行政诉讼法》第六十一条第（一）项的规定，判决如下：

驳回上诉，维持一审判决。

二审案件受理费人民币100元，由上诉人石家庄双环汽车股份有限公司负担（已交纳）。

本判决为终审判决。

审　判　长　景　滔
代理审判员　马　军
代理审判员　刘　行
二〇〇九年十二月十八日
书　记　员　王　芳

扑克牌包装盒（小万花）

无效宣告请求审查决定（第10206号）

决 定 号	第10206号
决 定 日	2007年6月16日
发明创造名称	扑克牌包装盒（小万花）
外观设计分类号	03-01
无效宣告请求人	上海市汇业律师事务所
专 利 权 人	彭智
专 利 号	200430024039.4
申 请 日	2004年4月21日
授权公告日	2004年11月17日
合议组组长	钱亦俊
主 审 员	张琳
参 审 员	翁晓君
附 图	1页
法 律 依 据	专利法第23条

决 定 要 点

本专利和在先设计的差别对于产品外观设计的整体视觉效果不具有显著影响，两者属于相近似的外观设计。

一、案由

本无效宣告请求涉及的是国家知识产权局于2004年11月17日授权公告的申请号为200430024039.4的外观设计专利，产品名称为"扑克牌包装盒（小万花）"，申请日为2004年4月21日，专利权人是彭智。

针对上述专利权（下称本专利），上海市汇业律师事务所（下称请求人）于2005年11月28日向专利复审委员会提出无效宣告请求，其依据的事实和理由是：本专利与附件所示在先申请的外观设计完全相同，故本专利不符合专利法第23条规定。请求人提交了如下附件作为证据：

附件1：专利号为98312753.0的中国外观设计专利证书及其专利视图复印件共2页；

附件2：注册证号为1524690的《商标注册证》复印件共1页。

经形式审查合格，专利复审委员会受理了无效宣告请求，并于2006年6月9日将无效宣告请求书及其附件的副本转送给专利权人，要求其在指定期限内陈述意见。

针对上述无效宣告请求，专利权人在指定期限内未作出答复。

专利复审委员会于 2007 年 1 月 11 日向双方当事人发出了口头审理通知书，定于 2007 年 3 月 20 日对本案进行口头审理。

专利复审委员会于 2007 年 3 月 18 日收到专利权人的延期审理申请书，由于其理由不属于无法克服的困难，合议组未接受其申请。

口头审理如期进行。专利权人未出席口头审理。请求人放弃附件 2 的使用；请求人认为本专利与附件 1 相同点在于颜色相近似、图案相近似、文字构成近似、排列组合构成近似，不同点在于花朵的细节不同、颜色有细微差别。请求人认为本专利"华财"两个字是商标。请求人明确无效理由是本专利不符合专利法第 23 条的规定。请求人当庭提交在专利局网页上查询的本专利和附件 1 的打印页。

合议组于 2007 年 3 月 20 日发出转送文件通知书，将经过核实的本专利 200430024039.4 和附件 1 的 ZL98312753.0 彩色打印专利信息共 7 页转寄给专利权人。专利权人没有答复。

合议组经合议，认为本案事实清楚，依法作出本审查决定。

二、决定的理由

1. 证据的认定

附件 1 为专利号为 98312753.0 的中国外观设计，经本案合议组核实，附件 1 的复印件与原件相符，附件 1 的授权公告日为 1999 年 5 月 26 日，早于本专利的申请日，故附件 1 已构成本专利的对比文件（下称在先设计），可以用于评价本专利是否符合专利法第 23 条的规定。

2. 关于专利法第 23 条

专利法第 23 条规定：授予专利权的外观设计，应当同申请日以前在国内外出版物上公开发表过或者国内公开使用过的外观设计不相同和不相近似，并不得与他人在先取得的合法权利相冲突。

本专利外观设计涉及一种"扑克牌包装盒（小万花）"，附图包括主视图、后视图、左视图、右视图、俯视图、仰视图。本专利显示了扑克牌包装盒为长方体。（1）主视图为扑克牌包装盒的主要视图，图案内容从上到下为：左上角有一内有文字的椭圆形图案；中间稍靠上的部分有横向排列的宋体字，宋体字两边字比中间的字小；在字下方有一丛花束的图案，该图案占据了主视图整体的下半部分；主视图的中间部分有呈放射状的条形和呈同心圆向外扩散的圆形作为上述其他图案的背景。（2）后视图图案与主视图图案仅仅在左上角上有文字的椭圆形图案有细微差别。（3）左视图上方排有一行文字、下方有一条形码图案；右视图排有一行文字；仰视图排有三行说明性小字；俯视图排有一行数字。（详见本专利附图）在先设计涉及一种"扑克牌包装盒（5）"，附图包括主视图、仰视图、俯视图、左视图、右视图，后视图和主视图相同，省略后视图，请求保护色彩。本专利显示了扑克牌包装盒为长方体。（1）主视图为扑克牌包装盒的主要视图，图案内容从上到下为：中间稍靠上的部分有横向排列的宋体字，宋体字两边字比中间的字小；在字下方有一丛花束的图案，该图案占据了主视图整体的下半部分；主视图的中间部分有呈放射状的条形和呈同心圆向外扩散的圆形作为上述其他图案的背景。（2）后视图图案与主视图图案相同。（3）左视图排有一行文字；右视图排有一行文字；仰视图排有两行说明性小字；俯视图排有一行数字（详见在先设计附图）。

本专利和在先设计涉及的产品所属类别相同，均是扑克牌包装盒，具有可比性。

本专利未要求保护色彩，故将二者形状、图案相比较。二者形状相同，均为长方体。两者图案上进行比较：（1）将本专利与在先设计的主视图图案进行比较，两者相同点在于：主视图中间稍靠上的部分有横向排列的宋体字，宋体字两边字比中间的字小；在字下方有一丛花束的图案，该图案占据了主视图整体的下半部分；主视图的中间部分有呈放射状的条形和呈同心圆向外扩散的圆形作为上述其他图案的背景，整体观察两者的主视图，两者均是以花束作为题材，构图方法均是中间部分为文字图案以及其下方为花束图案、背景图案均是放射条形和同心圆形图案。两者主视图图案中存在的主要差别是花束的形态略有不同，并且，本专利主视图左上角的图案是带有文字的椭圆形，合议组认为，相对于二者相同点，该差别应属于局部细微差别，对于产品外观设计整体视觉效果不具有显著影响。（2）将本专利与在先设计的后视图图案进行比较，在先设计后视图和主视图相同，而本专利后视图和主视图存在着细微差别，其在于椭圆形图案中的字的图案不同。基于上述对两者主视图的描述以及比较的评述，可以得知，两者后视图图案中存在的主要差别是花束的形态略有不同，并且，本专利后视图左上角的图案是带有文字的椭圆形，合议组认为，相对于二者相同点，该差别应属于局部细微差别，对于产品外观设计整体视觉效果不具有显著影响。（3）二者左视图都是一行文字，所不同的是本专利左视图下方有一条形码图案，而在先设计没有。本专利右视图排有一行文字、仰视图排有三行说明性小字、俯视图排有一行数字，而在先设计右视图排有一行文字、仰视图排有两行说明性小字、俯视图排有一行数字。对此，合议组认为这几面视图显示的是扑克牌盒的侧面，其上没有令人瞩目的外观设计图案，因而在使用过程对于整体视觉效果不具有显著的影响。

本专利和在先设计相比，二者上述相同点足以引起一般消费者将其混淆，而二者的差别对于产品外观设计的整体视觉效果不具有显著影响，故本专利与在先设计属于相近似的外观设计，本专利不符合专利法第 23 条的规定。

三、决定

宣告 200430024039.4 号外观设计专利无效。

当事人对本决定不服的，可以根据专利法第 46 条第 2 款的规定，自收到本决定之日起三个月内向北京市第一中级人民法院起诉。根据该款的规定，一方当事人起诉后，另一方当事人应当作为第三人参加诉讼。

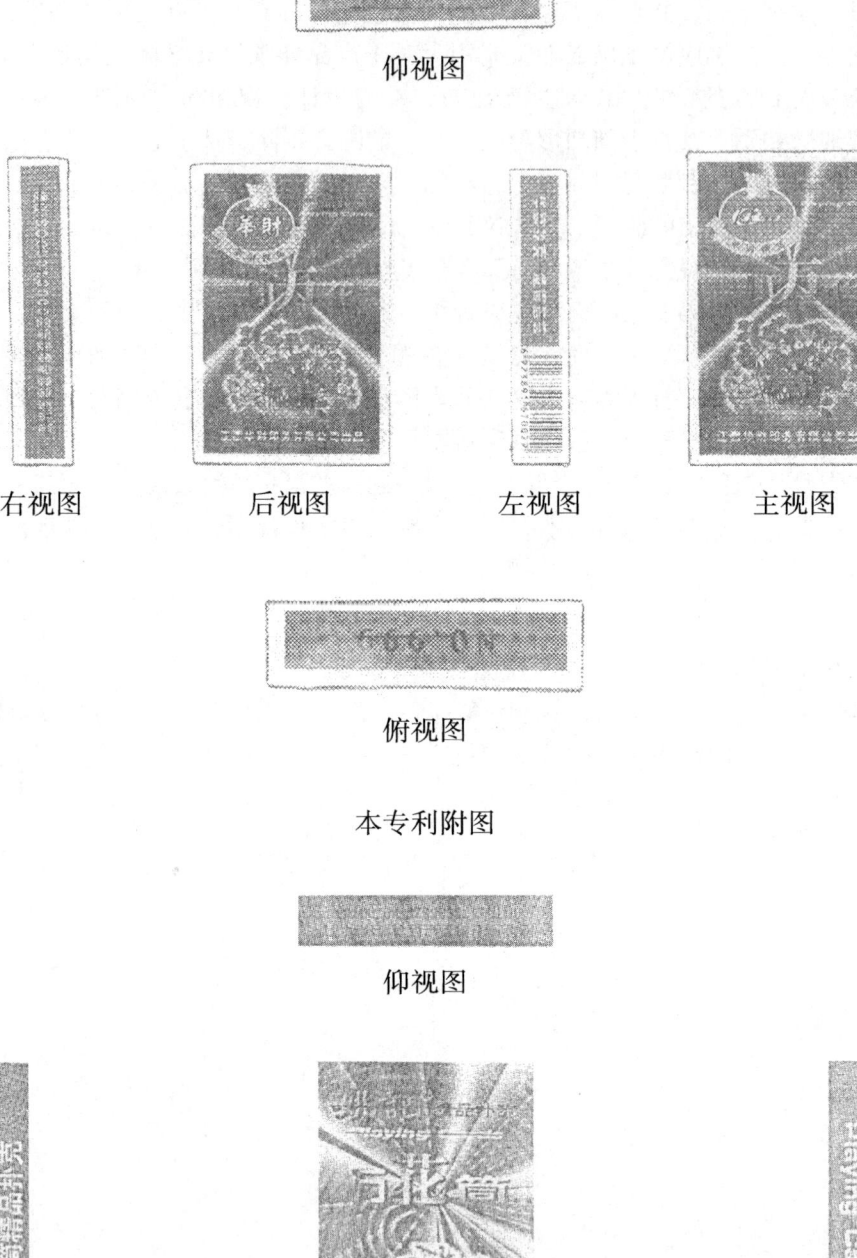

本专利附图

在先设计附图(后视图和主视图相同,省略后视图;请求保护色彩)

扑克牌（曲别针）

无效宣告请求审查决定（第10207号）

决 定 号	第10207号
决 定 日	2007年6月16日
发明创造名称	扑克牌（曲别针）
外观设计分类号	21-01
无效宣告请求人	上海市汇业律师事务所
专 利 权 人	彭 智
专 利 号	200430024037.5
申 请 日	2004年4月21日
授权公告日	2004年11月17日
合议组组长	钱亦俊
主 审 员	张 琳
参 审 员	翁晓君
附 图	1页

法 律 依 据 专利法第23条

决 定 要 点

本专利与在先设计相比，两者形状、图案相近似，应属于相近似的外观设计，故本专利不符合专利法第23条的规定。

一、案由

本无效宣告请求涉及的是国家知识产权局于2004年11月17日授权公告的申请号为200430024037.5的外观设计专利，其产品名称为"扑克牌（曲别针）"，申请日为2004年4月21日，专利权人是彭智。

针对上述专利权（下称本专利），上海市汇业律师事务所（下称请求人）于2005年11月28日向专利复审委员会提出无效宣告请求，其依据的事实和理由是：本专利与附件所示在先申请的外观设计专利没有区别，图案、形状完全相同，不符合专利法第23条规定。请求人提交了如下附件作为证据：

附件1：专利号为01311068.3的中国外观设计专利证书及其专利视图复印件共2页。

经形式审查合格，专利复审委员会受理了无效宣告请求，并于2006年6月9日将无效宣告请求书及其附件的副本转送给专利权人，要求其在指定期限内陈述意见。

针对上述无效宣告请求，专利权人在规定期间内未作出答复。

专利复审委员会于2007年1月11日向双方当事人发出了口头审理通知书，定于2007年3月20日对本案进行口头审理。

专利复审委员会于2007年3月18日收到专利权人的延期审理申请书，由于其理由不属于无法克服的困难，合议组未接受其申请。

口头审理如期进行。专利权人未出席口头审理。请求人明确无效宣告请求理由为，由于本专利与附件1图案、形状完全相同，故本专利不符合专利法第23条规定。请求人当庭提交在专利局网页上查询的本专利和附件1的打印页。

2007年3月20日，合议组发出转送文件通知书，将经过核实的本专利200430024037.5和在先设计01311068.3的彩色打印专利信息文件转寄给专利权人。专利权人逾期没有答复。

合议组经合议，认为本案事实清楚，依法作出本审查决定。

二、决定的理由

1. 证据的认定

附件1为专利号为01311068.3的中国外观设计，经本案合议组核实，附件1的复印件与原件相符，其中附件1的授权公告日为2001年10月17日，早于本专利的申请日，故附件1已构成本专利的对比文件（下称在先设计），可以用于评价本专利是否符合专利法第23条的规定。

2. 关于专利法第23条规定

专利法第23条规定：授予专利权的外观设计，应当同申请日以前在国内外出版物上公开发表过或者国内公开使用过的外观设计不相同和不相近似，并不得与他人在先取得的合法权利相冲突。

本专利外观设计涉及一种"扑克牌（曲别针）"，附图包括主视图，后视图无图案，省略后视图，未要求保护色彩。该主视图显示了扑克的形状和其背面图案，扑克为一长方形、扑克背面的图案为多个曲别针堆放的图案。（详见本专利附图）附件1外观设计（下称在先设计）涉及一种"扑克（回形针）"，附图包括主视图，平面产品省略后视图，请求保护色彩。在先设计主视图显示了扑克的形状和其背面图案，扑克为一长方形、扑克背面的图案为多个彩色曲别针堆放的图案。（详见在先设计附图）本专利未要求保护色彩，故应将本专利与在先设计的形状和图案进行比较，可以看出，两者的形状均是长方形、其图案均为多个曲别针堆放的图案，并且两者图案显示的各个曲别针的堆放形态、各个区别针之间形成的交错的位置关系基本相同。本专利与在先设计的主要区别在于，本专利的图案是在先设计图案的中间部分，即本专利没有显示在先设计的四周边框位置的图案，然而这样的区别对于产品的整体视觉效果不能产生显著的影响，对于一般消费者而言，二者仍易引起视觉上的混淆。因此本专利与在先设计相近似，不符合专利法第23条的规定。

三、决定

宣告200430024037.5号外观设计专利无效。

当事人对本决定不服的，可以根据专利法第46条第2款的规定，自收到本决定之日起三个月内向北京市第一中级人民法院起诉。根据该款的规定，一方当事人起诉后，另一方当事人应当作为第三人参加诉讼。

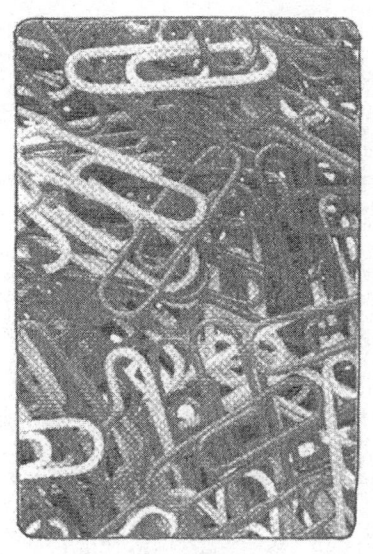

主视图

本专利附图（后视图无图案，省略后视图）

主视图

在先设计附图（平面视图省略后视图，请求保护色彩）

轮胎（HN209）

无效宣告请求审查决定（第 10208 号）

决 定 号	第 10208 号
决 定 日	2007 年 6 月 22 日
发明创造名称	轮胎（HN209）
外观设计分类号	12-15
无效宣告请求人	株式会社普利司通
专 利 权 人	风神轮胎股份有限公司
专 利 号	200430010798.5
申 请 日	2004 年 10 月 12 日
授权公告日	2005 年 7 月 20 日
合议组组长	崔 峥
主 审 员	吴亚琼
参 审 员	祁轶军
法 律 依 据	专利法第 23 条

决 定 要 点

对于轮胎产品的整体形状来说，本专利与对比文件的区别属于局部的细微差别，对产品整体视觉效果不具有显著的影响，两者是相近似的外观设计，故本专利不符合专利法第 23 条的规定。

一、案由

本无效宣告请求涉及专利号为 200430010798.5、名称为"轮胎（HN209）"的外观设计专利，该专利的申请日为 2004 年 10 月 12 日，授权公告日为 2005 年 7 月 20 日，专利权人为风神轮胎股份有限公司。

针对上述专利权（下称本专利），株式会社普利司通（下称请求人）于 2006 年 2 月 28 日向国家知识产权局专利复审委员会提出了无效宣告请求，其理由是本专利与其申请日以前在国内出版物上公开发表过的外观设计相近似，并与其申请日以前由他人申请并被授权的外观设计专利相同，因此不符合专利法第 23 条、第 9 条以及专利法实施细则第 13 条第 1 款的规定，并同时提交了如下证据：

证据 1：授权公告日为 2001 年 9 月 26 日、专利号为 00348649.4 的中国外观设计专利的外观设计专利公报复印件，共 1 页。

经形式审查合格后,专利复审委员会受理了该无效宣告请求案,于2006年7月5日向双方当事人发出了无效宣告请求受理通知书,并将无效宣告请求书及其证据副本转送给专利权人,要求其在规定的期限内答复,同时成立合议组对本案进行审理。

合议组于2006年8月25日向双方当事人发出合议组成员告知通知书,告知如对合议组成员有回避请求,应在规定的期限内提交书面的请求书。双方当事人均逾期未答复。

专利复审委员会于2006年8月28日收到专利权人针对无效宣告请求书提交的意见陈述书,其认为:本专利与证据1的图案虽都是不规则四边形,但本专利图案中胎面中部四边形的幅度与证据1中的图案不同;两者两侧部分的纵向花纹图案也不同;两者花纹及组成花纹的各花块的布局和比例关系不同。故本专利与证据1不相同也不相近似。

在上述工作的基础上,合议组认为本案的事实已经清楚,可以作出审查决定。

二、决定的理由

(1) 根据请求人在无效宣告请求中提出的理由和提交的证据,本案合议组依据专利法第23条进行审理。

专利法第23条规定:"授予专利权的外观设计,应当同申请日以前在国内外出版物上公开发表过或者国内公开使用过的外观设计不相同和不相近似,并不得与他人在先取得的合法权利相冲突。"

(2) 证据1(下称对比文件)是在本专利申请日之前公开的外观设计专利公告文件的复印件,经查证,合议组认定其属于本专利申请日之前的公开出版物,适用于本案。

(3) 将本专利与对比文件作如下相近似性的比较:本专利以主视图、左视图、立体图及局部放大图表示了一种轮胎的外观,本专利简要说明部分记载其右视图与左视图相同,后视图与主视图对称,俯视图、仰视图与主视图相同,省略右视图、后视图、俯视图和仰视图。从主、左视图及立体图来看,本专利的轮胎大致为圆环状柱体,其上、下两个圆环面略向外鼓出,其外圆周面的中间部位分布有三个相间隔的沿圆周方向延伸的环状沟槽,每个环状沟槽均由两条平行分布的锯齿线限定而成,在中间的环状沟槽中除锯齿的转折处外紧密排列着长边平行于上述锯齿线的长方形粒块,在上述转折处布置着弯头状粒块,在三个环状沟槽所形成的两个环状间隔处均匀布置大致沿横向向左上方倾斜的折线状细沟槽。在最外侧的圆周上具有由一长、一短的矩形均匀间隔排列而构成的环状花纹线(详见本专利的附图)。

对比文件以主视图、左视图、立体图、剖面图及局部放大图示出了一种轮胎的外观,基于一般生活常识,其后、仰、俯视图应与主视图相同,其右视图应与左视图相同。其所示的轮胎大致为圆环状柱体,其上、下两个圆环面向外鼓出,其外圆周面的中间部位分布有三个相间隔的沿圆周方向延伸的环状沟槽,每个环状沟槽均由两条平行分布的锯齿线限定而成,在中间的环状沟槽中除锯齿的转折处外紧密排列着长边平行于上述锯齿线的长方形粒块,在上述转折处布置着弯头状粒块,在三个环状沟槽所形成的二个环状间隔处均匀布置大致沿横向向左上方倾斜的折线状细沟槽。在最外侧的圆周上具有由一长、一短的矩形均匀间隔排列而构成的环状花纹线(详见对比文件的附图)。

将本专利与对比文件相比较,两者的外观设计在整体形状、比例、花纹、布局等方面均采用了几乎相同的设计,两者的区别主要体现在对比文件的上、下两个圆环面向外鼓出的程度更大一些。合议组认为:对于轮胎的整体形状来说,两者的主视图及局部放大图上所示出的轮胎花纹设计是对整体视觉效果更具有显著影响的方面,上述区别属于局部的细微变化,对产品整体视觉效果不具有显著的影响,两者是相近似的外观设计,故本专利不符合专利法第23条的规定。

鉴于已得出本专利不符合专利法23条规定的结论,故合议组对请求人所提出的其他无效理由不再予以评述。

三、决定

宣告 200430010798.5 号外观设计专利权无效。

当事人对本决定不服的,可以根据专利法第 46 条第 2 款的规定,自收到本决定之日起三个月内向北京市第一中级人民法院起诉。根据该款的规定,一方当事人起诉后,另一方当事人应当作为第三人参加诉讼。

包装盒（大大彩虹）

无效宣告请求审查决定（第10209号）

决 定 号	第10209号
决 定 日	2007年6月7日
发明创造名称	包装盒（大大彩虹）
外观设计分类号	09-03
无效宣告请求人	上海恒方知识产权咨询有限公司
专 利 权 人	佳口食品（中国）有限公司
专 利 号	200430043513.8
申 请 日	2004年6月25日
授权公告日	2005年3月16日
合议组组长	钟 华
主 审 员	程 华
参 审 员	毕艳红
法 律 依 据	专利法第5条，反不正当竞争法第5条

决 定 要 点

请求人未提交证据的原件，无法核实其真实性，同时上述证据记载的内容也无法证明请求人所主张的本外观设计专利使用了他人在先注册的商标，违反了反不正当竞争法第5条的规定从而不符合专利法第5条规定的事实。

一、案由

本无效宣告请求涉及国家知识产权局于2005年3月16日授权公告、专利号为200430043513.8、名称为"包装盒（大大彩虹）"的外观设计专利（下称本专利），其申请日是2004年6月25日，专利权人是佳口食品（中国）有限公司。

针对上述外观设计专利权，上海恒方知识产权咨询有限公司（下称请求人）于2006年4月19日向国家知识产权局专利复审委员会提出无效宣告请求，其理由为本外观设计专利不符合专利法第23条、专利法第5条的规定。请求人同时提交了如下附件：

附件1：马斯公司"彩虹"商标的第1108119号商标注册证复印件2页；
附件2：马斯公司"彩虹"商标的第946537号商标注册证复印件2页；
附件3：马斯公司"RAINBOW"商标的第1288925号商标注册证复印件2页；
附件4：马斯公司彩虹图案商标的第1145551号商标注册证复印件2页；

附件5：马斯公司"RAINBOW"彩虹组合商标的第993590号商标注册证复印件2页；

附件6：天津市工商行政管理局北辰分局工商辰处字（2004）第424号行政处罚决定书复印件1页；

附件7：佳口食品（中国）有限公司致番禺区工商局经济检查大队的《情况说明》复印件2页。

请求人认为：本外观设计专利的包装盒设计，同申请日前马斯公司已经在先合法取得的商标权相冲突，违反了专利法第23条的禁止性的规定；包装盒设计将他人商标标识作为自己的产品外观，属不正当竞争行为，违反了有关法律，属于专利法第5条规定的不授予专利权的情形。

经形式审查合格，专利复审委员会依法受理了上述无效宣告请求，于2006年7月6日向双方当事人发出无效宣告请求受理通知书，并将无效宣告请求书及其附件清单中所列附件副本寄给专利权人，要求其在指定期限内答复。

专利复审委员会依法成立合议组对本案进行审查，本案合议组于2007年4月3日向双方当事人发出口头审理通知书，定于2007年5月31日对本案进行口头审理。

口头审理如期举行。仅请求人一方出席了口头审理，专利权人未出席口头审理。请求人对合议组成员没有回避请求。请求人明确表示其无效理由为：本专利不符合专利法第23条有关与他人在先取得的合法权利相冲突的有关规定；本专利属于专利法第5条规定的违反国家法律的情形，具体指违反《中华人民共和国反不正当竞争法》第5条第（1）项、第（2）项的有关规定。合议组当庭告知请求人根据专利法实施细则第65条第3款的规定，由于请求人没有提交能够证明本专利与他人在先取得的合法权利相冲突的生效的处理决定或者判决，其提出的"本专利不符合专利专利法第23条有关与他人在先取得的合法权利相冲突的有关规定的无效宣告理由"不予受理，因此本次口头审理对该理由不予审理。请求人当庭提交了附件1~5的扫描件，其中附件3第1288925号商标注册证的扫描件与请求人在提出无效宣告请求时提交的附件3内容不相符，未提交附件6、7的原件。请求人明确以附件1~5证明本专利使用了马斯公司在先注册的商标、包装装潢和商品名称，违反了《中华人民共和国反不正当竞争法》第5条的规定，从而本专利不符合专利法第5条的规定。请求人明确附件6和本案专利权人没有直接关系，只是证明马斯公司是一个知名的公司，其商品是知名的商品。这个行政处罚决定书虽然不是针对本专利的专利权人进行处罚，但是可以从侧面证明马斯公司拥有"彩虹"和"Rainbow"的商标权，如果他人生产的产品上有相应的图案和字样就是违反反不正当竞争法。请求人明确附件7第2页倒数第2段中"贵局所指定的字样"和"七种颜色"来证明专利权人使用了马斯公司的注册商标。

二、决定的理由

1. 法律依据

专利法第5条规定：对违反国家法律、社会公德或者妨害公共利益的发明创造，不授予专利权。

审查指南第二部分第一章第3.1节规定：国家法律，是指由全国人民代表大会或者全国人民代表大会常务委员会依照立法程序制定和颁布的法律。它不包括行政法规和规章。

《反不正当竞争法》第5条规定：经营者不得采用下列不正当手段从事市场交易，损害竞争对手：

（1）假冒他人的注册商标；

（2）擅自使用知名商品特有的名称、包装、装潢，或者使用与知名商品近似的名称、包装、装潢，造成和他人的知名商品相混淆，使购买者误认为是该知名商品；

（3）擅自使用他人的企业名称或者姓名，引人误认为是他人的商品；

（4）在商品上伪造或者冒用认证标志、名优标志等质量标志，伪造产地，对商品质量作引人误解的虚假表示。

2. 证据认定

请求人当庭提交的是附件1~5的扫描件，未提交原件，合议组无法核实附件1~5的真实性，因此附件1~5不能作为本案的定案依据使用。

请求人未提交附件6的原件，合议组无法核实其真实性，而且，由于附件6是天津市工商行政管理局北辰分局对天津市艾诗浓食品有限公司作出的行政处罚决定，与本案无关联性，这一点请求人当庭也承认，因此附件6不能作为本案的定案依据。

请求人未提交附件7的原件，合议组无法核实其真实性，而且，从附件7第2页倒数第2段中记载的"贵局所指定的字样"和"七种颜色"，合议组无法确定是什么字样、色彩及图样，从而无法证明请求人所主张的专利权人使用了马斯公司的注册商标，进而违反了中华人民共和国反不正当竞争法的有关规定的事实，即附件7无法证明本专利不符合专利法第5条的规定。

3. 本专利是否符合专利法第5条的规定

由于附件1~7均未提交原件，而且附件6、7与本案待证事实无关，目前提交的附件不符合有关证据真实性与关联性的要求，无法形成完整、有效的证据链，无法证明本专利的外观设计使用了马斯公司的注册商标，不能证明违反《反不正当竞争法》第5条的规定，不属于专利法第5条的规定的违反国家法律的情形，请求人提出的无效理由不能成立。

三、决定

维持200430043513.8号外观设计专利权有效。

当事人对本决定不服的，可以根据专利法第46条第2款的规定，自收到本决定之日起三个月内向北京市第一中级人民法院起诉。根据该款的规定，一方当事人起诉后，另一方当事人应当作为第三人参加诉讼。

化妆品包装瓶（1）

无效宣告请求审查决定（第10222号）

决 定 号	第10222号
决 定 日	2007年6月28日
发明创造名称	化妆品包装瓶（1）
外观设计分类号	09-01-B0375
无效宣告请求人	莱雅公司
专 利 权 人	方东艳
专 利 号	99335338.X
申 请 日	1999年9月16日
授权公告日	2000年5月17日
合议组组长	张荣彦
主 审 员	张田勇
参 审 员	周 航
附 图	2页
法 律 依 据	专利法第23条

决 定 要 点

如果一般消费者经过对被比设计与在先设计的整体观察可以看出，二者的差别对于产品外观设计的整体视觉效果不具有显著的影响，则被比设计与在先设计相近似。

一、案由

本无效宣告请求涉及的是中华人民共和国国家知识产权局于2000年5月17日授权公告的名称为"化妆品包装瓶（1）"的外观设计专利（下称本专利），其申请号是99335338.X，申请日是1999年9月16日，专利权人是广州大方詠嘉企业有限公司，后于2005年5月25日变更为方东艳。

针对本专利权，莱雅公司（下称请求人）于2005年8月25日向专利复审委员会提出无效宣告请求，其提交的证据如下：

证据1：US00D382803S号美国外观设计专利，授权公告日为1997年8月26日；

证据2：墨西哥知识产权委员会文件号为348934的商标注册证书复印件及中文译文共2页，注册日期为1998年10月1日；

证据3：莱雅公司生产的产品的图片资料复印件2页；

证据4：本专利授权公报复印件1页；

证据5：声称是在加拿大获得的 Maclean Hunter 出版有限公司 1997 年 5 月出版的《COSMETIC（化妆品）》期刊封面、第 26、27 页的复印件共 3 页；

证据6：加拿大外交和国际贸易部于 2005 年 4 月 15 日出具的证明其所附《COSMETIC》期刊为 1997 年 5 月号原始副本的公证书原件、复印件及其中文译文，以及中华人民共和国驻加拿大使馆于 2005 年 6 月 29 日对前述公证书出具的认证书原件、复印件，其中公证书附有 Maclean Hunter 出版有限公司 1997 年 5 月出版的《COSMETIC》期刊原件，即证据 5 的原件。

请求人认为，证据 1 与本专利的整体造型基本相同；证据 5 的瓶体和瓶盖上的图案与证据 1 组合后，除图案上的文字有中文和外文的区别外，在其正视图上的图案与本专利主视图上的图案完全相同；证据 5 上的图案与证据 2 瓶体上的图案完全相同；证据 3 不是公开出版物，是证据 5 和证据 2 的补充证据，说明了证据 5 和证据 2 瓶体另一面上的图案形状。由此，证据 5、证据 2 和证据 3 组成证据链证明本专利的正视图和后视图上的图案与在先公开的同样形状的瓶子上的图案相近似，本专利不符合专利法第 23 条的规定。

经形式审查合格，专利复审委员会受理了上述无效宣告请求，于 2005 年 12 月 14 日向双方当事人发出无效宣告请求受理通知书，同时将专利权无效宣告请求书及其附件清单中所列附件的副本转送给专利权人，要求其在指定的期限内答复。

专利复审委员会于 2006 年 1 月 26 日收到专利权人提交的意见陈述书，专利权人认为证据 1~3 已被针对本专利的在先生效决定认定为不影响本专利的专利性；要求合议组给予其合理的时间以核实证据 5、6 的真实性；即使证据 5 是真实的，证据 5 也不构成与本专利相似的外观设计；请求人在提出无效宣告请求时使用的证据 5、证据 2 以及证据 3 结合的判断方式不符合审查指南中规定的外观设计相同和相近似的判断中"单独对比"的判断方式。

专利复审委员会依法组成合议组，对上述无效宣告请求进行审查。

本案合议组于 2006 年 5 月 8 日向双方当事人发出无效宣告请求口头审理通知书，指出本案定于 2006 年 6 月 12 日举行口头审理。

本案合议组于 2006 年 5 月 11 日向请求人发出转送文件通知书，将专利权人于 2006 年 1 月 26 日提交的意见陈述书转送给请求人。

口头审理如期举行，双方当事人均出席口头审理。在口头审理中，请求人明确其无效宣告请求的理由、范围为：本外观设计专利相对于证据 1、2、3、5、6 所构成的证据链不符合专利法第 23 条的规定。专利权人认为：按照一事不再理原则，应当驳回请求人提出的关于证据 1~3 的无效理由。

专利权人对证据 1、2 的真实性没有异议，证据 2 的公开日期在本专利之后；证据 3 不是公开出版物；对证据 5、6 中认证书的真实性无异议，但认为证据 6 中的公证书的真实性无法确认；仅收到证据 5 的复印件 3 页，该复印件与原件相符，对其真实性无异议，但 3 页复印件上无公开日期信息；对请求人提交的证据 5 的期刊原件的公开时间信息不予核实，请求合议组依职权调查，对调查结果无异议。请求人认为证据 3 不是公开出版物；证据 5 的期刊原件的版权信息页上有 "© Lancome Canada 1997" 字样。

请求人认为：可以使用多个证据组合与被比外观设计进行对比以评述其不符合专利法第 23 条的规定。证据 1 公开本专利的形状，证据 3 公开本专利后视图的图案，证据 2、5 公开本专利主视图的图案，证据 1、2、3、5 构成证据链，因此本专利不符合专利法第 23 条的规定。仅凭证据 5 不能单独证明本专利不符合专利法第 23 条的规定。专利权人认为：证据 5 仅公开了一面的图案，而该图案与本专利的主视图不相近似，本专利主视图上的中文"大眼睛"是本专利的显著特征；证据 5 的形状与本专利没有可比性。

在口头审理中，双方当事人均充分发表了意见。

经审理，合议组认为本案的事实清楚，现依法作出如下决定。

二、决定的理由

专利法第 23 条规定：授予专利权的外观设计，应当同申请日以前在国内外出版物上公开发表过或者国内公开使用过的外观设计不相同和不相近似，并不得与他人在先取得的合法权利相冲突。

审查指南第四部分第五章第 5 节规定了外观设计相同和相近似的判断的判断方式，其中第 5.2 规定了单独对比的原则，即在相同或者相近似判断中，一般应当用一项在先设计与被比设计进行单独对比，而不能将两项或者两项以上在先设计结合起来与被比设计进行对比。

请求人认为可以使用多个证据组合与被比外观设计进行对比，以评述其不符合专利法第 23 条的规定。并且请求人认为证据 1 公开了本专利的形状，证据 3 公开了本专利后视图的图案，证据 2、5 公开了本专利主视图的图案，证据 1、2、3、5 构成了证据链，因此本专利不符合专利法第 23 条的规定。仅凭证据 5 不能单独证明本专利不符合专利法第 23 条的规定。

针对请求人提出的上述具体理由，合议组经审查认为，请求人实际上不是使用由证据 1～3、5 构成的证据链来证明本专利不符合专利法第 23 条的规定的，而是将证据 1～3、5 中所分别公开的设计结合起来与本专利进行对比的，而这不符合审查指南第四部分第五章第 5.2 节规定的进行外观设计相同或相近似判断时单独对比的判断原则，合议组对请求人的上述主张不予支持。

请求人虽然使用了"证据 1～3、5 构成证据链"的表达方式，但请求人在提出无效宣告请求时以及在口头审理过程中未具体陈述由证据 1～3、5 如何构成的证据链证明本专利不符合专利法第 23 条的规定，因此合议组对此不予考虑。本决定中将仅对本专利分别相对于证据 1～3、5 是否符合专利法第 23 条的规定进行审查。

（1）本专利分别相对于证据 1～3 是否符合专利法第 23 条的规定。

关于本专利分别相对于证据 1～3 是否符合专利法第 23 条的规定的无效理由，由于在已生效的专利复审委员会第 5823 号无效宣告请求审查决定中已经进行了审理，并做出了本专利符合专利法第 23 条的审查结论，因此根据审查指南第四部分第三章第 2.1 节规定的一事不再理原则，本案合议组不再对此无效宣告请求理由以及证据 1～3 进行审理。

（2）本专利相对于证据 5 是否符合专利法第 23 条的规定。

证据 5 是声称在加拿大获得的 Maclean Hunter 出版有限公司 1997 年 5 月出版的《COSMETIC（化妆品）》期刊封面、第 26、27 页的复印件，该期刊是在中华人民共和国领域外形成的证据，属于域外证据。请求人称证据 5 是在加拿大获得的，并且针对证据 5，请求人在加拿大办理了相关的公证、认证手续，并提交了相关的公证书、认证书原件，即，证据 6，其中公证书中附有证据 5 的原始副本，即 Maclean Hunter 出版有限公司 1997 年 5 月出版的《COSMETIC》期刊原件。

在口头审理中，专利权人对证据 6 中认证书的真实性无异议，但认为证据 6 中的公证书的真实性无法确认；专利权人还认为证据 5 的复印件与原件相符，对其真实性无异议，但 3 页证据 5 上无公开日期信息，对证据 5 的期刊原件的公开时间信息不予核实，请求合议组依职权调查，对调查结果无异议。

合议组经审查认为，请求人提交了证据 5、证据 6 的原件，而证据 6 中的公证书是由加拿大外交和国际贸易部出具的对出版《COSMETIC》期刊的麦克莱恩·亨特出版公司的继任者"吉姆·希克斯"的证人证言的公证，其上注明"上述签名的法律认可在外交和国际贸易部核证"，并有外交部副部长的签名和加盖"加拿大外交和国际贸易部"印章，根据该公证书，专利权人能够通过多种渠道对证据6的公证书进行核实，如核实麦克莱恩·亨特出版公司的继任者"吉姆·希克斯"身份是否属实、到加拿大外交和国际贸易部核实公证书本身的真实性，而至口头审理结束，专利权人也未提交证据证明证据6是不真实的，仅认为无法确认证据6中的公证书的真实性，因此合议组对专利权人的这一主张不予支持。因此，证据5、证据6的真实性可以确认。

对于证据5，合议组还认为：由证据6所附的该期刊原件可知，其中包括有大量的各种品牌的化妆品广告，应是向公众公开发行的期刊杂志，属于专利法意义上的公开出版物。至于证据5的公开时间，请求人认为证据5所在的期刊为1997年5月出版的《COSMETIC》期刊，即证据5的公开日为1997年5月31日；合议组经审查认为在证据5的杂志封面页上记载有"MAY 1997"的字样，可以确认其为期刊号，与证据6的公证书中的麦克莱恩·亨特出版公司的继任者"吉姆·希克斯"的证人证言相互印证，表明证据5所在的"COSMETIC"期刊是1997年5月号，即证据5的公开日应当为1997年5月31日。综上所述，合议组认为证据5的公开日在本专利申请日（1999年9月16日）之前，可作为本专利的在先设计。

本专利包括主视图、后视图、左视图、右视图、俯视图、仰视图以及立体图共7幅图片，由各视图可知，本专利的"包装瓶"整体为较扁的近似"鹅卵石"形状，其顶部瓶盖为斜置的半椭圆的两层盖，其底部为椭圆状平底；其主视图瓶身上从上至下的设计图案为：带凸耳的圆眼睛的图案，其下是变形的"大眼睛"三个大字，再下面是两排各三个相叠排列的半圆形图案，并有"Kids"字样位于两排半圆形图案的上方，两排半圆形图案下方为靠左侧设置的多行文字及一段从左下方向右上方向下弯曲的圆弧带；后视图瓶身上有若干行细小的文字及条形码（见本专利附图）。

证据5中包括三副大的瓶的图片以及一副示出了三个小瓶的图片，它们均是以立体图的方式示出了瓶的主视图，所示瓶的顶部瓶盖为斜置的两层盖，其瓶身正面上从上至下的设计图案为：带凸耳的圆眼睛的图案，其下是一横排大的文字"L'OREAL"，环绕文字"L'OREAL"的左端字母"L'"有环形排列的多个字母，文字"L'OREAL"的下方是两排各三个相叠排列的半圆形图案，并有"Kids"字样位于两排半圆形图案上方，两排半圆形图案下方为靠左侧设置的多行文字及一段从左下方向右上方向下弯曲的圆弧带（见证据5附图）。

将本专利与证据5进行对比可知，其相同点为：两者的瓶的顶部瓶盖为斜置的两层盖，瓶身正面上从上至下的设计图案为带凸耳的圆眼睛的图案，其下有一横排大的文字，所述大的文字下方是两排各三个相叠排列的半圆形图案，并有"Kids"字样位于两排半圆形图案上方，两排半圆形图案下方为靠左侧设置的多行文字及一段从左下方向右上方向下弯曲的圆弧带。

将本专利与证据5进行对比可知，差别在于：（1）本专利的"包装瓶"主视图上带凸耳的圆眼睛图案下方是变形的"大眼睛"三个大字，证据5中的瓶的主视图上带凸耳的圆眼睛图案下方是一横排大的文字"L'OREAL"，环绕文字"L'OREAL"的左端字母"L'"有环形排列的多个字母；（2）本专利各视图中还示出"包装瓶"整体为较扁的近似"鹅卵石"形状，顶部瓶盖为半椭圆形，底部为椭圆状平底，后视图瓶身上有若干行细小的文字及条形码。

对于差别（2），合议组认为，虽然证据5中仅以立体图的方式示出了瓶的主视图，但由证据5中的各图可以看出所示瓶的正面与侧面是圆滑过渡的，依据一般消费者的认知能力，可以确定证据5中所示瓶的形状是对称的，即，证据5所示的瓶具有整体为较扁的近似"鹅卵石"形状，顶部瓶盖为半椭圆形，底部为椭圆状平底；而对于后视图瓶身上有若干行细小的文字及条形码的设计，属于"包装瓶"类产品公认的惯常设计。对于差别（1），合议组认为，其除文字种类不同外，图案略有不同，但经过对两项设计整体观察可以看出，这一差别在产品主视图中所占比例很小，对于产品外观设计的整体视觉效果不具有显著影响，在整体形状中不足以使一般消费者对二者整体产生明显不同的视觉差别。综上所述，本专利与证据5属于相近似的外观设计，不符合专利法第23条的规定。

三、决定

宣告99335338.X号外观设计专利权无效。

当事人对本决定不服的，可以根据专利法第46条第2款的规定，自收到本决定之日起三个月内向北京市第一中级人民法院起诉。根据该款的规定，一方当事人起诉后，另一方当事人应当作为第三人参加诉讼。

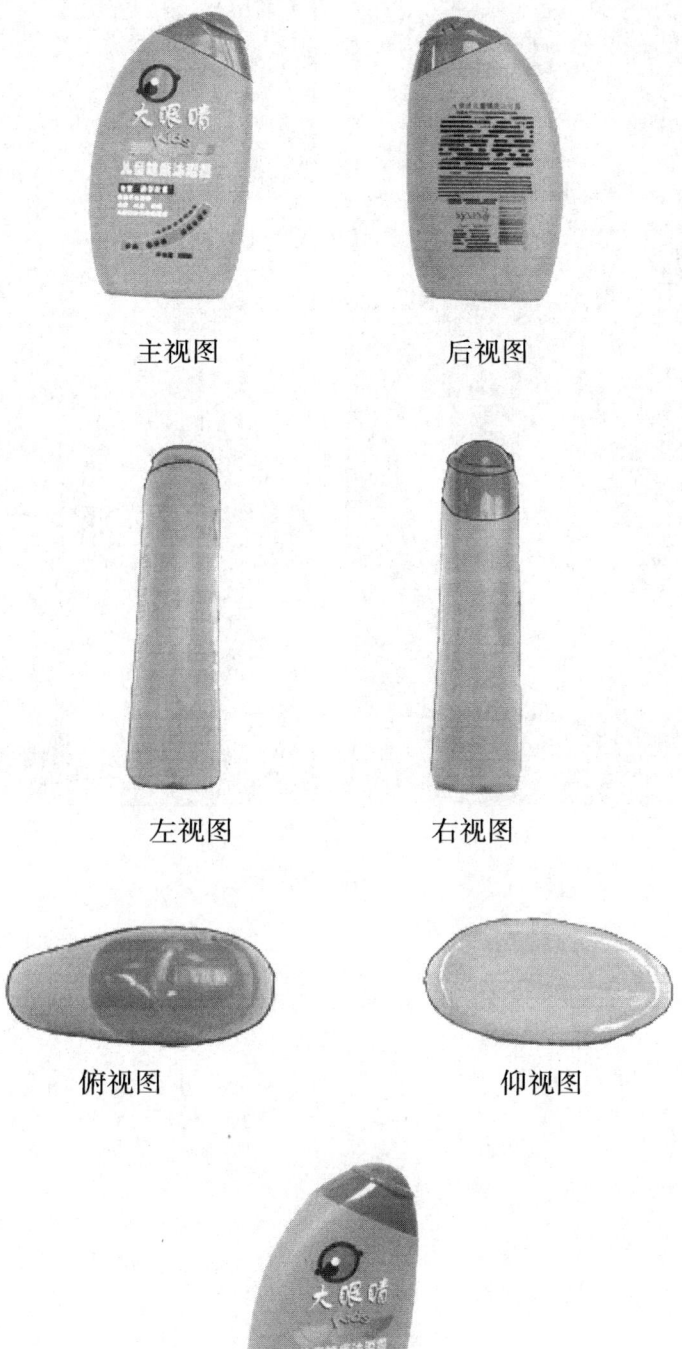

主视图　　后视图

左视图　　右视图

俯视图　　仰视图

立体图

本专利附图

证据5附图

北京市第一中级人民法院
行政判决书

（2007）一中行初字第 1289 号

原告方东艳，女，1965 年 1 月 8 日出生，汉族，广州大方永嘉化妆品有限公司总经理，住中华人民共和国广东省广州市东山区芳草西巷 4 号。

委托代理人董瑞华，男，北京金之桥知识产权代理有限公司专利代理人。

委托代理人梁朝玉，男，北京金之桥知识产权代理有限公司专利代理人。

被告中华人民共和国国家知识产权局专利复审委员会，住所地中华人民共和国北京市海淀区北四环西路 9 号银谷大厦 10~12 层。

法定代表人廖涛，副主任。

委托代理人周航，女，中华人民共和国国家知识产权局专利复审委员会审查员。

委托代理人隋璐，女，中华人民共和国国家知识产权局专利复审委员会审查员。

第三人莱雅公司，住所地法兰西共和国巴黎市第八区国王大街 14 号。

法定代表人林赛·欧文·约内斯，董事长。

委托代理人夏志泽，男，北京万慧达知识产权代理有限公司专利代理人。

委托代理人杨颖，女，北京万慧达知识产权代理有限公司专利代理人。

原告方东艳不服被告中华人民共和国国家知识产权局专利复审委员会于 2007 年 6 月 28 日作出的第 10222 号无效宣告请求审查决定（以下简称被诉决定），向本院提起行政诉讼。本院受理后，依法组成合议庭，并依法通知与本案被诉决定存在法律上利害关系的莱雅公司作为本案第三人参加诉讼。2008 年 3 月 5 日，本院公开开庭审理了本案。原告的委托代理人梁朝玉，被告的委托代理人周航、隋璐及第三人的委托代理人夏志泽、杨颖到庭参加了诉讼。现本案已审理终结。

2007 年 6 月 28 日，被告依照第三人的无效请求，针对专利权人为本案原告、名称为"化妆品包装瓶（1）"的第 99335338.X 号外观设计专利（以下简称本专利），作出被诉决定认定，本专利与对比文件 5（即：声称是在加拿大获得的 Maclean Hunter 出版有限公司 1997 年 5 月出版的《COSMETIC（化妆品）》期刊封面、第 26、27 页的复印件共 3 页）属于相近似的外观设计，不符合《中华人民共和国专利法》（以下简称《专利法》）第二十三条的规定，故宣告本专利权无效。

在法定期限内，被告向本院提交了下列证据用以证明被诉决定的合法性：（1）口头审理记录表附表复印件；（2）本专利公报；（3）对比文件 1：US00D382803S 号美国外观设计专利，授权公告日为 1997 年 8 月 26 日；（4）对比文件 2：墨西哥知识产权委员会文件号为 348934 的商标注册证书复印件及中文译文共 2 页，注册日期为 1998 年 10 月 1 日；（5）对比文件 3：第三人生产的产品的图片资料复印件 2 页；（6）对比文件 5；（7）对比文件 6：加拿大外交和国际贸易部于 2005 年 4 月 15 日出具的证明其所附《COSMETIC》期刊为 1997 年 5 月号原始副本的公证书原件、复印件及其中文译文，以及中华人民共和国驻加拿大使馆于 2005 年 6 月 29 日对前述公证书出具的认证书原件、复印件，其中公证书附有 Maclean Hunter 出版有限公司 1997 年 5 月出版的《COSMETIC》期刊原件，即对比文件 5 的原件。此外，庭审中，被告出示了对比文件 5 的原件。

原告诉称：被诉决定认定事实不清，适用法律错误。首先，第三人利用对比文件 1、2、3、5 构成证据链来申请本专利无效，且认为仅凭对比文件 5 不能单独证明本专利无效，但被告却仅单独使用了对比文件5即将本专利无效，因此，被告的行为违反了当事人处置原则。其次，被告对对比文件5、6的认证理由不充分。原告对于对比文件6的真实性无异议，但该证据仅能证明对比文件5中加拿大外交部的印章和官员的签字是真实的，并不能证明对比文件5中证人证言和其所提交的《COSMETIC》期刊是真实的。第三，对比文件5显示的是平面图，本专利显示的是立体图，被告将二者进行比较并以一幅平面图的正面推出对比文件5与本专利构成近似是错误的。综上，请求本院撤销被诉决定，责令被告重新作出审查决定。

在法定期限内，原告向本院提交了下列证据支持其诉讼主张：（1）对比文件1；（2）对比文件2；（3）对比文件3；（4）对比文件4；（5）对比文件5；（6）对比文件6；（7）第三人在行政阶段提交的无效宣告请求书及附页。

被告辩称：被诉决定认定事实清楚，适用法律正确，程序合法。首先，第三人虽然表示对比文件1、2、3、5构成证据链，但这只是第三人对证据如何影响本专利有效性的具体观点，并不表示其明确放弃了任何无效宣告理由，相反，第三人没有放弃对比文件5作为证据使用，只不过是将其作为证据链的一部分。《审查指南》第四部分第一章第2.4节规定，"专利复审委员会可以对所审查的案件依职权进行审查，而不受当事人提出的理由、证据的限制"。本案中，被告合议组在充分听取双方当事人对其观点的表述之后作出认定，认为对比文件5已经足以影响本专利的有效性，故被诉决定的作出并没有违反当事人处置原则，也没有超出被告的职权范围。其次，对比文件6中的公证书不是一般人的证人证言，其证人身份是加拿大安大略市的公证人，且有外交副部长签名印章，被告认为对于域外证据的公证认证，第三人已经完成了举证责任，在此情况下原告若有异议应负有举证责任。对此，我委坚持被诉决定的认定。第三，关于本专利与对比文件5近似性的问题，我委坚持被诉决定的观点。综上，请求本院维持被诉决定，驳回原告的诉讼请求。

第三人陈述意见称：首先，被诉决定程序合法，被告并没有违反无效宣告请求的当事人处置原则，也不属于超范围审查。其次，被诉决定所依据的证据真实、合法、有效，被告没有违反法律法规有关证据采信的规定。第三，本专利与对比文件5构成近似。因此，被诉决定审查程序合法，认定事实清楚，证据确实充分，宣告本专利无效正确，请求本院驳回原告的诉讼请求。

在法定期限内，第三人没有向本院提交证据。

经庭审质证，对于被告的证据6（即对比文件5），原告认可其是公开出版物，但对其真实性有异议，对于其他证据的关联性、合法性与真实性均无异议；第三人对于被告所有证据的关联性、合法性与真实性均无异议。被告与第三人对于原告证据的关联性、合法性与真实性均无异议。本院经审查认为，被告与原告提交的证据均与本案有关，且合法、真实，本院予以确认。

根据上述有效证据及各方当事人无争议的陈述，本院认定事实如下：

本专利系由中华人民共和国国家知识产权局于2000年5月17日授权公告，申请日是1999年9月16日，原专利权人是广州大方詠嘉企业有限公司，后于2005年5月25日变更为方东艳。

针对本专利权，第三人于2005年8月25日向被告提出无效宣告请求，并同时提交了对比文件1~6作为证据。第三人认为，对比文件1与本专利的整体造型基本相同；对比文件5的瓶体和瓶盖上的图案与对比文件1组合后，除图案上的文字有中文和外文的区别外，在其正视图上的图案与本专利主视图上的图案完全相同；对比文件5上的图案与对比文件2瓶体上的图案完全相同；对比文件3不是公开出版物，是对比文件5和对比文件2的补充证据，说明了对比文件5和对比文件2瓶体另一面上的图案形状。由此，对比文件5、对比文件2和对比文件3组成证据链证明本专利的正视图和后视图上的图案与在先公开的同样形状的瓶子上的图案相近似，本专利不符合《专利法》第二十三条的规定。

经形式审查合格，被告受理了上述无效宣告请求，并将上述材料进行了转文，同时要求原告在指定的期限内答复。

被告于2006年1月26日收到原告提交的意见陈述书，原告认为对比文件1~3已被针对本专利的在先生效决定认定为不影响本专利的专利性；要求被告给予其合理的时间以核实对比文件5、6的真实性；即使对比文件5是真实的，对比文件5也不构成与本专利相似的外观设计；第三人在提出无效宣告请求时使用的对比文件5、对比文件2以及对比文件3结合的判断方式不符合《审查指南》中规定的"单独对比"的判断方式。

被告亦将上述材料进行了转文。

2006年6月12日，原告与第三人均出席了被告举行的口头审理。口头审理中，第三人明确其无效宣告请求的理由、范围为：本外观设计专利相对于对比文件1、2、3、5、6所构成的证据链不符合《专利法》第二十三条的规定。原告认为：按照一事不再理原则，应当驳回第三人提出的关于对比文件1~3的无效理由。

原告对对比文件。1、2的真实性没有异议，对比文件2的公开日期在本专利之后；对比文件3不是公开出版物；对对比文件5、6中认证书的真实性无异议，但认为对比文件6中的公证书的真实性无法确认；仅收到对比文件5的复印件3页，该复印件与原件相符，对其真实性无异议，但3页复印件上无公开日期信息；对第三人提交的对比文件5的期刊原件的公开时间信息不予核实，请求被告依职权调查，对调查结果无异议。第三人认为对比文件3不是公开出版物；对比文件5的期刊原件的版权信息页上有"© Lancome Canada1997"字样。

第三人认为：可以使用多个证据组合与被比外观设计进行对比以评述其不符合《专利法》第二十三条的规定。对比文件1公开本专利的形状，对比文件3公开本专利后视图的图案，对比文件2、5公开本专利主视图的图案，对比文件1、2、3、5构成证据链，因此本专利不符合《专利法》第二十三条的规定。仅凭对比文件5不能单独证明本专利不符合《专利法》第二十三条的规定。原告认为：对比文件5仅公开了一面的图案，而该图案与本专利的主视图不相近似，本专利主视图上的中文"大眼睛"是本专利的显著特征；对比文件5的形状与本专利没有可比性。

在口头审理中，双方当事人均充分发表了意见。

被告经审查认为：

《审查指南》第四部分第五章第5节规定了外观设计相同和相近似的判断的判断方式，其中第5.2规定了单独对比的原则，即在相同或者相近似判断中，一般应当用一项在先设计与被比设计进行单独对比，而不能将两项或者两项以上在先设计结合起来与被比设计进行对比。第三人认为可以使用多个证据组合与被比外观设计进行对比，以评述其不符合《专利法》第二十三条的规定。第三人认为对比文件1公开了本专利的形状，对比文件3公开了本专利后视图的图案，对比文件2、5公开了本专利主视图的图案，对比文件1、2、3、5构成了证据链，因此本专利不符合《专利法》第二十三条的规定。仅凭对比文件5不能单独证明本专利不符合《专利法》第二十三条的规定。

针对第三人提出的上述具体理由，被告经审查认为，第三人实际上不是使用由对比文件1-3、5构成的证据链来证明本专利不符合《专利法》第二十三条的规定的，而是将对比文件1-3、5中所分别公开的设计结合起来与本专利进行对比的，而这不符合《审查指南》第四部分第五章第5.2节规定的进行外观设计相同或相近似判断时单独对比的判断原则，被告对第三人的上述主张不予支持。

第三人虽然使用了"对比文件1~3、5构成证据链"的表达方式，但第三人在提出无效宣告请求时以及在口头审理过程中未具体陈述由对比文件1~3、5如何构成的证据链证明本专利不符合《专利法》第二十三条的规定，因此被告对此不予考虑。本决定中将仅对本专利分别相对于对比文件1~3、5是否符合《专利法》第二十三条的规定进行审查。

关于本专利分别相对于对比文件1~3是否符合《专利法》第二十三条的规定的无效理由，由于在已生效的被告第5823号无效宣告请求审查决定中已经进行了审理，并作出了本专利符合《专利法》第二十三条的审查结论，因此根据《审查指南》第四部分第三章第2.1节规定的一事不再理原则，本案不再对此无效宣告请求理由以及对比文件1~3进行审理。

关于本专利相对于对比文件5是否符合《专利法》第二十三条规定的问题。对比文件5是声称在加拿大获得的Maclean Hunter出版有限公司1997年5月出版的《COSMETIC（化妆品）》期刊封面、第26、27页的复印件，该期刊是在中华人民共和国领域外形成的证据，属于域外证据。第三人称对比文件5是在加拿大获得的，并且针对对比文件5，第三人在加拿大办理了相关的公证、认证手续，并提交了相关的公证书、认证书原件，即，对比文件6，其中公证书中附有对比文件5的原始副本，即Maclean Hunter出版有限公司1997年5月出版的《COSMETIC》期刊原件。

在口头审理中，原告对对比文件6中认证书的真实性无异议，但认为对比文件6中的公证书的真实性无法确认；原告还认为对比文件5的复印件与原件相符，对其真实性无异议，但3页对比文件5上无公开日期信息，对对比文件5的期刊原件的公开时间信息不予核实，请求被告依职权调查，对调查结果无异议。被告经审查认为，第三人提交了对比文件5、对比文件6的原件，而对比文件6中的公证书是由加拿大外交和国际贸易部出具的对出版《COSMETIC》期刊的麦克莱恩·亨特出版公司的继任者"吉姆·希克斯"的证人证言的公证，其上注明"上述签名的法律认可在外交和国际贸易部核证"，并有外交部副部长的签名和加盖"加拿大外交和国际贸易部"印章，根据该公证书，原告能够通过多种渠道对对比文件6的公证书进行核实，如核实麦克莱恩·亨特出版公司的继任者"吉姆·希克斯"身份是否属实、到加拿大外交和国际贸易部核实公证书本身的真实性，而至口头审理结束，原告也未提交证据证明对比文件6是不真实的，仅认为无法确认对比文件6中的公证书的真实性，因此被告对原告的这一主张不予支持。因此，对比文件5、对比文件6的真实性可以确认。

对于对比文件5，被告还认为：由对比文件6所附的该期刊原件可知，其中包括有大量的各种品牌的化妆品广告，应是向公众公开发行的期刊杂志，属于专利法意义上的公开出版物。至于对比文件5的公开时间，第三人认为对比文件5所在的期刊为1997年5月出版的《COSMETIC》期刊，即对比文件5的公开日为1997年5月31日；被告经审查认为在对比文件5的杂志封面页上记载有"MAY 1997"的字样，可以确认其为期刊号，与对比文件6的公证书中的麦克莱恩·亨特出版公司的继任者"吉姆·希克斯"的证人证言相互印证，表明对比文件5所在的《COSMETIC》期刊是1997年5月号，即对比文件5的公开日应当为1997年5月31日。综上所述，被告认为对比文件5的公开日在本专利申请日之前，可作为本专利的在先设计。

本专利包括主视图、后视图、左视图、右视图、俯视图、仰视图以及立体图共7幅图片，由各视图可知，本专利的"包装瓶"整体为较扁的近似"鹅卵石"形状，其顶部瓶盖为斜置的半椭圆的两层盖，其底部为椭圆状平底；其主视图瓶身上从上至下的设计图案为：带凸耳的圆眼睛的图案，其下是变形的"大眼睛"三个大字，再下面是两排各三个相叠排列的半圆形图案，并有"Kids"字样位于两排半圆形图案的上方，两排半圆形图案下方为靠左侧设置的多行文字及一段从左下方向右上方向下弯曲的圆弧带；后视图瓶身上有若干行细小的文字及条形码（见本专利附图）。

对比文件5中包括三副大的瓶的图片以及一副示出了三个小瓶的图片，它们均是以立体图的方式示出了瓶的主视图，所示瓶的顶部瓶盖为斜置的两层盖，其瓶身正面上从上至下的设计图案为：带凸耳的圆眼睛的图案，其下是一横排大的文字"L'OREAL"，环绕文字"L'OREAL"的左端字母"L"有环形排列的多个字母，文字"L'OREAL"的下方是两排各三个相叠排列的半圆形图案，并有"Kids"字样位于两排半圆形图案上方，两排半圆形图案下方为靠左侧设置的多行文字及一段从左下方向右上方向下弯曲的圆弧带（见对比文件5附图）。

将本专利与对比文件5进行对比可知，其相同点为：两者的瓶的顶部瓶盖为斜置的两层盖，瓶身正面上从上至下的设计图案为带凸耳的圆眼睛的图案，其下有一横排大的文字，所述大的文字下方是两排各三个相叠排列的半圆形图案，并有"Kids"字样位于两排半圆形图案上方，两排半圆形图案下方为靠左侧设置的多行文字及一段从左下方向右上方向下弯曲的圆弧带。

将本专利与对比文件5进行对比可知，差别在于：（1）本专利的"包装瓶"主视图上带凸耳的圆眼睛图案下方是变形的"大眼睛"三个大字，对比文件5中的瓶的主视图上带凸耳的圆眼睛图案下方是一横排大的文字"L'OREAL"，环绕文字"L'OREAL"的左端字母"L"有环形排列的多个字母；（2）本专利各视图中还示出"包装瓶"整体为较扁的近似"鹅卵石"形状，顶部瓶盖为半椭圆形，底部为椭圆状平底，后视图瓶身上有若干行细小的文字及条形码。

对于差别（2），被告认为，虽然对比文件5中仅以立体图的方式示出了瓶的主视图，但由对比文件5中的各图可以看出所示瓶的正面与侧面是圆滑过渡的，依据一般消费者的认知能力，可以确定对比文件5中所示瓶的形状是对称的，即，对比文件5所示的瓶具有整体为较扁的近似"鹅卵石"形状，顶部瓶盖为半椭圆形，底部为椭圆状平底；而对于后视图瓶身上有若干行细小的文字及条形码的设计，属于"包装瓶"类产品公认的惯常设计。对于差别（1），被告认为，其除文字种类不同外，图案略有不同，但经过对两项设计整体观察可以看出，这一差别在产品主视图中所占比例很小，对于产品外观设计的整体视觉效果不具有显著影响，在整体形状中不足以使一般消费者对二者整体产生明显不同的视觉差别。综上所述，本专利与对比文件5属于相近似的外观设计，不符合《专利法》第二十三条的规定。

基于上述理由，被告作出被诉决定。原告不服，在法定期限内，向本院提起行政诉讼。

庭审中，原告与第三人明确表示对于被诉决定的下列内容不持异议：被诉决定"案由"部分记载的内容；被诉决定对于本专利分别相对于对比文件1~3是否符合《专利法》第二十三条的规定不再进行审理；被诉决定对于本专利与对比文件5共同特征与区别特征的认定。

本院认为，对于被诉决定中原告与第三人不持异议的部分，本院经审查，对其合法性予以确认。在此基础上，本案的争议焦点在于：（1）被诉决定的程序是否合法；（2）对比文件5是否真实；（3）本专利与对比文件5是否属于相近似的外观设计。

1. 被诉决定的程序问题

参照《审查指南》第四部分第五章第5.2节规定，在相同或者相近似判断中，一般应当用一项在先设计与被比设计进行单独对比，而不能将两项或者两项以上在先设计结合起来与被比设计进行对比。第三人虽然表示使用对比文件1、2、3、5构成证据链以证明本专利不符合《专利法》第二十三条的规定，但这不符合《审查指南》的前述规定，且第三人在提出无效宣告请求时以及在口头审理过程中未具体陈述对比文件1~3、5如何构成证据链以证明本专利不符合《专利法》第二十三条的规定。另外，口头审理中，原告也针对对比文件5与本专利是否构成近似的外观设计陈述了自己的意见。因此，被诉决定单独使用对比文件5评述本专利是否符合《专利法》第二十三条的规定，并无违法之处，且未侵害原告的合法权益。

2. 对比文件5的真实性问题

对比文件5属于法律意义上的公开出版物，而且被告当庭出示了对比文件5的原件。至于对比文件5的公开时间，在对比文件5的杂志封面页上记载有"MAY 1997"的字样，可以确认此为其期刊号，与对比文件6的公证书中的麦克莱恩·亨特出版公司的继任者"吉姆·希克斯"的证人证言相互印证，表明对比文件5所在的《COSMETIC》期刊是1997年5月号，即对比文件5的公开日应当为

1997年5月31日。因此，对比文件5的公开日在本专利申请日之前，可作为本专利的在先设计。对比文件6与对比文件5之间相互印证，对比文件5的真实性亦可认定。

3. 本专利与对比文件5是否构成相近似的外观设计

经审查，本院认为，被诉决定关于本专利与对比文件5公开内容的描述是正确的，本院予以确认。

从对比文件5的附图可以看出，虽然对比文件5中仅以立体图的方式示出了瓶的主视图，但由对比文件5中的各图可以看出所示瓶的正面与侧面是圆滑过渡的，依据一般消费者的认知能力，可以确定对比文件5中所示瓶的形状是对称的，即对比文件5所示的瓶具有整体为较扁的近似"鹅卵石"形状，顶部瓶盖为半椭圆形，底部为椭圆状平底；而本专利后视图瓶身上具有的若干行细小文字及条形码的设计，属于"包装瓶"类产品公认的惯常设计。此外，本专利的主视图与对比文件5的主视图的文字与图案虽有不同，但经过对两项设计整体观察可以看出，此差别在产品主视图中所占比例很小，对于产品外观设计的整体视觉效果不具有显著影响，在整体形状中不足以使一般消费者对二者整体产生明显不同的视觉差别。

基于上述理由，被告认定本专利与对比文件5构成相近似的外观设计，本专利不符合《专利法》第二十三条的规定正确。

综上，被诉决定认定事实清楚，适用法律正确，程序合法，本院应予维持。原告的诉讼请求缺乏事实及法律依据，本院不予支持。依照《中华人民共和国行政诉讼法》第五十四条第（一）项之规定，判决如下：

维持被告中华人民共和国国家知识产权局专利复审委员会于二〇〇七年六月二十八日作出的第10222号无效宣告请求审查决定。

案件受理费人民币100元，由原告方东艳负担（已交纳）。

如不服本判决，原告方东艳、被告中华人民共和国国家知识产权局专利复审委员会可于判决书送达之日起15日内、第三人莱雅公司可于判决书送达之日起30日内，向本院递交上诉状，并按对方当事人人数提出副本，上诉于北京市高级人民法院。上诉人在上诉期满后7日内未预交上诉费，又不提出缓交申请的，按自动撤回上诉处理。

审　判　长　梁　菲
代理审判员　司品华
代理审判员　贾志刚
二〇〇八年六月二十日
书　记　员　李轶萌

北京市高级人民法院
行政判决书

(2008) 高行终字第 680 号

上诉人（一审原告）方东艳，女，1965 年 1 月 8 日出生，汉族，住中华人民共和国广东省广州市东山区芳草西巷 4 号。

委托代理人梁朝玉，北京金之桥知识产权代理有限公司专利代理人。

被上诉人（一审被告）中华人民共和国国家知识产权局专利复审委员会，住所地中华人民共和国北京市海淀区北四环西路 9 号银谷大厦 10~12 层。

法定代表人廖涛，副主任。

委托代理人周航，中华人民共和国国家知识产权局专利复审委员会审查员。

委托代理人余心蕾，中华人民共和国国家知识产权局专利复审委员会审查员。

被上诉人（一审第三人）莱雅公司，住所地法兰西共和国巴黎市第八区国王大街 14 号。

法定代表人林赛·欧文·约内斯，董事长。

委托代理人夏志泽，北京万慧达知识产权代理有限公司专利代理人。

委托代理人杨颖，北京万慧达知识产权代理有限公司专利代理人。

上诉人方东艳因专利无效宣告请求审查决定一案，不服中华人民共和国北京市第一中级人民法院（以下简称一审法院）(2007) 一中行初字第 1289 号行政判决，向本院提起上诉。本院受理后，依法组成合议庭，于 2009 年 2 月 18 日公开开庭审理了本案。上诉人方东艳的委托代理人梁朝玉，被上诉人中华人民共和国国家知识产权局专利复审委员会（以下简称专利复审委）的委托代理人周航、余心蕾，被上诉人莱雅公司的委托代理人夏志泽、杨颖到庭参加了诉讼。本案现已审理终结。

2007 年 6 月 28 日，专利复审委依据《中华人民共和国专利法》（以下简称《专利法》）第二十三条的规定，作出第 10222 号无效宣告请求审查决定（以下简称第 10222 号决定），决定宣告 99335338.X 号外观设计专利权无效。方东艳不服该决定，在法定期限内向一审法院提起行政诉讼。

一审法院认为，第 10222 号决定认定事实清楚，适用法律正确，程序合法。方东艳的诉讼请求缺乏事实及法律依据。依照《中华人民共和国行政诉讼法》第五十四条第（一）项之规定，判决维持第 10222 号决定。

方东艳不服上述一审判决向本院上称，(1) 第 10222 号决定不符合"当事人处置原则"，专利复审委进行的超范围审查，损害了方东艳的权益。莱雅公司利用证据 1、2、3、5 构成证据链来申请本专利无效，且认为仅凭证据 5 不能单独证明本专利无效，但专利复审委却仅单独使用了证据 5 即将本专利无效。专利复审委的行为违反了当事人处置原则。(2) 专利复审委仅凭证据 5 公开的内容就得出本专利不符合《专利法》第二十三条的规定，不符合客观事实，是主观臆断。证据 5 显示的是平面图，本专利显示的是立体图，专利复审委将二者进行比较并以一幅平面图的正面推出证据 5 与本专利构成近似是错误的。请求撤销一审判决，撤销第 10222 号决定。

专利复审委辩称，(1) 莱雅公司虽然表示证据 1、2、3、5 构成证据链，但这只是莱雅公司对证据如何影响本专利有效性的具体观点，并不表示其明确放弃了任何无效宣告理由，相反，莱雅公司没有放弃证据 5 作为证据使用，只不过是将其作为证据链的一部分。《审查指南》第四部分第一章第 2.4 节规定，"专利复审委员会可以对所审查的案件依职权进行审查，而不受当事人提出的理由、证据的限制"。本案中，专利复审委合议组在充分听取双方当事人对其观点的表述之后作出认定，认为证据5已经足以影响本专利的有效性，故第10222号决定的作出并没有违反当事人处置原则，也没有超出专利复审委的职权范围。（2）关于本专利与证据5近似性的问题，我委坚持第10222号决定的观点。请求驳回上诉，维持一审判决和第10222号决定。

莱雅公司辩称，第10222号决定程序合法，专利复审委并没有违反无效宣告请求的当事人处置原则，也不属于超范围审查。请求驳回方东艳的上诉，维持一审判决和第10222号决定。

在法定期限内，专利复审委向一审法院提交了下列证据，（1）口头审理记录表附表复印件；（2）证据4（本专利公报）；（3）证据1（US00D382803S号美国外观设计专利，授权公告日为1997年8月26日）；（4）证据2（墨西哥知识产权委员会文件号为348934的商标注册证书复印件及中文译文共2页，注册日期为1998年10月1日）；（5）证据3（莱雅公司生产的产品的图片资料复印件2页）；（6）证据5（Maclean Hunter出版有限公司1997年5月出版的《COSMETIC》期刊封面及第26和27页的复印件）；（7）证据6（Maclean Hunter出版有限公司1997年5月出版的《COSMETIC》期刊原件，及相关的公证书原件、复印件及其中文译文）。

在法定期限内，方东艳向一审法院提交了无效程序中专利复审委向其转交的莱雅公司所提交的全部证据（即证据1~6）及莱雅公司在行政阶段提交的无效宣告请求书及附页，作为证据。

在法定期限内，莱雅公司未向一审法院提交证据。

上述证据均已随案移送本院，经本院审查认为，专利复审委与方东艳提交的证据均与本案有关，且合法、真实，能够证明本案事实，一审法院予以认定正确，本院予以确认。

根据对上述证据的审查认定及各方当事人的陈述，本院确认如下事实：本专利是广州大方詠嘉企业有限公司于1999年9月16向中华人民共和国国家知识产权局（以下简称中国知产局）申请，中国知产局于2000年5月17日授权公告，名称为"化妆品包装瓶（1）"的外观设计专利权。后本专利专利权人于2005年5月25日变更为方东艳。

针对本专利权，莱雅公司于2005年8月25日向专利复审委提出无效宣告请求，并同时提交了证据1~6作为证据。莱雅公司认为，证据1与本专利的整体造型基本相同；证据5的瓶体和瓶盖上的图案与证据1组合后，除图案上的文字有中文和外文的区别外，在其正视图上的图案与本专利主视图上的图案完全相同；证据5上的图案与证据2瓶体上的图案完全相同；证据3不是公开出版物，是证据5和证据2的补充证据，说明了证据5和证据2瓶体另一面上的图案形状。由此，证据5、证据2和证据3组成证据链证明本专利的正视图和后视图上的图案与在先公开的同样形状的瓶子上的图案相近似，本专利不符合《专利法》第二十三条的规定。

经形式审查合格，专利复审委受理了上述无效宣告请求，并将上述材料进行了转文，同时要求方东艳在指定的期限内答复。

专利复审委于2006年1月26日收到方东艳提交的意见陈述书，方东艳认为证据1~3已被针对本专利的在先生效决定认定为不影响本专利的专利性；要求专利复审委给予其合理的时间以核实证据5、6的真实性；即使证据5是真实的，也不构成与本专利相近似的外观设计；莱雅公司在提出无效宣告请求时使用的证据5、证据2以及证据3结合的判断方式不符合《审查指南》中规定的"单独对比"的判断方式。

专利复审委亦将上述材料进行了转文。

2006年6月12日，方东艳与莱雅公司均出席了专利复审委对本案的口头审理。口头审理中，莱雅公司明确其无效宣告请求的理由、范围为：本外观设计专利相对于证据1、2、3、5、6所构成的证据链不符合《专利法》第二十三条的规定。方东艳认为：按照一事不再理原则，应当驳回莱雅公司提出的关于证据 1~3 的无效理由。

莱雅公司认为可以使用多个证据组合与被比外观设计进行对比，以评述其不符合《专利法》第二十三条的规定。仅凭证据 5 不能单独证明本专利不符合《专利法》第二十三条的规定。

针对莱雅公司提出的上述具体理由，专利复审委认为，莱雅公司实际上不是使用由证据 1~3、5 构成的证据链来证明本专利不符合《专利法》第二十三条的规定的，而是将证据 1~3、5 中所分别公开的设计结合起来与本专利进行对比的，而这不符合《审查指南》第四部分第五章第 5.2 节规定的进行外观设计相同或相近似判断时单独对比的判断原则，专利复审委对莱雅公司的上述主张不予支持。决定将仅对本专利分别相对于证据 1~3、5 是否符合《专利法》第二十三条的规定进行审查。

关于本专利分别相对于证据 1~3 是否符合《专利法》第二十三条的规定的无效理由，由于在已生效的专利复审委第 5823 号无效宣告请求审查决定中已经进行了审理，并作出了本专利符合《专利法》第二十三条的审查结论，因此根据《审查指南》第四部分第三章第 2.1 节规定的一事不再理原则，本案不再对此无效宣告请求理由以及证据 1~3 进行审理。

关于本专利相对于证据 5 是否符合《专利法》第二十三条规定的问题。证据 5 是在加拿大获得的 Maclean Hunter 出版有限公司 1997 年 5 月出版的《COSMETIC（化妆品）》期刊封面、第 26、27 页的复印件，该期刊是在中华人民共和国领域外形成的证据，属于域外证据。莱雅公司称证据 5 是在加拿大获得的，并且针对证据 5，莱雅公司在加拿大办理了相关的公证、认证手续，并提交了相关的公证书、认证书原件，即，证据 6，其中公证书中附有证据 5 的原始副本，即 Maclean Hunter 出版有限公司 1997 年 5 月出版的《COSMETIC》期刊原件。

在口头审理中，方东艳对证据 6 中的认证书的真实性无异议，但认为证据 6 中的公证书的真实性无法确认；方东艳还认为证据 5 的复印件与原件相符，对其真实性无异议，但 3 页证据 5 上无公开日期信息，对证据 5 的期刊原件的公开时间信息不予核实，请求专利复审委依职权调查，对调查结果无异议。专利复审委认为，至口头审理结束，方东艳也未提交关于证据 6 是不真实的证据，因此对方东艳的这一主张不予支持。证据 5、证据 6 的真实性可以确认。

对于证据 5，专利复审委还认为，由证据 6 所附的该期刊原件可知，其中包括有大量的各种品牌的化妆品广告，应是向公众公开发行的期刊杂志，属于《专利法》意义上的公开出版物。至于证据 5 的公开时间，专利复审委认为，在证据 5 的杂志封面页上记载有"MAY 1997"的字样，可以确认其为期刊号，与证据 6 的公证书中的麦克莱思·亨特出版公司的继任者"吉姆·希克斯"的证人证言相互印证，表明证据 5 所在的《COSMETIC》期刊是 1997 年 5 月号，即证据 5 的公开日应当为 1997 年 5 月 31 日。综上所述，专利复审委认为证据 5 的公开日在本专利申请日之前，可作为本专利的在先设计。

本专利包括主视图、后视图、左视图、右视图、俯视图、仰视图以及立体图共 7 幅图片，由各视图可知，本专利的"包装瓶"整体为较扁的近似"鹅卵石"形状，其顶部瓶盖为斜置的半椭圆的两层盖，其底部为椭圆状平底；其主视图瓶身上从上至下的设计图案为：带凸耳的圆眼睛的图案，其下是变形的"大眼睛"三个大字，再下面是两排各三个相叠排列的半圆形图案，并有"Kids"字样位于两排半圆形图案的上方，两排半圆形图案下方为靠左侧设置的多行文字及一段从左下方向右上方向下弯曲的圆弧带；后视图瓶身上有若干行细小的文字及条形码。

证据 5 中包括三副大的瓶的图片以及一副示出了三个小瓶的图片，它们均是以立体图的方式示出了瓶的主视图，所示瓶的顶部瓶盖为斜置的两层盖，其瓶身正面上从上至下的设计图案为：带凸耳的圆眼睛的图案，其下是一横排大的文字"L'OREAL"，环绕文字"L'OREAL"的左端字母"L'"有环形排列的多个字母，文字"L'OREAL"的下方是两排各三个相叠排列的半圆形图案，并有"Kids"

字样位于两排半圆形图案上方，两排半圆形图案下方为靠左侧设置的多行文字及一段从左下方向右上方向下弯曲的圆弧带。

将本专利与证据5进行对比可知，其相同点为：两者的瓶的顶部瓶盖为斜置的两层盖，瓶身正面上从上至下的设计图案为带凸耳的圆眼睛的图案，其下有一横排大的文字，所述大的文字下方是两排各三个相叠排列的半圆形图案，并有"Kids"字样位于两排半圆形图案上方，两排半圆形图案下方为靠左侧设置的多行文字及一段从左下方向右上方向下弯曲的圆弧带。

将本专利与证据5进行对比可知，差别在于：（1）本专利的"包装瓶"主视图上带凸耳的圆眼睛图案下方是变形的"大眼睛"三个大字，证据5中的瓶的主视图上带凸耳的圆眼睛图案下方是一横排大的文字"L'OREAL"，环绕文字"L'OREAL"的左端字母"L'"有环形排列的多个字母；（2）本专利各视图中还示出"包装瓶"整体为较扁的近似"鹅卵石"形状，顶部瓶盖为半椭圆形，底部为椭圆状平底，后视图瓶身上有若干行细小的文字及条形码。

对于差别（2），专利复审委认为，虽然证据5中仅以立体图的方式示出了瓶的主视图，但由证据5中的各图可以看出所示瓶的正面与侧面是圆滑过渡的，依据一般消费者的认知能力，可以确定证据5中所示瓶的形状是对称的，即证据5所示的瓶具有整体为较扁的近似"鹅卵石"形状，顶部瓶盖为半椭圆形，底部为椭圆状平底；而对于后视图瓶身上有若干行细小的文字及条形码的设计，属于"包装瓶"类产品公认的惯常设计。对于差别（1），专利复审委认为，其除文字种类不同外，图案略有不同，但经过对两项设计整体观察可以看出，这一差别在产品主视图中所占比例很小，对于产品外观设计的整体视觉效果不具有显著影响，在整体形状中不足以使一般消费者对二者整体产生明显不同的视觉差别。综上所述，本专利与证据5属于相近似的外观设计，不符合《专利法》第二十三条的规定。

基于上述理由，专利复审委作出第10222号决定。

本院认为，《专利法》第二十三条规定，授予专利权的外观设计，应当同申请日以前在国内外出版物上公开发表过或者国内公开使用过的外观设计不相同和不相近似。

方东艳与莱雅公司明确表示对第10222号决定的下列内容不持异议：第10222号决定"案由"部分记载的内容；第10222号决定对于本专利分别相对于证据1~3是否符合《专利法》第二十三条的规定不再进行审理；第10222号决定对于本专利与证据5共同特征与区别特征的认定。经本院审查认为，第10222号决定对上述内容的认定正确。在此基础上，本案争议的焦点在于，被诉决定是否存在超越无效请求人所提的无效理由进行审查的问题，本专利与证据5是否属于相近似的外观设计。

关于是否存在超越无效请求人所提无效理由进行审查的问题。虽然《审查指南》第四部分第三章第4.1节规定，在无效宣告程序中，专利复审委通常仅针对当事人提出的无效宣告请求的范围、理由和提交的证据进行审查。但，本案中专利复审委既未超过莱雅公司所提的本专利不符合《专利法》第二十三条的规定的理由，也未超出莱雅公司所提交的证据进行审查。莱雅公司在无效程序中并未放弃证据5作为证据使用，因此专利复审委单独使用证据5这一证据来评述本专利是否符合《专利法》第二十三条的规定，属于对证据的审查认定，其并不违反"当事人处置原则"及"依职权进行审查原则"。且，方东艳在口头审理中对本专利与证据5是否构成相近似的外观设计陈述了自己的意见，专利复审委并未侵害方东艳的合法权益。方东艳关于第10222号决定存在超越无效请求人所提的无效理由进行审查的上诉理由，于法无据，本院不予支持。

关于本专利与对本文件5是否属于相近似的外观设计的问题。本专利授权文本由主视图、后视图、左视图、右视图、俯视图、仰视图、立体图组成，其构成了完整的瓶体外观形状。证据5展示了三副大的瓶体照片以及一副示出了三个小的瓶体照片，即以立体图的方式示出了瓶体的外观。《审查指南》第四部分第五章第5.1.1节的规定，依据一般消费者的认知能力，根据在先设计图片或者照片已经公开的内容即可推定出产品其他部分或者其他变化状态的外观设计的，则该其他部分或者其他变化状态的外观设计也被视为已经公开。从证据5图中可以看到，该瓶体正面与左右侧面为圆滑过渡，依据一般消费者的认知能力，可以确定证据5中的瓶具有整体为较扁的近似"鹅卵石"形状，顶部瓶盖为半椭圆形，底部为椭圆状平底，正面与背面为对称形状，上述内容应视为已经公开。且，作为化妆品包装瓶设计要点的瓶盖，本专利与证据5均置于瓶体的斜右上方。因此，本专利与证据5整体形状近似。本专利后视图瓶身上具有的若干行细小文字及条形码的设计，属于"包装瓶"类产品公认的惯常设计。虽然，本专利的主视图与证据5的正面图除"带凸耳的圆眼睛的图案"外的文字与图案略有不同，但经过对两项设计整体观察可以看出，其差别在产品主视图中所占比例很小，对于产品外观设计的整体视觉效果不具有显著影响，在整体形状中不足以使一般消费者对二者整体产生明显不同的视觉差别。综上，专利复审委认定本专利与证据5属于相近似的外观设计正确，方东艳关于本专利与证据5属于不相近似的外观设计的上诉理由缺乏事实依据，本院不予支持。

综上所述，第10222号决定认定事实清楚，适用法律正确，程序合法，一审法院予以维持正确。方东艳的上诉请求缺乏事实及法律依据。依照《中华人民共和国行政诉讼法》第六十一条第（一）项之规定，判决如下：

驳回上诉，维持一审判决。

二审案件受理费人民币100元，由上诉人方东艳负担（已交纳）。

本判决为终审判决。

审 判 长 郭 宜
审 判 员 张学磊
代理审判员 朱海宏
二〇〇九年三月二日
书 记 员 张 怡

食品包装袋

无效宣告请求审查决定（第 10227 号）

决 定 号	第 10227 号
决 定 日	2007 年 6 月 26 日
发明创造名称	食品包装袋
外观设计分类号	09-05-B0038
无效宣告请求人	四川振华食品有限公司
专 利 权 人	郝 燕
专 利 号	01303683.1
申 请 日	2001 年 5 月 11 日
授权公告日	2001 年 12 月 12 日
合议组组长	张美菊
主 审 员	周雷鸣
参 审 员	唐向阳
附 图	1 页

法 律 依 据 专利法第 23 条第 2 款

决 定 要 点

按照《作品自愿登记试行办法》有关规定可知，作品登记日为其公开日。根据整体观察综合判断的方法，一般消费者经过对本专利与登记作品的对比可以看出，两者的差别对于产品外观设计的整体视觉效果不具有显著影响，两者相近似，本专利不符合专利法第 23 条的规定。

一、案由

本无效宣告请求涉及国家知识产权局于 2001 年 12 月 12 日授权公告的 01303683.1 号外观设计专利权（下称本专利），其名称为"食品包装袋"、专利权人为郝燕、申请日为 2001 年 5 月 11 日。

四川振华食品有限公司（下称请求人）于 2006 年 9 月 26 日向国家知识产权局专利复审委员会提出本专利无效。其无效宣告请求理由是：（1）本专利与 00333559.3 号专利图案色彩雷同，本专利相对于 00333559.3 号专利不符合专利法第 22 条有关新颖性的规定；（2）本专利与四川省版权局作登字 21-2000-F-（0516）-0103 号登记是同一图案色彩，不符合专利法第 23 条的规定；（3）本专利与 00333559.3 号专利图案色彩雷同，不符合专利法第 23 条的规定；（4）本专利在其申请日以前在国内销售公开，不符合专利法第 23 条的规定；（5）本专利侵犯了他人在先取得的合法权利，不符合专利法第 23 条的规定。其提供的证据有：

附件 1：四川省版权局作登字 21-2000-F-（0516）-0103 号作品登记证及其设计图案文件复印

件，共 2 页；

附件 2：本专利专利公告复印件和 00333559.3 号专利公告复印件，共 4 页；

附件 3：国家知识产权局专利复审委员会第 5795 号无效宣告请求审查决定书复印件，共 7 页；

附件 4：对 00333559.3 号外观设计专利的无效宣告请求受理通知书复印件、四川好棒食品有限公司提出的宣告 00333559.3 号专利无效的请求书复印件以及四川振华食品有限公司和成都三友百货有限责任公司签订的合同号为 2000 外 003 号购销合同复印件，共 6 页；

附件 5：四川振华食品有限公司和成都杰力恩广告有限公司签订的设计合同复印件、委托设计著作约定书复印件、设计师张翔羽的证词复印件、声称为原设计 1 稿、2 稿、3 稿设计图的复印件，共 6 页。

经形式审查合格，专利复审委员会受理了该无效宣告请求，并于 2006 年 12 月 20 日分别向请求人和专利权人发出了无效宣告请求受理通知书，将《专利权无效宣告请求书》及其附件清单中所列附件副本中的文件转送专利权人，要求专利权人在指定期限内陈述意见。

专利权人于 2007 年 1 月 21 日提交了意见陈述书和一份反证。其意见陈述的主要内容是：（1）请求人提交的登记号为 21-2000-F-（0516）-0103 的作品登记证不是专利权人现有的版权证，而是已作废的版权证；（2）专利复审委员会第 5795 号无效宣告决定书已经宣布 00333559.3 号专利全部无效，专利权人在该专利前享有好棒火锅底料的包装图的著作权和注册商标；（3）本专利因未缴年费于 2005 年 7 月 25 日已经终止。其提供的证据为：

反证 1：四川省成都蜀都公证处（2007）成蜀证内民字第 2719 号公证书原件。

国家知识产权局专利复审委员会于 2007 年 4 月 3 日分别向请求人和专利权人发出了无效宣告请求口头审理通知书，定于 2007 年 5 月 16 日举行口头审理，并将专利权人的意见陈述及其附件的副本转送请求人。

口头审理按期举行。专利权人未出席口头审理，请求人出席了口头审理。在口头审理中，请求人当庭出示了 00333559.3 号专利的彩色复印件，附件 5 以及附件 4 中的购销合同的原件，但是该购销合同（合同号 2000 外 003 号）复印件与原件不一致；请求人出示了声称为附件 1（作登字 21-2000-F-（0516）-0103 号）的原件，但其复印件（附件 1）与盖有四川省版权局骑缝章的原件相关页不一致，原件相关页均为黑白复印件，合议组保留了该原件的复印件两份（每份 8 页）；请求人明确其无效理由为：本专利相对于 00333559.3 号外观专利公告不符合专利法第 9 条的规定；相对于作登字 21-2000-F-（0516）-0103 号著作权不符合专利法第 23 条的规定，该著作权中图案的颜色参见专利复审委员会生效的无效宣告请求审查决定第 5795 号（下称第 5795 号审查决定）第 5 页第 1 段的描述，本专利已经在前销售；请求人放弃专利法第 22 条以及与在先取得的合法权利相冲突的无效理由。

至此，合议组经过合议，认为当事人均已有机会充分陈述意见，本案事实已经清楚，依法作出如下审查决定。

二、决定的理由

1. 关于附件

合议组对附件 1 予以采信，理由有以下三点：

（1）附件 1 为四川省版权局作登字 21-2000-F-（0516）-0103 号作品登记证复印件，请求人当庭出示了盖有四川省版权局骑缝红章的四川省版权局作登字 21-2000-F-（0516）-0103 号作品登记证副本存档件复印件（下称为附件 6），由于其上盖有四川省版权局的骑缝红章，在无其他反证的情况下，合议组对于附件 6 的真实性予以确认；附件 6 与附件 1 区别仅仅在于，前者为作登字 21-2000-F-（0516）-0103 号文件的副本存档件，后者为作登字 21-2000-F-（0516）-0103 号文件的原本复印件；前者保存在四川省版权局，后者的原件由著作权人（即本案的专利权人）持有；由于两者的作品登记号相同，登记作品的设计图案相同，相关的项目及内容相同，可以认定两者同为一份作品登记的有效证件；由于附件6与附件1为原本和副本的区别，根据最高人民法院《关于行政诉讼证据若干问题的规定》："提供书证的原件、正本和副本均属于书证的原件。"合议组认定，附件6可以作为附件的原件，证明附件1的真实性。

（2）反证1为公证书原件，反证1证明其中四川省版权局2000年11月6日颁发的登记号为21-2000-（0516）-0103的作品登记证及其附属资料的复印件与原件一致，原件上四川省版权局的印章属实；根据反证1可认定其中的文件及证明是四川省版权局出具的，因此合议组对其中文件及证明的真实性予以认可。反证1中"关于《好棒无渣火锅底料设计图案》作品权利归属的证明"证明了登记号为21-2000-（0516）-0103的作品在四川省版权局作过变更，变更内容为作者、专有使用权人和作品完成日期，其他项目未变更，即登记作品的设计图案未变更，作品登记日期未变更；并且反证1中第7页（登记证的附属资料）与附件1中的登记作品图案相同。反证1仅说明了21-2000-（0516）-0103作品登记作过著录项目的变更，并不能证明附件1不具有真实性或不存在，并且专利权人在意见陈述书中认为请求人提交的21-2000-（0516）-0103作品登记证不是现有的版权证，而是其已经作废的作品版权证，由于反证1的著录项目变更之前相应内容与附件1的相应内容是一致的，因此也可以间接证明附件1的真实性。

（3）专利权人在意见陈述书中仅仅指出附件1为已经作废的版权证，未否定附件1的真实性。附件1为作登字21-2000-F-（0516）-0103号登记作品，登记日为2000年11月6日，早于本专利的申请日；按照《作品自愿登记试行办法》有关规定，"作品登记应实行计算机数据库管理，并对公众开放"，由此可以认定附件1的登记日即为其公开日，因此附件1可以作为评述本专利相同、相近似的证据使用。

2. 关于第5795号审查决定与附件1的关系

第5795号审查决定是专利复审委员会作出的审查决定，专利权人对其无异议，经合议组核实，附件3中第5795号审查决定与原件一致，并且该决定已经生效，因此合议组对附件3中第5795号审查决定的真实性予以认可。

第5795号审查决定中记载并采信了"附件2-1"和"附件2-2"，其中"附件2-1"为四川省版权局对郝燕有关作品颁发的登记号为21-2000-F-（0516）-0103的作品登记证，"附件2-2"中附有21-2000-F-（0516）-0103号登记作品的火锅底料包装袋设计的彩色附图，并对该附图进行了详细描述。第5795号审查决定中的附件2-1和附件2-2与本案中的附件1涉及同一份作品登记证，因此已生效的第5795号审查决定中第5页第1段对附件2-2的设计图案的认定，特别是对色彩的认定可作为附件1公开内容的颜色，第5795号审查决定相关认定的内容为：

附件2-2所示证据的原件留存于"W62586"无效宣告请求案卷中，其附有火锅底料包装袋设计的彩色附图（下称对比文件），该包装袋以红色为背景色，上部为蓝、白、红等多色相间的花瓣形图案，其内有"好棒"及其拼音的变形文字；由该图案至包装袋底部有"S"形带状图案，其内为鱼、肉、蔬菜等食品照片图案；"S"形带状图案的左部为铜火锅立体照片图，右上部为常见的爆炸图案设计；另有多行较小文字设计。

3. 专利法第23条

专利法第23条规定：授予专利权的外观设计，应当同申请日以前的国内外出版物上公开发表过或者国内公开使用过的外观设计不相同和不相近似，并不得与他人在先取得的合法权利相冲突。

本专利包括主视图和后视图，要求保护色彩，其主视图为包装袋正面设计，底色为红色，带有银色框边，上部为黑、白、红等多色相间的花瓣形图案，其内有中文"好棒"字样及拼音变形文字，花瓣形图案左上方有文字，由该花瓣形图案至包装袋底部有"S"形带状图案，"S"形带状图案底部有文字，该"S"形带状图案为黄色底色，内有鱼、肉、蔬菜等食品照片图案，"S"形带状图案的左部为铜火锅立体照片，火锅左侧引出带有文字的黄色竖条，"S"形带状图案的右上部为常见的黄色爆炸图案设计，火锅底部有多行较小文字；背面为银色框边，中间为白色矩形背景，其中有商标文字说明，白色图案与框边之间为红色背景（具体内容见附图）。

附件1中作登字21-2000-F-（0516）-0103号作品登记公开了食品包装袋图案，结合生效的第5795号审查决定认定的颜色可知，附件1包装袋以红色为背景，上部为蓝、白、红等多色相间的花瓣形图案，其内有中文"好棒"及拼音变形文字，花瓣形图案左上方有文字，由图案至包装袋底部有"S"形带状图案，其内有鱼、肉、蔬菜等食品照片图案，"S"形带状图案的左部为铜火锅立体照片，火锅左侧引出带有文字的竖条，"S"形带状图案的右上部为常见的黄色爆炸图案设计，火锅的底部有另有多行较小文字（具体内容见附图）。

本专利与附件1相比较可知，两者正面在背景色彩、花瓣形图案、火锅、S形图案、爆炸图案、构图设计等图案形状和整体上均相同。两者的不同点为：正面设计个别文字和花瓣形图案局部色彩不相同；本专利带有银色外框，附件1未公开从火锅引出的文字条、爆炸图案及S条三者的颜色；本专利后视图主要为使用示意图和细小的说明性文字设计，而附件1未公开背面的具体内容。合议组认为，在本专利与附件1在整体图案布局设计、背景颜色相同的情况下，正面设计个别文字内容和局部色彩不相同，在外观视觉效果上是十分弱化和次要的，属于局部的细微的差别，不会引起一般消费者关注；银色外框为包装袋正反两面的连接部分，该部分为银色外框，位于包装袋的外边缘，不会引起一般消费者的视觉关注，属于局部的细微差别；本专利的包装袋设计的背面为有关产品的使用说明性设计，是该类产品的惯常设计，在销售和使用时是处于消费者不容易看到的部位，在外观视觉效果上是十分弱化和次要的，不会在视觉效果上引起一般消费者关注。本专利主视图所示正面视图相对于整体外观具有醒目的视觉效果，为一般消费者注目，故其正面外观设计决定了其整体外观视觉效果；一般消费者经过对本专利与对比附件1的整体观察和综合判断可以看出，两者的差别对于产品外观设计的整体视觉效果不具有显著影响，两者相近似，本专利不符合专利法第23条的规定。

由于本专利相对于附件1作登字21-2000-F-（0516）-0103号作品登记的设计图案不符合专利法的规定，因此对请求人的其他证据及相应的无效理由不再评述。

三、决定

宣告01303683.1号外观设计专利权全部无效。

当事人对本决定不服的，可以根据专利法第46条第2款的规定，自收到本决定之日起三个月内向北京市第一中级人民法院起诉。根据该款的规定，一方当事人起诉后，另一方当事人应当作为第三人参加诉讼。

主视图

后视图

本专利附图

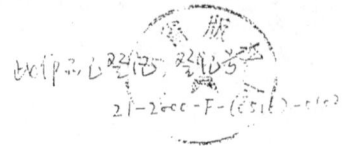

附件1

成套瓷餐具

无效宣告请求审查决定（第10229号）

决 定 号	第10229号
决 定 日	2007年6月21日
发明创造名称	成套瓷餐具
外观设计分类号	07-01
无效宣告请求人	唯宝股份公司
专 利 权 人	广东四通集团有限公司
专 利 号	200530052201.8
申 请 日	2005年2月6日
授权公告日	2005年10月26日
合议组组长	马志远
主 审 员	杜微科
参 审 员	高海燕
附 图	3页

法 律 依 据 专利法第23条

决 定 要 点
本专利与在先设计相比在整体造型上存在区别，并且所述区别使得产品的整体视觉效果差异明显，一般消费者不会将二者混同、误认，因此二者不相近似。

一、案由

本无效宣告请求涉及国家知识产权局于2005年10月26日授权公告的申请号为200530052201.8、名称为"成套瓷餐具"的外观设计专利权（下称本专利），其申请日为2005年2月6日，专利权人为广东四通集团有限公司。

针对上述专利权，唯宝股份公司（下称请求人）于2005年12月16日向专利复审委员会提出无效宣告请求，请求宣告本专利中的件5、10部分无效，理由是本专利中的件5、10不符合专利法第23条的规定，请求人提交了以下证据：

证据1：03351739.8号中国外观设计专利的专利公报复印件及彩色图片，其授权公告日为2003年12月24日；

证据2：03302295.X号中国外观设计专利的专利公报复印件及彩色图片，其授权公告日为2003年11月26日；

请求人在无效宣告请求书中认为，本专利中的件 5 与证据 1 相近似，件 10 与证据 2 相近似，因此本专利不符合专利法第 23 条的规定。

经形式审查合格，专利复审委员会于 2006 年 3 月 31 日受理了上述请求，同日向双方当事人发出了无效宣告请求受理通知书，并将无效宣告请求书及附件的副本转给了专利权人，专利权人没有在受理通知书指定的答复期限内针对本案陈述意见。

专利复审委员会于 2006 年 10 月 8 日向双方当事人发出口头审理通知书，定于 2006 年 11 月 13 日举行口头审理。

专利权人于 2006 年 10 月 20 日递交了口头审理通知书回执，表示不能参加口头审理。

口头审理如期举行，请求人的代理人出席了口头审理并充分陈述了意见，请求人放弃证据 1、2 中的彩色图片，不再将其作为证据使用。

在上述工作的基础上，合议组认为本案事实已清楚，可以依法作出审查决定。

二、决定的理由

1. 证据

证据 1、2 均为在本专利的申请日前授权公告的中国外观设计专利公报的复印件，经本案合议组依职权核实，可以确认证据 1、2 的真实性。证据 1、2 的公开时间均在本专利的申请日之前，产品名称分别为"茶托"和"杯"，分别与本专利的件 5、10 属于相同类别的产品，因此可以将证据 1、2 作为在先设计与本专利进行相近似比较。

2. 专利法第 23 条

专利法第 23 条规定，授予专利权的外观设计，应当同申请日以前在国内外出版物上公开发表过或者国内公开使用过的外观设计不相同和不相近似。

本专利为成套瓷餐具的外观设计，属于成套产品，包括件 1 至件 12 共 12 项外观设计（授权前经审查员依职权修改，仅包括 12 件产品）。

（1）证据 1 与本专利件 5 的相近似性比较。

本专利中件 5 为杯托，本专利的简要说明中记载件 5 省略后视图、左视图以及右视图。从主视图看，件 5 所示的杯托呈不规则的波浪形，左侧波峰的高度约为右侧波峰高度的一半，杯托的左、右两端均向下弯曲延伸，左侧的波谷下方有一肋条，右侧的波峰下有一倒圆台形底座；从俯视图看，杯托外沿为矩形，右侧中央有下凹的圆形杯座；从仰视图看，杯托左侧三分之一处有一竖直的肋条，右侧中央为圆台形底座（详见本专利件 5 附图）。

证据 1 公开的外观设计为茶托，与本专利属于相同类别的产品，可以用于与本专利的件 5 进行相近似性判断。从主视图看，证据 1 公开的茶托为波浪形，茶托左端向左上方延伸并且略低于右侧波峰，左侧波谷下方有一肋条，茶托右端向右下方延伸，右侧的波峰下有一倒圆台形底座；从俯视图看，杯托的上、下沿均为波浪形，左端较高右端较低，杯托右侧中央有一下凹的圆形杯座；从仰视图看，杯托左侧四分之一处有一竖直的肋条，右侧中央有圆台形底座，肋条与圆台之间有文字（详见证据 1 附图）。

将本专利的件 5 与证据 1 比较，二者主要的相同之处在于：①从主视图看，二者均呈波浪形，并且左侧波谷下方有肋条，右侧波峰下方有圆台形底座；②从俯视图看，二者右侧中央均有下凹的圆形杯座；③从仰视图看，二者左侧均有肋条。

二者主要的区别在于：①从主视图看，二者整体虽均为波浪形，但形状不同，本专利件 5 所示的杯托的左端向下弯曲延伸，左侧波峰的高度约为右侧波峰高度的一半，证据 1 中茶托的左端向上延伸并且略低于右侧波峰；②从俯视图及仰视图看，本专利件 5 所示的杯托的外形为矩形，肋条位于杯托左侧三分之一处,证据1中的茶托的上、下沿呈波浪形,左端较高右端较低,肋条位于茶托左侧四分之一处。

合议组认为,本专利件5所示的杯托与证据1公开的茶托之间的上述2点区别均属于产品形状上的明显差异,所述区别对产品的整体视觉效果带来了显著的影响,一般消费者不会将二者混同、误认,因此本专利件5所示的杯托与证据1公开的茶托不相近似。

(2)证据2与本专利件10的比较。

本专利的件10所示的外观设计为杯。从主视图看,件10所示的杯由杯体和杯把两部分组成,其中杯体为杯口较大杯底较小的圆台形,杯口向右水平伸出并翻转向下延伸形成扁条形杯把,杯把下端位于距杯底四分之一处;从后视图看,杯把与杯口间有较为明显的过渡夹角,杯把顶端与杯口的高度基本一致;从右视图看,杯把整体沿竖直方向向下延伸且杯把的上下宽度基本相同,杯把左、右两侧的杯口均由左上方向右下方倾斜,左侧杯口的高度略低于右侧杯口(详见本专利件10附图)。

证据2公开的外观设计为杯,与本专利属于相同类别的产品,可以用于与本专利的件10进行相近似性判断。从主视图看,证据2公开的杯由杯体和杯把两部分组成,其中杯体为杯口较大杯底较小的圆台形,杯体左侧的倾斜角度略大于杯体右侧,杯口向右水平伸出并翻转向下扭曲延伸形成杯把,杯把与杯口上沿形成中间高、两边低的弧线,杯把下端位于杯底;从后视图看,杯口向左上方自然延伸形成杯把,杯把与杯口平滑过渡呈一体;从俯视图及立体图看,杯把上宽下窄呈"S"形翻转延伸(详见证据2附图)。

将本专利的件10与证据2比较,二者相同之处在于:从主视图看,二者均由杯体和杯把两部分组成,其中杯体为杯口较大杯底较小的圆台形,杯口右侧向外伸出并翻转向下延伸形成扁条形杯把。

二者主要的区别在于:①杯把形状不同,从件10的右视图看,件10的杯把竖直向下延伸且上下宽度基本相同,从证据2的俯视图及立体图看,证据2中的杯把由杯口向右水平伸出并翻转向下扭曲延伸,杯把上宽下窄呈"S"形;②杯把与杯体的过渡不同,件10中杯把与杯口间有较为明显的过渡夹角,杯把顶端与杯口的高度基本一致,证据2中杯口向左上方自然延伸形成杯把,杯把与杯口平滑过渡呈一体,杯把与杯口上沿形成中间高、两边低的弧线;③杯把下端的位置不同,件10中杯把下端位于距杯底四分之一处,证据2中杯把下端位于杯底。

合议组认为,上述3点区别使得证据2中的杯把显著不同于本专利件10中的杯把,并使得杯的整体造型明显不同,所述区别对杯的整体视觉效果带来了显著的影响,使得一般消费不会将二者混同、误认,因此证据2公开的杯与本专利件10所示的杯不相近似。

由于证据1与本专利的件5不相近似,证据2与本专利的件10不相近似,因此本专利的件5、10符合专利法第23条的规定。

三、决定

维持200530052201.8号外观设计专利权有效。

当事人对本决定不服的,可以根据专利法第46条第2款的规定,自收到本决定之日起三个月内向北京市第一中级人民法院起诉。根据该款的规定,一方当事人起诉后,另一方当事人应当作为第三人参加诉讼。

[11] 授权公告号 CN3482575D [45] 授权公告日 2005.10.26 专利号 ZL200530052201.8
[22] 申请日 2005.2.6 [21] 申请号 200530052201.8 分类号 07 01
[73] 专利权人 广东四通集团有限公司
    地址 521031 广东省潮州市潮州火车站开发区
        寰福路槐山岗段
[72] 设计人 蔡镇城
[54] 使用外观设计的产品名称 成套瓷餐具
[57] 简要说明
    1. 件1省略后视图、左视图、右视图。
    2. 件13与件1外观设计相同，省略件13其它视图。
    3. 件11省略后视图、左视图、右视图。
    4. 件14、件15与件11外观设计相同，省略件14、件15其它视图。
    5. 件2是回转体，省略其他视图。
    6. 件3省略左视图、右视图。
    7. 件4省略后视图、右视图。
    8. 件5省略后视图、左视图、右视图。
    9. 件6后视图与主视图相同，省略后视图，右视图与左视图相同，省略右视图。

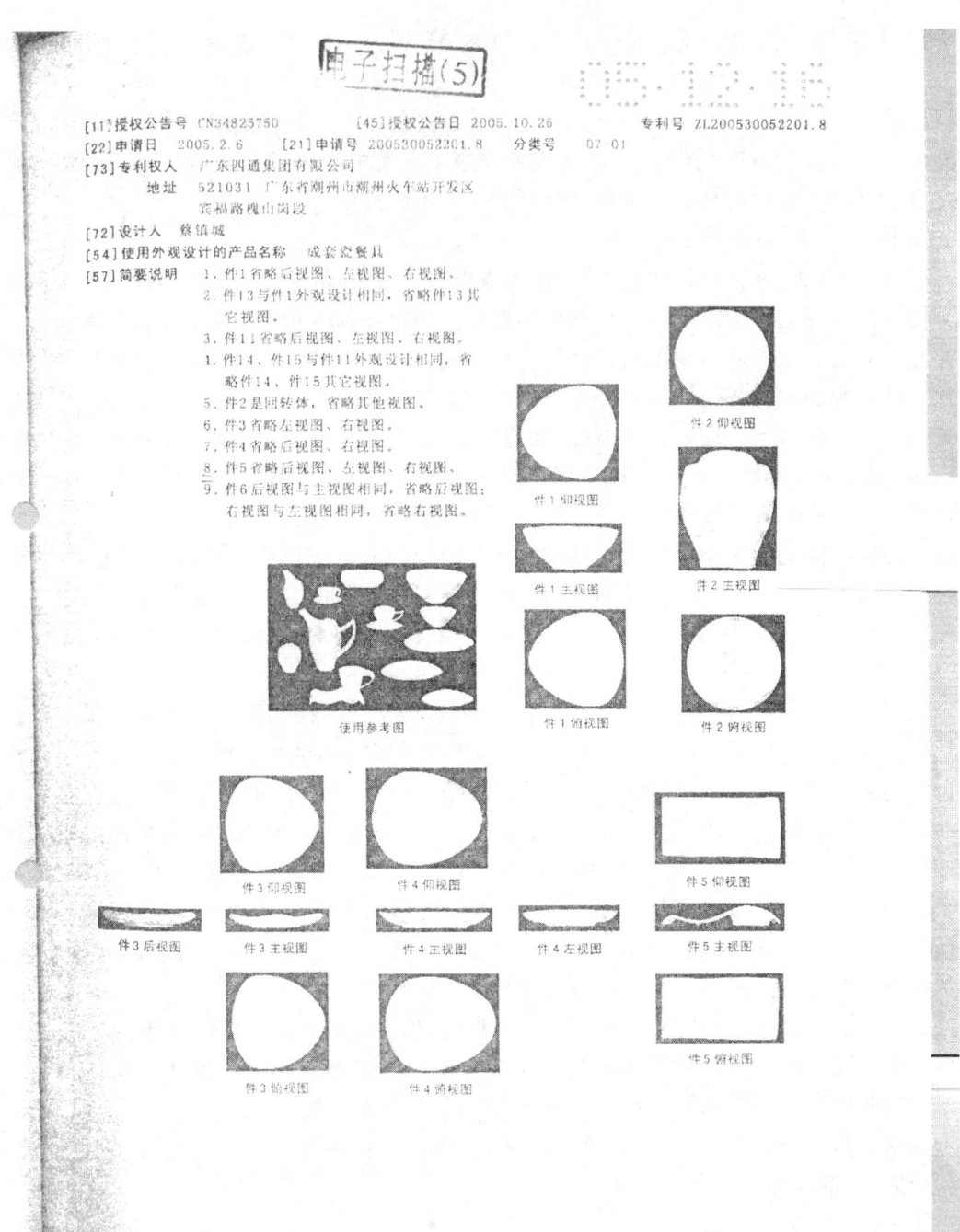

本专利附图（1）

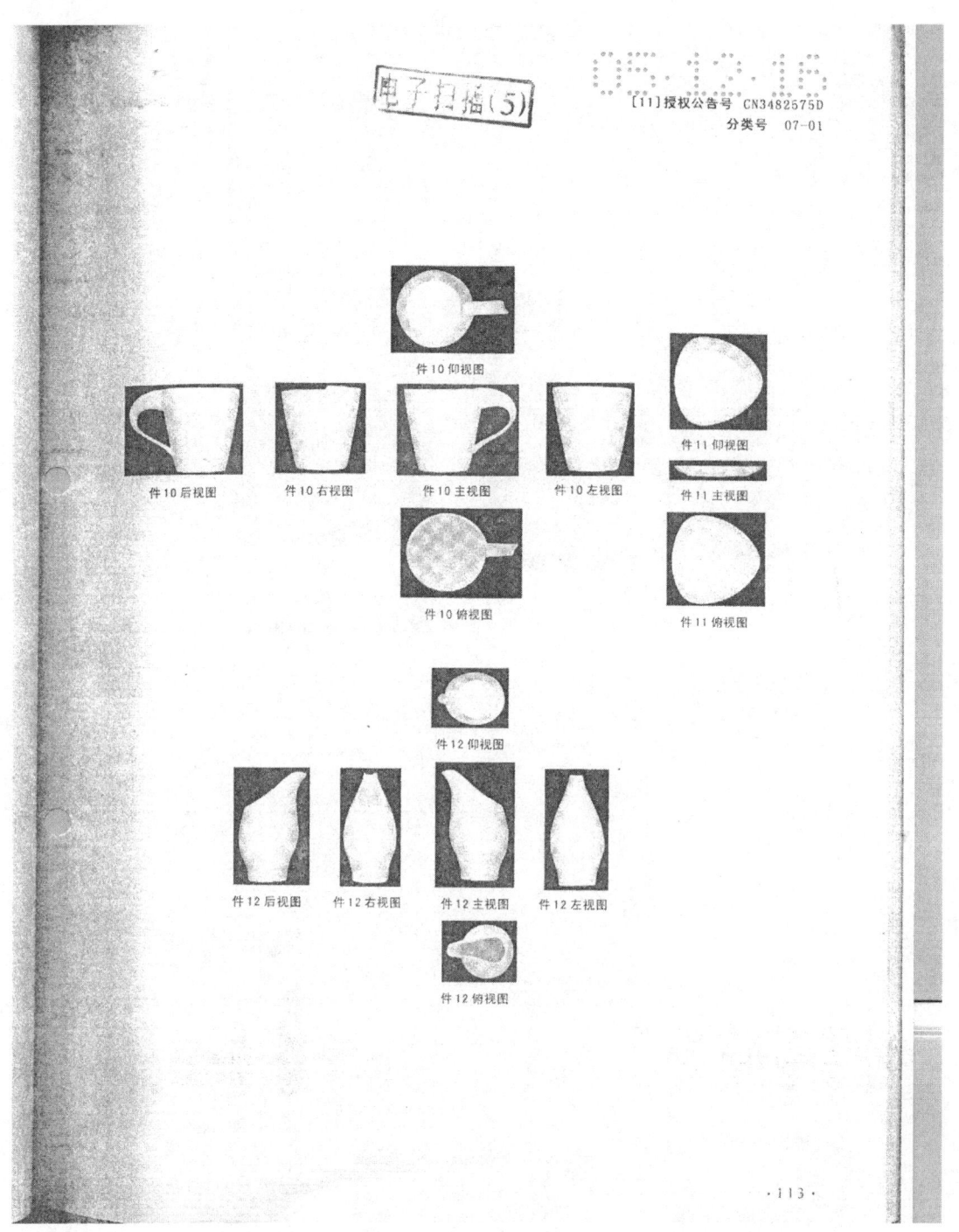

本专利附图（2）

[11]授权公告号 CN3341164D [45]授权公告日 2003.12.24 [21]申请号 03351739.8 专利号 ZL03351739.8
[22]申请日 2003.6.17   分类号 07-01
[30]优先权 2003.2.12 WO DM/062 896
[73]专利权人 维勒鲁瓦及博赫股份公司
    地址 联邦德国梅特拉赫
[72]设计人 赫尔穆特·弗兰克
[74]专利代理机构 中国国际贸易促进委员会专利商标事务所
    代理人 范 莉
[54]使用外观设计的产品名称 茶托

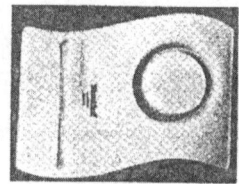
仰视图

右视图

主视图

左视图

立体图1

立体图2
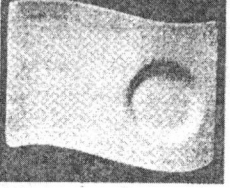
俯视图

后视图

证据1附图

[11]授权公告号 CN3337749D [45]授权公告日 2003.11.26 [21]申请号 03302295.X 专利号 ZL03302295.X
[22]申请日 2003.1.31   分类号 07-01
[30]优先权 2002.8.2 WO DM/060 953
[73]专利权人 维勒鲁瓦及博赫股份公司
    地址 联邦德国梅特拉赫
[72]设计人 赫尔穆特·弗兰克
[74]专利代理机构 中国国际贸易促进委员会专利商标事务所
    代理人 范 莉
[54]使用外观设计的产品名称 杯
[57]简要说明 省略其它视图。

主视图

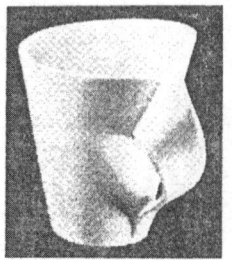
立体图
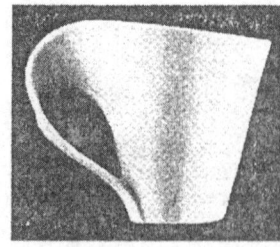
后视图
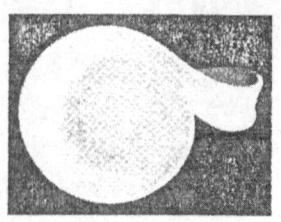
俯视图

证据2附图

电熨斗（KB-7388）

无效宣告请求审查决定（第 10233 号）

决 定 号	第 10233 号
决 定 日	2007 年 6 月 29 日
发明创造名称	电熨斗（KB-7388）
外观设计分类号	07-05
无效宣告请求人	卡罗公司
专 利 权 人	严杰波
专 利 号	200430082832.X
申 请 日	2004 年 9 月 29 日
授 权 公 告 日	2005 年 5 月 18 日
合 议 组 组 长	陈海平
主 审 员	宋鸣镝
参 审 员	路剑锋
法 律 依 据	专利法第 23 条

决 定 要 点

如果一般消费者重点关注的产品部位的差别对于产品外观设计的整体视觉效果具有显著影响，则本专利的外观设计与对比文件的外观设计既不相同也不相近似。

一、案由

本无效宣告请求涉及国家知识产权局于 2005 年 5 月 18 日授权公告的、专利号为 200430082832.X、名称为"电熨斗（KB-7388）"的外观设计专利（下称本专利），其申请日为 2004 年 9 月 29 日，专利权人为严杰波。

针对本专利，卡罗公司（下称请求人）于 2006 年 5 月 19 日向国家知识产权局专利复审委员会提出了无效宣告请求，请求专利复审委员会宣告本专利全部无效。请求宣告无效的理由是：从整体视觉观察，本专利的外观设计与其申请日以前公开的外观设计相比，二者属于相同的外观设计，因此本专利不符合专利法第 23 条的有关规定。与此同时，请求人提交了 1 份对比文件作为证据：

证据 1：授权公告号为"CN3301316"、产品名称为"蒸汽熨斗"的中国外观设计专利公报网络下载打印件（共 8 页），其授权公告日为 2003 年 6 月 18 日（下称对比文件）。

经形式审查合格后，专利复审委员会受理了上述无效宣告请求，于 2006 年 6 月 26 日向请求人和专利权人发出了无效宣告请求受理通知书，并将上述专利权无效宣告请求书及其相关文件副本转送给专利权人，要求专利权人在指定期限内进行意见陈述，同时依法成立合议组对本案进行审理。

针对上述无效宣告请求，专利权人于 2006 年 8 月 8 日提交了意见陈述书，专利权人认为：本专利无论从整体设计风格来看，还是从设计要点来看，亦或着眼于易见部位，与对比文件的外观设计均有明显的区别，足以造成与对比文件专利的外观设计不相同和不相近似，因此本专利符合专利法第 23 条的有关规定，请求维持本专利有效。

2006 年 8 月 22 日，专利权人提交了其上述意见陈述书的替换页，更正了其中存在的明显笔误。

专利复审委员会于 2007 年 3 月 1 日向双方当事人发出口头审理通知书，定于 2007 年 4 月 17 日在专利复审委员会举行口头审理，同时将专利权人在 2006 年 8 月 8 日和 2006 年 8 月 22 日提交的意见陈述书副本转送给请求人，并要求请求人在指定期限内进行意见陈述。

请求人在指定期限内未进行意见陈述。

口头审理如期举行，双方当事人均到庭。在口头审理过程中，请求人明确表示其无效宣告请求的理由为本专利不符合专利法第 23 条的规定，具体理由与其请求书相同；专利权人则表示对请求人提交的对比文件的真实性无异议。双方当事人分别结合上述对比文件就各自的观点充分发表了意见。

在上述程序的基础上，合议组认为本案事实已经清楚，可以依法作出如下审查决定。

二、决定的理由

1. 法律依据

基于请求人提出的无效宣告请求的理由、范围和提供的证据，本案合议组依据中国专利法第 23 条的规定对本案进行审理。

专利法第 23 条规定："授予专利权的外观设计，应当同申请日以前在国内外出版物上公开发表过或者国内公开使用过的外观设计不相同和不相近似，并不得与他人在先取得的合法权利相冲突。"

2. 证据认定

请求人提交的对比文件为中国外观设计专利公报网络下载打印件，其属于公开出版物，专利权人在口头审理过程中表示对该对比文件的真实性无异议，故合议组对其真实性予以确认。

对比文件的授权公告日为 2003 年 6 月 18 日，早于本专利的申请日，其外观设计分类号为 07-05，所记载的外观设计的产品名称为"蒸汽熨斗"，而本专利外观设计分类号为 07-05，其所保护的外观设计的产品名称为"电熨斗（KB-7388）"，由此可见，对比文件与本专利属于相同种类产品的外观设计，二者具有可比性，故对比文件可以作为用于评价本专利是否符合中国专利法第 23 条规定的现有技术，合议组对其予以采纳。

3. 本专利外观设计

本专利的"电熨斗（KB-7388）"包括七幅视图，即主视图、后视图、仰视图、俯视图、右视图、左视图和使用状态图。综合观察这七幅视图可以看出，该"电熨斗（KB-7388）"的整体机体外形基本上呈由三角形构成的四面体形，其包括熨斗底板、熨斗主体和熨斗握把。位于底部的熨斗底板是一块薄片状的、具有金属质感的熨烫板，熨斗底板底面上靠近边缘的部位排列有多个"瓜子"形的凹陷，该凹陷中具有用于喷射蒸汽的圆孔。熨斗主体由上下两部分组成，这两部分均由一块面板整体形成，它们的表面圆滑过渡；其中上部由透明材料制成，前端具有用于喷水的喷水嘴，下部由不透明材料制成。熨斗握把的上部具有一定弧度，其前端具有两个用于喷水和喷雾的按钮，其中间操作者使用手握持的部位具有若干用于增大摩擦力的微小突起，其后端具有一电线连接部；熨斗握把的下部与熨斗主体以表面圆滑过渡的形式连接在一起，主体上面与握把相对处具有一个较大的用于调节温度的圆形旋钮，该旋钮旁边具有相对较小的圆形电源指示灯和水位显示窗（详见本专利附图）。

4. 对比文件外观设计

对比文件的"蒸汽熨斗"包括七幅视图,即主视图、后视图、仰视图、俯视图、右视图、左视图和立体图。综合观察这七幅视图可以看出,该"蒸汽熨斗"的整体机体外形基本上呈由三角形构成的四面体形,其包括熨斗底板、熨斗主体和熨斗握把。位于底部的熨斗底板是一块薄片状的熨烫板,熨斗底板底面上靠近边缘的部位排列有多个圆形的凹陷,该凹陷中具有用于喷射蒸汽的圆孔。熨斗主体由上下两部分组成,上部由五块面板有角度地围合而成,上部前端面板上具有用于喷水的喷水嘴,下部由一块面板整体形成。熨斗握把的上部具有一定弧度,其前端具有两个用于喷水和喷雾的按钮,其中间部位为操作者使用手的握持部位,其后端具有一电线连接部;熨斗握把的下部与熨斗主体连接在一起,主体上面与握把相对处具有一个较大的用于调节温度的圆形旋钮(详见对比文件附图)。

5. 比较判断

通过将本专利与对比文件相比较可以看出,本专利与对比文件至少存在如下区别:本专利的熨斗主体上部由一块面板整体形成,其表面圆滑过渡,而对比文件的熨斗主体上部由五块面板有角度地围合而成。由于熨斗主体是一般消费者重点关注的部位,上述这一区别足以造成对一般消费者的视觉冲击,其对于产品外观设计的整体视觉效果具有显著影响,因此本专利的外观设计与对比文件的外观设计既不相同也不相近似,故本专利符合专利法第23条的规定。

三、决定

维持200430082832.X号外观设计专利权有效。

当事人对本决定不服的,可以根据专利法第46条第2款的规定,自收到本决定之日起三个月内向北京市第一中级人民法院起诉。根据该款的规定,一方当事人起诉后,另一方当事人应当作为第三人参加诉讼。

北京市第一中级人民法院
行政判决书

(2007) 一中行初字第 1356 号

原告卡罗公司，住所地法兰西共和国里昂 place Ambroise Courtois。

法定代表人 LEFEVER Jean-Pierre，董事长。

委托代理人杨凤全，北京市万慧达律师事务所律师。

委托代理人杨颖，女，北京万慧达知识产权代理有限公司专利代理人。

被告中华人民共和国国家知识产权局专利复审委员会，住所地中华人民共和国北京市海淀区北四环西路 9 号银谷大厦 10~12 层。

法定代表人廖涛，副主任。

委托代理人路剑锋，男，中华人民共和国国家知识产权局专利复审委员会审查员。

委托代理人余心蕾，女，中华人民共和国国家知识产权局专利复审委员会审查员。

第三人严杰波。

原告卡罗公司不服被告中华人民共和国国家知识产权局专利复审委员会第 10233 号无效宣告请求审查决定（以下简称第 10233 号决定），向本院提起行政诉讼。本院受理后，依法组成合议庭，在法定期限内向被告送达了起诉书副本及应诉通知书。依照《中华人民共和国行政诉讼法》第二十七条的规定，本院通知严杰波作为第三人参加诉讼，并于 2007 年 11 月 9 日公开开庭审理了本案。原告的委托代理人杨凤全、杨颖，被告的委托代理人路剑锋、余心蕾到庭参加了诉讼。经本院合法传唤，第三人严杰波未到庭参加诉讼。本案现已审理终结。

2007 年 6 月 29 日，被告作出第 10233 号决定，该决定认为名称为"电熨斗（KB-7388）"的第 200430082832.X 号外观设计专利权（以下简称本专利）符合《中华人民共和国专利法》（以下简称《专利法》）第二十三条的规定，故决定维持本专利权有效。

在法定举证期限内，为证明第 10233 号决定的合法性，被告向本院提交了下列证据：（1）授权公告日为 2003 年 6 月 18 日的授权公告号为"CN3301316"的产品名称为"蒸汽熨斗"的中国外观设计专利公报网络下载打印件（以下简称对比文件）。（2）本专利授权公告文本复印件。（3）口头审理记录表及附页。

原告诉称：（1）第 10233 号决定认定事实缺乏依据。就本专利产品电熨斗来说，除了底面之外的其他各面均应是消费者重点关注的部位。特别是把手部分作为电熨斗类产品在使用时唯一与消费者接触的部分，且许多开关及按钮也设置在把手上，该部分应当是消费者在购买及使用电熨斗时重点关注的部位。被诉决定认定熨斗主体是消费者重点关注的部位缺乏依据。对比文件主体上部的线条仅是熨斗外表面的图案图形，第 10233 号决定将对比文件主体上部的线条理解成五块面板有角度地围合而成的结构缺乏依据。（2）第 10233 号决定采用的相近似判断标准错误。外观设计相同和相近似判断的客体类型应当是外观设计的形状、图案和色彩。而被告在进行相近似判断时，却对两个外观的结构进行了分析对比，不符合《专利法》的相关规定。且被告未将电熨斗产品作为整体来审查，而是将局部作为对比的基础，违背了整体观察、综合判断的审查原则。（3）本专利与对比文件属于相同或者相近似的外观设计。对比文件与本专利的整体形状相同，视觉上不存在显著差异，并且两者的各主要组成部分的形状和外观部件的布局完全相同，尤其是在与其他同类产品相区别的截断式把手部分两者完全相同。而两个外观存在的极少数不同之处属于局部的细微改动，根本不足以构成两者外观的明显差异，普通消费者在一般购物环境下难以察觉，两者属于相近似的外观设计。故请求法院判决撤销第10233号决定，并判令被告重新作出无效宣告请求审查决定。

在法定举证期限内，原告亦向本院提交了对比文件作为证据，用以支持其诉讼主张。

被告辩称，专利复审委坚持第10233号决定中关于本专利与对比文件不相同也不相近似的认定意见。第10233号决定认定事实清楚，适用法律正确，程序合法，请求法院判决予以维持。

第三人未向本院陈述意见，亦未向本院提交证据。

经庭审质证，原告、被告对于对方提交证据的关联性、合法性、真实性均没有异议，但是均不同意对方主张证据的证明作用。经审查本院认为，原告、被告提交的证据与本案审查的第10233号决定有关，且符合合法性、真实性的要求，本院予以采纳。

根据上述确认的有效证据以及当事人当庭无争议的陈述，本院认定事实如下：

2004年9月29日，第三人向国家知识产权局提出名称为"电熨斗（KB-7388）"的外观设计专利申请。国家知识产权局经审查授予其专利权，即本专利。本专利公告授权的文本包括主视图、后视图、仰视图、俯视图、右视图、左视图和使用状态图。从上述视图可以看出，本专利包括熨斗底板、熨斗主体和熨斗握把。熨斗的整体外形基本上呈由三角形构成的四面体形，其中底面上靠近边缘的部位排列有多个"瓜子"形的凹陷。熨斗主体由上下两部分组成，上部由透明材料制成，下部由不透明材料制成。熨斗握把的上部有一定弧度，其前端有两个按钮，后端有一电线连接部；握把的下部与熨斗主体连接在一起，主体上面与握把相对处有一个较大的圆形旋钮（详见本专利附图）。

2006年5月19日，原告以本专利不符合《专利法》第二十三条的规定为由，向被告提出了无效宣告请求，并提交了对比文件作为证据。该对比文件系名称为"蒸汽熨斗"、授权公告日为2003年6月18日的外观设计专利。该专利授权公告的文本包括主视图、后视图、仰视图、俯视图、右视图、左视图和立体图。从上述视图可以看出，该"蒸汽熨斗"包括熨斗底板、熨斗主体和熨斗握把。其整体外形基本上呈由三角形构成的四面体形。熨斗底面上靠近边缘的部位排列有多个圆形的凹陷。熨斗主体的表面装饰有线条图案。熨斗握把的上部具有一定弧度，其前端有两个按钮，后端有一电线连接部；握把的下部与熨斗主体连接在一起，主体上面与握把相对处具有一个较大的圆形旋钮（详见对比文件附图）。

被告受理上述无效宣告请求后，将有关文件转送给第三人，并于2007年4月17日举行了口头审理。

经审查，被告认为，对比文件的授权公告日早于本专利的申请日，对比文件与本专利属于相同种类产品的外观设计，可以用于评价本专利是否符合《专利法》第二十三条的规定。被告经过对本专利以及对比文件的进行比较、分析，认为本专利与对比文件至少存在如下区别：本专利的熨斗主体上部由一块面板整体形成，其表面圆滑过渡，而对比文件的熨斗主体上部由五块面板有角度地围合而成。由于熨斗主体是一般消费者重点关注的部位，上述这一区别足以造成对一般消费者的视觉冲击，其对于产品外观设计的整体视觉效果具有显著影响，因此本专利的外观设计与对比文件的外观设计既不相同也不相近似。被告于2007年6月29日作出第10233号决定，维持本专利权有效。原告不服，向本院提起行政诉讼。

在本院庭审中，原告、第三人对被告作出第10233号决定的程序没有异议。

本院认为，根据《专利法》第二十三条的规定，授予专利权的外观设计，应当同申请日以前在国内外出版物上公开发表过或者国内公开使用过的外观设计不相同和不相近似。判断外观设计是否相近似时，应以两个外观设计的区别是否对外观设计的整体视觉效果产生显著的影响作为判断标准。本案中，被告在被诉决定中将本专利主体表面的图案描述为"由一块面板整体形成"，将对比文件表面的图案描述为"该熨斗主体是由五块面板有角度地围合而成"不妥，本院应予纠正。将对比文件公开的熨斗外观与本专利进行比对，虽然两个外观设计在整体形状以及握把、旋钮等部分的构成设计、布局方面基本相同，但是，由于二者在主体部分表面图案上存在的差别，足以对熨斗的整体外观视觉效果产生显著影响，会引起一般消费者的注意而不易混淆。被告根据本专利与对比文件在熨斗主体部分的区别，同时结合该类产品的特点，进行整体观察、综合判断，认定二者不属于相近似的外观设计的结论是正确的。原告关于被告在对两个外观进行判断时，以局部作为对比的基础，违背了整体观察、综合判断的审查原则的诉讼主张，缺乏事实依据，本院不予采纳。原告关于两个外观存在的区别属于细微差别，对整体视觉效果不会产生影响的诉讼意见，缺乏事实和法律依据，本院亦不予采纳。虽然被告在对两个外观进行描述时存在不妥之处，但是上述问题并未对被诉决定结论的正确性产生影响，亦不足以构成撤销该决定的理由。综上所述，原告要求撤销第10233号决定的诉讼请求，本院不予支持。依照最高人民法院《关于执行〈中华人民共和国行政诉讼法〉若干问题的解释》第五十六条第（四）项的规定，判决如下：

驳回原告卡罗公司的诉讼请求。

案件受理费100元，由原告卡罗公司负担（已交纳）。

如不服本判决，原告卡罗公司可在本判决书送达之日起30日内，被告中华人民共和国国家知识产权局专利复审委员会、第三人严杰波可在判决书送达之日起15日内，向本院递交上诉状，并按对方当事人的人数提出副本，预交上诉案件受理费100元，上诉于北京市高级人民法院。上诉人在上诉期限内未预交上诉案件受理费，又不提出缓交申请的，按自动撤回上诉处理。

审　判　长　梁　菲
代理审判员　何君慧
人民陪审员　史新章
二〇〇七年十二月二十日
书　记　员　李　智

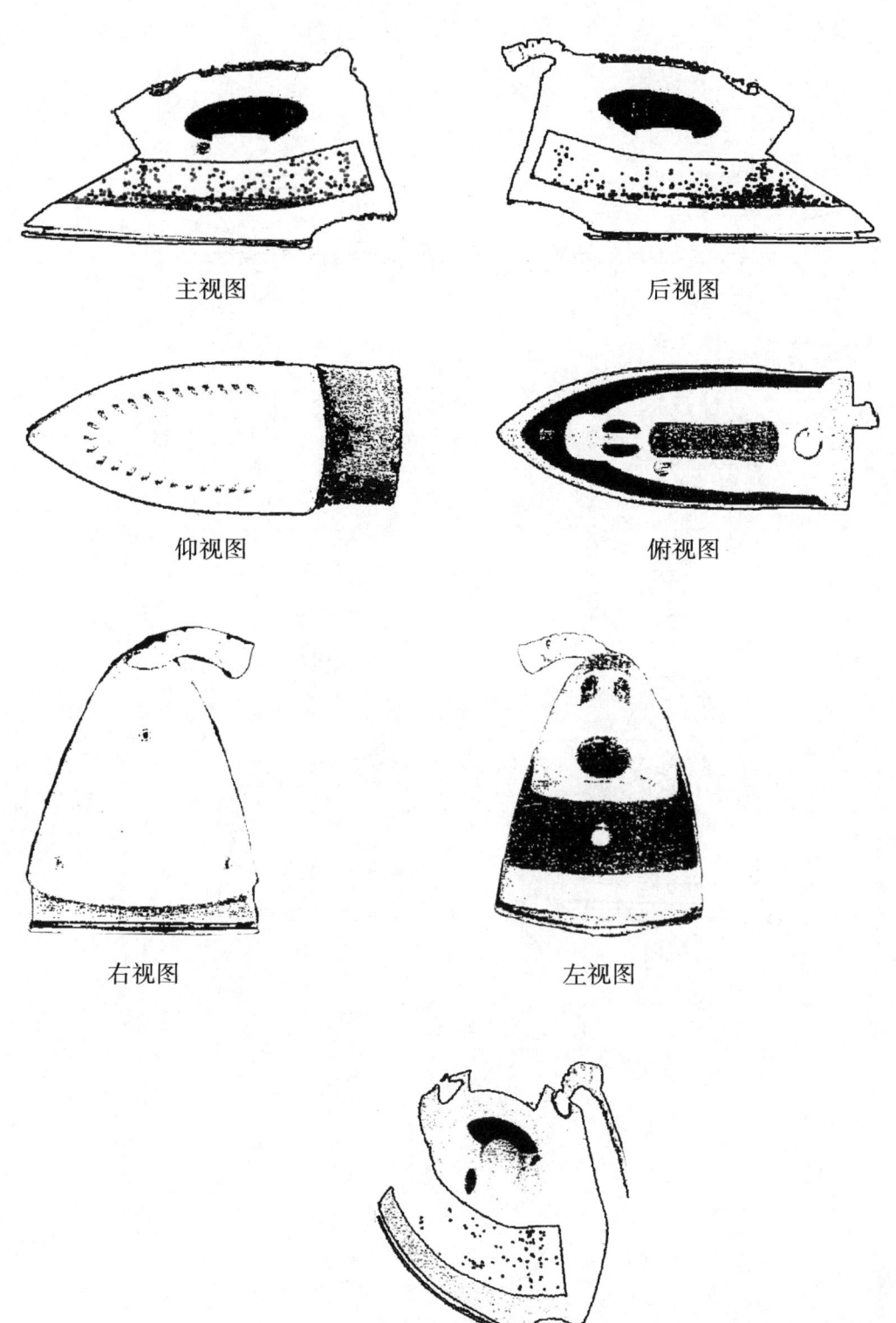

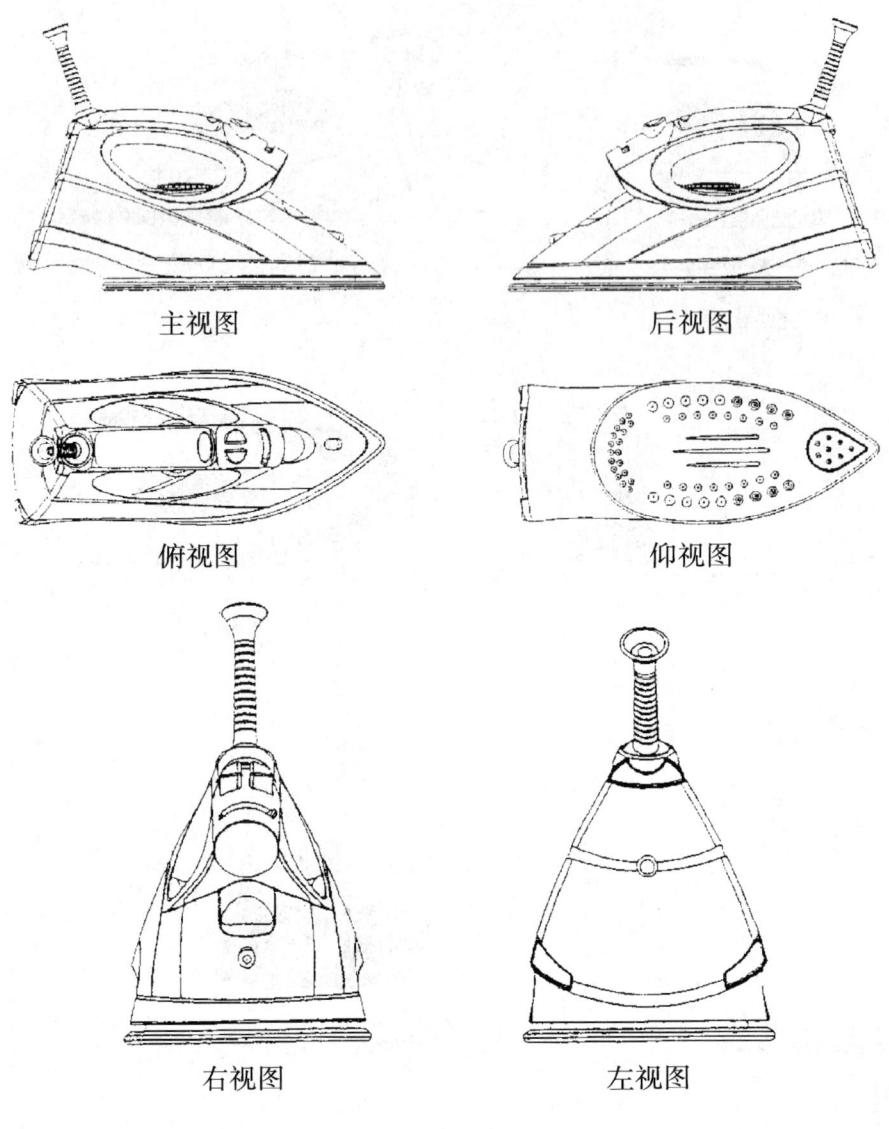

主视图   后视图

俯视图   仰视图

右视图   左视图

对比文件附图

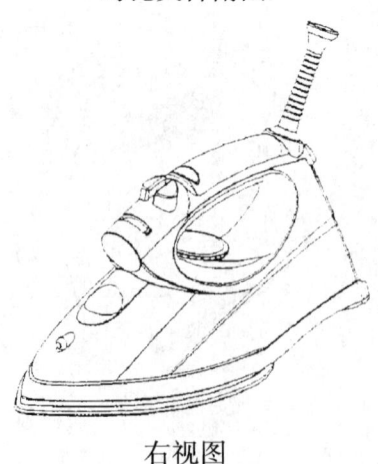

右视图

对比文件附图

北京市高级人民法院
行政判决书

(2008) 高行终字第 290 号

上诉人（一审原告）卡罗公司，住所地法兰西共和国里昂 placeAmbroise Courtois。

法定代表人 LEFEVER Jean-Pierre，董事长。

委托代理人杨凤全，北京市万慧达律师事务所律师。

委托代理人杨颖，北京万慧达知识产权代理有限公司专利代理人。

被上诉人（一审被告）中华人民共和国国家知识产权局专利复审委员会，住所地中华人民共和国北京市海淀区北四环西路 9 号银谷大厦 10~12 层。

法定代表人廖涛，副主任。

委托代理人张琪，中华人民共和国国家知识产权局专利复审委员会审查员。

委托代理人余心蕾，中华人民共和国国家知识产权局专利复审委员会审查员。

被上诉人（一审第三人）严杰波，男，1971 年 10 月 3 日，住中华人民共和国浙江省慈溪市浒山镇城东新村 13 号 503 室。

委托代理人沈孝敬，浙江杭州金通专利事务所有限公司专利代理人。

上诉人卡罗公司因专利无效宣告请求审查决定一案，不服中华人民共和国北京市第一中级人民法院（2007）一中行初字第 1356 号行政判决，向本院提起上诉。本院依法组成合议庭，公开开庭审理了本案。上诉人卡罗公司的委托代理人杨凤全、杨颖，被上诉人中华人民共和国国家知识产权局专利复审委员会（以下简称专利复审委员会）的委托代理人张琪、余心蕾，被上诉人严杰波的委托代理人沈孝敬出庭参加了诉讼。本案现已审理终结。

2007 年 6 月 29 日，专利复审委员会作出第 10233 号无效宣告请求审查决定（以下简称第 10233 号决定），以名称为"电熨斗（KB-7388）"的第 200430082832.X 号外观设计专利（以下简称本专利）与名称为"蒸汽熨斗"的第 CN3301316 号外观设计专利（以下简称对比文件）既不相同也不相近似为由，维持本专利权有效。卡罗公司不服，向中华人民共和国北京市第一中级人民法院（以下简称一审法院）提起行政诉讼。

一审法院判决认为，专利复审委员会在第 10233 号决定中将本专利主体表面的图案描述为"由一块面板整体形成"，将对比文件表面的图案描述为"该熨斗主体是由五块面板有角度地围合而成"不妥，应予纠正。将对比文件公开的熨斗外观与本专利进行比对，虽然两个外观设计在整体形状以及握把、旋钮等部分的构成设计、布局方面基本相同，但是，由于二者在主体部分表面图案上存在的差别，足以对熨斗的整体外观视觉效果产生显著影响，会引起一般消费者的注意而不易混淆。专利复审委员会根据本专利与对比文件在熨斗主体部分的区别，同时结合该类产品的特点，进行整体观察、综合判断，认定二者不属于相近似的外观设计的结论是正确的。卡罗公司关于专利复审委员会在对两个外观进行判断时，以局部作为对比的基础，违背了整体观察、综合判断的审查原则的诉讼主张，缺乏事实依据。卡罗公司关于两个外观存在的区别属于细微差别，对整体视觉效果不会产生影响的诉讼意见，缺乏事实和法律依据。虽然专利复审委员会在对两个外观进行描述时存在不妥之处，但是上述问题并未对第 10233 号决定结论的正确性产生影响，亦不足以构成撤销该决定的理由。综上所述，对卡罗公司要求撤销第10233号决定的诉讼请求不予支持。依照最高人民法院《关于执行〈中华人民共和国行政诉讼法〉若干问题的解释》第五十六条第（四）项的规定，判决驳回卡罗公司的诉讼请求。

卡罗公司不服一审法院判决，向本院提起上诉，认为，（1）对比文件所公开的产品的整体形状是有新颖性的，尤其是在该产品的握把与主体之间所形成的形状是其独创部位，对熨斗的整体视觉效果可产生显著性的影响。本专利在形状上完全是对对比文件的抄袭。（2）对比文件与本专利构成近似，理由是本专利采用了对比文件中公开的除了熨斗主体上线条以外的全部设计要素，且在此基础上没有任何新的设计内容；本专利与对比文件所采用的熨斗主体部分是同类产品的惯常设计，不应作为外观设计相近似比较的重点部位，二者之间的差别仅是局部的细微差别，不会引起一般消费者的注意，更不会对熨斗的整体外观视觉效果产生显著影响。（3）本专利主体上的深色部分不能够算是一种图案，而只是一种简单的材料替换。在本专利与对比文件的整体形状以及握把、旋钮等部分的构成设计、布局方面基本相同的同时，这一细微差别不可能引起普通消费者的注意。故请求二审法院判决撤销一审判决和第10233号决定，或依法改判。

被上诉人专利复审委员会答辩认为，一审判决认定事实清楚，适用法律正确，程序合法，请求二审法院维持一审判决。

被上诉人严杰波服从一审判决。

经审理查明，本专利系名称为"电熨斗（KB-7388）"的第200430082832.X号外观设计专利，其申请日为2004年9月29日，授权公告日为2005年5月18日，专利权人为严杰波。本专利公告授权的文本包括主视图、后视图、仰视图、俯视图、右视图、左视图和使用状态图。从上述视图可以看出，本专利包括熨斗底板、熨斗主体和熨斗握把。熨斗的整体外形基本上呈由三角形构成的四面体形，其中底面上靠近边缘的部位排列有多个"瓜子"形的凹陷。熨斗主体由上下两部分组成，上部由透明材料制成，下部由不透明材料制成。熨斗握把的上部有一定弧度，其前端有两个按钮，后端有一电线连接部；握把的下部与熨斗主体连接在一起，主体上面与握把相对处有一个较大的圆形旋钮（详见本专利附图）。

2006年5月19日，卡罗公司以本专利不符合《中华人民共和国专利法》（以下简称《专利法》）第二十三条的规定为由，向专利复审委员会提出了无效宣告请求，并提交了对比文件作为证据。对比文件系名称为"蒸汽熨斗"、授权公告号为"CN3301316"、授权公告日为2003年6月18日的外观设计专利。该专利授权公告的文本包括主视图、后视图、仰视图、俯视图、右视图、左视图和立体图。从上述视图可以看出，该"蒸汽熨斗"包括熨斗底板，熨斗主体和熨斗握把。其整体外形基本上呈由三角形构成的四面体形。熨斗底面上靠近边缘的部位排列有多个圆形的凹陷。熨斗主体的表面装饰有线条图案。熨斗握把的上部具有一定弧度，其前端有两个按钮，后端有一电线连接部；握把的下部与熨斗主体连接在一起，主体上面与握把相对处具有一个较大的圆形旋钮（详见对比文件附图）。

专利复审委员会受理上述无效宣告请求后，将有关文件转送给严杰波，并于2007年4月17日举行了口头审理。卡罗公司与严杰波均出席了口头审理。

专利复审委员会经审查认为，对比文件具有真实性，属于公开出版物，其授权公告日早于本专利的申请日，与本专利属于相同种类产品的外观设计，可以用于评价本专利是否符合《专利法》第二十三条的规定。将本专利与对比文件外观设计相比较，本专利与对比文件相比至少存在如下区别：本专利的熨斗主体上部由一块面板整体形成，其表面圆滑过渡，而对比文件的熨斗主体上部由五块面板有角度地围合而成。由于熨斗主体是一般消费者重点关注的部位，上述这一区别足以造成对一般消费者的视觉冲击，其对于产品外观设计的整体视觉效果具有显著影响，因此本专利与对比文件的外观设计既不相同也不相近似，符合《专利法》第二十三条的规定。

2007年6月29日，专利复审委员会作出第10233号决定，维持本专利权有效。卡罗公司不服，向一审法院提起行政诉讼。

一审法院审理期间，专利复审委员会为证明其行为的合法性提交了下列证据：（1）对比文件；（2）本专利授权公告文本复印件，（3）口头审理记录表及附页。

卡罗公司亦提交了对比文件作为证据。

严杰波未提交证据。

上述证据均随案移送本院，经本院审查核实，一审法院关于专利复审委员会以及卡罗公司提交的证据与第10233号决定有关，且符合合法性、真实性的要求，应当予以采纳的认证意见正确，本院予以认可。

二审法院审理期间，卡罗公司提交编号为08-013号的外观设计检索报告作为证据用以证明对比文件具有新颖性，经本院审查核实，该证据与本案不具有关联性，本院不予采纳。

本院认为，根据《专利法》第二十三条的规定，授予专利权的外观设计，应当同申请日以前在国内外出版物上公开发表过或者国内公开使用过的外观设计不相同和不相近似。判断外观设计是否相近似时，应以两个外观设计的区别是否对外观设计的整体视觉效果产生显著的影响作为判断标准。本案中，根据本院查明的事实，将本专利与对比文件进行比对，二者存在如下主要差别：本专利熨斗主体由上下两部分组成，上部由透明材料制成，下部由不透明材料制成，表面无线条图案装饰；而对比文件熨斗主体的表面装饰有线条图案。一般消费者经过整体观察可以看出，本专利与对比文件存在的上述差别对于产品外观设计的视觉效果具有显著的影响，二者不属于相同或相近似的产品。专利复审委员会根据一般消费者的认知能力和整体观察、综合判断的方式，认定本专利符合《专利法》第二十三条的规定的结论正确。卡罗公司关于本专利与对比文件的区别属于细微差别，对整体视觉效果不会产生影响，本专利在形状上完全是对对比文件的抄袭，二者属于相近似的外观设计的上诉理由不能成立，对其诉讼请求本院不予支持。综上，一审判决正确，本院应当予以维持。根据《中华人民共和国行政诉讼法》第六十一条第（一）项的规定，判决如下：

驳回上诉，维持一审判决。

二审案件受理费人民币100元，由上诉人卡罗公司负担（已交纳）。本判决为终审判决。

审　判　长　任全胜
代理审判员　景　滔
代理审判员　赵宇晖
二〇〇八年六月十九日
书　记　员　王　芳

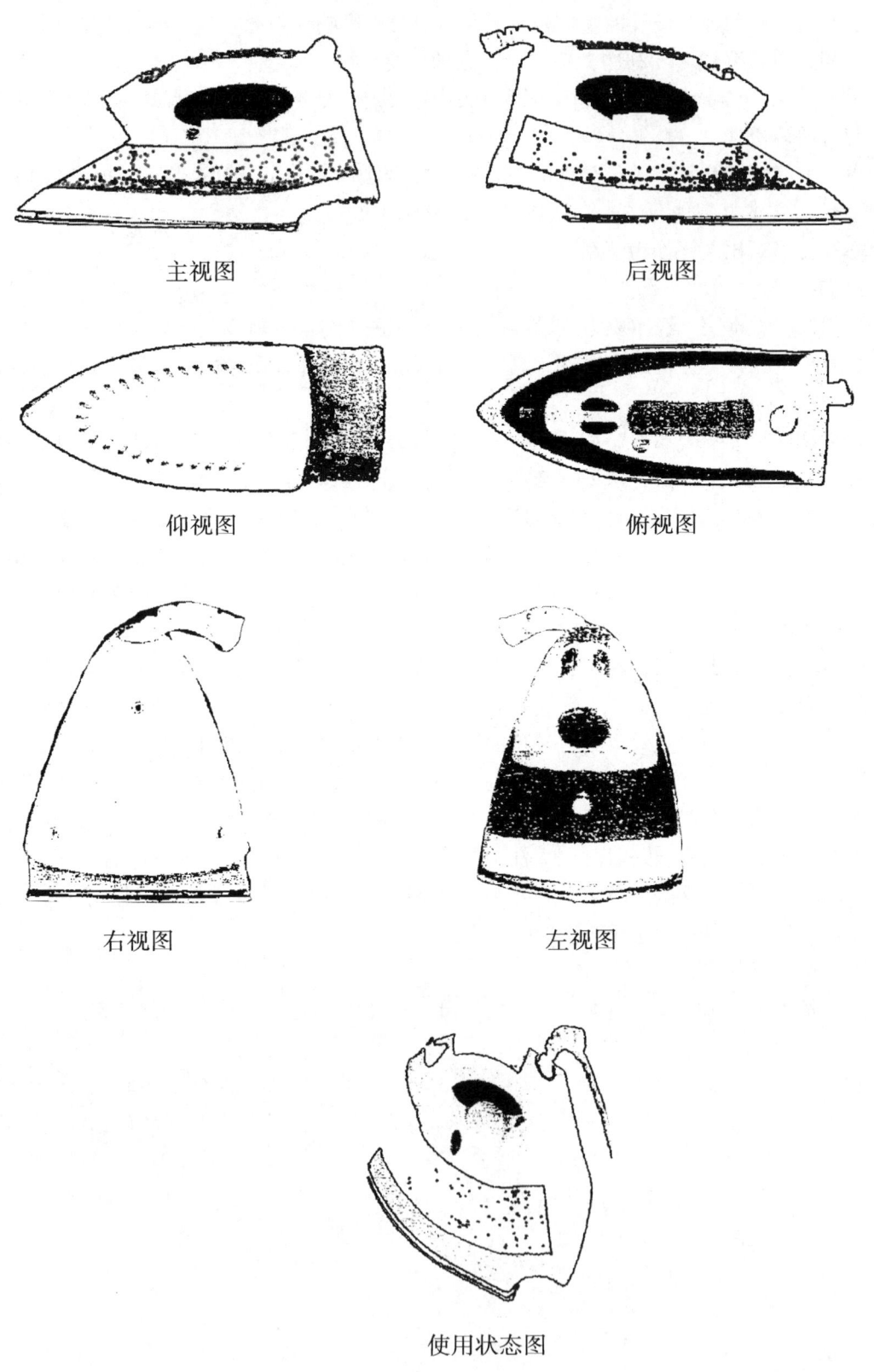

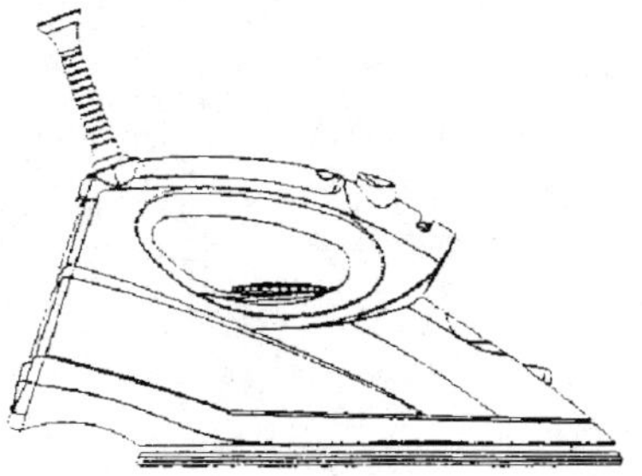

主视图 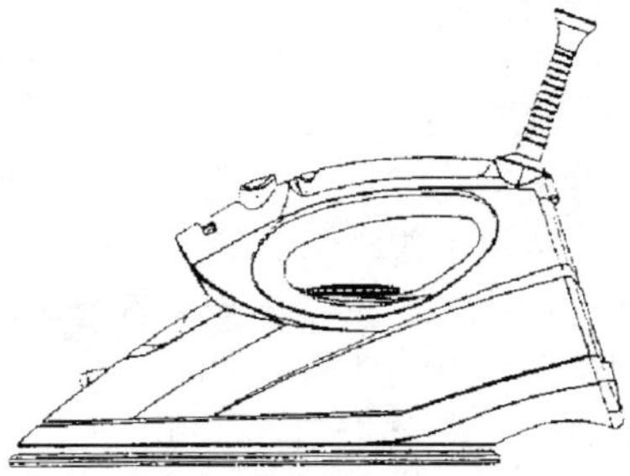　　　　　　　　后视图

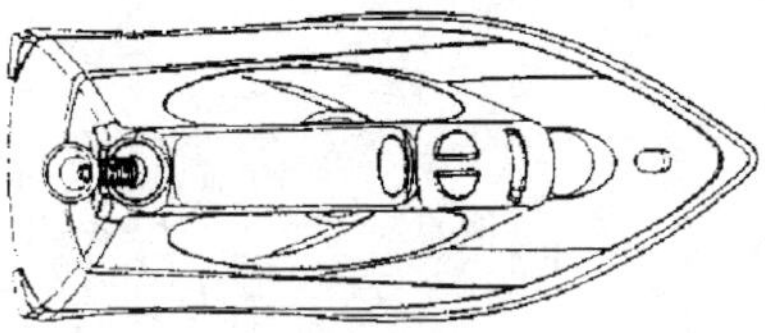

俯视图 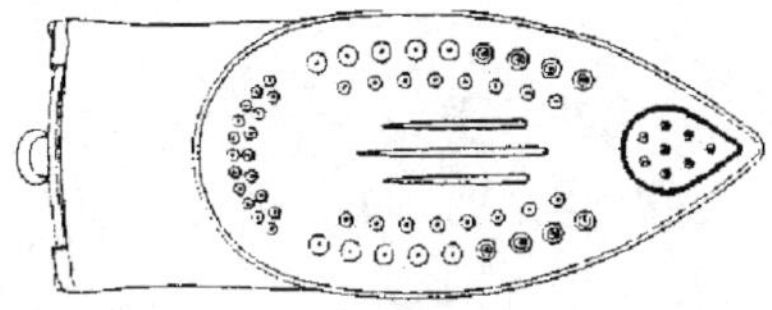　　　　　　　　仰视图

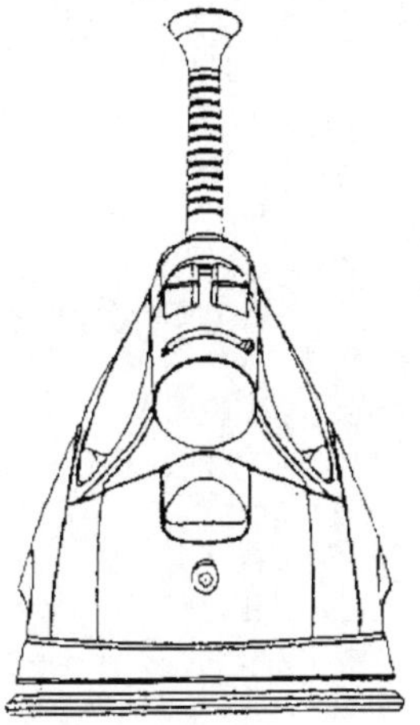

右视图 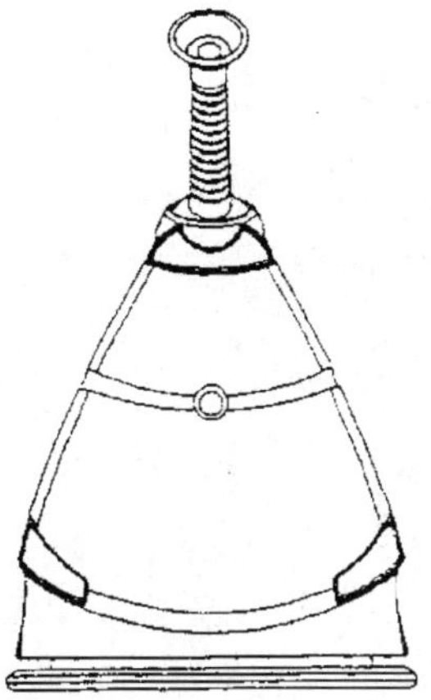　　　　　　　　左视图

对比文件附图

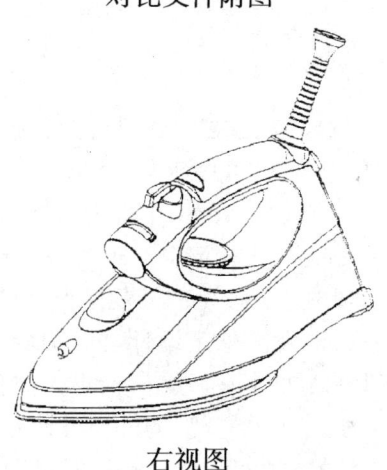

右视图

对比文件附图

木沙发（208）

无效宣告请求审查决定（第10234号）

决 定 号	第10234号
决 定 日	2007年7月3日
发明创造名称	木沙发（208）
外观设计分类号	06-01
无效宣告请求人	何润泉（佛山市南海区西樵永兴华家具厂）
专 利 权 人	钟礼强
专 利 号	01353715.6
申 请 日	2001年11月20日
授权公告日	2002年5月22日
合议组组长	张跃平
主 审 员	张凌
参 审 员	李巍巍

法 律 依 据 专利法第23条

决 定 要 点
请求人提交的证据所示的外观设计均无法确定其公开日期，因此无法适用专利法第23条将其与本专利进行相同、相近似对比。请求人提交的证据不能证明本专利不符合专利法第23条的规定。

一、案由

本无效宣告请求涉及国家知识产权局于2002年5月22日授权公告的名称为"木沙发（208）"的01353715.6号外观设计专利，其申请日为2001年11月20日，专利权人为钟礼强。

针对上述专利权（下称本专利），何润泉（佛山市南海区西樵永兴华家具厂）（下称请求人）于2005年7月6日向专利复审委员会提出无效宣告请求，理由是本专利与声称为在先申请的外观设计专利"木沙发（680）"相近似，本专利中单人沙发的外观设计与声称为在先申请的外观设计专利"木沙发（605）"相近似，本专利中三人沙发的外观设计与声称为在先申请的外观设计专利"木沙发（2088）"相近似，因而不符合专利法第23条的规定。请求人同时提交如下证据：

证据1：声称为在先申请的"木沙发（605）"的外观设计专利图片复印件（共1页）；
证据2：声称为在先申请的"木沙发（2088）"的外观设计专利图片复印件（共2页）；
证据3：声称为在先申请的"木沙发（680）"的外观设计专利图片复印件（共3页）。

经形式审查合格后，专利复审委员会依法受理了上述无效宣告请求，并于2005年7月11日将无效宣告请求书及相关文件的副本转给专利权人，要求其在指定的期限内答复。

2005年8月11日专利权人针对无效宣告请求书提交意见陈述，认为请求人仅提交外观设计图片，而未提交可反映其公开日期的证明，不符合专利法第23条的规定，不能作为证据使用，此外请求人提交的图片模糊不清，无法与本专利进行对比。专利权人同时提交如下附件作为证据：

附件1：佛知纠字（2004）第40号案"佛山市知识产权局处理决定书"复印件（共6页）。

2006年6月20日因请求人提出无效宣告请求时所提交的无效宣告程序授权委托书中的委托人名称与无效宣告请求书中请求人的名称不一致，专利复审委员会向无效宣告请求人发出无效宣告请求补正通知书，要求其重新提交授权委托书。

2006年7月5日请求人第二次提交无效宣告程序授权委托书。

2006年8月8日因请求人第二次提交的无效宣告程序授权委托书中的委托人名称与无效宣告请求书中请求人的名称仍不一致，专利复审委员会再次向其发出无效宣告请求补正通知书。

2006年9月25日请求人再次提交无效宣告请求书和无效宣告程序授权委托书，其中无效宣告请求书的请求人名称更正为"佛山市南海区西樵永兴华家具厂"，其他部分与请求人于2005年7月6日提交的无效宣告请求书内容一致。

2007年1月24日专利复审委员会发出转送文件通知书，将专利权人2005年8月11日的意见陈述转给请求人，并要求其在指定的期限内答复，并告知若请求人未在指定的期限内答复，视为其已得知转送文件中所涉及的事实、理由和证据，并且未提出发对意见。

请求人逾期未提交任何答复意见。

在上述审理的基础上，合议组经合议，认为本案事实清楚，依法作出本审查决定。

二、决定的理由

1. 关于请求人

根据《最高人民法院关于适用〈中华人民共和国民事诉讼法〉若干问题的意见》第46条的规定，"在诉讼中，个体工商户以营业执照上登记的业主为当事人。有字号的，应在法律文书中注明登记的字号"。专利权无效宣告程序是具有平等地位的双方当事人参加的程序，可以参照此项规定。

本案中佛山市南海区西樵永兴华家具厂为一个体工商户登记的字号名称，其登记的经营者为何润泉，参照民事诉讼法的上述规定，本无效宣告请求的请求人应为何润泉（佛山市南海区西樵永兴华家具厂）。

2. 法律依据

基于请求人提出无效宣告请求所依据的理由和证据，合议组对本专利是否符合专利法第23条的规定进行审查。

专利法第23条规定，授予专利权的外观设计，应当同申请日以前在国内外出版物上公开发表过或者国内公开使用过的外观设计不相同和不相近似，并不得与他人在先取得的合法权利相冲突。

3. 证据认定

请求人提交的证据1是声称为在先申请的外观设计专利"木沙发（605）"的外观图片复印件，但是请求人既未提供该外观设计的著录项目信息也未提供任何有关其公开日期的证据。请求人提供的外观设计图片的公开日期无法确定，其不符合专利法第23条的规定，不适用于本案。

请求人提交的证据2是声称为在先申请的外观设计专利"木沙发（2088）"的外观图片复印件，但是请求人既未提供该外观设计的著录项目信息也未提供任何有关其公开日期的证据。请求人提供的外观设计图片的公开日期无法确定，其不符合专利法第23条的规定，不适用于本案。

请求人提交的证据3是声称为在先申请的外观设计专利"木沙发（680）"的外观图片复印件，

但是请求人既未提供该外观设计的著录项目信息也未提供任何有关其公开日期的证据。请求人提供的外观设计图片的公开日期无法确定，其不符合专利法第23条的规定，不适用于本案。

专利权人提交的附件1是佛山市知识产权局就涉及本专利的侵权纠纷所作的决定的复印件，其于本案无关，合议组对其不予考虑。

4. 外观设计相同、相近似性的认定

由于请求人提交的证据1~3中所示外观设计的公开日期均无法确定，无法适用专利法第23条将其与本专利进行相同、相近似对比。请求人提交的证据均不能证明本专利不符合专利法第23条的规定。

三、决定

维持01353715.6号外观设计专利权有效。

当事人对本决定不服的，可以根据专利法第46条第2款的规定，自收到本决定之日起三个月内向北京市第一中级人民法院起诉。根据该款的规定，一方当事人起诉后，另一方当事人应当作为第三人参加诉讼。

一次性多功能口垫器

无效宣告请求审查决定（第 10236 号）

决 定 号	第 10236 号
决 定 日	2007 年 7 月 2 日
发明创造名称	一次性多功能口垫器
外观设计分类号	24-02
无效宣告请求人	高要市金利达医疗用品有限公司
专 利 权 人	曹铁源，张 杰
专 利 号	98306765.1
申 请 日	1998 年 1 月 31 日
授 权 公 告 日	1999 年 7 月 7 日
合 议 组 组 长	张跃平
主 审 员	严若艳
参 审 员	李改平
附 图	1 页
法 律 依 据	专利法第 23 条

决 定 要 点

仅有非法人主体的签章、无自然人签字的证言，其不符合单位证言的形式要件，不能作为认定事实的依据。

尽管在先设计与本专利的结构相同，但具体到每个部分，二者或者有明显差异，或者因无法确定在先设计的形状而无法判断与本专利是否相同相近似，因此不能据此认定二者是相近似的外观设计。

一、案由

本无效宣告请求涉及的是国家知识产权局 1999 年 7 月 7 日授权公告的 98306765.1 号外观设计专利，使用外观设计的产品名称是"一次性多功能口垫器"，申请日是 1998 年 1 月 31 日，专利权人是曹铁源、张杰。

针对上述外观设计专利权（下称本专利），2006 年 12 月 29 日高要市金利达医疗用品有限公司（下称请求人）向专利复审委员会提出无效宣告请求，其理由是本专利不符合专利法第 23 条的规定。请求人认为：在本专利申请日之前，已有相近似的外观设计在中国实用新型专利公报上公开发表，同时已有相近似的外观设计在国内公开使用过。具体而言，附件 1 和附件 4 的现有技术部分中公开了与本专利相近似的外观设计，附件 2 和附件 3 证明本专利在其申请日之前就已公开使用。请求人提交了如下附件作为证据：

附件1：90205331.0号实用新型专利的说明书摘要、权利要求书、说明书及说明书附图共5页，公告日是1990年10月10日；

附件2：云浮市人民医院的证明、"一次性使用胃镜牙垫"包装标贴及90205331.0号实用新型专利证书复印件共3页；

附件3：信宜市人民医院的证明复印件1页；

附件4：96235755.3号实用新型专利的说明书摘要、权利要求书、说明书及说明书附图共5页，申请日是1996年3月28日，授权公告日是1998年7月15日。

经形式审查合格，专利复审委员会受理了该无效宣告请求，并于2006年12月29日将《专利权无效宣告请求书》及其附件的副本转送专利权人。

请求人于2007年1月30日提交意见陈述书，补充证据（编号续前）：

附件5：（2004）穗中法民三知初字第214号民事判决书复印件；

附件6：（2004）粤高法民三终字第297号民事判决书复印件。

专利复审委员会于2007年2月9日收到专利权人的意见陈述。专利权人认为：附件1仅仅公开了一种胃镜牙垫的结构示意图，本专利的外形明显与附件1的结构不同，本专利外观设计的特征在附件1中没有公开，本专利与附件1不相同且不相近似；附件2和附件3的真实性不能确认且存在矛盾，不能证明与本专利相近似的外观设计已经在先公开使用；附件4的公开日在本专利的申请日之后，不适用专利法第23条。

专利复审委员会于2007年3月14日向双方当事人发出口头审理通知书，定于2007年5月22日对本案进行口头审理。随口头审理通知书将专利权人提交的意见陈述书及其附件的副本转送请求人，告知其可以在收到通知书之日起一个月内陈述意见，也可以口头审理时当庭陈述意见。

2007年5月22日口头审理如期举行。请求人的代理人、专利权人张杰及代理人出庭，双方对对方出庭人员资格均无异议，对合议组成员无回避请求。在口头审理中，请求人当庭提交了附件2、附件3的原件，专利权人认可复印件与原件相符，但对附件2、附件3的真实性有异议，认为其不能构成证明国内公开使用的证据链。请求人声明附件4不作为公开发表的证据，仅利用其中的"现有技术"部分，认为专利文献"现有技术"部分的描述应当是客观的，可以用以证明与本专利相近似的外观设计在本专利申请日以前已经公开，同时认为附件4与附件1结合，可证明附件1中的孔是椭圆的。专利权人对附件1、附件4的真实性均无异议，但认为附件4无法表明"现有技术"的具体形状，也不能用附件4与附件1的结合来评价与另一项外观设计的相近似性。双方就附件1与本专利是否相近似进行了辩论。合议组当庭告知附件5、附件6超过举证期限，合议组不予考虑。

在双方当事人意见陈述和口头审理的基础上，合议组经合议，认为本案事实清楚，依法作出本审查决定。

二、决定的理由

1. 法律依据

基于请求人提出无效宣告请求的理由，合议组依据专利法第23条的规定进行审理。

专利法第23条规定：授予专利权的外观设计，应当同申请日以前在国内外出版物上公开发表过或者国内公开使用过的外观设计不相同和不相近似，并不得与他人在先取得的合法权利相冲突。

2. 证据认定

请求人提交的附件1是90205331.0号实用新型专利的说明书摘要、权利要求书、说明书及说明书附图，公告号为CN20634031，公告日为1990年10月10日。经专利权人确认、合议组核实，该附件所示内容真实。其公告日早于本专利的申请日1998年1月31日，属于本专利申请日以前"国内外出版物上公开发表"的证据，适用专利法第23条。

请求人提交的附件2是云浮市人民医院的证明、胃镜牙垫包装标贴及90205331.0号实用新型专利证书复印件，其中证明的内容是"我院胃镜室自1996年以来使用如上彩图基本相同的一次性胃镜牙垫"。附件3是信宜市人民医院的证明复印件，证明的内容是"我院胃镜室自1993年以来使用如上彩图基本相同的胃镜牙垫"。请求人当庭提交了上述附件的原件。专利权人认可复印件与原件相符，但对附件2、附件3的真实性有异议。合议组认为，附件2、附件3均包括证人证言，分别由云浮市人民医院设备科和信宜市人民医院医务科签章，无自然人签字，口头审理中无证人出庭作证。参照最高人民法院关于适用《民事诉讼法》若干问题的意见第77条的规定：依照民事诉讼法第65条由有关单位向人民法院提出的证明文书，应由单位负责人签名或签章，并加盖单位公章。由此可见，附件2、附件3的单位证言不具备形式要件，不能作为本案认定事实的依据。附件2中的包装标贴不能表明其印刷或公开使用的日期，90205331.0号实用新型专利证书与本案认定在先使用无关。因此，对于附件2、附件3，合议组不予采信。

请求人提交的附件4是96235755.3号实用新型专利的说明书摘要、权利要求书、说明书及说明书附图复印件，申请日是1996年3月28日，授权公告日是1998年7月15日。因公告日晚于本专利申请日，故该附件不适用专利法第23条。请求人在口头审理过程中认为附件4与附件1结合，可以证明附件1中的孔是椭圆的。对此合议组认为：首先，请求人在提出无效宣告请求时并没有提出"附件4与附件1相结合证明附件1中的孔是椭圆的"这一具体理由；其次，附件1与附件4是两篇专利文献，不能将二者结合起来与本专利进行相近似性比较。请求人认为附件4的"现有技术"部分描述的内容可以证明与本专利相近似的外观设计在本专利申请日以前已经公开。合议组认为，上述内容不能证明其本身构成在先设计，其文字描述的"现有技术"也不能准确表达设计的内容，故附件4不能作为证据使用，请求人与附件4相关的两项主张合议组均不予支持。

3. 相同相近似对比

附件1说明书附图公开的是一种胃镜牙垫的示意图（下称在先设计），使用外观设计的产品是胃镜牙垫。本专利使用外观设计的产品是一次性多功能口垫器。在先设计与本专利的用途都是在进行内窥镜诊断时使内窥镜能顺利进入口腔，属于相同种类的产品，可以进行外观设计相同相近似比较。

本专利外观设计图片包括主视图、后视图、左视图、右视图、俯视图和仰视图，从图片观察，该产品包括挡板、咬合管和舌板三个部分。挡板为近似长方形的弧面，四个角为圆弧角，中间有近似长方形开口，与咬合管贯通；咬合管为贯通的近似长方体，一端与挡板的长方形开口相连，另一端连接舌板；舌板为开放的半喇叭开口，开口的边缘为弧形斜坡状；咬合管上靠近缺口的部位有一环状凸筋（详见本专利附图）。

在先设计是一幅结构示意图，从图片可以看到，该产品包括挡板、咬合管和舌板三个部分。挡板的外缘轮廓近似椭圆，从图片上不能确定该挡板是平面的还是弧面，挡板上有开口，开口在图片上显示为长椭圆；咬合管一端与挡板相连，另一端与舌板相连；舌板呈簸箕状，底部有一圆弧；舌板与咬合管连接处有一环状凸筋（详见在先设计附图）。

比较在先设计与本专利，其相同点为：二者均由挡板、咬合管、舌板三部分组成，咬合管上均有环状凸筋。不同之处在于：二者挡板的外缘轮廓不同，本专利是近似长方形，在先设计是近似椭圆形；本专利挡板为弧面，在先设计图片看不出这一设计特点；本专利的咬合管形状为贯通的近似长方体，而在先设计仅为一示意图，无法确定咬合管是圆柱体还是椭圆柱体；二者凸筋在咬合管上的位置不同，本专利的凸筋与缺口之间有一段距离，在先设计的凸筋紧连缺口；二者舌板的形状也不相同。

合议组认为：尽管在先设计与本专利的结构相同，但具体到每个部分，二者或者有明显差异，或者因无法确定在先设计的形状而无法判断与本专利是否相同相近似，因此不能认为二者是相同或相近似的外观设计。本专利与在先设计不相近似。

4. 结论

综上所述，请求人提交的证据不能证明在本专利申请日之前已有与其相近似的外观设计在国内外出版物上公开发表过或国内公开使用过，请求人的主张未能得到证据支持，不能证明本专利不符合中国专利法第二十三条的规定。

三、决定

维持 98306765.1 号外观设计专利权有效。

当事人对本决定不服的，可以根据专利法第 46 条第 2 款的规定，自收到本决定之日起三个月内向北京市第一中级人民法院起诉。根据该款的规定，一方当事人起诉后，另一方当事人应当作为第三人参加诉讼。

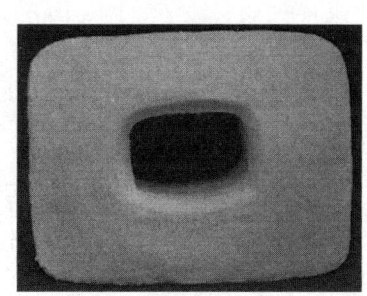
主视图

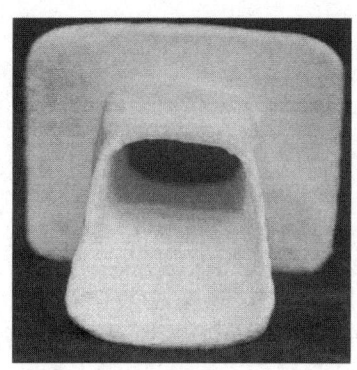
后视图

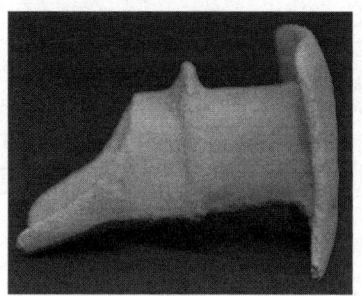
左视图

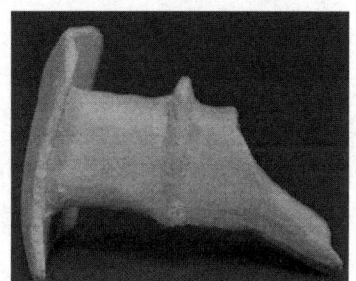
右视图

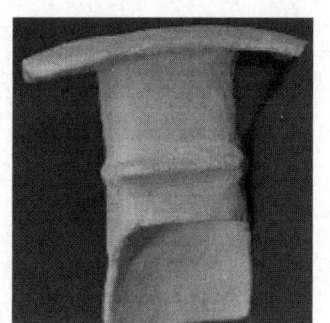
俯视图

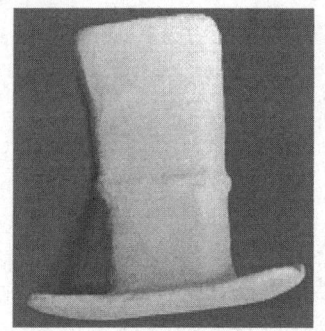
仰视图

本专利附图

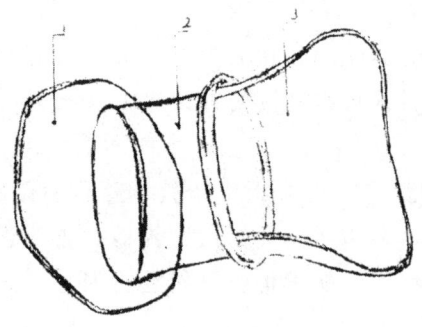
在先设计附图

剃须刀（KTSZ-129）

无效宣告请求审查决定（第10238号）

决 定 号	第10238号
决 定 日	2007年7月9日
发明创造名称	剃须刀（KTSZ-129）
外观设计分类号	28-03
无效宣告请求人	上海金天电子技术工程有限公司，潘慧
专 利 权 人	温州市康特电器制造有限公司
专 利 号	200430023061.7
申 请 日	2004年6月3日
授权公告日	2004年12月22日
合议组组长	崔 峥
主 审 员	吴亚琼
参 审 员	祁轶军

法 律 依 据 专利法第23条

决 定 要 点

本专利与对比文件的外观设计在整体形状、比例、布局等方面均采用了相同或相近似的设计，而两者的区别属于局部的细微差别，对产品整体视觉效果不具有显著的影响，两者是相近似的外观设计，故本专利不符合专利法第23条的规定。

一、案由

本无效宣告请求涉及专利号为200430023061.7、名称为"剃须刀（KTSZ-129）"的外观设计专利，该专利的申请日为2004年6月3日，授权公告日为2004年12月22日，专利权人为温州市康特电器制造有限公司。

针对上述专利权（下称本专利），上海金天电子技术工程有限公司（下称第一请求人）于2005年12月6日向国家知识产权局专利复审委员会提出了无效宣告请求，其理由是本专利与在其申请日公开的外观设计专利所示的电动剃须刀相近似，不符合专利法第23条的规定，并同时提交了如下证据：

证据1：专利号为Des.340540的美国外观设计专利公报复印件，其公开日为1993年10月19日，共 5 页；

证据 2：专利号为 Des.319515 美国外观设计专利公报复印件，其公开日为 1991 年 8 月 27 日，共 4 页；

证据 3：专利号为 96319692.8 的中国外观设计专利公告文件的打印件，其公告日为 1997 年 8 月 27 日，共 2 页。

第一请求人的具体意见主要如下：证据 1~3 与本专利所示的剃须刀均由两部分组成，上部分为刀头部，下部为刀把部，刀头部外表面安有保护网罩，刀把部为一长方体，鬓刀设在刀把后面的中上部。虽然上述三份证据与本专利存在一些区别，如证据 1 的剃须刀两侧面设置有本专利所没有的横条纹，证据 2 的刀把正反面设置有本专利所没有的小凸头，但上述区别属于局部的细微变化，对整体视觉效果不具有显著的影响，故本专利相对于证据 1~3 不符合专利法第 23 条的规定。

经形式审查合格后，专利复审委员会受理了该无效宣告请求案，于 2005 年 12 月 6 日向双方当事人发出了无效宣告请求受理通知书，并将上述无效宣告请求书及其证据副本转送给专利权人，要求其在规定的期限内答复，同时成立合议组对本案进行审理。

专利权人于 2006 年 1 月 9 日向专利复审委员会提交了意见陈述书，其认为，电动剃须刀的结构设计已十分成熟，普遍都由剃须区、握柄区和充电（电源）区三部分组成，握柄区的正面和背面分别设置开关和鬓刀，它们是这类产品设计的共性特征，是否具有这些设计并不能成为被对比的两个外观设计产品是否相同或相似的依据，只有有关上述三部分及其结合的形状、位置或图案的设计才是这类产品的要部及特点所在。本专利体现的是小型、超薄的设计思路，其较小的剃须区主体宽度、盖合平面、侧面开关、嵌块设计及鬓刀等方面均与三份证据有明显的不同，故本专利与三份证据所示的外观设计不相近似。

针对上述专利权（下称本专利），潘慧（下称第二请求人）于 2006 年 4 月 29 日向国家知识产权局专利复审委员会提出了无效宣告请求，其理由是本专利不符合专利法第 23 条以及专利法实施细则第 13 条第 1 款的规定，并同时提交了如下证据：

证据 4：专利号为 02345817.8 的中国外观设计专利公报复印件，其授权公告日为 2003 年 3 月 26 日，共 1 页；

证据 5：专利号为 02315872.7 的中国外观设计专利公报复印件，其授权公告日为 2003 年 1 月 15 日，共 1 页；

证据 6：专利号为 200330124741.3 的中国外观设计专利公报复印件，其申请日为 2003 年 12 月 10 日，授权公告日为 2004 年 7 月 7 日，专利权人是温州市康特电器制造有限公司，共 1 页。

第二请求人的具体意见主要如下：证据 4~6 与本专利所示的剃须刀均由两部分组成，上部分为刀头部，下部为长方形刀把部，刀头部外表面有二条保护网罩，鬓刀设在刀把后面的中上部，证据 4、6 的开鬓刀装置均设在刀后正面的中部，为上宽下窄的倒梯形。虽然证据 4~6 与本专利有一些局部细节的差异，但对整体视觉效果不具有显著的影响，故本专利相对于证据 4、5 不符合专利法第 23 条的规定，相对于证据 6 不符合专利法实施细则第 13 条第 1 款的规定。

经形式审查合格后，专利复审委员会受理了该无效宣告请求案，于 2006 年 6 月 8 日向双方当事人发出了无效宣告请求受理通知书，并将上述无效宣告请求书及其证据副本转送给专利权人，要求其在规定的期限内答复，同时将上述两个无效请求案合并审理。对于该无效宣告请求，专利权人逾期未答复。

专利复审委员会于 2006 年 8 月 25 日将专利权人于 2006 年 1 月 9 日提交的意见陈述书转送给第一

请求人，要求其在规定的期限内答复。同时向第一、二请求人及专利权人发出合议组成员告知通知书，告知如对合议组成员有回避请求，请在规定的期限内提交书面的请求书。双方当事人均逾期未答复。

第一请求人针对上述转送文件通知书于 2006 年 10 月 9 日向专利复审委员会提交了意见陈述书，其主要意见是：本专利与三份证据的区别仅在于外形尺寸的不同，普通消费者会对它们产生误认、混淆；本专利的"专用外盖"在相同或相近似性判断中应不予考虑；开关位置设置的不同带来的只是使用上的区别，且其位置不同并不会对整个产品的整体视觉效果产生显著影响。

在上述工作的基础上，本案合议组经过合议，认为本案的事实已经清楚，可以作出审查决定。

二、决定的理由

（1）根据请求人在无效宣告请求中提出的理由和提交的证据，本案合议组依据专利法第 23 条进行审理。

专利法第 23 条规定："授予专利权的外观设计，应当同申请日以前在国内外出版物上公开发表过或者国内公开使用过的外观设计不相同和不相近似，并不得与他人在先取得的合法权利相冲突。"

（2）证据 4（下称对比文件）是在本专利申请日之前公开的外观设计专利公告文件的复印件，经查证，合议组认可其真实性，并认定其属于本专利申请日之前的公开出版物，适用于本案。

（3）将本专利与对比文件作如下相近似性的比较：

本专利以六面视图及立体图、使用状态参考图示出了一种剃须刀的外观。本专利的剃须刀大致为直板状的长方体，其由上部的刀头部和下部的刀把部组成。刀头部的宽度比刀把部的宽度略窄，形成一台阶，其顶部有两条略突出外表面的保护网罩，从左、右视图看，整个刀把部向下渐缩，并在其侧面设置有一长圆形的开关。从后视图看，刀把部的中上部设置有长条形鬓刀和四角为圆角的倒梯形开鬓刀装置。从主视图看，刀把的中部设有向下渐缩、三个角为圆角的近似三角形的装饰面板。从俯、仰视图看，其侧面上部略带弧面，下部又过渡为平面，底面的中央有充电接头（详见本专利的附图）。

对比文件以六面视图示出了一种剃须刀的外观。该剃须刀大致为直板状的长方体，其由上部的刀头部和下部的刀把部组成。刀头部的顶部有两条略突出外表面的保护网罩，从左、右视图看，整个刀把部的厚度大致不变，并在其侧面设置有一长圆形的开关。从后视图看，刀把部的中上部设置有长条形鬓刀和开鬓刀装置，该开鬓刀装置向下渐缩，两侧为向内凹的弧线，下端为近似半圆的弧线。从主视图看，刀把的中下部设有向下渐缩、水滴状的装饰面板。从俯、仰视图看，其侧面基本上为平面，底面的偏右位置设有充电接头（详见对比文件的附图）。

将本专利与对比文件相比较，两者的主要区别在于：①两者主视图所示的装饰面板的形状存在差异；②两者后视图所示的开鬓刀装置的形状也不同；③本专利在刀头和刀把之间设置了台阶，且刀把有向下厚度逐渐变小的设计。而对比文件中没有台阶设计，厚度也大致不变。合议组认为：对于上述区别①、②，虽然两者的装饰面板、开鬓刀装置的形状不尽相同，但它们在整体上都具有向下渐缩的设计，设置位置也大致相同，在这种情况下，上述差异属于局部的细微变化；对于上述区别③，由于本专利的台阶尺寸及厚度变化均很小，与无这些设计的对比文件相比，在整体视觉效果上没有造成显著的影响。综上所述，两者的外观设计在整体形状、比例、布局等方面均采用了相同或相近似的设计，而上述区别属于局部的细微变化，对产品整体视觉效果不具有显著的影响，两者是相近似的外观设计，故本专利不符合专利法第 23 条的规定。

鉴于已得出本专利不符合专利法 23 条规定的结论，故合议组对两个请求人所提出的其他无效理由和证据不再予以评述。

三、决定

宣告200430023061.7号外观设计专利权无效。

当事人对本决定不服的，可以根据专利法第46条第2款的规定，自收到本决定之日起三个月内向北京市第一中级人民法院起诉。根据该款的规定，一方当事人起诉后，另一方当事人应当作为第三人参加诉讼。

滑板车（CF 运动）

无效宣告请求审查决定（第 10240 号）

决 定 号	第 10240 号
决 定 日	2007 年 6 月 22 日
发明创造名称	滑板车（CF 运动）
外观设计分类号	21-01
无效宣告请求人	深圳信隆实业股份有限公司
专 利 权 人	张家港市长锋车业有限公司
专 利 号	200530087687.9
申 请 日	2005 年 8 月 6 日
授 权 公 告 日	2006 年 7 月 5 日
合议组组长	张跃平
主 审 员	李改平
参 审 员	严若艳
附 图	2 页
法 律 依 据	专利法第 23 条
决 定 要 点	

请求人提交的证据所示产品外观设计与本专利在立杆、立杆与踏板支架的连接部位以及踏脚板的形状上均有明显区别，不能证明在本专利申请日前已有与本专利相同或相近似的外观设计在出版物上公开发表，请求人的无效宣告请求的主张不能得到证据的支持。

一、案由

本无效宣告请求涉及的是国家知识产权局于 2006 年 7 月 5 日授权公告的、名称为"滑板车（CF 运动）"的外观设计专利，其申请号是 200530087687.9，申请日是 2005 年 8 月 6 日，专利权人是张家港市长锋车业有限公司。

针对上述专利权（下称本专利），深圳信隆实业股份有限公司（下称请求人）于 2006 年 9 月 27 日向专利复审委员会提出无效宣告请求，其理由是：本专利完全被在先出版的杂志和在先公开的外观设计专利所公开，不符合专利法第 23 条的规定，请求宣告本专利无效。请求人提交了如下附件作为证据：

附件1是本专利网上公告文本复印件1页；

附件2是履行证明手续的《Sports Products & Accessories Buyers' Guide Autumn 2003》（体育用品采购指南2003秋季版）的封页和第72页及称为出版页的翻译件的复印件共6页；

附件3是专利号为200330104419.4的专利网上公告文本复印件1页；

附件4是已生效的第8635号无效宣告请求审查决定书复印件共6页。

经形式审查合格，专利复审委员会受理了此案，并于2007年1月11日将无效请求书及相关材料副本转送给专利权人。

2007年2月11日专利权人提交了意见陈述书。专利权人提出没有收到请求人在无效宣告请求书第5栏中所述的《宣告专利权无效请求书附页》。对于请求人提交的相关证据，专利权人认为：附件2中出版物第72页内的JTS-648图片所示只有一幅相关滑板车的立体图，其只能展示产品的一个侧面，不能与本专利进行全面的比对；附件3中公开的内容与本专利相比，在立杆、立杆与踏板支架的连接部位、踏脚板、踏板支架所用管材以及刹车线的弯曲弧度等部分存在显著区别，两者是完全不同的产品。附件4是一份针对附件3的无效宣告请求审查决定书，与本案无关。因此，本专利应当予以维持。

2007年4月6日专利复审委员会将专利权人提交的上述意见陈述书转送请求人，请求人逾期未答复。

2007年4月6日专利复审委员会向双方当事人发出合议组成员告知通知书和无效宣告请求口头审理通知书，定于2007年5月22日在专利复审委员会进行口头审理。

口头审理如期举行，双方当事人均委托代理人出庭。双方对对方出庭人员资格均无异议，对合议组成员无回避请求。请求人当庭陈述了请求宣告本专利无效的主要理由和事实，认为附件2中出版物第72页内的JTS-648图片所示产品和附件3所示产品外观设计与本专利相近似，附件4用于证明附件2原件已提交给专利复审委员会，并证明附件2中的JTS-648图片所示产品与附件3相近似，请求人当庭提交了无效宣告请求书第5栏中所述的《宣告专利权无效请求书附页》。专利权人未对请求人当庭提交的《宣告专利权无效请求书附页》提出异议，并答辩认为：附件2中的JTS-648图片所示产品只有立体图，故无法与本专利进行对比，即使可以对比，两者也不相近似。专利权人对附件3的真实性无异议，认为虽然附件3与附件2中的JTS-648图片所示产品外观设计相近似，但与本专利不相近似，附件4与本案没有直接的关系。请求人进一步认为，附件2中的JTS-648图片所示外观设计，虽然只有立体图，但已经反映了产品的各个部分，两者的组成部件完全相同，整体视觉效果没有显著的差距，并当庭提交了图片清晰的附件2中涉及的第72页的彩色复印件，并说明附件2的原件存于专利号为200330104419.4的案卷中。专利权人则对该复印件的真实性有异议，但指出如果经合议组核实复印件与原件相符，则对附件2的真实性无异议，同时认为在各部件上均存在显著区别，整体上会给消费者造成明显的视觉差异。口审结束后，请求人提交了经国家知识产权局证明与原件相同的附件2的复印件。

至此，合议组认为本案事实清楚，可以依法作出审查决定。

二、决定的理由

1. 法律依据

基于请求人提出的无效宣告请求理由，合议组对本专利是否符合专利法第23条的规定进行审查。

专利法第23条规定："授予专利权的外观设计，应当同申请日以前在国内外出版物上公开发表过或者国内公开使用过的外观设计不相同和不相近似，并不得与他人在先取得的合法权利相冲突。"

2. 证据认定

附件 1 是本专利网上公告文本复印件，用于证明本专利相关信息；

附件 2 是台湾出版物《Sports Products & Accessories Buyers' Guide Autumn 2003》（体育用品采购指南 2003 秋季版），同时提交的证明文件包括北京市公证员协会于 2005 年 10 月 18 日发给专利复审委员会的信函复印件 1 页，以及经台湾台北地方法院公证处认证的台湾环讯亚太股份有限公司的声明书复印件 1 页。在上述北京市公证员协会发给复审委员会的信函中表明将海基会寄来的台湾环讯亚太股份有限公司的认证书转给专利复审委员会。经合议组核实，附件 2 的原件存于专利号为 200330104419.4 的案卷中，其内容属实。其中出版物的公开日为 2003 年 6 月 17 日，在本专利的申请日（2005 年 8 月 6 日）之前，故附件 2 中的出版物可以作为判断本专利是否符合专利法第 23 条的规定的证据。

附件 3 是专利号为 200330104419.4 的专利网上公告文本复印件，经合议组核实，其内容属实。该专利的公告日为 2004 年 6 月 30 日，在本专利的申请日之前，故附件 3 可以作为判断本专利是否符合专利法第 23 条的规定的证据。

附件 4 是第 8635 号无效宣告请求审查决定书复印件，与本案无直接的关系，不作证据使用。

3. 外观设计对比

观察本专利各视图可以看到：本专利为滑板车（CF 运动）的外观设计，由把手、立杆、两个踏板支架、两个踏脚板、三个轮子以及刹车线构成。把手与立杆成 T 形结构，立杆上有弯曲部分，立杆与踏板支架的连接部位设置有三角形外罩；踏脚板后部将支架与后轮组件之间的连接部覆盖。具体详见本专利附图。

观察附件 2 中的 JTS-648 图片所示滑板车的外观设计（下称在先设计 1）可以看到：该滑板车由把手、立杆、两个踏板支架、两个踏脚板、三个轮子以及刹车线构成，把手与立杆成 T 形结构，立杆为直杆，立杆与踏板支架通过一个与立杆呈一定角度的⊥形管连接；踏脚板后部上翘。具体详见在先设计 1 附图。

观察附件 3 所示的专利号为 200330104419.4 的外观设计（下称在先设计 2），可以看到，该外观设计由把手、立杆、两个踏板支架、两个踏脚板、三个轮子以及刹车线构成，各部分结构与在先设计 1 相似。具体详见在先设计 2 附图。

由于本专利与在先设计 1 的外观设计都用于滑板车，两者用途相同，故两者具有可比性。将本专利与在先设计 1 的外观设计进行对比，可以看到：两者均由把手、立杆、两个踏板支架、两个踏脚板、三个轮子以及刹车线构成，而这些都是三个轮子滑板车的普遍结构。两者的不同之处在于：（1）本专利的立杆存在弯曲，在先设计 1 的立杆为直杆；（2）本专利立杆与踏板支架的连接部位设置有三角形外罩，在先设计 1 中的立杆与踏板支架通过一个与立杆呈一定角度的⊥形管连接；（3）本专利的踏脚板后部将支架与后轮组件之间的连接部覆盖，在先设计 1 踏脚板后部上翘。由此可见，两者的区别明显，足以导致二者的整体外观设计产生显著的视觉差别，二者的区别对整体视觉效果具有显著影响，因此二者属于不相同且不相近似的外观设计。

由于本专利与在先设计 2 的外观设计都用于滑板车，两者用途相同，故两者具有可比性。将本专利与在先设计 2 的外观设计进行对比，可以看到：两者之间的区别与本专利和在先设计 1 之间的区别基本相同，由此可以认为，本专利与在先设计 2 属于不相同且不相近似的外观设计。

4. 结论

综上，请求人提交的证据所示产品外观设计与本专利在立杆、立杆与踏板支架的连接部位以及踏脚板的形状上均有明显区别，不能证明在本专利申请日前已有与本专利相同或相近似的外观设计在出版物上公开发表，亦即不能证明本专利不符合专利法第 23 条的规定。请求人的无效宣告请求的主张不能得到其提交的证据的支持。

三、决定

维持 200530087687.9 号外观设计专利权有效。

当事人对本决定不服的，可以根据专利法第 46 条第 2 款的规定，自收到本决定之日起三个月内向北京市第一中级人民法院起诉。根据该款的规定，一方当事人起诉后，另一方当事人应当作为第三人参加诉讼。

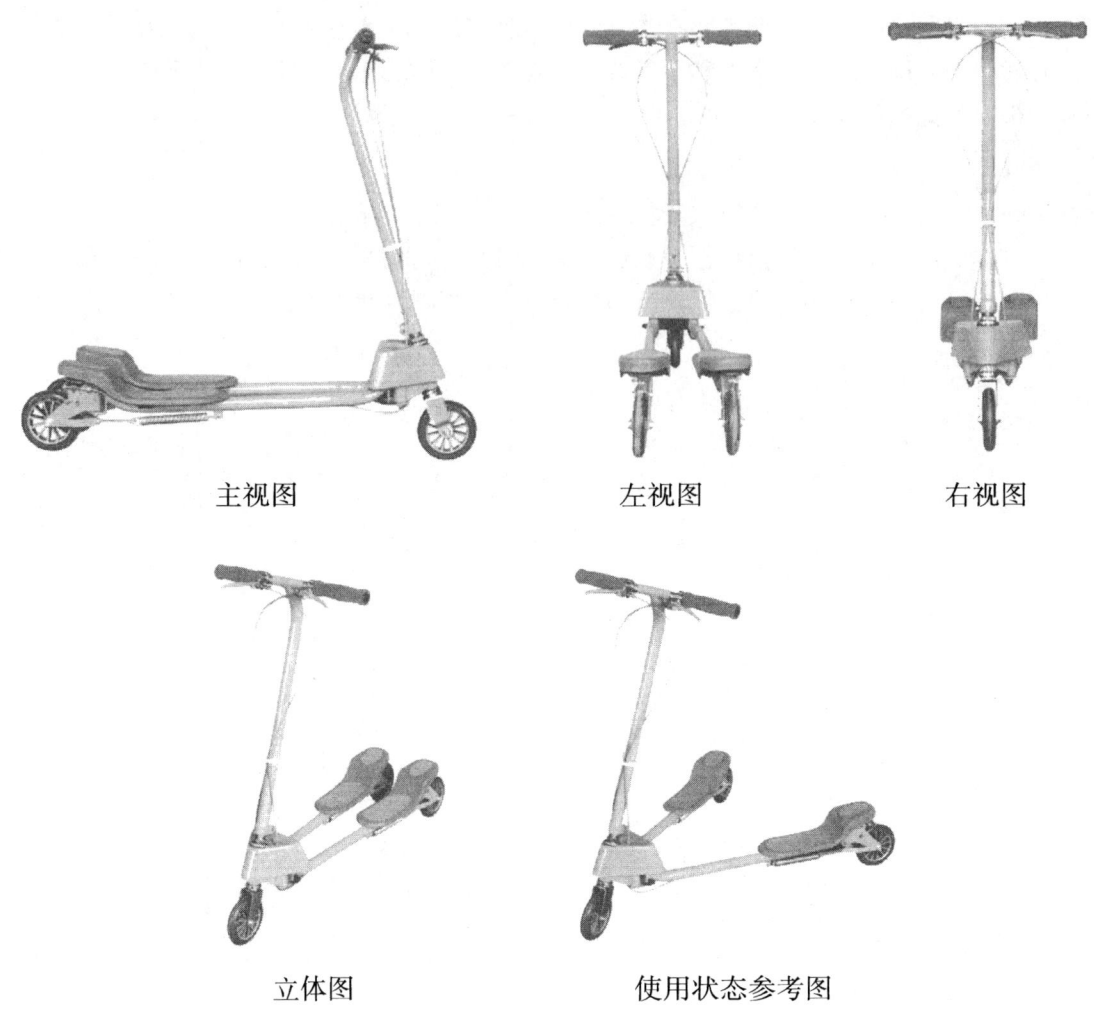

主视图　　　　　左视图　　　　　右视图

立体图　　　　使用状态参考图

本专利附图

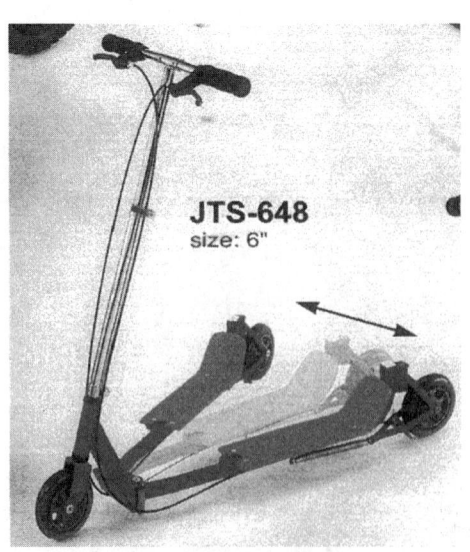

在先设计1附图

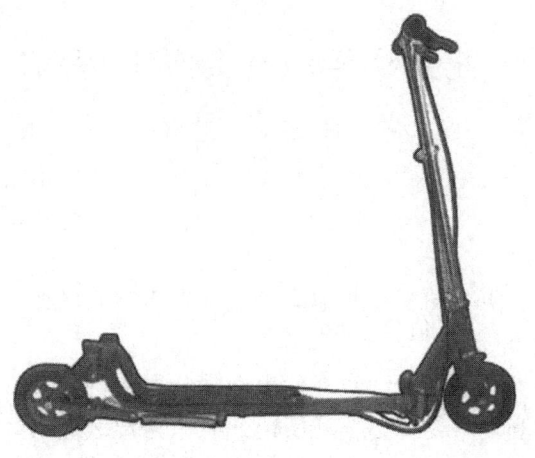

主视图

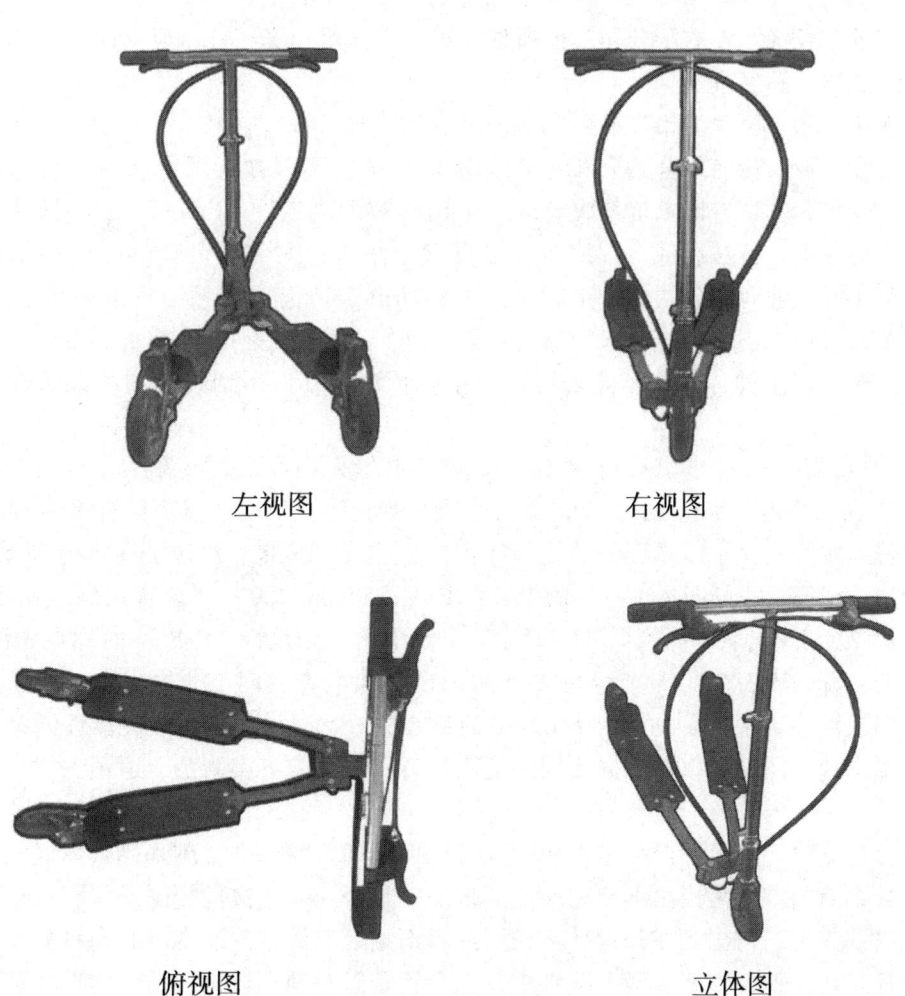

左视图　　　　　右视图

俯视图　　　　　立体图

在先设计 2 附图

北京市第一中级人民法院
行政判决书

(2007) 一中行初字第 1308 号

原告深圳信隆实业股份有限公司，住所地广东省深圳市宝安区龙华镇第四工业区中环路 55 号。

法定代表人廖学金，董事长。

委托代理人王雄杰，深圳市雄杰专利商标代理有限公司专利代理人。

被告国家知识产权局专利复审委员会，住所地北京市海淀区北四环西路 9 号银谷大厦。

法定代表人廖涛，副主任。

委托代理人李改平，男，国家知识产权局专利复审委员会审查员。

委托代理人刘妍，女，国家知识产权局专利复审委员会审查员。

第三人张家港市长锋车业有限公司，住所地江苏省张家港市扬子江国际冶金工业园杨锦路。

法定代表人戴飞，总经理。

委托代理人黄春松，张家港市高松专利事务所专利代理人。

原告深圳信隆实业股份有限公司（以下简称信隆公司）不服被告国家知识产权局专利复审委员会作出的第 10240 号无效宣告请求审查决定（以下简称被诉决定），于 2007 年 9 月 17 日向本院提起行政诉讼。本院受理后，依法组成合议庭，并依据《中华人民共和国行政诉讼法》第二十七条的规定通知张家港市长锋车业有限公司作为本案第三人参加诉讼，于 2007 年 11 月 12 日公开开庭审理了本案。原告的委托代理人王雄杰，被告的委托代理人刘妍、李改平到庭参加了诉讼。第三人张家港市长锋车业有限公司（以下简称长锋车业公司）经本院依法通知，未到庭参加本案的开庭审理。本案现已审理终结。

2007 年 6 月 22 日，被告作出被诉决定，依据《中华人民共和国专利法》（以下简称《专利法》）第二十三条的规定，维持 200530087687.9 号外观设计专利权（以下简称本专利）有效。在法定期限内，被告向本院提交了以下证据的复印件：（1）本专利公报，用以证明本专利保护范围；（2）履行证明手续的《Sports Products&Accessors Buyers'GuideAutumn 2003》（体育用品采购指南 2003 秋季版）的封页和第 72 页及出版页的翻译件，即被诉决定中的在先设计 1（以下简称在先设计 1），用以证明现有技术的公开内容；（3）专利号为 200330104419.4 的专利网上公告文本，用以证明现有技术的公开内容，即被诉决定中的在先设计 2（以下简称在先设计 2）；（4）口头审理记录表，用以证明口头审理的重要事项。同时，以上证据均用以证明被诉决定认定事实清楚、适用法律正确、审查程序合法。

原告诉称：根据对外观设计产品是否相同或者相近似的判断原则，应采用整体观察、综合判断的方式。所谓综合判断的方式是指由本专利的全部来确定是否与对比文件相同或者相近似，而不是从本专利的部分或局部出发，得出与在先设计不相同或者不相近似的结论。本专利与在先设计 1 的外观设计由把手、立杆、两个踏板支架、两个踏脚板、三个轮子以及刹车线构成的整体形状是相近似的。本专利与在先设计 2 对比，整体形状也是相近似的，二者的整体外观设计产生同样的视觉效果，足以导致一般消费者从单纯外观设计的角度上对二者产生混淆和误认。因此，被诉决定的决定理由中的第 3 点"外观设计对比"部分没有法律依据和事实根据，故请求法院撤销被诉决定。

原告在法定期限内向本院提交了被诉决定书的复印件，用以证明被诉决定的判断依据是错误的。

被告答辩称，由于本专利与在先设计1、2的外观设计都用于滑板车，用途相同，故本专利与在先设计1、2具有可比性。将本专利与在先设计1的外观设计进行对比，可以看到：两者均由把手、立杆、两个踏板支架、两个踏脚板、三个轮子以及刹车线构成，而这些都是三个轮子滑板车的普遍结构。两者的不同之处在于：（1）本专利的立杆存在弯曲，在先设计1的立杆为直杆；（2）本专利立杆与踏板支架的连接部位设置有三角形外罩，在先设计1中的立杆与踏板支架通过一个与立杆呈一定角度的⊥形管连接；（3）本专利的踏脚板后部将支架与后轮组件之间的连接部覆盖，在先设计1踏脚板后部上翘。由此可见，两者的区别明显，足以导致二者的整体外观设计产生显著的视觉差别，二者的区别对整体视觉效果具有显著影响，因此二者属于不相同且不相近似的外观设计。将本专利与在先设计2的外观设计进行对比，可以看到：两者之间的区别与本专利和在先设计1之间的区别基本相同，由此可以认为，本专利与在先设计2属于不相同且不相近似的外观设计。故请求法院驳回原告的诉讼请求，维持被诉决定。

第三人述称，在先设计1和在先设计2与本专利区别明显，足以导致二者的整体外观设计产生显著的视觉差别，因此二者属于不相同且不相近似的外观设计，完全同意被诉决定和被告的意见。

第三人未向本院提交证据材料。

对被告所举证据，原告对其真实性、合法性和关联性均无异议，但不同意其证明作用。

对原告所举证据，被告对其真实性、合法性和关联性无异议，但不同意其证明作用。

经庭审质证及合议庭评议，本院认为，被告、原告于本院开庭审理前提交的证据均与本案具有关联性，且符合形式上的合法性、真实性的要求，本院予以确认。上述经本院确认的证据以及各方当事人无争议的相关陈述可以作为认定本案事实的依据。

经审理查明，本案涉及的是2006年7月5日授权公告的、名称为"滑板车（CF运动）"的外观设计专利（即本专利），其申请号是200530087687.9，申请日是2005年8月6日，专利权人是本案第三人张家港市长锋车业有限公司。

针对本专利，原告于2006年9月27日向被告提出无效宣告请求，其理由是：本专利完全被在先出版的杂志和在先公开的外观设计专利所公开，不符合《专利法》第二十三条的规定，请求宣告本专利无效。第三人提交了如下附件作为证据：

附件1：本专利网上公告文本，复印件，1页；

附件2（即在先设计1）：履行证明手续的《SportsProducts & Accessories Buyers' Guide Autumn 2003》（体育用品采购指南2003秋季版）的封页和第72页及称为出版页的译文复印件，共6页；

附件3（即在先设计2）：200330104419.4号专利网上公告文本复印件，1页；

附件4：已生效的第8635号无效宣告请求审查决定书复印件，共6页。

经形式审查合格，被告受理了此案，并于2007年1月11日将无效请求书及相关材料副本转送给第三人。

2007年2月11日，第三人提交了意见陈述书。第三人提出没有收到原告在无效宣告请求书第5栏中所述的《宣告专利权无效请求书附页》。对于原告提交的相关证据，第三人认为：附件2中出版物第72页内的JTS-648图片所示只有一幅相关滑板车的立体图，其只能展示产品的一个侧面，不能与本专利进行全面的比对；附件3中公开的内容与本专利相比，在立杆、立杆与踏板支架的连接部位、踏脚板、踏板支架所用管材以及刹车线的弯曲弧度等部分存在显著区别，两者是完全不同的产品。附件4是一份针对附件3的无效宣告请求审查决定书，与本案无关。因此，本专利应当予以维持。

2007年4月6日，被告将第三人提交的上述意见陈述书转送原告，原告逾期未答复。

2007年4月6日，被告向双方当事人发出合议组成员告知通知书和无效宣告请求口头审理通知书，定于2007年5月22日在被告处进行口头审理。

口头审理如期举行，双方当事人均委托代理人出庭。双方对对方出庭人员资格均无异议，对被告的合议组成员无回避请求。原告当庭陈述了请求宣告本专利无效的主要理由和事实，认为附件2中出版物第72页内的JTS-648图片所示产品和附件3所示产品外观设计与本专利相近似，附件4用于证明附件2原件已提交给被告，并证明附件2中的JTS-648图片所示产品与附件3相近似，原告当庭提交了无效宣告请求书第5栏中所述的《宣告专利权无效请求书附页》。第三人未对原告当庭提交的《宣告专利权无效请求书附页》提出异议，并答辩认为：附件2中的JTS-648图片所示产品只有立体图，故无法与本专利进行对比，即使可以对比，两者也不相近似。第三人对附件3的真实性无异议，认为虽然附件3与附件2中的JTS-648图片所示产品外观设计相近似，但与本专利不相近似，附件4与本案没有直接的关系。原告进一步认为，附件2中的JTS-648图片所示外观设计，虽然只有立体图，但已经反映了产品的各个部分，两者的组成部件完全相同，整体视觉效果没有显著的差距，并当庭提交了图片清晰的附件2中涉及的第72页的彩色复印件，并说明附件2的原件存于专利号为200330104419.4的案卷中。第三人则对该复印件的真实性有异议，但指出如果经被告核实复印件与原件相符，则对附件2的真实性无异议，同时认为在各部件上均存在显著区别，整体上会给消费者造成明显的视觉差异。口审结束后，原告提交了经国家知识产权局证明与原件相同的附件2的复印件。

在以上工作的基础上，被告认为本案事实清楚，作出以下决定：

1. 法律依据

基于原告提出的无效宣告请求理由，被告对本专利是否符合《专利法》第二十三条的规定进行审查。

《专利法》第二十三条规定："授予专利权的外观设计，应当同申请日以前在国内外出版物上公开发表过或者国内公开使用过的外观设计不相同和不相近似，并不得与他人在先取得的合法权利相冲突。"

2. 证据认定

附件1是本专利网上公告文本复印件，用于证明本专利相关信息；

附件2（即在先设计1）是台湾出版物《Sports Products& Accessories Buyers' Guide Autumn 2003》（体育用品采购指南2003秋季版），同时提交的证明文件包括北京市公证员协会于2005年10月18日发给被告的信函复印件1页，以及经台湾地区台北地方法院公证处认证的台湾环讯亚太股份有限公司的声明书复印件1页。在上述北京市公证员协会发给被告的信函中表明将海基会寄来的台湾环讯亚太股份有限公司的认证书转给被告。经被告核实，附件2的原件存于专利号为200330104419.4的案卷中，其内容属实。其中出版物的公开日为2003年6月17日，在本专利的申请日（2005年8月6日）之前，故附件2中的出版物可以作为判断本专利是否符合《专利法》第二十三条的规定的证据。

附件3（即在先设计2）是专利号为200330104419.4的专利网上公告文本复印件，经被告核实，其内容属实。该专利的公告日为2004年6月30日，在本专利的申请日之前，故附件3可以作为判断本专利是否符合《专利法》第二十三条的规定的证据。

附件4是第8635号无效宣告请求审查决定书复印件，与本案无直接的关系，不作证据使用。

3. 外观设计对比

观察本专利各视图可以看到：本专利为滑板车（CF运动）的外观设计，由把手、立杆、两个踏板支架、两个踏脚板、三个轮子以及刹车线构成。把手与立杆成T形结构，立杆上有弯曲部分，立杆与踏板支架的连接部位设置有三角形外罩；踏脚板后部将支架与后轮组件之间的连接部覆盖。

观察在先设计1可以看到：该滑板车由把手、立杆、两个踏板支架、两个踏脚板、三个轮子以及刹车线构成，把手与立杆成T形结构，立杆为直杆，立杆与踏板支架通过一个与立杆呈一定角度的⊥形管连接；踏脚板后部上翘。

观察在先设计2，可以看到，该外观设计由把手、立杆、两个踏板支架、两个踏脚板、三个轮子以及刹车线构成，各部分结构与在先设计1相似。

由于本专利与在先设计1的外观设计都用于滑板车，两者用途相同，故两者具有可比性。将本专利与在先设计1的外观设计进行对比，可以看到：两者均由把手、立杆、两个踏板支架、两个踏脚板、三个轮子以及刹车线构成，而这些都是三个轮子滑板车的普遍结构。两者的不同之处在于：（1）本专利的立杆存在弯曲，在先设计1的立杆为直杆；（2）本专利立杆与踏板支架的连接部位设置有三角形外罩，在先设计1中的立杆与踏板支架通过一个与立杆呈一定角度的⊥形管连接；（3）本专利的踏脚板后部将支架与后轮组件之间的连接部覆盖，在先设计1踏脚板后部上翘。由此可见，两者的区别明显，足以导致二者的整体外观设计产生显著的视觉差别，二者的区别对整体视觉效果具有显著影响，因此二者属于不相同且不相近似的外观设计。

由于本专利与在先设计2的外观设计都用于滑板车，两者用途相同，故两者具有可比性。将本专利与在先设计2的外观设计进行对比，可以看到：两者之间的区别与本专利和在先设计1之间的区别基本相同，由此可以认为，本专利与在先设计2属于不相同且不相近似的外观设计。

4. 结论

综上，原告提交的证据所示产品外观设计与本专利在立杆、立杆与踏板支架的连接部位以及踏脚板的形状上均有明显区别，不能证明在本专利申请日前已有与本专利相同或相近似的外观设计在出版物上公开发表，亦即不能证明本专利不符合《专利法》第二十三条的规定。原告的无效宣告请求的主张不能得到其提交的证据的支持。

据此，被告作出维持200530087687.9号外观设计专利权有效的被诉决定。原告不服，诉至本院。

本院认为，《专利法》第二十三条规定，"授予专利权的外观设计，应当同申请日以前在国内外出版物上公开发表过或者国内公开使用过的外观设计不相同和不相近似，并不得与他人在先取得的合法权利相冲突"。

经审查，被告对在先设计文本的确定正确、合法，各方当事人亦无异议，本院对此予以确认。据此，本院确定本案的审查重点在于本专利与在先设计1、2相比较，是否符合《专利法》第二十三条的规定。

将本专利与在先设计1相比较，二者存在以下不同之处：（1）本专利的立杆存在弯曲，而在先设计1的立杆为直杆；（2）本专利立杆与踏板支架的连接部位设置有三角形外罩，在先设计1中的立杆与踏板支架通过一个与立杆呈一定角度的⊥形管连接；（3）本专利的踏脚板后部将支架与后轮组件之间的连接部覆盖，而在先设计1踏脚板后部上翘，未覆盖支架与后轮组件之间的连接部。前述区别足以导致本专利与在先设计1在整体视觉效果上产生显著的差异，不会造成一般消费者的混淆误认。被告关于本专利与在先设计1属于不相同且不相近似的外观设计的认定正确，本院应予支持。

将本专利与在先设计2相比较，二者之间的区别与本专利和在先设计1之间的区别基本相同。因此，被告关于本专利与在先设计2属于不相同且不相近似的外观设计的认定正确，本院应予支持。

综上，被诉决定认定事实清楚、适用法律正确、程序合法，本院应予维持。原告认为本专利与在先设计1、2属于相近似的外观设计的诉讼主张不能成立，其要求撤销被诉决定的诉讼请求缺乏事实和法律依据，本院不予支持。据此，依照《中华人民共和国行政诉讼法》第五十四条第（一）项，判决如下：

维持被告国家知识产权局专利复审委员会于二〇〇七年六月二十二日作出的第 10240 号无效宣告请求审查决定。

案件受理费 100 元，由原告深圳信隆实业股份有限公司负担（已交纳）。

如不服本判决，各方当事人可在本判决书送达之日起 15 日内，向本院递交上诉状，并按对方当事人的人数提出副本，上诉于北京市高级人民法院。上诉人在上诉期满后 7 日内未预交上诉案件受理费又不提出缓交申请的，按自动撤回上诉处理。

审　判　长　强刚华
代理审判员　贾志刚
代理审判员　司品华
二〇〇八年三月十八日
书　记　员　董　伟

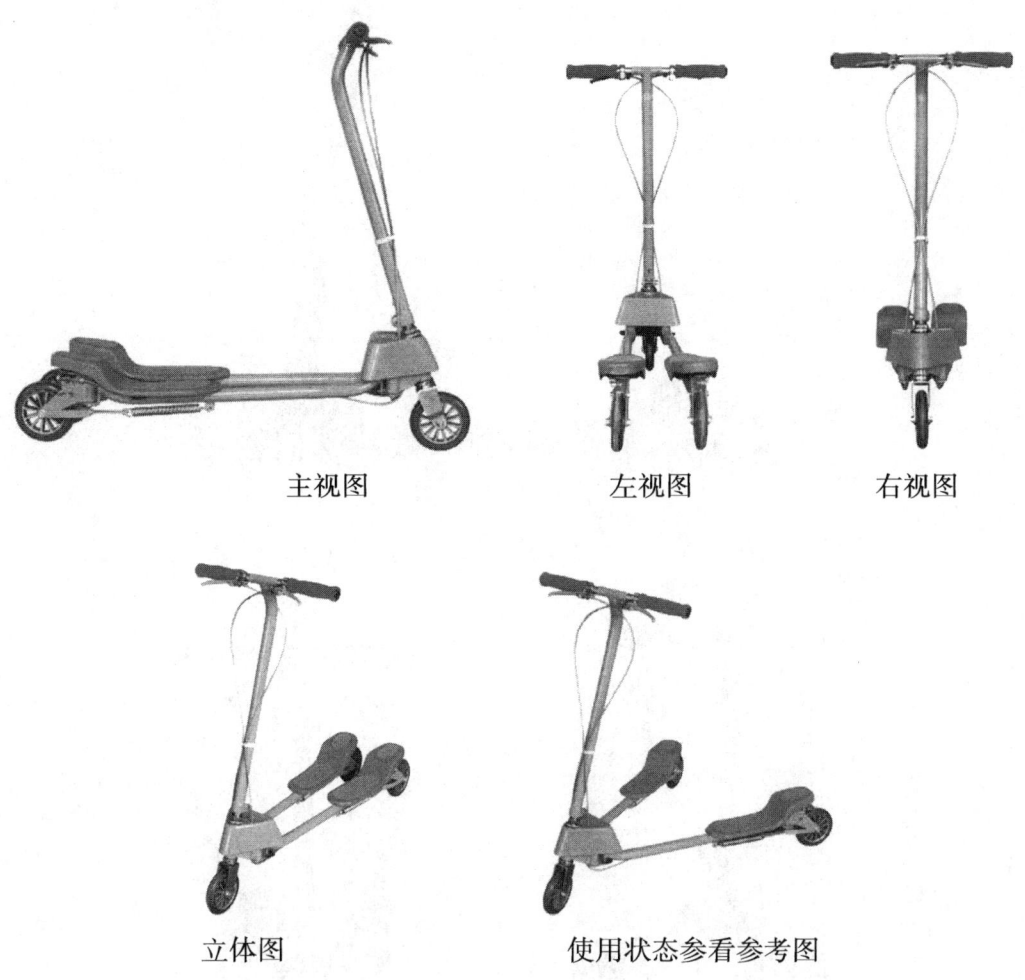

主视图　　　　　左视图　　　　　右视图

立体图　　　　　使用状态参看参考图

本专利附图

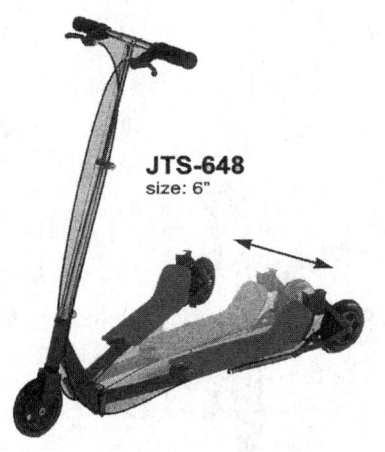

在先设计1附图

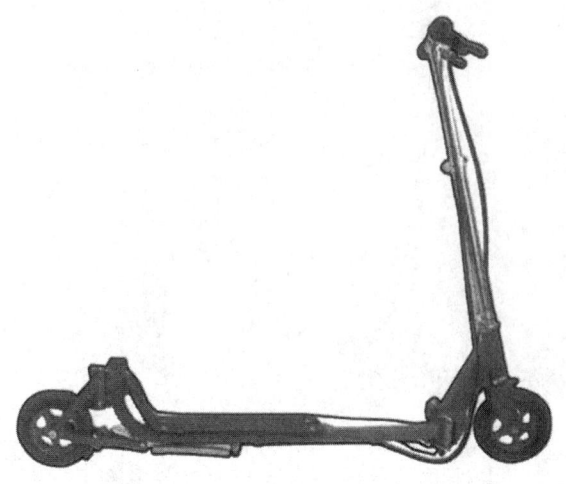

主视图

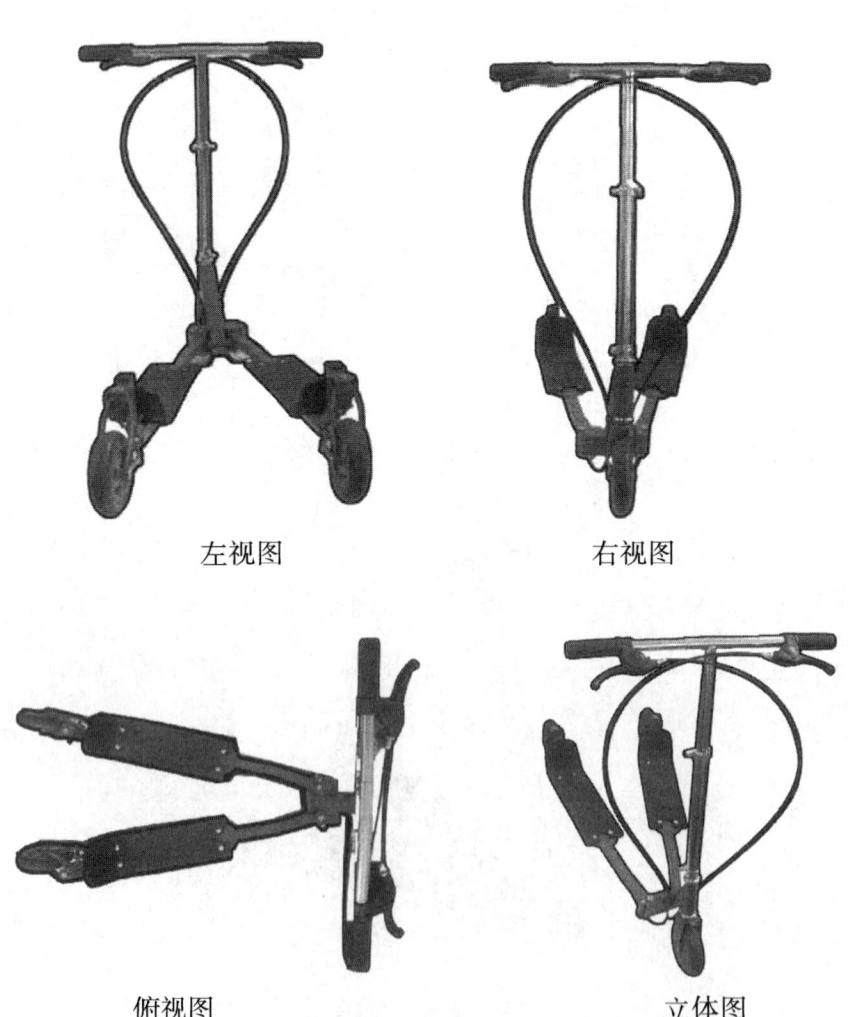

左视图　　　　右视图

俯视图　　　　立体图

在先设计 2 附图

北京市高级人民法院
行政判决书

(2008) 高行终字第 311 号

上诉人（一审原告）深圳信隆实业股份有限公司，住所地广东省深圳市宝安区龙华镇第四工业区中环路 55 号。

法定代表人廖学金，董事长。

委托代理人王雄杰，深圳市雄杰专利商标代理有限公司专利代理人。

被上诉人（一审被告）国家知识产权局专利复审委员会，住所地北京市海淀区北四环西路 9 号银谷大厦。

法定代表人廖涛，副主任。

委托代理人李改平，男，国家知识产权局专利复审委员会审查员。

委托代理人刘妍，女，国家知识产权局专利复审委员会审查员。

被上诉人（一审第三人）张家港市长锋车业有限公司，住所地江苏省张家港市扬子江国际冶金工业园杨锦路。

法定代表人戴飞，总经理。

委托代理人黄春松，张家港市高松专利事务所专利代理人。

上诉人深圳信隆实业股份有限公司（以下简称信隆公司）因专利无效宣告请求审查决定，不服北京市第一中级人民法院（2007）一中行初字第 1308 号行政判决，向本院提起上诉。本院受理后依法组成合议庭，依照《中华人民共和国行政诉讼法》第五十九条的规定，对本案进行了审理。本案现已审理终结。

2007 年 6 月 22 日，国家知识产权局专利复审委员会（以下简称专利复审委）依据《中华人民共和国专利法》（以下简称《专利法》）第二十三条的规定作出 10240 号无效宣告请求审查决定，维持 200530087687.9 号外观设计专利权（以下简称本专利）有效。信隆公司不服，诉至一审法院。

北京市第一中级人民法院（2007）一中行初字第 1308 号行政判决认为，本案的审查重点在于本专利与在先设计 1、2 相比较，是否符合《专利法》第二十三条的规定。

将本专利与在先设计 1 相比较，二者存在以下不同之处：（1）本专利的立杆存在弯曲，而在先设计 1 的立杆为直杆；（2）本专利立杆与踏板支架的连接部位设置有三角形外罩，在先设计 1 中的立杆与踏板支架通过一个与立杆呈一定角度的⊥形管连接；（3）本专利的踏脚板后部将支架与后轮组件之间的连接部覆盖，而在先设计 1 踏脚板后部上翘，未覆盖支架与后轮组件之间的连接部。前述区别足以导致本专利与在先设计 1 在整体视觉效果上产生显著的差异，不会造成一般消费者的混淆误认。被告关于本专利与在先设计 1 属于不相同且不相近似的外观设计的认定正确，本院应予支持。

将本专利与在先设计 2 相比较，二者之间的区别与本专利和在先设计 1 之间的区别基本相同。因此，被告关于本专利与在先设计 2 属于不相同且不相近似的外观设计的认定正确，本院应予支持。综上，被诉决定认定事实清楚、适用法律正确、程序合法，本院应予维持。原告认为本专利与在先设计 1、2 属于相近似的外观设计的诉讼主张不能成立，其要求撤销被诉决定的诉讼请求缺乏事实和法律依据，本院不予支持。依照《中华人民共和国行政诉讼法》第五十四条第（一）项之规定，判决维持专利复审委作出的 10240 号决定。信隆公司对上述判决不服，向本院提起上诉。

信隆公司上诉称，一审判决中对本专利与在先设计 1 外观相比较对二者存在不同之处的认定没有事实和法律依据。事实上,本专利与在先设计1的外观均由把手、立杆、两个踏板支架、两个踏脚板、三个轮子及刹车线构成,正是这些相同的结构组成了滑板车整体形状如下:(1)本专利与在先设计1的把手与立杆构成T形状;(2)本专利与在先设计把手上的刹车杆均构成由内向外张开的园弧杆;(3)本专利与在先设计1立杆通过短小的前叉与小直径的前轮连接,前叉与前轮直径的长度之和与立杆长度相比,仅占1/5,因此显得立杆很细长;(4)本专利与在先设计1前轮与两后轮子的直径较小,且轮子内呈条状辐射;(5)本专利与在先设计1两个踏板支架呈人字形,且在人字形顶端处与前杆(立杆、前叉、前轮之和)的底部连接;(6)本专利与在先设计1立杆踏脚板设置在立杆踏板支架上面,并仅占向立杆踏板支架后端的1/2处;(7)本专利与在先设计1立杆踏板支架下端均有一长园形弹簧条分别与两后轮支架连接;(8)本专利与在先设计1两后轮支架均呈之字形;(9)本专利与在先设计1刹车线均沿着立杆向下后,再沿着前叉、踏板支架下面引到两后轮。因此二者的整体形状相近似。一审判决没有从整体观察、综合判断的原则出发,没有考虑二者的整体形状,仅根据本专利的立杆存在弯曲,在先设计1的立杆为直杆;本专利立杆与踏板支架的连接部位设置有三角形外罩,在先设计1的立杆与踏板支架通过一个与立杆呈一定角度的⊥形管连接;本专利的踏脚板后部将支架与后轮组件之间的连接部覆盖等三小点局部的细微差异,就认定"足以导致二者的整体外观设计产生显著的视觉差别,不会造成一般消费者的混淆误认"是以偏概全,局部代替整体的错误认定。通过对本专利与在先设计1或者在先设计2的比对可以看出,二者的整体外观设计是相近似的,二者的整体外观设计产生同样的视觉效果,足以导致一般消费者从单纯外观设计角度上对二者产生混淆和误认。一审判决和专利复审委的决定是错误的,请求二审法院撤销一审判决,撤销专利复审委所作的决定。

专利复审委答辩称,将本专利与在先设计1的外观进行比对可以看到:二者均由把手、立杆、立杆踏板支架、立杆踏脚板、三个轮子及刹车线构成,二这些都是三个轮子滑板车的普通结构。二者的不同之处在于:(1)本专利的立杆存在弯曲,在先设计1中的立杆为直杆;(2)本专利立杆与踏板支架的连接部位设置有三角形外罩,在先设计1中的立杆与踏板支架通过一个与立杆呈一定角度的⊥形管连接;(3)本专利的踏脚板后部将支架与后轮组件之间的连接覆盖,在先设计1踏脚板后部上翘。由此可见,二者区别明显,足以导致二者的整体外观设计产生显著的视觉差别,二者的区别对整体视觉效果具有显著影响,因此二者属于不相同且不相近似的外观设计。信隆公司认为本专利与在先设计1存在9个相同点,我委认为上述第1、5、9点属于惯常设计,第2、3、4点属于细微部分,第7点在视图中表现不明显,第6、8点有明显区别,据此不能说明二者整体形状相近似,本专利与在先设计1、2的差别前已述及,这些差别对于产品的外观设计的整体视觉效果具有显著的影响,因此,二者既不相同也不近似。一审判决认定事实清楚,适用法律正确,审判程序合法,请求二审法院判决驳回上诉,维持一审判决。

被上诉人张家港市长锋车业有限公司(以下简称长锋公司)完全同意一审法院的判决。

一审期间,专利复审委向法院提交了以下证据:(1)本专利公报;(2)履行证明手续的《Sports Products & AccessorsBuyers'Guide Autumn 2003》(体育用品采购指南2003秋季版)的封页和第72页及出版页的翻译件,即被诉决定中的在先设计;(3)专利号为200330104419.4的专利网上公告1(以下简称在先设计1)文本,用以证明现有技术的公开内;(4)口头审理记录表。

上述证据均随案移送本院,经合议庭审查,本院认为,上述证据内容真实,来源合法,与本案具有关联性,能够证明本院查明的事实,本院予以确认。

经审理查明,长锋公司于2005年8月6日,向国家知识产权局提出名称为"滑板车(CF运动)"的外观设计专利权(即本专利)申请,国家知识产权局经审查,于2006年7月5日授权公告。

针对本专利，信隆公司于 2006 年 9 月 27 日，以本专利完全被在先出版的杂志和在先公开的外观设计专利所公开，不符合《专利法》第二十三条的规定为由，向专利复审委提出无效宣告请求，请求宣告本专利无效。并提交了 4 份附件作为证据：附件 1 为本专利网上公告文本复印件；附件 2 为履行证明手续的《Sports Products & Accessories Buyers'Guide Autumn 2003》（体育用品采购指南 2003 秋季版）的封页和第 72 页及称为出版页的译文复印件；附件 3 为 200330104419.4 号专利网上公告文本复印件；附件 4 为已生效的第 8635 号无效宣告请求审查决定书复印件。

专利复审委受理后，于 2007 年 1 月 11 日将无效请求书及相关材料副本转送给长锋公司。该公司于 2007 年 2 月 11 日，提交了意见陈述书，并提出其没有收到信隆公司在无效宣告请求书第 5 栏中所述的《宣告专利权无效请求书附页》。对于信隆公司提交的相关证据，长锋公司认为：附件 2 中出版物第 72 页内的 JTS-648 图片所示只有一幅相关滑板车的立体图，其只能展示产品的一个侧面，不能与本专利进行全面的比对；附件 3 中公开的内容与本专利相比，在立杆、立杆与踏板支架的连接部位、踏脚板、踏板支架所用管材以及刹车线的弯曲弧度等部分存在显著区别，二者是完全不同的产品。附件 4 是一份针对附件 3 的无效宣告请求审查决定书，与本案无关。因此，本专利应当予以维持。

2007 年 4 月 6 日，专利复审委将长锋公司提交的上述意见陈述书转送信隆公司，并向双方当事人合议组成员告知通知书和无效宣告请求口头审理通知书。信隆公司逾期未作答复。

在口头审理中，信隆公司当庭陈述了请求宣告本专利无效的主要理由和事实，认为附件 2 中出版物第 72 页内的 JTS-648 图片所示产品和附件 3 所示产品外观设计与本专利相近似，附件 4 用于证明附件 2 原件已提交给专利复审委，并证明附件 2 中的 JTS-648 图片所示产品与附件 3 相近似，信隆公司当庭提交了无效宣告请求书第 5 栏中所述的《宣告专利权无效请求书附页》。长锋公司未对信隆公司当庭提交的《宣告专利权无效请求书附页》提出异议，但认为：附件 2 中的 JTS-648 图片所示产品只有立体图，故无法与本专利进行对比，即使可以对比，二者也不相近似。长锋公司，对附件 3 的真实性无异议，认为虽然附件 3 与附件 2 中的 JTS-648 图片所示产品外观设计相近似，但与本专利不相近似，附件 4 与本案没有直接的关系。信隆公司认为，附件 2 中的 JTS-648 图片所示外观设计，虽然只有立体图，但已经反映了产品的各个部分，二者的组成部件完全相同，整体视觉效果没有显著的差距，并当庭提交了图片清晰的附件 2 中涉及的第 72 页的彩色复印件，并说明附件 2 的原件存于专利号为 200330104419.4 的案卷中。长锋公司则对该复印件的真实性有异议，但指出如果经专利复审委核实复印件与原件相符，则对附件 2 的真实性无异议，同时认为在各部件上均存在显著区别，整体上会给消费者造成明显的视觉差异。口头审理结束后，信隆公司提交了经国家知识产权局证明与原件相同的附件 2 的复印件。

在口头审理的基础上，专利复审委认为本案事实清楚，作出第 10240 号决定。主要内容概括如下：

关于证据。专利复审委认定：附件 1 是本专利网上公告文本复印件，用于证明本专利相关信息；附件 2（即在先设计 1）是台湾出版物《Sports Products & Accessories Buyers' Guide Autumn 2003》（体育用品采购指南 2003 秋季版），信隆公司提交的证明文件包括北京市公证员协会于 2005 年 10 月 18 日发给专利复审委的信函复印件 1 页，以及经中国台湾地区台北地方法院公证处认证的台湾环讯亚太股份有限公司的声明书复印件 1 页。在北京市公证员协会发给专利复审委的信函中表明将海基会寄来的台湾环讯亚太股份有限公司的认证书转给专利复审委。经专利复审委核实，附件 2 的原件存于专利号为 200330104419.4 的案卷中，其内容属实。其中出版物的公开日为 2003 年 6 月 17 日，在本专利的申请日（2005年8月6日）之前，故附件2中的出版物可以作为判断本专利是否符合《专利法》第二十三条的规定的证据。附件3（即在先设计2）是专利号为200330104419.4的专利网上公告文本复印件，经专利复审委核实，其内容属实。该专利的公告日为2004年6月30日，在本专利的申请日之前，故附件3可以作为判断本专利是否符合《专利法》第二十三条的规定的证据。附件4是第8635号无效宣告请求审查决定书复印件，与本案无直接的关系，不作证据使用。

关于外观设计对比。专利复审委通过对本专利各视图观察认定，本专利由把手、立杆、两个踏板支架、两个踏脚板、三个轮子以及刹车线构成。把手与立杆成T形结构，立杆上有弯曲部分，立杆与踏板支架的连接部位设置有三角形外罩；踏脚板后部将支架与后轮组件之间的连接部覆盖。

专利复审委通过对在先设计1观察认定，该滑板车由把手、立杆、两个踏板支架、两个踏脚板、三个轮子以及刹车线构成，把手与立杆成T形结构，立杆为直杆，立杆与踏板支架通过一个与立杆呈一定角度的⊥形管连接；踏脚板后部上翘。在先设计2由把手、立杆、两个踏板支架、两个踏脚板、三个轮子以及刹车线构成，各部分结构与在先设计1相似。

由于本专利与在先设计1的外观设计都用于滑板车，两者用途相同，故两者具有可比性。将本专利与在先设计1的外观设计进行对比，可以看到：二者均由把手、立杆、两个踏板支架、两个踏脚板、三个轮子以及刹车线构成，而这些都是三个轮子滑板车的普遍结构。二者的不同之处在于：（1）本专利的立杆存在弯曲，在先设计1的立杆为直杆；（2）本专利立杆与踏板支架的连接部位设置有三角形外罩，在先设计1中的立杆与踏板支架通过一个与立杆呈一定角度的⊥形管连接；（3）本专利的踏脚板后部将支架与后轮组件之间的连接部覆盖，在先设计1踏脚板后部上翘。由此可见，二者的区别明显，足以导致二者的整体外观设计产生显著的视觉差别，二者的区别对整体视觉效果具有显著影响，因此二者属于不相同且不相近似的外观设计。

由于本专利与在先设计2的外观设计都用于滑板车，二者用途相同，故二者具有可比性。将本专利与在先设计2的外观设计进行对比，可以看到：二者之间的区别与本专利和在先设计1之间的区别基本相同，由此可以认为，本专利与在先设计2属于不相同且不相近似的外观设计。

综上，信隆公司提交的证据所示产品外观设计与本专利在立杆、立杆与踏板支架的连接部位以及踏脚板的形状上均有明显区别，不能证明在本专利申请日前已有与本专利相同或相近似的外观设计在出版物上公开发表，亦即不能证明本专利不符合《专利法》第二十三条的规定。信隆公司的无效宣告请求的主张不能得到其提交的证据的支持。据此，专利复审委作出维持本专利权有效的决定。信隆公司不服，向法院提起诉讼。

本院认为，根据《专利法》第二十三条的规定，授予专利权的外观设计，应当同申请日以前在国内外出版物上公开发表过或者国内公开使用过的外观设计不相同和不相近似，并不得与他人在先取得的合法权利相冲突。从本专利与在先设计1、2的附图可知，本专利与在先设计1、2均用于滑板车，用途相同，具有可比性，因此，专利复审委将在先设计与本专利进行比对符合法律规定。

从本专利各视图和在先设计1、2附图可以看到三个轮子的滑板车均由把手、立杆、两个脚踏板、两个踏板支架、三个轮子及刹车线构成，因此，专利复审委认定这些都是三个轮子滑板车的普遍结构符合客观实际。经比对，本专利与在先设计1在以下部位存在差别：（1）本专利的立杆存在弯曲，在先设计1的立杆为直杆；（2）本专利立杆与踏板支架的连接部位设置有三角形外罩，在先设计1中的立杆与踏板支架通过一个与立杆呈一定角度的⊥形管连接；（3）本专利的踏脚板后部将支架与后轮组件之间的连接覆盖，在先设计1踏脚板后部上翘。本专利与在先设计2的区别和在先设计1之间的区别基本相同，由于三个轮子滑板车的外观设计空间比较小，因此，专利复审委通过整体观察后认定本专利与在先设计1、2区别明显，足以导致本专利与在先设计1、2整体外观设计产生显著影响的结论是正确的。信隆公司关于本专利与在先设计1、2整体形状相近似，本专利与在先设计1、2的整体外观设计产生同样的视觉效果的诉讼理由本院不予支持。一审判决认定事实清楚，适用法律正确，审判程序合法，所作判决应予维持。依照《中华人民共和国行政诉讼法》第六十一条第（一）项之规定，判决如下：

驳回上诉，维持一审判决。

二审案件受理费100元，由上诉人深圳信隆实业股份有限公司负担（已交纳）。

本判决为终审判决。

审　判　长　郭　宜
审　判　员　张学磊
代理审判员　朱海宏
二〇〇八年六月十九日
书　记　员　程钰玮

手动搅拌器工作头

无效宣告请求审查决定（第 10243 号）

决 定 号	第 10243 号
决 定 日	2007 年 7 月 6 日
发明创造名称	手动搅拌器工作头
外观设计分类号	07-04
无效宣告请求人	鹤山祺宝电器有限公司
专 利 权 人	百灵公司
专 利 号	99315593.6
申 请 日	1999 年 9 月 30 日
优 先 权 日	1999 年 4 月 1 日
授 权 公 告 日	2000 年 8 月 2 日
合议组组长	吴赤兵
主 审 员	钟 华
参 审 员	徐清平
附 图	2 页

法 律 依 据 专利法第 9 条、专利法实施细则第 10 条第 1 款

决 定 要 点

在适用专利法第 9 条时，在本专利和对比文件均享有优先权日的情况下，应将本专利和对比文件的优先权日视为该条款所规定的"申请日"进行比较。

在判断是否构成专利法第 9 条所述的"同样的发明创造"时，应当以表示在两件外观设计专利申请或者专利的图片或者照片中的外观设计产品为准。

一、案由

本无效宣告请求涉及国家知识产权局于 2000 年 8 月 2 日授权公告的名称为"手动搅拌器工作头"的 99315593.6 号外观设计专利（下称本专利），其申请日为 1999 年 9 月 30 日，优先权日为 1999 年 4 月 1 日，专利权人为百灵公司。

针对本专利，鹤山祺宝电器有限公司（下称请求人）于 2006 年 8 月 22 日向专利复审委员会提出无效宣告请求，其理由是请求人提交的所有对比文件都在本专利申请日前已经申请，并在本专利申请日前或者申请日后授权公开，同属于手动搅拌器，都可用于评价本专利。本专利的外观设计特征早已在对比文件公开，如一般消费者施以一般注意力对两者进行综合观察，本专利与对比文件基本不存在

显而易见的差别，不同之处只在于底边设置的弧型缺口弧度不同，属于局部的细微变化，因此本专利与对比文件属于相近似的外观设计，本专利不符合专利法第 23 条的规定。请求人同时提交如下证据：

证据 1：本外观设计专利公报复印件，申请日为 1999 年 9 月 30 日，优先权日为 1999 年 4 月 1 日；

证据 2：98326911.4 号外观设计专利公报复印件，公开日为 1999 年 8 月 4 日；

证据 3：99309999.8 号外观设计专利公报复印件，公开日为 2000 年 5 月 17 日；

证据 4：99312305.8 号外观设计专利公报复印件，公开日为 2000 年 4 月 5 日。

经形式审查合格，专利复审委员会依法受理了上述无效宣告请求，并于 2006 年 9 月 12 日将无效宣告请求书及相关文件的副本转给专利权人，要求其在指定的期限内答复。

2006 年 10 月 26 日，专利权人提交了意见陈述书，认为：证据 2 至证据 4 的公开日均晚于本专利优先权日 1999 年 4 月 1 日，且本专利与请求人提交的证据 2 至证据 4 所记载的外观设计均不相同且不相近似，因此请求人提交的所有证据均不能证明本专利不符合专利法第 23 条的规定。

2006 年 11 月 7 日，专利复审委员会向双方当事人发出合议组成员告知通知书，通知双方当事人收到本通知之日起 7 日内提交书面申请书，逾期未答复，视为无回避请求。

专利复审委员会于 2007 年 1 月 10 日将上述专利权人的意见陈述书转送给请求人，同时向双方当事人发出口头审理通知书，定于 2007 年 3 月 6 日举行口头审理。在口头审理通知书中，专利复审委员会告知双方当事人，请求人提出的无效宣告理由为本专利不符合专利法第 23 条的规定，本专利申请日虽然是 1999 年 9 月 30 日，但其优先权日为 1999 年 4 月 1 日，证据 2 至证据 4 均属于申请日（或优先权日）在先但公开在后的外观设计专利，请求人可以将与上述证据对应的法律依据变更为专利法第 9 条。

口头审理如期举行，双方当事人均有代理人参加本次口头审理。双方当事人对本案合议组组成人员无回避请求，对合议组主审员的变更无异议。在口头审理中，请求人认可本专利的优先权成立，明确放弃证据 3 作为本案的证据，以证据 2、证据 4 证明本专利不符合专利法第 9 条的规定，认为上述对比文件均与本专利相近似。专利权人认可证据 4 的优先权成立，认为本专利与上述各对比文件均不相同且不相近似。在此基础上，双方当事人进行了充分的意见陈述和辩论。

至此，合议组认为本案事实已经调查清楚，可以作出如下审查决定。

二、决定的理由

1. 法律依据

专利法第 9 条规定：两个以上的申请人分别就同样的发明创造申请专利的，专利权授予最先申请的人。

专利法实施细则第 10 条第 1 款规定：除专利法第 28 条和第 42 条规定的情形外，专利法所称申请日，有优先权的，指优先权日。

2. 证据的认定

请求人已经放弃证据 3 作为本案的证据，合议组对证据 3 不再予以评述。

证据 1、证据 2、证据 4 均为中国外观设计专利公报，经合议组核实，其内容真实，可以作为本案的定案依据。

证据 1 为本外观设计专利公报，其优先权日为 1999 年 4 月 1 日，经合议组核实，本专利的优先权成立。根据专利法实施细则第 10 条第 1 款的规定，在适用专利法第 9 条时，应将本专利的优先权日 1999 年 4 月 1 日视为该条款所规定的"申请日"。

证据 2 的申请日为 1998 年 11 月 17 日，早于本专利的优先权日 1999 年 4 月 1 日，因此证据 2 可用作评价本专利是否符合专利法第 9 条的在先申请（下称在先申请 1）。

证据 4 的优先权日为 1999 年 2 月 2 日，早于本专利的优先权日 1999 年 4 月 1 日，专利权人认可其优先权成立，因此证据 4 可用作评价本专利是否符合专利法第九条的在先申请（下称在先申请 2）。

3. 本专利是否符合专利法第 9 条的规定

本专利为一种手动搅拌器工作头，在先申请 1 为搅拌器，在先申请 2 为柑橘类植物榨汁器及搅拌器，本专利与两在先申请的用途均有相同之处，因此本专利与两在先申请所属种类近似，可以分别与在先申请 1 和在先申请 2 进行相近似性比较。

审查指南第一部分第三章第 6.5.1 节规定：在判断是否构成专利法第 9 条和专利法实施细则第 13 条第 1 款所述的"同样的发明创造"时，应当以表示在两件外观设计专利申请或者专利的图片或者照片中的外观设计产品为准。同样的外观设计是指两项外观设计相同或者相近似。因此，合议组认为：判断在先申请能否证明本专利不符合专利法第九条的规定，应该依据本专利的图片和在先申请记载的图片进行比较，进而判断两外观设计是否构成同样的外观设计。

本专利为手动搅拌器工作头，其整体形状近似倒立郁金香状，上部由上之下逐渐收缩构成花茎，下部近似郁金香花瓣状，下端设置有六个弧形缺口（详见本专利附图）。

在先申请 1 为搅拌器，其整体形状近似站立的鸟的形状，上部为鸟头状，中部由上至下逐渐收缩的近似长圆锥形的鸟身部分，下部近似短圆锥形，下端设置有六个弧形缺口（详见在先申请 1 附图）。

在先申请 2 为柑橘类植物榨汁器及搅拌器，其搅拌器整体形状近似站立的鸟的形状，上部为鸟头状鸟喙略长，中部为近似椭圆形的鸟身部分，下部为扇形展开的鸟尾形，侧面设置有若干小孔（详见在先申请 2 附图）。

将本专利与在先申请 1 比较，两者的整体形状不同，本专利整体形状近似倒立的郁金香，在先申请 1 整体形状近似站立的鸟，本专利与在先申请 1 的工作头比较，两者上部形状近似，但下部的形状不同，本专利的下部成花瓣状，而在先申请下部近似短圆锥形。合议组认为：首先，在先申请 1 所申请保护的是由上部、中部、下部组成的搅拌器的整体外观，而本专利保护仅仅是搅拌器工作头；其次，本专利与在先申请 1 中的工作头下端的形状也不相同。上述区别对于本专利与在先申请 1 的整体视觉效果已经构成显著的影响，因此本专利与在先申请 1 不相同且不相近似，两者不属于同样的外观设计。

将本专利与在先申请 2 比较，两者的整体形状不同，本专利整体形状近似倒立的郁金香，在先申请 2 的整体形状近似站立的鸟，本专利与在先申请 2 的工作头比较，两者形状也不同，本专利近似倒立的郁金香，在先申请 2 的工作头为扇形展开的鸟尾形。合议组认为：首先，在先申请 2 所申请保护的是由上部、中部、下部组成的搅拌器的整体外观，而本专利保护仅仅是搅拌器工作头；其次，本专利与在先申请 2 中的工作头的整体形状也不相同。上述区别对于本专利与在先申请 2 的整体视觉效果已经构成显著的影响，因此本专利与在先申请 2 不相同且不相近似，两者不属于同样的外观设计。

综上所述，请求人提交的所有证据均不能支持其主张，其无效宣告请求不成立。

三、决定

根据专利法第 9 条和第 46 条第 1 款的规定，维持 99315593.6 号外观设计专利权有效。

根据专利法第 46 条第 2 款的规定，当事人对本决定不服的，自收到本决定之日起三个月内向北京市第一中级人民法院起诉，根据该款规定，一方当事人起诉后，另一方当事人应当作为第三人参加诉讼。

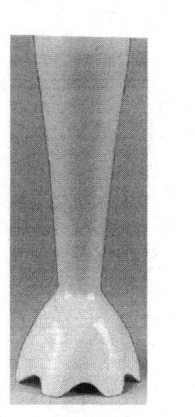 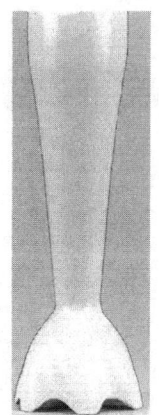

主视图　　　左视图

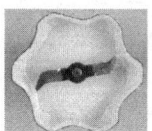

仰视图

本专利附图

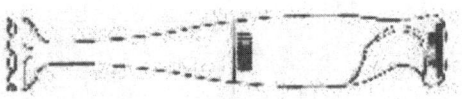

主视图

左视图　　　右视图

 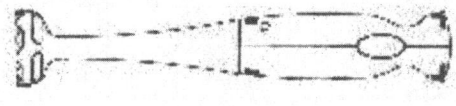

仰视图　　　　　　　　俯视图

在先申请1附图

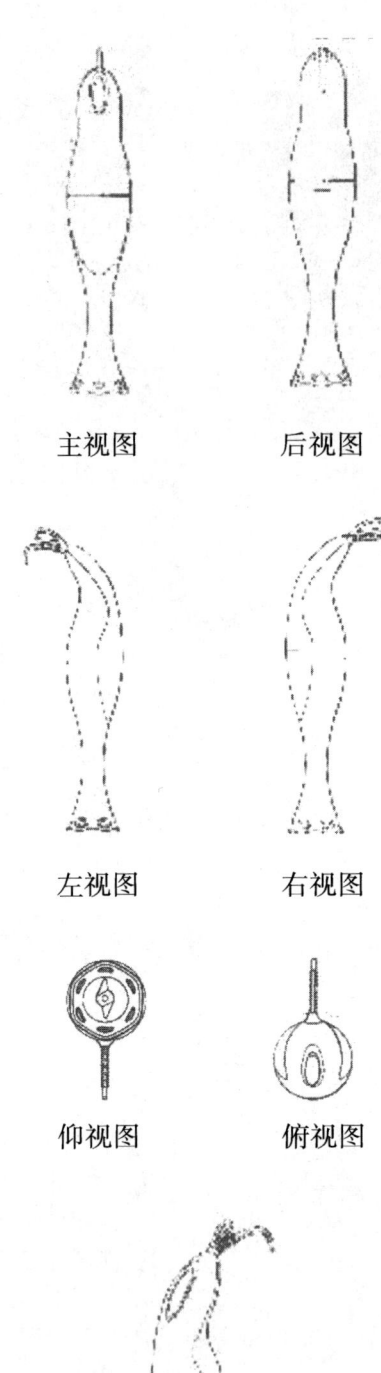

主视图　　后视图

左视图　　右视图

仰视图　　俯视图

立体图

在先申请2附图

手表（XJ-709）

无效宣告请求审查决定（第 10247 号）

决 定 号	第 10247 号
决 定 日	2007 年 7 月 3 日
发明创造名称	手表（XJ-709）
外观设计分类号	10-02
无效宣告请求人	石狮市龙盛塑胶电子有限公司
专 利 权 人	李仁续
专 利 号	200530080116.2
申 请 日	2005 年 1 月 15 日
授 权 公 告 日	2005 年 10 月 19 日
合 议 组 组 长	张跃平
主 审 员	杜微科
参 审 员	张雪飞
附 图	1 页
法 律 依 据	专利法第 23 条

决 定 要 点

本专利与在先设计虽存在一定差别，但是相对于产品的整体外观设计而言，该差别仅属于产品的局部细微差别，一般消费者易于将本专利与在先设计混同、误认，因此上述差别不能对产品的整体视觉效果产生显著影响，本专利与在先设计属于相近似的外观设计。

一、案由

本无效宣告请求涉及的是国家知识产权局于 2005 年 10 月 19 日授权公告的 200530080116.2 号外观设计专利，该外观设计的产品名称是"手表（XJ-709）"，申请日是 2005 年 1 月 15 日，专利权人是李仁续。

针对上述外观设计专利权（下称本专利），石狮市龙盛塑胶电子有限公司（下称请求人）于 2006 年 8 月 30 日向专利复审委员会提出无效宣告请求，理由是在本专利申请日前已有与本专利相近似的手表在国内公开出版印刷，因此本专利不符合专利法第 23 条的规定。请求人在提出无效宣告请求时提交了如下证据：

附件 1：石狮市龙盛塑胶电子有限公司（请求人）与石狮市源兴彩印有限公司签订的《合同》复印件 2 页；

附件2：第0001201号《源兴彩印（商标）厂送货单》客户联复印件1页；

附件3：页码为第33~34页的产品样页复印件2页，该样页上端标有"LSH SPORT WATCH"字样。

专利复审委员会根据无效宣告请求审查程序的规定受理了该无效宣告请求，并于2006年8月31日将请求人的无效宣告请求书及附件转送专利权人，要求其在指定的期限内陈述意见。

专利权人于2006年10月1日提交了意见陈述书，认为请求人提交的附件1、2上均无可与本专利进行对比的图片，附件3的来源和印刷时间不明，因此本专利应予维持。

专利复审委员会于2007年1月16日向双方当事人发出口头审理通知书，定于2007年3月7日对本案进行口头审理。

口头审理如期举行，双方当事人均委托代理人出庭；双方当事人对对方出庭人员的身份无异议，对合议组成员无回避请求。请求人当庭提交了附件1、2的原件，同时出示了与附件3产品样页对应的产品样册，该样册封面有"LSH SPORT WATCH"字样。请求人认为附件3为附件1所涉产品样册中的一页，并明确以附件3中型号为M-709的手表图片作为在先设计与本专利进行比较。专利权人认为请求人提交的合同与送货单中印刷品的数量不一致，对附件1、2的真实性不予认可，认为附件3与附件1、2不能对应，不具有关联性，附件3中型号为M-709的手表图片与本专利的外观设计不相同也不相近似。

合议组当庭将专利权人于2006年10月1日提交的意见陈述书及附件转送给请求人。

在上述审理的基础上，合议组认为本案事实已经清楚，可以依法作出审查决定。

二、决定的理由

1. 法律依据

专利法第23条规定：授予专利权的外观设计，应当同申请日以前在国内外出版物上公开发表过或者国内公开使用过的外观设计不相同和不相近似，并不得与他人在先取得的合法权利相冲突。

2. 证据认定

附件1是由石狮市龙盛塑胶电子有限公司和石狮市源兴彩印有限公司签定的《LSH广告图册》印刷合同，合同中双方约定的产品规格为21×28.5，48面，约定的数量为2000本，约定的交货日期为2005年1月15日前。

附件2是第0001201号《源兴彩印（商标）厂送货单》客户联，客户栏填写的是龙盛公司，送货单上载明的产品名称为《LSH广告图册》，规格为21×28.5，48面，数量为2010本，送货单上记载的送货日期为2005年1月12日。

附件3为石狮市龙盛塑胶电子有限公司提供的页码为第33~34页的产品样页两页，附件3与请求人在口头审理时提交的产品样册相一致。

合议组认为，请求人提交了附件1、2的原件以及与附件3相一致的产品样册，附件1~3在广告图册的名称、规格、单价等方面均相互一致，可以相互映证；专利权人对附件1、2的真实性提出异议，但未能提出任何合理的理由，也未能提供任何反证证明其主张；关于请求人提交的合同与送货单中印刷品的数量不一致，请求人对其进行了合理的解释，认为送货单中多出的10本系为避免印刷品污损而由印刷企业多提供的数量，属于本行业通常的情形。基于上述理由，本案合议组对附件1~3的真实性予以确认，可以将其作为本案的定案依据。

结合证据1~3，本案合议组确认以下事实：石狮市龙盛塑胶电子有限公司和石狮市源兴彩印有限公司于2005年1月6日签订了《LSH广告图册》的印刷合同，石狮市源兴彩印有限公司于2005年1月12日将印刷完成的广告图册交付给了石狮市龙盛塑胶电子有限公司，该广告图册第34页记载了一种型号为"M-709"的手表。

合议组认为，附件3为《LSH广告图册》的样页，附件2可以证明该广告图册已由石狮市源兴彩印有限公司在本专利申请日（2005年1月15日）前完成印刷并交付给了石狮市龙盛塑胶电子有限公司，结合石狮市龙盛塑胶电子有限公司所处的电子行业的行业惯例以及《LSH广告图册》本身的广告宣传作用，可以认定《LSH广告图册》已于本专利的申请日前构成了专利法意义上的出版公开，附件3中型号为"M-709"的手表已构成本专利的在先设计，可以与本专利进行相近似性判断。

3. 相近似性判断

本专利涉及一种手表，根据本专利的六面视图、立体图及使用状态参考图，可以确定本专利请求保护的手表的外观设计如下（注：以主视图定义下文的上、下、左、右）：手表由上、下表带和表面组成，上、下表带靠近表面的一端与表面同宽，另一端较窄，上表带较短，其上有用于容纳下表带的固定套，顶端有金属扣件，下表带较长，其中央轴向分布有多个插孔，上、下表带的中央均有轴向分布的凸棱；表面为沿表带方向边较长的矩形，由两个左右对称分布的长方形显示屏及表框组成，显示屏上、下两端的表框上分布有文字，表面左侧有两个圆形按钮。

附件3中公开了一种型号为"M-709"的手表，与本专利属于相同类别的产品。该表由上、下表带以及表面组成，上、下表带靠近表面的一端与表面同宽，上表带上有用于容纳下表带的固定套以及金属扣件，下表带的中央轴向分布有多个插孔，上、下表带的中央均有轴向分布的凸棱；表面为上下窄、左右宽的矩形，由两个左右对称分布的长方形显示屏及表框组成，显示屏上、下两端以及左端的表框上分布有文字，表面一侧有两个圆形按钮。

将本专利与附件3公开的手表进行比较，相同之处在于：二者均由上、下表带以及表面组成，上、下表带的一端与表面同宽，上表带上有用于容纳下表带的固定套以及金属扣件，下表带的中央轴向分布有多个插孔，上、下表带的中央均有轴向分布的凸棱；表面为上下窄、左右宽的矩形，由两个左右对称分布的长方形显示屏及表框组成，显示屏上、下两端的表框上分布有文字，表面一侧有两个圆形按钮。区别之处在于：附件3公开的手表的显示屏上、下两端以及左端的表框上分布有文字，而本专利中仅在显示屏上、下两端的表框上分布有文字。

合议组认为，上述差别相对于表的整体外观设计而言仅属于局部细微差别，一般消费者易于将本专利与附件3公开的手表混同、误认，因此上述差别不能对手表的整体视觉效果产生显著影响，本专利与附件3公开的手表属于相近似的外观设计，本专利不符合专利法第23条的规定。

基于上述理由，本案合议组作出决定如下：

三、决定

宣告200530080116.2号外观设计专利权全部无效。

当事人对本决定不服的，可以根据专利法第46条第2款的规定，自收到本决定之日起三个月内向北京市第一中级人民法院起诉。根据该款的规定，一方当事人起诉后，另一方当事人应当作为第三人参加诉讼。

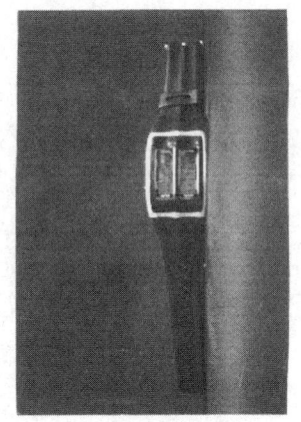
主视图

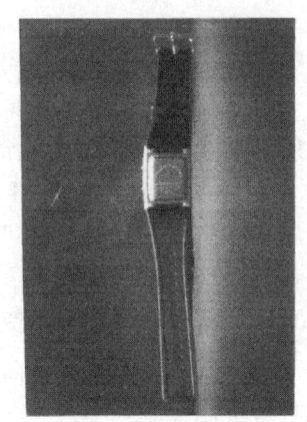
后视图

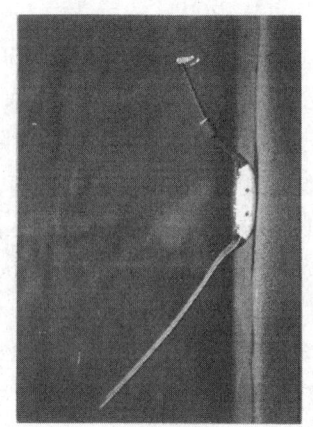
左视图

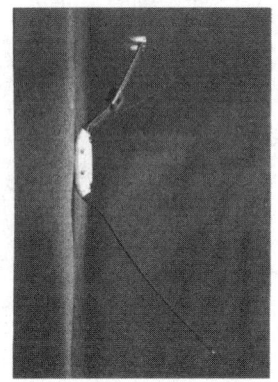
右视图

俯视图

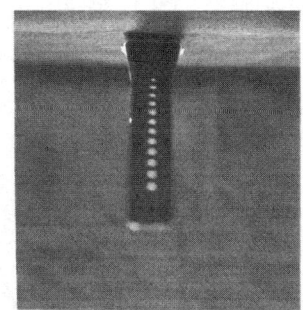
仰视图

本专利附图

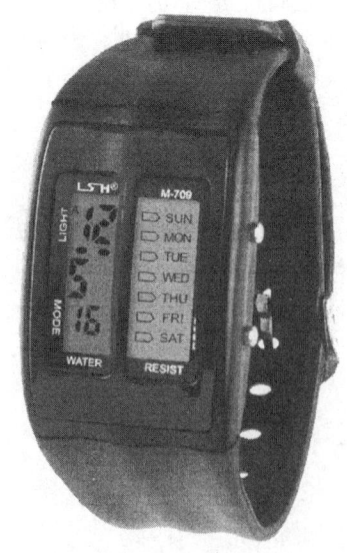
对比文件图

北京市第一中级人民法院
行政判决书

(2007) 一中行初字第 1194 号

原告李仁续，男，1957年5月25日出生，汉族，石狮市信嘉电子有限公司董事长，住福建省石狮市新源中街105号。

委托代理人刘兰，女，厦门市新华专利代理有限公司专利代理人。

被告国家知识产权局专利复审委员会，住所地北京市海淀区北四环西路9号银谷大厦10~12层。

法定代表人廖涛，副主任。

委托代理人杜微科，男，国家知识产权局专利复审委员会审查员。

委托代理人刘妍，女，国家知识产权局专利复审委员会审查员。

第三人石狮市龙盛塑胶电子有限公司，住所地福建省石狮市灵秀镇钞坑村双龙新区华盛工业大厦。

法定代表人王金龙，董事长。

委托代理人张松亭，厦门市首创君合专利事务所有限公司专利代理人。

原告李仁续不服被告国家知识产权局专利复审委员会作出的第10247号无效宣告请求审查决定（以下简称第10247号决定），于2007年9月3日向本院提起行政诉讼。本院受理后依法组成合议庭，根据《中华人民共和国行政诉讼法》第二十七条，《中华人民共和国专利法》（以下简称《专利法》）第四十六条第二款的规定，通知石狮市龙盛塑胶电子有限公司作为第三人参加诉讼。本院于2007年10月25日公开开庭审理了本案，原告的委托代理人刘兰、被告的委托代理人杜微科、刘妍、第三人的委托代理人张松亭到庭参加了诉讼。本案现已审理终结。

2007年7月3日，被告针对第三人提出的无效请求作出第10247号决定，以"本专利与在先设计虽存在一定差别，但是相对于产品的整体外观设计而言，该差别仅属于产品的局部细微差别，一般消费者易于将本专利与在先设计混同误认，因此上述差别不能对产品的整体视觉效果产生显著影响，本专利与在先设计属于相近似的外观设计"为由，依据《专利法》第二十三条，宣告第200530080116.2号名称为"手表（XJ-709）"外观设计专利（以下简称本专利）全部无效。

被告为证明第10247号决定的合法性，向本院提交了下列证据：（1）本专利图片；（2）第三人与石狮市源兴彩印有限公司（以下简称源兴彩印公司）签定的《LSH广告图册》印刷合同复印件（即行政程序中的附件1）；（3）第0001201号《源兴彩印（商标）厂送货单》客户联复印件（即行政程序中的附件2）；（4）第三人提供的页码为33~34页的产品样页两页（即行政程序中的附件3），以上证据证明第10247号决定认定事实清楚，适用法律正确。

原告诉称，被告在行政程序中存在下述错误：（1）附件1、2均无可与本专利进行对比的图片，与本专利没有关联性，不应作为无效审查的依据。被告仅仅根据附件1、2上的时间对本专利的审查进行定性是错误的。附件1、2的真实性存在极大瑕疵，伪造的可能性不能合理排除，被告对原告的合理质疑却赋以提供反证的责任这一做法显然错误；（2）《LSH广告图册》上既无印刷时间，也无出版时间，且没有统一刊号，不是公开出版物，被告以其他证据来认定《LSH广告图册》的印刷时间不具有法律上的依据，并且所谓的第三人处的电子行业的行业惯例，以及如何被用于判断《LSH广告图册》构成《专利法》意义上的公开并不明确。事实上《LSH广告图册》即使完成了印刷，但由于其不是公开出版物，一般公众想要得知就可以得知的状态并不存在，被告对附件3的定性是错误的。请求法院判决撤销无效决定。在本院庭审中，原告针对本专利与对比文件的比较认为，两者存在本质区别的。原告同时提出，在被告之前作出的第9724号无效宣告审查决定（以下简称第9724号决定）中，对本案中所引用的全部证据作出了否定判断，且已经为本院判决维持。现被告对同样的证据作出相反的判断，与法无据。

原告向本院提交了以下证据：证据1. 第9724号无效宣告审查决定书复印件；证据2. 第三人无效程序时提交的证据材料。同时提交了福建省泉州市中级人民法院（2006）泉民初字第266号民事判决书和福建省高级人民法院（2007）闽民终字第26号民事判决书，供法院参考。

被告辩称：原告在行政程序中虽对附件1、2的真实性提出质疑，但原告未能提供任何证据以支持其主张，也未能指出附件1~3之间存在任何不合理的矛盾。附件1~3在印刷品名称印刷品规格上一致，附件1、2在单价、交货单位上一致，附件2上的送货时间在附件1规定的交货期内，附件1、2在数量上虽有10本的差别，但第三人对该差别给出了合理说明。附件1~3虽为间接证据，但三份证据内容相互一致，可以相互映证并且不存在不合理的矛盾，附件1~3的真实性可以确认并且可以形成完整的证据链，证明第三人与2005年1月6日委托源兴彩印公司印刷《LSH广告图册》，该公司在2005年1月12日将完成的《LSH广告图册》交付给了第三人。《审查指南》第二部分第三章2.1，3.1节有如下规定："出版物的印刷日视为公开日，有其他证据证明其公开日的除外"，附件3的印刷日在本专利的申请日（2005年1月15日）之前，并且由于附件3为第三人为宣传广告目的而专门印刷的产品图册，企业会基于宣传等目的将产品图册以各种形式向第三人散发，从而使得该产品图册构成《专利法》意义上的公开出版物。在庭审中被告表示，被告在对证据进行合议时也仔细阅读了第9724号决定，虽然该案中附件三的相关证据和本案中的三份证据是一致的，但第9724号决定并没有对这三份证据进行讨论。在本案审理过程中我们认为应该对这三份证据的真实性、合法性和关联性进行认定。宣告本专利全部无效的理由在第10247号决定中已详述。综上，第10247号决定认定事实清楚，适用法律正确，原告的诉讼请求不能成立，请求人民法院依法驳回原告的诉讼请求，维持第10247号决定。

第三人同意被告意见，认为第10247号决定认定事实是正确的，请求法院予以维持。在庭审中第三人认为，合同送货单和后面提交的印刷页是完全一致的。原告强调合同和送货单随意性大，但是我们是按照当时的真实情况提交给被告的。并认为本产品最主要的一面是表面部分，就是主视图原告所陈述的都是细节部分，不会被消费者注意到。第三人未向本院提交证据。

在开庭审理中，原告、第三人对被告提交的证据的真实性、合法性没有异议，且均为行政程序中的证据；被告及第三人对原告提交的证据1、2没有异议。对关于侵权的判决具体情况不清楚。

经庭审质证，被告提交的证据合法、真实，且与被诉第10247号决定有关，本院予以采纳；原告提交的证据1、2，与本案具有关联性，且合法、真实，本院予以采纳；依原告的请求本院调取了本院（2007）一中行初字第896号行政判决；原告提交的福建省泉州市中级人民法院及福建省高级人民法院民事判决书，与被诉行政行为的审查不具有关联性，本院不作为证据接收。

根据上述有效证据及各方当事人在庭审中无争议的陈述，本院确认如下事实：

本案涉及申请日为2005年1月15日，授权公告日为2005年10月19日，申请号为200530080116.2，名称为"手表（XJ-709）"的外观设计专利，专利权人为原告李仁续。

针对上述专利权，第三人于2006年8月30日向被告提出无效宣告请求，理由是在本专利申请日前已有与本专利相近似的手表在国内公开出版印刷，因此本专利不符合《专利法》第二十三条的规定，并提交了下述证据：附件1：石狮市龙盛塑胶电子有限公司（请求人）与源兴彩印公司签订的《合同》复印件两页；附件2：第0001201号《源兴彩印（商标）厂送货单》客户联复印件1页；附件3：页码为第33~34页的产品样页复印件2页，该样页上端标有"LSH SPORTWATCH"字样。

经形式审查合格后，被告受理了该无效宣告请求，于2006年8月31日将第三人的无效宣告请求书及附件转送原告，要求其在指定的期限内答复。

2006年10月1日，原告提交了意见陈述书，认为第三人提交的附件1、2上均无可与本专利进行对比的图片，附件3的来源和印刷时间不明，因此本专利应予维持。

2007年1月16日，被告向双方当事人发出《无效宣告请求口头审理通知书》，拟定于2007年3月7日对该专利权的无效请求进行口头审理。

口头审理如期进行，双方当事人均委托代理人出席了口头审理。第三人当庭提交了附件1、2的原件，同时出示了与附件3产品样页对应的产品样册，该样册封面有"LSHSPORT WATCH"字样。第三人认为附件3为附件1所涉产品样册中的一页，并明确以附件3中型号为M-709的手表图片作为在先设计与本专利进行比较。原告认为第三人提交的合同与送货单中印刷品的数量不一致，对附件1、2的真实性不予认可，认为附件3与附件1、2不能对应，不具有关联性，附件3中型号为M-709的手表图片与本专利的外观设计不相同也不相近似。被告当庭将原告于2006年10月1日提交的意见陈述书转送给第三人。

关于证据，被告认为，附件1是由第三人和源兴彩印公司签定的《LSH广告图册》印刷合同，合同中双方约定的产品规格为21×28.5，48面，约定的数量为2000本，约定的交货日期为2005年1月15日前；附件2是第0001201号《源兴彩印（商标）厂送货单》客户联、客户栏填写的是龙盛公司，送货单上载明的产品名称为《LSH广告图册》，规格为21×28.50 48面，数量为2010，送货单上记载的送货日期为2005年1月12日；附件3为第三人提供的页码为第33~34页的产品样页两页，附件3与第三人在口头审理时提交的产品样册相一致。第三人提交了附件1、2的原件以及与附件3相一致的产品样册，附件1-3在广告图册的名称、规格、单价等方面均相互一致，可以相互映证；原告对附件1、2的真实性提出异议，但未能提出任何合理的理由，也未能提供任何反证证明其主张；关于第三人提交的合同与送货单中印刷品的数量不一致，第三人对其进行了合理的解释，认为送货单中多出的10本系为避免印刷品污损而由印刷企业多提供的数量，属于本行业通常的情形。基于上述理由，被告对附件1~3的真实性予以确认，可以将其作为本案的定案依据。

结合证据1~3，被告确认以下事实：第三人和源兴彩印公司于2005年1月6日签订了《LSH广告图册》的印刷合同源兴彩印公司于2005年1月12日将印刷完成的广告图册交付给了第三人，该广告图册第34页记载了一种型号"M-709"的手表。本专利涉及一种手表，根据本专利的六面视图、立体图及使用状态参考图，可以确定本专利请求保护的手表的外观设计如下（注：以主视图定义下文的上、下、左右）：手表由上、下表带和表面组成，上、下表带靠近表面的一端与表面同宽，另一端较窄，上表带较短，其上有用于容纳下表带的固定套，顶端有金属扣件，下表带较长，其中央轴向分布有多个插孔，上、下表带的中央均有轴向分布的凸棱；表面为沿表带方向边较长的矩形，由两个左右对称分布的长方形显示屏及表框组成，显示屏上，下两端的表框上分布有文字，表面左侧有两个圆形按钮。

被告认为，附件3为《LSH广告图册》的样页，附件2可以证明该广告图册已由源兴彩印公司在本专利申请日（2005年1月15日）前完成印刷并交付给了第三人，结合第三人所处的电子行业的行业惯例以及《LSH广告图册》本身的广告宣传作用，可以认定《LSH广告图册》已于本专利的申请日前构成了专利法意义上的出版公开，附件3中型号为"M-709"的手表已构成本专利的在先设计，可以与本专利进行相近似性判断。附件3中公开了一种型号为"M-709"的手表，与本专利属于相同类别的产品。该表由上、下表带以及表面组成，上、下表带靠近表面的一端与表面同宽，上表带上有用于容纳下表带的固定套以及金属扣件，下表带的中央轴向分布有多个插孔，上、下表带的中央均有轴向分布的凸棱；表面为上下窄、左右宽的矩形，由两个左右对称分布的长方形显示屏及表框组成，显示屏上、下两端以及左端的表框上分布有文字，表面一侧有两个圆形按钮。将本专利与附件3公开的手表进行比较，相同之处在于：二者均由上、下表带以及表面组成，上、下表带的一端与表面同宽，上表带上有用于容纳下表带的固定套以及金属扣件，下表带的中央轴向分布有多个插孔，上、下表带的中央均有轴向分布的凸棱；表面为上下窄、左右宽的矩形，由两个左右对称分布的长方形显示屏及表框组成，显示屏上、下两端的表框上分布有文字，表面一侧有两个圆形按钮。区别之处在于：附件3公开的手表的显示屏上、下两端以及左端的表框上分布有文字，而本专利中仅在显示屏上、下两端的表框上分布有文字。被告认为，上述差别相对于表的整体外观设计而言仅属于局部细微差别，一般消费者易于将本专利与附件3公开的手表混同、误认，因此上述差别不能对手表的整体视觉效果产生显著影响，本专利与附件3公开的手表属于相近似的外观设计，本专利不符合《专利法》第二十三条的规定。

　　综上所述，被告作出第10247号决定，原告不服，向本院提起行政诉讼。

　　本院另查明：此前，被告于2007年4月20日作出第9724号《无效宣告请求审查决定》。在第9724号决定中本案第三人提交了四份附件，其中附件三包括三份证据，即本案的附件1、2，及出自与本案附件3相同广告图册的样页，本案原告在该案中口审时发表的质证意见与本案基本相同。被告在第9724号决定中，对附件三的评述为"虽然单张产品宣传样页上显示的确认日期为2005年1月5日，合同的签订日期为2005年1月6日，但是合同的签订日期并不能证明其按合同要印制的出版物即已同时处于公开状态，同时合同中写明的《LSH广告图册》的交货期为2005年1月15日前，而注明品名为《LSH广告图册》的送货单的实际开具日期为2005年1月12日，因送货单不同于发票，其制作具有一定的随意性，在无发票或者公开散发等证据的情况下，这些现有的证据尚不足以证明公众可在本专利申请日以前通过获得该《LSH广告图册》而得知其内记载的相关产品的信息，因此请求人提交的附件3不足以证明相关产品的外观设计在本专利申请日以前公开的事实。"其中的请求人即本案第三人对第9724号决定提起了行政诉讼，本院经审理作出（2007）一中行初字第896号行政判决，维持了第9724号决定，各方当事人均未上诉，现该判决已生效。

　　本院认为，《专利法》第二十三条规定：授予专利权的外观设计，应当同申请日以前在国内外出版物上公开发表过或者国内公开使用过的外观设计不相同和不相近似……国内出版物公开的外观设计必须符合在先公开的条件，只有确认在先公开的事实后，才能进一步进行是否相同或相近似的对比。本案所使用的证据曾在在先的无效宣告请求中，由本案第三人作为一组证据提交过，但其有效性已为被告在先作出的行政决定予以否定，且为生效判决维持该结论。现被告又确认其为有效证据，并据此撤销了本专利，属于主要证据不足，应予撤销。

　　综上所述，依照《中华人民共和国行政诉讼法》第五十四条第（二）项第1目，判决如下：

　　撤销被告国家知识产权局专利复审委员会于二〇〇七年七月三日作出的第10247号无效宣告请求审查决定。

　　案件受理费100元，由被告国家知识产权局专利复审委员会负担（于本判决生效后七日内交纳)。

如不服本判决,当事人可在判决书送达之日起 15 日内,向本院递交上诉状,并按对方当事人的人数提出副本,预交上诉案件受理费 100 元,上诉于北京市高级人民法院。

审　判　长　饶亚东
审　判　员　刘景文
审　判　员　李纪红
二〇〇八年二月十三日
书　记　员　盛　阳

应急灯（一）

无效宣告请求审查决定（第 10250 号）

决 定 号	第 10250 号
决 定 日	2007 年 7 月 4 日
发明创造名称	应急灯（一）
外观设计分类号	26-05
无效宣告请求人	郭新生
专 利 权 人	宁波继明电器有限公司
专 利 号	00334549.1
申 请 日	2000 年 8 月 23 日
授 权 公 告 日	2001 年 5 月 9 日
合 议 组 组 长	张　度
主 审 员	孙治国
参 审 员	穆丽娟
附 图	2 页

法 律 依 据 专利法第 9 条

决 定 要 点

两个以上的申请人分别就同样的发明创造申请专利的，专利权授予最先申请的人。

专利法第 9 条和专利法实施细则第 13 条第 1 款所述的"同样的发明创造"，对于外观设计而言，是指外观设计相同或者相近似。

一、案由

本无效宣告请求涉及申请日为 2000 年 8 月 23 日、授权公告日为 2001 年 5 月 9 日、名称为"应急灯（一）"的 00334549.1 号外观设计专利（下称本专利），专利权人为慈溪市继明电器有限公司，2001 年 12 月 28 日变更为宁波继明电器有限公司。

2006 年 11 月 24 日郭新生（下称请求人）针对本专利向专利复审委员会提出无效宣告请求，理由是：本专利不符合专利法第 23 条的规定。该请求人同时提交了下列附件：

附件 1：专利号为 98330096.8 的中国外观设计专利公报复印件，申请日为 1998 年 6 月 5 日，授权公告日为 1999 年 6 月 2 日（下称证据 1）；

附件 2：专利号为 98328638.8 的中国外观设计专利公报复印件，申请日为 1998 年 12 月 7 日，授权公告日为 1999 年 9 月 1 日（下称证据 2）；

附件3：专利号为99339238.5的中国外观设计专利公报复印件，申请日为1999年11月5日，授权公告日为2000年8月23日（下称证据3）；

附件4：无效宣告请求交费单；

附件5：国家知识产权局专利信息中心出具的检索报告；

附件6：本专利。

请求人认为：证据1~3在本专利申请日之前公开，与本专利名称一致，用途一致，形状相近似，虽然本专利与证据1~3的设计略有所不同，但其区别点属于局部的细微变化，尚不足以构成两产品外观形状的明显改变，消费者在使用上述产品时不容易区别，因此本专利与证据1~3属于相近似的外观设计，本专利不符合专利法第23条的规定。

经形式审查合格后，专利复审委员会于2006年11月29日向双方当事人发出无效宣告请求受理通知书，并将上述无效宣告请求书及所附证据副本转送给专利权人，要求专利权人在一个月内陈述意见。

2007年1月12日专利权人向专利复审委员会寄交了意见陈述书，认为：本专利与证据1相比较，不同点在于：（1）灯罩上的图案不同，本专利设计有平行的横向装饰线条，二头二条黑带特别醒目，而证据1上无此黑带，且为大写的"EXIT"；（2）本专利灯罩与灯架连接处为垂直线条设计，而证据1为圆弧设计，本专利控制面板上端为弧线，四周为圆角设计，证据1为长方形设计，面板上圆形旋钮的数量、大小、形状位置都不相同，且证据1下部连接有一电线插头，而本专利无此设计。（3）本专利左右视图为圆角过度的矩形，中部为一装饰线，而证据1为矩形与电线插头结合设计，装饰有矩形框图案。因此本专利与证据1在视觉效果上构成了显著区别，既不相同也不相近似。本专利与证据2相比较，不同点在于：（1）灯罩上的图案不同，本专利设计有平行的横向装饰线条，二头二条黑带特别醒目，而证据2无任何装饰图案；（2）本专利控制面板上端为弧线，四周为圆角设计，证据2为长方形设计，面板上圆形旋钮的数量、大小、形状位置都不相同，且本专利灯架基座左侧有一内凹，两边为圆角设计，而证据2无内凹，为直角设计；（3）本专利左右视图为圆角过渡的矩形，且不透明，不能看到灯管，而证据2左右视图为圆弧与长方形结合设计，透明且能看到灯管。因此本专利与证据2在视觉效果上构成了显著区别，既不相同也不相近似。本专利与证据3相比较，不同点在于：（1）灯罩上的图案不同，本专利设计有平行的横向装饰线条，二头二条黑带特别醒目，而对比文件无任何装饰图案；（2）本专利控制面板上端为弧线，四周为圆角设计，证据3控制面板为半圆形，面板上圆形旋钮的数量、大小、形状位置都不相同，且本专利灯架基座左侧有一内凹，两边为圆角设计，而证据3无内凹，为直角设计；（3）本专利左右视图为圆角过渡的矩形，且不透明，不能看到灯管，而证据3左右视图为圆弧与长方形结合设计，透明且能看到灯管；（4）从证据3的使用状态图来看，证据3有一个基座，同本专利存在更大的不同。因此本专利与证据2在视觉效果上构成了显著区别，既不相同也不相近似。

专利复审委员会依法成立合议组对本案进行审理。

2007年1月15日合议组向双方当事人发出合议组成员告知通知书，双方当事人在答复期内均未答复该通知书。

2007年1月23日合议组向请求人发出无效宣告请求审查意见通知书，该通知书向请求人做出如下说明：证据3的申请日早于本专利的申请日，但是，证据3的公开日与本专利的申请日相同，证据3不能构成本专利申请日之前公开的外观设计。审查指南第四部分第七章第3.2节的规定，如果申请在先的专利权属于他人申请在先公开在后的在先设计的，专利复审委员会可以依据专利法第9条的规定进行审查。请求人可以选择将无效宣告请求的理由变更为本专利相对于证据3不符合专利法第9条的规定，也可以不做变更，仍然保留本专利相对于证据3不符合专利法第23条的无效理由。如果请求人需要变更无效宣告请求的理由，请在收到本通知书之日起3日内以答复本无效宣告请求审查通知书的形式作出书面的意见陈述；期满未答复的，视为请求人不做出上述的变更，仍然保留本专利相对于证据3不符合专利法第23条的无效宣告请求理由。

2007年1月25日请求人答复无效宣告请求审查意见通知书，请求人表示将无效宣告请求的理由变更为：本专利与证据2的申请日同为2000年8月23日，因此本专利相对于证据2不符合专利法第9条的规定。

2007年2月25日合议组向专利权人发出转送文件通知书，将请求人于2007年1月25日提交的意见陈述书转送专利权人。专利权人在答复期内未答复该通知书。

2007年4月23日，合议组向请求人发出第二次无效宣告请求审查通知书，其中指出："请求人于2007年1月25日针对专利复审委员会于2007年1月23日发出的无效宣告请求审查通知书进行了意见陈述，其中请求人认为证据2（ZL98328638.8号外观设计专利）与本专利（ZL00334549.1号外观设计专利）的申请日均为2000年8月23日。但是，合议组经核实后认为证据2的申请日是1998年12月7日，而非2000年8月23日，早于本专利的申请日2000年8月23日。而且，在2007年1月23日发出的无效宣告请求审查通知书中仅仅涉及证据3（申请号为99339238.5的中国外观设计专利）的变更，并不涉及证据2的无效宣告理由的变更。如果请求人希望选择将无效宣告请求的理由变更为本专利相对于证据3不符合专利法第9条的规定，请在收到本通知书之日起3日内以答复本无效宣告请求审查通知书的形式做出书面的意见陈述；期满未答复的，视为你方不作出上述的变更，仍然保留本专利相对于证据3不符合专利法第23条的无效宣告请求理由。"

2007年4月28日请求人答复第二次无效宣告请求审查意见通知书，请求人表示其于2007年1月25日提交的意见陈述书误将99339238.5（证据3）写为98328638.8（证据2），确属笔误。请求人表示同意将无效宣告请求的理由变更为：本专利相对于证据3不符合专利法第9条的规定，同时要求撤回其于2007年1月25日提交的意见陈述书，保留本专利相对于证据2不符合专利法第23条的规定的理由。

合议组于2007年5月11日向专利权人发出转送文件通知书，将请求人于2007年4月28日提交的意见陈述书转送专利权人。

专利权人于2007年6月21日提交了答复意见。专利权人认为：专利权人未能收到请求人于2007年1月25日提交的意见陈述书，即使请求人于2007年1月25日提交过意见陈述书，由于其已过审查指南规定的增加无效宣告理由和补充证据的期限，请求专利复审委员会对请求人于2007年1月25日和2007年4月28日提交的无效理由不予考虑。

至此，合议组认为本案事实已经清楚，现依法作出如下审查决定。

二、决定的理由

1. 关于证据

合议组经核实后认为：证据1~3均为中国外观设计专利文献，可以作为本案的证据使用。证据1~3与本专利的产品类别相同，可以与本专利进行相同或相近似比较。

2. 关于请求人变更无效理由的问题

根据审查指南第四部分第三章第4.1节的规定：专利复审委员会在下列情形可以依职权进行审查：(1)请求人提出的无效宣告理由明显与其提交的证据不相对应的，专利复审委员会可以告知其有关法律规定的含义，并允许其变更为相对应的无效宣告理由。例如，在请求人提交的证据为他人在专利申请日前申请并在专利申请日后公开的中国外观设计专利文件，而无效宣告理由为不符合专利法第

23 条的情形下，专利复审委员会可以告知请求人专利法第 23 条和第 9 条的含义并允许其将无效宣告理由变更为该专利不符合专利法第 9 条。

本案中，请求人在提出无效宣告请求时认为本专利相对于证据 3 不符合专利法第 23 条的规定。经合议组审查后发现：证据 3 的申请日早于本专利的申请日，但是，证据 3 的公开日与本专利的申请日相同，证据 3 不能构成本专利申请日之前公开的外观设计。合议组发出无效宣告审查通知书，告知请求人相关法律规定的含义，并允许其将无效宣告理由由原来的"本专利相对于证据 3 不符合专利法第 23 条的规定"，变更为"本专利相对于证据 3 不符合专利法第 9 条的规定"，该种变更符合审查指南第四部分第三章第 4.1 节的规定，并不属于超过期限提出的新理由的情形。

综上所述，合议组认为请求人的这种无效宣告理由的变更符合相关的法律规定，应当是允许的。

3. 关于专利法第 9 条

专利法第 9 条规定：两个以上的申请人分别就同样的发明创造申请专利的，专利权授予最先申请的人。

审查指南第四部分第七章第 1 节规定：专利法第 9 条和专利法实施细则第 13 条第 1 款所述的"同样的发明创造"，对于外观设计而言，是指外观设计相同或者相近似，所述相同或者相近似的判断适用本部分第五章的规定。

本专利为一应急灯，整体形状基本为长方体。从俯视图看，透过灯罩隐约可见内部的两根一字形灯管，在灯管的左右两侧各有一深色带状物，灯罩表面有网格状的图案，灯罩两端部平直，拐角部分为圆弧过渡，灯罩和端部之间有明显的过渡部分；从主视图看，灯座基本为长方形，在其中部偏左的部位有基本呈长方形的、且上端有圆弧状凸起的控制面板，上面分布有类似椭圆形按键和圆形按钮，基座左侧有一内凹，灯罩端部圆滑过渡到垂直面；从左右视图看，应急灯灯罩的端部下方是一个矩形，在该矩形之上为有圆角过渡的矩形，且其灯管不可见（见本专利附图）。

证据 3 为一应急灯，整体形状基本为长方体。从主视图看，透过透明灯罩隐约可见内部的两根一字形灯管，灯罩两端部平直，拐角部分为圆弧过渡，灯罩和端部之间有明显的过渡部分；从使用状态参考图 1 看，灯罩表面也有网格状的图案；从左视图看，灯座基本为长方形，在其中部偏下的部位有基本呈圆弧状的控制面板，上面分布有类似椭圆形按键和圆形按钮，在控制面板的下方有一内凹；右视图与左视图基本对称，只是没有控制面板的设计；从证据 3 的仰视图看，应急灯灯罩的端部的外轮廓下方是一矩形，在矩形的上方接有一梯形，且其灯管不可见；证据 3 的俯视图与其仰视图基本对称，只是在矩形中间有一自上而下逐渐向内凹入的提手（见证据 3 附图）。

本专利与证据 3 相比较区别在于：（1）本专利应急灯灯罩的端部下方是一个矩形，在该矩形之上为有圆角过渡的矩形，而证据 3 应急灯灯罩端部的外轮廓是下方为一矩形，在矩形的上方接有一梯形；（2）在证据 3 的一个端部还有一自上而下逐渐向内凹入的提手，而本专利中无此设计；（3）本专利与证据 1 的控制面板的形状以及按键形状与数量的不同。

合议组认为：尽管使用状态参考图中给出了证据 3 在竖立使用状态下的图片，但是证据 3 的产品名称为"多功能应急灯（可悬挂、可竖立）"，即证据 3 中的产品也可以悬挂使用。就前述的区别（1）而言，本专利中的"圆角过渡的矩形"相对于证据 3 中的"梯形"而言，考虑到二者均处于应急灯的端部位置、且二者形状比较近似，因此该区别相对于应急灯这类产品而言属于局部微小差别，其只是外观设计的细微、不容易引起消费者注意的地方，对应急灯的整体视觉效果不具有显著的影响；就前述的区别（2）而言，证据 3 中的"提手"仅仅是一种用于提拉应急灯的功能性的设计，本专利无此设计，相应的也就无此提拉的功能，该区别并不会对应急灯的整体视觉效果产生显著的影响；就前述的区别（3）而言，控制按钮仅是应急灯中的一个局部细微的设计，在整体设计中所占的比例很小，其变化不足以对整体视觉效果产生显著的影响。

综上所述，根据外观设计专利整体观察、综合对比的原则，本专利外观设计与证据3属于相近似的外观设计，即二者属于专利法意义上"同样的发明创造"。

由于证据3的申请日是1999年11月6日，早于本专利的申请日，而证据3的授权公告日为2000年8月23日，与本专利的申请日相同，且证据3与本专利的专利权人不同，二者又属于专利法意义上"同样的发明创造"，因此本专利相对于证据3不符合专利法第9条的规定。

鉴于由上述证据3与本专利相比较已得出本专利不符合专利法第9条所规定的授权条件的结论，合议组对请求人提出的其他无效理由和证据不再进行评述。

三、决定

宣告00334549.1号外观设计专利权无效。

当事人对本决定不服的，可以根据专利法第46条第2款的规定，自收到本决定之日起三个月内向北京市第一中级人民法院起诉。根据该款的规定，一方当事人起诉后，另一方当事人应当作为第三人参加诉讼。

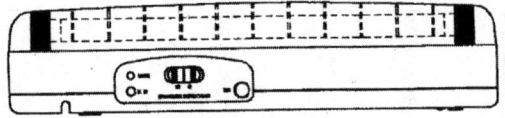

主视图

仰视图

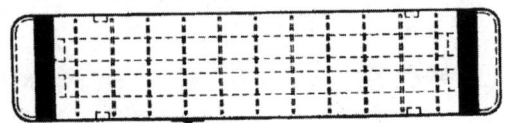

俯视图

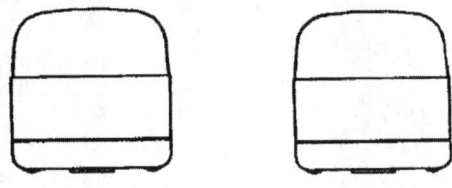

左视图　　　右视图

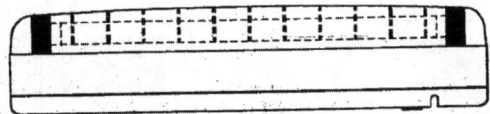

后视图

本专利附图

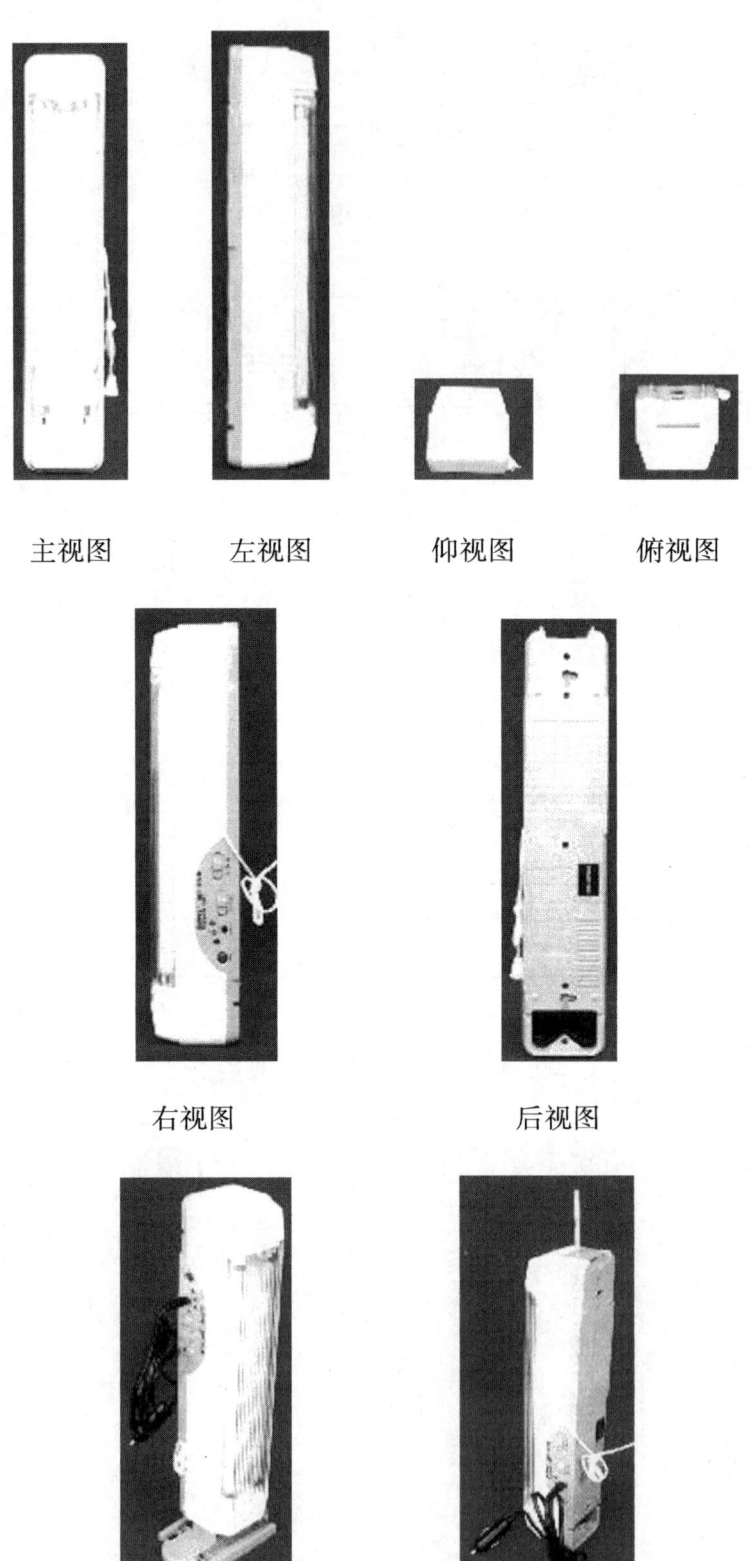

证据3

北京市第一中级人民法院
行政判决书

(2007) 一中行初字第1118号

原告宁波继明电器有限公司，住所地浙江省慈溪市周巷镇企业路546号。

法定代表人邵岳苗，董事长。

委托代理人吴秋星，江苏苏州兴吴律师事务所律师。

委托代理人周建飞，江苏苏州兴吴律师事务所律师。

被告国家知识产权局专利复审委员会，住所地北京市海淀区北四环西路9号银谷大厦10~12层。

法定代表人廖涛，副主任。

委托代理人穆丽娟，国家知识产权局专利复审委员会审查员。

委托代理人齐宏涛，国家知识产权局专利复审委员会审查员。

第三人郭新生，男，1955年4月1日出生，汉族，住北京市朝阳区惠新西街九号院惠新苑7号楼402号。

委托代理人顾润丰，男，1966年9月9日出生，北京集佳知识产权代理有限公司职员，住北京市昌平区中国政法大学2号楼3单元303号。

原告宁波继明电器有限公司（以下简称继明公司）不服被告国家知识产权局专利复审委员会（以下简称专利复审委员会）于2007年7月4日作出的第10250号无效宣告请求审查决定（以下简称第10250号决定），于法定期限内向本院提起诉讼。本院于2007年8月16日受理本案后，依法组成合议庭，并按照法律有关规定通知郭新生作为第三人参加诉讼，于2007年9月27日公开开庭进行了审理。原告继明公司的委托代理人吴秋星，被告专利复审委员会的委托代理人穆丽娟，齐宏涛，第三人郭新生的委托代理人顾润丰到庭参加了诉讼，本案现已审理终结。

就郭新生针对继明公司拥有的名称为"应急灯（一）"的第00334549.1号外观设计专利（以下简称：专利）提出的无效宣告请求，专利复审委员会作出第10250号决定，认为：证据3为第99339238.5号，名称为"多功能应急灯（可悬挂、可竖立）"的中国外观设计专利文献，可以作为本案的证据使用。证据3与本专利的产品类别相同，可以与本专利进行相同或相近似比较。本专利与证据3相比有三项区别：首先，本专利应急灯灯罩的端部下方是一个矩形，在该矩形之上为有圆角过渡的矩形，而证据3应急灯灯罩端部的外轮廓是下方为一矩形，在矩形的上方接有一梯形。就该区别而言，本专利中的"圆角过渡的矩形"相对于证据3中的"梯形"而言，二者均处于应急灯的端部位置、且二者形状比较近似，因此该区别相对于应急灯这类产品而言属于局部微小差别，对应急灯的整体视觉效果不具有显著的影响。其次，证据3的一个端部还有一自上而下逐渐向内凹入的提手，本专利中无此设计。就该区别而言，证据3中的"提手"仅仅是一种用于提拉应急灯的功能性设计，该区别不会对应急灯的整体视觉效果产生显著的影响。第三，本专利与证据3的控制面板的形状及按键形状和数量不同。就该区别而言，控制按钮仅是应急灯中的一个局部细微的设计，在整体设计中所占比例很小，其变化不足以对整体视觉效果产生显著影响。综上，根据整体观察、综合对比的原则，本专利与证据3属于相近似的外观设计，二者属于专利法意义上的同样的发明创造。证据3的申请日早于本专利的申请日，授权公告日与本专利的申请日相同，且二者的专利权人不同，故本专利相对于证据3不符合《中华人民共和国专利法》（以下简称《专利法》）第九条的规定。据此，专利复审委员会作出第10250号决定，宣告本专利权无效。

继明公司不服第10250号决定，在法定期限内向本院提起行政诉讼。其诉称：1. 被告违反法定程序，剥夺了专利权人依法参加口头审理的权利，使专利权人无法说明事实，同对方当面质证和辩论。根据《审查指南》第四部分第三章4.4.4（3）的规定，专利复审委员会应当进行口头审理。2. 第10250号决定认定事实不清，有明显的错误。（1）第10250号决定认为证据3"灯罩和端部之间有明显的过渡部分，从使用状态参考图1看，灯罩表面也有网格状的花纹"是错误的，实际上灯罩表面上为平行于灯管方向的紧密排列的条纹图案。（2）第10250号决定遗漏了本专利与证据3之间重要的区别点：①本专利灯管为不可见，证据3灯管为可见；②本专利灯罩和端部之间有明显的深色带状过渡部分而证据3没有此过渡部分；③本专利灯罩表面有网格状的图案而证据3的灯罩为紧密排列的条纹图案。以上区别点对产品的整体视觉效果有显著的影响，决定了本专利与证据3相比既不相同也不相近似。3. 第10250号决定与已经发生法律效力的第7346号无效宣告请求审查决定书（以下简称第7346号决定）的结论相矛盾。第7346号决定使用的对比文件第95316343.1号中国外观设计专利的主视图与第10250号决定中证据3相对应的右视图相比，两者的整体形状、灯罩表面图案、灯罩端部形状、底座形状及控制面板形状是一致的，且专利复审委员会已经在第7346号决定中认定本专利与对比文件第95316343.1号中国外观设计专利既不相同也不相近似，显然，第10250号决定结论错误。综上，请求法院撤销第10250号决定，维持本专利权有效。

被告专利复审委员会辩称：首先，口头审理程序不是无效宣告请求的必经的法定程序。依据《审查指南》的规定，专利复审委员会根据当事人的请求或者案情需要可以决定对无效宣告请求进行口头审理。本案没有口头审理不违反法律规定。其次，关于原告主张的三个区别点。区别点（1）和（3）是不存在的，区别点（2）属于局部的微小差别，对产品的整体视觉效果不具有显著的影响。因此仍然坚持第10250号决定中关于本专利与证据3属于相近似性外观设计的意见。第三，第10250号决定与第7346号决定中使用的对比文件不同，不存在相抵触的可能。综上，原告起诉的事实和理由不能成立，请求法院驳回其诉讼请求，维持第10250号决定。

第三人郭新生述称：被告在第10250号决定中认定事实清楚，适用法律正确，且作出第10250号决定的程序合法，故请求维持第10250号决定。

本院经审理查明：

2000年8月23日，慈溪市继明电器有限公司向国家知识产权局提出"应急灯（一）"的外观设计专利（即本专利）申请，该申请于2001年5月9日被授权公告，专利号为00334549.1。本专利授权公告包括了主视图、后视图、仰视图、俯视图、左视图和右视图等六面视图（见本判决附图1）。2001年12月28日，专利权人变更为继明公司。

2006年11月24日，郭新生以本专利不符合《专利法》第二十三条为由，向专利复审委员会提出无效宣告请求，并提交了相关证据，其中：

证据1系专利号为98330096.8的中国外观设计专利公报复印件，申请日为1998年6月5日，授权公告日为1999年6月2日；

证据2系专利号为98328638.8的中国外观设计专利公报复印件，申请日为1998年12月7日，授权公告日为1999年9月1日；

证据3系专利号为99339238.5，名称为"多功能应急灯（可悬挂、可竖立）"的中国外观设计专利公报复印件，申请日为1999年11月5日，授权公告日为2000年8月23日，授权公告包括了主视图等八幅视图（见本判决附图2）。专利权人为深圳市鸿鑫山实业有限公司中南电子厂。

2006年11月29日，专利复审委员会向继明公司和郭新生发出无效宣告受理通知书，并将无效宣告请求书及所附证据副本转送给继明公司。

2007年1月12日，继明公司向专利复审委员会寄交了意见陈述书，其认为本专利与证据1、2和3相比，在视觉效果上均有显著不同，既不属于相同的外观设计，也不属于相近似的外观设计。

2007年1月23日，专利复审委员会向郭新生发出审查意见通知书，告知郭新生其可以将无效宣告请求理由变更为本专利相对于证据3不符合《专利法》第九条的规定，也可以不作变更，仍保留本专利相对于证据3不符合《专利法》第二十三条的理由。

2007年1月25日，郭新生答复专利复审委员会表示本专利与证据2的申请日同为2000年8月23日，因此本专利相对于证据2不符合《专利法》第九条的规定。

2007年4月28日，郭新生答复专利复审委员会表示2007年1月25日的意见陈述书中由于笔误将证据3写成证据2，同意将无效宣告请求理由变更为本专利相对于证据3不符合《专利法》第九条的规定，保留本专利相对于证据2不符合《专利法》第二十三条的理由。

2007年5月11日，专利复审委员会向继明公司发出转送文件通知书，将郭新生于2007年4月28日提交的意见陈述书转送继明公司。

2007年6月21日，继明公司提交了意见陈述书，认为专利复审委员会不应考虑郭新生于2007年1月25日和4月28日提交的无效理由。

2007年7月4日，专利复审委员会作出第10250号决定。

在本案庭审中，继明公司主张本专利与证据3对比，除了第10250号决定认定的三个区别点和起诉状中主张的三个区别点外，还存在以下两点不同：（1）本专利拖线是隐藏在板内的，而证据3中的拖线是显露在外面可见的；（2）证据3的俯视图有一个插槽，而本专利没有。对此，专利复审委员会认为这两点区别均为微小区别，不会影响整体视觉效果。郭新生认为电线和插槽均是功能性部件，不属于外观设计保护的内容。

另查，专利复审委员会针对宁波卡蒂亚电器有限公司和上虞大东南照明有限公司提出的宣告本专利权无效的请求，于2005年6月9日作出第7346号决定。第7346号决定认为本专利外观设计与第95316343.1号中国外观设计专利既不相同也不相近似，故维持本专利权有效。

上述事实有本专利公报复印件、第7346号决定、第10250号决定、证据3所载外观设计专利公报复印件以及当事人陈述等证据在案佐证。

本院认为：

1. 关于被告未进行口头审理，是否违反法定程序

《中华人民共和国专利法实施细则》第六十九条第一款规定：专利复审委员会根据当事人的请求或者案情需要，可以决定对无效宣告请求进行口头审理。由此可见，口头审理不是专利复审委员会作出专利无效宣告请求审查决定的法定必经程序，专利复审委员会有权根据当事人的请求或者案情需要，在保证当事人充分陈述意见的基础上，自行决定采取口头审理或者书面审理的方式。本案中，继明公司认为专利复审委员会应当按照《审查指南》第四部分第三章4.4.4节第三款规定进行口头审理。但是该款明确规定，专利复审委员会可以选择发出转送文件通知书或者无效宣告请求审查通知书进行书面审查，或者发出口头审理通知书，通过口头审理结案。因此，本案中，被告在无效程序的双方当事人均未提出口头审理请求，并且通过转送文件通知书的方式保证双方无充分陈述意见的基础上，依据《审查指南》的规定选择以书面审理的方式作出第10250号决定，并不违反法定程序。故原

告的该项诉讼理由缺乏事实和法律依据，本院不予支持。

2. 关于本专利与证据3是否属于同样的发明创造，从而违反《专利法》第九条的规定

《专利法》第九条规定：两个以上的申请人分别就同样的发明创造申请专利的，专利权授予最先申请的人。《审查指南》第四部分第七章第1节规定：《专利法》第九条所述的同样的发明创造，对于外观设计而言，是指外观设计相同或相近似。

本案中，证据3和本专利涉及的产品均为应急灯，两者属于同样的产品，因此，证据3公开的产品外观设计可以与本专利外观设计进行外观设计相同、相近似性的比较。

在判断外观设计是否相同或相近似时，应当基于产品的一般消费者的知识水平和认知能力，采取整体观察、综合判断的方式进行评价。所谓整体观察、综合判断的方式是指由设计的整体来确定是否相同或相近似，而不从外观设计的部分或者局部出发得出是否相同或相近似的结论。如果一般消费者经过整体观察可以看出，二者的差别对于产品外观设计的整体视觉效果不具有显著的影响，则二者相近似；否则，两者既不相同，也不相近似。

本专利与证据3的外观设计相比，存在以下相同点：两者均由灯罩、灯管、灯体构成。灯体均呈长方体状，内嵌灯管，灯体上设灯罩，透过灯罩可见灯管。灯体两端部平直，在灯体的较长侧面的一面上均设有控制面板及按键，灯罩表面均有细微条纹，灯体的端部与灯罩之间均有过渡部分。两者存在的区别点有：（1）本专利与证据3应急灯灯体端部与灯罩的过渡部分，本专利表现为圆角的矩形，而证据3表现为一梯形；（2）本专利与证据3的控制面板的形状及按键形状、数量不同；（3）本专利灯体端部与灯罩之间的过渡部分有深色带状物，而证据3的过渡部分则没有；（4）本专利灯罩表面上的细微条纹平行于前述深色带状物，而证据3的灯罩上的细微条纹平行于灯管；（5）证据3中可见电源线，而本专利附图中没有电源线；（6）证据3的一个端部有自上而下逐渐向内凹入的提手，本专利无此设计；（7）证据3的俯视图中有一个插槽，而本专利没有。

就以上差别点中的电源线、提手及插槽而言，其均为实现特定功能的必需性设计，故在相同或相近似性判断时，这些部件上的差别对产品的整体视觉效果不产生显著影响。本专利与证据3虽在端部过渡部分的形状、控制面板形状与按键形状和数量、端部与灯罩间的过渡部分是否有深色带状物及灯罩上的细微条纹方向等方面存在的差别，但其均属于细微差别，并且在一般消费者施以一般注意力的情况下，这些细微差别对应急灯产品的整体视觉效果不产生显著影响，因此证据3与本专利产品的外观设计属于相近似的外观设计，属于《专利法》第九条规定的同样的发明创造。鉴于证据3与本专利专利权人不同，证据3外观设计专利申请日早于本专利的申请日，授权公告日与本专利申请日相同，故本专利违反了《专利法》第九条的规定。原告主张证据3与本专利不相近似的理由，缺乏事实和法律依据，本院不予支持。

3. 关于第10250号决定与第7346号决定是否矛盾

第10250号决定使用的对比文件是证据3即99339238.5号中国外观设计专利，而第7346号决定使用的对比文件为第95316343.1号中国外观设计专利，因两者依据的证据不同，故两者的结论亦不存在如原告所述的矛盾和冲突之处。原告的该项诉讼理由缺乏法律依据，本院不予支持。

综上，被告专利复审委员会作出的第10250号决定程序合法，适用法律及结论正确，应予维持。原告继明公司请求撤销该决定的理由不能成立，本院不予支持。依照《中华人民共和国行政诉讼法》第五十四条第（一）项之规定，本院判决如下：

维持被告国家知识产权局专利复审委员会作出的第10250号无效宣告请求审查决定。

案件受理费100元，由原告宁波继明电器有限公司负担（已交纳）。

如不服本判决，双方当事人可于本判决送达之日起 15 日内向本院提交上诉状及其副本，并交纳上诉案件受理费 100 元上诉于北京市高级人民法院。

审　判　长　赵　静
代理审判员　乔　平
代理审判员　周云川
二〇〇七年十二月十九日
书　记　员　谭北川

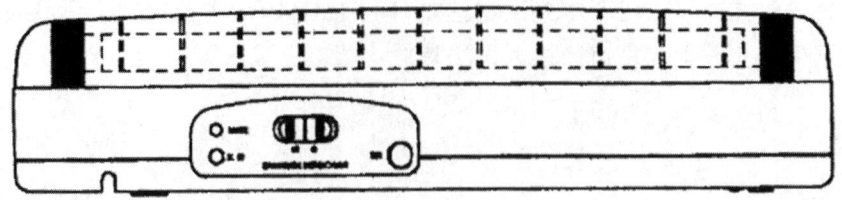

主视图

仰视图

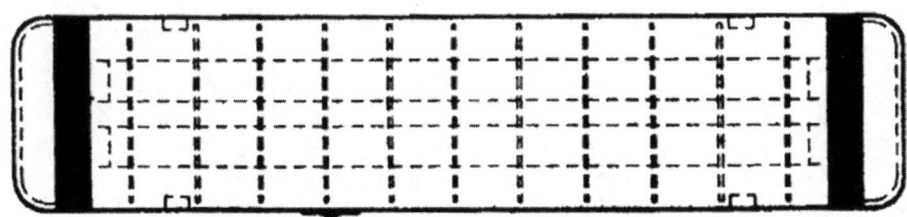

俯视图

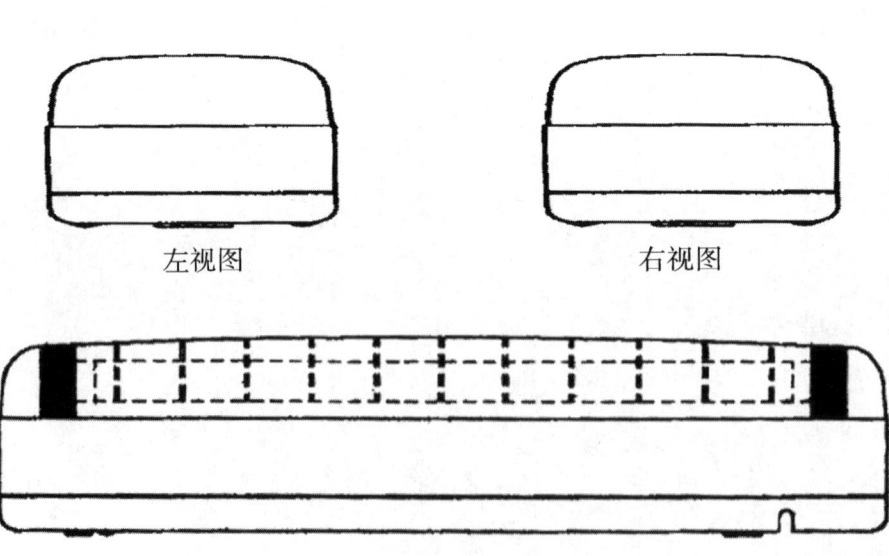

左视图　　　右视图

俯视图

附图1

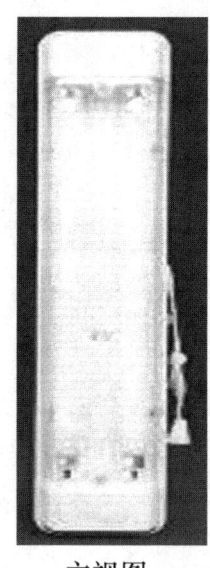

仰视图

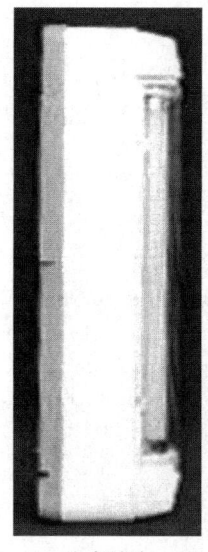
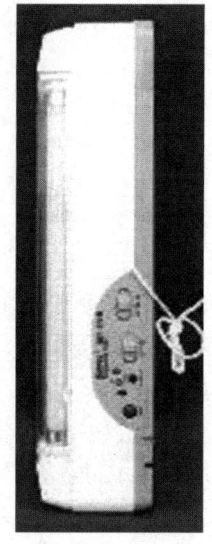

主视图 俯视图 左视图 右视图

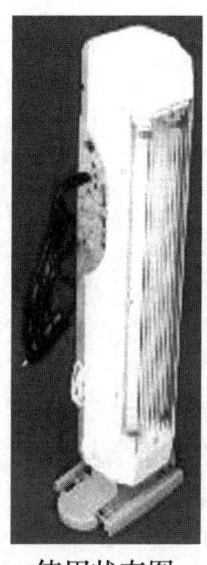
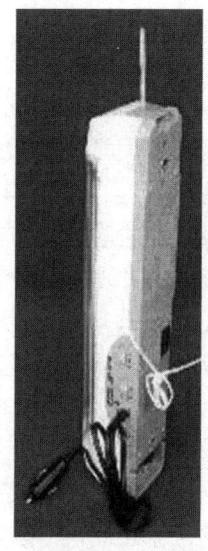

后视图 使用状态图 使用状态图

附图 2

北京市高级人民法院
行政判决书

(2008) 高行终字第 259 号

上诉人（原审原告）宁波继明电器有限公司，住所地浙江省慈溪市周巷镇企业路 546 号。

法定代表人邵岳苗，董事长。

委托代理人马立文，北京市共和律师事务所律师。

被上诉人（原审被告）国家知识产权局专利复审委员会，住所地北京市海淀区北四环西路 9 号银谷大厦 10~12 层。

法定代表人廖涛，副主任。

委托代理人孙治国，国家知识产权局专利复审委员会审查员。

委托代理人齐宏涛，国家知识产权局专利复审委员会审查员。

原审第三人郭新生，男，汉族，1955 年 4 月 1 日出生，住北京市朝阳区惠新西街九号院惠新苑 7 号楼 402 号。

委托代理人顾润丰，男，汉族，1966 年 9 月 9 日出生，北京集佳知识产权代理有限公司职员，住北京市昌平区中国政法大学 2 号楼 3 单元 303 号。

上诉人宁波继明电器有限公司（以下简称继明公司）因外观设计专利权无效行政纠纷一案，不服北京市第一中级人民法院（2007）一中行初字第 1118 号行政判决，于法定期限内向本院提出上诉。本院于 2008 年 4 月 21 日受理后，依法组成合议庭，于 2008 年 5 月 21 日公开开庭审理了本案。上诉人继明公司的委托代理人马立文，被上诉人国家知识产权局专利复审委员会（以下简称专利复审委员会）的委托代理人孙治国、齐宏涛，原审第三人郭新生的委托代理人顾润丰到庭参加了诉讼。本案现已审理终结。

北京市第一中级人民法院认定，继明公司系名称为"应急灯（一）"、申请日为 2000 年 8 月 23 日的外观设计专利（以下简称本专利）的权利人。2006 年 11 月 24 日，郭新生以本专利不符合《中华人民共和国专利法》（以下简称《专利法》）第二十三条规定为由，向专利复审委员会提出无效宣告请求，并提交了证据 2、证据 3 等证据。郭新生后向专利复审委员会明确其无效理由为本专利相对于证据 3 不符合《专利法》第九条的规定及本专利相对于证据 2 不符合《专利法》第二十三条的规定。专利复审委员会于 2007 年 7 月 4 日作出第 10250 号无效宣告请求审查决定（以下简称第 10250 号决定），认定本专利与证据 3 属于相近似的外观设计，二者属于专利法意义上的同样的发明创造；证据 3 的申请日早于本专利的申请日，授权公告日与本专利的申请日相同，且二者的专利权人不同，故本专利相对于证据 3 不符合《专利法》第九条的规定，遂宣告本专利无效。专利复审委员会曾针对宁波卡蒂亚电器有限公司和上虞大东南照明有限公司提出的宣告本专利权无效的请求，于 2005 年 6 月 9 日作出第 7346 号无效宣告请求审查决定（以下简称第 7346 号决定）。第 7346 号决定认为本专利与第 95316343.1 号中国外观设计专利既不相同也不相近似，并维持本专利有效。

北京市第一中级人民法院认为，专利复审委员会在本案无效程序的双方当事人均未提出口头审理请求，并且通过转送文件通知书的方式保证双方已充分陈述意见的基础上，依据《审查指南》的规定选择以书面审理的方式作出第 10250 号决定，并不违反法定程序。证据 3 公开的外观设计专利和本专利涉及的产品均为应急灯，两者属于同样的产品，因此，证据 3 公开的外观设计可以与本专利进行外观设计相同、相近性的比较。本专利与证据3公开的外观设计在端部过渡部分的形状、控制面板形状与按键形状和数量、端部与灯罩间的过渡部分是否有深色带状物及灯罩上的细微条纹方向等方面存在的差别均属于细微差别，在一般消费者施以一般注意力的情况下，这些细微差别对应急灯产品的整体视觉效果不产生显著影响，因此证据3公开的外观设计与本专利构成相近似的外观设计，属于《专利法》第九条规定的同样的发明创造。鉴于证据3公开的外观设计专利与本专利的权利人不同，且证据3公开的外观设计专利的申请日早于本专利的申请日，授权公告日与本专利申请日相同，故本专利违反了《专利法》第九条的规定。第10250号决定和第7346号决定并未使用同一对比文件，两者的结论并不存在矛盾和冲突之处。专利复审委员会作出的第10250号决定程序合法，适用法律及结论正确，应予维持。北京市第一中级人民法院依照《中华人民共和国行政诉讼法》第五十四条第（一）项之规定，判决：维持专利复审委员会作出的第10250号决定。

继明公司不服一审判决并向本院提出上诉，请求撤销一审判决并依法改判。继明公司的主要上诉理由为：原审判决认定专利复审委员会不进行口审不违反法定程序对上诉人显失公平；原审判决有关外观设计相似性的判断原则与专利审查指南规定的判断原则不符，有明显的错误；原审判决认定第10250号决定和第7346号决定不存在矛盾之处没有事实及法律依据。

专利复审委员会及郭新生服从原审判决。

本院经审理查明：

名称为"应急灯（一）"的外观设计专利（即本专利）的申请日为2000年8月23日，授权公告日为2001年5月9日，专利号为00334549.1，申请人和专利权人均为慈溪市继明电器有限公司。本专利授权公告包括了主视图、后视图、仰视图、俯视图、左视图和右视图等六面视图（见本判决附图1）。本专利未请求保护色彩。2001年12月28日，本专利的权利人变更为继明公司。

2006年11月24日，郭新生以本专利不符合《专利法》第二十三条的规定为由，向专利复审委员会提出无效宣告请求，并提交了相关附件，其中包括：

证据1：专利号为98330096.8的中国外观设计专利公报复印件，该专利的申请日为1998年6月5日，授权公告日为1999年6月2日；

证据2：专利号为98328638.8的中国外观设计专利公报复印件，申请日为1998年12月7日，授权公告日为1999年9月1日；

证据3：专利号为99339238.5，名称为"多功能应急灯（可悬挂、可竖立）"的中国外观设计专利公报复印件，申请日为1999年11月5日，授权公告日为2000年8月23日，授权公告包括了主视图等八幅视图（见本判决附图2）。专利权人为深圳市鸿鑫山实业有限公司中南电子厂。

2006年11月29日，专利复审委员会向继明公司和郭新生发出无效宣告受理通知书，并将无效宣告请求书及所附证据副本转送给继明公司。

2007年1月12日，继明公司向专利复审委员会寄交了意见陈述书，其认为本专利与证据1、2和3相比，在视觉效果上均有显著不同，属于既不相同也不相近似的外观设计。继明公司在此次意见陈述书中指出：

"本专利与证据3相比较，不同点在于：（1）灯罩上的图案不同，本专利设计有平行的横向装饰线条，二头二条黑带特别醒目，而对比文件无任何装饰图案；（2）本专利控制面板上端为弧线，四周为圆角设计，证据3控制面板为半圆形，面板上圆形旋钮的数量、大小、形状位置都不相同，且本专利灯架基座左侧有一内凹，两边为圆脚设计，而证据3无内凹，为直角设计；（3）本专利左右视图为圆脚过渡的矩形，且不透明，不能看到灯管，而证据3左右视图为圆弧与长方形结合设计，透明且能看到灯管；（4）从证据3的使用状态图来看，证据3有一个基座，同本专利存在更大的不同。因此，本专利与证据3在视觉效果上构成了显著区别，既不相同也不相近似。"

2007年1月15日，专利复审委员会向继明公司和郭新生发出合议组成员告知通知书。

2007年1月23日，专利复审委员会向郭新生发出审查意见通知书，告知郭新生其可以在收到本通知之日起3日内将无效宣告请求理由变更为本专利相对于证据3不符合《专利法》第九条的规定，也可以不作变更，仍保留本专利相对于证据3不符合《专利法》第二十三条规定的理由。

2007年1月25日，郭新生答复专利复审委员会，表示本专利与证据2的申请日同为2000年8月23日，因此本专利相对于证据2不符合《专利法》第九条的规定。

2007年2月25日，专利复审委员会将郭新生于2007年1月25日提交的意见陈述书转送给继明公司。

2007年4月23日，专利复审委员会向郭新生发出第二次审查意见通知书，指出：

"如果请求人希望选择将无效宣告请求的理由变更为本专利相对于证据3不符合《专利法》第九条的规定，请在收到本通知书之日起3日内以答复本无效宣告请求审查通知书的形式做出书面的意见陈述……"

2007年4月28日，郭新生在答复第二次审查意见通知书时表示：2007年1月25日的意见陈述书中由于笔误将证据3写成证据2，同意将无效宣告请求理由变更为本专利相对于证据3不符合《专利法》第九条的规定，保留本专利相对于证据2不符合《专利法》第二十三条规定的理由。

2007年5月11日，专利复审委员会向继明公司发出转送文件通知书，将郭新生于2007年4月28日提交的意见陈述书转送继明公司。

2007年6月21日，继明公司提交了意见陈述书，称其未收到郭新生于2007年1月25日提交的意见陈述书，并认为专利复审委员会不应考虑郭新生于2007年1月25日和4月28日提交的无效理由。

2007年7月4日，专利复审委员会作出第10250号决定。第10250号决定认定：（1）证据1~3均为中国外观设计专利文献，可以作为本案的证据使用，证据1~3与本专利权的产品类别相同，可以与本专利进行相同或相近似性比较；（2）请求人将"本专利相对于证据3不符合《专利法》第二十三条规定"的无效理由变更为"本专利相对于证据3不符合《专利法》第九条规定"的无效理由符合相关法律规定；（3）本专利与证据3相比有三项区别：首先，本专利应急灯灯罩的端部下方是一个矩形，在该矩形之上为有圆角过渡的矩形，而证据3应急灯灯罩端部的外轮廓是下方为一矩形，在矩形的上方接有一梯形。就该区别而言，本专利中的"圆角过渡的矩形"相对于证据3中的"梯形"而言，二者均处于应急灯的端部位置、且二者形状比较近似，因此该区别相对于应急灯这类产品而言属于局部微小差别，对应急灯的整体视觉效果不具有显著的影响；其次，证据3的一个端部还有一自上而下逐渐向内凹入的提手，本专利中无此设计。就该区别而言，证据3中的"提手"仅仅是一种用于提拉应急灯的功能性设计，该区别不会对应急灯的整体视觉效果产生显著的影响；最后，本专利与证据3的控制面板的形状及按键形状和数量不同。就该区别而言，控制按钮仅是应急灯中的一个局部细微的设计，在整体设计中所占比例很小，其变化不足以对整体视觉效果产生显著影响。综上，根据整体观察、综合对比的原则，本专利与证据3属于相近似的外观设计，二者属于专利法意义上的同样的发明创造。证据3的申请日早于本专利的申请日，其授权公告日与本专利的申请日相同，且二者的专利权人不同，故本专利相对于证据3不符合《专利法》第九条的规定。据此，专利复审委员会作出第10250号决定，宣告本专利无效。

在一审起诉状中，继明公司主张除了第10250号决定认定的三点区别外，本专利与证据3还存在三个区别点：（1）本专利灯管为不可见，而对比文件灯管为可见；（2）本专利灯罩和端部之间有明显的深色带状过渡部分，而证据3无此过渡部分；（3）本专利灯罩表面有网格状的图案，证据3的灯罩表面为紧密排列的条纹图案。

在本案一审诉讼中，继明公司主张本专利与证据3对比，除了第10250号决定认定的三个区别点和起诉状中主张的三个区别点外，还存在以下两点不同：

（1）本专利拖线是隐藏在板内的，而证据3中的拖线是显露在外面可见的；

（2）证据3的俯视图有一个插槽，而本专利没有。专利复审委员会认为这两点区别均为微小区别，不会影响整体视觉效果。郭新生认为电线和插槽均是功能性部件，不属于外观设计专利保护的内容。

在本案二审诉讼庭审过程中，继明公司认可一审判决概括了本专利与证据3的全部区别，被上诉人及原审第三人对此不持异议，本院亦予以确认。

另查，专利复审委员会针对宁波卡蒂亚电器有限公司和上虞大东南照明有限公司提出的宣告本专利权无效的请求，于2005年6月9日作出第7346号决定。第7346号决定认为本专利与第95316343.1号中国外观设计专利既不相同也不相近似，并维持本专利有效。

上述事实有本专利公报复印件、第7346号决定、第10250号决定、证据1~3以及当事人陈述等证据在案佐证。

本院认为：

《中华人民共和国专利法实施细则》第六十九条第一款规定：

"专利复审委员会根据当事人的请求或者案情需要，可以决定对无效宣告请求进行口头审理。"由此可见，虽然当事人可以请求专利复审委员会进行口头审理，但口头审理并不是专利复审委员会作出无效宣告请求审查决定的法定必经程序，即使当事人请求专利复审委员会进行口头审理，专利复审委员会也有权根据案件的实际情况决定不进行口头审理。本案各方当事人均未请求专利复审委员会进行口头审理，且专利复审委员会通过转送文件通知书的方式已保证各方当事人充分陈述意见，在此基础上专利复审委员会未对本案进行口头审理，依据《审查指南》的规定选择以书面审理的方式作出第10250号决定，并不违反法定程序。上诉人有关原审判决认定专利复审委员会不进行口审不违反法定程序对上诉人显失公平的上诉主张缺乏事实及法律依据，本院不予支持。

本专利与证据3公开的外观设计相比，存在以下相同点：两者均由灯罩、灯管、灯体构成；灯体均呈长方体状，内嵌灯管，灯体上设灯罩，透过灯罩可见灯管；灯体两端部平直，在灯体的较长侧面的一面上均设有控制面板及按键；灯罩表面均有细微条纹，灯体的端部与灯罩之间均有过渡部分。两者存在的区别在于：（1）本专利与证据3应急灯灯体端部与灯罩的过渡部分，本专利表现为圆角的矩形，而证据3表现为一梯形；（2）本专利与证据3的控制面板的形状及按键形状、数量不同；（3）本专利灯体端部与灯罩之间的过渡部分有深色带状物，而证据3的过渡部分则没有；（4）本专利灯罩表面上的细微条纹平行于前述深色带状物，而证据3的灯罩上的细微条纹平行于灯管；（5）证据3中可见电源线，而本专利附图中没有电源线；（6）证据3的一个端部有自上而下逐渐向内凹入的提手，本专利无此设计；（7）证据3的俯视图中有一个插槽，而本专利没有。在上述差别中，区别1~4均属于细微差别，在一般消费者施以一般注意力的情况下，其对应急灯产品的整体视觉效果不产生显著影响；区别5~7中的电源线、提手及插槽均为实现特定功能的必需性设计，其在判断外观设计相同或相近似性时，对产品的整体视觉效果不产生显著影响。因此，原审法院基于产品的一般消费者的知识水平和认知能力，采取整体观察、综合判断的方式，判定证据3公开的外观设计与本专利属于相近似的外观设计并无不当，上诉人有关原审判决在外观设计相似性的判断原则方面与专利审查指南规定的判断原则不符并有明显错误的上诉主张缺乏事实及法律依据，本院不予支持。

第 10250 号决定使用的对比文件是第 99339238.5 号中国外观设计专利，而第 7346 号决定使用的对比文件为第 95316343.1 号中国外观设计专利，上诉人并未证明第 99339238.5 号中国外观设计专利与第 95316343.1 号中国外观设计专利为完全相同或相近似的外观设计。由于第 10250 号决定和第 7346 号决定依据的证据不同，上诉人亦未提供有效证据证明两者的结论存在矛盾和冲突，故其有关原审判决认定第 10250 号决定和第 7346 号决定不存在矛盾之处没有事实及法律依据的上诉主张无事实及法律依据，本院不予支持。

综上，上诉人继明公司的上诉理由因缺乏事实及法律依据不能成立，本院不予支持。一审判决认定事实清楚，适用法律正确，应予维持。依据《中华人民共和国行政诉讼法》第六十一条第（一）项之规定，判决如下：

驳回上诉，维持原判。

一审案件受理费 100 元，由宁波继明电器有限公司负担（已交纳）；二审案件受理费 100 元，由宁波继明电器有限公司负担（已交纳）。

本判决为终审判决。

审　判　长　刘继祥
代理审判员　刘晓军
代理审判员　潘　伟
二〇〇八年六月六日
审　判　员　刘悠

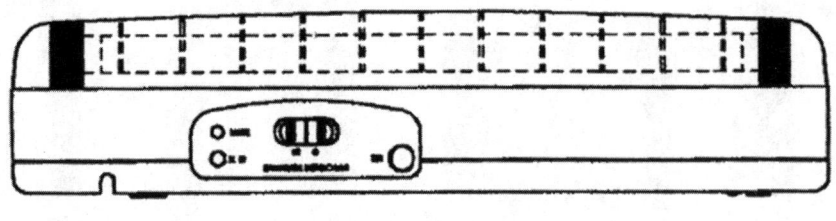

主视图

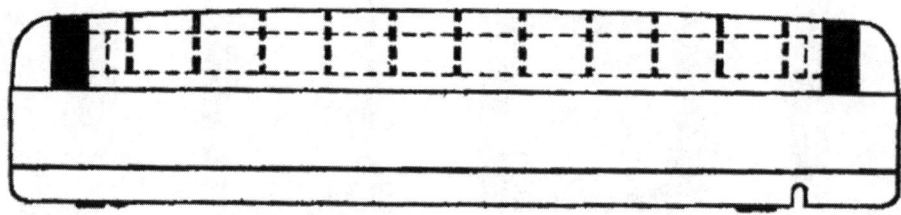

后视图

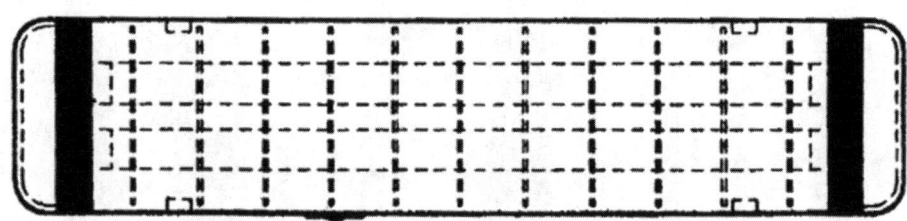

俯视图

仰视图

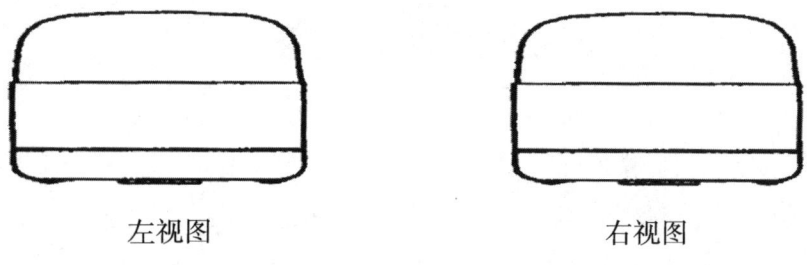

左视图　　　　　　　　右视图

附图1

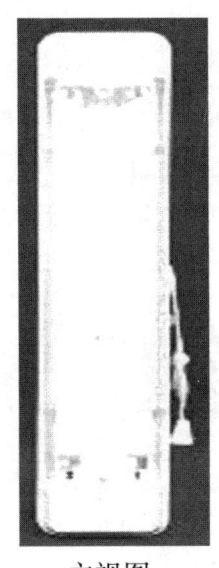

仰视图

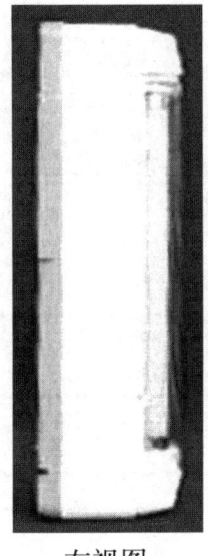
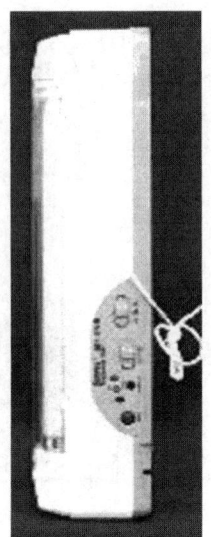

主视图　　　俯视图　　　左视图　　　右视图

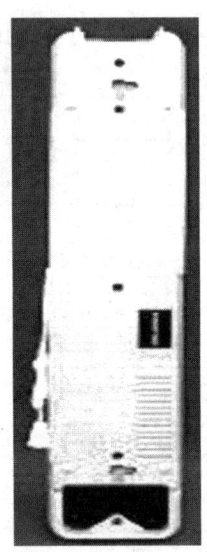
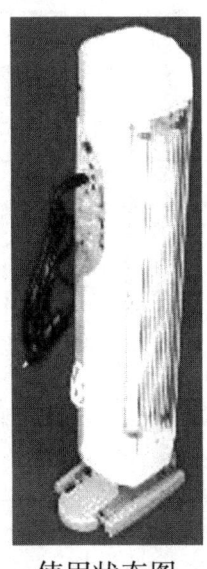
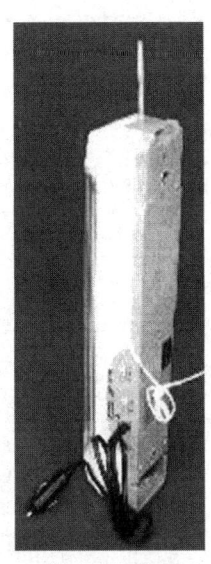

后视图　　　使用状态图　　　使用状态图

附图 2

包装袋（涮霸）

无效宣告请求审查决定（第 10255 号）

决 定 号	第 10255 号
决 定 日	2007 年 7 月 16 日
发明创造名称	包装袋（涮霸）
外观设计分类号	09-05
无效宣告请求人	天津市东源顺食品有限公司
专 利 权 人	沈玉杰
申 请 号	02302777.0
申 请 日	2002 年 2 月 9 日
授 权 公 告 日	2002 年 8 月 14 日
合议组组长	钟 华
主 审 员	王霞军
参 审 员	李巍巍
法 律 依 据	专利法第 23 条
决 定 要 点	没有其他证据佐证的证人证言，不能单独作为定案依据。

一、案由

本无效宣告请求涉及的是国家知识产权局 2002 年 8 月 14 日授权公告的 02302777.0 号外观设计专利，其产品名称是"包装袋（涮霸）"，申请日是 2002 年 2 月 9 日，专利权人是沈玉杰。

针对上述外观设计专利权（下称本专利），2006 年 6 月 27 日天津市东源顺食品有限公司（下称请求人）向专利复审委员会提出无效宣告请求，其理由是本专利不符合专利法第 23 条的规定，同时提交了作为证据的 7 个附件：

附件 1.《协议书》复印件 1 页；
附件 2."涮霸"图片复印件 1 页；
附件 3. 本专利公报复印件 1 页；
附件 4.《专利复审委员会口头审理记录》复印件 4 页；
附件 5. 证人杨萍出具的《证明》复印件 1 页；
附件 6. 证人崔某出具的《证明》复印件 1 页；
附件 7.《检测报告》复印件 1 页。

请求人称《协议书》证明1997年专利权人与请求人老板共同注册了"贝爽牌"商标并获准使用，之后专利权人擅自拿"贝爽牌涮霸"包装袋申请了外观设计专利。另外，专利权人在前次无效宣告请求审理中也已承认本专利在申请日之前已公开销售。因此，请求专利复审委员会宣告本专利权无效。

专利复审委员会根据无效宣告请求审查程序的规定受理了该无效宣告请求，并于2006年8月10日将请求人的无效宣告请求文件的副本转送专利权人。

专利权人于2006年9月23日针对请求人的无效宣告请求进行意见陈述。专利权人认为附件1仅能证明请求人与专利权人曾经合作过，并共同拥有"贝爽牌"商标，附件2与本案没有关联，附件4口头审理笔录中专利权人陈述的真实意思是，请求人提供的包装袋是假证，其原因是在2000年到2002年的期间，所有的包装袋的日期都是钢轮打印的，采用墨头印上的日期是不存在的，因此断定该包装袋的日期是后打上去的，请求人提供的证据是伪证。附件3、5、6、7的证据不是新证据，不满足证明规则的形式要求，请求维持专利权有效。

专利复审委员会于2007年2月5日向双方当事人发出口头审理通知书，定于2007年3月29日对本案进行口头审理。

口头审理如期举行，双方当事人及委托代理人均出庭。口头审理当庭请求人未提交附件1、附件2的证据原件，声明放弃附件6和附件7两份证据。附件4《专利复审委员会口审记录》的原件保存在专利复审委员会案卷中，请求人提交了附件5杨萍出具的《证明》原件，杨萍到庭接受了质证。证人陈述：从2000年8月开始卖专利权人的产品，那时销售产品的包装袋与本专利的图案、字体一样，只是没有专利号，但那时销售的袋子现在已经没有了。我们之间结帐的方式是我给他电汇，电汇发票没有带来。专利权人对证人的身份没有异议，但认为证人没有提供任何销售的原始证据，不能证明专利权人所设计的包装袋在申请日前已经被销售，同时指认证人是请求人的利害关系人。双方当事人各自坚持原有观点。

在当事人意见陈述和口头审理的基础上，合议组经合议，认为本案事实清楚，依法作出本审查决定。

二、决定的理由

（1）基于请求人提出的无效宣告请求的理由，合议组依据专利法第23条的规定对本案进行审理。

专利法第23条规定：授予专利权的外观设计，应当同申请日以前在国内外出版物上公开发表过或者国内公开使用过的外观设计不相同和不相近似，并不得与他人在先取得的合法权利相冲突。

（2）请求人提交的附件1是一份协议书复印件，请求人未提交原件，但专利权人对其真实性没有异议。合议组认为，协议书是在本专利申请日之后签署的，其内容为双方协商共同拥有"贝爽牌"商标事宜，协议书内容并未涉及本专利，因此该协议书与本专利无效宣告案件不具有关联性，附件1不能作为本案定案证据使用。

请求人提交的附件2是1张外观设计申请图片复印件，口审当庭未提交证据原件，专利权人对其真实性有异议，因此，该证据不能作为定案依据。

请求人提交的附件3是本专利公报，请求人认为在本专利图片上印有请求人的商标、厂名、条形码，证明请求人的产品早已生产、销售。合议组认为，仅凭本专利图片上反映出的商标、厂名、条形码不能证明在本专利申请日前已公开销售。

请求人提交的附件4是专利复审委员会审理本专利前次无效宣告请求时的口头审理记录表，请求人认为在该口审记录表中已经记录了专利权人认可袋子是相同的事实。经查，在前次专利无效宣告请求审理中，专利权人对请求人提交的包装袋真实性认可，但对包装袋上打印日期的方式有异议，认为是他人伪造证据。合议组认为，前次专利无效宣告请求审理中，专利权人并未承认专利产品在本专利申请日前公开销售，基于该前次口头审理调查后作出的专利复审委员会第7724号无效宣告请求审查决定也认定该专利产品没有在专利申请日之前公开销售。

请求人提交的附件5是杨萍出具的证言，证明内容"我从2000年8月开始经营天津市东源顺酱菜厂（今天津市东源顺食品有限公司）生产的'贝爽'牌调料，包括'贝爽'牌涮霸蒜蓉辣酱等，现在的外观和过去的一样，但2000年时的外观没有注册专利号"。口审当庭杨萍到庭接受质证，虽然杨萍与出示身份证上的姓名不同，但专利权人对证人身份没有异议。证人在庭上陈述，她在本专利申请日前曾经买过与专利权人的产品，与本专利产品相同，只是产品上没有专利号，但未提交相应证据材料证明销售的事实。合议组认为，证人当庭证明曾经买过专利权人产品，但其所述事实没有相关证据进行佐证，该证人证言不能单独作为定案依据。

（3）综上所述，请求人提交的证据均不能支持其无效宣告请求的理由。

三、决定

依据专利法第23条的规定，维持02302777.0号外观设计专利权有效。

当事人对本决定不服的，可以根据专利法第46条第2款的规定，自收到本决定之日起三个月内向北京市第一中级人民法院起诉。根据该款的规定，一方当事人起诉后，另一方当事人应当作为第三人参加诉讼。

电动代步车

无效宣告请求审查决定（第 10256 号）

决　定　号　第 10256 号
决　定　日　2007 年 7 月 3 日
发明创造名称　电动代步车
外观设计分类号　12-11
无效宣告请求人　台州市黄岩华阳电动车有限公司
专　利　权　人　谢寿椿
申　请　号　200330133682.6
申　请　日　2003 年 12 月 8 日
授权公告日　2004 年 7 月 21 日
合议组组长　张雪飞
主　审　员　王霞军
参　审　员　李巍巍

法　律　依　据　专利法第 23 条
决　定　要　点

（1）请求人提交证据的真实性、关联性无法确认，无法形成完整的证据链，不能确认英文产品说明书的公开日期。

（2）专利法意义上的使用公开是由于使用而导致技术方案的公开，或者导致技术方案处于公众想得知就能够得知的状态。请求人提交的附件 14~23 是制造商和销售商之间的私人书信往来，一般公众无法得知书信内容，因此附件 14~23 不属于专利法意义上的使用公开。

一、案由

本无效宣告请求案涉及的是国家知识产权局于 2004 年 7 月 21 日授权公告的、名称为"电动代步车"的外观设计专利（下称本专利），其申请号是 200330133682.6，申请日是 2003 年 12 月 8 日，专利权人是谢寿椿。

针对上述专利权，台州市黄岩华阳电动车有限公司（下称请求人）于 2005 年 11 月 10 日向专利复审委员会提出无效宣告请求，其理由是：在本专利申请日前，本专利产品已向社会公开，公开方式是样车已经向外界展示，该车说明书已经公开使用、并已经分两批出口到美国。因此本专利不符合专利法第 23 条的规定。同时请求人提交了如下附件作为证据：

附件 1. 本专利公报复印件；
附件 2. 200330128533.0 号外观设计专利公报复印件；

附件3.《通力达》广告复印件4页；
附件4.《Q Electric Chariot Owner's Manual》英文版产品说明书复印件9页；
附件5.《EVQ-1型四轮电动滑板车》台州市黄岩华阳电动车有限公司企业标准复印件13页。
请求人又于2005年12月2日补充提交如下附件作为证据：（编号续前）
附件6.《加工定作合同》复印件1页；
附件7. 华阳公司《实物入库凭单》复印件2张；
附件8. 台州市路桥横街孔雀彩印厂出具的《证明》复印件1页；
附件9. 与附件4相同；
附件10. 潘再欢出具的《情况证明》复印件1页；
附件11.《浙江省企业标准备案申报表》复印件1页；
附件12.《浙江省企业产品执行标准备案登记证》复印件1页；
附件13.《中华人民共和国出入境检验检疫出境货物报检单》复印件7页；
附件14. HARVEY先生发给谢工和李总的信函复印件1页；
附件15. 谢寿椿给罗先生的信件复印件1页；
附件16. 给谢工和李总的信件复印件1页；
附件17. 钥匙样片复印件1页；
附件18. 谢寿椿给卢先生的信件复印件1页；
附件19. 谢寿椿给罗先生的信件复印件1页；
附件20. 谢寿椿给陈先生的信件复印件2页；
附件21. 谢寿椿给罗先生的信件复印件1页；
附件22. 谢寿椿给罗先生的信件复印件1页；
附件23. 谢寿椿给罗先生的信件复印件1页。

经形式审查合格，专利复审委员会于2006年1月12日受理了此案，并将无效宣告请求书和证据的副本转送给专利权人。

专利权人于2006年2月27日针对请求人无效宣告请求书进行了答复。专利权人认为：（1）请求人提交的证据不是专利法意义上的公开出版物，其上所有的日期均不能证明本专利在申请日前公开；（2）请求人提交的所有书证均为复印件，对真实性有异议；（3）请求人提交的所有证据均没有相应的具体说明，其形式本身存在缺陷。专利权人具体指出附件2和附件3证据的公开日期晚于本专利的申请日，附件4以及附件6~10为关于电动滑板车的英文说明书以及证明该说明书印刷情况的相关证明，该组证据不能证明本专利在申请日前已经公开。另外，说明书全部为英文版本，并无相应中文翻译，按照法律规定应该视为未提交。附件5、附件11、附件12为请求人在台州市质量技术监督局黄岩分局备案的企业标准及相关文件，该标准中并没有相关产品的图片，不能证明该标准所涉及的产品是本专利产品。附件13为出境货物报检单，未附有出品产品的图片，不能证明经过检验的货物为本专利产品。附件14~23为往来信函，信函本身就是内部私人之间的通信，不能构成专利法第23条意义上的公开。本专利的授予符合专利法第23条的规定。专利权人同时提交了本专利公报复印件；盖有请求人公章的产品费用清单复印件2页；上海市第一中级人民法院"（2005）沪一中民五（知）初字第161号"民事裁定书复印件2页；协议证明复印件1页；出口单据复印件1页；罗斌证言复印件1页；请求人向上海市第一中级人民法院提交的"关于变更诉讼请求的申请"复印件1页。

专利复审委员会于2007年4月12日将专利权人的意见陈述书及附件转给请求人。同日，向双方当事人发出合议组成员告通知书和无效宣告请求口头审理通知书，定于2007年6月4日进行口头审理。

口头审理如期举行，双方当事人均派代表参加，双方对对方参加口头审理人员的身份和资格没有异议，对合议组成员没有回避请求。口头审理当庭请求人声明放弃附件2，提交了除附件14以外其他所有证据原件，请求人声明提交附件3~14是证明请求人为向美国出口电动滑板车而制作英文版产品说明书，该说明书的印刷完成日期早于本专利的申请日，附件14~23证明在本专利申请日前专利权人已开始与客户书信往来讨论生产制造、销售滑板车具体事宜。专利权人当庭核实了证据原件，认可除附件14以外的证据复印件与原件相符，但指出请求人没有提交附件4和附件9的英文产品说明书的中文译文，产品说明书是如何公开的不得而知，请求人也没有提交相应证明，说明电动滑板车研制完成后如何使用公开的。双方当事人各自坚持原有主张。

经合议，合议组认为本案事实清楚，可以依法作出审查决定。

二、决定的理由

1. 法律依据

基于请求人提出的无效宣告请求理由，合议组对本专利是否符合专利法第23的规定进行审查。

专利法第23条规定："授予专利权的外观设计，应当同申请日以前在国内外出版物上公开发表过或者国内公开使用过的外观设计不相同和不相近似，并不得与他人在先取得的合法权利相冲突。"

2. 证据认定

（1）请求人提交的附件3是常州市通力达信息传播有限公司承办的《电动车壹周》杂志复印件2页，口审当庭请求人提交该杂志的整本原件，杂志的封页印有"2004年3月1日总第三十二期"字样，该杂志公开日期在本专利申请日（2003年12月8日）之后，不能作为本专利的对比文件。

（2）请求人提交的附件5是台州市黄岩华阳电动车有限公司发布的"EVQ-1型四轮电动滑板车"企业标准，专利权人对其真实性没有异议。该标准是2003年11月25日由台州市黄岩华阳电动车有限公司发布，2003年12月1日实施，主要针对"EVQ-1型四轮电动滑板车"制定的各种数据和应达到的标准，但标准中均为文字，未展示该车的图片，因此，无法与本专利进行相近似比较。

（3）请求人提交的附件4和附件9同为英文版的产品说明书；附件6是台州市黄岩华阳电动车有限公司与台州市路桥横街孔雀彩印厂于2003年9月12日签订的加工定作合同，定作物品名或项目一栏写有"Q车英文说明书"字样；附件7是2003年9月22日华阳公司实物入库凭单第二联和第三联，实物名称"Q车英文说明书"；附件8是台州市路桥横街孔雀彩印厂于2005年4月10日出具的证明，证明内容"2003年9月12日，我厂（台州市路桥横街孔雀彩印厂）受台州市黄岩华阳电动车有限公司委托，为其工业产品'Q'车（电动代步车）制作出口用产品说明书，说明书名称为：QELECRIC. CHARIOF. 从制作之日起，该说明书版权归台州市黄岩华阳电动车有限公司所有"；附件10是承办人潘再欢于2005年10月17日出具的情况说明，内容为"2003年9月12日，华阳公司的李跃岩委托我厂制作'Q'车产品英文说明书，华阳公司提供的是英文资料，并附有图片3张，要求共印制500份。我厂于2003年9月18日完成样本，由华阳公司确认，然后印刷。2003年9月22日完成印刷，装订送货到华阳公司。收货人：朱玲华，收费925元"。合议组认为，请求人提交的附件4和附件9是一本英文版的产品说明书，在该本说明书上没有印刷日期，仅就该产品说明书无法确定其公开发表时间。附件6是请求人与台州市路桥横街孔雀彩印厂签订的加工定作合同，专利权人对该合同是否得到履行有异议，同时提出附件6加工定作合同中"Q车英文说明书"文字，与附件4英文产品说明书无必然联系，合议组认为专利权人提出的可能性存在，请求人没有提交证据排除以上可能性时，附件6不足以作为本案定案证据使用。附件7华阳公司实物入库凭单是请求人自己单位内部的单据，专利权人对其真实性有异议，附件8和附件10是印制单位和承办人出具的证人证言，但证人未到庭接受质询,未经质证的证据,不能作为认定案件事实的依据,合议组据此认定,附件6至附件10证据不能形成严密、完整的证据链,无法得出符合逻辑、惟一的结论。在证据真实性、关联性无法确认的情况下,附件4和附件9产品说明书的公开日期无法认定。

(4) 请求人提交的附件11是台州市黄岩华阳电动车有限公司于2003年11月28日向浙江省企业标准备案申报表,申请"EVQ-1型四轮电动滑板车"备案标准,提交的附件12是浙江省质量技术监督局于2003年12月28日颁发给台州市黄岩华阳电动车有限公司"EVQ-1型四轮电动滑板车"执行标准备案登记证,专利权人对上述两份证据的真实性没有异议,但上述两份证据均没有产品的图片照片,无法与本专利进行相近似比较。

(5) 请求人提交的附件13是中华人民共和国出入境检验检疫出境货物报检单,该报检单位是台州市黄岩华阳电动车有限公司,报检日期是2003年12月12日,货物名称"EVQ-1型四轮电动滑板车",合议组认为,该批货物报检日期晚于本专利的申请日,该证据不适用于本案。

(6) 请求人提交的附件14~23均为专利权人与销售商之间的书信往来,研究讨论有关车的具体事项,合议组认为,专利法意义上的使用公开是由于使用而导致技术方案的公开,或者导致技术方案处于公众想得知就能够得知的状态。请求人提交的附件14~23是制造商和销售商之间的私人书信往来,讨论相关的技术问题,一般公众无法得知书信内容,因此附件14~23不属于专利法意义上的使用公开,附件14至附件23不适用于本案。

综上所述,请求人提交的附件3和附件13证据形成于本专利申请日之后,不适用于本案。附件4、附件6~10证据的真实性、关联性无法确认,无法形成完整的证据链,不能确认英文产品说明书的公开日期。附件5、附件11、附件12三份证据中未公开产品形状,无法与本专利进行相近似比较。附件14至附件23为专利权人与销售商之间的来往书信,与本案涉及的公开不具有关联性。因此,请求人的上述主张未得到证据的支持。

三、决定

维持200330133682.6号外观设计专利权有效。

当事人对本决定不服的,可以根据专利法第46条第2款的规定,自收到本决定之日起三个月内向北京市第一中级人民法院起诉。根据该款的规定,一方当事人起诉后,另一方当事人应当作为第三人参加诉讼。

汽车驾驶室总成（RDGDC）

无效宣告请求审查决定（第 10258 号）

决 定 号	第 10258 号
决 定 日	2007 年 7 月 6 日
发明创造名称	汽车驾驶室总成（RDGDC）
外观设计分类号	12-16
无效宣告请求人	湖南长沙平头汽车车身制造厂
专 利 权 人	湖北省齐星汽车车身股份有限公司
专 利 号	200430014684.8
申 请 日	2004 年 6 月 11 日
授 权 公 告 日	2005 年 3 月 2 日
合议组组长	张雪飞
主 审 员	李巍巍
参 审 员	徐清平
附 图	1 页

法 律 依 据 专利法第 23 条

决 定 要 点

对汽车驾驶室的外观设计而言，其整体造型具有最为醒目的视觉效果。本专利和在先设计所显示的外观设计的整体造型相近似（专利权人在口头审理时也认可，虽然专利权人认为其是此类车的惯常设计，但未就此提交其他的佐证支持其主张），不同点仅在于车门凹面、翼子板、脚踏板、前进气格栅形状等细节部位，属于细微的差别，对整体视觉效果不足以产生显著影响，而本专利的上车扶手在整体设计中所占比例很小，该设计的有无不足以对整体视觉效果产生显著影响，二者属于相近似的外观设计。

一、案由

本无效宣告请求涉及 2005 年 3 月 2 日国家知识产权局授权公告的 200430014684.8 号外观设计专利，其产品名称是"汽车驾驶室总成（RDGDC）"，申请日是 2004 年 6 月 11 日，专利权人是湖北省齐星汽车车身股份有限公司。

针对上述外观设计专利权（下称本专利），湖南长沙平头汽车车身制造厂（下称请求人）于 2006 年 11 月 6 日向专利复审委员会提出无效宣告请求，其理由是本专利不符合专利法第 23 条的规定。请求人认为，本专利与其申请日前国内公开使用的已有产品的外观设计相近似，与其申请日前国内出版物公开发表的已有产品的外观设计相近似。同时，请求人提交了如下附件作为证据：

附件1是北京市顺义区公证处"（2006）顺证经字第250号"公证书原件共7页（内有《现场工作记录》1页和8张照片）；

附件2是从徐工集团网站上下载的信息资料打印件共4页；

附件3是《工程机械》杂志2003年第8期封面、出版信息页及相关页复印件共3页。

请求人认为：附件1公证书中所记载了专利权人于2004年2月20日出厂的，"长江牌LT1125"汽车起重机的外观，与本专利区别只在于侧面脚踏板上安装有小指示灯，而其下方未安装可折叠收缩的倒梯形脚踏板，其余部分与本专利完全相同，二者是相近似的外观设计；附件2徐工集团网站上下载的信息资料披露了徐工生产的QAY50和QY65K汽车起重机外观图片，在图片中显示汽车起重机上均包括汽车驾驶室总成，同时关于QAY50和QY65K汽车起重机面世的报道文章在网上发布的时间为2004年1月2日和2003年5月7日；附件3《工程机械》杂志2003年第8期刊载的汽车起重机的照片中也显示了汽车驾驶室总成的信息，将附件2和附件3中所显示的汽车驾驶室总成的前面和右侧面与本专利相应的两个面比较，可以看到两者在整体形状、前面形状、侧面形状、玻璃形状、保险杠及车大灯形状基本上是相同和相近似的。综上所述，由于本专利与其申请前的国内公开使用和国内出版物公开发表的产品外观设计相近似，因此，应宣告其无效。

专利复审委员会根据无效宣告请求审查程序的规定受理了该无效宣告请求，并于2006年11月7日将无效宣告请求书和证据的副本转送给专利权人，限其在指定的期限内答复。并告知专利权人如逾期不答复，不影响专利复审委员会的审理。

2006年12月6日请求人向专利复审委员会提交了意见陈述书和补充证据，请求人仍坚持其原主张，并提交了如下附件作为证据（编号续前）：

附件4是广东省广州市公证处"（2006）穗证内经字第102025号"公证书复印件共9页（内有12张照片）。

2006年12月20日专利权人针对无效宣告请求的理由进行了意见陈述，专利权人认为：附件1公证书中照片上所显示的出厂日期为"2004年2月20日"字样的出厂铭牌，只能证明在公证时（2006年11月12日）该车上存在这样的出厂铭牌，不能证明在公证日之前或者本专利申请日前该车就有标注该日期的出厂铭牌，更无法认定在申请日前该车已公开销售的事实；附件2为网站上下载的信息资料，其下载日期在本专利申请日之后，网页加入时间的标注有极大的随意性，该证据中的图片页无具体时间，因此，车型图片究竟何时在网上公布的无法考证；附件3《工程机械》杂志上公开的汽车起重机照片过小，一般消费者注意的车前各部位的布置和形状难以看清，且侧面形状也不够清晰，仅就现在图片状况，在整体形状上两者均为一横向近似长方形的箱型壳体，这是汽车起重机驾驶室公认的惯常设计。综上所述，请求人提交的附件1和附件2缺乏相关证据的佐证，其真实性存在质疑，不能作为在先设计进行评价；附件3所显示的汽车驾驶室外型与本专利存在较大的差异，因此，本专利有新颖性。应当维持本专利有效。

专利复审委员会于2007年3月22日将专利权人提交的意见陈述和请求人提交的意见陈述书及补充证据分别转送给请求人和专利权人。同时向双方当事人发出《无效宣告请求口头审理通知书》，定于2007年5月16日在专利复审委员会进行口头审理。同日还向双方当事人发出《合议组成员告知通知书》，指出如对本案合议组人员有回避请求的，请于收到本通知之日起7天内提交书面请求书，逾期未答复，视为无回避请求。在规定的期限内双方当事人均未对合议组成员提出回避的请求。

2007年4月15日专利权人针对请求人意见陈述书及补充证据进行了意见陈述，专利权人认为：（1）附件4海虹牌汽车起重机照片上显示的出厂日期为2004年4月字样的出厂铭牌，与原证据1存在同样的问题,即公证仅仅是确认在公证日 2006 年 12 月 4 日该车上存在这样的出厂铭牌,不能确认在公证日之前或者本专利申请日前该车就有标注日期的出厂铭牌;(2)出厂铭牌仅用螺钉固定,制作一块出厂铭牌并进行更换非常容易,无须经国家有关部门的认定,因此附件 4 本身的真实性存在严重的质疑,所要证明的事实存在严重的质疑和漏洞,不能也无法证明申请日前该车公开销售的事实,不能作为在先设计进行评价。

专利复审委员会于 2007 年 4 月 23 日将专利权人提交的意见陈述转送给请求人,并告知其在口头审理时一并答复;期满未答复的,视为已得知转送文件中所涉及的理由、事实和证据,并且未提出反对意见。

口头审理如期举行,双方当事人及代理人出席了口头审理,并对对方当事人的出庭资格无异议,对合议组成员无回避请求。

在口头审理过程中,请求人当庭提交了附件 1、附件 3、附件 4 的原件,当庭还提交了关于附件 2 的湖南省长沙县(2007)长证民字第 915 号公证书原件(下称附件 5),请求人认为,附件 1、附件 2 和附件 4 证明使用公开,附件 3 证明出版物公开;附件 1 和附件 4 公证书中汽车铭牌上记载的日期,证明该汽车出厂时间在本专利申请日之前,其内照片中所示的车头与本专利相近似;附件 2 和附件 5 徐工集团网页上记载有汽车下线的时间及照片,该车下线的时间视为使用公开;附件 3 的出版日期在本专利申请日之前,其内图片反映的车头与本专利相近似。本案合议组当庭将上述证据的原件转交给专利权人进行核实。专利权人对附件 1、附件 2、附件 4 和附件 5 证据本身的真实性无异议,对附件 3 真实性没有异议,但认为附件 1 和附件 4 公证书中记载的事实只能证明在公证日时该车上存在有标注该日期出厂铭牌的事实,在无销售发票等一系列证据相佐证的情况下,不能确认在公证日之前该车就有标注"2004 年 2 月 20 日"日期的出厂铭牌,更无法认定在申请日前该车已公开销售的事实,且请求人在进行公证拍照时与该车司机确认该车系其个人所有,该车司机可以进一步提供有关该车在先使用情况的证明,但请求人未提交;附件 2 徐工集团网页下载的日期(2006 年 9 月 7 日)和附件 5 补充公证日期(2007 年 4 月 27 日)均在本专利申请日之后,且对网页中内容的修改有极大的随意性,无须有关方面的认定和监督,网页上公布的"顺利下线"仅为一句话,无其他具体情况的报道和表述,也无其他佐证证明其"下线"的客观事实存在,网页上公布的相应的汽车图片上无日期记载,无法确定公开时间;附件 3《工程机械杂志》的出版时间虽然在本专利申请日前,但其上的图片较小,从正面看在保险杠部分、车灯是弯型的,中间是否有车踏板也看不出来,车窗与本专利不同,本专利车窗无框,车门上有一个附窗,对比文件无,本专利门旁有拉手,对比文件无,从整体外形观察虽是相近似的,但该汽车起重机驾驶室的整体形状是一种惯常的设计。双方均坚持其原有主张。

在以上审理的基础上,本案合议组经合议,认为本案事实清楚,依法作出本审查决定。

二、决定的理由

1. 法律依据

根据请求人提出的无效宣告请求的理由和提交的证据,本案合议组依据专利法第 23 条的规定对本案进行审理。

专利法第 23 条规定:"授予专利权的外观设计,应当同申请日以前在国内外出版物上公开发表过或者国内公开使用过的外观设计不相同和不相近似,并不得与他人在先取得的合法权利相冲突。"

2. 证据的认定

附件 3 是《工程机械》杂志 2003 年第 8 期封面、出版信息页及相关页,其目录页记载有"月刊、第 34 卷、第 8 期、总第 358 期、主管主办:天津工程机械研究院、刊号 CN12-1328/TH、出版日期:2003-08-10"等字样。在口头审理时专利权人对其真实性未提出异议的情况下,合议组对其真实性予以确认。附件3的出版日期为2003年8月10日，在本专利申请日（2004年6月11日）之前，属于专利法第23条所规定的出版物，适用本案。

附件3《工程机械》杂志广告页图片中刊载有一汽车起重机的外观设计，含有汽车驾驶室总成（下称在先设计），其与本专利汽车起重机的驾驶室属相同种类的产品，可进行如下相同和相近似性的比较。

本专利所示汽车驾驶室总成整体形状为近似一矩形立方壳体，在汽车驾驶室总成顶部前端各有一示廓灯；前挡风玻璃为矩形，略向后倾斜，其下方有三个雨刮器；左右后视镜置于驾驶室两侧车门的"U"形支架上，右后视镜的下方另有一长形后视镜；保险杠呈台阶状向外凸起，在保险杠的两侧各有一长形前大车灯和弧形转向灯，前大灯的下方另各有一长形雾灯；前进气格栅居保险杠的中上部，呈倒梯形；在保险杠两侧的上方各有一长形导流板；驾驶室车门为不规则六边形，玻璃车窗均为不规则五边形，沿玻璃车窗的下边沿有一车门凹面设计；与玻璃车窗平行处有一纵向上车扶手；汽车驾驶室总成的侧面后下方设有不规则的六边形翼子板，车门的下端为两个纵向排列的倒梯形脚踏板，该脚踏板的顶边窄于驾驶室车门的下边沿（详见本专利附图）。

在先设计所示图片为汽车起重机立体图，其上所示的汽车驾驶室总成整体形状为一矩形立方壳体，前挡风玻璃为矩形，略向后倾斜，其下方有三个雨刮器；左右后视镜置于驾驶室两侧车门的"U"形支架上；在保险杠的两侧各有一长形前大车灯和弧形转向灯；在保险杠两侧的上方各有一长形导流板；驾驶室车门为不规则六边形，玻璃车窗均为不规则五边形；车门的下端为向纵向排列的倒梯形和矩形脚踏板，该脚踏板的顶边与驾驶室车门的下边沿等宽（详见在先设计附图）。

将本专利与在先设计相比较，二者所示的汽车驾驶室总成车壳整体造型、前挡风玻璃、雨刷刮器、后视镜的位置、前保险杠、前大灯和转向灯等的形状，从整体观察均相近似，二者的主要不同在于：本专利前进气格栅于前保险杠中部，在先设计未显示；本专利驾驶室车窗的下边沿有车门凹面设计，在先设计无；本专利驾驶室总成的侧面有不规则的六边形翼子板；本专利两个脚踏板均为倒梯形，在先设计为倒梯形和矩形；本专利有上车扶手，在先设计无。合议组认为：对汽车驾驶室产品的外观设计而言，其整体造型具有最为醒目的视觉效果，最容易给人留下印象，本专利和在先设计所显示的外观设计的整体形状造型是相近似的，专利权人在口头审理时也认可，虽然专利权人认为其是此类车的惯常设计，但未就此提交其他的佐证支持其的主张，二者不同点仅在于车门凹面、翼子板、脚踏板、前进气格栅形状等细节部位，属于细微的差别，对整体视觉效果不足以产生显著影响，使一般消费者容易产生误认、混同，而本专利的上车扶手在整体设计中所占比例很小，该设计的有无不足以对整体视觉效果产生显著影响，根据整体观察、综合判断的原则，合议组认为，二者属于相近似的外观设计。

如上所述，在本专利申请日之前，在出版物上公开发表过与本专利相近似的外观设计，因此本专利不符合专利法第23条的规定。

鉴于已经得出本专利不符合专利法第23条的结论，对于请求人提出的其他证据和理由合议组不再作出评述。

三、决定

宣告200430014684.8号外观设计专利权全部无效。

当事人对本决定不服的，可以根据专利法第46条第2款的规定，自收到本决定之日起三个月内向北京市第一中级人民法院起诉。根据该款的规定，一方当事人起诉后，另一方当事人应当作为第三人参加诉讼。

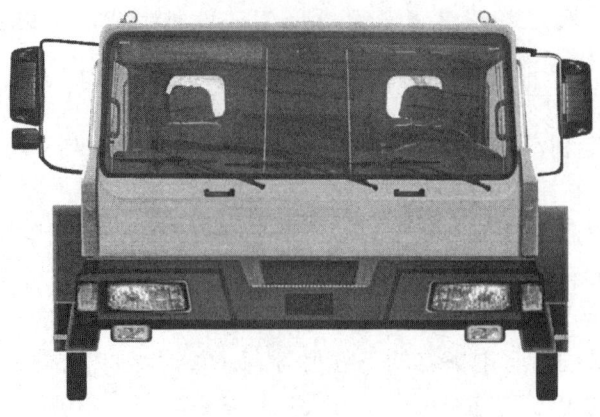

主视图

右视图

本专利附图

在先设计附图

北京市第一中级人民法院
行政判决书

(2007) 一中行初字第 1546 号

原告湖北省齐星汽车车身股份有限公司，住所地湖北省随洲市烈山大道 2 号。

法定代表人徐德，董事长。

委托代理人胡建平，湖北武汉永嘉专利代理有限公司专利代理人。

委托代理人张勇和，男，湖北省齐星汽车车身股份有限公司职员。

被告国家知识产权局专利复审委员会，住所地北京市海淀区北四环西路 9 号银谷大厦 10~12 层。

法定代表人廖涛，副主任。

委托代理人李巍巍，女，国家知识产权局专利复审委员会审查员。

委托代理人刘妍，女，国家知识产权局专利复审委员会审查员。

第三人湖南长沙平头汽车车身制造厂，住所地湖南省长沙县梨镇土岭村。

法定代表人孙应祥，厂长。

委托代理人刘熙，男，1955 年 1 月 31 日出生，汉族，住长沙市岳麓区潇湘中路 113 号南栋 201 号。

委托代理人朱贤文，男，1977 年 6 月 10 日出生，汉族，住长沙市开福区躲风亭 197 号江滨玫瑰园 7B 栋 1 单元。

原告湖北省齐星汽车车身股份有限公司不服被告国家知识产权局专利复审委员会于 2007 年 7 月 6 日作出的第 10258 号无效宣告请求审查决定（以下简称第 10258 号决定），向本院提起行政诉讼。本院受理后，依法组成合议庭，在法定期限内向被告送达了起诉状副本及应诉通知书。依照《中华人民共和国行政诉讼法》第二十七条的规定，本院通知湖南长沙平头汽车车身制造厂作为第三人参加诉讼，并于 2007 年 12 月 12 日公开开庭审理了本案。原告的委托代理人胡建平、张勇和，被告的委托代理人李巍巍、刘妍，第三人的委托代理人刘熙、朱贤文到庭参加了诉讼，本案现已审理终结。

2007 年 7 月 6 日，被告作出第 10258 号决定。该决定认为，在名称为"汽车驾驶室总成（RDGDC）"的第 200430014684.8 号外观设计专利（以下简称本专利）申请日之前，出版物上公开发表过与本专利相近似的外观设计，本专利不符合《中华人民共和国专利法》（以下简称《专利法》）第二十三条的规定，故宣告本专利权全部无效。

在法定的举证期限为，被告向本院提交了下列证据：（1）北京市顺义区公证处公证书；（2）徐工集团网站上下载的信息资料；（3）《工程机械》杂志 2003 年第 8 期封面、目录页以及相关页复印件；（4）广东省广州市公证处公证书，在庭申中，本院向被告调取了本专利授权公告文本复印件。

原告诉称：（1）第 10258 号决定认定事实不清。平头汽车驾驶室外观相近似判断最主要的部分是前挡风玻璃下面的部分而第 10258 号决定依据的对比文件是《工程机械》杂志上公开的一张汽车起重机的照片，其汽车驾驶室正面下半部分非常模糊，无法看清其主要造型结构，不能作为定案依据。第 10258 号决定在对本专利外观设计特征进行描述时，遗漏了一些重要特征，包括主视图中前挡风玻璃下方左右两侧设置的两个拉手；从挡风玻璃可以透视到驾驶室后面上方开有两个炬形的窗口；下方的保险杠呈明显凹凸立体状，其中保险杠的两侧向外凸起，凸起部位镶装前大灯和转向灯、转向灯和前大灯相分离，保险杠中部下凹，在中间倒梯形进气格栅的下方还存在有一炬形的型腔；在右视图上，车门玻璃窗的下方明显存在一块不规则六边形的玻璃窗镶块,该镶块几乎占了玻璃窗面积的三分之一,又处于车门的正中部位,其与车门凹面设计相互映衬,形成美感这些特点是本专利区别于现有设计的重要特点部分。被告对上述事实既未认定又未进行比较判断,所作被诉决定认定事实不清。(2) 第10258号决定适用法律错误。平头汽车驾驶室的外观造型属于惯常设计,这是公认事实,不需要举证。对比文件中公开的驾驶室产品正面下方的主要部位不清楚,不能作为判断外观是否相近似的依据。被告依据该对比文件进行整体观察和综合判断的评判基础是错误的。此外,被告在对本专利与对比文件进行相近似判断时,仅以平头汽车驾驶室的共性作为此产品外观设计是否相似的判断标准,而不顾及驾驶室的主要组成部分的变化及对其整体观察所产生的显著视觉效果的影响,将片面观察代替整体观察,综合判断,显然是错误的,亦是违背《审查指南》第四部分第五章第5.5.3节对在先设计与被比设计进行整体观察,综合判断的规定。综上,请求法院撤销第10258号决定,同时要求判令被告承担本案诉讼费用。

在法定举证期限内,原告除向本院提交与被告证据1~4相同的证据外,还提交了以下证据:(1)湖南省长沙县公证处公证书;(2)本专利授权公告文本图片的放大图片。

被告辩称,第三人提交的对比文件公开的内容是完整的,能作为证据使用。原告认为该对比文件不清楚的部分只是细微差别。第三人提供的证据已经充分证明在本专利申请日前已有与其相近似的外观设计公开发表。综上,第10258号决定认定事实清楚,适用法律正确,审理程序合法、结论正确,原告的诉讼理由不能成立。请求法院判决维持该决定。

第三人述称,对比文件所公开的内容满足外观设计相近似判断中整体观察,综合判断原则的要求。对比文件中不清楚部分只是保险杠的细节。由于保险杠作为汽车配件在设计上变化不大,连在本专利中所占比例较小、其上的细微变化不足以对驾驶室的整体视觉效果产生显著影响。平头汽车作为汽车的一个种类,其驾驶室在外观设计上有多种形式,它们在整体造型上的设计并非必然相同或相近似。原告将本专利的局部作为判断与在先设计是否相近似的主要因素违反法律规定。汽车驾驶室外观设计是否相近似,应从整体造型上来进行比较,不同的整体造型反映出不同的设计风格,产生不同的视觉效果。至于驾驶室中存在某些局部的差别,对设计风格和整体视觉效果不足以产生显著影响。综上,被告作出的第10258号决定并无不当,请求法院予以维持。

在法定举证期限内,第三人未向本院提交证据。

经庭审质证,原告对被告提交证据的关联性、合法性、真实性没有异议,但是认为被告提交的证据3中图片不清楚、不完整,不能作为本专利的对比文件。被告认为原告提交的证据2不能作为确定本专利保护范围的依据。第三人对原、被告提交的证据均无异议。

本院经审查认为,被告提交的证据3能够证明在本专利申请日前出版物中在先公开的外观设计的内容,本院向被告调取的本专利授权公告文本复印件能够证明本专利授权公告的内容被告提交的证据1、2、4以及原告提交的除本专利图片放大图之外的其他证据,能够证明第三人在无效程序中为支持自己主张提交相应证据的事实,对上述证据本院予以采纳。因本专利的保护范围应当以授权公告文本为依据,故原告提交的本专利放大图片不能作为确定本专利保护范围的依据,对该证据本院不予采纳。

根据上述有效证据及各方当事人在庭审中无争议的陈述,本院确认如下事实:

2004年6月11日,原告向国家知识产权局提出名称为"汽车驾驶室总成(RDGDC)"的外观设计专利申请。国家知识产权局经审查授予其专利权,即本专利。本专利授权公告的内容包括三视图和右视图。从上述视图可以看出,本专利所示汽车驾驶室总成整体形状为一近似矩形立方壳体,在其顶部前端各有一个示廓灯;前挡风玻璃为矩形,略向后倾斜,其下方有三个雨刮器;在右后视镜置于驾驶室两侧车门的"U"形支架上，右后视镜的下方另有一长形后视镜；保险杠呈台阶状向外凸起，在保险杠的两侧各有一长形前大车灯和弧形转向灯，前大灯的下方另各有一长形雾灯；位于保险杠中上部有一呈倒梯形的前进气格栅；在保险杠两侧的上方各有一长形导流板；驾驶室车门为不规则六边形、玻璃车窗均为不规则五边形、沿玻璃车窗的下边沿有一凹面设计，与玻璃车窗平行处有一纵向上车扶手，汽车驾驶室总成的侧面后下方设有不规则的六边形翼子板，车门的下端为两个纵向排列的倒梯形脚踏板、该脚踏板的顶边窄于驾驶室车门的下边沿。

2006年11月6日，第三人以本专利不符合《专利法》第二十三条规定为由，向被告提出无效宣告请求，并提交了3份附件作为证据，其中《工程机械》杂志2003年第8期中刊载了一个起重汽车的立体图，该立体图中包括汽车驾驶室总成（以下简称在先设计）该在先设计的整体形状为一矩形立方壳体，前挡风玻璃为矩形，略向后倾斜，其下方向三个雨刮器；左右后视镜置于驾驶室两侧车门的"U"形支架上；在保险杠的两侧各有一长形前大车灯和弧形转向灯；在保险杠两侧的上方各有一长形导流板；驾驶室车门为不规则六边形，玻璃车窗均为不规则五边形；车门的下端为纵向排列的倒梯形和矩形脚踏板，该脚踏板的顶边与驾驶室车门的下边沿等宽。

被告受理该请求后进行了转文，并于2007年5月16日举行了口头审理。在口头审理中，原告认可两个外观设计从整体外形观察是近似的，同时认为驾驶室整体外形是惯常设计。

被告经审查认为：《工程机械》杂志2003年第8期的目录页记载有"月刊，第34卷、第8期、总第358期，主管主办：天津工程机械研究院，刊号CN12-1328/TH、出版日期：2003-08-10"等内容。其出版日期为2003年8月10日，在本专利审请日（2004年6月11日）之前，属于《专利法》第二十三条所规定的出版物。其中公开的在先设计与本专利属相同种类的产品，可以作为与本专利进行相近似性比较的对比文件。

将本专利与在先设计相比较，二者所示的汽车驾驶室总成车壳整体造型、前挡风玻璃、雨刷刮器、后视镜的位置、前保险杠、前大灯和转向灯等的形状，从整体观察均相近似，二者的主要不同在于：本专利前进气格栅于前保险杠中部，在先设计未显示；本专利驾驶室车窗的下边沿有凹面设计，车门旁有一纵向上车扶手，侧面有不规则的六边形翼子板，而在先设计没有上述特征；本专利的脚踏板均为倒梯形，在先设计为倒梯形和矩形。对汽车驾驶室产品的外观设计而言，其整体造型具有最为醒目的视觉效果，最容易给人留下印象，本专利和在先设计所显示的外观设计的整体形状造型是相近似的，虽然原告认为其是此类车的惯常设计，但未就此提交其他佐证。两个外观设计上述不同点均属于细微的差别，对整体视觉效果不足以产生显著影响，使一般消费者容易产生误认，混同。且本专利的上车扶手在整体设计中所占比例很小，该设计的有无亦不足以对整体视觉效果产生显著影响。根据整体观察，综合判断的原则，二者属于相近似的外观设计，不符合《专利法》第二十三条的规定。鉴于已经得出上述结论，被告对于第三人提出的其他证据和理由未再作出评述。故于2007年7月6日作出第10258号决定，宣告本专利权无效。该决定于2007年7月23日以邮寄的方式送达给原告、第三人。

在本院庭审中，原告、第三人对被告作出第10258号决定的程序不持异议，原告认为，平头汽车驾驶室总成外观设计的主要部位在于车的保险杠形状、车灯的位置、形状、车门形状以及周围部分的设计。对此，被告、第三人不予认可。此外，原告认为被告遗漏本专利与在先设计相区别的特征，被告、第三人则认为，原告主张的区别特征均属于局部、细微差别。

本院认为，根据《专利法》第四十六条第二款的规定，当事人自收到无效宣告请求审查决定之日起3个月内向人民法院起诉。参照《审查指南》第五部分第六章第2.3.1节的规定，通过邮寄的通知和决定，自发文起满15日推定为当事人收到通知和决定之日。当事人提供证据，证明实际收到日在推定收到日之后的，以实际收到日为送达日。本案中，被告作出被诉决定后，于2007年7月23日以邮寄的方式送达给原告、第三人。原告于同年11月5日向本院提起行政诉讼，没有超过法定起诉期限

原告、第三人对于被告作出第10258号决定的程序不持异议、本院经审查，对被告作出被诉决定程序的合法性予以确认。

参照《审查指南》第四部分第五章第4节关于外观设计相同或相近似判断原则的规定，判断两个外观设计是否相近似，应当看两个外观设计的区别是否对外观设计整体视觉效果产生显著的影响。在先设计公开的日期早于本专利申请日，其公开的产品与本专利产品属于相同种类的产品。从图片上可以看出该在先设已经公开了汽车驾驶室总成整体形状以及前挡风玻璃、后视镜、车灯、车门、脚踏板等的形状及其相互位置关系，未显示的仅仅是前保险杠和前挡风玻璃下方的中部的形状，并不影响在先设计作为对比文件与本专利进行比对。原告关于在先设计公开内容不清楚、不完整，不能作为本专利的对比文件的诉讼理由、本院不予采纳。将本专利与在先设计相比较，被诉决定对两外观设计的描述和主要区别特征的认定是准确的虽然在先设计未显示保险杠中部的形状，且在先设计公开的驾驶室总成在车门上的凹面设计、翼子板、脚踏板形状等方面与本专利的外观有所不同，但是在两个外观的整体形状均是呈矩形立主壳体以及前挡风玻璃的形状，雨刮器，后视镜的位置保险杠与车灯位置关系等方面近似的情况下，上述区别对于驾驶室外观的整体视觉效果不具有显著影响，因此，被告通过对两个外观设计进行整体观察、综合判断，认定二者属于相近似外观设计，并据此作出第10258号决定正确，本院应予支持。原告关于被告对外观设计相近似的判断方法错误的诉讼主张，缺乏事实和法律依据，本院不予采纳，原告关于被告遗漏了本专利重要特征，且该特征是以对驾驶室总成的整体视觉效果产生显著影响的诉讼主张，缺乏事实依据，本院亦不予采纳。综上所述，原告的诉讼请求缺乏事实和法律依据，本院不予支持据此，依照《中华人民共和国行政诉讼法》第五十四条第（一）项的规定，判决如下：

维持被告国家知识产权局专利复审委员会于二〇〇七年七月六日作出的第10258号无效宣告请求审查决定。

案件受理费100元，白原告湖北省齐星汽车车身股份有限公司负担（已交纳）。

如不服本判决，可在判决书送达之日起15日内，向本院递交上诉状，并按对方当事人的人数提出副本，上诉于北京市高级人民法院。上诉人在上诉期限内未预交上诉案件受理费、又不提出缓交申请的，按自动撤回上诉处理。

审　判　长　强刚华
代理审判员　何君慧
代理审判员　贾志刚
二〇〇八年七月九日
书　记　员　李智

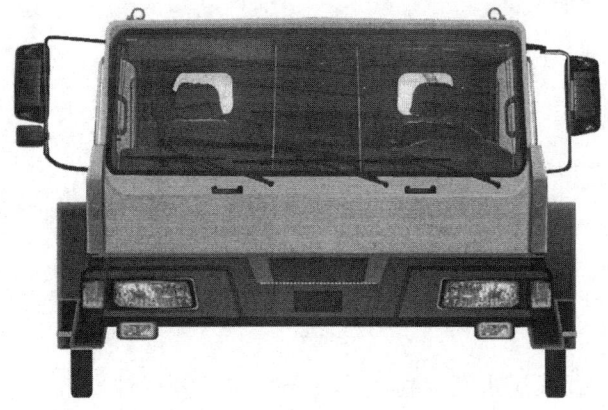

主视图

右视图

本专利附图

在先设计附图

北京市高级人民法院
行政判决书

(2008) 高行终字第 293 号

上诉人（一审原告）湖北省齐星汽车车身股份有限公司，住所地湖北省随州市烈山大道 2 号。

法定代表人徐德，董事长。

委托代理人胡建平，湖北武汉永嘉专利代理有限公司专利代理人。

委托代理人詹志鹏，男，1978 年 4 月 22 日出生，汉族，湖北省齐星汽车车身股份有限公司职工，住湖北省武汉市汉阳区庙西湾 110 号。

被上诉人（一审被告）国家知识产权局专利复审委员会，住所地北京市海淀区北四环西路 9 号银谷大厦。

法定代表人廖涛，副主任。

委托代理人齐宏涛，国家知识产权局专利复审委员会审查员。

委托代理人刘妍，国家知识产权局专利复审委员会审查员。

被上诉人（一审第三人）湖南长沙平头汽车车身制造厂，住所地湖南省长沙县榔梨镇土岭村。

法定代表人孔应祥，厂长。

委托代理人刘熙，男，1955 年 1 月 31 日出生，汉族，湖南省知识产权局退休干部，住湖南省长沙市岳麓区潇湘中路 113 号南栋 201 号。

委托代理人朱贤文，男，1977 年 6 月 10 日出生，汉族，湖南长沙平头汽车车身制造厂职员，住湖南省长沙县榔梨镇土岭社区梨安路 48 号。

上诉人湖北省齐星汽车车身股份有限公司（以下简称齐星公司）因专利无效宣告请求审查决定一案，不服北京市第一中级人民法院（2007）一中行初字第 1546 号行政判决，向本院提起上诉。本院依法组成合议庭，公开开庭审理了本案。上诉人齐星公司的委托代理人胡建平、詹志鹏，被上诉人国家知识产权局专利复审委员会（以下简称专利复审委员会）的委托代理人齐宏涛、刘妍，被上诉人湖南长沙平头汽车车身制造厂（以下简称平头车身制造厂）的委托代理人刘熙、朱贤文出庭参加了诉讼。本案现已审理终结。

2007 年 7 月 6 日，专利复审委员会作出第 10258 号无效宣告请求审查决定（以下简称第 10258 号决定），以名称为"汽车驾驶室总成（RDGDC）"的第 200430014684.8 号外观设计专利（以下简称本专利）与《工程机械》杂志 2003 年第 8 期中刊载的一个起重汽车立体图中的汽车驾驶室总成（以下简称在先设计）相近似为由，宣告本专利权全部无效。齐星公司不服，向北京市第一中级人民法院提起行政诉讼。

北京市第一中级人民法院判决认为，专利复审委员会作出第 10258 号决定后，于 2007 年 7 月 23 日以邮寄的方式送达齐星公司、平头车身制造厂。齐星公司于同年 11 月 5 日向本院提起行政诉讼，符合《中华人民共和国专利法》（以下简称《专利法》）第四十六条第二款以及《审查指南》第五部分第六章第 2.3.1 节的相关规定，没有超过法定起诉期限。齐星公司、平头车身制造厂对于专利复审委员会作出第 10258 号决定的程序不持异议，经审查，对专利复审委员会作出第 10258 号决定程序的合法性予以确认。

参照《审查指南》第四部分第五章第 4 节关于外观设计相同或相近似判断原则的规定，判断两个外观设计是否相近似,应当看两个外观设计的区别是否对外观设计整体视觉效果产生显著的影响。在先设计公开的日期早于本专利申请日,其公开的产品与本专利产品属于相同种类的产品。从图片上可以看出,在先设计已经公开了汽车驾驶室总成整体形状以及前挡风玻璃、后视镜、车灯、车门、脚踏板等的形状及其相互位置关系,未显示的仅仅是前保险杠和前挡风玻璃下方的中部的形状,并不影响在先设计作为对比文件与本专利进行比对。齐星公司关于在先设计公开内容不清楚、不完整,不能作为本专利的对比文件的诉讼理由,本院不予采纳。将本专利与在先设计相比较,第10258号决定对两外观设计的描述和主要区别特征的认定准确。虽然在先设计未显示保险杠中部的形状,且在先设计公开的驾驶室总成在车门上的凹面设计、翼子板、脚踏板形状等方面与本专利的外观有所不同,但是在两个外观的整体形状均是呈矩形立方壳体以及前挡风玻璃的形状、雨刮器、后视镜的位置、保险杠与车灯位置关系等方面近似的情况下,上述区别对于驾驶室外观的整体视觉效果不具有显著影响。因此,专利复审委员会通过对两个外观设计进行整体观察、综合判断,认定二者属于相近似外观设计,并据此作出第10258号决定正确。齐星公司关于专利复审委员会对外观设计相近似的判断方法错误的诉讼主张,缺乏事实和法律依据。齐星公司关于专利复审委员会遗漏了本专利重要特征,且该特征足以对驾驶室总成的整体视觉效果产生显著影响的诉讼主张,缺乏事实依据。据此,依照《中华人民共和国行政诉讼法》第五十四条第(一)项的规定,判决维持第10258号决定。

齐星公司不服一审法院判决,向本院提起上诉,认为,(1)在先设计的主要部位模糊不清,无法看清楚其主要的造型构造,且照片过小,与实物的缩小比例过大,对应于本专利的主视图,在前挡风玻璃的下面部分是最为显示驾驶室特性的外型设计部分,是平头汽车驾驶室进行差异判断的最主要的部位之一,也是一般消费者站在汽车前观察最易产生不同和相同视觉效果的部位,在先设计却显示不清无法比较,能够看清的只是前挡风玻璃,而所有平头汽车的前挡风玻璃形状几乎都近似。(2)第10258号决定在对本专利外观设计的一些重要特点未作描述,包括主视图中前挡风玻璃下方左右两侧设置的两个拉手;从挡风玻璃可以透视到驾驶室后面上方开有两个矩形的窗口;下方的保险杠呈明显凹凸立体状,其中保险杠的两侧向外凸起,凸起部位镶装前大灯和转向灯,转向灯和前大灯相分离,保险杠中部下凹,在中间倒梯形进气格栅的下方还存在有一矩形的型腔;左右两侧反光镜不对称,左侧有大小两个反光镜;前挡风玻璃下方没有前进气格栅;右视图左下方存在有一五边形的凸块,该凸块与前面的保险杠相贯成一体,同时与右下方的翼子板、玻璃窗下边沿的六边形凹面相呼应,构成动态立体美感。这些特点是本专利区别于现有设计的重要特点部分。第10258号决定对上述事实既无认定表述也无比较判断。(3)认定本专利与在先设计相近似违反了《审查指南》第四部分第五章第5.5.3节的规定。平头汽车驾驶室的外型和主要部位位置的设计为惯常设计是公知公认的事实。平头汽车驾驶室的总体形状、总体布局即成矩形立方壳体以及前挡风玻璃的形状、雨刮器、后视镜的位置、车灯位置应属于平头汽车共有的属性,而前挡风玻璃以下的车型结构造型、车门、车窗框架、车灯的形状和造型均位于本专利的主视图和侧视图上,是对产品整体产生显著影响的部位,都是消费者非常关注的部位。在先设计正面下方的主要部位未显示,车前位与车侧位多个部位未比较分析,在此基础上认定本专利与在先设计相近似违反了《审查指南》第四部分第五章第5.5.3节对在先设计与被比设计进行整体观察、综合判断的规定。故请求二审法院依法撤销一审判决和第10258号决定。

被上诉人专利复审委员会答辩认为,一审判决认定事实清楚,适用法律正确,程序合法,请求二审法院维持一审判决。

平头车身制造厂同意专利复审委员会意见。

经审理查明,本专利系名称为"汽车驾驶室总成(RDGDC)"的第200430014684.8号外观设计专利,其申请日为2004年6月11日,授权公告日为2005年3月2日,专利权人为齐星公司。本专利授权公告的内容包括主视图和右视图。从上述视图可以看出，本专利所示汽车驾驶室总成整体形状为一近似矩形立方壳体，在其顶部前端各有一个示廓灯；前挡风玻璃为矩形，略向后倾斜，其下方有三个雨刮器、两个拉手；左右后视镜置于驾驶室两侧车门的"U"形支架上，右后视镜的下方另有一长形后视镜；保险杠呈台阶状向外凸起，在保险杠的两侧各有一长形前大车灯和弧形转向灯，前大灯的下方另各有一长形雾灯；位于保险杠中上部有一呈倒梯形的前进气格栅；在保险杠两侧的上方各有一长形导流板；驾驶室车门为不规则六边形，玻璃车窗均为不规则五边形，沿玻璃车窗的下边沿有一凹面设计；与玻璃车窗平行处有一纵向上车扶手；汽车驾驶室总成的侧面左下方存在有一五边形的凸块，该凸块与前面的保险杠相贯成一体，右下方设有不规则的六边形翼子板，车门的下端为两个纵向排列的倒梯形脚踏板，该脚踏板的顶边窄于驾驶室车门的下边沿（详见附图）。

2006年11月6日，平头车身制造厂以本专利不符合《专利法》第二十三条的规定为由，向专利复审委员会提出无效宣告请求，并提交了3份附件作为证据，其中《工程机械》杂志2003年第8期彩色广告（中32页）利勃海尔机械服务（上海）有限公司广告彩页左上角刊载了一个起重汽车的立体图，该立体图中的汽车驾驶室总成（即在先设计）前保险杠和前挡风玻璃下方的中部的形状被部分遮挡，但可看出在先设计的整体形状为一矩形立方壳体，前挡风玻璃为矩形，略向后倾斜，其下方有三个雨刮器；左右后视镜置于驾驶室两侧车门的"U"形支架上；在保险杠的两侧各有一长形前大车灯和弧形转向灯；在保险杠两侧的上方各有一长形导流板；驾驶室车门为不规则六边形，玻璃车窗均为不规则五边形；车门的下端为向纵向排列的倒梯形和矩形脚踏板，该脚踏板的顶边与驾驶室车门的下边沿等宽（详见附图）。

专利复审委员会受理该请求后进行了转文，并于2007年5月16日举行了口头审理。在口头审理中，齐星公司认可两个外观设计从整体外形观察是近似的，同时认为驾驶室整体外形是惯常设计。

专利复审委员会经审查认为，《工程机械》杂志2003年第8期的目录页记载有"月刊、第34卷、第8期、总第358期、主管主办：天津工程机械研究院、刊号CN12-1328/TH、出版日期：2003-08-10"等内容。其出版日期为2003年8月10日，在本专利申请日（2004年6月11日）之前，属于《专利法》第二十三条所规定的出版物。其中公开的在先设计与本专利属相同种类的产品，可以作为与本专利进行相近似性比较的对比文件。

将本专利与在先设计相比较，二者所示的汽车驾驶室总成车壳整体造型、前挡风玻璃、雨刷刮器、后视镜的位置、前保险杠、前大灯和转向灯等的形状，从整体观察均相近似，二者的主要不同在于：本专利前进气格栅于前保险杠中部，在先设计未显示；本专利驾驶室车窗的下边沿有凹面设计，车门旁有一纵向上车扶手，侧面有不规则的六边形翼子板，而在先设计没有上述特征；本专利的脚踏板均为倒梯形，在先设计为倒梯形和矩形。对汽车驾驶室产品的外观设计而言，其整体造型具有最为醒目的视觉效果，最容易给人留下印象，本专利和在先设计所显示的外观设计的整体形状造型是相近似的。虽然齐星公司认为其是此类车的惯常设计，但未就此提交其他佐证。两个外观设计上述不同点均属于细微的差别，对整体视觉效果不足以产生显著影响，使一般消费者容易产生误认、混同。且本专利的上车扶手在整体设计中所占比例很小，该设计的有无亦不足以对整体视觉效果产生显著影响。根据整体观察、综合判断的原则，二者属于相近似的外观设计，故本专利不符合《专利法》第二十三条的规定。鉴于已经得出上述结论，专利复审委员会对于平头车身制造厂提出的其他证据和理由未再作出评述。

2007年7月6日，专利复审委员会作出第10258号决定，宣告本专利权无效。该决定于2007年7月23日以邮寄的方式送达给齐星公司、平头车身制造厂。齐星公司不服，向北京市第一中级人民法院提起行政诉讼。

一审法院审理期间，专利复审委员会为证明其行为的合法性提交了下列证据：（1）北京市顺义区公证处公证书；（2）徐工集团网站上下载的信息资料；（3）《工程机械》杂志2003年第8期封面、目录页以及相关页复印件；（4）广东省广州市公证处公证书。在庭审中，一审法院向专利复审委员会调取了本专利授权公告文本复印件。

齐星公司提交的证据除湖南省长沙县公证处公证书和本专利授权公告文本图片的放大图片外，其他证据同专利复审委员会提交的证据1~4。

平头车身制造厂未提交证据。

上述证据均随案移送本院，经本院审查核实，一审法院关于专利复审委员会提交的证据3以及向专利复审委员会调取的本专利授权公告文本复印件能够证明在先设计的内容以及本专利授权公告的内容，专利复审委员会提交的证据1、2、4以及齐星公司提交的除本专利图片放大图之外的其他证据，能够证明平头车身制造厂在无效程序中为支持自己主张提交相应证据的事实，对上述证据予以采纳；因本专利的保护范围应当以授权公告文本为依据，故齐星公司提交的本专利放大图片不能作为确定本专利保护范围的依据，对该证据不予采纳的认证意见正确，本院予以认可。

本院认为，《审查指南》第四部分第五章第5.5.1节规定，在先设计的图片或照片未反应产品的各面视图的，应当依据一般消费者的认知能力来确定在先设计所公开的信息。依据一般消费者的认知能力，根据在先设计图片或者照片已经公开的内容即可推定出产品其他部分或者其他变化状态的外观设计，也被视为已经公开。例如在轴对称、面对称或者中心对称的情况下，如果图片或者照片仅公开了产品外观设计的一个对称面，则其余对称面也被视为已经公开。本案中，在先设计图片展示了一个起重汽车的汽车驾驶室总成，虽图片不大，且其前保险杠和前挡风玻璃下方的中部被部分遮挡，但根据汽车驾驶室系对称设计的特点，以一般消费者的认知能力仍可清楚地看出，在先设计已经公开了汽车驾驶室总成整体形状以及前挡风玻璃、后视镜、车灯、车门、脚踏板等的形状及其相互位置关系，在先设计可以作为对比文件与本专利进行比对。

《审查指南》第四部分第五章第4节关于外观设计相同或相近似的判断原则规定，如果一般消费者经过对被比设计与在先设计的整体观察可以看出，二者的差别对于产品外观设计的整体视觉效果不具有显著的影响，则被比设计与在先设计相近似；否则，两者既不相同，也不相近似。《审查指南》第四部分第五章第5.5节关于外观设计相同或相近似的判断方式规定，外观设计应当采用整体观察、综合判断的方式进行相同或者相近似判断。所谓整体观察、综合判断的方式是指由被比设计的整体来确定是否与在先设计相同或者相近似，而不是从外观设计的部分或者局部出发得出与在先设计是否相同或者相近似的结论。本案中，本专利与在先设计属相同种类的产品。将本专利与在先设计相比较，二者所示的汽车驾驶室总成车壳整体造型、前挡风玻璃、雨刷刮器、后视镜的位置、前保险杠、前大灯和转向灯等的形状和相互位置关系，从整体观察均相近似，二者的主要不同在于：本专利前进气格栅于前保险杠中部，保险杠呈台阶状向外凸起，在先设计未显示前保险杠中部；本专利前挡风玻璃下方有两个拉手，右后视镜的下方另有一长形后视镜，驾驶室车窗的下边沿有凹面设计，车门旁有一纵向上车扶手，汽车驾驶室总成的侧面左下方存在有一五边形的凸块，右下方设有不规则的六边形翼子板，而在先设计没有上述特征；本专利的脚踏板均为倒梯形，在先设计为倒梯形和矩形。对汽车驾驶室产品的外观设计而言，其整体造型具有最为醒目的视觉效果，最容易给人留下印象。本专利和在先设计所显示的外观设计的整体形状造型相近似，二者所存在的不同均未对整体视觉效果产生显著的影响，一般消费者容易产生误认、混同，根据《审查指南》的上述规定，应当认定二者相近似。虽然齐星公司认为本专利和在先设计的整体形状造型为惯常设计，但未就此提交相应证据予以证明。专利复审委员会在对本专利外观设计进行认定时，虽未对前挡风玻璃下方有两个拉手，右后视镜的下方另有一长形后视镜、汽车驾驶室总成的侧面左下方存在有一五边形的凸块等特征未予描述，仅对主要区别特征进行了表述，但上述特征带来的区别未对二者的整体视觉效果产生显著影响，因此，专利复审委员会关于本专利和在先设计相近似，本专利不符合《专利法》第二十三条规定的认定结论正确。

综上，第10258号决定合法，一审法院判决维持正确。齐星公司的上诉理由不能成立，对其诉讼请求，本院不予支持。根据《中华人民共和国行政诉讼法》第六十一条第（一）项的规定，判决如下：

驳回上诉，维持一审判决。

二审案件受理费人民币100元，由上诉人湖北省齐星汽车车身股份有限公司负担（已交纳）。

本判决为终审判决。

审　判　长　任全胜
代理审判员　景　滔
代理审判员　赵宇晖
二〇〇八年六月十九日
书　记　员　王　芳

主视图

右视图

本专利附图

在先设计附图

轮胎（HN305）

无效宣告请求审查决定（第 10259 号）

决 定 号	第 10259 号
决 定 日	2007 年 7 月 19 日
发明创造名称	轮胎（HN305）
外观设计分类号	12-15
无效宣告请求人	米其林沈阳轮胎有限公司
专 利 权 人	风神轮胎股份有限公司
专 利 号	200430067114.5
申 请 日	2004 年 10 月 12 日
授 权 公 告 日	2005 年 5 月 18 日
合议组组长	徐清平
主 审 员	吴赤兵
参 审 员	张雪飞
附 图	1 页

法 律 依 据　专利法第 23 条

决 定 要 点

（1）对于域外证据，请求人提交了证明真实性的公证认证文件和完整原件，在专利权人未提出相反证据足以推翻的情况下，其真实性应予以认定。

（2）在外观设计相近似性判断中，视觉不易被关注的局部细微差别和沿用传统的设计部分等均不足以对整体视觉效果产生显著的影响。

一、案由

本无效宣告请求涉及国家知识产权局于 2005 年 5 月 18 日授权公告的 200430067114.5 号外观设计专利，使用该外观设计的产品名称是"轮胎（HN305）"，其申请日是 2004 年 10 月 12 日，专利权人是风神轮胎股份有限公司。

针对上述外观设计专利权（下称本专利），米其林沈阳轮胎有限公司（下称请求人）于 2006 年 4 月 29 日向专利复审委员会提出无效宣告请求，其依据的事实和理由是：本专利与在其申请日以前出版的《2002 轮胎胎面设计指南国际版》中公开的一种米其林 XDE2 型卡车轮胎的外观设计相同，一般消费者会将二者误认、混同，因此本专利不符合专利法第 23 条的规定，应予宣告无效。请求人同时提交了如下附件作为证据：

附件1是《2002 TREAD DESIGN GUIDE INTERNATIONAL EDITION》一书的部分页面及相关的公证认证文件和相应部分的中文译文共29页复印件；

附件2是本专利公报复印件1页。

专利复审委员会经形式审查合格受理了该无效宣告请求，并于2006年6月14日将无效宣告请求书及其附件的副本转送专利权人，通知其在指定期限内陈述意见。

专利权人于2006年7月29日提交了意见陈述书，认为附件1所示外观设计与本专利在胎面中部和两侧部分的花纹纹路设计上均不同，组成花纹的各花块的布局和比例关系也不同，并绘图说明二者的不同之处；同时，专利权人结合本专利的设计过程和设计原理，说明本专利具有地面抓着力大，优越的牵引性，六排花纹块交错排列提高轮胎路面通过性能，轮胎具有良好的排水性能和散热性以及提高轮胎耐磨性等特点；综上，专利权人认为附件1所示外观设计与本专利不相同且不相近似，应当维持本专利有效。

专利复审委员会依法成立合议组对本案进行审理，并于2007年4月25日将专利权人的意见陈述转送请求人；同时向双方当事人发出口头审理通知书，定于2007年6月20日进行口头审理，并告知专利权人在口头审理中核实请求人提交的证据原件。

请求人于2007年5月29日提交了意见陈述书，坚持其原有观点。

口头审理如期举行，仅有请求人一方委托代理人出庭，专利权人未出席口头审理，合议组依法进行缺席审理。在口头审理中，请求人坚持其原有观点，并当庭提交了附件1所示书刊、公证认证文件和中文译文的原件。

在上述审理的基础上，合议组经合议，认为本案事实清楚，依法作出本审查决定。

二、决定的理由

1. 法律依据

基于请求人提出无效宣告请求所依据的事实和理由，合议组对本专利是否符合专利法第23条的规定进行审查。

专利法第23条规定：授予专利权的外观设计，应当同申请日以前在国内外出版物上公开发表过或者国内公开使用过的外观设计不相同和不相近似，并不得与他人在先取得的合法权利相冲突。

2. 证据认定

请求人提交的附件1是《2002 TREAD DESIGN GUIDE INTERNATIONAL EDITION》一书的部分页面及相关的公证认证文件和相应部分的中文译文复印件，并在口头审理中提交了相关书刊、公证认证文件和中文译文的原件。针对附件1，合议组认为：经核实《2002 TREAD DESIGN GUIDE INTERNATIONAL EDITION》一书的完整原件，根据其内记载的内容能够得知其为"2002年第6期"和形成于"奥地利"等相关信息，因此该书属于在本专利申请日（2004年10月12日）以前在域外形成的证据；而在请求人提交的相关公证认证文件中，其中中国驻奥地利大使馆领事部出具的"（2006）奥领认字第0000272号"《认证书》等系列公证认证文件证明了法院宣誓并经法院确认专家Friedrich Lux博士对于该书2002年的制作发行时间和相关页面的真实性、关联性的确认，同时中国驻法国大使馆出具的"（2006）法领认字第0002589号"《认证书》等系列公证认证文件证明了法国公证人Me Pierre Montagnon确认该书于2002年由Friedrich Lux出版的事实，从而请求人针对该书的真实性已履行了相应的证明手续，在专利权人未提出相反证据足以推翻的情况下，合议组对该书的真实性予以认定；因此该《2002 TREAD DESIGN GUIDE INTERNATIONAL EDITION》一书属于专利法第23条所规定的公开出版物，适用于本案。

3. 外观设计对比

在该《2002 TREAD DESIGN GUIDE INTERNATIONAL EDITION》一书的第 109 页中公开了一款 XDE2 型轮胎胎面的外观设计（下称在先设计），由于在先设计与本专利均使用于轮胎，因此二者用途相同，属于相同类别的产品，具有可比性，故对二者的外观设计作如下对比：

本专利所示轮胎的基本形状同传统的环状轮胎，轮胎胎面中部为四列近似的规则单元形状连续排列形成的花块，其左右各有一列近似的单元形状连续排列形成的花块，每个花块间有较宽较深的沟槽，每花块表面有弯折的细沟槽。轮胎胎面局部花块表面及轮胎侧面有文字和线条（详见本专利附图）。

在先设计所示轮胎胎面中部为四列近似的规则单元形状连续排列形成的花块，其左右各有一列近似的单元形状连续排列形成的花块，每花块间有较宽较深的沟槽，每花块表面有弯折的细沟槽。其他部分不可见（详见在先设计附图）。

将本专利与在先设计相比较，其主要的不同点为：在先设计未显示轮胎整体形状，且本专利在局部花块及轮胎侧面多了文字、线条设计。合议组认为：从整体视觉观察，本专利的局部文字、线条设计相对于其整体轮胎形状而言明显属于细微差别，不足以对其整体外观设计形状产生显著的视觉影响；且虽然在先设计未显示轮胎整体形状，但由于本专利在轮胎的基本形状设计上也未基于传统的环状轮胎形状作出视觉醒目的变化设计，因此二者的差别均不足以对二者的整体外观设计视觉效果产生显著的影响，二者应属于相近似的外观设计。

针对专利权人说明本专利具有多项特点的设计的主张，合议组认为：虽然通过调整轮胎胎纹形式的各项细部数据可能会导致使用过程中的不同使用效果，但是作为本案涉及的外观设计而言，各项细部数据的变化并未导致一般消费者对其产生明显不同的视觉观察效果，因此合议组对专利权人的主张不予支持。

综上所述，在本专利申请日以前已有与其相近似的外观设计在出版物上公开发表过，本专利不符合专利法第 23 条的规定。

三、决定

宣告 200430067114.5 号外观设计专利权全部无效。

当事人对本决定不服的，可以根据专利法第 46 条第 2 款的规定，自收到本决定之日起三个月内向北京市第一中级人民法院起诉。根据该款的规定，一方当事人起诉后，另一方当事人应当作为第三人参加诉讼。

主视图

左视图

立体图

轮胎花纹局部放大图

本专利附图

在先设计附图

轮胎（HN328）

无效宣告请求审查决定（第10260号）

决 定 号	第10260号
决 定 日	2007年7月19日
发明创造名称	轮胎（HN328）
外观设计分类号	12-15
无效宣告请求人	米其林沈阳轮胎有限公司
专 利 权 人	风神轮胎股份有限公司
专 利 号	200430067109.4
申 请 日	2004年10月12日
授权公告日	2005年5月18日
合议组组长	徐清平
主 审 员	吴赤兵
参 审 员	张雪飞
附 图	1页

法 律 依 据 专利法第23条

决 定 要 点

（1）对于域外证据，请求人提交了证明真实性的公证认证文件和完整原件，在专利权人未提出相反证据足以推翻的情况下，其真实性应予以认定。

（2）在外观设计相近似性判断中，视觉不易被关注的局部细微差别和沿用传统的设计部分等均不足以对整体视觉效果产生显著的影响。

一、案由

本无效宣告请求涉及国家知识产权局于2005年5月18日授权公告的200430067109.4号外观设计专利，使用该外观设计的产品名称是"轮胎（HN328）"，其申请日是2004年10月12日，专利权人是风神轮胎股份有限公司。

针对上述外观设计专利权（下称本专利），米其林沈阳轮胎有限公司（下称请求人）于2006年4月29日向专利复审委员会提出无效宣告请求，其依据的事实和理由是：本专利与在其申请日以前出版的《2002轮胎胎面设计指南国际版》中公开的一种米其林XZY-65型卡车轮胎的外观设计相同，一般消费者会将二者误认、混同，因此本专利不符合专利法第23条的规定，应予宣告无效。请求人同时提交了如下附件作为证据：

附件 1 是《2002 TREAD DESIGN GUIDE INTERNATIONAL EDITION》一书的部分页面及相关的公证认证文件和相应部分的中文译文共 29 页复印件；

附件 2 是本专利公报复印件 1 页。

专利复审委员会经形式审查合格受理了该无效宣告请求，并于 2006 年 6 月 14 日将无效宣告请求书及其附件的副本转送专利权人，通知其在指定期限内陈述意见。

专利权人于 2006 年 7 月 29 日提交了意见陈述书，认为附件 1 所示外观设计仅为轮胎的胎面设计，因此本专利除胎面之外的其他外观设计特征（如轮胎的侧面形状、剖面形状等）均与在先的外观设计特征不相同且不相近似；同时，专利权人结合本专利的设计过程和设计原理，说明本专利有强大的地面抓着力、提高轮胎雪地及泥泞路通过性能、具有良好的排水性能和散热性能、提高轮胎耐磨性能、花纹块采用刀槽设计等特点，从而基于上述设计形成的本专利胎面设计与附件 1 所示胎面设计也不相同且不相近似；另外，专利权人认为轮胎胎面在使用过程中不易被一般消费者见到，因此具有特定方向朝向的轮胎侧面的形状和图案设计是相近似性判断的主要考虑部分，且附件 1 所示外观设计仅为局部形状，不能作为整体比对的依据，同时附件 1 所示书刊收录的均是惯常设计，本专利改进了惯常设计，其外观设计变化更具有显著的影响；综上，专利权人认为附件 1 所示外观设计与本专利不相同且不相近似，应当维持本专利有效。

专利复审委员会依法成立合议组对本案进行审理，并于 2007 年 4 月 25 日将专利权人的意见陈述转送请求人；同时向双方当事人发出口头审理通知书，定于 2007 年 6 月 20 日进行口头审理。

请求人于 2007 年 5 月 29 日提交了意见陈述书，坚持其原有观点。

口头审理如期举行，仅有请求人一方委托代理人出庭，专利权人未出席口头审理，合议组依法进行缺席审理。在口头审理中，请求人坚持其原有观点，并当庭提交了附件 1 所示书刊、公证认证文件和中文译文的原件。

在上述审理的基础上，合议组经合议，认为本案事实清楚，依法作出本审查决定。

二、决定的理由

1. 法律依据

基于请求人提出无效宣告请求所依据的事实和理由，合议组对本专利是否符合专利法第 23 条的规定进行审查。

专利法第 23 条规定：授予专利权的外观设计，应当同申请日以前在国内外出版物上公开发表过或者国内公开使用过的外观设计不相同和不相近似，并不得与他人在先取得的合法权利相冲突。

2. 证据认定

请求人提交的附件 1 是《2002 TREAD DESIGN GUIDE INTERNATIONAL EDITION》一书的部分页面及相关的公证认证文件和相应部分的中文译文复印件，并在口头审理中提交了相关书刊、公证认证文件和中文译文的原件。针对附件 1，合议组认为：经核实《2002 TREAD DESIGN GUIDE INTERNATIONAL EDITION》一书的完整原件，根据其内记载的内容能够得知其为"2002 年第 6 期"和形成于"奥地利"等相关信息，因此该书属于在本专利申请日（2004 年 10 月 12 日）以前在域外形成的证据；而在请求人提交的相关公证认证文件中，其中中国驻奥地利大使馆领事部出具的"（2006）奥领认字第 0000272 号"《认证书》等系列公证认证文件证明了法院宣誓并经法院确认专家 Friedrich Lux 博士对于该书 2002 年的制作发行时间和相关页面的真实性、关联性的确认，同时中国驻法国大使馆出具的"（2006）法领认字第 0002589 号"《认证书》等系列公证认证文件证明了法国公证人 Me Pierre Montagnon 确认该书于 2002 年由 Friedrich Lux 出版的事实，从而请求人针对该书的真实性已履行了相应的证明手续，在专利权人未提出相反证据足以推翻的情况下，合议组对该书的真实性予以认定；因此该《2002 TREAD DESIGN GUIDE INTERNATIONAL EDITION》一书属于专利法第23条所规定的公开出版物，适用于本案。

3. 外观设计对比

在该《2002 TREAD DESIGN GUIDE INTERNATIONAL EDITION》一书的第109页中公开了一款XZY-65型轮胎胎面的外观设计（下称在先设计），由于在先设计与本专利均使用于轮胎，因此二者用途相同，属于相同类别的产品，具有可比性，故对二者的外观设计作如下对比：

本专利所示轮胎的基本形状同传统的环状轮胎。轮胎胎面为四列近似"L"和倒"L"形花纹块组成，每花纹块中部表面有较细较浅折线形沟槽；四列花纹块之间为较宽较深的沟槽；其左右为平滑面，边缘排列凹槽；其中间两列花纹块表面有线条设计。（详见本专利附图）

在先设计所示轮胎胎面为四列近似"L"和倒"L"花纹块，每个花纹块中部表面有较细较浅的折线形沟槽，四列花纹块之间为较宽较深的沟槽；其他部分不可见。（详见在先设计附图）

将本专利与在先设计相比较，其主要的不同点为：在先设计未显示轮胎整体形状，且本专利胎面花纹块表面多了局部线条设计。合议组认为：从整体视觉观察，本专利的局部线条设计相对于其整体轮胎形状而言明显属于细微差别，不足以对其整体外观设计形状产生显著的视觉影响；虽然在先设计未显示轮胎整体形状，但由于本专利在轮胎的基本形状设计上也未基于传统的环状轮胎形状作出视觉醒目的变化设计，因此二者的差别不足以对二者的整体外观设计视觉效果产生显著的影响，二者应属于相近似的外观设计。

针对专利权人说明本专利具有多项特点的改进的主张，合议组认为：虽然通过调整轮胎胎纹形式的各项细部数据可能会导致使用过程中的不同使用效果，但是作为本案涉及的外观设计而言，各项细部数据的变化并未导致一般消费者对其产生明显不同的视觉观察效果，因此合议组对专利权人的上述主张不予支持。

针对专利权人认为轮胎胎面属于在使用过程中不易被见到的部位及相关设计为惯常设计等主张，合议组认为：作为轮胎的一般消费者，正如专利权人也在意见陈述书中陈述过的，由于轮胎胎面的设计作为构成整体轮胎与地面的直接接触面的外围轮廓的醒目设计，其决定了轮胎的各项安全性、优越性等特征，因此其正属于一般消费者在选购所使用的轮胎时需要重点考虑的部位，并非不易见到的部位；同时通过该《2002 TREAD DESIGN GUIDE INTERNATIONAL EDITION》一书收录的各式各样的胎面设计，说明了轮胎胎面设计的广大设计空间，更加印证了本专利在现有技术上所作出的改进从外观设计的角度上并未导致显著的视觉差别的结论；因此合议组对专利权人的上述主张不予支持。

综上所述，在本专利申请日以前已有与其相近似的外观设计在出版物上公开发表过，本专利不符合专利法第23条的规定。

三、决定

宣告200430067109.4号外观设计专利权全部无效。

当事人对本决定不服的，可以根据专利法第46条第2款的规定，自收到本决定之日起三个月内向北京市第一中级人民法院起诉。根据该款的规定，一方当事人起诉后，另一方当事人应当作为第三人参加诉讼。

主视图　　　　　　左视图

立体图　　　　　　轮胎花纹局部放大图

本专利附图

在先设计附图

轮胎（HN236）

无效宣告请求审查决定（第10261号）

决 定 号	第10261号
决 定 日	2007年7月16日
发明创造名称	轮胎（HN236）
外观设计分类号	12-15
无效宣告请求人	米其林沈阳轮胎有限公司
专 利 权 人	风神轮胎股份有限公司
专 利 号	200430067115.X
申 请 日	2004年10月12日
授权公告日	2005年5月18日
合议组组长	张雪飞
主 审 员	徐清平
参 审 员	吴赤兵
附 图	1页

法律依据 专利法第23条

决定要点

在先设计相对于本专利的惯常环状轮胎整体造型、轮胎侧面的痕线和局部线纹式文字、图案设计等差别对整体视觉效果不具显著影响，二者基本相同的轮胎胎面设计形成了相近似的整体视觉效果，二者属于相近似的外观设计。

一、案由

本无效宣告请求涉及的是国家知识产权局于2005年5月18日授权公告的200430067115.X号外观设计专利，使用该外观设计的产品名称为"轮胎（HN236）"，申请日是2004年10月12日，专利权人是风神轮胎股份有限公司。

针对上述专利权（下称本专利），米其林沈阳轮胎有限公司（下称请求人）于2006年4月29日向专利复审委员会提出无效宣告请求，其依据的事实和理由是：本专利与其申请日前出版的《2002轮胎胎面设计指南国际版》公开的一种米其林XZE2型卡车轮胎外观设计相同，并将二者进行了详细比较判断，认为一般消费者会将二者误认、混同，据此可证明本专利不符合专利法第23条的规定。

请求人同时提交了如下附件作为证据：

附件1：《2002轮胎胎面设计指南国际版》部分页面复印件及其公证认证文件复印件和相关部分中文译文共29页；

附件2：本专利公报复印件1页。

专利复审委员会经形式审查合格受理了该无效宣告请求，并于2006年7月24日将无效宣告请求书及其附件的副本转送给专利权人，通知其在指定期限内陈述意见。

2006年8月28日专利权人提交了意见陈述书，专利权人认为：请求人提交的附件1仅仅显示轮胎胎面设计，而除胎面设计之外的外观设计特征（如轮胎侧面的形状包括侧凸出弧度、防擦线的位置和数量、放水线的位置和数量、胎宽与轮直径的比例关系，轮胎剖面形状包括行驶面宽度与轮直径的比例关系等）未显示；结合本专利的设计过程和设计原理，可见其具有强大地面抓着力、优越的牵引性能、保证侧向稳定性、提高雪地和泥泞路面通过性、降低噪音、良好的排水性和散热性、提高耐磨性、保证轮胎磨耗均匀、适用冰雪路况、增强轮胎驱动性、良好的自洁性等特性，二者在胎面花纹圆周数、花纹节距长度、花纹块大小和深度、防擦线距胎面高度、装饰线、胎面排气孔、花纹方向箭头数、可再刻深度标识、花纹块前角和后角、花纹块浅槽宽度、纵沟宽度、肩沟宽度、中心纵向沟底筋深度、肩部筋宽度和深度存在不同，从而基于上述设计形成的本专利胎面设计与附件1所示胎面设计也不相同且不相近似；并认为轮胎接地面部位在使用时消费者不容易看到，消费者见到的是轮胎侧面的环状和图案，其是本专利外观设计要部；本专利的设计原理和设计过程使不同花型的轮面达到不同的功能效果，附件1收录的是轮胎胎面的惯常设计，在米其林轮胎胎面惯常功能花型前提下，专利权人改进了这种花型的功能，这种改进又具有外观设计特征，其对轮胎整体视觉效果具有显著影响；因此，本专利与附件1所示外观设计不相同也不相近似，应维持本专利有效。

2006年8月31日请求人提交了意见陈述，称请求人和专利权人正在和解谈判中，请求暂缓审理本案，并附双方盖章的暂缓审理请求书复印件。

专利复审委员会成立合议组对本案进行审理，于2007年5月8日分别向请求人和专利权人发出口头审理通知书，定于2007年6月20日对本案进行口头审理，并告知专利权人在口头审理中核实请求人提交的证据原件。同时告知双方自收到该通知之日起至口头审理日作为和解期限，期满未达成和解的，不影响合议组作出审查决定。并将上述专利权人的意见陈述转送给请求人。

2007年5月29日请求人提交了意见陈述，其坚持原有意见。

口头审理如期举行，专利权人未参加审理，仅请求人一方参加了审理，合议组依法按专利权人缺席审理本案。请求人当庭提交了附件1的原件，在坚持原有观点的基础上进一步详细阐述了自己的具体主张和理由，将本专利与其所指定的对比外观设计进行了详细分析对比。

合议组经合议，认为本案事实清楚，且双方未能在指定的期限内达成和解，现依法作出本审查决定。

二、决定的理由

1. 法律依据

基于请求人提出无效宣告请求所依据的事实和理由，合议组对本专利是否符合专利法第23条的规定进行审查。

专利法第23条规定：授予专利权的外观设计，应当同申请日以前在国内外出版物上公开发表过或者国内公开使用过的外观设计不相同和不相近似，并不得与他人在先取得的合法权利相冲突。

2. 证据认定

请求人提交的作为证据的附件1是《2002轮胎胎面设计指南国际版》部分页面复印件及其公证认证文件复印件和相关部分中文译文，并在口头审理中提交了该《2002轮胎胎面设计指南国际版》整本原件及公证书原件。其中由法国公证机关于2006年3月6日出具的公证书内容为（译文）："我，Gerzat（Puy-de-Dôme）地区公证人蒙塔侬先生，证明《TREAD DESING GUIDE 2002国际版本》（其中译文即《2002轮胎胎面设计指南国际版》）已经由Frederich LUX先生于2002年2月出版"，在所述《2002轮胎胎面设计指南国际版》的第108~110页盖有与公证书相同的公证处印章和公证人签字，且该公证经法国外交部和中国驻法国大使馆认证。合议组认为，上述《2002轮胎胎面设计指南国际版》经过公证认证，其真实性应予确认，且其封面印有"2002"、目录页载明2002年第6卷及公证处证明其出版时间为2002年2月，由此可认定其属于本专利申请日（2004年10月12日）之前的公开出版物，可作为判断本专利是否符合专利法第23条规定的证据。

3. 外观设计对比

在附件1所示《2002轮胎胎面设计指南国际版》一书的第109页中公开了一款XZE2型轮胎胎面的外观设计（下称在先设计），由于在先设计与本专利均使用于轮胎，因此二者用途相同，属于相同类别的产品，故对二者的外观设计作如下对比：

本专利所示轮胎整体形状同常见环状轮胎；其胎面为五列由近似四边形单元花纹块连续排列形成的纹理，其中每个四边形花纹块由近似"Z"形纹路划分成两个部分，左右边侧两列的四边形花纹块较中间列四边形花纹块宽，各列之间有较宽的沟槽；轮胎两侧面有径向和环向痕线，并在局部有线纹式图案、文字设计。详见本专利附图。

在先设计所示轮胎胎面为五列由近似四边形单元花纹块连续排列形成的纹理，其中每个四边形花纹块由近似"Z"形纹路划分成两个部分，左右边侧两列的四边形花纹块较中间列四边形花纹块宽，各列之间有较宽的沟槽；其他部分不可见。详见在先设计附图。

将本专利与在先设计相比较，二者轮胎胎面的四边形单元花纹块纹理基本相同，且其连续排列的方式、列数、比例关系基本相同；二者主要不同点为：在先设计未显示轮胎整体形状，未显示本专利轮胎侧面的痕线和局部文字、图案设计。合议组认为，本专利在整体形状上采用惯常的环状轮胎造型，轮胎侧面的痕线和局部线纹式文字、图案的视觉效果十分弱化，其显著视觉效果在于胎面的纹理设计；根据审查指南第四部分第五章第5.5.3节的规定，本专利相对于在先设计示显示的轮胎整体形状和轮胎侧面的痕线、局部文字和图案设计仅是该类产品的惯常设计且不受一般消费者注，其不影响对二者进行整体观察、综合判断；而二者胎面基本相同的纹理单元、连续排列方式、列数和比例关系形成了相近似的整体视觉效果，二者的差别均不足以对二者的整体外观设计视觉效果产生显著的影响，因此二者属于相近似的外观设计。

针对专利权人说明本专利具有多项轮胎特性改进的主张，合议组认为：虽然通过调整轮胎胎纹型式的各项细部参数可能会导致使用过程中的不同使用效果，但是作为本案涉及的外观设计而言，其所述各项细部参数的变化并未导致一般消费者对其产生明显不同的视觉效果，因此合议组对专利权人的主张不予支持。

针对专利权人认为轮胎胎面属于在使用过程中不易被见到的部位及相关设计为惯常设计等主张，合议组认为：作为轮胎的一般消费者，正如专利权人也在意见陈述书中陈述过的，由于轮胎胎面的设计作为构成整体轮胎与地面的直接接触面的外围轮廓的醒目设计，其决定了轮胎的各项安全性、优越性等特征，同时在视觉效果上也属于一般消费者在选购所使用的轮胎时需要重点考虑的部位，并非不易见到的部位；且通过附件1所示《2002轮胎胎面设计指南国际版》一书收录的各式各样的胎面设计，说明了轮胎胎面设计的广大变化空间，更加印证了本专利在现有技术上所作出有关细部参数的改进从外观设计的角度上并未导致显著的视觉差别的结论；因此合议组对专利权人的上述主张不予支持。

综上所述，在本专利申请日以前已有与其相近似的外观设计在出版物上公开发表过，因此，本专利不符合专利法第23条的规定。

三、决定

宣告200430067115.X号外观设计专利权全部无效。

当事人对本决定不服的，可以根据专利法第46条第2款的规定，自收到本决定之日起三个月内向北京市第一中级人民法院起诉。根据该款的规定，一方当事人起诉后，另一方当事人应当作为第三人参加诉讼。

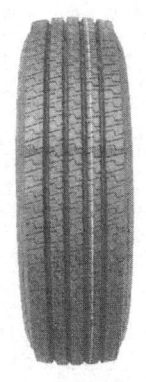
主视图

左视图

立体图

轮胎花纹局部放大图

本专利附图

在先设计附图

摩托车仪表盘（液晶显示）

无效宣告请求审查决定（第 10271 号）

决 定 号	第 10271 号
决 定 日	2007 年 7 月 20 日
发明创造名称	摩托车仪表盘（液晶显示）
外观设计分类号	10-07
无效宣告请求人	重庆建兴智能仪表有限责任公司
专 利 权 人	贺文杰
专 利 号	200430052976.0
申 请 日	2004 年 10 月 2 日
授 权 公 告 日	2005 年 4 月 6 日
合 议 组 组 长	徐清平
主 审 员	严若艳
参 审 员	王霞军
附 图	1 页

法 律 依 据　专利法第 9 条、第 23 条，专利法实施细则第 65 条第 3 款
决 定 要 点

请求人提供的证据不能证明有同样的发明创造在本专利申请日之前申请并在之后被授予专利，也不能证明在本专利申请日之前，已有与本专利相同或相近似的外观设计在国内外出版物上公开发表过、在国内公开使用过。其据此证明本专利不符合专利法第 9 条、专利法第 23 条的规定不能成立。

一、案由

本无效宣告请求涉及的是国家知识产权局于 2005 年 4 月 6 日授权公告的 200430052976.0 号外观设计专利，使用外观设计的产品名称是"摩托车仪表盘（液晶显示）"，申请日是 2004 年 10 月 2 日，专利权人是贺文杰。

针对上述外观设计专利权（下称本专利），重庆建兴智能仪表有限责任公司（以下称请求人）于 2006 年 10 月 31 日向专利复审委员会提出无效宣告请求，其理由是本专利的授予不符合中国专利法第 23 条、专利法实施细则第 13 条第 1 款和专利法实施细则第 2 条第 3 款的规定。请求人认为：根据重庆隆鼎动力机械有限公司（以下简称隆鼎公司）和重庆市九龙坡区银国橡塑模具厂（以下简称银国模具厂）提供的证据，在本专利申请日以前，依据该外观设计生产的产品已经公开销售，本专利的授予不符合专利法第 23 条的规定；该外观设计产品是依据他人的专利产品生产出来的，其外形轮廓

已固定，内部仪表液晶显示器也已固定，数字和符号不属于外观设计专利保护的范围，色彩不能单独申请专利，因此本专利不具有新颖性、独创性；虽然隆鼎公司的专利文献中对仪表盘未做显示，但其放置仪表盘的空隙和形状是留出来且附在图片上的，应当认定其包含在专利文献中，因此本专利外观设计不是新设计，不符合专利法实施细则第2条第3款的规定；同时本专利与在先外观设计专利相冲突。请求人提交了如下附件作为证据：

附件1：200430150764.6号外观设计专利证书复印件和下载的该专利图片复印件各1页；

附件2：隆鼎公司出具的关于生产销售使用200430150764.6号外观设计专利的摩托车的情况说明复印件1页；

附件3：隆鼎公司发往小鹰电子有限公司的联络函复印件1页；

附件4：送货单复印件6页，包括16张送货单；

附件5：液晶显示部分设计图复印件2页、报价单复印件1页；

附件6：调查笔录复印件3页，被调查人为隆鼎公司的李建华和李洪峰；

附件7：图纸复印件1页；

附件8：调查笔录复印件1页，被调查人为隆鼎公司开发部技术人员杨东；

附件9：调查笔录复印件3页，被调查人为银国模具厂法人代表叶朝阳。

经形式审查合格，专利复审委员会受理了该无效宣告请求，并于2006年12月25日将上述无效宣告请求书及其附件的副本转送给专利权人，要求其在指定期限内陈述意见。

2007年1月27日请求人补充意见陈述及如下证据（接前附件编号）：

附件10：摘抄的重庆市第五中级人民法院关于本专利侵权纠纷的庭审笔录复印件5页。

2007年2月8日专利权人提交了意见陈述。专利权人认为：附件1所示专利是关于沙滩车头部的外观设计，而本专利是摩托车仪表盘，二者是不同种类的产品，不具有可比性；送货单中的产品是本专利的专利权人设计并委托生产的，因此本专利不丧失新颖性；调查笔录中的被调查人与请求人有利害关系，不能作为本案的证人。专利权人提交了如下附件作为反证：

附件A：本专利公报复印件1页；

附件B：200430150764.6号外观设计专利下载图片1页。

专利复审委员会于2007年3月28日向双方当事人发出口头审理通知书，定于2007年5月28日对本案进行口头审理。随口头审理通知书将专利权人的上述意见陈述及附件的副本转送请求人。

2007年4月12日，请求人提交了调取证据原件申请书和证人出庭作证申请书。

2007年5月28日口头审理如期举行。请求人、专利权人均委托代理人出庭，双方对对方出庭人员资格均无异议，对合议组成员无回避请求。在口头审理中，合议组告知请求人，其以相关证据证明"本专利外观设计不是新设计"时，应依据专利法第23条提出无效宣告请求；附件1的公开日在本专利申请日之后，不适用专利法第23条，请求人可以将与该附件对应的无效理由变更为专利法第9条。请求人当庭将"本专利外观设计不是新设计"的无效理由变更为专利法第23条，将针对附件1的无效理由变更为专利法第9条。请求人在口头审理中陈述，附件1、附件5、附件7用于证明在本专利申请日之前已有与其相近似的外观设计公开发表，同时证明本专利与在先权利相冲突，附件2、附件3、附件4、附件6、附件8、附件9结合，用于证明在本专利申请日之前已有与其相近似的外观设计公开使用。请求人当庭提交了附件2、附件3、附件5、附件6、附件7、附件8、附件9的原件及附件4中编号为0173582、0173592、00500996、00790787的送货单原件。专利权人认可复印件与原件相符，对附件1中的图片部分、附件2、附件3、附件4的真实性有异议。附件6的证人李建华、附件8的证人杨东、附件9的证人叶朝阳就各自的证言出庭作证，接受请求人和专利权人的询问。专利权人认为请求人证明"使用公开"的证据不足，证明公开发表的内容与本专利没有关联性，证明权利冲突的是不同的产品，没有可比性。双方就用于证明"使用公开"的证据的关联性进行了辩论。对于请求人提交的附件10，合议组告知其已超过举证期限，合议组不予考虑。对于涉及专利法实施细则第13条第1款的无效宣告理由，请求人称目前无相关证据证明，合议组当庭告知不予审理。合议组告知专利权人可在口头审理结束后七日内针对请求人变更后的无效理由提交书面意见。

在口头审理后的7日内，专利权人未就请求人在口头审理当庭变更的无效理由陈述意见。

在双方当事人意见陈述和口头审理的基础上，合议组经合议，认为本案事实清楚，依法作出本审查决定。

二、决定的理由

1. 法律依据

基于请求人提出无效宣告请求的理由、口头审理当庭变更的无效理由以及陈述意见的具体内容，合议组依据专利法第9条、专利法第23条的规定进行审理。

专利法第9条规定：两个以上的申请人分别就同样的发明创造申请专利的，专利权授予最先申请的人。

专利法第23条规定：授予专利权的外观设计，应当同申请日以前在国内外出版物上公开发表过或者国内公开使用过的外观设计不相同和不相近似，并不得与他人在先取得的合法权利相冲突。

2. 不予审理的内容

对于请求人提出的本专利不符合专利法实施细则第13条第1款的无效宣告理由，请求人在意见陈述书中未结合证据进行说明，在口头审理中表明目前没有相关证据，因此，合议组对请求人关于专利法实施细则第13条第1款的无效宣告理由不予审理。

请求人在口头审理当庭表明，附件1、附件5、附件7可证明本专利与在先权利相冲突。专利法实施细则第65条第3款规定："以授予专利权的外观设计与他人在先取得的合法权利相冲突为理由请求宣告外观设计专利权无效，但是未提交生效的能够证明权利冲突的处理决定或者判决的，专利复审委员会不予受理。"本案中，附件1、附件5、附件7均不属于生效的能够证明权利冲突的处理决定或者判决，因此，合议组对请求人提出的关于本专利与在先权利相冲突的无效宣告理由不予审理。

关于附件10，因其超过1个月的举证期限，且不属于专利复审委员会不予考虑的例外情形，合议组对附件10不予考虑。

3. 证据认定

（1）用于证明"本专利不符合专利法第9条的规定"的附件1。

附件1为200430150764.6号外观设计专利证书复印件和下载的该专利图片复印件，专利权人对图片的真实性有异议。经合议组核实，该附件图片所示内容真实。200430150764.6号外观设计专利的申请日为2004年8月13日，公告日为2005年11月9日，申请人为重庆隆鑫工业（集团）有限公司，属于他人在本专利申请日之前申请、之后授权的外观设计专利，适用专利法第9条。

（2）用于证明"公开发表"的附件5、附件7。

附件5是液晶显示部分设计图复印件和报价单复印件，请求人当庭提交了原件，专利权人未对其真实性提出异议。附件7是图纸复印件，请求人当庭提交了盖有"重庆隆鼎动力机械有限公司技术中心"印章的图纸，其上注有"此件系原件复印"。合议组认为，上述图纸和报价单均为相关企业内部交往资料或单据，在无相关证据佐证的情况下，其所示内容不足以被采信。同时，附件5的设计图和附件7都属于单位的技术资料，不是公众中的任何人想要得知该设计就能够得知的，而附件5中的报价单是上海海晶电子有限公司发给请求人的关于液晶显示屏的报价，其公开的范围是双方当事人，不是不特定的公众。因此，附件5、附件7均不属于专利法意义上的公开出版物，不能证明在本专利申请日之前已有与其相近似的外观设计公开发表。

对于请求人以附件1证明有关在先公开发表事实的主张，由于附件1的公开日在本专利申请日之后，合议组已当庭告知附件1不适用专利法第23条，本决定对此不再评述。

（3）用于证明"公开使用"的附件2、附件3、附件4、附件6、附件8、附件9。

附件2是隆鼎公司出具的情况说明，内容是该公司自2004年6月至2004年9月已生产并销售了使用200430150764.6号外观设计专利的摩托车。附件3是隆鼎公司发往小鹰电子有限公司的联络函，内容是声明本专利产品系其公司开发且在专利申请日前已生产销售，希望协商解决相关事宜。附件4是16张送货单的复印件，请求人当庭提交了其中4张送货单的原件，号码分别是0173582、0173592、00500996、00790787，日期分别为2004年4月10日、2004年7月30日、2005年2月21日、2005年3月3日。附件6、附件8、附件9均为证人证言，附件6的证人是隆鼎公司的李建华和李洪峰，证言主要内容为：2004年初，隆鼎公司开发250型沙滩车头部，贺文杰和银国模具厂为其配套，银国模具厂生产仪表盘罩，贺文杰为仪表盘罩装机芯，自2004年5月份起，隆鼎公司开始销售安装有这种沙滩车头部的整车。附件8的证人是重庆隆鼎动力机械有限公司开发部技术人员杨东，证言的内容与附件6的大致相同，另外还证明贺文杰的提供的仪表是与隆鼎公司的产品配套的，其产品的外轮廓是由隆鼎公司的产品确定的。附件9的证人是重庆九龙坡区银国橡塑模具厂法人代表叶朝阳，证言主要内容为：2003年8、9月份，隆鼎公司将沙滩车头部的实物交给银国模具厂，要求其为空出来装配液晶显示屏的地方开模制作液晶显示屏的外壳，然后由贺文杰组装成液晶显示屏仪表后，交给隆鼎公司；银国模具厂自费开模，于2004年4月份将仪表罩卖给贺文杰，该产品也卖给其他人。李建华、杨东、叶朝阳分别就其所作的证言出庭作证。

请求人认为上述证据的结合，能证明本专利外观设计在其申请日以前已经公开使用。合议组认为：附件2、附件3均属于相关单位出具的证明，无自然人签字，口头审理中无证人出庭作证，参照最高人民法院关于适用《中华人民共和国民事诉讼法》若干问题的意见第77条的规定：依照民事诉讼法第六十五条由有关单位向人民法院提出的证明文书，应由单位负责人签名或签章，并加盖单位公章。因此，附件2、附件3不具备形式要件，且无相关原始证据充分证明其内容，不能作为本案认定事实的依据。附件4的送货单为相关当事人之间的内部单据，且提交的4张送货单原件中，只有号码为0173582和0173592的送货日期在本专利申请日之前，内部单据的证明力较小，其不足以单独作为认定在先销售事实的依据。附件6、附件8、附件9经证人作证，可以确认其形式上的真实性，但证言的内容无相关原始证据印证，不能作为本案认定事实的依据。综上，上述各附件之间无必然的关联性，不能相互印证，其不论是单独使用还是结合使用均不能证明本专利外观设计在其申请日以前已经公开使用，请求人的主张得不到证据的支持。

4. 相同相近似比较

附件1所示为一种沙滩车头部的外观设计（下称在先设计），本专利公开的是一种摩托车仪表盘，外观设计内容见本专利附图和在先设计附图。二者用途不相同也不相近似，不属于相同或相近似类别的产品，不进行本专利与在先设计的比较和判断，即可认定本专利与在先设计不相近似。因此，本专利与在先设计不属于"同样的发明创造"，附件1不能证明本专利不符合专利法第9条的规定。

5. 结论

综上所述，请求人提供的证据不能证明有同样的发明创造在本专利申请日之前申请并在之后被授予专利，也不能证明在本专利申请日之前，已有与本专利相同或相近似的外观设计在国内外出版物上公开发表过、在国内公开使用过。其据此证明本专利不符合专利法第9条、专利法第23条的规定不能成立。

三、决定

维持 200430052976.0 号外观设计专利权有效。

当事人对本决定不服的，可以根据专利法第 46 条第 2 款的规定，自收到本决定之日起三个月内向北京市第一中级人民法院起诉。根据该款的规定，一方当事人起诉后，另一方当事人应当作为第三人参加诉讼。

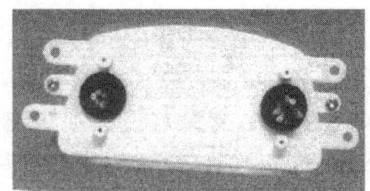

俯视图　　　　　　　　　后视图

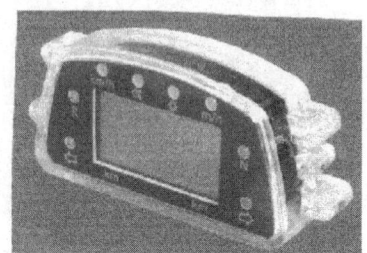

左视图　　　　　主视图　　　　　立体图

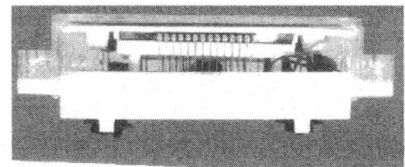

仰视图

本专利附图

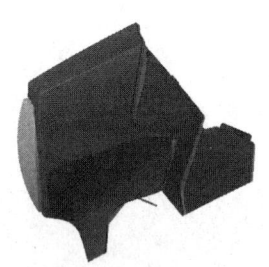
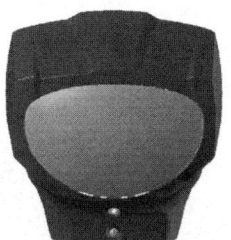
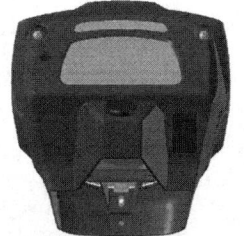

右视图　　　　　主视图　　　　　后视图

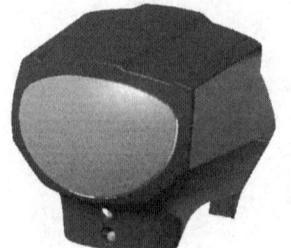

俯视图　　　　　立体图

在先设计附图

牙缝刷

无效宣告请求审查决定（第 10272 号）

决 定 号	第 10272 号
决 定 日	2007 年 7 月 13 日
发明创造名称	牙缝刷
外观设计分类号	04-02
无效宣告请求人	日星股份有限公司
专 利 权 人	蔡新民，张天长
专 利 号	200330114662.4
申 请 日	2003 年 10 月 13 日
授权公告日	2004 年 4 月 28 日
合议组组长	徐洁玲
主 审 员	郭 婷
参 审 员	许 磊
附 图	1 页

法律依据 专利法第 23 条

决定要点

在比较被比设计和在先设计时，若通过整体观察并综合考虑各种因素确定二者区别点仅在于局部的细微变化，该区别对整体视觉效果不足以产生显著影响，则二者属于相近似的外观设计。

一、案由

本无效宣告请求案涉及国家知识产权局于 2004 年 4 月 28 日公告授予的、名称为"牙缝刷"的第 200330114662.4 号外观设计专利权（下称本专利），其申请日为 2003 年 10 月 13 日，专利权人为蔡新民、张天长。

针对上述专利权，日星股份有限公司（下称请求人）于 2006 年 11 月 28 日向专利复审委员会提出无效宣告请求，认为本专利不符合专利法第 23 条的规定，并提交了下述附件：

附件 1：公告日为 1999 年 11 月 5 日的第 1053387 号日本意匠公报及相关部分中文译文，复印件共 3 页。

附件 2：本专利授权公告文本，复印件共 1 页。

请求人认为，附件 1 是在本专利申请日前公开的外观设计公报，该外观设计产品也是一种牙缝刷，与本专利属于相同的产品。在外观设计上，二者刷柄均大致呈长的柱形，刷柄的两个相对面形成切面，另两个相对面中间偏下位置处具有"一"字形突起，刷柄前部渐细，与刷头连接部较细小。二者刷头均采用一线形刷头，刷毛围绕刷毛呈圆柱形布设。由此可见，本专利无论是从整体形状还是一些细节设计上，均与附件1相同，足以造成一般消费者的混同和误认。因此，本专利与附件1相同或相似，不符合专利法第23条的规定。

经形式审查合格后，专利复审委员会受理了上述请求，于2006年12月13日向双方当事人发出《无效宣告请求受理通知书》，并将《专利权无效宣告请求书》及其附件清单中所列附件的副本转送给专利权人，告知其可以在指定的期限内陈述意见，期满未答复的，不影响专利复审委员会审理，同时成立合议组对本无效宣告请求案进行审理。

2007年3月1日，本案合议组向双方当事人发出《无效宣告请求口头审理通知书》，定于2007年4月20日对本专利权的无效宣告请求进行口头审理。

2007年4月20日，口头审理如期进行，请求人委托代理人出席了口头审理，专利权人没有出席，合议组在请求人一方出庭的情况下就本无效宣告请求案进行了庭审调查。请求人当庭提交了盖有国家知识产权局专利检索咨询中心副本认证专用章的附件1的复印件，该红章上写明"经确认此副本与原件相同"，请求人认为本专利被比设计与附件1中的在先设计相近似，不符合专利法第23条的规定。

至此，合议组认为本案的事实清楚，可以作出审查决定。

二、决定的理由

1. 法律依据

基于请求人提出无效宣告请求所依据的事实和理由，合议组对本专利是否符合专利法第23条的规定进行审查。

专利法第23条规定，授予专利权的外观设计，应当同申请日以前在国内外出版物上公开发表过或者国内公开使用过的外观设计不相同和不相近似，并不得与他人在先取得的合法权利相冲突。

在比较被比设计和在先设计时，若通过整体观察并综合考虑各种因素确定二者区别点仅在于局部的细微变化，该区别对整体视觉效果不足以产生显著影响，则二者属于相近似的外观设计。

2. 关于证据

由于请求人当庭提交了盖有国家知识产权局专利检索咨询中心副本认证专用章的附件1的复印件，该红章上写明"经确认此副本与原件相同"，经核实，其内容也与请求人在提出无效宣告请求时提交的附件1的内容相同，故合议组对附件1的真实性予以确认。此外，由于附件1的公开日为1999年11月5日，在本专利的申请日之前，故附件1能够作为在先设计与本专利进行相近似比较。

3. 相近似比较

本专利（下称被比设计）的名称为"牙缝刷"，其授权公告文本共5幅视图，包括主视图、后视图、仰视图、俯视图和左视图。根据本专利授权文本视图可见，被比设计的刷柄大致呈长的柱形，刷柄的两个相对面呈椭圆形切面，另两个相对面中间偏下位置各有一个"一"字形突起，"一"字两侧各有一个点状突起，在其中一个相对面靠近刷柄底部位置有一较浅的花状纹路，刷柄前部渐细并带有螺纹，刷头采用一线形刷头，刷毛围绕中心呈圆柱形布设。

附件1（下称在先设计）的名称为"齿间刷"，根据在先设计的正面图、平面图、底面图、右侧面图可见，被比设计的刷柄也大致呈长的柱形，刷柄的两个相对面呈椭圆形切面，另两个相对面中间偏下位置各有一个"一"字形突起，刷柄前部渐细并带有螺纹，刷头采用一线形刷头，刷毛围绕中心呈圆柱形布设。

合议组认为：被比设计与在先设计的名称相同，用途也均为清洁牙缝，二者属于同一类别产品的外观设计。经整体观察，可见被比设计与在先设计的整体形状和大部分局部设置均相同，区别仅在于被比设计在"一"字突起两侧有点状突起以及在一个面上有较浅的花状纹路，然而上述区别仅是局部的细微变化，在整体设计中所占比例很小，其差别不足以对整体视觉效果产生显著影响。综上所述，被比设计与在先设计相近似，本专利不符合专利法第23条的规定。

基于以上事实和理由，本案合议组作出如下审查决定。

三、决定

宣告200330114662.4号外观设计专利权无效。

当事人对本决定不服的，可以根据专利法第46条第2款的规定，自收到本决定之日起三个月内向北京市第一中级人民法院起诉。根据该款的规定，一方当事人起诉后，另一方当事人应当作为第三人参加诉讼。

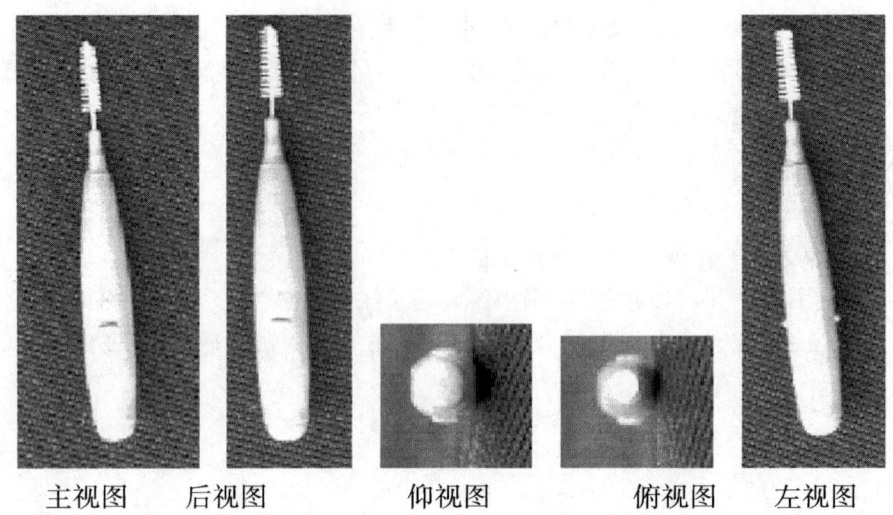

| 主视图 | 后视图 | 仰视图 | 俯视图 | 左视图 |

本专利附图

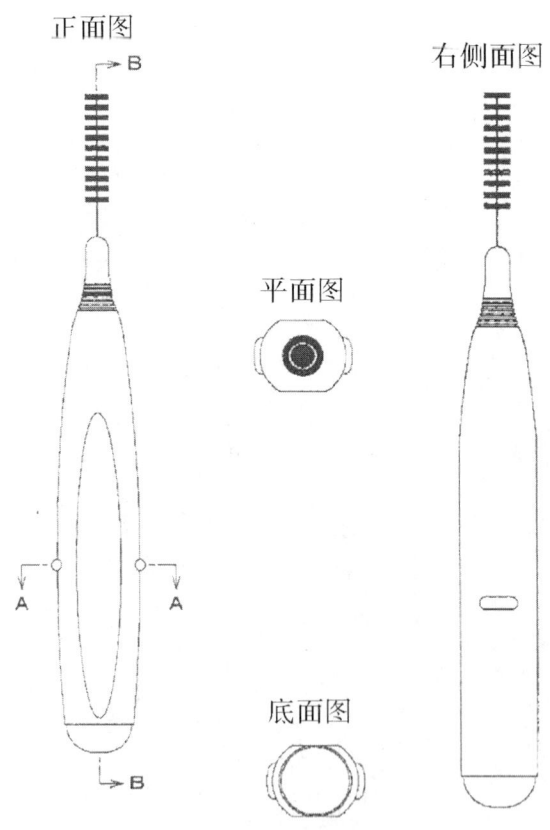

附件1附图

汽车驾驶室总成（RSG）

无效宣告请求审查决定（第 10277 号）

决　定　号	第 10277 号
决　定　日	2007 年 7 月 13 日
发明创造名称	汽车驾驶室总成（RSG）
外观设计分类号	12-16
无效宣告请求人	湖南长沙平头汽车车身制造厂
专 利 权 人	湖北省齐星汽车车身股份有限公司
专　利　号	200430014698.X
申　请　日	2004 年 6 月 11 日
授权公告日	2005 年 8 月 31 日
合议组组长	徐清平
主　审　员	郭　婷
参　审　员	任　怡
法律依据	专利法第 23 条

决　定　要　点

如果无效宣告请求人认为一项外观设计已使用公开，不符合专利法第 23 条的规定时，必须同时证实下述两方面均成立：第一，必须证明所提交证据中的外观设计在申请日前已使用公开，第二，必须证明所提交证据中的外观设计确实与本专利外观设计相同或相近似。如果上述两方面中的任何一项不能得到证实，则关于该外观设计因使用公开而不符合专利法第 23 条规定的主张不能被接受。

一、案由

本专利权无效宣告请求案涉及国家知识产权局于 2005 年 8 月 31 日公告授予的、名称为"汽车驾驶室总成（RSG）"的第 200430014698.X 号外观设计专利（下称本专利），其申请日为 2004 年 6 月 11 日，专利权人为湖北省齐星汽车车身股份有限公司。

针对上述专利权，湖南长沙平头汽车车身制造厂（下称请求人）于 2006 年 11 月 6 日向专利复审委员会提出专利无效宣告请求，认为本专利不符合专利法第 23 条的规定。请求人同时提交了以下附件作为证据：

附件 1：湖南省株洲市公证处出具的（2006）株证内字第 3808 号公证书，原件，共 7 页；

附件 2：徐工集团网页打印件，共 4 页。

请求人认为，附件 1 为 2006 年 10 月 27 日在湖南省株洲市拍摄的一组汽车起重机的外观照片，照片上的产品出厂铭牌显示，汽车起重机系徐州工程机械集团有限公司于2003年12月制造出厂，品牌为海虹牌，型号为XZJ5161JQZ12，该汽车起重机上使用了操纵吊臂的汽车驾驶室总成（简称已有产品1）。附件2为从徐工集团网站上下载的信息资料，其中披露了徐工生产的QAY50和QY65K汽车起重机外观图片，图片显示在QAY50和QY65K汽车起重机上均使用了操纵吊臂的汽车驾驶室总成（分别简称已有产品2和已有产品3），关于QAY50和QY65K汽车起重机面世的报道文章标题在网上发布的时间分别为2004年1月2日和2003年5月7日，由此可证明QAY50和QY65K汽车起重机至少于相关文章发表之前已在国内公开使用。本专利与申请日之前在国内公开使用过的已有产品1、2、3属于相同种类的外观设计，且相近似，因此本专利不符合专利法第23条的规定。

经形式审查合格后，专利复审委员会受理了上述请求，于2006年11月7日向双方当事人发出《无效宣告请求受理通知书》，并将《专利权无效宣告请求书》及其附件副本转送给专利权人，要求其在指定的期限内答复，同时成立合议组对本无效宣告请求案进行审理。

2006年12月6日，请求人又提交了意见陈述书及以下附件作为证据：

附件3：广东省广州市公证处出具的（2006）穗证内经字第102025号公证书，复印件，共9页。

请求人认为，附件3为2006年12月4日在广州市拍摄的一组汽车起重机的外观照片，照片上的产品出厂铭牌显示，该汽车起重机系徐州工程机械集团有限公司于2004年4月制造出厂，品牌为海虹牌，型号为XZJ5266JQZ25K，该汽车起重机上使用了操纵吊臂的汽车驾驶室总成（简称已有产品4）。本专利与已有产品4属于同类产品，二者属于相近似的外观设计，由于已有产品4在本专利申请日前就已在国内公开使用，因此本专利不符合专利法第23条的规定。

专利权人于2006年12月20日针对《无效宣告请求受理通知书》提交了意见陈述书。专利权人认为：（1）附件1仅仅是确认在公证日在车上存在显示出厂日期为2003年12月字样的出厂铭牌，并不能确认在公证日之前或申请日之前该车就有标注此日期的出厂铭牌，附件1不能证明申请日前该车公开销售的事实。（2）附件2所载信息资料的公开日期难以确定。

2007年3月1日，本案合议组将请求人于2006年12月6日提交的意见陈述书及补充证据材料的副本转送给专利权人，并要求其在自收到之日起一个月内作出答复。

2007年4月10日，专利权人针对请求人于2006年12月6日提交的意见陈述及补充证据作出答复，认为与附件1相类似，附件3也不能证明申请日前该车公开销售的事实，此外，出厂铭牌的更换非常容易，附件3本身的真实性存在问题。

2007年4月18日，本案合议组向双方当事人发出口头审理通知书，定于2007年6月11日对本案进行口头审理。同时，将专利权人于2006年12月20日和2007年4月10日提交的意见陈述书转送给请求人。

2007年6月11日口头审理如期进行。双方当事人均委托代理人参加了口头审理，口头审理过程中认定的事实如下：（1）请求人出示了附件3的原件，补交了附件2的公证书（湖南省长沙县公证处出具的（2007）长证民字第915号），专利权人对附件1~3公证书本身的真实性无异议；（2）请求人明确其无效理由为：附件1、2、3作为使用公开的证据，分别单独使用证明本专利不符合专利法第23条的规定。庭审中，合议组对请求人提出的无效理由和事实进行了充分调查，并听取了各方当事人的陈述。合议组告知专利权人，针对请求人当庭补交的附件2的公证书，专利权人可在口头审理后7日内作出书面陈述。

口头审理后，专利权人于2007年6月14日提交了意见陈述书。除了在口头审理中已经陈述过的意见外，专利权人针对附件2的公证书进一步指出，在该公证书中QAY50的图片和技术参数介绍的末页有如下声明："网站所载的产品图片和技术参数，由于设计上的改进等原因，有可能与用户交货的产品不符",这进一步说明了附件2的不确定性。

至此,合议组认为本案事实已经清楚,可以依法作出审查决定。

二、决定的理由

专利法第23条规定,授予专利权的外观设计,应当同申请日以前在国内外出版物上公开发表过或者国内公开使用过的外观设计不相同和不相近似,并不得与他人在先取得的合法权利相冲突。

如果无效宣告请求人认为一项外观设计已使用公开,不符合专利法第23条的规定时,必须同时证实下述两方面均成立:第一,必须证明所提交证据中的外观设计在申请日前已使用公开,第二,必须证明所提交证据中的外观设计确实与本专利外观设计相同或相近似。如果上述两方面中的任何一项不能得到证实,则关于该外观设计因使用公开而不符合专利法第23条规定的主张不能被接受。

关于本案中无效宣告请求人提交的证据,分别具体认定如下:

附件1为湖南省株洲市公证处出具的(2006)株证内字第3808号公证书,专利权人对该公证书本身的真实性无异议,合议组对该公证书本身的真实性也予以认可。附件1包括十张湘B21748号汽车起重机的照片,这些照片是2006年10月27日在株洲市荷塘区太阳村平安停车场拍摄的。照片显示该汽车车身上有铭牌,铭牌上标注的出厂日期为2003年12月,请求人认为据此可知该汽车的驾驶室总成在2003年12月已使用公开。对此,合议组认为:该铭牌仅是通过四个角上的可拆螺钉固定在车身上,其拆卸、更换非常容易,在请求人未提供其他相关证据证明的情况下,仅凭此铭牌上的出厂日期,不足以证明该汽车的驾驶室总成在本专利申请日前已经使用公开。

附件2为徐工集团网页打印件,请求人当庭提交了附件2的公证书,该公证书是由湖南省长沙县公证处于二〇〇七年四月二十七日作出的,记录了徐工集团网页的点击和打印过程,并附有网页打印件,专利权人对附件2公证书本身的真实性无异议,合议组对该公证书本身的真实性也予以认可。请求人认为,网页上显示的"QAY50全地面汽车起重机"的图片与网页上显示加入时间为"2004-1-2"的"徐工又一全路面汽车起重机-QAY50顺利下线"新闻标题结合能够说明QAY50的外观设计在2004年1月2日已使用公开;网页上显示的"QY65K汽车起重机"的图片与网页上显示加入时间为"2003-5-7"的"徐工汽车起重机又添新成员-QY65K、QY100"新闻标题结合能够说明Q65K的外观设计在2003年5月7日已使用公开。对此,合议组认为:(1)网页上"加入时间"等信息的修改非常容易,具有较大的随意性,在没有其他佐证证明的情况下,无法确定这两个新闻标题的公开日期确实是在2004年1月2日和2003年5月7日;(2)新闻标题中"下线"和"又添新成员"这两个词的含义都比较模糊,不能证明QAY50和QY65K已使用公开;(3)由公证书中QAY50的图片和技术参数介绍的末页声明:"网站所载的产品图片和技术参数,由于设计上的改进等原因,有可能与用户交货的产品不符,请予理解,恕不另行通知"可知,最终公开的产品的外观设计可能与网页图片上显示的外观设计不符。综上所述,附件2不足以证明其网页图片上显示的汽车驾驶室总成的外观设计在本专利申请日前已经使用公开。

附件3为广东省广州市公证处出具的(2006)穗证内经字第102025号公证书,专利权人对该公证书本身的真实性无异议,合议组对该公证书本身的真实性也予以认可。附件3包括十二张鲁A43870号汽车起重机的照片,这些照片是2006年11月30日在广州石化公司厂区内广石化运输公司门前拍摄的。照片中显示汽车吊臂上有"QY25K"字样,汽车车身上有铭牌,铭牌上标注的汽车起重机型号为"XZJ5266JQZ25K",汽车铭牌上标注的出厂日期为2004年4月,请求人认为据此可知该汽车驾驶室总成在2004年4月已使用公开。对此,合议组认为:(1)与对上述附件1的认定理由相同,该铭牌仅是通过四个角上的可拆螺钉固定在车身上,其拆卸、更换非常容易,在请求人未提供其他证据证明的情况下,仅凭此铭牌上的出厂日期,不足以证明该汽车的驾驶室总成在本专利申请日前已经使用公开；（2）汽车吊臂上显示的型号"QY25K"与汽车铭牌上的型号"QZ25K"不符，请求人未对此作出合理解释，由此可进一步说明不能确认该铭牌就是鲁 A43870 号汽车的铭牌。因此，附件 3 也不能证明其照片上的汽车驾驶室总成在本专利申请日前已经使用公开。

如上所述，由于请求人提供的证据不足以证明附件 1~3 中显示的外观设计在本专利申请日前已经公开，因此不再与本专利进行相同相近似比较。请求人提出的本专利不符合专利法第 23 条规定的主张由于缺少必要的证据支持而不能成立，合议组对于请求人提出的无效宣告请求不予支持。

基于以上事实和理由，本案合议组作出如下审查决定。

三、决定

维持 200430014698.X 号外观设计专利权有效。

当事人对本决定不服的，可以根据专利法第 46 条第 2 款的规定，自收到本决定之日起三个月内向北京市第一中级人民法院起诉。根据该款的规定，一方当事人起诉后，另一方当事人应当作为第三人参加诉讼。

橱柜内置物架（一）

无效宣告请求审查决定（第10280号）

决 定 号	第10280号
决 定 日	2007年7月23日
发明创造名称	橱柜内置物架（一）
外观设计分类号	06-06
无效宣告请求人	范志平
专 利 权 人	广州市丽维丝五金制品有限公司
专 利 号	200430059532.X
申 请 日	2004年6月8日
授权公告日	2005年5月11日
合议组组长	徐清平
主 审 员	周 佳
参 审 员	严若艳
附 图	2页

法 律 依 据 专利法第23条
决 定 要 点

对于书证应当提交原件，对请求人仅提交了复印件的书证，由于无法与原件进行核实，不能认可其真实性。本案产品宣传册与由出版社印刷并经发行渠道正式出版发行的图书不同，其印制方式和印刷内容较随意，在没有其他证据为佐证的情况下，仅凭该宣传册本身不足以认定其真实性。

一、案由

本无效宣告请求涉及的是2005年5月11日国家知识产权局授权公告的200430059532.X号外观设计专利，其使用该外观设计的产品名称为"橱柜内置物架（一）"，申请日为2004年6月8日，原专利权人为黄潮平，2006年12月6日专利权人变更为广州市丽维丝五金制品有限公司。

针对上述外观设计专利（下称本专利），2006年10月27日范志平（下称请求人）向专利复审委员会提出无效宣告请求，其理由是本专利不符合专利法第23条的规定。请求人认为有证据显示在本专利申请日前已有与其相同的外观设计在国内出版物上公开发表过或国内公开使用过，本专利应予以宣告无效，请求人提交了如下3个附件作为证据：

附件1：02361952.X号外观设计专利的著录项目和图片复印件1页；
附件2：《诺米五金》产品宣传册复印件，共14页；

附件3：本外观设计专利的著录项目和图片复印件，共5页。

经形式审查合格后，专利复审委员会受理了上述无效宣告请求，于2007年1月15日向双方当事人发出无效宣告请求受理通知书，并将无效宣告请求书及其附件的副本转送给专利权人，要求其在指定期限内答复。

专利权人未在指定期限内陈述意见。

2006年11月24日请求人提交了意见陈述书及补充证据，请求人认为通过补充证据可以进一步证明附件2的《诺米五金》产品宣传册在申请日前已公开出版和使用的事实，并提交了如下4个附件作为证据：（编号续前）

附件4：广州市番禺区信成模具塑料厂与广州雅振展览策划有限公司签定的合同复印件1页；

附件5：广州雅振展览策划有限公司开具的（2004诺米五金画册）印刷费收据复印件1页；

附件6：收货单位为厦门王鹤飞的诺米五金送货单、广州市番禺区信成模具塑料厂开具的编号为0031511的货款收据复印件，共1页。

附件7：收货单位为沈阳欧风的诺米五金送货单、广州市番禺区信成模具塑料厂开具的编号为0031961的货款收据复印件，共1页。

请求人认为附件2为《诺米五金》产品宣传册，附件2与附件4、附件5结合，可证明附件2在本专利申请日前公开了与本专利相同的外观设计，附件2与附件6或附件7结合，可证明在本专利申请日之前有与其相同的外观设计公开使用过。

2007年1月16日请求人再次提交了与2006年10月27日相同的无效宣告请求书。

针对上述无效宣告请求，专利复审委员会依法成立合议组，对本案进行审理。

2007年4月4日合议组向双方当事人发出口头审理通知书，定于2007年5月21日对本案进行口头审理，并随口头审理通知书将请求人补充提交的意见陈述书及附页的副本转送给专利权人。

口头审理如期举行，请求人和专利权人的代理人出席了口头审理。口头审理中，双方当事人对对方出庭人员的资格和身份无异议；对合议组成员没有回避请求。

在口头审理中，请求人提交了附件2的原件，未能提交附件4、附件5、附件6、附件7的原件。请求人认为附件1为在先申请并授权公告的外观设计专利，可证明在本专利申请日前已有与其相同或相近似的外观设计在国内出版物上公开发表过；附件2和附件4、附件5结合使用以证明在本专利申请日前有与其相同或相近似的外观设计公开发表过，附件2为产品宣传册，附件4的合同中记载的事项可证明该宣传册的印刷日期为2004年4月26日，早于本专利的申请日，附件5为印刷费用的支付收据，进一步证明该宣传册已印制且向社会发放；附件2和附件6、附件7结合使用证明在本专利申请日前有与其相同或相近似的外观设计公开使用过，附件6和附件7的送货单中记载有产品型号，其与附件2产品宣传册中记载的产品型号是相一致的，且送货单上记录的日期在本专利申请日之前，即可证明附件2中公开的产品已投放市场，从而构成在先使用的事实。专利权人对附件1的真实性无异议；对附件2的真实性有异议，认为附件2为产品宣传册，其上虽印有"2004"字样，但随意性较大；对附件4、附件5、附件6、附件7的真实性有异议，认为请求人并没有提供上述附件的原件，所以不能作为证据使用。

在双方当事人意见陈述及口头审理的基础上，合议组经合议，认为本案事实清楚，依法作出本审查决定。

二、决定的理由

1. 法律依据

基于请求人提出的无效宣告请求理由，合议组依据专利法第23条对本案进行审理。

专利法第 23 条规定：授予专利权的外观设计，应当同申请日以前在国内外出版物上公开发表过或者国内公开使用过的外观设计不相同和不相近似，并不得与他人在先取得的合法权利相冲突。

2. 证据和事实的认定

请求人提交的附件 1 为 02361952.X 号外观设计专利的著录项目和图片复印件，其所示专利的申请日为 2002 年 9 月 20 日，授权公告日为 2003 年 4 月 23 日，授权公告号为 3289530D，使用外观设计的产品名称为"储物架"（下称在先设计），经合议组核实，该复印件所示内容属实，其授权公告日在本专利申请日之前，确系本专利申请日之前公开发表的外观设计，属于专利法第 23 条所规定的出版物，可以作为判断本专利是否符合专利第 23 条规定的证据。

请求人提交的附件 4、附件 5、附件 6、附件 7 属于书证，请求人仅提交了其复印件，而未能提交原件，无法与原件进行核实，不能认可其真实性。

附件 2 为封面印有"诺米五金 2004"的产品宣传册，宣传册封底印有广州市番禺区信成模具塑料厂的厂名、厂址及联系方式，除封面"2004"字样外，宣传册上没有其他关于印刷日期的信息。合议组认为产品宣传册与由出版社印刷并经发行渠道正式出版发行的图书不同，其印制方式较灵活，印制内容随意性较大，在附件 4、附件 5、附件 6 和附件 7 不能作为证据使用的情况下，仅凭附件 2，不足以证明其真实性，也无法核实其印制日期和公开日期，因此附件 2 不能作为本案的定案依据。

3. 相同和相近似性比较

本专利为一种橱柜的内置物架，分类号为 06-06，在先设计为一种储物架，分类号为 06-04，两者均是用于放置物品的储物架，属于用途相同的产品，故对二者的外观设计作出如下对比：

本专利包括主视图、后视图、左视图、右视图、俯视图、仰视图和立体图。所示外观设计为一种由立杆、护栏和搁板组成的方形置物框架，分上中下三层。置物架的四个垂直边框为直角形杆状，边框上水平等距连接三层搁板，搁板四周围有护栏，前后两端的护栏为板状，中间呈倒梯形缺口，左右两端的护栏为双层条杆状，搁板上均匀排布有圆形点状结构，上层搁板后端约四分之一处空缺（详见本专利附图）。

在先设计包括主视图、后视图、左视图、俯视图、仰视图，简要说明中载明右视图与左视图对称，省略右视图。所示外观设计为一种由立杆、护栏和搁板组成的方形置物框架，分上中下三层。置物架的四个垂直边框为圆杆状，圆杆上水平等距连接有三层搁板，搁板四周围有护栏，护栏为镂空状双条板，前后两端的护板中间呈类似倒梯形缺口，搁板上均匀排布有点状结构，上层搁板后端约四分之一处空缺（详见在先设计附图）。

合议组将本专利与在先设计进行比较，其相同之处在于：置物架均为长方体形框架结构，由立杆、护栏和搁板连接构成，搁板为上中下三层，每层搁板四周围有护栏。两者的不同之处在于：搁板前后两端的护栏结构不相同，四个垂直边框的形状不同，置物架各连接、过渡处的风格不相同，且上层、中层搁板的结构也不相同。合议组认为：对于搁板前后两端的护栏结构不相同，本专利的护栏为板状结构，在先设计的护栏为镂空状结构，在先设计前后两端的镂空状护栏与左右两侧的镂空状护栏的设计风格一致，具有整体性，四面护栏环绕连接后形成一种透视感较强的视觉效果，即从置物架的任何角度都可观察到置物架相对面的结构，而本专利的前后两端板状结构护栏与左右两侧双层条杆状护栏形成一定对比，板状护栏会在视线上形成一定阻挡，使得架体形成的透视感没有在先设计突出；本专利的四个垂直边框为直角形，前后两端护栏的中间倒梯形缺口的梯形边为直线形，而在先设计的四个垂直边框为圆杆状，前后两端护栏的中间为类似倒梯形缺口，且梯形边为圆弧形过渡，即本专利在置物架各连接、过渡处采用直线形设计风格，而在先设计采用曲线形设计风格，从而两者在整体外观上产生显著不同的视觉效果；对于本专利与在先设计的上层、中层搁板结构的不同，从在先设计左视图、俯视图可看出，其中层搁板后端约四分之一处空缺，且伸出圆柱形支杆与后部护栏连接，而本专利中层搁板则无此结构。由于本专利和在先设计存在的上述差别对于外观设计的整体视觉效果具有显著影响，所以两者既不相同也不相近似。

综上所述，请求人提交的上述证据均不足以证明在本专利申请日前已有与其相同或相近似的外观设计公开出版或者公开使用的事实，请求人提出的本专利不符合专利法第23条规定的理由不能成立。

三、决定

维持200430059532.X号外观设计专利权有效。

当事人对本决定不服的，可以根据专利法第46条第2款的规定，自收到本决定之日起三个月内向北京市第一中级人民法院起诉。根据该款的规定，一方当事人起诉后，另一方当事人应当作为第三人参加诉讼。

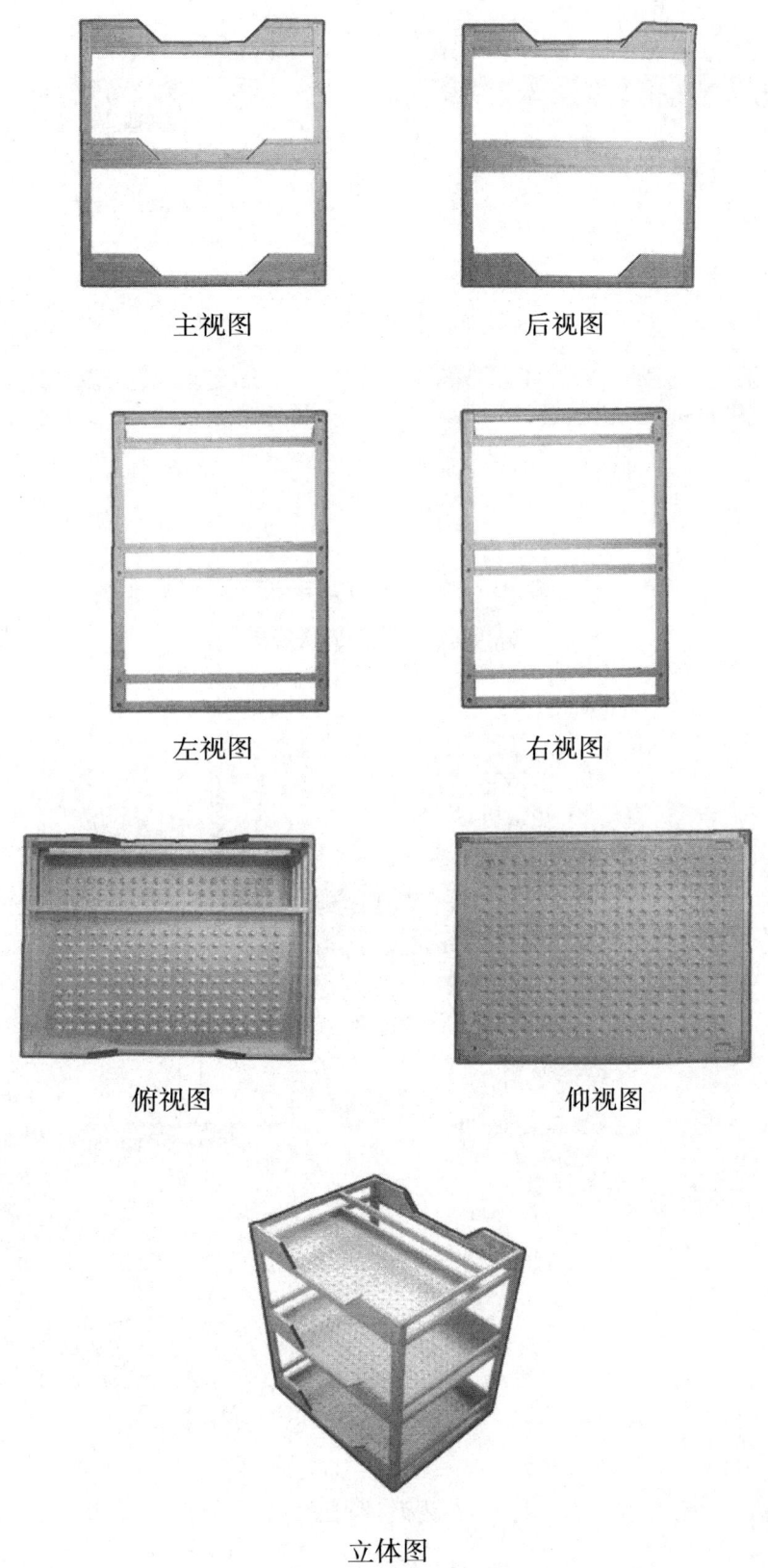

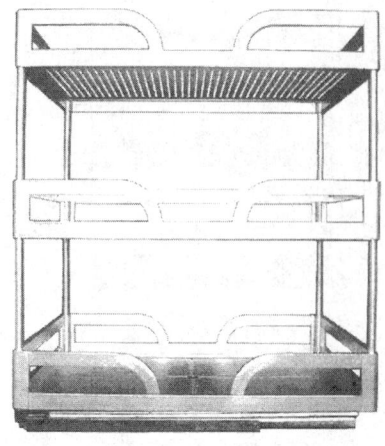
主视图

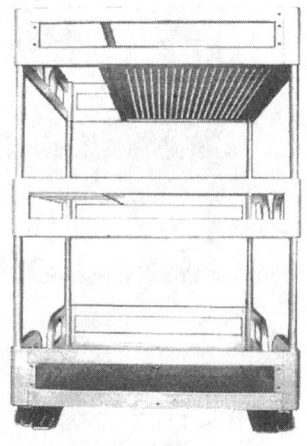
左视图

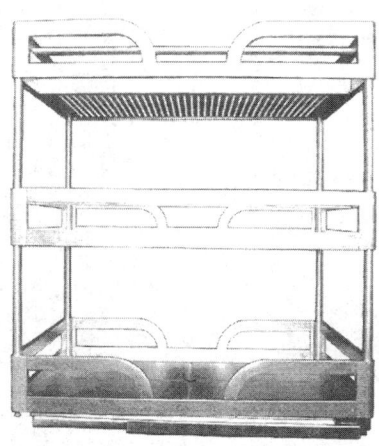
后视图

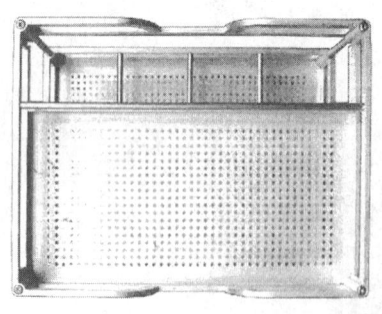
俯视图

仰视图

在先设计附图

497

应急灯（KN-189T）

无效宣告请求审查决定（第 10282 号）

决　定　号	第 10282 号
决　定　日	2007 年 6 月 25 日
发明创造名称	应急灯（KN-189T）
外观设计分类	26-05
无效宣告请求人	梁国英
专 利 权 人	江门市金莱特电器灯饰厂有限公司
专　利　号	200330119451.X
申　　　请　　　日	2003 年 12 月 17 日
授权公告日	2004 年 11 月 24 日
合议组组长	张　度
主　审　员	涂洪文
参　审　员	龙　安
附　　　图	6 页

法 律 依 据 专利法第 23 条，专利法实施细则第 13 条第 1 款
决 定 要 点
如果被比外观设计与在先外观设计的差别对产品外观设计的整体视觉效果具有显著影响，则两者既不相同，也不相近似。

一、案由

本无效宣告请求涉及申请号为 200330119451.X、发明名称为"应急灯（KN-189T）"的外观设计专利（下称本专利），其申请日为 2003 年 12 月 17 日，授权公告日为 2004 年 11 月 24 日。

针对该专利权，梁国英（下称请求人），于 2006 年 9 月 27 日向专利复审委员会提出无效宣告请求。请求人所提交的附件为：

附件 1：01352337.6 中国外观设计专利公报，公开日为 2002 年 9 月 4 日；
附件 2：02312161.0 中国外观设计专利公报，公开日为 2002 年 8 月 14 日；
附件 3：02312163.7 中国外观设计专利公报，公开日为 2002 年 8 月 14 日；
附件 4：02312162.9 中国外观设计专利公报，公开日为 2002 年 8 月 21 日；
附件 5：00304970.1 中国外观设计专利公报，公开日为 2000 年 11 月 22 日。

请求人认为本专利与附件 1~5 的外观设计属于相同相近似的外观设计专利，且本专利较上述外

观专利的申请日晚,因此违反了专利法第 23 条以及专利法实施细则第 13 条第 1 款的规定,应被视为无效。

经形式审查合格,专利复审委员会受理了上述无效宣告请求,并于 2006 年 12 月 6 日将该无效宣告请求书及其附件清单中所列附件副本转送给专利权人。

2006 年 12 月 6 日,专利权人对该无效宣告请求做出了答复,指出本专利与请求人提交的 5 个附件相比,根本无法比较,既不相同也不相近似,没有可比性,也不足以使一般消费者从整体上形成显著的相近似的视觉印象而产生混淆误认,因此其无效宣告请求的理由不能成立。

本案合议组于 2007 年 3 月 28 日向双方当事人发出了口头审理通知书,定于 2007 年 6 月 5 日进行口头审理,并向请求人发送转送文件通知书,将专利权人于 2006 年 12 月 26 日提交的意见陈述书的副本转送给请求人。

双方当事人均向合议组提交了口审回执,表示参加口头审理。

口头审理因故于 2007 年 6 月 4 日提前举行,双方当事人对对方出席口头审理的人员的身份和资格没有异议,对合议组成员没有回避请求。专利权人当庭表示对附件 1~5 的真实性没有异议。请求人明确其无效理由、证据、范围以及证据的使用情况为:本专利分别相对于附件 1~5 不符合专利法第 23 条和专利法实施细则第 13 条第 1 款的规定。请求人当庭表示以提出无效宣告请求时的书面意见为准。专利权人表示请求人在无效宣告请求书中未对理由二结合附件 2~5 与本外观设计进行具体对比,请求人认为其中的"具体理由如上所述"已经充分陈述。双方当事人当庭已充分发表意见,口头审理之后,合议组不再接受双方当事人的任何书面意见和证据。

基于上述工作,合议组认为本案事实已经清楚,依法作出本决定。

二、决定的理由

1. 证据认定

由于专利权人对附件 1~5 的真实性没有异议,经合议组核实,附件 1~5 公开日均在本专利申请日前,内容真实有效,因此附件 1~5 可以作为本案定案的依据。

2. 关于专利法第 23 条

专利法第 23 条规定:授予专利权的外观设计,应当同申请日以前在国内外出版物上公开发表过或者国内公开使用过的外观设计不相同和不相近似,并不得与他人在先取得的合法权利相冲突。

合议组认为:附件 1~5 与本专利请求保护的产品都是应急灯,属相同类型的产品,具有可比性。

本专利的外观设计共有 6 个视图,分别为主视图、后视图、仰视图、俯视图、左视图、右视图。主视图自上到下分别为提手、灯盖、灯管筒和底座,提手中部有弯曲部分,便于手握,灯管筒部分能看见内部的灯管形状,底座的正面面板有一呈"M"形的面板,面板上有 2 个指示灯与下部的开关呈倒三角排列;后视图面板中央为呈圆形具有锯齿边缘的灯罩;俯视图为外部有 4 个露出的角,往内为一圆环,圆环上均匀分布若干小凹槽,圆环内部为灯盖,灯盖中央有一贯穿该灯盖的提手;仰视图接近一正方形,四角处有螺母固定,一侧有相互垂直但未相交的四条短平行线;左右视图自上到下分别为提手、灯盖、灯管筒和底座,左视图右下侧和右视图左下侧可见具有锯齿边缘的圆形灯罩,应急灯背面的圆形面板的侧面。

附件 1 的外观设计共有 8 个视图,主视图自上到下分别为挂钩、灯盖、灯管筒和底座,其底座的面板中间有上下贯通的凹槽,凹槽中央有两个大小不等的圆形;后视图除了没有面板,挂钩方向相反,其他基本与主视图一致;俯视图由外到内分别为圆环和灯盖,圆环下部外侧有一半圆形凸起,圆环和圆形灯盖中间有贯通的长条,圆环上均匀分布四个小孔;仰视图整体呈圆形,中间内接一近似正方形,该正方形下部有一半圆柱形,其间有一上接圆弧、下部与底端靠近的小长条,整个圆形左右有两个黑色方块，上部有一半圆形凸起。

附件2有8个视图，灯体自上到下分别为提手、灯盖、灯罩、灯管筒和底座，主视图和后视图底座的面板上均为空白面板。俯视图可见其灯盖具有锯齿边缘。仰视图可见其底板外缘为一圆环。

附件3也有8个视图，除主视图有一圆形开关旋钮之外，其他特征与附件2相同。

附件4也有8个视图，除主视图上有一凸起的按钮之外，其他特征与附件2相同。

附件5有6个视图，从主视图和后视图从上至下依次为提手、灯盖、灯罩、灯管筒和底座。仰视图可见其底座为一圆形平面。俯视图可见其具有一可180度旋转的提手。左右视图基本与主视图一致。

由此可见，本专利的外观设计与附件1~5的外观设计之间的区别均具有一下3点：（1）主视图中底座正面的图形完全不同，本外观设计为在一"M"形区域具有一呈倒三角排列的2个指示灯和一个下部的开关，而附件1~5或为空白、或仅有一个按钮或旋钮；（2）俯视图与仰视图均存在部分细微的区别，例如螺孔、边纹等；（3）后视图也存在明显区别，本外观设计的后视图面板上具有有锯齿边缘的灯罩，而附件1~5中没有与其相同或类似的设计。

合议组认为：将本专利分别与附件1~5进行对比，本专利与附件1~5的上述第1、3点差别对于产品外观设计的整体视觉效果具有显著的影响。具体理由如下：（1）本专利分别与附件1~5主视图中的面板布局完全不同，而且该面板所处位置能够引起消费者关注，对产品的外观具有显著的影响；（2）本专利分别与附件1~5后视图的面板图形也完全不同，且该面板所处位置能够引起消费者关注，对产品的外观具有显著的影响。由此可见，本专利的产品外观和附件1~5的产品外观均既不相同，也不相近似。

至于本专利与对比文件1~5的其他不同点，合议组认为主视图和后视图面板的明显差异已经使得一般消费者认为本专利与在先设计的整体视觉效果显著不同，足以认定本专利分别与对比文件1~5相比既不相同也不相近似，因此不再逐一评述。

因此，本外观设计专利分别与附件1~5相比符合专利法第23条的规定。

3. 关于专利法实施细则第13条第1款

专利法实施细则第13条第1款规定：同样的发明创造只能被授予一项专利。

基于以上第2点的分析，合议组认定本专利与对比文件1~4不相近似，本专利与对比文件1~4不属于同样的发明创造，符合专利法实施细则第13条第1款的规定。

综上所述，合议组认为本专利外观设计和其申请日之前公开出版物上发表的外观设计不相近似，本专利符合专利法第23条的规定，符合专利法实施细则第13条第1款的规定。

三、决定

维持200330119451.X号外观设计专利有效。

双方当事人如对本无效宣告决定不服，根据专利法第46条第2款的规定，在收到本决定之日起三个月内可以向北京市中级人民法院起诉。

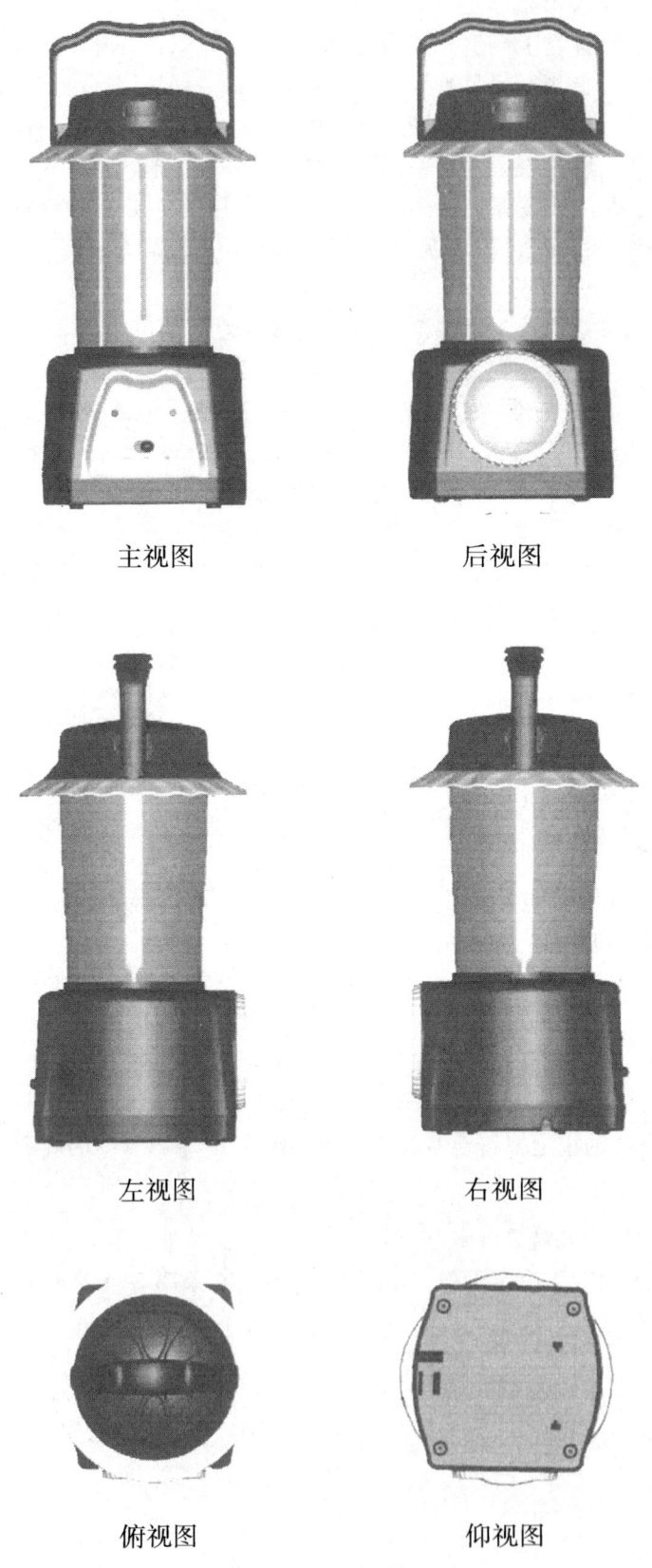

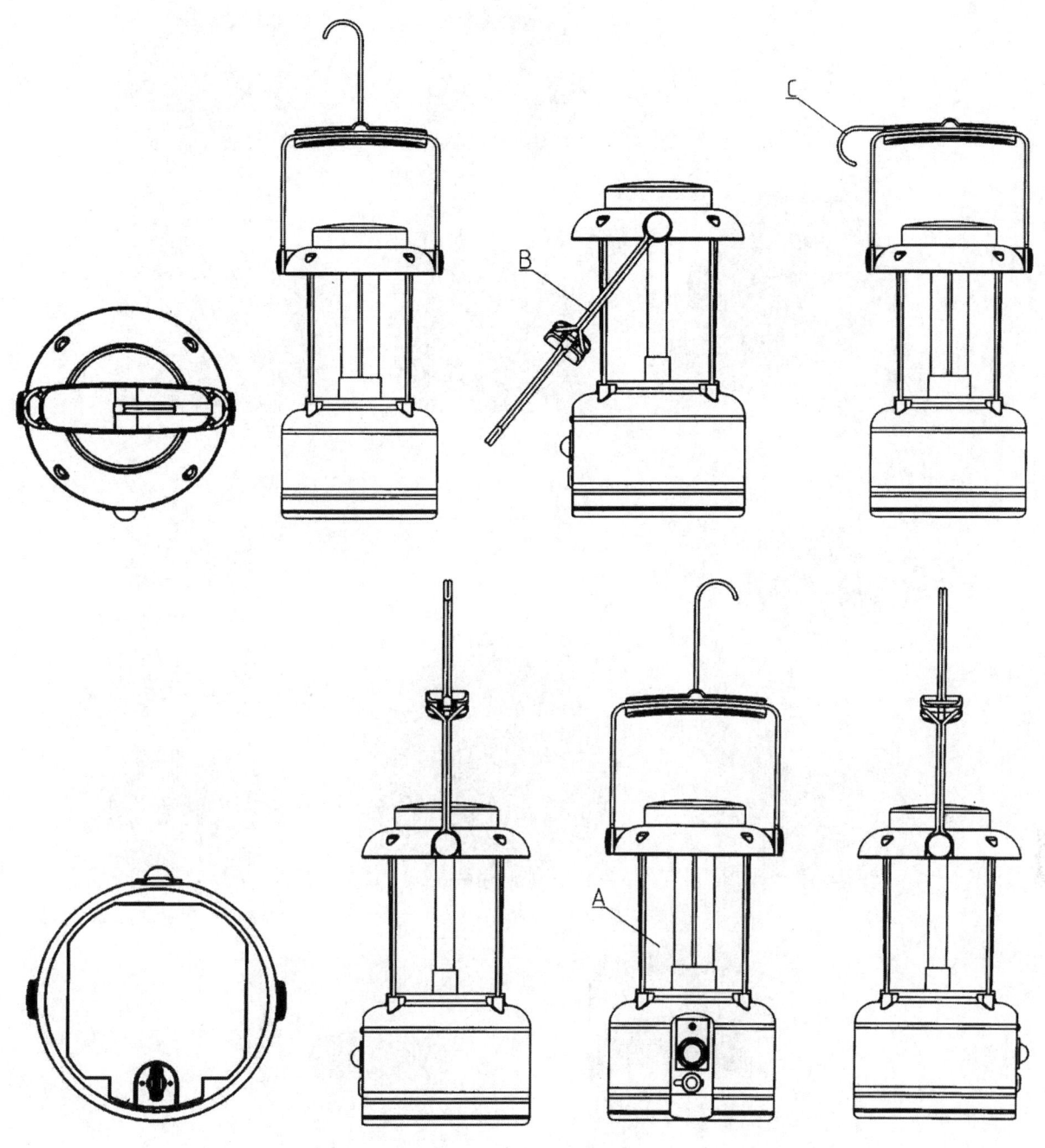

附件1 附图

附件2附图

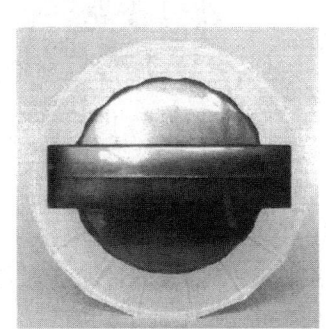

附件3 附图

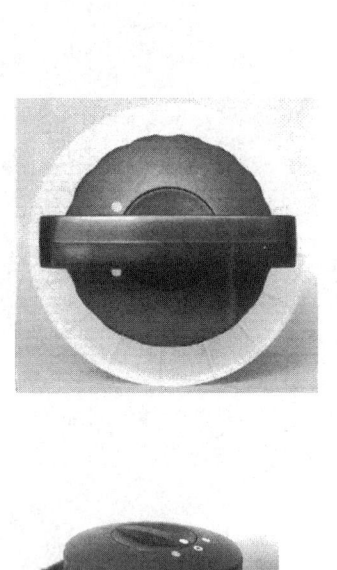

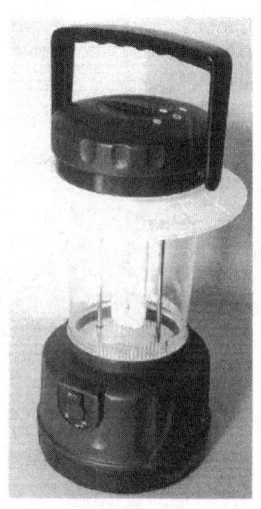

附件4附图

附件5 附图

应急灯（KN-189RD）

无效宣告请求审查决定（第10283号）

决　定　号	第10283号
决　定　日	2007年6月25日
发明创造名称	应急灯（KN-189RD）
外观设计分类	26-05
无 效 请 求 人	梁国英
专 利 权 人	江门市金莱特电器灯饰厂有限公司
专　利　号	200330119449.2
申　请　日	2003年12月17日
授 权 公 告 日	2004年11月24日
合议组组长	张　度
主　审　员	涂洪文
参　审　员	龙　安
附　　　图	6页

法 律 依 据 专利法第23条，专利法实施细则第13条第1款

决 定 要 点

如果被比外观设计与在先外观设计的差别对产品外观设计的整体视觉效果具有显著影响，则两者既不相同，也不相近似。

一、案由

本无效宣告请求涉及申请号为200330119449.2、发明名称为"应急灯（KN-189RD）"的外观设计专利（下称本专利），其申请日为2003年12月17日，授权公告日为2004年11月24日。

针对本专利，梁国英（下称请求人），于2006年9月27日向专利复审委员会提出无效宣告请求。请求人所提交的附件为：

附件1：01352337.6中国外观设计专利公报，公开日为2002年9月4日；
附件2：02312161.0中国外观设计专利公报，公开日为2002年8月14日；
附件3：02312163.7中国外观设计专利公报，公开日为2002年8月14日；
附件4：02312162.9中国外观设计专利公报，公开日为2002年8月21日；
附件5：00304970.1中国外观设计专利公报，公开日为2000年11月22日。

请求人认为本专利与附件1~5的外观设计属于相同相近似的外观设计专利，且本专利较上述外观专利的申请日晚，因此违反了专利法第23条以及专利法实施细则第13条第1款的规定，应被视为无效。

经形式审查合格，专利复审委员会受理了上述无效宣告请求，并于 2006 年 11 月 29 日将该无效宣告请求书及其附件清单中所列附件副本转送给专利权人。

2006 年 12 月 26 日，专利权人对该无效宣告请求做出了答复，指出本专利与请求人提交的 5 个附件相比，根本无法比较，既不相同也不近似，没有可比性，也不足以使一般消费者从整体上形成显著的相近似的视觉印象而产生混淆误认，因此其无效宣告请求的理由不能成立。

本案合议组于 2007 年 3 月 28 日向双方当事人发出了口头审理通知书，定于 2007 年 6 月 5 日进行口头审理，并向请求人发送转送文件通知书，将专利权人于 2006 年 12 月 26 日提交的意见陈述书的副本转送给请求人。

口头审理因故提前至 2007 年 6 月 4 日举行，双方当事人对对方出席口头审理的人员的身份和资格没有异议，对合议组成员没有回避请求。专利权人当庭表示对附件 1-5 的真实性没有异议。请求人明确其无效理由、证据、范围以及证据的使用情况为：本专利分别相对于附件 1-5 不符合专利法第 23 条和专利法实施细则第 13 条第 1 款的规定。请求人当庭表示以提出无效宣告请求时的书面意见为准。专利权人当庭表示在专利权无效宣告请求书表格第 5.6 栏中记载的本外观设计的专利号与其实际请求无效的外观设计专利号不符；请求人认为上述内容属于笔误。双方当事人当庭已充分发表意见，口头审理之后，合议组不再接受双方当事人的任何书面意见和证据。

基于上述工作，合议组认为本案事实已经清楚，依法作出本决定。

二、决定的理由

1. 证据认定

由于专利权人对附件 1-5 的真实性没有异议，经合议组核实，附件 1-5 公开日均在本专利申请日前，内容真实有效，因此附件 1-5 可以作为本案定案的依据。

2. 关于专利法第 23 条

专利法第 23 条规定：授予专利权的外观设计，应当同申请日以前在国内外出版物上公开发表过或者国内公开使用过的外观设计不相同和不相近似，并不得与他人在先取得的合法权利相冲突。

合议组认为：附件 1-5 与本专利请求保护的产品都是应急灯，属相同类型的产品，具有可比性。

本专利的外观设计共有 6 个视图，分别为主视图、后视图、仰视图、俯视图、左视图和右视图。其主视图自上到下分别为提手、灯盖、灯管筒和底座，其提手中部有弯曲部分，便于手握，灯管筒部分能看见内部的灯管，底座的正面面板上有一"M"形面板，该"M"形图案中间有一圆形图案，下部为一开关，该圆形图案左上部和右上部各有两个指示灯，基本上呈梅花状排列；后视图面板处中央有呈螺旋排列的小孔，其余与主视图一样；俯视图的外部有 4 个露出的角，往内为一圆环（为灯罩，在灯盖下，比灯盖大的部分），圆环上均匀分布若干小凹槽，圆环内部为灯盖，灯盖中央有一贯穿该灯盖的提手；仰视图接近一正方形，四角处有螺母固定，左侧有相互垂直但未相交的四条短平行线；左右视图自上到下分别为提手、灯盖、灯管筒和底座。

附件 1 也是一应急灯的外观设计，共有 8 个视图，其自上到下分别为挂钩、灯盖、灯管筒和底座，其底座的面板中间有上下贯通的凹槽，凹槽中央有两个大小不等的圆形；俯视图由外到内分别为圆环和灯盖，圆环下部外侧有一半圆形凸起，圆环和圆形灯盖中间有贯通的长条，圆环上均匀分布四个小孔；仰视图整体呈圆形，中间内接一近似正方形，该正方形下部有一半圆柱形，其间有一上接圆弧、下部与底端靠近的小长条，整个圆形左右有两个黑色方块，上部有一半圆形凸起。

附件 2 有 8 个视图，灯体自上到下分别为提手、灯盖、灯罩、灯管筒和底座，主视图和后视图底座的面板上均为空白面板。俯视图可见其灯盖具有锯齿边缘。仰视图可见其底板外缘为一圆环。

附件 3 与也有 8 个视图，除主视图有一圆形开关旋钮之外，其他特征与附件 2 相同。

附件4也有8个视图，除主视图上有一凸起的按钮之外，其他特征与附件2相同。

附件5有6个视图，从主视图和后视图上可以看出，灯体从上至下依次为提手、灯盖、灯罩、灯管筒和底座。仰视图可见其底座为一圆形平面。俯视图可见其具有一可180度旋转的提手。左右视图基本与主视图一致。

由此可见，本专利的外观设计与附件1-5的外观设计之间的区别均具有一下几点：1. 主视图中底座正面的图形完全不同，本外观设计为在一"M"形区域近似梅花分布有5个指示灯，而附件1-5中的每一个或为空白、或仅有一个按钮或旋钮；2. 俯视图与仰视图均存在部分细微的区别，例如螺孔、边纹等；3. 后视图也存在明显区别，本外观设计的后视图面板上具有呈螺旋排列的小孔，而附件1-5中的每一个都没有。

合议组认为：将本专利与附件1-5分别进行对比，上述1.3点的差别对于产品外观设计的整体视觉效果具有显著的影响。具体理由如下：1. 主视图中的面板布局完全不同，而且该面板所处位置能够引起消费者关注，对产品的外观具有显著的影响；2. 后视图的面板图形也完全不同，且该面板所处位置能够引起消费者关注，对产品的外观具有显著的影响。由此可见，本专利的产品外观和附件1-5的产品外观均既不相同，也不相近似。

至于本专利与对比文件1-5的其他不同点，合议组认为主视图和后视图面板的明显差异已经使得一般消费者认为本专利与在先设计的整体视觉效果显著不同，足以认定本专利分别与对比文件1-5相比既不相同也不相近似，因此不再逐一评述。

因此，本外观设计专利与附件1-5相比符合专利法第23条的规定。

3. 关于专利法实施细则第13条第1款

专利法实施细则第13条第1款规定：同样的发明创造只能被授予一项专利。

基于以上第2点的分析，合议组认定本专利与对比文件1-4不相近似，本专利与对比文件1-4不属于同样的发明创造，符合专利法实施细则第13条第1款的规定。

综上所述，合议组认为本专利外观设计和其申请日之前公开出版物上发表的外观设计不相近似，本专利符合专利法第23条的规定，符合专利法实施细则第13条第1款的规定。

三、决定

维持200330119449.2号外观设计专利有效。

双方当事人如对本无效宣告决定不服，根据中国专利法第46条第2款的规定，在收到本决定之日起三个月内可以向北京市中级人民法院起诉。

主视图

后视图

左视图

右视图

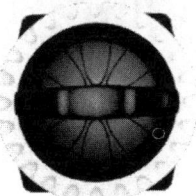
俯视图

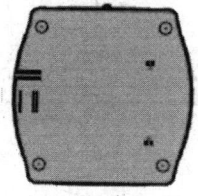
仰视图

本外观设计

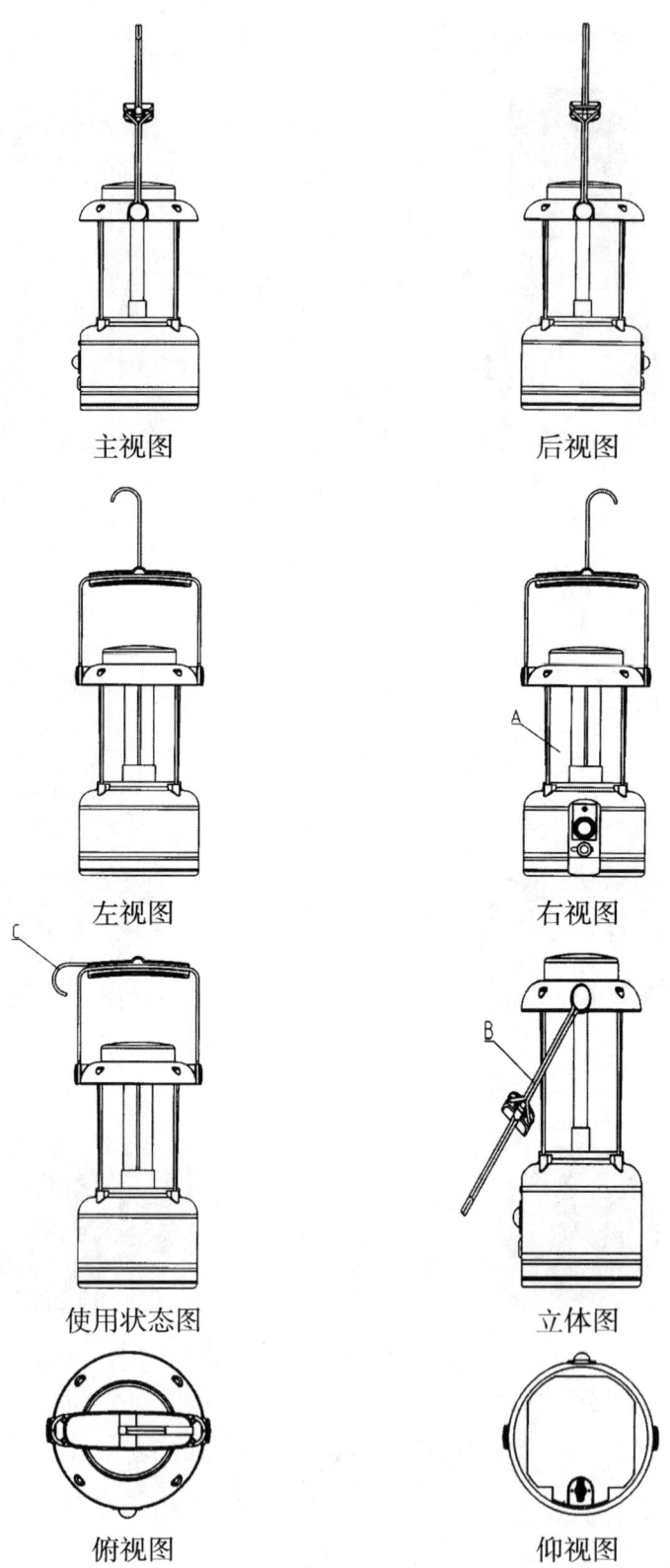

主视图

后视图

左视图

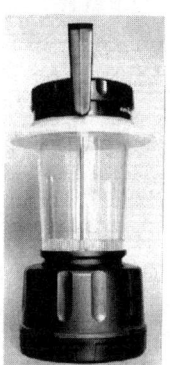

右视图

立体图

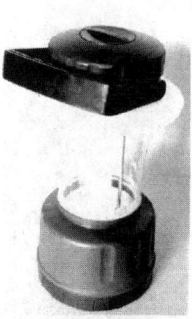

使用状态图

俯视图

仰视图

附件 2

主视图

后视图

左视图

右视图

立体图

使用状态图

俯视图

仰视图

附件 3

主视图

后视图

左视图

右视图

立体图

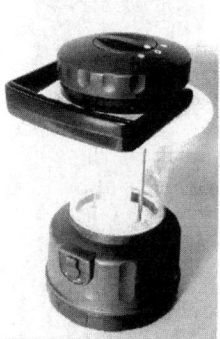
使用状态图

俯视图

仰视图

附件4

主视图　　后视图

立体图　　右视图

俯视图　　仰视图

附件 5

应急灯（KN-822）

无效宣告请求审查决定（第 10284 号）

决 定 号	第 10284 号
决 定 日	2007 年 6 月 25 日
发明创造名称	应急灯（KN-822）
外观设计分类号	26-05
无效宣告请求人	梁国英
专 利 权 人	江门市金莱特电器灯饰厂有限公司
专 利 号	200430032647.X
申 请 日	2004 年 2 月 16 日
授权公告日	2004 年 10 月 13 日
合议组组长	张 度
主 审 员	涂洪文
参 审 员	龙 安
附 图	5 页

法 律 依 据 专利法第 23 条，专利法实施细则第 13 条第 1 款
决 定 要 点
　　如果被比外观设计与在先外观设计的差别对产品外观设计的整体视觉效果具有显著影响，则两者既不相同，也不相近似。

一、案由

　　本无效请求涉及申请号为 200430032647.X、发明名称为"应急灯（KN-822）"的外观设计专利（下称本专利），其申请日为 2004 年 2 月 16 日，授权公告日为 2004 年 10 月 13 日。
　　针对本专权，梁国英（下称请求人），于 2006 年 9 月 27 日向专利复审委员会提出无效宣告请求。请求人所提交的附件为：
　　附件1：96316157.1 中国外观设计专利公报，公开日为 1997 年 6 月 18 日；
　　附件2：97302361.9 中国外观设计专利公报，公开日为 1998 年 7 月 1 日；
　　附件3：99338334.3 中国外观设计专利公报，公开日为 2000 年 8 月 23 日；
　　附件4：00319364.0 中国外观设计专利公报，公开日为 2001 年 7 月 11 日；
　　附件 5 为本专利。
　　请求人认为本专利与附件 1~4 的外观设计属于相同近似的外观设计专利，且本专利申请日较上

述外观专利的公开日晚，因此违反了专利法第 23 条以及专利法实施细则第 13 条第 1 款的规定，应被视为无效。

经形式审查合格，专利复审委员会受理了上述无效宣告请求，并于 2006 年 11 月 29 日将该无效宣告请求书及其附件清单中所列附件副本转送给专利权人。

2006 年 12 月 26 日，专利权人对该无效宣告请求做出了答复，指出本专利与请求人提交的 4 个附件相比，根本无法比较，既不相同也不近似，没有可比性，也不足以使一般消费者从整体上形成显著的相近似的视觉印象而产生混淆误认，因此其无效宣告请求的理由不能成立。

本案合议组于 2007 年 3 月 28 日向双方当事人发出了口头审理通知书，定于 2007 年 6 月 5 日进行口头审理，并向请求人发送转送文件通知书，将专利权人于 2006 年 12 月 26 日提交的意见陈述书的副本转送给请求人。

口头审理因故于 2007 年 6 月 4 日提前举行，双方当事人对对方出席口头审理的人员的身份和资格没有异议，对合议组成员没有回避请求。专利权人当庭表示对附件 1~4 的真实性有异议，认为附件 1~4 未加盖国家知识产权局相关部门核实章，双方当事人均表示由合议组核实其真实性。请求人明确其无效理由、证据、范围以及证据的使用情况为：本专利分别相对于附件 1~4 不符合专利法第 23 条和专利法实施细则第 13 条第 1 款的规定。双方当事人当庭已充分发表意见，口头审理之后，合议组不再接受双方当事人的任何书面意见和证据。

基于上述工作，合议组认为本案事实已经清楚，依法作出本决定。

二、决定的理由

1. 证据认定

由于专利权人对附件 1~4 的真实性有异议，经合议组核实，附件 1~4 为中国外观设计专利文献，且其公开日均早于本专利的申请日因此附件 1~4 可以作为在先外观设计与本专利作进行比较。

2. 关于专利法第 23 条

专利法第 23 条规定：授予专利权的外观设计，应当同申请日以前在国内外出版物上公开发表过或者国内公开使用过的外观设计不相同和不相近似，并不得与他人在先取得的合法权利相冲突。

合议组认为：附件 1~4 与本外观设计专利请求保护的产品都是应急灯，属相同类型的产品，具有可比性。

本专利的外观设计共有 7 个视图，分别为主视图、后视图、仰视图、俯视图、左视图、右视图、使用状态参考图。其主视图左上部为一提手，下部为该应急灯的外壳，外壳中央有若干弧形图纹，外壳右部可见一有横纹的长条，右上部为应急灯管与主体部分的三角形旋转部分（即灯管与应急灯主体的连接部），右下部为荧光灯管，提手四角和外壳左右下角，以及三角形旋转部分的三角处均有螺孔。后视图除了提手下部有一指示灯、不具螺孔，其余与主视图对称。左视图下部为一具有锯齿边缘的圆形灯罩，灯罩上部有凸起的棱延伸至顶部，上部左右两侧透过提手可见半圆形的旋转部分（即灯管与应急灯主体的连接部）。右视图下部为荧光灯管部分，上部为三角形旋转部分。俯视图右部为半圆形旋转部分，中部为提手及未被提手遮挡的外壳，该提手上有一方形按钮，左部为具有锯齿边缘的圆形灯罩。仰视图左部为具有锯齿边缘的圆形灯罩，中部为外壳的底板，四角有四个螺孔，靠近左侧的螺孔处有电池槽，右部为荧光灯管部分。使用状态参考图中，荧光灯管部分通过三角形的可折叠部分连接，与外壳主体右侧面呈 90 度角。

附件 1 的外观设计共有 7 个视图，分别为俯视图、后视图、仰视图、右视图、展开立体图、主视图、左视图。主视图上部为一提手，往下依次分布有一凹槽，半月形图案，一矩形横条，方形电池盖板，左部为荧光灯管部分，右部可见一灯罩的侧面。后视图从上往下依次为提手、两个按钮、3 个指示灯、一个小矩形长条,右部可见一灯罩的侧面,左部有一近似"L"形线条,最右侧为荧光灯管部分。左视图上部为三角形旋转部分,下部为荧光灯管部分。右视图中部有一贯通的缝隙,下部为一灯罩正面。俯视图左部为三角形旋转部分,中间为提手,可见外壳上的两个按钮及右侧的圆形灯罩。仰视图中部有左右贯通的缝隙,缝隙中间上面两侧有一小孔及若干螺孔,右部可见灯罩。展开立体图除了荧光灯管部分与外壳右侧大致呈90度角之外,其他特征与后视图一致。

附件2的外观设计共有8个视图,分别为主视图、仰视图、俯视图、左视图、右视图、后视图、立体图、使用状态图。主视图上部为一提手,往下依次分布有一凹槽,两个大小不等的圆形凸起,两个小孔和两个扁圆形长条,左部为荧光灯管部分,右部可见一灯罩的侧面。后视图上部为一提手,提手下部为一圆形凹槽,内有波浪形横条纹,提手和外壳边缘分布有6个螺孔。左视图上部为三角形旋转部分,下部为透明灯管部分。右视图上部为提手侧面,下部为突起的圆形灯罩。仰视图可见应急灯的底座,左右部呈圆角,中间为一矩形,四角有螺孔。俯视图左部为三角形旋转部分,右部为提手。使用状态图可见其荧光灯管与应急灯主体呈锐角。

附件3的外观设计共有10个视图,分别为主视图、仰视图、俯视图、左视图、右视图、后视图、立体图1、立体图2和使用状态图1、使用状态图2。主视图上部为一提手,往下依次分布两个大小不等的按钮、三个指示灯、一个圆形图案。后视图上部为一提手,往下依次分布有一方块,方块中有一椭圆形图形,方块右下部有另一小方块,该小方块中有一圆形图案,左下部为一可见一灯罩的侧面,右上部为三角形旋转部分,其下为荧光灯管部分。左视图上部为三角形旋转部分,下部为透明荧光灯管。右视图上部为提手,下部为一圆形灯罩。仰视图可见其底部大致呈梯形,中间为一电池盖板,右部可见圆形灯罩的下部。俯视图左部为三角形旋转部分,中间为提手,右部可见圆形灯罩的上部。使用状态图可见荧光灯管与应急灯主体外壳呈90度角。

附件4的外观设计共有7个视图,分别为主视图、仰视图、俯视图、左视图、右视图、后视图、使用状态图。主视图上部为一提手,往下依次分布大小不等的按钮、三个指示灯,指示灯下部有一方块,方块上有一圆形仪表,指示灯右部可见一旋钮的侧面,旋钮下部可见一灯罩的侧面,外壳主体的右上部为三角形旋转部分,其下为荧光灯管部分。后视图上部为一提手,提手下部为一方块,方块中央有一圆形仪表,方块下部有一不规则图形,左上部为一旋钮侧面,其下为灯罩侧面,右上部为三角形旋转部分,其下为荧光灯管部分。左视图上部为三角形旋转部分,下部为荧光灯管部分。右视图从上往下依次为提手、圆形仪表及圆形灯罩。仰视图基本呈矩形,可见右部的灯罩。俯视图可见右部的三角形旋转部分,中间为提手,右部为旋钮及灯罩。

由此可见,本专利的外观设计分别与附件1~4的外观设计之间的区别均具有如下两点:(1)附件1~4中的每一个均与本专利主视图中的外壳主体差别很大,附件1~4中的每一个均没有本外观设计的弧形线条;(2)附件1~4中的每一个均与本专利后视图外壳主体上的图形也完全不同,本专利为与正面方向相反的一排弧线,而附件1~4中的每一个都与此不同。

合议组认为:将本专利与附件1~4分别进行对比,本专利与附件1~4的上述差别对于产品外观设计的整体视觉效果具有显著的影响。具体理由如下:(1)本专利分别与附件1~4各主视图中的外壳布局完全不同,而且该外壳所处位置能够引起消费者关注,对产品的外观具有显著的影响;(2)本专利分别与附件1~4后视图的外壳也完全不同,且该外壳所处位置能够引起消费者关注,对产品的外观具有显著的影响。由此可见,本专利的产品外观和附件1~4的产品外观既不相同,也不相近似。

至于本专利与对比文件1~4的其他不同点,合议组认为以上主视图和后视图中关于应急灯外壳形状的明显差异已经使得一般消费者认为本专利与在先设计的整体视觉效果显著不同,足以认定本专利分别与对比文件1~4相比既不相同也不相近似，因此不再逐一评述。

因此，本外观设计专利与附件1~4相比符合专利法第23条的规定。

3. 关于专利法实施细则第13条第1款

专利法实施细则第13条第1款规定：同样的发明创造只能被授予一项专利。

基于以上第2点的分析，合议组认定本专利与对比文件1~4不相近似，本专利与对比文件1~4不属于同样的发明创造，符合专利法实施细则第13条第1款的规定。

综上所述，合议组认为本专利外观设计和其申请日之前公开出版物上发表的外观设计不相近似，本专利符合专利法第23条的规定，符合专利法实施细则第13条第1款的规定。

三、决定

维持200430032647.X号外观设计专利有效。

双方当事人如对本无效宣告决定不服，根据专利法第46条第2款的规定，在收到本决定之日起三个月内可以向北京市中级人民法院起诉。

本外观设计附图

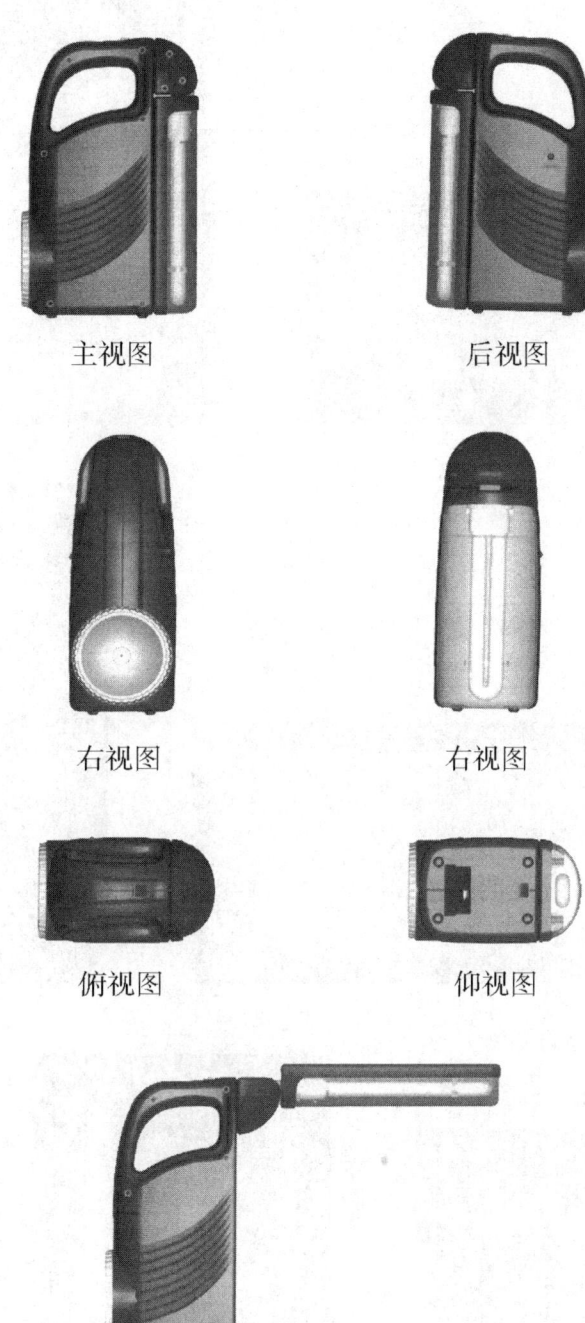

附件 1

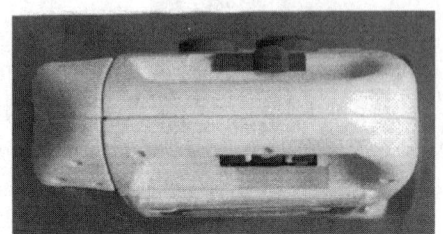
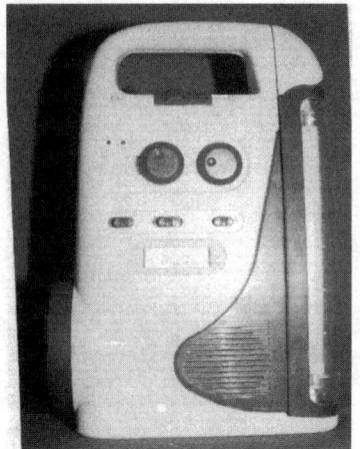
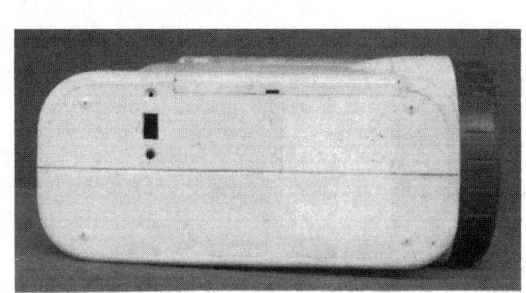
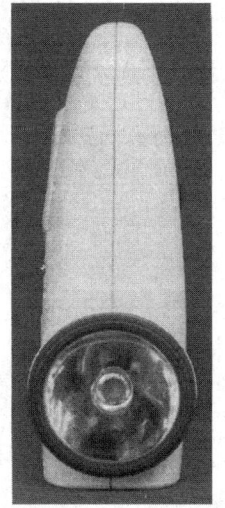
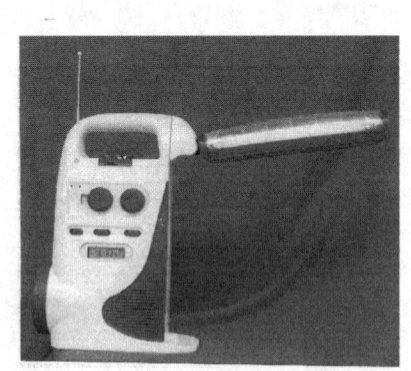
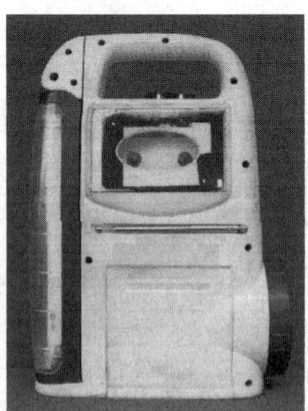
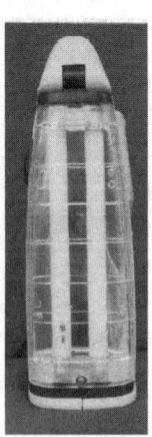

附件 2

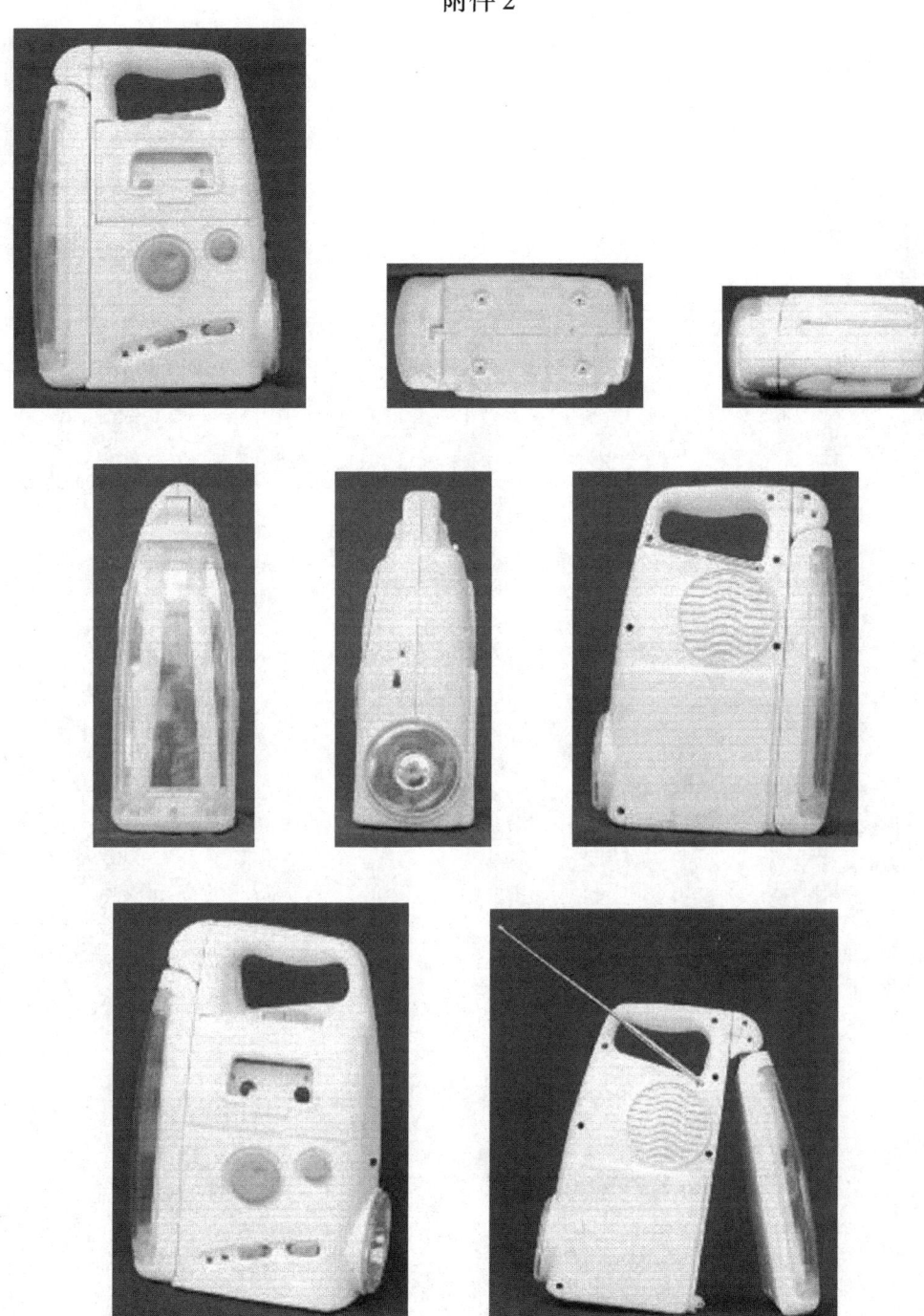

附件 3

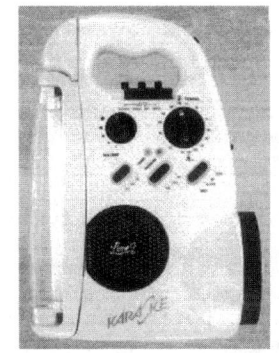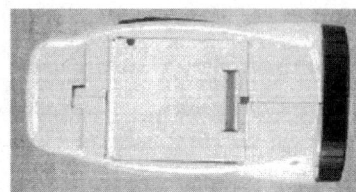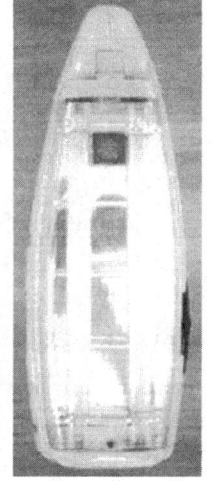
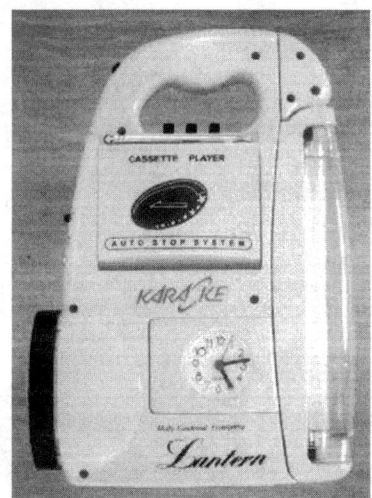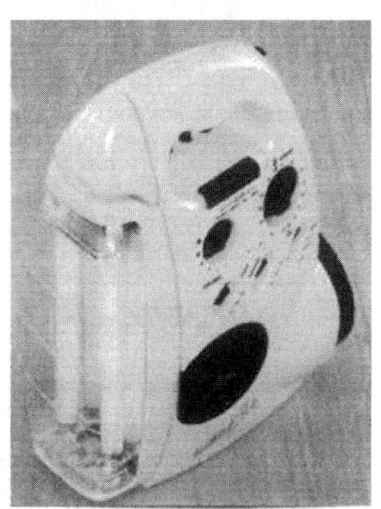
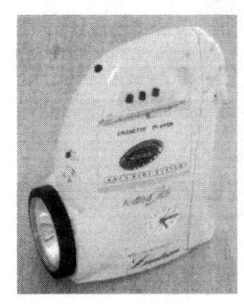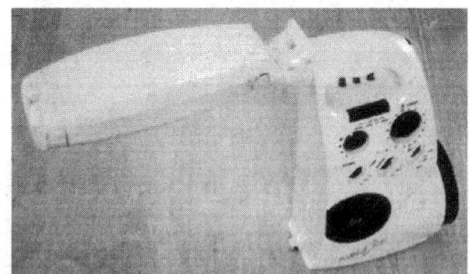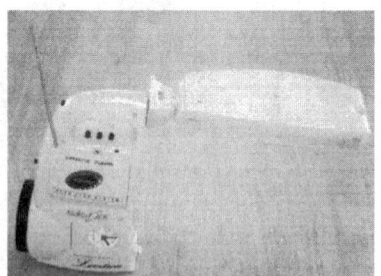

附件 4

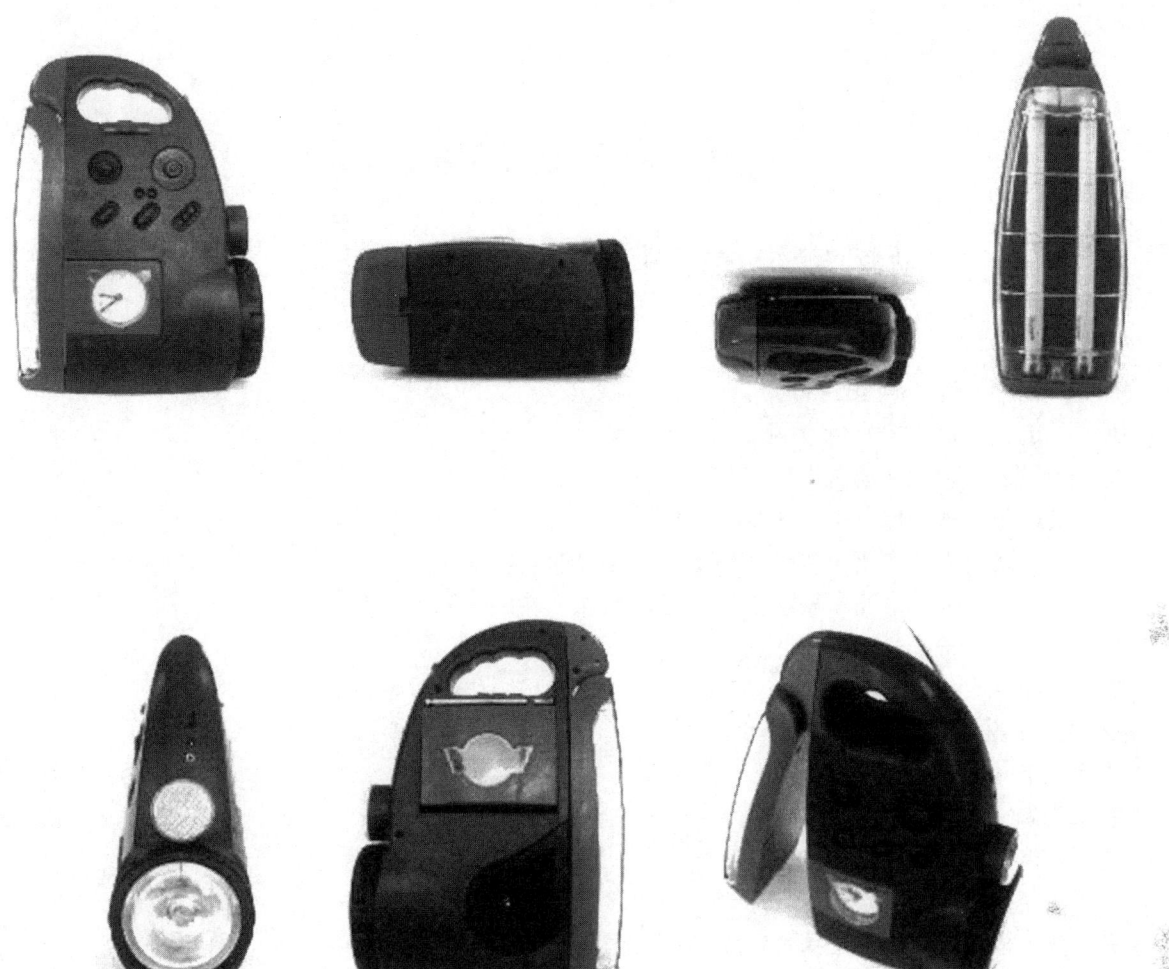

高速抛光机（VF52）

无效宣告请求审查决定（第 10286 号）

决 定 号	第 10286 号
决 定 日	2007 年 7 月 20 日
发明创造名称	高速抛光机（VF52）
外观设计分类号	15-09
无效宣告请求人	广州市白云区超宝清洁用品公司
专 利 权 人	东莞威霸清洁器材有限公司
专 利 号	01332310.5
申 请 日	2001 年 7 月 17 日
授权公告日	2002 年 3 月 6 日
合议组组长	钟 华
主 审 员	刘 畅
参 审 员	高桂莲
法 律 依 据	专利法第 23 条，专利法实施细则第 4 条
决 定 要 点	未在举证期限内提交中文译文的外文证据视为未提交。

一、案由

本无效宣告请求涉及中华人民共和国国家知识产权局于 2002 年 3 月 6 日授权公告的 01332310.5 号、名称为"高速抛光机（VF52）"的外观设计专利权（下称本专利），其申请号是 01332310.5，申请日是 2001 年 7 月 17 日，专利权人是东莞威霸清洁器材有限公司。

针对上述专利权，广州市白云区超宝清洁用品公司（下称请求人）于 2006 年 11 月 24 日向专利复审委员会提出无效宣告请求，其无效宣告请求的理由是：本专利不符合专利法第 23 条的有关规定，并提交了如下附件作为证据：

证据 1：声称为 1999 年出版的"DiverseyLever International BV-A Unilever company"的产品资料页的复印件共 4 页。

请求人认为，本专利的外观设计与证据 1 的外观设计相近似，因而不符合专利法第 23 条的有关规定。

经形式审查合格，专利复审委员会依法受理了上述无效宣告请求，并于 2006 年 11 月 28 日向双方当事人发出无效宣告请求受理通知书，告知双方当事人"根据《审查指南》第四部分第八章 2.2.1

节关于外文证据提交的规定,当事人提交外文证据的,应当提交中文译文,未在举证期限内提交中文译文的,该外文证据视为未提交",并将无效宣告请求书及其附件清单中所列附件的副本转送给专利权人,要求其在指定期限内进行意见陈述。

专利权人逾期未答复。

针对上述无效宣告请求,专利复审委员会依法成立合议组,于2007年3月23日向双方当事人发出了口头审理通知书,告知双方当事人定于2007年5月21日对本案进行口头审理。

口头审理如期举行,双方均委托代理人出席了此次口头审理。在口头审理过程中,请求人明确其无效理由为:本专利不符合专利法第23条的有关规定,明确表示使用证据1作为证据。

请求人当庭提交了证据1的原件,专利权人表示认可证据1的真实性,但对其合法性、关联性、公开性均有异议,认为证据1为国外形成的证据,应办理相应的证明手续,且从证据1本身看不出其公开日及公开范围。对此请求人认为证据1是从国内展会获得的,其最后一页"© 1999"表示其出版日期为1999年,因而无需公证、认证。

请求人认为本专利的外观设计与证据1中的外观设计相近似,当庭表示本专利与证据1的区别在于:证据1中抛光机底座罩上有一凸起,而本专利中的抛光机则没有凸起。专利权人表示本专利与证据1中的外观设计不相同也不相近似。

至此,合议组认为本案事实清楚,现依法作出审查决定。

二、决定的理由

专利法实施细则第4条规定:"依照专利法和本细则规定提交的各种文件应当使用中文;国家有统一规定的科技术语的,应当采用规范词;外国人名、地名和科技术语没有统一中文译文的,应当注明原文。

依照专利法和本细则规定提交的各种证件和证明文件是外文的,国务院专利行政部门认为必要时,可以要求当事人在指定期限内附送中文译文;期满未附送的,视为未提交该证件和证明文件。"

证据1为外文证据,依据专利法实施细则第4条以及《审查指南》第四部分第八章第2.2.1节的规定:"当事人提交外文证据的,应当提交中文译文,未在举证期限内提交中文译文的,该外文证据视为未提交"。专利复审委员会在无效宣告请求受理通知书中已告知双方当事人上述有关外文证据应在举证期限内提交中文译文的规定,但请求人一直未提交证据1的中文译文,因此证据1视为未提交。

鉴于证据1视为未提交,因此其不能证明本专利不符合专利法第23条的规定。

三、决定

维持01332310.5号外观设计专利权有效。

当事人对本决定不服的,可以根据专利法第46条第2款的规定,自收到本决定之日起三个月内向北京市第一中级人民法院起诉。根据该款的规定,一方当事人起诉后,另一方当事人应当作为第三人参加诉讼。

熨衣板

无效宣告请求审查决定（第 10287 号）

决 定 号	第 10287 号
决 定 日	2007 年 7 月 24 日
发明创造名称	熨衣板
外观设计分类号	07-05
无效宣告请求人	浙江龙士达塑业有限公司
专 利 权 人	黄鹄斌，黄鹄欣
专 利 号	200330117026.7
申 请 日	2003 年 11 月 17 日
授权公告日	2004 年 7 月 14 日
合议组组长	王霞军
主 审 员	严若艳
参 审 员	李改平
附 图	2 页

法 律 依 据 专利法第 23 条

决 定 要 点

本专利与在先设计在熨衣板尾部的差异，相对于其在熨衣板头部非对称设计上的相同点，对外观设计的整体视觉效果更具显著影响，头部具体形状的差异又弱化了其相同非对称设计的近似程度，而二者在整体形状方面的近似源于该外观设计所属领域的惯常设计。因此，本专利与在先设计 1、在先设计 2、在先设计 3 均不相近似。

一、案由

本无效宣告请求涉及的是国家知识产权局于 2004 年 7 月 14 日授权公告的 200330117026.7 号外观设计专利，使用外观设计的产品名称是"熨衣板"，申请日是 2003 年 11 月 17 日，原专利权人是黄伟雄，2006 年 11 月 29 日变更为黄鹄斌、黄鹄欣。

针对上述外观设计专利权（下称本专利），浙江龙士达塑业有限公司（下称请求人）于 2007 年 1 月 16 日向专利复审委员会提出无效宣告请求，其理由是本专利不符合专利法第 23 条的规定。请求人认为：在本专利申请日之前，已有相近似的外观设计被美国专利文献公开。熨衣板产品容易引起消费者注意的部位是熨衣板的板面，与常规熨衣板相比，本专利的创新之处在于板面的形状，而这种形状与美国在先专利公开的熨衣板形状相近似，其他部件形状的细微差异对整体视觉效果无显著影响，因此本专利的授予不符合专利法第23条的规定。请求人提交了如下附件作为证据：

附件1：专利号为5924226的美国专利文献及译文复印件共6页，申请日为1998年2月11日，授权公告日为1999年7月20日；

附件2：专利号为5443034的美国专利文献及译文复印件共7页，申请日为1994年11月4日，授权公告日为1995年7月18日；

附件3：95315975.2号外观设计专利著录项目及图片复印件1页，授权公告日为1996年9月4日；

附件4：99330401.X号外观设计专利著录项目及图片复印件1页，授权公告日为1999年12月8日；

附件5：01305837.1号外观设计专利著录项目及图片复印件2页，授权公告日为2001年12月12日；

附件6：02360384.4号外观设计专利著录项目及图片复印件1页，授权公告日为2003年3月26日；

附件7：02381601.5号外观设计专利著录项目及图片复印件1页，授权公告日为2003年8月13日；

附件8：03343436.0号外观设计专利著录项目及图片复印件1页，授权公告日为2003年12月31日；

附件9：03329663.4号外观设计专利著录项目及图片复印件1页，授权公告日为2003年10月15日；

附件10：03355807.8号外观设计专利著录项目及图片复印件1页，授权公告日为2004年3月31日；

附件11：200330134140.0号外观设计专利著录项目及图片复印件1页，授权公告日为2004年6月30日；

附件12：200430104828.9号外观设计专利著录项目及图片复印件1页，授权公告日为2006年4月12日；

附件13：200530016565.0号外观设计专利著录项目及图片复印件1页，授权公告日为2006年9月13日；

附件14：200630005623.4号外观设计专利著录项目及图片复印件1页，授权公告日为2006年11月1日。

专利复审委员会根据无效宣告请求审查程序的规定受理了该无效宣告请求，并于2007年1月16日将上述无效宣告请求书及其附件的副本转送给专利权人，要求其在指定期限内陈述意见。

专利权人于2007年2月14日提交了意见陈述书。专利权人认为：本专利外观设计产品的形状由两部分构成，中间有一个凹陷的部分连接，附件1和附件2公开的产品是一个整体，在使用的功能和方式上有很大不同，从一般消费者的角度看，本专利与附件1、附件2相比，既不相同也不相近似；附件3~14与本专利外观设计产品的形状完全不同，属于不相同也不相近似的外观设计。

专利复审委员会于2007年4月6日将上述专利权人提交的意见陈述书的副本转送请求人，同日向双方当事人发出口头审理通知书，定于2007年5月30日对本案进行口头审理。

2007年5月30日口头审理如期举行。请求人和专利权人均委托代理人出庭，双方对对方的出庭人员资格均无异议，对合议组成员无回避请求。在口头审理中，请求人声明附件3~14是作为参考文献，证明一般熨衣板的面板是对称设计的，不作为评价本专利的对比文件使用，附件1、附件2证明本专利不符合专利法第 23 条的规定，附件 1 中用作对比的图片是图 1 和图 6，附件 2 中用作对比的图片是图 2 上部的图和图 4 中的两幅图。专利权人对附件 1、附件 2 的真实性无异议。双方均认为，对于熨衣板这种产品，一般消费者主要关注的是其板面的形状。专利权人当庭演示本专利产品实物，双方就请求人指出的用作对比的外观设计与本专利外观设计是否相近似进行了辩论，各自坚持其原有观点。

在当事人的意见陈述和口头审理的基础上，合议组经合议，认为本案事实清楚，依法作出本审查决定。

二、决定的理由

1. 法律依据

基于请求人提出无效宣告请求的理由，合议组依据专利法第 23 条的规定进行审理。

专利法第 23 条规定：授予专利权的外观设计，应当同申请日以前在国内外出版物上公开发表过或者国内公开使用过的外观设计不相同和不相近似，并不得与他人在先取得的合法权利相冲突。

2. 证据认定

请求人提交的附件 1、附件 2 均为美国专利文献，经专利权人确认、合议组核实，其真实性可以确认。附件 1 的专利号为 5924226，公告日为 1999 年 7 月 20 日，附件 2 的专利号为 5443034，公告日为 1995 年 7 月 18 日，两附件的公告日均早于本专利申请日，属于本专利申请日以前公开发表的国外出版物，适用专利法第 23 条。

请求人已声明其提交的附件 3~14 仅用于说明熨衣板类产品的常规设计，不作对比文件使用，合议组对附件 3~14 不予评述。

3. 相同相近似对比

附件 1、附件 2 中使用外观设计的产品均为烫衣板，与本专利产品用途相同，属于相同种类的产品，可以进行外观设计相同相近似比较。

（1）本专利是一种熨衣板的外观设计，包括六面正投影视图。从主视图上看，其整体形状近似长方形，长宽比例约为 4∶1；自上边靠左约全长的 1/3 处，一段凸起的圆弧连接上下两个平行的长边，圆弧与下边的交接处用小圆角过度，形成一个圆弧尖角；右边有一凹槽，将板面分割为两部分；分割出来的右边部分上边向尾部略微收缩。详见本专利附图。

（2）附件 1 为 5924226 号美国专利，用于对比的是其中的图 1 和图 6（下称在先设计 1）。图 1 是带有支架的熨衣板的立体图，图 6 是表达熨衣板板面形状的视图。如图所示，在先设计 1 的整体形状近似长方形，长宽比例约为 3.5∶1；自下边靠左略小于全长 1/2 处，一段凸起的圆弧连接上下两个平行的长边，圆弧与上边的交接处用小圆角过度，形成一个圆弧尖角；右边由圆弧连接上下两个平行的长边，形成光滑过度的尾部。详见在先设计 1 附图。

比较本专利与在先设计 1，其相同点为：①二者整体形状均近似长方形，长宽比例近似；②板面左边均由一段凸起的圆弧连接上下两个平行的长边，并与较长的一边形成一个圆弧尖角。其不同点为：a. 凸起圆弧相对于长方形长边的比例不同，本专利中的比例为 1∶3，在先设计 1 中约为 1∶2；b. 本专利右边有一凹槽，将板面分割为熨衣区和熨斗搁架两个区域，在先设计 1 中无此设计特点；c. 二者尾部形状不同，本专利为上边向尾部收缩的方形，在先设计 1 为光滑过度的弧形。合议组认为：相同点中的第①点，是由该类产品的用途决定的，也属于该外观设计所属领域的惯常设计，对外观设计的整体视觉效果无显著影响。相同点中的第②点，圆弧尖角本身在该类产品中是常见的，也是由产品用途（熨衣袖等部位）决定的，本案中二者的圆弧尖角都偏向一边，形成上下不对称的设计特点，对外观设计的整体视觉效果产生影响，但相对于本专利与在先设计 1 之间的差异，二者的差异对外观设计的整体视觉效果的影响更大。首先，不同点 a 弱化了相同点②的近似程度；其次，对于该类产品的一般消费者而言，不同点 b 对外观设计的整体视觉效果有显著影响，凹槽将板面区分为两部分，既保持了板面的完整性，又实现了功能区域的划分。尽管请求人认为本专利的俯视图和仰视图中未表示出该凹槽，因而否认凹槽的存在，然而从主视图和后视图中都能看出该设计特点，且俯视图、仰视图亦有相应表示。再次，不同点 c 都对整体视觉效果也有一定的影响。综上，本专利与在先设计 1 的不同点比其相同点对外观设计的整体视觉效果更具显著的影响，本专利与在先设计 1 不相近似。

（3）附件 2 为 5443034 号美国专利，用于对比的是其中图 2 上面的图和图 4 中的两幅图。上述三幅图公开了两种熨衣板的外观设计，其中图 2 上面的图是带支架的熨衣板的立体图，图 4 上面的图是图 2 所示熨衣板板面的立体图，以下简称为在先设计 2，图 4 下面的图是另一种带支架的熨衣板的立体图，称为在先设计 3。在先设计 2 熨衣板板面的具体形状为：整体形状近似长方形；右边一条直线切掉长方形的一角，直线与长方形的上下两边用圆弧光滑过度，在下边形成一个圆弧尖角；左边部分的厚度相对于板面的厚度有明显变化，呈向外凸起的弧面，靠近熨衣区有一半圆形区域与熨衣区在同一平面。详见在先设计 2 附图。在先设计 3 的右边部分即熨衣区与在先设计 2 的相应部分相同，左边的熨斗搁架为长方形，内有方形凹陷区域（详见在先设计 3 附图）。

比较本专利与在先设计 2，相同点为二者的整体形状均近似长方形，熨衣板头部的圆弧尖角呈非对称分布的特点。其不同点是：形成圆弧尖角的线条形状不同，本专利中为弧线，在先设计 2 中为直线；尾部完全不同。合议组认为：二者尾部的不同对外观设计的整体视觉效果具有显著影响，本专利的熨衣板尾部与熨衣区在视觉上是成一体的，是用一个凹槽完成功能区域的划分，而在先设计 2 的尾部与熨衣区在视觉上是完全分离的两个区域，且形状有很大差异。上述尾部的巨大差异相对于二者在熨衣板头部非对称设计上的相同点对外观设计的整体视觉效果更具显著影响，且二者形成圆弧尖角的线条形状的不同又弱化了其非对称设计上的近似程度，而二者在整体形状方面的近似源于该外观设计所属领域的惯常设计。因此，本专利与在先设计 2 不相近似。

比较本专利与在先设计 3，其相同点和不同点同本专利与在先设计 2 的比较。尽管在先设计 3 与本专利在熨衣板尾部的差异略小于在先设计 2 与本专利在熨衣板尾部的差异，但尚不足以让一般消费者产生二者相近似的视觉印象，本专利与在先设计 3 不相近似。

4. 结论

本专利与在先设计 1、在先设计 2、在先设计 3 均不相近似。请求人提交的证据不能证明本专利的授予不符合专利法第 23 条的规定。

三、决定

维持 200330117026.7 号外观设计专利权有效。

当事人对本决定不服的，可以根据专利法第 46 条第 2 款的规定，自收到本决定之日起三个月内向北京市第一中级人民法院起诉。根据该款的规定，一方当事人起诉后，另一方当事人应当作为第三人参加诉讼。

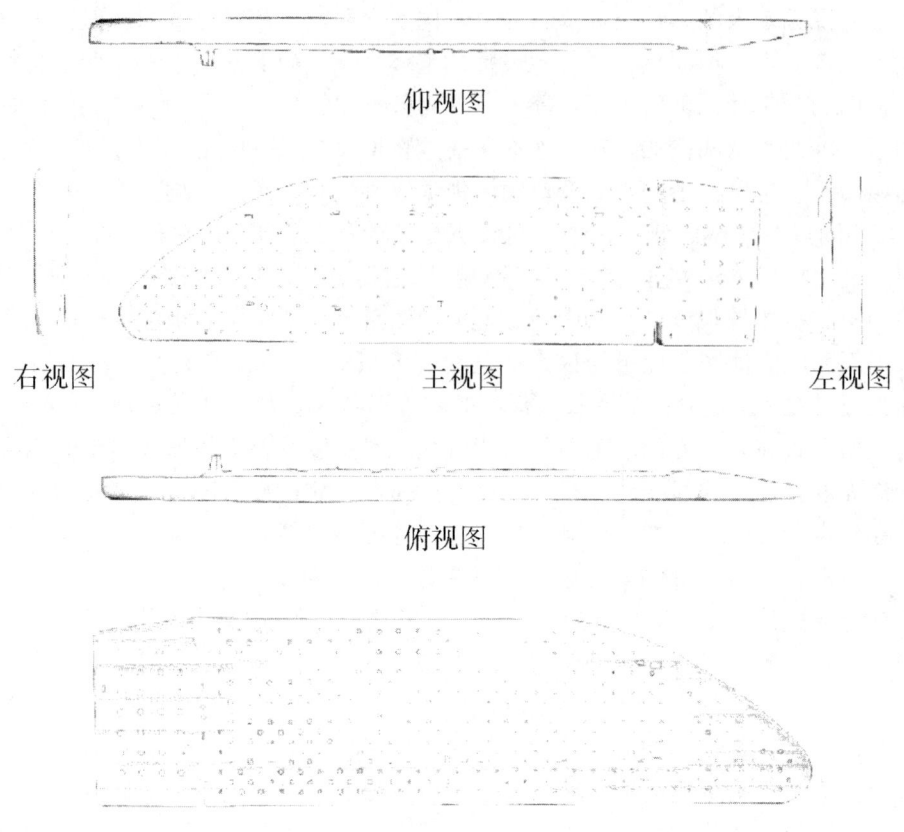

仰视图

右视图　　　主视图　　　左视图

俯视图

后视图

本专利附图

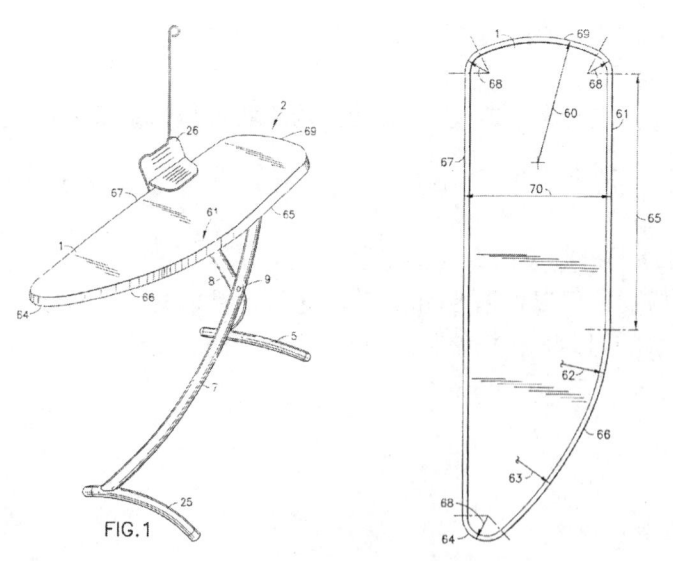

在先设计 1 附图

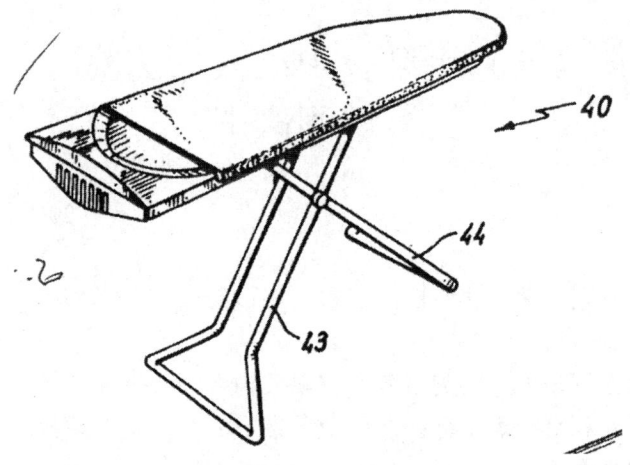

在先设计 2 附图

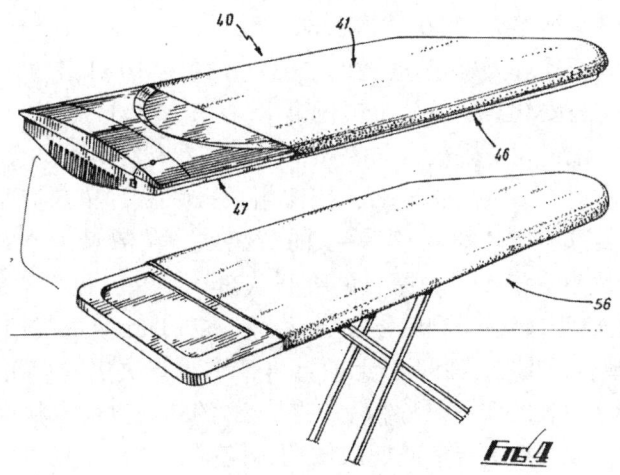

在先设计 3 附图

北京市第一中级人民法院
行政判决书

(2007) 一中行初字第1132号

原告浙江龙士达塑业有限公司，住所地浙江省临海市沿江镇下洋水。

法定代表人张灵伟，董事长。

委托代理人王兵，男，杭州天正专利事务所有限公司专利代理人。

被告国家知识产权局专利复审委员会，住所地北京市海淀区北四环西路9号银谷大厦10~12层。

法定代表人廖涛，副主任。

委托代理人严若艳，女，国家知识产权局专利复审委员会审查员。

委托代理人郭鹏鹏，男，国家知识产权局专利复审委员会审查员。

第三人黄鹄欣，女，1995年6月1日出生，汉族，广州市番禺区祈福英语实验中学学生，住广东省广州市海珠区涌尾大街50号北座804房。

法定代理人梁以峰（黄鹄欣之母），1956年6月7日出生，汉族，广州市番禺区好友实业有限公司总经理，住址同上。

第三人黄鹄斌，男，1983年10月8日出生，汉族，广州市番禺区好友实业有限公司国际业务部部长，住广东省广州市海珠区涌尾大街50号北座804房。

以上二第三人之共同委托代理人姚盛华，女，1984年10月10日出生，汉族，广州市番禺区好友实业有限公司职员，住湖南省安化县仙溪镇山口村第十二村民组344号。

原告浙江龙士达塑业有限公司不服被告国家知识产权局专利复审委员会作出的专利无效宣告请求审查决定，向本院提起行政诉讼。本院受理后，依法组成合议庭，依照《中华人民共和国行政诉讼法》第二十七条的规定，通知与本案有利害关系的黄鹄欣、黄鹄斌为本案第三人参加诉讼，并于2007年10月15日公开开庭审理了本案。原告的委托代理人王兵，被告的委托代理人严若艳、郭鹏鹏，两第三人的共同委托代理人姚盛华到庭参加了诉讼。本案现已审理终结。

2007年7月24日，被告作出第10287号无效宣告请求审查决定（以下简称被诉决定），宣告第三人所有的专利号为200330117026.7、名称为"熨衣板"的外观设计专利权（下称本专利）有效。

为证明被诉决定合法，被告在法定举证期限内向本院提交了以下证据：（1）（被诉决定中附件1）、专利号为5924226的美国专利文献及译文，共6页；（2）（被诉决定中附件2）. 专利号为5433034的美国专利文献及译文，共7页；（3）本专利公报，共1页；（4）（被诉决定中附件4）. 专利号为99330401.X的中国外观设计专利公报，共1页。

原告诉称，（1）本专利与附件1是相近似外观设计，应当宣告无效。本专利与附件1整体形状近似十分鲜明：两者的整体比例尺寸大致相同，中段和尾部都呈长方形，头部的形状相同，头部右侧是直边，左侧是圆弧边，圆弧边与右侧直边形成圆弧尖角，头部大致呈现不对称三角形。两者整体形状都是头部的不对称三角形与中后部的长方形的组合体。本专利区别与传统熨衣板的设计特色就在于头部的不对称形状，该特色给消费者留下深刻的第一印象。本专利与附件1的头部形状、曲线弧度几乎相同；其余部分两者都呈长方矩形，无显著差别。因此，两者在设计特色上相同，整体形状上近似，属于相近似外观设计。（2）被告认定事实错误。①关于整体形状。本专利与附件1整体形状是中、尾部的长方形，与头部的不对称三角形的组合，绝非近似长方形。而熨衣板的惯常设计是居中对称的头部与中、尾部长方形的组合。两者的整体形状迥异于惯常设计，对整体视觉有重大影响。因此，被诉决定对于两者整体形状有误认，其忽视整体形状的显著性没有事实依据。②被诉决定关于本专利与附件1不同点的认定错误。实际上两者的圆弧高度占整体的比例接近，本专利为33%，附件1为37%，在视觉上基本相同。被诉决定依据失真的数据弱化两者设计特色的相同点，没有事实依据；本专利公告的仰视图与俯视图上的面板线条、背板线条在凹槽处是连续的，按照制图规则，该处应当理解为没有凹槽。至于在正视图和后视图上有凹槽表示，属于各视图之间不对应。由于外观设计图片是由专利权人自行制作，用于向社会公众表示其专利的保护范围，视图的不对应造成社会公众难以确知其保护对象，其制图错误的不利后果应当由专利权人自行承担，在具体案件处理上应当取对社会公众有利的读图后果。③本专利与附件1的尾部形状大致都是方形，虽然线条弧度上有区别，但基本形状相同。被诉决定对尾部的比较忽略基本形状，夸大细节差别。（3）本专利与附件1头部的不对称设计，给消费者强烈的第一视觉印象，而且该特色塑造了产品的整体形状，造型面积占总体的比例大，在整体构图格局中地位重要。被诉决定认定本专利与附件1的不同点采取重细节轻整体的判断方式，违背了《审查指南》的规定。另外，即便凹槽的设计存在，熨衣区和熨斗搁架两个区域是功能性区别，不是形状上的差别，在形状上两区域仍然构成完整的板面，板面形状没有改变，被诉决定将功能性因素引入外观设计比较也是错误的。综上，请求撤销被诉决定，诉讼费由被告承担。

原告为证明其诉讼主张，向本院提交了以下证据：（1）北京市高级人民法院（2003）高行终字第190号行政判决书，证明外观设计相近似比较应当着重于整体形状的设计特点。另外，原告当庭提交了证据2-13。（2）专利号为CN95315975.2外观图形公告；（3）专利号为CN99330401.X外观图形公告；（4）专利号为CN01305837.1外观图形公告；（5）专利号为CN02360384.4外观图形公告；（6）专利号为CN02381601.5外观图形公告；（7）专利号为CN03343436.0外观图形公告；（8）专利号为CN03329663.4外观图形公告；（9）专利号为CN03355807.8外观图形公告；（10）专利号为CN200330134140.0外观图形公告；（11）专利号为CN200430104828.9外观图形公告；（12）专利号为CN200530016565.0外观图形公告；（13）专利号为CN200630005623.4外观图形公告。

被告辩称，被诉决定中本专利与在先设计的相近似比较，是根据《审查指南》的规定，以该类产品的一般消费者作为判断主体，根据整体观察、综合判断的原则作出。熨衣板的用途主要由其形状决定，因而熨衣板产品的一般消费者主要关注板面的形状，且会对板面的形状差异施以更多的注意力。本专利与在先设计共同具有的近似长方形整体形状是该外观设计所属领域的惯常设计，二者在熨衣板头部有相似之处，亦有区别，这些区别与二者尾部的差异共同对外观设计的整体视觉效果产生显著影响，因此得出二者不相近似的结论。综上，被诉决定认定事实清楚，适用法律正确，程序合法，相近似判断是严格按照《审查指南》规定作出的，原告所述事实和理由不能成立，请求人民法院驳回原告的诉讼请求，维持被诉决定。

第三人同意被告的答辩意见，请求维持被诉决定。第三人未向本院提交证据。

经庭审质证，原告对被告证据的关联性、真实性、合法性均无异议，但不认可被告主张的证明作用。被告、第三人均认为原告证据未在行政程序中提交，故不予认可。

经审查，本院认为，被告证据均与本案具有关联，且合法真实，本院予以确认。原告证据在行政程序中未提交，其无正当理由在诉讼中提交，且与本院审查被诉行为的合法性无关联，本院不予接纳。

根据以上确认的有效证据及各方当事人无争议的陈述，本院认定事实如下：

2004年7月14日，国家知识产权局授权公告了本专利，其申请日是2003年11月17日，原专利权人是黄伟雄，2006年11月29日变更为本案第三人黄鹄斌、黄鹄欣。

针对本专利，原告于2007年1月16日向被告提出无效宣告请求，其理由是本专利不符合《中华人民共和国专利法》（下称《专利法》）第二十三条的规定。并提交了包括附件1、2、4在内的14份附件作为证据。

被告经形式审查受理了上述无效宣告请求，并于2007年1月16日将无效宣告请求书及其附件的副本转送给第三人，要求其在指定期限内陈述意见。第三人于同年2月14日提交了意见陈述书，认为本专利与附件1、附件2相比，既不相同也不相近似；附件3~14与本专利外观设计产品的形状完全不同，属于不相同也不相近似的外观设计。同年4月6日被告将上述意见陈述书的副本转送原告，同日向双方当事人发出口头审理通知书。

2007年5月30日口头审理如期举行。原告和第三人均委托代理人出庭。在口头审理中，原告声明附件3~14是作为参考文献，证明一般熨衣板的面板是对称设计的，不作为评价本专利的对比文件使用，附件1、2证明本专利不符合《专利法》第二十三条的规定，附件1中用作对比的图片是图1和图6，附件2中用作对比的图片是图2上部的图和图4中的两幅图。第三人对附件1、2的真实性无异议。双方均认为，对于熨衣板这种产品，一般消费者主要关注的是其板面的形状。第三人当庭演示本专利产品实物。

被告经审查认为，附件1的公告日为1999年7月20日，附件2的公告日为1995年7月18日，均早于本专利申请日，属于本专利申请日以前公开发表的国外出版物。附件1、2中使用外观设计的产品均为熨衣板，与本专利产品用途相同，属于相同种类的产品，可以进行外观设计相同相近似比较。

本专利是一种熨衣板的外观设计，包括六面正投影视图。从主视图上看，其整体形状近似长方形，长宽比例约为4∶1；自上边靠左约全长的1/3处，一段凸起的圆弧连接上下两个平行的长边，圆弧与下边的交接处用小圆角过度，形成一个圆弧尖角；右边有一凹槽，将板面分割为两部分；分割出来的右边部分上边向尾部略微收缩。详见本专利附图。

附件1用于对比的是其中的图1和图6（下称在先设计1）。图1是带有支架的熨衣板的立体图，图6是表达熨衣板板面形状的视图。如图所示，在先设计1的整体形状近似长方形，长宽比例约为3.5∶1；自下边靠左略小于全长1/2处，一段凸起的圆弧连接上下两个平行的长边，圆弧与上边的交接处用小圆角过度，形成一个圆弧尖角；右边由圆弧连接上下两个平行的长边，形成光滑过度的尾部。详见附件1附图。

本专利与在先设计1相比，相同点为：（1）二者整体形状均近似长方形，长宽比例近似；（2）板面左边均由一段凸起的圆弧连接上下两个平行的长边，并与较长的一边形成一个圆弧尖角。不同点为：（1）凸起圆弧相对于长方形长边的比例不同，本专利中的比例为1∶3，在先设计1中约为1∶2；（2）本专利右边有一凹槽，将板面分割为熨衣区和熨斗搁架两个区域，在先设计1中无此设计特点；（3）二者尾部形状不同，本专利为上边向尾部收缩的方形，在先设计1为光滑过度的弧形。

被告认为：上述相同点中的第（1）点，是由该类产品的用途决定的，也属于该外观设计所属领域的惯常设计，对外观设计的整体视觉效果无显著影响。相同点中的第（2）点，圆弧尖角本身在该类产品中是常见的，也是由产品用途（熨衣袖等部位）决定的，本案中二者的圆弧尖角都偏向一边，形成上下不对称的设计特点，对外观设计的整体视觉效果产生影响，但相对于本专利与在先设计1之间的差异，二者的差异对外观设计的整体视觉效果的影响更大。首先，不同点（1）弱化了相同点（2）的近似程度；其次，对于该类产品的一般消费者而言，不同点（2）对外观设计的整体视觉效果有显著影响，凹槽将板面区分为两部分，既保持了板面的完整性，又实现了功能区域的划分。从主视图和后视图中都能看出该设计特点，且俯视图、仰视图亦有相应表示。再次，不同点（3）都对整体视觉效果也有一定的影响。综上，本专利与在先设计1的不同点比其相同点对外观设计的整体视觉效果更具显著的影响，本专利与在先设计1不相近似。

附件2用于对比的是其中图2上面的图和图4中的两幅图。上述三幅图公开了两种熨衣板的外观设计，其中图2上面的图是带支架的熨衣板的立体图，图4上面的图是图2所示熨衣板板面的立体图（下称在先设计2），图4下面的图是另一种带支架的熨衣板的立体图（下称在先设计3）。在先设计2熨衣板板面的具体形状为：整体形状近似长方形；右边一条直线切掉长方形的一角，直线与长方形的上下两边用圆弧光滑过度，在下边形成一个圆弧尖角；左边部分的厚度相对于板面的厚度有明显变化，呈向外凸起的弧面，靠近熨衣区有一半圆形区域与熨衣区在同一平面。详见在先设计2附图。在先设计3的右边部分即熨衣区与在先设计2的相应部分相同，左边的熨斗搁架为长方形，内有方形凹陷区域。详见在先设计3附图。

本专利与在先设计2的相同点为二者的整体形状均近似长方形，熨衣板头部的圆弧尖角呈非对称分布的特点。其不同点是：形成圆弧尖角的线条形状不同，本专利中为弧线，在先设计2中为直线；尾部完全不同。被告认为：二者尾部的不同对外观设计的整体视觉效果具有显著影响，本专利的熨衣板尾部与熨衣区在视觉上是成一体的，是用一个凹槽完成功能区域的划分，而在先设计2的尾部与熨衣区在视觉上是完全分离的两个区域，且形状有很大差异。上述尾部的巨大差异相对于二者在熨衣板头部非对称设计上的相同点对外观设计的整体视觉效果更具显著影响，且二者形成圆弧尖角的线条形状的不同又弱化了其非对称设计上的近似程度，而二者在整体形状方面的近似源于该外观设计所属领域的惯常设计。因此，本专利与在先设计2不相近似。

本专利与在先设计3的相同点和不同点同本专利与在先设计2的比较。尽管在先设计3与本专利在熨衣板尾部的差异略小于在先设计2与本专利在熨衣板尾部的差异，但尚不足以让一般消费者产生二者相近似的视觉印象，本专利与在先设计3不相近似。

综上，被告作出被诉决定，原告不服诉至本院。

另查，被告在被诉决定中所列附件2为专利号5443034的美国专利文献及译文复印件。经本院审查，附件2的专利号应为5433034。

本案开庭审理中，原告、第三人明确表示对被诉决定作出的行政程序及所确定的证据无争议。

本院认为，《专利法》第二十三条规定，授予专利权的外观设计，应当同申请日以前在国内外出版物上公开发表过或者国内公开使用过的外观设计不相同和不相近似，并不得与他人在先取得的合法权利相冲突。本案中，本专利与在先设计1、2、3属于相同种类的产品。经审查，本院认同被告有关本专利与在先设计1、2、3相比相同点和不同点的认定。

本案争议焦点在于：本专利与在先设计1、2、3是否属于相近似的外观设计。对于熨衣板这一产品而言，其近似长方形整体形状应为所属领域的惯常设计，受设计范围的影响，其外观设计要素的变化具有局限性。因此，通过整体观察，熨衣板尾部的差异及板面上不同设计特点带来的变化能够引起产品整体外观的改变，对消费者的视觉效果具有显著影响。

本专利与在先设计1相比，二者尾部形状明显不同，加之在本专利主视图、后视图中可以清楚地看出靠近尾部的板面上具有划分功能区域的凹槽设计特点，上述两点区别足以构成对消费者视觉效果的显著影响。本专利与在先设计1不构成相近似的外观设计。

本专利与在先设计2相比，二者尾部的形状完全不同，而且二者对熨衣板功能区域的划分分别采取了不同的设计，在先设计2靠近尾部的功能区域为半圆形，因此二者相关位置的板面明显不同。上述区别足以构成对消费者视觉效果的显著影响。本专利与在先设计2不构成相近似的外观设计。

本专利与在先设计3相比，在先设计3靠近尾部的功能区域为方形凹陷区域，该设计特点造成与本专利板面的明显不同，加之二者尾部的差异，不易引起消费者的混淆。

综上，被告以本专利与在先设计1、2、3均不相近似为由，作出维持本专利权有效的被诉决定正确，本院应予维持。原告关于本专利与在先设计1、2、3相近似的诉讼理由缺乏事实依据，本院不予支持。依照《中华人民共和国行政诉讼法》第五十四条第（一）项之规定，判决如下：

维持被告国家知识产权局专利复审委员会于二〇〇七年七月二十四日作出的第10287号无效宣告请求审查决定。

案件受理费100元，由原告浙江龙士达塑业有限公司负担（已交纳）。

如不服本判决，可在判决书送达之日起15日内，向本院递交上诉状，并按对方当事人的人数提出副本，预交上诉受理费100元，上诉于北京市高级人民法院。上诉人在上诉期满后7日内未预交上诉费，又不提出缓交申请的，按自动撤回上诉处理。

审 判 长 梁 菲
代理审判员 司品华
人民陪审员 吴 群
二〇〇七年十二月十三日
书 记 员 王 丽

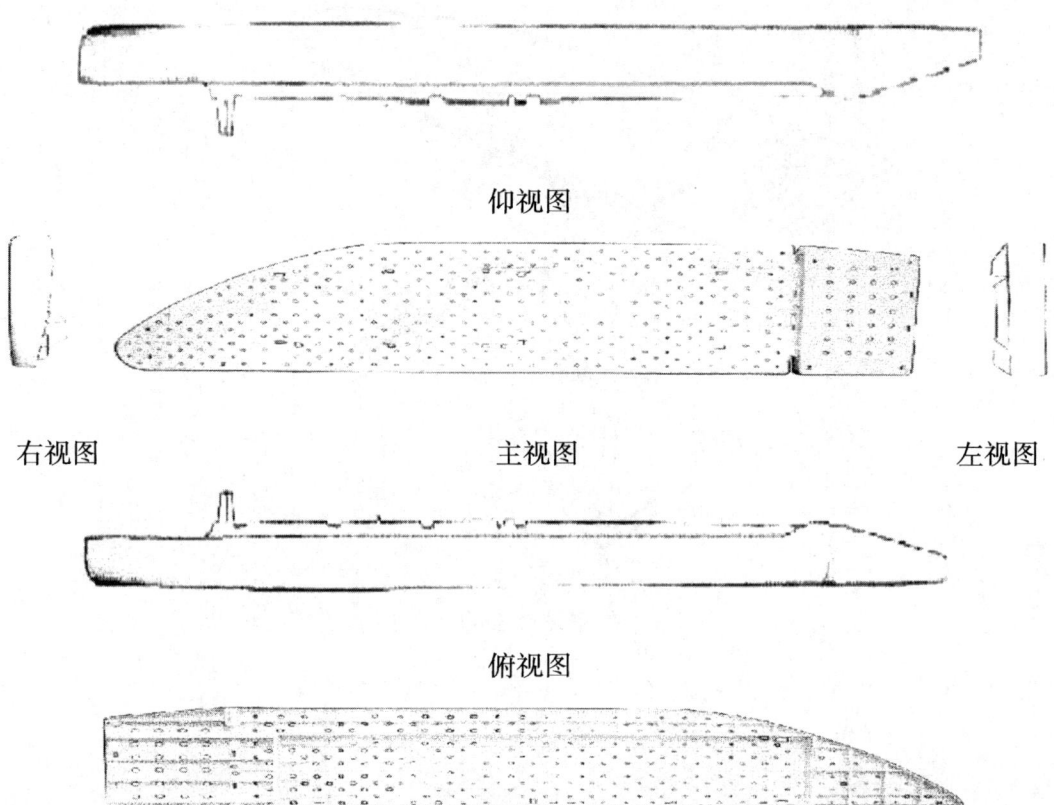

仰视图

右视图　　　　　主视图　　　　　左视图

俯视图

后视图

本专利附图

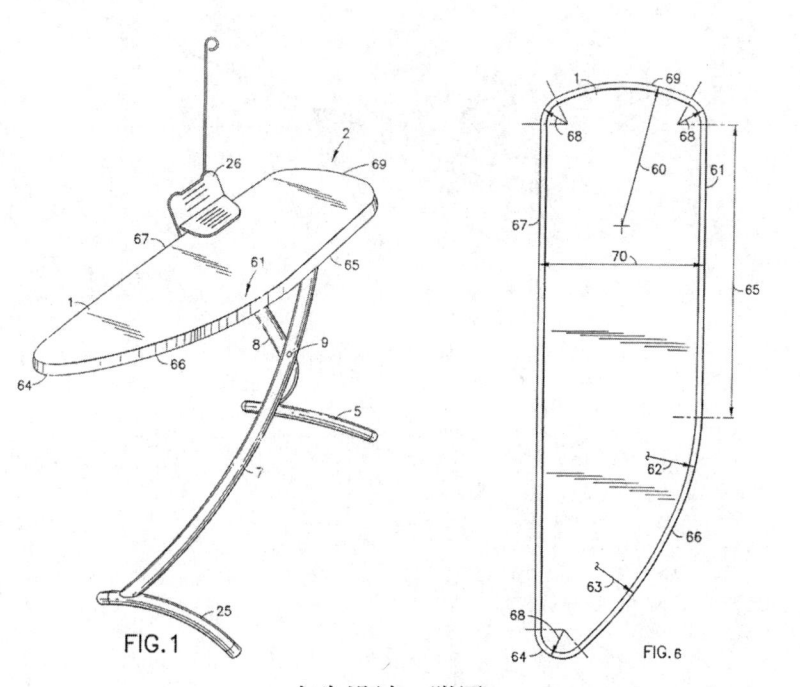

在先设计1附图

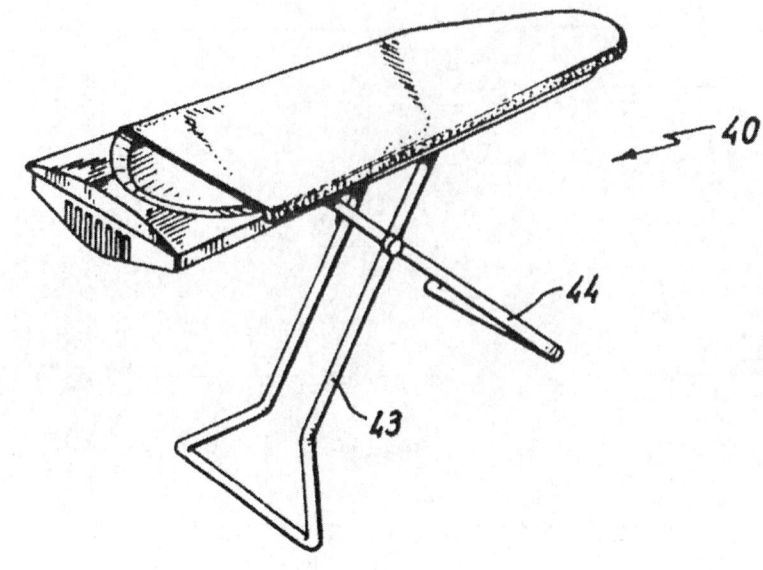

在先设计 2 附图

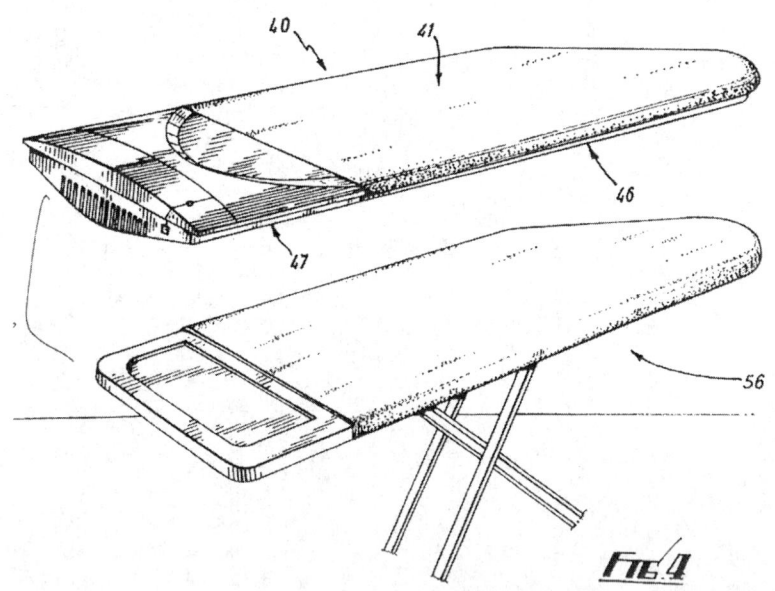

在先设计 3 附图

北京市高级人民法院
行政判决书

（2008）高行终字第 295 号

上诉人（一审原告）浙江龙士达塑业有限公司，住所地浙江省临海市沿江镇下洋水。

法定代表人张灵伟，董事长。

委托代理人王兵，男，杭州天正专利事务所有限公司专利代理人。

被上诉人（一审被告）国家知识产权局专利复审委员会，住所地北京市海淀区北四环西路 9 号银谷大厦 10~12 层。

法定代表人廖涛，副主任。

委托代理人李改平，男，国家知识产权局专利复审委员会审查员。

委托代理人郭鹏鹏，男，国家知识产权局专利复审委员会审查员。

被上诉人（一审第三人）黄鹄欣，女，1995 年 6 月 1 日出生，汉族，广州市番禺区祈福英语实验中学学生，住广东省广州市海珠区涌尾大街 50 号北座 804 房。

法定代理人梁以峰（黄鹄欣之母），1956 年 6 月 7 日出生，汉族，广州市番禺区好友实业有限公司总经理，住址同上。

被上诉人（一审第三人）黄鹄斌，男，1983 年 10 月 8 日出生，汉族，广州市番禺区好友实业有限公司国际业务部部长，住广东省广州市海珠区涌尾大街 50 号北座 804 房。

以上二被上诉人黄鹄欣、黄鹄斌之共同委托代理人姚盛华，女，1984 年 10 月 10 日出生，汉族，广州市番禺区好友实业有限公司职员，住湖南省安化县仙溪镇山口村第十二村民组 344 号。

上诉人浙江龙士达塑业有限公司（以下简称龙士达公司）因专利无效宣告请求审查决定，不服北京市第一中级人民法院（2007）一中行初字第 1132 号行政判决，向本院提起上诉。本院受理后，依法组成合议庭对本案进行了审理。本案现已审理终结。

2007 年 7 月 24 日，国家知识产权局专利复审委员会（以下简称专利复审委）作出第 10287 号无效宣告请求审查决定（以下简称第 10287 号决定），维持黄鹄欣、黄鹄斌共同所有的"熨衣板"的外观设计专利权（下称本专利）有效。龙士达公司不服上述决定，向北京市第一中级人民法院提起行政诉讼。

北京市第一中级人民法院经审理认同专利复审委有关本专利与在先设计 1、2、3 相比相同点和不同点的认定。

该院认为本案争议焦点在于：本专利与在先设计 1、2、3 是否属于相近似的外观设计。对于熨衣板这一产品而言，其近似长方形整体形状应为所属领域的惯常设计，受设计范围的影响，其外观设计要素的变化具有局限性。因此，通过整体观察，熨衣板尾部的差异及板面上不同设计特点带来的变化能够引起产品整体外观的改变，对消费者的视觉效果具有显著影响。

本专利与在先设计 1 相比，二者尾部形状明显不同，加之在本专利主视图、后视图中可以清楚地看出靠近尾部的板面上具有划分功能区域的凹槽设计特点，上述两点区别足以构成对消费者视觉效果的显著影响。本专利与在先设计 1 不构成相近似的外观设计。

本专利与在先设计 2 相比，二者尾部的形状完全不同，而且二者对熨衣板功能区域的划分分别采取了不同的设计，在先设计 2 靠近尾部的功能区域为半圆形，因此二者相关位置的板面明显不同。上述区别足以构成对消费者视觉效果的显著影响。本专利与在先设计2不构成相近似的外观设计。

本专利与在先设计3相比,在先设计3靠近尾部的功能区域为方形凹陷区域,该设计特点造成与本专利板面的明显不同,加之二者尾部的差异,不易引起消费者的混淆。

综上,专利复审委以本专利与在先设计1、2、3均不相近似为由,作出维持本专利权有效的第10287号决定正确,应予维持。龙士达公司关于本专利与在先设计1、2、3相近似的诉讼理由缺乏事实依据,不予支持。依照《(中华人民共和国行政诉讼法》第五十四条第(一)项之规定,判决维持了第10287号决定。

龙士达公司不服一审判决,提起上诉。该公司认为,关于本专利尾部的"凹槽",在俯视图和仰视图上可以清楚地看出,面板的投影线在所谓的"凹槽"处是平直线,无任何下凹缺口,因此,根据视图对应关系,应当认定本专利此处只有线条而没有"凹槽",而此线条应解读为图案设计,专利复审委确认该连线为"凹槽"没有事实依据;且凹槽一般应在面板上,后视图是不可能看见的,但一审判决确认从后视图上"清楚地"看见"凹槽",该事实证明一审法院没有依据视图对应关系,正确认定本专利公告图片所表达的专利产品的形状。即使该"凹槽"存在,也不构成对整体视觉效果的显著影响。但一审判决和第10287号决定均认定"凹槽"将面板划分为两个功能区域,这一确认违反了《中华人民共和国专利法)》(以下简称《专利法》)对外观设计的判断应当排除功能因素的规定。

一审判决和第10287号决定认定本专利与在先设计1的整体形状基本相同,认定"凹槽"和尾部形状两细节部位对整体视觉印象有显著影响,违反了《审查指南》整体观察、综合判断的原则;一审期间,该公司提交了迄今公开的所有中国熨衣板外观设计专利,足以证明整体形状的剑形是惯常设计,即刀形非惯常设计。本专利与在先设计1的整体形状的相同足以给普通消费者留下显著的整体印象,而两者尾部曲线的差异相比之下则明显是次要的,不具有显著性。

一审法院在立案后,该公司曾专函该院,希望按照《最高人民法院关于专利法、商标法修改后专利、商标相关案件分工问题的批复》的规定,由该院民五庭审理,但一审法院仍决定由行政庭审理,故由该庭审理的程序违法。综上,请求撤销一审判决和第10287号决定。

专利复审委答辩认为,从本专利主视图观察,本专利产品尾部明显存在凹槽,俯视图和仰视图的对应部位也有体现。故第10287号决定认定的事实是客观的。其次,第10287号决定对本专利与在先设计的相近似性比较,是根据《审查指南》的规定,以该类产品的一般消费者作为判断主体,根据整体观察、综合判断的原则作出的。熨衣板的用途主要由其形状决定,因而熨衣板产品的一般消费者主要关注板面的形状,且会对板面的形状差异施以更多的注意力。本专利与在先设计的头部有相近似之处,亦有区别,这些区别与二者尾部的差异共同对外观设计的整体视觉效果产生显著影响,因此,二者不构成近似的外观设计。综上,认为一审判决和第10287号决定认定事实清楚,适用法律正确,程序合法,请求予以维持。

一审法院审理期间,专利复审委提交了以下证据材料:(1)附件1:专利号为5924226的美国专利文献及译文,共6页;(2)附件2:专利号为5433034的美国专利文献及译文,共7页;(3)本专利公报,共1页;(4)附件4:专利号为99 330401.X的中国外观设计专利公报,共1页。龙士达公司提交了其在无效审查期间提交的其余附件:(1)专利号为CN95315975.2外观设计公告;(2)专利号为CN99330401.X外观设计公告;(3)专利号为CN01305837.1外观设计公告;(4)专利号为CN02360384.4外观设计公告;(5)专利号为CN02381601.5外观设计公告;(6)专利号为CN03343436.0外观设计公告;(7)专利号为CN03329663.4外观设计公告;(8)专利号为CN03355807.8外观设计公告;(9)专利号为CN200330134140.0外观设计公告;(10)专利号为CN200430104828.9外观设计公告；（11）专利号为 CN200530016565.0 外观设计公告；（12）专利号为 CN200630005623.4 外观设计公告。龙士达公司同时提交了北京市高级人民法院（2003）高行终字第 190 号行政判决书。

上述证据材料均随案移送本院。经审查，专利复审委提交的证据来源合法，内容真实，能够证明本专利和对比文件的技术方案，该委采信上述证据作为第 10287 号决定的事实基础是正确的。龙士达公司提交的 12 份专利文件其在无效审查期间已经明确不作为证据使用，北京市高级人民法院（2003）高行终字第 190 号行政判决书与本案无效审查无关，故对龙士达公司提交的上述专利文件及判决书不应予以接纳。

经审理查明，本专利原系黄伟雄于 2003 年 11 月 17 日申请的"熨衣板"的外观设计专利，国家知识产权局于 2004 年 7 月 14 日授予其专利权，专利号为 200330117026.7。2006 年 11 月 29 日本专利的专利权人变更为黄鹄斌、黄鹄欣（以下简称专利权人）。

针对本专利，龙士达公司以本专利不符合《专利法》第二十三条的规定为由，于 2007 年 1 月 16 日向专利复审委提出无效宣告请求，同时提交了包括上述 13 份附件等证据材料。

专利复审委受理了龙士达公司的无效宣告请求，并于 2007 年 1 月 16 日将无效宣告请求书及其附件的副本转送给专利权人。专利权人于同年 2 月 14 日提交了意见陈述书，认为本专利与附件 1、附件 2 相比，既不相同也不相近似；附件 3-14 与本专利外观设计产品的形状完全不同，属于不相同也不相近似的外观设计。专利复审委于同年 4 月 6 日将专利权人的上述意见陈述书的副本转送龙士达公司，同日向双方当事人发出口头审理通知书。

2007 年 5 月 30 日，专利复审委对本案进行了口头审理。口头审理中，龙士达公司声明附件 3-14 是作为参考文献，证明一般熨衣板的面板是对称设计的，不作为评价本专利的对比文件使用，附件 1、2 证明本专利不符合《专利法》第二十三条的规定，附件 1 中用作对比的图片是图 1 和图 6，附件 2 中用作对比的图片是图 2 上部的图和图 4 中的两幅图。专利权人对附件 1、2 的真实性未提出异议。双方均认为，对于熨衣板这种产品，一般消费者主要关注的是其板面的形状。专利权人当庭演示了本专利产品实物。

专利复审委经审查认为，附件 1 的公告日为 1999 年 7 月 20 日，附件 2 的公告日为 1995 年 7 月 18 日，均早于本专利申请日，属于本专利申请日以前公开发表的国外出版物。附件 1、2 中使用外观设计的产品均为熨衣板，与本专利产品用途相同，属于相同种类的产品，可以进行外观设计相同相近似比较。

本专利是一种熨衣板的外观设计，包括六面正投影视图。从主视图上看，其整体形状近似长方形，长宽比例约为 4：1；自上边靠左约全长的 1/3 处，一段凸起的圆弧连接上下两个平行的长边，圆弧与下边的交接处用小圆角过度，形成一个圆弧尖角；右边有一凹槽，将板面分割为两部分；分割出来的右边部分上边向尾部略微收缩。

附件 1 用于对比的是其中的图 1 和图 6（下称在先设计 1）。图 1 是带有支架的熨衣板的立体图，图 6 是表达熨衣板板面形状的视图。如图所示，在先设计 1 的整体形状近似长方形，长宽比例约为 3.5：1；自下边靠左略小于全长 1/2 处，一段凸起的圆弧连接上下两个平行的长边，圆弧与上边的交接处用小圆角过度，形成一个圆弧尖角；右边由圆弧连接上下两个平行的长边，形成光滑过度的尾部。

本专利与在先设计 1 相比，相同点为：（1）二者整体形状均近似长方形，长宽比例近似；（2）板面左边均由一段凸起的圆弧连接上下两个平行的长边，并与较长的一边形成一个圆弧尖角。不同点为：（1）凸起圆弧相对于长方形长边的比例不同，本专利中的比例为 1：3，在先设计 1 中约为 1：2；（2）本专利右边有一凹槽，将板面分割为熨衣区和熨斗搁架两个区域，在先设计 1 中无此设计特点；（3）二者尾部形状不同，本专利为上边向尾部收缩的方形，在先设计1为光滑过度的弧形。

上述相同点中的第（1）点，是由该类产品的用途决定的，也属于该外观设计所属领域的惯常设计，对外观设计的整体视觉效果无显著影响。相同点中的第（2）点，圆弧尖角本身在该类产品中是常见的，也是由产品用途（熨衣袖等部位）决定的，本案中二者的圆弧尖角都偏向一边，形成上下不对称的设计特点，对外观设计的整体视觉效果产生影响，但相对于本专利与在先设计1之间的差异，二者的差异对外观设计的整体视觉效果的影响更大。首先，不同点（1）弱化了相同点（2）的近似程度；其次，对于该类产品的一般消费者而言，不同点（2）对外观设计的整体视觉效果有显著影响，凹槽将板面区分为两部分，既保持了板面的完整性，又实现了功能区域的划分。从主视图和后视图中都能看出该设计特点，且俯视图、仰视图亦有相应表示。再次，不同点（3）都对整体视觉效果也有一定的影响。综上，本专利与在先设计1的不同点比其相同点对外观设计的整体视觉效果更具显著的影响，本专利与在先设计1不相近似。

附件2用于对比的是其中图2上面的图和图4中的两幅图。上述三幅图公开了两种熨衣板的外观设计，其中图2上面的图是带支架的熨衣板的立体图，图4上面的图是图2所示熨衣板板面的立体图（下称在先设计2），图4下面的图是另一种带支架的熨衣板的立体图（下称在先设计3）。在先设计2熨衣板板面的具体形状为：整体形状近似长方形；右边一条直线切掉长方形的一角，直线与长方形的上下两边用圆弧光滑过度，在下边形成一个圆弧尖角；左边部分的厚度相对于板面的厚度有明显变化，呈向外凸起的弧面，靠近熨衣区有一半圆形区域与熨衣区在同一平面。详见在先设计2附图。在先设计3的右边部分即熨衣区与在先设计2的相应部分相同，左边的熨斗搁架为长方形，内有方形凹陷区域（详见在先设计3附图）。

本专利与在先设计2的相同点为二者的整体形状均近似长方形，熨衣板头部的圆弧尖角呈非对称分布的特点。其不同点是：形成圆弧尖角的线条形状不同，本专利中为弧线，在先设计2中为直线；尾部完全不同。二者尾部的不同对外观设计的整体视觉效果具有显著影响，本专利的熨衣板尾部与熨衣区在视觉上是成一体的，是用一个凹槽完成功能区域的划分，而在先设计2的尾部与熨衣区在视觉上是完全分离的两个区域，且形状有很大差异。上述尾部的巨大差异相对于二者在熨衣板头部非对称设计上的相同点对外观设计的整体视觉效果更具显著影响，且二者形成圆弧尖角的线条形状的不同又弱化了其非对称设计上的近似程度，而二者在整体形状方面的近似源于该外观设计所属领域的惯常设计。因此，本专利与在先设计2不相近似。

本专利与在先设计3的相同点和不同点同本专利与在先设计2的比较。尽管在先设计3与本专利在熨衣板尾部的差异略小于在先设计2与本专利在熨衣板尾部的差异，但尚不足以让一般消费者产生二者相近似的视觉印象，本专利与在先设计3不相近似。综上，专利复审委作出了第10287号决定。

另查，专利复审委在第10287号决定中所列附件2为专利号5443034的美国专利文献及译文复印件。经一审法院核实，该专利号为5433034。

一审法院庭审期间，龙士达公司和专利权人均明确表示对第10287号决定作出的行政程序及所确定的证据不持异议。

本院结合龙士达公司提出的上诉主张，就第10287号决定和一审判决进行了如下审查，经审查本院认为：

关于本专利与在先设计是否构成相近似的外观设计问题。经核对本专利公告文本和附件1的图示及中文译文，确认：（1）在本专利的主视图上明显可见其右侧上下各有一缺口，该缺口之间的连线将其面板分为两个部分，而在先设计1中的面板则为一整体；（2）缺口连线的右边部分至端头两边略向内收缩，在先设计1与其对应的端头两边为直线，其两角为圆角；（3）本专利上边直线部分的左1/3处至左端头为一圆弧与底边直线左端连接为圆角，而在先设计1的中文译文中明确记载了"后侧面最初直的一段，其长度至少为前面长度的一半"。关于龙士达公司提出的本专利的主视图、仰视图、俯视图对"凹槽"均无体现的主张，本院认为，专利复审委关于本专利有一"凹槽"的确认虽理由欠充分，但本专利主视图右侧上下两个缺口的连线也会产生将该熨衣板分为两个区域的视觉效果。据此认为，专利复审委以本专利视觉上为两个部分为由确认本专利与在先设计1不构成相近似的外观设计，是基本客观的。

关于本专利与在先设计2、3的比对。经核对本专利授权公告的图示和在先设计2、3的图示，确认：1. 本专利上边直线部分的左1/3处至左端头为一圆弧与底边直线左端连接为圆角，在先设计2、3相应部位的上边与底边直线连接为圆角的是一直线，即自上边相应部位直切至底边圆角处；2. 本专利右端由一凹槽将面板分割为两个部分，但被分割出的端头部分仍为平面设计，在先设计2、3的端头均非平面设计，其中在先设计2的端头与面板连接处有低于面板平面的半圆，端头较厚，在先设计3的端头有一低于平面的长方形设计。据此，本院同意专利复审委关于本专利与在先设计2、3相同特征和不同特征的总结。

基于"熨衣板"类产品使用的需求，致其外观设计的空间大多集中于两端；消费者基于使用上的要求对此类产品在整体观察的基础上，其细节上的变化尤其是面板两端的外观设计必然会给消费者带来视觉上的影响。故，专利复审委认定上述区别影响显著，符合《审查指南》规定的审查原则，其结论是公正的。

专利复审委在第10287号决定理由的第3条的审查评述中，首先依据对本专利六面视图与在先设计的整体形状进行了比对和确认，并就本专利与对比文件的相同特征和不同特征进行了总结，就其区别特征能否给消费者带来显著影响进行了论述，该比对和评述的方法符合《审查指南》关于审查方式的规定。

综上，专利复审委关于本专利与附件1、2不相近似的确认事实清楚，理由客观充分，适用法律正确，审查程序合法；一审法院判决维持符合《中华人民共和国行政诉讼法》第五十四条第（一）项的规定；龙士达公司关于一审法院认

墨水瓶

无效宣告请求审查决定（第 10298 号）

决 定 号	第 10298 号
决 定 日	2007 年 7 月 11 日
发明创造名称	墨水瓶
外观设计分类号	19-06-I0064
无效宣告请求人	上海元昌墨水厂
专 利 权 人	上海豪强文化用品厂
专 利 号	01328857.1
申 请 日	2001 年 5 月 16 日
授 权 公 告 日	2001 年 12 月 12 日
合议组组长	黄毅斐
主 审 员	樊晓东
参 审 员	骆素芳

法 律 依 据 专利法第 23 条

决 定 要 点

若一组证据不能构成一个能反映在某时、某地、以某种方式公开了某个具有一定外观的产品的事实的证据链，那么这些证据不能证明在申请日之前已有相同的外观设计在国内被公开使用过。

一、案由

本无效宣告请求涉及国家知识产权局于 2001 年 12 月 12 日授权公告的 01328857.1 号外观设计专利，其名称为"墨水瓶"，申请日为 2001 年 5 月 16 日，专利权人是上海豪强文化用品厂。

针对上述专利权（下称本专利），上海元昌墨水厂（下称请求人）于 2006 年 11 月 28 日向专利复审委员会提出无效宣告请求，认为在本专利的申请日之前已经公开销售相同外观形状的墨水瓶产品，因此，本专利不符合专利法第 23 条的规定，同时提交如下证据：

证据 1：上海元昌墨水厂 2000 年第 85 届全国文化用品交易会的产品广告，共 1 页；
证据 2：上海元昌墨水厂的 884 型号墨水产品照片，共 2 页；
证据 3：编号为 01469505 的上海增值税专用发票复印件，共 1 页；
证据 4：编号为 01469508 的上海增值税专用发票复印件，共 1 页；
证据 5：上海墨水厂的墨水产品照片，共 2 页；
证据 6：上海墨水厂出具及上海海文（集团）有限公司精细化学用品分公司、上海墨水厂以及上海精细文化用品有限公司共同出具的证明复印件，共 2 页；

证据 7：盖有"上海墨水厂"印章的设计图纸复印件，共 2 页；

证据 8：编号为 03814851 的江苏增值税专用发票复印件，编号为 00115834 的上海增值税专用发票复印件，编号为 00115969 的上海增值税专用发票复印件，共 2 页；

证据 9：编号为 00176139 的上海增值税专用发票复印件，编号为 00176353 的上海增值税专用发票复印件，共 2 页；

证据 10：江苏省启东市工艺日化瓶有限公司出具的书面证明复印件，共 1 页。

经形式审查合格后，专利复审委员会依法受理了上述请求，于 2006 年 12 月 29 日向双方当事人发出了无效宣告请求受理通知书并将无效宣告请求书及其附件清单中所列附件的副本转送给专利权人，要求其在指定的期限内答复。

2006 年 12 月 20 日，请求人再次寄交意见陈述，认为：本专利的墨水瓶是仿照美国派克墨水的墨水瓶形状，此墨水瓶的形状已经过了保护期。并提交如下证据：

证据 11：上海墨水厂出具的"关于《440》墨水生产的情况介绍"的复印件，共 1 页；

证据 12：美国派克墨水产品照片，共 1 页。

2007 年 2 月 5 日，专利权人寄交了针对本无效宣告请求的意见陈述书。专利权人认为，专利复审委员会作出的第 8305 号审查决定维持本专利权有效，后经北京市第一中级人民法院（2006）一中行初字第 1072 号裁定：准许原告上海元昌墨水厂撤回起诉。请求人再次提出的无效请求还是原来的内容，所提供的证据不能证明在本专利申请日以前已经公开销售相同外观设计的产品。

针对上述无效宣告请求，国家知识产权局专利复审委员会依法成立合议组，对本案进行审理，并于 2007 年 3 月 26 日向双方当事人发出无效宣告请求口头审理通知书，定于 2007 年 5 月 15 日举行口头审理，同时随口头审理通知书将专利权人于 2007 年 2 月 5 日寄交的意见陈述书副本转给请求人，将请求人于 2006 年 12 月 20 日寄交的意见陈述书及所附证据转给专利权人。

口头审理如期举行，在口头审理中请求人当庭提交证据 2 中的"884"型号墨水瓶的产品实物，出示证据 3、4 的原件，请求人当庭明确用证据 1～4 证明上海元昌墨水厂在本专利申请日之前已销售与本专利相同外观设计形状的"884"、"885"型号产品；专利权人对证据 1 的真实性、公开时间有异议，对证据 2 的真实性有异议，对证据 3、4 的真实性无异议，但对证据 1～4 的关联性有异议；请求人当庭提交证据 5 的"440"型号墨水瓶产品实物，请求人未提交证据 6 中的盖有"上海墨水厂"印章的证明的原件，提交了证据 6 中盖有"上海海文（集团）有限公司精细化学用品分公司"、"上海墨水厂"以及"上海精细文化用品有限公司"等三个印章的证明的原件，提交了盖有"上海墨水厂"红章的证据 7，当庭出示证据 8、证据 10 的原件，没有提交证据 9 的原件，请求人当庭提交证据 11 的原件，提交证据 12 的产品实物；专利权人当庭确认证据 6 中盖有三个印章的证明以及证据 10 的复印件与原件一致，但对其内容的真实性有异议，对证据 8 的真实性没有异议，认为证据 5 无生产日期，对其真实性有异议，认为证据 7 无设计时间，对其真实性有异议，专利权人认为证据 5～10 无关联性；请求人当庭明确用证据 5～10 证明在本专利申请日之前已生产、销售与本专利相同外观设计的"440"型墨水瓶，请求人当庭声明证据 11、12 作为佐证，证明"440"型号墨水瓶是仿制美国"PARKER"墨水瓶。

至此，合议组认为本案事实已经调查清楚，可以依法作出审查决定。

二、决定的理由

1. 关于一事不再理

专利权人认为专利复审委员会作出的第 8305 号审查决定维持本专利权有效，请求人再次提出的无效请求还是原来的内容，所提供的证据不能证明在本专利申请日以前已经公开销售相同外观设计的产品。

审查指南第四部分第三章第2.1节规定：

"对已作出审查决定的无效宣告案件涉及的专利权，以同样的理由和证据再次提出无效宣告请求的，不予受理和审理。如果再次提出的无效宣告请求的理由（简称无效宣告理由）或证据因时限等原因未被在先的无效宣告请求审查决定所考虑，则该请求不属于上述不予受理和审理的情形。"

合议组认为，就本案而言，专利复审委员会在先作出的第8305号审查决定中认定证据2（对应于本案中的证据2）和证据5（对应于本案中的证据5）没有提交照片原件或产品实物，因此证据2和5的真实性不能认定，而在本案中请求人提交了证据2和5的照片原件和/或产品实物，因此本无效宣告中的证据已不同于先前作出的第8305号审查决定中的证据，本无效宣告请求不属于一事不再理的情形。

2. 根据请求人提出的无效宣告请求的范围、理由和提交的证据，本案合议组依据专利法第23条对本案进行审理

专利法第23条规定：授予专利权的外观设计，应当同申请日以前在国内外出版物上公开发表过或者国内公开使用过的外观设计不相同和不相近似，并不得与他人在先取得的合法权利相冲突。

请求人共提供12份证据，其无效理由为：用证据1~4证明上海元昌墨水厂在本专利的申请日之前已销售与本专利相同外观设计形状的产品；用证据5~10证明在本专利申请日之前已生产、销售与本专利相同外观设计的"440"型墨水瓶，证据11、12作为佐证，证明"440"型号墨水瓶是仿制美国"PARKER"墨水瓶。下面，本案合议组将分别对涉及这两类事实的证据进行分析。

（1）关于第一类事实（结合证据1~4）。

证据1是请求人自己的产品宣传页，上面印有"热烈庆祝2000年第85届文化用品交易会胜利召开"，该宣传页上面没有印刷日期，专利权人对该证据的真实性、公开时间有异议。对此，合议组认为，证据1不是一份正规出版物，其印制的随意性较强，请求人没有提交诸如印刷合同等其他证据与之佐证，在请求人没有其他证据进行佐证的情况下，其真实性和公开时间无从考证，因此证据1在本案中不予采信；

证据2是请求人自己的产品照片，包括两张产品型号为"884"的产品照片，在口头审理中请求人提交了其中一张图片的产品实物，专利权人对其真实性有异议。对此，合议组认为，证据2是两份产品图片，其印制的随意性较强，因此需要其他证据进行佐证才能证明其真实性和公开日期；

证据3是编号为01469505的上海增值税专用发票，销货单位为上海元昌墨水厂，购货单位为宁夏隆升百货有限责任公司，货物名称为"水粉画颜料"、"绘图笔"以及"885精装纯黑墨水"，开票日期为2001年2月28日，专利权人对其真实性没有异议，该发票印章齐全，因此，合议组对其真实性予以确认；

证据4是编号为01469508的上海增值税专用发票，销货单位为上海元昌墨水厂，购货单位为宁夏隆升百货有限责任公司，货物名称为"书写笔"和"884精装碳素墨水"，开票日期为2001年3月3日，专利权人对其真实性没有异议，该发票印章齐全，因此，合议组对其真实性予以确认；

就第一组证据而言，请求人主张证据1~4形成证据链，证明在本专利申请日之前已销售与专利相同外观设计形状的"884"、"885"型号产品。合议组经审查后认为，请求人在本无效宣告请求中没有提供有关"885"型号产品的图片和实物，因此其主张的"885"型号产品在本专利申请日之前已销售缺乏证据支持；关于"884"型号产品，在请求人提供的照片及产品实物中，墨水瓶本身上面没有产品编号，只有外包装盒上印有"884"字样，而由证据4和5可知，"884"型号是墨水的型

号,并不是墨水瓶的型号,请求人未能提供诸如墨水瓶的加工订购合同及墨水瓶的销售发票等证据来证明该墨水瓶用于灌装"884"型号墨水,也没有证据证明灌装"884"型号墨水的墨水瓶一直是使用同样的墨水瓶,因此根据请求人提供的证据1~4不能构成一个能反映在某时、某地、以某种方式公开了某个具有一定外观的产品的事实的完整证据链,故请求人主张的用证据1~4相互结合证明本专利申请日之前已有相同的外观设计在国内被公开使用的事实的证据不充分。

(2) 关于第二类事实(结合证据5~10,证据11~12作为佐证)。

证据5是上海墨水厂生产的墨水产品的产品照片,请求人在口头审理中当庭提交了该墨水瓶的产品实物,专利权人认为证据5没有生产日期,对其真实性有异议。合议组经过核实,发现请求人所提供的产品实物与产品照片不相符合,如:在产品实物中,产品包装盒顶表面上印有"上海市著名商标"、"英雄®"等字样,而在产品照片中,产品包装盒顶表面只印有"英雄®"字样;在产品照片中看不到产品型号"440",而在产品实物中可以看到产品型号"440"。鉴于此,合议组认为,该产品实物与照片不一致,属于新的证据,其提交日期超出举证期限,因此在本案中不予考虑。证据5的产品照片上面仅附有一张产品合格证能证明该产品的形成日期,且该证据是请求人自行提供的,其制作随意性较强,需要其他诸如产品加工订购合同、销售发票等才能确认其真实性。

证据6包括两份证明,请求人未提交其中由"上海墨水厂"出具的证明原件,无法核实其真实性,因此在本案中该证明合议组不予考虑;请求人在口头审理中当庭提交了盖有"上海海文(集团)有限公司精细化学用品分公司"、"上海墨水厂"以及"上海精细文化用品有限公司"等三个红章的另一份证明原件,该证明的内容为:"上海海文(集团)有限公司精细化学用品分公司由上海墨水厂、上海长城精细化工厂组成……原产品曾由海文公司内贸部(即我单位销售科)负责销售"。专利权人对其内容的真实性有异议。

证据7是请求人声称的440型号产品的设计图纸,该图纸盖有"上海墨水厂"红章,专利权人认为证据7无设计时间,对其真实性有异议。对此,合议组认为,图纸为请求人自己提供的资料,其真实性难以考证,另外图纸为企业内部资料,不属于公开出版物,制作了图纸的产品不一定会制造、销售,图纸制作的时间也不能等同于产品公开的时间,因此,该证据不能作为定案依据。

证据8是编号为03814851的江苏增值税专用发票,其开票日期为2000年8月18日,购货单位为上海海文(集团)有限公司,货物名称为440派克墨水瓶,销货单位为启东市工艺日化瓶厂。请求人在口头审理中当庭出示了证据8的原件,专利权人对证据8的真实性没有异议,因此合议组对证据8的真实性予以认可。

证据9为上海墨水厂的销售发票,请求人没有提供其原件,无法核实其真实性,因此该证据不能被采信。

证据10是启东市工艺日化瓶有限公司(原启东市工艺日化瓶厂)出具的证明,在口头审理中请求人出示了原件,证明内容为:"我厂从1998年开始为上海墨水厂即(上海海文集团)有限公司加工生产440型号墨水瓶……",出具该证明的日期为2006年8月24日。专利权人对其内容的真实性有异议。

证据11是由上海墨水厂于2006年12月14日出具的"关于《440》墨水厂生产的情况介绍",其内容为:"我们上海墨水厂自1996年开发生产的《440》墨水,其使用的玻璃瓶(即平时我们称的"仿派克瓶")由江苏启东市工艺日化瓶厂供应。该产品自开发生产至今未中断过生产和销售。";证据12是PARKER产品照片。对于上述两个证据,合议组认为,证据11、12均作为佐证,证明灌装440型墨水的墨水瓶是仿派克的墨水瓶,与证明本专利不符合专利法第23条无关,因此,在本案中不予考虑。

就第二组证据而言，请求人认为证据5~10形成证据链，证明在本专利申请日之前已生产、销售与本专利相同外观设计的"440"型墨水瓶。合议组经审查后认为，在请求人提供的证据5的产品照片中，不论是墨水瓶本身还是墨水瓶包装盒上均没有产品编号或型号，因此证据5与证据6、8、10没有关联性，而证据6、10属于证人证言，证人证言属事后出证人对过去所发生事实的回忆，未经质证的证人证言在没有其他证据相佐证的情况下，不能单独作为定案依据，该证明的真实性需要其他证据进一步佐证才能被确认，在证据5与其他证据6~10没有关联性和证据7、9的真实性无法考证的情况下，因此即使证据8与证据6、10相互关联能证明证据6、10的真实性，证据6、8、10的结合也只能证明在本专利申请日之前销售过"440"型号墨水的事实，而没有能反映其所销售的"440"型墨水瓶外观设计，因而根据请求人提供的证据5~10不能构成一个能反映在某时、某地、以某种方式公开了某个具有一定外观的产品的事实的完整证据链，故请求人主张的证据5~10相互结合证明申请日之前已有相同的外观设计在国内被公开使用的事实的证据不充分。

综上所述，由于请求人提供的证据不足以证明与本专利相同或相似外观设计的产品在申请日之前已在国内公开使用过，因此其无效宣告请求的理由不成立。

三、决定

维持01328857.1号外观设计专利权有效。

当事人对本决定不服的，可以根据专利法第46条第2款的规定，自收到本决定之日起三个月内向北京市第一中级人民法院起诉。根据该款的规定，一方当事人起诉后，另一方当事人应当作为第三人参加诉讼。

墙地砖（米格拉系列A）

无效宣告请求审查决定（第10305号）

决 定 号	第10305号
决 定 日	2007年7月23日
发明创造名称	墙地砖（米格拉系列A）
外观设计分类号	25-01
无效宣告请求人	覃伯祥
专 利 权 人	佛山市南海区彩鸿陶瓷有限公司
专 利 号	200430041573.6
申 请 日	2004年5月24日
授权公告日	2005年1月12日
合议组组长	王霞军
主 审 员	钟华
参 审 员	吴赤兵
法 律 依 据	专利法第23条
决 定 要 点	

请求人提交的所有证据均未表明其所欲证明的在先公开发表和在先公开使用的产品的外观设计，因此不能证明本专利不符合专利法第23条的有关规定。

一、案由

本无效宣告请求涉及国家知识产权局于2005年1月12日授权公告的名称为"墙地砖（米格拉系列A）"的200430041573.6号外观设计专利（下称本专利），其申请日为2004年5月24日，专利权人为佛山市南海区彩鸿陶瓷有限公司。

针对本专利，覃伯祥（下称请求人）于2006年7月4日向专利复审委员会提出无效宣告请求，其理由是本专利与佛山市简一陶瓷有限公司在先研发的"香榭丽石抛光马赛克（又称五度空间石）"明显相似，由于佛山市简一陶瓷有限公司已经在本专利申请日前公开使用过上述外观设计，并将该外观设计在国内外公开发行的报刊《广东科技报》和《陶城报》进行了公开发表，简一陶瓷公司还制作《五度空间石画册》对外公开宣传，因此本专利不具有新颖性，不符合专利法第22条第1款和专利法第23条的规定，请求人同时提交如下附件作为证据：

证据1：2003年10月18日出版的《广东科技报》第11版的复印件1页；

证据2：2004年2月27日出版的《陶城报》B1版的复印件1页；

证据 3：简一陶瓷公司的《五度空间石图册》彩色复印件 3 页。

经形式审查合格，专利复审委员会依法受理了上述无效宣告请求，并于 2006 年 10 月 25 日将无效宣告请求书及相关文件的副本转给专利权人，要求其在指定的期限内答复。专利权人逾期未进行答复。

专利复审委员会于 2007 年 3 月 19 日向双方当事人发出口头审理通知书，定于 2007 年 5 月 23 日举行口头审理。

口头审理如期举行请求人委托有代理人参加本次口头审理，专利权人未出席本次口头审理。在口头审理中，请求人放弃专利法第 22 条第一款作为无效宣告的理由，明确其无效宣告理由仅为专利法第 23 条有关在先公开发表过和在国内公开使用过的规定。请求人出示了证据 1 和证据 2 的原件，经合议组核实原件与复印件一致后当庭退回给请求人，请求人未能出示证据 3 的原件。在此基础上，请求人进行了充分的意见陈述。

至此，合议组认为本案事实已经调查清楚，可以作出如下审查决定。

二、决定的理由

1. 法律依据

专利法第 23 条规定：授予专利权的外观设计，应当同申请日以前在国内外出版物上公开发表过或者国内公开使用过的外观设计不相同和不相近似，并不得与他人在先取得的合法权利相冲突。

2. 证据的认定

请求人出示了证据 1 和证据 2 的原件，经合议组核实，其原件与复印件相符，因此证据 1 和证据 2 的真实性应予以确认，可以作为本案的定案依据。请求人未能出示证据 3 的原件，因此证据 3 的真实性不能确认，证据 3 不能作为本案的定案依据。

3. 本专利是否符合专利法第 23 条的规定

证据 1 上记载了一篇关于"让马赛克焕发新生命——简一陶瓷独创香榭丽石抛光马赛克"的报道，包括马赛克装饰艺术的发展历史和现状及香榭丽石的生产技术特点、风格特点、卖点、名字由来、适用范围、市场期望、品牌理念等文字内容，右下角有一张会议照片片，证据 1 的文字和会议照片图片均未显示任何墙地砖的外观设计。

证据 2 上记载了一篇关于"简一陶瓷牛气足——2004 年'简一'经销商大会见闻"的报道，包括有关简一公司及其全新系列产品"五度空间石"的工艺特点等内容，证据 2 的上述内容不能显示任何墙地砖的外观设计。

证据 1 的出版日为 2003 年 10 月 18 日，证据 2 的出版日为 2004 年 2 月 27 日，两者的出版日均在本专利申请日前，分别记载了简一公司在本专利申请日前生产和宣传有关"香榭丽石"和"五度空间石"的事实，但是证据 1 和证据 2 均未显示其所涉产品的外观设计，因此不能证明本专利不符合专利法第 23 条的有关规定。

综上所述，请求人提交的所有证据均不能支持其主张，其无效宣告请求不成立。

三、决定

根据专利法第 23 条和第 46 条第 1 款的规定，维持 200430041573.6 号外观设计专利权有效。

根据专利法第 46 条第 2 款的规定，当事人对本决定不服的，自收到本决定之日起三个月内向北京市第一中级人民法院起诉，根据该款规定，一方当事人起诉后，另一方当事人应当作为第三人参加诉讼。

墙地砖（米格拉系列 B）

无效宣告请求审查决定（第 10306 号）

决 定 号	第 10306 号
决 定 日	2007 年 7 月 23 日
发明创造名称	墙地砖（米格拉系列 B）
外观设计分类号	25-01
无效宣告请求人	覃伯祥
专 利 权 人	佛山市南海区彩鸿陶瓷有限公司
专 利 号	200430041572.1
申 请 日	2004 年 5 月 24 日
授权公告日	2005 年 1 月 26 日
合议组组长	王霞军
主 审 员	钟华
参 审 员	吴赤兵
法 律 依 据	专利法第 23 条
决 定 要 点	请求人提交的所有证据均未表明其所欲证明的在先公开发表和在先公开使用的产品的外观设计，因此不能证明本专利不符合专利法第 23 条的有关规定。

一、案由

本无效宣告请求涉及国家知识产权局于 2005 年 1 月 26 日授权公告的名称为"墙地砖（米格拉系列 B）"的 200430041572.1 号外观设计专利（下称本专利），其申请日为 2004 年 5 月 24 日，专利权人为佛山市南海区彩鸿陶瓷有限公司。

针对本专利，覃伯祥（下称请求人）于 2006 年 7 月 4 日向专利复审委员会提出无效宣告请求，其理由是本专利与佛山市简一陶瓷有限公司在先研发的"香榭丽石抛光马赛克（又称五度空间石）"明显相似，由于佛山市简一陶瓷有限公司已经在本专利申请日前公开使用过上述外观设计，并将该外观设计在国内外公开发行的报刊《广东科技报》和《陶城报》进行了公开发表，简一陶瓷公司还制作《五度空间石画册》对外公开宣传，因此本专利不具有新颖性，不符合专利法第 22 条第 1 款和专利法第 23 条的规定，请求人同时提交如下附件作为证据：

证据 1：2003 年 10 月 18 日出版的《广东科技报》第 11 版的复印件 1 页；

证据 2：2004 年 2 月 27 日出版的《陶城报》B1 版的复印件 1 页；

证据3：简一陶瓷公司的《五度空间石图册》彩色复印件3页。

经形式审查合格，专利复审委员会依法受理了上述无效宣告请求，并于2006年9月8日将无效宣告请求书及相关文件的副本转给专利权人，要求其在指定的期限内答复。专利权人逾期未进行答复。

专利复审委员会于2007年3月19日向双方当事人发出口头审理通知书，定于2007年5月23日举行口头审理。

口头审理如期举行请求人委托有代理人参加本次口头审理，专利权人未出席本次口头审理。在口头审理中，请求人放弃专利法第22条第1款作为无效宣告的理由，明确其无效宣告理由仅为专利法第23条有关在先公开发表过和在国内公开使用过的规定。请求人出示了证据1和证据2的原件，经合议组核实原件与复印件一致后当庭退回给请求人，请求人未能出示证据3的原件。在此基础上，请求人进行了充分的意见陈述。

至此，合议组认为本案事实已经调查清楚，可以作出如下审查决定。

二、决定的理由

1. 法律依据

专利法第23条规定：授予专利权的外观设计，应当同申请日以前在国内外出版物上公开发表过或者国内公开使用过的外观设计不相同和不相近似，并不得与他人在先取得的合法权利相冲突。

2. 证据的认定

请求人出示了证据1和证据2的原件，经合议组核实，其原件与复印件相符，因此证据1和证据2的真实性应予以确认，可以作为本案的定案依据。请求人未能出示证据3的原件，因此证据3的真实性不能确认，证据3不能作为本案的定案依据。

3. 本专利是否符合专利法第23条的规定

证据1上记载了一篇关于"让马赛克焕发新生命——简一陶瓷独创香榭丽石抛光马赛克"的报道，包括马赛克装饰艺术的发展历史和现状及香榭丽石的生产技术特点、风格特点、卖点、名字由来、适用范围、市场期望、品牌理念等文字内容，右下角有一张会议照片片，证据1的文字和会议照片图片均未显示任何墙地砖的外观设计。

证据2上记载了一篇关于"简一陶瓷牛气足——2004年'简一'经销商大会见闻"的报道，包括有关简一公司及其全新系列产品"五度空间石"的工艺特点等内容，证据2的上述内容不能显示任何墙地砖的外观设计。

证据1的出版日为2003年10月18日，证据2的出版日为2004年2月27日，两者的出版日均在本专利申请日前，分别记载了简一公司在本专利申请日前生产和宣传有关"香榭丽石"和"五度空间石"的事实，但是证据1和证据2均未显示其所涉产品的外观设计，因此不能证明本专利不符合专利法第23条的有关规定。

综上所述，请求人提交的所有证据均不能支持其主张，其无效宣告请求不成立。

三、决定

根据专利法第23条和第46条第1款的规定，维持200430041572.1号外观设计专利权有效。

根据专利法第46条第2款的规定，当事人对本决定不服的，自收到本决定之日起三个月内向北京市第一中级人民法院起诉，根据该款规定，一方当事人起诉后，另一方当事人应当作为第三人参加诉讼。

水烟壶（葫芦形）

无效宣告请求审查决定（第 10308 号）

决 定 号	第 10308 号
决 定 日	2007 年 8 月 1 日
发明创造名称	水烟壶（葫芦形）
外观设计分类号	27-02
无效宣告请求人	张方信
专 利 权 人	姚雪斌，陈泽东
专 利 号	03314129.0
申 请 日	2003 年 1 月 9 日
授权公告日	2003 年 8 月 27 日
合议组组长	徐清平
主 审 员	高桂莲
参 审 员	李礼
附 图	2 页
法 律 依 据	专利法第 23 条

决 定 要 点

若本专利与产品类别相同的在先外观设计相比，其形状基本相同，二者存在的局部细微差别不会对产品的整体视觉效果产生显著影响，则本专利与在先外观设计相近似，本专利的授予不符合专利法第 23 条的规定。

一、案由

本无效宣告请求涉及中华人民共和国国家知识产权局于 2003 年 8 月 27 日授权公告的 03314129.0 号、名称为"水烟壶（葫芦形）"的外观设计专利（下称本专利），其专利权人是姚雪斌、陈泽东，申请日是 2003 年 1 月 9 日。

针对上述专利权，张方信（下称请求人）于 2007 年 1 月 12 日向专利复审委员会提出无效宣告请求，理由是本专利不符合专利法第 23 条的规定。随同其专利权无效宣告请求书，请求人提交了如下附件：

附件 1：专利号为 00331364.6 的外观设计专利公报打印件，其公开日为 2001 年 2 月 7 日；

请求人的具体无效理由是：本专利和附件 1 的产品属于同类产品，将本专利与附件 1 采用整体观察、综合判断的原则进行对比，二者极为近似，附件 1 公开了产品的整体形状，只是在一些不容易引起一般消费者注意的局部有细微的差别，这种差别并不足以影响到产品整体形状的视觉效果，致使一般消费者会将本专利与附件1误认混同，因此本专利不符合专利法第23条的规定。

经形式审查合格，专利复审委员会依法受理了上述无效宣告请求，并于2007年1月12日向请求人和专利权人发出了无效宣告请求受理通知书，同时将无效宣告请求书及其附件清单中所列附件的副本转给专利权人，要求其在一个月内对该无效宣告请求陈述意见。

请求人于2007年2月12日提交了"申明"一份，其中提到在专利侵权诉讼中关于施洪锦、陈国槐、付万新、王军的证言及在诉讼中有关证人出庭作证的情况，同时，请求人对在江苏省高级人民法院卷宗中的模具加工台账及南阳机械厂与模具客户往来加工台账的原件已在进行调查收集。之后，专利复审委员会于2007年3月28日收到请求人寄交的七份补充证据，内有上文提到的施洪锦、陈国槐等人的证言及南阳机械厂与往来客户模具加工台账、江苏省高级人民法院民事判决书等文件的复印件。

专利权人于2007年2月22日向专利复审委员会提交了意见陈述，专利权人认为本专利与附件1不属于相近似外观设计，理由有四个：一是本专利的主视图与附件1的右视图相比，本专利的放烟丝的烟锅体在上球正中间，而附件1的烟锅体是斜插的；二是本专利的吸烟管从上半球球体中间部位出的，而附件1的吸烟管是从上球体球部顶端部位出的；三是本专利的烟锅体较长，且从视觉效果看上端直径最大，中端稍细，底端直径更细，而附件1的烟锅体从上端到底部都是一样大小，且显肥胖又短；四是本专利整体没有任何图案，而附件1有很多明显的图案，且从附件1的左右视图均可看出其两边是对称的。

专利复审委员会依法成立合议组，对本案进行审理。

专利复审委员会于2007年3月29日将请求人于2007年2月12日提交的"申明"副本转送给专利权人，并于2007年5月18日将专利复审委员会于2007年3月28日收到的请求人寄交的意见陈述书及其补充证据副本转送给专利权人，要求专利权人在指定期限内答复，期满未答复的，视为当事人已得知转送文件中所涉及的事实、理由和证据，并且未提出反对意见。

专利权人针对复审委员会的上述两次转送文件，均未答复。

专利复审委员会于2007年6月4日分别向请求人和专利权人发出合议组成员告知通知书，通知双方若对合议组成员有回避请求的需在指定的7日期限内提出书面请求，逾期未答复，视为无回避请求。

请求人和专利权人均未答复，未对合议组成员提出回避请求。

至此，合议组认为本案事实清楚，现依法作出如下审查决定。

二、决定的理由

1. 证据的认定

请求人前后共提交了8份证据，其中在无效宣告请求书中的附件1为中国外观设计专利公报复印件，经合议组核实，复印件与原件相符，其真实性可以确认。附件1的公开日在本专利的申请日之前，是在本专利申请日之前公开发表的外观设计，可作为判断本专利是否符合专利法第23条规定的证据。而其余七份证据为专利复审委员会于2007年3月28日收到的，其无寄出邮戳日，故以该收到日作为递交日，其超过了在提出无效请求一个月内的举证期限，不符合专利法实施细则第66条以及审查指南第四部分第三章第4.3.1节的规定，合议组不予考虑。

2. 关于专利法第23条

专利法第23条规定："授予专利权的外观设计，应当同申请日以前在国内外出版物上公开发表过或者国内公开使用过的外观设计不相同和不相近似，并不得与他人在先取得的合法权利相冲突。"

本专利产品名称为"水烟壶（葫芦形）"，附件1的产品名称为"烟袋（葫芦形）"，二者属于类别相同的产品，具有可比性。

本专利涉及的水烟壶，共包括主视图、仰视图、俯视图、右视图和左视图，省略后视图。该水烟壶包括壶体和吸烟管部分，壶体为葫芦形，其最上部有一壶盖，吸烟管是从葫芦形的上半部分的中间伸出，为较长的弯管（详见本专利的附图）。

附件1所示专利包括主视图、后视图、仰视图、俯视图、右视图和左视图。其所示烟袋包括烟锅体和吸烟管两部分，其中烟锅体为葫芦形，其最上部斜向为烟锅体口，其上有盖，与之相对方向是伸出的吸烟管，为较长的弯管（详见附件1的附图）。

将本专利与附件1比较，二者整体形状相同，都包括烟锅体和吸烟管两部分，烟锅体为葫芦形，吸烟管从烟锅体上部伸出，且长度较长，区别点仅在于：本专利的烟锅体口垂直设于葫芦形的上部，吸烟管从烟锅体口稍向下位置伸出，而附件1的烟锅体口斜向设于葫芦形的上部，吸烟管是从烟锅体口的相对向伸出。合议组认为本专利和附件1的外部形状整体相同，上述区别点属于局部细微差别，上述差异不足以对整体外观设计产生显著的影响，附件1的烟锅与本专利相比足以导致一般消费者产生了相近似的视觉印象。因此二者应属于相近似的外观设计。

对于专利权人在提交的意见陈述书中认为本专利与附件1具有四点区别。对此，合议组认为，关于第一至第三点，由上文中对本专利与附件1外观设计对比可知，所述差异仅是局部差异，不足以对整体外观设计产生显著的影响；关于第四点，由于本专利本身没有图案设计，其仅是单纯形状的外观设计，因此根据审查指南的相关规定，本专利与附件1进行比较时，附件1中的图案要素不予考虑。

综上所述，本专利相对于附件1不符合专利法第23条的规定。

三、决定

宣告03314129.0号外观设计专利权无效。

当事人对本决定不服的，可以根据专利法第46条第2款的规定，在收到本决定之日起三个月内向北京市第一中级人民法院起诉。根据该款规定，一方当事人起诉后，另一方当事人应当作为第三人参加诉讼。

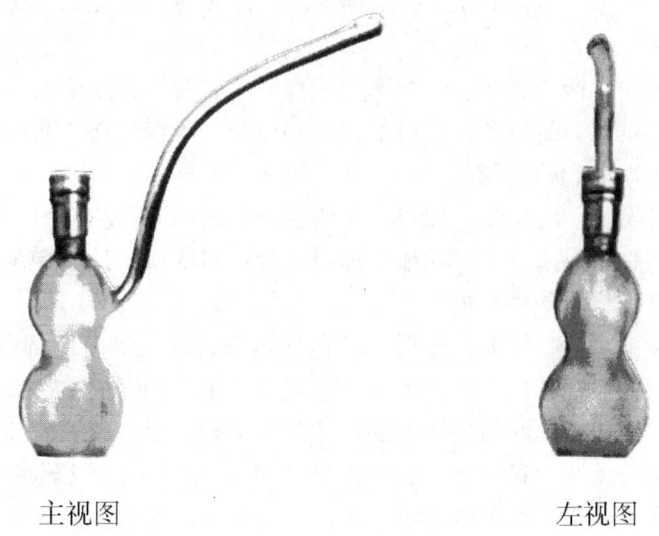
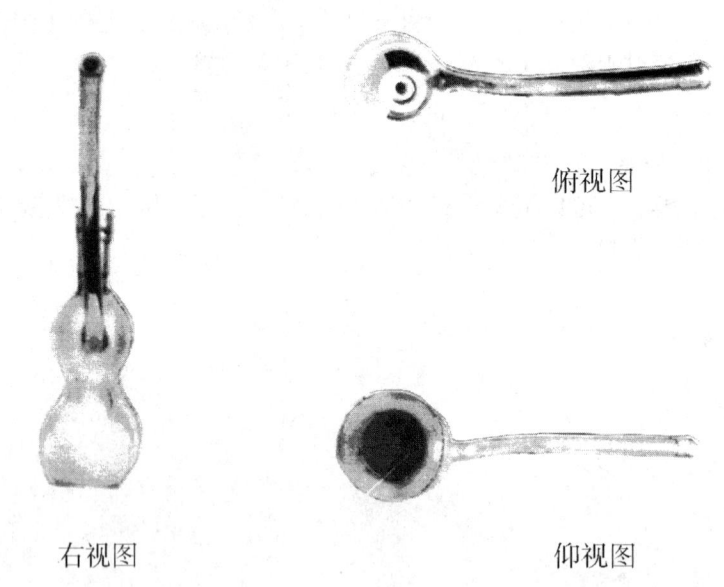

本专利附图

主视图

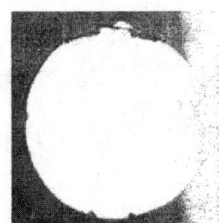
仰视图

俯视图

左视图

右视图

后视图

附件 1

北京市第一中级人民法院
行政判决书

(2008) 一中行初字第 187 号

原告姚雪斌，男，1954 年 7 月 14 日出生，汉族，住址江苏省启东市汇龙镇幸福二村 18 号楼 301 室。

原告陈泽东，男，1968 年 7 月 26 日出生，汉族，住址江苏省启东市南阳镇秉章村二组。

委托代理人姚雪斌（即第一原告）。

被告国家知识产权局专利复审委员会，住所地北京市海淀区北四环西路 9 号银谷大厦 10~12 层。

法定代表人廖涛，副主任。

委托代理人高桂莲，女，国家知识产权局专利复审委员会审查员。

委托代理人余心蕾，女，国家知识产权局专利复审委员会审查员。

第三人张方信，男，1948 年 8 月 4 日出生，汉族，住址江苏省启东市南阳镇协兴北街 88 号。

委托代理人戴喜艳，女，1981 年 6 月 29 日出生，汉族，南京众联专利代理有限公司职员，住址江苏省南京市中山北路 49 号。

原告姚雪斌、陈泽东不服被告国家知识产权局专利复审委员会于 2007 年 8 月 1 日作出、于同年 8 月 2 日邮寄送达的第 10308 号无效宣告请求审查决定（以下简称第 10308 号决定），于 2007 年 10 月 17 日向本院提起行政诉讼。本院受理后，依法组成合议庭，向被告送达了起诉状副本和应诉通知书，并依法通知张方信作为本案第三人参加诉讼，于 2008 年 4 月 9 日公开开庭审理了本案。原告姚雪斌（兼原告陈泽东的委托代理人）、被告的委托代理人高桂莲、余心蕾，第三人张方信的委托代理人戴喜艳到庭参加了诉讼。本案现已审理终结。

第 10308 号决定根据《中华人民共和国专利法》（以下简称《专利法》）第二十三条的规定，宣告第 03314129.0 号外观设计专利权（以下简称本专利）无效。

被告在法定期限内向本院提交了下列证据，用以证明第 10308 号决定认定事实清楚、适用法律正确、审查程序合法：（1）第 00331364.6 号外观设计专利公报（即本案对比文件）；（2）本专利公报。

原告诉称，（1）本专利的主视图与对比文件的右视图相比，本专利的烟锅体在上球正中央，而对比文件的烟锅体是斜插的。（2）本专利的吸烟管从上半球中间部位而出，对比文件的吸烟管是从上半球顶部而出。（3）本专利的烟锅体长，从视觉效果上看，上端部位最大，中端稍细，底端最细，而对比文件的烟锅体从上端到底部都是一样的，且肥胖又短。（4）根据《审查指南》第四部分第五章关于外观设计相同和相近似的判断标准，对于组装关系唯一的组建产品，应当以组合状态下的整体外观设计为对象，而不是以所有单个构件的外观设计对象来判断相同或者相近似。葫芦是公共领域的物体，其形状虽然众所周知，但葫芦的形状仅是一客观存在的物质形态，并没有向公众展示完整的产品设计方案。事实上，本专利与自然存在的葫芦形状本身存在着差异。凡是烟壶、烟袋、烟嘴、烟锅是其唯一的组件。它们的位置不同，必然会产生视觉上的不同。因此本专利与对比文件的形状不相同也不近似，被告以两个产品同是葫芦就判相同或近似是错误的。综上，请求法院判决撤销第 10308 号决定。

原告在举证期限内向本院提交了下列证据：（1）江苏省南京市中级人民法院（2005）宁民三初字第 166 号民事判决书；（2）江苏省南通市中级人民法院（2007）通中民三初字第 0001 号民事判

决书。

被告辩称,(1)对原告起诉状中提及的事实和理由中的前三点,被告坚持第 10308 号决定中的相关意见。(2)关于第四点,首先,第 10308 号决定中本专利与对比文件的对比是采用整体观察、综合判断的方式进行的审查,并不是以单个构件的外观设计来进行判断的;其次,第 10308 号决定只认为本专利的壶体为葫芦形,由于本专利的组成部件与对比文件的组成部件之间的形状相同,具体位置关系属于局部细微的差别,而所述差异不足以对整体外观设计产生显著的影响。综上,第 10308 号决定认定事实清楚、适用法律正确、审理程序合法,原告的诉讼理由不能成立,请求法院驳回原告的诉讼请求,维持第 10308 号决定。

第三人张方信未向本院提交书面诉讼意见及证据,其在庭审中表示同意被告答辩意见,请求法院维持第 10308 号决定。

经庭审质证,原告和第三人对被告证据的关联性、真实性、合法性没有异议,本院经审查予以采纳。被告和第三人认为原告的证据与本案没有关联性;本院经审查认为,原告提交的证据为专利侵权纠纷民事判决书,与本案专利确权行政诉讼没有关联性,本院不予采纳。

根据上述有效证据及当事人陈述,本院确认如下事实:

2007 年 1 月 12 日,张方信针对姚雪斌和陈泽东共同享有的 03314129.0 号"水烟壶(葫芦形)"的外观设计专利(即本专利)向被告提出无效宣告请求。本专利申请日为 2003 年 1 月 9 日,授权公告日为 2003 年 8 月 27 日。本专利涉及的水烟壶外观设计包括主视图、仰视图、俯视图、右视图和左视图。视图中的水烟壶包括壶体和吸烟管部分,壶体为葫芦形,其最上部有一壶盖,吸烟管是从葫芦形的上半部分的中间伸出,为较长的弯管。

张方信提出的无效宣告请求理由是本专利不符合《专利法》第二十三条的规定,并提交了如下证据:公开日为 2001 年 2 月 7 日的 00331364.6 号的外观设计专利公报(即本案对比文件)。对比文件"烟袋(葫芦型)"外观设计专利包括主视图、后视图、仰视图、俯视图、右视图和左视图。其所示烟袋包括烟锅体和吸烟管两部分,其中烟锅体为葫芦形,其最上部斜向为烟锅体口,其上有盖,与之相对方向是伸出的吸烟管,为较长的弯管。后张方信又向被告寄交了 7 份补充证据,被告于 2007 年 3 月 28 日收到,但被告认为补交的证据无寄出邮戳日,应以收到日为递交日,因此超过举证期限,不予考虑。被告受理了上述无效宣告请求并履行了转文程序。专利权人于 2007 年 2 月 22 日向被告提交了意见陈述,认为本专利与对比文件不属于相近似外观设计,理由是:(1)本专利的主视图与对比文件的右视图相比,本专利的放烟丝的烟锅体在上球正中间,而对比文件的烟锅体是斜插的;(2)本专利的吸烟管从上半球球体中间部位出的,而对比文件的吸烟管是从上球体球部顶端部位出的;(3)本专利的烟锅体较长,且从视觉效果看上端直径最大,中端稍细,底端直径更细,而对比文件的烟锅体从上端到底部都是一样大小,且显肥胖又短;(4)本专利整体没有任何图案,而对比文件有很多明显的图案,且从对比文件的左右视图均可看出其两边是对称的。

被告审查认为,本专利产品名称为"水烟壶(葫芦形)",对比文件的产品名称为"烟袋(葫芦形)",二者属于类别相同的产品,具有可比性。将本专利与附件 1 比较,二者整体形状相同,都包括烟锅体和吸烟管两部分,烟锅体为葫芦形,吸烟管从烟锅体上部伸出,且长度较长,区别点仅在于:本专利的烟锅体口垂直设于葫芦形的上部,吸烟管从烟锅体口稍向下位置伸出,而对比文件的烟锅体口斜向设于葫芦形的上部,吸烟管是从烟锅体口的相对向伸出。本专利和对比文件的外部形状整体相同,上述区别点属于局部细微差别,上述差异不足以对整体外观设计产生显著的影响,对比文件的烟锅与本专利相比足以导致一般消费者产生了相近似的视觉印象,因此二者应属于相近似的外观设计。关于专利权人所述的四点区别,被告认为,第一至第三点所述差异仅是局部差异,不足以对整体外观设计产生显著的影响；至于第四点，由于本专利本身没有图案设计，其仅是单纯形状的外观设计，因此根据《审查指南》的相关规定，本专利与对比文件进行比较时，对比文件中的图案要素不予考虑。综上所述，本专利相对于对比文件不符合《专利法》第二十三条的规定，决定宣告本专利权无效。

本院认为，《专利法》第二十三条规定："授予专利权的外观设计，应当同申请日以前在国内外出版物上公开发表过或者国内公开使用过的外观设计不相同和不相近似，并不得与他人在先取得的合法权利相冲突。"

本案中，本专利和对比文件的外观设计专利产品相同，对比文件的公告日在本专利申请日之前，二者具有可比性。通过整体观察、综合判断，可以看出二者整体形状是近似的，尤其是壶体（烟锅体）的葫芦形设计是相同的，而葫芦形并非该类产品的惯常设计；烟锅体口和吸烟管的形状也基本相同，其相对位置的区别仅仅是局部的、细微的，对整体外观设计未产生显著影响。由于本专利是单纯形状的外观设计，根据《审查指南》的规定，对比文件的图案在对比时不予考虑。被告认定本专利不符合《专利法》第二十三条的规定，决定宣告本专利权无效，具有事实和法律根据。

综上，第10308号决定事实清楚，适用法律正确，程序合法，本院应予维持。原告的诉讼请求，缺乏事实和法律依据，本院不予支持。依照《中华人民共和国行政诉讼法》第五十四条第（一）项之规定，判决如下：

维持被告国家知识产权局专利复审委员会作出的第10308号无效宣告请求审查决定。

案件受理费人民币100元，由原告姚雪斌和陈泽东共同负担（已交纳）。

如不服本判决，可在判决书送达之日起15日内，向本院提交上诉状，并按对方当事人的人数提交副本，预交上诉案件受理费人民币100元，上诉于北京市高级人民法院。

审　判　长　吴　月
代理审判员　胡华峰
人民陪审员　孟玉珍
二〇〇八年五月三十日
书　记　员　郎莉萍

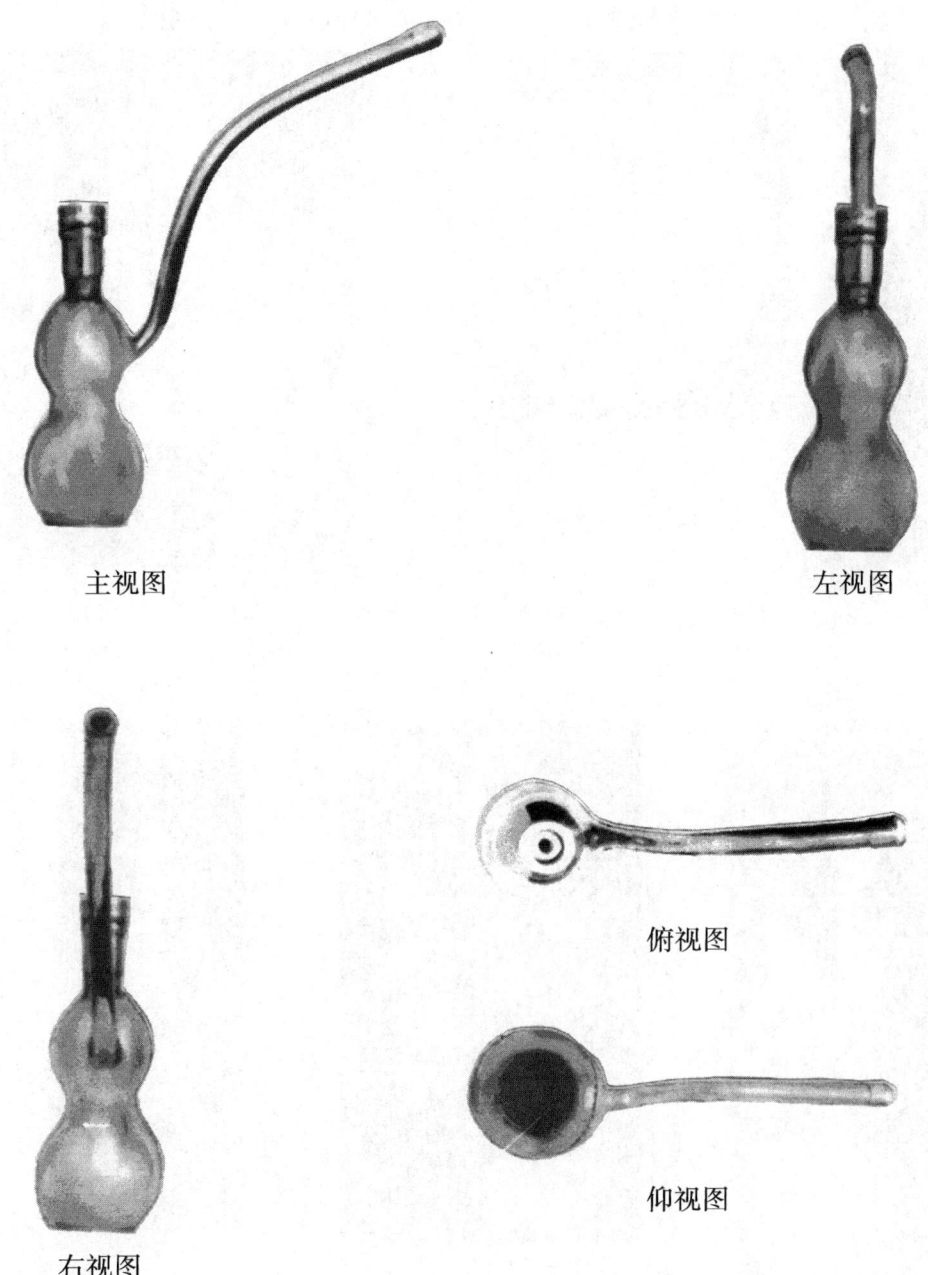

主视图　　　　　仰视图　　　　　俯视图

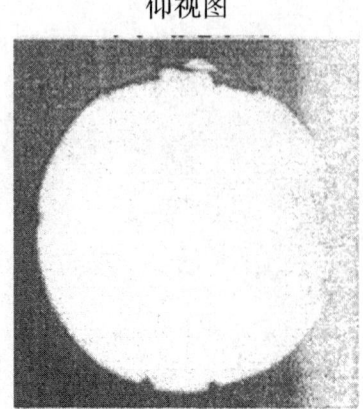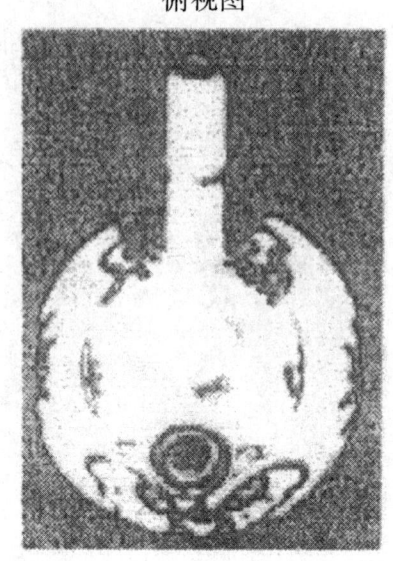

左视图　　　　　右视图　　　　　后视图

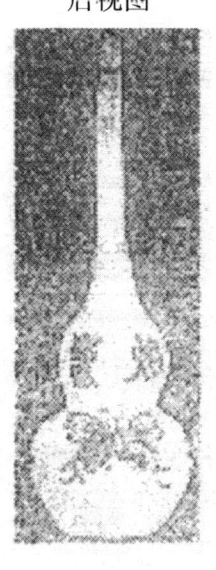

附件1 附图

瓶 子

无效宣告请求审查决定（第 10313 号）

决 定 号	第 10313 号
决 定 日	2007 年 7 月 23 日
外观设计名称	瓶子
外观设计分类号	09-01
无效宣告请求人	德阳市蜀龙饮料酒厂
专 利 权 人	四川蓝剑饮料食品有限公司
申 请 号	02356394.X
申 请 日	2002 年 9 月 10 日
授权公告日	2003 年 5 月 7 日
合议组组长	张美菊
主 审 员	龙安
参 审 员	穆丽娟
法律依据	专利法第 23 条，专利法实施细则第 2 条第 3 款
决定要点	

专利法实施细则第 2 条第 3 款是对可获得专利保护的外观设计的一般性定义，而不是判断外观设计是否相同或相近似的具体审查标准。

如果一件外观设计与在先设计相比，产品整体形状非常近似，两者具有相似的视觉效果，两者仅在局部设计上有所不同，所述局部细微差别不能引起一般消费者的注意，则该外观涉及与在先设计属于相近似的外观设计。

一、案由

本无效宣告请求案涉及国家知识产权局于 2003 年 5 月 7 日授权公告的 02356394.X 号外观设计专利（下称"本专利"），其名称为"瓶子"，专利权人为四川蓝剑饮料食品有限公司。

针对本专利，德阳市蜀龙饮料酒厂（下称请求人）于 2006 年 8 月 8 日向国家知识产权局专利复审委员会提出宣告本专利权无效的请求，理由为：本专利相对于附件 1 不符合专利法第 23 条的规定，相对于附件 2~8 的结合不符合专利法第 23 条的规定，相对于附件 1 或附件 8 不符合专利法实施细则第 2 条第 3 款的规定。请求人同时提交了如下附件作为证据：

附件 1：专利号 01326323.4 的中国外观设计专利公告，授权公告日为 2002 年 1 月 30 日，复印件 1 页；

附件2：重庆市重友食品饮料有限公司的企业法人营业执照，复印件1页；

附件3：云阳县卫生防疫站出具的编号为2001037的卫生监测报告书，复印件1页，受检产品为重庆重友食品饮料有限公司生产的花生牛奶；

附件4：重庆市云阳县产品质量监督检验所出具的第2001-y-09号检验报告，复印件2页，受检产品为重庆市重友食品饮料有限公司生产的重友花生牛奶；

附件5：宜昌市消费者协会2001年度推荐公告，文件上签有"2001年11月7日宜昌三峡晚报存于办公室 复印件2006.4.11"字样，并加盖重庆市重友食品饮料有限公司的公章，复印件1页；

附件6：重庆市消费者权益保护委员会颁发的内容为"2001~2003重庆市重友食品饮料有限公司'重友'牌花生奶、花生牛奶、蜂蜜花生奶消费者满意商品"的奖牌照片，复印件1页；

附件7：宜昌市消费者协会颁发给宜昌市重友花生牛奶经营部的的荣誉证书，复印件1页；

附件8：瓶贴上标有"重友花生牛奶"的产品照片，复印件1页。

请求人的主要理由为：

（1）附件1的专利公告日在本专利申请日之前，且与本专利属同类产品，可作为本专利的对比文件，本专利为瘦长的圆柱形瓶体造型，瓶肩呈饱满的圆弧造型，瓶身为竖直圆柱体形，瓶身上有几圈细线，瓶底为短圆弧形过渡，本专利与附件1的造型、整个瓶体的宽、宽比例、圆弧形瓶肩、竖直圆柱体形瓶身及其上的细线、圆弧形过渡的瓶底、各部分形状比例皆极为近似，因此本专利与附件1属于相近似的外观设计，本专利不符合专利法第23条的规定。

（2）附件2~8证明在本专利申请日前重友牌花生牛奶已公开销售，且重友牌花生牛奶的包装瓶与本专利近似，因此本专利不符合专利法第23条的规定。

（3）由于附件1和8分别公开了与本专利相近似的照片，因此，本专利不是对产品的形状、图案或其结合以及色彩与形状、图案的结合作出的富有美感并适于工业应用的新设计，因此不符合专利法实施细则第2条第3款的规定。

经形式审查合格后，专利复审委员会受理了上述请求，并将所述专利权无效宣告请求书及证据转送给专利权人。

2006年9月23日，专利权人向专利复审委员会提交了意见陈述书，主要意见为：

（1）本专利与附件1无论从整体形状，还是从视觉效果，二者都存在显著差别，一般消费者都不会将二者混同；本专利涉及瓶子，瓶子通常是需要与专门配备瓶盖一起使用的，依靠瓶盖封口，譬如酒瓶都有瓶口相配合的瓶盖，瓶子主要用于盛装需要运输的液体，附件1涉及包装罐，包装罐一般不需要盖子或只需普通平盖，罐常常存放一般不搬动的固体或液体，因此本专利与附件1产品在功能和用途上不同，是类别不相同的产品；本专利瓶子的外形为瓶体单色、广口、瓶颈较粗、瓶身为圆柱体形、瓶体均匀分布三组四圈凸棱组，而附件1包装罐的外形上下异色、有明显深色冠部、色差明显，从俯视图看无明显罐口、颈较细、罐身有两组两圈凸棱组和一组四圈凸棱组、各圈凸棱间距不同，因此，本专利与附件1无论是形状、色彩还是图案都有明显差异，二者不相近似。

（2）附件2~7仅说明在2001年有厂家生产了为公众所知的重友花生牛奶，凭这些文件的记载无法知道该产品用什么包装，也不能导出该产品的外观设计，故附件2~7与本专利无任何关系；附件8没有清楚地标示的标准喷码日期，因此附件2~8不能证明本专利申请日前已有与本专利相近似的包装瓶公开销售。

（3）如前所述，由于本专利与请求人提供的附件1不相近似，附件2~8不能证明有与本专利相近似的产品公开销售，本专利在形状、图案和色彩上都与在先的外观设计不相同也不相近似，是一项富有美感并适用于工业应用的新设计。

专利复审委员会依法成立合议组,对本案进行审理。

合议组于 2007 年 3 月 16 日向双方当事人发出无效宣告请求口头审理通知书,定于 2007 年 5 月 30 日对所述无效宣告请求进行口头审理,同时将专利权人的意见陈述书转给请求人。

口头审理如期举行,仅请求人一方参加此次口头审理,此次口头审理过程中,请求人对合议组成员变更没有异议,对合议组成员没有回避请求,并明确其无效理由为:本专利相对于附件 1 或附件 2~8 的结合不符合专利法第 23 条和专利法实施细则第 2 条第 3 款的规定,其具体理由与无效宣告请求书的无效理由一致;请求人当庭出示附件 2~8 的盖有"重庆市重友食品饮料有限公司"红章的复印件;请求人当庭提交了盖有"重庆市重友食品饮料有限公司"红章的取证笔录,合议组当庭告知该证据属于新证据,超过证据的举证期限,合议组不予接受。

2007 年 5 月 30 日,合议组向专利权人发出合议组成员告知通知书。

专利权人逾期未提交任何意见陈述书。

至此,合议组认为本案事实已经清楚,可以作出审查决定。

二、决定理由

1. 关于证据

请求人提交的附件 1 是授权公告日为 2002 年 1 月 30 日的、01326323.4 号外观设计公报复印件。专利权人在意见陈述书中对附件 1 的真实性没有提出异议,并且合议组未发现附件 1 中存在能影响其真实性的瑕疵,因此合议组对附件 1 的真实性予以认可。附件 1 的授权公告日在本专利的申请日之前,因此附件 1 是本专利申请日之前公开的在先设计。

根据审查指南第四部分第五章第 6.1 节的规定:外观设计相同是指被比设计与在先设计是同一类别的产品的外观设计,并且被比设计的全部外观要素与在先设计的相应要素相同,其中外观设计要素是指形状、图案以及色彩;在确定产品的类别时,可以参考产品的名称、国际外观设计分类表以及产品货架分类,但是应当以产品的名称用途是否相同为准,同一类别的产品是指用途完全相同的产品。

就本专利(名称为"瓶子")与附件 1(名称为"罐子")而言,虽然二者的名称不同,但二者的分类号、用途皆相同,具体而言,二者分类号均为 09-01,都是主体为圆柱状的容器,上有口、下有底,都可盛装液体。因此,附件 1 与本专利是同一类别的产品的外观设计,附件 1 可以与本专利进行对比,评述本专利是否符合专利法第 23 条的规定。

2. 关于专利法实施细则第 2 条第 3 款

专利法实施细则第 2 条第 3 款规定:专利法所称外观设计,是指对产品的形状、图案或者其结合以及色彩与形状、图案的结合所作出的富有美感并适于工业应用的新设计。

本专利涉及一种瓶子的外观设计,所述设计是对瓶子这种产品的形状、图案作出的、适于工业应用的设计,且所述产品可以批量生产,因此,本专利符合专利法实施细则第 2 条第 3 款的规定。

审查指南第一部分第三章第 6.4.2 节规定:专利法实施细则第 2 条第 3 款是对可获得专利保护的外观设计的一般性定义,而不是判断外观设计是否相同或相近似的具体审查标准。

在本专利无效宣告请求案中,请求人提出了"由于附件 1 和附件 8 分别公开了与本专利相近似的照片,因此,本专利不是对产品的形状、图案或其结合以及色彩与形状、图案的结合作出的富有美感并适于工业应用的新设计,因此不符合专利法实施细则第 2 条第 3 款的规定"的无效理由。

对此,合议组认为:请求人的上述无效理由是基于本专利与附件 1 或附件 8 相近似的无效理由而进一步提出的无效理由,并不是基于专利法实施细则第 2 条第 3 款规定的对外观设计的一般性定义而提出的无效理由,所述无效理由不符合审查指南的上述规定。因此,合议组对请求人提出的本专利不符合专利法实施细则第 2 条第 3 款的无效理由不予支持。

3. 关于专利法第 23 条

专利法第 23 条规定：授予专利权的外观设计，应当同申请日以前在国内外出版物上公开发表过或者国内公开使用过的外观设计不相同和不相近似，并不得与他人在先取得的合法权利相冲突。

（1）本专利附图。

本专利涉及一种"瓶子"的外观设计，未要求保护色彩，所述外观设计包括主视图、仰视图和俯视图。

主视图所示瓶子的瓶身呈圆柱体状，瓶身上部平缓变细形成瓶口，且瓶口有两圈凸棱，上棱较粗、下棱较细；瓶体中部有多个环状凹陷，均匀分布，形成每组四圈的三组凸棱；瓶体下部与瓶底呈圆弧形过渡。

仰视图是瓶底示图，所述瓶底为圆形，中部为一内凹圆，圆中部有一道较细凸棱。

俯视图显示了瓶口和瓶身轮廓，二者呈同心圆排列，外圈较大的圆是瓶身，外圈正中较小的圆是瓶口。

（2）附件 1。

附件 1 是一种"包装罐"的外观设计，未要求保护色彩，所述外观设计包括主视图、仰视图、俯视图、左视图和立体图。

主视图显示的罐子的罐身呈圆柱体状，罐身上部平缓变细形成瓶口，且罐口套封一盖；罐体中部有多个环状凹陷，形成三组凸棱，每组凸棱的数量不同，且每组凸棱的间距不等；罐体下部与罐底呈圆弧形过渡。

仰视图是罐底示图，所述罐底为圆形，中部为一内凹圆，圆中部有一道较粗凸棱。

俯视图显示了罐盖和罐身的轮廓，二者呈同心圆排列，外圈较大的圆是瓶身，外圈正中较小的圆是瓶盖。

左视图与主视图相同。

（3）本专利与附件 1 比较、结论。

从整体上观察，本专利与附件 1 的共同点在于：二者的瓶（罐）身皆呈圆柱体状；瓶（罐）身中部都有多个环状凹陷，形成三组凸棱；瓶（罐）身上部皆是平缓变细形成瓶（罐）口；瓶（罐）体下部与瓶（罐）底都呈圆弧形过渡；瓶（罐）底部均有凹陷，且其中均有凸棱。

本专利与附件 1 的差异在于：本专利的瓶口裸露，附件 1 的罐口有盖子覆盖；本专利瓶体部分三组凸棱均匀分布，附件 1 罐体部分三组凸棱中，每组凸棱的数量不同，每组凸棱的间距不等；本专利与附件 1 瓶底的内凹圆大小不等、凸棱粗细有异。

由上述分析可知，本专利中的瓶子与附件 1 中的罐子都涉及容器，二者是同类产品的外观设计，二者产品形状和图案非常相近。合议组认为，二者的上述区别主要体现在细节设计上：对于瓶口部位的区别，通常使用时的瓶子会加有盖子，因此瓶口螺纹属于使用时不容易看到的部位，对整体视觉效果不具有显著影响，此外，瓶口有无盖子仅为一个局部细微的设计，瓶口在整体设计中所占比例很小，其变化同样不足以对瓶（罐）体的整体视觉效果产生显著影响；就瓶（罐）体中部的凸棱而言，其也属于瓶（罐）局部形状上的细微设计，其数量多少及间距大小也不足以对瓶（罐）体的整体视觉效果产生显著影响；另外，瓶（罐）底属于使用时不容易看到的部分，所述不易看到的部位的设计对于一般消费者而言也无法产生引人瞩目的视觉效果。因此，前述局部的细微改变，不能引起一般消费者的注意，更无法使两个外观设计在整体视觉效果上产生明显差异。

基于上述原因，本专利与附件 1 的外观设计的上述相同点已使二者在整体视觉效果上相近似，所述不同点仅是局部细微设计，不足以对整体的视觉效果产生显著影响，两者构成相近似的外观设计，因此，本专利不符合专利法第 23 条的规定。

在得出上述结论的情况下，合议组对请求人提出的其他证据和无效理由不再予以评述。

三、决定

宣告 02356394.X 号外观设计专利权全部无效。

当事人如对本决定不服，可以根据专利法第 46 条第 2 款的规定，自收到本决定之日起三个月内向北京市第一中级人民法院起诉。根据该款的规定，一方当事人起诉后，另一方当事人应当作为第三人参加诉讼。

室内隔断连接件

无效宣告请求审查决定（第 10317 号）

决 定 号	第 10317 号
决 定 日	2007 年 7 月 20 日
发明创造名称	室内隔断连接件
外观设计分类号	08-08
无效宣告请求人	温州风格展示器材有限公司
专 利 权 人	上海铭立家具有限公司
申 请 号	200430105122.4
申 请 日	2004 年 11 月 19 日
授权公告日	2005 年 7 月 20 日
合议组组长	徐洁玲
主 审 员	吴红权
参 审 员	张家祥
附 图	1 页
法律依据	专利法第 23 条

决 定 要 点

本专利与在先设计的区别在于局部豁口大小略有不同，但是豁口本身在整个连接件中仅占很一小部分，对于连接件的外观设计的整体视觉效果不具有显著的影响，因此，二者属于相近似的外观设计。

一、案由

本无效宣告请求案涉及国家知识产权局于 2005 年 7 月 20 日授权公告、申请日为 2004 年 11 月 19 日、名称为"室内隔断连接件"的第 200430105122.4 号外观设计专利（下称本专利），专利权人为上海铭立家具有限公司。

针对上述专利权，温州风格展示器材有限公司（下称请求人）于 2006 年 9 月 13 日向专利复审委员会提出无效宣告请求，并提交了如下附件：

附件 1：200430105122.4 号外观设计专利公告，复印件共 1 页（本专利）；

附件 2：01333341.0 号外观设计专利公告，授权公告日为 2002 年 3 月 20 日，复印件共 1 页。

请求人认为：本专利与附件2都是用于搭建隔断或展位等使用的连接构件，其用途相同，分类号相同，属于同一类产品，本专利与附件2形状高度近似，无明显区别，二者属于相同的外观设计。

经形式审查合格后，专利复审委员会受理了上述请求，于2006年9月13日向双方当事人发出了《无效宣告请求受理通知书》，并将《专利权无效宣告请求书》及其附件清单中所列附件的副本转送给专利权人，要求其在指定的期限内答复，同时成立合议组对本无效请求案进行审理。

专利权人在指定的答复期限内没有针对该无效宣告请求陈述意见。

2007年3月9日，合议组向双方当事人发出《无效宣告请求口头审理通知书》，定于2007年4月26日举行口头审理。

2007年4月26日，口头审理如期举行。专利权人没有出席口头审理，合议组在请求人一方出庭的情况下就本无效宣告请求案进行了庭审调查。在口头审理过程中，请求人对合议组成员没有提出回避请求，合议组就本案的无效理由及证据逐一进行了调查，认定并记录了以下事项：（1）请求人确认无效理由为专利法第23条；（2）请求人确认使用附件2作为证据来宣告本专利无效。

2007年4月26日，专利复审委员会向专利权人发出《合议组成员告知通知书》，告知专利权人如对合议组成员有回避请求，请于收到通知书之日起7日内提交书面的请求书。在规定的日期内，合议组没有收到专利权人的答复。

至此，合议组认为本案的事实已经调查清楚，可以依法作出审查决定。

二、决定的理由

1. 证据的认定

请求人提交的附件2为外观设计专利文献，合议组经核对后，对其真实性予以认可。附件2的授权公告日为2002年3月20日，早于本专利的申请日，因此可以作为评价本专利是否符合专利法第23条规定的证据。

2. 关于专利法第23条

专利法第23条规定，授予专利权的外观设计，应当同申请日以前在国内外出版物上公开发表过或者国内公开使用过的外观设计不相同和不相近似，并不得与他人在先取得的合法权利相冲突。

本专利涉及室内隔断连接件的外观设计，从主视图看，其轮廓呈方形，其中间内接一方形孔洞，方形孔洞四个角位于轮廓四边的中间位置，在方形孔洞中间为呈十字形设置的支撑片，十字形支撑片中心为圆环形连接片，在连接件轮廓四角分别呈羊角状凸起，在方形轮廓外围的四边中间位置有向外的直线形凸起，在方形孔洞的四边中间位置设置有半圆形豁口。

附件2名称为展架支柱万向接头（44），其同样为连接件的外观设计（下称在先设计），从主视图看，其轮廓呈方形，其中间内接一方形孔洞，方形孔洞四个角位于轮廓四边的中间位置，在方形孔洞中间为呈十字形设置的支撑片，十字形支撑片中心为圆环形连接片，在连接件轮廓四角分别呈羊角状凸起，在方形轮廓外围的四边中间位置有向外的直线形凸起，在方形孔洞的四边中间位置设置有半圆形豁口。

本专利与在先设计产品用途相同，均用于型材连接，具有可比性。将二者相比较，二者在由方形孔洞、中间的十字形支撑片、十字形支撑片中心的圆环形连接片、轮廓四角的羊角状凸起、四边中间位置的半圆形豁口等各部分形成的整体形状上基本相同，但存在以下区别：在先设计豁口较大，而本专利豁口较小。对此，合议组认为，虽然二者在豁口大小上存在区别，但是豁口本身在整个连接件中仅占很一小部分，对于连接件的外观设计的整体视觉效果不具有显著的影响，因此，二者属于相近似的外观设计，故而，本专利不符合专利法第23条的规定。

根据上述事实和理由,合议组作出如下审查决定。

三、决定

宣告第 200430105122.4 号外观设计专利权无效。

当事人对本决定不服的,可以根据专利法第 46 条第 2 款的规定,自收到本决定之日起三个月内向北京市第一中级人民法院起诉。根据该款规定,一方当事人起诉后,另一方当事人应当作为第三人参加诉讼。

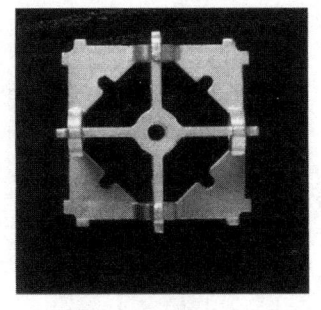
主视图

立体图

本专利附图

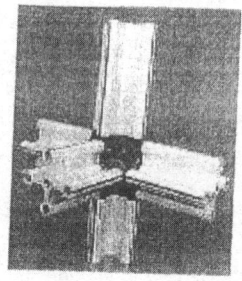

附件2附图

室内隔断连接件（通柱 II 型）

无效宣告请求审查决定（第 10318 号）

决 定 号	第 10318 号
决 定 日	2007 年 7 月 20 日
发明创造名称	室内隔断连接件（通柱 II 型）
外观设计分类号	08-08
无效宣告请求人	温州风格展示器材有限公司
专 利 权 人	上海铭立家具有限公司
申 请 号	200430105120.5
申 请 日	2004 年 11 月 19 日
授权公告日	2005 年 7 月 20 日
合议组组长	徐洁玲
主 审 员	吴红权
参 审 员	张家祥
附 图	2 页

法 律 依 据 专利法第 23 条

决 定 要 点

本专利与在先设计的区别在于卡槽底部形状不同，但是卡槽底部形状在整个连接件中仅占一小部分，对于连接件的外观设计的整体视觉不具有显著的影响，因此，二者属于相近似的外观设计。

一、案由

本无效宣告请求案涉及国家知识产权局于 2005 年 7 月 20 日授权公告、申请日为 2004 年 11 月 19 日、名称为"室内隔断连接件（通柱 II 型）"的第 200430105120.5 号外观设计专利（下称本专利），专利权人为上海铭立家具有限公司。

针对上述专利权，温州风格展示器材有限公司（下称请求人）于 2006 年 9 月 13 日向专利复审委员会提出无效宣告请求，并提交了如下附件：

附件 1：200430105120.5 号外观设计专利公告，复印件共 1 页（本专利）；

附件 2：02314041.0 号外观设计专利公告，授权公告日为 2002 年 12 月 4 日，复印件共 1 页；

附件 3：01333339.9 号外观设计专利公告，授权公告日为 2002 年 3 月 13 日，复印件共 1 页。

请求人认为：（1）本专利与附件 2 无论从型材截面形状还是从型材侧面形状均高度近似，区别仅在于附件 2 卡槽的底部带有方形凹槽，而本专利没有，该区别不会给二者的视觉效果带来显著的影响，因此本专利与附件 2 相近似；（2）本专利与附件 3 的区别在于附件 3 中心圆孔边缘带有半圆形凹槽，而本专利没有，附件 3 卡槽内壁略呈圆形，而本专利卡槽内壁略呈方形，但是上述区别对产品整体的视觉效果并不会产生显著的影响，仍会造成本产品消费者在购买时的混淆、误认，因此本专利与附件 3 属于相近似的外观设计。

经形式审查合格后，专利复审委员会受理了上述请求，于 2006 年 9 月 13 日向双方当事人发出了《无效宣告请求受理通知书》，并将《专利权无效宣告请求书》及其附件清单中所列附件的副本转送给专利权人，要求其在指定的期限内答复，同时成立合议组对本无效请求案进行审理。

专利权人在指定的答复期限内没有针对该无效宣告请求陈述意见。

2007 年 3 月 9 日，合议组向双方当事人发出《无效宣告请求口头审理通知书》，定于 2007 年 4 月 26 日举行口头审理。

2007 年 4 月 26 日，口头审理如期举行。专利权人没有出席口头审理，合议组在请求人一方出庭的情况下就本无效宣告请求案进行了庭审调查。在口头审理过程中，请求人对合议组成员没有提出回避请求，合议组就本案的无效理由及证据逐一进行了调查，认定并记录了以下事项：（1）请求人确认无效理由为专利法第 23 条；（2）请求人确认使用附件 2、3 作为证据来宣告本专利无效。

2007 年 4 月 26 日，专利复审委员会向专利权人发出《合议组成员告知通知书》，告知专利权人如对合议组成员有回避请求，请于收到通知书之日起 7 日内提交书面的请求书。在规定的日期内，合议组没有收到专利权人的答复。

至此，合议组认为本案的事实已经调查清楚，可以依法作出审查决定。

二、决定的理由

1. 证据的认定

请求人提交的附件 2 和 3 均为外观设计专利文献，合议组经核对后，对其真实性予以认可。附件 2、3 的授权公告日分别为 2002 年 12 月 4 日和 2002 年 3 月 13 日，均早于本专利的申请日，因此可以作为评价本专利是否符合专利法第 23 条规定的证据。

2. 关于专利法第 23 条

专利法第 23 条规定，授予专利权的外观设计，应当同申请日以前在国内外出版物上公开发表过或者国内公开使用过的外观设计不相同和不相近似，并不得与他人在先取得的合法权利相冲突。

本专利涉及室内隔断连接件（通柱 II 型）的外观设计，是呈十字形的型材，型材中间为圆形柱，中心有圆孔，在型材四个翅边的边缘分别是带有开口的圆环形卡槽，中间带有由卡槽形成的沿型材纵向延伸的直线。

请求人提供的附件 2 名称为易通连接展示装置 A，其同样为连接件的外观设计（下称在先设计），是同样呈十字形的型材，型材中间为圆形柱，中心有圆孔，在型材四个翅边的边缘分别是带有开口的圆环形卡槽，中间带有由卡槽形成的沿型材纵向延伸的直线。

本专利与在先设计产品用途相同，具有可比性。将二者相比较，二者在由十字形型材、型材中间的圆形柱、中心的圆孔、带有开口的圆环形卡槽等各部分形成的整体形状上基本相同，但存在以下区别：在先设计卡槽底部带有方形凹槽，而本专利没有。对此，合议组认为，虽然二者在卡槽底部形状上存在区别，但是卡槽底部形状在整个连接件中仅占一小部分，对于连接件的外观设计的整体视觉效果不具有显著的影响，因此，二者属于相近似的外观设计，故而，本专利不符合专利法第 23 条的规定。

鉴于根据上述理由和证据已经得出本专利不符合专利法第 23 条规定的结论，因此，对请求人提出的其他理由和证据，合议组在此不予评述。

根据上述事实和理由，合议组作出如下审查决定。

三、决定

宣告第 200430105120.5 号外观设计专利权无效。

当事人对本决定不服的，可以根据专利法第 46 条第 2 款的规定，自收到本决定之日起三个月内向北京市第一中级人民法院起诉。根据该款规定，一方当事人起诉后，另一方当事人应当作为第三人参加诉讼。

主视图

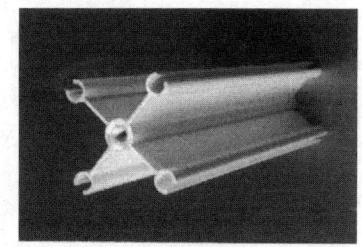
立体图

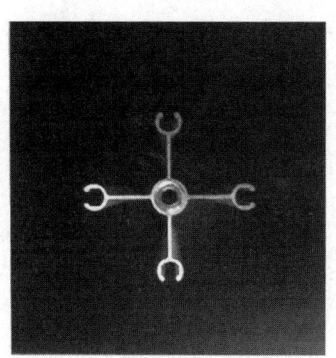
左视图

本专利附图

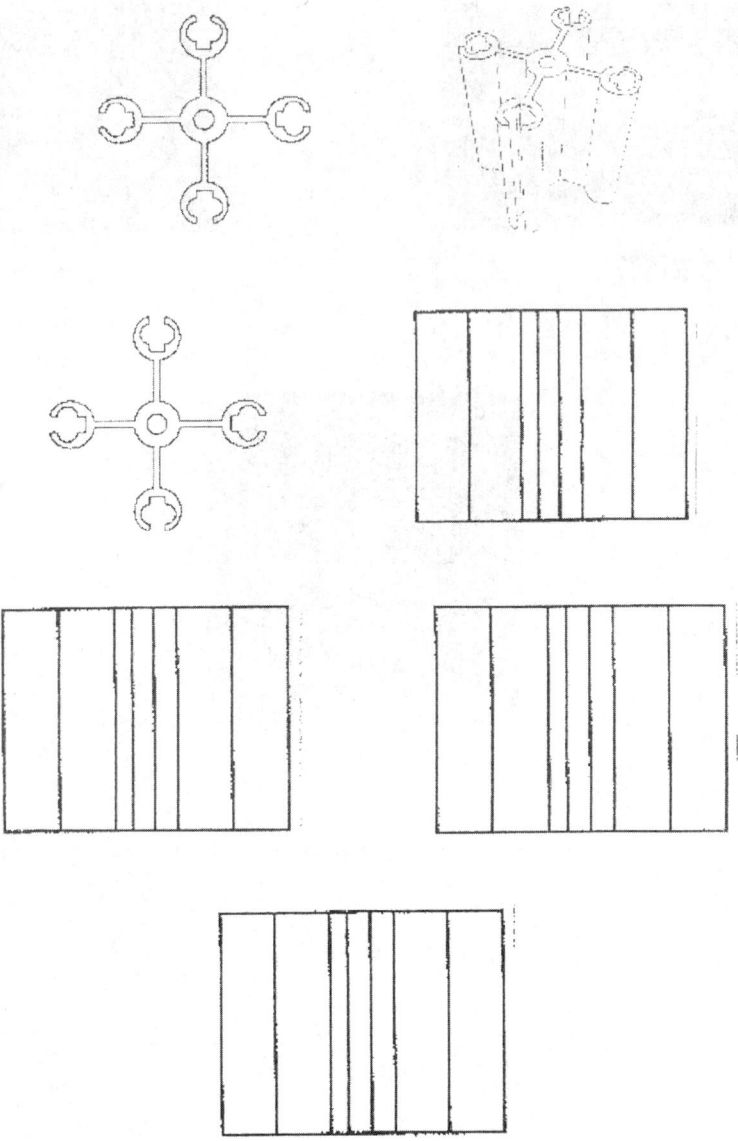

附件2附图

室内隔断连接件（通柱 III 型）

无效宣告请求审查决定（第 10319 号）

决 定 号	第 10319 号
决 定 日	2007 年 7 月 20 日
发明创造名称	室内隔断连接件（通柱 III 型）
外观设计分类号	08-08
无效宣告请求人	温州风格展示器材有限公司
专 利 权 人	上海铭立家具有限公司
申 请 号	200430105121.X
申 请 日	2004 年 11 月 19 日
授 权 公 告 日	2005 年 7 月 20 日
合 议 组 组 长	徐洁玲
主 审 员	吴红权
参 审 员	张家祥
附 图	2 页
法 律 依 据	专利法第 23 条

决 定 要 点

本专利外观设计与在先设计在卡槽形状、位置和数目、十字筋形状以及型材中间柱子形状各部分存在明显差别，这些差别对二者的整体视觉效果具有显著的影响，因此，本专利与在先设计属于不相同也不相近似的外观设计。

一、案由

本无效宣告请求案涉及国家知识产权局于 2005 年 7 月 20 日授权公告、申请日为 2004 年 11 月 19 日、名称为"室内隔断连接件（通柱 III 型）"的第 200430105121.X 号外观设计专利（下称本专利），专利权人为上海铭立家具有限公司。

针对上述专利权，温州风格展示器材有限公司（下称请求人）于 2006 年 9 月 13 日向专利复审委员会提出无效宣告请求，并提交了如下附件：

附件 1：200430105121.X 号外观设计专利公告，复印件共 1 页（本专利）；

附件 2：200330119752.2 号外观设计专利公告，授权公告日为 2004 年 8 月 25 日，复印件共 1 页。

请求人认为：本专利与附件2都是用于搭建隔断或办公家具使用的型材，其用途相同，属于同一类产品，本专利与附件2的区别为本专利卡槽为四根，而附件2凹槽为多根；本专利型材中间为圆柱，附件2为方柱；本专利筋条是直的，附件2筋条上带有箭头状凸起，但上述区别对于产品整体的视觉效果并不会产生显著的影响，二者从整体上仍属于相近似的外观设计。

经形式审查合格后，专利复审委员会受理了上述请求，于2006年9月13日向双方当事人发出了《无效宣告请求受理通知书》，并将《专利权无效宣告请求书》及其附件清单中所列附件的副本转送给专利权人，要求其在指定的期限内答复，同时成立合议组对本无效请求案进行审理。

专利权人在上述指定期限内没有针对该无效宣告请求陈述意见。

2007年3月9日，合议组向双方当事人发出《无效宣告请求口头审理通知书》，定于2007年4月26日举行口头审理。

2007年4月26日，口头审理如期举行。专利权人没有出席口头审理，合议组在请求人一方出庭的情况下就本无效宣告请求案进行了庭审调查。在口头审理过程中，请求人对合议组成员没有提出回避请求，合议组就本案的无效理由及证据逐一进行了调查，认定并记录了以下事项：（1）请求人确认无效理由为专利法第23条；（2）请求人确认使用附件2作为证据来宣告本专利无效。

2007年4月26日，专利复审委员会向专利权人发出《合议组成员告知通知书》，告知专利权人如对合议组成员有回避请求，请于收到通知书之日起7日内提交书面的请求书。在规定的日期内，合议组没有收到专利权人的答复。

至此，合议组认为本案的事实已经调查清楚，可以依法作出审查决定。

二、决定的理由

1. 证据的认定

请求人提交的附件2为外观设计专利文献，合议组经核对后，对其真实性予以认可。附件2的授权公告日为2004年8月25日，早于本专利的申请日，因此可以作为评价本专利是否符合专利法第23条规定的证据。

2. 关于专利法第23条

专利法第23条规定，授予专利权的外观设计，应当同申请日以前在国内外出版物上公开发表过或者国内公开使用过的外观设计不相同和不相近似，并不得与他人在先取得的合法权利相冲突。

本专利涉及室内隔断连接件（通柱Ⅲ型）的外观设计，其是外部为圆形、中间带有十字形筋的型材，型材中间为圆柱，圆柱中心有圆孔，在型材外面对应四条筋的位置设有开口的圆环形卡槽。

附件2名称为型材（8），其同样为连接件的外观设计（下称在先设计），其是外部为圆形、中间带有十字形筋的型材，型材中间为方柱，方柱中心有圆孔，在型材外面周边设有多个凹槽。

本专利为连接件，在先设计为型材，均用于型材连接，用途相同，具有可比性。将二者相比较，存在以下区别：（1）卡槽形状、位置和数目不同，本专利的卡槽在圆形型材外面对应十字形筋的位置处，其形状为设有开口的圆环形卡槽，总共有四根卡槽，而在先设计并没有卡槽，只是在圆形型材的四周有多根凹槽；（2）本专利型材中间为圆柱，而在先设计型材中间为方柱；（3）本专利的十字形筋条是直的，而在先设计的十字形筋条上带有箭头状凸起。对此，合议组认为，本专利外观设计与在先设计虽然都呈圆柱形，中间带有十字筋，但是在卡槽形状、位置和数目、十字筋形状以及型材中间柱子形状各部件存在明显差别，这些区别使得本专利与在先设计在整体视觉效果上明显不同，因此上述差别对二者的整体视觉效果具有显著的影响，故而，本专利与在先设计既不相同也不相近似，本专利相对于附件2符合专利法第23条的规定。

根据上述事实和理由,合议组作出如下审查决定。

三、决定

维持第 200430105121.X 号外观设计专利权有效。

当事人对本决定不服的,可以根据专利法第 46 条第 2 款的规定,自收到本决定之日起三个月内向北京市第一中级人民法院起诉。根据该款规定,一方当事人起诉后,另一方当事人应当作为第三人参加诉讼。

 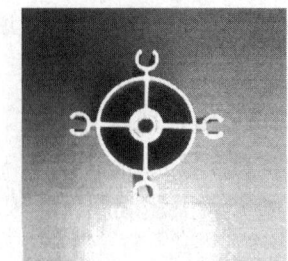

主视图　　　　　　　　　左视图

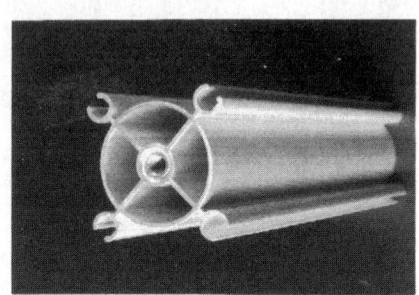

立体图

本专利附图

俯视图

仰视图

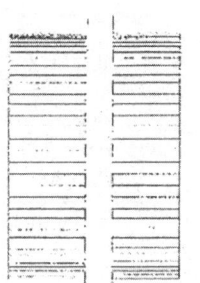

右视图

左视图

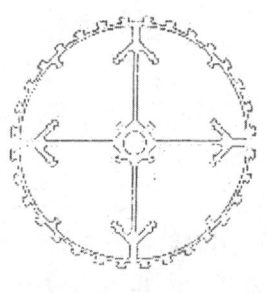

主视图

附件 2 附图

瓶（1）

无效宣告请求审查决定（第10322号）

决　定　号	第10322号
决　定　日	2007年7月30日
发明创造名称	瓶（1）
外观设计分类号	09-01
无效宣告请求人	周　俊
专　利　权　人	马中友，杨　朝，肖元静
专　利　号	200530056825.7
申　请　日	2005年4月19日
授权公告日	2006年1月25日
合议组组长	徐清平
主　审　员	张梅珍
参　审　员	高桂莲
附　　　图	1页
法　律　依　据	专利法第23条

决　定　要　点

对于本专利所示立体产品的外观设计，如果在先设计仅与本专利的一个视图相近似，而未公开该外观设计专利的其他视图，同时上述未公开的内容也不属于不会被一般消费者所关注的部位，则不能认为在先设计与该外观设计相同或相近似。

一、案由

本无效宣告请求涉及国家知识产权局于2006年1月25日授权公告的、名称为"瓶（1）"的ZL200530056825.7号外观设计专利权（下称本专利），其申请日为2005年4月19日，专利权人为马中友、杨朝、肖元静。

针对上述外观设计专利权，周俊（下称请求人）于2006年9月18日向专利复审委员会提出无效宣告请求，其无效宣告的理由是本专利不符合专利法第22、23条的规定，同时提交如下附件作为证据：

附件1：国内刊号为CN11-3008/R的《健康与美容》2004年9月美博赠刊1本；

附件2：盖有广州赫本化妆品有限公司印章的《美容与健康》广告认刊书复印件1页；

附件3：盖有中华人民共和国国家工商行政管理总局商标局印章的注册申请受理通知书复印件1

页，其上显示有"HEPBURN"的商标，发文日期为2004年12月14日。

请求人认为，本专利在申请日之前已经存在，只是该产品所有人没有申请专利，原产品所有人在国内出版物上已经公开发表过并在国内公开使用。附件1证明本专利产品在2004年9月已经在公开出版物上登出。附件2证明该广告是广州赫本化妆品有限公司所登，附件3表明在2004年9月附件1所示的注册商标已在中国商标局申请并获得商标通知书，附件2、3可证明本专利在2004年9月已经存在。

经形式审查合格，专利复审委员会依法受理了上述无效宣告请求，于2006年11月29日向双方当事人发出了无效宣告请求受理通知书，同时将请求人提交的无效宣告请求书及附件清单中所列附件的副本转给专利权人，要求其在指定的期限内答复，并指出逾期不答复不影响专利复审委员会对本案的审理。

专利权人逾期未答复。

由于寄给请求人的无效宣告请求受理通知书逾期未领而被退回，专利复审委员会于2007年2月21日对该文件进行了地址不详公告。

在此基础上，专利复审委员会依法成立合议组对本案进行审理。本案合议组于2007年2月28日向双方当事人发出无效宣告请求口头审理通知书，指出本案定于2007年4月12日举行口头审理。2007年3月14日请求人寄交了无效宣告请求口头审理通知书回执，表明参加本次口头审理。

口头审理如期举行，双方当事人均未出席。请求人委托他人递交了附件2的原件，附件1、3以及如下文件，但未对其进行任何说明：

文件1：商标编号为300631656的注册证明书打印页2页；
文件2：ZL200530155917.0号外观设计专利公告文本以及该专利的外观设计专利证书复印件；
文件3：ZL200530155916.6号外观设计专利公告文本以及该专利的外观设计专利证书复印件。

至此，合议组认为本案事实清楚，现依法作出审查决定。

二、决定的理由

1. 关于无效宣告理由

请求人提出的无效宣告理由是本专利不符合专利法第22条以及第23条的规定，而专利法第22条针对的是发明专利和实用新型专利，由于本专利为外观设计专利，其不适用专利法第22条的规定，因此本决定仅对本专利是否符合专利法第23条的规定进行审查。

2. 关于证据

请求人于2007年4月12日委托他人提交的文件1~3由于超过了举证期限，合议组对其不予考虑。请求人在提出无效宣告请求时提交了附件1~3，其中附件1为公开日期早于本专利申请日的出版物，专利权人未对该证据的真实性提出异议，合议组经审查认为其可以作为本案的证据使用，其上公开的信息可以用于评价本专利是否符合专利法第23条的规定。

请求人认为附件2、3能够证明本专利在2004年9月已经存在。合议组认为由于附件2、3均未显示与本专利相关的外观设计，即使上述附件是真实的，其只能证明附件1封面上的广告是广州赫本化妆品有限公司所登以及已向中国商标局提出"HEPBURN"商标申请，即附件2、3不能形成完整的证据链证明本专利的外观设计在2004年9月已经存在。

3. 关于专利法第23条

专利法第23条规定：授予专利权的外观设计，应当同申请日以前在国内外出版物上公开发表过或者国内公开使用过的外观设计不相同和不相近似，并不得与他人在先取得的合法权利相冲突。

对于本专利所示立体产品外观设计，如果在先设计仅与本专利一个视图相近似，而未公开该外观设计专利的其他视图，同时上述未公开的内容也不属于不会被一般消费者所关注的部位，则应认为该外观设计与在先设计不相同、不相近似。

本专利与附件1是否相近似。

本专利与附件1均为瓶子，属于同一类别的产品，可以进行相近似比较。

本专利的瓶包括主视图、左视图、后视图、俯视图、仰视图以及立体图，由上述视图可以看出，其由瓶体与瓶盖构成，瓶体上部为上表面隆起的圆台结构，下部为带有长条状图案的扁圆柱形状；瓶盖包括中部带有凸筋的圆柱结构以及沿该凸筋向上延伸的大体呈扁长方体的结构，该长方体结构在两个侧面具有向外突出的三角形，瓶盖的圆柱结构上具有与瓶体底部相同的类似回纹图案，瓶盖呈扁长方体的结构上隐约可见一女性头像以及"ITALY"的字体（详见本决定"本专利附图"）。

附件1封面页左下角有一个瓶的一面视图图片，从该图片看，其瓶的外形轮廓与本专利的主视图相近（详见本决定附图"附件1"），但附件1瓶体上有两排字母分布，瓶盖上长条状图案的上方也有一排字母，并且不能看到女性头像以及"ITALY"的字体，该瓶底和瓶盖正中部印有一垂直粗线条，此外，由于附件1仅仅表示出瓶子的一面图，无法判断该瓶的其他视觉面的外观及在深度方向上的整体形状，并且上述未公开的部位不属于不会被一般消费者关注的部位，因此仅凭附件1封面页所展示的瓶子的一个视图，尚不能认定其与本专利相近似，即不能据此认为本专利不符合专利法第23条的规定。

基于以上事实和理由，本案合议组作出如下决定。

三、决定

维持200530056825.7号外观设计专利权有效。

当事人对本决定不服的，可以根据专利法第46条第2款的规定，自收到本决定之日起三个月内向北京市第一中级人民法院起诉，根据该款规定，一方当事人起诉后，另一方当事人应当作为第三人参加诉讼。

 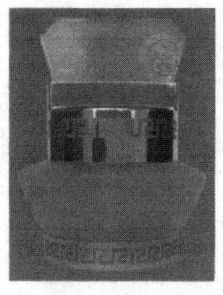 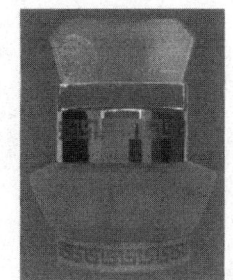

左视图　　　　　主视图　　　　　后视图

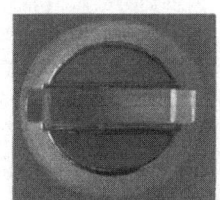 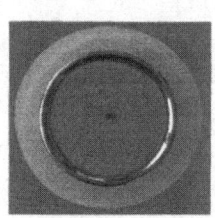 

俯视图　　　　　仰视图

立体图

本专利附图

附件1附图

电动伸缩门

无效宣告请求审查决定（第 10324 号）

决 定 号	第 10324 号
决 定 日	2007 年 5 月 26 日
发明创造名称	电动伸缩门
外观分类号	25-02
无效宣告请求人	东莞市金王科技有限公司
专 利 权 人	深圳市红门机电设备有限公司
专 利 号	01314885.0
申 请 日	2001 年 2 月 23 日
授权公告日	2001 年 10 月 24 日
合议组组长	钟 华
主 审 员	钱亦俊
参 审 员	张雪飞
附 图	5 页

法 律 依 据 专利法第 23 条

决 定 要 点

外观设计相近似性比较应基于外观设计图片显示的产品外观设计，以整体观察，运用综合判断的方式，将本专利与几个在先设计分别进行一对一的比较，从而得出本专利与在先设计是否相同或相近似的结论。而不是仅以某个设计的主要特征或将多个设计的局部特征相结合与本专利进行比较得出结论。产品各部分的组成相同与否，结构相同与否都不是相同相近似判断的决定因素。

一、案由

本无效宣告请求涉及的是国家知识产权局于 2001 年 10 月 24 日授权公告的，名称为"电动伸缩门"的外观设计专利，其申请号是 01314885.0，申请日是 2001 年 2 月 23 日，专利权人是深圳市红门机电设备有限公司。

针对上述专利权（下称本专利），东莞市金王科技有限公司（下称请求人）于 2005 年 11 月 29 日向专利复审委员会提出无效宣告请求，其理由是：本专利（见下列附件 1）已被多项在先申请的外观设计专利所公开（见下列附件 2、附件 3、附件 4 以及附件 5），几个专利都采用了相同的部件结构造型，并产生了相同的外观效果。因此，本专利不符合专利法第 23 条规定的授权条件，请求宣告本专利无效。与此同时，请求人提交了如下证据：

附件1：本专利网上公开信息，包括著录项目信息及图片一份共7页；
附件2：00320418.9号外观设计专利网上公开信息，包括著录项目信息及图片一份共7页；
附件3：96308121.7号外观设计专利网上公开信息，包括著录项目信息及图片一份共6页；
附件4：99332490.8号外观设计专利网上公开信息，包括著录项目信息及图片一份共7页；
附件5：上述附件2~4各外观设计结合后得到的外观设计图片1页；

2005年12月18日，请求人主动提交意见陈述，并附如下证据（编号续前）：

附件6：同附件2；
附件7：99320411.2号外观设计专利网上公开信息，包括著录项目信息及主视图图片一份共2页；
附件8：99341589.X号外观设计专利网上公开信息，包括著录项目信息及主视图图片一份共2页；

请求人认为：第一，伸缩门通常由机头、主框架、副框架（连杆）构成，机头和主框架下部设有行走轮，机头带动连杆组件推动主框架及副框架完成门的伸缩功能；伸缩门的名称都是一致的，其外观特征是通过不同形状特征来区分的，如本专利和附件6、附件7、附件8显示的几种伸缩门，并将四者主视图的构件进行了列举；其次，本专利与附件2（附件6）所示的专利比较主要特征是相似的，从主视图看，二者都设有交叉连杆和副框架，且各构件相似。机头的下半部分都呈长方形结构，正面两轮子相同，都带有交通标志。从仰视图和俯视图看，二者基本相似，机头的仰视图和俯视图二者都呈长方形结构，主框架和副框架的仰视图结构均相似。二者右视图中，副框架和连杆都相同。二者主要不同之处是主框架的顶部，但这是局部特征，不影响整个伸缩门的外观实质变化。同时请求人将本专利主框架与已公开的伸缩门相结合绘制了两附图——图5和图6，用以支持该观点。

专利复审委员会经形式审查合格受理了该无效宣告请求。于2006年4月13日将请求书及上述证据材料副本转送给专利权人，要求其在指定期限内答复。

2006年5月26日专利权人提交意见陈述认为：请求人提交的证据不能支持其无效宣告请求的主张。第一，请求人将本专利进行功能部件的分割，以分割后的功能部件作为对比对象分别与在先专利进行对比，不符合审查指南中综合判断的原则；其次，外观设计的相近似比较应遵循单独对比原则，请求人以附件5及补充意见中的图5和图6"拼凑组合结构"作为对比依据明显不符合审查指南的规定；第三，即使将本专利与附件2进行比较，二者也是不相同且不相近似的外观设计。因此，请求专利复审委员会维持本专利权有效。

2006年7月3日，合议组将上述意见陈述转送请求人要求其在指定期限内答复。

2007年4月9日，合议组向专利权人发出合议组成员告知通知书。告知合议组成员，并通知其如有回避请求，应在规定期限内提出，逾期不答复，视为没有回避请求。

针对上述通知书，双方当事人均逾期未答复。

至此，合议组认为本案事实清楚，可以依法作出审查决定。

二、决定的理由

根据请求人提出的无效宣告请求的理由和证据合议组对本案进行了审理。

请求人提出的无效宣告请求的理由是：本专利（见附件1）已被多项在先申请的外观设计专利所公开（见附件2、附件3、附件4以及附件5），几件专利都采用了相同的部件结构造型，并产生了相同的外观效果。因此，本专利不符合专利法第23条规定的授权条件。

专利法第23条规定：授予专利权的外观设计，应当同申请日以前在国内外出版物上公开发表过或者国内公开使用过的外观设计不相同和不相近似，并不得与他人在先取得的合法权利相冲突。

1. 证据认定

请求人提交的证据中，附件2也是附件6，是00320418.9号外观设计专利（下称在先设计1）网上公开信息，其公开日在2001年1月10日，产品名称是"伸缩门"；附件3是96308121.7号外观设计专利（下称在先设计2）网上公开信息，其公开日在1997年9月17日，产品名称是"伸缩门"；附件4是99332490.8号外观设计专利（下称在先设计3）网上公开信息，其公开日在1999年12月8日，产品名称是"自动伸缩门"；附件7是99320411.2号外观设计专利（下称在先设计4）网上公开信息，其公开日在2000年2月9日，产品名称是"伸缩门"；附件8是99341589.X号外观设计专利（下称在先设计5）网上公开信息，其公开日在2000年10月11日，产品名称是"无轨自动伸缩门"；经合议组核实，上述附件与原件相符，真实可信。公开日均在本专利申请日以前，属于专利法第23条规定的本专利申请日以前公开的出版物。

请求人提交的附件5以及补充意见中的图5和图6是请求人根据现有设计结合而成的外观设计，由于请求人提交的证据不能证明其属于在本专利申请日以前公开的外观设计，因此不适用专利法第23条的规定。

2. 相近似比较

审查指南第四部分第五章中"5.2 单独对比"规定："在相同或者相近似判断中，一般应当用一项在先设计与被比设计进行单独对比，而不能将两项或者两项以上在先设计结合起来与被比设计进行对比。""5.5 整体观察、综合判断"规定："外观设计应当采用整体观察、综合判断的方式进行相同或者相近似判断。所谓整体观察、综合判断的方式是指由被比设计的整体来确定是否与在先设计相同或者相近似，而不从外观设计的部分或者局部出发得出与在先设计是否相同或者相近似的结论。"据此，合议组认为，外观设计相近似性比较应基于外观设计图片显示的产品外观设计，从整体观察，运用综合判断的方式，将本专利与几个在先设计分别进行一对一的比较，从而得出本专利与各在先设计是否相同或相近似的结论，而不是如请求人所主张的以某个设计的主要特征或将多个设计的局部特征相结合与本专利进行比较得出结论。产品各部分的组成相同与否，结构相同与否不是外观设计相同相近似判断的决定因素。因此，合议组将本专利与几个在先设计分别进行如下相近似性分析比较。

本专利由机头、主框架、副框架、主副框架间的连杆（下简称连杆）、走轮组成，从主视图看，主框架与副框架彼此间隔与交叉成"X"状上下两排前后相对的连杆组成门的伸缩框架部分，最右端的主框架下部有一走轮。该伸缩门左端是呈细长方体状的机头，两侧有立柱，其顶部轮廓与主框架相同。机头长方形部位正面有图案，上部是正方形，内有圆形及箭头标志，下部是长方形内有"V"形图案由上至下分布。机头底端有两个走轮。从左右视图看，走轮是在伸缩门内外成对设置的。并且，机头及主框架轮廓呈顶部中间高两头低的类似矩形状，副框架呈"∩"形，副框架比主框架略窄略矮。机头侧面顶部机头侧面遮挡了另一侧的伸缩框架部分。连杆交叉处有水平轴将连杆与副框架相连，连杆的顶端相交处有水平轴将连杆与主框架连接在一起（详见本专利附图）。

在先设计1由机头、主框架、副框架、主副框架间的连杆（下简称连杆）、走轮组成，从主视图看，主框架与副框架彼此间隔与交叉成"X"状的上下两排连杆组成门的伸缩部分，每间隔一个主框架下部有一走轮。该伸缩门左端下部是呈细长方形的机头，其顶部两侧有凸起的框架，中部有一框架，其形状与主框架形状相同，上有类似礼帽形的小圆柱体。机头下部长方形部位正面有图案，其上部是长方形，内有几行文字，下部是深浅相隔的斜条纹。机头底端有两个走轮。从左右视图看，走轮是在伸缩门内外成对设置的，下排连杆呈前后相对两排，上排仅有前部一排。并且，主框架和副框架均呈"∩"形，副框架比主框架略窄略矮。机头侧面顶部轮廓与主框架相同，通过机头侧面顶部可见伸缩框架部分。连杆交叉处有水平轴将连杆与副框架相连,连杆的顶端相交处有水平轴将连杆与主框架或副框架连接在一起(详见在先设计1附图)。

将本专利与在先设计1进行对比,二者主要相同点在于:第一,相同的部件结构,机头、主框架、副框架(连杆)构成,机头和主框架下部设有行走轮,机头带动连杆组件推动主框架及副框架完成门的伸缩功能;第二,都从主视图方向观察,右侧伸缩部的设计包括主框架、副框架及交叉连杆的相对位置及视觉比例非常接近;第三,副框架形状非常接近,都呈"∩"形;第四,机头下部都有两个走轮。二者主要不同点在于:机头设计不同,本专利长方体部分较高,正面带有圆形及箭头以及"V"形图案,在先设计1该部分较矮,且上部还有一带有类似礼帽形小圆柱体的"∩"形框架,下部长方体正面图案是文字及深浅相间的条纹。二者机头立柱及主框架形状也不同,从侧面观察,本专利顶部是呈中间高两头低的类似矩形状,在先设计1呈"∩"形;上部交叉连杆仅有一组,而本专利有两组。另外二者还有其他更细微的相同点和不同点。针对上述相同点一,合议组认为,产品的局部特征相同或构件组成相同,不是相近似判断的着眼点,相近似判断应从产品外观设计整体观察,而不是局部特征,本专利局部设计既存在相同点也存在不同点,例如,就第二点相同点而言,尽管从主视图看存在上述相同点,但从侧面观察,二者机头立柱及主框架形状是不同的。合议组认为,综合判断,相对于不同点来看,其他的相同点,如副框架的形状、走轮的设置以及交叉连杆有部分设计相同等等,在视觉上显得不够显著,尤其是在二者在机头、主框架顶部、交叉连杆等部位设计差别较大的情况下,并未给一般消费者带来二者相同或相近似的视觉印象。从整体观察综合判断的角度看,本专利与在先设计1已产生了显著的视觉差别。因此,本专利与在先设计1应属于不相同且不相近似的外观设计。

在先设计2由机头、主框架、副框架(下称纵向连杆)、主副框架间的网状连杆(下简称网状连杆)、走轮组成,从主视图看,主框架与纵向连杆间隔与交叉成网状的网状连杆组成门的伸缩框架部分,最右端的主框架下部有一走轮,向左每间隔一个主框架下部有一走轮。该伸缩门左端是呈细长方形的机头。从立体图看,机头下半部呈长方体,下部底端有两个走轮。两侧有与主框架形状相同的立柱,在上部前排及后排两立柱间有类似王冠形牌。从左右视图看,走轮是在伸缩门内外成对设置的,网状连杆呈前后相对的两排。并且,主框架及机头两侧立柱呈"∩"形,网状连杆交叉处有水平轴将其与主框架和纵向连杆连接在一起(详见在先设计2附图)。

将本专利与在先设计2进行比较,二者主要相同点是:在先设计2的主框架与本专利副框架形状非常接近,都呈"∩"形,都有走轮、机头和连杆。二者主要不同点是:本专利的副框架处在在先设计2中是纵向连杆,在纵向连杆与主框架间是网状连杆,二者机头设计也不同。合议组认为,从整体观察综合判断的角度看,相对于不同点而言,本专利与在先设计2的相同点在视觉上不够显著,尤其是在二者在机头、副框架与连杆等部位设计差别较大的情况下,对于一般消费者来说,本专利与在先设计2已产生了显著的视觉差别。因此,本专利与在先设计2应属于不相同且不相近似的外观设计。

在先设计3由机头、主框架、主框架间的网状连杆(下简称网状连杆)、走轮组成,从主视图看,主框架与交叉成网状的连杆组成门的伸缩框架部分,最左端的主框架下部有一走轮。该伸缩门右端是呈细长方形的机头。机头底端有四个走轮。从左右视图看,走轮是在伸缩门内外成对设置的。并且,主框架轮廓呈类似矩形状,机头侧面顶部轮廓与主框架相同,机头侧面遮挡了另一侧的伸缩框架部分。连杆交叉处有水平轴将连杆与主框架相连,连杆的顶端有水平轴将连杆连接在一起(详见在先设计3附图)。

将本专利与在先设计3相比较,二者主要相同点是部分构件组成相同,都有机头、主框架及交叉连杆、走轮。但各部分形状差别较大。主要不同点是机头形状不同;主框架形状不同;本专利的副框架在在先设计3中没有。合议组认为，从整体观察综合判断的角度看，相对于不同点而言，本专利与在先设计3的相同点在视觉上不够显著，尤其是在二者在机头、副框架与连杆等部位设计存在差别较大的情况下，并未给一般消费者带来二者相同或相近似的视觉印象。以整体观察综合判断的方式，本专利与在先设计3已产生了显著的视觉差别。因此，本专利与在先设计3应属于不相同且不相近似的外观设计。

在先设计4伸缩门由机头、主框架、主框架间的连杆（下简称连杆）、走轮组成，尽管仰视图与其他视图关系不对应，根据各视图关系可判断仰视图有瑕疵，但不影响对该伸缩门的整体形状的观察判断。其主框架与交叉成花瓣状的连杆（从主视图看）和交叉成"X"状的连杆（从俯视图看）组成门的伸缩框架部分，部分主框架下部有一走轮。该伸缩门右端是呈细长方形的机头，中部有球形凸起，两侧有立柱。机头底端前后各有两个走轮，从左右视图看，走轮是在伸缩门内外成对设置的。机头立柱与主框架上部均呈"∩"形，下部近似较宽的矩形。花瓣形连杆交叉处有轴将其与主框架相连，"X"形连杆的顶端相交处有轴将连杆与主框架连接在一起（详见在先设计4附图）。

将本专利与在先设计4相比较，二者主要相同点是部分构成部件相同，都有机头、主框架及交叉连杆、走轮。但各部分形状差别较大。主要不同点是机头形状不同；主框架形状不同；本专利的副框架在在先设计4中没有，连杆形状及位置均不同。合议组认为，从整体观察综合判断的角度看，相对于不同点而言，本专利与在先设计4的相同点在视觉上不够显著，尤其是在二者在机头、副框架与连杆等部位设计存在较大差异，其相同点并未给一般消费者带来二者相同或相近似的视觉印象。从整体观察综合判断的角度看，本专利与在先设计4已产生了显著的视觉差别。因此，本专利与在先设计4应属于不相同且不相近似的外观设计。

在先设计5由机头、主框架、主框架间的网状连杆（下简称网状连杆）、走轮组成，从主视图看，主框架与交叉成网状的连杆组成门的伸缩框架部分，从最右端的主框架起向左，每间隔一个主框架下部设有走轮。该伸缩门左端是呈细长方形的机头。机头底端有两组走轮。从左右视图看，走轮是在伸缩门内外成对设置的。并且，主框架轮廓呈类似矩形状，机头侧面顶部轮廓与主框架相同上部有符号，机头侧面上部遮挡了另一侧的伸缩框架部分。连杆交叉处有水平轴将连杆与主框架相连，连杆的顶端有水平轴将连杆连接在一起（详见在先设计5附图）。

将本专利与在先设计5相比较，二者主要相同点是部分构成部件相同，都有机头、主框架及交叉连杆、走轮。但各部分形状差别较大。主要不同点是机头设计不同；主框架形状不同；本专利的副框架在在先设计5中没有。合议组认为，从整体观察综合判断的角度看，相对于不同点而言，本专利与在先设计5的相同点在视觉上不够显著，尤其是在二者在机头、副框架与连杆等部位设计存在差别较大的情况下，其相同点并未给一般消费者带来二者相同或相近似的视觉印象。从整体观察综合判断的角度看，本专利与在先设计5已产生了显著的视觉差别。因此，本专利与在先设计5应属于不相同且不相近似的外观设计。

基于上述分析，本案合议组认为请求人提供的证据不足以证明本专利不符合专利法第23条的规定，其无效宣告请求的理由不成立。

请求人对其提出的请求宣告专利权无效的主张有责任提供充分的证据。如果其提供的证据不够充分，请求人应承担其主张不能成立的法律后果。

三、决定

维持01314885.0号外观设计专利权有效。

当事人对本决定不服的，可以根据专利法第46条第2款的规定，自收到本决定之日起三个月内向北京市第一中级人民法院起诉。根据该款的规定，一方当事人起诉后，另一方当事人应当作为第三人参加诉讼。

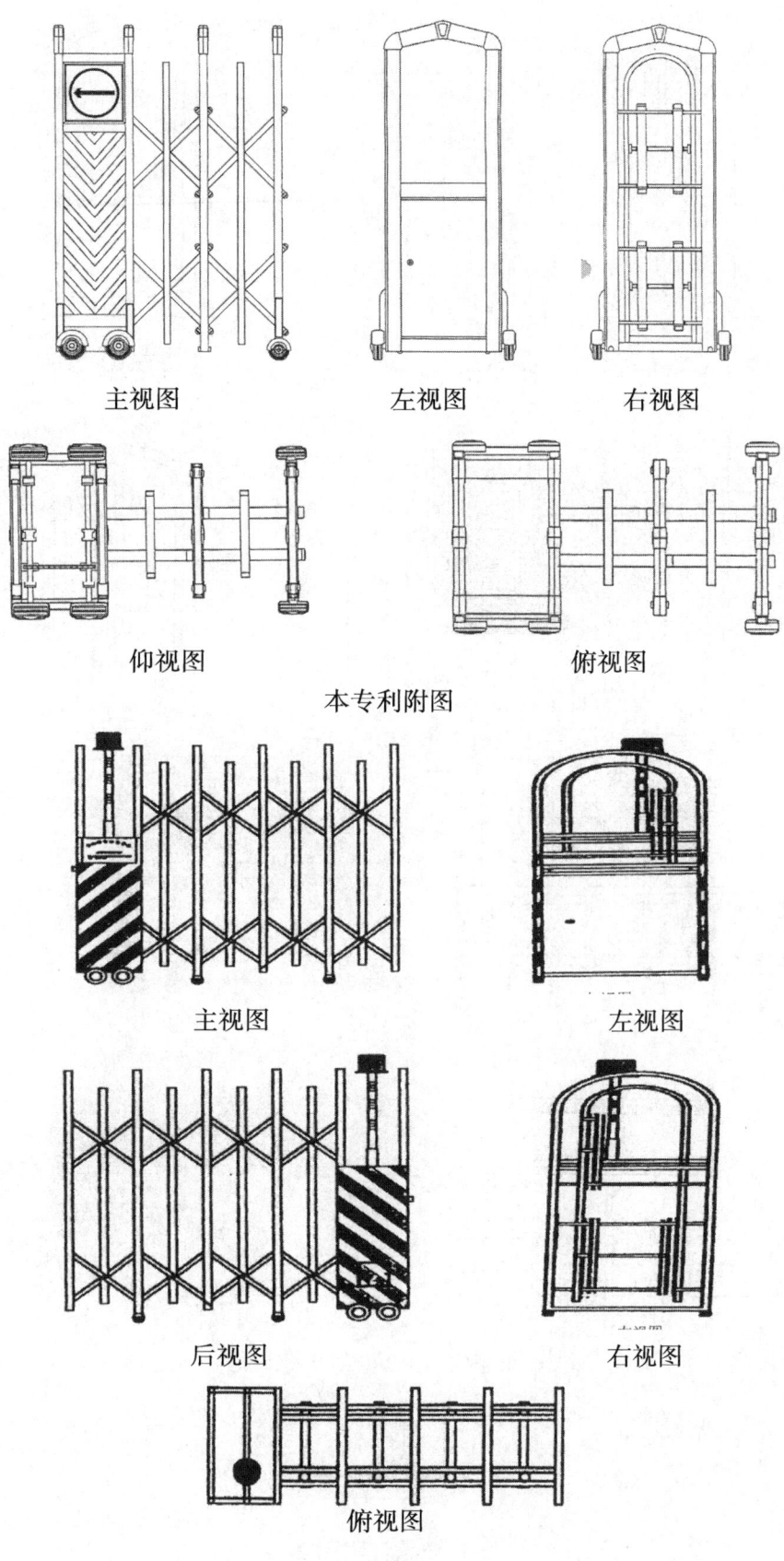

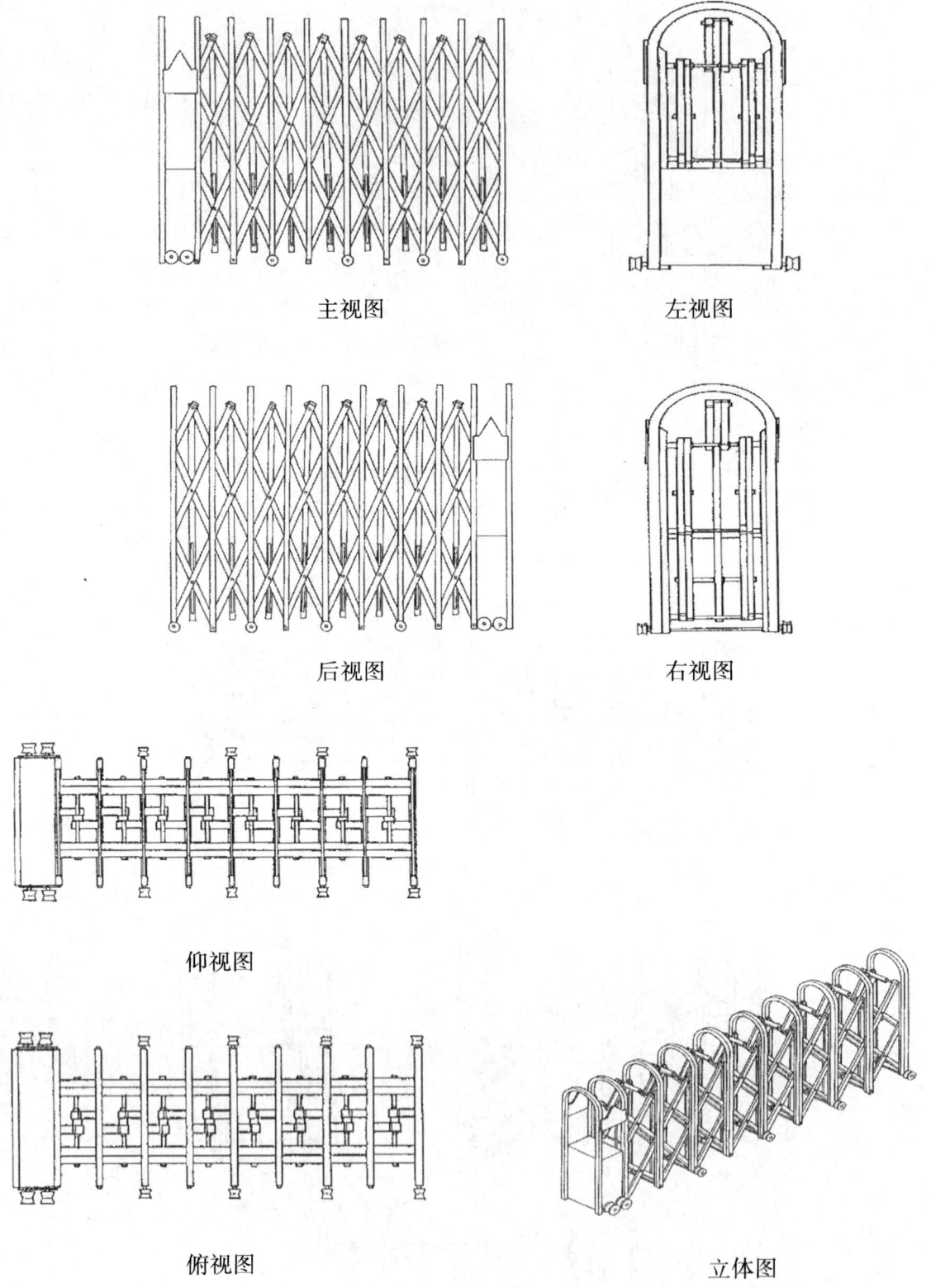

主视图　　左视图

后视图　　右视图

仰视图

俯视图　　立体图

在先设计附图2

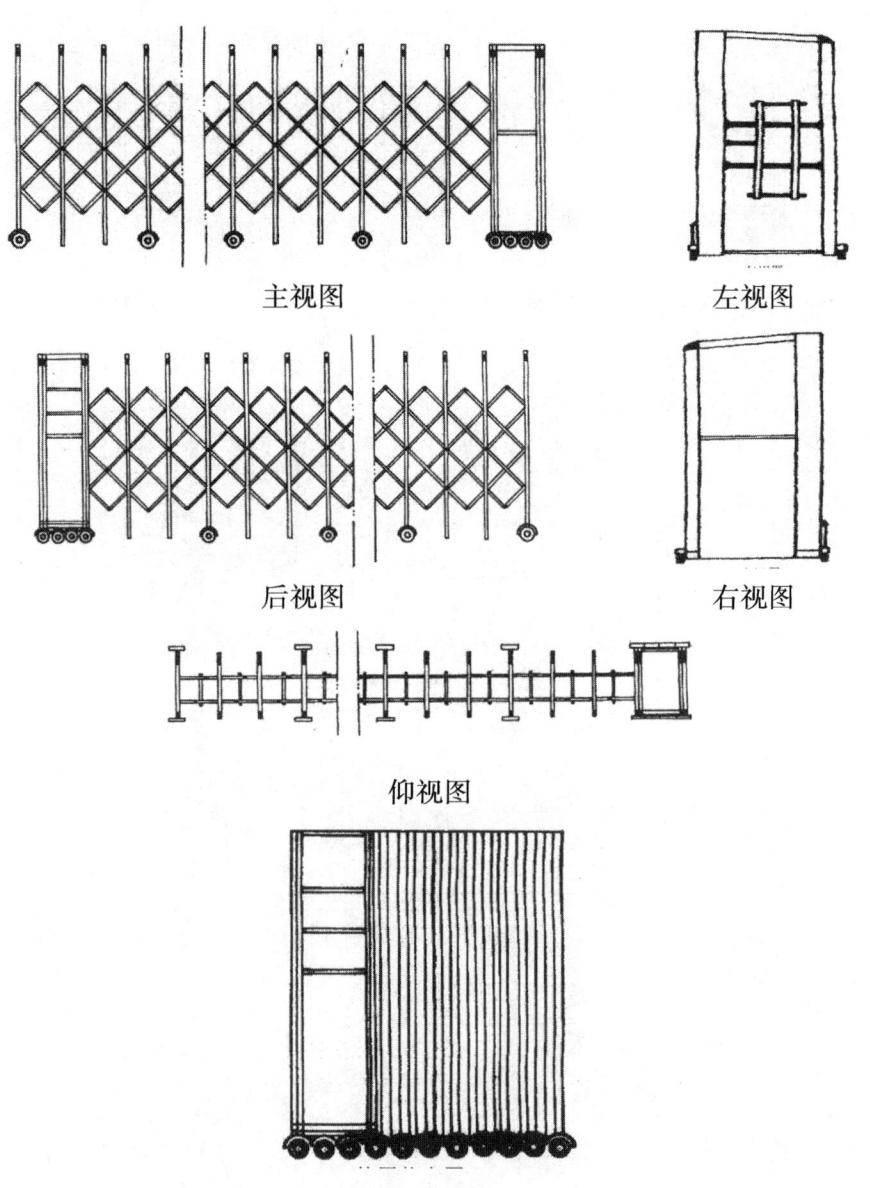

主视图　　左视图

后视图　　右视图

仰视图

使用状态参考图
在先设计附图 3

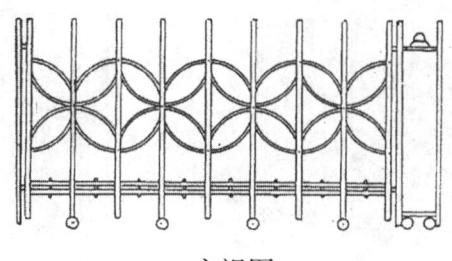
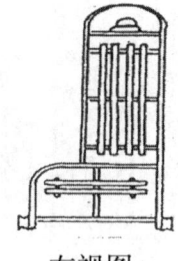

主视图　　　　　　左视图

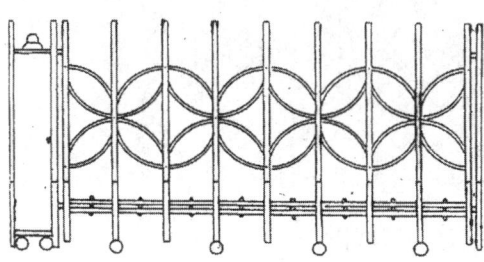

后视图

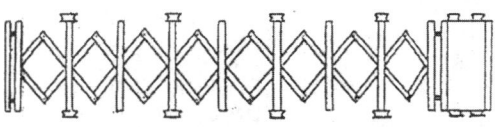

仰视图（有瑕疵）

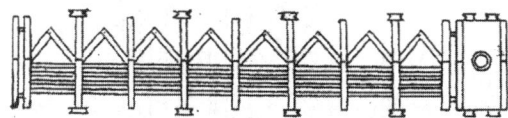

俯视图（有瑕疵）

在先设计附图 4

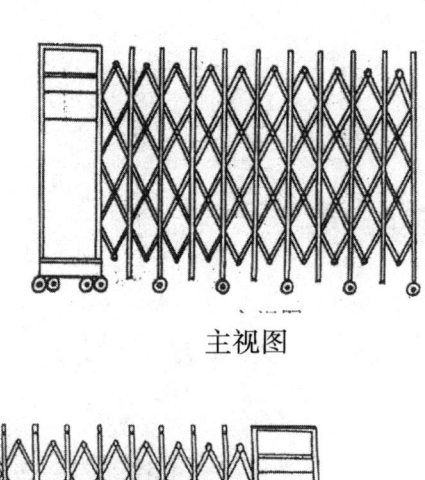
主视图

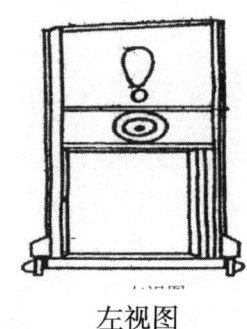
左视图

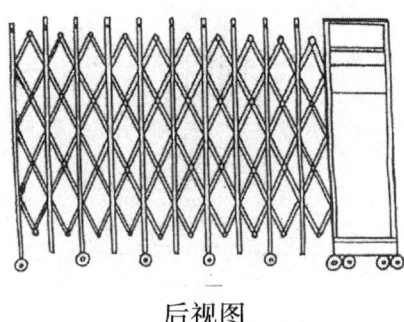
后视图

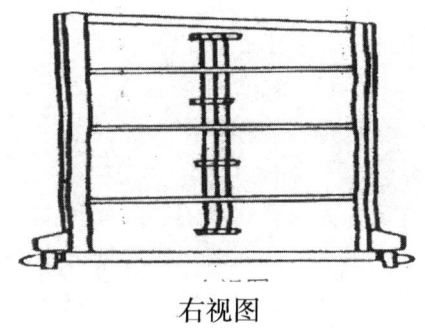
右视图

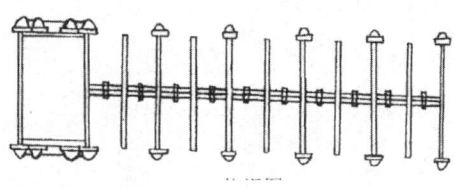
仰视图

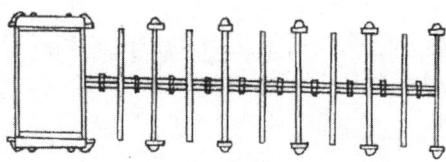
俯视图

在先设计附图 5

外包装箱

无效宣告请求审查决定（第10327号）

决 定 号	第10327号
决 定 日	2007年8月2日
发明创造名称	外包装箱
外观设计分类号	09-03
无效宣告请求人	飞跃集团有限公司
专 利 权 人	台州市川本缝纫机有限公司
专 利 号	02314811.X
申 请 日	2002年5月25日
授权公告日	2003年1月22日
合议组组长	马 昊
主 审 员	詹靖康
参 审 员	李韵美
附 图	3页

法 律 依 据 专利法第9条

决 定 要 点

在本专利申请日以前已有与之相近似的外观设计申请向专利局提出并被授予专利权，故依照专利法第9条的规定，本专利不能取得专利权。

一、案由

本无效宣告请求案涉及国家知识产权局于2003年1月22日授权公告、名称为"外包装箱"的02314811.X号外观设计专利（下称本专利），申请日为2002年5月25日，专利权人为台州市川本缝纫机有限公司。

针对上述专利权，飞跃集团有限公司（下称请求人）于2005年8月26日向国家知识产权局专利复审委员会提出无效宣告请求，请求人提交了下述证据：

附件1：ZL02306054.9号外观设计专利公报复印件；
附件2：ZL02314811.X号外观设计专利公报复印件（即本专利）。

请求人认为附件1的公开日早于本专利的申请日，且其外观设计与本专利相同或相近似，属于相同的发明创造，因此本专利不符合专利法第9条和实施细则第13条的规定。

经形式审查合格后，专利复审委员会依法受理了上述无效宣告请求，于2005年11月3日向请求人和专利权人发出《无效宣告请求受理通知书》，并将请求人提交的无效宣告请求书及其附件清单中所列附件的副本转送给专利权人，要求其在指定的期限内答复，同时成立合议组对本无效宣告请求案进行审理。

由于专利权人迁移新址不明，也未向国家知识产权局作出地址变更，故专利复审委员会于2005年11月22日对以专利权人为收件人发出的《无效宣告请求受理通知书》作出地址不祥公告。

专利权人在答复期限内未作出答复。

合议组于2006年8月14日向双方当事人发出《无效宣告请求口头审理通知书》，定于2006年9月19日举行口头审理。

口头审理如期举行，专利权人未出席口头审理。请求人对合议组成员没有回避请求。请求人明确其无效理由为：本外观设计专利不符合专利法第9条、专利法实施细则第13条第1款的规定，所使用的证据为ZL02306054.9号外观设计专利。请求人当庭充分陈述了意见。

2006年8月27日，寄送专利权人的《无效宣告请求口头审理通知书》因地址不存在被退回，2007年2月5日，合议组再次向双方当事人发出《无效宣告请求口头审理通知书》，定于2007年5月17日举行口头审理，并对以专利权人为收件人发出的《无效宣告请求口头审理通知书》作出地址不祥公告。

口头审理如期举行，专利权人未出席口头审理，请求人对合议组成员无回避请求。请求人当庭充分发表了意见，与2006年9月19日口头审理的意见一致。口头审理之后合议组不再接受任何证据与意见。

经过上述审理程序，合议组认为本案事实已经清楚，可以作出审查决定。

二、决定的理由

1. 关于证据

请求人于2005年8月26日提交了ZL02306054.9号外观设计专利公报复印件作为宣告本专利无效的证据。经合议组核对，该专利（下称在先设计）申请号是02306054.9，申请日是2002年4月9日，名称是"包装箱（工业缝纫机系列）"，授权公告日是2003年4月16日。该公报公开发表的内容是包装箱的主视图、左视图、右视图、仰视图、俯视图。经合议组核实，请求人提交的证据与中国专利局专利公报的内容一致。

本专利的申请日是2002年5月26日，晚于在先设计的申请日，故在先设计可以作为评价专利法第9条的证据使用。

2. 关于专利法第9条

专利法第9条规定：两个以上的申请人分别就同样的发明创造申请专利的，专利权授予最先申请的人。

审查指南第四部分第七章规定：上述"同样的发明创造"对于外观设计而言，是指外观设计相同或者相近似。

本专利未要求保护色彩，其所示的包装箱的形状为立方体。从主视图观察本专利正面为矩形，在中部偏上有一个横向贯穿左右的较宽深色带状条纹，条纹上方有六个较大字母，构成一个图案。该条纹的下部分箱体正面高度约1/2处有两行由较小的文字排列形成的图案结构。两行文字下方为从上到下依次由宽至窄的多条横向条纹，这些条纹在箱体正面左侧留出一定空间，由左向右延伸，直到箱体主视图的最右边。后视图与主视图完全一样。左视图中在箱体中部偏上有一个贯穿左右的较宽深色带状条纹，该深色带状条纹下方为从上到下有由宽至窄的多条条纹形成的图案，这些条纹从箱体左侧起，由左向右延伸相同的一段距离，其右侧有上下排列的四个扁而长的矩形框。它们下方有两行较小文字。左视图与右视图的图案布局相同，区别是右视图中的矩形框为两个。本专利俯视图呈长方形，图案由两部分构成，与长方形较长边平行的对称轴一侧纵向平行排列数条由宽至窄的条纹，对称轴另一侧是六个较大字母。仰视图为矩形，无图案。从本专利的展开示意图可知主视图、后视图、左视图、右视图的各个条纹都是等高的，且较宽深色带状条纹贯穿了整个箱体。

本专利与在先设计属于相同的类别，其形状、各视图主要图案布局与本专利完全相同（可参见附图），区别仅在于二者的六个较大字母分别为"YAYAYA"和"YAMATA"，有两个字母的差异；在先设计左、右视图的较宽深色带状条纹上有"朝上码放"、"小心放置"、"防潮"这三个标识图案，本专利没有这三个标识图案。

合议组认为："YAYAYA"和"YAMATA"作为图案而言没有明显的区别，而所述三个标识图案的作用是传达警示信息而非对产品外观的设计，并且上述两处差别相对于整体的设计而言属于局部细微差别，二者整体的形状、图案没有明显区别。根据整体观察、综合判断的原则，在先设计与本专利具有相同的设计风格，其设计的字体、图案均相同，由此没有明显的可分辨性，二者属于相近似的外观设计。

由于本专利与在先设计 ZL02306054.9 号外观设计属于相同的发明创造，因此不符合专利法第 9 条。

三、决定

宣告 02314811.X 号外观设计专利权无效。

当事人对本决定不服的，可以根据专利法第 46 条第 2 款的规定，自收到本决定之日起三个月内向北京市第一中级人民法院起诉。根据该款的规定，一方当事人起诉后，另一方当事人应当作为第三人参加诉讼。

513

包装盒

无效宣告请求审查决定（第 10328 号）

决 定 号	第 10328 号
决 定 日	2007 年 8 月 10 日
发明创造名称	包装盒
外观设计分类号	09-03
无效宣告请求人	化州市长发保健制品有限公司
专 利 权 人	京都念慈庵总厂有限公司
专 利 号	97300231.X
申 请 日	1997 年 1 月 13 日
授权公告日	1998 年 3 月 18 日
合议组组长	王霞军
主 审 员	严若艳
参 审 员	周 佳
附 图	1 页

法 律 依 据 专利法第 23 条

决 定 要 点

请求人以专利权人自己在公开出版的杂志上登载的广告宣传页为证据证明本专利在其申请日以前已公开发表，在请求人已提交证据原件的情况下，若专利权人质疑其真实性，应有相应证据支持。

在本专利申请日以前，专利权人自己登载的广告公开了与本专利相近似的外观设计，本专利不符合专利法第 23 条的规定。

一、案由

本无效宣告请求涉及的是国家知识产权局于 1998 年 3 月 18 日授权公告的 97300231.X 号外观设计专利，使用外观设计的产品名称是"包装盒"，申请日是 1997 年 1 月 13 日，专利权人是京都念慈庵总厂有限公司。

针对上述外观设计专利权（下称本专利），化州市长发保健制品有限公司（下称请求人）于 2007 年 1 月 5 日向专利复审委员会提出无效宣告请求，其理由是本专利不符合专利法第 23 条的规定。请求人认为：在本专利申请日之前，已有相同的外观设计在香港的出版物《壹周刊》上公开发表过，并且在专利权人自己的网站中公开过与本专利相同的外观设计。请求人提交了如下附件作为证据：

附件 1：本专利著录项目信息及图片复印件 2 页；

附件2：证明1996年3月15日出版的《壹周刊》杂志第182页的复印件与原件相符的证明书复印件3页，档案编号为ET/28888/06（647）；

附件3：(2005) 粤公证经字第12747号公证书复印件17页。

专利复审委员会根据无效宣告请求审查程序的规定受理了该无效宣告请求，并于2007年1月5日将上述无效宣告请求书及其附件的副本转送给专利权人，要求其在指定期限内陈述意见。

专利权人在指定期限内未提交答复意见。

专利复审委员会于2007年4月6日向双方当事人发出口头审理通知书，定于2007年5月29日对本案进行口头审理。

专利权人于2007年5月12日提交了意见陈述，专利权人认为：专利复审委员会不应受理该无效宣告请求，因为请求人未提交生效的能够证明权利冲突的处理决定或者判决；对于附件2，《壹周刊》杂志在中缝用订书钉装订，卸下书钉即可更换内页，内页可用普通电脑和扫描仪轻易合成复制，未查到1996年3月的《壹周刊》杂志刊登过该广告，请求人应出具经过公证认证的"周刊是原物且未被换页"的检验证明；附件3的公证书所述网站首页注明"Copyright(c)2003"，表明该网站版权形成于2003年，即网站内容是2003年制作的。

2007年5月29日口头审理如期举行。请求人、专利权人均委托代理人出庭，双方对对方的出庭人员资格均无异议，对合议组成员无回避请求。在口头审理中，请求人当庭提交了附件2、附件3的原件和1996年3月15日出版的《壹周刊》整本原件，并表明附件2第2页即为提交的《壹周刊》杂志的第182页。专利权人认可复印件与原件相符，亦认可附件2第2页与《壹周刊》杂志的第182页内容相符，但拒绝核实《壹周刊》杂志的目录页（包括出版信息），认为请求人未在举证期限内提交上述内容。专利权人认为附件2的公证书无法公证"原本属实"这样的内容，对公证书的内容有异议，也不认可《壹周刊》杂志的真实性，对附件3的真实性无异议，但认为附件3所说的网站是在2003年即本专利申请日之后才制作完成的。请求人认为专利权人对《壹周刊》杂志真实性的异议无证据支持。专利权人认可附件2第2页和附件3都是专利权人自己的产品广告，其外观设计与本专利是近似的。

在当事人的意见陈述和口头审理的基础上，合议组经合议，认为本案事实清楚，依法作出本审查决定。

二、决定的理由

1. 法律依据

基于请求人提出无效宣告请求的理由，合议组依据专利法第23条的规定对本案进行审理。

专利法第23条规定：授予专利权的外观设计，应当同申请日以前在国内外出版物上公开发表过或者国内公开使用过的外观设计不相同和不相近似，并不得与他人在先取得的合法权利相冲突。

2. 证据认定

请求人提交的附件2是档案编号为ET/28888/06（647）的证明书，其上有中国法律服务（香港）有限公司"中华人民共和国司法部委托香港律师办理内地使用的公证文书"印章，第1页和第2页的背面有公证人邓兆驹的签字，证明书内容为"经本人查证，随附的于1996年3月15日香港出版之《壹周刊》内第182页的文件之复印本与该文件原本相符，其原本属实"。证明书的第2页即为随附的复印件。合议组认为：首先，附件2证明书形式上的真实性可以确认；其次，请求人当庭提交的《壹周刊》杂志整本原件中，封面有出版日期"一九九六年三月十五日"，与证明书中的内容吻合，其第182页的内容与证明书第2页内容相符，因此可以认定请求人提交的《壹周刊》杂志即为证明书中的所述的"原本"，其作为证据使用的是其中的第182页，该页已经在提出无效宣告请求时提交，不属于超过举证期限提交的证据；再次，关于原本的真实性，从请求人提交杂志的目录页可知，《壹周刊》杂志由壹周刊出版有限公司出版，德强记书报社发行，请求人提交的原本装帧完整，其第180页和第181页是一幅完整的图画，看不出更换的痕迹，而181页与182页是同一张纸的正反两面，专利权人认为该杂志第182页可能是更换的内页的主张仅属猜测，无证据支持。另外，专利权人在意见陈述书中声明未查到在1996年3月出版的《壹周刊》杂志中刊登过该广告，对此合议组认为，专利权人应当知道自己是否曾经在该杂志投放过广告，若专利权人没有要求刊登却有证据显示该杂志上登载过专利权人的产品广告，专利权人应当证明该证据是非真实的，即，请求人以专利权人自己在公开出版的杂志上登载的广告宣传页为证据证明本专利在其申请日以前已公开发表，请求人已提交证据原件的情况下，若专利权人质疑其真实性，应有相应证据支持。综上所述，附件2第2页属于专利法意义上的公开出版物，公开日期为1996年3月15日，早于本专利申请日，适用专利法第23条。

3. 相同相近似对比

附件2的第2页公开了一种包装盒的外观设计（下称在先设计），本专利使用外观设计产品亦为包装盒，二者属于相同类别的产品，可以进行相同相近似比较。

本专利包括六面正投影视图和立体图，简要说明载明"请求保护色彩"。从图片上看，产品形状为柱状长方体；产品表面由连续排布的红色圆圈图案构成背景，正面居中红色区域外带灰色花纹边框，其上有反排的"京都念慈庵名药蜜炼川贝枇杷膏"汉字及两排英文字母，上方有一圆形图标，下面是纵向排列的两个黑色方块，其上书写有白色文字；背面有大小不等的三个方形区域，左右两面各自有一个大的黄色方形区域，其上书写有文字，顶面居中有一圆形图标，底面居中有一白色方块（图片详见本专利附图）。

在先设计公开的包装盒只有立体图，显示了其中的三个面。从图片上看，产品形状为柱状长方体；产品表面由连续排布的红色圆圈图案构成背景，正面居中红色区域外带灰色花纹边框，其上有反排的"京都念慈庵名药蜜炼川贝枇杷膏"汉字及两排英文字母，上方有一圆形图标，下面是纵向排列的两个黑色方块，其上书写有白色文字；左边的面上有一个大的黄色方形区域，其上书写有文字，顶面居中有一圆形图标（详见在先设计附图）。

比较本专利与在先设计：二者形状相同；在先设计公开的三个面的图案与本专利相应视图的图案相同；二者图案配色相同。虽然在先设计未显示其背面、底部和右边侧面的图案，但二者上述相同之处足以让二者产生相近似的视觉效果。专利权人亦认可在先设计公开的是专利权人自己的产品，其外观设计与本专利相近似。综上，在先设计与本专利相近似。

4. 结论

在本专利申请日之前，已有与其相近似的外观设计在国内出版物上公开发表过，本专利不符合专利法第23条的规定。

鉴于上述已经得出本专利不符合专利法第23条的规定的结论，本决定对请求人提交的其他证据不再评述。

三、决定

宣告97300231.X号外观设计专利权全部无效。

当事人对本决定不服的，可以根据专利法第46条第2款的规定，自收到本决定之日起三个月内向北京市第一中级人民法院起诉。根据该款的规定，一方当事人起诉后，另一方当事人应当作为第三人参加诉讼。

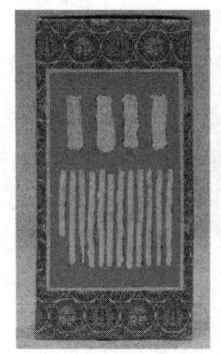   

右视图　　　主视图　　　左视图　　　后视图

 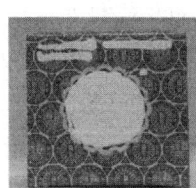 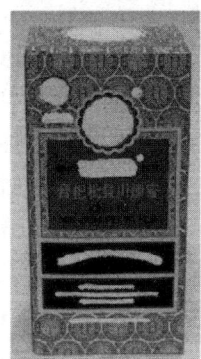

仰视图　　　俯视图　　　立体图

本专利附图

在先设计附图

包装盒（金鸡浓缩丸）

无效宣告请求审查决定（第10329号）

决　定　号	第10329号
决　定　日	2007年8月10日
发明创造名称	包装盒（金鸡浓缩丸）
外观设计分类号	09-03
无效宣告请求人	广西灵峰药业有限公司
专　利　权　人	崔建
专　利　号	200530101139.7
申　请　日	2005年5月26日
授权公告日	2006年3月29日
合议组组长	张跃平
主　审　员	严若艳
参　审　员	周佳
附　　　图	1页

法律依据 专利法第23条

决定要点

本专利与在先设计之间的相同点相对于其不同点对外观设计的整体视觉效果更具显著影响。虽然在先设计仅公开了两个面，没有公开其他四个面的设计，但本专利中相应四个面也没有特别引人注意的设计点，况且对于药品包装盒这类产品而言，一般消费者关注的主要是正面，其他面对外观设计的整体视觉印象影响较小，本专利与在先设计相近似，本专利的授予不符合专利法第23条的规定。

一、案由

本无效宣告请求涉及的是国家知识产权局于2006年3月29日授权公告的200530101139.7号外观设计专利，使用外观设计的产品名称是"包装盒（金鸡浓缩丸）"，申请日是2005年5月26日，专利权人是崔建。

针对上述外观设计专利权（下称本专利），广西灵峰药业有限公司（下称请求人）于2007年1月17日向专利复审委员会提出无效宣告请求，其理由是本专利的授予不符合专利法第23条的规定。请求人认为：在本专利申请日之前，已有与本专利相近似的外观设计在国内公开发表、公开使用。具体是，2004年5月出版的《家庭医药》和2001年10月23日出版的《广州日报》上的"金鸡胶囊"广告公开发表了与本专利相近似的外观设计；出货清单和增值税专用发票证明在本专利申请日之前已有与其相近似的外观设计在国内公开销售。请求人提交了如下附件作为证据：

附件1：2004年《家庭医药》杂志封面、封底复印件共2页；

附件2：2001年10月23日《广州日报》A10版复印件1页；

附件3："商品码"为cc0102、"品名规格"为"金鸡胶囊0.35g×12粒×4排×200"的出货清单复印件2页，日期分别为2004年3月10日和2004年8月19日；

附件4：广西增值税专用发票复印件2页，发票号为00644846和00632222，开票日期分别为2004年3月10日和2004年8月19日；

附件5：《药品包装、标签、说明书审查表》复印件共8页；

附件6：国家知识产权局网站下载的本专利著录项目信息及图片共2页；

附件7：金鸡胶囊包装盒实物1个。

专利复审委员会根据无效宣告请求审查程序的规定受理了该无效宣告请求，并于2007年2月12日将上述无效宣告请求书及其附件的副本转送给专利权人，要求其在指定期限内陈述意见。

2007年2月13日请求人提交意见陈述书，补充意见认为：附件5证明金鸡胶囊的药品外包装盒在2002年已经通过相关部门的批准，其外观即为附件7所示；附件4销售发票中的产品外包装也就是附件7所示的包装盒；附件7所示外观设计与本专利极为近似。

专利权人未在指定期限内提交答复意见。

专利复审委员会于2007年5月25日向双方当事人发出口头审理通知书，定于2007年7月9日对本案进行口头审理。随口头审理通知书将请求人2007年2月13日提交的意见陈述书及附件的副本转送专利权人，告知其可以在收到本通知之日起壹个月内陈述意见，也可以在口头审理时当庭陈述意见。

2007年7月9日口头审理如期举行。请求人委托代理人出庭，专利权人未向专利复审委员会提交口头审理通知书回执，也未参加口头审理。根据审查指南的规定，在无效宣告程序中，专利权人不参加口头审理的，可以缺席审理。在口头审理中，请求人当庭提交了附件1、附件2、附件3、附件4的原件，经合议组核实，上述附件的复印件与原件相符。请求人认为：在本专利申请日以前，附件1、附件2已公开发表了与本专利相近似的外观设计，并指出附件1中用作对比的是其封底下部左边的金鸡胶囊广告中的包装盒图片，附件2中用作对比的是报纸A10版右下方金鸡胶囊广告中的包装盒图片。本专利与附件1相比，二者正面的布局、字体、色彩均近似，正面下方的美女图案完全相同；本专利与附件2相比，整体外观设计相近似。附件3、附件4、附件5、附件7形成完整的证据链，证明在本专利申请日之前已有与其相近似的外观设计在国内公开销售。

针对专利复审委员会于2007年5月25日随口头审理通知书转送的文件，专利权人未在指定期限内提交答复意见。

在请求人的意见陈述和口头审理的基础上，合议组经合议，认为本案事实清楚，依法作出本审查决定。

二、决定的理由

1. 法律依据

基于请求人提出无效宣告请求的理由，合议组依据专利法第23条的规定进行审理。

专利法第23条规定：授予专利权的外观设计，应当同申请日以前在国内外出版物上公开发表过或者国内公开使用过的外观设计不相同和不相近似，并不得与他人在先取得的合法权利相冲突。

2. 证据认定

请求人提交的附件1为2004年《家庭医药》杂志封面、封底复印件，口头审理当庭提交了该附件的整本原件。《家庭医药》杂志的刊号为 CN 45-1301/R ISSN 1671-4954，属于国内公开出版发行的刊物。附件 1 的出版日期为 2004 年 5 月，早于本专利的申请日，属于申请日以前在国内公开发行的出版物，适用专利法第 23 条。

3. 相同相近似对比

（1）附件 1 封底下方广告中的图片为金鸡胶囊包装盒的立体图（下称在先设计），本专利使用外观设计的产品为包装盒，二者用途相同，属于相同类别的产品，可以进行外观设计相同相近似比较。

（2）在先设计公开的是一种药品包装盒的立体图，图中显示了包装盒的两个面。从该图片观察，包装盒形状为扁长方体，底色为黄色且有花和叶组成的暗纹。正面下方是五女吹箫图，上方左边有"金鸡胶囊"文字和产品功用说明文字，右边是红底圆圈图案，内部是古典美女图。包装盒的左侧面印有"金鸡胶囊"文字及包装数量，无其他图案（详见在先设计附图）。

本专利是金鸡浓缩丸包装盒的外观设计，包括主视图、后视图、俯视图和左视图，简要说明载明"仰视图与俯视图相同，省略仰视图；右视图与左视图相同，省略右视图；请求保护的外观设计包含色彩"。从图片观察，包装盒形状为扁长方体，底色为黄色且有花和叶组成的暗纹。正面下方是五女吹箫图，上方左边有"金鸡浓缩丸"文字，右边是红底圆圈图案，内部是古典美女图。包装盒的侧面有"金鸡浓缩丸"文字，无其他图案。顶面和底面的底色为深红色，书有"金鸡浓缩丸"文字。背面相应位置是与正面相同的圆圈古典美女图和文字，下方排布有若干行文字，无其他图案（详见本专利附图）。

比较本专利与在先设计，其相同点为：①二者整体形状及底色、暗纹均相同；②正面图案的设计要素和构图方式相同，其中的五女吹箫图完全相同；③二者侧面均只有文字没有图案。其不相同点为：a. 正面红底圆圈图案中的古典美女的具体形态不同；b. 文字字形不同。另外，在先设计没有公开其他四个面的设计，无法比较其是否相同。合议组认为：本专利与在先设计之间的相同点相对于其不同点对外观设计的整体视觉效果更具显著影响。尽管二者扁长方体的形状属于该外观设计所属领域的惯常设计，对外观设计的整体视觉效果不产生显著影响，但二者相同的底色、暗纹、设计要素和构图方式会给一般消费者二者相近似的视觉印象，尤其是正面相同的五女吹箫图，是该包装盒中最具视觉冲击力的部分，该相同点不仅使二者看起来相近似，甚至会造成消费者的混同误认。其不同点都属于局部细微的差异，对外观设计的整体视觉效果不产生显著影响。对于在先设计没有公开其他四个面的设计，无法进行相同相近似比较的事实，合议组认为，虽然在先设计没有公开其他四个面的设计，但本专利中相应四个面也没有特别引人注意的设计点，只是标明产品名称和一些说明性文字，况且对于药品包装盒这类产品而言，一般消费者关注的主要是正面，其他面是否相近似对外观设计相近似的影响较小。因此，本专利外观设计与在先设计相近似。

（3）综上所述，本专利与在先设计相近似。

本专利与申请日以前在国内出版物上公开发表过的外观设计相近似，因此本专利的授予不符合专利法第 23 条的规定。

鉴于上述已得出本专利不符合专利法第 23 条规定的结论，本决定对请求人提交的其他证据不再评述。

三、决定

宣告 200530101139.7 号外观设计专利权全部无效。

当事人对本决定不服的，可以根据专利法第 46 条第 2 款的规定，自收到本决定之日起三个月内向北京市第一中级人民法院起诉。根据该款的规定，一方当事人起诉后，另一方当事人应当作为第三人参加诉讼。

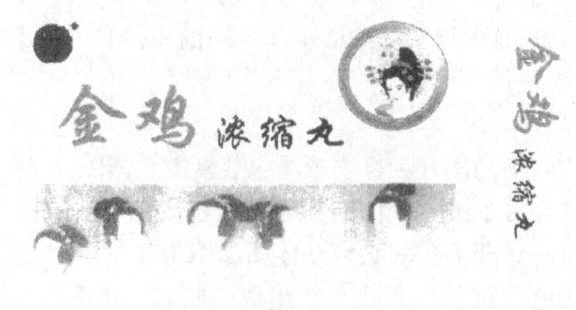

主视图　　　左视图

俯视图

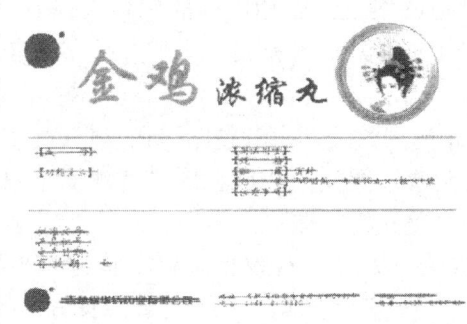

后视图

本专利附图

在先设计附图

包装箱（老板拉面）

无效宣告请求审查决定（第 10337 号）

决 定 号	第 10337 号
决 定 日	2007 年 8 月 7 日
发明创造名称	包装箱（老板拉面）
外观设计分类号	09-03
无效宣告请求人	商丘市傲龙食品有限公司
专 利 权 人	武国庆
专 利 号	200630133629.X
申 请 日	2006 年 5 月 30 日
授权公告日	2006 年 10 月 25 日
合议组组长	钟 华
主 审 员	许 磊
参 审 员	刘玉玲
法 律 依 据	专利法第 23 条
决 定 要 点	请求人未提供充分证据证明与本专利相同或相近似的外观设计在本专利申请日前在国内已经被公开使用，其主张不成立。

一、案由

本无效宣告请求涉及国家知识产权局于 2006 年 10 月 25 日公告授予的、名称为"包装箱（老板拉面）"的第 200630133629.X 号外观设计专利权（下称本专利），其申请日为 2006 年 5 月 30 日，专利权人为武国庆。

针对上述专利权，商丘市傲龙食品有限公司（下称请求人）于 2006 年 11 月 27 日向专利复审委员会提出无效宣告请求，认为本专利不符合专利法第 23 条的规定，并提交了下述附件：

附件 1-1：注册号为 4123002000091 1/1 的商丘市傲龙食品有限公司的企业法人营业执照，复印件共 1 页；

附件 1-2：证书编号为 QS411407010067 的全国工业产品生产许可证，复印件共 1 页；

附件 2-1：商丘市傲龙食品有限公司和商丘市五环彩印包装有限公司于 2005 年 8 月 16 日签订的供销合同，复印件共 1 页；

附件 2-2：标有"老板面 120"字样的包装箱图片，复印件共 1 页；

附件3：号码为0214665的工商服务业统一收款收据，复印件共1页；

附件4-1：河北阳原腾飞综合商店候建军出具的其从2005年12月开始销售商丘市傲龙食品有限公司傲龙牌老板拉面等方便面的证明，复印件共1页；

附件4-2：左建军出具的其从2005年12月份开始销售傲龙的老板面的证明，复印件共1页；

附件4-3：杨同发出具的其从2005年12月份开始销售傲龙食品有限公司老板拉面等系列产品的证明，复印件共1页；

附件5：国家知识产权局网上下载的本专利的授权公告信息页，共1页。

请求人认为，附件1至附件4中的外包装与本专利的外观设计属于相同或相近似的设计，证明本专利于申请日前就已经在国内被公开使用，本专利不符合专利法第23条的规定。

经形式审查合格后，专利复审委员会受理了上述请求，于2006年11月27日向双方当事人发出《无效宣告请求受理通知书》，并将《专利权无效宣告请求书》及其附件清单中所列文件的副本转送给专利权人，要求其在指定的期限内答复，同时成立合议组对本无效宣告请求进行审理。

请求人于2006年12月19日再次提交了意见陈述书，补充了5份附件来作为公开使用证据，其提交的5份附件如下：

附件2-3：标有"老板面120"字样的加盖有"商丘市五环彩印包装有限公司"合同专用章的包装箱图片，复印件共1页；

附件2-4：标有"老板面120"字样的包装箱图片，复印件共1页；

附件6：编号为20061363的河南省商丘市产品质量监督检验所出具的检验报告，复印件共4页；

附件7-1：商丘市傲龙食品有限公司与巨野县乾乾副食批发部于2005年10月16日签定的关于老板拉面和金傲龙130面的工矿产品购销合同，复印件共1页；

附件7-2：傲龙牌方便面装车单，复印件共1页；

附件8-1：商丘市傲龙食品有限公司与永城市腾龙商贸于2005年12月6日签定的关于老板拉面和大骨拉面的工矿产品购销合同，复印件共1页；

附件8-2：傲龙牌方便面装车单，复印件共1页；

附件9-1：商丘市傲龙食品有限公司与东明县刘楼镇汇盟批发部于2005年9月8日签定的关于老板拉面和金傲龙第二代的工矿产品购销合同，复印件共1页；

附件9-2：傲龙牌方便面装车单，复印件共1页。

请求人于2006年12月26日再次补充提交了下面的附件作为公开使用的证据：

附件10：内容为"老板拉面纸箱"的河南省商丘市工业发票，复印件共2页。

专利权人于2006年12月27日针对请求人提出无效宣告请求时提交的意见陈述书和提交的附件作出答复，认为请求人提交的证据的真实性值得质疑，不具备法定效力，不能证明与本专利相同或相近似的外观设计在本专利申请日前已经在国内被公开使用。

专利复审委员会本案合议组于2007年3月1日向专利权人发出《转送文件通知书》，将请求人于2006年12月19日和12月26日提交的意见陈述书以及提交的附件转送给专利权人，要求其在一个月内进行答复。

专利权人于2007年3月30日针对请求人补充提交的意见陈述书和附件作出答复，认为：附件2所提供的包装箱体设计样稿不能证明其公开的具体时间，只能说明合同的意愿，并不导致必然实施，不能证明与本专利相同或相近似的外观设计在本专利申请日前已经公开；附件6与本外观专利包装箱无任关系；附件7至附件10的工矿购销合同和发票均没有记载任何外观设计内容，不能证明与本专利相同或相近似的外观设计在本专利申请日前已经公开，请求人提供的所有证据均不能证明与本专利相同或相近似的外观设计在本专利申请日前已经被公开，因此本专利符合专利法第23条的规定。

2007年4月18日，本案合议组向双方当事人发出《无效宣告请求口头审理通知书》，定于2007年6月18日对本专利权的无效宣告请求进行口头审理，同时，合议组将专利权人于2006年12月27日和2007年3月30日提交的意见陈述书转送请求人，要求其在口头审理时一并答复。

2007年6月18日，口头审理如期进行，双方当事人均出席了口头审理。双方当事人对对方的资格无异议，对合议组无回避请求。在口头审理过程中，附件4-1至附件4-3的出具人均出庭接受了质询，分别证明其在本专利申请日前已经开始销售商丘市傲龙食品有限公司的方便面。同时，请求人的另一名证人——巨野县乾乾副食批发部的解元芹也出庭作证，证明其所在食品批发部一直在销售傲龙食品有限公司的产品。合议组就本案的无效宣告理由及证据逐一进行了调查，双方当事人充分陈述了各自的意见。在口头审理中确认的事实如下：

（1）请求人当庭放弃附件2-2，确认其无效宣告理由为专利法第23条。

（2）专利权人认可附件1-1、附件1-2、附件5的真实性；承认附件2-1、附件2-3、附件2-4、附件3、附件6至附件10的复印件与原件相符，但是，不认可这些附件的真实性，并且认为这些附件与本专利均没有关联性；认为附件4的出具人与请求人有商业上的利害关系，对其内容的真实性有异议，对证人解元芹证言的真实性也不予认可。

（3）请求人认为附件2-3、附件2-4的图片与本专利相近似。

至此，合议组认为本案的事实清楚，可以作出审查决定。

二、决定的理由

1. 无效宣告的理由

本案中，请求人明确无效宣告理由为本专利不符合专利法第23条的规定，认为附件1至附件4、附件6至附件10均证明与本专利相同或相近似的外观设计在本专利申请日前已经被公开使用，同时认为附件2-3、附件2-4的图片与本专利相近似，因此，合议组审理的无效宣告理由和范围为本专利相对于请求人所提交的附件1至附件4、附件6至附件10而言是否符合专利法第23条的规定。

2. 关于证据

请求人提交的附件1~10均是在请求人提出无效宣告请求之日起一个月内提交的，因此，这些证据的提交期限符合专利法实施细则第66条的规定。在这些附件中，专利权人仅认可附件1和附件5的真实性，对其他附件的真实性和关联性均不予认可。对于请求人提交的附件1至附件4、附件6至附件10，合议组认为：

附件1-1和附件1-2是请求人的营业执照和生产许可证，其仅能表明商丘市傲龙食品有限公司可生产方便面，并不涉及其生产方便面包装设计的内容，因此，其不能表明与本专利相同或相近似的外观设计在本专利申请日前已经被使用公开。

附件3、附件6~10分别是收款收据、检验报告、一些工矿产品购销合同和装车单以及一些发票，均无图片，不能证明销售的老板面或生产的纸箱是什么样的外观设计。

附件4是一些人员出具的在本专利申请日前已经开始销售傲龙食品有限公司的老板面的证明，并且请求人的第四名证人解元芹证明的也是本专利申请日前傲龙食品有限公司的老板拉面已经开始进行销售，并没有提供任何有关所销售的产品的包装或图片，附件4-1至附件4-3的出具人以及解元芹均与请求人有商业往来，即，具有商业上的利害关系，在没有其他证据佐证的情况下，仅凭证人证言无法认定与本专利相同或相近似的外观设计在本专利申请日前已经被公开使用。

附件2-1是傲龙食品有限公司与商丘市五环彩印包装有限公司签订的"老板面"供销合同，附件2-3是加盖有商丘市五环彩印包装有限公司合同专用章的标有"老板面120"字样的包装箱图片，附件2-4是一张包装箱的照片,请求人在提出无效请求时提供了与附件2-3图片相同但是未加盖所述合同专用章的附件2-2,请求人在口头审理时当庭放弃了附件2-2,并认为附件2-3和附件2-4是签订的附件2-1的合同中所要印制的老板面的包装设计。专利权人认为附件2-3和附件2-4与附件2-1没有关联性,五环彩印包装有限公司与请求人有利害关系,无法认定附件2的真实性。

对于附件2,合议组认为:附件2-1为供销合同,其签订日期为2005年8月16日,从其内容上看不出该合同是否具有附件;与附件2-1同时提交的附件2-2上并没有加盖五环彩印包装有限公司的合同专用章;在请求人后来补充提交的附件2-3上,虽然加盖了"五环彩印包装有限公司"的合同专用章,并且有"2005年8月20日"的打印字样,但是,未加盖另一当事人"商丘市傲龙食品有限公司"印章,也没有两公司的法人代表或其他经手人的签字,附件2-4上既没有所述合同专用章和负责人签字,也没有日期字样;此外,请求人在同时合并审理的6W06698案件中对相似证据进行陈述时,认为在签订印刷合同时是先确定印刷样本,再签订合同,即印刷样本的时间在合同签订日之前,而在本案中,合同的签订日却在所提交图片之前。因此,鉴于请求人前后提供的证据形式不一致、请求人对相似证据的陈述矛盾、从附件2-3上打印的日期上也无法看出其盖章和日期签订日、以及五环彩印包装有限公司与请求人有商业上的利害关系,在没有其他证据进一步证明的情况下,无法认定附件2-3、附件2-4与附件2-1的关联性,即无法认定附件2-3和附件2-4是签订附件2-1的合同时所附的包装箱图片。虽然附件2-3上标有2005年8月20日的字样,但是由于无法认定附件2-3是附件2-1的组成部分,因此,在没有其他证据证明的情况下,仅凭该附件本身无法证明该图片所示设计在2005年8月20日就处于公众想得知就能够得知的状态,同样,没有记载任何时间的附件2-4也不能证明与本专利相同或相近似的外观设计在本专利申请日前已经处于公众想得知就能够得知的状态,因此,附件2-3和附件2-4中的设计也不能作为与本专利进行比较的在先设计。由于附件2-1本身没有公开任何外观设计内容,因此,仅凭附件2-1也不能证明与本专利相同或相近似的外观设计在本专利申请日前已经被公开使用。

综上所述,请求人提交的附件1至附件4、附件6至附件10均不能用于证明与本专利相同或相近似的外观设计在本专利申请日前已经在国内被公开使用。

3. 专利法第23条

专利法第23条规定,授予专利权的外观设计,应当同申请日以前在国内外出版物上公开发表过或者国内公开使用过的外观设计不相同和不相近似,并不得与他人在先取得的合法权利相冲突。

请求人未提供充分证据证明与本专利相同或相近似的外观设计在本专利申请日前在国内已经被公开使用,其主张不成立。

本案中,鉴于请求人所提供的证据均不能用于证明与本专利相同或相近似的外观设计在本专利申请日前在国内已经被公开使用,请求人的主张得不到证据支持,因此,合议组对请求人提出的本专利不符合专利法第23条的主张不予支持。

基于以上事实和理由,本案合议组作出如下审查决定。

三、决定

维持第200630133629.X号外观设计专利权有效。

当事人对本决定不服的,可以根据专利法第46条第2款的规定,自收到本决定之日起三个月内向北京市第一中级人民法院起诉。根据该款的规定,一方当事人起诉后,另一方当事人应当作为第三人参加诉讼。

包装袋（老板拉面）

无效宣告请求审查决定（第10338号）

决 定 号	第10338号
决 定 日	2007年8月7日
发明创造名称	包装袋（老板拉面）
外观设计分类号	09-05
无效宣告请求人	商丘市傲龙食品有限公司
专 利 权 人	武国庆
专 利 号	200630133631.7
申 请 日	2006年5月30日
授 权 公 告 日	2006年10月25日
合议组组长	钟 华
主 审 员	许 磊
参 审 员	刘玉玲
法 律 依 据	专利法第23条

决 定 要 点

请求人未提供充分证据证明与本专利相同或相近似的外观设计在本专利申请日前在国内已经被公开使用，其主张不成立。

一、案由

本无效宣告请求涉及国家知识产权局于2006年10月25日公告授予的、名称为"包装袋（老板拉面）"的第200630133631.7号外观设计专利权（下称本专利），其申请日为2006年5月30日，专利权人为武国庆。

针对上述专利权，商丘市傲龙食品有限公司（下称请求人）于2006年11月27日向专利复审委员会提出无效宣告请求，认为本专利不符合专利法第23条的规定，并提交了下述附件：

附件1-1：注册号为412300200009 1/1的商丘市傲龙食品有限公司的企业法人营业执照，复印件共1页；

附件1-2：证书编号为QS411407010067的全国工业产品生产许可证，复印件共1页；

附件2-1：商丘市傲龙食品有限公司和济宁市天意印务有限责任公司于2005年8月8日签订的承揽合同，复印件共1页；

附件2-2：号码为"0001631"的济宁市天意印务有限责任公司出具的收据，复印件共1页；

附件2-3：其上有手写文字及修改字样的"老板拉面"包装袋图片，复印件共1页；

附件3：号码为0214665的工商服务业统一收款收据，复印件共1页；

附件4-1：河北阳原腾飞综合商店候建军出具的其从2005年12月开始销售商丘市傲龙食品有限公司傲龙牌老板拉面等方便面的证词，复印件共1页；

附件4-2：左建军出具的其从2005年12月份开始销售傲龙的老板面的证词，复印件共1页；

附件4-3：杨同发出具的其从2005年12月份开始销售傲龙食品有限公司的老板拉面的证词，复印件共1页；

附件5：国家知识产权局网上下载的本专利的授权公告信息页，共1页。

请求人认为，附件1至4中的外包装与本专利的外观设计属于相同或相近似的设计，证明本专利于申请日前就已经在国内被公开使用，本专利不符合专利法第23条的规定。

经形式审查合格后，专利复审委员会受理了上述请求，于2006年11月27日向双方当事人发出《无效宣告请求受理通知书》，并将《专利权无效宣告请求书》及其附件清单中所列文件的副本转送给专利权人，要求其在指定的期限内答复，同时成立合议组对本无效宣告请求进行审理。

请求人于2006年12月19日再次提交了意见陈述书，补充了5份附件来作为公开使用证据，其提交的5份附件如下：

附件2-4：其上有手写文字及修改字样并加盖有"天意印务有限责任公司"的合同专用章的"老板拉面红烧珍品"的包装袋图片，复印件共1页；

附件2-5：其上有手写文字及修改字样并加盖有"天意印务有限责任公司"的合同专用章的"老板拉面香辣珍品"的包装袋图片，复印件共1页；

附件2-6：其上有手写文字并加盖有"天意印务有限责任公司"的合同专用章的"老板拉面排骨珍品"的包装袋图片，复印件共1页；

附件7：编号为20061363的河南省商丘市产品质量监督检验所出具的检验报告，复印件共4页；

附件8-1：商丘市傲龙食品有限公司与巨野县乾乾副食批发部于2005年10月16日签定的关于老板拉面和金傲龙130面的工矿产品购销合同，复印件共1页；

附件8-2：傲龙牌方便面装车单，复印件共1页；

附件9-1：商丘市傲龙食品有限公司与永城市腾龙商贸于2005年12月6日签定的关于老板拉面和大骨拉面的工矿产品购销合同，复印件共1页；

附件9-2：傲龙牌方便面装车单，复印件共1页；

附件10-1：商丘市傲龙食品有限公司与东明县刘楼镇汇盟批发部于2005年9月8日签定的关于老板拉面和金傲龙第二代的工矿产品购销合同，复印件共1页；

附件10-2：傲龙牌方便面装车单，复印件共1页。

请求人于2006年12月26日再次补充提交了下面的附件作为公开使用的证据：

附件11：内容为"老板拉面包装卷"的河南省商丘市工业发票，复印件共2页。

请求人于2006年12月28日再次补充提交了下面的附件作为公开使用的证据：

附件12：标有"老板拉面"字样的图片，复印件共2页。

专利权人于2006年12月27日针对请求人提出无效宣告请求时提交的意见陈述书和提交的附件作出答复，认为请求人提交的证据的真实性值得质疑，不具备法定效力，不能证明与本专利相同或相近似的外观设计在本专利申请日前已经在国内被公开使用。

专利复审委员会本案合议组于2007年3月1日向专利权人发出《转送文件通知书》，将请求人于2006年12月19日、12月26日和12月28日提交的意见陈述书以及提交的附件转送给专利权人，要求其在一个月内进行答复。

专利权人于 2007 年 3 月 30 日针对请求人补充提交的意见陈述书和附件作出答复，认为：附件 11 所提供的工业发票复印件没有记载任何外观设计内容，不能证明与本专利相同或相近似的外观设计产品在本专利申请日前已经公开；附件 12 的真实性无法确认，不能证明其图片所示外观设计在本专利申请日前已经在国内被公开使用；附件 2 的包装袋设计样稿不能证明其公开的具体时间，只能说明合同的意愿，并不导致必然实施，不能证明与本专利相同或相近似的外观设计在本专利申请日前已经公开；附件 7 与外观设计包装袋无任关系；附件 8 至 10 的工矿购销合同和发票均没有记载任何外观设计内容，不能证明与本专利相同或相近似的外观设计在本专利申请日前已经公开，请求人提供的所有证据均不能证明与本专利相同或相近似的外观设计在本专利申请日前已经被公开，因此本专利符合专利法第 23 条的规定。

2007 年 4 月 18 日，本案合议组向双方当事人发出《无效宣告请求口头审理通知书》，定于 2007 年 6 月 18 日对本专利权的无效宣告请求进行口头审理，同时，合议组将专利权人于 2006 年 12 月 27 日和 2007 年 3 月 30 日提交的意见陈述书转送请求人，要求其在口头审理时一并答复。

2007 年 6 月 18 日，口头审理如期进行，双方当事人均出席了口头审理。双方当事人对对方的资格无异议，对合议组无回避请求。在口头审理过程中，附件 4-1 至附件 4-3 的出具人均出庭接受了质询，分别证明其在本专利申请日前已经开始销售商丘市傲龙食品有限公司的方便面。同时，请求人的另一名证人——巨野县乾乾副食批发部的解元芹也出庭作证，证明其所在食品批发部一直在销售傲龙食品有限公司的产品。合议组就本案的无效宣告理由及证据逐一进行了调查，双方当事人充分陈述了各自的意见。在口头审理中确认的事实如下：

（1）专利权人对附件 12 的提交期限有异议，合议组当庭告知请求人其于 2006 年 12 月 28 日补充提交的附件 12 超出了举证期限，不予接受；

（2）请求人当庭放弃附件 2-3，并表示附件 2-4 至附件 2-6 的三个图片都一样，确认其无效宣告理由为专利法第 23 条；

（2）专利权人认可附件 1-1、附件 1-2、附件 5 的真实性；承认附件 2、附件 3、附件 7 至附件 11 的复印件与原件相符，但是，不认可这些附件的真实性，并且认为这些附件与本专利均没有关联性；认为附件 4 的出具人与请求人有商业上的利害关系，对其内容的真实性有异议，对证人解元芹证言的真实性也不予认可；

（3）请求人认为附件 2-4 至附件 2-6 的图片与本专利相近似。

至此，合议组认为本案的事实清楚，可以作出审查决定。

二、决定的理由

1. 无效宣告理由

本案中，请求人明确无效宣告理由为本专利不符合专利法第 23 条的规定，认为附件 1 至附件 4、附件 7 至附件 11 均证明与本专利相同或相近似的外观设计在本专利申请日前已经被公开使用，同时认为附件 2-4 至附件 2-6 的图片与本专利相近似，因此，合议组审理的无效宣告理由和范围为本专利相对于请求人所提交的附件 1 至附件 4、附件 7 至附件 11 而言是否符合专利法第 23 条的规定。

2. 关于证据

请求人于 2006 年 12 月 28 日提交的附件 12 是在请求人于 2006 年 11 月 27 日提出无效宣告请求之日起一个月后提交的，根据专利法实施细则第 66 条的规定，合议组对其不予考虑。

在请求人提交的附件 1 至 5、附件 7 至附件 11 中，专利权人仅认可附件 1 和 5 的真实性，对其他附件的真实性和关联性均不予认可。对于请求人提交的附件 1 至附件 4、附件 7 至附件 11，合议组认为：

附件 1-1 和附件 1-2 是请求人的营业执照和生产许可证，其仅能表明商丘市傲龙食品有限公司可生产方便面，并不涉及其生产方便面包装设计的内容，因此，其不能表明与本专利相同或相近似的外观设计在本专利申请日前已经被使用公开。

附件 3、附件 7 至附件 11 分别是收款收据、检验报告、一些工矿产品购销合同和装车单以及发票，均无图片，不能证明销售的老板拉面或生产的纸箱是什么样的外观设计。

附件 4 是一些人员出具的在本专利申请日前已经开始销售傲龙食品有限公司的老板拉面的证明，并且请求人的第四名证人解元芹证明的也是本专利申请日前傲龙食品有限公司的老板拉面已经开始进行销售，并没有提供任何有关所销售的产品的包装或图片，附件 4-1 至附件 4-3 的出具人以及解元芹均与请求人有商业往来，即具有商业上的利害关系，在没有其他证据佐证的情况下，仅凭证人证言无法认定与本专利相同或相近似的外观设计在本专利申请日前已经被公开使用。

附件 2-1 是傲龙食品有限公司与济宁市天意印务有限责任公司签订的"老板拉面"供销合同，附件 2-2 是收款收据，附件 2-3 至附件 2-6 是加盖有济宁市天意印务有限责任公司合同专用章的"老板拉面"的包装袋图片，请求人在口头审理时当庭放弃了附件 2-3，并认为附件 2-4 至附件 2-6 是签订的附件 2-1 的合同中所要印制的老板面的包装设计。专利权人认为附件 2-4 至附件 2-6 与附件 2-1 没有关联性，附件 2-4 至附件 2-6 上的时间早于合同签订日，而且图片上的签字是复印的，日期是手写的，二者不一致，天意印务有限责任公司与请求人有利害关系，无法认定附件 2 的真实性。

对于附件 2，合议组认为：附件 2-1 为供销合同，其签订日期为 2005 年 8 月 8 日，从其内容上看不出该合同是否具有附件；在附件 2-4 至 2-6 的原件上虽然加盖有"天意印务有限责任公司"的合同专用章，但是，在附件 2-4 和附件 2-5 上，"同工制版"、"天意印务"、"叶文成"的字迹与其上"2005.8.4"、"kc"、"kb"的字迹颜色明显不同，后者为圆珠笔书写，前者看不出是否为圆珠笔书写，而且在同时提交的请求人认为同为附件 2-1 的一部分的附件 2-6 上，标有的"改动"、"ka"、"车志强"、"2005.8.4"字体之间的颜色也明显不同，前两者为圆珠笔书写，后两者却为黑色墨水书写；此外，请求人在本案中认为在签订印刷合同时是先确定印刷样本，再签订合同，即印刷样本的时间在合同签订时间之前，但是在同时合并审理的 6W06697 案件中对相似证据进行陈述时却认为先签订合同，然后确定制版方式。因此，鉴于请求人提供证据 2-4 至附件 2-6 上字迹的不一致性、请求人对相似证据的陈述矛盾、以及天意印务有限责任公司与请求人有商业上的利害关系，在没有其他证据进一步证明的情况下，无法认定附件 2-4 至附件 2-6 与附件 2-1 和附件 2-2 的关联性，即无法认定附件 2-4 至附件 2-6 是签订附件 2-1 的合同时所附的包装袋图片。虽然附件 2-4 至附件 2-6 上标有 2005 年 8 月 4 日的字样，但是由于无法认定附件 2-4 至 2-6 是附件 2-1 的组成部分，因此，在没有其他证据证明的情况下，仅凭这些附件本身无法证明这些图片所示设计在 2005 年 8 月 4 日就处于公众想得知就能够得知的状态，因此，附件 2-4 至附件 2-6 中的设计本身也不能作为与本专利进行比较的在先设计。由于附件 2-1 和附件 2-2 本身没有公开设计内容，因此，仅凭附件 2-1 和附件 2-2 也不能证明与本专利相同或相近似的外观设计在本专利申请日前已经被公开使用。

综上所述，请求人提交的附件 1 至附件 4、附件 7 至附件 11 均不能用于证明与本专利相同或相近似的外观设计在本专利申请日前已经被公开使用。

3. 专利法第 23 条

专利法第 23 条规定，授予专利权的外观设计，应当同申请日以前在国内外出版物上公开发表过或者国内公开使用过的外观设计不相同和不相近似，并不得与他人在先取得的合法权利相冲突。

请求人未提供充分证据证明与本专利相同或相近似的外观设计在本专利申请日前在国内已经被公开使用，其主张不成立。

本案中，鉴于请求人所提供的证据均不能用于证明与本专利相同或相近似的外观设计在本专利申请日前已经在国内被公开使用，请求人的主张得不到证据支持，因此，合议组对请求人提出的本专利不符合专利法第 23 条的主张不予支持。

基于以上事实和理由，本案合议组作出如下审查决定。

三、决定

维持第 200630133631.7 号外观设计专利权有效。

当事人对本决定不服的，可以根据专利法第 46 条第 2 款的规定，自收到本决定之日起三个月内向北京市第一中级人民法院起诉。根据该款的规定，一方当事人起诉后，另一方当事人应当作为第三人参加诉讼。

自动煎药机（2）

无效宣告请求审查决定（第 10342 号）

决 定 号	第 10342 号
决 定 日	2007 年 8 月 6 日
发明创造名称	自动煎药机（2）
外观设计分类号	24-02
无效宣告请求人	黄冈永安医疗器械有限公司
专 利 权 人	北京东华原医疗设备有限责任公司
专 利 号	00342214.3
申 请 日	2000 年 10 月 27 日
授权公告日	2001 年 6 月 6 日
合议组组长	吴赤兵
主 审 员	李婷婷
参 审 员	李玲玲
附 图	2 页
法 律 依 据	专利法第 23 条

决 定 要 点

本专利与在先设计相比较，其区别已经使它们在整体视觉效果上产生明显的差异，一般消费者不会将本专利与在先设计相混淆，因此本专利与在先设计是不相同且不相近似的外观设计。

一、案由

本无效宣告请求涉及中华人民共和国国家知识产权局于 2001 年 6 月 6 日授权公告的 00342214.3 号外观设计专利（下称本专利），其名称为"自动煎药机（2）"，申请日为 2000 年 10 月 27 日，专利权人为北京东华原医疗设备有限责任公司。

2006 年 12 月 14 日黄冈永安医疗器械有限公司（下称请求人）针对本专利权向国家知识产权局专利复审委员会提出无效宣告请求，认为本专利相对于附件 1 不符合专利法第 23 条的规定、相对于附件 2 不符合专利法实施细则第 13 条 1 款的规定，请求宣告该专利无效。请求人提交的证据如下：

附件 1：申请号为 3019990021335 的韩国专利公开文件及其中文译文复印件共 2 页，其申请日为 1999 年 9 月 6 日，公告日为 2000 年 6 月 15 日；

附件 2：申请号为 CN00342215.1 的外观设计专利公报，申请日为 2000 年 10 月 27 日，授权公告日为 2001 年 6 月 6 日，专利权人为北京东华原制药设备有限责任公司。

请求人请求宣告本专利无效的具体理由是：(1) 本专利不符合专利法第 23 条的规定：附件 1 中所述中药抽出机的下面为四方形箱体，箱体上方有三个煎药器端盖，端盖环形设置旋转棱的卡固件，端盖中间向上沿伸有轴，并在轴的上端设有带手柄的转轮，端盖上还设有安全阀、排气阀和压力表，箱体前面板设有三组电控箱，整体观察，其与本专利构成近似，因此本专利不符合专利法第 23 条的规定。(2) 本专利不符合专利法实施细则第 13 条 1 款的规定：附件 2 所述"自动煎药机 (1)"与本专利申请日相同，是同一类型产品，其与本专利的区别仅在于其不具有本专利所述自动煎药机端盖上的轴以及转轮，因此其与本专利构成近似，从而本专利不符合专利法实施细则第 13 条 1 款的规定。

经形式审查合格，专利复审委员会受理了上述请求，于 2006 年 12 月 15 日向双方当事人发出无效宣告请求受理通知书，并将《专利权无效宣告请求书》及其附件清单中所列附件副本转送给了专利权人，要求其在指定的期限内答复，并告知期满未答复的不影响专利复审委员会审理。

专利权人于 2007 年 1 月 30 日提交了意见陈述书并陈述意见如下：(1) 本专利符合专利法第 23 条的规定：本专利的煎药器本体突起在上部，其高度为箱体高度的三分之一，附件 1 所述中药抽出机的煎药器只有上盖，没有煎药器本体；本专利正前方中部靠上端具有三个分立的纵向长方形的控制面板，并且控制面板下面设有五角形图案，附件 1 所述中药抽出机正前方只是在中部靠上端设有一个横向长方形控制面板；本专利正面下方具有横向的长方形图案，附件 1 无；本专利左侧具有总排液阀，后盖上有散热孔，附件 1 均无。因此附件 1 所述中药抽出机四个侧面中有三个侧面与本专利不同，只有俯视图相近似，因此二者之间不构成近似。(2) 本专利符合专利法实施细则第 13 条 1 款的规定：附件 2 为同一专利权人提出的另一件外观设计专利，其与本专利的区别在于附件 2 没有轴和转轮，且附件 2 为常温煎药机，本专利为高压煎药机。二者虽然都是煎药机，属于同一类型产品，但不是同一产品，因此附件 2 并不能导致本专利不符合专利法实施细则第 13 条 1 款的规定。

专利复审委员会依法成立本案合议组，于 2007 年 3 月 30 日向双方当事人发出无效宣告请求口头审理通知书，定于 2007 年 5 月 15 日进行口头审理，并将专利权人于 2007 年 1 月 30 日提交的意见陈述书转送给请求人。

请求人于 2007 年 4 月 10 日提交了无效宣告请求口头审理通知书回执，表示参加 2007 年 5 月 15 日举行的口头审理。

口头审理如期进行，双方当事人均参加了口头审理。在口头审理中：(1) 双方当事人对合议组成员无回避请求，双方当事人对对方当事人出庭人员身份无异议；(2) 请求人当庭出示了附件 1 的原件，专利权人对附件 1、2 的真实性无异议，附件 1 的中文译文和原文一致；(3) 专利权人当庭提交一份声明，声明放弃专利权人同一日申请的 CN00342215.1 号自动煎药机 (1)，即附件 2 的外观设计专利权；(4) 合议组告知专利权人应自口审之日起 1 个月内到国家知识产权局办理放弃 CN00342215.1 号专利权的有关手续，由国家知识产权局予以登记和公告；(5) 请求人明确表示无效理由为：本专利相对于附件 1 不符合专利法第 23 条的规定、相对于附件 2 不符合专利法实施细则第 13 条 1 款的规定，双方当事人均当庭充分陈述意见。

请求人于 2007 年 6 月 8 日提交了意见陈述书，声明放弃本专利不符合专利法实施细则第 13 条 1 款的无效宣告理由和附件 2，仍坚持本专利与附件 1 相近似从而不符合专利法第 23 条的无效理由。

合议组于 2007 年 6 月 29 日向专利权人发出转送文件通知书，将请求人于 2007 年 6 月 8 日提交的意见陈述书转送给了专利权人。

请求人于 2007 年 7 月 4 日再次提交了意见陈述书，继续坚持本专利不符合专利法第 23 条的无效理由，并提交如下证据供合议组参考（编号续前）：

附件 3：申请号为 CN00337379.7 的外观设计专利公报，申请日为 2000 年 9 月 21 日，授权公告日为 2001 年 5 月 23 日；

附件 4：申请号为 CN01353964.7 的外观设计专利公报，申请日为 2001 年 11 月 21 日，授权公告日为 2002 年 7 月 10 日。

专利权人于 2007 年 7 月 16 日提交了意见陈述书，陈述其针对申请号为 CN00342215.1 的外观设计专利，即请求人所提交的附件 2 的放弃声明将在第 23 卷 34 号专利公报上予以公告，并提交了下述附件：

附件 A：国家知识产权局发给专利权人针对其对附件 2 的专利权放弃声明的《手续合格通知书》复印件。

至此，合议组认为本案事实已经清楚，现依法作出审查决定。

二、决定的理由

1. 关于证据

请求人提交的附件 1 是在本专利申请日之前已经公开的专利文献，专利权人对其真实性无异议，因此，附件 1 适用于本案。

请求人于 2007 年 6 月 8 日提交的意见陈述书中声明放弃本专利不符合专利法实施细则第 13 条 1 款的无效宣告理由和证据，因此对于用于支持该无效理由的附件 2，合议组不再予以评述。

请求人提交附件 3、4 的时间已经超过了自提出无效宣告请求起一个月内的期限，因此根据审查指南第四部分第三章第 4.3.1 节的规定，合议组对附件 3、4 不予接受。

2. 关于专利法第 23 条

专利法第 23 条规定：授予专利权的外观设计，应当同申请日以前在国内外出版物上公开发表过或者国内公开使用过的外观设计不相同和不相近似，并不得与他人在先取得的合法权利相冲突。

3. 相同和相近似的比较

本专利为涉及到自动煎药机的外观设计，附件 1（下称"在先设计"）涉及"中药抽出机"的外观设计，两者所属产品的种类相同，可以进行相近似性对比。本专利"自动煎药机（2）"公告有实物照片的六幅视图（主视图、后视图、左视图、右视图、俯视图、立体图），从各视图来看，所述自动煎药机主要分为横长方形主箱体框架和均匀分布在主箱体上的三个煎药器上下两个部分，其中主箱体具有一操作台面，在主箱体正面偏上的部分，均匀分布三个与煎药器位置相对应的竖长方形控制面板，每个控制面板下还设置有梅花状旋钮，并且在主箱体正面下部靠近下边缘长度方向的中部位置设置有与主箱体长边平行的横向长方形标牌，且主箱体后面被两个立柱分为三个竖长方形的箱体框架，每个所述竖长方形的箱体框架内分别包括一个竖长方形箱后盖，每个后盖上分布有数个整齐排布的散热通道图案，而煎药器的主体部分即煎药桶突出于主箱体框架一定的间距，用于将煎药器和煎药器盖法兰相连接的螺栓为四个均匀分布的螺栓，煎药器盖的正中部分设置有高出所述煎药器盖一定间距的具有手柄的转轴，此外煎药器盖上还设置有倾斜设置的压力表，以及相对于压力表来说小得多的排气阀（详见本专利附图）。

在先设计"中药抽出机"公告有线条绘制图片的 7 幅视图（斜图、正面图、背面图、左面图、右面图、平面图、底面图），从各视图来看，所述中药抽出机主要分为横长方形主箱体和均匀分布在箱体上的三个煎药器上下两个部分，其中主箱体具有一操作台面，在主箱体正面中间偏上的部分，设置有横长方形控制面板，控制面板上均匀分布三个显示屏、三个旋钮、三个指示灯、三个按钮，控制面板最左侧设置有一个开关按钮，且主箱体后面正中偏下设置有一截管道，管道上设置有两个阀门。煎药器主体不可见，其上缘与主箱体接触，用于将煎药器的上缘和煎药器盖法兰相连接的螺栓为五个均匀分布的螺栓，煎药器盖的正中部分设置有高出所述煎药器盖一定间距的主轴，以及位于主轴上的旋转手柄，此外煎药器盖上还具有相对于主轴对称设置的倾斜一定角度的压力表和排气阀，所述压力表与排气阀的排气阀高度基本相同（详见在先设计附图）。

通过上述对本专利与在先设计的描述，合议组认为，本专利与在先设计相比，二者均具有主箱体，主箱体上均匀分布三个煎药器，且煎药器上均具有主轴及旋转手柄，其主要区别点在于：（1）本专利煎药器的主体部分即煎药桶突出于主箱体的框架外一定的间距，而在先设计煎药器主体不可见，其上缘与主箱体接触；（2）本专利主箱体正面偏上均匀分布三个与煎药器位置相对应的控制面板，每个控制面板下还设置有梅花状旋钮，且在主箱体正面下部靠近下边缘长度方向的中部位置设置有与主箱体长边平行的长方形标牌，而在先设计主箱体正面中间偏上只设置有一个横长方形控制面板，上面均匀分布三个显示屏、旋钮、指示灯、按钮，并且控制面板最左侧设置有一个开关按钮，其主箱体正面下部无任何设计；（3）本专利煎药器盖上设置的排气阀相对于压力表来说小得多，而在先设计煎药器盖上设置的排气阀与压力表高度基本相同；（4）本专利用于将煎药器和煎药器盖法兰相连接的螺栓为四个均匀分布的螺栓，而在先设计所述则使用了五个均匀分布的螺栓；（5）本专利主箱体后面被三个立柱分为三个竖长方形的箱体框架，每个所述竖长方形的箱体框架内分别包括一个竖长方形箱后盖，每个后盖上分布有数个整齐排布的散热通道图案，而在先设计的主箱体后面正中偏下设置有一截管道，管道上设置有两个阀门。

合议组认为：对于一般消费者来说，产品正面最易引起其视觉关注，尽管本专利与在先设计均具有主箱体，主箱体上的煎药器均为三个，且煎药器正中部分均设置有高出所述煎药器盖一定间距的主轴以及旋转手柄，但本专利的煎药器突出于主箱体一定间距，且每个煎药器桶的直径约为主轴的直径的5~6倍，并且煎药器盖上的排气阀几乎不可见，而在先设计的煎药器则不可见，但煎药器盖上的排气阀与压力表高度基本相同；且本专利主箱体上设置了三个控制面板、梅花状旋钮以及一个长方形标牌，而在先设计主箱体上仅设置了一个横长方形控制面板，本专利所述三个控制面板、梅花状旋钮以及一个长方形标牌在主箱体上所占的面积远远大于在先设计所述横长方形控制面板在主箱体上所占的面积，上述部件之间的明显的差别已经给二者的整体视觉效果带来了显著的影响，一般消费者很容易对二者进行区分，因此应认定本专利与在先设计不相同且不相近似，本专利符合专利法第23条的规定。

三、决定

维持00342214.3号外观设计专利权有效。

当事人对本决定不服的，可以根据专利法第46条第2款的规定，自收到本决定之日起三个月内向北京市第一中级人民法院起诉。根据该款的规定，一方当事人起诉后，另一方当事人应当作为第三人参加诉讼。

俯视图

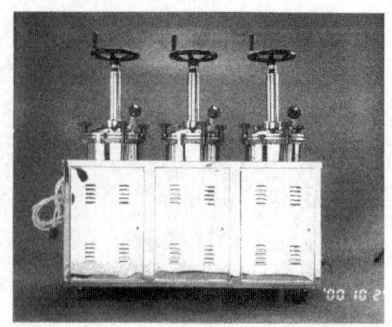

后视图

左视图

右视图

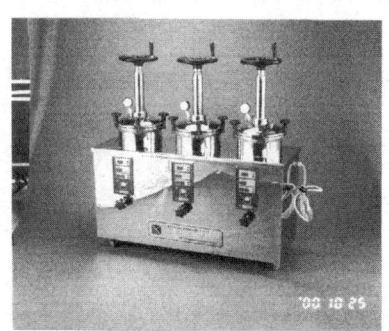

立体图

主视图

本专利附图

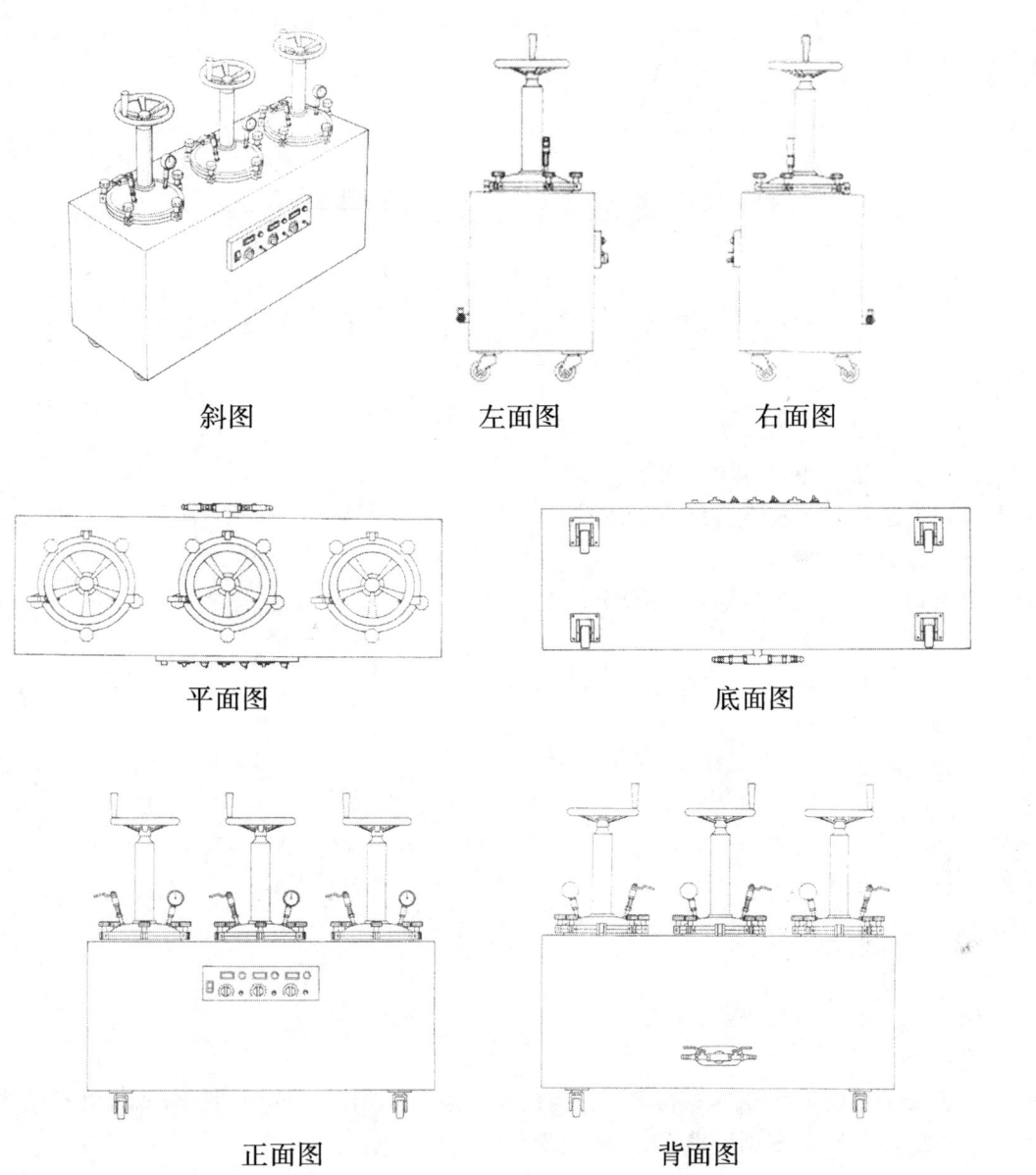

斜图　　左面图　　右面图

平面图　　底面图

正面图　　背面图

在先设计附图

包装袋（绿太子鸡精）

无效宣告请求审查决定（第 10347 号）

决 定 号	第 10347 号
决 定 日	2007 年 8 月 6 日
发明创造名称	包装袋（绿太子鸡精）
外观设计分类号	09-05
无效宣告请求人	武汉百信食品有限公司
专 利 权 人	夏 强
专 利 号	200630024941.5
申 请 日	2006 年 3 月 16 日
授权公告日	2006 年 10 月 25 日
合议组组长	钟 华
主 审 员	李改平
参 审 员	徐清平
附 图	1 页

法 律 依 据 专利法第 23 条

决 定 要 点
请求人提交的证据证明在本专利申请日前已有与本专利相近似的包装袋外观设计在国内公开使用过，因此，本专利不符合专利法第 23 条的规定。

一、案由

本无效宣告请求涉及的是国家知识产权局于 2006 年 10 月 25 日授权公告的、名称为"包装袋（绿太子鸡精）"的外观设计专利，其申请号是 200630024941.5，申请日是 2006 年 3 月 16 日，专利权人是夏强。

针对上述专利权（下称本专利），武汉百信食品有限公司（下称请求人）于 2006 年 11 月 2 日向专利复审委员会提出无效宣告请求，其理由是：在本专利申请日前已有与本专利相近似的外观设计在国内公开使用过，因此，本专利不符合专利法第 23 条的规定。请求人提交了以下附件作为证据：

附件 1 是请求人与潮安县诚辉印务有限公司 2004 年 1 月签订的委托印制"绿太子鸡精包装袋"的合同复印件 1 份；

附件 2 是请求人与潮安县诚辉印务有限公司 2004 年 1 月签订印刷合同时双方确认的"绿太子鸡精包装袋"标准样稿复印件 1 页；

附件3是潮安县诚辉印务有限公司出具的证明以及该公司的营业执照复印件各1页；

附件4是潮安县诚辉印务有限公司2004年7月2日的"绿太子鸡精包装袋"发货单复印件1页；

附件5是潮安县诚辉印务有限公司出具的请求人印制包装袋的对帐明细表复印件2页；

附件6是请求人2004年11月21日生产的"太子鸡精"包装袋图片复印件1页；

经形式审查合格，专利复审委员会受理了上述无效宣告请求，并于2006年11月7日将无效宣告请求书及相关材料副本转送给专利权人，要求其在指定期限内答复。

2006年11月30日请求人提交补充意见，认为在本专利申请日之前已有与本专利相近似的包装袋在国内公开发表、使用过，同时提交以下附件作为证据（编号续前）：

附件7是（2006）鄂仙桃证字第929号公证书复印件1份；

附件8是（2006）仙证字第931号公证书复印件1份；

附件9是请求人2005年签订的销售协议书8份及样品照片复印件1份；

附件10是请求人2001年至2003年公开派发的宣传册复印件共10页。

专利权人于2007年2月2日提交了意见陈述书，认为请求人提交的附件1~6只能说明请求人在本专利申请日之前曾委托潮安县诚辉印务有限公司印刷过颜色、形状、图案三方面均与本专利雷同的包装袋，但并不能说明与本专利相同或相近似的包装袋已公开发表过或在国内公开使用。

2007年3月26日专利复审委员会将请求人2006年11月30日提交的补充意见及附件副本转送给专利权人，要求其在口审中当庭答复或在指定期限内答复。并将专利权人于2007年2月2日提交的意见陈述书转送给请求人，要求其在口头审理中当庭答复或在指定期限内答复。双方逾期均未作出书面答复。

2007年3月26日专利复审委员会向双方当事人发出合议组成员告知通知书和无效宣告请求口头审理通知书，定于2007年5月29日在专利复审委员会进行口头审理。

口头审理如期举行，双方当事人均委托代理人出庭。双方对对方出庭人员资格均无异议，对合议组成员无回避请求。请求人当庭陈述了请求宣告本专利无效的主要理由和事实，认为在本专利申请日前相似的包装袋在市场上使用了多年，本专利不符合专利法第23条的规定。请求人当庭提交了附件1~5的原件，放弃了附件6，还提交了附件7~10的原件以及与附件7相关的由公证处封存的实物。合议组当庭核实了各附件的原件，并当庭拆封了封存的实物，确认复印件与原件均一致，封存实物的文书袋封存完好，封存日期为2006年11月23日，被封存的实物为三个鸡精包装袋，其中与本案有关的是条形码为6924223100504的包装袋，其底边喷印的生产日期为2005年12月15日。根据所提交的证据，请求人认为，附件1中的合同上有购销明细清单，与附件2的名称、时间相吻合，附件3~5充分证明了业务往来的真实性，证明请求人印刷了包装袋并已投放市场。附件7~9证明在专利权人提出专利申请前与本专利相近似的外观设计就已经公开使用了，附件10证明在专利权人提出专利申请前与本专利相近似的外观设计就已经公开发表了。专利权人核实了各原件之后认为请求人提交的复印件均与相应证据的原件一致，但对附件2、附件8、附件10的内容的真实性有异议，对其他附件内容的真实性没有异议。针对请求人的陈述，专利权人则认为，附件1中的合同只能说明曾经印刷过包装袋，但不能确定就是附件2所示的包装袋的形状和图案，附件2的制作具有随意性，对附件3~5的业务往来虽然可以认可其真实性，但不能确定其所指的包装袋的具体外观，对条形码为6924223100504的鸡精包装袋的真实性没有异议，但对显示的生产日期有异议，附件9中的销售协议书中所指的产品外观不能确定，附件10中的宣传册是可以事后印制的。因此，请求人提交的证据不能说明在本专利申请日之前已有与本专利相近似的包装袋在国内公开发表、使用过，本专利符合专利法第23条的规定。

至此，在双方充分陈述意见的基础上，合议组认为本案事实清楚，可以依法作出审查决定。

二、决定的理由

1. 法律依据

基于请求人提出的无效宣告请求理由，合议组对本专利是否符合专利法第23条的规定进行审查。

专利法第23条规定："授予专利权的外观设计，应当同申请日以前在国内外出版物上公开发表过或者国内公开使用过的外观设计不相同和不相近似，并不得与他人在先取得的合法权利相冲突。"

2. 证据认定

附件7是（2006）鄂仙桃证字第929号公证书复印件，请求人口审当庭提交了原件以及与附件7相关的由公证处封存的实物。合议组当庭拆封并核实了封存的实物，被封存的实物为三个鸡精包装袋，其中与本案有关的是条形码为6924223100504的包装袋，其底边喷印的生产日期为2005年12月15日。公证书完整记载了2006年11月23日在公证员的监督下余静涛以普通消费者身份购买太子鸡精、取得条形码为6924223100504的太子鸡精包装袋的全过程，合议组认为公证书内容及封存的太子鸡精包装袋真实有效，予以采信。上述包装袋上记载的生产日期为2005年12月15日，保质期为15个月，虽然专利权人对生产日期有疑义，但由于购买日期仍在保质期内，购买行为经公证合法有效，并无不妥，在没有反证的情况下，专利权人的质疑缺乏依据，因此，合议组对该包装袋上记载的生产日期予以认定。由于该包装袋上记载的生产日期在本专利的申请日（2006年3月16日）之前，即说明该包装袋的外观设计在本专利的申请日之前已公开使用，故合议组认为该包装袋可以作为判断本专利是否符合专利法第23条的规定的证据。

3. 外观设计对比

观察本专利"包装袋（绿太子鸡精）"的外观设计，可以看到本专利主视图最上部和最下部均为绿色宽线条，中间部分为黄色；右下部有一卡通人物，其上方有白色云朵状图案，其左边有竖向布置的"鸡精"两字，其左上方有"绿太子"三字。本专利后视图最上部和最下部均为绿色宽线条，中间部分为黄色；中部黄色区域内有一白底色大方块，在白底色大方块右侧有三个白底色小长方块和一个彩色长方块，三个白底色小长方块内各有一个烹调图案，白底色大方块下方有白底长方块，其内有小包装袋和包装盒图案（具体详见本专利附图）。

观察附件7中的条形码为6924223100504的包装袋所示的外观设计（下称在先设计），可以看到在先设计主视图最上部和最下部均为绿色宽线条，中间部分为黄色；右下部有一卡通人物，其上方有白色云朵状图案，其左边有竖向布置的"鸡精"两字，其左上方有"太子"二字。后视图最上部和最下部均为绿色宽线条，中间部分为黄色；中部黄色区域内有一白底色大方块，其内有三个烹调图案和一个彩色长方块，白底色大方块上部有一透明三角区（具体详见在先设计附图）。

由于本专利和在先设计都用于鸡精包装袋，两者用途相同，故两者具有可比性。将在先设计主视图和本专利主视图进行对比，可以看到两者具有以下相同点：（1）两者的色彩及分区基本相同，即最上部和最下部均为绿色宽线条，中间部分为黄色；（2）两者所用的卡通人物、白色云朵状图案、呈竖向布置的"鸡精"两字均形状相同、布局相同。两者不同之处在于：在先设计中有"太子"二个字，而本专利中使用的是"绿太子"三个字。对于以上不同之处，合议组认为，字数虽不同，但两者的布局排列相同，其不同点为细微差别，两者主视图属于相近似的设计。将在先设计后视图和本专利后视图进行对比，可以看到两者具有以下相同点：（1）两者的色彩及分区基本相同，即最上部和最下部均为红色宽线条，中间部分为黄色；（2）本专利中的白底色大方块、三个白底色小长方块和一个彩色长方块共同所占区域与在先设计中的白底色大方块所占区域比例近似，其内的三个烹调图案及布局完全相同。两者不同之处在于：（1）本专利下方有白底长方形块及内附图案，在先设计中则无；（2）在先设计上部有一透明三角区及内附说明性文字，本专利中则无。对于两者后视图中的相同点和不同点，合议组认为，两者相同点占主要部分，不同点只是局部的区别。由于包装袋外观设计的主要特征反映在主视图上，其主视图对一般消费者产生主要视觉作用，而包装袋的后视图为产品的一般说明，故其设计效果一般不被消费者注意，因此两者后视图中这些局部区别不足以使两者整体产生显著的视觉差异。根据上述分析，合议组认为，两者主视图相近似，后视图也无显著视觉差异，故本专利和在先设计属于相近似的外观设计。

4. 结论

综上，请求人提交的附件7及同时由公证处封存的条形码为6924223100504的包装袋证明在本专利申请日前已有与本专利相近似的外观设计公开使用过，故本专利不符合专利法第23条的规定。

鉴于已经得出本专利不符合专利法第23条的规定的结论，故对请求人提交的其他理由和证据不再作出评述。

三、决定

宣告200630024941.5号外观设计专利权全部无效。

当事人对本决定不服的，可以根据专利法第46条第2款的规定，自收到本决定之日起三个月内向北京市第一中级人民法院起诉。根据该款的规定，一方当事人起诉后，另一方当事人应当作为第三人参加诉讼。

主视图　　　　　　　　后视图

本专利附图

主视图　　　　　　　　后视图

在先设计附图

北京市第一中级人民法院
行政判决书

(2007) 一中行初字第 1547 号

原告夏强,男,1981年10月10日出生,汉族,随州夏氏味业食品有限公司董事长,住湖北省武汉市武昌区紫沙路17-2-2-202号。

委托代理人王军华,男,1978年12月25日出生,学生,住北京市中关村南大街27号中央民族大学27号楼1011室。

委托代理人张航,湖北晴川律师事务所律师。

被告国家知识产权局专利复审委员会,住所地北京市海淀区北四环西路9号银谷大厦10~12层。

法定代表人廖涛,副主任。

委托代理人李改平,男,国家知识产权局专利复审委员会审查员。

委托代理人杨存吉,男,国家知识产权局专利复审委员会审查员。

第三人武汉百信食品有限公司,住所地湖北省武汉市洪山区磨山黄家大湾。

法定代表人陈燕飞,董事长。

委托代理人何成,北京世誉鑫诚知识产权代理有限公司经理。

原告夏强不服被告国家知识产权局专利复审委员会专利无效宣告请求审查决定,于2007年11月6日向本院提起行政诉讼。本院受理后,依法组成合议庭并通知被诉具体行政行为的利害关系人武汉百信食品有限公司作为第三人参加诉讼。本院于2007年12月12日公开开庭审理了本案。原告的委托代理人王军华、张航,被告的委托代理人杨存吉、李改平,第三人的委托代理人何成到庭参加了诉讼。本案现已审理终结。

2007年8月6日,被告作出第10347号无效宣告请求审查决定(以下简称第10347号决定),宣告200630024941.5号外观设计专利权(以下简称本专利)全部无效。决定认为:

1. 法律依据

基于请求人提出的无效宣告请求理由,被告对本专利是否符合《中华人民共和国专利法》(以下简称《专利法》)第二十三条的规定进行审查。

2. 证据认定

附件7是(2006)鄂仙桃证字第929号公证书复印件,第三人口头审理当庭提交了原件以及与附件7相关的由公证处封存的实物。被告当庭拆封并核实了封存的实物,被封存的实物为三个鸡精包装袋,其中与本案有关的是条形码为6924223100504的包装袋,其底边喷印的生产日期为2005年12月15日。公证书完整记载了2006年11月23日在公证员的监督下余静涛以普通消费者身份购买太子鸡精、取得条形码为6924223100504的太子鸡精包装袋的全过程,被告认为公证书内容及封存的太子鸡精包装袋真实有效,予以采信。上述包装袋上记载的生产日期为2005年12月15日,保质期为15个月,虽然原告对生产日期有疑义,但由于购买日期仍在保质期内,购买行为经公证合法有效,并无不妥,在没有反证的情况下,原告的质疑缺乏依据,因此,被告对该包装袋上记载的生产日期予以认定。由于该包装袋上记载的生产日期在本专利的申请日(2006年3月16日)之前,即说明该包装袋的外观设计在本专利的申请日之前已公开使用,故被告认为该包装袋可以作为判断本专利是否符合《专利法》第二十三条的规定的证据。

3. 外观设计对比

观察本专利"包装袋（绿太子鸡精）"的外观设计，可以看到本专利主视图最上部和最下部均为绿色宽线条，中间部分为黄色；右下部有一卡通人物，其上方有白色云朵状图案，其左边有竖向布置的"鸡精"两字，其左上方有"绿太子"三字。本专利后视图最上部和最下部均为绿色宽线条，中间部分为黄色；中部黄色区域内有一白底色大方块，在白底色大方块右侧有三个白底色小长方块和一个彩色长方块，三个白底色小长方块内各有一个烹调图案，白底色大方块下方有白底长方块，其内有小包装袋和包装盒图案。具体详见本专利附图。

观察附件7中的条形码为6924223100504的包装袋所示的外观设计（下称在先设计），可以看到在先设计主视图最上部和最下部均为绿色宽线条，中间部分为黄色；右下部有一卡通人物，其上方有白色云朵状图案，其左边有竖向布置的"鸡精"两字，其左上方有"太子"二字。后视图最上部和最下部均为绿色宽线条，中间部分为黄色；中部黄色区域内有一白底色大方块，其内有三个烹调图案和一个彩色长方块，白底色大方块上部有一透明三角区。具体详见在先设计附图。

由于本专利和在先设计都用于鸡精包装袋，两者用途相同，故两者具有可比性。将在先设计主视图和本专利主视图进行对比，可以看到两者具有以下相同点：（1）两者的色彩及分区基本相同，即最上部和最下部均为绿色宽线条，中间部分为黄色；（2）两者所用的卡通人物、白色云朵状图案、呈竖向布置的"鸡精"两字均形状相同、布局相同。两者不同之处在于：在先设计中有"太子"二个字，而本专利中使用的是"绿太子"三个字。对于以上不同之处，被告认为，字数虽不同，但两者的布局排列相同，其不同点为细微差别，两者主视图属于相近似的设计。将在先设计后视图和本专利后视图进行对比，可以看到两者具有以下相同点：（1）两者的色彩及分区基本相同，即最上部和最下部均为红色宽线条，中间部分为黄色；（2）本专利中的白底色大方块、三个白底色小长方块和一个彩色长方块共同所占区域与在先设计中的白底色大方块所占区域比例近似，其内的三个烹调图案及布局完全相同。两者不同之处在于：（1）本专利下方有白底长方形块及内附图案，在先设计中则无；（2）在先设计上部有一透明三角区及内附说明性文字，本专利中则无。对于两者后视图中的相同点和不同点，被告认为，两者相同点占主要部分，不同点只是局部的区别。由于包装袋外观设计的主要特征反映在主视图上，其主视图对一般消费者产生主要视觉作用，而包装袋的后视图为产品的一般说明，故其设计效果一般不被消费者注意，因此两者后视图中这些局部区别不足以使两者整体产生显著的视觉差异。根据上述分析，被告认为，两者主视图相近似，后视图也无显著视觉差异，故本专利和在先设计属于相近似的外观设计。

4. 结论

综上，第三人提交的附件7及同时由公证处封存的条形码为6924223100504的包装袋证明在本专利申请日前已有与本专利相近似的外观设计公开使用过，故本专利不符合《专利法》第二十三条的规定。

鉴于已经得出本专利不符合《专利法》第二十三条的规定的结论，故对第三人提交的其他理由和证据不再作出评述。

被告在法定的举证期限内向本院提交并经庭审质证的证据有：（1）本专利公报；（2）（2006）鄂仙桃证字第929号公证书复印件。上述证据用于证明第10347号决定认定事实清楚、适用法律法规正确、审理程序合法。

原告诉称，第三人提供的证据不足以证明第三人的包装袋的外观设计在原告专利的申请之前已使用公开，被告未尽到审查义务，第10347号决定认定事实不清、适用法律错误，请求法院撤销第10347号决定。

原告未向法院提交证据。

被告辩称，第10347号决定认定事实清楚、适用法律正确、审理程序合法，原告的诉讼理由不成立，请求法院依法驳回原告的诉讼请求，维持第10347号决定。

第三人认为，第10347号决定认定事实清楚、适用法律正确、审理程序合法，原告的诉讼理由不成立，请求法院依法驳回原告的诉讼请求，维持第10347号决定。

第三人向法院提交并当庭质证的证据包括：（1）原告对第三人第200630025198.5号专利的无效宣告请求书、受理通知书；（2）原告对第三人第200630025199.X号专利的无效宣告请求书、受理通知书，证明原告认可第三人提交的证据以及第10347号决定的效力。

经庭审质证，原告对被告提交的证据1的关联性、合法性、真实性没有异议，对证据2的真实性有异议，对被告主张的证明作用有异议。第三人对被告提交的证据没有异议。原告认为第三人提交的证据与本案无关联性，被告对第三人的证据没有异议。本院认为，被告提交的证据与被诉第10347号决定有关，且合法、真实，能够证明本案的事实，本院予以采纳；第三人提交的证据与本案无关联性，本院不予采纳。

根据上述有效证据及各方当事人在庭审中无争议的陈述，本院确认如下事实：

本案涉及申请日为2006年3月16日，授权公告日为2006年10月25日，申请号为200630024941.5，名称为"包装袋（绿太子鸡精）"的外观设计专利（即本专利），专利权人是夏强（即本案原告）。

针对本专利，第三人于2006年11月2日向被告提出无效宣告请求，其理由是：在本专利申请日前已有与本专利相近似的外观设计在国内公开使用过，因此，本专利不符合《专利法》第二十三条的规定。第三人提交了以下附件作为证据：

附件1是第三人与潮安县诚辉印务有限公司2004年1月签订的委托印制"绿太子鸡精包装袋"的合同复印件1份；

附件2是第三人与潮安县诚辉印务有限公司2004年1月签订印刷合同时双方确认的"绿太子鸡精包装袋"标准样稿复印件1页；

附件3是潮安县诚辉印务有限公司出具的证明以及该公司的营业执照复印件各1页；

附件4是潮安县诚辉印务有限公司2004年7月2日的"绿太子鸡精包装袋"发货单复印件1页；

附件5是潮安县诚辉印务有限公司出具的第三人印制包装袋的对帐明细表复印件2页；

附件6是第三人2004年11月21日生产的"太子鸡精"包装袋图片复印件1页；

经形式审查合格，被告受理了上述无效宣告请求，并于2006年11月7日将无效宣告请求书及相关材料副本转送给原告，要求其在指定期限内答复。

2006年11月30日第三人提交补充意见，认为在本专利申请日之前已有与本专利相近似的包装袋在国内公开发表、使用过，同时提交以下附件作为证据（编号续前）：

附件7是（2006）鄂仙桃证字第929号公证书复印件1份；

附件8是（2006）仙证字第931号公证书复印件1份；

附件9是第三人2005年签订的销售协议书8份及样品照片复印件1份；

附件10是第三人2001年至2003年公开派发的宣传册复印件共10页。

原告于2007年2月2日提交了意见陈述书，认为第三人提交的附件1~6只能说明第三人在本专利申请日之前曾委托潮安县诚辉印务有限公司印刷过颜色、形状、图案三方面均与本专利雷同的包装袋，但并不能说明与本专利相同或相近似的包装袋已公开发表过或在国内公开使用。

2007年3月26日被告将第三人2006年11月30日提交的补充意见及附件副本转送给原告，要求其在口头审理中当庭答复或在指定期限内答复。并将原告于2007年2月2日提交的意见陈述书转送给第三人，要求其在口头审理中当庭答复或在指定期限内答复。双方逾期均未作出书面答复。

2007年3月26日被告向双方当事人发出合议组成员告知通知书和无效宣告请求口头审理通知书，定于2007年5月29日在被告处进行口头审理。

口头审理如期举行，双方当事人均委托代理人出庭。双方对对方出庭人员资格均无异议，对合议组成员无回避请求。第三人当庭陈述了请求宣告本专利无效的主要理由和事实，认为在本专利申请日前相似的包装袋在市场上使用了多年，本专利不符合《专利法》第二十三条的规定。第三人当庭提交了附件1~5的原件，放弃了附件6，还提交了附件7~10的原件以及与附件7相关的由公证处封存的实物。合议组当庭核实了各附件的原件，当庭拆封了封存的实物，确认复印件与原件均一致，封存实物的文书袋封存完好，封存日期为2006年10月23日，被封存的实物为三个鸡精包装袋，其中与本案有关的是条形码为6924223100504的包装袋，其底边喷印的生产日期为2005年12月15日。根据所提交的证据，第三人认为，附件1中的合同上有购销明细清单，与附件2的名称、时间相吻合，附件3~5充分证明了业务往来的真实性，证明第三人印刷了包装袋并已投放市场。附件7至附件9证明在原告提出专利申请前与本专利相近似的外观设计就已经公开使用了，附件10证明在原告提出专利申请前与本专利相近似的外观设计就已经公开发表了。原告核实了各原件之后认为第三人提交的复印件均与相应证据的原件一致，但对附件2、附件8、附件10的内容的真实性有异议，对其他附件内容的真实性没有异议。针对第三人的陈述，原告则认为，附件1中的合同只能说明曾经印刷过包装袋，但不能确定就是附件2所示的包装袋的形状和图案，附件2的制作具有随意性，对附件3~5的业务往来虽然可以认可其真实性，但不能确定其所指的包装袋的具体外观，对条形码为6924223100504的鸡精包装袋的真实性没有异议，但对显示的生产日期有异议，附件9中的销售协议书中所指的产品外观不能确定，附件10中的宣传册是可以事后印制的。因此，第三人提交的证据不能说明在本专利申请日之前已有与本专利相近似的包装袋在国内公开发表、使用过，本专利符合《专利法》第二十三条的规定。

至此，在双方充分陈述意见的基础上，被告认为本案事实清楚，作出第10347号决定，宣告本专利全部无效。

本院认为，由于原告对第10347号决定中外观设计的对比没有异议，本案争议的焦点问题仅在于，第三人在无效程序中提交的包装袋的外观设计在本专利的申请日之前是否已经公开使用。

依据《专利法》第二十三条的规定，授予专利权的外观设计，应当同申请日以前在国内外出版物上公开发表过或者国内公开使用过的外观设计不相同和不相近似，并不得与他人在先取得的合法权利相冲突。本案中，第三人在无效程序中提交了附件7，即（2006）鄂仙桃证字第929号公证书复印件，该公证书完整记载了2006年10月23日在公证员的监督下余静涛以普通消费者身份购买太子鸡精、取得条形码为6924223100504的太子鸡精包装袋的全过程，并对其所购物品进行了封存。上述包装袋上记载的生产日期为2005年12月15日，保质期为15个月，由于该包装袋上记载的生产日期在本专利的申请日即2006年3月16日之前，能够说明该包装袋的外观设计在本专利的申请日之前已公开使用，故被告认为该包装袋可以作为判断本专利是否符合《专利法》第二十三条规定的证据正确，本院予以支持。被告在第10347号决定中将（2006）鄂仙桃证字第929号公证书记载的公证员购买包装袋的日期认定为2006年11月23日错误，应当是2006年10月23日，本院予以纠正。

综上所述，第10347号决定认定的基本事实清楚、适用法律正确、程序合法。原告对公证书的真实性提出异议，并认为第三人提交的证据不足以证明第三人的外观设计在原告的申请日之前已经使用公开的诉讼主张缺乏事实及法律依据，本院不予支持。本院依照最高人民法院《关于执行〈中华人民共和国行政诉讼法〉若干问题的解释》第五十六条第（四）项之规定，判决如下：

驳回原告夏强要求撤销被告国家知识产权局专利复审委员会于二〇〇七年八月六日作出的第10347号无效宣告请求审查决定的诉讼请求。

案件受理费100元，由原告夏强负担（已交纳）。

如不服本判决，可在判决书送达之日起15日内，向本院递交上诉状，并按对方当事人的人数提出副本，预交上诉案件受理费100元，上诉于北京市高级人民法院。

审　判　长　齐　莹
代理审判员　乔　军
人民陪审员　杨一平
二〇〇七年十二月二十日
书　记　员　赵　峰

主视图

后视图

本专利附图

主视图

后视图

在先设计附图

北京市高级人民法院
行政判决书

（2008）高行终字第 230 号

上诉人（一审原告）夏强，男，1981 年 10 月 10 日出生，汉族，随州夏氏味业食品有限公司董事长，住湖北省武汉市武昌区紫沙路 17-2-2-202 号。

委托代理人王军华，男，1978 年 12 月 25 日出生，学生，住北京市中关村南大街 27 号中央民族大学 27 号楼 1011 室。

被上诉人（一审被告）国家知识产权局专利复审委员会，住所地北京市海淀区北四环西路 9 号。

法定代表人廖涛，副主任。

委托代理人李改平，男，国家知识产权局专利复审委员会审查员。

委托代理人杨存吉，男，国家知识产权局专利复审委员会审查员。

被上诉人（一审第三人）武汉百信食品有限公司，住所地湖北省武汉市洪山区磨山黄家大湾。

法定代表人陈燕飞，董事长。

委托代理人何成，北京世誉鑫诚知识产权代理有限公司经理。

上诉人夏强因专利无效宣告请求审查决定，不服北京市第一中级人民法院（2007）一中行初字第 1547 号行政判决，向本院提起上诉。本院依法组成合议庭，公开开庭审理了本案。上诉人夏强的委托代理人王军华；被上诉人国家知识产权局专利复审委员会（以下简称专利复审委员会）的委托代理人李改平、杨存吉；被上诉人武汉百信食品有限公司的委托代理人何成到庭参加了诉讼。本案现已审理终结。

2007 年 8 月 6 日，专利复审委员会作出第 10347 号无效宣告请求审查决定（以下简称第 10347 号决定），宣告 200630024941.5 号外观设计专利权（以下简称本专利）全部无效。夏强对第 10347 号决定不服，向一审法院提起行政诉讼。

一审法院经审理认为，本案争议的焦点问题在于，武汉百信食品有限公司在无效程序中提交的包装袋的外观设计（在先设计）在本专利的申请日之前是否已经公开使用。由于包装袋上记载的生产日期为 2005 年 12 月 15 日，保质期为 15 个月。该包装袋上记载的生产日期在本专利的申请日之前，故专利复审委员会认为该包装袋可以作为判断本专利是否符合《中华人民共和国专利法》（以下简称《专利法》第二十三条规定的证据是正确的。遂根据最高人民法院《关于执行〈中华人民共和国行政诉讼法〉若干问题的解释》第五十六条第（四）项之规定，判决驳回了夏强的诉讼请求。

夏强不服一审判决，提起上诉，请求判决撤销一审判决，撤销专利复审委员会作出的第 10347 号决定。主要理由是：上诉人在一审程序中提供了相关的证据，一审法院未予采纳；武汉百信食品有限公司在无效程序中提交的证据包装袋，只载明了包装袋的生产时间，不是其公开使用的时间。而且包装袋就是武汉百信食品有限公司生产的，其生产日期的标注完全由第三人掌控，其真实性值得怀疑；一审判决将第 10347 号决定中记载的购买包装袋的日期 2006 年 11 月 23 日纠正为 2006 年 10 月 23 日与事实不符。

专利复审委员会答辩称，专利复审委员会作出的第 10347 号决定认定事实清楚、适用法律正确、审理程序合法，上诉人的诉讼理由不能成立，故请求二审法院驳回上诉人上诉请求，维持一审判决。

武汉百信食品有限公司没有提交书面的答辩意见。

经审理查明，2006年3月16日，夏强向国家知识产权局提出名称为"包装袋（绿太子鸡精）"的外观设计专利申请。国家知识产权局经审查，于2006年10月25日授予了该申请外观设计专利权，专利权人为夏强，专利号为200630024941.5。

武汉百信食品有限公司于2006年11月2日向专利复审委员会提出了无效宣告请求，其理由是：在本专利申请日以前已有与其相近似的外观设计在国内公开使用过，故本专利不符合《专利法》第二十三条的规定。并提交了证据：

附件1是武汉百信食品有限公司与潮安县诚辉印务有限公司2004年1月签订的委托印制"绿太子鸡精包装袋"的合同复印件1份；

附件2是武汉百信食品有限公司与潮安县诚辉印务有限公司2004年1月签订印刷合同时双方确认的"绿太子鸡精包装袋"标准样稿复印件1页；

附件3是潮安县诚辉印务有限公司出具的证明以及该公司的营业执照复印件各1页；

附件4是潮安县诚辉印务有限公司2004年7月2日的"绿太子鸡精包装袋"发货单复印件1页；

附件5是潮安县诚辉印务有限公司出具的武汉百信食品有限公司印制包装袋的对帐明细表复印件2页；

附件6是武汉百信食品有限公司2004年11月21日生产的"太子鸡精"包装袋图片复印件1页。

经形式审查合格后，专利复审委员会受理了上述无效宣告请求，并于2006年11月7日将无效宣告请求书及相关材料副本转送给夏强，要求其在指定期限内答复。

2006年11月30日武汉百信食品有限公司提交补充意见，认为在本专利申请日之前已有与本专利相近似的包装袋在国内公开发表、使用过，同时提交以下附件作为证据（编号续前）：

附件7是（2006）鄂仙桃证字第929号公证书复印件1份；

附件8是（2006）仙证字第931号公证书复印件1份；

附件9是武汉百信食品有限公司2005年签订的销售协议书8份及样品照片复印件1份；

附件10是武汉百信食品有限公司2001年至2003年公开派发的宣传册复印件共10页。

经过转文等程序，专利复审委员会定于2007年5月29日进行口头审理。

在口头审理过程中，武汉百信食品有限公司当庭提交了附件1~5的原件，放弃了附件6，还提交了附件7~10的原件以及与附件7相关的由公证处封存的实物。专利复审委员会当庭核实了各附件的原件，当庭拆封了封存的实物，确认复印件与原件均一致，封存实物的文书袋封存完好，封存日期为2006年10月23日，被封存的实物为三个鸡精包装袋，其中与本案有关的是条形码为6924223100504的包装袋，其底边喷印的生产日期为2005年12月15日。专利复审委员会认为，证据附件7完整记载了2006年10月23日在公证员的监督下余静涛以普通消费者身份购买太子鸡精、取得条形码为6924223100504的太子鸡精包装袋的全过程。公证书内容及封存的太子鸡精包装袋真实有效，应当予以采信。上述包装袋上记载的生产日期为2005年12月15日，保质期为15个月，虽然夏强对生产日期有疑义，但由于购买日期仍在保质期内，购买行为经公证合法有效，并无不妥，在没有反证的情况下，夏强的质疑缺乏依据。由于该包装袋上记载的生产日期在本专利的申请日（2006年3月16日）之前，即说明该包装袋的外观设计在本专利的申请日之前已公开使用，故专利复审委员会认为该包装袋可以作为判断本专利是否符合《专利法》第二十三条的规定的证据。

经过比对，专利复审委员会认为，在先设计与本专利两者主视图相近似，后视图也无显著视觉差异，故本专利和在先设计属于相近似的外观设计。鉴于已经得出本专利不符合《专利法》第二十三条的规定的结论，故专利复审委员会未对武汉百信食品有限公司提交的其他理由和证据作出评述。

2007年8月6日，专利复审委员会作出第10347号决定，宣告本专利全部无效。

本案一审期间，专利复审委员会向一审法院提交的证据有：本专利公报和（2006）鄂仙桃证字第 929 号公证书。

本案一审期间，武汉百信食品有限公司向法院提交的证据有：夏强对武汉百信食品有限公司第 200630025198.5 号专利的无效宣告请求书、受理通知书；夏强对武汉百信食品有限公司第 200630025199.X 号专利的无效宣告请求书、受理通知书等。

上述证据已随案移送本院。经本院审查核实，一审法院对上述证据的关联性、合法性、真实性的审查、认定是正确的，本院不持异议，予以确认。

本案二审期间，夏强向本院提交了三份证据，分别是（2006）武知初字第 98 号湖北省武汉市中级人民法院民事判决书；益朝工商案处字［2005］051 号益阳市工商行政管理局朝阳分局行政处罚决定书；洪工商处字［2006］第 048 号武汉市工商行政管理局洪山分局行政处罚决定书。由于上述证据材料与本案没有关联性，本院不予采信。

本院认为：本案争议的焦点问题是专利复审委员会认定武汉百强食品有限公司在无效程序中提交的包装袋可以作为在先设计是否符合法律规定。

武汉百信食品有限公司在无效程序中提交了（2006）鄂仙桃证字第 929 号公证书，该公证书完整记载了 2006 年 10 月 23 日在公证员的监督下余静涛以普通消费者身份购买太子鸡精、取得条形码为 6924223100504 的太子鸡精包装袋的全过程，并对其所购物品进行了封存。上述包装袋上记载的生产日期为 2005 年 12 月 15 日，保质期为 15 个月，由于该包装袋上记载的生产日期在本专利的申请日之前，能够说明该包装袋的外观设计在本专利的申请日之前已公开使用，虽夏强对生产日期有疑义，但没有相反证据的情况下，专利复审委员会认为该包装袋可以作为判断本专利是否符合《专利法》第二十三条规定的证据是正确的。一审法院对专利复审委员会在第 10347 号决定中将（2006）鄂仙桃证字第 929 号公证书记载的公证员购买包装袋的日期表述为 2006 年 11 月 23 日的笔误予以纠正，本院不持异议。

关于本专利与在先设计是否构成相同或者近似的问题，经审查，本院同意专利复审委员会和一审法院的认定，在此不再予以赘述。

综上，专利复审委员会作出的第 10347 号决定认定的主要事实清楚，适用法律正确，审理程序合法；一审法院判决驳回夏强要求撤销专利复审委员会作出的第 10347 号决定的诉讼请求正确，审判程序合法。

依据《中华人民共和国行政诉讼法》第六十一条第（一）项的规定，判决如下：

驳回上诉，维持一审判决。

二审案件受理费人民币 100 元，由上诉人夏强负担（已交纳）。

本判决为终审判决。

审　判　长　景　滔
代理审判员　任全胜
代理审判员　赵宇晖
二〇〇八年六月十九日
书　记　员　王　芳

包装袋（金太子鸡精）

无效宣告请求审查决定（第10348号）

决 定 号	第10348号
决 定 日	2007年7月25日
发明创造名称	包装袋（金太子鸡精）
外观设计分类号	09-05
无效宣告请求人	武汉百信食品有限公司
专 利 权 人	夏 强
专 利 号	200630024942.X
申 请 日	2006年3月16日
授权公告日	2006年10月25日
合议组组长	钟 华
主 审 员	李改平
参 审 员	徐清平
附 图	1页

法 律 依 据 专利法第23条

决 定 要 点

请求人提交的证据证明在本专利申请日前已有与本专利相近似的外观设计在国内公开使用过，因此，本专利不符合专利法第23条的规定。

一、案由

本无效宣告请求涉及的是国家知识产权局于2006年10月25日授权公告的、名称为"包装袋（金太子鸡精）"的外观设计专利，其申请号是200630024942.X，申请日是2006年3月16日，专利权人是夏强。

针对上述专利权（下称本专利），武汉百信食品有限公司（下称请求人）于2006年11月2日向专利复审委员会提出无效宣告请求，其理由是：在本专利申请日前已有与本专利相近似的外观设计在国内公开使用过，因此，本专利不符合专利法第23条的规定。请求人提交了以下附件作为证据：

附件1是请求人与潮安县诚辉印务有限公司2004年1月签订的委托印制"黄太子鸡精包装袋"的合同复印件1份；

附件2是请求人与潮安县诚辉印务有限公司2004年1月签订印刷合同时双方确认的"黄太子鸡精包装袋"标准样稿复印件1页；

附件3是潮安县诚辉印务有限公司出具的证明以及该公司的营业执照复印件各1份；

附件4是潮安县诚辉印务有限公司2004年7月2日的"黄太子鸡精包装袋"发货单复印件1页；

附件5是潮安县诚辉印务有限公司出具的请求人印制包装袋的对帐明细表复印件2页；

附件6是请求人2005年7月12日生产的"太子鸡精"包装袋图片复印件1页；

经形式审查合格，专利复审委员会受理了上述无效宣告请求，并于2006年11月7日将无效宣告请求书及相关材料副本转送给专利权人。要求其在指定期限内答复。

2006年11月30日请求人提交补充意见，认为在本专利申请日之前已有与本专利相近似的包装袋在国内公开发表、使用过，同时提交以下附件作为证据（编号续前）：

附件7是（2006）仙证字第1059号公证书复印件1份；

附件8是（2006）仙证字第1060号公证书复印件1份；

附件9是请求人2005年签订的部分销售协议书8份及样品照片复印件1份；

附件10是（2006）仙证字第931号公证书复印件1份；

附件11是请求人2001年至2003年公开派发的宣传册复印件共10页。专利权人于2007年2月2日提交了意见陈述书，认为请求人提交的附件1至附件6只能说明请求人在本专利申请日之前曾委托潮安县诚辉印务有限公司印刷过颜色、形状、图案三方面均与本专利雷同的包装袋，但并不能说明本专利包装袋已在国内公开使用。

2007年3月26日专利复审委员会将请求人2006年11月30日提交的补充意见及附件副本转送给专利权人。要求其在口头审理中当庭答复或在指定期限内答复，并将专利权人于2007年2月2日提交的意见陈述书转送给请求人，要求其在口头审理中当庭答复或在指定期限内答复。双方逾期均未作出书面答复。

2007年3月26日专利复审委员会向双方当事人发出合议组成员告知通知书和无效宣告请求口头审理通知书，定于2007年5月29日在专利复审委员会进行口头审理。

口头审理如期举行，双方当事人均委托代理人出庭。双方对对方出庭人员资格均无异议，对合议组成员无回避请求。请求人当庭陈述了请求宣告本专利无效的主要理由和事实，认为在本专利申请日前相似的包装袋在市场上使用了多年，本专利不符合专利法第23条的规定。请求人当庭提交了附件1~5的原件，放弃了附件6，还提交了附件7~11的原件以及与附件7相关的由公证处封存的实物。合议组当庭核实了各附件的原件，并当庭拆封了封存的实物，确认复印件与原件均一致，文书袋封存完好，封存日期为2006年11月23日，被封存的实物为一太子鸡精包装袋，其包装袋底边有压痕表明生产日期为2006年1月22日。根据所提交的证据，请求人认为，附件1中的合同上有购销明细清单，与附件2的名称、时间相吻合，附件3~5充分证明了业务往来的真实性，证明请求人印刷了包装袋并已投放市场。附件7至附件10证明在专利权人提出专利申请前本专利就已经公开使用了，附件11证明在专利权人提出专利申请前本专利就已经公开发表了。专利权人核实了各原件之后认为请求人提交的相应证据的原件均与复印件一致，但对附件2、附件8、附件10、附件11的内容的真实性有异议，对其他附件内容的真实性没有异议。针对请求人的陈述，专利权人则认为，附件1中的合同只能说明曾经印刷过包装袋，但不能确定就是附件2所示的包装袋的形状和图案，附件2的制作具有随意性，对附件3至附件5的业务往来虽然可以认可其真实性，但不能确定其所指的包装袋的具体外观，与附件7相关的封存的一太子鸡精包装袋显示的生产日期与购买日期相差十个月，因此对生产日期有异议，附件9中的销售协议书中所指的产品图片不能确定，附件10中的内容的真实性无法确定，附件11中的宣传册是可以事后印制的。因此，请求人提交的证据不能说明在本专利申请日之前已有与本专利相近似的包装袋在国内公开发表、使用过，本专利符合专利法第23条的规定。

至此，在双方充分陈述意见的基础上，合议组认为本案事实清楚，可以依法作出审查决定。

二、决定的理由

1. 法律依据

基于请求人提出的无效宣告请求理由，合议组对本专利是否符合专利法第23条的规定进行审查。

专利法第23条规定："授予专利权的外观设计，应当同申请日以前在国内外出版物上公开发表过或者国内公开使用过的外观设计不相同和不相近似，并不得与他人在先取得的合法权利相冲突。"

2. 证据认定

附件7是（2006）鄂仙桃证字第1059号公证书复印件，请求人口审当庭提交了原件以及与附件7相关的由公证处封存的实物。合议组当庭拆封并核实了封存的实物，即一太子鸡精包装袋。公证书完整记载了2006年11月23日在公证员的监督下李义军以普通消费者身份购买太子鸡精、取得太子鸡精包装袋的全过程，合议组认为公证书内容及封存的太子鸡精包装袋真实有效，予以采信。上述太子鸡精包装袋上记载的生产日期为2006年1月22日，保质期为15个月，虽然专利权人认为其生产日期与购买日期相差十个月，因此对生产日期有疑义，但由于购买日期仍在保质期内，购买行为经公证合法有效，并无不妥，在没有反证的情况下，专利权人的质疑缺乏依据，因此，合议组对该包装袋上记载的生产日期予以认定。由于该包装袋上记载的生产日期在本专利的申请日（2006年3月16日）之前，即说明该包装袋的外观设计在本专利的申请日之前已使用公开，故合议组认为该包装袋可以作为判断本专利是否符合专利法第23条的规定的证据。

3. 外观设计对比

观察本专利"包装袋（金太子鸡精）"的外观设计，可以看到本专利主视图最上部和最下部均为红色宽线条，中间部分为土黄色；右下部有一卡通人物，其上方有白色云朵状图案，其左边有呈竖向布置的"鸡精"两字，其左上方有"金太子"三字。本专利后视图最上部和最下部均为红色宽线条，中间部分为土黄色；中部土黄色区域内有一白底色大方块，在白底色大方块右侧有三个白底色小长方块和一个彩色长方块，三个白底色小长方块内各有一个烹调图案，白底色大方块下方有白底长方块，其内有小包装袋和包装盒图案（详见本专利附图）。

观察附件7中的太子鸡精包装袋所示的外观设计（下称在先设计），可以看到在先设计主视图最上部和最下部均为红色宽线条，中间部分为土黄色；右下部有一卡通人物，其上方有白色云朵状图案，其左边有呈竖向布置的"鸡精"两字，其左上方有"太子"二字。本专利后视图最上部和最下部均为红色宽线条，中间部分为土黄色；中部土黄色区域内有一白底色大方块，其内有三个烹调图案和一个彩色长方块，白底色大方块上部有一透明三角区。详见在先设计附图。

由于本专利和在先设计都用于鸡精包装袋，两者用途相同，故两者具有可比性。将在先设计主视图和本专利主视图进行对比，可以看到两者具有以下相同点：（1）两者的色彩及分区基本相同，即最上部和最下部均为红色宽线条，中间部分为土黄色；（2）两者所用的卡通人物、白色云朵状图案、呈竖向布置的"鸡精"两字均形状相同、布局相同。两者不同之处在于：在先设计中有"太子"二个字，而本专利中使用的是"金太子"三个字。对于以上不同之处，合议组认为，字数虽不同，但两者的布局排列相同，其不同为细微差别，仍然属于相近似的设计。因此，两者主视图属于相近似的设计。将在先设计后视图和本专利后视图进行对比，可以看到两者具有以下相同点：（1）两者的色彩及分区基本相同，即最上部和最下部均为红色宽线条，中间部分为土黄色；（2）本专利中的白底色大方块、三个白底色小长方块和一个彩色长方块共同所占区域与在先设计中的白底色大方块所占区域比例近似，其内的三个烹调图案及布局完全相同。两者不同之处在于：（1）本专利下方有白底长方形块及内附图案，在先设计中则无；（2）在先设计上部有一透明三角区及内附说明性文字，本专利中则无。对于两者后视图中的相同点和不同点，合议组认为，两者相同点占主要部分，不同点只是局部的区别，同时，由于包装袋外观设计的主要特征反映在主视图上，其主视图对一般消费者产生主要视觉作用，而包装袋的后视图一般只记载产品的一般说明，故其设计效果一般不被消费者注意，因此两者后视图中这些局部区别不足以使两者整体产生显著的视觉差异。根据上述分析，合议组认为，两者主视图相近似，后视图也无显著视觉差异，故本专利和在先设计属于相近似的外观设计。

4. 结论

综上，请求人提交的附件7及同时由公证处封存的太子鸡精包装袋证明在本专利申请日前已有与本专利相近似的外观设计公开使用过，故本专利不符合专利法第23条的规定。

鉴于已经得出本专利不符合专利法第23条的规定的结论，故对请求人提交的其他理由和证据不再作出评述。

三、决定

宣告200630024942.X号外观设计专利权全部无效。

当事人对本决定不服的，可以根据专利法第46条第2款的规定，自收到本决定之日起三个月内向北京市第一中级人民法院起诉。根据该款的规定，一方当事人起诉后，另一方当事人应当作为第三人参加诉讼。

主视图　　　　　　　　　后视图

本专利附图

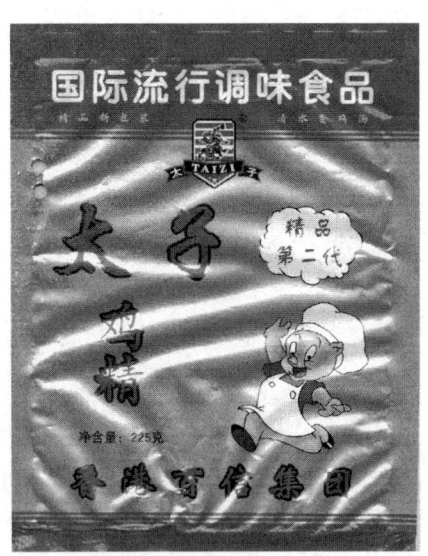 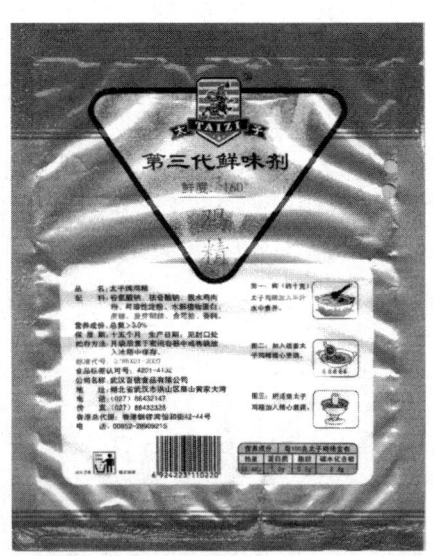

主视图　　　　　　　　　后视图

在先设计附图

北京市第一中级人民法院
行政判决书

(2007) 一中行初字第 1548 号

原告夏强，男，1981年10月10日出生，汉族，随州夏氏味业食品有限公司董事长，住湖北省武汉市武昌区紫沙路17-2-2-202号。

委托代理人王军华，男，1978年12月25日出生，学生，住北京市中关村南大街27号中央民族大学27号楼1011室。

委托代理人张航，湖北晴川律师事务所律师。

被告国家知识产权局专利复审委员会，住所地北京市海淀区北四环西路9号银谷大厦10~12层。

法定代表人廖涛，副主任。

委托代理人李改平，男，国家知识产权局专利复审委员会审查员。

委托代理人杨存吉，男，国家知识产权局专利复审委员会审查员。

第三人武汉百信食品有限公司，住所地湖北省武汉市洪山区磨山黄家大湾。

法定代表人陈燕飞，董事长。

委托代理人何成，北京世誉鑫诚知识产权代理有限公司经理。

原告夏强不服被告国家知识产权局专利复审委员会专利无效宣告请求审查决定，于2007年11月6日向本院提起行政诉讼。本院受理后，依法组成合议庭并通知被诉具体行政行为的利害关系人武汉百信食品有限公司作为第三人参加诉讼。本院于2007年12月12日公开开庭审理了本案。原告的委托代理人王军华、张航，被告的委托代理人杨存吉、李改平，第三人的委托代理人何成到庭参加了诉讼。本案现已审理终结。

2007年7月25日，被告作出第10348号无效宣告请求审查决定（以下简称第10348号决定），宣告200630024942.X号外观设计专利权（以下简称本专利）全部无效。决定认为：

1. 法律依据。

基于请求人提出的无效宣告请求理由，被告对本专利是否符合《中华人民共和国专利法》（以下简称《专利法》）第二十三条的规定进行审查。

2. 证据认定。

附件7是（2006）仙证字第1059号公证书复印件，第三人口审当庭提交了原件以及与附件7相关的由公证处封存的实物。合议组当庭拆封并核实了封存的实物，即一太子鸡精包装袋。公证书完整记载了2006年11月23日在公证员的监督下李义军以普通消费者身份购买太子鸡精、取得太子鸡精包装袋的全过程，被告认为公证书内容及封存的太子鸡精包装袋真实有效，予以采信。上述太子鸡精包装袋上记载的生产日期为2006年1月22日，保质期为15个月，虽然原告认为其生产日期与购买日期相差十个月，因此对生产日期有疑义，但由于购买日期仍在保质期内，购买行为经公证合法有效，并无不妥，在没有反证的情况下，原告的质疑缺乏依据，因此，被告对该包装袋上记载的生产日期予以认定。由于该包装袋上记载的生产日期在本专利的申请日（2006年3月16日）之前，即说明该包装袋的外观设计在本专利的申请日之前已使用公开，故被告认为该包装袋可以作为判断本专利是否符合《专利法》第二十三条的规定的证据。

3. 外观设计对比。

观察本专利"包装袋（金太子鸡精）"的外观设计，可以看到本专利主视图最上部和最下部均为红色宽线条，中间部分为土黄色；右下部有一卡通人物，其上方有白色云朵状图案，其左边有呈竖向布置的"鸡精"两字，其左上方有"金太子"三字。本专利后视图最上部和最下部均为红色宽线条，中间部分为土黄色；中部土黄色区域内有一白底色大方块，在白底色大方块右侧有三个白底色小长方块和一个彩色长方块，三个白底色小长方块内各有一个烹调图案，白底色大方块下方有白底长方块，其内有小包装袋和包装盒图案（具体详见本专利附图）。

观察附件7中的太子鸡精包装袋所示的外观设计（下称在先设计），可以看到在先设计主视图最上部和最下部均为红色宽线条，中间部分为土黄色；右下部有一卡通人物，其上方有白色云朵状图案，其左边有呈竖向布置的"鸡精"两字，其左上方有"太子"二字。本专利后视图最上部和最下部均为红色宽线条，中间部分为土黄色；中部土黄色区域内有一白底色大方块，其内有三个烹调图案和一个彩色长方块，白底色大方块上部有一透明三角区（具体详见在先设计附图）。

由于本专利和在先设计都用于鸡精包装袋，两者用途相同，故两者具有可比性。将在先设计主视图和本专利主视图进行对比，可以看到两者具有以下相同点：（1）两者的色彩及分区基本相同，即最上部和最下部均为红色宽线条，中间部分为土黄色；（2）两者所用的卡通人物、白色云朵状图案、呈竖向布置的"鸡精"两字均形状相同、布局相同。两者不同之处在于：在先设计中有"太子"二个字，而本专利中使用的是"金太子"三个字。对于以上不同之处，被告认为，字数虽不同，但两者的布局排列相同，其不同为细微差别，仍然属于相近似的设计。因此，两者主视图属于相近似的设计。将在先设计后视图和本专利后视图进行对比，可以看到两者具有以下相同点：（1）两者的色彩及分区基本相同，即最上部和最下部均为红色宽线条，中间部分为土黄色；（2）本专利中的白底色大方块、三个白底色小成方块和一个彩色长方块共同所占区域与在先设计中的白底色大方块所占区域比例近似，其内的三个烹调图案及布局完全相同。两者不同之处在于：（1）本专利下方有白底长方形块及内附图案，在先设计中则无；（2）在先设计上部有一透明三角区及内附说明性文字，本专利中则无。对于两者后视图中的相同点和不同点，被告认为，两者相同点占主要部分，不同点只是局部的区别，同时，由于包装袋外观设计的主要特征反映在主视图上，其主视图对一般消费者产生主要视觉作用，而包装袋的后视图为一般只记载产品的一般说明，故其设计效果一般不被消费者注意，因此两者后视图中这些局部区别不足以使两者整体产生显著的视觉差异。根据上述分析，被告认为，两者主视图相近似，后视图也无显著视觉差异，故本专利和在先设计属于相近似的外观设计。

4. 结论。

综上，第三人提交的附件7及同时由公证处封存的太子鸡精包装袋证明在本专利申请日前已有与本专利相近似的外观设计公开使用过，故本专利不符合《专利法》第二十三条的规定。

鉴于已经得出本专利不符合《专利法》第二十三条的规定的结论，故对第三人提交的其他理由和证据不再作出评述。

被告在法定的举证期限内向本院提交并经庭审质证的证据有：（1）本专利公报；（2）（2006）仙证字第1059号公证书复印件。上述证据用于证明第10348号决定认定事实清楚、适用法律法规正确、审理程序合法。

原告诉称，第三人提供的证据不足以证明第三人的包装袋的外观设计在原告专利的申请之前已使用公开，被告未尽到审查义务，第10348号决定认定事实不清、适用法律错误，请求法院撤销第10348号决定。

原告未向法院提交证据。

被告辩称，第10348号决定认定事实清楚、适用法律正确、审理程序合法，原告的诉讼理由不成立，请求法院依法驳回原告的诉讼请求，维持第10348号决定。

第三人认为，第10348号决定认定事实清楚、适用法律正确、审理程序合法，原告的诉讼理由不成立，请求法院依法驳回原告的诉讼请求，维持第10348号决定。

第三人向法院提交并当庭质证的证据包括：（1）原告对第三人第200630025198.5号专利的无效宣告请求书、受理通知书；（2）原告对第三人第200630025199.X号专利的无效宣告请求书、受理通知书，证明原告认可第三人提交的证据以及第10348号决定的效力。

经庭审质证，原告对被告提交的证据1的关联性、合法性、真实性没有异议，对证据2的真实性有异议，对被告主张的证明作用有异议。第三人对被告提交的证据没有异议。原告认为第三人提交的证据与本案无关联性，被告对第三人的证据没有异议。本院认为，被告提交的证据与被诉第10348号决定有关，且合法、真实，能够证明本案的事实，本院予以采纳；第三人提交的证据与本案无关联性，本院不予采纳。

根据上述有效证据及各方当事人在庭审中无争议的陈述，本院确认如下事实：

本案涉及申请日为2006年3月16日，授权公告日为2006年10月25日，申请号为200630024942.X，名称为"包装袋（金太子鸡精）"的外观设计专利（即本专利），专利权人是夏强（即本案原告）。

针对本专利，第三人于2006年11月2日向被告提出无效宣告请求，其理由是：在本专利申请日前已有与本专利相近似的外观设计在国内公开使用过，因此，本专利不符合《专利法》第二十三条的规定。第三人提交了以下附件作为证据：

附件1是第三人与潮安县诚辉印务有限公司2004年1月签订的委托印制"黄太子鸡精包装袋"的合同复印件1份；

附件2是第三人与潮安县诚辉印务有限公司2004年1月签订印刷合同时双方确认的"黄太子鸡精包装袋"标准样稿复印件1页；

附件3是潮安县诚辉印务有限公司出具的证明以及该公司的营业执照复印件各1页；

附件4是潮安县诚辉印务有限公司2004年7月2日的"黄太子鸡精包装袋"发货单复印件1页；

附件5是潮安县诚辉印务有限公司出具的第三人印制包装袋的对帐明细表复印件2页；

附件6是第三人2005年7月12日生产的"太子鸡精"包装袋图片复印件1页；

经形式审查合格，被告受理了上述无效宣告请求，并于2006年11月7日将无效宣告请求书及相关材料副本转送给原告，要求其在指定期限内答复。

2006年11月30日第三人提交补充意见，认为在本专利申请日之前已有与本专利相近似的包装袋在国内公开发表、使用过，同时提交以下附件作为证据（编号续前）：

附件7是（2006）仙证字第1059号公证书复印件1份；

附件8是（2006）仙证字第1060号公证书复印件1份；

附件9是第三人2005年签订的销售协议书8份及样品照片复印件1份；

附件10是（2006）仙证字第931号公证书复印件1份；

附件11是第三人2001年至2003年公开派发的宣传册复印件共10页。原告于2007年2月2日提交了意见陈述书，认为第三人提交的附件1~6只能说明第三人在本专利申请日之前曾委托潮安县诚辉印务有限公司印刷过颜色、形状、图案三方面均与本专利雷同的包装袋，但并不能说明本专利包装袋已在国内公开使用。

2007年3月26日被告将第三人2006年11月30日提交的补充意见及附件副本转送给原告，要求其在口审中当庭答复或在指定期限内答复,并将原告于 2007 年 2 月 2 日提交的意见陈述书转送给第三人,要求其在口审中当庭答复或在指定期限内答复。双方逾期均未作出书面答复。

2007 年 3 月 26 日被告向双方当事人发出合议组成员告知通知书和无效宣告请求口头审理通知书,定于 2007 年 5 月 29 日在被告处进行口头审理。

口头审理如期举行,双方当事人均委托代理人出庭。双方对对方出庭人员资格均无异议,对合议组成员无回避请求。第三人当庭陈述了请求宣告本专利无效的主要理由和事实,认为在本专利申请日前相似的包装袋在市场上使用了多年,本专利不符合《专利法》第二十三条的规定。第三人当庭提交了附件 1~5 的原件,放弃了附件 6,还提交了附件 7~11 的原件以及与附件 7 相关的由公证处封存的实物。被告当庭核实了各附件的原件,当庭拆封了封存的实物,确认复印件与原件均一致,文书袋封存完好,封存日期为 2006 年 11 月 23 日,被封存的实物为一太子鸡精包装袋,其包装袋底边有压痕表明生产日期为 2006 年 1 月 22 日。根据所提交的证据,第三人认为,附件 1 中的合同上有购销明细清单,与附件 2 的名称、时间相吻合,附件 3~5 充分证明了业务往来的真实性,证明第三人印刷了包装袋并已投放市场。附件 7 至附件 10 证明在原告提出专利申请前与本专利相近似的外观设计就已经公开使用了,附件 11 证明在原告提出专利申请前与本专利相近似的外观设计就已经公开发表了。原告核实了各原件之后认为第三人提交的复印件均与相应证据的原件一致,但对附件 2、附件 8、附件 10 的内容的真实性有异议,对其他附件内容的真实性没有异议。针对第三人的陈述,原告则认为,附件 1 中的合同只能说明曾经印刷过包装袋,但不能确定就是附件 2 所示的包装袋的形状和图案,附件 2 的制作具有随意性,对附件 3 至附件 5 的业务往来虽然可以认可其真实性,但不能确定其所指的包装袋的具体外观,与附件 7 相关的封存的一太子鸡精包装袋显示的生产日期与购买日期相差十个月,因此对生产日期有异议,附件 9 中的销售协议书中所指的产品图片不能确定,附件 10 中的内容的真实性无法确定,附件 11 中的宣传册是可以事后印制的。因此,第三人提交的证据不能说明在本专利申请日之前已有与本专利相近似的包装袋在国内公开发表、使用过,本专利符合《专利法》第二十三条的规定。

至此,在双方充分陈述意见的基础上,被告认为本案事实清楚,作出第 10348 号决定,宣告本专利全部无效。

本院认为,由于原告对第 10348 号决定中外观设计的对比没有异议,本案争议的焦点问题仅在于,第三人在无效程序中提交的包装袋的外观设计在本专利的申请日之前是否已经公开使用。

依据《专利法》第二十三条的规定,授予专利权的外观设计,应当同申请日以前在国内外出版物上公开发表过或者国内公开使用过的外观设计不相同和不相近似,并不得与他人在先取得的合法权利相冲突。本案中,第三人在无效程序中提交了附件 7,即(2006)仙证字第 1059 号公证书复印件,该公证书完整记载了 2006 年 11 月 23 日在公证员的监督下李义军以普通消费者身份购买太子鸡精、取得太子鸡精包装袋的全过程,并对其所购物品进行了封存。上述包装袋上记载的生产日期为 2006 年 1 月 22 日,保质期为 15 个月,由于该包装袋上记载的生产日期在本专利的申请日即 2006 年 3 月 16 日之前,能够说明该包装袋的外观设计在本专利的申请日之前已公开使用,故被告认为该包装袋可以作为判断本专利是否符合《专利法》第二十三条规定的证据正确,本院予以支持。

综上所述,第 10348 号决定认定的基本事实清楚、适用法律正确、程序合法。原告对公证书的真实性提出异议,并认为第三人提交的证据不足以证明第三人的外观设计在原告的申请日之前已经使用公开的诉讼主张,缺乏事实及法律依据,本院不予支持。本院依照《中华人民共和国行政诉讼法》第五十四条第(一)项之规定,判决如下:

维持被告国家知识产权局专利复审委员会于二〇〇七年七月二十五日作出的第 10348 号无效宣告

请求审查决定。

案件受理费100元，由原告夏强负担（已交纳）。

如不服本判决，可在判决书送达之日起15日内，向本院递交上诉状，并按对方当事人的人数提出副本，预交上诉案件受理费100元，上诉于北京市高级人民法院。

审　判　长　齐　莹
代理审判员　乔　军
人民陪审员　杨一平
二〇〇七年十二月二十日
书　记　员　赵　峰

主视图　　　　　　　　　　　　后视图

本专利附图

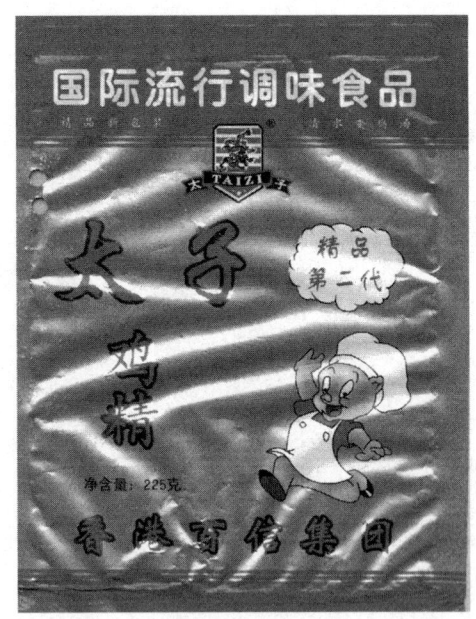 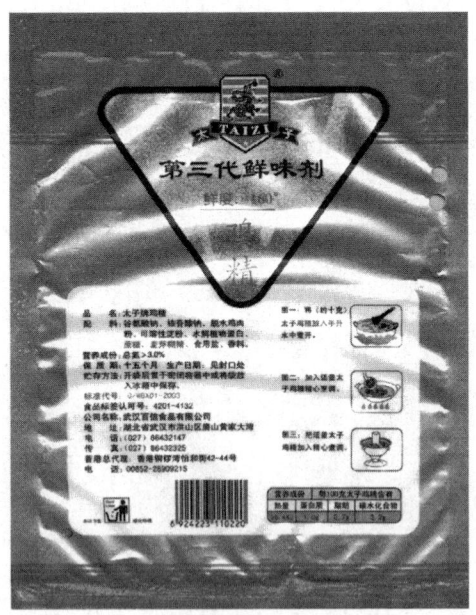

主视图　　　　　　　　　　　　后视图

在先设计附图

北京市高级人民法院
行政判决书

(2008) 高行终字第 238 号

上诉人(一审原告)夏强,男,1981 年 10 月 10 日出生,汉族,随州夏氏味业食品有限公司董事长,住湖北省武汉市武昌区紫沙路 17-2-2-202 号。

委托代理人王军华,男,1978 年 12 月 25 日出生,学生,住北京市中关村南大街 27 号中央民族大学 27 号楼 1011 室。

被上诉人(一审被告)国家知识产权局专利复审委员会,住所地北京市海淀区北四环西路 9 号银谷大厦 10~12 层。

法定代表人廖涛,副主任。

委托代理人李改平,男,国家知识产权局专利复审委员会审查员。

委托代理人杨存吉,男,国家知识产权局专利复审委员会审查员。

被上诉人(一审第三人)武汉百信食品有限公司,住所地湖北省武汉市洪山区磨山黄家大湾。

法定代表人陈燕飞,董事长。

委托代理人何成,北京世誉鑫诚知识产权代理有限公司经理。

上诉人夏强因专利无效宣告请求审查决定,不服北京市第一中级人民法院(2007)一中行初字第 1548 号行政判决,向本院提起上诉。本院依法组成合议庭,公开开庭审理了本案。上诉人夏强的委托代理人王军华;被上诉人国家知识产权局专利复审委员会(以下简称专利复审委员会)的委托代理人李改平、杨存吉;被上诉人武汉百信食品有限公司的委托代理人何成到庭参加了诉讼。本案现已审理终结。

2007 年 7 月 25 日,专利复审委员会作出第 10348 号无效宣告请求审查决定(以下简称第 10348 号决定),宣告 200630024942.X 号外观设计专利权(以下简称本专利)全部无效。夏强对第 10348 号决定不服,向一审法院提起行政诉讼。

一审法院经审理认为,本案争议的焦点问题在于,武汉百信食品有限公司在无效程序中提交的包装袋的外观设计(在先设计)在本专利的申请日之前是否已经公开使用。由于包装袋上记载的生产日期为 2006 年 1 月 22 日,保质期为 15 个月。该包装袋上记载的生产日期在本专利的申请日之前,故专利复审委员会认为该包装袋可以作为判断本专利是否符合《中华人民共和国专利法》(以下简称《专利法》)第二十三条规定的证据是正确的。遂依照《中华人民共和国行政诉讼法》第五十四条第(一)项的规定,判决维持了第 10348 号决定。

夏强不服一审判决,提起上诉,请求判决撤销一审判决,撤销专利复审委员会作出的第 10348 号决定。主要理由是:上诉人在一审程序中提供了相关的证据,一审法院未予采纳;武汉百信食品有限公司在无效程序中提交的证据包装袋,只载明了包装袋的生产时间,不是其公开使用的时间。而且包装袋就是武汉百信食品有限公司生产的,其生产日期的标注完全由第三人掌控,其真实信值得怀疑。

专利复审委员会答辩称,专利复审委员会作出的第 10348 号决定认定事实清楚、适用法律正确、审理程序合法,上诉人的诉讼理由不能成立,故请求二审法院驳回上诉人上诉请求,维持一审判决。

武汉百信食品有限公司没有提交书面的答辩意见。

经审理查明,2006 年 3 月 16 日,夏强向国家知识产权局提出名称为"包装袋(金太子鸡精)"

的外观设计专利申请。国家知识产权局经审查，于2006年10月25日授予了该申请外观设计专利权，专利权人为夏强，专利号为200630024942.X。

武汉百信食品有限公司于2006年11月2日向专利复审委员会提出了无效宣告请求，其理由是：在本专利申请日以前已有与其相近似的外观设计在国内公开使用过，故本专利不符合《专利法》第二十三条的规定。并提交了证据：

附件1是第三人与潮安县诚辉印务有限公司2004年1月签订的委托印制"黄太子鸡精包装袋"的合同复印件1份；

附件2是第三人与潮安县诚辉印务有限公司2004年1月签订印刷合同时双方确认的"黄太子鸡精包装袋"标准样稿复印件1页；

附件3是潮安县诚辉印务有限公司出具的证明以及该公司的营业执照复印件各1页；

附件4是潮安县诚辉印务有限公司2004年7月2日的"黄太子鸡精包装袋"发货单复印件1页；

附件5是潮安县诚辉印务有限公司出具的第三人印制包装袋的对帐明细表复印件2页；

附件6是武汉百信食品有限公司2005年7月12日生产的"太子鸡精"包装袋图片复印件1页。

经形式审查合格后，专利复审委员会受理了上述无效宣告请求，并于2006年11月7日将无效宣告请求书及相关材料副本转送给夏强，要求其在指定期限内答复。

2006年11月30日，武汉百信食品有限公司提交补充意见，认为在本专利申请日之前已有与本专利相近似的包装袋在国内公开发表、使用过，同时提交以下附件作为证据：

附件7是（2006）鄂仙桃证字第1059号公证书复印件1份；

附件8是（2006）仙证字第1060号公证书复印件1份；

附件9是武汉百信食品有限公司2005年签订的销售协议书8份及样品照片复印件1份；

附件10是（2006）仙证字第931号公证书复印件1份；

附件11是武汉百信食品有限公司2001年至2003年公开派发的宣传册复印件共10页。

在口头审理过程中，武汉百信食品有限公司当庭提交了附件1~5的原件，放弃了附件6，还提交了附件7~11的原件以及与附件7相关的由公证处封存的实物。专利复审委员会当庭核实了各附件的原件，当庭拆封了封存的实物，确认复印件与原件均一致，封存实物的文书袋封存完好，封存日期为2006年11月23日，被封存的实物为一个鸡精包装袋，包装袋底边压印的生产日期为2006年1月22日。专利复审委员会认为，证据附件7完整记载了2006年11月23日在公证员的监督下李义军以普通消费者身份购买太子鸡精、取得太子鸡精包装袋的全过程。公证书内容及封存的太子鸡精包装袋真实有效，应当予以采信。上述包装袋上记载的生产日期为2006年1月22日，保质期为15个月，虽然夏强对生产日期有疑义，但由于购买日期仍在保质期内，购买行为经公证合法有效，并无不妥，在没有反证的情况下，夏强的质疑缺乏依据。由于该包装袋上记载的生产日期在本专利的申请日（2006年3月16日）之前，即说明该包装袋的外观设计在本专利的申请日之前已公开使用，故专利复审委员会认为该包装袋可以作为判断本专利是否符合《专利法》第二十三条的规定的证据。

经过比对，专利复审委员会认为，在先设计与本专利两者主视图相近似，后视图也无显著视觉差异，故本专利和在先设计属于相近似的外观设计。鉴于已经得出本专利不符合《专利法》第二十三条的规定的结论，故专利复审委员会未对武汉百信食品有限公司提交的其他理由和证据作出评述。

2007年7月25日，专利复审委员会作出第10348号决定，宣告本专利全部无效。

本案一审期间，专利复审委员会向一审法院提交的证据有：本专利公报和（2006）鄂仙桃证字第1059号公证书。

本案一审期间，武汉百信食品有限公司向法院提交的证据有：夏强对武汉百信食品有限公司第

200630025198.5号专利的无效宣告请求书、受理通知书；夏强对武汉百信食品有限公司第200630025199.X号专利的无效宣告请求书、受理通知书等。

上述证据已随案移送本院。经本院审查核实，一审法院对上述证据的关联性、合法性、真实性的审查、认定是正确的，本院不持异议，予以确认。

本案二审期间，夏强向本院提交了三份证据，分别是（2006）武知初字第98号湖北省武汉市中级人民法院民事判决书；益朝工商案处字［2005］051号益阳市工商行政管理局朝阳分局行政处罚决定书；洪工商处字［2006］第048号武汉市工商行政管理局洪山分局行政处罚决定书。由于上述证据材料与本案没有关联性，本院不予采信。

本院认为：本案争议的焦点问题是专利复审委员会认定武汉百强食品有限公司在无效程序中提交的包装袋可以作为在先设计是否符合法律规定。

武汉百信食品有限公司在无效程序中提交了（2006）鄂仙桃证字第1059号公证书，该公证书完整记载了2006年11月23日在公证员的监督下李义军以普通消费者身份购买太子鸡精、取得太子鸡精包装袋的全过程，并对其所购物品进行了封存。上述包装袋上记载的生产日期为2006年1月22日，保质期为15个月，由于该包装袋上记载的生产日期在本专利的申请日之前，能够说明该包装袋的外观设计在本专利的申请日之前已公开使用，虽夏强对生产日期有疑义，但在没有相反证据的情况下，专利复审委员会认为该包装袋可以作为判断本专利是否符合《专利法》第二十三条规定的证据是正确的。

关于本专利与在先设计是否构成相同或者近似的问题，经审查，本院同意专利复审委员会和一审法院的认定，在此不再予以赘述。

综上，专利复审委员会作出的第10348号决定认定的主要事实清楚，适用法律正确，审理程序合法；一审法院判决维持专利复审委员会作出的第10348号决定正确，审判程序合法。

依据《中华人民共和国行政诉讼法》第六十一条第（一）项的规定，判决如下：驳回上诉，维持一审判决。二审案件受理费人民币100元，由上诉人夏强负担（已交纳）。本判决为终审判决。

审　判　长　景　滔
代理审判员　任全胜
代理审判员　赵宇晖
二〇〇八年六月十九日
书　记　员　王　芳

包装袋（黄太子鸡精）

无效宣告请求审查决定（第 10349 号）

决 定 号	第 10349 号
决 定 日	2007 年 8 月 6 日
发明创造名称	包装袋（黄太子鸡精）
外观设计分类号	09-05
无效宣告请求人	武汉百信食品有限公司
专 利 权 人	夏 强
专 利 号	200630024940.0
申 请 日	2006 年 3 月 16 日
授 权 公 告 日	2006 年 10 月 25 日
合议组组长	钟 华
主 审 员	李改平
参 审 员	徐清平
附 图	1 页

法 律 依 据 专利法第 23 条
决 定 要 点
请求人提交的证据证明在本专利申请日前已有与本专利相近似的外观设计在国内公开使用过，因此，本专利不符合专利法第 23 条的规定。

一、案由

本无效宣告请求涉及的是国家知识产权局于 2006 年 10 月 25 日授权公告的、名称为"包装袋（黄太子鸡精）"的外观设计专利，其申请号是 200630024940.0，申请日是 2006 年 3 月 16 日，专利权人是夏强。

针对上述专利权（下称本专利），武汉百信食品有限公司（下称请求人）于 2006 年 11 月 2 日向专利复审委员会提出无效宣告请求，其理由是：在本专利申请日前已有与本专利相近似的外观设计在国内公开使用过，因此，本专利不符合专利法第 23 条的规定。请求人提交了以下附件作为证据：

附件 1 是请求人与潮安县诚辉印务有限公司 2004 年 1 月签订的委托印制"黄太子鸡精包装袋"的合同复印件 1 份；

附件 2 是请求人与潮安县诚辉印务有限公司 2004 年 1 月签订印刷合同时双方确认的"黄太子鸡精包装袋"标准样稿复印件 1 页；

附件3是潮安县诚辉印务有限公司出具的证明以及该公司的营业执照复印件各1页；

附件4是潮安县诚辉印务有限公司2004年7月2日的"黄太子鸡精包装袋"发货单复印件1页；

附件5是潮安县诚辉印务有限公司出具的请求人印制包装袋的对账明细表复印件2页；

附件6是请求人2005年7月12日生产的"黄太子鸡精"包装袋图片复印件1页；

经形式审查合格，专利复审委员会受理了上述无效宣告请求，并于2006年11月7日将无效宣告请求书及相关材料副本转送给专利权人。要求其在指定期限内答复。

2006年11月30日请求人提交补充意见，认为在本专利申请日之前已有与本专利相近似的包装袋在国内公开发表、使用过，同时提交以下附件作为证据（编号续前）：

附件7是（2006）仙证字第929号公证书复印件1份；

附件8是（2006）仙证字第931号公证书复印件1份；

附件9是请求人2005年签订的销售协议书8份及样品照片复印件1份；

附件10是请求人2001年至2003年公开派发的宣传册复印件共10页。

专利权人于2007年2月2日提交了意见陈述书，认为请求人提交的附件1~6只能说明请求人在本专利申请日之前曾委托潮安县诚辉印务有限公司印刷过颜色、形状、图案三方面均与本专利雷同的包装袋，但并不能说明与本专利相同或相近似的包装袋已在出版物上公开发表过或在国内公开使用过。

2007年3月26日专利复审委员会将请求人2006年11月30日提交的补充意见及附件副本转送给专利权人，要求其在口头审理中当庭答复或在指定期限内答复。并将专利权人于2007年2月2日提交的意见陈述书转送给请求人，要求其在口头审理中当庭答复或在指定期限内答复。双方逾期均未作出书面答复。

2007年3月26日专利复审委员会向双方当事人发出合议组成员告知通知书和无效宣告请求口头审理通知书，定于2007年5月29日在专利复审委员会进行口头审理。

口头审理如期举行，双方当事人均委托代理人出庭。双方对对方出庭人员资格均无异议，对合议组成员无回避请求。请求人当庭陈述了请求宣告本专利无效的主要理由和事实，认为在本专利申请日前相似的包装袋在市场上使用了多年，本专利不符合专利法第23条的规定。请求人当庭提交了附件1~5的原件，放弃了附件6，还提交了附件7~10的原件以及与附件7相关的由公证处封存的实物。合议组当庭核实了各附件的原件，并当庭拆封了封存的实物，确认各复印件均与原件一致，封存实物的文书袋封存完好，封存日期为2006年11月23日，被封存的实物为三个鸡精包装袋，其中与本案有关的是条形码为6924223100207的包装袋，其底边有压痕表明生产日期为2006年1月22日。根据所提交的证据，请求人认为，附件1中的合同上有购销明细清单，与附件2的名称、时间相吻合，附件3~5充分证明了业务往来的真实性，证明请求人印刷了包装袋并已投放市场。附件7~9证明在专利权人提出专利申请前与本专利相近似的外观设计就已经公开使用了，附件10证明在专利权人提出专利申请前与本专利相近似的外观设计就已经公开发表了。专利权人核实了各原件之后认为请求人提交的复印件均与相应证据的原件一致，但对附件2、附件8、附件10的内容的真实性有异议，对其他附件内容的真实性没有异议。针对请求人的陈述，专利权人则认为，附件1中的合同只能说明曾经印刷过包装袋，但不能确定就是附件2所示的包装袋的形状和图案，附件2的制作具有随意性，对附件3~5的业务往来虽然可以认可其真实性，但不能确定其所指的包装袋的具体外观，与附件7相关的封存的条形码为6924223100207的鸡精包装袋显示的生产日期与购买日期相差十个月，因此对生产日期有异议，附件9中的销售协议书中所指的产品外观不能确定，附件10中的宣传册是可以事后印制的。因此，请求人提交的证据不能说明在本专利申请日之前已有与本专利相近似的包装袋在国内公开发表、使用过，本专利符合专利法第 23 条的规定。

至此，在双方充分陈述意见的基础上，合议组认为本案事实清楚，可以依法作出审查决定。

二、决定的理由

1. 法律依据

基于请求人提出的无效宣告请求理由，合议组对本专利是否符合专利法第 23 条的规定进行审查。

专利法第 23 条规定："授予专利权的外观设计，应当同申请日以前在国内外出版物上公开发表过或者国内公开使用过的外观设计不相同和不相近似，并不得与他人在先取得的合法权利相冲突。"

2. 证据认定

附件 7 是（2006）鄂仙桃证字第 929 号公证书复印件，请求人口审当庭提交了原件以及与附件 7 相关的由公证处封存的实物。合议组当庭拆封并核实了封存的实物，被封存的实物为三个鸡精包装袋，其中与本案有关的是条形码为 6924223100207 的包装袋，该包装袋底边有压痕表明生产日期为 2006 年 1 月 22 日。公证书完整记载了 2006 年 11 月 23 日在公证员的监督下余静涛以普通消费者身份购买太子鸡精、取得条形码为 6924223100207 的太子鸡精包装袋的全过程，合议组认为公证书内容及被封存的太子鸡精包装袋真实有效，予以采信。上述太子鸡精包装袋上记载的生产日期为 2006 年 1 月 22 日，保质期为 15 个月，虽然专利权人认为其生产日期与购买日期相差十个月，因此对生产日期有疑义，但由于购买日期仍在保质期内，购买行为经公证合法有效，并无不妥，在没有反证的情况下，专利权人的质疑缺乏依据，因此，合议组对该包装袋上记载的生产日期予以认定。由于该包装袋上记载的生产日期在本专利的申请日（2006 年 3 月 16 日）之前，即说明该包装袋的外观设计在本专利的申请日之前已公开使用，故合议组认为该包装袋可以作为判断本专利是否符合专利法第 23 条的规定的证据。

3. 外观设计对比

观察本专利"包装袋（黄太子鸡精）"的外观设计，可以看到本专利主视图最上部和最下部均为红色宽线条，中间部分为黄色；右下部有一卡通人物，其上方有白色云朵状图案，其左边有竖向布置的"鸡精"两字，其左上方有"黄太子"三字。本专利后视图最上部和最下部均为红色宽线条，中间部分为黄色；中部黄色区域内有一白底色大方块，在白底色大方块右侧有三个白底色小长方块和一个彩色长方块，三个白底色小长方块内各有一个烹调图案，白底色大方块下方有白底长方块，其内有小包装袋和包装盒图案。具体详见本专利附图。

观察附件 7 中的条形码为 6924223100207 的太子鸡精包装袋所示的外观设计（下称在先设计），可以看到在先设计主视图最上部和最下部均为红色宽线条，中间部分为黄色；右下部有一卡通人物，其上方有白色云朵状图案，其左边有竖向布置的"鸡精"两字，其左上方有"太子"二字。本专利后视图最上部和最下部均为红色宽线条，中间部分为黄色；中部黄色区域内有一白底色大方块，其内有三个烹调图案和一个彩色长方块，白底色大方块上部有一透明三角区。具体详见在先设计附图。

由于本专利和在先设计都用于鸡精包装袋，两者用途相同，故两者具有可比性。将在先设计主视图和本专利主视图进行对比，可以看到两者具有以下相同点：（1）两者的色彩及分区基本相同，即最上部和最下部均为红色宽线条，中间部分为黄色；（2）两者所用的卡通人物、白色云朵状图案、竖向布置的"鸡精"两字均形状相同、布局相同。两者不同之处在于：在先设计中有"太子"二个字，而本专利中使用的是"黄太子"三个字。对于以上不同之处，合议组认为，字数虽不同，但两者的布局排列相同，不同点为细微差别，因此，两者主视图属于相近似的设计。将在先设计后视图和本专利后视图进行对比，可以看到两者具有以下相同点：（1）两者的色彩及分区基本相同，即最上部和最下部均为红色宽线条，中间部分为黄色；（2）本专利中的白底色大方块、三个白底色小长方块和一个彩色长方块共同所占区域与在先设计中的白底色大方块所占区域比例近似，其内的三个烹调图案及布局完全相同。两者不同之处在于：（1）本专利下方有白底长方形块及内附图案，在先设计中则无；（2）在先设计上部有一透明三角区及内附说明性文字，本专利中则无。对于两者后视图中的相同点和不同点，合议组认为，两者相同点占主要部分，不同点只是局部的区别，同时，由于包装袋外观设计的主要特征反映在主视图上，其主视图对一般消费者产生主要视觉作用，而包装袋的后视图为产品的一般说明，故其设计效果一般不被消费者注意，因此两者后视图中这些局部区别不足以使两者整体产生显著的视觉差异。根据上述分析，合议组认为，两者主视图相近似，后视图也无显著视觉差异，故本专利和在先设计属于相近似的外观设计。

4. 结论

综上，请求人提交的附件7及同时由公证处封存的条形码为6924223100207的太子鸡精包装袋证明在本专利申请日前已有与本专利相近似的外观设计公开使用过，故本专利不符合专利法第23条的规定。

鉴于已经得出本专利不符合专利法第23条的规定的结论，故对请求人提交的其他理由和证据不再作出评述。

三、决定

宣告200630024940.0号外观设计专利权全部无效。

当事人对本决定不服的，可以根据专利法第46条第2款的规定，自收到本决定之日起三个月内向北京市第一中级人民法院起诉。根据该款的规定，一方当事人起诉后，另一方当事人应当作为第三人参加诉讼。

主视图　　　　　　　　　后视图

本专利附图

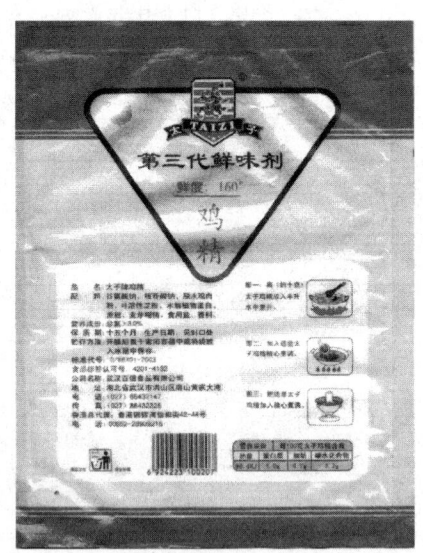

主视图　　　　　　　　　后视图

在先设计附图

北京市第一中级人民法院
行政判决书

(2007) 一中行初字第 1549 号

原告夏强，男，1981 年 10 月 10 日出生，汉族，随州夏氏味业食品有限公司董事长，住湖北省武汉市武昌区紫沙路 17-2-2-202 号。

委托代理人王军华，男，1978 年 12 月 25 日出生，学生，住北京市中关村南大街 27 号中央民族大学 27 号楼 1011 室。

委托代理人张航，湖北晴川律师事务所律师。

被告国家知识产权局专利复审委员会，住所地北京市海淀区北四环西路 9 号银谷大厦 10~12 层。

法定代表人廖涛，副主任。

委托代理人李改平，男，国家知识产权局专利复审委员会审查员。

委托代理人杨存吉，男，国家知识产权局专利复审委员会审查员。

第三人武汉百信食品有限公司，住所地湖北省武汉市洪山区磨山黄家大湾。

法定代表人陈燕飞，董事长。

委托代理人何成，北京世誉鑫诚知识产权代理有限公司经理。

原告夏强不服被告国家知识产权局专利复审委员会专利无效宣告请求审查决定，于 2007 年 11 月 6 日向本院提起行政诉讼。本院受理后，依法组成合议庭并通知被诉具体行政行为的利害关系人武汉百信食品有限公司作为第三人参加诉讼。本院于 2007 年 12 月 12 日公开开庭审理了本案。原告的委托代理人王军华、张航，被告的委托代理人杨存吉、李改平，第三人的委托代理人何成到庭参加了诉讼。本案现已审理终结。

2007 年 8 月 6 日，被告作出第 10349 号无效宣告请求审查决定（以下简称第 10349 号决定），宣告 200630024940.0 号外观设计专利权（以下简称本专利）全部无效。决定认为：

1. 法律依据

基于请求人提出的无效宣告请求理由，被告对本专利是否符合《中华人民共和国专利法》（以下简称《专利法》）第二十三条的规定进行审查。

2. 证据认定

附件 7 是 (2006) 仙证字第 929 号公证书复印件，第三人口头审理当庭提交了原件以及与附件 7 相关的由公证处封存的实物。被告当庭拆封并核实了封存的实物，被封存的实物为三个鸡精包装袋，其中与本案有关的是条形码为 6924223100207 的包装袋，其底边压痕表明生产日期为 2006 年 1 月 22 日。公证书完整记载了 2006 年 11 月 23 日在公证员的监督下余静涛以普通消费者身份购买太子鸡精、取得条形码为 6924223100207 的太子鸡精包装袋的全过程，被告认为公证书内容及封存的太子鸡精包装袋真实有效，予以采信。上述包装袋上记载的生产日期为 2006 年 1 月 22 日，保质期为 15 个月，虽然原告认为其生产日期与购买日期相差十个月，因此对生产日期有疑义，但由于购买日期仍在保质期内，购买行为经公证合法有效，并无不妥，在没有反证的情况下，原告的质疑缺乏依据，因此，被告对该包装袋上记载的生产日期予以认定。由于该包装袋上记载的生产日期在本专利的申请日（2006 年 3 月 16 日）之前，即说明该包装袋的外观设计在本专利的申请日之前已公开使用，故被告认为该包装袋可以作为判断本专利是否符合《专利法》第二十三条的规定的证据。

3. 外观设计对比

观察本专利"包装袋（黄太子鸡精）"的外观设计，可以看到本专利主视图最上部和最下部均为红色宽线条，中间部分为黄色；右下部有一卡通人物，其上方有白色云朵状图案，其左边有竖向布置的"鸡精"两字，其左上方有"黄太子"三字。本专利后视图最上部和最下部均为红色宽线条，中间部分为黄色；中部黄色区域内有一白底色大方块，在白底色大方块右侧有三个白底色小长方块和一个彩色长方块，三个白底色小长方块内各有一个烹调图案，白底色大方块下方有白底长方块，其内有小包装袋和包装盒图案（具体详见本专利附图）。

观察附件7中的条形码为6924223100207的包装袋所示的外观设计（下称在先设计），可以看到在先设计主视图最上部和最下部均为红色宽线条，中间部分为黄色；右下部有一卡通人物，其上方有白色云朵状图案，其左边有竖向布置的"鸡精"两字，其左上方有"太子"二字。本专利后视图最上部和最下部均为红色宽线条，中间部分为黄色；中部黄色区域内有一白底色大方块，其内有三个烹调图案和一个彩色长方块，白底色大方块上部有一透明三角区（具体详见在先设计附图）。

由于本专利和在先设计都用于鸡精包装袋，两者用途相同，故两者具有可比性。将在先设计主视图和本专利主视图进行对比，可以看到两者具有以下相同点：（1）两者的色彩及分区基本相同，即最上部和最下部均为红色宽线条，中间部分为黄色；（2）两者所用的卡通人物、白色云朵状图案、竖向布置的"鸡精"两字均形状相同、布局相同。两者不同之处在于：在先设计中有"太子"二个字，而本专利中使用的是"黄太子"三个字。对于以上不同之处，被告认为，字数虽不同，但两者的布局排列相同，其不同点为细微差别，因此，两者主视图属于相近似的设计。将在先设计后视图和本专利后视图进行对比，可以看到两者具有以下相同点：（1）两者的色彩及分区基本相同，即最上部和最下部均为红色宽线条，中间部分为黄色；（2）本专利中的白底色大方块、三个白底色小长方块和一个彩色长方块共同所占区域与在先设计中的白底色大方块所占区域比例近似，其内的三个烹调图案及布局完全相同。两者不同之处在于：（1）本专利下方有白底长方形块及内附图案，在先设计中则无；（2）在先设计上部有一透明三角区及内附说明性文字，本专利中则无。对于两者后视图中的相同点和不同点，被告认为，两者相同点占主要部分，不同点只是局部的区别。同时，由于包装袋外观设计的主要特征反映在主视图上，其主视图对一般消费者产生主要视觉作用，而包装袋的后视图为产品的一般说明，故其设计效果一般不被消费者注意，因此两者后视图中这些局部区别不足以使两者整体产生显著的视觉差异。根据上述分析，被告认为，两者主视图相近似，后视图也无显著视觉差异，故本专利和在先设计属于相近似的外观设计。

4. 结论

综上，第三人提交的附件7及同时由公证处封存的条形码为6924223100207的包装袋证明在本专利申请日前已有与本专利相近似的外观设计公开使用过，故本专利不符合《专利法》第二十三条的规定。

鉴于已经得出本专利不符合《专利法》第二十三条的规定的结论，故对第三人提交的其他理由和证据不再作出评述。

被告在法定的举证期限内向本院提交并经庭审质证的证据有：（1）本专利公报；（2）（2006）鄂仙桃证字第929号公证书复印件。上述证据用于证明第10349号决定认定事实清楚、适用法律法规正确、审理程序合法。

原告诉称，第三人提供的证据不足以证明第三人的包装袋的外观设计在原告专利的申请之前已使用公开，被告未尽到审查义务，第10349号决定认定事实不清、适用法律错误，请求法院撤销第10349号决定。

原告未向法院提交证据。

被告辩称，第10349号决定认定事实清楚、适用法律正确、审理程序合法，原告的诉讼理由不成立，请求法院依法驳回原告的诉讼请求，维持第10349号决定。

第三人认为，第10349号决定认定事实清楚、适用法律正确、审理程序合法，原告的诉讼理由不成立，请求法院依法驳回原告的诉讼请求，维持第10349号决定。

第三人向法院提交并当庭质证的证据包括：（1）原告对第三人第200630025198.5号专利的无效宣告请求书、受理通知书；（2）原告对第三人第200630025199.X号专利的无效宣告请求书、受理通知书，证明原告认可第三人提交的证据以及第10349号决定的效力。

经庭审质证，原告对被告提交的证据1的关联性、合法性、真实性没有异议，对证据2的真实性有异议，对被告主张的证明作用有异议。第三人对被告提交的证据没有异议。原告认为第三人提交的证据与本案无关联性，被告对第三人的证据没有异议。本院认为，被告提交的证据与被诉第10349号决定有关，且合法、真实，能够证明本案的事实，本院予以采纳；第三人提交的证据与本案无关联性，本院不予采纳。

根据上述有效证据及各方当事人在庭审中无争议的陈述，本院确认如下事实：

本案涉及申请日为2006年3月16日，授权公告日为2006年10月25日，申请号为200630024940.0，名称为"包装袋（黄太子鸡精）"的外观设计专利（即本专利），专利权人是夏强（即本案原告）。

针对本专利，第三人于2006年11月2日向被告提出无效宣告请求，其理由是：在本专利申请日前已有与本专利相近似的外观设计在国内公开使用过，因此，本专利不符合《专利法》第二十三条的规定。第三人提交了以下附件作为证据：

附件1是第三人与潮安县诚辉印务有限公司2004年1月签订的委托印制"黄太子鸡精包装袋"的合同复印件1份；

附件2是第三人与潮安县诚辉印务有限公司2004年1月签订印刷合同时双方确认的"黄太子鸡精包装袋"标准样稿复印件1页；

附件3是潮安县诚辉印务有限公司出具的证明以及该公司的营业执照复印件各1页；

附件4是潮安县诚辉印务有限公司2004年7月2日的"黄太子鸡精包装袋"发货单复印件1页；

附件5是潮安县诚辉印务有限公司出具的第三人印制包装袋的对帐明细表复印件2页；

附件6是第三人2005年7月12日生产的"黄太子鸡精"包装袋图片复印件1页；

经形式审查合格，被告受理了上述无效宣告请求，并于2006年11月7日将无效宣告请求书及相关材料副本转送给原告，要求其在指定期限内答复。

2006年11月30日第三人提交补充意见，认为在本专利申请日之前已有与本专利相近似的包装袋在国内公开发表、使用过，同时提交以下附件作为证据（编号续前）：

附件7是（2006）仙证字第929号公证书复印件1份；

附件8是（2006）仙证字第931号公证书复印件1份；

附件9是第三人2005年签订的销售协议书8份及样品照片复印件1份；

附件10是第三人2001年至2003年公开派发的宣传册复印件共10页。

原告于2007年2月2日提交了意见陈述书，认为第三人提交的附件1至附件6只能说明第三人在本专利申请日之前曾委托潮安县诚辉印务有限公司印刷过颜色、形状、图案三方面均与本专利雷同的包装袋，但并不能说明与本专利相同或相近似的包装袋已公开发表过或在国内公开使用。

2007年3月26日被告将第三人2006年11月30日提交的补充意见及附件副本转送给原告，要求其在口头审理中当庭答复或在指定期限内答复。并将原告于2007年2月2日提交的意见陈述书转送给第三人，要求其在口审中当庭答复或在指定期限内答复。双方逾期均未作出书面答复。

2007年3月26日被告向双方当事人发出合议组成员告知通知书和无效宣告请求口头审理通知书，定于2007年5月29日在被告处进行口头审理。

口头审理如期举行，双方当事人均委托代理人出庭。双方对对方出庭人员资格均无异议，对合议组成员无回避请求。第三人当庭陈述了请求宣告本专利无效的主要理由和事实，认为在本专利申请日前相似的包装袋在市场上使用了多年，本专利不符合《专利法》第二十三条的规定。第三人当庭提交了附件1至附件5的原件，放弃了附件6，还提交了附件7至附件10的原件以及与附件7相关的由公证处封存的实物。合议组当庭核实了各附件的原件，当庭拆封了封存的实物，确认复印件与原件均一致，封存实物的文书袋封存完好，封存日期为2006年10月23日，被封存的实物为三个鸡精包装袋，其中与本案有关的是条形码为6924223100207的包装袋，其底边有压痕表明生产日期为2006年1月22日。根据所提交的证据，第三人认为，附件1中的合同上有购销明细清单，与附件2的名称、时间相吻合，附件3至附件5充分证明了业务往来的真实性，证明第三人印刷了包装袋并已投放市场。附件7至附件9证明在原告提出专利申请前与本专利相近似的外观设计就已经公开使用了，附件10证明在原告提出专利申请前与本专利相近似的外观设计就已经公开发表了。原告核实了各原件之后认为第三人提交的复印件均与相应证据的原件一致，但对附件2、附件8、附件10的内容的真实性有异议，对其他附件内容的真实性没有异议。针对第三人的陈述，原告则认为，附件1中的合同只能说明曾经印刷过包装袋，但不能确定就是附件2所示的包装袋的形状和图案，附件2的制作具有随意性，对附件3至附件5的业务往来虽然可以认可其真实性，但不能确定其所指的包装袋的具体外观，与附件7相关的封存的条形码为6924223100207的鸡精包装袋的显示的生产日期与购买日期相差十个月，因此对生产日期有异议，附件9中的销售协议书中所指的产品外观不能确定，附件10中的宣传册是可以事后印制的。因此，第三人提交的证据不能说明在本专利申请日之前已有与本专利相近似的包装袋在国内公开发表、使用过，本专利符合《专利法》第二十三条的规定。

至此，在双方充分陈述意见的基础上，被告认为本案事实清楚，作出第10349号决定，宣告本专利全部无效。

本院认为，由于原告对第10349号决定中外观设计的对比没有异议，本案争议的焦点问题仅在于，第三人在无效程序中提交的包装袋的外观设计在本专利的申请日之前是否已经公开使用。

依据《专利法》第二十三条的规定，授予专利权的外观设计，应当同申请日以前在国内外出版物上公开发表过或者国内公开使用过的外观设计不相同和不相近似，并不得与他人在先取得的合法权利相冲突。本案中，第三人在无效程序中提交了附件7，即（2006）鄂仙桃证字第929号公证书复印件，该公证书完整记载了2006年10月23日在公证员的监督下余静涛以普通消费者身份购买太子鸡精、取得条形码为6924223100207的太子鸡精包装袋的全过程，并对其所购物品进行了封存。上述包装袋上记载的生产日期为2006年1月22日，保质期为15个月，由于该包装袋上记载的生产日期在本专利的申请日即2006年3月16日之前，能够说明该包装袋的外观设计在本专利的申请日之前已公开使用，故被告认为该包装袋可以作为判断本专利是否符合《专利法》第二十三条规定的证据正确，本院予以支持。被告在第10349号决定中将（2006）鄂仙桃证字第929号公证书记载的公证员购买包装袋的日期认定为2006年11月23日错误，应当是2006年10月23日，本院予以纠正。

综上所述，第10349号决定认定的基本事实清楚、适用法律正确、程序合法。原告对公证书的真实性提出异议，并认为第三人提交的证据不足以证明第三人的外观设计在原告的申请日之前已经使用公开的诉讼主张缺乏事实及法律依据，本院不予支持。本院依照最高人民法院《关于执行〈中华人民共和国行政诉讼法〉若干问题的解释》第五十六条第（四）项之规定，判决如下：

驳回原告夏强要求撤销被告国家知识产权局专利复审委员会于二〇〇七年八月六日作出的第10349号无效宣告请求审查决定的诉讼请求。

案件受理费100元，由原告夏强负担（已交纳）。

如不服本判决，可在判决书送达之日起15日内，向本院递交上诉状，并按对方当事人的人数提出副本，预交上诉案件受理费100元，上诉于北京市高级人民法院。

审　判　长　齐　莹
代理审判员　乔　军
人民陪审员　杨一平
二〇〇七年十二月二十日
书　记　员　赵　锋

主视图　　　　　　　　　后视图

本专利附图

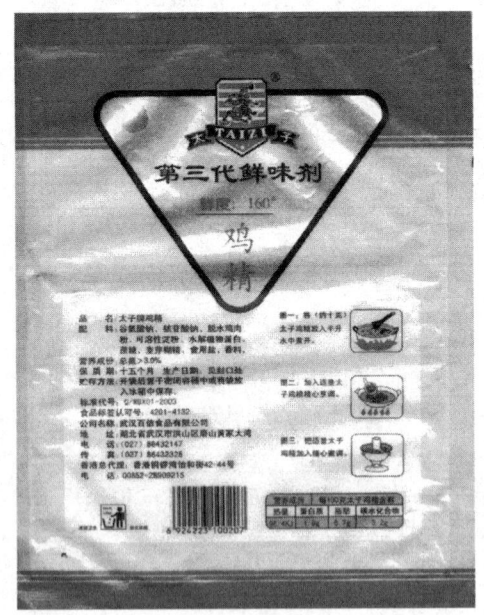

主视图　　　　　　　　　后视图

在先设计附图

北京市高级人民法院
行政判决书

(2008) 高行终字第 237 号

上诉人（一审原告）夏强，男，1981年10月10日出生，汉族，随州夏氏味业食品有限公司董事长，住湖北省武汉市武昌区紫沙路17-2-2-202号。

委托代理人王军华，男，1978年12月25日出生，学生，住北京市中关村南大街27号中央民族大学27号楼1011室。

被上诉人（一审被告）国家知识产权局专利复审委员会，住所地北京市海淀区北四环西路9号银谷大厦10~12层。

法定代表人廖涛，副主任。

委托代理人李改平，男，国家知识产权局专利复审委员会审查员。

委托代理人杨存吉，男，国家知识产权局专利复审委员会审查员。

被上诉人（一审第三人）武汉百信食品有限公司，住所地湖北省武汉市洪山区磨山黄家大湾。

法定代表人陈燕飞，董事长。

委托代理人何成，北京世誉鑫诚知识产权代理有限公司经理。

上诉人夏强因专利无效宣告请求审查决定，不服北京市第一中级人民法院（2007）一中行初字第1549号行政判决，向本院提起上诉。本院依法组成合议庭，公开开庭审理了本案。上诉人夏强的委托代理人王军华；被上诉人国家知识产权局专利复审委员会（以下简称专利复审委员会）的委托代理人李改平、杨存吉；被上诉人武汉百信食品有限公司的委托代理人何成到庭参加了诉讼。本案现已审理终结。

2007年8月6日，专利复审委员会作出第10349号无效宣告请求审查决定（以下简称第10349号决定），宣告200630024940.0号外观设计专利权（以下简称本专利）全部无效。夏强对第10349号决定不服，向一审法院提起行政诉讼。

一审法院经审理认为，本案争议的焦点问题在于，武汉百信食品有限公司在无效程序中提交的包装袋的外观设计（在先设计）在本专利的申请日之前是否已经公开使用。由于包装袋上记载的生产日期为2006年1月22日，保质期为15个月。该包装袋上记载的生产日期在本专利的申请日之前，故专利复审委员会认为该包装袋可以作为判断本专利是否符合《中华人民共和国专利法》（以下简称《专利法》）第二十三条规定的证据是正确的。遂依据最高人民法院《关于执行〈中华人民共和国行政诉讼法〉若干问题的解释》第五十六条第（四）项之规定，判决驳回了夏强的诉讼请求。

夏强不服一审判决，提起上诉，请求判决撤销一审判决，撤销专利复审委员会作出的第10349号决定。主要理由是：上诉人在一审程序中提供了相关的证据，一审法院未予采纳；武汉百信食品有限公司在无效程序中提交的证据包装袋，只载明了包装袋的生产时间，不是其公开使用的时间。而且包装袋就是武汉百信食品有限公司生产的，其生产日期的标注完全由第三人掌控，其真实信值得怀疑；一审判决将第10349号决定中记载的购买包装袋的日期2006年11月23日纠正为2006年10月23日与事实不符。

专利复审委员会答辩称，专利复审委员会作出的第10349号决定认定事实清楚、适用法律正确、审理程序合法，上诉人的诉讼理由不能成立，故请求二审法院驳回上诉人上诉请求，维持一审判决。

武汉百信食品有限公司没有提交书面的答辩意见。

经审理查明，2006年3月16日，夏强向国家知识产权局提出名称为"包装袋（黄太子鸡精）"的外观设计专利申请。国家知识产权局经审查，于2006年10月25日授予了该申请外观设计专利权，专利权人为夏强，专利号为200630024940.0。

武汉百信食品有限公司于2006年11月2日向专利复审委员会提出了无效宣告请求，其理由是：在本专利申请日以前已有与其相近似的外观设计在国内公开使用过，故本专利不符合《专利法》第二十三条的规定。并提交了证据：

附件1是第三人与潮安县诚辉印务有限公司2004年1月签订的委托印制"黄太子鸡精包装袋"的合同复印件1份；

附件2是第三人与潮安县诚辉印务有限公司2004年1月签订印刷合同时双方确认的"黄太子鸡精包装袋"标准样稿复印件1页；

附件3是潮安县诚辉印务有限公司出具的证明以及该公司的营业执照复印件各1页；

附件4是潮安县诚辉印务有限公司2004年7月2日的"黄太子鸡精包装袋"发货单复印件1页；

附件5是潮安县诚辉印务有限公司出具的第三人印制包装袋的对帐明细表复印件2页；

附件6是武汉百信食品有限公司2005年7月12日生产的"黄太子鸡精"包装袋图片复印件1页。

经形式审查合格后，专利复审委员会受理了上述无效宣告请求，并于2006年11月7日将无效宣告请求书及相关材料副本转送给夏强，要求其在指定期限内答复。

2006年11月30日，武汉百信食品有限公司提交补充意见，认为在本专利申请日之前已有与本专利相近似的包装袋在国内公开发表、使用过，同时提交以下附件作为证据：

附件7是（2006）鄂仙桃证字第929号公证书复印件1份；

附件8是（2006）仙证字第931号公证书复印件1份；

附件9是武汉百信食品有限公司2005年签订的销售协议书8份及样品照片复印件1份；

附件10是武汉百信食品有限公司2001年至2003年公开派发的宣传册复印件共10页。

在口头审理过程中，武汉百信食品有限公司当庭提交了附件1~5的原件，放弃了附件6，还提交了附件7~10的原件以及与附件7相关的由公证处封存的实物。专利复审委员会当庭核实了各附件的原件，当庭拆封了封存的实物，确认复印件与原件均一致，封存实物的文书袋封存完好，封存日期为2006年10月23日，被封存的实物为三个鸡精包装袋，其中与本案有关的是条形码为6924223100207的包装袋，其底边压印的生产日期为2006年1月22日。专利复审委员会认为，证据附件7完整记载了2006年10月23日在公证员的监督下余静涛以普通消费者身份购买太子鸡精、取得条形码为6924223100207包装袋的全过程。公证书内容及封存的太子鸡精包装袋真实有效，应当予以采信。上述包装袋上记载的生产日期为2006年1月22日，保质期为15个月，虽然夏强对生产日期有疑义，但由于购买日期仍在保质期内，购买行为经公证合法有效，并无不妥，在没有反证的情况下，夏强的质疑缺乏依据。由于该包装袋上记载的生产日期在本专利的申请日（2006年3月16日）之前，即说明该包装袋的外观设计在本专利的申请日之前已公开使用，故专利复审委员会认为该包装袋可以作为判断本专利是否符合《专利法》第二十三条的规定的证据。

经过比对，专利复审委员会认为，在先设计与本专利两者主视图相近似，后视图也无显著视觉差异，故本专利和在先设计属于相近似的外观设计。鉴于已经得出本专利不符合《专利法》第二十三条的规定的结论，故专利复审委员会未对武汉百信食品有限公司提交的其他理由和证据作出评述。

2007年8月6日，专利复审委员会作出第10349号决定，宣告本专利全部无效。

本案一审期间，专利复审委员会向一审法院提交的证据有：本专利公报和（2006）鄂仙桃证字第929号公证书。

本案一审期间，武汉百信食品有限公司向法院提交的证据有：夏强对武汉百信食品有限公司第200630025198.5号专利的无效宣告请求书、受理通知书；夏强对武汉百信食品有限公司第200630025199.X号专利的无效宣告请求书、受理通知书等。

上述证据已随案移送本院。经本院审查核实，一审法院对上述证据的关联性、合法性、真实性的审查、认定是正确的，本院不持异议，予以确认。

本案二审期间，夏强向本院提交了三份证据，分别是（2006）武知初字第98号湖北省武汉市中级人民法院民事判决书；益朝工商案处字[2005]051号益阳市工商行政管理局朝阳分局行政处罚决定书；洪工商处字[2006]第048号武汉市工商行政管理局洪山分局行政处罚决定书。由于上述证据材料与本案没有关联性，本院不予采信。

本院认为：本案争议的焦点问题是专利复审委员会认定武汉百强食品有限公司在无效程序中提交的包装袋可以作为在先设计是否符合法律规定。

武汉百信食品有限公司在无效程序中提交了（2006）鄂仙桃证字第929号公证书，该公证书完整记载了2006年10月23日在公证员的监督下余静涛以普通消费者身份购买太子鸡精、取得太子鸡精包装袋的全过程，并对其所购物品进行了封存。上述包装袋上记载的生产日期为2006年1月22日，保质期为15个月，由于该包装袋上记载的生产日期在本专利的申请日之前，能够说明该包装袋的外观设计在本专利的申请日之前已公开使用，虽夏强对生产日期有疑义，但在没有相反证据的情况下，专利复审委员会认为该包装袋可以作为判断本专利是否符合《专利法》第二十三条规定的证据是正确的。一审法院对专利复审委员会在第10349号决定中将（2006）仙证字第929号公证书记载的公证员购买包装袋的日期表述为2006年11月23日的笔误予以纠正，本院不持异议。

关于本专利与在先设计是否构成相同或者近似的问题，经审查，本院同意专利复审委员会和一审法院的认定，在此不再予以赘述。

综上，专利复审委员会作出的第10349号决定认定的主要事实清楚，适用法律正确，审理程序合法；一审法院判决驳回夏强要求撤销专利复审委员会作出的第10349号决定的诉讼请求正确，审判程序合法。

依据《中华人民共和国行政诉讼法》第六十一条第（一）项的规定，判决如下：

驳回上诉，维持一审判决。

二审案件受理费人民币100元，由上诉人夏强负担（已交纳）。

本判决为终审判决。

审　判　长　景　滔
代理审判员　任全胜
代理审判员　赵宇晖
二〇〇八年六月十九日
书　记　员　王　芳

淋浴房（G型）

无效宣告请求审查决定（第10351号）

决 定 号	第10351号
决 定 日	2007年8月10日
发明创造名称	淋浴房（G型）
外观设计分类号	23-02
无效宣告请求人	中山迪玛卫浴有限公司
专 利 权 人	郭雪飞
专 利 号	03360423.1
申 请 日	2003年8月7日
授权公告日	2004年3月24日
合议组组长	钟 华
主 审 员	刘颖杰
参 审 员	周 航
附 图	2页
法律依据	专利法第23条

决定要点

本专利与在先设计相比存在差别，且二者的差别对于外观设计的整体视觉效果具有显著的影响，因而二者既不相同，也不相近似。

一、案由

本无效宣告请求涉及国家知识产权局于2004年3月24日授权公告的03360423.1号、名称为"淋浴房（G型）"的外观设计专利（下称本专利），其专利权人是郭雪飞，申请日是2003年8月7日。

针对上述专利权，中山迪玛卫浴有限公司（下称请求人）于2006年11月2日向专利复审委员会提出无效宣告请求，认为本专利不符合专利法第23条的规定，并提供以下证据：

证据1：00324183.1号中国外观设计专利，其授权公告日为2001年4月4日。

请求人认为：证据1的公开日期比本专利的申请日早，而且所公开的产品外观与本专利相近似，从其图片中可以明显看出其已经公开了本专利所要求保护的外观设计，因此，本专利的授予不符合专利法第 23 条的规定,应当予以无效。

经形式审查合格,专利复审委员会受理了上述无效宣告请求,于 2006 年 11 月 2 日向请求人和专利权人发出无效宣告请求受理通知书,同时将请求人提交的无效宣告请求书及其所附证据转给专利权人,并告知专利权人应在收到该通知之日起一个月内对该无效宣告请求陈述意见。

专利权人于 2006 年 11 月 29 日向专利复审委员会寄交了意见陈述书,认为请求人的无效宣告请求理由不成立,其提交的证据 1 所示外观设计与本专利相比,既不相同,也不相近似,本专利应维持有效。

专利复审委员会依法组成合议组,对本案进行审理,合议组于 2007 年 3 月 20 日向请求人和专利权人发出口头审理通知书,告知双方合议组定于 2007 年 5 月 24 日对本案进行口头审理,同时将专利权人提交的上述意见陈述书转给请求人。

口头审理如期举行,双方当事人均委托代理人参加。在口头审理中,请求人明确无效宣告请求的理由是本专利不符合专利法第 23 条的规定,依据的证据是证据 1;专利权人对证据 1 的真实性与公开时间均无异议,但认为证据 1 与本专利不属于同一领域,且证据 1 与本专利不相同且不相近似,本专利符合专利法第 23 条的规定。

在具体辩论过程中,请求人认为,证据 1 公开了一封闭式的淋浴房,本专利是敞开式的淋浴房,但两者都以底盆和玻璃门为设计要点;证据 1 的底盆是直角边样式的,左边的直角边与圆弧的交界处有一个置物架,本专利的置物架与底盆的布局、比例与证据 1 相似,因此证据 1 完全公开了本专利。专利权人认为,证据 1 的分类号与本专利的分类号不同,两者不是一类产品,不符合审查指南中关于对比文件的规定;而请求人主张对比文件包含了本专利的观点是违反审查指南规定的,外观设计要整体对比,不存在包含的概念,证据 1 的外观设计是封闭式的淋浴房,其由底盆加透明玻璃和两个侧面的背板和封闭的顶盖构成,而本专利并没有背板和顶盖,仅由玻璃加底盆构成,因此两者是完全不同的外观设计;另外,证据 1 的底盆和顶盖的圆弧的左边方向连接了一段反向圆弧,与右边的圆弧相切,形成了一个夹角,而本专利没有上述反向圆弧也没有顶盖,且底盘没有尖角,其置物架的玻璃片与底盆的圆弧同向相交,这一点也与证据 1 不同。

请求人认为,本次无效宣告理由不是重复授权,无需分类号相同。本专利的底盆和玻璃门组成的淋浴房已经被证据 1 完全公开了,证据 1 与本专利都是淋浴房,两者的类别是相同的,唯一不同的就是证据 1 是封闭式的淋浴房,而本专利是敞开式的淋浴房。证据 1 与本专利的差别是多了背板和顶盖,但是证据 1 已经将底盆和玻璃门组成的淋浴房公开了,而本专利只是将证据 1 的顶盖和背板除去,因此本专利应当无效。专利权人认为,从小分类号上看,两者是不同种类的;从名称上看,两者的用途也不同,所以两者是不同产品。并且两个外观设计相对比是否相同相近似,才是法律规定的无效宣告理由,而证据 1 的外观设计与本专利的外观设计是不同的,专利法第 23 条规定的是整体对比,本专利没有背板和顶盖是占据外观设计视觉效果的主要位置,与证据 1 的区别是很明显的。请求人则坚持认为证据 1 包含并公开了本专利,证据 1 如果去掉顶盖和背板就与本专利相同;淋浴房的结构是可以有很多造型的,本专利的底盆与证据 1 完全相同,只是右边直角处与置物架的角度有所不同,而整体相近似的情况下,细微的差别是可以忽略的,所以证据 1 与本专利相近似。专利权人则主张,证据 1 的底盆包括了反向圆弧与直线构成的夹角,并且其底盆是没有置物架的圆弧的,底盆的右边的形状与证据 1 也是不同的,证据 1 的夹角的角度是弧线,而本专利是直线;证据 1 的置物架的圆弧是往内凹的,本专利置物架的圆弧是往外凸的,所以两者的左右视图是完全不同的,两者不相同也不相近似。

在庭审调查和双方辩论结束后，合议组休庭进行合议，最后当庭宣布审理结论，维持本专利权有效。

二、决定的理由

1. 关于证据

证据1是中国外观设计专利，专利权人对其真实性没有异议，经审查，证据1真实有效，可以作为本案定案依据，且证据1的公开时间早于本专利的申请日，其上记载的外观设计构成在本专利申请日之前公开发表的外观设计（下称在先设计）。

2. 关于专利法第23条

专利法第23条规定，授予专利权的外观设计，应当同申请日以前在国内外的出版物公开发表过或者国内公开使用过的外观设计不相同和不相近似，并不得与他人在先取得的合法权利相冲突。

在先设计是一种蒸气淋浴房，与本专利的淋浴房用途相同，属于同一类产品的外观设计，二者具有可比性。

本专利授权公告文本中共有6幅图，即主视图、俯视图、右视图、左视图、立体图和使用状态参考图。结合上述视图看，本专利的淋浴房可分为两部分，即玻璃门和底座，其中玻璃门为半圆形，门外侧设有三片置物架；其底座由半圆形与两直角边组合而成，该底座面上设有一圆孔（具体参见本专利附图）。

在先设计由四幅图组成，即主视图、俯视图、左视图、右视图。结合上述附图看，该在先设计的蒸气淋浴房由两大部分组成，即淋浴房本体和玻璃门，其中淋浴房本体又由三部分组成：顶盖、背板和底座，其背板上设有四片置物架（具体参见在先设计附图）。

将本专利与在先设计相比，虽然两者同为淋浴房，但在外观上存在较大差别：本专利仅由玻璃门与底座组成，并没有背板与顶盖；而在先设计由顶盖、背板、底座和玻璃门整体构成一封闭结构，从其名称"蒸气淋浴房"也可以看出，该淋浴房可以用于蒸气浴，而这恰恰需要该淋浴房是封闭的，而本专利的立体图和使用状态参考图可以明显看出本专利的淋浴房并非封闭的，与在先设计存在明显不同。另外，两者的置物架也存在区别，本专利的置物架突出于淋浴房的玻璃门和底座之外，而在先设计中的置物架被设计于淋浴房的背板上，包含于顶盖与底座的形状之中，两者在视觉效果上也存在显著区别。由于本专利与在先设计存在上述差别，且该差别对于本专利与在先设计在整体视觉效果具有显著的影响，因而两者不相同且不相近似，在先设计不能证明本专利不符合专利法第23条的规定。

三、决定

维持03360423.1号外观设计专利权有效。

一方当事人对本决定不服的，可以根据专利法第46条第2款的规定，在收到本决定之日起三个月内向北京市第一中级人民法院起诉。根据该款规定，一方当事人起诉后，另一方当事人应当作为第三人参加诉讼。

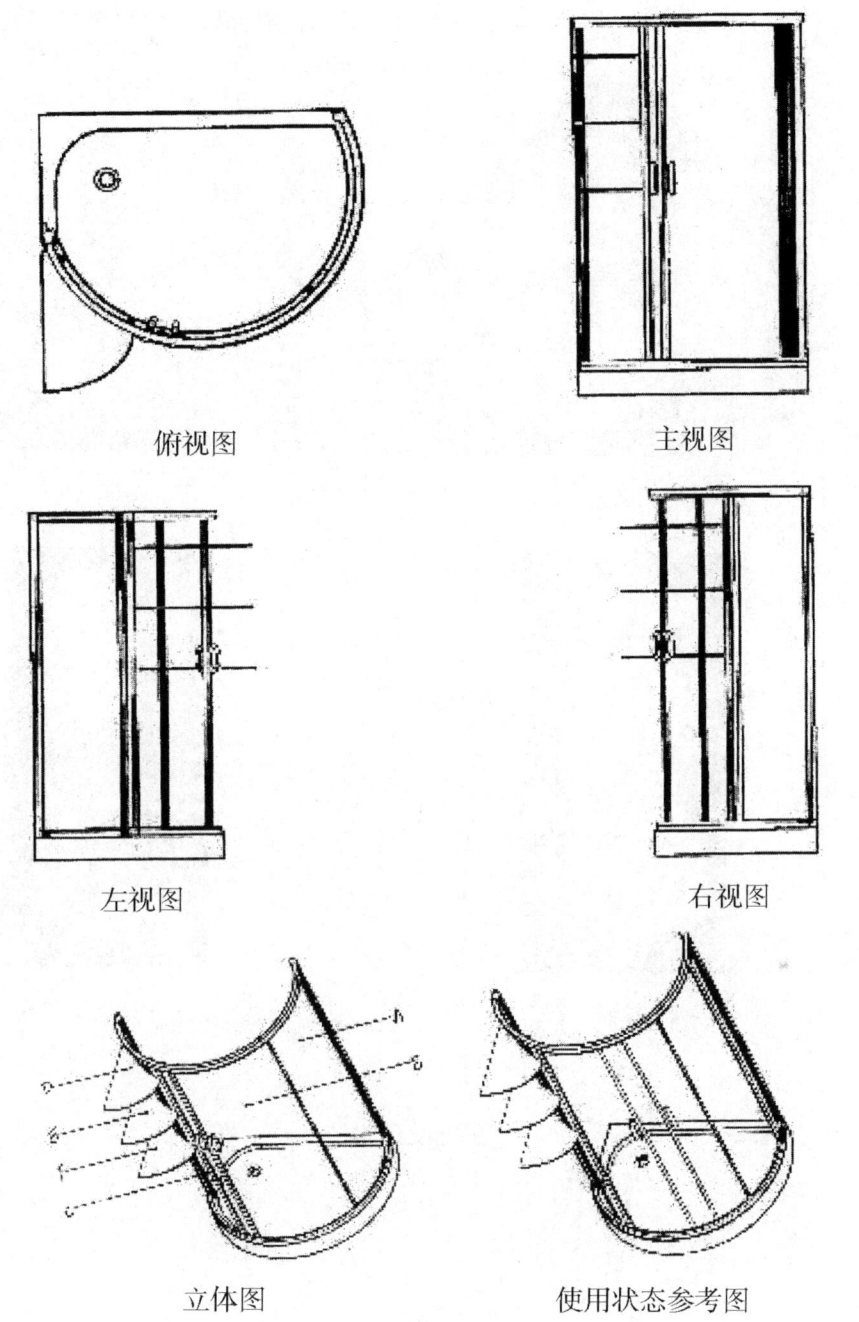

俯视图　主视图

左视图　右视图

立体图　使用状态参考图

本专利附图

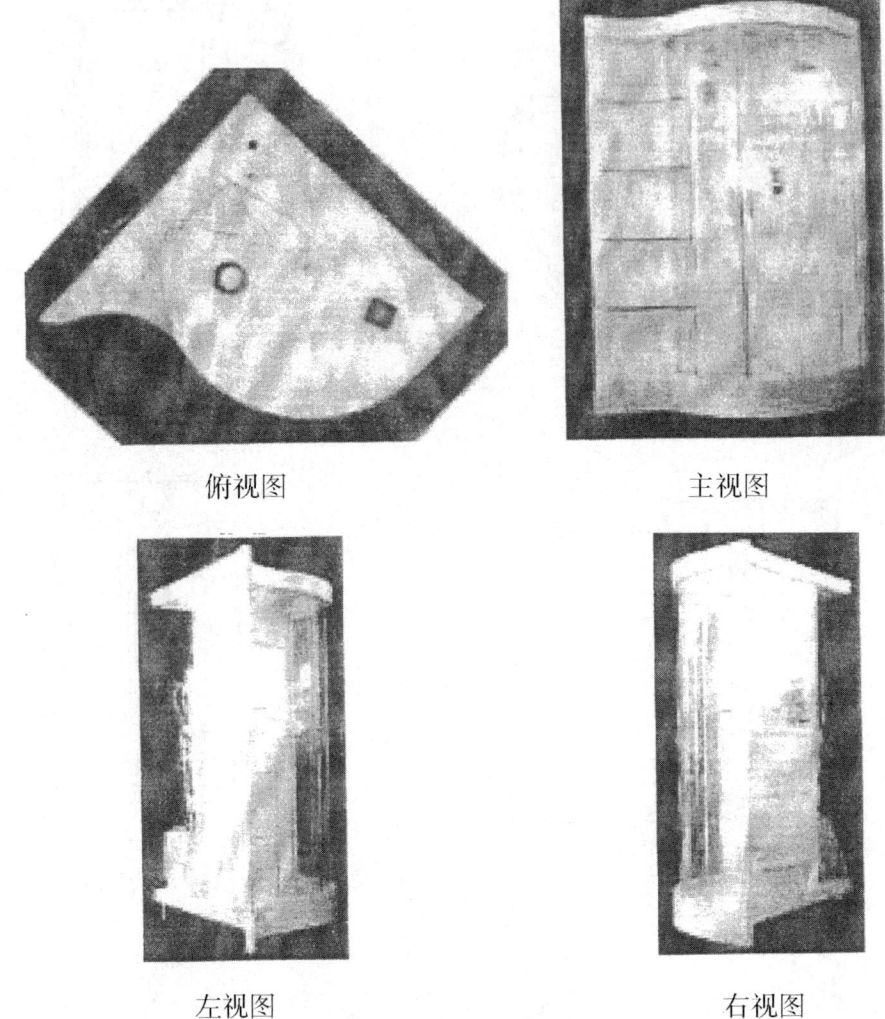

在先设计附图

电触头

无效宣告请求审查决定（第 10356 号）

决 定 号	第 10356 号
决 定 日	2007 年 8 月 8 日
发明创造名称	电触头
外观设计分类号	13-03
无效宣告请求人	上海乐深电子有限公司
专 利 权 人	日本压着端子制造株式会社
专 利 号	00338401.2
申 请 日	2000 年 11 月 20 日
优 先 权 日	2000 年 5 月 19 日
授权公告日	2001 年 9 月 12 日
合议组组长	张雪飞
主 审 员	周 佳
参 审 员	李改平
附 图	2 页

法 律 依 据 专利法第 23 条

决 定 要 点

本专利与在先设计相比较，二者的连接结构相同，均为由一对叉状结构与一对侧翼组合而成，且由叉状结构向侧翼的过渡方式相同，尽管二者的侧翼在底部一个为紧密连接一个留有空隙，但侧翼的弯折方式、弯折方向和形成的视觉导向上是相近似的，其与叉状结构组合后，使得本专利和在先设计在整体形状上形成了相近似的视觉效果，其他局部细微差别也不足以对二者的整体外观设计产生显著影响，二者应属于相近似的外观设计。

一、案由

本无效宣告请求涉及的是 2001 年 9 月 12 日国家知识产权局授权公告的 00338401.2 号外观设计专利，使用该外观设计的产品名称为"电触头"，其申请日为 2000 年 11 月 20 日，优先权日为 2000 年 5 月 19 日，专利权人为日本压着端子制造株式会社。

针对上述外观设计专利（下称本专利），2006 年 9 月 22 日上海乐深电子有限公司（下称请求人）向专利复审委员会提出无效宣告请求，其理由是本专利不符合专利法第 23 条的规定。请求人认为在本专利申请日前已有与其相近似的外观设计在出版物上公开发表过，日本实公平第 6-21184 号实用新型专利和第714439之类似1号外观设计专利的公开日在本专利申请日之前,且其公开的外观设计与本专利相近似,因此本专利应予以宣告无效,请求人提交了如下5个附件作为证据:

附件1:本专利的著录项目及图片复印件;
附件2:实公平第6-21184号日本实用新型专利公报复印件;
附件3:第714439之类似1号日本意匠公报复印件;
附件4:实公平第6-21184号日本实用新型专利公报部分中文翻译文本复印件;
附件5:第714439之类似1号日本意匠公报部分中文翻译文本复印件。

2006年11月17日专利复审委员会收到请求人提交的无效宣告请求书及意见陈述书替换页,同时再次提交了上述5个附件作为证据。

经形式审查合格后,专利复审委员会受理了上述无效宣告请求,于2006年11月29日向双方当事人发出无效宣告请求受理通知书,并将无效宣告请求书及其附件转送给专利权人,要求其在指定期限内答复。

2007年1月5日专利复审委员会收到专利权人提交的意见陈述书,专利权人对请求人提交的附件4和附件5提出异议,认为根据审查指南的规定,当事人对于提交的外文证据应当提交中文译文,没有提交中文译文的部分,不能作为证据使用,而请求人提交的附件2的中文翻译文本(附件4)中没有其作为在先设计的附图,附件3的中文翻译文本(附件5)中意匠登录号也与原文本不相符,所以相关附件均不能作为证据采用,且请求人提交的附件中涉及的两项在先设计均与本专利不相同也不相近似。同时专利权人在意见陈述书中提出要求进行口头审理的请求。

专利复审委员会于2007年3月20日向双方当事人发出口头审理通知书,定于2007年4月26日对本案进行口头审理,并随口头审理通知书将专利权人提交的意见陈述书转送给请求人。

口头审理如期举行,请求人和专利权人均委托代理人出席了口头审理。在口头审理中,双方对对方出庭人员的资格和身份无异议,对合议组成员没有回避请求。在口头审理中,请求人认为其提交的附件2中仅使用附图9作为在先设计的图片与本专利进行比较,而对于图片不需要进行翻译,附件3中的意匠登录号翻译时出现了笔误,并认为附件2和附件3中所示外观设计与本专利存在的差别对整体外观设计均不构成显著影响,应分别与本专利构成相近似的外观设计。专利权人对附件2和附件3所示专利公报的在先公开性没有异议,但认为请求人提交的证据形式应当规范,且其作为证据使用的外观设计均与本专利不相同也不相近似。

在双方当事人意见陈述及口头审理的基础上,合议组经合议,认为本案事实清楚,依法作出本审查决定。

二、决定的理由

(1)基于请求人提出的无效宣告请求理由,合议组依据专利法第23条对本案进行审理。

专利法第23条规定:授予专利权的外观设计,应当同申请日以前在国内外出版物上公开发表过或者国内公开使用过的外观设计不相同和不相近似,并不得与他人在先取得的合法权利相冲突。

(2)请求人提交的附件3为第714439之类似1号日本意匠公报复印件,附件5为其中文翻译文本,合议组认为,虽然专利权人质疑译文与原文的一致性,但是通过比对证据原文,能够得出734439-1与714439之类似1之间的明确对应关系,并不足以影响对于证据本身的理解。附件3所示专利公报的公开日为1988年12月13日,经合议组核实,其内容属实,确系在本专利申请日(优先权日)之前公开发表的外观设计公报,属于专利法第23条所规定的公开出版物,可以作为判断本专利是否符合专利法第23条规定的证据。

本专利所示产品为一种电触头,附件3中所示也为一种电触头的外观设计(下称在先设计),两者为相同种类的产品，故二者可以进行相近似性对比。

本专利所示外观设计包括主视图、后视图、右视图、俯视图、仰视图、立体图，简要说明载明左视图与右视图对称，省略左视图。本专利由一组叉状结构和一组对称侧翼两部分连接构成。一组叉状结构相对平行排布且底部连接形成U型槽，其中一个叉状结构的两侧向外弯折而形成对称侧翼，两个对称侧翼底部相互靠拢形成倒八字型（详见本专利附图）。

在先设计包括正面图、背面图、左侧面图、平面图、底面图、A-A线断面图、B-B线断面图和斜视图。在先设计由一组叉状结构和一组对称侧翼两部分连接构成。一组叉状结构相对平行排布且底部连接形成U型槽，其中一个叉状结构的两侧向外弯折而形成对称侧翼，对称侧翼底部相互连接形成U型（详见在先设计附图）。

将本专利与在先设计进行比较，合议组认为，两者的相同点在于：两者的连接结构相同，均为一对叉状结构与一对侧翼的组合，且由一个叉状结构向外弯折即形成对称的侧翼，叉状结构组与侧翼组分别形成水平和垂直的凹槽；两者的叉状结构形状基本相同，两片叉状结构在底部连接从而形成U型槽；两片侧翼的上部较宽下部较窄且在底部相互靠拢。尽管在先设计的两片侧翼底部紧密连接，而本专利的两片侧翼底部有一定空隙，但二者的侧翼在弯折方式、弯折方向和形成的视觉导向上是相近似的，其与叉状结构组合后，使得本专利和在先设计在整体形状上形成了相近似的视觉效果。本专利和在先设计还存在其他区别点，两片侧翼的翼片形状不相同，本专利的翼片外轮廓线为弧线形过渡，在先设计为直角过渡且有突出的倒刺和凹进的缺口，但这些区别点相对于电触头整体形状而言仅属于细微差别，不足以对整体外观造成显著影响。另外，二者中间叉状结构的倒刺形状、叉状结构底部连接形状等局部细微差别也不足以对整体外观产生显著的影响，所以本专利与在先设计为相近似的外观设计。

综上所述，本专利与在其申请日（优先权日）前在出版物上公开发表的外观设计相近似，因此不符合专利法第23条的规定。

鉴于已得出本专利不符合专利法第23条规定的结论，本决定对请求人提交的其他证据不再作出评述。

三、决定

宣告00338401.2号外观设计专利权全部无效。

当事人对本决定不服的，可以根据专利法第46条第2款的规定，自收到本决定之日起三个月内向北京市第一中级人民法院起诉。根据该款的规定，一方当事人起诉后，另一方当事人应当作为第三人参加诉讼。

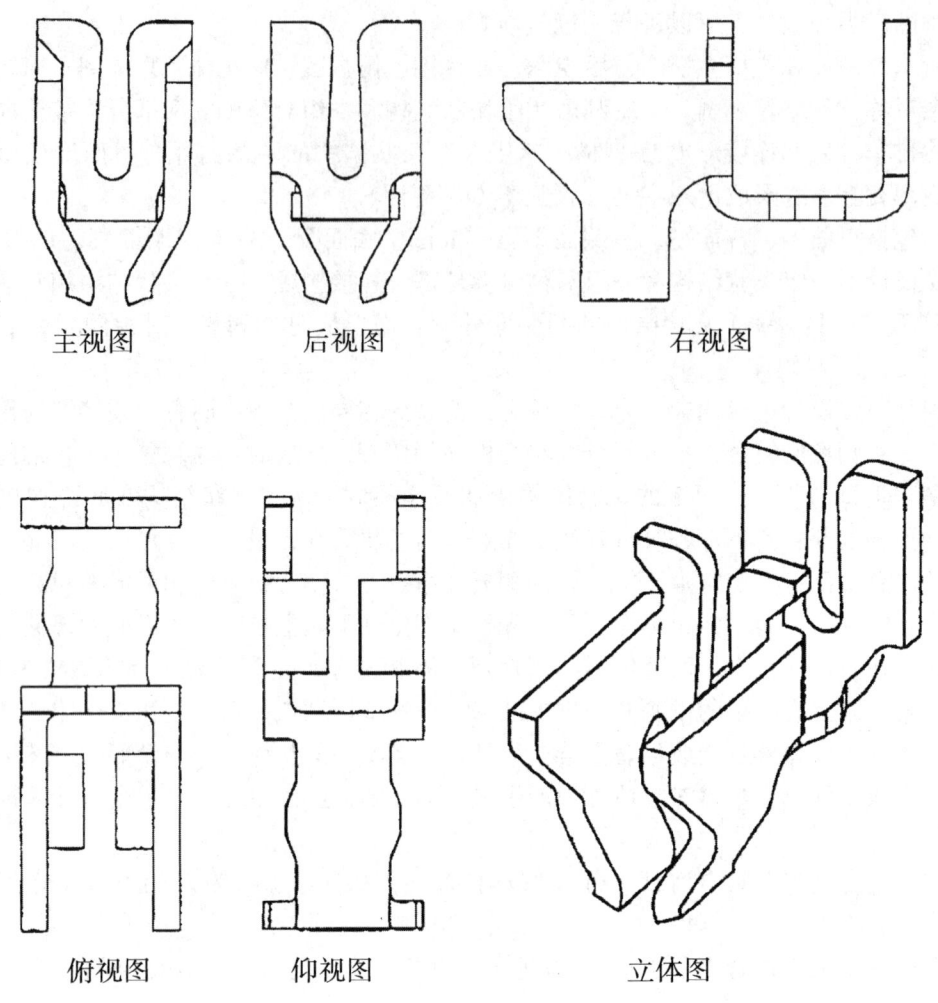

本专利附图

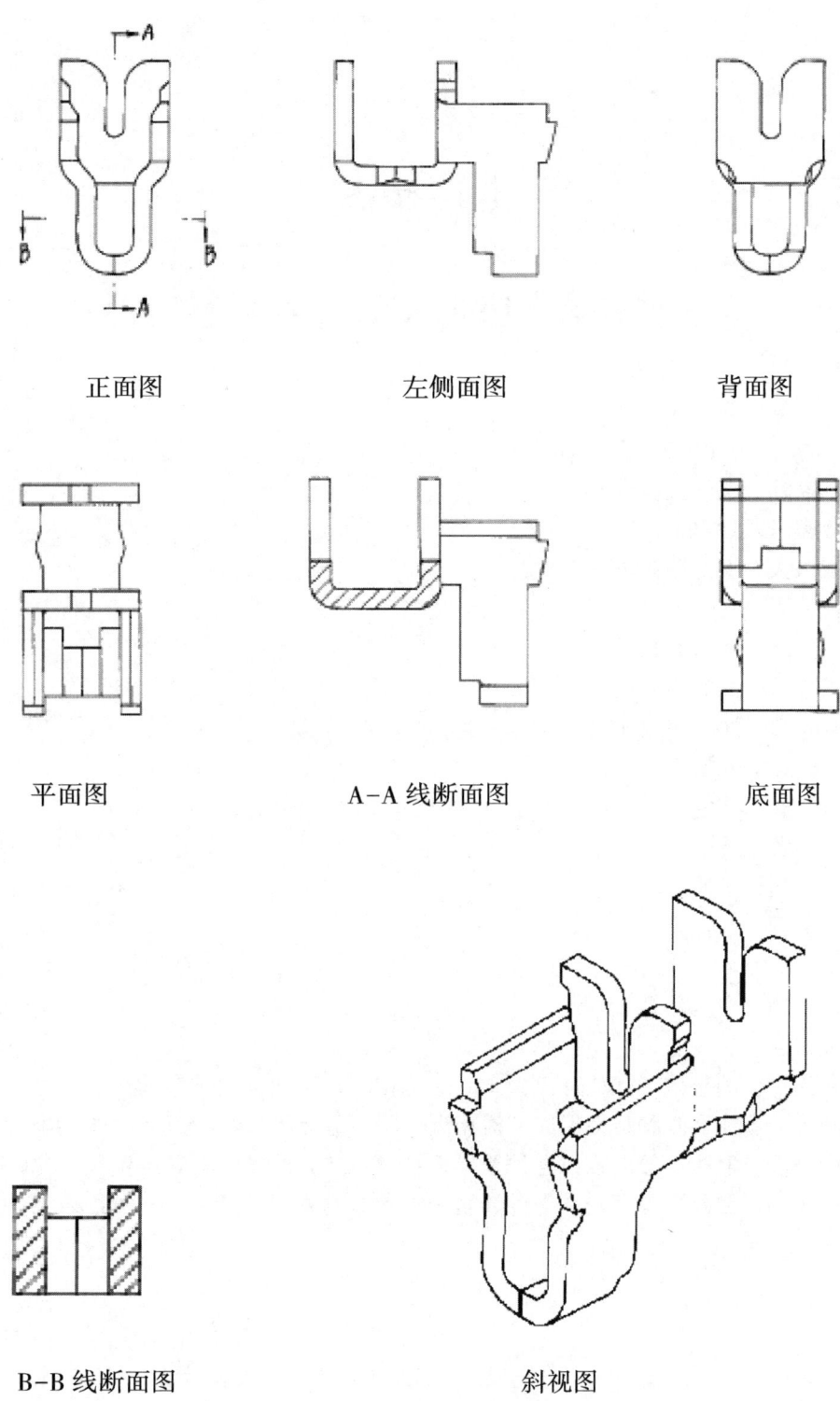

正面图　　　　　左侧面图　　　　　背面图

平面图　　　　A-A 线断面图　　　　底面图

B-B 线断面图　　　　　斜视图

在先设计附图

电连接器

无效宣告请求审查决定（第 10357 号）

决 定 号	第 10357 号
决 定 日	2007 年 8 月 8 日
发明创造名称	电连接器
外观设计分类号	13-03
无效宣告请求人	上海乐深电子有限公司
专 利 权 人	日本压着端子制造株式会社
专 利 号	00338402.0
申 请 日	2000 年 11 月 20 日
优 先 权 日	2000 年 5 月 19 日
授权公告日	2001 年 9 月 12 日
合议组组长	张雪飞
主 审 员	周佳
参 审 员	李改平
附 图	2 页

法律依据 专利法第 23 条

决定要点

本专利与在先设计的整体形状相近似，产品结构相同，顶面纵列排布的端子插道、端子插道末端连接的塔状结构使二者在视觉瞩目面形成了极相近似的视觉效果，尽管产品前端面排布的方形槽口的大小、位置有所不同，但相比较而言，这种差异不足以对二者的整体外观产生显著的影响，其他差别也属于局部细微差别，因此本专利与在先设计属于相近似的外观设计。

一、案由

本无效宣告请求涉及的是 2001 年 9 月 12 日国家知识产权局授权公告的 00338402.0 号外观设计专利，其使用该外观设计的产品名称为"电连接器"，申请日为 2000 年 11 月 20 日，优先权日为 2000 年 5 月 19 日，专利权人为日本压着端子制造株式会社。

针对上述外观设计专利（下称本专利），2006 年 9 月 22 日上海乐深电子有限公司（下称请求人）向专利复审委员会提出无效宣告请求，其理由是本专利不符合专利法第 23 条的规定。请求人认为在本专利申请日前已有与其相近似的外观设计在出版物上公开发表过，日本实公平第 6-21184 号实用新型专利和第 731907 之-类似 1 号外观设计专利的公开日均在本专利申请日之前，且其公开的外观设计

均与本专利相近似,因此本专利应予以宣告无效,请求人提交了如下5个附件作为证据:

附件1:本专利的著录项目及图片复印件;

附件2:实公平第6-21184号日本实用新型专利公报复印件;

附件3:第731907之类似1号日本意匠公报复印件;

附件4:实公平第6-21184号日本实用新型专利公报部分中文翻译文本复印件;

附件5:第731907之类似1号日本意匠公报部分中文翻译文本复印件。

经形式审查合格后,专利复审委员会受理了上述无效宣告请求,于2006年12月04日向双方当事人发出无效宣告请求受理通知书,并将无效宣告请求书及其附件转送给专利权人,要求其在指定期限内答复。

2007年1月5日专利复审委员会收到专利权人提交的意见陈述书,专利权人对请求人提交的附件5提出异议,认为附件5中记载的意匠申请编号"昭90-30899"并不存在,无法确认其真实性,且作为中文译文提交的附件5中仍存在外文,不符合审查指南中对外文证据的要求,故附件5不能作为证据使用。另外,请求人提交的附件2和附件3中所示外观设计与本专利存在诸多明显差别,对外观设计的整体视觉效果具有显著影响,均与本专利不相同也不相近似,因此请求人提出的理由和主张不能成立。同时专利权人提出要求进行口头审理的请求。

针对上述无效宣告请求,专利复审委员于2007年4月4日向请求人发出转送文件通知书,将专利权人提交的意见陈述书转送给请求人,要求其在口头审理时一并答复意见。

2007年4月26日,合议组对案件编号为w606660和w606661的外观设计专利无效宣告请求案件进行口头审理,双方当事人均委托代理人出席了口头审理,上述两件案件与本案为同一请求人于同日对同一专利权人分别就三项外观设计专利提出的无效宣告请求,经双方当事人同意,合议组决定将本案与上述两项外观设计专利无效宣告请求案件进行合并口头审理。双方当事人对对方出庭人员的资格和身份无异议;对合议组成员没有回避请求。

在口头审理中,请求人确认以附件2中的图4所示产品与本专利进行比较,针对专利权人对附件5中文译文提出的异议,请求人认为属于翻译笔误。在对外观设计进行相近似的比较中,请求人认为此类产品最主要的是卡槽及后端连接的塔状结构,而本专利正面伸出一板状插槽,后端为塔形结构,附件2和附件3中所示产品也具备了此结构特征,其与本专利均为相近似的外观设计,而本专利左右侧面设置的倒勾状凸肋应属于功能性设计,不属于判断外观设计是否相同或者相近似时的考虑因素。专利权人对证据本身无异议,但认为根据审查指南的规定,只有由产品的功能唯一限定的特定形状才对整体视觉效果不具有显著影响,本专利的产品的正面从下方底边向上开有15个矩形开口,而附件2所示产品的开口为类似正方形,且二者左右两侧设置的凸肋形状也不同,属于不相近似的外观设计;附件3所示产品的正面和背面分别设有矩形和正方形的孔,本专利则无此结构,且两者凸肋尺寸、外部绝缘体凹凸部分形成的图案均不相同,属于不相近似的外观设计。

在双方当事人意见陈述及口头审理的基础上,合议组经合议,认为本案事实清楚,依法作出本审查决定。

二、决定的理由

(1)基于请求人提出的无效宣告请求理由,合议组依据专利法第23条对本案进行审理。

专利法第23条规定:授予专利权的外观设计,应当同申请日以前在国内外出版物上公开发表过或者国内公开使用过的外观设计不相同和不相近似,并不得与他人在先取得的合法权利相冲突。

(2)请求人提交的附件2为实公平第6-21184号日本实用新型专利公报复印件;附件4为其中文翻译文本,附件2所示专利公报的公告日为1994年6月1日,经合议组核实,其所示内容属实,确系在本专利申请日（优先权日）前公开发表的外观设计公报，属于专利法第23条所规定的公开出版物，可以作为判断本专利是否符合专利法第23条规定的证据。

本专利所示外观设计是一种电连接器，附件2中所示外观设计（下称在先设计）也是一种连接器，二者均为用于电子设备内部的电连接装置，为相同种类的产品，故本专利与在先设计可以进行相近似性对比。

本专利所示外观设计包括主视图、后视图、左视图、俯视图、仰视图和立体图，简要说明载明右视图与左视图对称，省略右视图。本专利整体上呈纵长条块状，顶面布有纵列排布的15排端子插道，内嵌有端子，端子插道末端连接有突起的塔状结构，本专利前端面的底部相对端子插道设有15个方形缺口，产品左右两侧有棱状凸肋，俯视图和仰视图显示端子插道形成整齐的纵列结构（详见本专利附图）。

在先设计整体上呈纵长条块状，顶面布有纵列排布的15排端子插道，内嵌有端子，端子插道末端连接有突起的塔状结构，产品前端相对端子插道位置设有15个方形孔，产品侧端偏后部位有一棱状凸肋（详见在先设计附图）。

将本专利与在先设计进行对比，合议组认为，本专利与在先设计的相同之处在于：产品的整体形状基本相同，均为纵长条形状；产品的结构相同，均为顶面布有纵列排布的端子插道，且端子插道数目相同，每排端子插道内嵌有两片对称排列的端子，端子插道两侧壁的末端延伸形成突起的塔状结构；产品前端均有一排方形槽口，其位置位于端子插道的垂直线上。本专利和在先设计顶面的端子插道形成了矩阵排列的沟槽形状，且插道、塔状结构相对产品整体的长、宽比例极相近似，两者在主要视觉面形成了引人瞩目的极相近似的外观效果。产品的前端面均设有与端子插道相应排布的方形槽口，两者的设计构思相同，虽然槽口的大小、位置有所不同，但是其差异不足以对产品的整体视觉效果产生显著影响。另外，二者侧面的凸肋结构所占比例较小，属于局部细微差别，对产品的整体视觉效果不具有显著影响。因此，本专利与在先设计属于相近似的外观设计。

综上所述，本专利与在其申请日（优先权日）前在出版物上公开发表的外观设计相近似，因此不符合专利法第23条的规定。

鉴于已得出本专利不符合专利法第23条规定的结论，本决定对请求人提交的其他证据不再作出评述。

三、决定

宣告00338402.0号外观设计专利权全部无效。

当事人对本决定不服的，可以根据专利法第46条第2款的规定，自收到本决定之日起三个月内向北京市第一中级人民法院起诉。根据该款的规定，一方当事人起诉后，另一方当事人应当作为第三人参加诉讼。

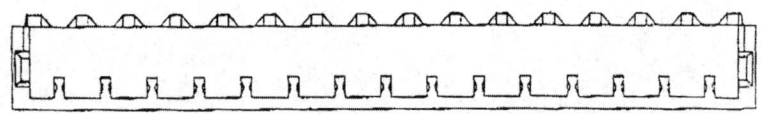

主视图

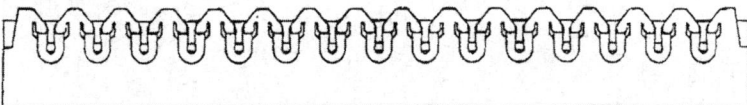

后视图

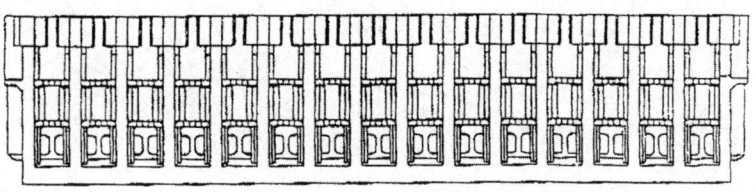

俯视图

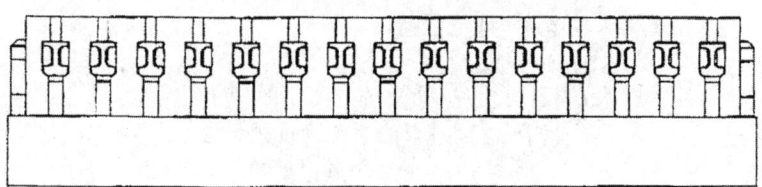

仰视图

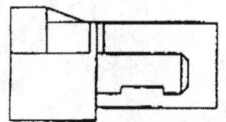

左视图

本专利附图

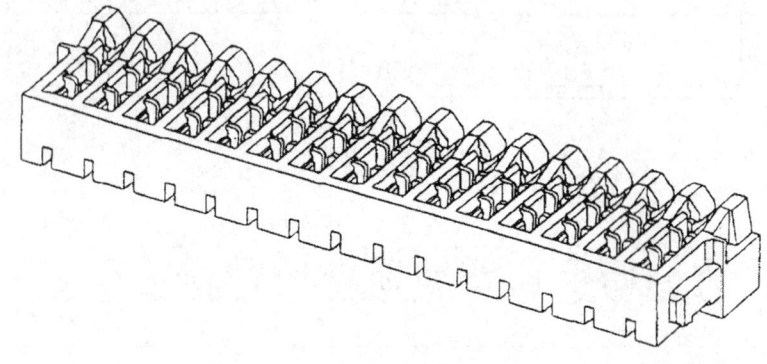

立体图

本专利附图

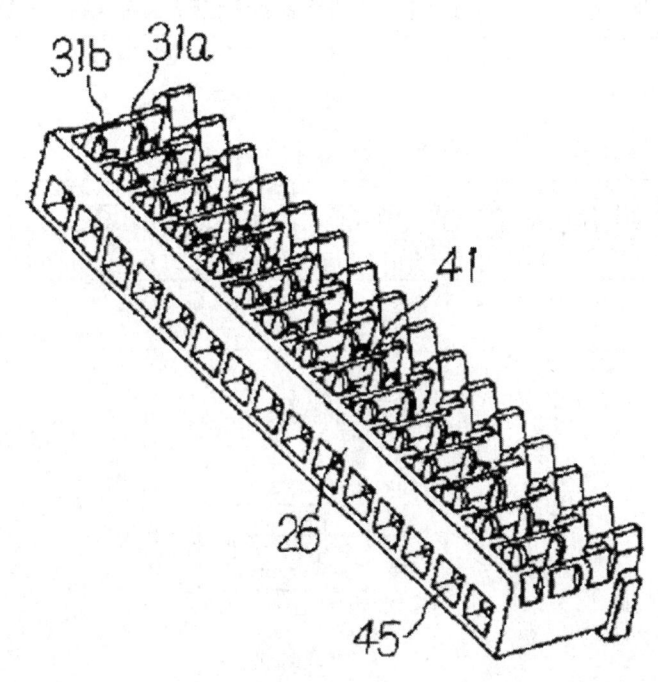

斜视图

在先设计附图